中国现象学文库

现象学研究丛书

反思的使命

第一卷

胡塞尔的生平与著述

倪梁康 著

图书在版编目(CIP)数据

反思的使命. 第一卷,胡塞尔的生平与著述/倪梁康著. —北京:商务印书馆,2024
(中国现象学文库. 现象学研究丛书)
ISBN 978-7-100-23029-2

Ⅰ. ①反… Ⅱ. ①倪… Ⅲ. ①胡塞尔(Husserl, Edmund 1859-1938)—哲学思想—思想评论 Ⅳ. ①B516.52

中国国家版本馆 CIP 数据核字(2023)第 177923 号

中国现象学文库
现象学研究丛书
反思的使命
第一卷
胡塞尔的生平与著述
倪梁康 著

商务印书馆出版
(北京王府井大街 36 号 邮政编码 100710)
商务印书馆发行
北京通州皇家印刷厂印刷
ISBN 978-7-100-23029-2

2024 年 4 月第 1 版　　开本 880×1230 1/32
2024 年 4 月北京第 1 次印刷　　印张 31½ 插页 1
定价:155.00 元

胡塞尔素描像

我们爱戴和敬重的那些人实际上是不死的；他们不再有追求和行动，不再向我们诉说什么，不再向我们要求什么；然而，我们在纪念他们时会感受到他们就在我们面前；他们看着我们的灵魂，与我们共同感受，理解我们，赞成或反对我们。

我们当然也需要历史。但显然不是以历史学家的方式，迷失在伟大的哲学形成于其中的发展联系之中，而是为了让它们本身按其本己的精神内涵来对我们产生推动作用。事实上，如果我们能够看入到这些历史上的哲学之中，能够深入到它们语词和理论的灵魂之中，那么就会有哲学的生命连同整个活的动机的财富和力量从它们那里涌向我们。

——埃德蒙德·胡塞尔

《中国现象学文库》总序

自20世纪80年代以来，现象学在汉语学术界引发了广泛的兴趣，渐成一门显学。1994年10月在南京成立中国现象学专业委员会，此后基本上保持着每年一会一刊的运作节奏。稍后香港的现象学学者们在香港独立成立学会，与设在大陆的中国现象学专业委员会常有友好合作，共同推进汉语现象学哲学事业的发展。

中国现象学学者这些年来对域外现象学著作的翻译、对现象学哲学的介绍和研究著述，无论在数量还是在质量上均值得称道，在我国当代西学研究中占据着重要地位。然而，我们也不能不看到，中国的现象学事业才刚刚起步，即便与东亚邻国日本和韩国相比，我们的译介和研究也还差了一大截。又由于缺乏统筹规划，此间出版的翻译和著述成果散见于多家出版社，选题杂乱，不成系统，致使我国现象学翻译和研究事业未显示整体推进的全部效应和影响。

有鉴于此，中国现象学专业委员会与香港中文大学现象学与当代哲学资料中心合作，编辑出版《中国现象学文库》丛书。《文库》分为“现象学原典译丛”与“现象学研究丛书”两个系列，前者收译作，包括现象学经典与国外现象学研究著作的汉译；后者收中国学者的现象学著述。《文库》初期以整理旧译和旧作为主，逐步过渡到出版首版作品，希望汉语学术界现象学方面的主要成果能以《文库》统一格式集中推出。

我们期待着学界同仁和广大读者的关心和支持，借《文库》这个园地，共同促进中国的现象学哲学事业的发展。

《中国现象学文库》编委会

2007年1月26日

目　　录

Contents

序　曲

设想在时空之外有一个人类的保护神，他派遣各类使者将各种任务传达给人类，试图将只有五百万年历史的人类生活维续得更长一些，例如可以超过曾有一亿六千万年历史的恐龙，而其中的一项任务就是呼吁人类必须学会不断地进行自身反思或自身反省，以图不断地认识和了解始终处在发展和变化中的自己，从而得以不断地进行自身学习和自身教育，达到自身完善并最终达到自身维续的目的。——倘若这个设想真的成立，那么担任这一使命的使者非埃德蒙德·胡塞尔[①]莫属。在众神给出德尔斐神谕“认识你自己”两千多年后，胡塞尔将其毕生的精力都投入到作为哲学使命的反思中。他为反思而生，以反思为其一生的神圣使命。这里所说的“使命”，对胡塞尔来说是指一种“托付给我的东西”（Brief. II,180）。[②]将海德格尔用来介绍亚里士多德生平的表述转过来用于胡塞尔也是完全合适的：胡塞尔出生，思考，反思，而后死去。——这是对他生平与思想的最简单概括。

胡塞尔本人在回顾自己的哲学发展时说：“它对我来说是在我的无把握的、不明晰的状态下为了精神的生与死而进行的搏斗：一种完全个人的、尽管与哲学精神性的存在相关的搏斗。从中产生出一种对我所信赖的、但无限地超出我的微弱力量的哲学使命的意识——因

① 埃德蒙德·胡塞尔（Edmund Husserl），1859 年 4 月 8 日出生于摩拉维亚地区的普罗斯捷耶夫，1938 年 4 月 27 日逝世于布莱斯高地区的弗莱堡。

② 舒曼为此书信集撰写的“引论”第一部分，实际上就是对胡塞尔的哲学使命、他的使命感、他对自己使命的理解形成与变化的一个历史的和系统的总体阐释（参见 Karl Schuhmann, „Einführung in die Ausgabe“, in Brief. X, S. 1–46.）。

而有此直到年迈时都与这样一种使命不可分割地联系在一起的傲慢的悲剧，与此合而为一的是一种巨大责任负担的持续压力，这种压力在前进的过程中会减轻，但随即重又会加倍”(Brief. III,492)。也正是在这个意义上，胡塞尔的妻子马尔维娜·胡塞尔坚信："对胡塞尔而言，他的世俗活动是一个来自上方的使命，对此使命的服务构成了他的生活，这个生活不含有对未来的任何担忧。在他面前，他的任务是无限的，他实现这个任务的努力是无限的。”[①] 胡塞尔的波兰学生罗曼·英加尔登确信："哲学作为召唤、作为使命——是的，这始终是胡塞尔的基本观点。”[②] 与此相应，汉斯-格奥尔格·伽达默尔在见到胡塞尔的第一印象也是“自信，完全为他的使命所充实”。[③]

为这样一位使者的生平与思想撰写一部详实的“行状”实属必要中之最为必要。然而一部真正的胡塞尔传记在1995年之前还不曾有人写过，这个事实至少在胡塞尔本人的母语国家有效。直至胡塞尔逝世五十多年、《逻辑研究》诞生近一百年之后，即于1995年，终于有一本用胡塞尔母语写成的《胡塞尔传》得以出版，而它的开篇的第一句话便是："胡塞尔是二十世纪的一位重要哲学家——而只有最少数的人才知道为什么。”[④] 与这个在法兰克福校园生活出版社的“引论”丛书中出版的小册子类似，2009年在慕尼黑贝克出版社的“思想家”丛书中又有一本篇幅相当的《胡塞尔传》[⑤] 问世。但一部关于胡塞尔生

---

① Malvine Husserl, „Skizze eines Lebensbildes von E. Husserl“, in *Husserl Studies*, 5, 1988, S. 105-125. ——这个素描的中译文参见马尔维娜·胡塞尔："埃德蒙德·胡塞尔生平素描"，倪梁康译，载于倪梁康(编)：《回忆埃德蒙德·胡塞尔》，北京：商务印书馆，2018年，第1-24页，这里的引文出自第23页。

② 英加尔登："五次弗莱堡胡塞尔访问记"，倪梁康译，载于倪梁康(编)：《回忆埃德蒙德·胡塞尔》，同上书，第202页。

③ Hans Rainer Sepp (Hrsg.), *Husserl und die Phänomenologische Bewegung – Zeugnisse in Text und Bild*, Freiburg i. Br.: Verlag Karl Albert, 1988, S. 16.

④ F. J. Wetz, *Edmund Husserl*, Frankfurt/New York: Campus Verlag, 1995, S. 1.

⑤ 参见 V. Mayer, *Edmund Husserl*, München: Verlag C. H. Beck, 2009.

平与思想的详尽评传至今尚付阙如。

出版家们并非不知胡塞尔为何方神圣。胡塞尔身前便算是一个受到出版家异常青睐的作者。还在他初出茅庐时，哈勒的出版家 M. D. 尼迈耶(1841–1911)就热情而卓有远见地站在他一边，“承担起出版一个几乎还是默默无闻的讲师的大部头论著的风险。”① 即使在主编二十世纪最为重要、也是卷帙最为浩繁的哲学刊物《哲学与现象学研究年刊》时，胡塞尔也从未在出版方面遭遇任何值得一提的障碍。他自己一生写得很多，发表很少。并非因为无法出版，而是因为他自己不愿出版。只是到了生命晚期，在纳粹时期排犹的政治氛围中，他才不得不中止《哲学与现象学研究年刊》的编辑出版，并将自己的最后两部著作拿到国外发表。而哪怕就今天的出版情况来看，关于胡塞尔的一手与二手文献资料在世界范围内也从未遭遇出版界与读者界——前者多半取决于后者——的冷遇。

一部胡塞尔详尽评传的缺失并不应当归咎于出版界，而更多应当归咎于学术界。原因看起来似乎很简单：从胡塞尔研究专家们的角度来看，他们已经有了卡尔·舒曼所编写的极尽周详缜密之能事的《胡塞尔年谱》(*Husserl-Chronik*)以及长达十卷本的《胡塞尔书信集》(Brief. I–X)，因而无意也无须再去撰写或参考其他的生平资料。加之胡塞尔本人在去世前两个月曾告诫说，“不应当将过去的生活庸俗化。”② 于是许多人，包括笔者在内，会像胡塞尔妻子马尔维娜一样感叹：什么样的传记还能再面对胡塞尔成立？持有这种观点的现象学学

---

① 海德格尔：“我进入现象学之路”，载于《面向思的事情》，陈小文、孙周兴译，北京：商务印书馆，1996 年，第 84 页。

② 参见 Malvine Husserl, „Skizze eines Lebensbildes von E. Husserl“, in a.a.O., S. 110.——在胡塞尔女儿伊丽莎白·胡塞尔–罗森贝格 1938 年 1 月至 3 月对其生病住院的父亲的探访回忆录中，胡塞尔于 1938 年 2 月 6 日所说的原话是：“人越老就会越多地回顾他过去的生活，只是必须防止将它庸俗化。”

者绝不在少数。笔者在弗莱堡就读期间便在一次晚会上听欧根·芬克的夫人回忆说：赫伯特·施皮格伯格在撰写《现象学运动：一个历史的引论》[①] 期间曾不断追着芬克询问胡塞尔的生活情况，芬克的回答常常是：不必去追问胡塞尔做了些什么，只须去研读胡塞尔写了些什么就足够了。

而从非专业的角度来看，许多人的确带有这样的印象：胡塞尔是一批专家们的事情，他们用一些奇怪的、可有可无的术语的来讨论一些奇怪的、可有可无的问题。许多人并不想进一步知道胡塞尔，而更多的人则根本不知道胡塞尔。胡塞尔成了一些人的专利，尽管他们自己并不情愿有如此的局面。于是，在德语的传记文献中，现象学运动的其他成员都有了自己的各种版本的成长史，譬如海德格尔、舍勒，甚至法语现象学家们如萨特、梅洛-庞蒂也都有了自己的德语传记作家，唯独现象学的创始者胡塞尔被大众媒介冷落地撇在一边。在罗沃尔特出版社出版的最为整全的也最为畅销的德语思想家传记丛书(Rowohlts Bildmonographien)中，至今仍然令人遗憾地缺少属于胡塞尔的一册。[②]

事实上，为胡塞尔撰写一部行状的最合适人选是编写了《胡塞尔年谱》、编辑出版了十卷本《胡塞尔书信集》和《纯粹现象学与现象学哲学的观念》、撰写了《胡塞尔的国家哲学》以及许多其他发表和未发表著作的卡尔·舒曼(Karl Schuhmann,1941–2003)。可惜他因为过早逝世——在我看来很可能是由于在现象学研究方面的过于投入和过

① 参见 Herbert Spiegelberg, *The Phenomenological Movement. A Historical Introduction*, Phaenomenologica 5/6, Den Haag: Martinus Nijhoff Verlag, 1960.

② 多年前曾听说时任比利时鲁汶大学胡塞尔文库主任的 R. 贝耐特(Rudolf Bernet)教授已经应邀撰写在此系列中的胡塞尔的传记。但不知何故这项工作后来搁浅，至今未见结果。

度劳累——而未能完成这项工作。[①] 没有人像他那样仔细通读过胡塞尔的全部文稿，没有人比他更熟悉胡塞尔生平与思想的方方面面，没有人比他更配得上“现象学的哲学史家”的称号！这里所做的关于胡塞尔生平方面的叙说与讨论，在很多时候和很多方面都依据了舒曼的卓越精湛的前期工作。笔者在写作本书过程中可以一再感受到舒曼的博闻强识、细致严谨与详实缜密，堪为后学之楷模。尽管在撰写胡塞尔生平时常常会觉得舒曼就站在身后看着自己，但我还是努力尝试尽可能以自己的方式来撰写这部书。它是历史的，但更是哲学的。它不把自己限制在一部单纯行状的范围内，因而不会仅仅是对胡塞尔生平与思想的评述。它的志向最终在于理解与宣示**反思的使命**。

历史与哲学的双重目标在很大程度上规定着这部思想传记的双重写法：**历史的与哲学的**，或者说，**史料考据的与义理辨析的**：前者应当展示胡塞尔的**生命历程**，后者应当再现胡塞尔的**思想轨迹**；前者

---

① 另一位重要的现象学史学家、胡塞尔传记的可能人选是赫伯特·施皮格伯格，主要是他于1960年出版的《现象学运动：一个历史的导引》(Herbart Spiegelberg, *The Phenomenological Movement. A Historical Introduction*, Phaenomenologica 5/6, Den Haag: Martinus Nijhoff Verlag, 1960）以及于1981年出版的《现象学运动的语境》(Herbart Spiegelberg, *The Context of the Phenomenological Movement*, Phaenomenologica 80, Den Haag: Martinus Nijhoff Verlag, 1981)。哈贝马斯关于现象学“早已找到了自己的历史学家”的说法（参见 Jürgen Habermas, *Nachmetaphysisches Denken: Philosophische Aufsätze*, Frankfurt am Main: Suhrkamp Verlag, 1988, S.11f.)，指的很可能便是施皮格伯格，同时也可以是指伽达默尔，后者在1963年发表了“现象学运动”长文。伽达默尔在文中所提出的“撰写一部现象学运动史的时间似乎已经到来”的主张（参见 Hans-Georg Gadamer, „Die phänomenologische Bewegung“, in *Philosophische Rundschau*, 11, 1963, S.1–45)，也可以说是对施皮格伯格于三年前出版的《现象学运动》的回应。然而胡塞尔研究界，尤其是鲁汶胡塞尔文库的研究共同体，似乎对施皮格伯格的工作并不十分认可。从前面提到的芬克夫妇对施皮格伯格的态度也已经可以看出端倪。当然，就笔者至此为止的阅读与研究经验而言，施皮格伯格的著述虽然很难被称作是精深的，但它们为此而在广博方面有相当大的补偿。即使施皮格伯格可能非常了解胡塞尔做过些什么，但却很难说十分了解胡塞尔是为何做的和如何做的。在这个意义上，他或许不能被看作是一个好的哲学家，但仍不失为一个好的哲学史家。

应当讲述胡塞尔一生平淡却独特的故事，后者应当论证胡塞尔思想系统的脉络与结构。这两者有许多相交与缠绕之处，但并不始终平行同步。当然这并不是难题或麻烦所在。真正给作者这里的写作带来困扰的是这样一种不可能性：不可能用全然讲故事、写评传的方法将胡塞尔的思想理路表达得真切如实，也不可能用全然讲道理、做论证的方式把胡塞尔的生活世界阐述得鲜活生动。

在多年的撰写过程中，笔者偶然读到妙莉叶·芭贝里所著的《刺猬的优雅》，其中小女主角帕洛玛的一个想法对自己不无启示。她想要写两本日志：一本是关于身体的，一本是关于心灵的。[①] 于是笔者心中生出这样的想法：或许用类似的方式来完成面前这本书的写作也不失为一种优雅的选择。大致说来，全书可以分成两个部分，身体的和心灵的：前一个部分关系生命的历程，后一个部分涉及思想的体系；前者通过胡塞尔在各个居住地之间的移动来再现：奥洛穆茨、莱比锡、柏林、维也纳、哈勒、哥廷根、弗莱堡，它们代表着胡塞尔各个时期的生命历程。——胡塞尔的妻子马尔维娜对胡塞尔生平的素描便是以此方式来勾画的；笔者在此期间编辑出版的《回忆埃德蒙德·胡塞尔》也属于这种编年史的叙事方式；[②] 而后者则通过胡塞尔生前发表的主要著作和讲授的主要课程的内容来重构：《算术哲学》、《逻辑研究》、《哲学作为严格的科学》、《纯粹现象学与现象学哲学的观念》、《内时间意识现象学讲座》、《形式逻辑与超越论逻辑》、《笛卡尔式沉思》、《欧洲科学的危机与超越论现象学》、《经验与判断》等，以及胡塞尔身后出版的遗稿的几个主题卷如“交互主体性现象学”、“伦理学”、“生活世界现象学”、“发生现象学”、“自然与精神”等，它们代表了

---

① 妙莉叶·芭贝里：《刺猬的优雅》，史妍、刘阳译，南京：南京大学出版社，2010年，第26页。

② 参见马尔维娜·胡塞尔：“埃德蒙德·胡塞尔生平素描”，同上书，第1–24页。

胡塞尔在其思想发展各个阶段上对各种问题的探讨与处理。——贝耐特、耿宁、马爱德三人多年前合著的《胡塞尔：他的思想介绍》，黑尔德为其编辑出版的两卷本《胡塞尔文选》所撰写的长篇胡塞尔思想的引论性阐述，以及扎哈维多年前发表的《胡塞尔现象学》都大致采用了这个叙述结构来展示胡塞尔思想的体系与发展。[①]

当然，身体与心灵是不可分的，它们始终内在地绞缠在一起——这是就实际的事情而言。但它们显然又是可分的，在身体早已成为尘埃之后，思想仍能长期地持存，甚至永存——这是就理论的抽象而言。虽然在这里不可能对两者进行纯粹的分离或纯粹的结合，但分两部分论述的做法至少为读者提供一个可能的选择：愿意将此书作为胡塞尔生平传记来读的，或愿意将此书作为胡塞尔思想导论来读的，可以各自选择身体的部分和心灵的部分。

不过，书都有其自己的命运！——这里的命运既可以指书在写成之后将会获得的外部接受和传播的天命与气运，也可以指在写作中业已亲历的内在生成与变易的宿命和运数。这里要说的是后者。

本书的最终构架是在几近完成时才确定下来的。全书分为两卷，第一卷论述胡塞尔的生平与著作。这相当于将帕洛玛意义上的两本日志纳入一本日志，成为其中的两个平行系列：生平的系列和著作的

---

① Rudolf Bernet/Iso Kern/Eduard Marbach, *Edmund Husserl. Darstellung seines Denkens*, Hamburg: Meiner, 1989; Klaus Held, „Einleitung“, in K. Held (Hrsg.), *Phänomenologische Methode. Ausgewählte Texte Husserls I*, Stuttgart: Reclam Verlag, 1985,„Einleitung“, in K. Held (Hrsg.), *Phänomenologie der Lebenswelt. Ausgewählte Texte Husserls II*, Stuttgart: Reclam Verlag, 1986; Dan Zahavi, *Husserls Phenomenology*, Stanford: Stanford University Press, 2003. ——这些著述现今都有中译本，可以参见贝尔奈特、肯恩、马尔巴赫：《胡塞尔思想概论》，李幼蒸译，北京：中国人民大学出版社，2011年；黑尔德："《现象学的方法》导言"、"《生活世界现象学》导言"，载于：倪梁康（译）：《西学中取：现象学与哲学译文集（下编）》，广州：中山大学出版社，2020年，第289–352页，以及扎哈维：《胡塞尔现象学》，李忠伟译，上海：上海译文出版社，2007年。

系列。

由于标记时间最早的胡塞尔的研究手稿写于1886年6月28日，即在他尚未进入而立之年时，而后他从这一年开始，日复一日地记录下自己所思所想所感所悟，并逐渐成为用笔来思考的人，直至他最后因病住院不治为止；即始于27岁或更早，终于79岁，绵绵不断52年。因而这里所说的“著作”，不仅是指他生前出版的著作，也包括他身后留下的讲稿、书信与四万多页的研究手稿，一言以蔽之，他的思想记录。

第二卷同样是身体与心灵或生平与思想的结合体：胡塞尔与他人的交互思想史。它不仅包含胡塞尔与同时代其他思想家的思想交流的历史，也包含他们之间的私人交往的历史。原先的计划是将这些交互思想的历史写在胡塞尔的生平思想传记之中，但写到后来就发现这是不可能的，因为无论是这些思想交流的延续长度，还是这些思想内容的广度和深度，都足以成为一部与思想传记平行而独立的著作。因此便有了从第一卷中脱离出来并与之并行，而篇幅甚至大于第一卷的第二卷：胡塞尔与他人的交互思想史。

只想大致了解胡塞尔生平思想的非专业读者便只需浏览和阅读第一卷中与生平有关的内容。笔者努力将它写成某种类型的身体日志。它占这卷三分之二的篇幅。如果读者还有进一步的兴趣，那么他也可以同时阅读这一卷中通过著述来表述的思想部分。笔者努力将它写成某种类型的心灵日志。它占该卷的剩余三分之一部分。对这两个部分的分列阐述在该卷中都是以编年史的顺序进行的。读者虽然不能将身体日志和心灵日志分开作为两部书来阅读，但仍可以在同一本书中沿一条路线阅读下去，这也意味着跳过另一条路线，例如跟随身体日志行进，撇开心灵日志；或者反之。这是一种将一本书分作两本书来阅读的方式。这个阅读和叙述的方式是从翁贝托·埃科所著《布拉格公墓》[①]那里学来的：故事叙述者的文字用宋体，插入的故事主角的日记是用仿宋体。笔者在这里也用宋体标示胡塞尔的生平与身体的部分，用仿宋体标示著作和心灵的部分。

实际上，后面这个仿宋体的著作与心灵部分需要两个方面：胡塞尔在其公开发表的著作中展现的思想发展，以及他在其独自思考的过程中记录下的心路历程。英加尔登很早便提到有必要对此做出区分："有一点我可以根据自己的经验说：需要撰写胡塞尔哲学的两个完全不同的历史：第一个是依据由胡塞尔自己发表的著述的历史。它们在一个特定顺序中的发表以及由它们引发的效应构成了一个历史事实。这种观察方式给出一条完全确定的、先后产生的理论与观点的发展线索……但是还有胡塞尔哲学的另一个发展进程，它在胡塞尔的真实的、延续五十多年的工作中成长起来，并且在手稿中得到落实。这个进程似乎不仅不同于第一条发展线索，而且至今为止看起来也异常复杂和捉摸不定。"[②]

这两条相互绞缠在一起的线索应当被有所分别地称作胡塞尔的心灵表达史和心灵独白史。前者由九篇对胡塞尔生前已发表著作的介绍与评论组成，后者由十多篇对胡塞尔生前未刊发的遗稿的介绍与评论组成。

接下来，在后面的第二卷中同样提供了两条路线的选择，尽管是以不同于第一卷的方式。对胡塞尔与他人交互思想史的追踪也是以编年史的顺序进行的。这里的两条路线是指胡塞尔在不同的生命阶段与不同的他人的私人关系线索与思想交往线索。几乎在每一章中都会有这样两条线索交叉缠绕地向前游行。

---

① 翁贝托·埃科：《布拉格公墓》，文铮、娄翼俊译，上海：上海译文出版社，2020年。

② 参见罗曼·英加尔登："回忆埃德蒙德·胡塞尔"，倪梁康译，载于倪梁康（编）：《回忆埃德蒙德·胡塞尔》，同上书，第173页，注②。

在第一卷和第二卷中对胡塞尔和周边与之有相互影响的各个人物的介绍难免会有一定程度的重合。不过这两卷中的相关介绍，即在生平中对他人的介绍与在交互思想史中对他人的介绍，基本上是成反比的：在第二卷中所做的介绍越是详细，在第一卷中的相关介绍就是越简略；而在第二卷中未涉及的人物，在第一卷中的介绍则尽可能的详细。对此有两个典型的案例：在第一卷中基本上没有关于舍勒和海德格尔的生平思想及其与胡塞尔思想关系的专门讨论和阐述，因为在此前从第二卷中抽取出版的两个单行本《胡塞尔与舍勒：人格现象学的两种可能性》（商务印书馆，2018 年）与《胡塞尔与海德格尔：弗莱堡的相遇与背离》（商务印书馆，2016 年）中，这些讨论和阐述已经在总体上完成。

关于本书第二卷还需强调的是：它主要是为一些学科的专业读者而写的，主要涉及哲学、数学、逻辑学、心理学、心理病理学、物理学、伦理学、审美学、政治学、社会学、法学、历史哲学、语言哲学、艺术哲学、人类学、教育学、神学乃至神秘学、超心理学等等学科。当然，前提是这些读者在专业之外也对哲学和现象学感兴趣。在胡塞尔与他人的私人交往和思想交流中，现象学与这些学科的内在联系和相互影响始终以或隐或显、或强或弱的方式表露出来。

下面的反思交响曲将分这样两个彼此相对独立又相互关联的双重乐章展开。

第一幕　从出生到担任教职
（1859-1887年）

故乡：摩拉维亚地区的普罗斯尼茨

1859年4月8日，埃德蒙德·胡塞尔诞生于普罗斯捷耶夫（Prostějov），当时的德语地名为普罗斯尼茨（Proßnitz）。这个今天约有一万人的小城镇位于欧洲中部布拉格以东的麦伦/摩拉维亚地区（Mähren/Mrava）。胡塞尔的家族几百年前便移居于此。摩拉维亚的首府历史上有很长一段时间是位于普罗斯尼茨东北部的名城奥洛莫乌茨，而布拉格则是波西米亚地区的首府。在胡塞尔出生的那个时代，这两个地区还属于奥匈帝国，拥有深厚的哈布斯堡-日耳曼文化传统。当时这里居住着几百万德意志族人，除了胡塞尔之外，其中最为著名的还有生于波西米亚首府布拉格的作家弗兰茨·卡夫卡（Franz Kafka,1883-1924）与哲学家-数学家鲍尔查诺（Bernard Bolzano,1781-1848），生于摩拉维亚首府布尔诺的哲学家马赫（Ernst Mach,1838-1916）、数学家-逻辑学家库尔特·哥德尔，生于摩拉维亚地区的精神分析学家西格蒙德·弗洛伊德（Sigmund Freud,1856-1939）与遗传学家格里戈尔·孟德尔（Gregor Mendel,1822-1884），生于波西米亚地区的音乐家古斯塔夫·马勒（Gustav Mahler,1860-1911），如此等等。如今的摩拉维亚地区和波西米亚地区已经属于捷克共和国，它们共同组成捷克共和国的版图。

在今天的旅游手册上很难找到关于普罗斯尼茨的介绍。纵使有之，在其中也不会出现胡塞尔的名字，而大都与一个1974年在这里成立的“哈剧院”（Theater Ha）有关。[①] 从普罗斯尼茨向东北方向行几十里，便是摩拉维亚地区几百年前的首府、今天的奥洛莫乌茨州的州府奥洛莫乌茨（Olmütz/Olomouc），胡塞尔曾在这个城市上文科中学。[②] 而从普罗斯尼茨向南则是霍多宁（Göding/Hodonin），这是胡塞尔的同学、后来的另一个历史性人物、第一任捷克斯洛伐克总统马塞里克（Thomas G. Masaryk,1850-1937）的出生地。后面还会再提到他与胡塞尔的特殊关系。从普罗斯尼茨向南走几十里就是摩拉维亚地区的首府布尔诺（Brünn/Brno），如前所述，它是当今最重要的数学家和逻辑学家哥德尔的诞生地，他与胡塞尔的关系在后面会得到详细讨论。在胡塞尔去世前十年，即1927年，日后享誉世界的捷克作家米兰·昆德拉（Milan Kundera,1929-2023）在这里出生。他对胡塞尔现象学的推崇在其“被诋毁的塞万提斯的遗产”[③] 一文中可见一斑。

细心的读者会发现，这里所提到的摩拉维亚地区地名均以德文和捷克文两种语言标出。原因很简单：摩拉维亚地区与波西米亚地区一样，在十二和十三世纪时便有大批德国人迁居于此，这里的人大多使用德语。第一部波西米亚和摩拉维亚的历史便是用德文出版的。但

---

① “哈剧院”于1974年在普罗斯捷耶夫成立，主要上演作家L.克利马（L. Klimas, 1878-1928）的“人间悲喜剧”。“哈”（Ha）在这里是普罗斯尼茨所处的哈拿（Hana）地区（摩拉维亚地区的分区）之简称。

② 笔者于2000年11月14-19日参加奥洛莫乌茨大学哲学系组织的“胡塞尔《逻辑研究》发表100周年纪念国际研讨会”，其间参观过普罗斯捷耶夫和奥洛莫乌茨。根据当地学者的介绍，维特根斯坦也曾在这个城市滞留，并曾申请作市政厅钟楼上的敲钟人。这很可能是他于20年代初不再担任小学教师并计划进入修道院期间发生的事情。关于奥洛莫乌茨，还可以参见笔者：“奥洛莫乌茨印象”，载于《会意集》，北京：东方出版社，2001年。

③ 参见米兰·昆德拉：《小说的艺术》，孟湄译，北京：三联书店，1992年，第1-19页。

在二次大战之后，德意志族人被指与纳粹在二战期间合作而遭到驱逐，三百多万德意志族人被迫离开捷克斯洛伐克，返回德国和奥地利等国。在今天的捷克，日耳曼语言文化的痕迹逐渐淡出，只是时而遇到一些年迈的长者还能说一口流利的德语，年轻人大多使用捷克语与英语。如今的地名，已经全部以捷克文标示。德文的地名仅存于以德文出版的捷克地图和旅游指南上。

对于胡塞尔本人而言，即使在他已经定居德国几十年之后，即使在1918年已经成立捷克斯洛伐克共和国之后，他仍然将自己看作是这一地区的公民，仍然将这个地区称之为“我的可爱而古老的祖国”（Brief. VIII,58）。1915年，当胡塞尔的女学生埃迪·施泰因在位于麦伦-魏斯基兴的野战医院里作为志愿的护士为德国一次大战的伤员做护理时，胡塞尔在给她的信中挂念地询问：从魏斯基兴望出去能否看到那里最高的阿尔特法特山。[①] 而根据胡塞尔后来的学生、捷克哲学家扬·帕托契卡的回忆，他在1933年第一次拜访胡塞尔时，胡塞尔表露出由衷的高兴：“啊，终于有这一天！我已经有了来自世界各地的学生，但一位同胞来到我这里——这还从来没有发生过。”[②]

可惜胡塞尔在普罗斯尼茨的故居现在已经不复存在。上世纪五十年代末，当时的捷克斯洛伐克政府计划在胡塞尔故居附近建一座大型购物中心。于是这一带被夷为平地。故居与周围的建筑后来被一个停车场所取代。一年后，亦即1960年时任比利时鲁汶大学胡塞尔文库主任的范·布雷达（Herman Leo Van Breda,1911–1974）与胡塞尔的弟子欧根·芬克来到普罗斯尼茨寻访胡塞尔的故居，才发现任

① 参见 Edith Stein, *Aus dem Leben einer jüdischen Familie*, ESGA 1, Freiburg i. Br.: Herder Verlag, 1961, S. 263. 下文中引用该书仅标注 ESGA 1+ 页数。

② 参见 Jan Patočka, „Erinnerungen an Husserl“, in Walter Biemel und das Husserl-Archiv zu Löwen (Hrsg.): *Die Welt des Menschen. Die Welt der Philosophie. Festschrift für Jan Patočka*, Den Haag: Martinus Nijhoff Verlag, 1976, S. VIIIf.

何挽救的措施都为时已晚。

除此之外，还要提到的是，摩拉维亚地区自 863 年以来便有信奉基督教的传统。这也是胡塞尔本人后来从摩西教转而皈依基督教的历史原因。

童年与青少年时代

胡塞尔的父亲阿道夫·亚伯拉罕·胡塞尔（Adolf Abraham Husserl,1827-1884）是一个商人。母亲尤莉亚·胡塞尔（Julia Husserl,1834-1917），婚前姓瑟林格（Selinger）。父母亲都是犹太裔人。胡塞尔是四个孩子中的第二个，他有一个哥哥海因里希（Heinrich Husserl,1957-1928）、一个妹妹海伦娜（Helene Husserl,1863-1939）和一个弟弟埃米尔（Emil Husserl,1869-1942）。胡塞尔的家庭当时在宗教上信奉犹太教中的摩西教，但父母在这方面并不苛严，而是十分宽松自由。

“胡塞尔”这个姓氏属于相当罕见的一种，当然不能算是百家姓。与胡塞尔同姓的人不仅在思想史上难寻，而且在整个世界上也并不多见。这有点像他曾经的学生、另一位哲学家海德格尔，这个名称也极少见到。笔者的博士后指导导师克劳斯·黑尔德（Klaus Held）曾说他的姓氏与海德格尔早先有关系，可以说几百年前是一家。胡塞尔家族中小有名气的是他的哥哥海因里希，以诗人的形象保留在文化史上。他著有《白日梦》、《神圣时刻》、《沉默的愿望》等四部诗歌散文集，其中三部至今仍在旧书网上有售，或是作为初版本，或是作为重印本。[①]

---

① 参见 Heinrich Husserl, *Heilige stunden*, Wien/Leipzig: Deutsch-österreichischer Verlag, 1918; *Träume des Tages*, Zürich/Wien/Leipzig: Amalthea-Verlag, 1919; *Die stummen Wünsche*, Wien: Paul Knepler Verlag, 1921.

另一则与“胡塞尔”姓氏有关的故事存于胡塞尔的师弟、同为犹太裔哲学家的胡戈·贝格曼（Hugo Bergmann,1883–1975）的日记。他在 1962 年 4 月 18 日记载说，他的一位画家朋友（Juda Bacon）在前一天给他送来逾越节的礼物时告诉贝格曼：他有位客人来自伦敦，是一位 23 岁的姑娘，名叫兹登达·胡塞尔（Zdenda Husserl）。她在世上孤身一人，没有亲属。画家现在想依据她的姓氏“胡塞尔”来寻找她的家族。贝格曼向他承诺会写信给比利时鲁汶大学的胡塞尔文库询问。[①] 但在贝格曼后来的日记中并没有关于这个询问结果的报告。

胡塞尔本人从未撰写过自传之类的东西，他在《哲学家的自我介绍》中署名发表的那篇文字并非是“自我介绍”，而是出自芬克之手；[②] 我们在他未发表的遗稿中至今也未发现有这方面的文字。因而关于他的童年，我们大多只能从他在研究手稿中的只言片语的回忆中得知：“如果我回返地追溯我青年时代中的我，如果我例如回想我在普罗斯尼茨的童年时代，想到我的儿童房间以及我在其中的玩耍；想到我在冬日如何凝视着从对面玻璃工厂的烟囱中飘出的在阳光下闪烁的烟云的缭绕，如此等等，想到我如何穿过狭窄的小巷，路过教堂，走到市场，如此等等。我回忆起我如何为与别人打赌而在城墙上奔跑，我如何为自己是这样一匹‘好马驹’而感到骄傲……”[③] “我回忆起我的青年时代，我的初恋时代。我在普罗斯尼茨的园丁海因那里。我摘下一朵美丽的 La France 玫瑰。它的芬芳让我着迷……或者我回

---

① 参见 Samuel Hugo Bergmann, *Tagebücher & Briefe*, Band 2: 1948–1975, Königstein im Taunus: Jüdischer Verlag bei Athenäum, 1985, S. 410f. ——后面在第四幕讨论布伦塔诺学派时还会进一步涉及胡塞尔与贝格曼的关系。

② 参见 Edmund Husserl, „Selbstdarstellung im *Philosophen-Lexikon* (1937)“, in Hua XXVII, S. 245–254.

③ Ms. A VI 10/25b; *Husserl-Chronik*, 1.

忆起我与海因里希的打斗，肌肉的感觉，疼痛的感觉，大笑，等等。”[①]

还有一段广为流传的胡塞尔童年回忆最初源自勒维纳斯的口述。《胡塞尔全集》第1卷《笛卡尔式沉思》的编者斯特凡·施特拉塞尔在其“编者引论”中引述了这个故事：“勒维纳斯博士告诉编者一个胡塞尔在斯特拉斯堡逗留期间讲述的小故事：他在孩童时期曾收到一把小刀作为礼物。可他发现，刀刃不够利，于是便不断地磨它。小胡塞尔只想把小刀磨利，却没注意到，刀片变得越来越小，几近消失。勒维纳斯保证说：胡塞尔是用感伤的语调讲述了这段童年回忆，因为他赋予这段回忆以一种象征的含义。”[②] 这里所说的象征意义在于，胡塞尔可能已经意识到一个贯穿在他自己哲学生涯中的倾向：始终想要完善自己的哲学方法，甚至不惜为此牺牲最终的系统表述。[③]

从六岁(即1865年)起，胡塞尔开始在普罗斯尼茨上学。那时的教育体制与今天的相比有很大分别，尽管许多名称还是相同的。胡塞尔当时上的是一种名为“Hauptschule”的市立学校。这种学校现在已经被称作“中学”，有别于通常意义上的“小学”(Grundschule)。但在胡塞尔的时代，它显然还属于今天意义上的初小。胡塞尔在这里读了四年。这段时间他的表现看起来不错。因为在1868年2月，即在第四年级第一学期结束时，他的名字曾作为被奖励者载入普罗斯尼茨

---

① Ms. L. I. 9/7; *Husserl-Chronik*, 2.

② 斯特凡·施特拉塞尔：“编者引论”，载于胡塞尔：《笛卡尔沉思与巴黎讲演》，张宪译，北京：人民出版社，2008年，第8页(中译文略有改动)。

③ 在1907年10月15日致康拉德(Theodor Conrad)的一封信中，胡塞尔叙述了一个与他童年故事类似的、他自己清楚意识到的问题：这年康拉德首先致函胡塞尔，并寄送给胡塞尔一支金笔作为六十岁生日礼物。胡塞尔在回信中写道：“至于您的金笔，我没有解决让它用起来顺手的问题。我已经将它弯曲、打磨到完全可用它来写字的程度了。可惜我还一再地想让它变得更好，并且幸运地让它变为全然无法使用的了。现在大概已经无可救药了，我将它寄还给您，因为它还代表着一定的黄金价值。无论如何要感谢您的善意，并请您原谅我的这种败坏性的细腻(Subtilität)”(Brief. II, 15)。

市立初小的荣誉册。

结束在普罗斯尼茨的初小学习后，胡塞尔九岁那年（1868 年）被父亲的一个亲戚带到维也纳的一所实科文科中学（Realgymnasium）读书，以便日后能够进入高级文科中学（Gymnasium）学习，再后能够直接进入大学。实科文科中学这类形式的学校如今在德国已经不复存在，它类似于今日德国的“综合中学”（Gesamtschule），偏重于教授自然科学和现代语言，而不是像高级文科中学那样将重点放在人文科学和古代语言上。

次年（1869 年）胡塞尔便从维也纳回到奥洛莫乌茨，在这里读高级文科中学，直至 1876 年。胡塞尔在中学期间的表现并不出色，给人的印象以负面的居多。他的一位同学对他有这样的回忆：“他是一个大瞌睡虫。他习惯于在上课时熟睡，而我们中的某个人不得不推他，把他叫醒。老师叫他时，他会睡眼惺忪地站起来，打着哈欠，张口结舌。他对学校的一切都不感兴趣，只有一个例外，他在数学方面有极为出色的进展，尽管老师的要求事实上非常严格。他在家里读了很多书”（*Husserl-Chronik*, 3）。这与胡塞尔的太太马尔维娜对胡塞尔在文科中学阶段状况的描述是一致的：他在文科中学里是一个坏学生，对课程没有兴趣，缺乏任何抱负。但在每年结束时他都花费一定的心力，刚好使得他不至于留级。[①]

根据胡塞尔自己的回忆，他在十三、四岁时曾深入地思考过宗教问题，不是指“忏悔”问题，而是上帝实存的问题。[②] 他在五年级和六年级给出的职业计划是“法律”，七年级和八年级时则选择“哲学”，而按照他的同学的回忆，胡塞尔在七年级时想以天文学为自己的职

---

① 参见马尔维娜·胡塞尔：“埃德蒙德·胡塞尔生平素描”，同上书，第 9 页。

② 参见 Dorion Cairns, *Conversations with Husserl and Fink*, Phaenomenologica 66, Den Haag: Martinus Nijhoff, 1976, p. 46.

业。这并不矛盾，因为当时的天文学学科还归属在哲学院系。

实际上胡塞尔在文科中学前几年的成绩一直属于中等偏上的。根据胡塞尔高中毕业证明上的成绩，舒曼概括地总结说："他的努力大都被称之为'令人满意的'或'充分的'；在三年级时他恰恰因为在数学和拉丁文（拉丁文成绩的评语：'得到允许在假期后修补不及格的分数'）方面成绩欠佳而作为'参差不等的'受到警告。作文的外在形式在最初几个年级大都被评为'不清洁的'或'仓促的'；从第六年级开始才被评为'非常可喜的'、'可喜的'或'相当认真的'。然而，从当时通行的'排名序号'来看，他从第二年级到第六年级的成绩完全处在全班平均成绩的上半部分。诚然，这个曲线在中学的最后两个年级则表明是陡然下行的。胡塞尔在第七年级排在二十三名学生中的第二十位，此后是第十六位，在第八年级则甚至只排在十七名学生中的第十七位，而后是在十六名高中毕业生中的第十六位。"①

对于最后的中学毕业考，马尔维娜·胡塞尔后来描述说："在最后一年级时他得知教师会议已经决定：'胡塞尔必须在毕业考试中不及格；他在这些年里要弄了我们。'现在胡塞尔怎么办？他首次测试了自己异乎寻常的工作强度：凌晨五点起床，并补习所有那些他还不熟悉的学习材料。在此期间，数学理论的无比之美对他的命运产生影响。高中毕业就这样逐渐临近。唯有胡塞尔必须参加所有学科的口试。结束时校长骄傲地对主席说：'督学先生，胡塞尔曾是我们最差的学生。'"②

马尔维娜·胡塞尔在这里提到的胡塞尔毕业时对数学的兴趣以及在毕业生成绩单上表现出来的此前对物理学的兴趣（高中阶段唯有物理学一门功课的成绩是"杰出的"），决定了他的大学学习生涯最初

---

① 马尔维娜·胡塞尔："埃德蒙德·胡塞尔生平素描"，同上书，第 9 页，注释①。

② 马尔维娜·胡塞尔："埃德蒙德·胡塞尔生平素描"，同上书，第 9-10 页。

几年的学习方向。

莱比锡大学的学习生活

1876年秋，胡塞尔开始他的大学学习生涯。首先是在莱比锡大学，他听了三个学期的天文学课程，同时也听一些数学、物理学和哲学的讲座。从马尔维娜·胡塞尔的描述中可以看出，胡塞尔对光学以及望远镜有一种近乎狂热的嗜好，对于胡塞尔来说，它是“某种完全不可抗拒的东西”。马尔维娜认为，“这可能是通过几个学期的天文学学习而得到促进的。”这个爱好贯穿在胡塞尔的一生中，直至他去世。① 当然，也许这里的因果关系恰好相反，是对光学和望远镜的偏好促使胡塞尔进入大学时首先选择天文学为自己的学习方向。

---

① 关于胡塞尔对望远镜的嗜好，马尔维娜曾有一个异常详细的回忆：“作为年轻的大学生，他得到过一个蔡司望远镜，并听从其内心的冲动而对它进行仔细的研究，而后确定在一个镜片上存有模糊斑点。他立即决定将望远镜寄到耶拿的蔡司工厂，随即便得到当时的经理阿贝教授[根据舒曼的说明：恩斯特·阿贝(Ernst Abbe,1840–1905)于1870–1896年期间是耶拿的教授，自1866起领导卡尔·蔡司的光学工场。在此后的年代里他接管了整个蔡司工厂](大概是他赋予了耶拿这家光学工厂以世界意义)提供的到其研究所工作的邀请，因为‘没有一个受过训练的检验者曾发现这个错误。他肯定会前途无量。’胡塞尔想要接受邀请，但正如在他生活中常常发生的那样，做出决定的并非是他自觉到的意志，而是另一个意志。

对光学望远镜的钟爱一直伴随到他去世。他身边始终带着一个望远镜，哪怕是在短暂散步的过程中。他拥有所有型号和系统的望远镜。[舒曼也证实说：“有几张照片显示胡塞尔拿着望远镜。梵·布雷达神父告诉我，胡塞尔在一次大战时将他收集的大量望远镜都转交给了德国军队。”]当我晚上让他注意一个特别的星座时，他会立即放下笔而跑到阳台上去。

去世前两个月，他希望得到一个新结构的望远镜，当我告诉他已经订购了这种望远镜时，他的眼睛烁烁发光。”参见马尔维娜·胡塞尔：“埃德蒙德·胡塞尔生平素描”，同上书，第10页。

无论如何，胡塞尔虽然没有加入到蔡司光学公司的望远镜事业发展中去，但他一生的工作却最终应和了蔡司公司的品牌口号：“我们使之成为可见的。”也就是说，让原本不可见的东西变得可见。而在胡塞尔这里，“见”，不再是指视觉的望见，而是指精神的察见。

威廉·冯特

这段时期的少许哲学课程是胡塞尔在威廉·冯特(Wilhelm Wundt,1832–1920)那里旁听到的。严格说来，冯特是首先是一名心理学家；他只是在从心理学立场出发讨论认识问题或宗教问题时，才算得上是哲学家。在此意义上也可以说，冯特是一位心理哲学家或哲学的心理学家。当时冯特在莱比锡大学刚刚执教一年，但已经具有相当高的声望。胡塞尔后来在给布伦塔诺的信中曾将冯特称作"有影响、有名望的人"(Brief. I,25)。三年后冯特在莱比锡大学建立了世界上第一个实验心理学研究所，并在这里持续工作四十五年之久，直至在这里去世。或许胡塞尔当时是出于对著名教授的好奇而去旁听他的哲学人类学课程，当然也许还有其他原因可以解释他为何去参加一门哲学的课程。然而事实上如马尔维娜·胡塞尔所说，哲学在其维也纳生涯开始之前并未在胡塞尔生命中扮演过任何角色。

如今已经难以估计冯特对胡塞尔的影响当时有多大。无论如何可以确定的是，胡塞尔此后在其发表的第一部著作《算术哲学》已经多次提到冯特，而在后来的《逻辑研究》则更是将冯特列入他所批判的心理主义代表人物的名单中。至于冯特那方面，他在胡塞尔《逻辑研究》发表之后曾撰写过一篇被胡塞尔称作"伟大的和真正闪光的论文"(Hua XX/1,314)："心理主义与逻辑主义"。在此论文中，如霍伦斯坦所说，"冯特从根本上承认在《导引》[即《逻辑研究》第一卷]中的心理主义批判。他所反对的是对心理学的'逻辑主义'构想，亦即一种根据逻辑范畴来建构的心理学，他相信在《逻辑研究》的第二部分可以发现这样一种心理学。"[1] 而胡塞尔这方面则在 1913 年 9 月

① 参见埃尔玛·霍伦斯坦："编者引论"，载于胡塞尔：《逻辑研究》(第一卷：《纯粹

为《逻辑研究》第二版所写的一个"序言"的草稿中用整整一节的篇幅来应对和反驳冯特的这个"逻辑主义"的指责。但他后来并未使用这个草稿。直到他去世后，鲁汶胡塞尔文库才将这个草稿收入《胡塞尔全集》第 20 卷《逻辑研究 · 补充卷》出版。[①]

与冯特的精神联系与思想交锋会在后面第二卷第五章中得到专门的讨论。这里可以先概括地说：在胡塞尔这方面，他反对任何形式的将心理学自然科学化的做法，当然也反对实验心理学；而在冯特这方面，虽然他曾将心理学视为自然科学，但后来也改而将其纳入精神科学。

托马斯 · 马塞里克

胡塞尔去旁听冯特的哲学报告的另一个可能原因是他受到托马斯 · 马塞里克的影响。[②] 后者是胡塞尔在莱比锡大学结识的最重要人物。在十卷本的《胡塞尔书信集》中，胡塞尔保存的第一封信便是马塞里克于 1877 年写给他的信。马尔维娜甚至将胡塞尔与马塞里克的关系称作胡塞尔"第二条生命线的起点"。[③] 如前所述，马塞里克是胡塞尔的同乡，来自摩拉维亚的霍多宁。四十多年后，马塞里克成为将波西米亚、摩拉维亚与斯洛伐克三个地区结合为一的捷克斯洛伐克共和国第一任总统(1918–1935 年)，即胡塞尔在晚年(1936 年)仍然称之为"我的可爱而古老的祖国"(Brief. VIII,58)的总统。

在 1929 年作为捷克斯洛伐克总统写给胡塞尔的生日祝贺信中，

逻辑学导引》)，倪梁康译，上海：上海译文出版社，2006 年，第 42–43 页。

① 胡塞尔："《逻辑研究》第二版'序言'草稿的两个残篇"，倪梁康译，载于《中国现象学与哲学评论》第十四辑，上海：上海译文出版社，2014 年。

② 马塞里克在 1878 年 1 月 20 日从维也纳写给胡塞尔的信中曾希望胡塞尔能够向他大致说一下冯特的"人类学"讲座的情况(Brief. I, 103)。

③ 参见马尔维娜 · 胡塞尔："埃德蒙德 · 胡塞尔生平素描"，同上书，第 11 页。

马塞里克回忆说："不言而喻，我一直在饶有兴趣地关注着您的哲学事业，同时我会一再地回忆起，我们如何在凳子上相邻而坐，聆听并记录措尔纳(J. Zöllner)、冯特等人的讲演"(Biref. I,116)。

胡塞尔在晚年对马塞里克的回忆中写道：

> 他是我的第一个老师，是第一个在我心中唤起了对世界与生活的伦理理解的人，这种伦理理解在任何一个方面都规定着我的哲学。十七岁半时，我来到莱比锡学习天文学。与此同时(1876年秋)，马塞里克也来到那里，他是一位年青的哲学博士，当时担任一位银行家儿子的教师。作为摩拉维亚的同乡，我们彼此很快便认识了，而马塞里克成为了我的良师益友。我与他一同参加哲学讲座——当时因我的学业之故并非作为我的学科——，而他作为哲学博士当然先行于我许多，他帮助我理解实事，并向我这个未成年人指明独立思考的道路。他首先治愈了我的错误的、不道德的民族主义，它的原则是仇恨与无尽的自私，而非具有兄弟情谊的共同体。他指出瑞士的例子：在那里，三个民族在一个几百年的历史共同体中长期以来便已经达成了一个瑞士式的爱国主义，并且构成了一种独一无二的民族性，它由三个彼此处在兄弟关系中的民族团体组成。我们这些捷克人和德国人也不可分割地处在同样的历史命运中——拥有同样的祖国，怀有同样的爱国心。当时我便坚信，这个人负有承担大任、甚至最大任务的使命，负有成为整个捷克民族中的民族的引领者与教育者的使命。八十年代初，当马塞里克还在维也纳作私人讲师时，我作为朋友常常去他家中拜访他，并且对他抱有同样的观点。当时他也十分强烈地影响着我。此后我曾去布拉格拜访过他一两次。可惜当时我的被聘去布拉格任教的愿望(有一次已经相当地接近成

功)——或被另一所奥地利大学聘任的愿望——并未得到实现。前不久我根据马塞里克文献馆的期望而将他寄来的那些极为亲切的信函转交给了文献馆。马塞里克有理由受到当今同时代人的最高敬重，但愿他对于他的国家的公民而言不只是一个骄傲，而且也(像科内利乌斯那样)是并且始终是道德良知的一个典范(Brief. VIII, 59)。

胡塞尔与马塞里克的友谊以及他对后者的敬佩之情在这里得到了充分的表露。

马塞里克在莱比锡不仅“将这位年青的、而且显然为他十分喜欢的同乡胡塞尔引入七城堡-萨克森的同学会”[①]，而且也使胡塞尔注意到近代哲学的开端，他建议胡塞尔作为哲学的初学者首先以笛卡尔、英国经验主义与莱布尼茨为出发点。从马塞里克于1878年1月20日从维也纳写给胡塞尔的信中已经可以看出他在哲学思考方面对胡塞尔的最初影响：他从柏拉图、休谟开始，一直谈到康德、穆勒，并且最后说：“这是我的哲学思考的简短概要，为了便于理解，我就不拘一格地向您做了素描式的简述。如果您如您打算的那样想要去触动数学的哲学问题，那么您就已经被引向了对经验与数学之区别的明确把

① 马尔维娜·胡塞尔：“埃德蒙德·胡塞尔生平素描”，同上书，第2-3页。“七城堡”(Siebenburgen)是自十二世纪起为德语少数民族移居的一个中欧地区的德语名称。这个地区如今涵盖了罗马尼亚的中心地带，在罗马尼亚语中被称作特兰西瓦尼亚(Transilvania)。这里居住着中欧现存最古老的德国移民群落，他们也自称为或被称为“七城堡人”或“七城堡的萨克森人”。但后者实际上是一个历史的误称；这些移民与德国的萨克森地区无关；“萨克森”有可能是“德意志”的一个发音转换。这个七城堡移居地从未与德意志帝国的领土相连，而是先后属于匈牙利王国、七城堡公国、哈布斯堡王朝和奥匈帝国。据统计，1930年时在七城堡还生活着约三十万七城堡人，2007年时却已不到一万五千人。主要是因为自二十世纪七十年代以来，七城堡居民开始向联邦德国回迁，回迁的数量尤其自九十年代以后激增。此外，在奥地利和北美也有由相当数量的七城堡人组成的社团。

握以及对公理之本性的澄清”(Brief. I,102f.)。

很可能是因为这个缘故，胡塞尔在莱比锡第一学期所读书目中便有贝克莱的著作。但很可能并非如施皮格伯格所说这是他研究的第一位哲学家的著作[①]，因为在晚年与凯恩斯的谈话中，胡塞尔明确告知他阅读的第一位哲学家是叔本华，而且在莱比锡第一学期才开始阅读贝克莱，同时他还回忆起自己当时如何在其他同学面前为贝克莱辩护，如此等等。[②]除此之外，胡塞尔在此期间还购置了宇伯维克的《近代哲学史纲要》(*Husserl-Chronik*,5)。

马塞里克对胡塞尔的影响不仅在于学术与知识方面，而且也在宗教与信仰方面。在他的影响下，胡塞尔于1886年4月26日放弃自己的犹太教-摩西教信仰，在维也纳的基督教市立教堂受洗，转而成为一名基督教徒，那时胡塞尔刚刚27岁(*Husserl-Chronik*,15f.)。

马尔维娜·胡塞尔(施泰因施奈德)

在莱比锡生活的第二年，即1878年，胡塞尔与马尔维娜·施泰因施奈德(Malvine Steinschneider,1860–1950)订婚。是年胡塞尔19岁，马尔维娜18岁。马尔维娜的家庭与胡塞尔的家庭一样，属于那些很久以来便定居于摩尔多瓦地区普罗斯尼茨城的说德语的犹太家庭。她的父亲西格斯蒙德·施泰因施奈德原先在七城堡地区的克劳森堡(今日罗马尼亚的克卢日-纳波卡)的学校任职，马尔维娜便出生在这个城市。至迟在她四五岁时，这个家庭重又迁回到普罗斯尼茨，她的父亲在这里先担任犹太小学的教师，日后又成为实科中学

---

① 参见 H. Spiegelberg, „Perspektivenwandel: Konstitution eines Husserlsbilds”, in H. L. Van Breda/J. Taminiaux (Hrsg.), *Edmund Husser 1859–1959*, Phaenomenologica 4, La Haye: Martinus Nijhoff, 1959, S. 58.

② Dorion Cairns, *Conversations with Husserl and Fink*, ibid, p. 47.

（Realschule）的教授。[①] 她最初在普罗斯尼茨上犹太小学，并且“在所有四个年级里都是优秀生”。[②] 十二岁时，她按照父母的愿望到维也纳上那里的圣安娜修女学校。[③]

马尔维娜与胡塞尔很可能是在胡塞尔于奥洛莫乌茨上德语文科中学的第二至第八年级期间（1869－1876）彼此相识并产生好感。只是我们最终已无法、当然也无须考证确定：前面提到的胡塞尔所说“我的初恋时代”是否只是与马尔维娜有关，以及那朵“美丽的 La France 玫瑰”是否就是为马尔维娜所摘（Ms. L. I. 9/7；*Husserl-Chronik*,2）。

从种种迹象来看，马尔维娜具有的家庭背景与胡塞尔的略有不同。她出生在一个较多保持了传统信仰的犹太家庭里，因此她上的小学是犹太小学。但如前所述，摩拉维亚地区自 863 年以来便有信奉基督教的传统，而且她的父母也安排她去维也纳的基督教中学读书，这也表明她的家庭在宗教信仰方面仍然有着自由和宽容的氛围，这与胡塞尔的家庭又有相似之处。胡塞尔于 1886 年 4 月 24 日在维也纳的一所教堂接受洗礼，开始信奉基督教。一年之后，马尔维娜·施泰因施奈德也在同一教堂受洗，皈依基督教。这次受洗很可能是为了他们当年随后举行的婚礼而准备的。在胡塞尔去世后，马尔维娜于 1941 年最终又转而皈依了天主教。[④]

还有一点无法确证：胡塞尔是否因为马尔维娜的出生地是七城堡的缘故才有兴趣随马塞里克一同进入莱比锡大学的七城堡同学会。马尔维娜自己回忆说：七城堡同学会“里面全部都是或几乎全

---

① 关于马尔维娜·胡塞尔可以参见舒曼为马尔维娜·胡塞尔的“埃德蒙德·胡塞尔生平素描”所撰写的“编者引论”，同上书，第 1－8 页。

② Jan Kühndel, „Edmund Husserls Heimat und Herkunft“, in *Archiv für Geschichte der Philosophie*, Bd. 51, H. 3, 1969, S. 289.

③ 参见舒曼：“编者引论”，同上书，第 3 页。

④ 参见舒曼：“编者引论”，同上书，第 7 页。

部都是神学家。胡塞尔与其中的几个人结下了终生的友谊"[①]，如古斯塔夫·阿尔布莱希特(Gustav Albrecht)和海尔曼·小格拉斯曼(Hermann Ernst Grassmann)等，"两个人都属于我们毕生——无论年轻时还是年迈时——都保持联系的非凡人物的圈子。"[②]

此外，对于胡塞尔日后的思想发展而言尤为重要的是，胡塞尔通过马塞里克而了解到一个几年后对他一生的哲学道路具有决定性影响的同时代哲学家——弗兰茨·布伦塔诺(Franz Brentano, 1838-1917)。马塞里克本人便是布伦塔诺的学生，后来在任捷克斯洛伐克总统期间还推动过布伦塔诺著作集的出版。然而正如马尔维娜所说，在莱比锡大学以及随后的柏林大学的读书期间，"胡塞尔已经把他的灵魂托付给了数学，而哲学这时还不能将他吸引过去。但布伦塔诺之魔力的推动并未消失，它只是在几年之后才发挥作用。"[③]

柏林大学的学习生活

两年后胡塞尔放弃了天文学的学习，于1878年离开莱比锡转学到柏林大学，在哲学系注册，学习数学和哲学。"教学方式、枯燥的表格计算以及或许还有更深的原因驱使他走向所有科学中最严格的科学：数学，并且走向柏林。"[④]

胡塞尔在柏林大学一共学习了六个学期。在此期间他曾听过哲学家和逻辑学家埃德曼(B. Erdmann)、物理学家基尔希霍夫(G. Kirchhoff)、数学哲学家克罗内克(L. Kronecker)、数学家库默尔(E.

---

① 马尔维娜·胡塞尔："埃德蒙德·胡塞尔生平素描"，同上书，第11页。

② 关于马尔维娜的宗教信仰以及其他特性而引起的同时代人对其褒贬不一的评价，我们将会放在后面的弗莱堡时期讨论。

③ 马尔维娜·胡塞尔："埃德蒙德·胡塞尔生平素描"，同上书，第11页。

④ 马尔维娜·胡塞尔："埃德蒙德·胡塞尔生平素描"，同上书，第11页。

Kummer)、哲学家、心理学家拉察鲁斯(M. Lazarus)、数学家旺格林(A. Wangerin)、哲学家保尔森(Friedrich Paulsen)以及数学家魏尔斯特拉斯(Carl Weierstraß, 1815-1897)等人的讲座与课程。按照马尔维娜的回忆:胡塞尔在柏林大学还听过著名希腊哲学史家策勒尔(Eduard Zeller)的讲座。[①]

保尔森与魏尔斯特拉斯给他留下的印象最为深刻。而从克罗内克那里,胡塞尔第一次对笛卡尔的思想有所了解并产生兴趣(*Husserl-Chronik*, 6)。[②]

胡塞尔曾回顾说:"我在这个时期[柏林的六个学期]开始时主要从事数学的学习,而后哲学的兴趣便越来越占据主导地位。然而我当时尚未放弃早已有之的在数学中完成任教资格考试的计划。在哲学方面吸引我的尤其是保尔森教授先生,我感谢他给我的美好而持久的启发。在数学方面,我的老师魏尔斯特拉斯和克罗内克教授先生对我的影响是深远的"(*Husserl-Chronik*, 7)。

另一个在柏林期间对胡塞尔产生重要影响的人物是前面曾提到的、胡塞尔在莱比锡的第二年结识的阿尔布莱希特(1858-1932)。胡塞尔在 1928 年致阿尔布莱希特七十岁生日的贺信中写到:"在我们的柏林学习年代,你对我的性格形成有深刻的影响,而迅速结成的友

---

① 参见马尔维娜·胡塞尔:"埃德蒙德·胡塞尔生平素描",同上书,第 11 页。——关于胡塞尔是否听过策勒尔的课,舒曼认为证据不足,但也并非不可能(参见同上书,第 12 页,注③);而耿宁则认为,即使没有听过,胡塞尔当时显然也已经处在柏林大学由策勒尔与赫尔姆霍茨这两位新康德主义者所营造的、而且日益增长的新康德主义的氛围中(参见 Iso Kern, *Husserl und Kant. Eine Untersuchung über Husserls Verhältnis zu Kant und zum Neukantianismus*, Phaenomenologica 16, Den Haag: Martinus Nijhoff, 1964, S. 3.)。

② 笛卡尔后来成为对胡塞尔影响最大的几位哲学家之一。胡塞尔一生撰写著作中唯一一部以哲学家命名的著作就是他写于 1929 年的《笛卡尔式沉思》,它是胡塞尔撰写的最全面、也是最成熟的现象学引论。胡塞尔在《笛卡尔式沉思》的底本"巴黎讲演"中甚至申言:"几乎可以允许人们将现象学称为一种新的笛卡尔主义,一种二十世纪的笛卡尔主义"(Hua I, 3)。笔者在后面第五幕中还会详细讨论这部著作。

谊必定有极为牢固的根基，因为我始终绝对地承认你的优越性，而且我当时也在每天的共同生活中从你多方面的缜密精神构成那里获得如此多的启发”(Brief. IX,71)。此外，这一年也是胡塞尔与阿尔布莱希特结交的第五十个年头。“一段伟大的时间！我们的确坚守了忠诚，我们今天还像当时一样彼此完全理解，这是多么美好”(Brief. IX,71)。

马尔维娜回忆说，胡塞尔“将柏林时期视为他生命中最幸福的年代之一”。[①] 他在此期间购买的图书中有许多是哲学方面的，如霍布斯的《论公民》、《叔本华全集》、斯宾诺莎的《伦理学》等等，表明他的兴趣逐渐转向哲学。耿宁在其《胡塞尔与康德》的研究专著中曾对胡塞尔在柏林期间哲学思想的形成有一个似乎比胡塞尔更为准确而全面的概括：“还在胡塞尔于柏林学习数学期间(1878-1884 年)，他对哲学问题的兴趣就已经被唤醒。这主要发生在数学基本问题的出发点上；魏尔斯特拉斯和克罗内克极其尖锐地提出了这些基本问题，而克罗内克则对它们的哲学含义做了阐释；当然这种唤醒也要归功于在柏林有影响的哲学与教育学教授弗里德里希·保尔森，胡塞尔曾听过他的诸多讲座。”[②]

卡尔·魏尔斯特拉斯

卡尔·魏尔斯特拉斯是德国数学家，解析函数论的奠基人，也被誉为“现代分析之父”。他于 1857 年起在柏林大学担任副教授，1864 年起担任教授，1873 年还出任柏林大学校长。在胡塞尔于柏林读书期间，魏尔斯特拉斯已经荣誉等身，并与克罗内克、库默尔等人一起将柏林大学的数学系推向它的鼎盛期。胡塞尔在这里可以接受当时

---

① 马尔维娜·胡塞尔：“埃德蒙德·胡塞尔生平素描”，同上书，第 12 页。

② Iso Kern, *Husserl und Kant*, a.a.O., S. 3.

最好的数学教育与训练。

在柏林大学六个学期的学习期间，胡塞尔上过魏尔斯特拉斯在此期间开设的全部课程。他自己回忆说："在我的大学生涯中，是我的伟大老师魏尔斯特拉斯通过他的函数论讲座唤起了我对数学进行一种彻底论证的兴趣。我理解了他为了将那种曾混杂着理性思想与非理性直觉与韵律的分析转变为一种纯粹理性理论而做的种种努力。他的意图在于确定这门理论的原初根底、它的基本概念与公理，从而能够在它们的基础上以一种严格的、完全明晰的方法建构和演绎出全部分析系统"（*Husserl-Chronik*, 7）。

马尔维娜也曾回忆说：在胡塞尔于柏林读书期间所遇到的老师与同学中，"对他影响最深刻的是魏尔斯特拉斯。有一次他曾说：我从魏尔斯特拉斯那里得到了我的科学追求的伦理志向"[①]。与此相近的话，胡塞尔在涉及他的另一个老师布伦塔诺和施通普夫以及他的朋友马塞里克和阿尔布莱希特对其的影响时也说过。可以看出，胡塞尔的科学伦理的思想是在他的大学时期通过上述老师和朋友的共同影响而从根本上形成的，并且它决定了他一生的哲学追求。

在胡塞尔于1881年离开柏林而去维也纳之后，胡塞尔与魏尔斯特拉斯仍然维持着一定的关系。按照马尔维娜的说法，在完成博士研究和服完兵役之后，胡塞尔始终还被数学所吸引，并且"应魏尔斯特拉斯的邀请作为他的私人助教而去了柏林"。这个说法后来得到舒曼以及胡塞尔女儿伊丽莎白的纠正。事实上，胡塞尔从柏林回到维也纳后先去服了一年兵役，而后在完成博士考试之后又去了柏林，与魏尔斯特拉斯曾有过一段"较为短暂的和完全非正式的合作"。[②] 胡塞尔自

---

① 马尔维娜·胡塞尔："埃德蒙德·胡塞尔生平素描"，同上书，第12页。

② 详见马尔维娜·胡塞尔："埃德蒙德·胡塞尔生平素描"，同上书，第12–13页，特别是第13页注①。

己在 1933 年写给他哥廷根时期和弗莱堡时期的学生迪特里希・曼科的信中曾写道:"在博士毕业后我重回柏林,在那里待了一个学期,仅仅为魏尔斯特拉斯工作,即受他的委托对关于阿贝尔函数的 26 个讲座进行加工,他为此而曾对我表示衷心的感谢。可能它们被一并用于魏尔斯特拉斯著作集的出版"(Brief. III,500)。

维也纳大学的学习生活

胡塞尔于 1881 年又转到维也纳大学注册,打算在这里进行数学博士学位考试。胡塞尔之所以不在柏林而在维也纳进行博士学位考试,其原因按马尔维娜的说法是胡塞尔"遵从其作为正统奥地利人的父亲的愿望"。[①] 但胡塞尔自己在前引 1933 年致曼科的信中曾解释说:"我当时[在柏林]过于骄傲,不想让人给我指定一个博士论文题目,而我折磨了自己很久才找到一个自己能够做的[关于变量计算理论的]题目……我之所以没有在柏林进行博士论文考试,原因在于我的亲密朋友阿尔布莱希特在我之前曾征询过魏尔斯特拉斯的意见,而魏尔斯特拉斯认为,作为奥地利人,阿尔布莱希特在奥地利会有更好的在学校与学院发展的机会。对于作为犹太人的我(我在高年级时才转而信仰基督教)来说,这一点在那个反犹主义刚刚兴起的年代则尤为有效。因此我回到我的家乡,亦即回到维也纳,在这里担任讲席教授的是魏尔斯特拉斯原先的学生科尼西贝格,他待我也非常友善,并且对我的工作十分满意。"[②]

---

① 马尔维娜・胡塞尔:"埃德蒙德・胡塞尔生平素描",同上书,第 12 页。

② Hua Brief. III, 500f. ——舒曼在《胡塞尔年谱》中引录了这段文字,但省略了胡塞尔提到的关于犹太人和反犹主义的语句(参见 *Husserl-Chronik*, 9)。现在已经很难猜测舒曼的主观动机,但客观地说,这个做法是很不专业的。

列奥·科尼西贝格

科尼西贝格(Leo Königsberger,1837-1921)出生在今属波兰共和国波茨南省首府波兹南市(Poznań)的一个富裕犹太人家庭。他出生时波茨南还属于普鲁士王国,当时的波茨南被称作"波森"(Posen)。科尼西贝格在柏林大学学习并在魏尔斯特拉斯的指导下获得数学博士学位,后来在格赖夫斯瓦尔德、德累斯顿、维也纳、海德堡等大学任教。他是数学家,也是科学史家。他在数学史留下了不少遗产,主要是在椭圆函数和微分方程的研究方面。此外他撰写的关于物理学家赫尔姆霍茨(Hermann von Helmholtz, 1821-1894)和数学家雅可比(Carl Gustav Jacob Jacobi,1804-1851)的传记文字也很有影响。

从现有的资料来看,科尼西贝格对胡塞尔的影响主要是在数学方面。胡塞尔在柏林学习期间便购买了他的《关于椭圆函数理论的讲座》(*Vorlesungen über die Theorie der elliptischen Funktionen,*1874)。他到维也纳后也听过科尼西贝格和其他数学教授的讲座,主要是一些与他计划撰写的关于变量计算的博士论文题目有关的讲座。

博士论文:《变量计算理论文稿》

不过胡塞尔的博士论文题目并非是由科尼西贝格确定的。按照胡塞尔自己的说法,他的博士论文题目是自己选择的,而且更多是受魏尔斯特拉斯而非科尼西贝格的启示:"我当时过于骄傲,不想让人给我指定一个博士论文题目,而我折磨了自己很久才找到一个自己能够做的题目。今天我已经无法做更为确定的叙述了。它的题目叫作'变量计算理论文稿',而且是从魏尔斯特拉斯关于变量计算之讲座的思考范围中得出的,其中也分析批判了一些对 A. 麦耶(A. Meyer)二次变量理论的原先十分著名的阐释。可惜当时在维也纳还没有对论文的强制付印要求，这个研究就这样丢失了”（Brief. III,499f.）。

胡塞尔当时并不知道，他的博士论文事实上还一直保存在维也纳大学的图书馆[①]，而且如今已被维也纳大学图书馆扫描并制作成电子文档，在网络上开放下载。当时的文稿是胡塞尔手写的，一共有56页。谁看过这份文稿，谁就可以直观地了解，施泰因对胡塞尔的“漂亮、纤细而仔细的手书”[②]的描述的确真实不妄。只是这个描述并不适用于他通常情况下的书写，尤其是他后期研究文稿的书写。此外还可以注意到，后来这部文稿还在加拿大得到正式出版。[③]

从胡塞尔的叙述中也可以看出，他的博士论文写作起初并不十分顺利。即使他集中精力于变量计算研究，想要尽早从外部结束他的数学学习，却仍然不得不一再推延答辩的时间。按照胡塞尔女儿伊丽莎白的说法：“后来父亲对推延了很久的博士考试感到焦急，而被推迟的日期也一再重复地（用粉笔）记在橱门的背面”，她在括弧中还加引号地用了一个词“（angekreidet）”，意思是胡塞尔用粉笔“记账”，就像以往饭馆里的伙计用粉笔将顾客应付的账标记在黑板上的做法一样（*Husserl-Chronik*,9）。

当然，胡塞尔此时还没有预感到，较之于后来《逻辑研究》的撰写，他在博士论文写作上遇到的困难几乎不值一提。直至1882年7月，他终于可以正式申请博士答辩。他的博士论文《变量计算理论文稿》在科尼西贝格这里得到通过，参加答辩的另一位考试委员按胡塞尔博

---

① 维也纳大学图书馆编号：D 13088, Ex.a.

② 埃迪·施泰因：“在胡塞尔身边的哥廷根和弗莱堡岁月”，载于倪梁康（编）：《回忆埃德蒙德·胡塞尔》，同上书，第186页。

③ E. Husserl, *Contributions à la Théorie du Calcul des Variations*, Edition critique par J. Vauthier, Kingston, Ontario, 1983.

士论文上的手写标注是“Weyr”教授博士，应当就是当时已在维也纳大学执教的数学家埃米尔·外耳（Emil Weyr, 1848–1894）。[①] 尽管科尼西贝格对论文感到非常满意，但胡塞尔“自己对此却并不特别满意”（Brief. III,500）。无论如何，他于 11 月 29 日通过数学主科的论文答辩，并于 1883 年 1 月 15 日通过哲学副科的博士答辩。1883 年 1 月 23 日，胡塞尔正式成为哲学博士。

此后胡塞尔作为自愿兵服役一年（1883 年 10 月至 1884 年 10 月），先是在奥洛莫乌茨，而后在维也纳。

关于胡塞尔的士兵生涯，后人记载得较少。但他的学生们时而会有谈论。胡塞尔的哥廷根学生威廉·沙普曾回忆过在慕尼黑–哥廷根学派成员之间关于胡塞尔的一次议论：大概是莱纳赫注意到胡塞尔的身姿笔挺，甚至可以将其解释为“非哲学的”姿态。而后大家了解到，胡塞尔当过兵，因此毕生保留了这样一种士兵的姿态。沙普感慨地说：“战士审美方面的东西对他而言可能并不那么遥远。我可以想象，他当时不会是一个差士兵。”[②]

胡塞尔的父亲在胡塞尔服兵役期间过世。在 1915 年 9 月 20 日致其哥廷根的学生考夫曼的信中，胡塞尔在对考夫曼的丧父之痛表示同情的同时也回忆起对自己父亲的情感：“我几乎为自己在最初的震惊之后如此轻易地承受了这个损失而感到羞愧——但在我对他的思念中，一种宁静的、忧郁的、无法实现的向往陪伴了我的一生。”接着他

① 关于外耳以及他的简历可以参见 Martina Bečvářová, Jindřich Bečvář and Jan Škoda, „Emil Weyr und sein italienischer Aufenthalt“, in *Sudhoffs Archiv*, vol. 92, no. 1, 2008, S. 98–113.

② Wilhelm Schapp, „Erinnerung an Husserl“, in H. L. Van Breda/J. Taminiaux (Hrsg.), *Edmund Husserl 1859–1959*, a.a.O. 1959, S. 24.

写下了我们用在本书扉页上的那段话:“我们爱戴和敬重的那些人实际上是不死的;他们不再有追求和行动,不再向我们诉说什么,不再向我们要求什么;然而,我们在纪念他们时会感受到他们就在我们面前;他们看着我们的灵魂,与我们共同感受,理解我们,赞成或反对我们”(Brief. III,339)。

在此期间胡塞尔购置的图书几乎全部是哲学方面的,其中包括黑格尔的《精神现象学》、斯宾塞的《哲学基础》。他继续与马塞里克交往,成为后者家中的常客。在马塞里克的影响下,胡塞尔开始研究新约圣经,由此而产生的宗教方面的经验使胡塞尔开始从数学研究转向哲学研究,以便——他在四十年后所做的回顾中这样写道——“借助于一门严格哲学的科学来找到通向上帝和通向真正生活的道路。”[①] 在服了一年兵役之后,胡塞尔回到维也纳。五十多年后他回忆说:“一年后我才放弃了在维也纳继续将博士论文扩展为任教资格论文的打算。我加入到布伦塔诺那里”(Brief. III,500)。

弗兰茨·布伦塔诺

马尔维娜将胡塞尔加入布伦塔诺和哲学的行列的过程称作胡塞尔生命历程的第三次转变或第三条生命线:“他于 1883 年在维也纳完成了博士考试,并且在这里完成了他的第三次、也是最后一次转变过程:他根据马塞里克的忠告而去参加了弗兰茨·布伦塔诺的讲座,而他的未来便自行做出了决定。”[②] 胡塞尔开始在维也纳跟随布伦塔诺学习哲学。

在马尔维娜 1940 年撰写的“胡塞尔生平素描”中,与布伦塔诺

① 引自 H. R. Sepp (Hrsg.), *Edmund Husserl und die phänomenologische Bewegung. Zeugnisse in Text und Bild*, Freiburg im Breisgau: Alber Verlag, 1988, S. 131.

② 马尔维娜·胡塞尔:“埃德蒙德·胡塞尔生平素描”,同上书,第 12 页。

的关系和交往构成了胡塞尔 1884 至 1886 年维也纳时期的全部内容。胡塞尔在此期间总共旁听了两年的布伦塔诺讲座，但“其中完整的学期只有 1884/85 年和 1885/86 年的冬季学期。这两次他都是就‘实践哲学’每周讲授五小时，并且在哲学练习以外还每周讲授一两个小时的‘哲学问题择要’。”[①] 胡塞尔回顾说，“在这个时期，我的哲学兴趣在增长，而且我在犹豫，究竟是留在数学这里，以其为终生职业，还是应当将自己完全奉献给哲学，以它为终生职业。此时布伦塔诺的讲座起了决定性的作用。”[②]

按照马尔维娜的回忆，“布伦塔诺像一位父亲一样指挥着胡塞尔下一步的未来计划。胡塞尔应当去萨勒河畔的哈勒，并且在他的学生与朋友施通普夫那里进行任教资格考试，而后应当立即结婚。胡塞尔找借口说他还是哲学中的迟钝初学者，但这一切都于事无济，于是胡塞尔便去了哈勒。”[③]

布伦塔诺本人在向他的学生施通普夫推荐胡塞尔时，还提到促使他不建议胡塞尔留在奥地利维也纳而应当去德国哈勒的两方面状况，“一个状况——这一点请不要对他谈及——在于，在我看来他不是一个很好的奥地利爱国者。奥地利的哲学教授通过关于实践哲学的讲座而获得的对待法学家们的态度会使这种状况成为问题。另一个状况在于，这里的生活过于昂贵，而胡塞尔与一个没有财产女孩订婚已经八年，愿意而且也必须很快结婚。以他拥有的每年 2200 弗罗林的收入是无法养活全家的，而我觉得这在哈勒是可以想象的。这样他自己就可以在那里毫无限制地讲授，而不必像在这里一样，需要将其精

---

① 埃德蒙德·胡塞尔：“回忆弗兰茨·布伦塔诺”，倪梁康译，载于倪梁康(编)：《回忆埃德蒙德·胡塞尔》，同上书，第 462 页。

② 埃德蒙德·胡塞尔：“回忆弗兰茨·布伦塔诺”，同上书，第 462 页。

③ 马尔维娜·胡塞尔：“埃德蒙德·胡塞尔生平素描”，同上书，第 15 页。

力分散用于讲授私人课程。”[①]

这里可以看出布伦塔诺为胡塞尔的学习和生活考虑得十分周到。关于胡塞尔与布伦塔诺的思想联系和私人关系，胡塞尔本人在他的“回忆弗兰茨·布伦塔诺”的纪念文章中有十分细致动情的回顾与描述。[②]笔者在本书第二卷第一章“胡塞尔与布伦塔诺：现象学与心理学”中也有较为详细的论述。

哈勒大学的学习生活

在布伦塔诺父亲般的指挥下，胡塞尔于1886年秋离开维也纳，来到萨勒河畔的哈勒，开始随布伦塔诺的学生与朋友施通普夫（Carl Stumpf,1848-1936）学习，并在其指导下准备任教资格考试。施通普夫曾在1919年“回忆弗兰茨·布伦塔诺”的文章中写道：“1886年秋，胡塞尔由布伦塔诺推荐来到哈勒，成为我的听众和朋友。”[③]胡塞尔在随后的学期里旁听了施通普夫的“心理学”讲座和“逻辑学与哲学百科全书”的讲座。

卡尔·施通普夫

施通普夫成为这一时期对胡塞尔有重要影响的另一位哲学家。胡塞尔后来在哈勒完成的最重要著作《逻辑研究》便是题献给他的；

---

① Franz Brentano, *Briefe an Carl Stumpf 1867-1917*, Graz-Austria: Akademische Druck- und Verlagsanstalt, 1989, S. 83f.

② 埃德蒙德·胡塞尔：“回忆弗兰茨·布伦塔诺”，同上书，第460-473页。

③ 参见施通普夫：“回忆弗兰茨·布伦塔诺”，这篇文章与胡塞尔的同名文章一同载于 Oskar Kraus, *Franz Brentano. Zur Kenntnis seines Lebens und seiner Lehre. Mit Beiträgen von Carl Stumpf und Edmund Husserl*, München: Verlag C. H. Beck, 1919, S. 139.

胡塞尔的女儿伊丽莎白第二个名字“卡罗拉”便是随了卡尔·施通普夫的名。如今施通普夫大都被视为哲学家和心理学家，但他同时也是著名的音乐学家或音乐心理学家。他是布伦塔诺最早的学生之一，并且在那个时代与布伦塔诺一起，属于用心理学丰富了哲学、同时也用哲学丰富了心理学的思想家。这样一种做法，实际上就是后来在胡塞尔那里被统称为现象学的东西。随偏重不同，在胡塞尔那里也可以找到“现象学的哲学”和“现象学的心理学”的说法。

施通普夫自1865年起便主要跟随布伦塔诺在维尔茨堡学习神学与哲学。由于布伦塔诺当时还没有完成任教资格考试，无权指导施通普夫的博士论文，因此他便推荐后者去当时在哥廷根任教的哲学家洛采(Hermann Lotze,1817–1881)那里学习哲学与自然科学。[①] 施通普夫奔走于两地之间，最后的博士论文是在洛采的指导下完成的。后来又在洛采的鼓励下继续在哥廷根大学完成了任教资格考试。[②] 可以说，洛采更多是施通普夫的教育体制意义上的老师，布伦塔诺则更多是施通普夫的精神导师。施通普夫在后来的思想发展中也保持了与布伦塔诺早期思想的紧密联系。马尔维娜在“胡塞尔生平素描”中将施通普夫称作布伦塔诺的“学生与朋友”[③]，无疑是准确的。而且布伦塔诺安排胡塞尔的方式与他当年安排施通普夫的方式如出一辙：当他自己因为教育制度限制而无法指导一个出色学生时，他便委托朋友来完成这个工作。这次他把胡塞尔安排给了自己的朋友与学生施通普夫。他在给施通普夫的推荐信中写道：“写这封信的原因首先是因为一个

① 后来布伦塔诺如出一辙地推荐他的大弟子安通·马尔梯(Anton Marty,1847–1914)去自己的老师洛采那里完成其博士学业。

② Silvia Bonacchi, „Carl Stumpf: Leben, Werk und Wirkung“, in *Gestalt Theory*, vol. 31, no. 2, 2009, S. 103.

③ 马尔维娜·胡塞尔：“埃德蒙德·胡塞尔生平素描”，同上书，第13页。

年轻人的请求,他请我[布伦塔诺]为他给您[施通普夫]写一个推荐。胡塞尔博士,他是数学家并且几年来一直是勤奋的哲学听众,他想在哈勒度过这个冬天。他希望通过您的课程和与您的交往而得到他所乐见的促进。他正在撰写关于连续性问题的论文。我尚未见到这篇论文,只是注意到,他为此工作得极为勤奋。他想以此论文完成哲学中的任教资格考试,并且想在哈勒自己完成此事。我自己相信,这对他来说要比在维也纳这里更好。我认为他是一个非常正直的人,而且在工作中比我们大多数的年轻人都绷得更紧(strammer)”(*Husserl-Chronik*,17)。布伦塔诺之所以认为胡塞尔在哈勒获得任教资格更好,很可能是因为胡塞尔获得的维也纳大学博士学位是奥地利的,而通过在哈勒大学完成的任教资格考试,胡塞尔的博士学位同时也可以得到德国的博士学位认证。

这里一再提到的“任教资格考试”(Habilitation),是在德国、奥地利、法国、瑞士和一些东欧国家(如捷克)施行的考试制度,它是这些国家中的最高学历考试。只有获得博士学位后才能申请任教资格。博士学位考试(Promotion)是为了确定和证明一个人的独立科学研究能力,而任教资格考试则用于确定和证明一个人在一个科学专业中的任教能力。因此,这些国家的学者要想在一个大学执教,首先要获得这个在任教能力方面的资格承认。但获得这种任教资格认可并不意味着实际获得一个大学的教席。在完成任教资格考试之后和获得大学正式教授的职位之前,往往会有多年的、甚至是无果的等待。由于这些国家的学院制度要求,在担任大学教授前必须有直接的任教经历,因此在获得正式的、有俸的教职之前,具备任教资格的学者就必须在大学以执教的方式等待机会申请教职,无论大学是否为他们支付授课费用。这便导致在这些进行任教资格考试的国家中相应的“无俸讲师”或“私人讲师”(Privat-Dozent,简称:PD)头衔或制度的产生。

布伦塔诺、施通普夫和胡塞尔都担任过或长或短时间的私人讲师。

施通普夫于 1884 至 1889 年期间已经在哈勒担任哲学教授。此前他曾执教于维尔茨堡和布拉格，此后还在慕尼黑和柏林任教，并于 1907 年像胡塞尔的另一位老师魏尔斯特拉斯一样出任过柏林大学校长。胡塞尔应当是施通普夫在哈勒期间所指导的最出色的学生。当然，施通普夫不仅通过胡塞尔对现象学的创立有所影响，而且也通过后来在柏林的学生韦特海默（Max Wertheimer）、克勒尔（Wolfgang Köhler）和考夫卡（Kurt Koffka）而影响了格式塔心理学派的创立。此外，他在柏林的学生中还有场论的创始人和社会心理学的先驱勒温（Kurt Lewin），以及二十世纪心理小说的代表性作家、《无个性的男人》的作者穆西尔（Robert Musil）。[①] 从这幅类似于拉菲尔雅典学园的思想风景画上可以看出，上世纪之交心理学与哲学的相互影响有多么剧烈，而且产生出了何种结果，其人物与色彩显然要比这个世纪之交语言学与哲学的相互影响及其结果更为丰富。

施通普夫在其哲学自传的开篇便曾引狄尔泰的话来表达他自己的学问态度与志向："我们鄙视建构，我们热爱研究，我们对体系的机制抱以怀疑态度……如果在漫长生活终结时我们已进行过深入事物之底蕴的多重科学探讨，我们会心满意足；如果我们死在这个漫游途中，我们会心满意足。——狄尔泰（1865 年）" [②] 这里所体现的恰恰是属于胡塞尔老师辈的一批哲学学者的学术理想和研究风格：布伦塔诺、狄尔泰、施通普夫，如此等等。正是在他们的影响和熏陶下，胡

---

① 穆西尔于 1908 年以其博士论文《马赫学说评价论稿》在施通普夫那里完成博士学位考试。——就此而论，德语文学中穆西尔所受的马赫哲学与心理学的影响，显然要甚于法语文学中普鲁斯特（Marcel Proust）所受的柏格森（Henri Berson）的影响。

② Karl Stumpf, „Selbstdarstellung", in Raymund Schmidt (Hrsg.), *Die Philosophie der Gegenwart in Selbstdarstellungen*, Band V, *Schriften zur Psychologie*, Leipzig: Felix Meiner, 1924, S. 205.

塞尔加入他们并成为他们之中的一员，而且是在这个传统中更具有代表性和更具有影响力的一员。这种学术理想和研究风格后来体现在胡塞尔的"作为严格科学的哲学"、"现象学是工作哲学"、"面对实事本身"等等振聋发聩的箴言与要求之中。

来到哈勒后，除了参加施通普夫的讲座之外，胡塞尔最主要的任务便是准备任教资格论文。马尔维娜回忆说："施通普夫满怀信任地接纳了他，而且几乎像一个家庭成员那样对待他。他毫不犹豫地开始撰写他的任教资格论文。"[①] 胡塞尔的任教资格论文写作了一年的时间。在此期间，"施通普夫带有疑虑地监督着他，让他能够按直线达到目标。有一次他曾以严厉的语词来接待这位受到惊吓的年青人：'如果您不在四星期之内递交您的论文，您就不要再踏进我家的大门。' 1886 年就是这样过去的，1887 年 7 月进行了任教资格考试，论文题目是'论数的概念'。"[②] 在胡塞尔夫妇的眼中，"施通普夫是良师、顾问、父亲般的朋友"。马尔维娜回忆：当施通普夫于 1889 年离开哈勒去慕尼黑时，"我们几乎觉得，我们随着他的离开而成了孤儿。"[③]

当马尔维娜说"1886 年就是这样过去的"的时候，她并没有去想这一年在胡塞尔这里发生的一个"习性化"事件的开端：标记时间最早的胡塞尔的研究手稿写于 1886 年 6 月 28 日，笔记的题目是"均匀的和非均匀的连续统"（K I 50/47；*Husserl-Chronik*,16）。这很可能是他为了准备任教资格考试而记下的笔记。

从这一年开始，胡塞尔所感受到的反思之使命开始以研究手稿的方式落实到纸上。他逐渐成为用笔来思考的人，并在身后留下四万多

---

① 马尔维娜·胡塞尔："埃德蒙德·胡塞尔生平素描"，同上书，第 14 页。

② 同上。——准确的时间应为：胡塞尔于 1887 年 6 月 14 日向哈勒大学哲学系主任提交任教资格论文；6 月 28 日通过考试；7 月 1 日进行公开答辩。

③ 马尔维娜·胡塞尔："埃德蒙德·胡塞尔生平素描"，同上书，第 17 页。

页的研究手稿。

格奥尔格·康托尔

当布伦塔诺最初向施通普夫推荐胡塞尔时，他特别提到："他［胡塞尔］为能够从您的课程和与您的交往中获得促进而感到高兴。也许康托尔也将对他会有所助益。"[①]

这里提到数学家康托尔（Georg Cantor,1845–1918）对胡塞尔的可能助益究竟是布伦塔诺自己的考虑，还是胡塞尔的想法，现在还不得而知。但最终的事实是，在胡塞尔后来进行任教资格考试的考试委员中除了施通普夫之外还有康托尔。他与胡塞尔一样，也是魏尔斯特拉斯的学生。

马尔维娜在 1940 年撰写"胡塞尔生平素描"时，已经完全有理由将他称作"高斯以来最伟大的数学家、集合论（数学的一个有极为丰富成果的新分支）的创始人"了。康托尔是胡塞尔哈勒时期的挚友，"康托尔的住所与施通普夫的住所一样，对我们来说就是一个家园"[②]。胡塞尔的女儿伊丽莎白·胡塞尔–罗森贝格曾在 1975 年向舒曼讲述："在她孩童时代，康托尔曾为她制作过一种单人纸牌游戏，对她来说那个游戏显然太难了，因此她将它扔掉了。"[③]

康托尔对胡塞尔这一时期的思考曾产生过一定的影响。胡塞尔在后来发表的《算术哲学》和《逻辑研究》中都一再提到康托尔，而他在这一时期的文稿中对康托尔的引述则更是数不胜数。[④]康托尔于

---

① Franz Brentano, *Briefe an Carl Stumpf 1867–1917*, a.a.O., S. 83f.

② 以上引文参见马尔维娜·胡塞尔："埃德蒙德·胡塞尔生平素描"，同上书，第 16–17 页。

③ 参见舒曼的相关说明，载于马尔维娜·胡塞尔："埃德蒙德·胡塞尔生平素描"，同上书，第 17 页，注①。

④ 对此可以参见胡塞尔的《算术哲学》与《逻辑研究》，以及《算术与几何研究（1886–1901 年）》（Hua XXI）。

1883年在莱比锡出版了《一门普遍流形论的基础》[①]。他对胡塞尔的最大影响很可能是在其流形论[②]方面的思考与表述。胡塞尔于1891/92年前后曾专门在"集合与流形"的题目下思考过康托尔的相关问题，他在那里概括地再现了康托尔的"流形"概念："康托尔将流形全然理解为某些统一了的要素的总和(《一门普遍流形论的基础》。莱比锡，1883年，第43页，注1"，同时也抄录了康托尔自己的相关定义："我一般将流形或集合理解为每个可以被思考为一的多，每个可以通过一个规律而联合为一个整体的特定要素之总和……"[③]而在《逻辑研究》的前言中，胡塞尔还承认，他从《算术哲学》到《逻辑研究》的转变与流形论方面的问题有关："我在对形式算术和流形论——它是一种凌驾于特别的数的形式和广延形式的所有特殊性之上的学科和方法——的逻辑探究中遭遇了特别的困难。它迫使我进行极为宽泛的思考，这种思考超出较为狭窄的数学领域而朝向一门关于形式演绎系统的一般理论。"[④]即使康托尔后来不再使用"流形论"这个概念，而是用意义更为宽泛的"集合论"(Mengenlehre)的术语来取而代之，胡塞尔在他自己的相关论著中仍然在自己的意义上维持使用"流形"与"流形论"这些概念。

关于胡塞尔对康托尔的可能影响也曾有研究者提及。例如弗兰克尔(Abraham Fraenkel,1891-1965)认为，如果将康托尔两项最重

---

① Georg Cantor, *Grundlagen einer allgemeinen Mannigfaltigkeitslehre. Ein mathematisch-philosophischer Versuch in der Lehre des Unendlichen,* Leipzig: Teubner, 1883.

② "流形"概念在德文日常用语中是指杂多、多样、纷繁复杂。自1854年德国数学家G. F. B. 黎曼将其作为几何学概念提出后便成为几何学的专业术语，在数学上泛指欧几里德三维空间的面积概念，"流形论"是关于流形的数学理论。该数学概念的中译名出自文天祥的诗"天地有正气，杂然赋流形"，取其"杂然"意。

③ 参见 Hua XXI, 92-105, insb. 95.

④ 胡塞尔：《逻辑研究》，第一卷，A 5/B 5。

要的、“伟大而不朽的”研究“为超穷集合论做论证的文稿”(发表于 1895 和 1897 年)[①] 与“论无穷线形点流形”(发表于 1879 至 1884 年期间)[②] 相比较,人们就会看到,康托尔的研究重点已经明显地从对集合的考察移到了对数的考察上。此外他还在澄清与系统化的方向上有所推进,从而使这篇论文至今还十分适用于教学。弗兰克尔认为,“在这个发展方面可以感受到戴德金(J. W. Richard Dedekind)的、也许还有来自从 1887 年起在哈勒任教的胡塞尔方面的一种——非自愿的、也许在两方面都是无意识的——思维方式的影响。”[③]

康托尔与胡塞尔的间接思想关联后来还出现在数学家和逻辑学家库尔特·哥德尔后期的数学哲学思考中。我们在第二卷第二十四章和第三十一章谈到贝克尔和哥德尔时还会涉及这个思想关联。

由于胡塞尔获得的是奥地利的数学博士学位,因此这次在德国大学中进行的任教资格考试同时也被用作国外博士学位的认证考试(Nostrifikation)。考试涉及的范围极广:数学方面的问题涉及近代数学相对于古代数学的优越性;在物理学方面谈及热辐射、光辐射和化学辐射的关系;在哲学方面的考试一直延伸到洛采的部位标记理论[④]

---

① Georg Cantor, „Beiträge zur Begründung der transfiniten Mengenlehre“, in *Mathematische Annalen*, 1895(46), S. 481–512; 1897 (49), S. 207–246.

② Georg Cantor, „Über unendliche, lineare Punktmannichfaltigkeiten“, in 1) *Mathematische Annalen*, 15, 1879, S. 1–7; 2) a.a.O., 17, 1880, S. 355–358, 3) a.a.O., 20, 1882, S. 113–121; 4) a.a.O., 21, 1883, S. 51–58; 5) a.a.O., 21, 1883, S. 545–591; 6) a.a.O., 23, 1884, S. 453–488.

③ Abraham Fraenkel, „Georg Cantor“, in *Jahresbericht der Deutschen Mathematiker-Vereinigung*, 39, 1930, S. 257.

④ “部位标记理论”(Lokalzeichentheorie)是洛采在其《医学心理学》(Rudolph Hermann Lotze, *Medizinische Psychologie oder Physiologie der Seele*, Leipzig: Weidmann‘sche Buchandlung, 1852)中阐释的空间直观学说,将内“触觉”(眼肌的感觉)解释为视觉的本质组成部分。这个学说今天已经不再受到讨论。

和空间理论史，数学与逻辑学的关系、数学与伦理学的关系，最后还有古代伦理学的创立，尤其是在亚里士多德那里的创立（Ms. X IV I；*Husserl-Chronik*,19）。

或许是与准备任教资格考试有关，胡塞尔在这段时间购买的图书中除了算术、代数、几何方面之外还有埃明格（A. Emminger）的《前苏格拉底哲学》与弗雷格（G. Frege）的《算术基础》。

接下来，在7月1日于哈勒大学礼堂进行的答辩会上，胡塞尔就七个命题做答辩。其中的第五个命题是："在本真的意义上，人们几乎不能数过三。"[①] 答辩完成后，哲学系公告宣布胡塞尔通过任教资格考试。

在通过任教资格考试之后一个月后，胡塞尔的任教资格论文《论数的概念——一项心理学的分析》的一个部分得以付印发表，但并未进入书店出售。[②]

同样是在8月（1887年8月6日），与布伦塔诺的旨意相符，胡

---

① 这些命题后来在作为《胡塞尔全集》第十二卷出版的《算术哲学》中作为"附录"得到付印（在附录中为八个命题）。胡塞尔在卡片中写道："已经在为我的博士学位认证考试进行的哈勒答辩中为这个悖谬的命题做了公开的辩护，在本真的意义上只能数到三，并且指出要解决这个悖谬就需要诉诸素朴直观中的感性格式塔［或完形：Gestalten］"（Ms. K II 2/78b）。——与此相关的故事还可以参见沈有鼎的一个回忆：他于1931-1933年期间曾在德国弗莱堡随胡塞尔学习（参见本书第二卷第三十二章），回国几十年后在1978年1月8日致王浩的信中，他回忆起自己在德国的一个经历："柏拉图晚年把思想都归约为数，而真正的数在他看来只有10个，即1至10……这种原始想法，大概和人的10个手指有关。不料到了20世纪，我在德国还遇到一位哲学系的研究生，他也主张真正的数只到8或10，其他都只是符号。这位康德学者退回到康德前很远。也许他只是作为对古代思想的欣赏随便说说，并不准备写在文章上"（沈有鼎：《沈有鼎文集》，北京：人民出版社，1992年，第561页）。——现在已经很难确定胡塞尔十九世纪八十年代在哈勒大学所提出的命题与这位弗莱堡大学哲学系研究生在二十世纪三十年代所表达的主张之间是否存在某种联系。

② 后来收入《胡塞尔全集》第12卷：《算术哲学》（*Philosophie der Arithmetik*），海牙：马尔梯努斯 · 奈伊霍夫出版社，1970年，第289-338页。

塞尔与马尔维娜·施泰因施奈德在维也纳结婚。从他们订婚到结婚，其间已经过去了整整十年的时间。此前，布伦塔诺寄来他与妻子在圣·吉尔根为胡塞尔画的一幅肖像以及“一封令人感动的信”，作为给新娘的礼物。[①]

可以说，胡塞尔于 1887 年在哈勒完成了他的双重成人仪式：他已经成家并已经具备立业的能力。这年他 28 岁，几近而立之年。

① 马尔维娜曾回忆：“布伦塔诺对胡塞尔的爱在圣·吉尔根还在下列情况中得到表达：当他的太太，一位极优秀的画家，开始为胡塞尔画肖像时，从未画过画的他会从她手中拿过笔和画板，自己去完成肖像”（马尔维娜·胡塞尔：“埃德蒙德·胡塞尔生平素描”，同上书，第 13–14 页）。胡塞尔自己回忆说：“在圣·吉尔根，他乐于参与到他妻子（一位能干的女画家）的肖像画工作中，在其中加入修改，或者将她正在创作的画完全接过来画：但她而后又不得不帮忙收拾和重新补救。就这样，他在 1886 年与他妻子一同为我画像”（胡塞尔：“回忆弗兰茨·布伦塔诺”，载于胡塞尔：《文章与讲演（1911–1921 年）》，倪梁康译，北京：人民出版社，2009 年，第 344 页）。可惜这幅肖像画连同胡塞尔的骨灰和及其私人家产都于 1940 年在运往美国的途中毁于盟军对安特卫普的空袭。参见 Herbart Spiegelberg, “Brentano’s Husserl Image”, in *The Context of the Phenomenological Movement*, Phaenomenologica 80, Den Haag: Martinus Nijhoff Verlag, 1981, S. 119–124.

第二幕　哈勒任私人讲师时期
（1887–1901 年）

哈勒（Halle）是德国东部萨克森州的一座城市，如今也是该州的州府所在地。它在胡塞尔那个时代大约有居民十万人，当时已经属于大城市。由于位于萨勒河畔，因此也叫作萨勒河畔的哈勒（Halle an der Saale），以区别于其他叫作哈勒的城市或地区。哈勒拥有的最重要大学是哈勒大学，全名为"哈勒–维滕贝格的马丁·路德大学"（Martin-Luther- Universität Halle-Wittenberg），它由 1694 年创立的哈勒大学和 1502 年创立的维滕贝格大学于 1817 年合并而成，是德国最古老的大学之一。

胡塞尔在哈勒一共生活了十五年，很长时间都住在席勒大街（Schillerstraße）10 号。除了进行任教资格考试的 1886/87 年之外，其余的十四年便是他于此担任哈勒大学哲学系私人讲师的时间。从总体上看，胡塞尔在其哲学生涯的开初几年基本上是一个**自然哲学家**，或者还可以借用他在 1889 年购买的一本书的标题而更确切地将其研究方向表达为"数学的自然科学"[①]。我们在后面将会清楚地看到，胡塞尔的思想发展有一个逐渐的转向，而且在其最后的岁月中更多是一位**精神哲学家**。此外我们还会看到，这个基本思考方向的改变有其

---

① 胡塞尔在这年购买了雅各布·弗里斯（Jakob Fries）的著作《根据哲学方法加工的数学自然科学》（*Die mathematische Naturphilosophie nach philosophischer Methode bearbeitet: ein Versuch*, Heidelberg: Mohr und Winter, 1822）。此外他还购买了休谟的《人性论》。

充分必然的理由。

尽管已经是哲学讲师，但胡塞尔在此期间仍然没有在其自然哲学的研究中获得他所期待和追求的那种数学式的明晰性。这使他在其教学和研究过程中缺乏自信，相反却充满了挫折感。霍金（W. E. Hocking）在 1904 年致胡塞尔的信中便曾回忆说："我记得您曾告诉我您作为讲师的最初几年是怎样度过的；您如何在讲授关于认识论的课程时'满怀激情'，但却不带有最终的信念"（Brief. III,155）。

这个状况在胡塞尔自己的一封信中也得到印证，即在 1930 年 3 月 21 日致凯恩斯的信中。为了治愈凯恩斯的"内心障碍"，胡塞尔举自己的年青时期的困惑为例："我青年时代的生活过得也很艰难，长期受忧郁症的煎熬，直至完全失去所有的自信，我也曾尝试接受一位神经科医生的咨询。这大部分是因为我的哲学上的失败所致，很久以后我才认识到，这是当时哲学的失败，我首先不得不为它的不清晰和貌似的科学性付出代价。使我得以坚持下来的是对那些做出表率的、值得敬重的人以及年长的同事们（我当时已经是私人讲师）的信任，以及不为这种'神经质'所动、对自己保持耐心以及充分利用每时每刻的意志。在哲学研究中我放弃所有伟大的目标，并且满足于在无所着力的模糊性沼泽中能够为自己找到一块哪怕最小的坚实基地。就这样，我的生活从一个绝望走向另一个绝望，从一个重新崛起走向另一个重新崛起。最终在我哈勒私人讲师时期的艰难十四年中产生出一个开端——《逻辑研究》，这些研究从那时起给了我支撑与希望。我用它们治愈了自己"（Brief. IV,21f.）。这应当是胡塞尔自己对 1887 至 1890 年期间内心世界的最为贴切和最为直接的描述。由布伦塔诺唤起的关于作为严格科学的哲学的信念在此期间受到质疑，成为问题。

在此期间胡塞尔始终没有停止他的研究与思考，而是留下了一批研究的文稿与笔记，如关于“意识的狭窄（‘根据布伦塔诺的讲座’）”的手稿、关于计数、算法的构成以及函数演算、封闭的连续统等方面的笔记。

与此同时，胡塞尔仍然还在处理和撰写他的任教资格的论文“论数的概念”，并于1891年4月至5月期间在哈勒出版了他的处女作《算术哲学——逻辑学和心理学的研究》的第一卷。

《算术哲学》(1891年)

1891年出版的《算术哲学》是胡塞尔整个哲学生涯中公开发表的第一部著作。出版时它还带有一个副标题:“逻辑学的和心理学的研究”。这个副标题实际上很耐人寻味:《算术哲学》最初是胡塞尔从哲学上为数学奠基的一个尝试,或者用胡塞尔自己的话来说,从哲学上更为深入地理解算术的一个尝试。因此胡塞尔也将它看作“哲学-数学研究”。这时他更多是一位数学哲学家或逻辑哲学家,但由于他在这里又试图通过心理学分析来进行哲学和数学的工作,因而他同时也是一位心理哲学家。在此意义上,《算术哲学》既是“**逻辑学的**研究”,也是“**心理学的**研究”。如果我们联想到作为《算术哲学》前篇的任教资格论文“论数的概念”的副标题是“**心理学的**分析”,而《算术哲学》的后篇或正篇则叫作“**逻辑学的**研究”(即《逻辑研究》),其第一卷更是题为“纯粹逻辑学导引”,那么这些标题和副标题给人的暗示便是:胡塞尔的身份在此十多年的过程中逐渐从**心理哲学家**转向了**逻辑哲学家**,而《算术哲学》恰恰构成这个转向的中间点,它一方面要讨论数学演算活动和逻辑判断活动的主观行为,另一方面又要顾及数学演算对象和逻辑判断对象的客观内容。这个中间点既可以意味着**心理哲学**与**逻辑哲学**之间的平衡点,也可以被视作在两者之间左右为难的摇摆点。由此可以理解,胡塞尔在后来发表的《逻辑研究》中为什么要致力于“对认识活动的主观性和认识内容的客观性之间的关系做出普遍批判的反思”,并对“思维的心理联系如何过渡到思维内容的逻辑统一(理论的统一)”的问题做出回答(LU I, A VII f./

B VII f.)。[①]

关于《算术哲学》的写作意图，胡塞尔自己在“作者本人告示”中曾有所说明：“为了从哲学上更深入地理解算术，当前需要做两件事情：一方面是对它的基本概念进行分析，另一方面是对它的符号方法做出逻辑澄清。作者试图在这两个方面奠定尽可能可靠的基础，但并不试图建造算术哲学的一个封闭体系。在他看来，对此还缺乏所有的前提条件。”[②] 这个说明与他在《算术哲学》的“前言”中给出的说法基本一致：“我在这里公之于众的《算术哲学》并不要求建立一个对于数学家和哲学家而言同样重要的边缘学科之完美体系，但却要求在一系列‘心理学和逻辑学的研究’中为这样一门学科的未来构建准备科学的基础”(Hua XII,5)。

此外，胡塞尔在“作者本人告示”中还就《算术哲学》的内容继续写道：“刚刚出版的第一卷分为两个部分。第一部分主要含有与多、一和数有关的心理学研究，这是就它们并非在符号的(非直接的)形式中被给予我们的而言。第二部分考察关于多、一和数的符号表象，并且试图在这样一个事实中证明普遍算术的逻辑起源，这个事实就是：我们几乎自始至终被限制在符号的数表象上。在这些研究的进程中会澄清数字算术的最基本符号方法，它们建立在概念与符号、概念联结为判断的规则与符号联结为公式的规则之间的严格相似性上。更高的和完全另类的符号方法构成了数的普遍算术的本质，这些方法将留给第二卷讨论，这门算术在那里将表明自己是在由各门算术组成

① 胡塞尔：《逻辑研究》，倪梁康译，第一卷，商务印书馆：北京，2015 年，A VIIf. / B VIIf.。

② Edmund Husserl, „Selbstanzeige“, zuerst in *Vierteljahrsschrift für wissenschaftliche Philosophie*, Vol. 15, 1891, dann in *Philosophie der Arithmetik. Mit Ergänzenden Texten (1890–1901)*, Hua XII, Den Haag: Martinus Nijhoff Verlag, 1970, „Beilage: Zur *Philosophie der Arithmetik.* Selbstanzeige“, S. 287f.

的一整个种属中的环节，这些算术通过同一个算法的同类性而得以统一”（Hua XII,287f.）。

从这个“作者本人告示”来看，第二部分的内容要比第一部分的内容更多、更广泛而且更重要。他在《算术哲学》的“前言”中曾说：“如果时间与状况允许的话，我考虑在第二卷中也阐释一门欧几里德几何学的新哲学理论，它的基本思想与在那里得到讨论的问题密切相关……这个第二卷已经大部分完成构想，应当可以在一年后付诸印刷”（Hua XII,8）。

然而胡塞尔后来始终没有再完成和出版这个第二卷，而是转向了《逻辑研究》的撰写。其原因他曾在《逻辑研究》的前言中给予说明。他在那里对他的这部处女作回顾评价说：

> 在我《算术哲学》的第一卷（也是唯一发表的一卷）中，心理学的研究占了极大的篇幅。我对这种心理学的奠基从未感到过完全满意。在论及数学表象的起源，或者，在论及确实是由心理因素所决定的实践方法的形成时，我感到心理学分析的成就是明白清晰而且富于教益的。然而，思维的心理联系如何过渡到思维内容的逻辑统一（理论的统一）上去，在这个问题上我却无法获得足够的连贯性和清晰性。此外，数学的客观性以及所有科学的客观性如何去俯就心理学对逻辑的论证，这个原则性的怀疑就更使我感到不安了。由于我的建立在流行心理学信念——用心理学分析来逻辑地澄清现有的科学——之上的全部方法以此方式发生了动摇，我便越来越迫切地感到需要对逻辑学的本质，尤其是对认识活动的主观性和认识内容的客观性之间的关系做出普遍批判的反思。每当我对逻辑学提出一定的问题并期望从它那里得到解答时，它总是让我感到失望，以至于我最后被迫决定：

> 完全中断我的哲学–数学研究，直到我能够在认识论的基本问题上以及在对作为科学的逻辑学的批判理解上达到更可靠的明晰性为止(LU I, A VII f./B VII f.)。

事实上胡塞尔在《算术哲学》出版时，甚至出版前就已经或多或少地意识到其中存在的问题。在出版该书的当年，他便在写给他的师兄阿列克休斯·迈农的信中说："这部著作大部分是早些年的一项工作，而且是在如此多的逆境与障碍中产生的，以至于它很难给人以一个和谐均衡之整体的印象。但愿我的努力没有白费，至少是在根本的要点上没有过于远离真理"(Brief. I,128)。对于这里所说的"逆境与障碍"(Widrigkeiten und Hemmungen)，胡塞尔在此并未做出进一步的说明。较为详细的反省与总结是他于1906年9月25日撰写的一段"私人札记"中对自己给出的："我对《算术哲学》做了许多阅读。这部书让我觉得是如此地不成熟和幼稚，几乎是孩子气。现在看来，出版时曾有的良心谴责不无道理。实际上我在出版它时已经从它那里脱身而出了。它基本上产生于86/87年。当时我是初学者，在哲学问题上没有正确的知识，在哲学能力上没有正确的训练。而当我在极力构想数学思维的逻辑学，尤其是数学运算的逻辑学时，那些不可理解的陌生世界在困扰着我：纯粹逻辑的世界和行为意识的世界，今天我会说，是现象学的世界，也是心理学的世界。我知道不能将它们等同为一，但它们相互间必定具有联系，并且构成一个内部的统一。因此，我一方面在表象和判断的本质、在关系理论等等问题上绞尽脑汁，而另一方面则为弄清数学–逻辑形式的联系而苦思冥想。也许首先是1890年冬对逻辑演算的研究导致了向整个纯粹逻辑领域的扩展。而后是1891/92年关于心理学的讲座。"[①]

---

① 胡塞尔："私人札记"，倪梁康译，载于倪梁康(编)，《回忆埃德蒙德·胡塞尔》，同上书，第438页。

从以上的表述来看，胡塞尔显然不仅在《逻辑研究》发表时，甚至在其发表前已将《算术哲学》视作一部被克服和被超越了的著作，不仅是它的研究结果，而且它的全部方法都成为动摇不定的和根本可疑的。因此，它在后人对胡塞尔的研究中一度作为前现象学的不成熟产物而遭到忽略，对此胡塞尔自己也不无过失。

1970 年，即在其初版八十年之后，《算术哲学》作为《胡塞尔全集》的第 12 卷再次以校勘本的形式在海牙出版，并附加了胡塞尔 1890 至 1901 年期间的其他相关文字。该书的编者、现象学家洛塔·埃莱伊(Lothar Eley)在其“编者引论”中言简意赅地对该书的内容做了如下的介绍和评价：“胡塞尔在《算术哲学》第一卷中重新采纳了其任教资格论文“论数的概念”中的论题：数的构成。在他看来，数的形成要归功于集合联结的行为。所有符号性的数的构成(Zahlbildung)都预设了计数活动(Zählen)。因而胡塞尔在该书的第一部分对本真的(内容的)数表象(Zahlvorstellung)进行研究。他认为，数是建立在一种集合表象(Mengenvorstellung)的基础上的。如果这个集合表象的结果是一种多少(Wieviel)，那么数就是特定的多少。而后在第二部分中，他试图说明符号性的数规定的必然性，并且指明这些数规定的开端条件。他认为必须对内容的、有限的集合构成(Mengenbildung)做出符号的扩展，因为我们是有限的和时间性的生物。一个永恒的和无限的生物是不做计算的。因而数学的无限性被构想成为一种有限性的特殊方式。于是，一种现时的无限在对其设想中从一开始就是颠倒的”(Hua XII,XIII–XIV)。而这个问题用胡塞尔自己的话来说就是：数的形成被回溯到计数的行为上，数学的客观性因此被要求去俯就心理学对逻辑的论证。在此意义上，《算术哲学》的基本立场是心理主义的。

但这里需要提醒一点：尽管《算术哲学》属于胡塞尔前现象学时

期的著述，但胡塞尔在其中已经开始了这样一个尝试：通过对数学基本概念的澄清来稳定数学的基础。这种以数学和逻辑学为范例、对基本概念进行澄清的做法后来在胡塞尔哲学研究中始终得到运用，成为胡塞尔现象学操作的一个中心方法。在这个意义上可以说，胡塞尔在《逻辑研究》之前便已经开始不自觉地运用现象学的方法。①

这里所说的"不自觉"，并非指胡塞尔对其现象学方法使用的不自觉，而是指他对其现象学方法的命名或表述的不自觉。他在《算术哲学》中已经有了十分清晰的方法意识，即便他没有将它称作"现象学的"。在其"前言"中，胡塞尔在还未谈及该书的讨论内容时便已谈及它的研究方法："我希望，我常常遵循的一种批判方法不至于给我带来指责。但凡有可能，我就会竭力提出一些主导的思想——它们一再地出现在不同的作者那里，并且以并非始终清楚和前后一致被遵循的方式规定着他们的理论信念——，从概念上明晰地确立它们，并且根据它们来构建一门尽可能前后一致的理论。随后进行的批判则可以指明，这样一种初看起来合理可信的动机究竟能够伸展得有多远"(Hua XII,5f.)。

胡塞尔使用的"批判"一词，不仅关系逻辑分析，即关系对基本概念在内涵与外延方面的界定和语义分析，而且由于事关心理学分析，它同时也是对概念产生于其中的心理行为的描述分析。在这个意义上，胡塞尔这个时期的思考方式带有十分强烈的维也纳哲学传统：偏重经验、直观，以感性的确然性为基础性的开端。它此时尚未明确有别于马赫、布伦塔诺、石里克、卡尔纳普、维特根斯坦等人的思维风格，但已经为后来的现象学本质直观和意识结构描述方法的产生准

① 在后面涉及《现象学的心理学》时笔者会说明：现象学的方法与心理学的方法的本质区别究竟何在。

备了一个温床，并且在此意义上是**前现象学的**或**准现象学的**。胡塞尔开创的维也纳传统之新方向后来也在深受此传统影响的哥德尔那里得到体现[①]，但更多已经通过现象学运动的慕尼黑学派和哥廷根学派而转变为慕尼黑传统和哥廷根传统了。因此，胡塞尔在《算术哲学》中使用的所谓“批判”方法，虽然尚未被胡塞尔称作“现象学的”方法，但其实质性的工作特征，并不亚于最早以“现象学”命名自己的爱德华·封·哈特曼的道德意识分析。

最后还要留意胡塞尔这部最早期的著作与他随后的著作《逻辑研究》以及他的后期著作《欧洲科学的危机与超越论现象学》之间的内在联系。

胡塞尔在《算术哲学》第一卷中进行了心理主义方向上的尝试，随后这一尝试便因其内在的困境而被他放弃，并在《逻辑研究》中受到了严厉的自我批判。这个发展的路线引导他离开布伦塔诺而靠近了弗雷格，甚至使他与弗雷格一起开始受到例如来自冯特等人的批评，即：将他们指责为逻辑主义。然而在《逻辑研究》第二卷中，胡塞尔从讨论语言表达与观念含义的第一研究出发，在讨论意识体验的第五、第六研究中结束。这使得包括海德格尔在内的许多人迷惑不

---

① 库尔特·哥德尔（Kurt Friedrich Gödel,1906–1978）是胡塞尔的同乡，出生在摩拉维亚的首府布尔诺。在他的另一位同乡托马斯·马塞里克于 1918 年建立起捷克斯洛伐克共和国之后，他觉得在这里不再是自己的家园，因而在 1923 年接受了奥地利的国籍，并于次年到维也纳大学注册学习理论物理学，而后转向数学和逻辑学。他在大学学习的一开始就参加了由石里克组织的“维也纳学圈”的活动，其间深受维也纳学圈成员（如石里克、塔尔斯基等人）及其对话的影响。他也在这里初次遇到了后来成为他太太的阿黛尔·波克特（Adele Porkert）。他于 1959 年开始研究胡塞尔的著作，并“曾告诉过一些逻辑学家，应该研究《逻辑研究》中讨论‘范畴直观’的第六研究”。哥德尔曾明确表示说：“我们的直观超越了康德式的（或者按他的说法，具体的）直观，我们确实可以**感知**概念。康德的 Anschauung（直观）局限于时空（或感性）直观”（王浩：《逻辑之旅——从哥德尔到哲学》，邢滔滔等译，杭州：浙江大学出版社，2009 年，第 205–206 页。）

解。是否胡塞尔从第一卷的反心理主义和逻辑主义出发，甚至没有绕圈就直接回头退返到心理主义这里？——这个问题我们会在后面详细讨论。

另一方面，胡塞尔在1936年撰写后期著作《欧洲科学的危机与超越论现象学》期间重新思考了他在早期《算术哲学》中处理的问题，即如编者埃莱伊所说："这部后期著作[《危机》]以一种特殊的方式回溯到他的早期著作[《算术哲学》]上去"(Hua XII,XIII)。尤其著名的例子是《危机》书中附加给第9a节的"附录三"，它被芬克冠以"作为意向历史难题的几何学起源问题"，被德里达译成法文并加以长篇导引，从而引起人们对生活世界与观念世界以及对观念历史的讨论。事实上，与《算术哲学》问题的内在关联在《危机》出版前便已经出现，胡塞尔在二十年代一再探讨的意识发生现象学问题的思考便是如此。耿宁曾说，"从发生现象学的角度来看，胡塞尔可以从其《算术哲学》的心理学发生思考中重新获得有效的一面。"[①]

促使鲁汶胡塞尔文库将《算术哲学》编辑校勘，于1970年作为《胡塞尔全集》第12卷再版的一个重要原因恰恰在于，1962年作为《胡塞尔全集》第6卷出版的《欧洲科学的危机与超越论现象学》引发了研究者对《算术哲学》讨论问题的强烈兴趣。[②]

事实上，最早把握到《算术哲学》对于整个现象学之意义的应当是胡塞尔的助手奥斯卡·贝克尔，他在为祝贺胡塞尔七十寿辰撰写的"埃德蒙德·胡塞尔的哲学"的文章中写道："回顾起来可以说：在

---

① Rudolf Bernet/Iso Kern/Eduard Marbach, *Edmund Husserl. Darstellung seines Denkens*, Hamburg: Meiner, 1989, S. 181, Anm. 1.

② 编者埃莱伊写到："这部后期著作[《危机》]以一种特殊的方式回溯到早期著作[《算术哲学》]上去。因而这里的这个版本遵从了一个需求，即：使人们能够了解胡塞尔早期关于算术哲学的研究"(Hua XII, XIII)。

《算术哲学》中已经蕴涵了胡塞尔逻辑学和现象学（如果可以出于外部原因而将它们分开的话）的诸基本原则的一个重要部分：对本真的和象征的（即直观上充实了的、'自身给予的'与符号的、空乏意指的）表象的根本区分，意向分析的真正实施，它们的脱离了偶然实际性的形式特征（本质概念！），'如此等等……'的观念，'视域'的观念，最后还有诚然尚未完全无限制地被阐述出来的超越论的观念论之原则。"①

原则上可以说，自 1891 年起，也就是说，在《算术哲学》第一卷发表的同时，胡塞尔已经开始了与《逻辑研究》相关的思考。他在一份手稿中写道："在此孤独而辛劳工作的十年中，这些研究获得了日益更新的和日趋坚实的形态"（*Husserl-Chronik*,25）。②这个思考的结果是《算术哲学》第二卷的写作与出版计划的放弃以及《逻辑研究》两卷三册的写作与出版。

胡塞尔在《逻辑研究》第一卷的前言中对这个时期的内在思想历程曾做过回顾和描述，这里有必要做再一次的引述：

> 一系列无法避免的问题……不断地阻碍并最终中断了我多年来为从哲学上澄清纯粹数学所做努力的进程。除了有关数学基本概念和基本明察的起源问题之外，我所做的努力主要与数学理论和方法方面的难题有关。那些根据传统逻辑学或无论做了多少改革之后的逻辑学的阐述来说必定是显而易见的东西，即：演绎科学的合理本质及其形式统一与符号方法，在我对实际现有

① Oskar Becker, „Die Philosophie Edmund Husserls", in *Kantstudien*, XXXV, 1930, S. 123.

② 也可以参见胡塞尔："《逻辑研究》第二版'序言'草稿的两个残篇（1913 年 9 月）"，倪梁康译，载于《中国现象学与哲学评论》第十四辑，上海：上海译文出版社，2014 年，第 272 页。

的演绎科学所做的研究中却显得模糊可疑。我分析得越是深入，便越是意识到：负有阐明现时科学之使命的当今逻辑学甚至尚未达到现时科学的水准……但我还在一个完全不同的方向上纠缠于普遍逻辑学和认识论的问题中。我以那时流行的信念为出发点，即坚信：无论是演绎科学的逻辑学还是逻辑学一般，对它们的哲学启蒙都必须寄希望于心理学。据此，在我《算术哲学》的第一卷（也是唯一发表的一卷）中，心理学的研究占了极大的篇幅。我对这种心理学的奠基从未感到过完全满意。在论及数学表象的起源问题，或者在论及确实是由心理因素所决定的实践方法的特定形成时，我感到心理学分析的成就是清晰而富于教益的。然而，思维的心理联系如何过渡到思维内容的逻辑统一（理论的统一）上去，在这个问题上我却无法获得足够的连贯性和清晰性。此外，数学的客观性以及所有科学一般的客观性如何去俯就心理学对逻辑的论证，这个原则性的怀疑就更使我感到不安了。由于我的建立在流行心理学信念——用心理学分析来逻辑地启蒙现有的科学——之上的全部方法以此方式发生了动摇，我便越来越迫切地感到需要对逻辑学的本质，尤其是对认识活动的主观性和认识内容的客观性之间的关系做出普遍批判的反思。每当我对逻辑学提出一定的问题并期望从它那里得到解答时，它总是让我感到失望，以至于我最后被迫决定：完全中断我的哲学-数学研究，直到我能够在认识论的基本问题上以及在对作为科学的逻辑学的批判理解上达到更可靠的明晰性为止（LU I, A V/B V）。

胡塞尔于此简单勾勒的思想理路在其实际展开的过程中还要艰难复杂得多。上述与弗雷格及其逻辑主义构想、与布伦塔诺及其心理主义的种种交织与纠缠虽然构成这个过程的大部，但仍非全部。他的哲学的、伦理的、宗教的心智的形成与培养，在此期间进入一个极为关键的阶段。这个阶段一直延续到《逻辑研究》之后的哥廷根时期。

戈特洛布·弗雷格

在胡塞尔从《算术哲学》到《逻辑研究》的转变过程中，他与弗雷格的思想关系是一个值得注意的论题。这一方面是因为弗雷格和胡塞尔代表了分析哲学与现象学的重要思想来源，对他们之间的精神交流与思想交锋的研究既可以有助于我们了解两位“思想家的历史”，也可以有助于我们了解两个学派的“观念的历史”；另一方面，对弗雷格与胡塞尔所带有的各自类型的柏拉图观念论的了解，对他们在这个方面与其他同时代思想家如维特根斯坦、哥德尔等人的相互影响和相互作用的了解，也会有助于我们对二十世纪上半叶的时代精神的认识和把握。

就前一方面而言，笔者在本书第二卷中对胡塞尔与弗雷格（第二章）的思想关联有较为详细的讨论。对此问题的最重要阐释还可以参考迈克尔·达米特在其论著《分析哲学的起源》[①] 中对弗雷格与胡塞尔的思想联系和相互作用的探讨。而就后一方面而言，本书第二卷中关于胡塞尔与柏拉图（第二十一章）、胡塞尔与哥德尔（第三十一章）、胡塞尔与石里克（第十九章）等人思想关联的讨论都是针对这段跨越了半个世纪的观念论问题的思想交锋历史所做的阐述。[②]

---

① Michael Dummett, *Origins of Analytical Philosophy*, Cambridge, Massachusetts: Harvard University Press, 1993; 中译本参见达米特：《分析哲学的起源》，王路译，上海：上海译文出版社，2016 年。

② 此外还可以参见笔者在“胡塞尔与维特根斯坦：从意识哲学到语言哲学的范式转换”中的相关讨论（载于倪梁康：《意识的向度——以胡塞尔为轴心的现象学问题研究》，北京：北京大学出版社，2007 年，第 279-305 页）。

这里只能也只需就胡塞尔在这个转变过程中所受弗雷格的影响做一简要的编年史方面的勾勒：

胡塞尔与弗雷格的思想交锋最初发生在胡塞尔大致写于1886/87年、发表于1891年的《算术哲学》中。胡塞尔在书中涉及许多思想家，而弗雷格是在其中被提及次数最多的人，主要是关于他1884年发表的重要著作《算术基础》[①]。

在撰写其任教资格论文"论数的概念"时，胡塞尔尚未提到弗雷格的名字。胡塞尔很有可能是为了准备任教资格考试才购买了《算术基础》。而在撰写自己的《算术哲学》时，胡塞尔对弗雷格的著作做了仔细的阅读，在某种程度上将弗雷格当作自己的论辩对手。

在《算术基础》和《算术哲学》中，弗雷格和胡塞尔所处理的都是算术的基础问题。弗雷格是从逻辑学-数学的角度来讨论数的概念的形成。《算术基础》的副标题便是"关于数的概念的一个逻辑学数学研究"。而胡塞尔的任教资格论文也是以"论数的概念"为论题，但副标题却是"一项心理学的分析"。仅就这两个副标题来看，我们已经可以说：这两篇文字所讨论的课题相同：算术中的数的概念；但方法和角度不尽相同：前者是以数学-逻辑学的方式，在一定意义上既是传统逻辑主义的，也是新逻辑主义的；后者则是以心理学的方式，而且可以被视为逻辑心理主义的。

如前所述，胡塞尔在《算术哲学》中着重论证，数的形成是通过集合联结的行为，即通过计数活动才得以可能的。数的构成因此以计数活动为前提。但胡塞尔从一开始就面临弗雷格的相反论证：数的概念是独立的、客观的对象，它是思维内容的统一，并不倚赖思维的心

---

① Gottlob Frege, *Die Grundlagen der Arithmetik. Eine logisch mathematische Untersuchung über den Begriff der Zahl*, Breslau: Verlag von Wilhelm Koebner, 1884.

理联系。这个基本立场的差异也进一步表现为以下三个方面:1. 在算术的心理学分析问题上的不同原则态度;2. 对数的概念的不同理解;3. 对获取数的概念之方法的不同理解。

此后,胡塞尔于 1891 年将自己刚出版的《算术哲学》和几篇在此期间发表的相关文章寄给弗雷格,其中有一篇已经对自己刚出版的《算术哲学》,尤其是涉及弗雷格的一章做了批评性的自我反思。应当说,胡塞尔在出版《算术哲学》的同时已经开始意识到自己的问题。

弗雷格在收到胡塞尔寄赠的著述资料之后于 5 月 24 日致函胡塞尔,向他表示谢意,并同时讨论了几个与胡塞尔的书与书评相关的问题,最后也告知:他回赠胡塞尔"几篇小文",包括"概念文字的应用"与"论概念文字的目的"的报告(Brief. VI,107)。

从弗雷格的信中可以看出,他虽然尚未通读《算术哲学》全书,但读过了胡塞尔书中对他的批评,也读完了篇幅不短的书评,因此他在信中向胡塞尔确认:"除了与我的看法的偏差之外,我在您的著述中也还是注意到某些一致之处"(Brief. VI,107)。

胡塞尔于 1891 年 7 月 18 日回函弗雷格(Brief. VI,110-112),感谢他的回信和回赠,并说明之所以回复较迟,乃是因为自己想有时间仔细阅读弗雷格的"关于概念文字的几篇原创性著述",但最终还是因为事务太多而未能清楚地把握这些著述的本质与范围。但胡塞尔随后感谢弗雷格的《算术基础》给他带来的启示与促进。

与弗雷格的来函一样,胡塞尔在接下来的叙述中也谈到自己与弗雷格在一些观点上的"多重的相合点"以及"本质的差异点"。胡塞尔所说的"多重的相合点"包括对布尔工作的评价、对语言与演算的区分、对施罗德研究的评价。最后胡塞尔还认为,他与弗雷格都拒绝当时流行的对"形式算术"的扩展,即那种企图将"形式算术"不仅扩展为一种算术技术,而且还常常想扩展为算术理论的做法。

从所有这些阐述来看，1891 年在弗雷格与胡塞尔之间的发生的这次思想交流中，弗雷格并未对胡塞尔形成更多的实质性影响。两人确定的彼此之间的“一致”或“相合”主要是在数学和逻辑哲学的论证方面，而在语言哲学问题上，两人基本维续自己原有的立场，并以此出发来理解或不理解对方从各自立场得出的结论。

直至 1894 年，弗雷格在第一封信中希望继续的彼此思想交流才得以再次发生，但并非以书信的形式，而是各自以包含在著述中的思想表达的形式。主要是弗雷格在这一年发表了对胡塞尔《算术哲学》的书评。他在其中系统而细致地批评了胡塞尔的心理主义的总体立场和部分论证，主要是批评胡塞尔在数的问题上的心理主义解决方案。

但从思想发生的脉络上看，弗雷格在书评中对胡塞尔《算术哲学》的批评，很大部分是对 1891 年的，而非对 1894 年的胡塞尔的批评；而其余部分则并未为胡塞尔所接受，亦即并未对胡塞尔后来的思想发展产生影响。这表明胡塞尔从弗雷格的书评中获得的启示与教益并不很多。当然这并不意味着，胡塞尔在 1891 至 1894 年期间没有受到任何来自弗雷格方面的影响，因为很有可能胡塞尔在此期间还重读过弗雷格的《算术基础》以及其他短篇文章，以及弗雷格 1893 年新出版的《算术的基本规律》①；而只是意味着，即使胡塞尔受到过弗雷格的影响，也并非如粗浅的观察所显示的那样是由于弗雷格书评的批评所

① 存于鲁汶大学胡塞尔文库的胡塞尔私人图书馆中藏有许多弗雷格的著述。从胡塞尔的阅读痕迹来看，他最感兴趣的是《算术基础》，此外还有“概念文字”，以及其他短文。胡塞尔在阅读中在文本上做了许多注释。其中关于“函数与概念”文章的边注于 1962 年由弗雷格《短篇论文集》的编者安格雷利（Ignacio Angelelli）请当时在鲁汶胡塞尔文库工作的耿宁（Iso Kern）从速记体转换成正文，作为附录附在《短篇论文集》的后面。参见 Gottlob Frege, *Kleine Schriften*, Darmstadt: Wissenschaftliche Buchgesellschaft, 1967, S. 431-434. 此外还可以参见同一编者附在弗雷格《概念文字及其它文章》后的胡塞尔相关边注。参见 Gottlob Frege, *Begriffsschrift und andere Aufsätze*, Halle a. S.: Verlag von Louis Nebert, 1879, S. 117-121.

致。无论如何，胡塞尔最终放弃了出版“心理主义的”《算术哲学》第二卷的计划，开始撰写“反心理主义的”《逻辑研究》，而这个从心理主义立场向反心理主义立场的转变应当被视作自身反省与外来批评的共同结果。

胡塞尔自己在 1900 年出版的《逻辑研究》第一卷“前言”中曾就自己的思想转变回顾说：“在顾及那些曾经引导过我的严肃而实际的动机的同时，我独立地做出了与流行的逻辑学派别分道扬镳的决定；在这些多年劳作的成果、这些**对纯粹逻辑学和认识论的新论证**的尝试发表之际，我相信我所说的这种独立性不会遭到误解。确切地说，我自身的发展进程引导我，一方面在逻辑学的基本信念上远离开那些对我的学术培养最有影响的人与著作，另一方面则很大程度上接近了其他一些研究者，以往我未能充分地估价他们的著述，因而在工作中也未曾从这些著述中得到足够的启迪”(LU I, A VII–VIII/B VII–VIII)。

精神上的困苦

哲学上的困惑源自胡塞尔对自己作为哲学家或哲学教师的自我意识与责任意识。在前引 1930 年 3 月 21 日致凯恩斯的信中(Brief. IV,21f.)，胡塞尔曾提到他在这一时期“长期受忧郁症的煎熬，直至完全失去所有的自信”，并“曾尝试接受一位神经科医生的咨询”。从现存的各种文字记载来看，这种会导致无意志、无兴趣、无法工作状态的忧郁症状(Depression)从 1891 年 1 月开始出现，在他的哈勒生活时期尤为明显，此后贯穿在胡塞尔的一生中，甚至在他去世前一年还有发作。

根据舒曼在《胡塞尔年谱》中的不完全记录，胡塞尔在 1891 年 1 月初、1906 年 11 月、1909 年 9 月、1922 年 9 月、1931 年 1 月、

1932年2月中至4月、1937年5月期间都曾受此烦恼折磨，不能工作（参见 *Husserl-Chronik*, 29,98,126,199,263,403,485）。因而有哲学史研究者认为，“就心灵而言，这些年属于胡塞尔一生中最阴沉的时期”。[①]

种种迹象表明，哲学的自我意识与责任意识并不是导致胡塞尔患忧郁症的直接原因，但很可能是其间接原因：正是因为意识到自己在哲学上的缺失、不足与失败[②]而愈发加紧工作和思考才导致了忧郁症的发作。因而引发忧郁症的直接原因是过度的思考与工作。这个情况日后在胡塞尔那里还一再出现。胡塞尔自己曾在1931年1月6日致普凡德尔的信中对此状况描述说：“激情的工作一再地导致旧病复发与忧郁症状。最终存留下来的是一种普遍的沮丧的基本情绪，一种危险下坠了的自我信任”（Brief. II,180）。他在其他信中也曾一再认为他的忧郁症是“过度工作的结果”（Brief. III, 82；Brief. IX,284）；只有一次是因为担心产后不久的妻子与女儿的身体状况而产生的持续紧张所导致（vgl. Brief. I,9）。由此看来，哲学家的理性反思能力并不能保证哲学家不患忧郁症，却仍可以保证他对此症状有清醒的意识。

哈勒城里的一个机构因为胡塞尔而在今日现象学圈中广为人知，即奥古斯特·海尔曼·弗兰克于1695年为弗兰克基金会创立、于1698年建成，今天被称作“弗兰克孤儿院”的机构，它是德国最早成立的孤儿院之一。[③]它之所以在现象学界出名，一方面是因为当时

---

① Deodáth Zuh, „Wogegen wandte sich Husserl 1891? – Ein Beitrag zur neueren Rezeption des Verhältnisses von Husserl und Frege“, in *Husserl Studies*, 28, 2012, S. 97.

② 这是胡塞尔当时的心态。“很久以后我才认识到，这是当时哲学的失败，我首先不得不为它的不清晰和貌似的科学性付出代价”（Brief. IV, 21）。

③ 关于弗兰克孤儿院的大致情况可以参见舒曼作为编者对马尔维娜的“埃德蒙德·胡塞尔生平素描”中相关段落的说明（载于倪梁康［编］：《回忆埃德蒙德·胡塞尔》，同上书，第15页，注①）。但舒曼在那里将此孤儿院的创立时间误标为1865年。——除此之外，胡塞尔的女学生埃迪·施泰因在弗莱堡大学的博士论文《论同感问题》（1917年）也是在这个孤儿院的印刷所印刷出版的。

设在孤儿院的印刷所曾为尼迈耶出版社工作，而尼迈耶正是后来“承担起出版一个几乎还默默无闻的讲师的大部头论著的风险”，发表了胡塞尔《逻辑研究》的出版人。这家出版社随后也负责胡塞尔主编的二十世纪最重要的哲学刊物《哲学与现象学研究年刊》的出版，在其中先后发表了马克斯·舍勒和马丁·海德格尔的代表作，因此而在二十世纪的现象学文献的发表方面实在是功不可没。[①] 另一方面，弗兰克孤儿院也是胡塞尔于哈勒的“艰难十四年”期间，“从一个绝望走向另一个绝望”的过程中常常滞留的地方。这所孤儿院位于哈勒内城，离哈勒大学不远。它由一组四层楼高的 U 形建筑群落构成，至今仍是弗兰克基金会的所在地。在它正大门的上方有一个山形墙，上面雕有两只老鹰，它们的鹰爪中握着一个载有引自《以赛亚书》第 40 章第 31 节的文字的卷轴。这段文字的内容在胡塞尔于哈勒的艰难时期成为他的精神和宗教的支柱。马尔维娜在对这个时期的胡塞尔的回忆中写道：“当时他每天都到弗兰克孤儿院去，并诵读刻写在大门上方的题词：以赛亚的诗篇‘那倚靠上主的，必从新得力……’它成了他的生活箴言。”[②] 许多年之后，胡塞尔自己在弗莱堡时期还再次回忆

① 对此尤其可以参见海德格尔为出版社的创始人赫尔曼·尼迈耶八十寿辰撰写的纪念文章：“我进入现象学之路”，载于海德格尔：《面向思的事情》，陈小文、孙周兴译，北京：商务印书馆，1999 年，第 90–99 页。——我们在后面还会具体论述尼迈耶出版社在现象学运动中所起的作用。

② 马尔维娜·胡塞尔：“埃德蒙德·胡塞尔生平素描”，同上书，第 15 页。——笔者于 2013 年 8 月 26 日在哈勒参观了这个原先弗兰克基金会的所在地。它的正面是向东的四层楼房，每层 15 扇窗，两翼有两长排楼房与其相连接，沿弗兰克场向西延伸，最后在弗兰克塑像和一个同样风格的丁字形建筑结束。目前这个长条形的建筑群已经修整一新，但仍然保留原有风格，包括马尔维娜在这里提到的正面山形墙、上面雕刻的两只老鹰，以及它们鹰爪中握着的一个载有引自《以赛亚书》的文字的卷轴。弗兰克基金会建筑的正面图像作为风景明信片仍然在哈勒有售，它本身也是哈勒的最重要参观景点之一。在它的后面建有一个奥古斯特·海尔曼·弗兰克的纪念雕塑。这个建筑群目前是一些学校和研究机构的所在地。

过这段生命历程，它被一位当时与胡塞尔有忘年之交的文化哲学家和作家埃迪·奥伊肯-埃尔德希克(Edith Eucken-Erdsiek,1896-1985)记载在其回忆录中。这位女作家自1927年后一直居住在弗莱堡，当时与胡塞尔在大学同事的一次晚宴上相识。世界很小！她的丈夫是瓦尔特·奥伊肯(Walter Eucken,1891-1950)，德国经济学家，社会市场经济的策划者，秩序自由主义(也是德国版本的新自由主义)的弗莱堡学派的创始人；而她的公公鲁道夫·奥伊肯(Rudolf Eucken, 1846-1926)是哲学家和1908年诺贝尔文学奖的获得者。奥伊肯-埃尔德希克在对胡塞尔回忆中写道："他向我们讲述，那时他常常来到弗兰克孤儿院中观看那里的一个题词，以便从中汲取慰藉，这个题词就刻在正门上方：'但那倚靠上主的,必从新得力,他们必如鹰展翅上腾。'"[①] 这个回忆发表在马尔维娜的回忆录公开发表十一年前，两者的内容几乎完全一致。[②]

胡塞尔之所以在其哲学研究的初期会具有如此强烈的精神上"困苦"乃至"绝望"，奥伊肯-埃尔德希克曾给出过一个解释："胡塞尔对由此产生的'生命困苦'的感受如此强烈，以至于他把对此困苦的克服当作自己哲学思考的任务。最初这是一种纯粹的个人必然性。不弄清这些问题他就无法生活。但他很快便认识到，'想要认真地作哲学家'的责任要比这伸展得更远。这里有事关整个人类的东西。他将全人类的事情当作自己的事情。这样一来，责任的负担就变得过于庞大。绝望的挣扎是他在哈勒任私人讲师期间的标示，持续不断尝试去

---

① 埃迪·奥伊肯-埃尔德希克："迷恋真理——回忆埃德蒙德·胡塞尔"，载于倪梁康(编)：《回忆埃德蒙德·胡塞尔》，同上书，第401页。

② 需要补充的是：胡塞尔1938年4月27日去世，牧师在两日后为胡塞尔遗体进行的火化仪式上宣读的也是这段诗文的全文："但那倚靠上主的，必从新得力，他们必如鹰展翅上腾。他们奔跑却不困倦，行走却不疲乏"(*Husserl-Chronik*, 489)。

把捉真理，而真理却像坦塔罗斯的树枝一样一再地缩回。”[1]

这里提到的坦塔罗斯（Tantalus）是希腊神话中的人物形象。他是宙斯之子，珀罗普斯和尼俄柏之父。他因犯天条而受神界处罚：欲望无法得到满足。他站在一个水池中，旁边是一棵长满果实的树。当他饿了而想要抬头吃树上果子时，树枝会升高，使他够不着；当他渴了而想要低头喝池中水时，水位会降低，使他喝不到。胡塞尔在其十四年哈勒哲学生涯中的精神追求在这里被比喻为一种无法得到满足的愿望。但胡塞尔比坦塔罗斯要幸运些：他受的处罚并非无期，而是随《逻辑研究》的发表便告结束。

大学教职与物质困境

胡塞尔在哈勒生活的“困苦”或“绝望”看起来主要是精神上的。在物质生活方面，胡塞尔尽管在担任私人讲师（或无俸讲师）期间没有固定的经济收入，但他父亲经商，虽然已于 1884 年去世，但理论上应当有一些遗产，可以为胡塞尔提供一定的支持。胡塞尔在 1901 年的一封信中曾提到他的哥哥海因里希以及他的母亲曾为他做过牺牲（Brief. IX,23f.），或许这与这段时间来自家庭的经济资助有关。胡塞尔自己也曾一再申请并获得较长时间的助研金。故而胡塞尔的处境与另一位德国犹太思想家马克思相比应该算是过得去的。因而，尽管做一名没有固定收入的哲学家是十分艰难的事情，我们在胡塞尔遗留下来的文字中也难得见到他在物质生活方面的抱怨；1892 年 12 月 29 日在给布伦塔诺的信中抱怨或许是唯一的一次。而那是因为他

---

① 埃迪·奥伊肯-埃尔德希克：“迷恋真理——回忆埃德蒙德·胡塞尔”，同上书，第 401 页。

从 1891 年起开始，希望哈勒大学哲学系支持他向教育部申请私人讲师助研金。从各方面情况看，哲学系方面对胡塞尔的支持力度一直不小。如果没有哈勒大学哲学系的支持，胡塞尔可能无法在他的哲学道路上继续走下去，至少作为奥地利人而不会在德国继续走下去。这从胡塞尔致布伦塔诺的这封信中可见一斑。胡塞尔在信中向布伦塔诺描述了他为了获得副教授的位置而到普鲁士王国（也是德意志第二帝国）的首都柏林去面见当时担任普鲁士教育部大学教育方面的顾问弗里德里希·阿尔特霍夫的情况："阿尔特霍夫先生在我面前表露出一种毫不尊重的态度，他觉得不值得费心来为我提供丝毫礼貌关心的帮助。他给我的友好建议就是跟随施通普夫到慕尼黑去，或者让我向奥地利方面求助，或者——另找一个职业！我现在正认真地考虑是否还能够留在普鲁士。埃德曼教授和系里的其他好心成员坚定地劝我不要离开；他们认为，如果系里支持我，政府的态度就会改变。系里在夏季学期结束时也的确给了我支持。我被建议（如果我的消息准确的话，是一致建议）升任为副教授。这个建议至今没有任何实际成效。甚至我连一份可以为我提供很大帮助的助研金也没有获得过；空下来的助研金名额被刚刚完成任教资格考试的最年轻的同事们所获得"（Brief. I,9）。直至 1893 年，胡塞尔才被告知，教育部拒绝了哲学系任命胡塞尔为副教授的建议，理由是没有空缺的位置。聊以慰藉的是，胡塞尔在这年得到了政府提供的一份私人讲师助研金。1894 年 8 月 1 日，胡塞尔因哈勒大学的周年校庆纪念而被授予"教授"的称号。虽然这个称号对于胡塞尔没有实质性的意义，但至少表明哈勒大学哲学系对胡塞尔的支持是尽其所能的。这一年胡塞尔又获得法律系提供的私人讲师助研金。而后胡塞尔获得的政府助研金逐年得到延长，直至 1898 年 3 月底。1897 年是这个助研金的最后一次延长。在得到延长通知的同时，胡塞尔也被告知，他已经用完了这类助研金所能提供的最长期限(*Husserl-Chronik*,29-53)。胡塞尔随之也已成为一名如今所说的“老讲师”。1900 年 1 月 10 日，哈勒大学哲学系再次向教育部提交了任命胡塞尔为编制外副教授的申请(*Husserl-Chronik*,60)。这一年的 2 月，胡塞尔发表了《逻辑研究》第一卷，他这时已经 41 岁。接下来的 9 月，胡塞尔收到了哥廷根大学的副教授任命聘书。哈勒时期的艰难困苦终告结束。

教学活动

在完成任教资格考试后，胡塞尔便可以，而且也应当在大学里讲授课程。无论一个无俸的私人讲师是否乐于授课，无论他是否可能通过授课而在物质方面或精神方面有所收益，他若想获得有俸的副教授或教授的位置，就必须在申请这个位置的当年正在学校里教书，而不是在某个其他行当里挣钱养家。因此，如我们前面在涉及施通普夫时所述，德国(也包括奥地利、捷克、瑞士等欧洲国家)的大学教授、尤其是人文科学方面的教授，在获得有俸职位前大都经历过或长或短的无俸教书期。在我们熟悉的哲学家中，胡塞尔以及之前他的老师布伦塔诺和施通普夫是如此，胡塞尔之后的海德格尔、舍勒也是如此。

胡塞尔在获得任教资格后便开始在哈勒大学开设课程。他于 1887 年 10 月 24 日所做的就职讲座题为“形而上学的目的与任务”[①]。可见在这个阶段，“形而上学”对于胡塞尔来说还不是一个贬义词，它被等同于哲学本身。只是在许多后，传统意义上的形而上学才成为他创立的现象学的对立面。也正是在这个冬季学期，胡塞尔开设了“认识论与形而上学引论”的讲座和哲学练习课，在其中讨论数学

① 这个讲座的讲稿似乎没有留存下来。

的和哲学的争论问题，特别强调数学的认识方式相对于因果科学的认识方式所具有的特点。除此之外，胡塞尔在最初几年开设的课程还有“心理学的基本问题”、“哲学全书”、“逻辑学”、“数学哲学问题选要”等等课程。他也曾计划开设“伦理学”的课程，但因只有两人选修而不得不取消（*Husserl-Chronik*,24）。“论数学哲学”的课程则有八人选修。

胡塞尔在哈勒大学担任无俸私人讲师有十四年之久，其间他开设了许多课程，一般每学期两至三门课，至少一门讲座课（Vorlesung），一门讨论课（Seminar）。在他开设的课程中，有一些是带有认识论、形而上学、哲学百科、哲学引论、近代哲学史等等标题的一般性哲学课程；而另一些则属于较为专门的、如今可以称作哲学二级学科的课程，其中在逻辑学方向上有开过多年的“逻辑学”、“演绎逻辑的最新研究”等；在伦理学方向上有“伦理学”、“伦理学的基本问题”、“伦理学与法哲学”等；在宗教学方向上有“上帝此在的证明”、“有神论与现代科学”、“斯宾诺莎以来的宗教哲学史”等。

除了这些课程之外，特别还应当提到是胡塞尔开设最多的两门课程。其一是“哲学练习”的研讨课，开始时每年一次，后来是每学期一次。它的内容类似于我们今天开设的原著选读课程：笛卡尔的《第一哲学沉思集》、洛克的《人类理智论》、叔本华的《作为意志与表象的世界》、穆勒的《逻辑学》、休谟的《自然宗教对话录》、《人性论》、康德的《未来形而上学导论》、《纯粹理性批判》，如此等等。

阿尔图尔·叔本华

讨论课中出现叔本华的代表作《作为意志与表象的世界》多少会让人觉得突兀，它在胡塞尔处理的哲学问题中明显属于另类。然而如前所述，在晚年与凯恩斯的谈话中，胡塞尔明确告知他阅读的第一位哲学作家是叔本华。[①] 还在 1880 年上大学期间，他便购买了六卷本的《叔本华全集》，这是他作为一名学习天文、数学逻辑的学生所购买的第一部、可能也是唯一的一部哲学家全集。在此背景下，我们看到胡塞尔在此期间开设最多的一个讲座的名称是"论意志自由"，就不会感到诧异，而只会露出会心一笑。事实上，从 1892/93 冬季学期开始，到 1901 年夏季学期为止，胡塞尔每年会做一次"论意志自由"的讲座。这门课程多半对所有系的学生开放，类似于如今的通识课。这门课程的标题与叔本华 1839 年为挪威皇家科学院的有奖征文而撰写并获奖的一篇长文《论意志自由》有关，当然也与胡塞尔的叔本华"情结"有关。

最后还要提到胡塞尔在此时期开设的与他的研究课题关系最为密切的课程，即心理学的课程。他在哈勒时期断断续续地开设过以"心理学"或"心理学基本问题"的讲座。这类课程如今已经不在哲学系开设，而是属于心理学系的课程。由此首先可以看出心理学的变化，其次也可以看到哲学与心理学之间关系的变化，最后还可以看出当代科学定义与标准的变化：心理学从哲学的附属学科逐渐向实证科学或实验科学发展，逐步摆脱作为"心而上学"(Metapsychologie)的哲学，成为一门独立的自然科学学科。在胡塞尔离开了心理主义立场之后，如何处理现象学与心理学的关系，这在胡塞尔成为一个核心问题。我们在后面还会详细地讨论它。这里需要提到的是胡塞尔通过这些课程而开始接触詹姆斯的著作并受到后者的影响。在 1906 年 9 月 25 日所写的私人札记中，胡塞尔回忆了这个讲座，其中还谈到威

① 参见 Dorion Cairns, *Conversations with Husserl and Fink*, a.a.O., S. 47. ——该书已由余洋译成中文，计划在商务印书馆的《现象学文库》中出版。这里的引文参考了余洋中译文本的初稿，但时有改动。

廉·詹姆斯的心理学对自己的影响。

威廉·詹姆斯

胡塞尔在1906年的回忆中将詹姆斯的心理学视为描述心理学。他写道:“也许首先是1890年冬对逻辑演算的研究导致了向整个纯粹逻辑领域的扩展。而后是1891/92年关于心理学的讲座。它使我看到了描述心理学的著述,使我如饥似渴地看向它。詹姆斯的心理学我只读过一些,极为有限,它给了一些启示之光。我看到,一个果敢和独创的人是如何不受传统的束缚,并且试图真实地坚持和描述他所直观到的东西。这个影响对我来说也许不无意义,尽管我只能阅读和理解少数几页。是的,描述与忠诚,这是完全必要的。诚然,在我的论文于1894年发表后,我才阅读和摘录了较多的部分。我现在重读了这篇论文(对在上述讲座中涌现给我的思想的阐述)。它是对《逻辑研究》,尤其是对第三研究和第五研究的第一个构想。”[1]

根据胡塞尔提供的这个一手资料以及其他的二手资料,詹姆斯对胡塞尔的影响变得清晰可见。胡塞尔本人在1931年还曾对凯恩斯说过:他是通过卡尔·施通普夫而注意到詹姆斯的。[2]詹姆斯1882年便于布拉格拜访过施通普夫,两人交谈过二十多个小时,此后保持友谊,彼此互有影响:施通普夫将詹姆斯的心理学视为“描述心理学纲领到目前为止最好的体现”,而詹姆斯方面则有可能“吸取了施通普夫式的现象学”。[3]胡塞尔究竟是在施通普夫的课上,还是在与施通

---

① 胡塞尔:“私人札记”,同上书,第438–439页。

② Dorion Cairns, *Conversations with Husserl and Fink*, a.a.O., S. 36:“1894年,施通普夫提醒胡塞尔关注詹姆斯的《心理学》。胡塞尔在读后认为自己和詹姆斯具有同样的思路。”

③ 关于施通普夫与詹姆斯的关系的详细考察可以参见Herbert Spiegelberg, *The Phenomenological Movement. A Historical Introduction*, ibid, pp. 62–65.

普夫的交谈中注意到詹姆斯的心理学研究，现在已不得而知。无论如何，胡塞尔曾下功夫仔细阅读过詹姆斯刚发表不久的《心理学原理》（London,1890）。按照比梅尔的说明："胡塞尔的《心理学原理》藏本中留有许多深入阅读的痕迹。尤其在以下各处可以发现边注：第一卷、第四章（习性）、第五章（自动机理论）、第六章（心智素材理论）、第七章（心理学的方法与陷阱）、第八章（心智与其他事物的关系）、第九章（思想之流）、第十一章（注意）、第十二章（概念构成）和第二卷、第二十章（空间感知）、第二十一章（实在感知）、第二十二章（推理）和第二十六章（意愿）。"[①] 而从胡塞尔自己的上述说法来推断，这些阅读痕迹应当部分出自他于 1891/92 年心理学讲座的准备时期，部分出自他于 1894 年发表"对基础逻辑学的心理学研究"[②] 之后。

尽管詹姆斯的工作属于描述心理学的范畴，但在胡塞尔看来却并不因此便必然属于心理主义的派别，[③] 因而胡塞尔不仅在《逻辑研究》之前，而且在《逻辑研究》之中与之后仍然可以诉诸于他。胡塞尔在《逻辑研究》中甚至借詹姆斯来批评心理主义的代表人物科内利乌斯："科内利乌斯从威廉·詹姆斯那里接受了对'玛赛克心理学'（Mosaikpsychologie）的批判，接受了'边缘'学说，但并未接受认识论的立场。詹姆斯没有将休谟哲学现代化，而我认为，科内利乌斯却这样做了。人们在本书中可以看出，詹姆斯在表象体验的描述心理学领域中的天才考察并不会迫使人们接受心理主义。因为，我从这位出

---

① 参见比梅尔在胡塞尔"私人札记"中所做的编者注，载于倪梁康（编）：《回忆埃德蒙德·胡塞尔》，同上书，第 439 页。

② 比梅尔说明："这篇论文发表于《哲学月刊》第三十期（1894 年）第 159－191 页，并在两个脚注中提到詹姆斯，以他为附加的证人"（同上）。该论文日后收于 Hua XXII, 92－123。

③ 胡塞尔本人在《逻辑研究》中也使用马赫、布伦塔诺、狄尔泰等人使用过"描述心理学"一词来标示自己的现象学，但后来因为它过多含有经验的背景意义而放弃它，或者至少附加一些限定词，如"纯粹描述心理学"，以有别于布伦塔诺等人的"经验描述心理学"。

色的研究者那里所获得的在描述分析上的促进恰恰有利于我摆脱心理主义的立场”（LU II/1, A206/ $B_1$208）。

胡塞尔从詹姆斯那里接受了描述的方法与风格：“真实地坚持和描述他所直观到的东西”，以及“描述与忠实，这是完全必要的”等等，这些都是胡塞尔直至后期都还在维护的现象学操作方法与工作风格。

除此之外，胡塞尔对詹姆斯的心理学也有一些具体的借鉴，但大都带有一定的保留。其中最重要的是詹姆斯心理学中的“fringe”（边缘）概念。胡塞尔在《逻辑研究》关于注意力现象学的分析中分析了这个概念：“人们说，某些心理过程，如未被注意的相似性序列的引发是自在存在的，有关的绝对简单的具体之物因此而仅仅获得某种特征、某个色彩，获得一个詹姆斯的‘边缘’（fringe），但这种说法仍然没有公正地对待上面所说的这个明见的事态。因为，首先，‘边缘’也具有其实在性，就像那些被假设的无意识过程一样，而它们此外在纯粹现象学的考察中根本与我们无关；其次，‘边缘’是一种附加物，它们既可以在此，也可以不在；因此，如果我们在这里将这些被假设的‘边缘’等同于在具体之物上可以被明见地注意到的因素，那么后者整个地就会成为在一个载体上的附属品，而这个载体就会完全带有那种漂亮的无质性实体的特征，再也不会有人拿它当回事”（LU II/1,A198/$B_1$200）。可以看出，《逻辑研究》的这些分析是在胡塞尔早期意识结构的描述现象学的框架下进行的。在 1904/05 年“现象学与认识论”的哥廷根讲座中，胡塞尔仍然在“感知与注意力”方面研究和参考詹姆斯的成果，如他所说，“我还在研究他并已从他那里获得了强有力的推动”（Hua XXXVIII, S.3）。

到了二十世纪二十年代前后，胡塞尔逐渐开始关注在意识发生方面的现象学研究，并随之开始将“视域”（Horizont）作为发生现象学的重要概念提出来。后来这个概念也被伽达默尔接受，并成为诠释学的核心范畴。伽达默尔曾说:“毫无疑问,对于胡塞尔的现象学研究来说,‘视域’这个概念和现象具有主导性的意义。借助于这个我们也有理由运用的视域概念,胡塞尔显然是在试图捕捉意指的所有有限的意向性向整体的重要连续性的过渡。一个视域不是一个僵化的界限,而是一种随你一起流动,并且邀请你进一步向前进展的东西。”[①]而按照胡塞尔本人在他后期著作《欧洲科学的危机与超越论现象学》中的说法,詹姆斯是他所知的“唯一一个在‘fringes’(边缘)的标题下注意到视域现象”的哲学家(Hua VI,267)。对此,凯恩斯也曾有相关的记载:“1894年,施通普夫提醒胡塞尔关注詹姆斯的《心理学》。胡塞尔在读后认为自己和詹姆斯具有同样的思路。在詹姆斯那里,胡塞尔发现了视域和其他许多概念。他原本打算在《哲学月刊》杂志上发表一系列的文章,但实际上只发表了第一篇,因为他决定等待一下,看看詹姆斯做过些什么。”[②]据此可以推断,胡塞尔的“视域”以及“视域意识”概念在某种程度上受到过詹姆斯“边缘”概念的启发。但胡塞尔同时也批评詹姆斯,认为他不可能在“缺乏对意向对象和隐含性的现象学理解的情况下”把握“边缘”这个问题(Hua VI, 267)。

还可以在其他地方发现胡塞尔的类似批评。例如,胡塞尔于三十年代初在与凯恩斯的谈话中谈到:“如果不考虑现象学还原,我们可以说我们持续地生活在一个业已构造起来的现实世界之中。同时,我们自己也持续地融入这一世界并对之做出改变。这种改变是意志性决断的结果。这个世界,或者说这个世界的某些部分,以‘事实如此’的方式被给予我们,而我们立意予以改变。如果我们做下了这一决断,那么我们所意欲的状态就作为一种实践的可能性浮现在我们

---

① Hans-Georg Gadamer, *Hermeneutik I. Wahrheit und Methode. Grundzüge einer philosophischen Hermeneutik*, Tübingen: J. C. B. Mohr (Paul Siebeck), 1986, S. 250.

② Dorion Cairns, *Conversations with Husserl and Fink*, a.a.O., S. 36.

面前，我们则通过意志性的要（fiat）而决意将之实现。我们必须把这种视某一状态为实践的可能性的意识与那种在想象中具有的对可能性的单纯意识区分开来。胡塞尔说'要'（fiat）这个词他是借之于威廉·詹姆斯；[①] 他说詹姆斯有能力发现重要的现象学素材，但却没有在意向性上做什么研究，从而错过了属于意识之本质的东西。"[②] 这个批评与前面的批评是基本一致的。很可能胡塞尔认为詹姆斯心理学的最大缺失就是没有把握到意识的意向性，因而也就没有把握到意识的最普遍本质。

胡塞尔与詹姆斯的简短关系史中还有一个小插曲，如今它已被纳入胡塞尔《逻辑研究》的出版史，因为它涉及《逻辑研究》的最初英文翻译计划。[③]1905 年，即《逻辑研究》出版后四年，一个因读大学而在欧洲滞留的美国人 W. 皮特金（W. Pitkin）曾向胡塞尔提出他的打算：翻译并出版《逻辑研究》的英译本。胡塞尔允准此事，但要皮特金翻译修改后的《逻辑研究》版本。然而此计划没有能够完成。凯恩斯在三十年代与胡塞尔的谈话中提到这个事件："皮特金参加了狄尔泰的讨论课，产生了浓厚的兴趣，于是来到哥廷根，并在此获准翻译《逻辑研究》。后来，在威廉·詹姆斯授意下原定的出版社却拒绝出版皮特金的译文。胡塞尔认为，詹姆斯只看过《导引》，并且**很不喜欢**它的**反心理主义**。"[④] 然而，现象学运动史的研究专家赫伯特·施皮格伯格

① 这里所说的"fiat"是《圣经·创世记》第 1 章第 3 节中上帝所说"要有光"（fiat lux）和"要有苍穹"（fiat firmamentum）之创世词中的"要"。引申的意思是"命令"、"决断"。詹姆斯主要在其《心理学原理》论"意愿"的第二十六章中使用和讨论这个概念。这与比梅尔在胡塞尔"私人札记"中所做编者注中给出的说明是相符合的，即胡塞尔仔细阅读过《心理学原理》的一些章节，包括第二十六章（参见胡塞尔："私人札记"，同上书，第 31）。

② Dorion Cairns, *Conversations with Husserl and Fink*, a.a.O., S. 62 f.

③ 关于这段历史的详细资料可以参见 Hua XVIII, XXXVII–XXXVIII。

④ Dorion Cairns, *Conversations with Husserl and Fink*, a.a.O., S. 10 f.

在研究了这段历史后提出，詹姆斯不可能做过这样一个鉴定。詹姆斯对胡塞尔的现象学很可能知之甚少，即便有所知晓，也只是间接的听闻。[①] 因而胡塞尔很有可能是错怪了詹姆斯。

家庭生活

哈勒时期是胡塞尔在习俗意义上尚未**立业**的时期，因为他在这此期间始终没有获得一个固定的教职；但这个时期至少可以说是他**成家**的时期：他不仅在这里与马尔维娜结婚，而且随后与妻子在此期间于1892 年、1893 年和 1895 年生下女儿伊丽莎白(Elisabeth)、长子格哈特(Gerhart)和幼子沃尔夫冈(Wolfgang)。女儿伊丽莎白的全名为“伊丽莎白 · 弗兰西斯卡 · 卡罗拉 · 胡塞尔”，其中第二个名“弗兰西斯卡”是随了弗兰茨 · 布伦塔诺的名“弗兰茨”，第三个名“卡罗拉”则是随了卡尔 · 施通普夫的名“卡尔”。长子格哈特的第二个名字为“阿道夫”，是随胡塞尔父亲阿道夫 · 亚伯拉罕 · 胡塞尔的名。

社会交往

马尔维娜曾在回忆录中将胡塞尔在哈勒时期的工作和生活形容为孤独的，而且这个状态直到胡塞尔发表《逻辑研究》并移居哥廷根之后才告结束：“一道自己想要的厚实帷幔曾将埃德蒙德 · 胡塞尔与世界、与科学的世界事务隔开。他想在自己选择的孤独中赢得这样一种东西，而这种东西的缺失曾如此深切地使他感到不安，即：有责

---

① 对此可以参见 Herbart Spiegelberg, *The Context of the Phenomenological Movement*, “What William James Knew about Edmund Husserl”, in Herbart Spiegelberg, *The Context of the Phenomenological Movement*, a.a.O., S. 105–118.

任意识地成为一个哲学教师。而他只能在孤独中去赢得它。”[①] 如前所述，胡塞尔自己也将这个时期定义为“孤独而辛劳工作的十年”[②]。

但胡塞尔在此时期与在此之前的耶拿、柏林与维也纳时期一样，周围并不缺乏熟悉而知心的同事、“好的和最好的朋友”，以及丰富的精神生活。“哈勒当时是一个极为出色的大学”，马尔维娜这样回忆并列举胡塞尔在此期间交往甚密的同事：“神学系的拜伊施拉克[③]、豪普特[④]、考郗[⑤]，法律系的封 · 利斯特[⑥]、……[⑦]、路宁[⑧]，哲学系的施通普夫和鲁道夫 · 海姆[⑨]、约翰 · 爱德华 · 埃德曼[⑩]，数学家中的格奥尔

① 参见马尔维娜 · 胡塞尔：“埃德蒙德 · 胡塞尔生平素描”，同上书，第 18-19 页。

② 参见胡塞尔：“《逻辑研究》第二版‘序言’草稿的两个残篇(1913 年 9 月)”，载于：《中国现象学与哲学评论》第十四辑《现象学与康德哲学》，同上书，第 272 页。

③ 参见舒曼的说明：“威利巴尔特 · 拜伊施拉克(Willibald Beyschlag,1823-1900)，自 1860 年起在哈勒任实践神学教授。”

④ 参见舒曼的说明：“埃利希 · 豪普特(Erich Haupt,1841-1910)，自 1888 年起在哈勒任新约圣经注释教授。”

⑤ 参见舒曼的说明：“埃米尔 · 考郗(Emil Kautzsch,1841-1910)，自 1888 年起在哈勒任旧约圣经教授。”

⑥ 参见舒曼的说明：“弗兰茨 · 封 · 利斯特(Franz von Liszt,1851-1919)，1889-1899 年间在哈勒任刑法教授。”

⑦ 参见舒曼的说明：“马尔维娜 · 胡塞尔在其文稿中于此处留了一个空缺，显然是留给一个她在撰写时忘了而后来又一直没有补上的名字。属于胡塞尔哈勒亲密朋友的还有枢密顾问韦尔克以及法律顾问克虏肯贝格，或许马尔维娜 · 胡塞尔想要提到的就是这两人之一？”

⑧ 参见舒曼的说明：“胡塞尔在哈勒与埃德加 · 路宁(Edgar Loening,1843-1919)为友，在胡塞尔的藏书中有路宁于 1872 年主编的《国家词典》(Staatswörterbuch)，三卷本，以布隆奇利[原中译名为：伯伦知理。——中译注]的德意志国家词典为基础。”

⑨ 参见舒曼的说明：“文学史家和哲学家鲁道夫 · 海姆(Rudolf Haym,1821-1901，自 1860 年起在哈勒)首先是因其的著作《黑格尔及其时代》(1857)和《浪漫主义学派》(1870)而著名。”

⑩ 参见舒曼的说明：“黑格尔主义者约翰 · 爱德华 · 埃德曼(Johann Eduard Erdmann,1805-1892 年，自 1839 年起在哈勒任教授)至今也还因其内容丰富的《近代哲学史》(1834-1853 年第一版)而闻名于世。”

格·康托尔,如此等等。这个名单要列出来的话会太长。"[①]

除了前面已经提到的施通普夫和康托尔之外,还有两个人在马尔维娜的回忆中特别鲜活:其中一个是古典语言学家汉斯·封·阿尼姆(Hans von Arnim,1859–1931)。

汉斯·封·阿尼姆

阿尼姆与胡塞尔同年出生,并于 1888 至 1892 年期间在哈勒任私人讲师。他主要是作为《斯多亚派学说残篇》(1903/05)的编者而闻名于世。他的太太伊丽莎白是胡塞尔的同名女儿的教母。马尔维娜的回忆含有一种或许是哲学家妻子所特有的敏锐:"与阿尼姆的友谊联结十分美好。我相信今天已经不再有这种东西了。我几乎要说:这两位先生命中注定是要彼此互补的。胡塞尔曾在精确的自然科学中受过当时一流的精神伟人的教育,而阿尼姆则构成他的对立面:他是那位具有最精致学养的精神科学家威拉莫韦茨·莫伦道夫(Wilamowitz-Möllendorf)的学生。由此而产生出一个受到神的眷顾的星座:一个人为另一个人的未受训练的眼睛打开自然科学认识与方法的无穷财富的大门,并且为此而得到历史学与语言学的宝藏作为回报礼。与此同时,在两位朋友之间存在着一种亲善的同情,它就像一件仙女披风(Feenmantel)一样,一直延伸到我们两位太太这里。"[②]

前面之所以谈到马尔维娜的"敏锐",乃是因为她谈到胡塞尔从阿尼姆那里所接受的精神科学方面的影响,这个影响后来在胡塞尔的思想发展中越来越强烈地表现出来。胡塞尔本人在 1929 年 9 月 12 日致阿尼姆的七十寿辰的贺信中回忆说:"一段时间以来,在意识到

---

① 马尔维娜·胡塞尔:"埃德蒙德·胡塞尔生平素描",同上书,第 16 页。以上和以下的舒曼说明出自该文,第 16–17 页。

② 马尔维娜·胡塞尔:"埃德蒙德·胡塞尔生平素描",同上书,第 17 页。

这个临近的节日时，我自己已经常常心驰神往地来到你这里——来到我们于哈勒时期的共同的私人讲师时光，来到我们暑假里在特文(Tweng)和塔巴茨(Tabarz)[①]一同度过的欢乐时光，来到我们的难忘的、精神上有如此丰富之交流的内心共同体中，你能够将这种交流保持在一个如此人性的和科学的水平上。你当时是给予者；你那时的确是比我广博得多。尽管还在成长过程中，你已然不仅具有了由那种对古典时代的倾心研究而带来的推动，而且还具有一种方法上可靠的科学的优越性，连同一个极为丰富和坚实的工作基地。而在我这方面，我作为布伦塔诺学生此前感到如此确定的整个基础当时已经在脚下晃动不已，我在前提、目标和方法上越来越没有把握。同时我也为我所受的单一数学-自然科学教育之狭隘性而感到十分苦恼。所以，你的精神科学的力量和与财富对我来说是一种帮助和幸运的补充；你多方面精神兴趣的持续参与以及你的始终原本创造性思想表达的源源不绝的生动性和直观性，这些都一再地给我带来全新而深刻的启示”(Brief. IX,141)。而在1931年为阿尼姆去世而给其妻子埃拉写的哀悼信中，胡塞尔更是说："我几乎无法言说他对我在人性方面以及在对我的精神视域的丰富方面有多么重要的意义”(Brief. IX,142)。可以说，这个意义可以通过以下的思考而获得一定的清晰性：胡塞尔在多大程度上可以说是一位精神哲学家、一位精神现象学家。我们在后面会专门讨论这个问题。

海尔曼·恩斯特·格拉斯曼

胡塞尔在哈勒的另一个挚友是海尔曼·恩斯特·格拉斯曼。马

---

① 两处为奥地利和德国的地名。胡塞尔与阿尼姆两家人曾于1889年和1893年在那里度暑假。

尔维娜曾将格拉斯曼与前面曾提到过的阿尔布莱希特相比，他们都是胡塞尔在莱比锡时结识的朋友："胡塞尔在哈勒找到了格拉斯曼，[①]就像他在柏林找到了后来的物理学家阿尔布莱希特教授一样，[②]这两个人都曾是莱比锡七城堡-萨克森同学会的成员。两个人都属于我们毕生——无论年轻时还是年迈时——都保持联系的非凡人物的圈子。"马尔维娜以一个格拉斯曼的佚事来结束她对胡塞尔哈勒时期的回忆，并于此不经意地泄露了她从未被胡塞尔弟子们留意到的幽默感，以及某种被埋没的文学才华："在告别哈勒之前，我还必须讲述格拉斯曼的一个有趣轶闻。格拉斯曼是一位著名数学家的儿子，这位数学家同时也作为梵文专家而享有盛名。[③]在提到我们的这位朋友的名字时，

---

① 参见舒曼的说明："海尔曼·恩斯特·格拉斯曼(Hermann Ernst Grassmann, 1857-1922)自1875年起在莱比锡大学学习了五个学期，他在那里与胡塞尔结下友谊。自1882年起，他在哈勒的拉丁语小学当老师，在这里自1886年起与胡塞尔重逢；格拉斯曼是胡塞尔家'多年来的圣诞夜常客'(引自马尔维娜·胡塞尔于1899年12月18日致古斯塔夫·阿尔布莱希特的信)。格拉斯曼于1893年在哈勒完成博士学位考试，1899年在那里完成任教资格考试。在1900年之后的岁月里，他在吉森任数学教授。"

② 参见舒曼的说明："古斯塔夫·阿尔布莱希特(Gustav Albrecht，生于1858年)是一个七城堡-萨克森人，与格拉斯曼一样，他还在莱比锡时便与胡塞尔相遇。无论如何，他与胡塞尔在其柏林的岁月(1880年前后)里成为终生的亲密朋友。他首先在摩拉维亚-特热博瓦担任文科中学的老师，后来是布尔诺的文科中学的教授，并于1909年作为数学老师去了维也纳的职业学校(技术专科学校)，1939年他还生活在那里。在胡塞尔的藏书中可以找到以下的阿尔布莱希特的著述：《电的历史。顾及到它的应用》(电子-技术文库，第二十八卷)，维也纳-莱比锡，1885年；'论可称重量的定义'，载于：《1888年级结束时布尔诺德语国立中学和实用中学的项目》，第3-23页；《亚当·里斯与我们算术的发展》(公益报告集)，布拉格：布拉格公益认识普及的德语学会，1894年。胡塞尔与阿尔布莱希特的书信往来是胡塞尔遗稿中数量最多和内容最丰富的书信往来之一。"

③ 参见舒曼的说明："教师海尔曼·君特·格拉斯曼(Hermann Günther Grassmann, 1809-1877)是一个具有丰富多样形态的人物。他不仅为孩子们撰写过一个读本和一本关于植物的书，而且还参与了一个自由报纸的创建，并积极从事在中国的传教活动。他对数学的意义主要在于(当时在数学专业世界中被低估了价值的)《扩张论》(*Ausdehnungslehre*)(1844)。胡塞尔因为这本书而有一次将他称作'也许是在这个世纪在德国产生的最天才的数学家'(引自《胡塞尔全集》第21卷'编者引论'，第XXX页)。作为印度学者，他撰写的书中有经典的《梨俱吠陀词典》(第五版，1976年)。"

他常常被问及：您是大数学家格拉斯曼的儿子，还是印度学家格拉斯曼的儿子？小格拉斯曼这时会谦虚地眨着眼睛轻声回答说：'我是他们两人的儿子。'"①

胡塞尔的哈勒时期有一个重要的尾声：《逻辑研究》两卷本的发表。这部著作出版之后几个月，胡塞尔便被普鲁士精神教育与医学事业部的部长任命为哥廷根大学哲学系的副教授，并离开哈勒而迁居至哥廷根。对于胡塞尔而言，《逻辑研究》的出版代表了他的哈勒私人讲师时期的结束。

① 马尔维娜·胡塞尔："埃德蒙德·胡塞尔生平素描"，同上书，第18页。

《逻辑研究》两卷本(1900/01年)

1.《逻辑研究》在双重意义上是“划时代”的：一方面自然是因为它与本世纪同龄，它的第一版发表于1900/01年，可以说是本世纪的一声开门礼炮；而二十世纪的结束也就意味着《逻辑研究》百年效果史的完成。另一方面，《逻辑研究》的发表意味着哲学史上一个新的时代之开辟，狄尔泰甚至将它誉为“哲学自康德以来所做出的第一个伟大进步”。[①]波亨斯基在五十年代曾将《逻辑研究》看作是“对二十世纪哲学的最大丰富”，[②]这在今天来看也不能算是夸张。海德格尔虽然对其老师时有批评，但他始终承认对《逻辑研究》之研究构成他哲学的一个关键出发点，他的“现象学之路”绝大部分是围绕这部著作展开；他对此书的迷恋，或者说，从此书中发出的“魔力”甚至“一直延伸到它的版式和扉页这些外在的东西上”。[③]——似乎各种风格的哲学家都在《逻辑研究》中找到了他们所要寻求的东西。无论如何，随《逻辑研究》发表而形成的欧洲大陆现象学运动无疑可以被看作是本世纪最重要的哲学思潮。因而《逻辑研究》观其左右足可以与《数学原理》论高低，视其前后更能够与《存在与时间》相呼应。试图为二十世纪哲学撰写历史的哲学史家们甚至已经开始将本世纪的哲学发展归纳为：“从胡塞尔到海德格尔”（这是乌赫特尔于1995年所著

---

① Thomas Rentsch, *Martin Heidegger – Eine kritische Einführung*, München/Zürich: Piper Verlag, 1989, S. 19.

② Joseph Maria Bochenski, *Europäischen Philosophie der Gegenwart*, Bern: Francke, 1952, S. 143.

③ 海德格尔：《面对思的事情》，同上书，第47、82页。

《一门二十世纪哲学史的基石》一书的副标题。[①]）——细想下来，这种大而统之的归纳虽然与现象学的风格相悖，却也有其一定的道理：一门二十世纪哲学史必须从胡塞尔的《逻辑研究》开始，就像二十世纪心理学史可以从1900年的《梦的阐释》开始一样。而这个世纪的哲学虽不能说在海德格尔1976年逝世之后便截止，但至今似乎还没有人能超越出他的巨大身影之外，二十世纪哲学的尾声终究弥漫着海德格尔的余音。[②]

尽管胡塞尔本人与海德格尔都曾将《逻辑研究》称作"现象学的突破性著作"。[③] 但他们二人用"突破"一词所表达的并不一定是同一个意思。就胡塞尔而言，他要想说的首先是:《逻辑研究》集"十年孤独而辛劳工作"（Hua XX/1,272)，决定着他本人作为哲学家之精神生活的"成功与不成功、幸福与不幸福"，甚至是"存在，还是不存在"；而在此之前，如胡塞尔自己在信中所述，"我的生活从一个绝望走向另一个绝望，从一个重新崛起走向另一个重新崛起。最终……产生出一个开端——《逻辑研究》，它们从那时起给了我支撑与希望。我用它们治愈了自己"（Brief. IX,136；IV,22)。因而《逻辑研究》的突破，首先可以是指胡塞尔在个人哲学信念上的突破。后来的解释者也将这个"突破"浓缩为从心理主义到反心理主义的转折。——早些年人们曾认为胡塞尔的这个转变要归功于弗雷格的批判。近年的研究结果表明，连弗雷格本人也不知道，早在他撰写《算术哲学》之书评的三年前，胡塞尔便已脱离以前的立场并开始起草《逻辑研究》，因而他

---

① Kurt Wuchterl, *Bausteine einer Geschichte der Philosophie der 20. Jahrhunderts. Von Husserl zu Heidegger: Eine Auswahl*, Bern/Stuttgart/Wien: UTB, 1995.

② 例如罗蒂认为二十世纪后半世纪的哲学都是对海德格尔的各种回答，就像十九世纪的哲学可以看作是对黑格尔的回答一样。

③ 参见 LU I, B VIII; Martin Heidegger, *Prolegomena zur Geschichte des Zeitbegriffs (Sommersemester 1925)*, GA 20, Frankfurt am Main: Vittorio Klostermann, 1979, S. 98.

批判的已经是过去的胡塞尔。[①]

当然，胡塞尔用"突破"一词所想表达的最主要还是这样一个意思："《逻辑研究》是一部突破性著作，因而它不是一个结尾，而是一个开端"(LU I, B VIII)。他在此书发表几年之后便开始从描述现象学转向超越论现象学。因此当海德格尔开始进入现象学时，他已经发现，"大师本人当时对他这部在世纪之交出版的著作已经不再有很高的评价了。"[②] 事实上，胡塞尔并非只是后来在其弗莱堡时期，而是早在《逻辑研究》出版的一个月之后便于 1901 年 5 月 1 日致纳托尔普的信中对《逻辑研究》的第二卷做出一个近乎苛刻的评价："一部未完成的、不平衡的、尚未完全成熟的著作。"胡塞尔在这里不只是泛泛而论地做出某种自我批评的姿态，而是的确发自肺腑地表达了自己对其中隐含的问题的意识连同自己对之无可奈何的心态："尽管花费了如此多的力气，我仍然也只能提供这样一个残篇系列，情况已经不允许我继续工作几年，直至一切都均衡地得以成熟和澄清——所有这些都给我带来深深的刺痛。整个论述清楚地表明：这些研究根本不适于以这种形式发表，而是应当作为基础服务于对一系列相互关联的认识论主要问题的较为简短的、更为系统的探讨。但情况是这样的：我不能再去考虑有哪些足够成熟的举措。这部著作或者只能以现有的方式出版，或者根本就不再能出版。而我可以确定，这些内容有发表的理由，尽管它们的构形还不完善。无论如何，这是一部严肃的书，它有可能帮助他人通达那些我至此还不能突进到的目标。此外，我还在继续工作；我做的认识批判尚未未成；我现在才真正觉得自己是个开端

① 参见 Rudolf Bernet/Iso Kern/Eduard Marbach, *Edmund Husserl. Darstellung seines Denkens*, a.a.O., S. 12 ff.

② 海德格尔：《走向语言之途》，孙周兴译，台北：台湾时报文化企业股份有限公司，1993 年，第 79 页。

者。[1]我能够如此，这就足矣；我相信这是现实的开端，它会允许一种健康的成长；因此，十年后再出一卷新的！”(Brief. V,77)

诚然，这种对自己以往著作的轻视恰恰体现着胡塞尔本人的思维特点，他力求不断的发展，为此不惜一再地否定自身，以求达到最终的确然性。但这并未妨碍胡塞尔在二十年后回顾道：“我相信可以说，此书中那些纵然不尽成熟，甚至带有失误的东西也是值得深思熟虑一番的。因为这里面的所有一切都产生于那种真正切近实事本身、纯粹朝向其直观自身被给予性的研究之中，尤其是产生于那种朝向纯粹意识的本质现象学之观点的研究之中，而唯有这种研究才能为一门理性理论带来成效”(LU II/2, $B_2$535)。事实上，《逻辑研究》其所以影响绵延不断，恰恰是因为它所提供的不仅仅是对现象学精神的概论，而且是这精神本身。正是这种精神，才使狄尔泰为之一振，认为在《逻辑研究》中发现了精神科学不同于自然科学之“解释”的“描述-分析方法”，故而在“认识论领域中开辟了一个时代”。[2]此后在胡塞尔本人生前出版的著作中，唯有《逻辑研究》和《内时间意识现象学讲座》带有现象学具体操作的成分。它们也被胡塞尔称作“贴着地面的工作”(Ms. B I, Bl.20)。固然，自1950年起陆续出版的《胡塞尔全集》目前已达四十多卷，而且还有其他数卷还在编校之中有待出版，而这些卷帙浩繁的著述包含了胡塞尔在实事研究方面大量具体而微的分析；但是，《逻辑研究》毕竟是开山之作，且在出版方面经由以严谨乃至苛刻著称的胡塞尔本人两次审定，其作用和地位实非其他各卷所能取代。

---

① “开端者”的原文是“Anfänger”，基本的意思是“初学者”，但因胡塞尔后面继续在这个语境中提到“开端”(Anfänge)一词，故前后连贯地译作“开端者”。

② 参见 Wilhelm Dilthey, *Der Aufbau der geschichtlichen Welt in den Geisteswissenschaften*, GS VII, Göttingen: Vandenhoeck & Ruprecht, 1992, S. 1f., Anm. 1.

胡塞尔本人在四分之一个世纪过去后曾对《逻辑研究》的努力言简意赅地回顾说，“这个努力的目标在于：通过向在逻辑意识中、在逻辑思维的体验联系中进行的意义给予或认识成就的回复，澄清纯粹的逻辑学观念”(Hua IX,20)。当我们在一个世纪之后的今天来考察胡塞尔的这个努力及其结果时，我们可以确定，《逻辑研究》具有两个公认的特点。首先是它已经被普遍视作现象学或现象学运动的“突破性著作”。不仅胡塞尔本人如此说，其他的当代重要思想家如海德格尔、舍勒、梅洛-庞蒂、利科、莱维纳斯、德里达和福柯也都持这样的看法。在这个意义上，他们都是从胡塞尔现象学的源泉中溢出之泉水的饮客，即使他们最终并没有停留在胡塞尔在《逻辑研究》中首次指明的那个现象学领域中。思想史的记录一再表明，《逻辑研究》是一个巨大的思想宝库，它的影响几乎是无法界定的。可以说它提供了理解二十世纪西方哲学与西方思维的一个基本前提。无论是海德格尔的《存在与时间》，还是德里达的《声音与现象》，都已经为下述事实提供了具体的例证：当代一些重要思想家的问题意识在许多方面是在与胡塞尔《逻辑研究》的对话和论辩中形成的。

同时，《逻辑研究》也被公认为一部难以理解的书。连现象学的第二位重要人物马丁·海德格尔在初读时也未能幸免。多年后他回忆说，“尽管我一直迷恋于胡塞尔的这部著作，以至于在随后的几年里，我总是反复地阅读它，然而仍未能充分地洞悉到书中那种迷住我的东西。”[①] 而在当时所做的讲座中，海德格尔还曾把《逻辑研究》称之为“一部带有七个封印的书”。[②] 这里的“带有七个封印的书”的说法，最初源自《旧约圣经》中的《以赛亚书》：“所有异象的意义[即

① 参见：海德格尔：《面向思的事情》，同上书，第 91 页。

② 原文是“ein Buch mit sieben Siegln”。参见 Martin Heidegger, *Grundprobleme der Phänomenologie (1919/20)*, GA 58, Frankfurt a. M.: Vittorio Klostermann, 1993, S. 16.

天启]都对你们隐藏起来，像一本密封的书"(《旧约圣经》,《以赛亚书》, 20.11-12)以及《新约圣经》中的《启示录》:"我看见坐在宝座上的那位，右手拿着书卷；这书卷的两面都写满了字，用七个印封着"(《新约圣经》,《启示录》, 5.1)。后来人们大都用这个说法来形容一本书或一个人和一件事的神秘难解。[①] 但海德格尔的话极有可能还带有另一层含义:《逻辑研究》的第一卷"纯粹逻辑学导引"加上第二卷的六项"逻辑研究"，事实上正好构成了这本书的"七个封印"。每个封印都意味着一个难解的谜。

2.《逻辑研究》共分两卷三册。第一卷的标题是"纯粹逻辑学导引"，在这个标题下面，人们不仅可以将第一卷的前九章或前十章合拢在一起思考，而且可以将整个第二卷合拢在一起思考。事实上，从胡塞尔1900年7月8日致纳托尔普的信来看(Brief. V,72f.)，人们完全可以提出这样一种猜测：胡塞尔原初就是打算把它用作全书的标题。

而在1929年出版的《形式逻辑与超越论逻辑》中，胡塞尔不再把第一卷介绍为"纯粹逻辑学导引"，而是将它理解为"实际上只是我构想的第二卷的现象学研究的引论"(Hua XVII,85)。从这个角度来看，胡塞尔后期更关心的是《逻辑研究》第二卷的六项研究，它们共分为两个部分：第一至五逻辑研究构成第一部分，第六逻辑研究构成第二部分。

《逻辑研究》第一卷"纯粹逻辑学导引"的中心议题是"心理主义的问题与理论哲学的观念"。胡塞尔在这里完成了两项重要的准备工

---

① 例如歌德在《浮士德》中曾说过，"我的朋友，过去的时代对我们来说就像是一本带有七个封印的书"(Johann Wolfgang Goethe, *Faust*: *Der Tragödie erster Teil*, Stuttgart: Reclam, 1986, S.19)。

作:第一项工作是对具有观念对象和观念真理特征的意义构形本身进行了纯粹的把握,即提出了现象学意义上的纯粹逻辑学观念;第二项工作在于,对所有经验主义或心理主义将思维行为的心理学内涵与逻辑概念和公理混为一谈的做法进行了斗争。

此卷的前十章主要是胡塞尔对当时在哲学领域占主导地位的心理主义(这也是他自己过去的立场)各种表现形式的批判。胡塞尔在这里反对任何从心理学的认识论出发来对逻辑学进行论证的做法。这些批判在当时结束了心理主义的统治,而且在今天,无论人们把逻辑定理看作是分析的还是综合的,这些批判仍然还保持着它们的有效性。可以说,随着这一卷的发表,心理主义这种形式的怀疑论连同有关心理主义的讨论在哲学史上最终被归入了档案。

第十一章"纯粹逻辑学的观念"是联结《逻辑研究》第一卷和第二卷的关键。只要认真研究这一章,那种认为第一卷和第二卷相互矛盾的假象便会被消除。这种假象甚至连海德格尔在初读《逻辑研究》时也未能避免:"这部著作的第一卷发表于 1900 年,它证明关于思维和认识的学说不能建立在心理学的基础上,以此来反驳逻辑学中的心理主义。但在次年发表的、篇幅扩充了三倍的第二卷中,却含有对意识行为的描述,这些行为对于认识构成来说是根本性的。因而这里所说的还是心理学……由此看来,随着他对意识现象所进行的现象学描述,胡塞尔又回到了恰恰是他原先所反驳的心理主义立场上去。"① 每一个初次接触胡塞尔思想的人,如果他不是特别关注第十一章的内容,恐怕都会得出这种印象。

当然,胡塞尔在《逻辑研究》第一版发表时的思想还不十分成熟,这从第一版和第二版的差异中就可以看出,因而他的阐述在某种程度

① 海德格尔:"我进入现象学之路",同上书,第 92 页。

上导致了这种假象的形成。在《逻辑研究》的“第二版前言”中，有两点须特别注意：1. 胡塞尔认为，《导引》的第一版“无法完全把握‘自在真理’的本质”，“‘自在真理’的概念过于片面地偏向于‘理性真理’”(LU I, B III)；2. 胡塞尔指出，《逻辑研究》第一版的第二卷“未能充分顾及‘意向活动’与‘意向相关项’之间的区别和平行关系”，“只是片面地强调了意向活动的含义概念，而实际上在某些重要的地方应当对意向相关项的含义概念做优先的考察”(LU I, B XIV f.)。这两个说明当然也涉及《导引》第十一章中的内容。

尽管如此，胡塞尔思想发展的整个脉络是不难把握的：在《逻辑研究》第一卷所做的心理主义批判中，胡塞尔一方面指出心理主义的最终结果是怀疑论，另一方面则说明心理主义的根本问题在于混淆了心理学的对象——判断行为和逻辑学的对象——判断内容，因而，对于心理主义来说，判断内容的客观性“消融”在判断行为的主观性之中，换言之，“真理消融在意识体验之中”，这样，尽管心理主义仍在谈论客观的真理，“建立在其超经验的观念性中的真理的真正客观性还是被放弃了”(LU I,§39)。这里须注意胡塞尔对真理概念的规定：真理是建立在超经验的观念性中的东西。因此，胡塞尔在这里所反对的是心理主义用体验的经验实在的主观性来取代在观念可能性意义上的真理客观性的做法。但他并没有因此而否认意识体验、判断行为的“真理”可以具有客观性。恰恰相反，胡塞尔一再强调的意识行为与对象的“相即性”，这也就是在传统哲学意义上的“事物与智性的一致”。甚至他还批评心理主义者说：“这些人相信能区分纯主观的和纯客观的真理，因为他们否认有关自身意识体验的感知判断具有客观性特征：就好像意识内容的为我的存在并不同时也是自在的存在一样；就好像心理学意义上的主观性与逻辑学意义上的客观性是相互对立的一样！”(LU I, A116/B116, Anm.1) 以为意识内容的为我的存在并不同时也是自在的存在，这种做法取消了意识对象所依据的客观的观念可能性，取消了自在的、客观真理，这是心理主义的过失之一；主张心理学意义上的主观性与逻辑学意义上的客观性相互对立，这种做法又抹杀了意识行为所依据的客观的观念可能性，取消了意识行为的自在、客观真理，这是心理主义的过失之二。只要我们看到，判断行为的真理客观性和判断内容的真理客观性完全可以达到一致，因为它们都是独立于经验实体的观念可能性，那么心理主义的谬误便不会再有市场。胡塞尔在第十一章中所陈述的便是这个思想："一方面是实事之间的联系，这些实事意向地关系到思维体验(现实的和可能的思维体验)；另一方面是真理之间的联系，在这种联系中，实事的统一本身获得其客观有效性。前者与后者是一同先天地被给予的，是相互不可分开的"(LU I, A228f./B227f.)。可以说，作为认识行为的实事构成纯粹心理学这门本质的(或先天的、观念的)科学的对象，作为认识对象的真理构成最广泛意义上的纯粹物理学这门本质的(或先天的、观念的)科学的对象。而对所有这些观念可能性的形式进行研究的学说就可以被称之为"纯粹逻辑学"，它"最普遍地包含着科学一般的可能性的观念条件"(LU I, A254f. /B255f.)。

在《逻辑研究》第一版第二卷中，胡塞尔甚至偏重于研究判断行为的真理客观性，偏重于纯粹心理学的研究，这也就是他后来所说的对意向活动的含义概念的"片面强调"所在。但这里所说的"纯粹心理学"已经不是指有关人的实在心理本质的学说，而是一门关于纯粹意识活动的观念可能性的学说，一门"现象学的心理学"了。

胡塞尔对《逻辑研究》第一版的反思是在十三年之后，这期间他的思想已由"现象学心理学"发展到"超越论现象学"。显然是在超越论现象学的立场上，他才认为，在《逻辑研究》第一版中，"自在真理"的概念过于单一地偏向于"理性真理"，"意向活动的含义概念"相对于"意向相关项的含义概念"得到了过多的强调。因为在《逻辑研究》第一卷发表后的六七年中，关于"构造"的想法就已趋成熟，"对象在意识中的构造"问题已经进入胡塞尔思想的中心。在这种情况下，他对《逻辑研究》第一版的上述感觉便不足为奇了。胡塞尔这时所考虑的不仅仅是意识活动的观念性或客观性，而且更多地是作为意识活动之结果的意向对象的观念性或客观性。这样，借助于超越论还原的方法，一个包容整个意向活动（意识的实项内容）和意向相关项（意识的意向内容）于一身的超越论观念主义体系便建立了起来。智性与事物的相即性在超越论现象学中表现为在意识之中意识活动与它所构造的意向对象的一致性。主观性和客观性的对立则表现为心理体验的经验实在性与纯粹意识的观念可能性之间的对立。从这个角度上来看，胡塞尔这时倒比《逻辑研究》第一版第二卷更像是回到了心理主义的立场，以至于他这时所主张的看起来恰恰便是他原先在《逻辑研究》第一版第一卷中所反对的，即："存在在意识中的消融"，"客观性恰恰在显现中显现出来"[①]；以至于科隆大学胡塞尔文库主任伊丽莎白·施特雷克教授甚至问道："超越论现象学本身是否终究还是一门心理学，即一门对心理之物的构造所做的超越论研究，并且最后是对超越论意识的自身构造的超越论研究？"[②] 当然，在经过上述对胡塞尔思想发展的反思之后，我们可以看出，他的思路不是一种回复，而是一种向更高层次的迈进，或者至少可以说是一种向更高层次迈进的企图：由《逻辑研究》第一版第一卷（1900 年）对判断行为和判断内容两者的观念可能性或客观性的强调，到《逻辑研究》第一版第二卷（1901

---

① 参见瓦尔特·比梅尔，"出版者前言"，载于胡塞尔：《现象学的观念》，倪梁康译，北京：商务印书馆，2019 年，第 3 页和第 5 页。

② Elisabeth Ströker, „Phänomenologie und Psychologie. Die Frage ihrer Beziehung bei Husserl", in *Zeitschrift für philosophische Forschung*, Bd. 37, H. 1, 1983, S. 19.

年)对意识活动的观念可能性的关注和偏重，最后达到在与《纯粹现象学和现象学哲学的观念》(1913年)处于同一层次的《逻辑研究》第二版(1913年)中对一种构造着意向相关项的意向活动所具有的超越论观念性的主张。这时的“纯粹”概念不只是指相对于经验事实而言的**观念性**，而且还意味着相对于实在世界而言的**超越论性**。胡塞尔这时才达到了他所希望达到的彻底性：一种绝对的观念主义，一种彻底的反心理主义和反人类主义(反种类怀疑主义)。

《逻辑研究》第二卷题为“现象学与认识论研究”，其第一部分由五项研究构成。它的第一研究“表达与含义”想要处理的问题是符号与含义的关系。胡塞尔的现象学把近代思想的主客体的对立关系及其思维模式化解为意向活动与其构造的意向相关项之间的意向性联系，从而将自己定位在以心理体验活动为研究对象的心理学和以思维内容为研究对象的逻辑学之间。这个基本思维态度和思维方式也体现在现象学对语言、符号和意义的理解与分析上。这个部分的思考指明语言问题在胡塞尔现象学中的重要位置，并且构成胡塞尔现象学语言哲学的基本要素。这种“现象学语言哲学”的基本特点在于，语言分析始终建立在意向分析的基础上，并且与现象学的本质直观问题内在相关联。

第二逻辑研究“种类的观念统一与现代抽象理论”的基本思路是循着“现象学如何分析观念对象和观念直观?”这个问题来展开的。由于胡塞尔在第一研究中已经在语言符号分析和语言符号意识分析的基础上提出：逻辑学是关于含义本身以及含义规律的科学。而含义的统一本质上都是理论的统一，客观的、观念的统一。因此，在随后进行的第三逻辑研究中，胡塞尔顺理成章地过渡到对观念统一及其相应直观方式的阐述上。这也意味着，对观念对象以及观念直观的描述分析构成第二研究的主要任务。由于这是胡塞尔对范畴直观或本质直观方法的第一次详细论述，因此，对于理解胡塞尔现象学的方法基础乃至整个现象学哲学的方法基础，这些论述可以说是至关重要的。此外，这一章的论述还表明，为了使这种观念直观的方法有别于近现代的抽象观念理论（主要是指英国经验主义传统中的抽象理论），第二研究还带有一个批判性的任务。所以第二研究被定名为“种类的观念统一与现代抽象理论”。总的看来，在这一项研究中占据更多篇幅的是这后一项工作。胡塞尔基本上是在对英国经验主义的抽象理论的否定性批判中展开对自己的观念直观理论的肯定性论述。

第三逻辑研究“关于整体与部分的学说”试图回答“什么叫‘观念整体’和‘观念部分’?”的问题。这项研究是对第二研究的继续和展开。这里所提出和讨论的“整体”与“部分”、“抽象”与“具体”这对概念与胡塞尔在第二研究中所提及的“独立”与“不独立”内容区分密切相关。胡塞尔认为，它们“对所有现象学研究来说都具有重要的意义”。这些分析此后又进一步将问题引向“整体”与“部分”的关系问题，它们都与各个观念（含义）之间的关系有关。因此，胡塞尔在这一研究中依然处在观念问题的讨论区域中，它与前一项逻辑研究的课题密切相关。这一章的分析最后表明：现象学所理解的“观念整体”和“观念部分”，指的应当是处在相互关系之中的形式先天和质料先天，对这个相互关系的最基本概括就是：本质的奠基关系次序；或者我们也可以说，它们意味着形式的或质料的属、类、种之间的本质关系。

第四逻辑研究“独立的与不独立的含义的区别以及纯粹语法学的概念”所讨论的问题是：“纯粹语法学的法则如何作用于独立的和不独立的含义?”纯粹逻辑学的观念在胡塞尔那里始终带有宽窄两种含义。初看起来，第四逻辑研究是在论证一个从纯粹含义学（或纯粹语词学）到纯粹语法学的过渡，但事实上这两门学科都还在广义的逻辑学领域中活动。从纯粹含义学、纯粹语法学到狭义的纯粹逻辑学(即纯粹含义有效性学说)的这个过渡,实际上表明了在胡塞尔所设想的广义的、作为纯粹含义学、语法学与形式论之总和的纯粹逻辑学范围之内的一个发展进程。

第五逻辑研究题为“关于意向体验及其‘内容’”。这是胡塞尔意识现象学的最初的、也是最基本的展示。胡塞尔在这里对意识整体结构层次或奠基顺序的把握可以大致分为五步:

1)其他所有意识行为(如爱、恨、同情、愤怒、喜悦等等)都以客体化的意识行为(如表象、判断等等)为基础,因为在客体通过客体化的行为被构造出来之前,任何一种无客体的意识行为,例如无被爱对象的爱、无恐惧对象的恐惧等等,都是不可想象的。

2)在客体化行为本身之中,表象的客体化行为(看、听、回忆)又是判断的客体化行为的基础,任何一个判断的客体化行为最后都可以还原为表象性客体化行为。例如,对“天是蓝的”所做的判断可以还原为“蓝天”的表象。

3)在表象性行为本身之中,直观行为(感知、想象)又是所有非直观行为(如图像意识、符号意识)的基础,因为任何图像意识(如一幅照片所展示的人物)或符号意识(如一个字母所体现的含义)都必须借助于直观(对照片、符号的看或听)才能进行。

4)在由感知和想象所组成的直观行为中,感知又是想象的基础。据此而可以说,任何客体的构造最终都可以被归溯到感知上,即使是一个虚构的客体也必须依据起源于感知的感性材料。例如对一条龙的想象必须依赖于“狮头”、“蛇身”、“鹰爪”等等在感知中出现过的对象,并且最终还必须依据色彩、广袤这样一些感性材料。

5)虽然感知构成最底层的具有意向能力的意识行为,但并非所有感知都能代表最原本的意识。感知可以分为内在性感知和超越性感知。在超越性感知之中，我们可以区分原本意识和非原本意识：例如当桌子这个客体在我意识中呈现出来时，我看到的桌子的这个面是原本地被给予我的，它是当下被给予之物；而我没有看到的桌子的背面则是非原本地被给予我的，它是一同被给予之物，是被共现的而非被体现的。超越性的感知始终是由原本意识与非原本意识所一同组成的。

需要注意：胡塞尔在《逻辑研究》中把感受行为定义为非客体化的行为。由于非客体化的行为缺乏构造自己特有的客体的能力而需借助于客体化行为的意向构造结果，因此非客体化行为必须奠基于客体化行为之中。即是说，“感受现象学”必须奠基于“表象现象学”之中。这个奠基秩序也是胡塞尔本人把理论理性看得高于和先于实践理性的现象学分析根据。

但从胡塞尔的《逻辑研究》到舍勒的《伦理学中的形式主义与质料的价值伦理学》，“感受现象学”经历了一个根本的转变。舍勒确信存在着“意向的感受”和“非意向的感受”。胡塞尔所认定的在感受行为与表象行为之间普遍有效的奠基关系，在舍勒这里实际上仅仅对某一种感受行为有效：唯有状态的感受行为才奠基于表象行为（确切地说：客体化行为）之中。但总的看来，舍勒并不是想颠倒认知行为与情感行为、表象行为与感受行为、客体化行为与非客体化行为之间的奠基与被奠基关系，而是最终想消解传统的知识行为、情感行为和意愿行为的两分或三分。在这个意义上可以说，舍勒比胡塞尔更具有（不同于近代的）现代哲学特征。

《逻辑研究》第二卷的第二部分由第六研究组成，题为“现象学的认识启蒙之要素”。这项研究本身又分为三篇（共九章）和一个附录：第一篇：“客体化的意向与充实。认识作为充实的综合以及综合的各个阶段”；第二篇：“感性与知性”；第三篇：“对引导性问题的澄清”，以及附录：“外感知与内感知。物理现象与心理现象”。

第六逻辑研究带有一个特殊的方法阐述，即现象学的动态分析。胡塞尔在《逻辑研究》中的意向分析完成了一个基本的划分：静态的和动态的意向分析。前者是一种共时性的分析，后者是一种历时性的分析，或者说，前者是在同一个时间点的设定下完成的，后者则是在对时间过程的设定下完成的。第五研究中的现象学意向分析，主要涉及各种意识行为之间的奠基关系，以及“含义”与“直观”的相合关系问题。而在第六研究中，胡塞尔又在总体上转向对“意指”与“充实”之间的“动态”相合关系研究，这个关系也就意味着“意义给予”与“直观充实”之间的关系。因此，真正的认识启蒙还是在第六研究中进行的，即是说，认识如何可能的问题是在这里才被提出并得到一定的回答。胡塞尔的分析表明，真正的认识是在意向(意义的给予)与直观(意义在直观中的充实)的动态统一中产生的。因此，胡塞尔也把“充实”等同于(狭义上的)认识。“充实”成为现象学的动态意向分析的核心概念，是胡塞尔在第六研究中所讨论的“现象学认识启蒙的要素”之一。胡塞尔在这里描述了“充实”的最终理想，它意味着思想与事物的完美相即性。这样，胡塞尔便用现象学的方式回答了“思想与事物如何可能相即”这一古老而又未决的认识论问题。

此外，第六逻辑研究对于存在、真理、明见等等问题的讨论，深刻地影响到后期以海德格尔为代表的现象学运动。海德格尔在早期和后期都一再强调，胡塞尔在《逻辑研究》中，首先是在第六研究中，已经切入了存在问题①(后来也曾有人专门以此课题做博士论文)。海德格尔对《逻辑研究》下力气最多的是其中的第六研究，尤其是第五章“明见与真理”和第六章“感性直观与范畴直观”，其中包含着胡塞尔对真理问题以及范畴直观问题的论述。故而海德格尔所说的《逻辑

① 参见海德格尔:《面向思的事情》，同上书，第47页。

研究》之“突破”主要是指胡塞尔在通过“范畴直观”而向存在问题的突破——对范畴直观的指明可以为我们揭示存在的起源，或者用布伦塔诺-海德格尔的话来说，可以揭示“对存在者的多重含义的规定”。这两章实际上也是胡塞尔本人最为关注的章节。但胡塞尔恰恰认为，理解了这两章也就可以理解他在此后的思想发展：“关于‘感性直观与范畴直观’的一章连同前一章准备性的阐述为从现象学上澄清逻辑明见性（当然随之还包括对它在价值论领域和实践领域的平行项的澄清）开辟了道路。如果人们关注了这一章，那么某些对我的《纯粹现象学与现象学哲学的观念》的误解就会是不可能的”（LU II/2，B2 534）。但海德格尔的案例已经表明：胡塞尔的这个想法实际上是一种奢望或苛求。海德格尔在第六逻辑研究中所找到的只是他想要的东西。不过，这两位最重要的现象学家至少在第六研究的第五章和第六章上有过短暂的聚合，交会之后似乎便又按着各自的轨迹行走下去。

3．对各项研究的总体回顾表明，《逻辑研究》具有内在的连贯性，即是说，各项研究的进行是沿着一条严谨的思路贯通下来的。在《逻辑研究》第一卷中完成对心理主义的批判之后，胡塞尔在第二卷的第一研究“表达与含义”中开始讨论语言哲学问题。这个转折看似突兀，但在这里仍可以发现一个思想衔接的线索，它主要在于：第一卷通过各种批判与分析，指明逻辑观念的基础并不在心理活动之中，亦即胡塞尔用通俗的话语所说的：观念不在人的心中；但他同时又说，观念也不在心外。这个说法的最初版本应当来自赫巴特，他对《逻辑研究》时期胡塞尔的影响甚至大于弗雷格，胡塞尔在《逻辑研究》第一卷中曾引述赫巴特的论点：“概念既不是思维的**实在对象**，也不是**现实的思维行为**”（LU I, A217/B217）。心理主义将观念视为后者，传统的观念论将观念视为前者。胡塞尔试图将自己区别于这两者。

胡塞尔对观念及其直观方式问题的论证为何要从“表达与含义”开始，对此问题的简单回答是：胡塞尔首先想要在第一研究中通过语言行为分析、而后在第五、第六研究中通过意识行为分析指明：无论在语言陈述行为中，还是在纯粹意识活动中，都可以发现他所理解的“既不是**思维的实在对象**，也不是**现实的思维行为**”的观念。然而这个论述顺序事实上与现象学意识分析所把握到的意识行为的奠基关系正好相反。因为通过现象学的意识分析可以明显地看出，语言表达必定是一个复合行为，并且必定奠基在感知、想象、图像意识等直观行为之中。其原因主要在于两个方面，其一，与意识不同，语言的天职在于个体间的交往或交流。语言表达预设了交互主体性(孤独心灵生活中的表达只是表达的特例，只能代表某种自己与自己的交流)，因此必定奠基在他人感知和异己意识之中；其二，表达借助于符号来进行主体间的传诉与接受，而符号意识本身必须以感性材料为基础，因此必定奠基于事物感知或外部对象意识之中。

但这仍然还没有回答：为什么对观念及其直观方式的讨论要从关于复合的表达行为的第一研究，而非从关于简单、素朴的感知行为或直观行为的第五研究开始？事实上胡塞尔自己给出了解释，他在为《逻辑研究》第二卷出版所撰的“作者本人告示”中写道：“理论思维和认识是在陈述中进行的，亦即在某种表达活动以及在与它们密切交织的行为中进行的，人们通常将这些表达活动和行为称作‘含义’或‘意义’。澄清认识的努力当然首先要朝向对那些从属于‘表达活动’之本质的区别的分析。这便是第一项研究所从事的工作，它每前进一步都会遇到深层的现象学困难，并且因此而在总体上具有准备性的特征。”[①]

在该书的正文中，他进一步表明第二卷第一研究的语言阐释与他

① 胡塞尔:《逻辑研究》第二卷第二部分，倪梁康译，北京：商务印书馆，2017年，第1270页。

在第一卷最后一章中倡导的纯粹逻辑学之间存在内在关系:"语言阐释肯定属于为建造纯粹逻辑学所不可或缺的哲学准备工作之一,因为只有借助于语言阐释才能清晰无误地把握住逻辑研究的真正**客体**以及这些客体的本质种类与区别。但这里所涉及的不是在经验的、与某个历史上已有的语言相关的意义上的语法阐释,而是涉及最一般种类的阐释,这些阐释属于客观的认识理论以及——与此最密切相关——**思维体验与认识体验的纯粹现象学**的更广泛领域"(LU II/1, A4/$B_1$2)。

从这些说明来看,胡塞尔之所以将第二卷的第一研究奉献给语言分析,主要是因为与第一卷中讨论的纯粹逻辑学主题的内在联系。第二卷的研究,因此而采取了一条从高层次意识行为(即思维与认识行为)到低层次意识行为(感知、想象等意识行为)的自上而下的论述路径。

以高层次的意识活动分析为出发点,这个做法会给尚未踏入现象学门槛的读者带来一定的理解困难。语言行为与思维行为属于符号意识,它奠基于直观行为之中。在没有给出直观行为分析结果的情况下直接开始进行对高层次的语言表达活动的分析,这是可能的吗?胡塞尔的确是这样做了,而且他一再强调这项研究是准备性的,即为一个自下而上的系统意识分析做准备。

胡塞尔本人在第二版前言中实际上已经表达了他的愿望,即希望读者能够沿着《逻辑研究》的脉络前行或上升到《纯粹现象学与现象学哲学的观念》的层次:"这部著作具有一条系统**联结各项研究的纽带**,但它不是文献意义上的**一部**书或著作。在这部书中,人们会经历到一种从低水平到高水平的不断提升,会在这种上升性的工作中获得愈来愈新的、然而又与已有的认识不无关联的逻辑学的和现象学的明察。新的现象学层次不断出现并且规定着对原有层次的理解。旧著的这一风格使得我有可能对它进行加工,让它有意识地引导读者在最后一项研究中基本达到《观念》所处的那个阶段，并且，这项研究中原先所容忍的那种模糊性和不彻底性将得到明晰的澄清”(LU I,B XII)。

4. 如前所述，胡塞尔对《逻辑研究》第一版的系统反思是在十三年之后，这期间他的思想已由“现象学心理学”发展到“超越论现象学”。在此基础上他对《逻辑研究》做出较大程度的修订，尤其是第二卷的第二部分，并随后发表了它的第二版，第一卷与第二卷的第一部分于1913年出版，第二卷的第二部分于1921年出版。

1975年和1984年，《逻辑研究》终于以考订版的形式在《胡塞尔全集》中出版,作为“全集”的第18、19卷。此后于2002年和2004年，在《胡塞尔全集》中作为第20卷的第一部分和第二部分，又出版了胡塞尔为修改第一版而撰写、但后来未发表的遗稿文本。

对胡塞尔《逻辑研究》的最扼要的概括可以在霍伦斯坦为该书撰写的“编者引论”找到:“《逻辑研究》在很大程度上被看作是胡塞尔的最重要著作。它之所以有如此的声誉，要归功于两个等值的贡献:一方面，它按其原初目标设定所追求的那样，论证了逻辑学是一门纯粹的、形式的和自主的科学;另一方面，这些原初提出的任务最终导致了向一门新的‘认识论’，即现象学的突破。”[①] 这里说的两个方面，分别代表了该书第一卷和第二卷的基本内容。关于《逻辑研究》的更为详细的内容介绍，首先可以参考胡塞尔分别为其第一、二卷写过的两篇“作者本人告示”(Selbstanzeige)[②],以及他在二十五年后以“《逻

---

① 霍伦斯坦:“编者引论”，载于胡塞尔:《逻辑研究》第一卷，同上书，第xiv页。

② 参见胡塞尔:“作者本人告示”，载于胡塞尔:《逻辑研究》第一卷，同上书，第288-290页;《逻辑研究》第二卷，第二部分，第1270-1275页。

辑研究》的任务和意义”为标题所做的回顾性总结与概括。[①] 最后还可以参考笔者的专著《现象学的始基——胡塞尔〈逻辑研究〉释要(内外编)》[②],它是对《逻辑研究》的第一卷的纯粹逻辑学导引与后面六项现象学与认识论研究的扼要阐释。而关于《逻辑研究》的产生史、出版史、书评史则可以参考霍伦斯坦与潘策尔分别为第一、二卷撰写的“编者引论”。[③]

从时间上看,胡塞尔于 1898 年秋已经决定将《逻辑研究》付诸印刷,分两卷出版:第一卷的纯粹逻辑学导引是“批判性的”,第二卷的六项研究是“系统性的”(Brief. IX,17)。在妻子马尔维娜的帮助下,《逻辑研究》于 1899 年完成撰写、誊清、校对。作为《逻辑研究》第一卷的《纯粹逻辑学导引》于 1899 年 10 月 15 日开始付印,于 1900 年 7 月初正式出版。在 1899 年 11 月 21 日致阿尔布莱希特的信中,胡塞尔报告说:“她[马尔维娜]以舍己的努力日复一日地阅读校样,或者为我做笔录,而时间有时会如此紧迫,以至于我半夜还要赶到火车站,以便印刷工第二天一早能够拿到已经完成的、且常带有很大改动的清样。印刷是从 10 月 15 日开始的,每周三个印张,每个印张校对三次。现在已经有十六个印张在排版中,并且会在约两天内通过最后一校。而后《导引》便结束了”(Brief. IX,16)。

然而,本来计划一鼓作气完成并作为第二卷出版的六项逻辑研究却因胡塞尔的一再修改而屡屡拖延,主要是因为他“在这些可恶的个别研究的开端上停滞不前”(Brief. V,73)。他在另一封给阿尔布莱希

---

① 原载于 Hua IX,20-46;笔者的中译文载于倪梁康(选编):《胡塞尔选集》上卷,上海:上海三联书店,1997 年,第 301-326 页。

② 参见笔者:《现象学的始基——胡塞尔〈逻辑研究〉释要(内外编)》,北京:中国人民大学出版社,2009 年。

③ 参见霍伦斯坦与潘策尔:“编者引论”,分别载于胡塞尔:《逻辑研究》第一卷,同上书,第 xiii-lxviii 页;《逻辑研究》第二卷第一部分,同上书,第 xvii-lxxi 页。

特的信中写道:"在绝望的努力之后,我达到了我曾一度以为不得不要放弃的目的,并赋予这部著作最后的和最重要的部分以一个多年来在我眼前浮现的形式。诚然,为此而不得不从此书已完结的部分中取出两个半印张加以重印;其中有一些让我感到诧异的含混之处,而要想克服它们就需要完整地贯彻那个此前只是大致概述过的思想序列。印刷到三月底终于结束。你从第二部分的篇幅可以看出,我在这个冬天完成了多么巨大的工作:有720页之多,即比我原先估计的要多出一倍有余"(Brief. IX,20)。

这里不应当漏掉一个广为流传的故事,即奥斯本于1934年——胡塞尔与施通普夫还在世时——在其《胡塞尔的哲学》一书中提到的传言:"据说胡塞尔并不情愿发表《逻辑研究》,那些书稿之所以会到出版商那里,只是因为施通普夫将它们交给了他。"[①] 施皮格伯格后来在对凯恩斯的访谈中也再次记录过这个故事:"凯恩斯讲述了马尔维娜的故事:卡尔·施通普夫从胡塞尔书桌上'偷走了'文稿,并将它交给马克斯·尼迈耶去印刷。胡塞尔只是在排印时才重见其文稿。"[②] 倘若这个故事属实,那么这些文稿并非是指《逻辑研究》的全部手稿,而更应当是指《逻辑研究》第二卷的书稿。如前所述,胡塞尔在1900至1901年期间多次中断了对它们的修改和付印,甚至打算放弃它们。

---

① 参见 Andrew D. Osborn, *The Philosophy of Edmund Husserl in its Development from his Mathematical Interests to his First Concept of Phenomenology in Logical Investigations*, New York City: International Press, 1934, p. 54, n. 56.

② 参见施皮格伯格的笔记本资料"与各类哲学家、心理学家等就现象学哲学所做访谈的零碎资料,大都是在访谈后直接记录下来的"(Herbert Spiegelberg, "Scraps of Interviews with Various Philosophers, Psychologists etc. an Phenomenological Philosophy, Psychology, mostly taken down immediately alter the interviews")。文稿原稿现存于巴伐利亚国家图书馆(标题页上标有一个附加说明:"核实前勿使用。")。文稿为打字稿,未标明页码,仅按姓氏字母顺序排列。凯恩斯的部分为一页,这里的引文出自该页。(感谢慕尼黑巴伐利亚国家图书馆手稿部的 Annemarie Kaindl 女士提供该文本的扫描件!现在浙江大学和中山大学的现象学文库都存有该文稿的打印本和扫描件。)

施通普夫的干预可能是在此期间，尽管胡塞尔在谈及《逻辑研究》出版的诸多书信中从未提及此事。但无论如何，包含六项研究的《逻辑研究》第二卷于 1901 年 3 月底还是完成了最后印刷，全书至此出版完毕。

在结束了《逻辑研究》的全部出版事宜之后，胡塞尔立即于该年 4 月初旅行至维也纳，以便使身心疲惫的自己可以在那里做一段时间的休整。他在维也纳一直住到 4 月底才返回哈勒。在 1901 年 4 月的维也纳休整期间，他拜访了他的同乡、年长他二十一岁的物理学家和哲学家恩斯特 · 马赫（Ernst Mach,1838-1916）。

恩斯特 · 马赫

马赫与胡塞尔一样，出生在今属捷克共和国的摩拉维亚地区的布尔诺附近的一个小镇上，毗邻胡塞尔的家乡普罗斯尼茨。他直至十五岁所受的学校教育都基本上是从其父母的课程中获得的。他于 1855 年开始在维也纳大学学习数学与自然科学，并于 1860 年以"充电与感应"（Über elektrische Ladungen und Induktion）为题完成博士学业。随即在 1861 年完成任教资格考试并成为私人讲师。此后他先后于布拉格大学（1864-1866）、格拉茨大学（1866-1867）、布拉格大学（1867-1895）、维也纳大学（1895-1901）担任数学、物理学、实验物理学、哲学教授。他在布拉格大学曾担任过物理学研究所所长、哲学系主任、布拉格大学校长等职。他在维也纳大学并未被聘为物理学教授，而是被聘为"哲学，尤其是归纳科学史"方面的教授。

胡塞尔在维也纳拜访马赫的那一年，正好是后者在维也纳大学任教的最后一年。此前胡塞尔曾在刚出版的《逻辑研究》第一卷中用一章（第九章）的篇幅专门讨论马赫-阿芬那留斯的"思维经济原则"，将这个原则归入到“心理主义”的范畴，并认为“思维经济对于纯粹逻辑学和认识论来说是没有任何意义的”(LU I, §55)。

看起来在胡塞尔于 1901 年 4 月在维也纳拜访马赫之前，两人之间并无直接的联系。胡塞尔与马赫之间的唯一一次通信往来是在他们两人会面的两个月之后，即 1901 年 6 月。胡塞尔于 5 月 21 日收到了马赫寄来的《发展中的力学》的 1901 年第四版[①]——这部书的第一版曾是胡塞尔在撰写《逻辑研究》期间对马赫的哲学思想之理解与批评的主要依据——，随后他于 6 月 18 日致函马赫向他道谢，同时比较详细地解释和阐述了他们之间的基本分歧和误解。这主要因为，如胡塞尔在后来致阿尔布莱希特的信中所说，“马赫在他的《力学》第四版中(用两页半纸)详细地讨论了我的指责(《逻辑研究》第一部分)，并且非常敬重地对待我”(Brief. IX,23)。

霍伦斯坦曾对这个思想交流做过概括的介绍：“在其《发展中的力学》第四版中，马赫在涉及胡塞尔《逻辑研究》第一卷时坚持认为，在区分逻辑过程时须要对心理学的和逻辑学的提问方式进行原则性的区分。在其回信中，胡塞尔重又探讨起这个他本人在《导引》中特别就思维经济所谈及的区分，并且除此之外还做出表示，他关于思维经济的一章‘主要是针对阿芬那留斯学派、并且尤其是针对科内利乌斯的’。他之所以一并提到马赫的名字，乃是因为他当时认为，马赫的那些著述助长了将真正的认识批判澄清还原到认识实践问题域上的做法。”[②]

在收到胡塞尔信后，马赫于 6 月 23 日简短地回信确认，并表明“我对您的阐述并无异议，并希望能够有完整的理解”，但他此时似乎已

---

① Ernst Mach, *Die Mechanik in ihrer Entwicklung: Historisch-Kritisch dargestellt*, Leibzig: F. A. Brockhaus, 1883.

② 霍伦斯坦：“编者引论”，载于胡塞尔：《逻辑研究》第一卷，同上书，第 xxxix 页。

经预感到健康状况不佳，因而接着写道："按照事物的本性，我无法期待自己的健康状况会有根本的改善，因而也无法对我未来的工作抱以特别的希望"（Brief. VI,258）。这里所说的"健康状况"，是指马赫曾于1898年突发中风，导致右半身瘫痪，但他仍然坚持科学研究和写作。而后，在给胡塞尔写信后不久，他于1901年夏季学期结束前再次中风。

马赫的这个身体状况也曾对胡塞尔此前在维也纳大学寻求教职方面的努力产生过影响。胡塞尔在这年8月22日写给阿尔布莱希特的信曾详细报告了在这个方向上的求职经历：

> 维也纳的情况曾有一度非常好。将要引退的马赫曾向里尔[①]询问，他是否愿意到维也纳去接替他，并且也请他提供进一步的建议。里尔有条件地表明自己愿意去，并且还提到几个杰出的名字（莱比锡的福克尔特、慕尼黑的利普斯等等——其中也有我）。马赫的回答的原话是："在您提到的人名中，我想对胡塞尔做最大的承诺。"马赫在他的《力学》第四版中（用两页半纸）详细地讨论了我的指责（《逻辑研究》第一部分），并且非常敬重地对待我。我在维也纳期间曾去拜访过他，而他——现在只是以破例的方式——不仅接受了我的拜访，而且还对我抱以最高的敬

① 里尔（Aloys Adolf Riehl, 1844-1924）是新康德主义代表人物，曾在格拉茨、弗莱堡、基尔、哈勒以及柏林任哲学教授，曾著有三卷本的《哲学的批判主义》（*Der philosophische Kritizismus*,1876/87）；《尼采》（1897年）；《当代哲学引论》（*Zur Einführung in die Philosophie der Gegenwart*,1903）等书。在哈勒期间，他作为同事是胡塞尔的坚定支持者，也是催促胡塞尔尽快发表《逻辑研究》以便尽早获得固定教职的朋友之一。后来1905年哈勒大学哲学系也曾打算让当时在哥廷根大学任副教授的胡塞尔接替他的教授位置。当然，胡塞尔在哲学观点上与他并不完全一致。在为《逻辑研究》第二版起草的"序言"草稿的两个残篇（1913年9月）中，胡塞尔写道："由马堡学派和里尔新开启的康德理性批判的伟大思想，根本不是在真正意义上奠基性的，即从最原初的和最清晰的源泉（纯粹直观的源泉）中直接可汲取的思想；因而康德的超越论哲学既不可能在其本原的形态上，也不可能在更新了的形态中成为真正意义上的第一哲学"（Hua XX/1,273f.）。

重。他为我的《逻辑研究》第二卷发表得太迟而感到遗憾，因为否则他会很乐意对它予以顾及，而且他对我说，他已经将一本新出版的《力学》第四版寄往哈勒。随后我写了一封较长的信来回应他，他则以衷心的和内容上十分迎合的方式做了回复。从这封信的口气中以及从里尔的告知中，我看得出马赫愿意为我在维也纳说话。尽管我实际上已经不抱希望，但我还是热切地期望得到提名。并非因为虚荣的缘故。但你想象一下，如果我名字在此语境中出现在《新自由通讯》上，这将会对我的家庭带来多少补偿。这会给我的哥哥海因里希和我母亲以一个大大的惊喜。为了他们曾为我做过的牺牲，我真的期望能给我的挚爱带来这些补偿。在此期间这些当然都毫无结果。因为在学期结束前后马赫又突发新的中风，而他可能无力再对这个位置的新人选做多少关注。也许在系里自身开始协商之前他就已经退休了（Brief. IX, 23f.）。

在胡塞尔试图去维也纳求职之前，他的自信心在哥廷根与其他学校已经受到过沉重的打击。可能唯一愿意全力支持他的就是哈勒大学哲学系。该系早在 1900 年 1 月 10 日便再一次向普鲁士教育部申请聘任胡塞尔为列入国家预算计划内的副教授。而在 1901 年 6 月，普鲁士教育部也的确打算用这一年的国家支出预算来聘任胡塞尔为副教授，但不是为哈勒大学哲学系，而是为哥廷根大学哲学系。然而这一计划却意外地遭到了哥廷根大学哲学系的拒绝。

没有人比胡塞尔自己更关心和更熟悉其中的过程，更了解在他的"外部职业生涯方面的希望与失望"（Brief. IX,21）。他在上述致其老朋友阿尔布莱希特的信中曾对此做过详细报告。前面所引的与马赫相关的求职部分只是这个报告的最后段落。在此之前他还写道：

但我首先必须说，很快就有迹象表明，这部书不会始终没有效应。里尔曾以一种几乎比对第一部分还要夸张的方式谈论过第二部分。[①]我更看重施通普夫、狄尔泰和利普斯的表述。奇怪的是这并未对我的坏心绪有丝毫改变。自新的一卷出版以来，施通普夫便不知疲倦地为我奔走。圣灵降临节期间我与他去哈尔茨做了一个短途旅行（五天），他从那里直接坐车去了哥廷根，为我自去年夏天以来便悬而未决的去那里的聘任之事铺平道路。政府现在对我抱有善意，而且不想背负对一个有影响的工作者无所作为的恶名，但政府为聘我为哥廷根的副教授所做的努力却因哲学系的抵制而遭受挫败，其原因我在去年给你的信中已经告之。米勒是一个片面的心理物理学家，鲍曼虽然的确是哲学家，但还算不上完全是。[②]因而我应当会成为在哥廷根大学的逻辑学和形而上学专业的真正的主要代表，而且也会立即进入考试委员会。对此这两位当然是恼怒之至。虽然并没有人告诉他们聘任我的目的，但他们很容易便看穿这一点。鲍曼说，他还没有老到需要一个继任者的地步，而对于米勒来说，哲学最终归结为心理物理学，因此他虽然同意聘任一个副教授，但想将他原来的助手、现在是施通普夫在柏林的助手重新召回。政府春季在议会曾为哥廷根申请一个预算内副教授的位置，并在那里得以通过。

---

① 胡塞尔在前一封致阿尔布莱希特的信中曾提到："正在提出一个新的（第三个）动议：在［教育］部里建议、并且这次是最有力地建议：给我一个预算内的位置。这事是由里尔提出的，他竭力地说服我按原样出版我的这些研究。因此我让人把清样交给他，而在收到第一组的五个印张之后，他已经在同事面前表达了他的不遗余力的、几近夸张的赞赏"（Brief. IX,16）。

② 《胡塞尔书信集》的编者舒曼对这两人做了如下的说明："实验心理学家米勒（Georg Elias Müller,1850–1934）从 1881 年至其 1920 年退休，一直在哥廷根任哲学教授。""鲍曼（Julius Baumann,1837–1916）于 1869–1916 年期间在哥廷根任哲学教授。"后面我们还会看到，他们还在 1905 年成功地阻止了胡塞尔被聘为哥廷根大学的正教授。

它是专门为我而定的。在第二卷出版后一切看起来都变得好起来。如前所述，施通普夫专门去了一趟哥廷根，以尽可能外交的方式来影响米勒和鲍曼，同样也去影响与他有私交的克莱因[①]和里克[②]，而且效果不错，以至于他认为事情已经完全有了定论，并且认为他已经赢得了我的这场游戏。由于政府那方面也运用了他们所信任的人的关系，因此我以为我的聘任是完全有把握的，而且周复一周地在等待相关的消息。事情从哥廷根方面已经传开，大家都来向我祝贺。然而事情还是了无结果。哲学系以此方式予以拒绝：他们宣布，他们对我并无异议。但在哥廷根完全不需要一个新的副教授(就好像一个真正能干的人来接受一个新位置会给大学造成损失一样；就好像增加一个好的教学力量对于大学的利益是一种不幸一样)。在这个学期的最后几周恰逢雷尼施(洛采讲座的著名编者)[③]突然去世，这样在哥廷根原有哲学副教授位置中如今便有一个空出。对于这个位置，哲学系无法再做回避，而是必须提出它的建议。问题在于，他们是否会提议我——但无论如何这是明年夏季的事情。而所有这些都只是为了一个

① 可以参见舒曼的说明："数学家菲利克斯·克莱因(Felix Klein)自 1886 年起在哥廷根任教授。"我们在这里还可以参考舒曼在马尔维娜所撰"胡塞尔生平素描"所做的更为详细的说明："因 1872 年撰写[几何学方面的]'爱尔兰根纲领'(Erlanger Programm)而闻名于世，他于 1886–1913 年在哥廷根任教授，并通过聘请大卫·希尔伯特等人而将哥廷根大学发展成为德国数学的要塞。"(这里和以下的舒曼说明均出自马尔维娜·胡塞尔："埃德蒙德·胡塞尔生平素描"，同上书，第 18–20 页，脚注。)

② 可以参见舒曼的说明："物理学家里克(Eduard Riecke,1845–1915)自 1881 年起在哥廷根任教授。"

③ 可以参见舒曼的说明："1901 年 7 月 4 日去世的副教授雷尼施(Julius Eduard Rehnisch,1840–1901)曾发表过一个在由他编辑的《逻辑学原理与哲学百科。海尔曼·洛采讲座记录稿》(*Grundzüge der Logik und Encyclopädie der Philosophie*. Dictate aus den Vorlesungen von Hermann Lotze)(莱比锡，1893 年)中的附录(书的封面上没有提到雷尼施为编者)。"

副教授的位置。同时，在这个学期也有几个正教授的位置得以空出：爱尔兰根、巴塞尔、维也纳。施通普夫相信一定会让我在爱尔兰根通过，因为他在那里有关系。(《近代哲学史教程》的著名作者法尔肯贝格[①]在爱尔兰根的聘任要归功于施通普夫。)施通普夫立即写信给法尔肯贝格，但却根本没有得到答复。巴塞尔那边，我假定阿尼姆已经去信询问过，至此也是音讯全无。因此那边大概也没戏(Brief. IX,21–23)。

在读到胡塞尔以上这些描述时，笔者首先的感觉是一个多世纪的时间似乎很短，亚欧之间横跨半个地球的距离似乎也不远，因为所有这些客观事件就好像发生在今天我们的身边一样，而且还在以同样的方式继续发生着。进一步的感觉则会引发联想：胡塞尔的叙述方式是如此简单明白，被叙述的事件却又是如此复杂坎坷，没有浓墨重彩的文学渲染，却有一波三折的命运干预和实际惊险，几乎不亚于修昔底德对伯罗奔尼撒战争的描写。最后，它们与胡塞尔在其研究中对意识体验结构的描述又是如此地大相径庭、格格不入！

职场上的这一不顺利无疑给胡塞尔对自己能成为一名真正哲学家的信念带来一定程度上的内在危机，而且这种自信的危机显然还伴随了胡塞尔相当长的时间。按比梅尔的说法，“看来，这种‘同行相轻’对他的触动远比他承认的更大。”[②]但无论如何，在写完此信后不久，即1901年9月14日，悬而未决长达一年之久的聘任终于下达，

---

① 可以参见舒曼的说明：“法尔肯贝格(Richard Falckenberg,1851–1920)自1889年起在埃尔朗根任教授，著有《从库萨的尼古拉到当代的近代哲学史概要》(*Geschichte der neueren Philosophie von Nikolaus von Kues bis zur Gegenwart. Im Grundriß dargestellt*)，莱比锡，1886年。”

② W. 比梅尔：“编者引论”，载于胡塞尔：《现象学的观念》，倪梁康译，北京：商务印书馆，2019年，第6页。

胡塞尔被聘为哥廷根大学的哲学副教授。不过，与原先计划不同，这只是一名非国家预算计划内的副教授位置。当然，聊以慰藉的是，他现在至少获得了一个正式的教职，至少可以免去长期无正常经济来源的生活烦恼。

第三幕　哥廷根时期（1901-1916 年）

通常所说"现象学的始基"，是由胡塞尔在哈勒时期撰写的《逻辑研究》两卷本奠定的；而通常所说的"现象学运动"，则是自胡塞尔从哈勒移居至哥廷根以后开始的。比梅尔将 1900 至 1920 年这段时间称作"现象学的成熟期"[①]。而此前的阶段，往往也就被称之为"前现象学时期"。但我们已经看到，这里所做的从时间上划分思想阶段的做法与所有这类尝试一样，虽然可以是精确的，但同时也可能是非常人为的和不严格的。胡塞尔所说的《逻辑研究》之"突破"，并非在《逻辑研究》发表时一跃而进入现象学的领域，而是在此之前的许多年里便在论题与方法上逐步完成了诸多的现象学工作，彰显出了诸多的现象学特征。《逻辑研究》只是第一次公开地以系统的、明确的方式宣告了现象学的诞生。按胡塞尔自己在研究手稿中的说法，"我在我的最初开端上（1896 年）便一再地倾向于对含义的现象学诠释（**相对于对它们的物候学诠释**）"（Ms. F I 3/92b；*Husserl-Chronik*,46）。[②] 而在《欧洲科学的危机与超越论现象学》中，他还特别说明："在经验对象与被给予方式之间的这个普全关系先天的初次突破（在起草《逻辑研究》期间，大约于 1898 年）给我带来如此深刻的震撼，以至于自此之

---

① 参见 Walter Biemel, „Einleitende Bemerkung zum Briefwechsel Dilthey-Husserl", in *Man and World. An International Philosophical Review*, 1, 1968, S. 428.

② 物候学（Phänologie）是以生物现象与季节周期之间关系为主要研究课题的学说。胡塞尔在这里所说的"物候学诠释"，主要是指在主-客体关系中形成的含义的经验科学诠释，而"现象学诠释"，则是对在此关系中形成的含义的本质科学诠释或观念论诠释。

后我一生的全部工作都受这样一个任务的主宰：对此关系先天做出系统的完善”(Hua VI,169,Anm.1)。从胡塞尔自己的这些说法来看，他完成其现象学“突破”的时间更准确地说大约是在他到哥廷根之前的五至三年间。

然而《逻辑研究》的出版无论如何都构成胡塞尔生活与思想道路上的一个重要界碑。马尔维娜曾说：“随《逻辑研究》的出版而开始了一个新的时期。”[①] 这对于胡塞尔而言几乎从任何一个角度看都是如此。如前所述，这部著作的发表给胡塞尔带来的首先，也是首要的收益是胡塞尔终于获得了固定的教职。胡塞尔在1901年11月29日给阿列克休斯·迈农的祝贺信的回函中写道：“尽管在外部关系方面还不能说有多少起色，但我终于脱出了死点，并且我或许可以(不是过于自负地)希望，我不需要再用十四年才会移到一个正教职的位置上。但对我而言目前所面临的并且化解了前几年的所有辛酸苦辣的乃是我在这所大学里、尤其是在(我至此为止首先接近的)自然科学的圈子里所发现的奇妙科学生活。它提供了许多令人清新和令人激奋的启示、提升了此在感受和新的创作喜悦。此外，我也很高兴离开萨勒河谷的疲沓的空气和工业城市的嘈杂喧闹，转移到哥廷根别墅住宅区的清爽空气与宁静之中。这是我的初步印象和心绪，在此印象与心绪中，我对每件可喜之事都感到双倍的喜悦”(Brief. I,138)。

看起来胡塞尔此刻已经摆脱了哈勒时期的阴霾，尽管后来的情况证明，胡塞尔信中所说的“外部关系”问题不仅依然存在，而且还导致胡塞尔在十五年后最终离开哥廷根。

胡塞尔居住在一个离现今的哥廷根大学哲学系(位于Humboldtallee 17)不远的较为僻静的别墅住宅区中。与在哈勒时期不同，胡塞

① 马尔维娜·胡塞尔：“埃德蒙德·胡塞尔生平素描”，同上书，第18页。

尔在哥廷根时期发出的许多书信上都标有“Hoher Weg 7”的地址。这是一条只有十来个门牌号码的短街，离哥廷根市中心有一公里多远。如今这条街道已被改名为“Hermann-Föge-Weg”。这位海尔曼·弗格(Hermann Johannes Föge,1878-1963)曾于二十世纪三十至五十年代担任汉诺威州议员以及哥廷根市长，也曾获德国大功勋勋章以及哥廷根荣誉市民的称号。奇怪的是，他的名字并未收入包括胡塞尔在内的许多与哥廷根有关的学者名人的《哥廷根纪念册》[①]一书中。弗格后来的住所(Hoher Weg 3)离胡塞尔的原住所只有一间房子之隔。胡塞尔当时购买了7号的一幢三层楼别墅中的一套住房，或者更确切地说：一层住房。他于哥廷根任教期间(1901-1916年)始终居住于此。[②]

他的哥廷根学生埃迪·施泰因在她的回忆录中写道：“胡塞尔在自己霍恩路(Hohen Weg)上有一所自己的房子，位于城市边缘，在向‘容斯’[③]上行的地方。(‘容斯’在他的哲学谈话中扮演了重要角色；当胡塞尔在谈到事物感知时，它必定常常被用作例子。)这是根据他

---

① 参见：Walter Nissen/Christina Prauss/Siegfried Schütz, *Göttinger Gedenktafeln*, Göttingen: Vandenhoeck & Ruprecht, 2002.

② 笔者于2013年8月28日在胡塞尔的这个故居前参观时巧遇它的今日房主。他告诉笔者：目前这幢别墅住房基本上保持了一次大战前的原样。房子正面墙上的一侧钉有胡塞尔的纪念牌“EDMUND HUSSERL,1901-1916”。另一侧则钉有另外两块纪念牌：一块写有：“FRIEDRICH GÖPPERT, 1910-1927”，这是一位哥廷根的儿科学教授，他从1909年在哥廷根大学任职起，直至1927年去世止，一直居住在这里，其中有六年的时间是胡塞尔的邻居；另一块则写有“MARIA GOEPPERT MAYER, NOBELPREISTRÄGERIN FÜR PHYSIK,1910-1930”。Maria Goeppert Mayer是Friedrich Göppert的女儿，1930年移居美国，是迄今为止仅有的两位女诺贝尔物理学奖获得者之一。走到这条街的拐角处，不经意间还可以发现这里曾住过另一位影响了当代人精神生活的著名学者、神学家卡尔·巴尔特(Karl Barth,1886-1968)，这里有他于1921-1925年在哥廷根大学担任神学教授期间留下的生命痕迹。

③ “容斯”(Rohns)是哥廷根的建筑业主容斯(Ch. Fr. A. Rohns)建造的一座古典主义风格的饭店建筑，1830年开业。位于哥廷根的海因山上(Hainberg)。这座建筑后来被人简称作“容斯”。

的太太的指示、应和家庭的需求而建造的。大师[①]的书房在上层，这里有一个小阳台，他可以走上去，在那里'沉思'。最重要的家具是一个旧的皮沙发。这是他在哈勒作私人讲师期间拿到一笔奖研金时购置的。通常我必须坐在沙发的一个角落上。"[②]

哥廷根的教学生涯

胡塞尔于 1901 年 9 月被聘为哥廷根大学的非国家预算计划内的哲学副教授，随后没有任何间断地开始在哥廷根大学执教。他于 10 月 28 日开始他在 1901/02 年冬季学期的几门课程：首先是每周五一小时的关于"意志自由"的讲座。当时这已是胡塞尔的一个可以说是保留项目的传统课程：他在其哈勒的教学生涯之初，从 1892/93 年冬季学期起，每年开设一门"关于意志自由"的讲座，有时伴随与叔本华著述《作为意志与表象的世界》或《叔本华文选》相关联的讨论课。这个课程也被带到哥廷根，后来还延续几年，直至 1904 年夏季学期止，前后两地一共十二次。这门课程始终是为所有学院的学生开设的，类似于我们今天的通识教育课程。在哥廷根做此讲座时，有 70 位学生报名参加。其次是每周一、周二、周四一小时的关于"逻辑学与认识论"的讲座，这个讲座只有 5 名学生报名参加。最后是一门讨论课"与贝克莱的《人类知识原理》（根据宇伯维克译本）相衔接的认识论练习课"，根据约定时间举行，共有 7 人报名参加（*Husserl-Chronik*, 67）。

---

① 施泰因在其回忆录中以及在与其他胡塞尔弟子的通信中常常将胡塞尔称作"Meister"，这里勉强译作"大师"。但这个词也带有"师傅"的意思。胡塞尔的其他弟子也使用这个称呼，但远没有施泰因那样频繁和自然。

② 埃迪 · 施泰因："在胡塞尔身边的哥廷根与弗莱堡岁月"，载于倪梁康（编）：《回忆埃德蒙德 · 胡塞尔》，同上书，第 88–89 页。

从最初教学授课的内容来看，胡塞尔在到哥廷根的这个学期基本沿袭了哈勒时期的教学传统，没有根本的变化。发生醒目改变的是他这一年的学术活动和研究手稿的内容。初来乍到的胡塞尔显然立即被哥廷根大学的浓厚数学哲学氛围所包围，不得不拿出精神力气与看家本领，重新面对作为他十多年前之本行的数学问题。虽然胡塞尔在《逻辑研究》第一卷的第 71 节中专门讨论数学家与哲学家的工作分配问题，但他在那里已经是以一个理解数学家的哲学家身份在说话。他将数学家视为具有特殊技艺的技术师，将哲学视为纯粹理论的反思者，并且认为："哲学研究以完全不同的方法和素质为前提，同样，哲学研究要达到的是完全不同的目的。哲学不想插手特殊研究者的工作，而只想明察他在方法和实事方面的成就的意义和本质"（LU I, A252ff./B252ff.）。不过，当时的哥廷根大学已经开始享有世界数学中心的盛名。在这里执教的数学家前有高斯、黎曼等，在胡塞尔到来时有克莱因、希尔伯特、策梅洛等，随胡塞尔之后到来的还有闵可夫斯基、诺特、外尔等，他们都是在数学上青史留名的重要人物。在哥廷根，胡塞尔首先遭遇的是数学家而非哲学家。他在哥廷根最早开设的 1901/1902 年冬季学期的讲座就有希尔伯特的学生、后来的数学家、函数分析学家埃尔哈特・施密特（Erhard Schmidt,1876-1959）参加。1901 年 11 月 5 日，胡塞尔在哥廷根大学数学学会听了希尔伯特关于"封闭的公理系统"的讲演，并且根据自己的记忆写下了希尔伯特讲演的内容。在这年的 11 月和 12 月，胡塞尔在哥廷根大学数学学会和数学联合会上分别做了两个关于"定流形"的讲演。在接踵而来的圣诞节假期中，胡塞尔开始研究"限定的公理系统"，研究"一个流形的诸要素以何种方式受到公理的限定"；他再次阅读 1898 年 10 月关于"定流形"、"虚数"的手稿，并且为了付印而对哥廷根数学学会的讲演进行加工（*Husserl-Chronik*,68f.）。

然而这个数学哲学的关注期在胡塞尔这里很快便结束，而且这个结束看起来像是一种戛然而止。因为在 1902 年夏季学期的《胡塞尔年谱》记录中，数学的问题便不再出现，[①] 取而代之的是关于逻辑学、认识论、伦理学、普遍对象、命题、评价、感受、价值、意志、愿望等问题和论题。这是否与约翰内斯·道伯特从布伦瑞克骑脚踏车来到哥廷根、突然出现在胡塞尔的课堂上有关，是否与特奥多尔·利普斯寄给胡塞尔其新著《论感受、意愿与思考》有关，还不得而知。但无论如何，胡塞尔 1930 年 11 月 16日致米施的信透露了他自己在《逻辑研究》发表之后的十多年中的兴趣转向：从形式逻辑和实在本体论向超越论的主体性学说和意识本体论–现象学的转向："接下来（在出版《观念》时就已经走到了这一步！），我只想对一门超越论的主体性学说，而且是交互主体性的学说进行系统的论证，而原先对形式逻辑和所有实在本体论所抱有的兴趣，现在都已荡然无存"（Brief. VI,282）。而这个转向恰恰是在哥廷根期间、在世界的数学中心完成的。

学术影响

胡塞尔真正的学术影响是在到哥廷根之后的岁月中缓慢而渐次地形成的，其中最重要的影响是通过威廉·狄尔泰而表现出来的。在哥廷根的最初几年里，《逻辑研究》的思想效应对于胡塞尔而言可以

---

① 在对待数学–逻辑学问题上，稍后只有一次被动的遭遇：1902 年 4 月 16 日，胡塞尔的同事、时任数学系讲师的策梅洛告诉胡塞尔：后者 1891 年在关于施罗德《逻辑代数讲座》第一卷的书评 [Besprechung von: E. Schröder, *Vorlesungen über die Algebra der Logik (Exakte Logik)*, 1. Band, Leipzig 1890 (1891)] 中对施罗德的批评"在实事上"，而非"在论证上"是合理的。关于此事的前后背景可以参见：Berhard Rang, „Einleitung des Herausgebers“, in Hua XXII, S. XI–XXIV.

用得上一句"立而望之，偏何姗姗其来迟"来感叹。马尔维娜在后来的"胡塞尔生平素描"的回忆中说："狄尔泰是少数几个对《逻辑研究》的影响力做出反应的人。它出版后，在哲学刊物之丛林中是出奇的寂静，没有书评，只有几封信函。狄尔泰是少数几个立即认识到'这部著作的划时代力量'并将此认识毫无保留地告知作者的人。"[①] 这篇素描文字的编者舒曼对马尔维娜的这个回忆曾有一个批评性的说明："这个说法过于夸张。"[②] 的确，如果按照舒曼的建议看一下霍伦斯坦为《逻辑研究》第一卷《纯粹逻辑学导引》所撰"编者引论"中对该书的书评史的概述，并且看到在这个《逻辑研究》书评简史中提到的舒佩、纳托尔普、利普斯、马赫、冯特等人或早或迟、或专门或附带的各种评论，那么大多数读者恐怕都会觉得马尔维娜的说法有言过其实之嫌。[③] 但是，作为始终伴随在胡塞尔身边、与他一同经历过所有生活事件的人，马尔维娜为何在当时会产生并在三十年后仍然保留这样的印象呢？

实际上，只要看一下胡塞尔自己在1913年为《逻辑研究》第二版撰写的一个"序言"的文稿，我们就会发现马尔维娜的印象并无差误，它与胡塞尔自己对当时状况的描述是基本一致的。他在十多年后回顾时仍然这样写道："绝大多数期刊根本不发表书评。世界文献中唯一完整的(包括两卷的)书评[④] 是由《心理学与感官生理学杂志》(1903年)提供的，而《文献核心报》的寥寥几句没什么内容的告示在这里被忽略不计。我只在《康德研究》中找到不完整的、仅仅讨论第一卷的

① 马尔维娜·胡塞尔："埃德蒙德·胡塞尔生平素描"，同上书，第22页。

② 同上，注③。

③ 参见霍伦斯坦："编者引论"，载于胡塞尔：《逻辑研究》第一卷，同上书，第liii-lx页。

④ 胡塞尔在前面引述了这篇书评对现象学分析的评价："冥想的"、"笨拙的"、"繁琐的"、"宽泛的"、"含糊的"。

告示(由纳托尔普撰写的一篇极富教益的告示，而且同时也是在1901年唯一推荐性的告示)以及《哲学评论》中的告示。英美的期刊(据我所知)完全沉默不语”(Hua XX/1,274)。胡塞尔在这里的回顾其实并不含有多少抱怨的成分，他的意图主要在于说明：《逻辑研究》这样一本“讨论的课题极其枯燥，而且离大众的兴趣相距甚远”的书，一本“只有通过较为深入的研究，它们对于所有核心哲学问题所具有的根本意义才能得到理解”的书，一本只有寥寥几篇书评、且其中只有一篇是持有积极评价的书，它之所以仍然能够产生重大的影响，这恰恰表明：“在这部著作中必定包含着某些动机，它们与整个发展时期的大趋势相关联，而我们时代的哲学思考只代表了这些大趋势之河流中的一个片段而已(Hua XX/1,275)。因此，总的说来，胡塞尔虽然对《逻辑研究》发表后寂静无声的状态并不乐见，但内心对此早有准备。深谷之回声的规律就在于，越是深谷，对回声的等待就越是需要耐心。

这里已经一再提到两个人的名字：狄尔泰与纳托尔普。前者是在胡塞尔的哥廷根时起作用的重要人物；后者与胡塞尔的关系则更要回溯到哈勒时期。但我们仍然要首先关注前者，只是出于叙述方便的理由。

威廉·狄尔泰

胡塞尔与狄尔泰(Wilhelm Dilthey,1833-1911)的忘年交始于1905年。这一年注定是一个不平凡的年头。不仅是因为胡塞尔在这一年在教学方面开设了“论时间现象学(Zur Phanomenologie der Zeit)和“关于作为意向体验的想象”这两个十分重要的讲座，在《逻辑研究》中开始的现象学研究扩展开来，而且在学术研究方面还写下著名的“西费尔德文稿”(Seefelder Blätter)，并在其中提出了“还原”的概念，由此开始了向超越论现象学的转向。除此之外，同样重要、甚至更为重要的是胡塞尔在这年结识了威廉·狄尔泰。他们二人的思想关联和观念碰撞不仅影响了他们自己的哲学发展，而且也在一定程度上通过后来的海德格尔、米施、加达默尔、弗里茨·考夫曼、兰德格雷贝等人而影响了二十世纪欧陆哲学的进程。

大约是在 1905 年 3 月，胡塞尔旅行去柏林，主要是为了拜访当时在柏林皇家科学院任职的狄尔泰，其次也为拜访当时还在柏林大学担任私人讲师的法裔哲学家和宗教社会学家伯恩哈德·格雷图伊森（Bernhard Groethuysen,1880–1946）。[①]

拜访狄尔泰的动因首先是胡塞尔在其讨论课上听到一位旁听者，即美国人皮特金（Walter B. Pitkin,1878–1953）告知：狄尔泰在柏林大学开设了关于胡塞尔发表于 1901 年的《逻辑研究》第二卷的练习课。[②]正如马尔维娜所说，"狄尔泰是少数几个立即认识到'这部著作的划时代力量'并将此认识毫无保留地告知作者的人。"[③]胡塞尔在柏林拜会了狄尔泰。此后胡塞尔破天荒地在这一年夏季开设了关于狄尔泰的"理解的心理学"的"历史哲学"练习课，并且讨论这样的问题："历史科学在与其他科学的关联中具有什么样的地位，而它的杰出的特性与问题是什么？"（*Husserl-Chronik*,89 f.）

二十多年之后，胡塞尔在写给狄尔泰的女婿、哲学家米施（Georg Misch,1878–1965）信中回顾这次拜访说："1905 年在柏林与狄尔泰少

---

① 胡塞尔还计划拜访当时在柏林执教的社会学家格奥尔格·西美尔（Georg Simmel,1858–1918），但因后者外出离开柏林而未果。后来西美尔向格雷图伊森索要胡塞尔的地址，并计划回访（Brief. VI,171）。但没有记载表明西美尔与胡塞尔后来有过会面。

② 皮特金最初是在柏林，因参加狄尔泰的这门练习课而对胡塞尔和《逻辑研究》发生兴趣，而后去哥廷根拜会胡塞尔，并希望能将《逻辑研究》译成英文在美国出版。胡塞尔也乐见其成。但此计划最终未能实现。他的《逻辑研究》最终是于 1970 年才由一位没有现象学背景的哲学家芬德莱（J. N. Findlay,1903–1987）翻译出版（Edmund Husserl, *Logical Investigations*, 2 Volume, trans. by J. N. Findlay, New York/London: Routledge,1970）。

③ 马尔维娜·胡塞尔："埃德蒙德·胡塞尔生平素描"，同上书，第 22 页。

数几次谈话(并非他的著述)意味着一个推动,这个推动将《逻辑研究》的胡塞尔导向了《[纯粹现象学与现象学哲学的]观念》的胡塞尔,而不完整地展现出来的、并且实际上是在 1913 至大约 1925 年期间才得以具体完善了的《观念》的现象学——尽管在方法上有本质不同的形态——导向了与狄尔泰的一种最内在的共同体”(Brief. VI,275)。

胡塞尔在这里所说的“《观念》的现象学”,是指他在 1913 年发表的《纯粹现象学与现象学哲学的观念》第一卷及其大约在“1925 年期间才得以具体完善了的”第二卷和第三卷。的确如胡塞尔所说,在很大程度上可以将“《观念》的现象学”视作狄尔泰的精神科学的胡塞尔版本。无论如何,胡塞尔的现象学哲学思考中的历史向度是带有深刻的狄尔泰的烙印的。

但由于狄尔泰于 1911 年去世,胡塞尔与狄尔泰的忘年交仅仅延续了短短的六年。在此期间,两人的思想差异已经有所表露。胡塞尔在其 1910 年发表的《哲学作为严格的科学》长文中曾公开批评狄尔泰的历史主义倾向,并引发狄尔泰致函胡塞尔提出质疑。狄尔泰认为胡塞尔此时还处在静态的柏拉图主义的立场上,因此他在胡塞尔的这篇文章的页边做了反击性的批注道:“真正的柏拉图!先是将变化流动的事物固定在概念中,然后再把流动这个概念补充地安插在旁边。”① 胡塞尔在给狄尔泰的回信中应允日后会在公开的文字中做出进一步的解释。但因狄尔泰此后不久便辞世而去,胡塞尔的承诺也一直没有兑现。直到 1925 年,胡塞尔才在他的“现象学的心理学”讲

---

① 参见:Gerog Misch, „Vorbericht des Herausgebers“, in Wilhelm Dilthey, *Die geistige Welt: Einleitung in die Philosophie des Lebens*; Hälfte 1, *Abhandlungen zur Grundlegung der Geisteswissenschaften*, GS V, Göttingen: Vandenhoeck & Ruprecht, 1990, S. CXII; 此外还可以参见 Gerog Misch, *Lebensphilosophie und Phänomenologie – Eine Auseinandersetzung der Diltheyschen Richtung mit Heidegger und Husserl*, Darmstadt: Wissenschaftliche Buchgesellschaft, 1967, S. 136.

座的引论中用两节的篇幅对狄尔泰在心理学方面的贡献做了全面的总结和评价，并对自己与狄尔泰的分歧做了进一步的说明（参见 Hua IX,1ff.,354 ff.）。

值得注意的是，胡塞尔曾在 1918 年 6 月 29 日致纳托尔普的信中表明："我在十多年前便已克服了静态柏拉图主义的阶段，并已将超越论发生的观念当作现象学的主要课题"（Brief. V,37）。这里所说的十多年前，应当是指他与狄尔泰交往的这段时期。——这是否可以算作从狄尔泰的历史哲学、生命哲学和精神科学到胡塞尔的发生现象学与历史现象学的过渡期？

关于胡塞尔与狄尔泰的关系可以参考本书第二卷第四章对胡塞尔与狄尔泰关系的更为详细的讨论，也可以参考第二十章关于胡塞尔与弗里茨·考夫曼、第二十九章关于胡塞尔与兰德格雷贝的论述。这两位胡塞尔的学生都以狄尔泰-约克的历史哲学为博士论文的课题，因此都涉及历史现象学的问题与可能。

在胡塞尔初到哥廷根大学任教的几年里，他所处的环境实际上还不如在哈勒大学。尽管当时的哥廷根大学哲学系还包含了数学与自然科学学科——直至 1922 年，后者才从前者中独立出来——，而且胡塞尔在当时的哥廷根的哲学系有希尔伯特、策梅洛、闵可夫斯基等数学哲学家或认识论哲学家为伴，但在那些被希尔伯特称作"历史学家的或实验心理学家的哲学家"[①] 那里，他始终不被视作同道，而且一再

① 希尔伯特曾在一封信中写道："在那些主要不是历史学家或实验心理学家的哲学家中，我觉得胡塞尔和尼尔森是最具特色的人物，而对我来说，这两个人来到哥廷根的数学土地上并非偶然"（该信存于：Geheimes Staatsarchiv Preußischer Kulturbesitz, Berlin, Rep. 76 Va Sekt 6 Tit. IV Nr. 1, Bd. 25, Bl.451. 转引自 Volker Peckhaus, „Einleitung:", in Volker Peckhaus (Hrsg.), *Oskar Becker und die Philosophie der Mathematik*, München: Wilhelm Fink Verlag, 2005, S. 10）。

受到排挤打压。

正是在胡塞尔结识狄尔泰的这一年，即1905年4月15日，哥廷根大学哲学系抵制普鲁士教育部任命胡塞尔为正教授的计划，即使希尔伯特做出了很大的努力。这对胡塞尔重又是一次打击。他在5月16日的日记中写道："近日曾有一次系务会议，来自部里的任命我为正教授的友善建议被拒绝。——理由：我在科学上缺乏重要性。现在我要恳请上天给我力量，使我的科学追求不至于松懈"（*Husserl-Chronik*,90）。这里所说的胡塞尔缺乏的科学性，实际上是暗示他在其意识哲学研究中没有采用客观心理学的实验观察方法，没有实证量化的结果。胡塞尔在此五年后写出《哲学作为严格的科学》，实际上也算是对这个客观心理学意义上的"科学性"的反驳。

胡塞尔在此期间获得的坚定有力支持主要来自校外的资深同行。可以说他们帮助他渡过了在哥廷根最初五年面临的内在和外在的危机。前面所说的柏林大学资深教授狄尔泰是其中之一。另一位是比胡塞尔年长五岁、时任马堡大学哲学系讲席教授的保罗·纳托尔普(Paul Gerhard Natorp, 1854–1924)。[①] 这里需要简单阐述的是胡塞尔的第三位重要支持者：慕尼黑大学哲学系的讲席教授利普斯。

特奥多尔·利普斯

与胡塞尔结识狄尔泰的同一年，即1905年，胡塞尔在特奥多尔·利普斯(Theodor Lipps,1851–1914)的影响下开始思考社会哲学问题：个体之间差异与个体化问题，以及"同感"（Einfühlung,Empathie）

---

① 关于纳托尔普，笔者在本书中不做专门讨论。因为他与胡塞尔的关系已经在耿宁论述胡塞尔与康德及新康德主义关系的著名专著中找到。参见：Iso Kern, *Husserl und Kant*, a.a.O., II. Abteilung: Husserls Verhaltnis zum Neukantianismus, 1. Abschnitt: Husserls Verhaltnis zu Paul Natorp, S. 321 ff.

的问题。无论如何，他的相关研究手稿，即“西费尔德手稿”正是起始于这一年。这也是胡塞尔在其中提出“还原”概念的那一组手稿。

关于胡塞尔与利普斯的思想联系和相互影响，笔者在本书第二卷的第三章中有详细说明。这里只需简略勾勒利普斯在现象学运动早期所起的作用以及他对胡塞尔的最重要影响，而后过渡到胡塞尔于这年开始的交互主体性现象学研究上去。

胡塞尔在《逻辑研究》中提出了对利普斯的心理主义的批评。利普斯开始时对胡塞尔的批评有拒斥，但后来发文公开承认：“我近年来学到了一些东西。接下来我觉得自己有义务除冯特之外还提到一个人，他以某种方式构成冯特的最极端的对立面，我指的是埃德蒙德·胡塞尔，一位特别敏锐和深刻的思想家。”[①]

胡塞尔对利普斯同样十分尊重，在对同时代人对《逻辑研究》的评价反馈中，他在给阿尔布莱希特的信中说，“我更看重施通普夫、狄尔泰和利普斯的表述”（Brief. IX,21）。

1911 年，在“哥廷根哲学学会”的一次聚会上，胡塞尔借庆祝利普斯六十寿辰之际而给出对利普斯的赞誉。胡塞尔将利普斯称作一个为慕尼黑现象学准备了地基的人，一个“看到了如此多东西的人”（*Husserl-Chronik*,159）。

利普斯对胡塞尔的影响主要是在“同感”问题研究方面，如今看来，这种影响并不弱于布伦塔诺在“表象”问题上对胡塞尔的影响。

当普莱斯纳 1914 年到哥廷根开始随胡塞尔学习时，他注意到在胡塞尔与其他早期现象学运动成员之间存在某种精神张力，按照他的回忆：“讨论题目被紧缩在认知行为范围上，尽管莱纳赫、普凡德

---

① Theodor Lipps, „Die Aufgabe der Psychologie. Einer Erwiderung“, in *Beiträge zur allgemeinen Zeitung*, Nr. 101, 03. 05. 1904, S. 202.

尔、舍勒、莫里茨·盖格尔已经突破了它，但胡塞尔却还并不懂得如何去摆脱它，因为他是在七十、八十年代的心理学与认识论上成熟起来的，而且不得不为了与逻辑学中的心理主义作战而付出其半生的心血。伦理学的、美学的、法哲学的问题离他甚远。感觉、感知（他向我特别推荐沙普和黑德维希·康拉德-马悌尤斯的典范研究）、错觉、抽象、判断和事态主宰着整个课程，尤其是讨论课，而且——如《观念》所表明的那样——还不仅仅是课程。”[①]

一个始终处在现象学运动外围的哥廷根新生会产生这样的印象是不足为奇的，因为赫尔穆特·普莱斯纳（Helmuth Plessner,1892-1985）到哥廷根时，无论是胡塞尔在狄尔泰方向上的历史哲学思考，还是在利普斯方向上的社会哲学问题思考，即使此时都已经有了十年的历史，但仍然仅仅属于胡塞尔自己以及他的最亲近的学生（例如施泰因、考夫曼、英加尔登等）的讨论问题。[②]

胡塞尔的意识现象学研究和思考的结果基本上可以分为三类，它们是由他对这些结果的评价决定的：第一类是他认为已经成熟并且可以发表的；第二类是他认为尚未成熟到可以发表，但可以作为讲座公布给学生，从而可以与他们一同进行讨论的；第三类便是他写在研究手稿中，只与最亲近的学生一同思考和探讨的。属于第三类的除了历史哲学和社会哲学问题之外至少还有胡塞尔在宗教问题方面的思考。

此时胡塞尔关于同感问题或交互主体性问题的思考实际上已经

---

① 普莱斯纳：“于哥廷根时期在胡塞尔身边”，载于倪梁康（编）：《回忆埃德蒙德·胡塞尔》，同上书，第 54 页。

② 关于普莱斯纳与胡塞尔的关系，笔者在后面还会作简单介绍，此外可以参见本书第二卷第十八章“胡塞尔与普莱斯纳：现象学与哲学人类学”；而关于后面三位既属于胡塞尔的哥廷根弟子，也属于他的弗莱堡弟子的现象学第二代的主要代表人物，笔者在后面也会按顺序做简单的介绍，并且在本书第二卷的第七、十四、十五、十六、二十章中还会分别讨论他们与胡塞尔的私人关系和思想联系。

在一些讲座中透露出来并且为施泰因所注意到。施泰因回忆说："在他关于自然与精神的课程中，胡塞尔曾谈到，一个客观的外部世界只能以交互主体的方式被经验到，即是说，通过多个彼此处在相互说明关系中的认识个体。据此，对其他个体的经验构成了对外部世界的经验的前提。在与特奥多尔·利普斯的研究的衔接中，胡塞尔将这种经验称为'同感'（Einfühlung），但他并未充分地说明同感是什么。因而这是一个需要得到填补的缺口：我想研究同感是什么。这让大师感觉不错。"[①] 这里所说的"自然与精神"的讲座也是普莱斯纳参加过的少数几个胡塞尔课程之一，但他没有关心这个可能的论题，而施泰因却敏锐地把捉到了。虽然经历了千辛万苦的灵魂折磨，施泰因最终还是完成了她博士论文"论同感问题"，并在通过博士答辩时获得了最高分以及胡塞尔的最高奖励。她的论文后来出版，成为同感理论研究中的一个里程碑。而她最初的思想来源一方面来源于胡塞尔的交互主体性思考，另一方面也来源于当时还在利普斯那里做任教资格论文的舍勒的"同情感"（Sympathiegefühl）理论，而这两个思想来源最终都可以进一步追溯到利普斯那里。

不过胡塞尔的社会哲学思考始终没有出版，甚至从来没有被放到胡塞尔的出版计划中。现在可以读到的三卷本《交互主体性现象学》只是他去世后遗留下来的研究手稿。

---

① 埃迪·施泰因："在胡塞尔身边的哥廷根和弗莱堡岁月"，倪梁康译，载于倪梁康（编）：《回忆埃德蒙德·胡塞尔》，同上书，第105页。

《交互主体性现象学》三卷本（1905–1938年）

1. 在以纯粹逻辑学和认识论为主要论题的《逻辑研究》第一版(1900/01年)发表后不久，胡塞尔自1905年起开始关心和思考交互主体性的问题。这个问题最初被冠以“同感”[①]的标题。胡塞尔《交互主体性现象学》遗稿三卷本[②]的编者耿宁曾指出：“一切迹象表明，胡塞

① “同感”一词的德文原文是：“Einfühlung”，本意是“感受到……之中”，或“设身处地地感受到”、“为他人的感受”，等等。在心理学的汉译中大都被译作“移情”。与此对应的英译应当是：“feeling into”；但今天越来越多的心理学家用“empathy”一词来表达与“Einfühlung”相同的意思。这个词源自冯特的学生、心理学家铁钦纳(Edward Bradford Titchener,1867–1927)在将特奥多尔·利普斯的“Einfühlung”概念译成英文时选择的一个古希腊词“ἐμπάθεια”(参见E. B. Titchener, *Lectures on the Experimental Psychology of Thought Processes*, New York: The Macmillan Co., 1909, pp. 21–22)。后来它被译回德文时又被译作“Empathie”。——在利普斯这里，以及在胡塞尔、舍勒等哲学家的相关理论的翻译中，笔者没有采用心理学的汉译“移情”，而是用了“同感”。这一方面是因为这个词的含义在他们那里要远大于它后来为心理学所理解和接受的范围，也远超出“情”的范围；另一方面则是基于在它与“同情”(Sympathie)概念之间存在一种若即若离的关系(对这两个概念讨论可以参见N. Eisenberg, “Empathy and Sympathy,” in M. Lewis and J.M. Haviland-Jones (Eds.), *Handbook of Emotions*, New York/London: Guilford Press, 2000, pp. 677–691.)。——利普斯自己也将同情纳入同感的范畴：“同情(Sympathie)是同感，是一同体验(Miterleben)”(参见Theodor Lipps, *Ästhetik: Psychologie des Schönen und der Kunst. Erster Teil, Grundlegung der Ästhetik*, Hamburg: L. Voss, 1903, S. 564)。最后，中文的“同感”(如“深有同感”、“感同身受”等)一词超出伦理道德的语境，带有认知理解方面的含义，而且也与舍勒后来的再造词“同一感”(Einsfühlen)相呼应，这也是笔者选择此译名的理由之一。

② Edmund Husserl, *Zur Phänomenologie der Intersubjektivität. Texte aus dem Nachlass*. 1. Teil, 1905–1920, 2. Teil, 1921–28, 3. Teil, 1929–35. Hua XIII–XV, Edited by Iso Kern, The Hague: Martinus Nijhoff, 1973.(目前中译本已由王炳文先生翻译出版：胡塞

尔大约是自 1905 年起并且主要是在与特奥尔多·利普斯的辨析中开始研究'同感'问题。"[①] 此后,胡塞尔在这个方向上的研究和思考一直延续,直至 1938 年去世都未曾停止过。他的相关研究手稿后来由耿宁编辑和整理,以《交互主体性现象学》为题分 3 卷出版,即《胡塞尔全集》第 13、14、15 卷。这 3 卷文稿按其撰写时间分卷出版:第 1 卷:1905-1920 年、第 2 卷:1921-1928 年、第 3 卷:1929-1935 年。1935 年以后的交互主体性问题研究文稿与《欧洲科学的危机与超越论现象学》有内在关联,因而被纳入《危机》(《全集》第 6 卷)以及《危机补充卷》(《全集》第 29 卷)出版。事实上,在 1905-1935 年期间讨论交互主体性问题的相关手稿远不止这 3 卷。撇开在遗稿中还有一些手稿没有收入这 3 卷本不论[②],在胡塞尔生前于《逻辑研究》之后发表的所有著作中都对交互主体性问题有或多或少的阐述,尤其是在《形式逻辑与超越论逻辑》(主要是第一部分的第 96 节)和《笛卡尔式沉思》(主要是第五沉思)中;而在其他未发表的文稿中,胡塞尔也在讨论与交互主体性相关的问题,尤其是在《纯粹现象学与现象学哲学的观念》第二、三卷以及在所有以"自然与精神"为题和以伦理学为题的讲座稿与研究手稿中。

尔:《共主观性的现象学》,第 1-3 卷,北京:商务印书馆,2018 年)——这三卷文稿在胡塞尔遗稿的编辑出版史上有特殊意义,它在《胡塞尔全集》中首次将胡塞尔的"研究手稿"编辑出版,这些手稿大都是用速记方式记录下的"独白式的沉思",原本既不像计划出版的著作稿那样是为读者而写,也不像讲座稿那样是为听众所写,而是完全为记录自己的思考而写下的文字。这些文稿构成胡塞尔遗稿的大部,并且更为原本地体现胡塞尔的原初思想。

① Iso Kern, „Einleitung des Herausgebers", in Hua XIII, S. XXVII.

② 事实上,耿宁已经在"编者引论"中说明,他在编选三卷本文稿尽可能照顾到一些在他看来并不重要,但对其他研究者来说可能有用的相关文稿(参见 Iso Kern, „Einleitung des Herausgebers", in Hua XIII, S. XXII);但已经有研究者在其著作中感叹还有许多文稿没有被收入到三卷本中(参见 Matthias Schloßberger, *Die Erfahrung des Anderen. Gefühle im menschlichen Miteinander*, Berlin: Akademie Verlag, 2005, S. 132)。

如果我们将胡塞尔在社会本体论方面的特别兴趣与追求暂时搁置不论，而是仅仅就问题本身的角度来进行观察，那么胡塞尔之所以对交互主体性问题研究付诸如此多的心力，原因主要在于：交互主体性问题必然会构成意识现象学的三个主要部分之一：关于事物的意识、关于他人的意识和关于自己的意识。胡塞尔的意识现象学强调直观，亦即强调经验的原本，因此它在这三类意识的分析中都是自下而上地展开对经验的分析：事物经验、他人经验和自身经验；更确切地说：事物感知、他人感知和自身感知。《逻辑研究》之所以不包含或很少包含[①]对交互主体性的分析，原因在于当时胡塞尔首先考虑对内在感知（自身感知）与超越感知（外部事物感知）的分析，尚未顾及其他领域。

从这个视角来看，交互主体性首先是一个认识论的问题：我们对他人的认识是如何可能的？但它不仅是认识论问题，还可以进一步成为伦理学、社会学、政治学、法学、民族学、人类学等等学科的问题。从胡塞尔现象学本身来看，它涉及胡塞尔所设想的整个现象学哲学的可能性问题。因此，无论是就纯粹现象学与认识论的研究进展而言，还是就现象学哲学在社会本体论方面的研究而言，这个问题域迟早都会进入胡塞尔的视野。胡塞尔的相关思考的历史进程与笛卡尔在其《第一哲学沉思集》以及胡塞尔本人在《笛卡尔式沉思》中表达的思路，在顺序上是基本一致的。

随着胡塞尔在精神科学、伦理学、实践哲学、单子论、描述社会学方面[②]的兴趣与追求日益增强，交互主体性的问题越来越多地被放

① 实际上《逻辑研究》在其讨论语言及其在交往作用中的表达时已经涉及交互主体性的问题。对此可以参见 Rudolf Bernet/Iso Kern/Eduard Marbach, *Edmund Husserl. Darstellung seines Denkens*, a.a.O., S. 143 f.

② 或者也可以用图伊尼森的术语将它们统称为“社会本体论”（参见 Michael

到中心的位置。胡塞尔在1930年11月16日致米施(G. Misch)的信中甚至可以略带夸张地说：在《逻辑研究》出版之后，“接下来(在出版《观念》时就已经走到了这一步！)，我只想对一门超越论的主体性学说、而且是交互主体性的学说进行系统的论证，而原先对形式逻辑和所有实在本体论所抱有的兴趣，现在都已荡然无存”(Brief. VI,282)。

2. 胡塞尔的这个兴趣转向的外在原因——如前所述——很可能是1905年来自特奥多尔·利普斯的“同感”理论的影响，也有可能是1905年于柏林拜访威廉·狄尔泰时受其精神科学观念与理解方法的影响，甚至有可能是来自阿列克休斯·迈农于1902年发表著作《论假设》中关于“艺术作品中的同感”讨论的影响。[①] 无论如何，胡塞尔讨论交互主体性问题的第一篇文稿是1905年在西费尔德度假时写下的。他在这之前恰好在路过慕尼黑时拜访了利普斯，并在到了度假地之后又接待了利普斯的学生普凡德尔和道伯特的来访。除此之外，胡塞尔还于该年对利普斯的文章“再论同感”做了五页纸的摘录。[②]

在胡塞尔的交互主体性现象学研究中，带有利普斯烙印的“同感”概念从一开始就被运用在他人经验的分析中。此后胡塞尔越来越多地使用“陌生感知”、“陌生经验”、“他人经验”、“单子共同体”、“单子论的交互主体性”、“陌生心灵生活的统觉”、“交互主体的构

Theunissen, *Der Andere. Studien zur Sozialontologie der Gegenwart*, Berlin: De Gruyter, 1965)。

① 参见 Iso Kern, „Einleitung des Herausgebers“, in Hua XIII, S. XXVII.

② Theordor Lipps, „Weiteres zur Einfühlung“, in *Archiv für die gesamte Psychologie*, 4, 1905, S. 465–519. 胡塞尔所做摘录的手稿编号为：Ms. K V 2。——此外，耿宁注意到，在这个五页纸速记摘录中，胡塞尔没有像以往那样加入自己的评注，而是完全只做逐字逐句的摘录，这很可能是因为胡塞尔在阅读这篇文章时尚未在同感问题上持有自己的立场(参见 Iso Kern, „Einleitung des Herausgebers“, in Hua XIII, S. XXVI)。

造”、“共现(Appräsenz)与同现(Kompräsenz)”等等概念和说法。但是,即使在胡塞尔意识到“同感是一个错误的表达”(Hua XIII,335-339)之后,他仍然还在或多或少地坚持对这个术语的使用,例如“本真的和非本真的同感”,如此等等,直至三十年代中后期。[①]

利普斯的同感理论是在与心理学的类比推理理论的对峙中形成的。借助于与他人的类比而推断出其他与自己类似的自我存在,这是在利普斯之前关于他人经验的心理学研究中的主导理论。[②]它的问题在于将他人经验最终归结为一种逻辑推断的关系,亦即建立在一种间接性的基础上。利普斯的同感理论便是在对这种类比推理理论的批判中展开自己的。这个理论首先与一个认识论的提问与回答有关:我们通过什么方式获得对其他自我的意识,即同感。在利普斯那里,同感是一种认识和理解另一个心理生物的思想、情感、意图等等人格特征的心理活动或心理能力。这种认识和理解是通过一种将自己置于(ein-)他人之中、从而感受到(fühlen)他人之感受的方式来进行的。这是“同感”(Einfühlung)这个词的基本词义。但利普斯对它有所扩展,作为词干的“fühlen”,不仅仅是指感受,而且也是泛指经验、感知、认识和理解,或者说:心理体验、心灵生活。“同感”是指对他人的心理体验或心灵生活的觉知。

这便是胡塞尔在开始对他人经验进行现象学分析时所面对的理论局面以及其中包含的理论困境。

3. 关于胡塞尔在三十多年里就他人经验所做现象学分析在各个

① 这种情况与“表象”概念在胡塞尔那里的使用情况十分相似:胡塞尔不满意这个概念的多义,却始终在使用它。

② 关于传统类比推理理论的介绍可以参见 Aron Gurwitsch, *Die mitmenschlichen Begegnungen in der Milieuwelt*, Berlin/New York: De Gruyter, 1976, S. 14-27.

阶段的具体思考进路、思考内容与变化，胡塞尔《交互主体性现象学》三卷本的编者耿宁给出一个极为扼要的概括：

> 胡塞尔在对其他心理生物之经验的分析中以一个两难为出发点：这种经验既不是一种真正的感知（他人的心理体验不是真正被感知到的），也不能被理解为一种真正的逻辑推理。他的分析在很大程度上是在与特奥多尔·利普斯的同感理论以及他对所谓他人经验的“类比推理理论”的批判的辨析中展开的。他接受了利普斯的同感术语，但从未在利普斯的含义上认可它，利普斯的含义是指：将自己的体验本能地投射到外部躯体中。胡塞尔的问题开端也没有追随利普斯以所谓表达运动（喜悦、愤怒等等）为出发点的做法，而是起始于这样一种立义：将一个外部躯体立义为一个感觉着的躯体或一个有感觉能力的躯体。诚然，胡塞尔至迟在 1914 年左右又扬弃了这个问题开端，这时他获得这样的明察：并没有什么感觉领域会**直接地**在一个被外感知到的躯体中被同感到，这种情况只能借助对他人“视点”的当下化才成为可能，从这个视点出发，对此视点而言的本己身体并不是一个单纯被外感知到的身体。在他于 1914 年前后深入探讨陌生经验的这段时间里，他思考的问题主要在于：对本己体验和陌生体验的区别是如何能够被意识到的，并且他试图根据对自己的外表象（表象自己处在一个外部空间中）证明对他人的经验在其现实性之前的可能性。后来他将这个尝试当作“过于建构性的”而予以拒绝，并且通过一种直接以陌生经验的事实为最终结果的构造性意向分析来解决他人意识的问题。胡塞尔主要还在为一部（从未完成的）系统著作的准备中、在其 1926/27 年冬季学期的“现象学引论”中、而后在《笛卡尔式沉思》的第五沉思（写于 1929 年）中探讨

过这个问题。在这个第五沉思中，他对这个问题做了系统的、但部分是概要的论述。但他对此并未感到完全满意，而是在三十年代又一再重新着手研究这个问题。[①]

相对于胡塞尔在其难以数计的相关研究手稿中和目前已被整理编辑出版的三大卷著述(正文合计1700多页)中给出的思考与论述而言，耿宁所做的这个简要概括十分简短，以至于笔者可以将它全文引述于此，从而为读者提供一个巨大思想宝库及其历史的初步的、扼要的指南。[②] 我们从中至少已经看到胡塞尔在交互主体性方面的主要工作和结果，以及他自己相关思考的五个重要阶段及其标志性的思考内容：1) 1905–1910：在利普斯同感理论的影响下以及更多是在狄尔泰理解方法的影响下对交互主体性问题的思考；2) 1910/11年：尝试将现象学还原扩展到交互主体性上；3) 1914–1915年前后：对先于他人经验现实性的他人经验可能性的思考；4) 1921年前后：超越论的单子论与"社会行为"和"共同精神"的思考；5) 1926/27年："交互主体性理论第一次获得一种自成一体的、在内容上得到透彻加工整理的形态。"同时耿宁认为，"胡塞尔后来对此课题的阐释本质上没有超越过这个形态。即使在《笛卡尔式沉思》(1929年)中对交互主体性理论的阐述，在陌生感知问题上也远远没有达到1927年的这些反思的力

① Rudolf Bernet/Iso Kern/Eduard Marbach, *Edmund Husserl: Darstellung seines Denkens*, a.a.O., S. 144 f.

② 当然，只要考虑到耿宁等人撰写的《埃德蒙德·胡塞尔：对其思想的阐释》全书有二百多页，那么就会发现这个一页纸左右的简要概括在其中所占篇幅也实在过小，大约是0.5%。这个比例与交互主体性问题在胡塞尔一生思考中所占的比例并不相符。耿宁的阐述之所以如此简单，原因主要在于——如该书作者在引论中强调的那样——该书所介绍的"胡塞尔思想"，主要是指胡塞尔身前发表著作中的思想。而对于在胡塞尔未发表的遗稿中含有的丰富遗产，如伦理学、实践学和意向人类学等等，该书没有予以顾及(参见：Rudolf Bernet/Iso Kern/Eduard Marbach, *Edmund Husserl. Darstellung seines Denkens*, a.a.O., S. 1)。

度与深度。”[①]

也正是因为这个原因，耿宁在为中译本所做的选编中完全放弃了《交互主体性现象学》第三卷（1929–1935 年）的内容。与此同时我们也可以了解：对于胡塞尔而言，他在这方面的研究仍然是一个未完成作品。他在 1927 年达到一定程度的“终结”之后仍在继续思考前行。

施特拉塞尔将胡塞尔的这些交互主体性研究的问题概括为胡塞尔在超越论现象学的框架内的一个简单问题：“他人对我来说是怎样的？”而胡塞尔在各个时期对此提供了各种可能的回答：“他人对我而言是作为有灵魂的身体而存在的，我根据一种类比化的统觉而将它认之为此”；“他人对我而言是作为一个他我（alter ego）而存在的，我理解它的外表与举止”；“他人对我而言是作为另一个超越论的意识而存在的，我能够追溯它的意向”；以及“他人对我而言是作为一个包罗万象的单子共同体的成员而存在的”。[②] 所有这些表述都是对胡塞尔在交互主体性研究方面的基本思考角度和思考进路的粗线条勾画。

4. 在《交互主体性现象学》三卷本出版之前，学界对胡塞尔交互主体性现象学的研究主要依据他生前出版著作《形式逻辑与超越论逻辑》（主要是第一部分的第 96 节）和《笛卡尔式沉思》（主要是第五沉思）中的阐述，而且，如黑尔德所说，“尽管各自有不同的论证，胡塞尔的批评者们在这一点上却几乎毫无例外是一致的：胡塞尔没有解决交互主体性的问题。”[③] 黑尔德在这里所说的胡塞尔的批评者，首先是

---

① 参见：Iso Kern, „Einleitung des Herausgebers“, in Hua XV, S. XXXIV.

② 参见：Stephan Strasser, „Grundgedanken der Sozialontologie Edmund Husserls“, in *Zeitschrift für Philosophische Forschung*, Bd. 29, H. 1, 1975, S. 3.

③ Kaus Held, „Das Problem der Intersubjektivität und die Idee einer phänomenologischen Transzendentalphilosophie“, in Ulrich Claesges/Klaus Held (Hrsg.), in *Perspektiven transzendental- phänomenologischer Forschung*, Phaenomenologica 49, Den Haag: Martinus Nijhoff, 1972, S. 3.

指现象学外部的一些关注胡塞尔现象学的重要社会哲学学者，如哈贝马斯、卢曼、图伊尼森、伽达默尔等，但也有现象学内部的一些对胡塞尔的交互主体性分析或多或少持批评态度的重要学者，如舒茨、古尔维奇、普莱斯纳、瓦尔登费尔茨，甚至实际上也包括黑尔德本人。而且正是胡塞尔弗莱堡时期的弟子舒茨，还在上世纪的四、五十年代便已经将超越论的交互主体性现象学问题引入了社会学的争论。

在《交互主体性现象学》三卷本出版之后，批评的趋势有所改变。例如，笔者在此前的论著中已经记载说："耿宁曾对笔者阐述过他的思想历程：初读《笛卡尔式沉思》一书时，他曾认为胡塞尔在这部著作中没有能够达到他所预期的目的，但在主编过这三卷本手稿之后再读《笛卡尔式沉思》，他便可以很有把握地说，胡塞尔已经解决了交互主体性的问题。"[①] 耿宁的这个说法实际上也可以在他于《交互主体性现象学》第二卷的"编者引论"中找到。在他对胡塞尔的一组与1926/27年冬季学期"现象学引论"第二部分相关的手稿的介绍中，耿宁认为："在它们之中，胡塞尔在某种程度上解决了他从一个完全特殊的视角提出的陌生经验的问题。如果胡塞尔在其《形式逻辑与超越论逻辑》(1929年)中说：他在1910/1911年的讲座中已经提出了解决交互主体性和超越论唯我论问题的要点，但所需的'具体研究'是在很久以后才得以结束的，那么这个'结束'可以在1927年1月至2月的研究中看到。在这些研究中，胡塞尔的同感(陌生经验)理论第一次找到了一个自成一体的、在实事上经过完全仔细加工的形态。"[②]

---

① 参见笔者：《意识的向度——以胡塞尔为轴心的现象学问题研究》，北京：北京大学出版社，2007年，第162页；关于交互主体性问题可以参见该书"意识现象学的意向分析"一章，第123-164页。

② 参见：Iso Kern, „Einleitung des Herausgebers", in Hua XIV, S. XXXIV. ——耿宁在这里接着认为："胡塞尔后来对此课题的阐述本质上没有提供超出这个形态的东西。即使是在《笛卡尔式沉思》(1929年)中对交互主体性理论的展示在陌生感知的问题方面也

在这一时期的研究中出现得极为频繁的一个概念是"共现"(Appräsentation)。胡塞尔用它来解释陌生经验中他人心灵的特殊显现方式。笔者曾在讨论事物感知、陌生感知和自身感知三种基本感知类型中之"共现"结构的论文中对此做过说明:"在陌生感知中以体现的原本方式被给予的仅仅是他人身体的部分物理方面,而他的其他物理方面以及他的整个心理方面则**始终只能被共现出来**。"[①] 更具体地说,陌生感知中"被共现的"他人的心理方面,是随着对他人身体的感知而一同被给予的,它不是直接地被呈现出来的(präsentiert),但也不是间接地被再现出来的(repräsentiert),而是以一种不同于两者的被给予方式被共现出来的(appräsentiert)。在此意义上,它与事物感知和自身感知中的"共现"方式是相同的,都属于"呈现"与"再现"之间的间域。当然,就像陌生感知本质上不同于事物感知和自身感知一样,陌生感知中的共现也既有别于事物感知的共现,例如有别于在事物感知中没有被直接感知到、但又随着对桌子的感知而一同被给予的桌子背面的共现,也有别于自身感知的共现,例如有别于在自身感知中没有被直接感知到、但又随着对自身的感知而一同被给予的自己的过去和将来的共现。[②] 在这里,一个对既非感知(或感受或直觉)、也非想象、更非推理的陌生感知之描述与解释的可能性已经崭然可见头角。

远未达到1927年的这些反思的力度和深度"(同上)。也正是基于这个理由,在耿宁为中译本提供的《交互主体性现象学》的简要选本中,1927年以后的思考内容被忽略不计。——后来王炳文先生放弃了出版这个选本的计划,而是直接将三卷本全书翻译了出来(参见胡塞尔:《共主观性的现象学》,三卷本,北京:商务印书馆,2018年)。

① 参见笔者:"超越笛卡尔——试论胡塞尔对意识之'共现'结构的揭示及其潜在作用",载于《江苏社会科学》,1998年,第2期,第72页;尤其可以参见第二节"陌生感知中的共现:原本与本原",同上,第72-73页。

② 关于这个问题的讨论可以参见:Hua XIV, Beilage LXIV, Beilage LXVII, Beilage LXVIII, Beilage LXXII, 478-482, 495-497, 518-545.

无论如何，已有越来越多的研究者会像施特拉塞尔那样认为，必须在花费大力气研究胡塞尔的这些思想财富之后才能对胡塞尔的努力成功与否的问题做出回答，而至此为止关于胡塞尔他人经验理论的所有流行看法都是有所欠缺的。①

胡塞尔的《交互主体性现象学》三卷本出版至今已有四十多年，在此期间的确已经有诸多花费了大力气的相关研究问世，无论是为胡塞尔超越论的交互主体性现象学辩护的论著，还是对其进行批评的论著。仅就鲁汶胡塞尔文库主编的《现象学研究》(Phaenomenologica)系列丛书而言，以胡塞尔交互主体性思想为题的著作就有：山口一郎的《胡塞尔的被动综合与交互主体性》(1982年)、伦普的《胡塞尔的交互主体性现象学，以及它对一门交互主体的客观性理论以及一门现象学哲学的构想的意义》(1996年)、扎哈维的《胡塞尔与超越论的交互主体性。对语言实用主义批评的一个回答》(1996年)、施密特的《主体、系统、话语：在社会理论关联中的胡塞尔超越论主体性概念》(2000年)、罗德迈耶的《交互主体的时间性。关于时间》(2006年)等等。如果算上在此丛书中与此内在相关的研究，如关于自我和原自我、本能、伦理学、政治学、语言学、人类学方面的论述，以及再加上在其他的重要现象学研究系列如《现象学文献》(Contributions to Phenomenology)、《胡塞尔文献》(Analecta Husserliana)等丛书中的相关研究，那么可以看出，胡塞尔的交互主体性现象学思考在今天的社会理论或社会本体论、社会认识论、乃至社会哲学的讨论中扮演了相当重要的角色。也许至少可以说，在现象学与社会学之间的“相互的蔑视最终被方法论上的考虑所取代。这意味着，现象学可能被当作

① 参见：Stephan Strasser, „Grundgedanken der Sozialontologie Edmund Husserls“, in a.a.O., S. 33.

社会学新的方法论基础”。[①]

5. 超越论现象学在他人经验研究方面的进路具有一个基本的特点：由于从超越论的视角出发，本我相对于他我始终是更原本的或更原始的，因此单个主体性也始终具有相对于交互主体性的优先地位。事实上这与我们在日常生活中的一个无法回避的事实相符：我们永远无法像了解自己那样了解他人，哪怕是自己最熟悉和最亲近的人；或者说，我们无法以原本地把握本我的方式去把握他我。用胡塞尔在《纯粹现象学与现象学哲学的观念》第一卷中的话来说：“我们仅仅具有在‘外感知’中对物理事物的本原(originär)经验，但在回忆或前瞻的期待中则不再具有；我们具有在所谓的内感知或自身感知中对我们自己或我们的意识状态的本原经验；但在‘同感’中却不具有对他人及其体验的本原经验。我们根据他们的身体表现而看到他人具有他们的体验。尽管这种同感的看到是一种直观的、给予的行为，但却不再是**本原**给予的行为”(Hua III/1,11)。这里也可以参考耿宁在其未刊稿“胡塞尔的交互主体性现象学”中提出到的一个胡塞尔文本：“在1934年1月的一个文本中，胡塞尔区分了第一、第二和第三的原本性：我的当下的意识生活在第一原本性中被给予我，我的被回忆的意识生活在第二原本性中被给予我，而被同感的他人的意识生活在第三原本性中被给予我”(Hua XV, Beilage L,641)。此外，超越论现象学的他人经验研究也从来不会带有“如何能够更好地理解他人”、“如何能够使他人经验获得与自我经验同样的地位”等等实践的或实用的目的，而是仅仅致力于对“他人如何被给予我”的方式如实描述和澄清。这

---

① 参见哈维·弗格森(Harvie Ferguson)：《现象学的社会学》，刘聪慧等译，北京：北京大学出版社，2010年，第90页。

样的一种本体论和方法论的性质究竟是否会导致舒茨所说的那种局面，即交互主体性的问题原则上无法以超越论哲学的方式和进路来解决，这是一个问题。

这里需要提到施洛斯贝格于2005年出版的出色研究专著《他人经验——人类共在中的感受》。他在书中对利普斯、狄尔泰、胡塞尔、舍勒关于他人经验的理论做了历史梳理和比较研究，这个研究虽然已经对胡塞尔的《交互主体性现象学》三卷本有所论及，但总体上仍然局限于对胡塞尔《笛卡尔式沉思》中的陌生经验理论的理解，并据此认为胡塞尔的尝试未能成功。初看起来，他在这里没有接受舒茨、黑尔德等人对胡塞尔的超越论现象学维度上的陌生经验理论的批评，而是将利普斯、狄尔泰、胡塞尔的同感理论或他人经验理论归为一类，并对此提出一个总体的批评，即认为利普斯的心理学传统、狄尔泰的解释学传统与胡塞尔的现象学传统都没有能够为他人经验如何可能的问题提供答案；因为他们的结论都在于将他人的经验视为对他人意愿、感受、思想的理解，易言之，对他人心灵的理解；更确切地说，对他人躯体的经验是直接的，对他人心灵的经验是间接的，故而在对他人经验的理论分析中都会陷入一种循环："最终与狄尔泰和利普斯一样，胡塞尔想要澄清对一个他人躯体的感知，并且因此也无法迈出比至此为止所介绍各个开端更进的一步，因为在此道路上对他人经验的说明会不可避免地陷入循环。在没有对他人的本原经验这个前提下始终已经预设了对其他自我领域的知晓。"①

与此相对，施洛斯贝格在舍勒的他人经验理论中看到了解决这个问题的关键步骤。他指明，"舍勒的社会哲学在这些与主体性和交互主体性相联结的问题上做出一个重要的和仍然有效的贡献。"② 这主要

① Matthias Schloßberger, *Die Erfahrung des Anderen,* a.a.O., S. 12.

② Matthias Schloßberger, *Die Erfahrung des Anderen,* a.a.O., S. 13.

是因为，舍勒提出了一种关于陌生经验的直接性的学说，从而可以从上述循环中摆脱出来。他将陌生经验看作是一种对他人的在心理物理上中性的表达的直接感知，例如在一个既非心理也非物理的微笑现象上直接感知到喜悦。[①] 与此相关，如施洛斯贝格所展示的那样，舍勒将陌生自我与本己自我都视为内感知的对象，而且原则上是互为前提的。[②]

据此，施洛斯贝格认为，以往那些有影响的批评者对胡塞尔的指责主要集中在其意向意识的出发点上，因而也隐含地涉及现象学的交互主体性理论，包括舍勒的现象学交互主体性理论。但在他看来，事实上失败的不是胡塞尔的意向性学说，而是胡塞尔将他人感知视作通过他人身体的感知的中介来完成的感知的做法。[③] 而舍勒借助胡塞尔奠定的基础，以现象学的方式解决了交互主体性的问题，在此意义上可以说是完成了拯救现象学的社会学或现象学的社会本体论的变革或突破。

然而与舍勒相似的思考在胡塞尔的《交互主体性现象学》三卷本中实际上已经出现过。例如，耿宁曾对"文稿八：在现实地经验陌生自我之前对自我表象的可能性(1914 或 1915 年)"的内容做过一个与舍勒有关的特别说明，认为胡塞尔"在这里阐释这样一个思想，对他人的经验可能性是在对他人的现实经验之前被给予的，即他人的一种在某种意义上的先天特征，但却出于另一种动机和在另一种意义上，全然不同于舍勒在其《伦理学中的形式主义》第二部分(1916 年)和在《同情的本质与形式》(1923 年)中所主张的某个'你'一般(Du

① 参见：Matthias Schloßberger, *Die Erfahrung des Anderen,* a.a.O., S. 15.

② 参见：Matthias Schloßberger, *Die Erfahrung des Anderen,* a.a.O., S. 166-168.

③ 参见：Matthias Schloßberger, *Die Erfahrung des Anderen,* a.a.O., S. 13.

überhaupt)的实存的'鲁滨逊的'先天明见性。"[①]只是胡塞尔后来将这个时期的尝试思考"当作'过于建构性的'而予以拒绝"。[②]此外，在大约于1913年对利普斯《心理学指南》所做的摘录中，胡塞尔自己后来还曾添加一个注脚："这令人回想起舍勒的理论，它认为我的单一和唯一的意识流首先是无差异的，而后才作为自我和其他人格、主体而分异自身"(Hua XIII,73, Anm.1)。因此，对于胡塞尔而言，舍勒的相关想法并非陌生新颖。

从所有迹象来看，施洛斯贝格在其著作中虽然对胡塞尔在《交互主体性现象学》中的思考有所论及，但并未充分把握其中的各个重要视角和进路；他对胡塞尔相关思想的了解以及与此相关的有影响的批评基本上还是依据了胡塞尔生前发表的著作，而没有顾及耿宁所说的胡塞尔1927年的反思的"最大成就"，也没有尝试从中得出胡塞尔现象学的他人经验理论的突破性结论。[③]

笔者将会在讨论胡塞尔与舍勒的思想关系时展开对胡塞尔与舍勒各自意义上的他我的先天可能性之根本区别的分析。[④]这里只是需要提出这样的问题：舍勒在这些分析中采用的是否仍然是现象学的方

---

① Iso Kern, „Einleitung des Herausgebers", in Hua XIII, S. XLV.

② 参见：Rudolf Bernet/Iso Kern/Eduard Marbach, *Edmund Husserl. Darstellung seines Denkens*, a.a.O., S. 145.

③ 参见：Iso Kern, „Einleitung des Herausgebers", in Hua XIV, S. XXXIV-XXXV; 他在这里将胡塞尔这个"最大的成就"概括为："自许多年来就被提出、而此前从未得到满意解决的问题：对于'联想'而言根本性的本己身体与外部躯体的相似性是如何以构造的方式在它们的可能显现方式的原则差异性中得到中介的——对这个问题的回答是通过一种空间构造分析来完成的，更确切地说，是通过将每个外部躯体的疏离和运动构造性地回溯到本己的'动感运动'上的做法来完成的(文稿第36号)。据此，对自己身体的想象式的外部表象('移出')的诉诸便作废了。"

④ 事实上，对胡塞尔交互主体性现象学的探讨必须在与三个人的思想关联中进行：胡塞尔的前辈利普斯(还可以加上狄尔泰)、他的同辈舍勒和他的后辈舒茨(还可以加上普莱斯纳)。

法，因而是否可以被称作现象学的突破与变革。

胡塞尔对舍勒的相关思考的“过于建构性”的批评，表明胡塞尔不认为舍勒式的思考属于现象学，因为现象学虽然描述意识的建构或构造，自身却意图摆脱任何建构的因素。施洛斯贝格曾引用普莱斯纳的说法来强调舍勒的现象学家身份：“尽管舍勒的哲学有形而上学的倾向，他在所有奠基问题上都是现象学家。”[①] 然而施洛斯贝格本人实际上在这个问题上也仍然有所犹豫不决：舍勒解决问题的方式究竟是现象学的，还是哲学人类学的，抑或是形而上学的。

对于胡塞尔本人而言，舍勒的相关思考已经不再是现象学的，甚至构成现象学的对立面：“所有真正的现象学诠释都必须展示在原初的自身直观中。在这个方面，舍勒的同感理论是一门真正现象学理论的对立面。坏的天赋论的根本错误就在于，撇开它在感觉论方面不能理解内在意向结构分析方法不论，它还预设了天生的、即便是非常不确定的普遍的‘表象’，并且仅仅将对此不确定的普遍性做进一步确定的功能归诸于所有的发展”(Hua XIV,335)。这个批评涉及胡塞尔与舍勒对现象学的不同理解，这里无法再展开论述。同时，这里的问题显然也不在于对胡塞尔与舍勒的相关思考孰优孰劣的单纯评比。在这里更需要得到挑明的应当是这样一个关节点：如果舍勒解决他人经验之两难的方式不再是现象学的，那么施洛斯贝格重新挖掘出的这个方案也就仍然不能改变前面提到的那些有影响的社会哲学家们的断言，即：用意向分析的意识现象学方法无法解决他人经验的问题。

6．在现象学如何处理交互主体性的问题以及它成功与否的问题上，黑尔德曾经认为：“现象学作为超越论哲学的成功取决于交互主

① Helmuth Plessner, *Die Stufen des Organischen und der Mensch*, Berlin/Leipzig: De Gruyter, 1928, S. V.

体性问题的解决。因此要检验的不仅仅有:胡塞尔自己是否正确地提出和回答了交互主体性问题,而且还有:他所启动的超越论哲学的方法原则上是否有能力解决这个问题。”①

黑尔德的这个说法虽然高屋建瓴地揭示了交互主体性问题与胡塞尔超越论现象学基本方法的内在关联,而且也引发了在此问题上后来一系列相关研究的产生,但它自身显然带有可能的误导性质。最重要的误导是因为所谓“没有解决问题”的说法的含糊性所致。什么叫作解决问题?在哲学史上有哪些问题可以说是被解决的,以及以何种方式、在何种意义上被解决的?在交互主体性的问题上,如果他者的心灵生活既不能被真正地感知到,也不能被真正地推断出,那么它究竟能否被我们经验到?如果答案是肯定的,那么它究竟是以何种方式、在何种意义上被我们经验到的?对此问题至今仍然没有一个普遍有效的答案。人文领域、精神领域中的所有分析和研究、理论与学说,其成功与否的标准都从来不会是能否给出一个最终的、一劳永逸的问题解答方案,而至多在于是否提供了对问题的各种可能的考察视角和考察方式,从而可以导致人们对问题的关注与思考,做出深入细致的观察,并给出各种可能的说明和解释,以此方式构造精神世界并丰富精神生活。在这个意义上,胡塞尔的交互主体性研究和思考是成功的,即使他自己并不认为它们达到了使他满意的程度。然而,他对自己一生的所有研究与思考又曾几何时全然满足过?他曾几何时拥有过像浮士德博士最终一瞬间所拥有的那种心境?在这个意义上,胡塞尔会诚实地认为自己在此问题解决上仍然是不成功的。

现在要回到 1905 年的胡塞尔与现象学运动上来!前引胡塞尔夫

① Klaus Held, „Das Problem der Intersubjektivität und die Idee einer phänomenologischen Transzendentalphilosophie“, in a.a.O., S. 3.

妇对《逻辑研究》在当时的艰难接受状况的描述，主要是就学术界在文字评论方面而言。而在当时的大学生中，它的影响之快和作用之大则出乎胡塞尔的意料。马尔维娜回忆说："尽管他[胡塞尔]坚信并且也一再地对我说，《逻辑研究》要过些年才可能起作用，但情况完全相反。"[①] 埃尔朗根大学哲学教授保尔·亨瑟尔曾夸张地将《逻辑研究》的这种突如其来的影响比喻为"像是扔下了一个炸弹"。[②] 胡塞尔自己在1907年11月4日的日记中写道："当它们[《逻辑研究》]如我所不敢希望的那样开始产生出迅速而有力的影响，尤其是对年轻一代的影响时，我的心是多么地充满自豪"(Hua XXIV,448)。

这个影响首先表现在特奥多尔·利普斯的学生们那里，而后由他们扩散开去。

早期现象学运动的形成与利普斯学圈成员

约翰内斯·道伯特

这个影响首先是在慕尼黑大学特奥多尔·利普斯的学生圈中显露出来的。当时利普斯作为慕尼黑大学的哲学家、心理学家和美学家曾在慕尼黑组织了一个"心理学学会"(Akademischer Verein der

---

① 马尔维娜·胡塞尔："埃德蒙德·胡塞尔生平素描"，同上书，第19页。

② 马尔维娜·胡塞尔："埃德蒙德·胡塞尔生平素描"，同上书，第19页。——舒曼对此加注说明："保尔·亨瑟尔(Paul Hensel,1860-1930)是一个更多对文学感兴趣的人物，他也带着好感来看待胡塞尔、以及特别是来自慕尼黑现象学家圈子的亚历山大·普凡德尔"(同上书，第19页，注⑤)。除此之外还可以提到的是：这位亨瑟尔是文德尔班的学生，后来是普莱斯纳的老师。他在去埃尔朗根大学任教前曾自称为"处在逃亡中的赋闲的保罗"，在去埃尔朗根任教之后则被称为"埃尔朗根的苏格拉底"(参见普莱斯纳："哲学自述"，载于L. J. 朋格拉斯(编)：《德国著名哲学家自述》(上册)，张慎等译，北京：东方出版社，2002年，第260页)。

Psychologie)。他的学生约翰内斯·道伯特(Johannes Daubert,1877–1947)参与这个学会的工作，并且“是这个圈子的无可争议的最重要首领”。[①] 那时他正在撰写其以“现实性意识”为题的博士论文。大约在1901年底、至迟在1902年初，他便已经拿到《逻辑研究》。道伯特读后极为振奋，尤其是对其中第五研究提供的判断理论印象深刻，因为这与他思考的博士论文中对判断的想法一致。他在为计划中的博士论文所撰引论中写道：“作者在这里想要指明胡塞尔的极其出色的分析，作者自己会在后面与这些分析多重地相衔接。”[②]

1902年的圣灵降临节，道伯特骑着自行车从一百公里以外的家乡布伦瑞克出发，一直骑到哥廷根，专门去拜访胡塞尔。他风尘仆仆地出现在胡塞尔夏季学期的课堂上，而后又随胡塞尔到他家中，与之交谈了几个小时，“直到胡塞尔激动地站起来，将他的妻子喊进来并告诉她：‘这里有个人读过——而且理解了我的《逻辑研究》’!”[③] 这次会谈后来被施皮格伯格称为“慕尼黑现象学圈历史中的最重要事件”。[④]

回到慕尼黑后，道伯特在“心理学学会”中做了题为“论统觉与判断的心理学”的报告[⑤]，在胡塞尔与利普斯的判断理论之间坚定地选

---

① Theodor Conrad, „An die Münchner Phänomenologengruppe von 1953/54“, in Eberhard Avé-Lallemant/Karl Schuhmann, „Ein Zeitzeuge über die Anfänge der phänomenologischen Bewegung: Theodor Conrads Bericht aus dem Jahre 1954“, in *Husserl Studies*, 9, 1992, S. 79–84.

② 道伯特：Ms. A I 6/25；转引自 Karl Schuhmann, „Johannes Daubert und die *Logischen Untersuchungen*“, in Denis Fisette (Hrsg.), *Husserl's Logical Investigations Reconsidered*, Contributions to Phenomenology 48, Dordrecht: Kluwer Academic Publishers, 2003, S. 109.

③ 参见 *Husserl-Chronik*, 72，以及 Karl Schuhmann, „Johannes Daubert und die *Logischen Untersuchungen*“, in a.a.O., S. 110.

④ 施皮格伯格：《现象学运动》，王炳文、张金言译，北京：商务印书馆，2011年，第242页。

⑤ 该报告后来由舒曼编辑发表：Johannes Daubert, „Bemerkungen zur Psychologie der

择了胡塞尔的立场。此后道伯特用两年进行说服工作，“很快在利普斯的学生中就没有未曾仔细研究过《逻辑研究》的人了。”[①] 道伯特几乎将利普斯的所有学生都拉到了胡塞尔现象学这一边来，并且将慕尼黑的“心理学学会”改造成了如马克斯·舍勒所说的“现象学研究的培植场”。[②] 道伯特自己也常常去哥廷根，并于 1905 年夏季学期在胡塞尔那里学习，将其“判断理论”的讲座和“关于数学哲学基本问题导论的哲学练习课”做了笔录。[③]

在道伯特的邀请下，胡塞尔于 1904 年前往慕尼黑，在那里的“心理学学会”做了讲演，并与利普斯等人会见。次年，胡塞尔在因斯布鲁克附近的西费尔德与道伯特以及他的慕尼黑朋友亚历山大·普凡德尔等人做了深入的思想交流。虽然这次谈话已经初步展示出胡塞尔与慕尼黑的现象学家们之间的分歧。而这主要是因为胡塞尔于 1905 年至 1907 年期间正处于向超越论的现象学的转变阶段上[④]，但这个分歧在当时尚未影响现象学运动的形成，只是在 1913 年胡塞尔发表《纯粹现象学与现象学哲学的观念》第一卷后，这个运动才开始分裂为“观念论的现象学”与“实在论的现象学”两个思潮。

Apperzeption und des Urteils“, in *New Yearbook for Phenomenology and Phenomenological Philosophy*, 2, 2002, pp. 344-365.

① Theodor Conrad, „An die Münchner Phänomenologengruppe von 1953/54“, in a.a.O., S. 81.

② 参见 Karl Schuhmann, „Johannes Daubert und die *Logischen Untersuchungen*“, in a.a.O., S. 111. ——舍勒本人当时还在耶拿大学任私人讲师。他于 1902 年在哈勒与胡塞尔相遇，后来在 1907 年也成为慕尼黑“心理学学会”的成员。

③ 参见 Reinhold N. Smid, „Zwei Briefe von Johannes Daubert an Edmund Husserl aus dem Jahr 1907“, in *Husserl Studies*, 1, 1984, S. 143. ——胡塞尔的《判断理论。1905年讲座》现在已经作为《胡塞尔全集资料编》第 5 卷出版（Edmund Husserl, *Urteilstheorie. Vorlesung 1905*, Hua Materialien V, Dordrecht/Boston/London: Kluwer Academic Publishers, 2002）。

④ 参见 H. R. Sepp (Hrsg.), *Edmund Husserl und die phänomenologische Bewegung. Zeugnisse in Text und Bild*, a.a.O., S. 188. ——后面还会对此分歧做进一步的阐述。

无论如何，当时在道伯特与另一位利普斯的学生特奥多尔·康拉德的积极努力之下，胡塞尔在哥廷根的学生于1907年效法慕尼黑的“心理学学会”而组织了一个“哲学学会”。至此，一个现象学运动的态势已经形成，现象学的“慕尼黑学派”和“哥廷根学派”也崭露头角并逐渐发挥影响。莫里茨·盖格尔曾说：“道伯特从未写过一行字，但为介绍《逻辑研究》所做的贡献比其他任何人都多。”[①] 因此，舒曼也有理由说，“完全可以将道伯特视作现象学运动的发起者。”[②]

道伯特之所以能够被视作现象学运动的引发者，不仅是因为他当时对胡塞尔《逻辑研究》的推介付诸了全部的心力，以至于他给人的印象是他就是为了现象学的早期传播而生的；而且还因为他当时在慕尼黑享有很高的声望；虽然他生前从未发表过任何著作和文章，但他在“心理学学会”中所做的报告以及更多是他参与的讨论发挥了很大影响，它们表明他在现象学哲学中思考的深度与广度；除此之外，胡塞尔本人对道伯特的评价也极高，甚至承认道伯特比他自己走得更远。[③] 在后来转到弗莱堡任教之后，胡塞尔还在1923年12月22日致道伯特的信中写道：“自从您1902年在我的夏季学期讲座上作为客人出现，而且我内心里觉知，没有人能如此在直观的理解中穿透一门现象学哲学和由它所引导的新生命直观和生命构形的至深的渊底和无尽的广袤；自从我不得不注意到，您对我和我的任务的理解要比我自己能做的更好；自此以来，我便如此强烈地期望，您与我一同生活和

---

① 转引自：H. L. Van Breda, „Geleitwort“, in Theodor Conrad, *Zur Wesenlehre des psychischen Lebens und Erlebens*, Phaenomenologica 27, Den Haag: Martinus Nijhoff, 1968, S. VIII.

② Karl Schuhmann, „Johannes Daubert und die *Logischen Untersuchungen*“, in a.a.O., S. 111.

③ 详见 Karl Schuhmann, „Johannes Daubert und die *Logischen Untersuchungen*“, in a.a.O., S. 111.

哲思。为此之故，我也很乐意被招聘到慕尼黑去任教。我们的每次哲学交谈都重新激发起这样的期望。没有人能够在我心中唤起如此多的东西，而且没有人能够给予我更多的东西”(Brief. II,79)。

不过，令人感慨的是，道伯特最终并未发表任何文字，而只是留下了近两千页纸的手稿，其中包括他在胡塞尔、利普斯、迈农的课上所做笔记、谈话记录、书信草稿、现象学和认识论方面的札记，以及一份“问题的现象学”的草稿等等。[①]道伯特关于“现实性意识”的博士论文始终没有完成，后来他在三十一岁时干脆中断了学业，作为富有的私人学者生活在慕尼黑，直至第一次世界大战爆发。在此期间他曾计划在《哲学与现象学研究年刊》上发表一篇题为“问题的现象学”的文稿，但无论胡塞尔如何一而再，再而三地催促和命令，他最终也未能完成这篇文稿。[②]

总的说来，道伯特起初只是不乐意发表，最后则是完全拒斥发表。他在一战期间不得不从军参战四年。战后他下决心弃笔从耕，在慕尼黑郊外买了一个农庄来耕作，以供养自己和妻子。此后，偶尔去这个农庄度假的普凡德尔发现，道伯特已经完全放弃了哲学。[③]

---

① 赫伯特·施皮格伯格于1969年对这些收藏在慕尼黑巴伐利亚国家图书馆中的道伯特遗稿进行了整理，而后埃伯哈特·阿维-拉勒芒将其归类、编目。由于道伯特的文稿是用一种特殊的速记法撰写的，因此他的手稿起初无法阅读。直至1976年，舒曼通过对胡塞尔1905年“判断理论”讲座稿与道伯特用速记法对此讲座所做的笔录进行比较，最终译解了道伯特的遗稿。此后有一系列关于道伯特的研究问世。详见Reinhold N. Smid, „Zwei Briefe von Johannes Daubert an Edmund Husserl aus dem Jahr 1907“, in a.a.O., S. 143 f., 以及同作者："An early interpretation of Husserl's phenomenology: Johannes Daubert and the *Logical Investigations*", in *Husserl Studies*, 2, 1985, pp. 288, n. 2.

② 参见Karl Schuhmann/Barry Smith, "Questions: An Essay in Daubertian Phenomenology", in *Philosophy and Phenomenological Research*, vol. 47, no. 3, 1987, p. 353-384.

③ 参见Karl Schuhmann, "Structuring the Phenomenological Field: Reflections on a Daubert Manuscript", in W. S. Hamrick (Ed.), *Phenomenology in Practice and Theory*, Contributions to Phenomenology 1, Den Haag: Martinus Nijhoff, 1985, p. 5 f.

1923 年岁末，道伯特给胡塞尔送去一只可能是自家农庄喂养的火鸡，胡塞尔喜出望外地去函致谢。在这封前面曾引过的 1923 年 12 月 22 日的所谓“火鸡信”中，胡塞尔两次真情地表达自己的遗憾：可惜不能将道伯特留在身边；也可惜不能让他时不时地来访。对道伯特的生活道路的选择，胡塞尔在这封已知的致道伯特的最后一封信中以自己的哲学方式表示理解：“对我来说您是始终的同一人(semper idem)，彻头彻尾的哲学家，而若您觉得当农夫更好，那无疑也是对的，因为这在哲学上是地道的。哲学也是生活，而不仅仅是一种传授和教训”(Brief. II,80)。

在道伯特这里我们或许可以发一下感慨：基于他的案例，我们在哲学界乃至整个学术界都可以将我们常常遇到的这样一类学者称作“道伯特式的人物”：他们有极高的学术禀赋和深厚的理论涵养，也有丰富的学术知识和活跃的问学兴趣，但他们鲜有撰写，遑论发布，述而不作，最后甚至真正地做起了农民。

现象学运动史已经提供了三类“现象学农民”的案例：除了这里所说的**弃笔从耕的**道伯特之外，还有下面就要谈到的不得不为稻粱谋而在贝格匝本(Bergzabern)种植果园、**从耕而未弃笔的**马悌尤斯–康拉德夫妇。最后一位就是住在南黑森林的农舍之间的小木屋中且写了“我们为什么住在乡村”的海德格尔。[①] 他属于**既未弃笔也未从耕**、但按他所说有别于“生活在城里的人”且向往“农夫劳作的自然过程”的一类。

---

① 参见 Martin Heidegger, „Schöpferische Landschaft: Warum bleiben wir in der Provinz? (1953)“, in M. Heidegger, *Aus der Erfahrung des Denkens*, GA 13, Frankfurt am Main: Vittorio Klostermann, 1983, S. 9–13.

现象学运动的历史可以从胡塞尔到哥廷根的第二年，即道伯特访问胡塞尔的 1902 年开始写起。道伯特在现象学运动初期完成的另一个背叛老师特奥多尔·利普斯的“功绩”在于，他努力说服了利普斯的另一位学生、他的挚友阿道夫·莱纳赫，促使后者于 1904 年在利普斯指导下完成博士论文后去哥廷根“投奔”胡塞尔继续学习，并于 1909 年 1 月在胡塞尔指导下完成任教资格论文，成为胡塞尔指导的第一个任教资格获得者(Habilitand)。莱纳赫随后在哥廷根执教(1909–1914 年)，成为早期现象学运动的最重要成员。另一位在道伯特的鼓励下从慕尼黑到哥廷根随胡塞尔学习的重要的“慕尼黑人”则是特奥多尔·康拉德。马尔维娜在回忆录中提到的从外地到哥廷根随胡塞尔学习的学生与学者中，第一个便是莱纳赫：“从慕尼黑开始了外来学生和年青学者的迁移，他们想来《逻辑研究》的作者这里学习。我只提一下其中几个名字：莱纳赫、希尔德勃兰特、舍勒、康拉德–马悌尤斯、埃尔哈特·施密特等等。”[①]

马尔维娜在这里并没有提到亚历山大·普凡德尔，而他恰恰是笔者接下来首先要谈论的早期现象学运动的主要成员之一。这些成员具有的一个共同特征就在于，他们都是利普斯的学生，也成为反叛他的人。

亚历山大·普凡德尔

马尔维娜没有提到普凡德尔一定不是出于遗忘疏漏，而应归于其他方面的原因。这里可以列举出来至少有两个可能：一方面在于普凡德尔当时已经不属于所谓的“外来学生和年青学者”，而是已经完成了博士论文和任教资格论文，比作为利普斯大弟子的马克斯·舍勒还

① 马尔维娜·胡塞尔：“埃德蒙德·胡塞尔生平素描”，同上书，第 19–20 页。

年长 4 岁，且他已经在慕尼黑大学作为私人讲师执教，的确没有到哥廷根随胡塞尔学习。而且随后不久(1907 年)，普凡德尔就获得了慕尼黑大学的副教授位置，故而几乎可以算作胡塞尔的同事。另一方面也有可能是马尔维娜不愿在回忆录中去触碰一个与海德格尔有关的伤口(她在回忆录中对她一度十分亲近的并昵称为“现象学的孩子”的海德格尔同样是只字不提)：正是在海德格尔于 1928 年接替胡塞尔弗莱堡大学的讲座教席之后，普凡德尔对胡塞尔在决定教席继承人时没有选择他而选择了海德格尔心生不满和抱怨，他们之间从 1904 年开始的通信也因此而到 1931 年便告结束。后来胡塞尔自己也感到后悔，并给普凡德尔写长信解释。普凡德尔在收信后仍未罢休，想去弗莱堡当面再向胡塞尔询问。胡塞尔则回信表示此事就此作罢。后来的弗莱堡会面是否实现，如今已不得而知，至少在《胡塞尔年谱》中找不到任何相关证明。[①]

但普凡德尔在现象学运动早期可以说是一个在精神上距离胡塞尔最近的心理哲学家。他于 1897 年便在利普斯那里以“意欲意识”为题完成了博士论文，而后将其加工成为一部专著《意欲现象学》于 1900 年出版，并以此作为任教资格论文提交，同年完成了任教资格考试。[②]

---

① 关于胡塞尔与普凡德尔的私人关系和思想联系可以参见笔者在本书第二卷第十章“胡塞尔与普凡德尔：现象学与意欲理论”中的较为详细的讨论；此外，笔者在已经完成并交付出版的《意识现象学教程——关于意识结构与意识发生的精神科学研究》(北京：商务印书馆，待出)第三编第五章“性格现象学的问题与可能”中还讨论了普凡德尔的“性格现象学”的问题与可能；关于胡塞尔与普凡德尔以及海德格尔的关系可以参见《胡塞尔 1931 年 1 月 6 日致亚历山大·普凡德尔的信》以及笔者作为译者为此撰写的“译者引论”，它们作为“资料一”刊载于笔者的专著《胡塞尔与海德格尔：弗莱堡的相遇与背离》(北京：商务印书馆，2016 年，第 206–215 页)。

② 参见 Alexander Pfänder, „Grundprobleme der Charakterologie“, in *Jahrbuch der Charakterologie*, 1924 (1), S. 289–335. ——笔者日前已将该篇论文译成中文，交付商务印书馆出版。

就《意欲现象学》的标题和出版年代而论，普凡德尔使用“现象学”的名称比胡塞尔还要早一年，因为后者是在《逻辑研究》第二卷（1901年）才使用“现象学研究”来定义自己的工作。但普凡德尔的“现象学”概念，当时还主要是在描述心理学的意义上被使用的。但他很快便理解了胡塞尔的现象学方法的意义并予以支持，而且不仅是在“本质直观”的方法论方向上，而且也在“超越论的现象学还原”的方法论方向上。普凡德尔对“主观心理学”和“客观心理学”的区分以及对前者的特别强调，与各种形式的内省心理学、反思心理学以及超越论现象学的主张是基本一致的。尽管他不愿使用“内省（introspektiv）心理学”的说法，而情愿使用“回溯（retrospektiv）心理学”或“现象学”的名称。

此后，在《哲学与现象学研究年刊》的第一辑和第三辑上，普凡德尔发表了他的《志向（Gesinnung）心理学》（1913 年和 1916 年），在第四辑上发表了《逻辑学》（1921 年）。即使在胡塞尔于 1916 年到弗莱堡之后，他们之间在《年刊》上的合作仍然维续，直至胡塞尔 1928 年退休并将教席传给海德格尔。

而普凡德尔于 1924 年在布伦塔诺的学生埃米尔 · 乌悌茨（Emil Utotz,1883-1956）主编的《性格学年刊》第一辑上发表的长篇论文《性格学的基本问题》，则将现象学研究的领域进一步扩展至处在边缘或边界上的性格问题。①

1935 年普凡德尔还竭尽全力以带病之身完成并发表了他的心理学收尾之作《人的心灵》。此前由于一次血液中毒事件，他几乎放弃了工作。但他最终还是没有能够将他在《伦理学》、《性格学引论》、

---

① 普凡德尔的博士论文和任教资格论文参见 Alexander Pfänder, „Das Bewußtsein des Wollens“, in *Zeitschrift für Psychologie und Physiologie der Sinnesorgane*, 17, 1898, S. 321-367; Alexander Pfänder, *Phänomenologie des Wollens. Eine Psychologische Analyse*, Leipzig: J. A. Barth, 1900.

《哲学与现象学引论》方面计划的三部书稿完成发表，只留下一些相关的残篇。[①] 由血液中毒导致的心脏病使得他的生命在 1941 年，即在他在 71 岁这年，戛然而止！

马克斯·舍勒

紧随普凡德尔之后的慕尼黑现象学学派的最重要代表人物是马克斯·舍勒(Max Scheler,1874–1928)，而且由于其自 1899 年起发表的一系列方法论、伦理学和情感心理学方面的著作以及在 1913 年发表的《论现象学与同情感理论以及论爱与恨》、1913 和 1916 年在《年刊》上发表的《伦理学中的形式主义与资料的价值伦理学》等等，舍勒的影响在当时已远远超过了普凡德尔。他在哥廷根时期的现象学运动中的影响与地位，与海德格尔此后在弗莱堡时期的现象学运动中的影响与地位相似。关于胡塞尔与他们二人的私人关系和思想联系，笔者有专著讨论:《胡塞尔与舍勒：人格现象学的两种可能性》(北京：商务印书馆，2018 年)，《胡塞尔与海德格尔：弗莱堡的相遇与背离》(北京：商务印书馆，2016 年)，这里不再赘述。

莫里茨·盖格尔

在慕尼黑现象学家中，与普凡德尔离得最近的当属莫里茨·盖格尔(Moritz Geiger,1880–1937)。他比普凡德尔小了整整十岁，而且的确曾于 1906 年夏季学期在哥廷根旁听了胡塞尔的讲座“哲学史概论”并担任辅导助教，因此完全可以纳入马尔维娜所说的“从慕尼黑开始了外来学生和年青学者的迁移”行列。但马尔维娜在她的回忆录中同

---

① 保存在慕尼黑巴伐利亚国家图书馆手稿部的普凡德尔手稿的主要部分现在已委托该部门进行和完成了数字化扫描。目前这些手稿的扫描件以电子文本和纸本的方式收藏在浙江大学和中山大学的现象学文献馆中。

样对盖格尔只字未提。她在这里沉默的原因因而比普凡德尔的案例要少了一个。撇开遗忘疏漏的可能性不论，剩下的原因只可能也是与海德格尔的关联。

由于胡塞尔在转到弗莱堡之后不久之后逐渐发现了海德格尔的"出色才华"[①]，因而后来在扶持海德格尔的事情上常常不遗余力，甚至不惜为此得罪自己以前的同道，不惜为此背弃自己曾经的承诺。在胡塞尔于弗莱堡大学执教的十二年间(1916–1928年)，在大学教职的推荐和聘任案例中，哥廷根–慕尼黑的现象学学派与弗莱堡的现象学学派之间产生出某种竞争关系并因此而形成了一定的对立状态。在普凡德尔还是海德格尔的选择案例上就是如此，在盖格尔还是海德格尔的推荐案例上也是如此。如前所述，普凡德尔在胡塞尔选择弗莱堡大学接班人的1928年案例中最终属于落选的一方，最后导致普凡德尔与胡塞尔的不欢而散；而盖格尔在胡塞尔选择自己在哥廷根大学教授席位接替者的案例中与海德格尔发生竞争，他同样没有受到胡塞尔的偏爱，甚至还遭到胡塞尔的明确反对。盖格尔为此也曾致函胡塞尔，提出颇为激烈的质疑和抱怨。

不过，胡塞尔不仅在推荐普凡德尔还是海德格尔以及盖格尔还是海德格尔的问题上会有偏向或偏爱。他在向纳托尔普推荐马堡大学哲学系的副教授时也会在普凡德尔还是盖格尔的问题陷入进退两难的尴尬处境，并且不得不做出有所偏向和偏爱的选择。这时的问题已

---

① "出色才华"的说法源自帕托契卡。他曾回忆1933年在弗莱堡对胡塞尔访问："胡塞尔从未以贬低的口吻谈论海德格尔，他的谈论尽管是批评性的，但却是对他的出色才华的认可。然而对于胡塞尔来说，才华本身与其说是一种价值，不如说是一种义务"（帕托契卡："回忆埃德蒙德·胡塞尔"，载于倪梁康（编）：《回忆埃德蒙德·胡塞尔》，同上书，第282页）。这可以帮助人们更好理解施泰因所说的胡塞尔在推荐和选择现象学人才方面"为了科学而牺牲人情"的做法（Edith Stein, *Selbstbildnis in Briefen I (1916–1933)*, ESGA 2, Freiburg i.Br.: Herder Verlag, 2000, Brief Nr. 27）。

经不再是：是哥廷根还是弗莱堡？而是：是普凡德尔还是盖格尔。无论如何，在1928年之前，这三个年龄间隔各差十岁左右的胡塞尔同事，在他心目中的排名位置始终是海德格尔、普凡德尔、盖格尔。

胡塞尔在1921年圣诞节致英加尔登的信中曾对普凡德尔和盖格尔有一个私下的评价："即便是普凡德尔的现象学实际上也在本质上不同于我的现象学，此外由于他从未完全理解构造问题，因而他会陷入一种独断论的形而上学，不过他是基本诚实的和坚定的。盖格尔只是四分之一的现象学家。"[①] 胡塞尔于此在无意间表达了他对两位现象学同道的排名和选择的理由。

如果盖格尔的确只有四分之一是现象学的，那么这个部分一定与他的审美经验现象学有关。作为《哲学与现象学研究年刊》的共同编者，他履行了自己的义务，在1913年的创刊号上发表了自己的代表作《审美享受的现象学论稿》(*Beiträge zur Phänomenologie des ästhetischen Genusses*)。道伯特曾在致胡塞尔的信中说："盖格尔的论著是我至此为止在他那里读到的最好的东西。他对关于他的论题的各种理论的杂乱做了整理和澄清，以至于这些问题在科学上有了决定性的进展"(Brief. II,66)。他的这个评价与三年前胡塞尔在著名的长文《哲学作为严格的科学》中对盖格尔在第四届实验心理学大会所做的报告"同感的本质与意义"[②] 所做赞赏性的评价是基本一致的："作者以一种富于教益的方式力求对真正的心理学问题进行区分，这

---

① Edmund Husserl, *Briefe* an *Roman Ingarden. Mit Erläuterungen und Erinnerungen an Husserl*, hrsg. von Roman Ingarden, Den Haag: Martinus Nijhoff, 1968, S. 23. ——这篇文章的中译文后来由笔者译出，刊载于笔者主编的《回忆埃德蒙德·胡塞尔》文集中(北京：商务印书馆，2018年，第161-190页)。

② M. Geiger, „Über das Wesen und die Bedeutung der Einfühlung“, in F. Schumann (ed.) *Bericht über den IV. Kongreß für experimentelle Psychologie in Innsbruck vom 19. Bis 22. April 1910*, Leipzig: Barth, 1911, S. 29-73.

些问题在迄今为止关于同感的描述和理论之尝试中有些是明确的，有些则相互混淆。而且他还讨论了人们对这些问题解决的尝试和得到的成果”（Hua XXV, 40, Anm.1）。

关于胡塞尔与盖格尔的私人关系和思想联系可以参见本书第二卷第十一章“胡塞尔与盖格尔：现象学与审美理论”中更为详细的说明。这里仅仅附带地列出在盖格尔与普凡德尔之间的许多共同之处。盖格尔最初在慕尼黑大学学习法律、文学，从1900年先后随利普斯和冯特学习哲学和心理学，这与普凡德尔的情况相似。而他们的两位老师的特点都是既探讨哲学心理学，也致力于科学心理学或实验心理学。普凡德尔曾将这两种取向的心理学称作“主观心理学”和“客观心理学”。[①] 盖格尔和普凡德尔一样，更倾心于哲学心理学而不愿追随他的老师利普斯从事自然科学的实验心理学；此外，他们之间还存在另一个相同点：他们都关注现象学的研究方法问题。这两个共同点之间有一定的内在联系：由于其哲学心理学的偏好，他们都受到来自科学心理学方面的抨击，因而都需要对自己的研究方法进行反思和做出反驳。如此等等，不一而足。

此外，由于汉语学界在上世纪五、六十年代的美学大讨论与八、九十年代的美学热，西方当代美学思想被引介到中国的时间较早，数量较多。盖格尔的美学著作在九十年代末已被译成中文。[②] 在这一点上他有别于他的师兄普凡德尔。

阿道夫・莱纳赫

马尔维娜在回忆录中提到的第一个由慕尼黑转到哥廷根随胡塞尔

---

① 参见 A. Pfänder, *Phänomenologie des Wollens. Motive und Motivation*, München: Verlag Johann Ambrosius Barth, 1965, S. 6f.

② 参见莫星茨・盖格尔：《艺术的意味》，艾彦译，北京：华夏出版社，1999年。

学习的人是阿道夫·莱纳赫(Adolf Reinach,1883-1917)。在至此为止的论述中,他的名字已经一再出现。莱纳赫不仅从一开始就是现象学慕尼黑学派的重要成员,而后也是最早加入现象学哥廷根学派的两位重要成员之一。另一位则是接下来将要讲述的特奥多尔·康拉德。

除此之外,在胡塞尔指导下于哥廷根完成任教资格考试后,他还与胡塞尔一同在哥廷根执教五年,即从 1909 年至 1914 年。虽然莱纳赫于 1917 年在第一次世界大战中阵亡,英年早逝,过早结束了他的现象学研究生涯,同时也使"德国哲学遭受了一个重创"[①],但他此前基本上已经亲历了现象学早期在哥廷根与慕尼黑发展的整个过程(1902-1916 年),而且在其中扮演了极为重要的角色。舍勒在其 1922 年撰写的"当代德国哲学"长文中曾列出莱纳赫在现象学运动中的两点功绩:其一,他是现象学圈子的统一的维持者;其二,他"撰写了《论公民法权的先天基础》并将现象学引入法权哲学"。[②]

莱纳赫于1883年出生在美因茨的一个颇有声望的犹太人家庭里,17 岁时(1901 年)便进入慕尼黑大学学习,他选修的专业有政治经济学、历史、法学,但主要兴趣在于心理学与哲学。他的导师是特奥多尔·利普斯,因此他也很快成为"慕尼黑心理学学会"的成员。他于1904年完成学业,12月提交了题为"论现行刑法中的原因概念"(Über den Ursachenbegriff im geltenden Strafrecht)为题的博士论文,获得博士学位。[③] 随后他在道伯特的建议下于 1905 年夏季学期第一次来

---

① 胡塞尔:"阿道夫·莱纳赫",载于胡塞尔:《文章与讲演(1911-1921 年)》,北京:商务印书馆,2020 年,第 355 页。

② 参见 Max Scheler, *Wesen und Formen der Sympathie. Die deutsche Philosophie der Gegenwart*, GW VII, Bern/München: Francke Verlag, 1978, S. 327f.

③ 参见 Karl Schuhmann/Barry Smith, "Adolf Reinach: An Intellectual Biography", in K. Mulligan (ed.), *Speech Act and Sachverhalt: Reinach and the Foundations of Realist Phenomenology*, Dordrecht/Boston/Lancaster: Martinus Nijhoff, 1987, pp. 1-27.

到哥廷根，给胡塞尔提交了一份他的博士论文复本，并且与道伯特、施文宁格、魏因曼旁听了胡塞尔于这学期开设的每周四小时的讲座课程"判断理论"。由此而开始了著名的"慕尼黑对哥廷根的入侵"。

哥廷根学派的重要成员威廉·沙普曾对这个"入侵"有如下的回忆："有一天，应当是在 1907 年[①]，慕尼黑人来了，来自慕尼黑的入侵。我想那是一个夏季学期。他们是莱纳赫、康拉德、希尔德勃兰特。盖格尔时而会出现。我们利用每个机会与慕尼黑人进行日日夜夜的哲学交谈。在我们看来，他们在每一个方面都远远超过我们。他们不具有我们所具有的虔敬（Gläubigkeit）。莱纳赫批评胡塞尔转向马堡学派，这个转向当时大概已经在慕尼黑被注意到。他认为胡塞尔在形而上学的追求中试图在马堡学派那里找到支撑的做法是不正确的。"[②]从这里也已经可以看到慕尼黑学派的实在论现象学与胡塞尔的观念论现象学之间的分歧端倪。我们会在后面详细讨论胡塞尔的"超越论哲学转向"，它实际上并不是一个"转向"。

莱纳赫去哥廷根的目的之一是在胡塞尔这里深化他的现象学研究。他在博士考试之前便已将法学列为他的副专业。他为了继续学习法学，于 1906/07 年夏季学期到图宾根大学旁听了一个学期的法学课程。他曾希望在这里以一份"判断理论的本性与体系"为题的文稿申请任教资格的考试，但未能获得允准。[③]回到慕尼黑后他曾于 1908 年 10 月尝试在慕尼黑大学他的博士导师利普斯那里获得可能，但因

---

① 应当是 1905 年。

② Wilhelm Schapp, „Erinnerungen an Husserl", in H. L. Van Breda/J. Taminiaux (Hrsg.), *Edmund Husserl 1859–1959*, a.a.O., S. 20. ——这篇文章的中译文后来由高松译出，刊载于笔者主编的《回忆埃德蒙德·胡塞尔》文集中（北京：商务印书馆，2018 年，第 63–76 页）。

③ Karl Schuhmann/Barry Smith, "Adolf Reinach: An Intellectual Biography", ibid, pp. 12–13.

利普斯的身体状态不允许再对他的任教资格“判断的本质与系统”做出评价，因而他于1909年初到哥廷根与胡塞尔商讨，希望能在他这里完成任教资格的考试。胡塞尔予以积极的支持(Brief. II,191f.)。莱纳赫于1909年1月开始准备在哥廷根大学哲学系的任教资格考试。但整个事情进展并不顺利。胡塞尔的一位“同事”和“对手”、哲学系两位讲席教授之一、实验心理学家米勒(Georg Elias Müller)写了一份对莱纳赫的送审文稿的极端负面的报告。后来的过程按舒曼的叙述来说：“莱纳赫在1909年5月3日致康拉德的信中猜测：米勒是在‘指桑骂槐’。也就是说，他只是利用这个事件来攻击胡塞尔。但他在破坏任教资格考试的尝试上做得如此夸张过火和毫不掩饰，以至于哲学系没有跟随他，而是跟随了胡塞尔和鲍曼(Julius Baumann)，而5月初莱纳赫就已经可以有把握地确定，他的任教资格考试将会成功。”①

但此事已经使胡塞尔心理上伤痕累累。从他于1909年9月25日给他的好友阿尔布莱希特的信中可以看到，他在莱纳赫任教资格考试上受到的挫折和打击有多么大：“我为自己的研究丧失了整个夏天，而这是个非常令人沮丧的事情。当然，这里也不缺少那些习常的抑郁状况和已知的那种几乎全然无意志的状况。我还是尽责地完成了我的讲座，并且应急处理了其它的外部事务。但所有其他的东西我都搁在了一边。在根本上导致这种崩溃状况的是在学期初因为一位亲近的学生的任教资格事宜而与我的最切近的系里同事发生的极不

---

① 在舒曼于1977年编辑出版的《胡塞尔年谱》中并没有莱纳赫在哥廷根大学完成任教资格考试的信息资料。这里给出的莱纳赫在哥廷根通过任教资格考试的时间是依据了舒曼十年后才撰写和发表的关于莱纳赫的传记资料。参见Karl Schuhmann/Barry Smith, “Adolf Reinach: An Intellectual Biography”, ibid, p. 12. ——这里所说的鲍曼是哥廷根大学哲学系另一位讲席教授。

愉快的事情。我们下次聚会时我再跟你口头讲述这些丑陋不堪之事”(Brief. IX,45f.)。

八年后胡塞尔在纪念莱纳赫的文章回顾说：当时莱纳赫“按照我的要求以关于**判断理论**的一份思想丰富的文稿于 1908 年完成了教授资格考试，但这份文稿中只有关于否定性判断的一个部分于几年后发表（载于：《慕尼黑哲学论文集——利普斯六十寿辰几年文集》）。”[①]

此后不久，莱纳赫在哥廷根大学担任私人讲师，这年他刚满 24 岁。莱纳赫在哥廷根的教学研究对于 1912 年之前的哥廷根现象学学派的发展有着决定性的意义。舒曼对此阶段曾描述说：“在哥廷根，那些潮水般涌来的现象学弟子们首先以莱纳赫为老师，而不是以如此沉浸于其研究文稿中的胡塞尔为老师，莱纳赫在维持与大学生们的联系，而《逻辑研究》在这里对于老师和学生都构成一个自然的凝聚点。”一位在 1912 年与哥廷根现象学圈有接触的人曾向埃迪·施泰因报告说：“要去哥廷根，就先去莱纳赫那里。”所有这些，都可以在 1913 年到哥廷根随胡塞尔学习的埃迪·施泰因的经历中得到证实。[②] 而对莱纳赫在哥廷根的教学活动的一个可能是最为详细描述和评价是由罗曼·英加尔登提供的：“他［莱纳赫］的教学活动虽然短暂，却具有持续的作用，因为在第一次世界大战前的最后几年里，在他周围聚拢了一批年轻的现象学家。他是一位好老师，并且首先是一位出色的哲学练习课的老师。在‘高年级练习课’上，他始终会自己设计一个中心问题，而后在这个学年的进程中对它进行思考。在他教学活动的最后

---

① 胡塞尔：“阿道夫·莱纳赫”，同上书，第 352 页。这里所说的“1908 年”应为“1909 年”。

② 以上引述参见 Karl Schuhmann, „Edith Stein und Adolf Reinach“, in Karl Schuhmann, *Selected papers on phenomenology*, New York/Boston/Dordrecht/London/Moscow: Kluwer Academic Publishers, 2004, p. 164.

一年里，最有趣和最有教益的讨论是致力于探讨运动问题的。他给出的问题表述是明白而清晰的，他对‘练习课’参与者的回答是清楚、准确、扼要的，他用来维护其立场的反驳是有力的，他能够引述的例子的是生动而令人信服的。而弥足珍贵的是这样一种状况：他有能力立即理解我们的那些常常是笨拙地表述出来的问题与主张，并且将它们纳入到正确的问题语境之中。讨论的进程是交给参与者的，莱纳赫本人似乎在扮演守护者的角色，以防人们走上歧途。但实际上他是整个工作的心脏，是鲜活的、恰恰在创造性的观点中开启新的研究途径和视角的精神，他从未失去过他的主动性，他在困难处境中的干预，他的精神当下。以此方式，他将人们带入到创造性的哲学活动的观点之中，而人们可以为参与一种新的哲学的生成而感到欣喜，即使他们实际上还是一个哲学的孩童。”①

这里还可以参考伽达默尔在其回忆录中记录过的一个传闻：“许多现象学的分析是如此平凡。据说胡塞尔的最有才华的弟子之一、在一战中阵亡的哥廷根私人讲师阿道夫·莱纳赫甚至用了一整个学期的时间仅仅讨论一个信箱是什么的问题。”② 这个传闻未必真实，至少在莱纳赫的遗稿中找不到这方面的任何文字证明。不过在他遗留的文稿中，有专门讨论什么是“思索”(Überlegung)的记录，也有专门讨论什么是“运动的本质”的记录，也有专门讨论“事物的颜色与事物的着色”的记录。③ 后面我们还会看到，在道伯特的写作计划中也

---

① Roman Ingarden, „Meine Erinnerungen an Edmund Husserl und Erläuterungen zu den Briefen Husserls“, in Edmund Husserl, *Briefe an Roman Ingarden*, a.a.O., S. 113f.

② Hans-Gerog Gadamer, „Philosophische Selbstdarstellung“, in Raymund Schmidt (Hrsg.), *Die Philosophie der Gegenwart in Selbstdarstellungen, Schriften zur Psychologie*, Leipzig: Felix Meiner, 1924, Band III, S. 107.

③ 参见：Adolf Reinach, *Sämtliche Werke, Textkritische Ausgabe in 2 Bänden*, München: Philosophia Verlag, 1989, S. 355ff., S. 365ff., S.551-588.

有专门讨论什么是“问题”的未竟论文。

康拉德曾将慕尼黑-哥廷根现象学派从1902至1912年的发展称之为“逐渐的成长期”。[①]他在这里选择1912年并不是为了凑一个整数，而是因为1912年意味着这个学派的一个重要变化：首先对于他来说，马悌尤斯在普凡德尔那里获得了博士学位，而后她与康拉德结婚，两人逐渐退出学界，尽管没有完全退出现象学圈；康拉德于该年夏季学期最后一次领导“哥廷根哲学学会”讨论语言哲学问题；再后是慕尼黑入侵哥廷根的另一位代表人物希尔德勃兰特也于11月完成博士论文答辩。老人的退场与新人的加入是同时进行的：罗曼·英加尔登于该年、埃迪·施泰因于次年开始随胡塞尔学习。他们二人在日后的现象学运动中起着越来越重要的作用。

而对于莱纳赫而言，他于1912年在美因茨与当时担任女子文科中学物理学教师的安娜·施泰滕海默尔(Anna Stettenheimer,1884-1953)结婚；最后，也是最重要的是：《哲学与现象学研究年刊》的编委会于这年成立。从1913年起，莱纳赫与舍勒、普凡德尔、盖格尔一起担任《哲学与现象学研究年刊》的共同编者，胡塞尔担任主编。莱纳赫与胡塞尔是哥廷根现象学的代表，盖格尔与普凡德尔是慕尼黑现象学的代表，在舍勒名下标明的地点则为柏林。莱纳赫的确从一开始便被胡塞尔视为“现象学哲学最杰出代表之一”。[②]他在该年刊的创刊卷上发表了他的最大的和最重要的著述《论国民法权的先天基础》。胡塞尔评价说：“它提供了一个相对于无论当代还是过去所有法哲学构想而言的全新尝试：在纯粹现象学基础上将长期以来遭人诋毁

① Theodor Conrad, „An die Münchner Phänomenologengruppe von 1953/54”, in a.a.O., S. 80.

② 参见胡塞尔1921年为《哲学与现象学研究年刊》第四辑撰写的“前言”。现载于胡塞尔:《文章与讲演(1911-1921年)》, 同上书, 第77页。

的一门先天法学的观念付诸实施……任何一位有兴趣致力于一门严格科学的法哲学、有兴趣最终澄清(这种澄清显然只能通过对法律意识之纯粹本质的直观深入研究来完成)那些对成文法一般之观念而言建构性的基本概念的人,都不可能忽略莱纳赫的这部开拓性著作。在我看来,这部著作毫无疑义将为它的创作者在法哲学史上提供一个恒久的位置。"[①] 莱纳赫此后也的确被视作现象学法学或法权现象学的奠基者。如今他的这部著作(《法权现象学:论国民法权的先天基础》,1952 年)仍然是法学研究的一部重要经典。[②]

后来成为现象学运动核心成员的埃迪·施泰因曾在其回忆录《出自一个犹太家庭的生活》中描述她 1913 年夏从家乡布莱斯劳到达哥廷根随胡塞尔和莱纳赫学习的最初场景:"莫斯契维奇(Georg Moskiewicz)在布莱斯劳便给了我指示:'如果到哥廷根去,就先去莱纳赫那里;而后他会照料其他的一切的。'阿道夫·莱纳赫是哲学私人讲师。他与他的朋友汉斯·特奥多尔·康拉德、莫里茨·盖格尔和其他几个人原先是慕尼黑特奥多尔·利普斯的学生。在《逻辑研究》出版后,他们坚持要求利普斯在他的讨论课上与他们讨论这部著作。在胡塞尔应聘至哥廷根后,他们于 1905 年一同来到那里,想请大师本人为他们开示这门新科学的秘密。这就是'哥廷根学派'的开端。莱纳赫在这个圈子里第一个完成了任教资格考试并且成为胡塞尔的右手,首先是作为在他与学生之间的联系环节,因为他十分懂得与人交往,而胡塞尔在这方面却相当无助。莱纳赫当时约三十三岁。"[③]

① 胡塞尔:"阿道夫·莱纳赫",同上书,第 352–353 页。

② 关于莱纳赫的法权现象学思想和研究,可以参见本书第二卷第六章关于"胡塞尔与莱纳赫"思想关系的更为详细的论述。

③ 莱纳赫(1883–1917)在 1913 年时应为三十岁整。

施泰因在莱纳赫家中拜访了他。根据她的回忆，“他几乎不到中等个子，不强壮，但肩膀宽。下巴没胡须，髭须又短又黑，额头宽而高。棕色的眼睛透过夹鼻眼镜的玻璃发出聪明而仁厚的闪光”（ESGA 1,197ff.）。

1914 年，第一次世界大战爆发。莱纳赫主动报名参战，从此中断了他作为大学讲师的学术生涯。胡塞尔对莱纳赫有过一个总体的评价：“尽管当战争爆发而他满怀激情地作为志愿者出征去履行祖国的义务时，他还完全处在成长过程中。但最初的研究工作已经证明了他的精神的独立与力量，并且证明了他的科学追求的严肃认真，那种唯有最彻底的研究才能使其得到满足的严肃认真。接近他的人，懂得评价他在科学对话中的哲学方式的人，观察到他的研究的范围、他的兴趣的强烈和多面的人，可能会惊讶：他在做出发表著述的决定时是如此缓慢。他在听、读过程中是如此轻而易举地理解复杂的思想系列，他是如此迅速地认识到原则性的困难，并纵观到最为遥远的结论。而在做任何思考时都会有那么丰富的闪光想法供他支配。但他能够如此地驾驭着这种似乎在迫使人疾速而耀眼地进行创作的天赋。他只想从最深层的源泉中汲取，只想进行有恒久价值的研究。”[①]

1917 年 11 月 16 日，阿道夫 · 莱纳赫不幸战死在比利时佛兰德斯地区的迪克斯迈德镇前，时年仅 34 岁。“随他一同埋入坟墓的是当代哲学的少数几个可靠而伟大的希望之一”，胡塞尔如是说。[②]

1921 年，莱纳赫生前发表的文字连同两篇遗稿被结集并编辑出版：《阿道夫 · 莱纳赫文集》，哈勒，马克斯 · 尼迈耶出版社，共有 461 页，编者署名是“他的几位学生”。如今几乎可以确定，该书的编

---

① 胡塞尔：“阿道夫 · 莱纳赫”，同上书，第 353 页。

② 胡塞尔：“阿道夫 · 莱纳赫”，同上书，第 350 页。

辑整理是出自埃迪·施泰因之手。康拉德-马悌尤斯则为这部文集撰写了长达32页的引论。

这里已经可以看出，这批最早的“现象学家”当时各有自己的现象学工作领域，并在各自的工作领域中从事现象学的“工作哲学”：这里至少有认知现象学家胡塞尔，情感现象学家舍勒，意欲现象学家普凡德尔，审美现象学家盖格尔，法权现象学家莱纳赫。不仅如此，他们在各自的工作领域中还各有自己的扩展，例如胡塞尔将研究领域扩展至发生研究和历史理论，不仅关注意识体验分析，也开启了意识权能分析；舍勒也在社会学、政治学、哲学人类学等方面展开研究；普凡德尔则继续推进到志向心理学、逻辑学、性格学等等领域中；盖格尔也在无意识理论和科学哲学方面有成果发表；莱纳赫的虽然英年早逝，但他的发表的和未发表的著述中已经包含了向现象学伦理学和现象学社会学领域深入的可能性。

无论如何，这几位早期现象学家于1913年借助现象学的喉舌《哲学与现象学研究年刊》，合力组成了那个本来就已是人类精神发展史中一个制高点上的一股不容小觑的思想力量。当然，现象学能够成为某种意义上的“运动”，不仅是因为这几位《哲学与现象学研究年刊》的主编和共同编者，而且也因为当时这个期刊的诸多其他作者以及更多的读者。

除了上面介绍的几位，胡塞尔身边还聚拢了一些学生，他们主要来自慕尼黑，但也有从外地慕名到哥廷根随胡塞尔学习的。

康拉德-马悌尤斯

马尔维娜在回忆录中提到的从慕尼黑来到哥廷根随胡塞尔学习的人名中，“康拉德-马悌尤斯”是夫妇二人，即早期现象学运动两位重要成员：特奥多尔·康拉德（Theodor Conrad,1881–1969）和黑德维希·马悌尤斯（Hedwig Matius,1888–1966），婚后名黑德维希·马悌尤斯-康拉德。

特奥多尔·康拉德是慕尼黑哲学家和心理学家特奥多尔·利普斯的一个外甥，他的名字便是随利普斯而取。康拉德于1900年冬季学期进入慕尼黑大学学习数学与物理，可能也参加了慕尼黑的"心理学学会"。无论如何，当道伯特如前所述于1902年在哥廷根会见了胡塞尔，回到慕尼黑在学会做报告介绍《逻辑研究》，同时开始反对利普斯的心理主义立场，从而引发学会内部的"心理学与逻辑学之争"时，康拉德一开始理所当然地站在利普斯一边。随后他在海德堡大学学习了一年（1902/03年冬季学期和1903年夏季学期）的数学，因而在此期间没有参与慕尼黑学会的进一步发展，只是通过他的朋友莱纳赫的信函而对此有所了解。回到慕尼黑后，他开始学习哲学与心理学，此时他仍然属于利普斯的追随者。只是自1904年起，他的思想才开始有所转变，但他也只是仔细地阅读了《逻辑研究》的第一卷。他可能在该年胡塞尔访问慕尼黑时与其相识。随后他逐渐开始转向胡塞尔一边，并在慕尼黑的"心理学学会"中越来越多地起着引领的作用，而且最终于1906–1907年期间开始领导这个学会。当他1907年想去哥廷根随胡塞尔学习，因而写信征询道伯特的意见时，他告诉道伯特，自己甚至还没有读过《逻辑研究》的第二卷。道伯特显然很吃惊，并且回信说："您对《逻辑研究》也十分熟悉。倘若您现在不是自己这样说，我永远也不会相信：您没有研读过《逻辑研究》的第二卷。您毫无疑问已掌握了关键性的基本思想，有了对问题的看法与对目光的调准，那么它们便是以间接的途径为您所拥有的，以至于若您现在通读第二卷的话或许根本不会再意识到这些思想在其出现时所曾具有的那种基本纯粹性和革命力量。从1902年开始，在慕尼黑的学会中、在种种研讨课与聚会中就已经从根本上浸透了胡塞尔的思想。”[①] 由此可见，仅仅通过在慕尼黑“心理学学会”中的耳濡目染，康拉德当时便已经把握到了胡塞尔现象学的基本思想和方法，并且已经将其付诸实施。

1907 年夏季学期，康拉德到哥廷根随胡塞尔学习了一个学期。这时在哥廷根显然已经有一个现象学的晚间学习小组。可能是由胡塞尔的博士研究生卡尔·诺伊豪斯领导的。[②] 康拉德与胡塞尔这里的学生一起，将这个原先组织的晚间讨论班正式建立成为一个与“慕尼黑心理学学会”相似的“哥廷根哲学学会”。按照他的回忆，他是在 1909/10 年冬季学期再次到哥廷根时开始领导这个学会的。[③] 虽然胡塞尔本人似乎从未参加过这个协会的正式活动，仅有几次记载他参加了学会举办的学期结束酒会的记录(*Husserl-Chronik*,107；123)，但慕尼黑与哥廷根在现象学思想的发展与传播中已经形成犄角与呼应之势。现象学运动至此也已经深深刻上了“现象学的慕尼黑-哥廷根学

---

① 转引自 Theodor Conrad, „An die Münchner Phänomenologengruppe von 1953/54“, in a.a.O., S. 78.

② 诺伊豪斯(Karl Neuhaus,1883-?)于 1903 年开始在胡塞尔这里学习，于 1908 年通过博士考试，成为胡塞尔的第一个博士毕业生。他的博士论文题目为:《休谟关于伦理学原理的学说》(参见 *Husserl-Chronik*, S. 77, S. 113)。——施米克尔记载说“诺伊豪斯领导了‘哥廷根哲学学会’”(参见 Franz Georg Schmücker, *Die Phänomenologie als Methode der Wesenserkenntnis: unter besonderer Berücksichtigung der Auffassung der München-Göttinger Phänomenologenschule*, Dissertation München,1956, S. 7)。由于施米克尔的资料基本来自康拉德，因此可以将它视为康拉德的说法。

③ 康拉德自己回忆说:“我在 1909 年或 1910 年断断续续地领导过这个学会，而后根据我的回忆在 1912 年 5 月 23 日应邀于 1912 年夏季学期领导过这个学会”(Theodor Conrad, „An die Münchner Phänomenologengruppe von 1953/54“, in a.a.O., S. 84)。另一位哥廷根学会成员沙普也回忆说:“我们当时在哥廷根建立了一个现象学学会，每周都有聚会，康拉德曾领导过一段时间”(Wilhelm Schapp, „Erinnerungen an Husserl“, in a.a.O., S. 20)。——将这两个记载与前面诺伊豪斯领导学会的记载相比较便可以推测：这个学会在其他时间可能是由诺伊豪斯领导的。1907 年该学会的成员主要有卡尔·诺伊豪斯、威廉·沙普、亨利希·霍夫曼、大卫·卡茨、亚历山大·罗森布鲁姆(*Husserl-Chronik*, 103)。

派”的印记。

根据康拉德1953/54年的回忆，“慕尼黑–哥廷根学派”大致由以下成员组成：“亚历山大·普凡德尔、约翰内斯·道伯特、奥古斯特·加林格、阿尔弗雷德·施文宁格、阿道夫·莱纳赫、黑德维希·康拉德–马悌尤斯、埃迪·施泰因、汉斯·利普斯、威廉·沙普、迪特里希·封·希尔德勃兰特、马克斯·舍勒、亚历山大·库伊勒、罗曼·英加尔登、亚历山大·罗森布鲁姆、弗里德里希·诺伊曼、温斯洛普·贝尔、赫伯特·施皮格伯格、菲利浦·施瓦茨，以及这个或那个成员，我对他们后来加入或——这种情况也有可能发生——退出我们这个小组的情况不了解，因此无法将他们纳入这个小组。”[①]

“哥廷根哲学学会”的成员定期聚会，在康拉德等人的领导下讨论现象学问题，主要是从他的著作《语言哲学研究》中提取的语言哲学问题，该书后来于1911年出版。除了该书之外，他在1909年出版了他的博士论文《美学的定义与研究内涵》，在1910、1911年还发表过两篇长文。[②]胡塞尔非常赏识他的工作，认为在康拉德那里，“才华、严肃的追求、纯粹的志向结合为一体”，因而必定会“不乏出色的成就”(Brief. II,15)。[③]在胡塞尔于1907年完成“超越论”转向之后，康拉德与道伯特和盖格尔一起，以“慕尼黑–哥廷根的实在论现象学”构成

① 参见 Theodor Conrad, „An die Münchner Phänomenologengruppe von 1953/54“, in a.a.O., S. 80. 康拉德列举的慕尼黑–哥廷根学派成员或胡塞尔追随者仍有遗漏。除了他给出的不含他自己在内的18人名单之外，先后到哥廷根随胡塞尔学习的至少还有瓦尔德马·康拉德、迪特里希·曼科、卡尔·诺伊豪斯等等，后来他们也属于现象学运动的骨干成员。

② 参见 Eberhard Avé-Lallemant/Karl Schuhmann, „Einleitung“, in Eberhard Avé-Lallemant/Karl Schuhmann, „Ein Zeitzeuge über die Anfänge der phänomenologischen Bewegung: Theodor Conrads Bericht aus dem Jahre 1954“, in a.a.O., S. 79.

③ 也正是在这封1907年10月15日的信中，胡塞尔提到康拉德送的金笔，他的打磨、修缮的尝试，以及他的最终导致金笔无法使用的“败坏性的细腻”。对此可以参见本卷前面“第一幕：从出生到担任教职(1859–1887年)”中的相关论述。

胡塞尔“观念论现象学”的某种意义上的对立面。但并非出于理论差异的原因，康拉德最终没有接受胡塞尔提供的在他那里完成任教资格考试并担任私人讲师的机会。他在 1912 年后很少作为哲学家出现。只是在 1968 年，即他去世前一年，他才在范·布雷达担任主编的“现象学文丛”(Phaenomenologica)发表了他的生命之作《心理生活与心理体验的本质论》。他在这里自称为“特奥多尔·利普斯的前学生和埃德蒙德·胡塞尔的后学生”。[①]

康拉德曾于 1908 年计划去纳托尔普那里在马堡完成任教资格的考试。为此纳托尔普曾致函胡塞尔，征询其对康拉德的看法。胡塞尔在 1908 年 12 月 23 日的回函中对康拉德做了相当有力的推荐:“我只能向您最热诚地推荐康拉德博士。关于他的性格和所受教育我可以说出许多好的方面。他也受到过非常扎实的科学教育:他曾专业学习过自然科学，并在物理化学中获得博士学位。后来他才完全转向哲学，并且以极大的认真与勤奋精神献身于它，对此的证明是他的那些同样在我看来十分优异的论文，我曾仔细地读过第一篇和第二篇的前半部分，而第三篇是我通过您的来函才得知的。在他那里还应得到高度评价的是:他抵御了强烈的文学才华所带来(而且恰恰是对于审美学者所带来的)的诱惑，将自身坚守在严格科学的界线之内。审美对象的构造问题是他自己提出的，而只是在第一篇文章中我才曾在引论中为他给出建议。我愿意相信，我们可以对他的认真与他的能力抱以期望:他会有优异的成就，并且在相应的进一步发展中会有极佳的成就”(Brief. V,98)。可是康拉德最终还是放弃了这个任教资格考试的计划，因为一方面，纳托尔普与马堡的另一位新康德主义哲学家、他

① Theodor Conrad, „Vorwort“, in Theodor Conrad, *Zur Wesenlehre des psychischen Lebens und Erlebens*, a.a.O., S. XIII.

的老师柯亨虽然“已经认识到在他至此为止的研究中对审美学有值得重视的‘描述性’前期准备工作，但还是从哲学审美学出发而要求他对核心问题做出更深研究”，而另一方面，他的父亲很可能是出于生计方面的考虑而要求他尽快完成学业（Brief. V,104)。

康拉德之所以最终没有继续其前途无量的哲学生涯，用范·布雷达当时（1968 年）的话来说，主要是“出于私人的原因”①；而在阿维-拉勒芒与舒曼于 1992 年为已经去世的康拉德“1953/54 年写给慕尼黑现象学小组的报告”所撰“编者引论”中，他们清楚地说明：“他后来几乎不再谈论自己，这主要是因为，他于 1912 年与胡塞尔的女学生赫德维希·马悌尤斯结婚，并且为了有利于她而最终放弃了自己的学院生涯。”②

马悌尤斯是在德国首批能够上大学的女生之一。在从女子实科中学毕业后，她起初在罗斯托克大学和弗莱堡大学学习历史与文学，而后于 1909/10 年开始在慕尼黑随盖格尔学习哲学、心理学和艺术史。她加入了当时的“慕尼黑心理学学会”并参与到对胡塞尔《逻辑研究》的热烈讨论中。经盖格尔的推荐，马悌尤斯于 1911/1912 年冬季学期到哥廷根随胡塞尔和莱纳赫学习。她加入到“哥廷根哲学学会”的讨论圈中，并且在这里与康拉德一起组织和领导相关的聚会和讨论。马悌尤斯之所以热衷于胡塞尔的现象学，是因为她觉得自己从胡塞尔那里学会了看，即能够看到自己以往从来不加注意的东西。但与所有慕尼黑-哥廷根的现象学学派成员一样，她也持守实在论现象学的立场，

---

① H. L. Van Breda, „Geleitwort“, in Theodor Conrad, *Zur Wesenlehre des psychischen Lebens und Erlebens*, a.a.O., S. X.

② Eberhard Avé-Lallemant/Karl Schuhmann, „Einleitung“, in Eberhard Avé-Lallemant/Karl Schuhmann, „Ein Zeitzeuge über die Anfänge der phänomenologischen Bewegung: Theodor Conrads Bericht aus dem Jahre 1954“, in a.a.O., S. 79.

以后则持守自然形而上学的立场，并与胡塞尔 1907 年之后的观念论现象学保持距离。

1912 年，哥廷根大学哲学系颁布以“实证主义的认识论基础”为题的有奖论文。胡塞尔还为此写过一个告示(Brief. II,20)。这个由哥廷根哲学系颁发的奖励最终奖给了马悌尤斯撰写的论文“实证主义的认识论基础——论实在外部世界的本体论与显相论(Erscheinungslehre)”。胡塞尔评价这篇论文具有“令人惊异的原创性”，它证明作者具有“不同寻常的现象学分析和哲学批判的能力”(Brief. II,21)。该论文后来被胡塞尔收在他主编的《哲学与现象学研究年刊》的第三辑(1916 年)上。但马悌尤斯并未能够在哥廷根从胡塞尔或莱纳赫那里获得博士学位，原因只是因为在她的女子实科中学毕业表中没有希腊文的课程和成绩，因而不符合哥廷根大学本身的考试规程。随后，普凡德尔将她的获奖论文认可为博士论文，于 1912 年在慕尼黑大学授予她博士学位。[①] 只是她仍然无法申请任教资格考试。这使得她失去了日后在德国大学正式担任教职的可能。

黑德维希·马悌尤斯与特奥多尔·康拉德于 1912 年结为夫妻。由于经济状况的原因，也由于她的部分犹太血统，她长期不能出版自己的著述，一直与丈夫在经营一个位于贝格匝本(Bergzabern)的果园

---

① 也许应当在此提到，后来普凡德尔对自己的这个决定并非不无后悔。直接的起因主要在于马悌尤斯在向《哲学与现象学研究年刊》提交文稿的过程中表现得——用普凡德尔加了重点号的话来说——“**最厚颜无耻的肆无忌惮**”。他在 1915 年 4 月 5 日致胡塞尔的信中写道：“我现在真正后悔当时会如此异常地欢迎康拉德-马悌尤斯女士，因为在学期结束前不久的大量其他工作之外，我还是接受了她的请求，对其博士论文做了加速的审核。大概是她作为获奖者刊登在《星期》[实为《世界明镜》]杂志上的肖像冲昏了她的头脑。她丧失了最简单的顾忌与礼貌的概念”(Brief. II,151)。——后面在追溯《哲学与现象学研究年刊》的出版时还会更为详细地再现康拉德-马悌尤斯与普凡德尔之间在《年刊》的编辑出版方面发生的抵牾。

以维持生计。[①] 这里很快成为一个现象学家们十分喜欢的聚会点。她后来结识并保持终生友谊的另一位慕尼黑-哥廷根现象学家埃迪·施泰因便是这里的常客。施泰因用另一位慕尼黑-哥廷根现象学家、她的师兄温斯洛普·贝尔(Winthrop Pickard Bell,1884-1965)从加拿大提供的资金，在这个“现象学者之家”或“哲学家之家”里建立了一个小图书馆。[②]

直至1930年，马悌尤斯才得以重新开始自己的哲学研究。她曾计划在胡塞尔主编的《哲学与现象学研究年刊》上继续发表她的研究成果，但《年刊》这时已经完成了其历史使命。虽然胡塞尔还计划继续出版，但事实上1930年出版的第十一辑已经是它的最后一辑了。关于马悌尤斯的哲学思想与胡塞尔现象学的关系，胡塞尔自己在1932年11月28日致马悌尤斯的信中做过坦诚的评价：“感谢您重给我寄来您的论文。我无法在您的形而上学道路上同行。您的哲学思考与我称之为现象学的东西有天壤之别。我不再期待您还会找到时间和内心自由来对我的更大著作(从《观念》算起)的研究进行一次当然是极费精力的和长期持续的研究，以及您还会知道我所说的现象学是什么——这当然是任何赞成或拒绝的前提。毕竟我仍然对您的成长以及对您自己构建哲学的风格感兴趣”(Brief. II,19f.)。

1937年马悌尤斯与丈夫康拉德卖掉贝格匝本的果园，回到慕尼

---

① 胡塞尔于1921年曾想帮助马悌尤斯在《哲学与现象学研究年刊》上发表其自然哲学方面的著作，1923年曾想帮助她获得一个十万马克的奖研金，1932年则为她向剑桥的一个基金会提交的奖研金申请撰写推荐函，但这些努力最终都未成功。

② 关于这个被称作“现象学者之家”的贝格匝本学者圈，还可以参见汉斯·莱纳·塞普(Hans Rainer Sepp)指导的并于2013年通过的布拉格大学哲学博士论文《现象学之家：早期现象学运动语境中的贝格匝本学圈》，该论文后来正式出版。参见Joachim Feldes, *Das Phänomenologenheim. Der Bergzaberner Kreis im Kontext der frühen phänomenologischen Bewegung*, Nordhausen: Traugott Bautz, 2016.

黑。1944年,她发表了《自然的自身构建》的著作。二战之后,她自1949年起在慕尼黑大学任自然哲学的委任讲师。在她身边有一个听众和学生的圈子,这个大约由17人组成的、被他们自称为“现象俱乐部”的小组于1953/54年起定期在晚上聚会,以1907年在哥廷根进行的哲学讨论为楷模。她的丈夫康拉德也参与这个聚会和讨论。前引康拉德“1953/54年写给慕尼黑现象学小组的报告”便是写给这个俱乐部的组织者施米克尔(Franz Georg Schmücker)的。当时讨论的题目是“关于作为通向哲学的特殊通道的现象学方法之本质的现象学研究”。这些讨论最终产生的结果之一是施米克尔的博士论文:“作为本质认识方法的现象学,尤其关注慕尼黑–哥廷根现象学学派的观点”。[①] 因此可以说,慕尼黑–哥廷根学派思想传承的脉络一直延续到战后。马悌尤斯于1955年成为慕尼黑大学的名誉教授。她先后发表了《时间》、《存在》、《空间》的三部曲,以及其他一系列著作。

康拉德–马悌尤斯于1966年辞世。她的丈夫康拉德在其1967年撰写的《心理生活与心理体验的本质论》一书“前言”中说:“这几年我曾每周一次将这些结果在类似讨论课的聚会中在我妻子黑德维希·马悌尤斯–康拉德的一个学生小组面前做过演讲,而后在与我的妻子达成一致的情况下,我在慕尼黑将它们整理成书面文字。这份于这几年中产生的文稿再次被通读,并且被赋予了一个最终的形式。随着它的发表,我现在遵从了我妻子常常表达的一个愿望。”[②]

① Franz Georg Schmücker, *Phänomenologie als Methode der Wesenserkenntnis: unter besonderer Berücksichtigung der Göttinger Phänomenologenschule)*, Dissertation München, 1956.

② 参见 Theodor Conrad, „Vorwort“, in Theodor Conrad, *Zur Wesenlehre des psychischen Lebens und Erlebens*, a.a.O., S. XIV.

1905 年

这里还要再回到 1905 年！在胡塞尔于哥廷根生活工作的十五年里，1905 年是一个标志性的年份。他的思想中有几个重要的里程碑事件都发生在这一年。如前所述，**首先**是前面已经论述过的胡塞尔与狄尔泰的相识与相交发生在这一年，这里不再赘论；**其次**是胡塞尔从这年开始受利普斯的影响而开始思考交互主体性现象学的问题，前面也已做了阐述。**再次**是胡塞尔于这年做了“内时间意识现象学讲座”，将《逻辑研究》中讨论的“意向性”从“横意向性”扩展到了“纵意向性”；**最后**是胡塞尔于这年夏天在奥地利西费尔德度假，其间写下著名的“西费尔德文稿”（Seefelder Blätter,A VII 25），并在其中提出了“现象学还原”的概念，由此而开始了他的“超越论转向”。

这四个事件之间既存在着时间上的并列关系，也存在着实事性的内在联系和发生上的逻辑顺序。笔者在这里接下来要讨论的是第三个事件，即“内时间意识现象学讲座”。

《内时间意识现象学讲座》(1905 年)

从《逻辑研究》、《现象学的观念》、《哲学作为严格的科学》到《内时间意识现象学》，胡塞尔的这些早期著作与讲座稿的主要部分再现了他从 1900 年到 1907 年期间的思想发展，即在超越论现象学的转向发生之前的基本思考方向，尤其是在《逻辑研究》与《内时间意识现象学》之间所贯穿的一条红线。我们完全可以把《内时间意识现象学》看作《逻辑研究》的续编。这个说法并非是一个基于笔者个人偏好的杜撰，而是依据了以下明见的事实，即：两者在内容上有本质上的承接性。在两本著作中所做的研究几乎是交错进行的。

胡塞尔本人在 1904/05 年冬季学期所做的题为“现象学与认识论的主要部分”的哥廷根讲座的开始部分曾做过如下说明：

“新近在对我的旧设想的彻底审视中，我便以此方式发现了一些思想序列，它们在我的《逻辑研究》中并未得到应有的对待，我当时已经讨论过的一些本质难题，在我的这部著作中几乎没有被触及并且没有得到进一步的研讨。甚至整个**回忆**领域，因此还有**本原的时间直观现象学**的全部问题，在这部著作中都可以说是处于一种死寂的状态。我当时无法战胜这里所存在的异常的困难，它们也许是整个现象学中的最大困难，而由于我不想事先就束缚自己，因此我便宁可完全保持沉默。”[①]

① 参见波姆：“编者引论”，载于胡塞尔：《内时间意识现象学》，倪梁康译，北京：商务印书馆，2017 年，第 4-5 页。

此后胡塞尔在1904/05年之所以重又回到这一课题上并在讲座中讨论这一问题，原因在于：

“看起来最好的做法是：我们在共同的工作中自己来详细地探讨相关的问题，我们尽我们之所能来追踪这些问题。只要允许，我们就至少要把困难与理解的可能性清楚地表述出来，我们始终要弄清，真正的问题何在，如何纯粹地把握它们，如何将它们一劳永逸地表述出来。在我作为作者保持了沉默的地方，作为教师我却可以做出陈述。最好是由我自己来说那些尚未解决、更多是在流动中被领悟到的事物。”①

一度与胡塞尔走得最近的海德格尔，也在1928年出版的《内时间意识现象学讲座》的“编者的前说明”中明确地点出了该书与《逻辑研究》的内在联系：

“这里至关重要的是对时间意识的意向特征的析出和对**意向性**一般的不断增强的根本澄清。仅这一点——撇开个别分析的特殊内容不论——就已经使得下列研究成为对在《逻辑研究》中首次进行的意向性之基本昭示的一个不可或缺的补充。”②

为此提供论证的还有芬克，他在替胡塞尔为《哲学家辞典》（柏林，1937年）而写的“自我阐述”条目中写道：

“在《逻辑研究》之后，胡塞尔的研究致力于将现象学系统地扩展为一种普全的意识分析学。从1905年关于直观现象学的哥廷根讲座的更为宽泛之联系中，产生出了1928年才发表的‘内时间意识现象学讲座’（由海德格尔编辑出版）。如果《逻辑研究》因其论题而主要将目光朝向自发主动性的意向成就上，那么在这些‘讲座’中所揭

① Ms. F I 9/4a-b，参见波姆：“编者引论”，同上书，第5页。

② 海德格尔为1928年《胡塞尔内时间意识现象学讲座》所撰“编者的前说明”的全文再现于波姆的“编者引论”中，参见同上书，第14-15页。

示的则是纯粹被动发生的意向成就,在这些成就中,流动中的意识生活在一种隐蔽的连续综合中,按照一种严格的本质规律性,作为在时间上存在的体验流而自为地构造起自身。在这里开启了对意向性本质以及对其构建意向蕴涵的诸方式的全新洞察。在这里已经实施了对所有超越的有效性的彻底排除的方法,但还缺少一种对从纯粹现象学上理解的心理学意义上的主体性和超越论的主体性的原则对照”(Hua XXVII,250)。

凡此种种,都表明了一个事实:《内时间意识现象学》的内容无论在其问题发生方面、还是在其逻辑展开方面,都是对《逻辑研究》的直接承续。

除此之外,《内时间意识现象学》之所以至关重要的另一个原因在于,胡塞尔生前仅仅发表过两部非引论性的现象学著作,一本是《逻辑研究》,另一本就是《内时间意识现象学讲座》。它们似乎一同构成了在海德格尔代表作《存在与时间》的标题中所突显出的两个最纯粹的哲学问题:存在与时间。它们在胡塞尔的哲学意识中就意味着:存在意识或(被意识的存在:Bewußt-sein)与时间意识(Zeitbewußtsein)。

很有意思的是,在完成超越论的转变之后,胡塞尔在公开发表的著作中便忙于对超越论现象学做方法上的引介和论辩,给人的印象是他无暇再顾及实事方面(内容方面)的分析了——至少从他发表的其他著作的标题来看是如此。

然而实际情况却恰恰相反。从胡塞尔未发表的大量文稿来看,他绝大多数的时间仍然奉献给了现象学的实事性研究。这恰恰符合他所提出的“现象学是工作哲学”的主张。就内时间意识的现象学分析而言,胡塞尔一生对内时间意识的集中分析主要是在以下三个时期进行的(这里不去考虑他在其他时间对此问题的断续的、零碎的思考):

第一阶段：1904/05 年，也可以说一直延续到 1911 年；第二阶段：1917–1918 年；第三阶段：1929–1934 年。

1）首先是在 1904/05 年冬季学期，胡塞尔做了著名的"现象学与认识论的主要部分"的讲座，其中第四部分在"论时间现象学"的标题下专门分析内时间意识。实际上，他此前已经对该问题做了十多年的思考，而此后他的现象学分析也对时间意识问题不断地有所涉及，此种情况一直持续到 1911 年。

1916 年，埃迪·施泰因担任胡塞尔的助手，一年后开始加工处理胡塞尔挑选出来的一批文稿，这些文稿以 1904/05 年"现象学与认识论的主要部分"中时间讲座部分的文稿为主，同时也包含胡塞尔在此前后所写下的研究文稿。[①] 胡塞尔本人也参与了这些处理和加工。尽管埃迪·施泰因很想发表处理后的文稿，但胡塞尔本人一直将它们搁置在一边。

直至 1926 年，在海德格尔准备于胡塞尔主编的《哲学与现象学研究年刊》第八辑上发表其《存在与时间》一书时，胡塞尔才忽然想到，委托海德格尔来编辑出版这些十年前由埃迪·施泰因加工处理并誊写完毕的时间构造研究的文稿。海德格尔只是仔细地阅读了这些文稿并在文字上稍加改动便将胡塞尔的文稿交付出版，于 1928 年发表在《哲学与现象学研究年刊》的第九卷上。《内时间意识现象学》著作的"A 编"，便是对 1928 年出版的《胡塞尔内时间意识现象学讲座》的考证、修订后的重印。

1928 年出版的这部《胡塞尔内时间意识现象学讲座》，即"A 编"的第一部分，是由 1905 年关于内时间意识现象学的讲座文稿所构成。

---

① 按照编者波姆的说法，"今天已经很难知晓，胡塞尔在这里赋予他的女助手的究竟是完全确定的任务、确切的指示，还是扩展了的全权和任凭她决定的自由"（波姆："编者引论"，同上书，第 8 页）。

另一部分，即“A编”的第二部分，则是“1905–1910年间对时间意识分析的续加和补充”的十三个附录。

但需要注意的是，埃迪·施泰因的加工处理，现在看来并未充分考虑到——无论胡塞尔本人还是埃迪·施泰因都没有顾及到这一点——胡塞尔时间意识研究各个时期的原初语境，而是将它们统一放到了胡塞尔1917年的思考层次上。这样，在经过加工处理后，许多意义关联便丧失了，一些真正的问题也没有得到完整的表达。

鉴于此，考证版《胡塞尔全集》第10卷的编者鲁道夫·波姆在本书中增加了“B编”，即“表明此问题发展的增补文字”，以此来如实地再现胡塞尔1893–1911年期间时间意识思考的历史脉络与原初语境。这部分文字占了全书五分之三的篇幅。

2)另一次集中而有效的时间意识分析是胡塞尔在1917–1918年期间进行的。在1928年发表的《胡塞尔内时间意识现象学讲座》中，海德格尔已经在“编者的前说明”中预告：胡塞尔“关于时间意识还有进一步的研究，尤其是自1917年重又开始的、与个体化问题相关联的研究，它们将留待以后发表。”①

胡塞尔在这个时期对时间意识做此集中分析有一个外在的起因，即埃迪·施泰因对胡塞尔时间问题文稿的加工处理。她促使胡塞尔放下其他的工作，专心于时间问题的思考分析。这些思考分析是胡塞尔1917–1918年在贝尔瑙地区②的两次度假期间③完成的，因此也被称作“贝尔瑙文稿”。它在胡塞尔遗稿中的编码是L，因此也被称作“L文稿”。这些文稿有两部分，每个部分由21个卷宗组成。它们之中的

① 波姆：“编者引论”，同上书，第14页。

② 这是德国南部巴符州黑森林地区的一个度假地。

③ 1917年8月和9月以及1918年2月和3月。

一部分内容已经在 1928 年发表的《胡塞尔内时间意识现象学讲座》中得到体现，但大部分内容虽经海德格尔预告，在胡塞尔生前却始终保存未发，一直到 2001 年才作为《胡塞尔全集》第 33 卷由 R. 贝耐特和 D. 洛玛编辑出版，题为："《关于时间意识的贝尔瑙文稿》(1917-1918 年)"。

在胡塞尔于 1927 年交给海德格尔编辑出版的文稿中，并不包含 1917-1918 年的贝尔瑙文稿。海德格尔之所以知道这个文稿并宣告它即将发表，除了因为胡塞尔此前在 1918 年致海德格尔的信中便提到这个时期的工作以外，更重要的是因为胡塞尔在 1927 年 9 月同时也请 R. 英加尔登、后来又请 E. 芬克帮助他编辑出版 1917-1918 年的贝尔瑙文稿。[①]

胡塞尔本人非常重视这部时间意识现象学的研究，并在给海德格尔和英加尔登的信中将这个贝尔瑙文稿称作"一部巨著"或"我的主要著作"。[②] 胡塞尔在英加尔登 1927 年到访时曾对他说明这部著作的内容："这是 1917/18 年在贝尔瑙写下的关于时间构造意识和关于充实了的时间以及与此相关的个体化问题的笔记。它们是最艰难的现象学问题——之所以是最艰难的，一方面是因为它们所涉及的是在这样一个领域中进行的直观把握，反思的观点在这里始终带有对在素朴体验中进行的东西做出篡改和推移的危险；另一方面是就语言复述的可能性而言，这是对在原初体验中被意识到的东西的语言复述，因为语言本身在其自己带有的形式结构中和范畴表述中是与被构造的世界相配合的，并且必须以某种方式得到根本的改造，而后它才有能力

---

① 参见 Rudolf Bernet/Dieter Lohmar, „Einleitung der Herausgeber", in Hua XXXIII, S. XXII, S. XXIV.

② Rudolf Bernet / Dieter Lohmar, „Einleitung der Herausgeber", in Hua XXXIII, S. XXII, S. XVIII.

在无篡改的情况下对原初被体验的东西以及原初才构造出时间的体验进行复述。"[①]

《关于时间意识的贝尔瑙手稿》于2001年出版，而后引起了国际现象学研究界的热烈讨论，因为其中包含了许多在1928年出版的《胡塞尔内时间意识现象学讲座》中未曾呈现的内容：一方面，个体如何通过时间意识而产生的问题，亦即被胡塞尔称作在时间意识分析中的"个体化现象学"的问题，在1928年的《胡塞尔内时间意识现象学讲座》之后得到了进一步的展开。另一方面是胡塞尔在此对内时间意识现象学中的"前摄"、"期待"和"未来"有集中的分析，改变了人们对胡塞尔时间意识现象学偏重于分析过去，而海德格尔的时间理解着眼于未来的印象。此外，对"立义形式-立义"模式在时间意识问题上的运用，对本原意识的无穷倒退问题的思考，对原河流与自我时间化关系问题的描述等等，也作为贝尔瑙文稿的重要内涵而引起人们的注意。[②]

所有这些新的内容加在一起，便赋予了胡塞尔的时间意识现象学以一副新的面孔，以至于该书的编者、鲁汶胡塞尔文库的主任R.贝耐特可以用"胡塞尔贝尔瑙手稿中的时间意识**新**现象学"来称呼它。[③]

3)胡塞尔对时间问题的最后一次集中深入的探讨是在1929年10

---

① 英加尔登："五次弗莱堡胡塞尔访问记"，倪梁康译，载于《广西大学学报》，2016年第4期，第30页。

② 还有，在贝尔瑙文稿中，内在时间对象被胡塞尔标识为时间的"发生"(Ereignisse)，而关于这些内在时间对象的内意识则被标识为"体验"(Erlebniss)，这个做法也十分值得关注(参见 Rudolf Bernet/Dieter Lohmar, „Einleitung der Herausgeber", in Hua XXXIII, S. XXXVI)，尤其是如果在这里的"Ereignisse"概念与海德格尔1936年提出的"Ereignisse"概念之间存在某种内在关联的话。

③ 贝耐特："胡塞尔贝尔瑙手稿中的时间意识新现象学"，载于《中国现象学与哲学评论》第六辑，上海：上海译文出版社，2004年，第116-137页。——关于贝尔瑙文稿中时间意识分析的较为集中的讨论，还可以参见该书中的其他两篇文章(J. R. 门施："胡塞尔的'未来'概念"，同上书，第138-166页；D. 洛玛："前摄'前摄'了什么?"，第167-190页)。

月至1934年9月间进行的。现在还很难有把握地确定这次探讨的直接起因是什么。很可能是因为《胡塞尔内时间意识现象学讲座》一书在1928年的出版。对于胡塞尔来说，这只是他早期的研究成果，因此他很可能急于想把他在贝尔瑙的进一步的、更为成熟的思考公诸于世。这样，从1928年起，胡塞尔在他的私人助手芬克的帮助下，对贝尔瑙文稿进行整理加工，以便能够将它们付诸出版。

由于此间一些报告（"阿姆斯特丹报告"、"巴黎报告"）、文章（《不列颠百科全书》中的"现象学"条目）和著作（《形式逻辑与超越论逻辑》、《笛卡尔式沉思》）的插入撰写，"贝尔瑙文稿"的加工整理工作时断时续。一直到1934年胡塞尔开始撰写《欧洲科学的危机与超越论现象学》时正式中止。在此期间产生的新文稿被保留在鲁汶胡塞尔文库中。它们在胡塞尔遗稿中的编码是C，因此也被称作"C文稿"，共有17个卷宗。

胡塞尔在此段时间的时间意识分析工作中曾有过最乐观的时期。那时他甚至设想并在信中提到要将"贝尔瑙文稿"与"C文稿"分两卷出版。[①] 但如前所述，胡塞尔生前还是没有能够将"贝尔瑙文稿"公开发表，它们最终是作为《胡塞尔全集》第33卷出版于2001年。而新产生的"C文稿"则是作为《胡塞尔全集资料编》第8卷，由迪特·洛玛编辑，新近出版于2006年。

胡塞尔于1929年至1934年这段时间就时间意识现象学所做工作的目的在于，"对由《内时间意识现象学讲座》（1905/06年）开始、在'贝尔瑙文稿'中得到继续的时间构造的所有阶段进行一个全面的分析"。如果说，"内时间意识现象学讲座"和"贝尔瑙文稿"的主要意图是对内时间意识结构的分析，即把握当下的"滞留、原印象、前摄"

---

① 参见 Dieter Lohmar, „Einleitung des Herausgebers“, in Hua Mat. VIII, S. XIV.

的形式结构，那么“C 文稿”的主要目标和大部分内容就在于：“研究在具体的、活的当下中的自我时间构造，并且澄清在从主体的延展和持续生动流淌着的当下向客观的、共同体地被构造的时间过渡过程中的所有构造阶段。”①

现在还不能肯定，这些研究在多大程度上影响了胡塞尔随后在《危机》书中提出的欧洲科学批判以及生活世界理论。但基本上可以肯定的是，这些“C 文稿”的内容与在《笛卡尔式沉思》中讨论的交互主体性问题、亦即共同体问题息息相关。

回顾一下胡塞尔一生中的这三个时间意识现象学分析的阶段，我们会发现一个令人诧异又让人深思的事实：在内时间意识或时间构造这个极为重要的现象学问题的分析上，胡塞尔从未对自己的思考努力感到完全满意过。无论是埃迪·施泰因，还是海德格尔，或是芬克，都没有能够通过自己的努力、通过对文稿的整理和加工而使得胡塞尔相信自己的时间研究可以公诸于世。若不是海德格尔对待胡塞尔时间意识文稿的“泰然任之”，胡塞尔很可能一生都没有出版一部关于时间意识分析的论著！我们后人所面对的就会是他的三部“未完成交响曲”！

当然，胡塞尔本人并不这样看。英加尔登回忆自己 1927 年在弗莱堡对胡塞尔的访问时说：“胡塞尔带着一种相当不屑的口气来论述这个‘讲座’，并且认为，不值得发表这样一个不成熟的文本。”② 而凯恩斯在三十年代与胡塞尔的对话中则记录说：“对于时间讲座就那么出版了，胡塞尔感到很遗憾。如果那时候芬克就在的话，他们肯定会

① 这一段落中的引文出自 Dieter Lohmar, „Einleitung des Herausgebers“, in Hua Mat. VIII, S. XIV.

② 英加尔登：“五次弗莱堡胡塞尔访问记”，同上书，第 30 页。

把后期时间讲座放在一起整理出版。"[1]

在完成对胡塞尔时间现象学论题的历史发展的梳理和基本内容的介绍之后，接下来笔者还阐述1905年在胡塞尔思想中发生的第四个事件，一个被胡塞尔自己称作"内在的转折"的事件："现象学还原"概念的提出以及由此导致的向超越论哲学的转向。

超越论哲学的"转向"

1905年，胡塞尔的"现象学还原"的概念提出与他的超越论现象学转向是同步进行的，甚至可以说，前者与后者是等义的。此前笔者已经一再谈到胡塞尔的"超越论的转向"，以及由此引起的与慕尼黑-哥廷根学派的"现象学分歧"，即在一个学术共同体共同认可与使用的称呼下所包含的内部分歧。关于这个从1907年前后开始，到1913年公开表露的"超越论转向"，现象学运动史上已有详尽而充分的阐述。它代表了胡塞尔一生中最重要的思想"变化"或"发展"。但严格说来，它既不能被称作"变化"，也不能被称作"转向"，至少从胡塞尔本人的角度来看就是如此。也正因此之故，笔者在《现象学及其效应》一书中曾特别用一章的篇幅来论述"胡塞尔从本质现象学向超越论现象学的必然过渡"。[2] 这里因而也就不再从学理上对这个过渡的必然性做重复论证，而只是依据新增的文献资料对这个导致了早期现象学运动分化或分流为实在论现象学与观念论现象学的事件做一个

---

① Dorion Cairns, *Conversations with Husserl and Fink*, ibid, p. 28. ——这里所说的"后期时间讲座"应当是指贝尔瑙手稿，而非讲座稿。

② 对此详细论述可以参见笔者：《现象学及其效应——胡塞尔与当代德国哲学》，北京：三联书店，2005年，第二版，第86-102页。

思想史的回顾与思考。

胡塞尔这个思想“转向”或“过渡”虽然已经在他于1905年与慕尼黑现象学家的初次会面中已有所流露，并且后来也通过他的讲座而一再地被慕尼黑学派的成员如莱纳赫、道伯特、普凡德尔、康拉德等人敏锐地注意到，但真正公开的文字表达是在其1913年发表在《哲学与现象学研究年刊》第一卷上的《纯粹现象学与现象学哲学的观念》第一卷中完成的。胡塞尔在这里将“现象学”标示为“超越论的现象学”，并将它视之为“全部近代哲学的隐秘渴望”(Hua III/1, § 62)，因此而自觉地将自己纳入近代欧洲的笛卡尔-康德思想传统之中。

对此，属于从慕尼黑“入侵”哥廷根的现象学运动早期重要成员的希尔德勃兰特在其自传中回忆说：“可是当胡塞尔在1913年发表他的《纯粹现象学与现象学哲学的观念》一书时，我痛心地看到——阿道夫·莱纳赫也一样——胡塞尔完全背弃了他在《逻辑研究》第一版中的伟大发现，他的哲学完全转向了观念论，表现出一种极端的超越论倾向。胡塞尔晚年所的理解的以及今天许多现象学家所理解的现象学这个术语，与我所称之为现象学的东西毫无关系。”[①]

而普莱斯纳在其自传中则写道：“胡塞尔的追随者们，即那些最早的现象学家，如舍勒、康拉德-马悌尤斯、普凡德尔、盖格尔、施泰因都不太喜欢这一变化。”“现象学之所以对我们这一代产生巨大吸引力，其原因在于：它通过一种开放性研究的方法，重新为自然式的观察世界的观点恢复了名誉；这种方法的目标是信任那种在所有领域内最原切的经历。这项工作的矛头从根本上是对准那些不可避免的异化，即在一切领域出现的科学化倾向的。胡塞尔希望把这项工作理

---

① 参见迪特里希·封·希尔德勃兰特：“哲学自述”，载于L. J. 朋格拉斯(编)：《德国著名哲学家自述》(中册)，同上，第71页。

解为严格的科学并不断推进它。其中对持续进步进行现代研究的图景一直指引着他，这种持续进步在其结果及其不断修正中沉淀下来。推进现象学的实际方式正好符合这种图景。人们一定要问，靠结果来予以保证的思想符合现象学实践的精神吗？不管怎样，胡塞尔始终坚持这些想法，他在 1913 年的《纯粹现象学与现象学哲学的观念》一书中设法以现象学方式来证明现象学的知识学就是这样一种严格科学。但是他的思想和康德关于我思的理论显然太相似，例如我思必须始终能够伴随我的一切表象。本质科学作为先验主义学科的根本特征等。这些都进一步促使旧慕尼黑学派与他不断拉开距离。他一贯主张纯粹意识在方法论方面有优先地位，这使人想起观念论。"①

康拉德在他 1953/54 年写给慕尼黑现象学小组的报告中特别强调了这个分歧，或者说，强调了慕尼黑-哥廷根学派有别于胡塞尔的方法特点："如果以下谈到'那门'现象学，那么需要对用此词之所指做一个准确的实事上的仔细阐明和一个历史的排列。因为既不能将它理解为在胡塞尔的不同著作中所意指的、因胡塞尔学说的种种发展步伐而每每得以形成的各种不同的东西，更不能理解为如今在所有可能的、不仅限于哲学的学科中蔓延开来的对此已成时尚之词的极度滥用。只能理解将它为那种在被正确地称作'慕尼黑-哥廷根学派'的胡塞尔追随者中铸成的哲学方法。令人欣慰的是这种在 1902 至 1912 的整整十年间逐渐成长起来的现象学学派于此时此地的慕尼黑重又兴起了，它在与利普斯的心理主义的多年激烈抗争中、同样也在多年来它的所有成员与胡塞尔的多年论争中已经得到确定和统一，以至于它在这里和在国外的所有代表人物都拥有同一种方法立场，并且言说

---

① 参见赫尔穆特·普莱斯纳："哲学自述"，载于 L. J. 朋格拉斯（编）：《德国著名哲学家自述》（上册），同上书，第 260-261 页。——译文略有改动。

同一种语言。"[①]——这篇报告的编者阿维·拉勒芒和舒曼都与"慕尼黑-哥廷根学派"的传统十分接近,而且深谙其道,前者是其"在这里的代表人物"马悌尤斯-康拉德的助手和朋友,后者则是另一位"在国外的代表人物"施皮格伯格的助手和朋友,但他们在这里也忍不住要为康拉德报告的这段话加上一个脚注:"这些说法当然还有待斟酌(cum grano salis)。"[②]

的确,从我们至此为止所看到的来自现象学内部的反对意见中,似乎每个人都是以自己的方式来反对胡塞尔的这一思想走向,而他们的共同之处仅仅在于:他们都在坚持《逻辑研究》(1900/01)时期的胡塞尔,反对《观念》第一卷(1913)时期的胡塞尔。

显然不存在一个慕尼黑-哥廷根学派的反胡塞尔统一战线。范·布雷达曾想对慕尼黑现象学的特点做出概括:"放弃所有统一化的和简单化的系统化,它会允许在束缚的形式中接受对研究结果的认识,同时无须再次承受在导向它的途径方面的努力;始终准备根据向现象及其展示方式的持续回溯而做出自我纠正和自我批评;拒绝所有的建构以及所有无法在被给予之物中验证的思辨,并且耐心地停留在有待把握的活的现象近旁:这是'慕尼黑现象学'的本质标记。"[③]但是,要想以此统一标记作为抵御胡塞尔的观念论现象学的根据是远远不够的,甚至可以说是毫无意义的,因为胡塞尔会带着微笑在上面列出的每一条主张下面签下自己的名字。

---

① Theodor Conrad, „An die Münchner Phänomenologengruppe von 1953/54", in a.a.O., S. 80.

② Eberhard Avé-Lallemant/Karl Schuhmann, „Einleitung", in Eberhard Avé-Lallemant/Karl Schuhmann, „Ein Zeitzeuge über die Anfänge der phänomenologischen Bewegung: Theodor Conrads Bericht aus dem Jahre 1954", in a.a.O., S. 85, Anm. 9.

③ H. L. Van Breda, „Geleitwort", in Theodor Conrad, *Zur Wesenlehre des psychischen Lebens und Erlebens*, a.a.O., S. XI.

胡塞尔自己认为，他与慕尼黑-哥廷根学派的现象学分歧仅仅是在他的现象学哲学的诉求与慕尼黑-哥廷根学派的现象学心理学的诉求之间的分歧，甚至不是分歧，而只是差异：一种由于停留在《逻辑研究》阶段与由于进展到《观念》第一卷阶段而形成的步骤上的不一致。他在《观念》第一卷中将它们称作“第一步”和“第二步”，即在具体的现象学还原方法上的步骤顺序（Hua III/1, § 61）。如果第一步是“本质还原”（或本质直观、观念直观的方法），那么第二步就意味着“超越论还原”（“悬搁”、“加括号”、“中止判断”等等）；这个步骤的顺序反过来也是可行的。[①] 因而这里对于胡塞尔来说无“背弃”和“转向”问题可言，至多在这里可以谈得上一种“变化”。但此“变化”对于胡塞尔来说是内在的、必然的，因而更恰当的说法应当是“发展”。我们从胡塞尔 1901 年 8 月 22 日写给他的挚友阿尔布莱希特的信中可以看出，上面所说的第二步实际上已经有意无意地隐含在第一步中：“纳托尔普（在其对第一卷的书评中）正确地注意到，我为纯粹逻辑学设定的目标本质上与康德的认识批判的目标相合。事实上，我在尝试一种新的认识批判，但我还不完全拥有它。这是一些开端，它们需要在重要的方向上有所进展”（Brief. IX,25）。即使胡塞尔此刻尚未使用“现象学的还原”、“悬搁”、“加括号”、“中止判断”等等语词，但认识批判与理性批判的超越论意向已经呼之欲出。

在此后的一段时间里，胡塞尔为此问题所付诸的思考努力在他遗留下来的文稿中随处可见。1902/03 年冬季学期，他开设了“普遍认识论讲座”，在这个讲座稿卷宗的封面，他于 1903 年 3 月 4 日写下一段直接表达他那个时期心绪的笔记：“时而我会有把握地意识到：我

① 对此可以参见笔者：《意识的向度——以胡塞尔为轴心的现象学问题研究》中“方法篇”第三章“两个还原的关系与科学总体结构”的论述（北京：北京大学出版社，2007 年，第 44-55 页）。

在认识批判中比我的任何一个前辈都走得更远，我在显著的、部分是完善的明晰性中直观到我的前辈们几乎没有预想到的或还留放在混乱中的东西。然而，在这些页张中有多少不清晰，有多少半途而废的工作，在个别问题上还有多少折磨人的无把握。还有多少是单纯的准备和在通向目标之途中的单纯搏斗，而不是真正达到了和全面直观到了完整的目标本身。我没有能力在加倍有力的搏斗中和在付诸所有生命力的情况下真正地达到目标吗？这种作为未解问题之标志的含糊不明、这种折磨人的不安竟然是可以忍受的吗？所以我在多年之后始终还是新手和学徒。我不是想成为大师吗！把握今天(Carpe diem)！”(*Husserl-Chronik*,74)[①]

这个努力的结果于1905年初见端倪。首次的表露是在胡塞尔写于1905年夏的“西费尔德文稿”(Seefelder Blattern, A VII 25)中，他在那里提出了“还原”的概念。胡塞尔自己也在后来的手稿中确定：“在西费尔德文稿中我已经找到‘现象学还原’的概念及其准确使用”(*Husserl-Chronik*,92)。这里所说的“西费尔德”，就是胡塞尔从1905年8月13日至大约9月23日期间夏季度假所在的奥地利提洛尔地区的西费尔德。胡塞尔当时从哥廷根出发，先在慕尼黑滞留，拜访了特奥多尔·利普斯，而后再赴西费尔德。8月下旬，普凡德尔也像道伯特此前从布伦瑞克到哥廷根拜访胡塞尔时所做的那样骑车赴西费尔德，在那里与胡塞尔会面，进行现象学问题的讨论；参加讨论的还有其他三位属于慕尼黑哲学小组的人：道伯特、加林格、维尔曼。如前所说，他们在讨论中已经在一些问题上产生分歧，因为胡塞尔此时显然已经初步进入超越论-观念论现象学的思想视域，而慕尼黑学派的成员们仍然还停留在《逻辑研究》的语境中，并且竭力要求胡塞尔

① 胡塞尔自己后来在上面标明这是一次“倾泻而出”(Erguß)。

坚持这个方向。这与狄尔泰几乎与此同时建议胡塞尔不要修改《逻辑研究》的做法几近一致，不谋而合。

当然，仅仅在“西费尔德文稿”提出“现象学的还原”，还不能表明胡塞尔这时已经迈出他所说的“第二步”。真正迈出第二步的应当是 1907 年 4 月 26 日至 5 月 2 日的五次讲座，它们就是在胡塞尔去世后作为《现象学的观念》出版的《胡塞尔全集》第 2 卷。“实际上 1905 年［西费尔德文稿］只能说是第一次胆怯的触摸，而在五篇讲座稿中，这个思想已经在它的全部意义上被表述出来，并且已经可以看出它与构造这个根本问题的联系。”[①]“在五篇讲座稿中，胡塞尔第一次公开地阐述了这些可以说决定了他以后全部思想的想法。在这些讲座中，他既清楚地阐述了现象学还原的思想，也清楚地阐述了对象在意识中构造的基本思想。”[②]

对这样一种新的现象学精神态度的扼要表达更早还可以在胡塞尔于 1907 年 1 月 12 日致胡戈・封・霍夫曼斯塔尔(Hugo von Hofmannsthal,1874-1929)的信中找到。[③]霍夫曼斯塔尔是奥地利的作家，写过许多剧作、散文、诗歌，他于 1906 年岁末因邀在哥廷根做题为“诗人与这个时代”的讲演，顺道于 12 月 6 日拜访了胡塞尔一家。胡塞尔与霍夫曼斯塔尔之间的关系缘起于两人妻子间的亲戚关系：胡塞尔的妻子马尔维娜是霍夫曼斯塔尔的妻子格尔梯希的亲戚，马尔维娜在与胡塞尔结婚前曾在格尔梯希祖母的家中生活过几年。霍夫曼

---

① 比梅尔：“编者引论”，载于胡塞尔：《现象学的观念》，倪梁康译，北京：商务印书馆，2019 年，第 3-4 页。

② 比梅尔：“编者引论”，载于胡塞尔：《现象学的观念》，同上书，第 3 页。

③ 1989 年 7 月，笔者在比利时鲁汶大学胡塞尔文库修改博士论文时，鲁道夫・贝耐特教授向我极力推荐并提供了这封当时尚未公开出版的通信。此后笔者将其译成中文，附“编者按”收入笔者所编《胡塞尔选集》两卷本(上海：上海三联书店，1997 年，下卷，第 1199-1204 页)。它的德文原文现收于《胡塞尔书信集》(Brief. VII,133-135)。

斯塔尔在拜访时曾送给胡塞尔几篇自己创作的“小短剧”，胡塞尔随后为这些“精美的馈赠”致函道谢，顺便阐述了他近期在现象学思考方面的进展。

在胡塞尔对其超越论现象学的性质与方法的阐述中，没有比这封信更简明扼要的阐述了，而且这里还夹杂着胡塞尔对现象学直观与艺术直观的比照思考：“为了把握哲学基本问题的清晰意义和为了把握解决这些问题的方法，我曾进行了多年的努力，我所得到的恒久的收获就是‘现象学的’方法。它要求我们对所有的客观性持一种与‘自然’态度根本不同的态度……在现象学的精神态度中，所有哲学问题都可以得到解决。因为现象学的方法也要求严格地排除所有存在性的执态。首先是在认识批判之中排除所有存在性的执态……一旦认识的斯芬克斯提出它的问题，一旦我们看到了认识可能性的深邃问题，这些认识仅仅在主观体验中得以进行，并且可以说是把握了自在存在的客观性，我们对所有已有的认识以及对所有已有的存在——对所有的科学和所有被宣称的现实——的态度便会彻底改变。这一切都是可疑的，都是难以理解的，都是莫名其妙的！要解这个谜，只有站在这个谜的基地上，把一切认识都看作是可疑的并且不接受任何已有的存在。这样，所有的科学、所有的现实(也包括本身自我的现实)都成了‘现象’。剩下要做的只有一件事：在纯粹的直观中(在纯粹直观的分析和抽象中)阐明内在于现象之中的意义；即阐明认识本身以及对象本身根据其内在本质所指的是什么，同时，我们不能在任何时候、任何地方超越出纯粹现象一步，就是说，不把任何在现象中被误认为是超越的存在设定为是被给予的，并且不去利用这些超越的存在。‘认识’的所有类型、形式都要受到这样的探讨。如果所有的认识都可疑，那么‘认识’这个现象便是唯一的被给予性，并且在我承认某物有效之前，我只是直观并纯粹直观地(也可说是纯粹美学地)研究：

有效性究竟是指什么，就是说，认识本身以及随同它并在它之中‘被认识的对象’所指的是什么。当然，为了‘直观地’研究认识，我不能仅仅依据那种动词的拟-认识（符号性思维），而是要依据真正‘明见的’、‘明察的’认识，尽管对那种符号性的认识也需要在与明见性认识的关系中受到现象学的本质分析”（Brief. VII,133-135）。

实际上胡塞尔在这封信中不仅表达了他在现象学认识论方面的思考结果，而且也给出了引发他进行这些思考的原因。至关重要的是他在这里表明，不这样彻底地思考问题，也就永远无法彻底地解答认识的和哲学的斯芬克斯之谜。这种彻底性是胡塞尔毕生所追求的。他在 1930 年 3 月 21 日致凯恩斯的信中曾对自己的学生们在这方面表现出的不彻底做过回顾性的批判：“几乎我的所有学生都是半途而废的，而且惧怕对于现象学来说本质必然的本底主义（Radikalismus），而它恰恰构成我的生命要素，而且我的所有明察都归功于它。几乎所有人都已经将自己有限化了，回落到了‘实在论’与人类主义之中，或者回落到体系哲学之中，而它是科学的现象学哲学的死敌”（Brief. II,23）。

而就胡塞尔致霍夫曼斯塔尔的上述信函而言，由于它是在霍夫曼斯塔尔的遗稿中被发现的，而同时并未找到霍夫曼斯塔尔的回信，因而他是否领会了胡塞尔的这些现象学阐述，如今已不得而知。但在五次讲座中所表达出的新“现象学观念”方面，胡塞尔在这学期结束时便已经注意到，学生们对他的这个思想发展并不理解。他在 1908 年 3 月 6 日的札记中写道：“这里是一个新的、大的开端，遗憾的是我的学生们并不像我所希望的那样理解它和接受它。困难实在太大了并且不可能一举克服。”①

---

① Ms. X x 5, S. 24. 转引自比梅尔：“编者引论”，载于胡塞尔：《现象学的观念》，同上书，第 6 页。

现在看来，胡塞尔在这里所说的“困难”并不是学生们在理解上的困难，而是像莱纳赫在描述他们与其老师利普斯的分歧时所说的那样，是因为“事关原则性的对立”才产生的困难，因而在胡塞尔这里与在利普斯那里一样，如莱纳赫所说，“若能由此而达成一种理解，的确是一件极为令人高兴的事情。但我觉得这是相当令人怀疑的。”[①]

不难看出，慕尼黑学派的现象学家在这里实际上同时与两个倾向作战：利普斯的心理主义倾向和对胡塞尔的观念主义倾向。在慕尼黑现象学家发现可以用胡塞尔《逻辑研究》中的客观性来反对利普斯的主观性的同时，胡塞尔自己已经通过“还原”，即对客观世界的“排除”和向“纯粹意识”的回返，重又拾起了某种意义上的“主观性”。比梅尔对此的描述十分贴切：“现象学的还原构成了导向超越论考察方式的通道，它使得向‘意识’的回返成为可能。我们直观到，对象在意识中是怎样构造自己的。因为，随着超越论观念主义的提出，对象在意识中的构造问题就移到了胡塞尔思想的中心，或者，按胡塞尔的说法是，‘存在在意识中的消融’(die Auflösung des Seins in Bewußtsein)。”[②] 但胡塞尔会一再地强调，纯粹意识不能等同于人类心理；纯粹意识的主体性也并不是个体心理现象的主体性，甚至不是交互主体性，而是“普全的主体性”、“大全主体性”、“超越论的主体性”。他认为，所谓的“客体性”，只是一种在超越论的主体性中被构造出来的产物，而主体性的构造本身的规律才在真正的意义上是客观的，因而真正的客观性是奠基于超越论的主体性之中的：“作为绝对

① 参见莱纳赫1906年7月24日致胡塞尔的信(Hua Brief. II,190)。——关于利普斯与胡塞尔和慕尼黑现象学学派的关系，在本书第二卷第三章：“胡塞尔与利普斯：现象学与同感心理学”中有较为详细的论述。

② 比梅尔：“编者引论”，载于胡塞尔：《现象学的观念》，同上书，第2–3页。

被给予性的新客观性”。[①]

当施泰因于1913年从布莱斯劳到达弗莱堡并加入到早期现象学家的行列时，她清楚地看到了胡塞尔思想的变化以及它给早期现象学运动带来的影响：“这是那个发展的开端，这个发展将胡塞尔越来越引向被他称作‘超越论的观念论’（它与康德学派的超越论的观念论并不相等）的地方，在这里他看到了他的哲学的真正核心，并且将所有的精力都运用在对它的论证上：这是一条他的老哥廷根学生无法随他同行的道路，他和他们都为此而痛苦。”[②]

在这点上，即使是对胡塞尔的观念论转向持有异议的普莱斯纳在许多年后也表达了与施泰因相似的对胡塞尔观念论转向之必然性的理解态度：“为了恰当地理解他在哥廷根时期的所谓观念论转向，至少需要对为了从技术上保障现象学实践的努力予以充分的关注，而至此为止在这方面做得很少。胡塞尔认为，如果对研究领域（即在纯粹意识视域中研究领域）的区域划分得以成立，那么本质结果的可确立性便是有保障的，即使它们要依据一种不受标准制约的‘看’。他相信已经用《观念》成就了这一点，但却不得不痛苦地发现，在这里没有人跟随他。”[③]

在许多年后，胡塞尔还一再地回顾这段历史，并且记录下自己的感叹和反省。例如在1930年11月16日致G.米施的信中，胡塞尔写道：“人们仅仅看到《逻辑研究》的作者，人们仅仅看到，这些研究对前一代人曾是些什么，而没有看到，在这些研究中还曾想产生出什么，以及在我的进一步的工作中已经产生出什么。这些研究是对形式的

---

① 胡塞尔：《现象学的观念》，同上书，第18页。

② 施泰因：“在胡塞尔身边的哥廷根和弗莱堡岁月”，同上书，第88页。

③ 普莱斯纳：“于哥廷根时期在胡塞尔身边”，同上书，第59页。

和质料的本体论的一种修复，但与此一致地是‘超越论的’本体论的一种突破，它们很快成为超越论地相对化的‘现象学’。本体论与实在世界一样保留了它们的权利；但它们的最终的、具体完整的(超越论的)意义得到了揭示”(Brief. VI,282)。

在 1935 年与耶格施密特的一次谈话中，胡塞尔又回顾他与慕尼黑–哥廷根学派的这次分裂，并深感痛心地说：“人们这样不理解我，我深感遗憾。自从我的哲学发生巨大变化以来，自从我内在的转折发生以来，没有人再与我同行。1901 年出版的《逻辑研究》只是一个小小的开端——而今天人们只是根据《逻辑研究》来评价胡塞尔。但我在它出版后的很长一段时间里都不知道该往哪儿走。我自己都不清楚，我只是不愿让所有的人都在这部书上停滞不前。它只是一条必经之路而已。”①

身处慕尼黑传统中的施皮格伯格曾于 1936 年 10 月 8 日在离德赴美前最后一次拜访胡塞尔，并因为被胡塞尔视作“慕尼黑人的代表”而深感尴尬。但他在许多年后的回忆中仍然可以同感到胡塞尔在与慕尼黑学派关系问题上所表露出的“令人不安的激动和痛苦的辛酸，这些激动和辛酸使所有消除鸿沟的尝试(Überbrückungsversuch)都变得毫无意义”。他写道：“与慕尼黑的决裂已变得不可挽回，这是明白的。但是，77 岁不屈的思想勇气和工作勇气却激发了新的钦佩，甚至那些知天命之年的灾难也未能使这种勇气屈服。仔细回顾从那时起已公开的信件来往，今天我相信悲剧性地疏远慕尼黑成员的理由，并且相信能够更好地理解胡塞尔不友好的理由。归根到底，它来源于失

---

① Adelgundis Jaegerschmid O.S.B., „Gespräche mit Edmund Husserl (1931–1936)“, in Waltraud Herbstrith (Hrsg.), *Edith Stein. Wege zur inneren Stille*, Aschaffenburg: Kaffke-Verlag, 1987, S. 214.

望了的希望:在一件共同的实事上合作,胡塞尔从未放弃这个希望。”[①]

当然,这里的所谓“决裂”、“分裂”或“分道扬镳”只是一个在学术追求、学术兴趣与学术探讨方向上的不同选择的结果。它远不像后来在弗莱堡时期胡塞尔与海德格尔的第二次“分裂”或“分道扬镳”那样掺杂着人格和品德方面的因素。在1933年5月4、5日致曼科的信中,胡塞尔借他获得博士学位50周年之庆的机会认真地反思他一生的整个哲学发展以及其中两次因与学生们发生的“分裂”而带来的精神打击:第一次是在哥廷根发生的分裂,第二次是在弗莱堡发生的分裂:“我在我的漫长的、也许过于漫长的生活中需要克服许多艰难!还在青年时代便已如此;但那时的艰难在于我的哲学发展,它对我来说是在我的无把握的、不明晰的状态下为了精神的生与死而进行的搏斗:一种完全个人的、尽管与哲学精神性的存在相关的搏斗。从中产生出一种对我所信赖的、但无限地超出我的微弱力量的哲学使命的意识——因而由此直到年迈时都与这样一种使命不可分割地联系在一起的傲慢的悲剧,与此合而为一的是一种巨大责任负担的持续压力,这种压力在前进的过程中会减轻,但随即重又会加倍。而后便是那种在这两者之间的悲哀张力:一方面是绝对的确然性:发现了并启动了一个无限的研究方法域(Arbeitsmethodik)与研究问题域(Arbeitsproblematik)的真正的方法、真正的体系;另一方面则是我的学生们、可爱的年青朋友们以及同事们的态度——他们恰恰没有在意向阐释的意向活动-意向相关项的全面性与直观的无限性中理解最为本质的东西、这种方法的新精神、超越论还原的意义,并且现在多方面地通过对相对明见性的绝对化、对一种新的本体主义

① 施皮格伯格:“视角变化:一个胡塞尔印象的构造”,载于倪梁康(编):《回忆埃德蒙德·胡塞尔》,同上书,第266-267页。

(Ontologismus)的建立来亵渎一门新哲学的真正变革性的意义，并因此而使这个意义完全被贬值。由此出发来进行所谓的改善、补充、深化的尝试，而这些尝试的**水平**从一开始就已经永远地被我的真正的现象学所跨越。然而我与这些学生中的一批人还保持着私人的友谊，尽管我并不能赞同他们的哲学思考，同样也不能赞同那些他们所以为的、然而在其理解中从未达到的东西。(大部分是由于我的罪过，由于一种在生成过程中尚未完全表达出来的哲学的罪过。)而**在另一些人那里**，我却已经不得不拥有了最阴暗的个人经历——最后的和对我最沉重的打击是在海德格尔那里的经历：之所以最沉重，是因为我不仅对他的才华，而且对他的品格曾寄予了一种(现在连我自己也已经不再能够理解的)信任。"[①]

关于胡塞尔与海德格尔的关系的"分裂"乃至最后"决裂"，笔者已经在同属于本书问题域的第二卷《胡塞尔与他人的交互思想史》中做了详细的讨论。[②] 这里只还需要就胡塞尔与早期慕尼黑–哥廷根现象学学派的分裂问题再指出一点：尽管胡塞尔始终想与自己的学生或同道(追随者与同志者)"有效地和有益地建立起一个爱的共同体"(Brief. IV,412)，但从他与慕尼黑–哥廷根现象学学派所结成的共同体之历史过程来看，他并不是一个雅斯贝尔斯所以为的"有意形成学派或宗派"的思想家。[③] 胡塞尔显然不会因为宗派的缘故而放弃他的真理追求；易言之，胡塞尔可以为了真理而放弃宗派，他的真理使命感

---

① 该信的全文由笔者翻译成中文，发表在《世界哲学》上。参见胡塞尔：《1933 年 5 月 4、5 日致迪特里希 · 曼科的信》，载于《世界哲学》，2012 年，第 6 期，第 132–139 页。此处的引文出自第 134 页。

② 参见笔者：《胡塞尔与海德格尔：弗莱堡的相遇与背离》，北京：商务印书馆，2015 年。

③ 对此可以参见伽达默尔：《哲学生涯》，陈春文译，北京：商务印书馆，2003 年，第 25 页。——关于这个问题，笔者在本书第二卷的第十二章涉及胡塞尔与雅斯贝尔斯的思想联系时还会详细讨论。

压抑了他的宗派领袖欲。通常认为犹太思想家较多具有建立学术宗派的倾向，而胡塞尔不仅从这方面来看，而且从任何一个方面来看，包括海德格尔所说的犹太算计思维方面[①]，都较少具有典型犹太思想家的精神特质。

胡塞尔的超越论哲学转向首先是通过他在 1907 年在哥廷根所做的五次讲座而公开表达出来的。他在这里赋予"现象学"以新的定义。

① 对此可以参见笔者在《胡塞尔与海德格尔：弗莱堡的相遇与背离》(北京：商务印书馆，2016 年)一书第 5 讲"胡塞尔与犹太人问题"和第 6 讲"海德格尔的反犹主义与纳粹问题"中的相关讨论。

《现象学的观念·五次讲座》(1907年)

《现象学的观念》是胡塞尔1907年在哥廷根大学任教时的讲稿。1926年，胡塞尔当时的助手兰德格雷贝把胡塞尔的这份用速记方式写下的讲稿译成一般文字，而后胡塞尔又在上面作了修改和注释，准备出版。可以说，该书既属于胡塞尔文库计划首先出版的第一类胡塞尔手稿，即已经完成并准备发表的文稿；又是胡塞尔的第二类手稿，即其次准备出版的他的讲座稿。因此，二战之后，胡塞尔文库在1947年首先把该书作为《胡塞尔全集》(即被称作Husserliana的文集)的第2卷出版。《现象学的观念》产生的背景，它在胡塞尔思想发展中的意义，可以参阅该书的"编者引论"。扼要地说，它的产生标志着胡塞尔一生思想发展的第二个重要转折点(第一个转折点是1894-1895年，其标志是《逻辑研究》第一卷的基本完成。第三个转折点是1918年，其标志是发生现象学观念的提出)。在这部著作中，胡塞尔在现象学还原的道路上已基本完成了向超越论现象学的突破，从而成为一名超越论的观念论者。

《现象学的观念》只是一部导论性的著作，胡塞尔在其中只是大致地阐述了现象学的进程，许多具体问题尚未展开。除了五篇讲稿之外，正文还包括胡塞尔在做完最后一讲的当天晚上写下的一篇"讲座的思路"。这篇"思路"将现象学的考察分成三个阶段，条理比较清晰，可与五篇讲稿对照来读。但胡塞尔当时并没有考虑将这篇东西公开发表，可能只是为了对自己的思路做一番整理。因此，里面存在的犹豫、徘徊之处，也就不足为奇了。

1. 这部著作的一个重要内容，是论述现象学的还原。所谓现象学的还原，主要是指超越论的还原，或者说，还原到纯粹的主体性上去。这是现象学所独有的方法。本书第一讲和第二讲基本是对超越论还原的阐述。

一般认为，胡塞尔的超越论还原有三条或四条不同的道路，其中有两条主要的道路便是笛卡尔的道路和康德的道路。胡塞尔是通过这些道路来达到纯粹主体性的。我们可以在书中明显地看出这两条道路的轮廓。

在第一讲中，胡塞尔沿着康德的道路进行还原。他开宗明义地区分了两种思维：自然思维和哲学思维。自然思维不关心认识批判，它直接朝向事物。而哲学思维是怎样的呢？这里不妨进行类比。可以说，自然思维认为，认识深不可测，而认识的可能性则显而易见；而哲学思维则认为，认识虽已结出硕果，但认识的可能性却出现了深不可测的困难。这个困难源自认识与认识对象的关系问题，即：认识如何能够确定它与被认识的客体相一致，它如何能够超越自身去有把握地切中客体？对这个问题的回答，胡塞尔认为，既不能采纳贝克莱的唯我论，也不能采纳休谟的心理主义。它们都是背谬的。胡塞尔甚至否定康德哲学所隐含的结论——人本主义和相对主义。但是，这里可以明显看出，胡塞尔对自然思维与哲学思维的划分与康德对先天科学与超越论哲学的划分有许多相似之处。

胡塞尔认为，认识论便是对认识可能性的哲学反思以及对理性的批判。自然思维对认识可能性的素朴反思必然导致怀疑主义，而怀疑主义的最终结局是背谬。认识论的消极任务是通过对各种明显的或隐含的怀疑主义的荒谬性的证明来反驳自然思维的素朴反思。它的积极任务则是通过对认识本质的研究来解决有关认识、认识意义、认识客体之间的关系问题。解决了这些任务，认识论便有能力进行认识批判，即对所有自然科学中的自然认识进行批判。因此，认识论的哲学反思对自然科学与哲学作了区分，自然科学不是最终的存在科学；关于存在之物的科学，就绝对意义而言是现象学，它比自然科学高出一个层次，它标志着一种特殊的哲学思维态度和哲学方法。它与自然科学之比，犹如三维空间与二维空间之比。至此为止，胡塞尔的第一讲基本上是在沿着康德走过的道路前进。

当然，胡塞尔现象学还原的康德道路并不是对康德的重复。正如胡塞尔在第三讲中所提到的，康德哲学“缺乏现象学和现象学还原的概念，它不能完全摆脱心理主义和人本主义”。胡塞尔力图弥补康德的这个缺陷，在第一讲的后半部分，他一再强调哲学与自然科学的原则区别。他认为，当代哲学都力图以数学和数学自然科学为方法上的楷模，这是不足取的。哲学不能以自然科学为基础，“哲学必须漠视在自然科学中和在尚未科学地组织的自然智慧和知识中所进行的思维工作，并且不能对它作丝毫运用。”“任何自然科学和任何自然方法都不再作为一种可运用的财富。”因为，对自然科学的运用会重新导致背谬。因此，哲学虽然与自然科学有本质联系，但它相对于自然科学而言是一种全新的方法。

这样，现象学还原的康德道路便大致形成了。它的特点是一开始便提出认识可能性的问题，基本要求是用理性批判使形而上学成为可能，亦即使“最终意义上的存在科学”成为可能。

可以说，第一讲基本上是对康德道路的展示，而第二讲则主要是对笛卡尔道路的展示。

第一讲得出的结论是：为了进行认识批判，必须停止对任何自然知识的利用。那么，如何才能确立认识批判呢？这里，胡塞尔似乎很自然地从康德道路转到笛卡尔的普遍怀疑上去了。这个转折的矛盾性，我们将在后面讨论。这里我们先沿着胡塞尔的思路向下走。

认识批判怀疑一切，但不能始终停留在这里，否则它就是毫无意义的了。如果它不能把任何东西设定为已确定的认识，那么，它必须自己提出某种认识；如果它不能从其它地方得到这种认识，那么它自己必须给予这种认识。前提是，这种认识必须是第一性的认识，它不包含任何可疑性，它必须是完全明见的认识。

胡塞尔说，笛卡尔的怀疑已经提供了一个开端。思维是一种绝对的被给予性，是绝对明见的。这里的思维，即我的思维，是个别的思维。它绝对地内在。

现在，认识批判的第一出发点，它的阿基米德点被找到了。它摆脱了神秘主义和怀疑主义。

至此为止，胡塞尔与笛卡尔基本上是一致的。但再往下，胡塞尔便离开了笛卡尔。笛卡尔在确定思维的明见性以后立即又确定了经验自我的明见性。胡寒尔认为：这是失足之处，因此，笛卡尔的方法虽然富于启迪性，但基本上仍是无效的。

胡塞尔接着又朝着与笛卡尔不同的方向进行推演。他问道，为什么思维的存在如此明见，而自然的认识就如此可疑呢？结论是：思维的存在是内在于认识的，而自然认识是超越的。自然认识说明的是意识之外的东西，因而它如何能够切中外在于它的事物的问题便使人陷入困境。而内在认识不具有这个问题。据此，认识批判必须进行认识论的还原（即现象学的还原），它必须排斥所有的超越，把认识论的领域限制在内在之中。

胡塞尔首先对笛卡尔的思维进行了还原，他要求在笛卡尔的我思中排除经验自我，还原到纯粹思维上。思维着的自我不是绝对被给予性，因而必须被排斥。要区分“思维存在的明见性”和“我的思维是存在的”、“我思维地存在着”的明见性，前者属于现象学意义上的纯粹现象，后者则是自然科学心理学的客体。此外，内在——一般指实项的内在，后来胡塞尔认为还有第二种意义上的内在——也要还原。它不再意味着人的意识中和实在心理现象中的内在。总之，胡塞尔要求“不考虑与自我的关系，或者从这种关系中抽象出来”。

这样，现象学还原的笛卡尔道路就基本上形成了。随后，胡塞尔又发挥了笛卡尔的方法，把现象学的研究领域由个别扩大到一般，引出了本质直观的问题。

在《现象学的观念》中，现象学还原的两条道路各自含有的康德和笛卡尔的烙印，以及对康德、笛卡尔的背离，都是很明显的。

然而，胡塞尔本人并没有区分这两条道路。从他这部著作的结构来看，可以说，他把这两条道路看作是现象学的两个不同层次。在“讲座的思路”中，胡塞尔把现象学的考察分成三个阶段，而康德的道路只被用作提出问题；笛卡尔的道路，即我思的确立才是的第一阶段。对照五篇讲稿，可以看出，胡塞尔对自然思维与哲学思维的区分只是一个问题的提出，因此第一讲不过是一个导言，真正的考察是从第二讲笛卡尔的考察开始。换言之，胡塞尔的本意在于，借助于康德来回答为何进行认识批判的问题；而回答认识批判如何确立的问题，他便转而求助于笛卡尔了。胡塞尔似乎是把笛卡尔的方法用于更深一个层次上。但实际上康德道路与笛卡尔道路不处于两个层次，而是同一层次上两个相互矛盾的方法，这种矛盾表现为：

一、笛卡尔方法的开端是否定一切，怀疑一切，而后找到思维这个绝对的出发点，再推出自我、上帝、世界的存在。而康德的方法是先承认一切，主要是指自然科学。这和当时精密科学的方法有关。他认为物理学、数学已在事实上证明了认识的可能。因而他的任务应更高一层，要解决认识如何可能的问题。于是他进行了认识论的反思，用他的超越论哲学来解释人类的科学知识。因此,从逻辑顺序来看,笛卡尔是从“内”推到“外”;康德则是从“外”返回“内”。

二、笛卡尔的方法虽然以怀疑一切为开端,但其根本依然是仿效数学,主要是传统几何的模式;康德则提出所谓真正的即超越论哲学的方法,跳出自然科学去说明自然科学,尽管他并没有做到纯粹的“非自然科学化”。

三、笛卡尔道路上的现象学还原之所以要排除自然认识,是因为自然认识缺乏明见性,它可疑,因而虚妄;康德道路上的现象学还原之所以要排除自然认识则是因为:超越论哲学是对自然认识的说明,如果它运用了自然认识中的任何公理便会导致背谬。

四、笛卡尔道路上的现象学还原是对自然科学的限制,它表现为一种研究领域的缩小、亏损;康德道路上的现象学还原是对自然科学限制的突破,它表现为一种研究领域的扩大、赢得。

因此,可以看出,把康德和笛卡尔两条道路看作现象学考察的两个阶段显然是有矛盾的,它恰恰反映出胡塞尔当时在康德和笛卡尔两极之间的动摇、徘徊。初看起来,胡塞尔在这一时期离笛卡尔较近。但康德是在更深刻、更隐蔽地发挥着影响。首先,我们可以看到,强调自然认识和哲学认识两个维度的对立并警告从一个维度向另一个维度的超越会导致背谬,这个思想始终贯穿于整个讲稿之中,而这正是康德道路的特征。其次,我们还可以看到,胡塞尔对现象学还原意义的规定基本上是与康德道路,而不是与笛卡尔道路相符合的(参见第二讲结尾部分)。

由于胡塞尔当时的观念论思想发展的局限性,无论哪条道路上的现象学还原,都不能摆脱各自的内在矛盾,不能保证胡塞尔在认识论这块充满“无穷争执的游戏场”上一劳永逸地赢得这场游戏。例如:笛卡尔道路确定了思维明见性,理由是对怀疑的怀疑会导致背谬;康德道路主张哲学不能向自然科学进行任何借贷，理由是用自然科学的公理说明自然科学会导致背谬；这两种背谬无非是在逻辑上违反了矛盾律以及犯了循环论证的错误；而逻辑公理恰恰是应当受到现象学还原排斥的，如此等等，不一而足。可以看出，在这一时期，胡塞尔的现象学还原思想还不十分彻底，他时常流露出一些与他还原思想相背的说法，这里不再一一例举。

2．超越论还原为现象学研究确定了研究领域，但还不等于研究本身。现象学仅仅依赖超越论还原还不能成为一门科学，它还必须依赖本质还原才能得以成立。

直观、本质直观和现象学是密不可分的。超越论的还原要还原到纯粹内在的意识上去，而对内在与超越的区分便是通过直观来把握的。本质直观则可以说就是本质还原，即还原到埃多斯(Eidos：本质或观念)上去。在本质还原中，被排斥的是相对于本质而言的事实性的东西，相对于可能性而言的现实性。它与数学的本质方法是一致的。由于现象学的目的在于认识与认识对象的本质联系，因此，本质直观或本质还原就是必不可少的。本质直观是现象学的重要特征。直观把握的是个别、特殊的对象，个别、特殊的被给予性，但这些个别的、特殊的判断不会教给我们许多东西，它无法向我们提供所需要的普遍有效的本质的确定性。仅仅停留在个别、特殊的判断上，现象学就没有存在的必要，也没有存在的可能。因此，现象学必须把研究领域从个别扩展到一般。

对于本质直观或本质还原的论述，主要集中在第三、第四讲中。从逻辑顺序上看，应当是超越论还原在前，它把握对象；本质还原在后，它把握对象的本质。《现象学的观念》的思路，基本上是按照这个顺序展开的。

如何从超越论还原过渡到本质还原，如何从个别对象的领域转入一般对象的领域？胡塞尔对此作了一系列的论述。在第一讲和第二讲中，胡塞尔通过超越论还原发现了纯粹思维的明见性，但这思维只是个别的被给予性。现象学是认识本质的学说，因此现象学必须从个别扩展到一般。这不同于笛卡尔，因为笛卡尔是从个别的思维过渡到个别的经验自我。但胡塞尔在这里仍然是根据笛卡尔的前提来进行这一过渡的，即："所有像个别思维一样通过明白清楚的感知被给予的东西，我们都可以利用。"胡塞尔认为，"一般性也并不缺少这种绝对的被给予性"。因此，一般性自然也就包含在现象学的领域之中。胡塞尔为此举了对个别的红直观的例子来说明，一般也是绝对被给予的。他认为，认识的本质分析虽然没有这么简单，却与这个例子相似。

但胡塞尔说过，认识论的所有错误都在于超越，一般性本身不正是对内在的超越吗？为了避免这个矛盾，胡塞尔区分了两种意义上的"内在"。他认为，以往人们都简单地把内在理解为实项的(reell)内在。所谓"实项的内在"，它相当于胡塞尔所说的意识的实项内容，即指个别的意识活动和感觉材料，它的特点是因人而异，体现个别性。在实项内在的意义上，一般是一种超越。这是第一种意义上的内在和超越。但胡塞尔认为，主张内在就是实项地含有，这是一种先入之见。实际上，对内在与超越的确定，已经是一种一般判断，因而是第二种意义上的超越。真正意义上的内在是指绝对明见地被给予，而不仅仅是指实项地含有。这种第二种意义上的内在的外延要大于第一种意义上的内在。它不仅包括第一种内在，即实项内在，而且包括实项的超越之物，即一般内在。这种一般内在是指，在本质直观中可观察到的思维的一般本质和意向对象，即思维对象本身。因此，现象学的研究领域不局限于内在之上，即实项内在之上，而是限制在绝对被给予性的领域中。于是，"现象学的还原这个概念便获得了更接近、更深入的规定和更明白的意义：不是排除实项的超越之物，而是排除作为一种仅仅是附加存在的超越之物，即：所有那些不是真正意义上的明见被给予性，不是纯粹直观的绝对被给予性的东西”。自身被给予性“伸展得有多远，我们现象学的领域，即绝对明晰性的领域、真正意义上的内在领域也就‘伸展’得有多远”。如果说现象学是内在哲学，那么它包括两个内在，实项内在和一般内在。而相对于这两个内在的两个超越，一是超越了实项，一是超越非绝对被给予性，后一种意义上的超越才是现象学还原的排斥对象。

胡塞尔对两种内在和超越的区分，其意义不仅在于：把现象学的研究领域扩展到一般，使现象学的本质研究成为可能，而且更重要的是它把认识对象也引进了现象学的研究领域。这个问题我们将在第三节中讨论。总之，胡塞尔通过对两种内在的区分，实现了对现象学研究领域的两次扩展。对这个区分的论证所依据的仍然是直观的明见性。胡塞尔要求人们要自始至终地保持怀疑的态度，限制在明见性的范围之中。

胡塞尔的明见性就是指明晰、无疑的直观本身。对明见性的理解，胡塞尔与笛卡尔基本上是一致的。笛卡尔在确定了思维的明见性之后问道：是什么在向我们保证这种根本的被给予？是明白清楚的感知。这种感知不是指感官所提供的恍惚不定的证据，而是指直观本身。与此相符，胡塞尔也说：“真实的明见性伸展得有多远，被给予性伸展得也有多远。”

明白清楚的感知并不等于感觉论者对明见性所理解的感觉上的明白清楚。胡塞尔在第四讲曾用较大篇幅批判了感觉论的明见性，他竭力区分现象学的明见性概念与感觉论的明见性概念，以此来和心理主义划清界限。对感觉论的明见性批判，最早见之于《逻辑研究》。只是本书对感觉论的明见性的反驳比《逻辑研究》中的反驳更为成熟，或者说，更具有现象学的意义。

明见性概念在胡塞尔哲学中占有十分重要的地位，可以说，他的整个哲学都建立在这种明见性的基础上。因此，称胡塞尔是认识论上的直觉主义者是毫不过分的。然而，如何来论证自己的明见性是真正的明见性呢？胡塞尔是通过对反直观论者的反驳来回答这一问题的。他在说明哲学的认识批判的特征时已经指出“如果认识批判从一开始就不能接受任何认识，那么它开始时可以自己给自己以认识，并且自然，它不论证和逻辑推导这些认识，因为论证和推导需要有事先就被给予的直接认识；相反，它直接指出这些认识……”论证和推理需要已有的知识作为前提，因而被论证、被推演出的东西必然不是最根本的东西。最根本的东西是无法论证或演绎的。因此胡塞尔提出这样的命题：“直观不能论证或演绎。”“直观是无法论证的。”了解认识是可能的人(即具有自然认识的人)，并不能从认识是可能的推演出认识如何可能，他无法根据他的自然认识来论证或推演哲学的直观认识。要想把握哲学认识，就必须具备直观能力。类似的说法，费希特也有过，它可以帮助我们理解胡塞尔的论述。费希特在1795年7月2日给赖因霍尔特的信中说：“我的哲学的入口始终是不可理解的，这使得我的哲学很费解。因为它只能用想象力去把握，而不能用理智去把握。但这正保证了它的正确性。任何可理解的东西都以一个更高的领域为前提，它在这个领域中被理解。所以正因为它可以理解，它才不是最高的。”两人在此问题上的不同之处仅仅在于：胡塞尔强调直观，费希特强调想象力。胡塞尔的上述论述主要包括在第二讲中。到了第四讲，胡塞尔更明确地反驳了反直观论。他认为，对于反直观论者或不具备直观能力的人，“我们毫无办法”。似乎直观是哲学家应有的第六感官。

尽管如此，胡塞尔仍受到从不同方面来的反直观主义的驳斥。事实上，胡塞尔在本书中并没有去尝试摆脱认识论上的“唯我论”。直到1910至1911年，胡塞尔才第一次把现象学还原扩展到了交互主体性上。这是他企图克服唯我论的最重要尝试。

如何看待直观、明见性？任何直观主义者都有无法摆脱的困境。胡塞尔对直观明见性的理解与笛卡尔基本上是一致的，但却通过直观得出了与笛卡尔不同的结论。而直观主义的著名代表们所发现的事实更是各不相同。甚至胡塞尔自己一生直观到的东西也都有变化。这些事实如何解释？这些也是胡塞尔后来在自己的思考和研究中一再讨论并在很大程度上解决了的问题。尤其是在三年后发表的《哲学作为严格的科学》长文中，胡塞尔在“严格性”的标题和标准下对哲学与本质科学的方法特征做出了标志性的定义，从而摆脱了用经验科学标准来讨论本质科学问题的狭隘思路。[①]

3．直观和本质直观的思想，胡塞尔在这本书之前就有过论述。所以，在1907年以前，胡塞尔就已经把一般性包括在自己的研究领域之中了。但把认识对象也包括在现象学研究领域之中的做法，这还是第一次。因此，本书的两个突破应当是超越论现象学还原观念的提出和对象构造思想的提出。比梅尔甚至认为，这部著作的根本意图在于构造的思想。

对象构造的思想主要包含在第五讲中，其余各讲对此也有所涉及。

前面说过，胡塞尔对两种内在的区分，不仅把现象学的研究领域扩展到一般性，而且扩展到认识对象。他认为，现象学可以利用的，

---

① 笔者在“意识问题的心理学与现象学视角”(载于:《河北师范大学学报》，2020年，第二期)一文中对此问题有较为展开的论述。

不仅包括实项内在，而且包括所有的绝对被给予性。现象学是研究现象的。所有纯粹现象的总和构成意识，因此，现象学也可称为意识论，即关于纯粹意识的学说。意识不仅具有实项内容，即意识活动的感觉材料（实项内容是否包含感觉材料，国外现象学界对此尚有争议），而且还包括意向内容，即意识对象及其被给予方式。胡塞尔把现象学研究领域扩展到思维对象，其根据不仅在于对双重内在意义的区分，而且在于意向性概念的提出。胡塞尔说："认识体验具有一种意向，这属于认识体验的本质，它们意指某物，它们以这种或那种方式与对象有关。"认识必然有其认识对象，研究认识的本质就必须研究认识与认识对象的关系。因此，"任何思维现象都具有其对象性关系，并且任何思维现象都具有其作为诸因素的总和的实项内容，这些因素在实项的意义上构成这思维现象；另一方面，它具有其意向对象，这对象根据其本质形成的不同被意指为是这样或那样被构造的对象"。我们可以说，这对象在意向的意义上构成思维现象。

于是，思维现象又具有双重意义：一是指"显现"，即思维过程；二是指"显现物"，即思维对象，胡塞尔有时称之为"对象的认识"和"认识的对象"，以体现这两者的不可分割。（在1913年的《纯粹现象学和现象学哲学的观念》第一卷中，胡塞尔用"意向活动"和"意向相关项"这一对较为严格的概念代替了"显现"和"显现物"。）这样，胡塞尔又一次扩展了现象学的研究领域。这个扩展在胡塞尔看来是与前一个向一般性领域的扩展相符的，可以说是它的必然结果。向一般性领域的扩展同时意味着向意向对象的扩展。因为实项内容因人而异，而意向内容则具有共性、一般性。举例来说，当我们观察一植物时，这植物的许多特征被给予我们。当我们所具备的观察条件相同时，这植物呈现在我们意识中的内容基本上是相同的。无论是主体甲或主体乙，他们都可以看到这植物是绿的、硬的、高的等等，并且他们今天和明天观察所得到的内容也基本上一致。这内容便是体验,或者说意识的意向内容。但是,在对这个植物的观察中,又包含着不同主体的不同感受和理解,如果主体甲是一位木匠,主体乙是一位植物学家,他们会给这植物以不同的意义。这便与体验的实项内容有关。意向内容带有客观的因素,对实项内容的把握或统摄带有主观的因素。它们构成现象的两端。客观的一端与现象之外的客体相应,主观的一端与现象之外的经验主体相应。在《现象学的观念》中,经验的主体和客体都是被现象学还原排斥的对象。在全书的结尾部分,胡塞尔再次强调说:"这里谈的不是人的认识,而是一般认识,不附带任何存在的设定关系,无论它是与经验的自我的关系,还是与实在的世界的关系。"以后,胡塞尔又先后提出了体验或现象的两个极的看法,他认为,现象的性质还受到主观方面的自我极和客观方面的对象极的影响。胡塞尔在本书中尚未提到这两个极。但关于对象极,胡塞尔已经流露出一些想法。在第三讲中可以发现,胡塞尔已经意识到对象极的存在对意向内容的有效影响。他还不能肯定是否有必要去研究这个在现象学还原括号之外的对象极。但无论如何,他肯定,现象学研究的现象是最重要的、第一性的,并且,对它们的研究已经能够完成认识论的主要任务。

这样,现象学的领域便基本上得到了完整的描述,或者像胡塞尔所说的那样,我们为何要说领域?不如说它是一条永恒的赫拉克利特的现象河流。经验自我和对象之物是这河流的两岸。胡塞尔认为,个别的纯粹现象(即赫拉克利特现象河流中瞬息万变的现象)并不能满足我们的意向。一个个地把握零碎的现象,既无必要,也无可能。它会使现象学陷于绝境。只有本质直观的抽象,才能给现象学带来拯救。由此,现象学的根本任务在于:在各种不同的实项内容和不定的意向内容中直接地把握其中不变的本质,把握其中的本质要素和它们之间的联系。这便是意识的本质规律，它不依赖于人的个体意识。相反，人的个体意识受这本质规律的制约。只要意识存在，这种本质规律就普遍有效地发生作用。

这种本质规律也可以说是对象在意识中如何构造自身的规律，即显现物在认识中如何显现的规律。意向性和对象构造，这两个思想是从不同角度考察意识而得到的结果，前者是指从意识活动方面考察意识而言；后者则是指从意识对象方面考察意识而言。

在胡塞尔对现象学研究领域的论述中实际上已经描述了胡塞尔所发现的纯粹意识的总构造。胡塞尔认为，现象学应当研究各种具体的意识，如感知、想象、回忆（它们分别代表对当前的、将来的、过去的事物的体验），以及时间意识、空间意识、判断、评价等等现象，考察被感知之物如何在感知中构造自身，被想象、回忆之物如何在想象、回忆中构造自身，这便是感知现象、想象现象、回忆现象本身的构造。所谓事物的被给予，就是指事物在现象中这样或那样地显现自己。在现象学考察中，现象本身成为对象。胡塞尔认为，一般地谈论这种显现物与显现的相互关系，是容易的，但要澄清显现物如何在显现中构造自身的方式则非常困难。而现象学的任务正是在于："在纯粹明见性或自身被给予性的范围之内探究所有的被给予形式和所有的相互关系，并且对这一切进行解释性分析。"胡塞尔在生前发表的著作中所做的大部分工作是在为现象学这门新哲学奠定基础。后来，在他手稿被发表之后，人们才发现，他还做了大量的具体的个别意识分析。本书主要内容也是对现象学的一般性介绍，但在论述现象学的研究领域和任务时，胡塞尔也对回忆、想象、符号思维等现象做了简单的分析，并在分析感知现象的同时大致描述了现象学中最重要的一个研究对象——时间意识的构造。具体的意识分析工作是繁重而艰巨的。这一方面是因为，认识和对象的关系不像口袋和东西的关系：对象只是意向的东西，它在认识中构造自身，同时也就构造着认识；另一方面，对象的被给予性有如此多的种类须予以区分和研究：真正的和非真正的、素朴的和综合的、一举构成的和逐步建立的、绝对有效的和逐渐成为有效的等等这些被给予性。所以，现象学的研究，用胡塞尔的说来说，决不是一件只须直观，只须张开眼睛就可办到的区区小事。

这样，胡塞尔就在本书中大致阐述了认识现象学的目的、任务、方法和研究领域。它的目的——解决认识如何可能的问题，为自然认识提供基础和说明；它的任务——对意识的本质分析和本质研究，把握意识的本质规律；它的方法——现象学还原之中的直观和本质直观；它的研究领域——全部纯粹意识。这里所说的认识现象学是指理论理性批判，"它构成一般现象的第一的和基本的部分。"一般现象学还包括实践理性批判以及其他理性批判，包括对评价、意愿等等问题的研究和说明。

胡塞尔在生前没有发表这个五次讲座的讲稿。如前所述，二战后，胡塞尔文库在1947年首先把该书作为《胡塞尔全集》的第2卷出版。该卷编者瓦尔特·比梅尔在"编者引论"中引用胡塞尔当时的笔记手稿来说明这五次讲座的效果："然而学生们似乎并没有把握'事物讲座'的意义，关于此，胡塞尔在1908年3月6日写道：'这里是一个新的、大的开端，遗憾的是我的学生并不像我所希望的那样理解它和接受它。困难实在太大了并且不可能一举克服'（X x 5，第24页）。"[①]

胡塞尔在这里所说"我的学生"，主要是指在此期间已经形成的慕尼黑大学和哥廷根大学的早期现象学运动成员。他们基本上是由

① 比梅尔："编者引论"，载于胡塞尔：《现象学的观念》，同上书，第6页。

慕尼黑心理学学会和哥廷根哲学学会的成员组成。事实上，他们对胡塞尔的此次转向的态度与其说是不理解和不接受，还不如说是不赞成和不跟随。

慕尼黑心理学学会与哥廷根哲学学会

前面在介绍马悌尤斯-康拉德夫妇时已经提到，特奥多尔·康拉德是第一个从慕尼黑转到哥廷根随胡塞尔学习现象学的，时间是1907年。在此之前，他在慕尼黑曾领导了两年（1906-1907年）由利普斯学圈成员组成的“慕尼黑心理学学会”。这个学会是1902年成立的。康拉德在报告中没有将这个慕尼黑学派的成员分别列出，因为他们之中有许多也是后来成立的哥廷根学派的成员，即他所说的利普斯的“前学生”（ehemalige Schüler）和胡塞尔的“后学生”（nachmalige Schüler）①，但可以从利普斯“以前的学生”（frühere）为他六十岁祝寿而撰写和编辑出版的《慕尼黑哲学论文集》②中看到，慕尼黑心理学学派的具体成员有哪些，例如在本书中已经讨论并将会讨论的普凡德尔、康拉德、A. 菲舍尔、盖格尔、莱纳赫等等。

前面在介绍马悌尤斯-康拉德夫妇时曾提到过一份康拉德关于哥廷根哲学学会的回忆报告，更确切地说是关于“慕尼黑心理学学会”与“哥廷根哲学学会”在现象学运动初期的报告，它记录的是“关于自1902年起在特奥多尔·利普斯的心理学学派框架内的现象学运动

---

① Theodor Conrad, *Zur Wesenslehre des psychischen Lebens und Erlebens,* a.a.O., S. XV.

② Alexander Pfänder (Hrsg.), *Münchener Philosophische Abhandlunge. Theodor Lipps zu seinem sechzigsten Geburtstag gewidmet von früheren Schülern*, Leipzig: Verlag von Johann Ambrosius Barth, 1911.

的种种开端，关于这个学派急速前行地向一个胡塞尔追随者学派的转变，以及关于后者在加入了一些胡塞尔学生的情况下向哥廷根的转移，而现象学方法的慕尼黑版本则成为并始终是决定性的，即使在外来的胡塞尔年青学生(例如海林、柯瓦雷、利普斯、马悌尤斯、施泰因)加入到所谓‘慕尼黑人’中之后。”[①]

撇开康拉德在这里强调的现象学方法的版本差异问题不论，他在这篇报告中所陈述的实际上是两个学会的活动以及两个学会成员的名单：作为慕尼黑人的心理学家学会和作为胡塞尔新学生的哲学家学会。康拉德本人参与并组织了 1902 年至 1912 年甚至更晚的慕尼黑心理学学会活动，也参与并组织了 1907 年至 1912 年期间的哥廷根哲学学会活动。

哥廷根哲学学会的历史是随康拉德转到哥廷根大学之后开始的。他到这里之后不久便将胡塞尔的第一位博士研究生卡尔·诺伊豪斯领导的一个晚间讨论班于 1907 年——这也是所述胡塞尔“现象学的观念”五次讲座举行的同一年——转变为并随后于 1909/10 年正式改建为一个与“慕尼黑心理学学会”相似的“哥廷根哲学学会”，而后他断断续续地领导这个学会直至 1912 年。在康拉德离开哥廷根回慕尼黑的时间里，卡尔·诺伊豪斯(1907/08 年冬季学期)、希尔德勃兰特(1911 年夏季学期)、黑德维希·马悌尤斯(1911/12 年冬季学期)、让·海林(1912/13 年冬季学期)也曾短期领导过这个学会并组织活动。[②] 根据前面曾引述过的康拉德的回忆报告：“1907 年的最早

① Theodor Conrad, „An die Münchner Phänomenologengruppe von 1953/54“, in a.a.O., S. 79f.

② 参见 *Husserl-Chronik*, 111, 157, 173, 以及 Eberhard Avé-Lallemant/Karl Schuhmann, „Ein Zeitzeuge fiber die Anfänge der phänomenologischen Bewegung: Theodor Conrads Bericht aus dem Jahre 1954“, in a.a.O., S. 88, Anm. 44.

小组的成员除了诺伊豪斯之外还有威廉·沙普(Wilhelm Schapp)、亨利希·霍夫曼(Heinrich Hofmann),大卫·卡茨(David Katz)、阿尔弗雷德·封·西贝尔(Alfred von Sybel)、亚历山大·罗森布鲁姆(Alexander Rosenblum),偶尔还有法学博士亨利希(Erich Henrich);后来莱纳赫以及其他一些人也会从慕尼黑过来参加,例如希尔德勃兰特和舍勒。”[①]

在此期间两个学会每次聚会都有讨论的课题,但重点有变化。慕尼黑学会最初讨论的问题主要是胡塞尔的《逻辑研究》第二卷以及其中对利普斯的心理主义问题的批判。其中的讨论和辩论扩展到逻辑学、伦理学、审美学、存在论、认识论、价值论等各个领域。这些讨论最终导致了慕尼黑人向哥廷根的叛逃,而且重要的一点在于:“慕尼黑人在去哥廷根时已经是胡塞尔主义者,是在慕尼黑培育出来的胡塞尔主义者。”[②] 他们使得在胡塞尔这里土生土长的“哥廷根人”如沙普坦率地承认:“在我们看来,他们各方面都远远领先于我们。”[③]

哥廷根哲学学会成立后,最初的讨论课题是康拉德的“语言哲学阐释”,与他博士论文命题《语言哲学研究》有关。而后最主要的讨论和辩论不仅是在利普斯主义者和胡塞尔主义者之间展开,而且也在胡塞尔主义者内部展开。由于胡塞尔于1905年提出“还原”概念和方法,并于1907年在“现象学的观念”五次讲座中公开了自己的“超越论转向”或“观念论转向”,因而在胡塞尔主义者中引发争议和分歧。按照沙普的说法,在1907年慕尼黑人“入侵”时就可以注意到:“他们不

① Theodor Conrad, „An die Münchner Phänomenologengruppe von 1953/54“, in a.a.O., S. 84.

② Theodor Conrad, „An die Münchner Phänomenologengruppe von 1953/54“, in a.a.O., S. 82.

③ 威廉·沙普:“回忆埃德蒙德·胡塞尔”,高松译,载于倪梁康(编):《回忆埃德蒙德·胡塞尔》,同上书,第71页。

像我们那样虔诚。”

在此期间，“慕尼黑人”常常会去哥廷根，而“哥廷根人”也常常会去慕尼黑，两个学会已经不分彼此你我。沙普回忆说：“我们可以不分昼夜地讨论所有这些问题。欧洲甚至是整个世界大概都没有什么地方会带着如此的坚定和热情回溯至柏拉图及其先驱，并且可以说是在柏拉图撂下铲子的地方开始重新建造。”

沙普在这里还提到，哲学学会活动时，“胡塞尔偶尔也来听，有时还会做报告。”[①] 按照《胡塞尔年谱》记载，胡塞尔至少在 1907 年 8 月初夏季学期结束时参加过哥廷根哲学学会的学期末酒会，酒会上大家还为胡塞尔合唱了“现象学家之歌”(*Husserl-Chronik*,107)。此后在 1909 年 3 月 1 日冬季学期结束时胡塞尔也参加了学会的期末酒会(*Husserl-Chronik*,123)。有记载的最后一次参加学会的聚会是在 1911 年的夏季学期。这次是哲学学会为希尔德勃兰特举行的一次告别会。由于这一天是利普斯的六十岁生日的前夜，因此胡塞尔后来在会上还就利普斯表达了自己的赞辞：利普斯是一个为慕尼黑现象学准备了地基的人，一个“看到了如此多东西的人”(*Husserl-Chronik*,159)。[②]

1912 年，康拉德与马悌尤斯结婚，并且为了有利于自己妻子的学业而最终放弃了自己的学院生涯，随之也就离开了哥廷根哲学学会。如前所述，他们于这年开始在贝格匝本(Bergzabern)经营一个果园维持生计，直至 1937 年。

1913 年 4 月，在夏季学期开始前不久，埃迪·施泰因(Edith

---

① 以上几段引文均出自威廉·沙普：“回忆埃德蒙德·胡塞尔”，同上书，第 71–72 页。

② 从各方面资料提供的信息来看，沙普在回忆录中所说的“利普斯无路可退。他继续以旧的方式教学。他的讲座和讨论课只有年轻学生会参加”(威廉·沙普：“回忆埃德蒙德·胡塞尔”，同上书，第 72 页)，应当是有所夸张。

Stein,1891–1942）到达哥廷根，加入了“哲学学会”的活动。施泰因的同乡，也是她赴哥廷根学习的介绍人莫斯契维奇（Georg Moskiewicz,1883–1955）当时担任学会的负责人。施泰因于1933年写下回忆笔记《出自一个犹太家庭的生活》（ESGA 1），其中关于哥廷根时期的记录恰好可以与康拉德关于哥廷根哲学学会的报告相衔接：后者的报告从1907年起，至1912年止，而前者的报告从1913年起至1916年胡塞尔离开哥廷根止。

施泰因写道：“在莫斯契维奇到哥廷根后不久，‘哲学学会’的第一次学期会议也召开了。这是真正的胡塞尔学生的较窄圈子，他们每周在晚上聚会一次，以便透彻地讨论特定的问题……哲学学会的始创者们当时都已不再出现了。自从成为讲师并结了婚之后，莱纳赫就不再来了。康拉德和黑德维希·康拉德-马悌尤斯在结婚之后交替地住在慕尼黑和贝格匝本（普法耳兹州）。迪特里希·希尔德勃兰特（Dietrich von Hildebrand）去了慕尼黑，亚历山大·柯瓦雷（Alexandre Koyré）去了巴黎。约翰内斯·海林（Johannes Hering）想在下学期进行国家考试，并且为了能够不受干扰地工作而回到了他的家乡斯特拉斯堡。但这里还有几个人曾与这些学术权威一起工作过，现在他们可以将这个传统继续传递给我们这些新人。起着领导作用的是鲁道夫·克莱门斯（Rudolf Clemens）。他是语言学家。”同样根据施泰因的回忆，汉斯·利普斯也担任过哥廷根哲学学会的主席。[①]

另外一个与哲学学会的活动有关的花絮出自另一份与施泰因有关的报告：周五晚上人们会因酒会而迟迟不归，交谈和讨论往往会拖延，直至凌晨两至三点，因而周六上午当他们去参加胡塞尔的讨论课时常常还会睡眼惺忪。这批属于胡塞尔最出色学生的人如此缺乏精

① 埃迪·施泰因：“在胡塞尔身边的哥廷根和弗莱堡岁月”，同上书，第91–92页。

神活力，这种状况最终也引起了胡塞尔的诧异。他们后来不被允许在周五晚上聚会。[①]

就此花絮看来，施泰因经历的第二阶段哥廷根哲学学会活动要比第一阶段更为活跃且越矩。除了施泰因前面提到的语言学家克莱门斯之外，其他的参与者还有弗里茨·法兰克福特（Fritz Frankfurther）、汉斯·利普斯、日耳曼学者弗里德里希·诺伊曼（Friedrich Neumann）和君特·米勒（Günther Müller）以及两位女士格蕾特·奥特曼（Grete Ortmann）和埃里卡·戈特（Erika Gothe）。随施泰因一同加入哲学学会活动的还有莫斯契维奇当时的女友，后来的妻子罗莎·海涅（Rosa Heine），以及乔治·西美尔（Georg Simmel）的学生贝蒂·海耶曼（Betty Heymann）和纳托尔普的学生弗里茨·考夫曼（Fritz Kaufmann）等人。

哥廷根哲学学会"每周在晚上聚会一次，以便透彻地讨论特定的问题"，例如胡塞尔的《纯粹现象学与现象学哲学的观念》第一卷和马克斯·舍勒的《伦理学中的形式主义与质料的价值伦理学》第一卷等等。

在此期间哲学学会最重要的一个活动是邀请舍勒到哥廷根讲课。施泰因记录道："哲学学会邀请他在那个学期到哥廷根做几周的讲座。他不被允许在大学里演说，我们也不被允许在黑板上张贴他的讲演公告，而只能口头提醒大家注意。我们不得不在一个旅馆或咖啡馆的公共房间里聚会。这个学期结束时舍勒也来了。起先确定了在这周的几个晚上做讲演；但他并不懂得分配时间，而最后堆积了那么多材料，以至于我们必须每天都来。当正式的部分过去之后，他还继续与一个

---

① 参见 *Edith Stein 1891–1942. Par une moniale Franfaise*, Paris: Editions du Seuil, 1954, 转引自 *Husserl-Chronik*, 103.

较小的圈子一起留在咖啡馆里几个小时。”[①]

舍勒在哲学学会讲授的主要是他发表于1913年的《论现象学与同情感理论》。施泰因承认，由于这次在哲学学会与舍勒的接触以及对他的几次讲课的旁听，她在哲学论题和宗教信仰方面都受到舍勒的影响。

在胡塞尔于1916年4月1日迁居至弗莱堡之后，哥廷根哲学学会的活动基本中止。实际上在此之前，具体说来是在1914年6月28日奥匈帝国皇储斐迪南大公夫妇在萨拉热窝视察时被刺杀，并导致7月30日奥匈帝国的正式宣战，从而开启了第一世界大战的序幕之后，哥廷根哲学学会的活动就基本中止了。大多数男性的哲学学会成员都上前线，有几位后来在战场上阵亡，例如，前面提到的莱纳赫，他于1917年11月在比利时佛兰德斯地区的迪克斯迈德镇的战役中阵亡，胡塞尔为纪念他而公开发表了两份讣告或悼词[②]；还有前面施泰因提到的哥廷根哲学学会的成员弗里茨·法兰克福特和克莱门斯，他们两人于战争初期便于1914年11月在比利时伊普尔地区的兰格马克镇的战役中阵亡。胡塞尔在《逻辑研究》第二卷第二部分的1920年第二版前言中还以某种方式悼念了克莱门斯：“全书索引的缺少可惜无法得到弥补，因为承担这项工作的是我的极有前途的学生鲁道夫·克莱门斯，他已为祖国捐躯。”[③]此外，在施泰因列出的哲学学会成员名单中的弗里茨·考夫曼和汉斯·利普斯也去了前线，他们直到1918年一战结束才去弗莱堡继续跟随胡塞尔学习。[④]

---

① 埃迪·施泰因：“在胡塞尔身边的哥廷根和弗莱堡岁月”，同上书，第96页。

② 胡塞尔：《文章与讲演（1911–1921年）》，同上书，第350–359页。

③ 胡塞尔：《逻辑研究》第二卷第二部分，同上书，第982页。

④ 关于这方面的详细情况还可以参见Nicolas de Warren and Thomas Vongehr (Eds.), *Philosophers at the Front: Phenomenology and the First World War*, Leuven: Leuven University Press, 2017.

在胡塞尔迁居弗莱堡近三年之后,即战后的1918/19年冬季学期,在那里又成立了“弗莱堡现象学学会”。而这已经属于现象学运动的另一个章节了,它会在后面的第四幕中得到展示。

慕尼黑心理学学会的活动在利普斯于1914年因病去世后并未停止,而是在他的大弟子普凡德尔的领导下继续进行。1933年为庆祝普凡德尔六十岁寿辰而由他的同事和学生撰写并编辑出版了《新慕尼黑哲学论文集》[①],它几乎就是22年前为庆祝利普斯六十寿辰而出版的《[老]慕尼黑哲学论文集》的更新版。当然,除了盖格尔和沃伊格特伦德(Else Voigtländer)在外,其余都是像施皮格伯格那样的新作者。不过在他们身上恰恰可以看到“新慕尼黑心理学学会”的新气象。现象学的慕尼黑-哥廷根传统也因此而至今仍在发挥持续的效应。

关于哥廷根哲学学会的核心成员,这里有必要做一个简单的介绍。

卡尔·诺伊豪斯

诺伊豪斯(Karl Neuhaus)于1903/04年冬季学期开始在胡塞尔这里学习,于1907/08年冬季学期(1908年2月26日)通过博士考试,成为胡塞尔的第一个博士毕业生。他的博士论文题目为:“休谟关于伦理学原理的学说”(*Husserl-Chronik*,77,113)。后来该论文正式出版。[②]他在胡塞尔身边学习的时期共有四年。

诺伊豪斯看起来并不属于哥廷根的“现象学派”,即不同于后来

---

① E. Heller und F. Löw (Hrsg.), *Neue Münchener philosophische Abhandlungen. ALEXANDER PFÄNDER zu seinem sechzigsten Geburtstag gewidmet von Freunden und Schülern*, Leipzig: Verlag von Johann Ambrosius Barth, 1933.

② Karl Guido Neuhaus, Dissertation: *Humes Lehre von den Prinzipien der Ethik; ihre Grundlagen, ihre historische Stellung und philosophische Bedeutung*, Universität Göttingen, 1908.

的“潮水般涌来的现象学弟子们”。[1] 严格说来，他还是前现象学运动时期的胡塞尔学生，但他参与并亲证了慕尼黑人的“入侵”以及哥廷根现象学学派的建立，并在其中发挥过作用。

埃里希·亨利希

诺伊豪斯之后在胡塞尔这里第二个完成博士论文的是埃里希·亨利希(Erich Heinrich, 1881-?)。关于他的资料可以找到的并不多。在《胡塞尔年谱》中甚至没有他的入学记录，只有他博士学位答辩的时间记录：1909 年 2 月 3 日，以及胡塞尔对他的博士论文进行修改的时间记录：1909 年 7 月。无论如何，亨利希于 1909 年 2 月毕业，博士生论文题目是“关于概念学说的研究”。[2] 胡塞尔在 1918 年还曾将这个博士论文的一个副本寄给德国的哲学家、心理学家和教育学家弗里施-克勒尔(Max Frischeisen-Köhler,1878-1923)，此举究竟出于胡塞尔的何种打算，现已不得而知(Brief. VI,127)。

康拉德认为，亨利希的博士论文在当时的状况中的主要意义在于：“阐释了胡塞尔的两个不同含义概念之间的内部对立，它在由 Th. 康拉德领导的哥廷根哲学学会与胡塞尔之间进行的论辩中起着至关重要的作用：在主宰着胡塞尔的意向的含义概念与语词和其他像命题那样的含义载体的含义概念之间的对立，后一个含义概念通常被称作语词和命题的意义(Sinn)。”[3]

此外，康拉德在前引报告中曾提到：1907 年成立哥廷根哲学学会

---

① Karl Schuhmann, „Edith Stein und Adolf Reinach“, in a.a.O., S. 164.

② Erich Heinrich, Dissertation: *Untersuchungen zur Lehre vom Begriff*, Göttingen: Druck der Universitäts- Buchdruckerei von W. Fr. Kaestner, 1910.

③ 转引自 Eberhard Avé-Lallemant/Karl Schuhmann, „Ein Zeitzeuge über die Anfänge der phänomenologischen Bewegung: Theodor Conrads Bericht aus dem Jahre 1954“, in a.a.O., S. 89, Anm. 47.

时，参加活动的成员中“偶尔还有法学博士亨利希(Henrich)”。[①] 对此舒曼和阿维-拉勒芒说明，没有其他方面的证明他在完成哲学博士考试之前就已经获得了法学博士学位。[②] 但从如今可以找到的该论文的电子版复印件来看，首页上标明的论文提交人的确是“法学博士埃里希 · 亨利希”。即是说，他的确是在获得了法学博士学位后又攻读了一个哲学博士学位。

亨利希在前言中向胡塞尔致谢说：“在我的哲学成长道路上，胡塞尔教授施予了最深刻和最持久的影响。对我这部著述，他给我的远不止是启示和指导。”[③]

威廉 · 沙普

沙普(Wilhelm Schapp,1884–1965)是胡塞尔在哥廷根时期指导的第三位博士生。他于 1905/06 年的冬季学期入学，于 1909 年 6 月完成博士论文答辩。他的论文是胡塞尔指导完成的第一篇以现象学为题的博士论文：“感知现象学论稿”[④]，与亨利希的博士论文在同一年于同一家印刷厂印刷出版。

沙普在“前言”中感谢了胡塞尔，并在其结尾处写道：“我只希望，我没有写任何我没有看到的东西。”这与他在文中所理解的现象

---

① Theodor Conrad, „An die Münchner Phänomenologengruppe von 1953/54“, in a.a.O., S. 84.

② Theodor Conrad, „An die Münchner Phänomenologengruppe von 1953/54“, in a.a.O., S. 84.

③ Erich Heinrich, *Untersuchungen zur Lehre vom Begriff*, a.a.O., „Vorwort“.

④ Wilhelm Schapp, Dissertation: *Beitrage zur Phanomenologie der Wahrnehmung*, Göttingen: Druck der Universitäts-Buchdruckerei von W. Fr. Kaestner, 1910; 另可参见它的新版：Wilhelm Schapp, *Beiträge zur Phänomenologie der Wahrnehmung. Mit einem Vorwort zu Neuauflage von Thomas Rolf*, Frankfurt am Main: Vittorio Klostermann, 2004, ^{2}2013.

学是一致的:"唯有被直观到的,才属于现象学。"[①] 于此也可以理解他多年后在回忆胡塞尔时表达的一个感想:"对现象学家最严厉的谴责是:'这是建构出来的'!通过思考而在视域中浮现出来的东西,不能被仓促地固化为轮廓清晰的东西或纳入固定的框架之中。在现象学的开端,个别研究代表着一切,体系则什么都不是。而个别研究的目标是追求知识、追求真理、追求清晰明白,追求明见性。一开始这些可能只是理想,在研究的过程中则必须越来越牢固,获得越来越多的支撑。"[②] 在这个第一任现象学博士那里的确可以感受到浓浓的现象学精神。

沙普的博士论文标题"感知现象学"(1910 年)很容易让人想到三十五年之后梅洛-庞蒂(Maurice Merleau-Ponty,1908–1961)的同名著作《感知现象学》(1945 年)。这是在德国早期现象学运动和后来的法国现象学运动之间可以把捉到的几根明显的红线之一。其余的联系还可以在盖格尔的审美享受的现象学(1913 年)与杜夫海纳(Mikel Dufrenne,1910–1995)的《审美经验的现象学》(1953 年)、莱纳赫的先天法权现象学(1913 年)与科耶夫(Alexandre Kojève,1902–1968)的《法权现象学纲要》(1943 年)之间找到。当然,这种联系也可以让人联想到佛教唯识学与胡塞尔的意识现象学之间的联系。但这里还不是对此展开讨论的合适场所。

不过沙普的学术研究并不局限于他初期的认知现象学方面。从许多迹象来看,他很可能是将认知现象学当作一个基础理论研究的训练来做。他此前在弗莱堡、柏林学习哲学和法学,在柏林时也旁听过

① Wilhelm Schapp, Dissertation: *Beitrage zur Phänomenologie der Wahrnehmung*, a.a.O., „Vorwort", S. 14.

② 威廉·沙普:"回忆埃德蒙德·胡塞尔",同上书,第 65–66 页。

狄尔泰的课程。完成博士论文后，他没有留在学界，而是在下萨克森州的奥利希地区担任检察官和公证人。与他受到的莱纳赫的影响有关，也与他后来的实践工作有关，沙普后来的研究和发表主要是在现象学的法权学说方面：《关于法权的新科学》。[①] 他在二战后出版的一系列著作中以及在最近由其子、法学家扬·沙普编辑出版的遗稿著作中表达了他在其“诸历史的哲学”方面的“新型构想”。[②] 这些思考与他在法权现象学方面的研究一脉相承。

在本书第二卷第七章“胡塞尔与施泰因和沙普及凯尔森学派和格哈特·胡塞尔：现象学与法哲学”第二节“威廉·沙普的现象学法学研究”中，笔者对沙普的法哲学和社会历史哲学方面的思考还做了专门论述。

汉斯·利普斯

还有一位胡塞尔的哥廷根学生也曾担任过哥廷根哲学学会的负责人：汉斯·利普斯（Hans Lipps,1889–1941），时间是在1913/14年冬季学期。利普斯出生于德累斯顿附近的小城皮尔纳（Pirna），1909年在德累斯顿高中毕业，而后曾在慕尼黑大学学习过一两个学期的艺术史、建筑学、美学与哲学。1910年至1911年，利普斯在德累斯顿服兵役，其间继续在德累斯顿工业大学学习哲学。从1911年春天

---

① Wilhelm Schapp, *Die neue Wissenschaft vom Recht. Eine phänomenologische Untersuchung*, 1. Band: *Der Vertrag als Vorgegebenheit. Eine phänomenologische Untersuchung*, Berlin-Grunewald: Dr. Walther Rothschild, 1930; 2. Band, *Wert, Werk und Eigentum*, Berlin-Grunewald: Dr. Walther Rothschild, 1932.

② 例如参见 Wilhelm Schapp, *In Geschichten verstrickt: Zum Sein von Mensch und Ding*, Hamburg: Verlag Richard Meiner, 1953; *Philosophie der Geschichten*, Frankfurt am Main: Vittorio Klostermann, 1981; *Auf dem Weg einer Philosophie der Geschichten:* Teilband I–III; *Geschichten und Geschichte,* Freiburg/München: Verlag Karl Alber, 2016–2018.

起，他转到哥廷根大学学习，在学习植物生物学的同时也随胡塞尔学习现象学。还在 1912 年，他就以“关于改变了的介质中的植物结构变化”为题完成了博士论文考试。而后他在哥廷根继续学习哲学，并于 1913 年认识了刚到哥廷根随胡塞尔学习心理学的施泰因，两人之间的友谊和情感一直延续到他们在两次大战期间先后去世：利普斯 1941 年作为团部军医阵亡于对苏联作战的前线，施泰因 1942 年作为犹太人死于纳粹奥斯维辛集中营。

施泰因在其关于哥廷根生涯的回忆录中对汉斯·利普斯做过十分生动的回忆和细致的描述：

> 在所有人中给我留下最多印象的是汉斯·利普斯。他当时二十三岁，但看起来还要年青得多。他非常高，修长，但健壮，他的漂亮的、表情丰富的脸如同一个孩子的脸一般清新，而他的又大又圆的眼睛看起来就像一个孩子的眼睛一样在发出认真的询问。他所说的通常是一个简短的、但十分确定的句子。如果有人请他进一步说明，那么他会解释：无法说得更多，实事本身会让人开悟的。于是我们不得不满足于此，而且我们所有人都相信他的明察的真切与深邃，即使我们还不能一同完成这种明察。在他难以用话语来表达时，他的眼睛和他的生动的、不由自主的脸部表情变化也就会更为迫切。此外，他在那年夏天不能定期参与晚上的聚会，因为他当时在进行医科大学的预科考试，同时——以一项植物生物学的研究——做哲学博士论文。医学的和自然科学的学习充塞了他无法进行哲学思考的那些时间。他之前已经做了一些别的事情。他以室内装饰设计师和手工艺师开始，但这些都无法给他带来充实。不管怎样，他后来也仍然喜欢做些手工，而且在他的本性中含有十分显著的艺术气质。在作为禁卫军

中的龙骑兵于德累斯顿服役期间，他结识了《逻辑研究》，而这对他来说成为一个新生活的开始。这样他便来到哥廷根。[①]

利普斯所受的教育最初是生物学和医学。他也因为这个原因而作为军医参加了两次世界大战。第一次是在1914年应召入伍，到1918年战争结束。第二次作为团部医生随军进入对苏联作战前线并在那里阵亡。

在一战的参战期间他曾从前线写信给施泰因。她回忆说："他的来信往往只有几句话，用他的大字体手书——对于不熟悉的人来说它是无法辨读的，但每个字母都是一个图饰——会充满整整一张纸。胡塞尔曾说，里面什么也没说。的确，从里面读不到关于战争形势的任何东西。但这寥寥数语对我却意味着很多：它们始终给我一个他的此在的忠实图像。"[②]

在这些栩栩如生的描述中已经可以看到利普斯所具有的鲜明个性之一斑。这个性格特征后来也在伽达默尔的回忆录中得到鲜活的再现。

一战结束后利普斯曾去弗莱堡看望过已经在那里任职的胡塞尔。在施泰因与他的一次会谈中，他们聊到施泰因已经寄给胡塞尔的博士论文"论同感问题"的初稿。由于利普斯刚从弗莱堡回来，因而施泰因问利普斯："'您是否听到，他读了一些我的论文？''噢，毫无迹象！他给我看过。他有时将纸夹解开，将几个册子拿出来，在手中掂量，并且心情愉快地说：您只要看看，施泰因小姐给我寄来了多么大的一篇论文！而后他仔细地将它放回去，重又将纸夹系上。''这倒是

① 埃迪·施泰因："在胡塞尔身边的哥廷根和弗莱堡岁月"，同上书，第92页。
② 埃迪·施泰因："在胡塞尔身边的哥廷根和弗莱堡岁月"，同上书，第138页。

好迹象啊’，我笑着说。”[①]

不过利普斯没有像施泰因、英加尔登那样随胡塞尔去弗莱堡，而是在一战结束后于哥廷根继续自己的学业，并于1919年以一篇药理学的论文完成博士考试并成为医学博士。接下来，他于1921年在哥廷根大学完成任教资格考试，其任教资格的讲座围绕“器官的从属关系：论生物学的哲学”的论题进行。[②] 而后他在那里担任哲学私人讲师。1936年他被聘为法兰克福大学的哲学教授。

伽达默尔对他的回忆主要是在利普斯到法兰克福大学任教之后：“认识他的人都会记得他与同伴交往的热烈方式：没有任何保留，没有任何套话，带着十分的关注。当他在说出他的所思时，一对大眼睛几乎要从他的脑袋上挣脱出来。而且他始终毫无保留地说出他的所思。他所说的东西始终是很机智的。”[③]

利普斯最终选择以哲学为其职业或志业，也是有其原因的。施泰因在其回忆录中记录说利普斯到哥廷根随胡塞尔学习哲学是因为读了胡塞尔的《逻辑研究》，而他最终以哲学为业则可能是因为“他与哲学的关系是一种如此有机的关系，以至于没有什么环境和异样的事务能够干扰它。”[④]

利普斯与胡塞尔的私人关系和思想联系不算密切，远比前者与

---

① 埃迪·施泰因：“在胡塞尔身边的哥廷根和弗莱堡岁月”，同上书，第147页。

② 利普斯留下的这篇任教资格讲座稿没有标题，在他身前也没有发表。这里的标题是在它被收入利普斯身后出版的五卷本文集发表时为编者所加。参见 Hans Lipps, „Die Subordination der Organe: Zur Philosophie der Biologie“, in Hans Lipps, *Werke V: Die Wirklichkeit des Menschen*, Frankfurt am Main: Vittorio Klostermann, 1976, S. 127–152.

③ Hans-Georg Gadamer, „Vorwort von Hans-Georg Gadamer“, in Hans Lipps, *Werke I: Untersuchungen zur Phänomenologie der Erkenntnis*, Frankfurt am Main: Vittorio Klostermann, 1976, S. VII.

④ 埃迪·施泰因：“在胡塞尔身边的哥廷根和弗莱堡岁月”，同上书，第138页。

其师兄弟姐妹要松散。利普斯与胡塞尔之间有一些书信往来，其中至少保留下来八封，但里面鲜有思想交流和学术讨论。但利普斯与莱纳赫、施泰因、康拉德–马悌尤斯夫妇、英加尔登、考夫曼等哥廷根哲学学会的核心成员交往密切。一战后，由于莱纳赫的阵亡和胡塞尔以及施泰因、英加尔登向弗莱堡的转移，如伽达默尔所说，“利普斯成为富有成效的哥廷根现象学的最有力代表。”[①]

波尔诺夫将利普斯的思想构成归结为以下三个：医学与描述的自然科学的来源，现象学哲学学派的经历，以及对生存哲学的皈依。他认为：“但这三方面的影响不能被理解为他先后穿越、而后又克服了的发展阶段，而应当理解为在他的哲学思考中三股同时的和密切相连地规定着他的思潮。它们显然不足以将利普斯从他的独一性中‘推导’出来，但它们可以标示那个从中才可以恰当方式突显出他的特殊位置的背景。”[②]

利普斯的思想特征的确可以用“独一性”来刻画，而且这个“独一性”是由“复合性”构成的。撇开其他方面不论，仅就其现象学思想而言，他认胡塞尔、舍勒、普凡德尔、莱纳赫为师，认施泰因、康拉德、海林等为友，他也阅读尼古拉·哈特曼和海德格尔的著作，并从他们那里了解各种类型的现象学方法。伽达默尔说：“首先有一点他是与胡塞尔和舍勒共享的：目光。他的分析是在敏锐而细腻的区分中活动的，保持着高度的抽象，且同时给人带来大量真正的具体直观现象，他的提问通过这些现象而得到一步一步的描画和表述。”[③]

---

① Hans-Georg Gadamer, „Vorwort von Hans-Georg Gadamer“, in a.a.O., S. VIIIf.

② Otto Friedrich Bollnow, „Hans Lipps: Ein Beitrag zur philosophischen Lage der Gegenwart“, in *Blätter für Deutsche Philosophie*, Bd. 16, H. 3, 1941, S. 294.

③ Hans-Georg Gadamer, „Vorwort von Hans-Georg Gadamer“, in a.a.O., S. VIIIf.

利普斯在现象学运动中文字上的第一次亮相是在胡塞尔主编的《哲学与现象学研究年刊》的1923年第六辑上发表的题为“集合论的悖论种种”①的短篇文章,其意图在于解决或回应集合论中出现的悖论以及相近的逻辑悖论的问题。在这里可以看到当时在哥廷根的现象学学派与希尔伯特学派之间十分活跃的相关问题讨论。1929年他还在《年刊》的纪念胡塞尔七十诞辰的专辑上发表过题为“判断”②的祝寿文章。

在其1927年的论著《认识现象学研究》的第一部分《事物及其属性》的前言中,利普斯有一个对自己的胡塞尔现象学起源的表态:“这里或许有一个相对于胡塞尔的某些阐释而言的转向。但我相信,即使在那里我也始终是他的学生。”③而在1928年出版的第二部分《陈述与判断》的前言中,他表明自己在此期间受到的海德格尔的影响:“在本文的第一部分结束之后,海德格尔发表了他的《存在与时间》。生存论分析——不仅是在术语上——为我提供了更明晰地把握许多东西的手段,它是以往从我的原初起点出发所无法做到的。”④——在这里有一个独自开始的从胡塞尔现象学分析到海德格尔生存哲学分析的转向与过渡。

不过还是应当留意伽达默尔指出的另一面:“利普斯自己的工作

---

① Hans Lipps, „Die Paradoxien der Mengenlehre“, in *Jahrbuch für Philosophie und phänomenologische Forschung*, VI. Band, Halle a. S.: Max Niemeyer Verlag, 1923, S. 561–571.

② Hans Lipps, „Das Urteil“, in M. Heidegger (Hrsg.), *Festschrift E. Husserl zum 70. Geburtstag gewidmet. Ergänzungsband zum Jahrbuch für Philosophie und phänomenologische Forschung*, Halle a. S.: Max Niemeyer Verlag, 1929, S. 561–571.

③ Hans Lipps, *Untersuchungen zur Phänomenologie der Erkenntnis. Erster Teil: Das Ding und seine Eigenschaften*, Bonn: F. Cohen, 1927, S. 5.

④ Hans Lipps, *Untersuchungen zur Phänomenologie der Erkenntnis. Zweiter Teil: Aussage und Urteil*, Bonn: F. Cohen, 1928, S. 5.

与这个学派的风格无关。他以独特的方式区别于胡塞尔本人以及他的所有追随者。”[①]

由于利普斯过早去世，他的思想没有来得及在论著和遗稿中得到充分展开。或许可以用“现象学的语言哲学”、“解释学的逻辑学”、“实用主义的生存论”等等来界定或标示他的思想的各个侧面。伽达默尔曾强调利普斯“事实上他在坚持走他自己的路，按他自己说法是‘在实用主义与生存哲学之间’的路”，但看起来伽达默尔对利普斯主要思想的刻画要更为确切一些：“与事物的交往所落定的和可把握的地方不是一个认识论的先天，而是语言。这个听取语言的耳朵和观察其姿态的目光将利普斯从其他现象学家中突显出来。在他那里可以做到看唇学语(der Sprache aufs Maul schauen)。”[②] 他将这条利普斯自己的道路称之为“一个朝向谨慎描述与直观的思维志向(Denkgesinnung)的‘新学派’。”[③]

无论如何，因为有了汉斯·利普斯，“哥廷根现象学”这个学派的思想和概念内涵变得更为丰富了。

迪特里希·希尔德勃兰特

希尔德勃兰特(Dietrich von Hildebrand,1889–1977)是德国著名艺术家和艺术理论家阿道夫·希尔德勃兰特的儿子。他最初在慕尼黑大学随特奥多尔·利普斯、普凡德尔等人学习，属于慕尼黑心理学学会的成员，并在学习过程中对胡塞尔《逻辑研究》产生浓烈的兴趣。经利普斯和盖格尔的推荐，他于 1909 年夏季学期到哥廷根，开始在胡塞尔那里听课，并计划在哥廷根完成博士论文答辩。原则上他与莱

① Hans-Georg Gadamer, „Vorwort von Hans-Georg Gadamer“, in a.a.O., S. VIIIf.

② Hans-Georg Gadamer, „Vorwort von Hans-Georg Gadamer“, in a.a.O., S. Xf.

③ Hans-Georg Gadamer, „Vorwort von Hans-Georg Gadamer“, in a.a.O., S. IXf.

纳赫、康拉德一样，可以算作从利普斯那里“叛逃”到胡塞尔这里的慕尼黑人。

希尔德勃兰特于1911年夏季学期至1912年夏季学期参加胡塞尔的课程，其中于1911年夏季学期开设的“伦理学和价值论的基本问题”很可能是他主要参与的课程。他曾于1911年夏季学期担任哥廷根哲学学会的负责人。胡塞尔于1912年7月30日对希尔德勃兰特的博士论文做出鉴定。1912年11月6日，希尔德勃兰特完成博士论文答辩，题目是“行动中的伦常载体”。胡塞尔对希尔德勃兰特的博士论文评价很高，也阅读过希尔德勃兰特后来发表的价值伦理学著述。在胡塞尔于1913年开始与普凡德尔、盖格尔、舍勒和莱纳赫合作编辑出版《哲学与现象学研究年刊》之后，希尔德勃兰特先后在第三卷（1916年）和第五卷（1922年）上发表了他的两部论著：博士论文《伦常行动的观念》和任教资格论文《伦常性与伦理价值判断》。①

胡塞尔本人在《哲学与现象学研究年刊》第一卷上发表了《观念》第一卷，正式宣告了他的超越论哲学转向。希尔德勃兰特在后来的“哲学自传”中回忆说：他“十分痛心地看到，胡塞尔完全背离了《逻辑研究》第一卷的伟大发现，而他的哲学完全成为内在主义的，并且展示了一种彻底的超越论主义。后期胡塞尔以及许多如今的现象学家所理解的现象学这个术语，已经与我称之为现象学的东西毫无关系了。”② 在此意义上，他也与莱纳赫等人一起，在成为利普斯的“反叛者”

---

① Dietrich von Hildebrand, *Die Idee der sittlichen Handlung*, in *Jahrbuch für Philosophie und phänomenologische Forschung*, III. Band, Halle a. S.: Max Niemeyer Verlag, 1916, S. 126–251; *Sittlichkeit und ethische Werturteile. Eine Untersuchung über ethische Strukturprobleme*, in *Jahrbuch für Philosophie und phänomenologische Forschung*, V. Band, Halle a. S.: Max Niemeyer Verlag, 1922, S. 463–602.

② Dietrich von Hildebrand, „Selbstdarstellung“, in Ludwig J. Pongratz (Hrsg.), *Philosophie in Selbstdarstellungen* II, Hamburg: Felix Meiner Verlag, 1975, S. 78.

之后又成为胡塞尔的"反叛者"。

希尔德勃兰特在哲学的论题和方法上受到舍勒的影响多于胡塞尔的影响。埃迪·施泰因在她的关于哥廷根时期的回忆中已经注意到:"年青的现象学家们受舍勒的影响很大;有些人——如希尔德勃兰特和克莱门斯——注重他甚于注重胡塞尔。"[①]

应当说,胡塞尔与希尔德勃兰特在价值理论和伦理学说方面互有影响。关于胡塞尔与希尔德勃兰特的关系,舒曼在"胡塞尔与希尔德勃兰特"一文中有十分详细的说明。[②]笔者本书第二卷第十三章"胡塞尔与希尔德勃兰特:现象学与价值理论"中则专门讨论他们在价值理论方面的思想关联。

让·海林

在希尔德勃兰特之后,来自阿尔萨斯地区的让·海林(Jean Hering,1890–1960)也曾担任过一段时间(1912/13冬季学期)哥廷根哲学学会的领导人,组织讨论胡塞尔《逻辑研究》第二研究的第五章"关于休谟抽象理论的现象学研究"(*Husserl-Chronik*,173)。

海林于1909年夏季学期来到哥廷根随胡塞尔学习,直至1912年。前引施泰因的哥廷根回忆录中有记载:当她于1913年夏季学期到达哥廷根时,"约翰内斯·海林[③]想在下学期进行国家考试,并且为了能够不受干扰地工作而回到了他的家乡斯特拉斯堡。"[④]直至1914年夏季学期,海林回到哥廷根,在这里进行国家考试(Staatsexamen)。他

① 埃迪·施泰因:"在胡塞尔身边的哥廷根和弗莱堡岁月",同上书,第96页。

② Karl Schuhmann, „Husserl und Hildebrand", in *ALETHEIA: An International Yearbook of Philosophy*, 5, 1992, S. 6–33.

③ 施泰因在这里所说的"约翰内斯(Johannes)·海林"可能是一个笔误或记忆错误,因为没有证据表明海林用过"让"(Jean)以外的名字。

④ 埃迪·施泰因:"在胡塞尔身边的哥廷根和弗莱堡岁月",同上书,第91–92页。

的论文题目是“洛采的先天学说”。后来他将这篇论文加工成为《关于本质、本质性和观念》的论文发表在《哲学与现象学研究年刊》第四卷(1921年)上。[①]

关于海林，施泰因也有篇幅较长的回忆记录：“这个学期海林也来住了几周，以便进行他的国家考试。那晚在胡塞尔那里庆祝考试通过，同样也庆祝了奥特曼小姐通过考试。处在喜悦中的她对我也比至此为止更为友善了。与海林在一起不需要很长时间就可以与他建立联系。对每个人他都以孩子般的开放方式来迎接，而在这后面还藏着深切而温柔的善意。同时他还是一个爱开玩笑的人，而且始终具有最令人惊讶的想法，以至于在他面前，所有的忧郁、愤恨、无情的恶灵都会被驱散。他的面孔狭长，山羊胡是金黄色的，声音细脆，这些都有点像勇敢的小裁缝[②]。胡塞尔非常喜欢他，同时珍视他的哲学才华。”[③]

海林在一次世界大战前还算是胡塞尔的德国学生。一战后则因德国战败，他的家乡阿尔萨斯地区被划给法国，他转身成为了胡塞尔的法国学生。他与胡塞尔一直保持联系，并成为胡塞尔现象学在法国的最早引介者和传播者，在法国现象学运动史上留下了深刻的印记。[④]

关于海林和胡塞尔的其他两位亲炙法国弟子：哥廷根时期的柯瓦雷和弗莱堡时期的勒维纳斯，笔者在本书第二卷第三十章“胡塞尔与

---

① Jean Hering, „Bemerkungen über das Wesen, die Wesenheit und die Idee“, in Edmund Husserl (Hrsg.), *Jahrbuch für Philosophie und phänomenologische Forschung*, IV. Band, Halle a. S.: Max Niemeyer Verlag, 1921, S. 495–543.

② “勇敢的小裁缝”是出自格里默兄弟的一个童话故事的主人翁。

③ 埃迪·施泰因：“在胡塞尔身边的哥廷根和弗莱堡岁月”，同上书，第120–121页。

④ 对此可以参见关于法国现象学运动的最新和最全面的研究 Christian Dupont, *Phenomenology in French Philosophy. Early Encounters*, Phaenomenologica 208, Dordrecht: Springer, 2014，尤其是3.2 Lev Shestov and Jean Hering, pp. 109–117.

他的法国哲学弟子们”中还有集中的讨论。

这里接下来还要介绍一位没有作过哥廷根哲学学会主席，但仍然很重要的早期现象学运动成员。

温斯洛普·贝尔

在胡塞尔的哥廷根学生中，温斯洛普·贝尔(Winthrop Pickard Bell, 1884-1965)是一位比较特殊的人物。这里所说的“特殊”还不仅仅是指，他既不是德国人也不是奥地利人，而是加拿大人，同时也是胡塞尔指导的第一个母语为英语的博士研究生；而且也是指，他是哥廷根哲学学会的成员(*Husserl-Chronik*,168)，但并不参与学会的活动，而是仅仅出现在胡塞尔的讨论课上。

贝尔在去哥廷根大学随胡塞尔之前曾于1908年起在哈佛大学的实用论和观念论哲学家罗伊斯(Josiah Royce,1855-1916)那里学习过。1910年他到德国，先是在莱比锡大学冯特那里学习了一个学期，而后于1911/12年冬季学期在哥廷根入学，随胡塞尔学习。

贝尔后来曾对施泰因讲述过他到哥廷根学习的原因是因为读了石里克所写的一篇文章，即“现代逻辑学所理解的真理本质”。[①] 这也是石里克一年后在罗斯托克大学申请任教资格的论文。贝尔后来他在给施皮格伯格的信中也说明：“我在莱比锡大学的阅览室中读到这篇文章，并对自己说，胡塞尔是一个思考了很多的人，他思考的东西

① 参见 Moritz Schlick, „Das Wesen der Wahrheit nach der modernen Logik“, in *Vierteljahrsschrift für wissenschaftliche Philosophie und Soziologie*, 34, 1910, S. 386-477. ——石里克大都因为他对胡塞尔的尖锐批评而被视作后者的对手，胡塞尔自己在文章中也对石里克有犀利反驳。笔者在本书第二卷第十九章“胡塞尔与石里克：现象学与逻辑实证主义”中对此思想史事件有较为详细介绍和评论。不过，石里克的这篇依然以批驳胡塞尔为己任的早期文章竟会引发一位北美哲学生对胡塞尔思想的兴趣，并导致他从莱比锡冯特那里转到哥廷根随胡塞尔读书，这个现象还是颇为奇特并让人唏嘘不已。

就是我自己在探寻和摸索的。”[①]

在两年的哥廷根期间他参与了胡塞尔的全部课程，并于1913/14年冬季学期完成博士论文，结束学业。在他学习接近结束时，施泰因到了哥廷根。她在其回忆录中曾用较多的篇幅记录了她对贝尔的个人印象：

> 在胡塞尔的讨论课上也有一些人是在他身边工作，但并不参与哲学学会。当我在开学后不久的一个晚上受邀去库朗夫妇那里时，理查德说：‘如果你参加了胡塞尔的讨论课，那么你一定已经认识了贝尔。’他是一个加拿大人。我注意到有几个美国人和英国人，但不知道他指的是谁。‘他是哥廷根最和善的大学生。你肯定会把他找出来的。’此后不久我在礼堂的斜坡上看见一个穿着运动服、不戴礼帽的大学生站在那里。他似乎是在张望某个人，而在他的姿态中有某种招人喜欢的自由不拘的东西。‘这是贝尔’，我想。的确也是如此。他与其他现象学家在一起的时间不多。哥廷根的美国人和英国人形成了自己的殖民地，而且他们抱团抱得很紧。除此之外，他也有一个不是由专业学习来确定的朋友圈。其中就有我的表兄。通过他，我也知道一些贝尔的前史。他原先是工程师，但在北冰洋——他的家乡是哈利法克斯——航行时，他开始了哲学思考。而后他先去英国学习，而后来德国。偶尔有一次他告诉我，莫里茨·石里克的一篇书评使他注意到了《逻辑研究》，并将他引向了哥廷根。现在他已经在这里三年了，而且在胡塞尔这里做一个关于美国哲学家罗伊斯

---

① 参见 Brief an Spiegelberg, 17. X. 1955, Winthrop Pickard Bell fonds at the *Mount Allison University* Archives–Sackville, New Brunswick, Canada. 转引自 Jason Bell und Thomas Vongehr, „Einleitung der Herausgeber“, in Hua Dok. V, S. XI, Anm. 1.

（Royce）的博士论文。他已经三十一岁，但看起来要年轻得多。[①]

施泰因这里提到的贝尔关于"罗伊斯的博士论文"后来于1914年8月7日的博士答辩中得以通过，题目为"对约西亚·罗伊斯的认识论的一个批判研究"。但此时已经爆发了第一次大战，因而按照《胡塞尔年谱》中的初看起来令人不解的说法，贝尔的博士论文答辩是"在拘留营中"被通过的（*Husserl-Chronik*, 189）。

当年的具体情况是胡塞尔于六年后才在写给他的第一位来自北美的学生、观念论哲学家霍金（William Ernest Hocking, 1873-1966）的一封信（1920年7月3日）中透露出来的。胡塞尔在信中写道：

> 您在信中提到了温斯洛普·贝尔。请您允许我在这里附上关于他的一句话，一句最热切的推荐辞。实际上没有一句话能足以表达我对他的深厚情意。我骄傲地将他算作我的朋友，并且感谢命运之神将他引导到我这里。我完全了解他，并且愿意为以下的话语做担保：他是我这一生中所遇到的最高贵的和最重要的人格性之一，他们让我坚守住了对人的信念。而且他不仅作为人格性是纯粹而卓越的，而且作为哲学家也是干练的、扎实的、大有可为的。可惜他在哥廷根大学应当用来获得博士学位的关于罗伊斯的博士论文没有能够被付印。哲学系已经将它作为"优秀的"（valde laudabile）加以接受，博士学位的口试也还得以顺利进行——在拘留营中（1914年8月！），但事后被宣布为法律上无

---

① 埃迪·施泰因："在胡塞尔身边的哥廷根和弗莱堡岁月"，同上书，第95-96页。——此外还值得注意的是，按照杰森·贝尔和托马斯·冯格尔的说法："在埃迪·施泰因的遗稿中存有22页的一份对贝尔博士论文的全面总结。尚不清楚它是何时完成以及为何完成的"（Jason Bell und Thomas Vongehr, „Einleitung der Herausgeber", in Hua Dok. V, S. XI, Anm. 2）。

效：因而贝尔合乎规则地完成了哥廷根的博士学业，但却至今还不是博士！如果哈佛大学能够接受他并为他提供一个发挥作用的场所，那么在他身上的出色力量将会对年轻人产生美好的影响（Brief. III, 164f.）。

胡塞尔的这封信不仅解释了为何贝尔当时在哥廷根通过了博士考试却仍然没有拿到博士学位，以及为何在“拘留营”① 里完成博士学位口试的原因，而且同时是并首先也是对贝尔所做的一个不遗余力的推荐。

霍金当时在哈佛大学执教。他之前与贝尔一样也在哈佛大学随罗伊斯学习过，而后也和贝尔一样在哥廷根随胡塞尔学习过。胡塞尔后来建议贝尔以罗伊斯的哲学为博士论文的论题，很可能是此前通过霍金而对罗伊斯的观念论哲学思想有所知晓，并希望通过贝尔来更多了解和熟悉罗伊斯。

战后贝尔回到北美，并于 1921 年在多伦多大学获得一个学术位置，而后于 1922 年终于完成哥廷根大学的博士论文答辩。当时德国并不要求付印博士论文，而只需提供一个发表的纲要。贝尔的论文本来是可以发表在胡塞尔主编的《年刊》上的，但他还是回绝了胡塞尔的提议。杰森・贝尔和托马斯・冯格尔认为，这是因为贝尔在几年之后已经开始对他的博士论文不甚满意并保持距离。他在一封 1916 年致胡塞尔的信稿中便已经写道：“我每次在看我的这篇旧作时都注意

① 胡塞尔所说的“拘留营”，是指贝尔当时作为交战的敌国（加拿大被视作同盟国的殖民地）公民在宣战之后先是被保护性地软禁在他的哥廷根住所里，而后直至一战结束，贝尔都作为平民囚犯被关押在一个柏林附近的一个拘留营中，并以这种方式全程参与了一战。他的博士论文答辩是在被关押状态下于哥廷根大学的学生监狱（Karzer）中进行的（Jason Bell und Thomas Vongehr, „Einleitung der Herausgeber“, in Hua Dok. V, S. XV ff., S. XVI, Anm. 2）。

到，我的确已经进步了很多。——我也吃惊地发现，我那时对《逻辑研究》和《观念》中的真正丰富的含义了解得有多么少。”① 贝尔的博士论文在他生前始终没有出版。最后作为他的遗稿于 2018 年在《胡塞尔全集文献编》中出版(Hua Dok. V)。

在胡塞尔的大力推荐下，贝尔最终于 1922 年秋在哈佛大学获得了一个教授职位。霍金在 1920 年 7 月 31 日给胡塞尔的回信中就已经写道：“您对贝尔说的话使我欢欣鼓舞；而且您的话来得正是时候。我们已经请他加入我们这里的团队”(Brief. III,167)。

贝尔始终将胡塞尔视为“智慧导师和相助者”，他与胡塞尔的大量通信一直延续到 1934 年——在这年的 8 月 15 日至 18 日期间他还与妻子一起去弗莱堡看望了胡塞尔(Brief. IX,443f.)——，远多于在《胡塞尔书信集》中发表的，而且他在胡塞尔去世后仍与马尔维娜有通信联系。② 尽管他在哈佛大学只工作了五年，并于 1927 年离开学院，进入商界，参与到他弟弟拉尔夫·贝尔的各类生意事务，但他在学界与商界时都关注哥廷根现象学圈的老师与师兄弟们的活动，并且给予资金方面的支持。前面提到的通过施泰因给康拉德-马悌尤斯夫妇在贝格匝本所建“现象学者之家”的图书馆提供资金便是一例。另外一例可以在胡塞尔 1921 年致贝尔的信中读到：贝尔在这年 8 月 13 日给胡塞尔寄去 7000 马克的资助。胡塞尔将其中的 1000 马克转给了“我们的杰出的海德格尔，他穷得像一只教堂里的老鼠，并且现在很高兴能够购置几本宗教哲学的重要典籍”。此外胡塞尔还将 250 马克转给了他的弗莱堡学生克劳斯，以及如此等等(Brief. III,20f.)。

这里还需要提到与此密切相关的一个情况：有几处记载表明，

---

① Winthrop Pickard Bell fonds at the *Mount Allison University* Archives, ibid.

② 在《胡塞尔书信集》中收录的贝尔与胡塞尔的书信往来仅到 1925 年止。

1912年夏季学期，有一位来自美国的学生钱德勒（Albert Richard Chandler,1884-1957）加入哥廷根哲学学会的活动，并且参与了胡塞尔的“洛采-练习课”（*Husserl-Chronik*,168-170）。在1912年7月7日致霍金的信中，胡塞尔在附言中提道：“这个夏天有一个十分认真、能干和令人喜欢的美国人在这里学习，钱德勒先生”（Brief. III,160）。按照舒曼的说明，钱德勒是审美学家，后来于1913年在哈佛大学获得博士学位，其博士论文的题目是“柏拉图的观念论——鉴于胡塞尔普遍性理论的研究”（Plato's Theory of Ideas. Studied in the Light of Husserl's Theory of Universals）（哈佛，1913年）。他后来担任俄亥俄州立大学（哥伦布市）的教授（Brief. III, 161f.,Anm.38）。

如此算来，在哥廷根时期来到胡塞尔这里就读的先后有三位北美学生（霍金、贝尔、钱德勒），他们的共同点在于，此前都在哈佛大学读过书，而且其中有两位后来在哈佛大学拿到博士学位（霍金、钱德勒），还有两位还在这里担任教授（霍金、贝尔）。仅因为此，思想史的研究者就已经有理由将哈佛认作胡塞尔现象学在北美的接受起点以及北美现象学的发源地。[①]更何况我们在后面还可以看到，胡塞尔在弗莱堡时期指导的北美学生还有被霍金于1923年派送到弗莱堡去学习并于1928年在哈佛大学完成了很可能是关于胡塞尔的第一部博士论文“作为方法和作为哲学学科的现象学”的马尔文·法伯（Marvin Faber,1901-1980），以及于1924-1926年和1931-1932年同样通过霍金推荐两度来到弗莱堡学习，并于1933年以“埃德蒙德·胡塞尔的哲学”为题在哈佛大学获得博士学位的多里翁·凯恩斯（Dorion

---

① 参见Jonathan Strassfeld, “Husserl at Harvard: The Origins of American Phenomenology”, in Michela Beatrice Ferri (ed.), *The Reception of Husserlian Phenomenology in North America, in Collaboration with Carlo Lerna*, Contributions to Phenomenology 100, Cham: Springer Nature Switzerland AG, 2019, pp. 3-23.

Cairns,1901–1973）。

最后还需要简单说明一下胡塞尔在哥廷根时期的另外几位学生，他们都是在哥廷根听过胡塞尔的讲座和参加过胡塞尔讨论课，在此意义上是胡塞尔的学生，但因各种原因并没有在胡塞尔这里获得学位。

胡戈·丁格勒

胡戈·丁格勒（Hugo Dingler,1881–1954）是德国科学哲学家，他于1902/03年冬季学期和1903年夏季学期在哥廷根学习两个学期，一方面随希尔伯特和克莱因学习数学，另一方面也随胡塞尔学习哲学。而后与胡塞尔有延续十多年的通信联系，并有相互赠书（Brief. III,59–76）。在胡塞尔的《哲学作为严格的科学》长文发表后，丁格勒曾向胡塞尔写信索取特印本："由于我自己如今在探究哲学问题，并且由于您的观点在我看来——请允许我这样说——始终因其清晰性和对问题的深刻把握而尤显出色，而且自然也因为我的哥廷根学期而容易为我理解，因此，如果我能够自己拥有并持续运用这篇出色的论文，我会特别感谢您"（Brief. III,67）。

有几位哲学史家已经指明，在胡塞尔与丁格勒的著述中可以发现他们的科学观之间存在着相互影响。[①]

阿道夫·格里默

阿道夫·格里默（Adolf Grimme,1889–1963）从1912年夏季学期到1913年夏季学期在哥廷根参加了三个学期的胡塞尔讨论班和

① 参见 Bernhard Rang, „Die bodenlose Wissenschaft. Husserls Kritik von Objektivismus und Technizismus in Mathematik und Naturwissenschaft“, in *Phänomenologische Forschungen*, 22, 1989, S. 95, Anm. 5；以及参见 G. 沃尔斯特："科学哲学家胡戈·丁格雷尔评介"，张武军译，载于《哲学译丛》，1990年第6期，第82页。

讲座。此后他与胡塞尔保持通信联系，直至1937年，即使在纳粹执政之后也未曾中断过。在此期间他曾先后担任过普鲁士的文化部长（1928年）以及科学、艺术与国民教育部长（1930–1932年），并为胡塞尔在弗莱堡后期的助手欧根·芬克提供科研助手的经费资助（1932–1933年）。他是少数几个在希特勒的反犹运动过程中仍然与胡塞尔保持往来的学生。他最后一次访问胡塞尔和芬克是在1937年4月23日，即在胡塞尔卧床不起的四个月前。

在胡塞尔与格里默的通信中保存了胡塞尔在历史哲学和文化哲学方面的许多想法，还有一些胡塞尔对自己的思想发展的回顾和对自己未来计划的构想。格里默曾有文章和著作发表，其中包括对他在哥廷根时期的老师胡塞尔和舍勒的哲学的阐释与赞颂。[①] 二战后格里默作为文化政治家还在联邦德国的政府部门继续工作。

古斯塔夫·封·施佩特

古斯塔夫·封·施佩特（Gustav Spett,1879–1937）是出生于基辅的俄国人，有波兰贵族的血统，因而他的德文名字前面有时也被加上"封"（von）号。[②] 施佩特于1912/13年到哥廷根随胡塞尔学习。埃迪·施泰因在其哥廷根回忆录中曾提到，"来了一位想在源头上学习现象学的俄国教授"，所指的应当就是施佩特。[③]

此前施佩特在基辅和莫斯科的大学完成学业，并且在莫斯科的

---

① 例如参见 A. Grimme, „Die frohe Botschaft der Husserlschen Philosophie", in *Der Falke* 1917 (1), S. 224–231. A. Grimme, „Max Scheler: Krieg und Aufbau", in *Weserzeitung* Nr. 180, vom 13. März 1918.

② 施佩特的名字通常被写作"Spett"（这是《胡塞尔书信集》中胡塞尔的写法，而且加有封号："von Spett"）。此外因注音系统不同，施佩特的名字在现象学语境中也被写作"Spet"（这是《胡塞尔年谱》中舒曼的写法），而在其他地方也被写作"Shpet"、"Chpet"或"Špet"等等。

③ 埃迪·施泰因："在胡塞尔身边的哥廷根和弗莱堡岁月"，同上书，第120页。

一个心理研究所和一些教育机构中任教。故而施泰因将他称作“俄国教授”。在1910年和1911年的夏季,施佩特两次出国访问,到过巴黎、爱丁堡和德国的各个地方。那时他已经将李凯尔特(Heinrich Rickert,1863-1936)的著作《超越论哲学导论》(1892年)翻译成俄文并于1904年出版。

在胡塞尔与施佩特的通信中可以读到,胡塞尔建议施佩特参加他于1913年夏季学期每周六举办的“关于自然科学与精神科学的观念的练习课”以及每周三所做的“自然与精神”的讲座。这基本上是胡塞尔的《纯粹现象学与现象学哲学的观念》未发表的第二卷的讲座版以及为讨论课提供的原始资料。而胡塞尔在这年发表的该书第一卷,则为施佩特了解胡塞尔超越论现象学的新思想以及在其中完成的观念论转向提供了可能。这些著述和讲座对施佩特产生了重大的影响。他在这年11月23日离开哥廷根去巴黎之后写给胡塞尔的信中说:“我来巴黎已经四天,但我的现象学饥渴越来越强于我的旅行好奇心,而且尽管还需要将我的一部大著作尽快完成,我现在已经感到,我的大部分时间将会奉献给现象学”(Brief. III,528)。

施佩特这里所说的“大著作”,应当是他随后于1914年在莫斯科出版的《现象与意义。作为基础科学的现象学及其问题》。[①]它因此也成为现象学运动史上第一部解释胡塞尔《观念》第一卷的著作。

---

① Gustav Špet, *Javlenie i smysl. Fenomenologia kak osnovaja nauka i eja problemi*, Moskwa, 1914. ——胡塞尔于1914年6月收到赠书。该书目前收藏在胡塞尔文库。书上带有施佩特的手书献辞:“感谢胡塞尔教授先生,我珍爱的大师。古斯塔夫·封·施佩特”。该书刊有德文的题献:“带着衷心的敬意献给埃德蒙德·胡塞尔”(*Husserl-Chronik*, 528, Anm. 8)。该书的英译本于1991年作为现象学丛书第120辑由施普林格出版社出版。可能因为当时克格勃总部的秘密文件尚未被公开,施佩特的死亡时间也尚未被确知,因而他的生卒年月在书中还被标为“1879-1940年”(Gustav Shpet, *Appearance and Sense – Phenomenology as the Fundamental Science and Its Problems*, Translated by Thomas Nemeth, Phaenomenologica 120, Dordrecht/Boston/London: Springer, 1991)。

此后，施佩特于1918年被聘为莫斯科大学教授，开始在那里培养学生。1921年胡塞尔在给英加尔登的信中还告知：一位来自波兰罗兹(Lodz)到弗莱堡学习的索菲·维茨曼(Sophie Weizmann)博士是莫斯科施佩特的女学生，会在近期去拜访英加尔登(Brief. III,212)。

施佩特在接下来的二十年代将胡塞尔的现象学与狄尔泰的解释学和洪堡的语言哲学结合在一起，发展出一种“解释学的现象学”[①]，在哲学上有诸多著述问世。他后来曾一度担任国家文化研究院的副院长。但随苏维埃联盟于1922年的成立以及苏联斯大林主义时代的到来，施佩特在时代大潮中沉浮不定，最终还是被指责为哲学上的唯心主义者和政治上的反革命主义者。1935年3月14日，施佩特与他当时在国家文化研究院工作的其他几位前同事一起被捕，被指控犯有反苏维埃活动，并被判处五年内部流放。在这一年，他的流放地被改到了西伯利亚的大学城托木斯克(Tomsk)。他在那里还重新翻译了黑格尔的《精神现象学》。最近发现的前克格勃总部的文件表明，施佩特于1937年11月16日被秘密处决，时年58岁。他比胡塞尔晚二十年出世，比胡塞尔早五个月离世。[②]

不得不感慨在那个变动的时代的命运多舛！仅在胡塞尔的哥廷根弟子中就已有1917年战死在一战前线的克莱门斯和莱纳赫，而后还有在一战中幸存下来，却最终死在二战前线的汉斯·利普斯，或死于奥斯维辛集中营的施泰因！这里的案例是他的俄罗斯学生施佩特！后来胡塞尔的弗莱堡弟子们也仍然没有摆脱这个残酷的时代，包

① 对此可以参见 Galin Tihanov, “Innovation and regression – Gustav Shpet’s theoretical concerns in the 1920s”, in Alastair Renfrew & Galin Tihanov (Eds.), *Critical Theory in Russia and the West*, London/New York: Routledge, 2009, pp. 78–103.

② 参见 “Shpet, Gustav”, in *Internet Encyclopedia of Philosophy* (https://iep.utm.edu/shpet/).

括他本人在那个时代最终也不能自已。

赫尔穆特·普莱斯纳

赫尔穆特·普莱斯纳(Helmuth Plessner,1892-1985)于 1914 年从海德堡大学文德尔班门下转到哥廷根，希望在胡塞尔的指导下完成其博士论文。他与胡塞尔商定的博士论文题目是关于费希特的自我问题。但由于胡塞尔于 1916 年受聘转至弗莱堡大学，普莱斯纳随即放弃了跟随胡塞尔继续学习的计划，转而去爱尔兰根，在保尔·亨瑟尔(Paul Hensel)那里递交了他的哲学博士论文。他前后换过几任指导老师，胡塞尔只是其中之一。埃迪·施泰因在普莱斯纳于冬季学期 1914 年 6 月到达哥廷根后与他有较多的校内外接触，她对普莱斯纳的第一印象就是，他“是以哲学为专业的，而且目标明确地驶向学院的职业生涯”。[①] 后来对普莱斯纳思想影响最大的应当是马克斯·舍勒，他们两人后来在哲学人类学方面有相互推动和共同建树。

在《胡塞尔书信集》中没有收入普莱斯纳与胡塞尔的通信，这可能是曾有的通信因种种原因没有收入，也可能是他们之间根本未曾有过书信往来。胡塞尔在其全部书信中也从未提到过他的这位学生。这里之所以要将普莱斯纳特别列出，一方面是因为胡塞尔在哥廷根的确曾同意过接受这位学生作博士研究生，因而普莱斯纳不同于其他许多来注册听课而后又消失不见的听众和访客，另一方面也是因为普莱斯纳在胡塞尔去世后发表过三篇与胡塞尔有关的纪念和回忆文字：1938 年悼念胡塞尔的文章“现象学：埃德蒙德·胡塞尔(1859-1938)的事业”，以及 1959 年为纪念胡塞尔诞辰一百周年所撰写的关于胡塞尔的回忆文字，他在这里一开始便说明：“想要听到胡塞尔学生关于

---

① 参见施泰因：“在胡塞尔身边的哥廷根和弗莱堡岁月”，同上书，第 128 页。

他的回忆的读者不会喜欢下面要说的东西，因为这里说的更多是我自己，而且是一个并不忠实于胡塞尔的学生"；[①] 在此回忆录的基础上，他后来于 1975 年在"哲学自述"中还有一段对他在哥廷根时期的简短回忆。[②] 他在后面这两篇文字中所描述的他对胡塞尔的负面印象要多于其正面印象。

关于普莱斯纳与胡塞尔的关系可以参见本书第二卷第十八章"胡塞尔与普莱斯纳：现象学与哲学人类学"中的更为详细的讨论。

除了以上介绍的这些人物之外，在哥廷根哲学学会的重要成员以及早期现象学运动的重要参与者中还有这里一再提到的埃迪·施泰因、罗曼·英加尔登、弗里茨·考夫曼等。他们在战后去了弗莱堡，继续随胡塞尔学习。此外，还有一位奇特的人物是前面曾多次提到过的迪特里希·曼科（Dietrich Mahnke,1884–1939）：他既是胡塞尔的哥廷根弟子（1902–1906 年），也是弗莱堡弟子（1922 年）。他在哥廷根哲学学会成立之前便在胡塞尔身边学习过，二十年后又去弗莱堡在他指导下完成博士学业，并在此期间与胡塞尔有长达三十年的书信往来（1905–1934 年）。

关于他们的或悲壮或精彩、或凄凉或哀伤的故事，笔者会在后面第四幕中逐次展开讲述。

教学活动

胡塞尔在哥廷根时期的开始阶段仍然延续哈勒的课程，继续开

① 普莱斯纳："于哥廷根时期在胡塞尔身边"，同上书，第 50–62 页。

② Helmuth Plessner, „Selbstdarstellung", in Ludwig J. Pongratz (Hrsg.), *Philosophie in Selbstdarstellungen I*, Hamburg: Felix Meiner Verlag, 1975, S. 274–276.

设例如“论意志自由”的公共课，它甚至是他在这里开始的第一门讲座(1901/02 年冬季学期)。这门课程有 70 名听众。而同时开设的“逻辑学与认识论讲座”则只有 5 名听众。与贝克莱的《人类知识原理》相衔接的认识论讨论课则有 7 人参与。这是以哥廷根第一年的情况为例。其间陆续也有许多其他学科的学生来旁听胡塞尔的课程，其中比较著名的有埃尔哈特·施密特[①]以及上面提到的胡戈·丁格勒[②]等等。

随现象学运动的逐渐兴起以及随利普斯学生从慕尼黑向哥廷根的迁移,学习现象学的学生们的确——如前面舒曼所说——已经是“潮水般涌来”。希尔德勃兰特在其自传中回忆说:“胡塞尔的《逻辑研究》对利普斯的学生有着极大影响。早期胡塞尔的客观主义、反心理主义和反相对主义的哲学也深深地打动了我，我觉得他是当时德国哲学低谷中充满希望的曙光。因此我于 1909 年夏季学期前往哥廷根胡塞尔那里攻读博士学位。”[③]当时威廉·文德尔班的学生赫尔穆特·普莱斯纳不顾老师的反对也去往哥廷根:“我离开了海德堡去投奔胡塞尔，我觉得胡塞尔的现象学是到达能在现代意义上称之为科学的哲学的

---

① 舒曼曾介绍说:“数学家埃尔哈特·施密特(Erhard Schmidt,1876-1959)在 1901 至 1905 年期间是哥廷根的大学生。自 1917 年后是柏林的教授。由于战争的影响，他于 1945 年失去了——如他在一封信中所说——‘所有照片、画像、信函’(引自:汉斯·罗尔巴赫:‘埃尔哈特·施密特传’，载于:《德国数学家联盟年刊》，第六十九卷，1968 年，第 214 页)，其中无疑也包括胡塞尔致他的信函。因此，关于他与胡塞尔的关系我们几乎一无所知”(马尔维娜·胡塞尔:“埃德蒙德·胡塞尔生平素描”，同上书，第 21 页，注①)。

② 科学理论家和哲学家胡戈·丁格勒(Hugo Dingler,1881-1954)于 1902/03 年的冬季学期和 1903 年的夏季学期在哥廷根随胡塞尔学习。他与胡塞尔的二十多封书信往来现在被收录在《胡塞尔书信集》第三卷中(Brief. III, 59-76)。

③ Dietrich von Hilebrand, „Selbstdarstellung“, in a.a.O., S. 78; 中译本参见《德国著名哲学家自述》(中册)，同上，第 70-71 页。——中译文引自该书各卷，但参考原文而有一定改动。

唯一途径。”[①] 此外，还有抱着相同的信念陆续来自欧洲乃至美洲各地的学生，例如在胡塞尔与狄尔泰关系中起了间接牵线作用的美国人瓦尔特·皮特金；乔西亚·罗伊斯的学生、后来成为美国观念论哲学代表人物和哈佛大学哲学教授的霍金（W. E. Hocking,1873-1966），以及其他等等。

这些当然都是在胡塞尔到达哥廷根之后陆续发生的事情。胡塞尔在哥廷根一共生活了十五年：1901-1916 年。不仅是因为《逻辑研究》的出版而获得的影响，同时也因为胡塞尔担任了正式的教职，他在哥廷根期间在教学与培养学生方面付诸的时间和心血显然要远远多于此前的哈勒时期。不言而喻，他在此期间的收获也是巨大的。胡塞尔在哥廷根时期培养的博士生中，除了前面提到的迪特里希·曼科和迪特里希·封·希尔德勃兰特之外，还有罗曼·英加尔登、弗里茨·考夫曼、埃迪·施泰因等。在胡塞尔的十卷本通信集中，与哥廷根期间的学生的来往书信是各卷通信中篇幅最大的一卷（第三卷，共 549 页）；这里实际上还应当加上他与在此期间从慕尼黑“叛逃”过来的利普斯的学生道伯特、莱纳赫、盖格尔、舍勒、康拉德、普凡德尔等人的来往书信（第二卷，共 189 页）。

关于胡塞尔的教学风格基本上是由他的思想风格与表达风格决定的，今天可以在听过胡塞尔课程的后人撰写的各种回忆录中读到不同的印象与评价，且多有抵牾。总体上可以将这些印象与评价分为三类：一类属于在现象学圈内长期旁听过胡塞尔课程的学生，或者说，属于他的亲传弟子；另一类属于偶尔和短暂地听过胡塞尔课程的学生辈；最后一类则处于这两者之间。可以将第一类称作“居民”，第二类

① Helmuth Plessner, „Selbstdarstellung“, in a.a.O., S. 275; 中译本参见《德国著名哲学家自述》（上册），同上，第 260 页。

则可以叫作“访客”,第三类或可冠之以“常客”之名。这三类人的印象与评价各有不同,甚至相互对立。但对这些带有立场的说法做一些仔细的推敲,却有可能获得一个不带有立场的观点,即内格尔意义上的“无所从出的观点”(The View from Nowhere)。[1] 我们在这里从三类胡塞尔听众中各选一位著名的代表人物。

在第一类学生中,有代表性的印象与评价是由罗曼·英加尔登在其“回忆埃德蒙德·胡塞尔”的长文中提供的。他自 1912 年起在哥廷根与弗莱堡聆听了胡塞尔五个多学期的讲座和参加了胡塞尔主持的多个讨论练习课,并对此有十分详细的描述,首先是对胡塞尔的讲座情况的描述:

> 在讲座期间他[胡塞尔]通常站在讲台旁,而且面前始终有几页笔记,在讲座开始时他会看这些笔记。但在几分钟后他常常会更多地看向讲堂,在某种程度上忘记了在他面前有准备好的文字,而后基本上是自由地讲授。他的讲话始终十分严肃认真,然而简朴,从不坠入一种教授激情。除了胡塞尔有义务要做的历史讲座之外,他的所有讲座都是研究的沉思,他在讲座中可以说是试验他自己的理论,并且赋予它以最终的形态。这时他会极为专注,并且完全停留“在实事旁”。但对我们来说最为重要的是,他的讲座并不在于一种对异己思想的传承,而始终是自己研究的结果,从而听众能够进入与活生生的、成长着的科学的联系之中……胡塞尔的阐述始终十分有意思。从这些阐述中可以得知,他在对具体问题的分析中要走得更远……人们始终有这样的印象,即胡塞尔在谈论一些他早已知道并且已经透彻思考和加工了

① 参见 Thomas Nagel, *The View From Nowhere*, New York: Oxford University Press, 1986.

多年的事情，现在他只是将它们从记忆中取出来。他是智者，已经做过几十年工作，现在只是将他已经知道的东西告知大家。[①]

其次，英加尔登也对胡塞尔的研讨练习课做了专门的描述：

在讨论课上胡塞尔常常会以一个古典作家（例如，笛卡尔的《沉思集》、休谟[《人性论》第一卷]、贝克莱、费希特）作为共同讨论的基础。但在这里没有真正的文本分析和诠释。文本通常只是胡塞尔自己的考察的出发点，它的目的首先在于阐明在文本中涉及的问题域，并且标示出一个可能进行解答的途径。纯粹就实事而言，这常常是极富教益的和极为有趣的，但它并不能帮助人们真正深入到被宣讲的作者的思路中，并且把握他的哲学世界以及理解它在历史境遇上所受的制约。它也不能帮助人们去克服文本理解方面的困难。一般说来，胡塞尔在研讨练习课中对于普通学生而言也是过于困难的。人们必须已经对现象学有所知晓和有所理解，而后才能在胡塞尔的阐述进程中确定方向。[②]

与此相关，英加尔登还说明了这样一个事实："在报名参加讨论课时，人们首先会被[胡塞尔]问及这样一个问题：'您读过我的《逻辑研究》吗？'"[③] 英加尔登的这个回忆，在胡塞尔的亲炙弟子的相关看法中颇具代表性。

在哥廷根大学随胡塞尔学习的外国学生中，注册最早的是来自美国哈佛大学的霍金，但时间不长，1902 年 9 月入学，1903 年回哈佛撰

① 英加尔登："回忆埃德蒙德·胡塞尔"，载于倪梁康（编）：《回忆埃德蒙德·胡塞尔》，同上书，第 165–166 页。

② 英加尔登："回忆埃德蒙德·胡塞尔"，同上书，第 166–167 页。

③ 英加尔登："回忆埃德蒙德·胡塞尔"，同上书，第 167 页。

写博士论文。他对胡塞尔讲课的印象是:“胡塞尔非常注意大学讲座课中的形式因素,他的讲授偶尔在技术上有些拘谨,但总是措辞得当,饱含激情。”[①]

而从另一些旁听胡塞尔课程时间较短的学生的回忆来看,胡塞尔往往并不能算是一个出色的教师,或者更准确地说,他并不是一个出色的讲授者或演讲者。这里可以借用一个说法:普莱斯纳在回忆录中曾自我反省说:当时他在写作时会完全跟随自己的思路,沉浸在自己的思想中。胡塞尔写信提醒他:您忘掉了读者。[②]而这一点或许也适用于胡塞尔本人的讲课:他忘掉了听众。[③]胡塞尔在授课过程中似乎过于集中地跟随自己的思路,沉浸在自己的思想世界中,而不太去顾及他的听众的感受。在这点上,胡塞尔与维特根斯坦相似,而与海德格尔相反。普莱斯纳便曾在关于胡塞尔的回忆录中写到他对胡塞尔讲座的负面印象:“胡塞尔过多地是一个自言自语者,因而按照通行的看法并不是一个好讲师。他不具备任何历史感。他的关于哲学史

---

① 霍金:“源自《逻辑研究》初期的忆念”,陈伟译 / 王鸿赫校,载于倪梁康(编):《回忆埃德蒙德·胡塞尔》,同上书,第 28 页。

② 参见赫尔穆特·普莱斯纳:“哲学自述”,载于《著名德国哲学家自述》上册,同上书,第 263 页。

③ 在这方面还可以参考舒曼提到过的《现象学运动》的作者赫伯特·施皮格伯格在胡塞尔课堂上的一次经历:他应胡塞尔的要求而精心准备了一份课堂报告:“但施皮格伯格‘课堂报告’的宣读实际上是一次失败,因为胡塞尔在前几句话刚读完就开始插话,并且直接开始研讨课的讲话,而施皮格伯格此时站在胡塞尔身后的小讲学厅的讲台上还在等待继续宣读的可能性,直到胡塞尔约在十五分钟之后告诉他,他不再需要他的课堂报告了。可以确定,这种情况并非只在这里出现过一次,它甚至也会涉及‘高年级的现象学家’,如阿诺德·梅茨格在布伦塔诺研讨课上的引论报告。”参见舒曼为赫伯特·施皮格伯格“作为大学生在胡塞尔身旁:施皮格伯格写于 1924/25 年冬的一封家书”所写的“前言”,载于倪梁康(编):《回忆埃德蒙德·胡塞尔》,同上书,第 257 页,注①。——关于胡塞尔的教学生涯可以参考这封家书,如舒曼在编者前言中所说:“它十分直接地将胡塞尔的影响作为教师之人格性展示出来,并且提供了对研讨课程的具体进程的观察”(同上,第 254 页)。

的大讲座所遵循的是宇伯维克-海因泽[①]，并且将整个哲学史叙述为一个尝试走向现象学的序列，而且是一个由于急躁和体系的欲望而一再失败之尝试的序列。”[②] 此外，他在哲学家自述中还写道：“从胡塞尔的讨论课和高级研讨课上，人们学不到什么东西。那个关于‘自然与精神’的讲座没给我留下任何印象。胡塞尔上课时总是选择一些很简单的课文，这些课文能把大家拖进现象学的繁琐细节分析中，尽管这些细节与课文本身已毫无关系。胡塞尔不是历史学家，他只是一个了不起的思想家和作家。”[③]

与普莱斯纳在哥廷根时期对胡塞尔授课的印象相似的还有伽达默尔在弗莱堡时期对胡塞尔授课的回忆。伽达默尔曾于 1923 年在弗莱堡随海德格尔学习，其间旁听过胡塞尔的一门课。对此他有如下的印象与评价：“胡塞尔的课尽管流畅和不失其为优美，但是没有演说的效果。他所报告的东西听起来就像是已经熟悉了的分析的进一步精致化。但是，如果他不去展开一个题目，而是确实迷失在描述里，那就会流露出他特有的强力……有一次，弗尤多尔·施太蓬陪我去上胡塞尔的课，他在描绘胡塞尔的特点时，说胡塞尔就像一个‘走火入魔的钟表师’。确实，胡塞尔上课时总是看他的手表，手忙个不停，右手的手指慢慢地在厚实的左手心内转来转去——一个集中注意力的动作。这个动作也同时指示出胡塞尔描述艺术的精确模式，那就是使人对他的思想‘触手可及’。他上课时总是一大帮人簇拥着他，有海德格尔、奥斯卡·贝克尔和其他的人。他的课总是以他提出的一个问题

---

① 这里指的是由宇伯维克（Friedrich Ueberweg,1835-1909）所撰、海因泽（Max Heinze,1835-1909）所编的多卷本哲学史著作《哲学史纲要》（Friedrich Ueberweg/Max I. E. Heinze, *Grundriss der Geschichte der Philosophie*, Berlin: Mittler, seit 1826）。目前位于巴塞尔的施瓦布出版社有计划在此基础上根据最新的研究状况来编辑出版 40 卷网络版的“哲学史纲要”（Grundriss der Geschichte der Philosophie online）。

② 普莱斯纳：“于哥廷根时期在胡塞尔身边”，同上书，第 55 页。

③ 普莱斯纳：“哲学自述”，同上书，第 260 页。

开始，由回答这个问题而引起的一大段演绎结束：一个问题、一个回答和一个半小时的独白。但有时候他也在贴近黑格尔思想的巨大的冥想空间中闪现出卓越的洞见。而在他的文献里就几乎找不到类似这种令人高看一眼的东西。他的课通通都是独白——他自己一点也察觉不到这一点。有一次在下了课往外走时他对海德格尔说：'今天的课确确实实是一次激动人心的讨论'。实际上，这次课在他的问题得到第一个回答以后——我充满自豪地相信，那个回答是由我给出的，他就没逗号没句号地一口气说到下课。"[①]

从这三位当代重要哲学家对作为教师的胡塞尔的回忆中可以看到不同的，甚至针锋相对的印象与评价：或是认为胡塞尔的讲授十分有趣，或是认为从他的讲课学不到东西，或是认为作为作家的胡塞尔要强于作为教师的胡塞尔，或是认为在胡塞尔的授课中流露出来的东西还是要高于在他的文字中所表达的东西，如此等等。它们大都囿于回忆者各自的理解偏好乃至哲学立场，因而彼此之间难免有相互矛盾与对立之处。但如果去除了价值判断的成分，完全就他们对胡塞尔的授课方式的描述而言，在其中也可以找到基本一致的事实确定：胡塞尔的授课，没有很多的激情与渲染，大都是对自己研究成果的宣读，偏重于描述，常常是独白，缺乏真正的文本分析和诠释，所有讲座都是基于研究的沉思。

应当说，与胡塞尔的著书立说相比，教书授课至少不能被看作胡塞尔的强项。在很大程度上可以说，胡塞尔的思想大都不是被听懂的，而是被读懂的。例如，普莱斯纳提到的那个没有给他留下任何印象的"自然与精神"讲座，[②] 是在胡塞尔去世后才作为遗稿出版的。而

---

① 伽达默尔：《哲学生涯》，同上，第 28 页。

② 普莱斯纳于 1914 年至 1916 年期间在哥廷根随胡塞尔学习，他所说的"自然与精神"的讲座应当是指胡塞尔在 1915 年夏季学期于哥廷根所做的"关于自然与精神的现象学问题选要"的讲座。

今天的研究表明，它实际上是贯穿在胡塞尔几十年思考中的一个内容极为丰富的方法论议题。笔者会在后面论述胡塞尔于1919年在弗莱堡所做的同名讲座时讨论这个讲座的基本内容。

这里需要留意的是胡塞尔在哥廷根时期开设的另一个讲座：伦理学讲座。在哈勒时期便开始，于哥廷根时期得以成熟，而后在胡塞尔思考中始终维续的讲座论题是他在伦理学方面的思考记录。与伦理学思考在研究方法上相关联的是实践哲学和精神科学的观念，在研究领域方面相关联的是价值论和法哲学问题领域。

胡塞尔在哥廷根时期开设的伦理学讲座被称作"战前伦理学讲座"。"战前"是指第一次世界大战爆发之前，主要是指"关于伦理学和价值论的讲座(1908-1914年)"。这个讲座的文稿在胡塞尔生前未发表，后来在他去世后被收入《胡塞尔文集》第二十八卷出版。[①] 在胡塞尔于1916年到弗莱堡大学任教之后，他在伦理学方面的新思考以"伦理学引论"为题在那里继续以讲座的形式讲授。这个讲座也被称作"战后伦理学讲座"，其讲座文稿在胡塞尔生前也未发表，后来在他去世后作为《胡塞尔全集》第37卷出版。[②]

---

① Edmund Husserl, *Vorlesungen über Ethik und Wertlehre (1908-1914)*, Hua XXVIII, The Hague: Kluwer Academic Publishers, 1988.

② Edmund Husserl, *Einleitung in die Ethik. Vorlesungen Sommersemester 1920 und 1924*, Hua XXXVII, Dordrecht: Kluwer Academic Publishers, 2004.

一战前与一战后的伦理学讲座

1. 胡塞尔通常不被视作伦理学家或道德哲学家。这首先是因为他生前在伦理学或道德哲学方面发表的文字和所做的公众讲演极少：他于1917年在弗莱堡大学为当时参战者课程班所做的三次“费希特的人类理想”[①]讲演以及1922–24年为日本《改造》杂志撰写的五篇与伦理学部分相关的“改造”[②]文章可以说是绝无仅有。但无法忽略的是，胡塞尔一生中所开设的伦理学以及伦理学与法哲学的课程却相对较多。事实上，还在早期于哈勒任私人讲师期间，胡塞尔便多次开设过伦理学的讲座。虽然他最初在1889/90年冬季学期计划开设的伦理学讲座由于只有两位听众而放弃，但此后在1891年夏季学期，他便开设了有十五位听众的“伦理学的基本问题”讲座。此后胡塞尔在1893、1894、1895、1897年的夏季学期都开设过以“伦理学”或“伦理学与法哲学”为题的课程。1901年到哥廷根担任特编副教授之后不久，胡塞尔便于1902年夏季学期开设了题为“伦理学的基本问题”的讲座和练习课。他指导完成的第一篇博士论文是关于伦理学的研究：卡尔·诺伊豪斯的“休谟的关于伦理学原理的学说”(1908年)。

① 参见 Hua XXV, 267–293；胡塞尔：《文章与讲演(1911–1921年)》，同上书，第317–346页。

② 胡塞尔为《改造》杂志撰写了五篇论“改造”的文章：1. 改造。它的问题与它的方法(1923)；2. 本质研究的方法(1924)；3. 改造作为个体的问题(1924)；4. 改造与科学(1922/23)；5. 人的发展中的文化的形式类型(1922/23)。最后在《改造》杂志上发表的是其中的前三篇。载于 Hua XXVII, 3–94.——笔者在后面关于“弗莱堡任教期间”的第四幕中对胡塞尔的“改造伦理学”有专门论述。

此后他还于1908年的冬季学期、1911年、1914年的夏季学期开设过伦理学课程。1916年移居弗莱堡之后，他又分别在1919年、1920年和1924年的夏季学期做过伦理学的讲座。[①] 如此算来，胡塞尔一生开设的伦理学课程与他开设的逻辑学课程相差无几。

然而胡塞尔为何在伦理学方面始终坚持述而不作呢？其中原因或可从胡塞尔的一个解释中得知一二。这个解释虽然是针对感知、回忆、时间现象学问题的讲座而发，但显然也适用于伦理学讲座的状况。在1904/05年冬季学期“现象学与认识论的主要部分”的讲座开始时，胡塞尔就“一门感知、想象表象、回忆与时间现象学的基本问题”做了如下的说明：“我当时[在《逻辑研究》中]无法战胜这里所存在的异常的困难，它们也许是整个现象学中的最大困难，而由于我不想事先就束缚自己，因此我便宁可完全保持沉默……在我作为作者保持了沉默的地方，作为教师我却可以做出陈述。最好是由我自己来说那些尚未解决、更多是在流动中被领悟到的事物”(Hua XXXVII,4f.)。据此类推，我们可以说：伦理学问题始终属于那种只是在流动中被胡塞尔领悟到、但尚未解决的事物。他只愿意以课堂传授和讨论的方式、却不愿意以公开发表文字的形式来处理这些问题。

在目前已出版的四十多卷的《胡塞尔全集》中，至少有两卷是由胡塞尔开设的伦理学课程讲座稿和相关研究文稿组成：第28卷：《关于伦理学与价值论的讲座(1908-1914年)》与第37卷：《伦理学引论(1920和1924年夏季学期讲座)》。它们都是胡塞尔生前未发表的文

① 洛特在《埃德蒙德·胡塞尔伦理学研究——依据其讲座稿进行的阐述》一书上详细列出了胡塞尔一生在伦理学方面的教学活动，同时也给出了胡塞尔的相关伦理学讲座稿与研究稿的基本信息(Alois Roth, *Edmund Husserls ethische Untersuchungen – Dargestellt anhand seiner Vorlesungsmanuskripte,* Phaenomenologica 7, Den Haag: Martinus Nijhoff, 1960, S. X)。

稿。事实上，在这些文稿被整理发表之前，胡塞尔给人的印象是一个不问伦理的哲学家，就像他在很长一段时间里也常常被视作不问政治的、不问历史的思想家一样。

2．胡塞尔在伦理学思考方面最初受到的影响来自他的老师弗兰茨·布伦塔诺。他在维也纳随布伦塔诺学习期间听得最多的课程并非其逻辑学或心理学的讲座，而是其伦理学和实践哲学的讲座：每周五小时，前后两个学期，即 1884/85 年和 1885/86 年的冬季学期。这个讲座的文稿后来作为布伦塔诺遗稿以《伦理学的奠基与建构》为题于 1952 年整理出版。胡塞尔在此课程上所做的笔录与这部著作在很大程度上是一致的。在其"伦理学引论"讲座中，胡塞尔多次引用的便是他自己对布伦塔诺实践哲学课程所做的这个笔录(Hua XXXVII,462)。在维也纳期间，胡塞尔还在 1885 年的夏季学期参加过布伦塔诺开设的关于"休谟《道德原则研究》"的讨论课。[①] 除此之外，胡塞尔显然也仔细阅读过他老师生前于 1889 年发表的另一篇伦理学报告《论伦理认识的起源》。在 1913 年发表的《纯粹现象学与现象学哲学的观念》第一卷中，胡塞尔在论及实践理性与伦理认识的明见与真理问题时特别说明："布伦塔诺的天才著作《论伦理认识的起源》在此方向上做出了首次推进，我感到自己有义务对这部著作表达我最大的谢意"(Hua III/1,290)。[②] 因此可以说，胡塞尔熟悉布伦塔诺在伦理学方面的所有思考和表述。同样也可以确定：胡塞尔不仅在逻

① 参见胡塞尔："回忆弗兰茨·布伦塔诺"，倪梁康译，载于胡塞尔：《文章与讲演(1911-1921 年)》，同上，第 360 页。

② 奥斯卡·克劳斯在布伦塔诺《论伦理认识的起源》的编者引论中所说"胡塞尔在《逻辑研究》中急切地指明了这篇论著"(Oskar Kraus, „Einleitung des Herausgebers“, in Franz Brentano, *Vom Ursprung der sittlichen Erkenntnis*, Hamburg: Felix Meiner, 1955, S. VII)，应当是个记忆差误。胡塞尔在《逻辑研究》中从未提到过布伦塔诺的这本书。

辑学和认知心理学方面，而且也在伦理学和情感心理学方面深受布伦塔诺相关思想的影响。除此之外，在其伦理学思想的形成过程中，胡塞尔也从自己的狄尔泰和费希特著作研究中获得诸多收益。[①]

狄尔泰主要是通过其“自身思义”的方法作用于胡塞尔。他们两人的关系在《逻辑研究》时期表现为：狄尔泰在方法上受胡塞尔的现象学本质直观和描述分析方法的影响，希望用这种与他的“自身思义”相应的方法来为精神科学和生命哲学奠基。胡塞尔最初是将现象学的直观描述方法运用在意识的横向结构上，但后期在向发生现象学、人格现象学、历史哲学和精神科学方向的扩展思考中，胡塞尔越来越多地将“自身思义”这个作为“生命重要性的宣示”的狄尔泰哲学“主导概念”[②]运用在对意识的纵向发生结构的直观把握上。[③]胡塞尔在1919年夏季学期做了“自然与精神”的讲座，随后又在1919/20年夏季学期的“伦理学引论”讲座中插入了“自然与精神”的“附论”，原因就在于，胡塞尔在这里是在与精神科学的内在关联中讨论伦理学问题。[④]

费希特对胡塞尔伦理学思考的影响与其“事实行动”的概念相关。胡塞尔在哥廷根时期便对费希特的思想有所研究。弗莱堡大学在一

---

① 关于这两方面的影响的论述还可以参见 Christina Spahn, *Phänomenologische Handlungstheorie: Edmund Husserls Untersuchungen zur Ethik*, Würzburger: Königshausen u. Neumann, 1996, S. 30–39.

② 这是胡塞尔在为兰德格雷贝的博士论文“威廉·狄尔泰的精神科学理论：对其主要概念的分析”（Ludwig Landgrebe, Dissertation: Wilhelm Diltheys Theorie der Geisteswissenschaften. Analyse ihrer Grundbegriffe, Albert-Ludwigs-Universität Freiburg im Breisgau, 1928）撰写的鉴定中的表述。参见 Brief. IV, 377.

③ 笔者在本书第二卷第四章关于“胡塞尔与狄尔泰：现象学与历史哲学和精神科学”的论述中对此有更为详细的讨论。

④ 笔者在“纵横意向——关于胡塞尔一生从自然、逻辑之维到精神、历史之维的思想道路的再反思”（载于《现代哲学》，2013年，第4期）一文中对此有更为详细的论述。

次大战中为参战者举办了一个课程班，同时也为胡塞尔本人提供了一个表达他本人民族主义思想的机会。但在这个伦理学的思考方向中，现象学的伦理学与费希特的行动哲学之间缺少了内在的联系，胡塞尔更多是在一种"伦理学化的形而上学"[①]的意义上说话。他要求"所有理论最终都应当服务于实践，服务于'真正人类的尊严'"，他坚信，"理论建基于实践生活之中，并且作为生活的一种持恒'功能'而回溯到这个生活之上"，以及如此等等。[②]胡塞尔在这里表达的内容以及表达的方式令人联想起他自己对布伦塔诺的实践哲学讲座所做的批判性回忆："它们虽然——在某种意义上——是批判辨析的论述，却仍带有独断论的特征，即是说，它们给人或应当给人的印象是一种确定获取了的真理和最终有效的理论。"[③]当然，费希特的这个影响在胡塞尔的伦理学思考与实践中只代表了一个暂时的、附带的经历与取向。他很快便结束了在这个方向上的激情冲动。即使儿子沃尔夫冈在一战中阵亡，深感丧子之痛的胡塞尔在战后伦理学讲座中也没有额外的情感流露。在1919年9月4日致阿诺德·梅茨格的信中，胡塞尔写道：他已经意识到自己的任务不可能在于提供政治建议和发挥政治影响："我没有受到召唤去作追求'极乐生活'的人类的领袖——我在战争年代的苦难冲动中不得不认识到了这一点，我的守护神**告诫了**我。我会完全有意识地并且决然而然地纯粹作为科学的哲学家而生活。"[④]的确，从总体上看，除了这次战时讲演之外，胡塞尔的伦理学讲座，无

① 参见 Christina Spahn, *Phänomenologische Handlungstheorie: Edmund Husserls Untersuchungen zur Ethik*, a.a.O., S. 35.

② 参见奈农与塞普："编者引论"，载于胡塞尔：《文章与讲演(1911–1921年)》，同上，第xxx–xxxi页。

③ 胡塞尔：《文章与讲演(1911–1921年)》，同上，第364页。

④ 对此问题还可以进一步参见奈农和塞普为胡塞尔的《文章与讲演(1911–1921年)》撰写的"编者引论"，同上，第xxx–xxxv页。

论在战前还是战后，都是在“科学的哲学家”的思路中展开的。

3．就战前的胡塞尔伦理学讲座而言，在作为《胡塞尔全集》第28卷出版的《关于伦理学与价值论的讲座（1908–1914年）》中不仅纳入了1908/09年冬季学期、1911年和1914年夏季学期的三个讲座稿的主要内容，而且也包含了胡塞尔从1897年至1914年期间撰写的最重要的伦理学研究的文稿。

由于1897年胡塞尔作为私人讲师在哈勒开设的讲座只留下四页纸的残篇，因此基本上可以忽略不计。与此相对，1902年夏季学期的伦理学讲座则十分重要，尽管缺少了系统的部分，但从胡塞尔的其他阐述中可以得知，它已经包含了胡塞尔战前伦理学思想基本思路与要素。还在1901年到哥廷根任编外副教授之后不久，胡塞尔便曾集中地思考过伦理学和价值论的问题。他阅读康德、休谟的伦理学著作，也阅读海尔曼·施瓦茨的《意志心理学》，写下一系列关于价值判断、感受学说、中意、意愿、愿望的研究手稿。1902年夏季学期，他在其伦理学讲座中，“第一次对一门形式的价值论和实践论的观念做了批判的和实事的实施”（*Husserl-Chronik*,68–72）。

从胡塞尔这个时期的伦理学讲座稿来看，他的思路基本上跟随亚里士多德与布伦塔诺的阐述。他与布伦塔诺一样，按照亚里士多德的定义将伦理学视为关于最高目的与关于对正确目的之认识的实践科学；他也讨论这样的问题：伦理学的原则是认识还是感受（或情感），如此等等。他的整个阐述也是通过先后两条途径来进行的：首先是否定的–批判的途径，而后是肯定的–系统的途径。就前者而言，他将休谟视为情感伦理学的代表，将康德视为理智伦理学的代表，他对二人分别做了深入的批判分析。他一方面批评休谟没有看到：感受并不能成为伦理学的原则，而只构成其前提条件；另一方面他也批评康德的绝然律令是虚构，既不是直接明见的认识，也无法从中导出伦理的诫命。胡塞尔试图用现象学的方式说明感受以何种方式参与了伦理学的奠基，同时避免自己最终陷入相对主义与怀疑主义："对于胡塞尔来说，道德概念的起源虽然是在某些情感行为中，但道德法则却不仅仅是统合的归纳，它们是'建基于相关情感行为的概念本质之中'的先天法则。"①

在伦理学基本问题上的这个做法与胡塞尔讨论其他问题时的现象学进路完全相符：以原初的意识体验为出发点，通过内在反思将这些意识体验作为认识对象来把握，并通过本质直观获得其本质要素以及它们之间的本质结构。在这个基础上，胡塞尔可以确定对逻辑–数学法则的认识与对道德法则的认识之间的相似性。因此他提出在逻辑学与伦理学之间的一种类比论的观点。它们之间的相似性涉及逻辑学法则与伦理学法则的本质相似性，涉及它们各自在形式的与质料的先天法则之间的本质相似性。这个想法实际上最早在胡塞尔 1903 年 10 月 11 日致 W. 霍金的信中已经得到勾勒。胡塞尔在这里列出的工作计划中分别讨论"逻辑学中的心理主义与纯粹理性批判"以及"伦理学中的心理主义与实践理性批判"。后来这个方面的思考结果在胡塞尔 1908/09 年夏季学期、1911 年与 1914 年夏季学期的伦理学讲座中得到详细的论述。但对此公开的表达只能在 1913 年出版的《纯粹现象学与现象学哲学的观念》第一卷第 139 节"所有理性种类的交织。理论真理、价值论真理与实践真理"中找到，而且是以极为扼要的方式：胡塞尔在那里指出，理论真理或理论明见与实践真理或实践明见之间存在着一种平行的或相似的关系，但后者奠基于前者之中，因此在问题的解决方面，后者也须以前者的解决为前提(Hua III/1,323)。

① Ullrich Melle, „Einleitung des Herausgebers", in Hua XXVIII, S. XIX.

在概述这个问题时，胡塞尔没有忘记对他的老师布伦塔诺表达谢意（Hua III/1,323,Anm.1）。这主要是因为布伦塔诺在描述心理学研究的领域中所做的基础工作直接对胡塞尔的纯粹价值论、形式伦理学等等想法发生影响。布伦塔诺将所有心理现象划分为独立的表象与附加在表象上的判断以及同样附加在表象上的情感，后两者构成我们的真假概念与善恶概念的源头。① 在这里，逻辑认识和理性与伦理认识和理性之间的相似关系也已经呼之欲出了。

这一卷所包含的伦理学讲座结束于1914年。十分巧合的是，胡塞尔1914年夏季学期伦理学讲座的最后一节课是这年的8月1日，而这天恰恰是一次大战的德国宣战日。胡塞尔自己在讲稿的边上对此做了标记。② 战争期间他没有再做伦理学的讲座。只是在1916年从哥廷根转到弗莱堡任教之后，他才于次年为当时参战者课程班做了上述以“费希特的人类理想”为题的通俗而公开的伦理学讲演（在1918年重复了一次）。这三个讲演看起来是划分胡塞尔前后两个阶段伦理学讲座教学的界标，本身却并不属于这两个阶段中的任何一个。

4. 随着一次大战的结束，胡塞尔于1919年夏季学期在弗莱堡大学重新开设了其伦理学课程，但这年的课程只是在“自然与精神”的标题下进行的一个讨论课。而1920年夏季学期开设的“伦理学引论”则是在重新加工后篇幅增长了一倍多的伦理学讲座。这个讲座当时在弗莱堡大学的礼堂举办，最初至少有三百以上的听众。后来在1924年夏季学期，胡塞尔又以“伦理学的基本问题”为题将此讲座重复了一次。讲座的文稿后来以《伦理学引论（1920年和1924年夏季

---

① 参见 Franz Brentano, *Vom Ursprung sittlicher Erkenntnis,* Hamburg: Felix Meiner, 1955, §§20-23.

② 参见 Ullrich Melle, „Einleitung des Herausgebers“, in Hua XXVIII, S. XLV.

学期讲座)》为题，作为《胡塞尔全集》第37卷出版。相对于第28卷的胡塞尔战前伦理学讲座稿，我们可以将这个第37卷的伦理学讲座稿称之为胡塞尔战后伦理学讲座稿。“这个讲座的特点在于，它依据对伦理学史上各种核心立场的批判分析而引入胡塞尔自己的伦理学。因而它既提供了胡塞尔对哲学史的创造性处理的资料，也提供了二十年代初期他的现象学伦理学的发展状况的资料。”①

与战前伦理学讲座比较单一地集中在亚里士多德、布伦塔诺、休谟与康德思想上的情况不同，战后伦理学讲座将讨论范围还进一步扩大到了柏拉图、伊壁鸠鲁、边沁、霍布斯、笛卡尔、洛克、费希特、克拉克、穆勒、卡德沃思、沙夫茨伯里、哈奇森、摩尔等人的道德思想体系上。

但更重要的变化在于，胡塞尔在1913年之后的超越论现象学的思想转变的结果也从认识论的领域转移到了伦理学的领域，而后进一步从结构现象学转移到发生现象学。所有这些都在胡塞尔对人格主体性的结构的观察与把握中直接或间接地表现出来。这里有狄尔泰影响留下的明显痕迹。胡塞尔在讲座中提到狄尔泰时说：“在这个意向生活中，自我不是他的意识体验的空泛的表演场，也不是他的行为的空泛的发射点。自我-存在是持续的自我-生成。主体存在着，同时在始终发展着。但它们是在与它们的‘周围世界’的发展的持续相关性中发展着，这个周围世界无非就是在自我的意识生活中被意识到的世界。”胡塞尔在这里之所以提到狄尔泰，正是因为“狄尔泰在其1894年关于描述的和分析的心理学的著名柏林科学院论文中要求一种新的理解说明的心理学作为精神科学的基础，与此相对的是一门以自然科学方式进行因果说明、但没有能力进行这种奠基的心理学”

① Henning Peucker, „Einleitung des Herausgebers“, in Hua XXXVII, S. XIII.

(Hua XXXVII,104f.)。可以清楚地看出，胡塞尔在这里更多是想完成他自1913年以来便在《纯粹现象学与现象学哲学的观念》第二卷中提出的与狄尔泰的精神科学观念相关的现象学的本体论构造分析的总体构想。①

因此，胡塞尔在战后伦理学讲座中是在自己的纵意向性研究、发生现象学研究的系统中，在人格心理学、主体发生学、精神科学的背景中思考和讨论伦理学问题。也可以说，此时站在胡塞尔背后的较少是布伦塔诺，而更多是狄尔泰。故而胡塞尔在战后伦理学讲座稿中较少谈论理论理性与实践理性、认识法则与伦理法则的相似性，而更多地讨论自然的、逻辑的维度与精神的、历史的维度之间的差异，讨论朝向稳定结构的认识现象学与朝向变换历史的生成现象学之间的差异。据此也就可以理解，胡塞尔为何会在战后伦理学讲座中特别附加了“自然与精神：实事科学与规范科学·自然科学与精神科学”的“附论”。

当然，实践哲学的思考角度与精神科学的思考角度是否必定相互排斥，是否可能相互补充，这是一个需要进一步分析和讨论的问题。从附论的副标题“实事科学与规范科学·自然科学与精神科学”中可以看出，胡塞尔显然已经留意到在伦理学基本问题讨论中的这两个背景的关系问题。

5. 最后还有一些故事或许值得一提：虽然胡塞尔的伦理现象学思想在他生前并未公开发表，而只是在讲堂上为学生与听众所熟悉，但它们在那个时代便曾引发过一些并不寻常的效果。例如1908年，

① 笔者在“纵横意向——关于胡塞尔一生从自然、逻辑之维到精神、历史之维的思想道路的再反思”（载于《现代哲学》，2013年，第4期）一文中对此问题有更为详细的讨论。

曾计划在胡塞尔指导下做任教资格论文的特奥多尔·莱辛将胡塞尔讲座中的相关伦理学思想扮作自己的“初学者在一个无人进入的领地中的摸索尝试”加以发表，从而引起胡塞尔的强烈不满，几乎要公开发表文章对其欺骗行为予以揭露。[①]再如，胡塞尔的另一位学生海德格尔曾在《存在与时间》中感谢“胡塞尔曾亲自给予作者以深入指导并允许作者最为自由地阅读他尚未发表的文稿，从而使本作者得以熟悉至为多样化的现象学研究领域。”[②]可是此前在1923年致雅斯贝尔斯的信中，他已经在暗中讥讽胡塞尔在这方面的原创思想：“当然没人会理解他的‘伦理数学’（最新奇闻！）”[③]——在这两个案子里，伦理学问题已经直接成为伦理问题。

胡塞尔的许多讲座由于没有发表而不为人知。如前所述，不发表的原因是胡塞尔认为自己还没有完全克服在这些论题讨论中存在的困难，或者说，对这些困难的克服尚未达到他满意的程度，故而他只想作为教师来做出陈述，而作为作者则保持沉默。从撰写文字中已发表与未发表的比例来看，可以说胡塞尔在文字发表上既比他的老师布伦塔诺、也比他的学生道伯特都更为吝啬。

这种对自己思想的撰而不发的方式也曾给胡塞尔带来不愉快的结果。这就是前面刚刚提到的特奥多尔·莱辛以及与之相关的所谓“莱辛事件”。

---

① 参见 Ullrich Melle, „Einleitung des Herausgebers“, in Hua XXVIII, S. XXIV–XXV.

② Martin Heidegger, *Sein und Zeit*, Tübingen: Niemeyer, 1979, S. 45, Anm. 1. ——这里所说的“尚未发表的文稿”，主要是指在1913年已经完成、但始终没有发表的《纯粹现象学与现象学哲学的观念》第二卷的文稿，即包含精神世界构造分析方面的文稿。

③ 参见 Martin Heidegger/Karl Jaspers, *Briefwechsel 1920–1963*, München: Piper, 1990, S. 42f.

特奥多尔·莱辛与“莱辛事件”

“莱辛事件”[①]本身有两层含义：其一是对于历史学家而言的含义，它意味着第二次世界大战前夕纳粹迫害犹太知识分子的一个重要案例；其二是对于哲学史家而言的含义，它意味着莱辛对他老师胡塞尔的伦理学思想的剽窃行为，以及由此产生的师生关系的变化。[②]这里回顾和再现的是后一个意义上的“莱辛事件”。

特奥多尔·莱辛（Theodor Lessing,1872–1933）是有犹太血统的哲学家、政治评论家、批评家，也被视为现代成人教育的开拓者。[③]他在汉诺威的中学毕业后首先学习医学，而后转学文学、哲学和心理学，最后获得哲学博士学位和哲学任教资格。莱辛曾发表过许多时政批评文章，是魏玛共和国时期最著名的政论作家之一。他也有诸多哲学著述问世，并产生一定影响。例如按伽达默尔的回忆，莱辛的《欧洲与亚洲》的著作，“从亚洲人的智慧角度对欧洲人追求成就的思想提出疑问”，并对他“产生了一种彻底革命的效应”。[④]1933 年纳粹上台后，莱辛感到危险，于是离开德国，流亡至捷克斯洛伐克，但几个月

---

① 参见 Jörg Wollenberg, „Der Fall Theodor Lessing – Von der deutschen Dreyfus-Affaire (1925) zum politischen Mord in Marienbad (1933)“, in *Antifa*, 11. September 2013, https://antifa.vvn-bda.de/2013/09/11/der-fall-theodor-lessing/.

② 对此事件的详细记录还可以参见 Lawrence Baron, “Discipleship and Dissent: Theodor Lessing and Edmund Husserl”, in *Proceedings of the American Philosophical Society*, 127, 1983, pp. 32–49.

③ 汉诺威城内有一个特奥多尔·莱辛广场（Theodor-Lessing-Platz：事实上是连接两条街的一条短街），位于城内汉诺威国民学院（Volkshochschule：也译作业余大学或成人大学或社区大学）的一侧。在特奥多尔·莱辛广场的街牌上写有如下文字：“Th. 莱辛，1872–1933 年，国民学院的共同创建者。汉诺威技术学院教授。在流亡中于马里安温泉城遭纳粹谋杀。”

④ 参见伽达默尔：“哲学自述”，载于 L. J. 朋格拉斯（编）：《德国著名哲学家自述》（下册），同上，第 55 页。

后还是在那里的马里安温泉城死于纳粹的谋杀，时年 61 岁。正是由于莱辛被纳粹谋杀的特殊“事件”在历史上非常著名，因而他此前与他的老师胡塞尔的另一个“莱辛事件”也常常在历史著作中被提起，并且受到各种解释、误解和评价。

莱辛曾于 1906 年夏季学期至 1906/07 年冬季学期在 Th. 利普斯的推荐下到哥廷根随胡塞尔学习一年，其间参加过胡塞尔 1906 年夏季学期关于“依据《道德形而上学奠基》与《实践理性批判》的康德的原则论”的讨论课、1906/07 年冬季学期的“逻辑学与认识批判引论”的讲座[①]，以及其他相关的“现象学与认识论问题选要”的练习课。莱辛原计划在胡塞尔指导下做任教资格论文，但在 1907 年离开哥廷根后一直没有提交任教资格论文，因为按他信中的说法始终“羞于将如此不完善的论文”放在胡塞尔面前。[②] 故而他改变了计划，先是决定在德累斯顿的一所技术学院申请任教资格考试，并建议聘请胡塞尔或利普斯作为其任教资格论文的外审鉴定人。这个任教资格考试的尝试按莱辛的说法是因为他的社会民主党人的身份而未能成功。最后的结果是，他在胡塞尔的推荐下于 1907 年在他家乡汉诺威的技术学院里完成任教资格考试，并于该年起作为哲学私人讲师任教于这所技术学院。[③]

---

① 该讲座稿后来作为胡塞尔遗稿发表在《胡塞尔全集》第 24 卷中(Edmund Husserl, *Einleitung in die Logik und Erkenntnistheorie Vorlesungen 1906/07*, Hua XXIV, Dordrecht/Boston/Lancaster: Martinus Nijhoff Publishers, 1984)。

② 在离开哥廷根后，莱辛于 1907 年 5 月 24 日致函胡塞尔：“您可能会认为我没有将[任教资格]论文寄给您是不友善的，然而之所以如此，只是因为我羞于将如此不完善的论文放到您的面前。我此刻正努力在一所技术学院进行任教资格考试，我首先在德累斯顿这里提交了一份论文。由于这里没有内行的鉴定者，所以我请他们将我的论文送交给外面的学者评审，可能送交给您或利普斯教授先生”(Brief. III, 365)。

③ 莱辛在其写于 1925 年的自传体文章“我自己的审判日”中的下列说法若不是出于记忆差误和自我欺骗，就只能作为刻意编造的谎言来证明他的性格“异常低劣”或“病态的人格”(胡塞尔语，详后)：“在德累斯顿，我作为‘社会民主党人’遭到

随后，即 1908 年初，莱辛以“价值公理学研究”为题先后在《系统哲学文库》第十四辑的第一册与第二册上发表了自己论文的上下两部分。这篇论文按莱辛的说法原先是与他同样于 1908 年在伯尔尼出版的论著《康德伦理学中的突破：价值理论与意志理论导引》合为一体的。[①] 从论文的标题已经可以看出，他想要论证一门形式的价值学说或形式的伦理学和法学。莱辛在论文中将自己的尝试称作“初学者在一个无人进入的领地中的摸索尝试”。他在文章的上半部分中仅仅提到：在此领域中被公认的最好的研究是即迈农和埃伦菲尔茨的研究，但它们仍处在初级阶段。[②]

今天仍然可以想象，在收到并阅读了莱辛寄赠的第一部分文章，同时从信中得知莱辛还希望在他这里在继续听课时，胡塞尔会处在何种愤怒的心态之中。因为胡塞尔虽然没有将自己的纯粹伦理学和法

排斥。于是我带着我老师利普斯的推荐函到哥廷根，想在胡塞尔那里进行任教资格论文考试。为了避免一个‘竞争者’来到哥廷根，他重又将我推荐到汉诺威的技术学院去”(Theodor Lessing, „Gerichtstag über mich selbst“, in ders., *Einmal und nie wieder. Lebenserinnerungen*, (posthum) Prag, 1935; Neuaufl. Gütersloh: Bertelsmann Sachbuch-Verlag, 1969; 这里引自新版，S. 402)。——然而这个错误的说法至今还在一些历史著作中流传不止，例如：胡塞尔将莱辛用一封推荐函夸奖并打发去了(wegloben)汉诺威(参见 Ariane Huml/Monika Rappenecker, *Jüdische Intellektuelle im 20. Jahrhundert. Literatur- und kulturgeschichtliche Studien*, Würzburg: Königshausen u. Neumann, 2003, S. 81)；或者，由于莱辛剽窃了胡塞尔的思想，因而胡塞尔没有让他通过任教资格考试(参见 Christian Tilitzki, *Die deutsche Universitätsphilosophie in der Weimarer Republik und im Dritten Reich*, Berlin: Oldenbourg Akademieverlag, 2002, S. 223)，如此等等。

① Theodor Lessing, „Studien zur Wertaxiomatik. Untersuchungen über reine Ethik und reines Recht“, in *Archiv für systematische Philosophie*, 1908, XIV. Band, 1. Heft, S. 58–93; 2. Heft, S. 226–257; Ders., *Der Bruch in der Ethik Kants: Wert- und Willenstheoretische Prolegomena*, Bern: Verlag der „Berner Studien zur Philosophie“, 1908. ——这两份文字在鲁汶大学的胡塞尔文库中都有保存。胡塞尔在莱辛的论文中多处做了记号，并在页边写有“H”，表明那些是自己的思想(参见胡塞尔与莱辛通信部分的编者注，载于 Brief. III, 365–379)。

② Ullrich Melle, „Einleitung des Herausgebers“, in Hua XXVIII, S. XXIV–XXV.

学的研究正式予以文字上的发表，但他十分重视自己在这方面的研究成果，特别是在形式逻辑学与形式价值论的相似性和类比思想方面。他认为这个在传统伦理学中从未提出的设想是他对伦理学研究的重要贡献。胡塞尔之所以始终只是通过讲座和讨论来探讨形式价值论和形式实践论的问题，是因为他觉得自己在这方面的思考尚未成熟。[①]现在有人居然将他的思想以显然更不成熟的方式，而且也是以思想剽窃的方式抢先公布出来。对此，胡塞尔初步决定予以公开的揭露。他于1908年4月10日起草了一份对莱辛相关文章的声明，准备交给刊登莱辛文章的《系统哲学文库》发表。在同一天他也给莱辛写信，禁止莱辛再继续跟随自己学习，并且宣布断绝与莱辛的关系。[②]

莱辛在收到胡塞尔的信后立即于4月12日回信做了解释："我哪怕是一瞬间也没有想过要否认：'价值公理学研究'完完全全是有赖于您的观念与启发，它们是以您的现象学为前提的，它们无非想成为您的学派的一篇学术论文，它们原初仅仅是为您而撰写的：对此，我也会毫不犹豫地做出公开说明"(Brief. III,367)。他在信后草拟了一个准备附在文章后半部分结尾的一个声明："需要在这里明确地强调：这里的价值公理学研究在其原则性的观念方向上以及在许多具体研究中都有赖于埃德蒙德·胡塞尔，而且它们都产生于哥廷根的讨论课。这里不言而喻被记录在案的是这种学生的情谊、学生的感激与敬意，同样不言而喻的是，我试图用可敬老师的思想来进行独立的建造"(Brief. III,369)。

从胡塞尔的回信可以看出，他对莱辛这个公开说明的草稿显然并

---

① 笔者在前面关于"一战前与一战后的伦理学讲座"的论述中对此已有更为详细的阐释。

② 此信未收入《胡塞尔书信集》，可能已经遗失。胡塞尔信中表达的这些内容是从莱辛的回信中读出来的。

不满意。他首先表明自己始终还不能完全理解莱辛行为的动机何在；尽管胡塞尔表示放弃自己发表已经完稿的公开声明的打算，但他仍然要求莱辛自己给出一个公开的解释。他在回信中写道："我现在愿意撇开我这方面的公开宣告不论，它的目的并不应当在于使您出丑，而是在于摆明客观的事态。您要（在后一部分的［系统哲学］文库论文中）做出一个说明，而且是**就您根据对现有联系的严格仔细的思考所能做的那样来做**，而后这件尴尬的事情对我来说便了结了"（Brief. III,373）。莱辛后来还尝试了几个版本的公开说明，以及带有类似说明的献词。但胡塞尔实际上最后都不满意并予以拒绝。原因应当在于，莱辛只是在形式上表明自己对老师思想的依赖性，却从未在实事上指明这个依赖性在于，他的纯粹伦理学和纯粹法学的思想完全来自胡塞尔在伦理学与法学讲座中对形式逻辑与形式伦理学之间的平行性的主张。

在其发表文章的后半部分中，莱辛最后在一个注释中给出的"公开说明"如下："这里要明确强调，在第一期和第二期发表的'价值公理学研究'完全要回溯到哥廷根的爱德华[①]·胡塞尔博士、教授先生所开启的认识论方向。无论是在引导性的观念上，还是在诸多具体研究中，它们无非都只能是和只想是对从这位哥廷根思想家的练习课和讲座中获得的关键启示的继续思考而已。如果它们指明了哲学研究的一个新的方向并在此方向中宣示出自身负责的追求，那么这种学术性的学生研究的目的便得到了完全的实现。"[②]

---

① 胡塞尔名字在这里被写错；究竟是莱辛的有意笔误还是期刊编辑的无心过失，已不得而知。

② Theodor Lessing, „Studien zur Wertaxiomatik, Untersuchungen über reine Ethik und reines Recht", in a.a.O., S. 226. ——莱辛在《康德伦理学中的突破》（Th. Lessing, *Der Bruch in der Ethik Kants. Wert- und willenstheoretische Prolegomena,* a.a.O.）的论著中也给出了一个与此基本相同的公开说明（参见 Brief. III,366f.）。但在以后的回忆中他给出对

“莱辛事件”及其作用在双方面都还延续了一段时间：一方面是由于莱辛在其 1914 年于哥廷根出版的《作为行动的哲学》中批评胡塞尔“尴尬地逃避”自己是犹太人的问题是“何种痛苦的耻辱！”[①] 另一方面则是因为胡塞尔在得知迈纳出版社计划于 1914 年再版莱辛的著作时决定进行干预。他给费利克斯·迈纳去函告知莱辛的剽窃行为。尽管迈纳在看过胡塞尔提供的资料后也认为胡塞尔对莱辛的“病态现象”的评价正确，但仍然“为了出版社的名声而不能因为提供了一个剽窃的证明就将一本书驱逐出我的出版社”(Brief. VIII,248)。因此，胡塞尔的干预并未奏效。莱辛的著作《价值公理学研究：关于纯粹伦理与法的探讨》仍然在迈纳出版社得到再版。[②]

所有这些引发了胡塞尔于 1925 年应普鲁士文化部的要求对作为哲学家和大学教师的莱辛表达自己看法时所发的感叹：“我清楚地了解特奥多尔·莱辛在其文章与性格中的人格——只可惜过于清楚了。莱辛是一位具有异常才华的哲学作家，但也是一位具有异常低劣性格的人。”这与他在致迈纳的信中的表达基本一致：“实际上我［对他］有一种病态人格的印象。完全无法理解一个正常的人怎么可能如此行事”(Brief. VIII,246)。

此事件的另一个说法，从中可以再次看到莱辛的问题人格：“它［价值公理学］的核心思想是我从胡塞尔学派获取的。但我在那里被当作这样一个门外汉和文艺爱好者来对待，他偶然来到一个‘精确的’天文观察台，通过一个为当时最好的技术师配备的望远镜来观望，发现了一个至此为止都被忽略的美丽的星星(即‘价值公理学’)。而后他以最和善和最礼貌的方式受到恭维，并从天文观察台被请下，降落到了(herunterkomplimentiert)北德意志的平原上，而美丽的星星后来便仅仅与伟大望远镜之建造者的科学探讨有关了”(参见 Theodor Lessing, *Einmal und nie wieder. Lebenserinnerungen*, a.a.O., S. 403f.)。

① Theodor Lessing, *Philosophie als Tat*, Göttingen: Hapke, 1914, S. 308f. 胡塞尔在致迈纳的信中附上了这段文字(Brief. VIII, S. 247)。

② Theodor Lessing, *Studien zur Wertaxiomatik. Untersuchungen über reine Ethik und reines Recht*, 2. Erweiterte Ausg., Leipzig: Felix Meiner Verlag, 1914.

胡塞尔对莱辛评价实际上由正负两方面组成，一方面是莱辛具有“异常低劣的性格”，另一方面是他是“具有异常才华的哲学作家”。

类似的负面评价也可以在与胡塞尔同时被邀请表态的施普朗格、舍勒等哲学家那里发现。例如舍勒对莱辛的评价是：“可是他作为‘哲学家’的自我意识和自我评价并未与他的[哲学]成就发生任何有意义的关系。”其他的文学家如托马斯·曼和哲学家如施普林格也对莱辛的能力与个性有程度不一的负面评价。[①]

而在伽达默尔的回忆录中则可以发现与胡塞尔的正面评价相关的一个例证：莱辛的《欧洲与亚洲》[②] 的书曾对一战后的伽达默尔产生了“几近革命性的作用”。他写道“该书从东方智慧出发来质疑整个欧洲的成就思想。当时我在其中通过我的出生、教育、学校以及我的周围环境而生长起来的那个包罗万象的视域都被相对化了。”[③]

此后，在1929年完成的《形式逻辑与超越论逻辑》中，胡塞尔在谈及自己将形式逻辑扩展为形式价值论和实践论的尝试时还特别加注说明：“自1902年夏季学期以来我便在自己的讲座与研讨练习课中，但也在逻辑学与伦理学的语境中尝试对一门形式的价值论进行系统的扩展。自此以来所有在类似意义上出现的阐述，首先是最近的莱辛的价值公理学，都起源于这些讲座和讨论课——无论这些被传达的

---

① 对此可以参见 Barbara Beßlich, „'Die verfluchte Kultur'. Theodor Lessing (1872–1933) zwischen Zivilisationskritik, jüdischem Selbsthaß und politischem Reformwillen“, in Ariane Huml/Monika Rappenecker (Hrsg.), *Jüdische Intellektuelle im 20. Jahrhundert: Literatur- und kulturgeschichtliche Studien*, Würzburg: Königshausen u. Neumann, 2003, S. 78. Anm. 6.

② Theodor Lessing, *Europa und Asien. Untergang der Erde am Geist*, Berlin-Wilmersdorf: Verlag der Wochenschrift, 1918.

③ Hans-Georg Gadamer, „Selbstdarstellung“, in Ludwig J. Pongratz (Hrsg.), *Philosophie in Selbstdarstellungen* III, Hamburg: Felix Meiner Verlag, 1975, S. 61.

思想经历了多么大的变化”（Hua XVII,122,Anm.1）。

从目前伦理学文献的效果史来看，胡塞尔的担心不无道理。莱辛的这部著作仍然有一定的影响；他仍然被一些非哲学的历史研究者视作纯粹伦理学和纯粹法学思想的创始人。由于两种意义上的“莱辛事件”绞缠在一起，政治因素与学术因素在这里也持续地发生相互作用。

指导和培养学生

在哥廷根时期，胡塞尔在授课的同时也开始指导陆续来到这里的学生，主要是博士研究生和任教资格申请人，当然还有潮水般涌来的各地和各国的旁听者。施泰因曾在她的哥廷根时期回忆录中根据记忆列出了她自 1913 年夏季学期起所认识的外来胡塞尔课程旁听者的一长串名单。[①]

卡尔·诺伊豪斯是胡塞尔指导并获得博士学位的第一位博士研究生（1908 年 2 月）；接下来如前所述分别是埃里希·亨利希（1919 年 2 月），威廉·沙普（1909 年 6 月），迪特里希·希尔德勃兰特（1912 年 11 月）、温斯洛普·贝尔（1914 年 8 月）。

阿道夫·莱纳赫是胡塞尔哥廷根时期第一个、也是唯一一个完成任教资格考试并获得大学任教资格的人（1909 年 1 月）。

胡塞尔是从哥廷根时期开始指导学生的。他在指导学生方面给人的印象基本上是放羊式。很可能是他自己的几位老师魏尔斯特拉斯、科尼西贝格、布伦塔诺、施通普夫等人从未给他指定过具体的研究课题，或者如他在自己书信中所说，他当时因为过于骄傲而不想让人给他指定一个博士论文题目（Brief. III,500f.），因而他自己也从不

① 埃迪·施泰因：“在胡塞尔身边的哥廷根和弗莱堡岁月”，同上书，第 85–145 页。

为学生具体指定研究的课题，甚至难得提供这方面的具体建议，好像普莱斯纳和贝尔的研究课题是仅有的两个例外。

通过与学生的交谈和交流来了解学生的研究记录和思想进展并给出相应的建议和指导，看起来这是胡塞尔的一个弱项。几位哥廷根学生的回忆都以抱怨的方式证明了这一点。他与学生的讨论与其说是对话或交谈，不如说是独白或讲演。

以施泰因为例，她从胡塞尔的讲座中得到启示，决定以“同感”作为自己的“博士论文”的论题。不过她在胡塞尔那里得到的只是一些“暗示”和一些“要求”，主要的资料收集、文献阅读和文字撰写都是在自己的摸索中完成的。即使在最困难无助的情况下，她也只是听从同学的建议而去找了莱纳赫，而后在那里重新拾回自信。胡塞尔在期间给予施泰因的与其说是帮助，还不如说是压力。按照她的回忆，在完成的论文的过程中，一次大战于1914年爆发，学校停课，施泰因也回到家乡布莱斯劳，而她反倒“乐意独自一人不受干扰地工作，无须因为给大师的不如所愿的汇报而做任何中断。”不过，一年之后当她回到弗莱堡时，胡塞尔的态度发生了令人诧异的改变，“在到达之后不久我就已经抱着我的手稿去了霍恩街。大师让我读了几个大段落，感到相当满意，给了我一些小的补充建议。在莱纳赫夫妇那里我必须仔细报告这些访问，并且引发了强烈的惊讶，因为长时间地倾听某个人，这通常绝不是胡塞尔的方式。每次我都被问到：‘在胡塞尔那里始终还是那么美好吗？’”①

另外一个例子是贝尔提供的：施泰因在其哥廷根回忆录中曾将自己与贝尔称作“同病相怜者”，因为在接近完成博士论文时，他们常常

---

① 以上参见埃迪·施泰因：“在胡塞尔身边的哥廷根和弗莱堡岁月”，同上书，第136、142页。

会去胡塞尔家里与他进行讨论。这种讨论常常会很快转变为胡塞尔对自己的思路的追随和对自己思想的陈述。她曾记录下贝尔的调侃说法:"当'大师'约他去那里报告他的进展时,他也完全不喜欢。要是这个报告是在与他一起散步时进行的,那还过得去。在向上爬到'容斯'时,胡塞尔就喘不过气来了,而这时自己就可以说话了。"①

最后的例子是普莱斯纳,这位自称不忠实的胡塞尔学生的回忆更是已经带有一丝讥嘲的口吻:"1914 年 9 月,在我的哥廷根学习生涯之初,我在同学圈里还遇到英加尔登,只有一天,他给了我几个上路的暗示。我应当只在老师面前陈述我的东西。我有规律地进行此事,每隔一段不长的时间于早晨 9 点时去胡塞尔那里,并在旧式的黑沙发上就座。在书桌上方可以看到面向城市的大窗户的光亮。淡淡的烟雾向来访者透露出房屋主人清晨的工作强度,他坐在我对面的左边,并且极为友善地请我报告。不到五分钟胡塞尔便会打断。某个语词在他那里引发了一系列的想法,他开始演讲,常常依据他从存放在书桌里的大堆手稿中取出的札记。并不容易跟随那些细致入微的描述,我常常会失去线索,尽管如此却还是被带有奥地利-摩拉维亚色调的斟酌的-从容的声音迷住了。通向费希特的各个纪念碑的桥梁没有展示出来。直至十二点半,我被仁慈地允准离去:'您就这样继续做吧'。"②

不过,这种常常会给胡塞尔的其他学生带来困扰并引发不满的怪异交流习惯可以在胡塞尔最亲近的学生英加尔登那里得到理解和解释。他曾将这种胡塞尔的这种工作方式描述为某种"在准独自状况下的出声思考"。在其回忆胡塞尔的文章中他区分在思考着的胡塞尔那

① 埃迪·施泰因:"在胡塞尔身边的哥廷根和弗莱堡岁月",同上书,第 121 页。

② 普莱斯纳:"于哥廷根时期在胡塞尔身边",同上书,第 54-55 页。

里的三种状况：全然独自的思考，准独自的出声思考，以及大学讲座或讨论练习课上的非独自思考。对于第一种全然独自的思考状态，他写道："我曾透过他书房的玻璃门看见他在全然独自状态下的工作。我看到他如何不安地在房间里走动，如何生动地做着手势，不时地坐到书桌边记录下几句话，而后再起身于屋内走动，就好像他在试图克服某些阻碍。他给人的印象是，思维或直观对他而言是极其珍贵的。"对于第二种准独自的出声思考状态，他的描述是："在谈话中情况则全然不同。他在某种程度上忘记了与他的谈话的人，后者的当下并不会干扰他，而是相反导致他在某种程度上轻易地找到语词与措辞，它们在困难的问题境况中常常是不容易找到的。"因此，"胡塞尔需要一个他认定可以理解他的人，以便能够出声地思考，并且在他面前展开自己的发现。这时在他心中便有直觉的力量得以苏醒，它们在独自工作时还不那么容易被激发。而他始终是在问题这里，在实事这里，没有间距，也没有附带想法的干扰。"最后是第三种非独自状态的思考："在其大学讲座或讨论课练习中，胡塞尔从来不会像在那些准独自的研究时刻那样生气勃勃和富于创造性。"①

这些情况在胡塞尔的哥廷根时期已经显露出来，在弗莱堡时期还更为甚之。

不过，在事关学生事业前途的推荐和评审方面，胡塞尔大都会搁下他的手中的工作，走出小楼，去探问他们的冬夏与春秋。在哥廷根时期已经有了莱纳赫、舍勒、贝尔等的案例，胡塞尔总是尽其可能不遗余力地推荐。后来到弗莱堡之后更有海德格尔、贝尔、施泰因、兰德格雷贝等等的案例。在《胡塞尔书信集》中可以读到他在各个时期为各个学生撰写的各类推荐函和评审书。

① 罗曼·英加尔登："回忆埃德蒙德·胡塞尔"，同上书，第 188 页，注①。

其他交往

胡塞尔在哥廷根时期的其他社会交往通常是愉快而温馨的。马尔维娜回忆说:“尽管当时在哥廷根以一般的礼仪社交为最大时尚,而尽管我们并未被排除在外,胡塞尔还是首先将自己奉献给他的学生们,在特定的日子为他们敞开家门。周日、周三他乐于邀请一、两个高年级学生来家里吃饭。最常被邀请来的是埃尔哈特·施密特与康斯坦丁·卡拉吉奥多利[①],前者来自波罗的海地区、数学家、极具才华,后者是希腊人、有全面的学养、原先曾是工程师以及苏伊士运河与尼罗河管理委员会的成员。现在卡拉吉奥多利在慕尼黑担任实用数学的讲席教授,施密特在柏林担任数学教授。这两位年轻人许多年都是我们家里的朋友,而且对孩子们饶有兴趣。这段交往十分美好、崇高。”[②]

马尔维娜在这里提到的两位家里的常客都是数学家。这与胡塞尔在哈勒时期的情况相似:除了汉斯·封·阿尼姆之外,格奥尔格·康托尔、海尔曼·恩斯特·格拉斯曼、古斯塔夫·阿尔布莱希特等等都是数学家或物理学家。哥廷根大学当时在数学领域极负盛名。马尔维娜在回忆录中提到大卫·希尔伯特、菲利克斯·克莱因等,胡塞尔的课上常有数学系的学生出现,“对于胡塞尔来说,这里有一个巨大的学院活动领域。”[③]

菲利克斯·克莱因(Felix Klein,1849-1925)是德国十九世纪的

① 康斯坦丁·卡拉吉奥多利(Constantin Caratheodory,1873-1950),毕业于布鲁塞尔的比利时军事学校,1899年曾去埃及一年,在那里作为助理工程师参与尼罗河上艾斯尤特水坝的建造。自1902年起是哥廷根的数学系学生,在这里于1905至1908年期间担任私人讲师。他曾于1907年3月陪同胡塞尔去意大利旅行。自1924年起他在慕尼黑任教授。

② 马尔维娜·胡塞尔:“埃德蒙德·胡塞尔生平素描”,同上书,第21页。

③ 马尔维娜·胡塞尔:“埃德蒙德·胡塞尔生平素描”,同上书,第19页。

重要数学家。他在几何学和数学领域均有重要贡献，同时也作为科学组织者而享有盛名。他于1868年获得博士学位，而后曾于1869年在柏林大学听过克罗内克和魏尔斯特拉斯的几何与数学的课程，可以算得上是胡塞尔的师兄，但胡塞尔是在此十年后(1878年)才到柏林跟随魏尔斯特拉斯与克罗内克学习。从现有资料看还无法得知胡塞尔在哥廷根大学与克莱因是否有过直接的交往。克莱因于1871年在哥廷根大学通过任教资格考试，并在这里担任私人讲师。但次年他便在爱尔兰根大学获得一个教职，并于这年(1872年)因撰写了几何学方面的"爱尔兰根纲领"(Erlanger Programm)而闻名于世。此后他还曾任职于慕尼黑技术学院、莱比锡大学。1886年起他受聘于哥廷根大学执教，并在这里一直住到1913年去世。他在科学组织工作方面的成就主要在于，他于1895年聘请大卫·希尔伯特等人到哥廷根大学任教，并因此将哥廷根大学迅速发展成为德国的数学中心。胡塞尔当时所在的哥廷根大学，事实上首先是世界数学的核心之一。而它的哲学系则是因为胡塞尔的到来才开始有些起色。

大卫·希尔伯特

由克莱因于1895年引进的希尔伯特(David Hilbert,1862–1943)后来成为哥廷根学派的领导人物，也是全德国当时最重要和最著名的数学家。他于1900年在巴黎国际数学家代表大会上发表题为"数学问题"的著名讲演[①]，根据对数学研究以往成果的总结和对未来发展趋势的预测而提出二十三个最重要的数学问题，即后人所称的"希尔伯

---

① David Hilbert, „Mathematische Probleme", Vortrag, gehalten auf dem internationalen Mathematiker-Kongreß zu Paris 1900, in *Nachrichten von der königlichen Gesellschaft der Wissenschaften zu Göttingen. Mathematisch-physikalische Klasse aus dem Jahre 1900*, S. 253–297.

特问题”。它们对二十世纪的数学产生了最为深刻的影响。

希尔伯特与胡塞尔之间曾有过较为密切的交往。还在 1899 年哈勒时期，胡塞尔便曾写信给希尔伯特，提出将所有数学命题划分为两类：定义与其他命题。到哥廷根任教之后不久，胡塞尔便于 1901 年 11 月听过希尔伯特在哥廷根大学数学学会的讲演“公理系统的封闭性”。这年胡塞尔还应邀于 11 月和 12 月在哥廷根数学学会做过两次报告。按马尔维娜在致阿尔布莱希特的信中的说法：“但这里也有大学精神生活中的一种完全不同于哈勒的特征，尤其是数学家们(克莱因与希尔伯特)将胡塞尔从哈勒吸引到哥廷根他们的圈子里，并且给他以如此的激发，以至于他最近根据旧的数学哲学手稿而在数学学会中做了一个报告，并且现在将其加工付印”(Brief. IX,22)。这个关于虚数理论的报告分两次在哥廷根大学数学学会举行：1901 年 11 月 26 日和 12 月 10 日。加工的文稿后来并未如马尔维娜所说被付诸印刷出版，而是后来作为遗稿于 1970 年发表在《胡塞尔全集》第 12 卷《算术哲学》中(Hua XII,430–444)。

胡塞尔与希尔伯特在数学基础问题上的看法并不一致。希尔伯特认为所有困难都可以通过为数的概念建立完全而严格的基础而得到克服，这就是公理化方法。他设想能够提供一个“完备的公理系统”。倘若希尔伯特明确主张：公理化只能以形式化的方式进行，只能意味着形式化，那么将他称作形式主义者应当不算过分。但希尔伯特并未做过这类明确的表态。只是从他的各种说法中可以得出这样的推断。这个意义上的形式主义，在哥德尔于 1930 年末提出不完备性定理后便不再被数学家和逻辑学家们所坚持。

而在胡塞尔这方面，在摆脱心理主义之后，胡塞尔似乎站到了弗雷格一边，加入了逻辑主义的阵营。胡塞尔的确曾抱有将数学规则建立在逻辑基础上的想法，但在《逻辑研究》第一卷《纯粹逻辑学导引》

中，他所说的“纯粹逻辑学”并不是“形式逻辑学”，不是数学逻辑，不是形式数学和形式逻辑。后期他所说的超越论的逻辑学也不是任何逻辑主义意义上的逻辑学。就总体而言，胡塞尔的整个逻辑学和数学的立场可以被表述为观念化的（ideierend）直觉主义。

由于胡塞尔在《纯粹现象学与现象学哲学的观念》第一卷发表后不久就将注意力大部分转向精神哲学领域，如伦理学、交互主体性、人格、社会等等，而原先对数学、形式逻辑等自然哲学领域问题的兴趣用他自己略带夸张的说法已经是“荡然无存”（Brief. VI,282），因而他与希尔伯特的思想交集在此之后也已十分罕见。尤其是在 1916 年到弗莱堡之后，他在数学、逻辑学基础研究方面的态度往往是通过他的学生、数学哲学家奥斯卡·贝克尔体现出来。但在他后期出版的《形式逻辑和超越论逻辑》（1929 年）中，他还是十分敏锐地对希尔伯特的“完备的公理系统”的先天可能性提出了质疑。而这恰好是在哥德尔发表他的“不完备性定理”的一年之前。[①]

从思想史研究提供的资料和说明来看，希尔伯特曾不止一次地在胡塞尔的教职问题上提供帮助。他对胡塞尔的关心显然首先与他想将哥廷根建设成为世界数学中心的设想有关。他十分希望将胡塞尔留在哥廷根大学，据此形成在专业哲学家与专业哲学家之间关于数学基础的哲学问题上的合作研究。佩科豪斯曾指出：“希尔伯特十分清楚，许多为数学家们所讨论的基础问题并不属于数学家的资格范围。因而他寻求理论哲学的援助，并且因此也为专业哲学家提供资助。”[②]此外，从更深层次的原因来看，希尔伯特对胡塞尔伸出援手也与他对

---

① 对此可以参见笔者在本书第二卷的第二十四章“胡塞尔与贝克尔：现象学与数学”中的较为详细的论述。

② Volker Peckhaus, „Einleitung: Oskar Becker und die Philosophie der Mathematik“, in demselben (Hrsg.), *Oskar Becker und die Philosophie der Mathematik*, München: Wilhelm Fink Verlag, 2005, S. 10.

数学与逻辑学和哲学之间关系的理解以及对自己在这方面的使命的理解有关。在1918年7月30日写给时任普鲁士部长顾问的卡尔·海因里希·贝克尔的一份私人信函中，希尔伯特曾表达过他的这样一个信念：数学、物理学和哲学一同构成一个相互关联的科学群，并且强调说："我一向就将此视作我的毕生任务的一个部分。"[①]

而在胡塞尔这方面，他在哥廷根初期与数学家们的合作的确产生了一定的影响，并且在当时的学术界被视作数学哲学方向上的思想代表。例如按照奥斯卡·贝克尔(他是数学家出生，后来成为胡塞尔在弗莱堡的助手和《哲学与现象学研究年刊》的编委)年迈时的回忆，在1914年完成关于几何公理系统的博士论文后，他曾想到哥廷根随希尔伯特和胡塞尔学习。但由于一次大战，他上前线，而胡塞尔在此期间已经去了弗莱堡，因而他在一战结束后的1919年不得不在希尔伯特和胡塞尔之间以及在数学和哲学之间做出选择。[②] 再如，数学界曾于1908年期间尝试创立一个题为《全部数学之基础》的期刊，因为当时的研究状况已经表明，数理逻辑与基础研究"看起来已经成熟到可以在一种亚学科的自立性方向上迈进一步"。在酝酿的过程中，胡塞尔和纳托尔普首先被考虑作为认识论和哲学方面的代表纳入合作者。[③] 所有这些都表明，哥廷根的数学、逻辑学、认识论、哲学的合作研究方向已经向人许诺了一个诱人的前景。

但这个许诺并未得到兑现，胡塞尔最终选择了离开哥廷根。原

---

① 该信存于 Geheimes Staatsarchiv Preußischer Kulturbesitz, Berlin, Rep. 76 Va Sekt 6 Tit. IV Nr. 1, Bd. 25, Bl. 451. 转引自 Volker Peckhaus, „Einleitung: Oskar Becker und die Philosophie der Mathematik", a.a.O., S. 9.

② 参见 Volker Peckhaus, „Einleitung: Oskar Becker und die Philosophie der Mathematik", in a.a.O., S. 9.

③ 参见 Volker Peckhaus, „Die Zeitschrift für die Grundlagen der gesamten Mathematik. Ein gescheitertes Zeitschriftenprojekt aus dem Jahre 1908", in: *Mathematischer Semesterbericht*, 54, 2007, S. 109.

因应当是两方面的：内在的和外在的。内在的原因，也可能是主要的原因就在于胡塞尔在前引1930年致米施的信中所说："在出版《观念》[1913年]时就已经走到了这一步！……我只想对一门超越论的主体性学说、而且是交互主体性的学说进行系统的论证，而原先对形式逻辑和所有实在本体论所抱有的兴趣，现在都已荡然无存"（Brief. VI,282）。当然我们还可以追问：为什么胡塞尔在1913年就走到了这一步？他与狄尔泰在1905年的会面和以后的交往是否导致他走出了这一步，如此等等？但我们在这里暂且不去深究。

外在的原因则是他在哥廷根大学教职晋升方面的不顺利，它影响到胡塞尔在各个方面的工作展开。在这方面，他多次得到希尔伯特的鼎力支持。不过，尽管希尔伯特当时在哥廷根大学已有显赫的地位，但他可能因为虽然同属于哲学系，却并不是哲学学科而是数学学科的成员，因而他的努力无法获得实质性的效果。

1905年，在考虑胡塞尔升任讲席教授时，希尔伯特曾主动发信请求埃德曼、亨瑟尔、屈尔佩、纳托尔普、利普斯、里尔以及文德尔班为胡塞尔的学术成就提供证明，总共有七份证明（*Husserl-Chronik*,59,68,89）。除此之外，在这方面还可以参考舒曼的一个说明："关于胡塞尔与希尔伯特的关系人们所知甚微。无论如何，1905年，当胡塞尔的身边同事（collegae proximi）约翰·尤利乌斯·鲍曼和格奥尔格·埃利亚斯·米勒试图（最终也成功地）阻止对胡塞尔讲席教授的任命时，希尔伯特自发地从那些他能够视为以积极态度对待胡塞尔的德国同事们那里获取了七份关于胡塞尔科学成就的鉴定。他于1905年5月25日在致施通普夫的信中便写道：他与鲍曼和米勒的'信念相左'，并且觉得'他们对胡塞尔有失公允'。"[①]

---

① 参见舒曼为马尔维娜·胡塞尔所撰"埃德蒙德·胡塞尔生平素描"所做的"编者注"，载于倪梁康（编）：《回忆埃德蒙德·胡塞尔》，同上书，第20页，注5。

接下来，1908 年初，鲍曼已经达到退休年龄，但被哲学系继续留任，同时哲学系计划聘请一位替代正教授(Ersatzoridinariat)。希尔伯特为此写信给政府部门，建议将胡塞尔列在候选人名单的第一位，第二、三位分别是卡西尔和米施。但哲学系给出的候选人名单则根本没有列入胡塞尔，而是第一纳托尔普，第二迈耶，第三卡西尔(Brief. V,97,Anm.92)。因而尽管有希尔伯特的不断干预，胡塞尔在哥廷根始终未能获得一个真正的哲学教椅。

胡塞尔在此期间也多次被列入一些大学哲学系的讲席教授候选名单，如耶拿、图宾根、波恩等。[①] 在弗莱堡大学 1916 年向发出胡塞尔担任哲学第一教席的邀请时，他已经 57 岁。

对于胡塞尔的离去，希尔伯特感觉是遭受了一次“个人打击”。在前引 1918 年致卡尔·海因里希·贝克尔的信中，希尔伯特写道：“在那些主要不是历史学家或实验心理学家的哲学家中，我觉得胡塞尔和尼尔森是最具特色的人物，而对我来说，这两个人来到哥廷根的数学土地上并非偶然。”[②] 但由于胡塞尔此时已经离开哥廷根三年，希尔伯特撰写此信的目的一方面在于警示：不可让重要哲学家离开哥廷根的事情重演，另一方面在于要求：学校应当在莱奥纳多·尼尔森(Leonard Nelson,1882–1927)的任职问题上尽亡羊补牢之责。在希尔伯特的努力下，还在胡塞尔于哥廷根任职期间便在任教资格考试上遭受挫折的数学家和哲学家尼尔森最终得到了哥廷根大学编外正教授的位置。

---

① 可以参见笔者后面关于“胡塞尔与格罗斯”的论述，其中报告了胡塞尔在此期间职业生涯的坎坷与艰难，以及他与格罗斯的思想和生活轨迹在此期间发生过的几次交叉。

② 该信存于 Geheimes Staatsarchiv Preußischer Kulturbesitz, Berlin, Rep. 76 Va Sekt 6 Tit. IV Nr. 1, Bd. 25, Bl. 451. 转引自 Volker Peckhaus, „Einleitung: Oskar Becker und die Philosophie der Mathematik“, in a.a.O., S. 10.

海尔曼・外尔

在哥廷根时期的胡塞尔的朋友圈中，与希尔伯特的名字联系在一起的是海尔曼・外尔（Hermann Klaus Hugo Weyl,1885–1955）。1908年2月12日，外尔在哥廷根大学哲学系完成博士论文答辩，而答辩主席便是胡塞尔（*Husserl-Chronik*,113）。

外尔是希尔伯特的学生，对哲学也感兴趣，因而此前便参加胡塞尔的课程，并在课上认识了他后来的妻子海伦娜。在某种意义上，外尔可以算作胡塞尔的哥廷根学生。他于1913年在瑞士苏黎世联邦理工学院被聘为几何学教授，成为爱因斯坦的同事以及他的相对论的早期介绍者。1930年他被哥廷根大学聘为希尔伯特的接任者，但三年后希特勒上台，他只能带着他的犹太裔妻子海伦娜流亡美国。

而胡塞尔这方面则于1916年转到弗莱堡大学工作，他与外尔夫妇之间后来有一些通信往来，直至1931年。这些通信没有被编者舒曼收入“哥廷根现象学家通信”的第三辑，而是被放到“科学家通信”的第七辑。

关于胡塞尔与外尔的私人关系和思想联系，以及胡塞尔在弗莱堡的学生和助手奥斯卡・贝克尔（Oska Becker,1889–1964）与外尔的思想联系，笔者在本书第二卷第二十五章“胡塞尔与外尔”中有较为详细的交待。

外在职务

从以上关于希尔伯特的介绍中已经可以看到，胡塞尔在哥廷根大学哲学系的职称晋升并不十分顺畅。1902年12月15日，也就是在他到哥廷根任教一年之后，普鲁士精神事务部的部长颁给胡塞尔在哥廷根大学哲学系的一个国家计划内副教授的名额。胡塞尔因此而得以从国家计划外的副教授(编外副教授或特编副教授)转为国家计划内的副教授(编内副教授)。此后他于 1903 年 4 月被任命为哥廷根的哲学与教育学的皇家科学考试委员会成员。至此胡塞尔尚未在外部职务方面遭遇很大的妨碍。但几年之后，即 1905 年 4 月 15 日，普鲁士教育部打算任命胡塞尔为正教授，尽管有希尔伯特的努力，哥廷根大学哲学系仍然与在五年前考虑任命胡塞尔为编外副教授时一样，对此再次做出抵制。这对胡塞尔重又是一次打击。他在 5 月 16 日的日记中写道："近日曾有一次系务会议，来自部里的任命我为正教授的友善建议被拒绝。——理由：我在科学上缺乏重要性。现在我要恳请上天给我力量，使我的科学追求不至于松懈。"几年后在 1908 年 12 月 23 日致纳托尔普的信中他还再次回顾说："当部长正式征询意见：他任命我为正教授的打算是否会引起[哲学]系的顾虑时，[哲学]系做出了拒绝的表示，这是我的同事鲍曼和米勒的强烈抗议的结果。"但半年后，即 1906 年 6 月 28 日，胡塞尔还是获得了普鲁士国王威廉的哥廷根大学哲学系的"专任正教授"的任命。[①] 他的工资也因学术研究的卓有成效而得到增加(*Husserl-Chronik*,98)。从种种迹象看，胡塞尔的心理危机实际上在 1906 年时已经完全得到克服。因而他在给这年 9 月 10 日给哥哥海因里希的信中已经可以写道："我藏身于疾速的工作中，即是说，我的感受十分美妙，正处在前进的状态中。我终于摆脱了难堪的虚弱和忧郁，扬帆起航。我绝对孤独地生活，在我

---

① 参见 Brief. V, 99; *Husserl-Chronik*, 90. ——这里所说的"专任正教授"(persönlicher Ordinarius)还是普鲁士时代的产物，它不是一个可以继承的教席，而是一种指定派给一个符合教授资格、但又没有空缺的教席的大学教师的位置。胡塞尔在这封信中也向纳托尔普暗示了他担任这个"专任教授"所做的承诺：他和哲学系不再考虑申请作鲍曼的教席继承人，而是始终担任"专任正教授"。也就是说，鲍曼是在确保自己的教席可以传给自己学生的情况下才同意了胡塞尔的正教授任命。

的经文中直至深夜”(Brief. IX, 276)。

不过，胡塞尔在哥廷根大学哲学系受到的排挤压力仍然存在。他之所以在前引信中向纳托尔普做那些解释，乃是因为如前所述，纳托尔普曾于1908年12月12日去函向胡塞尔询问康拉德的情况，因为康拉德计划去纳托尔普那里进行任教资格考试。胡塞尔在对康拉德做了推荐之后又向纳托尔普说明自己的处境：尽管他被任命为“专任正教授”，成为哲学系的正式成员，但仍然会有阻力。因此他直至1908年给纳托尔普写信时仍然还处在“不正常的境况”中，因此他不建议年轻的哲学家在他这里申请任教资格考试。事实上，胡塞尔在担任“专任正教授”之后的第一例任教资格考试申请，即前面已经提到的数学家和哲学家尼尔森(Leonard Nelson)的申请，便被哲学系拒绝。1909年莱纳赫虽然在哥廷根通过了任教资格考试，但其间也曾遭遇米勒的强烈阻挠。[①] 所有这些都构成了胡塞尔出走哥廷根的主要外在原因。

卡尔·格罗斯

与胡塞尔所期待的离开哥廷根在其他大学获得更好职位的机遇密切相关的是一位同时代的同行、德国哲学家和心理学家卡尔·格罗斯(Karl Groos, 1861–1946)。若不是笔者于2014年在德国古籍文献市场碰巧发现并购得胡塞尔于1907至1912年期间，即在他的哥廷根时期写给格罗斯的五封书信(两封信函、三张明信片)，“卡尔·格罗斯”是不可能作为一节出现在这部胡塞尔行状之中的。[②]

---

① 对此可以参见舒曼、施密茨的描述：“心理学家G. E. 米勒长期以来便是胡塞尔现象学的愤世嫉俗反对者，他提交了一份对莱纳赫文稿的极度负面的报告。莱纳赫在1909年5月3日致康拉德的信中猜测：米勒是在‘指桑骂槐’”(Karl Schuhmann/Barry Smith, “Adolf Reinach: An Intellectual Biography”, ibid, pp. 12–13)。

② 这五封德文书信的文本未被收录到由卡尔·舒曼于1994年编辑出版的十卷本《胡塞尔全集–书信集》(Edmund Husserl, *Briefwechsel*, Bde. I–X, hrsg. von Karl Schuhmann,

卡尔·格罗斯曾先后执教于巴塞尔大学、基森大学和图宾根大学。他的研究领域和学术作用更多地集中在心理学界而非哲学界。他于1896年发表《动物的游戏》一书，并产生很大影响，1898年该书便被译成英文出版。① 他在其中提出的主要思想和相关诠释至今仍被视作有效的：动物的游戏是为后来的生活做准备。它是动物在长期进化和自然选择过程中保留下来的主要本能，这些本能使得它们在漫长的生存竞争的过程中得以幸存至今。这个游戏理论如今被纳入进化工具论的范畴。格罗斯在三年后又出版了《人的游戏》一书，该书的英译本也于1901年出版。② 他在此书中专门讨论人这种特别的动物的游戏本性及其功能。这些研究出版后不久，就有人在《科学》杂志上发表评论，认为它们对三门研究学科做出了重要贡献，并且还将会在这三门学科中发挥广泛的影响：哲学生物学、动物心理学和艺术遗传理论。③ 除此之外，格罗斯还在哲学、审美学、儿童心理学、文学、历史学等方面有著述发表。

格罗斯与胡塞尔的思想和生活轨迹曾几次发生过交叉。撇开他们之间思想上的相互影响不论，就我们现在拥有的资料看，在胡塞尔

Den Haag: Kluwer Academic Publishers, 1994)中，因此笔者请耿宁将这些胡塞尔的手稿誊写为Word文稿，刊印在《胡塞尔研究》期刊上，作为对《胡塞尔书信集》的一个补充。笔者在这五封书信前附加了一个说明性的“引论”，后面的陈述便是这个引论的内容(Iso Kern/Liangkang Ni, „Fünf Briefe von Husserl an Karl Groos zwischen 1907–1912“, in *Husserl Studies*, 31, 2015, S. 237–243)。——在《胡塞尔书信集》第六卷中仅收录一封时间“约1908年10月”的致卡尔·格罗斯书信的底稿(Brief. VI,175f.)。它的定稿便是这里刊出的写于1908年10月4日的第四封信。

① Karl Groos, *Die Spiele der Tiere*, Jena: Verlag von Gustav Fischer, 1896; english translated by E. L. Baldwin as *The Play of Animals*, New York: D. Appleton and Co., 1898.

② Karl Groos, *Die Spiele der Menschen*, Jena: Verlag von Gustav Fischer, 1899; english translated by E. L. Baldwin as *The Play of Man*, New York: D. Appleton and Co., 1901.

③ 参见 J. Mark Baldwin, “Die Spiele der Thiere by Karl Groos. Review”, in *Science*, New Series, vol. 5, no. 113, 189, pp. 347–352.

的职业生涯中至少出现过三次格罗斯的身影。现在已难以确定二人最初相识于何时、何地。从这里刊出的通信内容来看，很可能他们二人并未见过面，而只是有一些算不上频繁的通信往来。这些通信往来很可能开始于格罗斯寄赠给胡塞尔他发表于1906年的系列论文《"被给予之物"问题论稿》中第一篇论文的特印本[①]，胡塞尔为此而在这里刊出的第一封信函中予以特别致谢。

尽管胡塞尔年长格罗斯两岁，但在学术界产生影响的时间却要晚于格罗斯十多年。在1891年发表《算术哲学》第一卷后，胡塞尔——按他自己的说法——便纠缠在"一系列无法避免的问题"中，它们"不断地阻碍并最终中断了我多年来为从哲学上澄清纯粹数学所做努力的进程"（LU I, A V/B V）。直至1900/01年《逻辑研究》出版，胡塞尔才脱颖而出，为新世纪的哲学注入一股意识现象学的充沛活力。而随着胡塞尔影响的扩大，他的职业生涯也出现转机。

还在去哥廷根之前，胡塞尔的求职过程中便有格罗斯的名字出现。1901年格罗斯离开巴塞尔大学，到基森大学哲学系新设的一个正教授职位上就任。巴塞尔大学哲学系计划为格罗斯空下的副教授位置招聘新人，胡塞尔的名字被列在候选名单中。此外他的名字也被列在爱尔兰根大学、维也纳大学、哥廷根大学的候选人名单中。但在1901年8月22日致朋友阿尔布莱希特的信中，胡塞尔写道："巴塞尔那边……至此也是音讯全无。因此那边大概也没戏"（Brief. IX,23）。的确，1902年，巴塞尔大学的格罗斯继任者最终是卡尔·焦耳（Karl Joël,1864–1934）。

胡塞尔最终获得哥廷根大学的副教授位置，总算结束了在哈勒大

---

① Karl Groos, *Beiträge zum Problem des „Gegebenen"*, Erster Beitrag, in *Zeitschrift für Philosophie*, 1906, S. 190. Erste Ausgabe. Druck von Radelli & Hille in Leipzig, S. 1–20.

学哲学系长达 14 年的私人讲师生活。但由于哥廷根大学两位讲席教授[①]的阻挠，胡塞尔在哥廷根大学的受聘从一开始便不顺利，他最终只是获得了非国家预算计划内的副教授的位置。而且后来在 1905 年，这两位教授还成功地阻止了胡塞尔被聘为哥廷根大学的正教授。“看来，这种‘同行相轻’对他［胡塞尔］的触动远比他承认的更大。”[②]因此无须惊异，即使胡塞尔如前所述十分喜欢“哥廷根别墅住宅区的清爽空气与宁静”（Brief. I,139），并且也在这里随哥廷根学派和慕尼黑学派的建立而揭开了现象学运动的序幕，但他还是一直希望能够找到对他的生活和研究更为合适的场所。

此后在 1911 年，鲁道夫·奥伊肯曾十分真心且竭尽全力地促成胡塞尔到耶拿大学任职，但最终仍然未果。他于 1911 年 7 月 2 日致胡塞尔信函中告知，教育部主要是出于财政经费方面的考虑，聘请了较为年轻的、因而也“更为便宜的”布鲁诺·鲍赫（Bruno Bauch,1877–1942）担任这个教席。[③]一周后奥伊肯再次专门致函胡塞尔，告知他听到有传言说，图宾根大学哲学系因亨利希·迈耶于 1911

① 参见胡塞尔本人在给他的朋友阿尔布莱希特的信中的相关描述。以及卡尔·舒曼的相关说明：“实验心理学家米勒（Georg Elias Müller,1850–1934）从 1881 年至其 1920 年退休，一直在哥廷根任哲学教授。”“鲍曼（Julius Baumann,1837–1916）于 1869–1916 年期间在哥廷根任哲学教授”（Karl Schuhmann, „Einführung in die Ausgabe“, in Brief. IX, S. 21, Anm. 46, 47）。

② 比梅尔：“编者引论”，载于胡塞尔：《现象学的观念》，同上书，第 1 页。

③ 这里还可以考虑胡塞尔此次未能得到聘任之原因的另一种解释：“这一聘任之所以失败最终是因为大学学监和州政府的阻碍，官方的原因是胡塞尔的年龄，但可以推测是他的犹太血统”（对此可以参见 Rainer Klump and Manuel Wörsdörfer, “On the affiliation of phenomenology and ordoliberalism: Links between Edmund Husserl, Rudolf and Walter Eucken”, in *The European Journal of the History of Economic Thought*, vol. 18, no. 4, 2011, p. 553；还可以进一步参见 U. Dathe, „Eine Ergänzung zur Biographie Edmund Husserls“, in W. Stelzner (Ed.), *Philosophie und Logik – Frege Kolloquien Jena 1989/1991*, Berlin: De Gruyter, 1993，以及 F. W. Graf, „Die gescheiterte Berufung Husserls nach Jena – Drei unbekannte Briefe“, in *Dilthey-Jahrbuch*, 10, 1996, S. 135–142.）。

年赴哥廷根大学任教而空出教席，胡塞尔被放在候选人名单的第一位（Brief. VI,89–91）。然而这个位置最后仍然未能属于胡塞尔。而迈耶的最终继任者不是别人，正是卡尔·格罗斯。正是在这里刊出的胡塞尔于 1912 年 1 月 17 日致格罗斯的最后一封信中，胡塞尔问格罗斯："您在图宾根还满意吗？"——这也是已知的胡塞尔与格罗斯通信交往中的最后一句话。

但胡塞尔与格罗斯在职业生涯中的交集尚未结束。1913 年 3 月，奥斯瓦尔德·屈尔佩因赴慕尼黑大学就职而离开波恩大学，他空下的教授位置由于屈尔佩的建议很有可能为胡塞尔所填补，当时出现在候选人名单上的还有卡尔·格罗斯与汉斯·杜里舒。[①] 为此，胡塞尔太太马尔维娜在 1913 年 5 月 8 日给女儿伊丽莎白的信中写道："现在还有一大新闻，你会感兴趣的，但不要说出去，爸爸已经被建议放在波恩大学[哲学系教授候选人]**第一名**的确定位置上。这是屈尔佩教授私下里告知的，他被聘至慕尼黑，而这里涉及的就是他[空下]的教椅。是否会有聘请以及爸爸是否会接受聘请，当然还不确定（想想耶拿）。至少我们都必须为从一个像波恩这样享有盛名的大学而来的如此充满敬意的建议而感到高兴"（Brief. IX,335）。但 1914 年上任的屈尔佩的继任者仍然不是胡塞尔，也不是格罗斯和杜里舒，而是实验心理学家古斯妥夫·施多林（Gustav Störring,1860–1946）。

胡塞尔直至 1916 年才受到弗莱堡大学的邀请，在那里担任讲座教授。如马尔维娜·胡塞尔所说："他已近五十七岁，并且相信向一个另类环境中的移植以及对此环境的征服只可能使他生命之流奔淌

---

① 生机主义哲学家汉斯·杜里舒（Hans Driesch,1867–1941）后来因为奥伊肯的推荐而于 1922 年应梁启超、蔡元培之邀来到中国做讲演。原先列在候选名单上的纳托尔普、李凯尔特和胡塞尔均未能够成行。但这已经是另外一段故事了。对此可以参见笔者在本书第二卷第十七章"胡塞尔与奥伊肯父子及杜里舒"中更为详细的论述。

得更为顺畅。的确也是如此。1916 年至 1937 年的这些岁月引导他在陡峭的石径上向上攀行。”[①] 他在这里于 1928 年退休并将教椅传给马丁·海德格尔，后来再也没有离开过弗莱堡。即使在纳粹的威胁日益加剧的情况下，胡塞尔也不“相信”应当接受美国南加州大学于 1933 年 11 月为胡塞尔提供的一个哲学教椅。按照范·布雷达的说法：“他认为发出这个邀请的人显然是想用此邀请来尽可能地使他远离德国，而并非是认真地想将他接纳到大学的全体成员中去。即使面对他的亲人的催逼，胡塞尔也始终坚定不移；他回答说：他在哪里生活和工作，也应当在哪里死去。”[②]——胡塞尔于 1938 年 4 月 24 日在弗莱堡去世。格罗斯于 1946 年 3 月 27 日在图宾根去世。

学术研究

就胡塞尔的讲课记录来看，哥廷根时期是他一生中承担教学课程与学生考试异常多的阶段。但是，胡塞尔在学术研究方面也并未有丝毫懈怠。如马尔维娜所言，“即使哥廷根的讲座和讨论课需要在时间和精力方面有完全不同的付出，这并未影响胡塞尔对其各个问题的继续研究。”[③] 总的来说，胡塞尔一生中在其研究方面投入的精力显然要多于在教学方面的。只是有时这两者无法严格分离。更确切的说法应当是：胡塞尔的主要精力是在他的哲学与现象学研究方面，其中的一部分通过讲课而得到表达，另一部分以著述发表的形式得到表达；而很大的一部分还始终埋藏在他的以速记体方式记录下的研究手稿中。

---

① 马尔维娜·胡塞尔：“埃德蒙德·胡塞尔生平素描”，同上书，第 23 页。

② 范·布雷达：“胡塞尔遗稿的拯救与胡塞尔文库的创立”，载于倪梁康(编)：《回忆埃德蒙德·胡塞尔》，同上书，第 524 页；也可以参见 *Husserl-Chronik*, 437.

③ 马尔维娜·胡塞尔：“埃德蒙德·胡塞尔生平素描”，同上书，第 20 页。

《哲学作为严格的科学》(1910年)

在《逻辑研究》发表的同一年，胡塞尔便在信中预言说：“十年后再出一卷新的！”(Brief. V,77)果然，在此后的十年里，胡塞尔基本上是歇笔不发。直到1911年，他才应李凯尔特之约而拿出《哲学作为严格的科学》。我们在斯基拉奇所写的胡塞尔“生平”中可以读到：“在《逻辑研究》发表后处在显赫声誉之中的胡塞尔能够沉默十年之久，而后才认为《哲学作为严格的科学》值得发表，这个事实赋予了这篇论文以无法充分估量的重要意义。”如果说《逻辑研究》在胡塞尔哲学中的地位相当于《资本论》在马克思哲学中的地位的话，那么《哲学作为严格的科学》便相当于《共产党宣言》：它可以说是一份“现象学宣言”。

海德格尔在1925年曾对《哲学作为严格的科学》做过如下评价：“这篇论文在许多方面都是很重要的：首先是作为从《逻辑研究》到《纯粹现象学与现象学哲学的观念》的过渡阶段；然后是在还原的概念方面。”但他同时也批评说：“本质还原与超越论还原之间的关系问题始终还未得到澄清；此外还因为现象的概念和心理之物的概念以及因为‘意向相关项’和‘意向活动’的不清晰；但主要是它在第二部分中表现出它对历史问题的态度，这个态度必须被称作不可能的，并且也合理地引发了狄尔泰的诧异。”[①] 海德格尔的这个评论表明他对该文

① Martin Heidegger, *Prolegomena zur Geschichte des Zeitbegriffs*, GA 20, a.a.O., S. 164.

有一个总体上准确的梳理和把握，但它十分清晰地带有他自己的思想烙印。

《哲学作为严格的科学》在当时思想界所产生的影响至少可以概括为以下两个方面：

从批判性的角度来看，在《逻辑研究》完成了对心理主义的有力抨击之后，《哲学作为严格的科学》仍然需要在两条战线上作战：一方面是与自然主义，另一方面是与历史主义。前者主要表现在当时盛行的实验心理学的各种学说之中，后者则主要是指以狄尔泰等人所倡导的历史学派。胡塞尔的批判在很大程度上是《逻辑研究》中对心理主义批判的继续，他仍然在坚持不懈地揭示这些学说的相对主义和怀疑主义之最终结局。尤其是因为胡塞尔在这里公开表露了他与狄尔泰思想的分歧，因而这篇文字对后人理解现象学与解释学之间的关系也不无教益。

而从建设性的角度来看，可以笼统地说，在《逻辑研究》中，胡塞尔试图将哲学定位于逻辑学和心理学之间，而在《哲学作为严格的科学》中，他是努力在自然科学与精神科学(历史科学)之间找到哲学的位置。虽然在这篇文章中，现象学尚未带有“超越论”现象学的标记，但胡塞尔的意图在这里已经得到十分清楚地表露：通过对哲学的新的论证，严格的哲学将以构造现象学的形态出现，它将为经验的自然科学和精神科学奠定基础，因为现象学不仅探讨“意识构形的本质联系”(意识的“心理”方面)，而且也探讨“与它们相关的本质相属的被意指性”(即被意识所构造的出来的“物理”方面)。[1]这两个研究方向在他两年后发表的《纯粹现象学与现象学哲学的观念》第一卷中也被

---

① 胡塞尔:《哲学作为严格的科学》，载于胡塞尔:《文章与讲演(1911-1921年)》，同上书，第40页。

称作“意向活动”(Noesis)和“意向对象”(Noema)。所以,《哲学作为严格的科学》实际上含有胡塞尔超越论构造现象学的第一次公开预告。正是在这个意义上,海德格尔日后曾合理地指出,这篇文章“通过《纯粹现象学与现象学哲学的观念》才获得了对其纲领性论题的充分论证”。[①]

这里无须再重构胡塞尔在上述两个方面(批判性方面和建设性方面)的论述。需要强调的是胡塞尔的哲学观。根据胡塞尔本人的回忆,他首先是在布伦塔诺的讲座中获得一个坚定的信念,这个信念使他有勇气将哲学选择为终生的职业:“哲学也是一个严肃工作的领域,哲学也可以并且也必须在严格科学的精神中受到探讨”(Hua XXV,305)。这个信念不仅时常在他的研究手稿中出现:“哲学就是指向绝对认识的意向”(Ms. B II 19,42),而且也在《哲学作为严格的科学》这篇文章中得到第一次公开的表露:“哲学本质上是一门关于真正开端的、关于起源、关于万物之本的科学。”[②] 胡塞尔一生从未放弃过这个哲学观。[③]

---

① 海德格尔:《面向思的事情》,同上书,第 80 页。译文略有更动,下同。——值得一提的是:对胡塞尔在文章中所宣示出的这种努力趋向,海德格尔既表示赞同,也持有批评:他赞同胡塞尔所提出的“面对实事本身!”口号,赞同“**研究的动力必定不是来自各种哲学,而是来自实事与问题**”〔《哲学作为严格的科学》,第 317 页(边码)〕,赞同现象学的直观性和中立性原则;但他拒绝对“实事本身”作“意识的主体性”的理解,并且认为胡塞尔在此文中表现出向近代哲学,尤其是向康德主义的转向,从而背离了现象学的原则,放弃了对思的实事(原现象、原实事)的真正思考(参见海德格尔:《面向思的事情》,同上书,第 47、65-68、79 页等等)。

② 胡塞尔:《哲学作为严格的科学》,同上书,第 71 页。

③ 胡塞尔晚年(1935 年)曾对《危机》中的相关思考内容做过一个最后的笔记:“哲学作为科学,作为严肃的、严格的、甚至是绝然严格的科学,这个梦已经破灭了”(Hua VI,508)。许多学者,如施特拉塞尔、斯基拉奇、霍尔等,都曾一度将它解释为胡塞尔晚年放弃自己毕生所做努力的一个信号。但更多的学者,如伽达默尔、江森、奥尔特等,也曾先后指出这是一个误释。而兰姆贝克则借胡塞尔 1935 年 7 月 10 日致英加尔登的信提供了对这个易受误解的句子的正确诠释的明确证明,在其中可以看出,胡塞尔的这句话是

将这个哲学观加以展开，它便意味着，一方面，向最终论证、最终奠基的回溯被理解为向认识主体的“意义给予”之成就的回溯(Hua III,55)，这种回溯是直接进行的，是自身负责的，任何间接的中介都必须被排除在外。另一方面，在获得了经过最终论证的真理之后，哲学的任务还在于，将这种真理付诸于实践并且根据这种真理而承担起主体性的责任与义务，这也是一门哲学伦理学和价值论的中心任务。在对哲学的这一理解中无疑包含着胡塞尔对理论与实践的奠基关系的理解。

在二十世纪末的今天，凡略晓当今世界“哲学行情”的人都会认为这种哲学观已经属于过去。虽然各种不同派别的哲学思潮如今还在“理性”或“合理性”的总体标题下进行着各种独白或对话，但“告别原理”，亦即告别逻辑中心主义意义上的理性，已经成为或多或少可以被一致接受的口号；世界不再被视作一个可以根据某个或几个公理而推导出来的统一而有序的系统。笛卡尔曾在他的时代以“有序的”哲思者作为其沉思对话的基本前提对象。① 时至今日，“有序”本身已经不再成为哲学思考的公认标准。“有序”连同“无序”一起，被一些哲学家视为人类社会所面临的两大危险。② 胡塞尔所做的那些

对当时流行观点的引述：“您的讲座计划十分合理——对于波兰人来说，在德国所有这些论题已经不再是现时的。哲学作为‘严格的科学’属于已经了结的过去，一如十三世纪的经院哲学。在欧洲的其他地方也有非理性主义的怀疑论在肆虐，数理主义的实证主义的堡垒也不会提供长久的助益，因为人们最终会发现，它只是哲学的仿造品而非真正的哲学。我有把握的是：唯有超越论现象学才会提供最终的清晰性与在必然改变了的形态中的唯一可能途径：实现一门作为普全科学的哲学的观念”(参见 Edmund Husserl, *Briefe an Roman Ingarden*, a.a.O., S. 92f., 同时参见 K.-H. Lembeck, *Gegenstand Geschichte. Geschichtswissenschaftstheorie in Husserls Phänomenologie*, Phaenomenologica 111, Den Haag: Martinus Nijhoff, 1988, S. 54, Anm. 18.)。

① 参见 René Descartes, *Principia Philosophiae*, I, 7, 10.

② 参见 Ulrich Boehm (Hrsg.), *Philosophie heute*, Frankfurt/New York: Campus Verlag, 1997, S. 51.

对心理主义、自然主义、历史主义等各种形式的相对主义和怀疑主义的批判已经明显与流行意识相背，而他对确然性之苦苦追求更是被视为不明生活形式和价值系统之杂多与间断的真谛。

然而，就像苏格拉底或康德还在对一些当代人产生着活的效应一样，今天仍然有人不懈地在胡塞尔留下的博大精深的思想宝库中寻找精神生活的动力或支点，究其原因至少可以找到以下两个方面：

首先，虽然作为严格科学的哲学仍然还是一个“无限遥远的点”，胡塞尔的哲思方法却仍然直接而具体地向我们指示着严格性的实例。就面前的《哲学作为严格的科学》而言，尽管它在胡塞尔的现有文献中属于纲领性的方法论述，本书单行本的编者斯基拉奇因此而将它比作笛卡尔的《方法谈》，但即使在这里也可以处处感受到胡塞尔现象学论述和操作的严格性。非现象学的哲学家如施泰格米勒（W. Stegmüller）也曾公正地承认：“胡塞尔的研究对哲学产生了巨大的影响。对于那些在原则上接受他的思想并将他的方法运用在其研究中的人来说，一个无限广阔的、新的工作领域展现出来。对于对立阵营的哲学家来说则形成了一种必然性，即：更清晰明白地阐明他们自己的立场并使他们的论据的无懈可击性与胡塞尔学说的高度科学水平相吻合。因此，像所有伟大的思想家一样，胡塞尔对朋友和敌人都发挥了促使他们进行创造性活动的影响。”① 对于施泰格米勒所做的这个特征描述，读者可以从《哲学作为严格的科学》一文的字里行间获得自己直接的感受。

但比他的严格方法影响更为深远的或许是胡塞尔在理论研究方面的执着精神。斯基拉奇认为，“胡塞尔的伟大从根本上带有这样一

---

① Wolfgang Stegmüller, *Hauptströmungen der Gegenwartsphilosophie. Eine historisch-kritische Einführung*, Bd. 1, Stuttgart: Alfred Kröner Verlag, 1978, S. 81.

种特征：他能够长达数十年地以一种顽强的精神并且在一种宁静退隐的状态下一再地献身于新的问题。”这种甘于寂寞的个性恐怕是每一个“理论人”都应具备的一个基本素质前提。理论研究者的宿命就在于追求独立的思想而避开流行的时尚。胡塞尔在世纪初所呼吁的“我们切不可为了时代而放弃永恒”与王元化所倡导的“为学不做媚时语”实际上是一而二、二而一的。[①]过强的功利目的和实用心态或许是中国近现代学术困境的一个主要根源。正如文德尔班所说：“知识的金果只有在不被寻求的地方才能成熟。”[②]而从近年来学术研究的整个趋势来看，胡塞尔在这篇文章中所做的警告在今天仍然有效：“正是在一个实践动机超强地上升的时代里，一种理论的本性也可能会比它的理论职业所允许的更为强烈地屈从于这些实践动机的力量。但在这里，尤其是对我们时代的哲学而言，存在着一个巨大的危险。”[③]就此而论，《哲学作为严格的科学》至今对我们仍有启示与教益的意义。

在著述的出版方面，胡塞尔于 1913 年同时完成了两件事：其一是他主编的《哲学与现象学研究年刊》得以出版；其二是他在该年刊的第一卷上发表了他的《纯粹现象学与现象学哲学》的第一卷。

《哲学与现象学研究年刊》的编辑出版

二十世纪全世界的哲学出版物中，没有能比《哲学与现象学研究年刊》更为重要的期刊了。它虽然只维续了十七年，并且由于战争

---

① 参见胡塞尔：《哲学作为严格的科学》，同上书，第 67 页；王元化：“近思录”，载于《学人》第十辑，南京：江苏文艺出版社，1996 年，第 37 页。

② Wilhelm Windelband, *Lehrbuch der Geschichte der Philosophie*, Tübingen: Mohr, 1956, S. 322.

③ 胡塞尔：《哲学作为严格的科学》，同上书，第 63 页。

和其他因素而断断续续地只出版了十一辑，但在全书总计 6903 页的篇幅中包含了几乎所有现象学运动重要成员的著述，尤其是胡塞尔的《纯粹现象学与现象学哲学的观念》第一卷(1913 年)、《内时间意识现象学讲座》(1928 年)、《形式逻辑与超越论逻辑》(1929 年)，舍勒的《伦理学中的形式主义与质料的价值伦理学》上、下卷(1913、1916 年)，以及海德格尔的《存在与时间》(1927 年)、《论根据的本质》(1929 年)，它们构成现象学运动的核心思想内容与基本文献依据。

在哥廷根任教多年之后，尤其是在与慕尼黑-哥廷根现象学成员的合作交往日趋增多的情况下，胡塞尔开始考虑创办一个现象学的研究刊物。他于 1907 年 8 月 26 日写信给约翰内斯·道伯特说："我有各种各样的事情要与您讨论。尤其是创立一份不定期现象学哲学刊物的问题变得急迫起来。我的许多学生都在此事上对我催促不休，而现在也许真的到了可以开始的时候了，或者毋宁说，到了必须开始的时候了"(Brief. II,56)。

道伯特在 1907 年 10 月 29 日的回信中对创办刊物的事情做了初步的、但已经相当细致的考虑乃至行动：

"在此期间我仔细考虑了您的现象学哲学的期刊计划，而我也相信，现在是开始做此类事情的合适时机了。普凡德尔也是这个看法。在编辑方面，他认为值得期望的是您在采纳论文时尽可能做到无情和严峻，以免那种对不成熟文章的妥协将这个新事业下拽到一般哲学杂志的糟糕境地。他表示原则上愿意共事，只是他还看不出何时会重有闲暇来进行认识论的研究，因为他目前还完全被其心理学的兴趣所支配。我告诉他，也许他的心理学研究也完全适合纳入到期刊中来。当然，由于我还不了解您想根据何种观点来确定'现象学哲学'的范围，因而我还不知道这是否符合您的意思。一门心理显相(Erscheinungen)的现象学与其理论的对立恰恰就像认识事实的现象学与其理论的对立。实际上现象学直观与分析的工作在这里和那里都是相同的，唯有事实领域是不同的。也许好的甚至必要的做法是在刊物开始时说明一下现象学究竟是什么，以及在可能情况下要如何做出限制，以便由此出发，每个后面的个别研究都在此项目的关联中获得各自的清楚位置。

还在我知道您的计划之前，舍勒博士先生——我想是在今年的 7 月——便对我说，他认为以某种方式将现象学研究集中起来是一件值得期待的事情，而且他在此事上很乐意与您商讨此事。他已经与您联系过了吗？我至此为止还没有向他透露过您的意图，以免以任何方式抢先于您行动。很想请您简短告诉我：在此事上我在舍勒博士面前应当如何行事。他告诉我，他现在正在修改一份他以前作为逻辑学考虑的文稿，并且想在这个开端中分析认识现象学的地位与意义。我已在前一封信中告诉过您，我对他的科学活动的印象如何。

至于我自己，我很乐意尽我所能为此做出贡献。只是我真的担心，您对我的工作能力估计过高。我工作得艰难而缓慢，并且从未完成过可以付印的东西。即使您对我的看法听起来如此令人愉快和充满恭维，我觉得自己是在过于赊账享用，而这让我感到不适”（Brief. II,57f.）。

道伯特在这里提到的与他自己相关的最后一点是他当时形态的真实写照。虽然他是胡塞尔在筹划这个刊物时所倚仗的第一人，但他最后还是没有作为共同编者加入《年刊》的团体。如前所述，他最终也从未在《年刊》上以及其他出版物上公开发表过任何文字。

大约在 1911 年圣诞假期里，胡塞尔与普凡德尔、道伯特、舍勒和盖格尔在累根斯堡聚会讨论新年刊的基本问题，筹划其具体的出版。这里的讨论结果也被称作“累根斯堡计划”或“累根斯堡约定”。很可能是在这次会议上确定了将新杂志称作《年刊》，因为是在此次会议之后，在胡塞尔与道伯特、普凡德尔等人的相关书信往来中才开始使用“年刊”（Jahrbuch）的称呼。

在《年刊》筹划方面另一封重要而有趣的信函是普凡德尔于 1912 年 5 月 28 日写给胡塞尔的：

“复活节假期我在古菲旦[①]收到追寄来的您的明信片信函，非常感谢！我很高兴您为《年刊》找到了一个如此情愿的出版者。此外，几个月来已经有从几方面而来的相当奇特的流言传到我的耳中。全世界都已经知道这个尚未出生的孩子。所有可能的人都已经希望能够将所有可能的研究都纳入《年刊》之中。有人确证，已经有一大批人被要求参与。舍勒同事先生鼓动说，参与者的圈子还会进一步扩大。人们甚至已经了解封面是怎样的：除了标题之外只有编者的名字，即您的尊姓大名。人们说，新刊物仅仅服务于胡塞尔学派，此外还为利普斯学派的几个叛逃者提供了一种慰藉。关于编辑的领导也有各种奇特的说法。——不过我不想再继续这些讨厌的、令人无法忍受的流言蜚语。倘若这些说法不是如此言之凿凿地出现，倘若它们不是直接与有关您的表述相关联，我是根本不会用这些流言蜚语来骚扰您的。为了反驳这些传言，我可以诉诸于我们的累根斯堡协议，其中已经确定了合作的条件、关于紧凑内容的保障、关于编辑、关于封面、关于避免给人以从利普斯那里逃离的印象，还有如此等等的必要事项，以及通过它们我被说服为了《年刊》而放弃了我的计划：维续《慕尼黑哲学论文》的出版。[②] 但所有这些都于事无济；人们而后干脆会说：

① 这是位于意大利北部波尔扎诺自治省的一个适于度假的区域。

② 普凡德尔原初计划将他编辑的利普斯纪念文集《慕尼黑哲学论文集——由其原先的学生们献给利普斯六十寿辰》（Alexander Pfänder (Hrsg.), *Münchener Philosophische Abhandlungen. Theodor Lipps zu seinem sechzigsten Geburtstag gewidmet von früheren Schülern*, Leipzig: Verlag von Johann Ambrosius Barth, 1912）作为现象学期刊来继续出版。

累根斯堡的计划恰恰改变了。

因此，亲爱的教授先生，我很在意，还想请您亲自简短地告诉我，那些流言真的是流言，而《年刊》始终还应当是建立在我们累根斯堡约定的基础上的。这样我就可以诉诸于您的话，并且使那些已经让几位先生感到不安的流言最终有个了断”(Brief. II, 142f.)。

由于胡塞尔回信的缺失，现在无法得知当时与累根斯堡计划相背的流言之形成的确切原因。但无论如何，普凡德尔在后一封回信中已经说：“衷心感谢您的珍贵回函！现在我们终于可以让这个令人不安的传言结束了。我们——道伯特先生、盖格尔博士和我——完全同意您在前信中再次阐述的这个计划的基础。我们的意见并不是要求利普斯教授先生参与进来；我们只是不想在我们这位敬爱的、现在如此痛苦的老师这里引起这样的怀疑，好像我们现在想要逃离开他。维持原计划可以在相当大的程度上排除这样的可能性。

您现在可以将道伯特先生纳入到合作者中来了，因为他最终向我承诺：为第一辑提供一篇论文(论‘问题’)。他只是担心是否能够在8月1日如他所愿地将这篇论文完成。在我这里也有届时是否能完成我的论文的疑虑，因为我在这个夏季学期至此为止不得不在极大困难中工作。但也许还是能够成功的”(Brief. II,143)。

从普凡德尔的信中可以看出，累根斯堡计划中很可能也已经确定了《年刊》第一辑各个编者负责提交的自己论著的具体内容。这里提到的道伯特的“问题现象学”始终没有完成。而普凡德尔后来为《年刊》第一辑按时提交的论著是《论志向心理学》的第一部分。

大约一个半月之后，即1912年7月7日，胡塞尔已经能够向霍金致函通报说：“由于现象学哲学在最近五年的时间里——在我们德国——有了如此众多的朋友，尤其是打动了年轻一代，因此我想创立一个自己的刊物(《哲学与现象学研究年刊》，尼迈耶出版社，哈勒)，并从今年的秋季起在此刊物上分批发表我的前十年的研究成果。我正在勤奋地撰写第一部分”(Brief. III,160)。——胡塞尔在这里指的是《纯粹现象学与现象学哲学的观念》的第一部分:《纯粹现象学通论》。

在舍勒方面,他于1912年10月1日致函胡塞尔报告说:“现在——尽管有一系列耗时而费心的事务——我还是完成了《年刊》的论文。在第一篇论文上我只需在一部分打字稿上再做修改;可惜只能在后天做此事,所以此事后天才能完成。这篇论文叫作:“论同感的理论与分析”,共有106页(打字稿)。10月6日我会寄去另一份论文;它的篇幅更大些:“伦理学中的形式主义”。它总共包括六个部分,我会将其中用于《年刊》第一辑的三个部分寄给您。这份论文(已经做了很好加工)大大超出了起初预计的篇幅。即使只交付(现在已经完成的)其余的两个部分也会大大超出您如此友善地为我在《年刊》提供的篇幅,因此我在此请求您将第二部分一并用于《年刊》的下一辑。但极为重要的是,在《年刊》第一辑中出版两篇论文(而非只是其中一篇)。我大概可以希望,您不反对在《年刊》第一辑出版(第二篇论文的)第一部分。它是相对封闭的,并且是自在可理解的”(Brief. II,213-214)。

1913年,《哲学与现象学研究年刊》的第一辑正式出版,除了上面提到的胡塞尔、普凡德尔、舍勒的论著以外,还刊登了盖格尔、莱纳赫的文字,篇幅总计859页。胡塞尔为编者,普凡德尔、盖格尔、莱纳赫以及舍勒为合作编者。在此后一共十一辑的编辑出版工作中,莱纳赫与舍勒于1917年和1928年先后因去世而退出,海德格尔与奥斯卡·贝克尔于1927和1928年先后作为新的合作者加入。在《年刊》全部十一辑中,只有第一、二、四辑上加有编者的“前言”。第一辑的“前言”最长,也最为重要,表明了在这些现象学的合作者之间最基本的共同意向与特点。它的内容“可能是根据累根斯堡会晤而确定的，它涵盖了这个刊物的原则性目标设定，因而它是在以整个编者圈的名义说话。无法确定作者是否就是胡塞尔本人。反过来却可以认为，这个前言想要表达的主要还是作为这个刊物责任编者的胡塞尔的设想。”①

这个前言的内容如下：

在最近几年里，对现象学和奠基于现象学上的哲学的兴趣明白无疑地得到了展开，在根据各种现象学方法所达及的领域中，独立工作的研究者之数量有了疾速的增长。不只是因为本真的哲学问题的缘故，而且是出于对哲学外的科学进行奠基的兴趣，一再地出现了涌向现象学的本质澄清和本质分析的趋向。与此相关，在广泛的阶层中表现出一种想要了解现象学方法的特性以及它的效用范围的热切要求。

这份新的刊物便是服务于这种活跃需求的。它首先应当将那些希望通过对现象学方法的纯粹而严格的实施，完成对哲学之原则改造的人联合在一起共同工作——走向一门可靠奠基的、自身持续不断发展的科学。

其次它也想为实用现象学与哲学的所有努力提供一个联结点。

将各个编者联合在一起、甚而在所有未来的合作者那里都应被预设的东西，不是一个学院系统，而毋宁说是一个共同的信念：只有通过向直观的原本源泉以及在此源泉中汲取的本质明察的回复，哲学的伟大传统才能根据概念和问题而得到运用，只有

① 奈农、塞普：“编者引论”，载于胡塞尔：《文章与讲演（1911–1921 年）》，同上书，第 6 页。

通过这一途径，概念才能得到直观的澄清，问题才能在直观的基础上得到新的提出，尔后也才能得到原则上的解决。他们共同坚信，现象学特别拥有一个科学的和极具成效的无限研究领域，它必定会为哲学本身、也为所有其他科学结出硕果——只要在它们之中原则性的东西成为问题。

因此，这份刊物不应成为各种含混、猎奇之随想的嬉戏地，而应成为严肃、科学之研究的工作场。①

《年刊》第一辑出版后不久，胡塞尔于1913年6月23日致函道伯特，询问他对其中内容，包括对他自己的《观念》第一卷的看法，“我尤其在意了解您的印象如何”（Brief. II, 65）。

道伯特在三天后的回函中写道：“您问我对《年刊》的印象？我觉得它完全满足了它在高水准方面想要提出的要求。”而后他对其中的几部论著逐一做了评论：

普凡德尔的论著［《论志向心理学》，第一部分（Zur Psychologie der Gesinnungen I）］表明，可以直接面对心理实事，而且必须用自由的目光从心灵构形上去读取对此切合的概念。我想，以此方式，一大批真正的心理学直觉与认识，一如在我们这个时代的文学与实践中所散落的那些，都将会找到与心理学科学的衔接点。希望普凡德尔的论著很快会以一个完成的整体的形式出版，以便“确实可以这样来切近心灵生活”的印象可以获得针对学院心理学之僵化沉闷的刺透力。

盖格尔的论著［《审美享受的现象学论稿》（Beiträge zur Phänomenologie des ästhetischen Genusses）］是我至此为止在他

① 胡塞尔：《文章与讲演（1911–1921年）》，同上书，第73–74页。

那里读到的最好的东西。他对关于他的论题的各种理论的杂乱做了整理和澄清，以至于这些问题在科学上有了决定性的进展。

莱纳赫的论著[《公民权利的先天基础》(Die apriorischen Grundlagen des bürgerlichen Rechtes)]，我还没有读，但期待会有出色的东西。

舍勒的论著[《伦理学中的形式主义与质料的价值伦理学》，第一部分]为现象学所发布的东西并不地道。切不可被他遍地闪烁的急促心灵所蒙骗。我一再地获得这样的印象：他将“现象学”当作**手段**来实施那些他完全在别处已然确定了的命题。我也不喜欢他的那些来源的暧昧不明。

您的在内容与篇幅上都如此占优势的论著[《纯粹现象学与现象学哲学的观念》，第一部分]首先使我个人感到沮丧。您在《观念》中高屋建瓴地处理的问题，恰恰就是耗费了我近几年的研究、而我却又无法迫使它们终结的问题。现在基础和目标重又得到了广泛的推进。在某些方向上当然存在各种差异，但与对认识问题之理解而言重又是开创性东西的伟大之处相比，这些差异不是本质性的。如果您愿意的话，我会在这整个东西与我有了一些距离之后再给您写信。我可以尊重这个布局的风格和大小。我只是怀疑，疏远者是否容易找到进路。我打赌，大多数人重又会只见到树木前的森林，即是说，看不见其中真正的现象学成就，并且会开始在方法上喋喋不休(Brief. II, 66f.)。

从道伯特的这些几近书评的深刻评价中可以看出他所具有的敏锐而内行的现象学眼光，也可以看出当时慕尼黑和哥廷根现象学学派成员乃至胡塞尔对他的尊重与听从绝非基于盲目的信任。

除此之外，在《年刊》从1913年到1930年的编辑出版过程中还应当提到几件事情。首先是康拉德-马悌尤斯的文稿事件：

胡塞尔计划在《年刊》的第三辑上发表康拉德-马悌尤斯在哥廷根大学哲学系的获奖论文“实证主义的认识论基础——论实在外部世界的本体论与显相论”。如前所述，胡塞尔评价这篇论文具有“令人惊异的原创性”，它证明作者具有“不同寻常的现象学分析和哲学批判的能力”(Brief. II, 21)。马悌尤斯后来因为技术原因没有在胡塞尔那里、而是在普凡德尔那里获得博士学位。这篇论文便被用来作为她的博士学位论文。马悌尤斯于1915年初为《年刊》提交计划出版的文稿:《论实在外部世界的本体论与显相论》。胡塞尔在收到后将其转交给普凡德尔审核。但马悌尤斯提交的是一份未经誊清的草稿，很可能是她原先的论文稿的存本。因而，普凡德尔在收到稿件后大为恼怒，并给胡塞尔写信说：“我刚收到您寄来的包裹。可这是一份什么样的文稿啊！如果不存在差错，那么我必须承认：将这样一份写得杂乱无章的文稿寄交给某人，这是一种**最厚颜无耻的肆无忌惮**(unverschämteste Rücksichtslosigkeit)了。从原则上说我就根本无法开始审阅这样一份胡乱涂抹过的文稿，遑论是在此特案中。或者这位女作者(连同附录)是因为精神上有病，所以才敢把这种涂抹的东西提交给一个体面人？！我无论如何会将此稿件寄回，并且坚持要求一份体面的外观。在任何条件下我都不会对在此可怕状态中的文稿做出审核”(Brief. II,149)。

普凡德尔在这里提到“特案”，很可能与马悌尤斯急于请求胡塞尔帮助发表一些东西的情况相关。普凡德尔在这里使用了很重的语词来表达自己的感受，它给人的感觉是，他这个感受不仅仅是由于他的学生在文稿方面之草率而产生的不满心态。同样举止异常的是马悌尤斯，她在收到她老师要求她提交重新誊清的文稿时也反应过于激烈。让人怀疑两人在此之前是否已有过节。

这些可以从普凡德尔 1915 年 4 月 5 日致胡塞尔的信中可以继续读出:“我刚刚收到她的一封信,它强化了我的猜测。此前我写给她的信如下:作为《年刊》的共同编者我得到寄来的您的文稿。但我手中的这份文稿是如此无法阅读,并且如此地布满了改动的地方,以至于无法对它进行通读。也许是您急忙中寄错了文稿。无论如何我请您再寄一份可以阅读的誊清文稿。另一份文稿在我这里供您支配。——

现在您听一下她是如何回答我的:‘我请您立即将我的文稿寄回这里,因为我既没有义务,也没有打算听凭您以这种像对待一个依赖您的考生一样的方式来对待我。顺致崇高敬意……’她还补充说:‘同时我会将此事提交《年刊》的其他共同编者,连同一份您给我的公文信的誊写件。也连同这份通告的誊写件。’

这份通告在其外部形式上重又是经过涂改,并且布满了划痕。内容与信本身一样**放肆而狂妄**。我不想以此来烦扰您。她拒绝制作一份的新文稿并拒绝服从编辑审核。

我现在只是希望,其他先生(舍勒、盖格尔、莱纳赫)理所当然地做出与我们团结一起的声明。就我自己而言,将会拒绝这位现在已羽翼丰满的康拉德–马悌尤斯女士在《年刊》中的发表,倘若她不提交另一份文稿的话。她没有将此视作一种荣誉,而是提出放肆的权利要求。为未来计,我以后不会让自己受这样的野蛮行为的牵扯。

我现在真正后悔当时会如此异常地欢迎康拉德–马悌尤斯女士,因为在学期结束前不久的大量其他工作之外,我还是接受了她的请求,对其博士论文做了加速的审核。大概是她作为获奖者刊登在《星期》[实为《世界明镜》]杂志上的肖像冲昏了她的头脑。她丧失了最简单的顾忌与礼貌的概念。当时她还能提交一份规矩的文稿。而两年半后的今天,以如此不整洁的草稿形式提交同一项研究,而后还提出无理要求,这真是一种病态的情绪”(Brief. II,151)。

胡塞尔在回信中究竟给普凡德尔作了何种解释，以及此前就此事在各方面做了何种程度的调停，如今已不得而知。无论如何，在写给胡塞尔最后一封与此相关的信中，普凡德尔认可了胡塞尔的决定："非常感谢您的珍贵来函。如果您认为在现有的状况下要迁就康拉德-马悌尤斯女士，而且如果莱纳赫同事先生愿意接受这份丑陋的文稿，那么我当然也就不再提出反对意见。

您会比我更好地纵观这个事态。首先是我不知道，康拉德-马悌尤斯女士在此期间是否承认了她的行为举止的不得体。若非如此，则我会严厉地坚持较早前的做仔细誊写的要求。可惜经常会出现这样的情况：恶的意志最终会通过诉诸同情而欢呼凯旋。我们有把握在此案例中不是如此状况吗？康拉德-马悌尤斯女士较早前的恶的意志与目前的紧急事态无关。此外，我无法相信康拉德-马悌尤斯女士无法制作或无法让人制作一份较好的文稿。我也不相信，如果现在屈就她，她以后会寄来较好的文稿，因为她自己始终坚持，这文稿是仔细而可读地撰写下来。然而我愿意将一切都转交给您处理。我认为绝对有必要如您在信中所暗示的那样致函康拉德-马悌尤斯女士，以免看起来她现在通过莱纳赫同事先生还是达到了她误认为的、被我们拒绝了的权利。莱纳赫同事先生也必须让她明确意识到，她此前和现在都是错误的"（Brief. II, 151f.）。

无论普凡德尔提出的这些训诫要求是否得到了满足，马悌尤斯的《论实在外部世界的本体论与显相论》还是在次年出版的《年刊》第三辑上得到了发表。由于胡塞尔相关信件的缺失，现在已经无法看到胡塞尔当时采取了哪些措施，但无论如何可以从结果中看出，胡塞尔在这里间接地表现出他调停与处理同事间纠纷的能力。普凡德尔后来显然与马悌尤斯达成和解，并至少在 1921 年《年刊》第四辑的编辑出版方面继续与马悌尤斯进行合作，尽管马悌尤斯最后未能在付印前完成其自然哲学方面论文的撰写。

其次要提到的是：由于莱纳赫在第一次世界中于 1917 年阵亡，胡塞尔直至 1921 年才在出版的《年刊》第四辑中特别追加了一个“前言”：“我不得不心情沉重地将我们的共同编者莱纳赫的名字从这一卷的标题上去除。他作为战士而为他可爱的祖国捐躯了。我在发表于《康德研究》(第二十三卷，1918 年，第 147 页及以后各页)的追忆文字中表达了我是如何看重他，如何对他的进一步发展寄予厚望的。刚刚出版的莱纳赫文集会让人了解他过早中断的研究工作的纯正扎实。”[①]

最后还要说明《年刊》最后一辑的情况：在 1930 年出版了第十一辑之后，胡塞尔还打算继续编辑出版，但后来的种种形势使得他的计划成为不可能。1932 年 11 月 28 日胡塞尔致函康拉德-马悌尤斯，感谢她寄去的论文，同时写道：“对于您计划出版的研究而言，可惜您已经不能指望《年刊》了。下一辑已经不再可能，我想，它要到 1933 年的秋季才会出版。再下一辑何时出版——还完全未定”(Brief. II,20)。——无论是胡塞尔所说的“下一辑”还是“再下一辑”，最终都没有出版。1930 年出版的第十一辑是最后的一辑。

① 胡塞尔：《文章与讲演(1911-1921 年)》，同上书，第 77 页。

《纯粹现象学与现象学哲学的观念》第一卷(1913年)

1913年，胡塞尔在他主编的《哲学与现象学研究年刊》的第一辑上发表《纯粹现象学与现象学哲学的观念》的第一卷。这个标题很可能是受了狄尔泰的《一门描述的和分析的心理学的观念》的著名长文的影响。

胡塞尔为正式撰写《观念》第一卷所用的时间不多，差不多是一个月的时间。由于他事先已经写下了许多文稿，足以出版多部著作，因此所谓的撰写，实际上大部分应当是将自己认为成熟的部分加以誊写和编写，当然也包含对在此期间产生的新问题的即兴思考与分析。胡塞尔在自己1919年11月4日致阿诺德·梅茨格的信中，以及马尔维娜在"胡塞尔生平素描"中所做的回忆中，都提到胡塞尔"像是在出神状态中(in Trance)写出了"《观念》第一卷。①

凯恩斯曾记录过胡塞尔晚年对自己的这种自《观念》以来形成的独特的撰写与发表方式的描述："大伙儿聚集在胡塞尔家过圣诞，有人请胡塞尔谈谈他平时写书的过程。尽管他写的东西数量惊人——他几乎是天天写，整天写——，但只有极少部分是带着成书的打算写出来的。那些手稿可以说是他个人沉思的产物，所以从一开始就没有公诸于世的打算。经过午间或傍晚的短休后，他要么是对一天的沉

① 参见舒曼："编者引论"，载于胡塞尔：《纯粹现象学通论》，李幼蒸译，北京：商务印书馆，1997年，第2-41页。

思做概括综述，要么是重温前一工作时期的分析，这就是为什么他的手稿中有着大量的重复。每当相同的课题再次出现的时候，他就会重温这些手稿，而在重温的过程中他经常会对早期的手稿做修改。这些沉思的课题大多取决于他自己每一时期的兴趣，与他人的兴趣基本上无关。当他着手要写书的时候，手稿会被搁在一旁，而他的写作风格也变得自由、流畅、一气呵成，有如被灵感驾驭。《观念》以及《形式逻辑与超越论逻辑》就是以这种方式在六个星期内成书的。他在《观念》付印时做了部分增补，但现在看来，那些增补还不如正文。"①——胡塞尔的这些回顾主要是针对《观念》第一卷的写作方式与写作风格而言。

而在《观念》第一卷的内容方面，凯恩斯同样记录下胡塞尔的一个回顾评价："胡塞尔说《观念》没有考虑到时间意识，这个疏漏现在看来很危险。如果我们考虑到诸行为在时间上的变化，我们的确也有类似射映的东西——行为本身作为一种同一性在不同时刻的多样性中体现出来。"②

事实上，《观念》第一卷主要是一部关于现象学的方法论的导论性的著作，因此，除了时间意识之外，还有许多具体的意向分析未及展开，如交互主体现象学的分析、发生现象学的分析、道德意识和审美意识等方面的现象学分析，它们虽然已经在胡塞尔于此期间的讲座手稿和研究手稿中得到细致的梳理，但在《观念》第一卷中还只是或多或少地被概述或零星地被提及，或者，如这一卷的标题所暗示的那样，只是一般性地被引述。在这一点上，它无论在实事内容、还是在论述风格方面都明显有别于前面的《逻辑研究》。然而，尽管《观念》

---

① Dorion Cairns, *Conversations with Husserl and Fink*, a.a.O., S. 60f.

② Dorion Cairns, *Conversations with Husserl and Fink*, a.a.O., S. 70.

第一卷是偏重方法的讨论，胡塞尔在总体上仍然是以与内容相结合的方式来论述方法，由此原则上还是避免了仅仅就方法来谈方法可能带来的危险。

《观念》第一卷共由四编组成：第一编“本质与本质认识”涉及现象学的本质直观方法及其相关对象“事实与本质”的对立——它们使得现象学成为本质科学；第二编“现象学的基本考察”涉及现象学的基本观点：超越论的反思与超越论的还原及其相关对象“内在与超越”的对立——它们使得现象学成为超越论的哲学；这两编已经阐述了纯粹现象学在双重意义上的“纯粹性”：超出了事实的层面和自然的层面。

第三编“关于纯粹现象学的方法与问题”实际上可以自成一卷，即作为现象学的方法论卷。它仍然是以本质直观与超越论还原及其各自所涉对象为论题，但在顺序上却与第一、二编相反：胡塞尔在这里首先论述的是超越论的还原，而后才阐释本质直观及其结果：纯粹意识的结构。

以此方式，《观念》第一卷的第一、二编与第三编便分别构成了两条通向纯粹现象学这个同一目的地的不同路径。胡塞尔似乎是无意识地做出了两个可能的方法说明与示范。

第四编“理性与现实”已经超出方法论的范围，直接与现象学的哲学相衔接。即是说，从这里可以直接过渡到《观念》第二卷和第三卷的论题上去：现象学的哲学，它意味着对各种质料本体论以及它们之间相互关系的思考与表达。——“本体论”在胡塞尔这里是“本质科学”的同义词。

《观念》的第一卷叫作“纯粹现象学的一般引论”。胡塞尔计划还会接着出版其第二卷和第三卷。第二卷的标题是“关于构造的现象学研究”，第三卷的标题为“现象学与科学的基础”。严格说来，第一卷的内容与全书标题中的“纯粹现象学”有关,第二卷的内容与全书标题中的“现象学哲学”有关。但是,如前所述,胡塞尔在出版了《观念》第一卷后始终没有再出版其第二卷和第三卷。它们是在胡塞尔身后作为其遗稿发表在《胡塞尔全集》(作为第4、5卷)中。

胡塞尔在《观念》第一卷中首次公开地表明他的思想已经进入到一个新的阶段。他自己对它曾有一个最为简洁的评价:“它在一个高出许多的明见性阶段上处理现象学的意义与方法,并且带有我在1900年前后尚未拥有的、受到特定的透彻研究的领域”(Hua XX/1, 313)。

《观念》第一卷事实上是胡塞尔在哥廷根的十五年时间里(1901-1915年)发表的唯一著作,代表了他在这十几年里的思想发展。由于《逻辑研究》发表后胡塞尔在接下来的十多年里除了《哲学作为严格的科学》的纲领性长文之外一直没有系统的研究著作出版,因而心理学界与哲学界对它的期待很大。但是,越是对《逻辑研究》感兴趣、并从这个角度出发越是对《观念》第一卷抱有期待的人,在读到《观念》第一卷时所感到的失望可能就越大。但这并不妨碍一批新的现象学研究者通过对此书的研究而得以形成。据此可以说,《逻辑研究》导致了现象学思潮的形成,《观念》第一卷导致了这个思潮的分流。对此,马尔维娜回忆说:“哥廷根的岁月便如此流逝,而1913年是《观念》的出版,即使对于较为亲近的学生而言,它也是一个惊喜。只有少数几个人跨过了这个不期而至的新思想之流并且达到了彼岸!”①

1913年出版《观念》第一卷之后不久,在塞尔维亚发生了著名的“萨拉热窝事件”:1914年6月28日,波斯尼亚青年加夫里若·普林

① 马尔维娜:“埃德蒙德·胡塞尔生平素描”,同上书,第21页。

西普在萨拉热窝街头刺杀了正在萨拉热窝访问的奥匈帝国王储弗朗茨·斐迪南和他的妻子索菲。7月28日，奥匈帝国因此而向塞尔维亚宣战，由此开始了第一次世界大战。这场战争一直延续到1918年11月，以同盟国（奥匈帝国、德意志第二帝国、奥斯曼帝国、保加利亚等）的战败结束。

这场战争的最初两年，胡塞尔是在哥廷根度过的。在这段时间里，胡塞尔的整个研究没有受到很大的干扰。至多如马尔维娜所说，“战争的爆发阻碍了对《观念》的更快接受，这场战争还影响到胡塞尔对《逻辑研究》第二版的重新加工。”但无论如何，胡塞尔的工作仍在进行之中：“尚未从《观念》清样的修改中得到休整，他便又扑向《逻辑研究》，这部书当时已告售罄，出版社急切要求再印。”[①]

《逻辑研究》第二版与第六研究的修改稿

胡塞尔在前引1912年7月7日致霍金的信中不仅报告了出版《哲学与现象学研究年刊》以及在其中发表自己的《观念》第一卷的计划，并且写道：“我正在勤奋地撰写［《观念》］第一部分”，而且他还接着谈到了自己的进一步计划：“我想在冬天进行《逻辑研究》第二版的加工——我担心它会成为一部全新的著作”（Brief. III,160）。这个担心不无道理，甚至可以说它不只是胡塞尔的一个担心，而是他的一个预感，对一个酝酿已久、但仍含糊不定的计划的预感。在《逻辑研究》发表十三年之后，胡塞尔的思想已经发生了重大的变化，对变化前的思想的重新出版要么是听之任之，将它视为一个历史的文本，不做根本的改动，要么就像康德对其《纯粹理性批判》所做的那样，将它视

① 马尔维娜：“埃德蒙德·胡塞尔生平素描”，同上书，第22页。

为真理的表达，对它进行与当下的认知相符的修正。

这两种方式孰优孰劣，胡塞尔始终犹豫不决。“这部已脱销多年的著作以哪种形式再版，这个问题给我带来不少烦恼”（LU I, B VIII)。但在开始时，他在总体上趋向于第一种方案：“《逻辑研究》应当再版，并且是以一个新的形式再版，它尽可能与《观念》的立场相符合而且能有助于引导读者进入到真正现象学和认识论的工作方式中”（LU I, B X)。为此他把《逻辑研究》的再版工作放到《观念》第一卷的撰写工作之后，以便有更多的时间来投入其中。

但胡塞尔在 1913 年夏季进行修改的过程中很快发现，这个彻底修改的计划面临巨大的困难：“内行会一眼看出，要想把这部旧著完全提高到《观念》的水准是不可能的。这将意味着重新撰写这部著作——意味着一种永无兑现的拖延。”与这个计划相对的另一种可能选择是：“完全放弃修改，仅仅机械地重印”，但胡塞尔认为：“这对我来说虽然舒适，却缺乏认真，它与我出《逻辑研究》新版的目标相距太远。我能允许所有那些疏忽、彷徨、自身误解(尽管它们在第一版中难以避免而且可以原谅)再次去迷惑读者，给他在对本质的明确把握过程中增加不必要的困难吗?”胡塞尔左右两难，最后决定：“现在只能试一试中间道路，显然这是要做出某种自我牺牲的。因为这意味着我得保留某些属于这部著作的统一风格的模糊性甚至谬误”（LU I, B X–XI)。

到了 1913 年 10 月，胡塞尔已经能够拿出一个最终妥协的结果：《逻辑研究》的第二版在第一卷上基本未做改动，对第二卷第一部分则做了一定的改动，或者说，做了尽可能的修改与补充。这两个部分在 1913 年的晚秋便得以作为《逻辑研究》的第二版付印出版。

真正的困难在于第二卷的第二部分：第六研究“现象学的认识启蒙之要素”，它被胡塞尔视作“现象学关系中最重要的一项研究”。胡塞尔在第二版的"前言"中已经预告说:"重新加工后现在正在付印的第六项研究,也是现象学关系中最重要的一项研究,构成本书第二卷的第二部分。我很快便坚信,仅仅根据原先的阐述对旧内容做逐节的修改是不够的。虽然这里的问题组成也应当始终是唯一决定性的东西,但我已对这些问题有了进一步的认识,而且又不愿放弃那些'准则'进行妥协。因此,我便完全放手地进行工作并加进了许多新的章节,以便将那些在第一版中未得到充分探讨的重大课题科学地贯彻下去,这就使得这项研究的篇幅得以大幅地增长"(LU I, B X–XI)。这意味着,与对《逻辑研究》第一卷《纯粹逻辑学导引》以及第二卷的前五项研究的修订做法不同,胡塞尔计划对第六研究做彻底的加工或重写。

这项工作从 1913 年 6 月便已开始。他于 6 月 23 日写信给道伯特说:"目前我身陷于对第六研究的修订。您得同情我!我必须在 7 月底完成印刷。我已经结清了第二至第五研究,并对它们的特殊风格做了修饰"(Brief. II,65)。但在这年 10 月出版了《逻辑研究》第一卷与第二卷第一部分之后,他似乎对第六研究的修订另作了打算,并开始某种程度的重写工作。这个修改或重写一直延续到 1914 年 8 月。于此其间,胡塞尔甚至已经交给出版社一部分文稿付印。但是,他内心却始终不能完全满意自己的工作,因而如马尔维娜所说,"在已经印出四个印张之后,他让人将它们化成纸浆。"[①] 胡塞尔自己在 1914 年 4 月 9 日致法伊欣格尔的信中写道:"我在这个假期里的工作极度紧张,为的是能够完成对我《逻辑研究》最后一卷的全新构想(拖欠的对第一版第六研究的单纯修订无法使我满意。我甚至不得不收回已经付印的几个大部分。我已经决定,不再写这样的半拉子著作,而是

① 马尔维娜:"埃德蒙德·胡塞尔生平素描",同上书,第 22–23 页。

写一部全新的著作，它会对我目前已有了长足进步的观点做出全面考虑)”(Brief. V, 212)。

但四个月之后，即1914年8月，第一次世界大战正式爆发，德国在西线发动进攻。胡塞尔两个儿子格哈特和沃尔夫冈于这年10月12月也进入作战前线。在此期间胡塞尔的最重要学生与助手莱纳赫也加入到炮兵部队中。胡塞尔也正是在这时中止了他对第六研究的修改：“在接下来的战争年代中，我无法为逻辑现象学付诸那种激情般的参与，而没有这种参与，在我这里也就不可能产生成熟的工作”(LU II/2,B_2 III)。由此也就可以理解马尔维娜在上述引文中所说的“战争还影响到胡塞尔对《逻辑研究》第二版的重新加工”所指为何。

于是，《逻辑研究》的第二版在战争期间直至战后的整整十年里都保留了其未完成残篇的形式。当然，胡塞尔最终还是要结束它的这种残篇状态。他没有继续1913/14年的重写工作，而是按照已经出版的《逻辑研究》两个部分的风格对第二卷的第二部分做了尽可能的修改和补充：“根据这些情况，我屈从了本书的朋友们的急迫愿望，不得不决定：至少是以原初的形态将此书的结尾部分再次交付给公众”(LU II/2,B_2 IV)。此时，时间已经是在1922年了。胡塞尔因而为第六研究的第二版专门加写了一个前言，并且开宗明义地说明：“我很抱歉，摆在读者面前的这个新版《逻辑研究》之结尾部分与我在1913年为本书第一卷第二版所做序言中的预告并不相符。我不得不做出决定：不再发表已彻底修改过的文本——这个修改过的文本的相当大部分在当时已经得到付印——，而是发表原先的、只是在几个篇章中得到了根本修正的文字”(LU II/2,B_2 III)。

与此前和此后的许多书稿一样，包含对第六研究的修改与重写的文稿最终被放到了一边。它包含四篇对第六研究的引论以及第一章至第五章(即全书的第一篇)的加工，还有为《逻辑研究》撰写的第二版序言的两个草稿残篇。[①] 它们后来作为《胡塞尔全集》第 20 卷《逻辑研究·补充卷》的第一部分于胡塞尔去世后作为其遗稿出版。[②] 该全集卷的第二部分由一些与 1913/14 年的第六研究修改相关的八篇文稿组成，但它们在撰写的时间和论题方面都已经超出了 1913/14 年的第六研究修改范围，因此它也被赋予了“论表达与认识的现象学”的标题。[③]

一次大战期间的政治践行与理论反思 [④]

这里需要对胡塞尔于第一次大战期间的政治践行与理论反思做一个特别的回顾和阐述。

1. 1914 年 8 月 1 日，胡塞尔结束了这年夏季学期伦理学讲座的最后一次课程。而这天恰逢第一次世界大战的德国宣战日。胡塞尔

---

① 这两个残篇已经为笔者译出。参见胡塞尔：“《逻辑研究》第二版‘序言’草稿的两个残篇”，倪梁康译，载于《中国现象学与哲学评论》第十四辑，上海：上海译文出版社，2014 年。

② E. Husserl, *Logische Untersuchungen. Ergänzungsband. Erster Teil: Entwürfe zur Umarbeitung der VI. Untersuchung und zur Vorrede für die Neuauflage der Logischen Untersuchungen (Sommer 1913)*, Husserliana XX/1, hrsg. von Ulrich Melle, The Hague: Kluwer Academic Publishers, 2002. ——笔者的师兄菲利克斯·贝鲁希（Felix Bellusi）很早便接受了编辑该卷的工作，是在笔者 1985 年于弗莱堡大学开始自己的博士研究学业之前，但他因各种原因迟迟未能展开编辑工作。最终该卷是由当时的鲁汶大学胡塞尔文库的研究员、后来担任文库主任梅勒接手完成的。全书分两部分出版。这一卷成为胡塞尔全集各卷中编辑耗时最长的——前后长达二十五年——的一卷。若胡塞尔全集的各卷次的排列不是按照编辑计划，而是按照出版先后，那么它至少应当排到第 33 卷之后了。

③ E. Husserl, *Logische Untersuchungen. Ergänzungsband. Zweiter Teil: Texte für die Neufassung der VI. Untersuchung. Zur Phänomenologie des Ausdrucks und der Erkenntnis (1893/94–1921)*, Husserliana XX/2, hrsg. von Ullrich Melle, The Hague: Kluwer Academic Publishers, 2005.

④ 2014 年是第一次世界大战爆发后的第一百个年头。谨以此文追思和反省这个人类历史上的不幸事件。

在自己的讲稿上对此做了标记。[①]

此前一个多月,即1914年6月28日,波斯尼亚青年加夫里若·普林西普在萨拉热窝街头刺杀了正在萨拉热窝访问的奥匈帝国王储弗朗茨·斐迪南和他的妻子索菲。这次暗杀,塞尔维亚政府事先知道,并有军官和文官参与准备。7月28日,奥匈帝国据此而向塞尔维亚宣战,由此揭开了第一次世界大战的序幕。俄国作为塞尔维亚的盟友和泛斯拉夫主义的支持者于7月30日下达战争动员令。德国(德意志第二帝国)作为奥地利(奥匈帝国)的盟友随即于8月1日对俄国宣战,并在两天后根据早已制定的对俄作战计划(先击败法国,再进攻俄国)而先对法国开战。此后,除了像比利时、法国、波兰等遭到入侵而被迫参战的国家外,先后宣布加入战争的还有英国、意大利、土耳其、保加利亚、罗马尼亚等国,最后是美国和一些南美国家。这场战争一直延续到1918年11月,最后以同盟国(奥地利、德国、奥斯曼帝国、保加利亚等)的战败而告终。奥匈帝国和德意志第二帝国均告崩溃。这场战争造成全世界近一千万人死亡,其中约有一百七十万德国人、一百二十万奥地利人。[②]

2. 如果我们仅仅从胡塞尔的学术思想史角度来考虑这次战争,那么看起来这场战争给他带来的结果主要在于,如胡塞尔妻子马尔维娜在其回忆录中所说:“战争的爆发阻碍了对《观念》的更快接受,这场战争还影响到胡塞尔对《逻辑研究》第二版的重新加工。”[③] 这个说法或许会让人感到有些轻描淡写,而且若非出自胡塞尔妻子之口,一定还会让人觉得冷血无情,只要想一下这场战争给胡塞尔本人以及

---

① 参见 Ullrich Melle, „Einleitung des Herausgebers“, in Hua XXVIII, S. XLV.

② 参见迪特尔·拉甫:《德意志史——从古老帝国到第二共和国》(中文版),波恩:Inter Nationes, 1987年,第223–241页。

③ 马尔维娜:“埃德蒙德·胡塞尔生平素描”,同上书,第22页。

他的家庭带来的那些灾难性结果便不会如此认为。当然，胡塞尔本人在公开谈及这场战争给自己带来的灾难性后果时也显得矜持冷静，例如他在《逻辑研究》第二卷第二部分前言中对自己的出版延误解释说："在接下来的战争年代中，我无法为逻辑现象学付诸那种激情般的参与，而没有这种参与，在我这里也就不可能产生成熟的工作"（LU II/2, B_2 III）。

这里流露出来的在胡塞尔的哲学思考方面的"战争影响"，读起来相当轻松平常，但实际上背后深埋着诸多的生命感受：热情、激愤、伤感、悲哀、痛苦、失望，以及如此等等。在战争期间随胡塞尔在哥廷根和弗莱堡学习的罗曼·英加尔登回忆说："1916年对他来说是一个困难的时刻，他的幼子阵亡，而长子几乎从不间断地滞留于前线。许多年后胡塞尔多次写信告诉我，当时我在弗莱堡时他的心情有多么糟糕。"①

胡塞尔的这种心情也在他战争期间私人通信中有所表露。在给他的学生弗里茨·考夫曼的信中，胡塞尔写道："战争连同其刻骨铭心的后果让我变得沉默封闭；对我而言，走出自己和言说自己已经成为极度的困难——哪怕是在最深切地感受到同情的情况下；月复一月，死神将我身边的人急速地带走，年青的和年长的朋友。此外还有健康方面的困扰，但它们几乎都有其心理的原因。因此我失去了我的学术生命线索的连续性；如果我不能有效地工作，不能再理解我自己，阅读我的文稿却不能用直观来充实它们，那么我就是处在最糟糕的境地了"（Brief. III, 339 f.）。胡塞尔写这封信的时间是1915年9月20日，即是说，他当时尚未经历次年（1916年）失去自己的幼子沃尔

---

① 参见 Roman Ingarden, „Meine Erinnerungen an Edmund Husserl und Erläuterungen zu den Briefen Husserls", in Edmund Husserl, *Briefe an Roman Ingarden*, a.a.O., S. 134.

夫冈和再下一年(1917 年)失去自己最重要的学生、朋友与助手阿道夫·莱纳赫的痛楚,因而“最糟糕的境地”在当时实际上尚未到来。

但从各种迹象来看,胡塞尔似乎很快便克服了自己的这种“像瘫痪一般”(Brief. III, 163)的状态,并在勤奋的哲学思考中找回了自己。在后来致考夫曼的另一封信中,胡塞尔写道:“我试图通过在哲学工作中的沉浸来拯救自己,就像我在这场战争的每一年里都在为精神上的自我保存而战一样”(Brief. III,343)。而在 1920 年致霍金的信中,胡塞尔也回顾战时的自己,并且总结说:“但我在内心搏斗之后最终达到了自由的主动性,我试图用加倍的精力来发挥积极的作用”(Brief. III,163)。因而从总体上看,虽然对《逻辑研究》第二卷第二部分的修改一再拖延,直至 1921 年才最终完成,但胡塞尔在战争期间的哲学思考与记录、他的自我反省与相应表达并未发生明显的中断。

3. 胡塞尔本人出生于奥匈帝国,任职于德意志第二帝国。战争开始时,他在情感上显然偏向于德奥同盟。对于这场由同盟国首先发起的战争,胡塞尔总体上持支持的态度,无论是从情感上,还是从理智上。更具体地说,这种态度一方面与他的爱国主义情感与民族情绪有关,另一方面也与他对哲学理论与实践之关系的思考与理解有关。

就其爱国主义情感而言,胡塞尔在战争之初与当时全体奥地利和德国民众一样,沉浸在高涨的民族情绪之中。德国正式宣战的第八天(8 月 8 日),他在写给在瑞士的哥哥海因里希的信中对此次战争表达出异常的热忱:“这是一个激动人心的时刻——而且是如此伟大的时刻!你无法想象,这里做出了何种成就,各个阶层的动员是如何壮观地进行着。每天有千军万马来到这里,疾速地穿上军装,大约一天后便作为成建制的军团开拔而去。而这是何种伟大的严峻、何种确定的决断、何种喜悦与宁静!这是强有力的体验。一切都充满了祖国之爱与乐于牺牲的精神!没有眼泪,没有悲痛;哪怕是妇女们也在喜悦而严肃地工作着——哪怕是孩子们也处处都在帮忙收割、分发军装、发放面包、卸货等等。一周以来我们的孩子们已经穿着军服在演习了，沃尔夫[①]今晨三点已经受到调遣！仅在哥廷根就已经有1100人自愿报名到前线参战；所有17-45岁的人都应招加入了国民军，并且自周日起便开始着装。绝对肯定的是，我们会胜利。这种精神、这种意志力量，现在与1813/14年[②]一样，是世界上任何力量都无法匹敌的！我为现在有一个新的和善的精神在主宰奥地利而感到高兴——这是奥地利的重生！今天，已经冲锋攻陷了列日[③]的重要消息使得所有人都兴高采烈。从各方面传来的消息都表明，我们的人拥有古老的战争精神。因此，前进吧！根本不能只想着自己，即便他在私人生活中所受到的触动是如此之大。每个人都应当尽力。伊丽与马尔维[④]在做战地服务、照顾两个年轻人，包括住宿和护理。我在进行紧急毕业考试，等等”（Brief. IX,288-289）。

怀着这种激情，胡塞尔为这场战争做了远比他应尽的国民义务更多的事情，他用卖掉哥廷根的房子的钱自愿购买了大量的“爱国战争债券”，以支持国家的军事行动（Brief. III,21）；他将自己珍藏的各类型号的望远镜赠送给德国军队用于前线作战。[⑤]同年10月12日，胡塞尔将两个儿子格哈特与沃尔夫冈送上战场。次年（1915年）2月20日，胡塞尔的次子沃尔夫冈在战场上因肺部中弹而受重伤。伤愈后他

---

① 胡塞尔的小儿子沃尔夫冈的昵称。

② 即抵抗拿破仑的德意志解放战争时期。

③ 即 Lüttich/Liège，比利时的一座城市，战争初期便被德军攻占。德国军队首先违反国际法入侵并占领当时的中立国比利时，以此得以绕过法国的防线，从比利时向北推进到巴黎附近。

④ 胡塞尔女儿伊丽莎白与妻子马尔维娜的昵称。

⑤ 参见舒曼源自范·布雷达的说明，载于马尔维娜·胡塞尔：“埃德蒙德·胡塞尔生平素描”，同上书，第10页，注3。

立即重返前线。1916年3月8日，他“在凡尔登战役[①]中的一次冲锋中战死在进攻队伍的最前列”。1917年4月，胡塞尔的长子格哈特又因头部中弹而受重伤住院。[②]毋庸置疑，胡塞尔已经为一次大战付出了他所能付出的一切，而且是完全主动地、发自内心地做出这种奉献。

4. 而在胡塞尔对哲学理论与实践之关系的理解方面，他把对文化生活的改革与创新与民族战争态度联系在一起。这个想法显然与他对费希特以及费希特所处时代的拿破仑战争的态度有关。

与费希特1807年在柏林发表著名的“对德意志民族的演讲”相似，在战争后期，也是在胡塞尔1916年迁居至弗莱堡并在此担任弗莱堡大学哲学系讲座教授之后不久，他为弗莱堡大学参战者的课程班做了三次战时讲演，题目便是关于费希特的人类理想。第一次在1917年11月8日至17日，是为国家学系的听众而做。第二次和第三次在1918年1月14日至16日以及1918年11月6日、7日和9日；三次讲座的内容相同，只是面对不同的听众，后两次是为哲学系听众而做。

这里可以注意到，胡塞尔的最后一次讲演是在1918年11月9日。两天之后，即1918年11月11日，德国政府代表埃尔茨贝格尔便与协约国联军总司令福煦在雷东德车站签署“贡比涅停战协定”[③]，德国投降，第一次世界大战于此而告结束。可以说，胡塞尔为第一次世界大战所做的付出一直维续到了这场战争的终了。因为这些战时讲演，

---

① 1916年的凡尔登战役是一次大战中最残酷的，也是最关键的战役。德法双方投入兵力200多万，伤亡人数近70万人。

② 以上参见*Husserl-Chronik*,190,192,200,209.——引文“在凡尔登战役中的一次冲锋中战死在进攻队伍的最前列”按《年谱》编者舒曼的说法出自胡塞尔1916年3月致道伯特的信(参见*Husserl-Chronik*,200)，但这封信并未收入舒曼后来编辑出版的十卷本《胡塞尔书信集》。

③ 因雷东德车站位于法国东北部的贡比涅森林，故将第一次世界大战的停战协议称作“贡比涅停战协议”。

胡塞尔还于1918年获得为奖励战争援助颁发的普鲁士功勋十字勋章。[①]

正是在这个战时讲演中，胡塞尔将费希特称作“解放战争的哲学家”，并认为，“在德国遭受最深屈辱的年代里，费希特将他崇高地塑造起来的庄严民族观念摆到德意志民族的眼前，同时将它与一个真正而真实的民族的理想融合为一。——没有什么可以比这些更能表现出费希特的人格性了。除此之外，他在德意志民族中唤起了这样一个信念：如果它在自由中实现它的更高使命，那么整个人类也会随之得到解脱。解放战争的费希特也在向我们言说。”[②]

胡塞尔当时的波兰学生罗曼·英加尔登已经批判地注意到，胡塞尔在这些战争时期讲演中表露出一种从未在通常讲演中出现过的“教授激情”（Professorenphantos）。[③] 这会令人回想起舒曼在其专门论述《胡塞尔的国家哲学》著作中所引用过的韦泽的感叹：“即便是那些有现实感、非激情、不轻信以及无臆想的人，在谈及国家时也大都会失去他们惯有的镇定。”[④]

但这里涉及的显然还不仅仅是一般意义上的理智与情感的对立。从前面所引的费希特讲演中已经可以得出，在胡塞尔的并非盲目的民族热情中可以找到理论与观念方面的支撑。胡塞尔在战争初期显然

---

① 参见奈农、塞普：“编者引论”，载于胡塞尔：《文章与讲演（1911–1921年）》，同上书，第xxx页，注⑦。

② 胡塞尔：《文章与讲演（1911–1921年）》，同上书，第345–346页。

③ 英加尔登在其“回忆埃德蒙德·胡塞尔”一文中写道：“他[胡塞尔]的讲话始终十分严肃认真，然而简朴，从不坠入一种教授激情”，同时他说明：“这种激情我只见到过一次，即在胡塞尔1917年为休假的战士所做的那些讲演中。但那并不是真正的大学讲演”（英加尔登：“回忆埃德蒙德·胡塞尔”，同上书，第166页，注②）。

④ Karl Schuhmann, *Husserls Staatsphilosophie*, Freiburg/München: Karl Alber, 1988, S. 5; 引文出自 Leopold von Wiese, *System der allgemeinen Soziologie als Lehre von den sozialen Prozessen und den sozialen Gebilden der Menschen (Beziehungslehre)*, München/Leipzig: Duncker & Humblot, 1933, S. 538.

相信，一个民族或一个文化可以通过外部的战争来完成内部的改革。在1919年1月17日致弗里茨·考夫曼的信中，胡塞尔对战前和战争初期的状况回顾说："内心有多少需待克服的东西，心灵承载了多少沉重的负担，以至于它无法再作为活的民族力量排列起来"（Brief. III,343)。因此，"对他来说毫无疑问的是，投身于战争恰恰可以导致文化的更新。"[①] 这个想法不仅与他的爱国主义激情的感染与鼓动有关，而且显然更多地从他的费希特伦理学研究中获得理论上的支持。

5. 这样一个想法也表现在胡塞尔于一次大战初期的具体践行中。1915年，针对英国实施的海上封锁，德国于2月18日开始进行无限制潜艇战，对所有中立国的船只事先不加警告地施放鱼雷。这个措施从一开始便波及向法国出口武器弹药的美国。当时的美国总统威尔逊在一次大战初期直至他1916年连任的初期都主张美国在一战中保持中立。直至1917年，德国潜艇不断击沉美国的船只等事件最终导致美国向德奥宣战。对美国的观念论哲学发展抱有期待的胡塞尔为此深感失望。还在1915年初，也就是在无限制潜艇战刚开始的阶段，胡塞尔在致雨果·闵斯特贝格的一封信中直截了当地表达出他的想法："当美国的观念论想要与复兴的德国信仰相结合时，我们曾相信会有一种新的观念论出现，曾幻想会有一个新的世界时代到来。现在，我们惊讶的浪潮已经退去。我们也已经学会了忍受这种失望。我们不再谈论它。不言而喻，法国人使用的炮弹原先的故障率为百分之六十，而自从美国进口以来，不能爆炸的炮弹的比例现在减到了几乎不足百分之十。这与前线发回的报道是一致的；我们的伤亡名单在增长。他们必须忍受。我们只说：美国！记住威尔逊总统这位最纯粹的观念论者有关中立所说的杰出话语。我们必须变得如此坚定和坚

① 奈农、塞普："编者引论"，载于胡塞尔：《文章与讲演(1911-1921年)》，同上书，第xxxii页。

毅，以至于我们不再需要担心中立者——我们从未担心过敌人。”[①] 这封信的相关段落后来被译成英文，发表在当时于哈佛任教的美国哲学家雨果·闵斯特贝格《和平与美国》一书中。闵斯特贝格在其书中对胡塞尔的报告做了这样的引介：“我又打开一封昨天才收到的信。写信的是一位住在宁静的哥廷根的教授。”[②]

6. 然而胡塞尔对战争与哲学和文化的改革和创新的关系的这种理解还在战争进行过程中就已经遭遇了问题。关键的问题还不只是在于能否将某个政权或政府或它们的首领视作一个民族的代表，乃至一个民族精神及其哲学观念的表征。可以看出，在胡塞尔的国家哲学思想中，这个关系曾是含糊不明的。胡塞尔在这里至少一度将美国总统威尔逊视作“美国的观念论”的代言人，或将德意志第二帝国视作“复兴的德意志信仰”的代表。

但即使将此政治学或政治哲学的问题不置可否地摆在一边，胡塞尔仍然会面临这样的问题：他所说的“复兴的德意志信仰”或他在此期间一再提到的“民族观念”和“民族理想”与他此前一再强调的最普全的哲学观念处在何种关系之中？这个问题在战时与战后都不断成为胡塞尔思考的对象。在这个问题上，如奈农、塞普所言，胡塞尔“还是认为，那些在他看来可以引领一个文化改革的观念内涵本身并不是束缚在民族上的。他始终强调的超民族的观念形态在他看来并不与这样一个事实相争执：其他人类团体也在其历史境况的前提下以不同的方式将观念付诸具体的实现。”[③]

---

① 胡塞尔：《文章与讲演（1911–1921 年）》2020 年版，同上书，第 348 页。

② 参见奈农、塞普：“编者引论”，载于胡塞尔：《文章与讲演（1911–1921 年）》2020 年版，同上书，第 xxxvi 页。

③ 奈农、塞普：“编者引论”，载于胡塞尔：《文章与讲演（1911–1921 年）》2020 年版，同上书，第 xxxiii 页。

因此，胡塞尔 1917 年 7 月 8 日在给罗曼·英加尔登的信中写道：“伦理本身是一个超人格的(因此也是超民族的)形式，就像逻辑本身一样。任何一个无成见的人都可以在这两个领域中追复理解(nachverstehen)和追复决断(nachentscheiden)，只要追复理解者可以获得这些形式的质料。因此，我们(甚至有可能在战争中)盛赞、欣赏、尊重波兰的敌人。当然，我们在对您而言如此珍贵的波兰事情上以及在对我而言如此珍贵的德意志事情上几乎达不成一致，因为不言自明，我们的伦理–政治评判的质料前提是完全不同的。但我们的一致点在于，从永恒的角度来看(sub specie aeterni)，这两个民族都具有它们的观念此在权利、它们对它们之中的观念价值可能性之自由发展的权利。但‘实事在空间中强硬地互撞’，它们总还得使自己与观念相适应，而且它们具有下拽的世俗重力”(Brief. III,178f.)。

胡塞尔在这里所说“实事在空间中强硬地互撞”一句，引自德国文学家席勒的剧作《华伦斯坦之死》，其全文为：“世界是狭窄的，可大脑是开阔的；思想轻盈地并居，但实事在空间中强硬地互撞。”无论从胡塞尔的信函内容来看，还是从席勒的剧作中包含的“思想”与“实事”的对立来看，这里存在的问题都已经十分明确：民族观念或民族理想虽然有其珍贵的价值，但它们与另类的民族观念之间会存在差异并会引发冲突，成为“在空间中强硬地互撞”的实事。这是使“轻盈的思想”或理性的价值观念下坠的世俗重力；与此相反必定还存在使它们上升的力量，即将它们提升到超人格、超民族的形式、永恒的角度的力量。后一种可能性在费希特的同时代人黑格尔那里得到体现，他构成当时的费希特的对立面。毫无疑问，当黑格尔看见拿破仑这个“世界精神”骑着马进入耶拿时，他显然是将这种“世界精神”视为一种朝着最普遍观念和价值提升的思想力量，一种超出法兰西和德意志各自的民族观念和民族理想的普全观念。

7. 从所有迹象看，一次大战时期的胡塞尔始终徘徊在费希特与黑格尔之间。就他本人的哲学思考与追求而言，胡塞尔相信："现象学也是一种必然（necessarium），而且是一种尽管超民族的、却也是民族的价值"（Brief. III,343）。但"民族的"与"超民族"这两者的哲学关系在他那里并未得到清楚的说明。[①]

然而无疑可以确定，随着战争的进行，胡塞尔很快改变了对这场战争的看法，并承认需要更多、更深入的思考才能回答民族问题以及与此相关的战争问题。他在 1920 年 8 月 11 日致贝尔的信中明确地阐述了自己的最新立场："这场战争，这场在整个可纵览的历史中人类犯下的最普全的和最深入的罪行，已经证明了所有现行观念的不清晰和不真实。在与人类共同生活的以往发展形式相配合并以此为前提的情况下，这些观念有可能会通过适当的界定而达到一种伦理上的辩护。'正义战争"的观念便是如此。当下的战争，即成为最字面的和最可怕的意义上的人民战争，已经失去了它的伦理意义。与民族问题（在与纯粹人属的观念之关系中的纯粹民族观念的问题）相一致的战争问题必须重新得到思考，必须从最终的根源出发得到澄清和解决"（Brief. III,12）。

与此同时，作为一个擅长反思的哲学家，胡塞尔在战后不久也很快开始对自己在战争中的所感、所思与所为做出认真的反省。看起来通过这个反省而得出的最重要结果就在于，胡塞尔最终要求自己：满足于将哲学的实践活动的可能性当作哲学理论研究的课题，并彻底放弃在提供政治建议和发挥政治影响方面的哲学实践的意图——类似于柏拉图在叙拉古的政治尝试失败后的想法，此可谓前有古人；也类似于马丁·海德格尔在二次大战前后的政治梦想破灭后的打算，此可谓

① 或许这个问题可以通过马克斯·舍勒的价值的质料先天范畴而得到说明。只是舍勒本人在这场战争中也属于处在价值迷惘之中的哲学家。

后有来者。在 1919 年 9 月 4 日给学生阿诺德·梅茨格的信中，胡塞尔写道：“我没有受到召唤去作追求‘极乐生活’的人类的领袖——我在战争年代的苦难冲动中不得不认识到了这一点，我的守护神告诫了我。我会完全有意识地并且决然而然地纯粹作为科学的哲学家而生活（因此我没有撰写战争论文，我的确可以将此视为一种对哲学的自命不凡的忠诚）”（Brief. IV,409）。[①]

当然，胡塞尔在这里对自己关于费希特的战时讲座避而不谈；很可能这是因为他意识到了自己当时的迷惘，故而羞于启齿。无论如何，他在另一封于 1920 年 7 月 3 日致霍金的信中已经将这场战争标示为“同样令一些‘哲学家们’迷惘和蒙羞的战争”（Brief. III,162）。

8. 关于这场战争的性质，从胡塞尔那里似乎很难获得客观中立的评价。如前所述，他在战争初期与大多数德奥民众一样处在极度的战争热情中，后来则一度处在“像瘫痪一般”（Brief. III,163）的状态，无法正常工作；而在经历了战争的残酷，失去了诸多的亲友之后，他在战争后期陷于极度的困惑与失望，但仍在尽自己的力量为前线战士提供精神的、伦理的支撑。而战后他基本放弃了在政治实践方面的努力，全身心地投入哲学的理论研究之中，“纯粹作为科学的哲学家而生活”（Brief. IV,409）。

实际上，在胡塞尔所说的因为战争而“迷惘和蒙羞”的哲学家们的行列里不乏现象学家的身影。哲学史家已经列举出许多事实说明现象学哲学家在政治哲学的理论与实践方面的无能，例如，马克斯·舍勒曾经在一战期间“匆忙抛出并理当遭到忘却的战时著述”，

① 这里的所说的“极乐生活”，是指费希特的宗教伦理著作：《极乐生活指南》（1806 年）。胡塞尔曾在 1918 年 6 月 8 日还写信给他的学生格里默，告知他已经觉察到，“现象学为我打开的宗教哲学之视角，表明了与费希特后期的上帝学说之间的令人惊异的紧密关系，表明他后期的哲学（自 1800 年起）对我们来说是多么有意思”。他建议格里默阅读《人的使命》，尤其是阅读《极乐生活指南》（参见 Brief. III,83）。

并发表过“半官方外交式布道”；[①] 马丁·海德格尔在一战期间也“为战争的激情所感染”，只是由于所谓的心脏病而没有直接参与前线作战，而他在二战时期则更有“一时的政治越轨行为”；莫里兹·盖格尔只做过唯一的一次关于“国家哲学”的讲座，但最终没有出版；亚历山大·普凡德尔和尼古拉·哈特曼“从未在其著述中讨论过他们时代的精神处境，甚或物质处境”。[②] 这里尚未提到的还有：莱纳赫这位在政治学与法学上最有抱负的现象学家，当时也满怀激情地报名参战，“尽管作为不适合服兵役的而遭到排除，他在难忘的 1914 年 8 月的日子里还是不放弃，直到他在一个野战炮兵团中被接受下来。”[③] 最后他于 1917 年 11 月 16 日阵亡于比利时的迪克斯迈德镇前。[④]

扬·帕托契卡曾有“德国的民族主义是第一次世界大战的孩子”[⑤] 的说法。对此比较典型的例子还可以在新康德主义的代表人物、极为出色的哲学史家文德尔班那里找到。他在其关于“历史哲学”的战时讲座中虽然有理由对因一次大战而破灭的实现人类良知的梦想而感到失望：“我们曾相信一个人类的总体意识（Gesamtbewußtsein），曾相信为了人民的共同工作的一个伦常的、智性的以及感性的团结互

---

① 对此可以参见卡尔·舒曼：“胡塞尔与国家哲学”，倪梁康译，载于《中国现象学与哲学评论》，第十辑《现象学与政治哲学》，上海：上海译文出版社，2008 年，第 3-5 页。——舒曼在这里指的是舍勒发表于 1915 年的著作《战争天才与德意志战争》（*Der Genius des Krieges und der Deutsche Krieg*），他在其中主张世界大战是资本主义没落的显现，可以唤起人的精神重生。普凡德尔当时曾在致胡塞尔的信中称赞说：这是他所知的关于此论题的最好的和最深刻的著作（参见 Brief. II,149）。

② 对此可以参见吕迪格尔·萨弗兰斯基：《来自德国的大师——海德格尔和他的时代》，靳希平译，北京：商务印书馆，2007 年，第 78-79 页，以及卡尔·舒曼：“胡塞尔与国家哲学”，同上书，第 3-5 页。

③ 胡塞尔：《文章与讲演（1911-1921 年）》，同上书，第 331 页。

④ 与莱纳赫情况基本相同的还有新康德主义年青一代的代表人物埃米尔·拉斯克。

⑤ Jan Patočka, *Ausgewählte Schriften. Band II: Die Bewegung der menschlichen Existenz, Phänomenologische Schriften* II, Stuttgart: Klett-Cotta, 1991, S. 588.

助，我们曾相信实现了人类的良知，它并不预示着各种不同的东西，而是预示着承诺要去协调与克服各国家的矛盾与敌对，我们曾相信文明的安全的庇护所。现在这个理想的欧洲几乎可以说已经一天天地倒塌了。我们从一个美梦中醒来，看到我们身处在最可怕的现实当中。”但他随后所做的包含咒骂的叹息却暴露出他的世界主义梦想的傲慢与虚伪：“我们不得不派遣我们的有别于其他人的文化人组成的军队，派遣这些最高贵的和最崇高的兵员去与这些被策动的黑色和与黄色人种的渣滓（Auswurf）作战。”[①] 这里可以看出，在他的民族主义结论背后隐含的种族主义恰恰可以说明其世界主义梦想无法实现的根本原因。

但无论如何，对第一次大战的冷静、客观和中立的评价或许还可以从另一位与胡塞尔几乎同时代的哲学家那里找到，即伯特兰·罗素（Bertrand Russell,1872–1970）。他与胡塞尔一样，首先学习数学，而后学习哲学。对于这场战争，他自始至终保持了清醒的政治头脑。他在其回忆录中写道：“我认为就介入的两方集团中的每一个强权而言，它都是一个愚行和一项罪恶。我希望英国能保持中立，当希望落空时，我则继而提出抗议，这使我感到孤立，大多数以前的朋友与我疏离，更让我感到难过的是自己与整个国家坚持的方向背离。我不得不倚靠来自自己内心的力量。”[②] 在这一点上，罗素显然站在了一个超民

---

① Wilhelm Windelband, *Geschichtsphilosophie – Eine Kriegsvorlesung*, Paderborn: Sarastro Verlag, 1916, S. 7f.

② 伯兰特·罗素：《罗素回忆录：来自记忆里的肖像》，吴凯琳译，太原：希望出版社，2006 年，第 8 页。——还值得注意的是罗素在这里就第一次世界大战问题所表达的一个很有意思的想法：他认为，倘若英国当时真的如他所愿保持了中立，那么战争时间会缩短，美国也不会卷入战争，英国则保持其繁荣和强盛。第一次世界大战最终会以德奥一方的胜利结束，而这个结局将会远远好于第一次世界大战的实际后果。一方面他相信这样就不会有第二次世界大战，另一方面他根据自己的亲历而认为当时德皇统治的德国比英国与北欧地区以外的国家要自由得多。

族、超国家的立场上，他作为盎格鲁-撒克逊哲学家所持的态度与德国科学家中的爱因斯坦十分相似。而与德国哲学家相比，他既不同于费希特-胡塞尔，但也有别于黑格尔，因为他依据的是自己“内心的力量”而非世界精神或绝对理念。[①]

无论如何，罗素显然不属于胡塞尔所说的那些因为战争而“迷惘和蒙羞”的哲学家。他后来没有像胡塞尔那样止步于政治实践，而是能够继续迈步“从逻辑到政治”[②]，的确有其优厚的条件与内在的理由。

汉斯·法伊欣格尔

汉斯·法伊欣格尔(Hans Vaihinger,1852-1933)曾先后就学于图宾根、莱比锡和柏林。1874 年在图宾根大学以“近代意识理论”为题完成博士学位考试，1877 年在斯特拉斯堡大学以“逻辑研究。第一部分：关于科学臆想的学说”为题完成任教资格考试，而后于 1883 年担任斯特拉斯堡大学的哲学副教授。自 1892 年起在哈勒大学担任正教授。此后一直生活于此，直至去世。

这段时间与胡塞尔 1887-1901 年在哈勒大学担任讲师的时间大部分重合，因而胡塞尔与法伊欣格尔差不多有十年时间是哈勒大学哲学系的同事。但在此期间胡塞尔似乎与他没有很深交往，只是对他的著作有所关注。例如在 1890 年给他的老师卡尔·施通普夫的信中提到法伊欣格尔的《身体与灵魂》(Brief. I,163)，后来在 1920 年给他的学生威廉·恩斯特·霍金的信中也使用法伊欣格尔的代表作《“仿佛”

---

① 萨弗兰斯基对哲学家提出的要求基本上是一种黑格尔式的：“在激情面前，人们可以随意发表个人意见和论断，而哲学却应该保持她高尚的冷静，她应该不受时代精神的干扰，继续走自己的正确道路，即便是在战争初期全体人们都动员起来的情况下，也是如此”(萨弗兰斯基:《来自德国的大师——海德格尔和他的时代》，同上书，第 78 页)。

② 这是罗素在回忆录中自己的表达和陈述。参见罗素:《罗素回忆录》，同上书，第 30-33 页。

哲学》的概念（Brief. III,162）。但也许他们素有往来，只是因为同住一城而没有留下文字方面的交流记录。无论如何，他们之间的通信始于 1904 年，即在胡塞尔离开哈勒到了哥廷根之后。

法伊欣格尔主要以新康德主义者、康德学会主席、《康德研究》期刊的创始人和主编的身份为人所知。但他在 1911 年六十岁时发表的代表作《“仿佛”哲学。在一种观念论实证主义基础上的人类理论的、实践的和宗教的体系（连同一个关于康德和尼采的附录）》[①]，仍然表明他试图在康德哲学的基础上发展自己的哲学体系。除此之外，法伊欣格尔也是最初一批对尼采哲学进行辨析的学院哲学家之一。他自尼采文库基金会成立以来直至去世始终是这个基金会的董事会成员。

在现象学运动史上，法伊欣格尔常常被提到是因为他作为康德学会的负责人和《康德研究》主编邀请了杂志的合作者们参加一个在其工作的哈勒大学举办的一个聚会。胡塞尔与舍勒都参加了这个聚会并在会上相识。他们讨论了感知与直观等问题，并由此开始了他们之间的交往与合作。根据舍勒自己的说法，此次聚会发生在 1901 年。[②]伽达默尔在后来撰写的舍勒纪念文章中所提到的胡塞尔与舍勒的相识，依据的也是舍勒的这个写于 1922 年的回忆：“‘直觉’（Intuition）这个关键词在 1901 年曾是联结两位思想家的桥梁。舍勒与胡塞尔的

---

① Hans Vaihinger, *Die Philosophie des Als Ob. System der theoretischen, praktischen und religiösen Fiktionen der Menschheit auf Grund eines idealistischen Positivismus. Mit einem Anhang über Kant und Nietzsche*, Berlin: Verlag von Reuther u. Reichard, 1911. ——从该书在 1927 年时已经出了第十版并有英译本这一点可以看出，它在当时德国乃至国际哲学界都有相当大的影响。

② 参见 M. Scheler, „Die deutsche Philosophie der Gegenwart“, in Max Scheler, *Wesen und Formen der Sympathie – Die deutsche Philosophie der Gegenwart*, GW 7, Bern: Francke Verlag, 1973, S. 308. 该文原载于 *Deutsches Leben der Gegenwart*, herausgegeben von Ph. Witkop, Berlin: Verlag der Bücherfreunde, 1922.

相遇是在于哈勒举行的第一次康德会议上。”[①] 不过，按照亨克曼的核查：法伊欣格尔举办的聚会实际上是在 1902 年 1 月 3 日进行的。[②] 这应当是舍勒和胡塞尔彼此相识的确切时间。

在其代表作《“仿佛”哲学》中，法伊欣格尔阐述了他自己的臆想主义（Fiktionalismus）哲学思想，将原子、上帝、心灵等等从认识论上理解和解释为“有用的臆想”。这也使他受到教会哲学的批评和指责。“仿佛”的德文是“als ob”，1924 年的英译本作“As if”。[③] 在德文的语法中，“仿佛”后面一般紧跟的是一个虚拟式，以法伊欣格尔的说法为例，“‘上帝’并非人类的‘父亲’，但就应当如此地看待和何对待他，仿佛（als ob）他就是如此。”[④] 这些“臆想”之所以有用，是因为我们常常通过它们、通过一些错误的假设而达到正确的东西，真理往往是通过臆想来达到的。而当臆想永远无法还原为真理时，它们便成

---

① Hans-Georg Gadamer, „Max Scheler – der Verschwender“, in Paul Good (Hrsg.), *Max Scheler im Gegenwartsgeschehen der Philosophie*, Bern und München: Francke Verlag, 1975, S. 14. ——需要说明的是，伽达默尔在这里实际上犯了两个记忆错误。第一个错误是他未加核实地采纳了舍勒的记忆错误，将法伊欣格尔举办的聚会提前了一年；第二个错误是他在这里将“直觉”（Intuition）视作联结两位思想家的关键词，但他依据的舍勒的准确说法应当是“直观”（Anschauung）与“范畴直观”（kategoriale Anschauung）（参见 M. Scheler, „Die deutsche Philosophie der Gegenwart“, in a.a.O., S. 308）。“Intuition”概念在英文、法文中常常既被用来表达“直觉”，也被用来表达“直观”，然而“直觉”（Intuition）和“直观”（Anschauung）在德文和中文中却是两个意义不同甚至对立的概念。笔者在“关于几个西方心理哲学核心概念的含义及其中译问题的思考（一）”的文章中曾提醒注意一个基本的事实：“在许多情况下，**我们直觉到的东西恰恰是我们没有直观到的**；而且这一点反过来也成立：**我们能够直观到的东西恰恰是我们不需要去直觉的**”（载于《西北师范大学学报》，2021 年，第 3 期，第 48 页）。

② Wolfhart Henckmann, *Max Scheler*, München: Verlag C.H.Beck, 1998, S. 13, S. 19.

③ Hans Vaihinger, *The Philosophy of »As If«. A System of the Theoretical, Practical and Religious Fictions of Mankind*, translated by C. K. Ogden, New York: Harcourt, Brace & Company, Inc., 1924.

④ Hans Vaihinger, *Die Philosophie des Als Ob*, a.a.O., S. 41.

为无用的。从总体上说，“将一个不现实的东西等同于一个现实的东西，这就是臆想的本质。”[①]

从《“仿佛”哲学》所表达的基本思想来看，尽管法伊欣格尔的哲学主要以康德的认识论为基本依托，但显然也与当时影响甚广的胡塞尔《逻辑研究》(1900/01 年)以及迈农《论假设》(1902 年)等有十分接近的意识论或对象论的立场。甚至可以说，法伊欣格尔就是在探讨一门臆想现象学。的确，在《“仿佛”哲学》出版后不久，已经有学者发表了对它与迈农的《论假设》以及胡塞尔的现象学等的比较研究。[②]

胡塞尔在收到法伊欣格尔的赠书后于 1911 年 5 月 24 日致函表达了他由衷的祝贺：“您的极为友好的来函和随后寄达的著作《“仿佛”哲学》给我带来如此不同寻常的惊喜。谁能想到，您没有馈赠我们您的康德评注的续集[③]，而是一部认识论的大作？而且此外还带有一个您青年时代的果敢成就，带有一个坚定不移地实施的、在您一生中都向您验证自身的‘观念论的实证主义’体系？ 尽管我在我的哲学信念中与您相距较远，对您的这部充满青春气息的和写得极为清晰著作的阅读还是给我带来许多快乐和推动”(Brief. V,211)。

几年后，1915 年 3 月 21 日，法伊欣格尔致函胡塞尔，作为康德学会的负责人邀请他在该年的学会总会议上担任主讲人。他在给胡塞尔的信中写道，他想请胡塞尔做一种“纲领讲话”，“也许最简单的就是关于您眼前和现在所理解的现象学的任务”的讲话，以提供一个

---

① Hans Vaihinger, *Die Philosophie des Als Ob,* a.a.O., S. 253.

② 参见法伊欣格尔在其 1912 年第二版前言中列出的相关文献：Hans Vaihinger, *Die Philosophie des Als Ob,* a.a.O., S. VI f.

③ 法伊欣格尔此前曾出版过为《纯粹理性批判》发表一百周年而编著的《康德〈纯粹理性批判〉评注》(Hans Vaihinger (Hrsg.), *Commentar zu Kants Kritik der reinen Vernunft.* Zum hundertjährigen Jubiläum, 1. Band, Stuttgart: Verlag von W. Spemann, 1881; 2. Band, Stuttgart/Berlin/Leipzig: Union Deutsche Verlagsgesellschaft, 1892)。

对“您直至当前立场之把握的内心发展史的概览”(Brief. V,215)。

胡塞尔在1915年4月3日的复函中应允了此事，并且写道：“我衷心感谢您。因而我想尝试起草一篇关于现象学及其发展的报告。但如果我找不到合适的方式来避免给人以自负的自我介绍的印象，我就会选择另一个较泛的有趣论题，如现象学与心理学等等”(Brief. V,217)。但这个会议因第一次世界大战的原因而不得不推延。计划让胡塞尔做主讲人的1916年会议——还有1917年会议——也因战争而未能召开。尽管如此，很可能是这个契机促使胡塞尔完成了两篇基本成型的文字：“现象学与心理学”和“现象学与认识论”。看起来它们已经不再是报告类型的文字，而是真正的论文，包括对几个针对胡塞尔现象学而发的批评指责的回应。胡塞尔计划将它们发表在《康德研究-副刊》或《哲学与现象学研究年刊》上，但后来都因种种原因最终未果。

值得注意的是，胡塞尔在“现象学与认识论”的第24节“想象中的反思。现象学领域向‘可能意识’的拓展”中在想象的标题下特别讨论了与法伊欣格尔“仿佛哲学”相关的“仿佛”(“拟”、“似乎”)现象：“想象自身具有这样一个描述性特征，即它是‘本原’意识的某种变异。经验活动意识因而与作为‘似乎’(gleichsam)经验活动意识的想象活动意识相对立。经验活动意识自身是一个现实意识，它可以在一个反思中被感知，并被把握为当下现实。但它的本质在于，它所意识到的对象，在特征上不是被描述为现实的对象，而是被描述为‘似乎’现实的对象，例如，被想象的半人半马怪是‘似乎’在那里的，如果我们愿意使用法伊欣格尔的表达就可以说：是以一种仿佛-现实(Wirklichkeit-als-ob)的方式‘浮现着的’(vorschwebend)。但还不止于此。我们(原则一般地说)不仅可以反思作为现时体验活动的想象意识(如前)，而且也可以在想象中反思。就像关于这里的这个被感知的桌子及其现实的反思会将我们引回到对这个桌子的感知体验上一样，在想象‘中’关于仿佛被感知的半人半马怪及其‘仿佛现实’的反思也会将我们引回到它的仿佛–感知活动上，这个感知活动本身不是现实意识，而是一个‘仿佛’意识。因而它必然作为一个通过那些内在反思而被直观到的东西而包含在现时现实的想象意识中。每个设定的和变异的当下化的情况也与此类似，例如一个回忆。它与想象的相似之处在于，它的被给予之物、被回忆之物也是在‘仿佛’中被意识到的，似乎它真是在此的一样。”[①] 这里的分析的确表明法伊欣格尔在“臆想主义”问题上对胡塞尔有所“推动”，尽管只是在有限的范围内。

现存的两人之间最后一封通信是法伊欣格尔 1916 年 2 月 4 日写给胡塞尔的祝贺信，祝贺胡塞尔获得弗莱堡大学的哲学教席。

1916 年 1 月 5 日，巴登大公国的文化与教育部发出邀请，聘任胡塞尔为弗莱堡大学的哲学讲席教授。在经过与位于卡尔斯鲁厄的文化与教育部谈判之后，胡塞尔接受邀请，随即向普鲁士国家文化与教育部递交辞呈，并于 1 月 26 日获得批准。胡塞尔得以从 4 月 1 日起放弃哥廷根大学的教职，并立即在弗莱堡大学接替因李凯尔特离任而空下的哲学讲席。

这里首先需要大致说明的是：弗莱堡大学的这个哲学讲席是为德国观念论的传统研究方向设置的，直至今日也是如此。在这里的讨论语境中，这个讲席可以上溯到新康德主义代表人物威廉·文德尔班(Wilhelm Windelband,1848–1915)那里，他于 1877–1882 期间执掌这个哲学讲席。而在他于 1882 年转至斯特拉斯堡大学执教后，这个讲

---

① 胡塞尔：《文章与讲演(1911–1921 年)》2020 年版，同上书，第 191–192 页。

席便由另一位新康德主义者阿洛伊斯·里尔(Alois Riehl,1844-1924)接手,直至1896年。这年他去了哈勒大学,在那里担任哲学讲席教授,而他的讲席则为文德尔班的学生、同样是新康德主义的代表人物李凯尔特(Heinrich Rickert,1863-1936)所继承,直至1916年胡塞尔接任。

世界真小!事实上,还在弗莱堡大学于1895年计划招聘里尔的继任者时,胡塞尔就曾被列在招聘候选人的建议名单上。也就是说,胡塞尔曾一度是李凯尔特的竞争者,直至二十一年后才最终成为他的继任者。作为竞争者的胡塞尔当时还是哈勒大学的讲师,但已经出版了他的《算术哲学》的第一卷。前面笔者曾简单论述过胡塞尔与他的哈勒大学的好友也是他的老师数学家格奥尔格·康托尔(Georg Cantor,1845-1918)的关系。后者当时曾在多封信中为此次(1895年)弗莱堡大学的哲学讲席招聘事宜热情地推荐过胡塞尔。[①] 这个情况让人联想到另一位数学家希尔伯特于十年后(1905年)在为胡塞尔于哥廷根升任讲席教授的事情上的努力:他曾致函多位重要哲学家,向他们索要对胡塞尔的积极评价,用于支持胡塞尔的晋升。不过康托尔和希尔伯特的努力最终都无果而终。

接下来,同样需要得到一个大致和扼要的说明的是前面提到的

---

① 参见:Georg Cantor, *Briefe*, hrsg. von Herbert Meschkowski und Winfried Nilson, Berlin: Springer-Verlag, 1991. ——康托尔在其中的一封信中写道:"你向我打听的胡塞尔教授,是一位被我们高度重视的、通过他的平和而纯正的性格广受喜爱的人。我自1886年以来便认识他,他在准备任教资格考试的两个学期里在哈勒这里学习,并且在施通普夫那里听过心理学课程,在我这里听过概率计算课程。他出生于1859年并于1876至1878年期间在莱比锡学习过三个学期,而后在柏林学习六个学期的数学和自然科学。而后他去了维也纳,在科尼西贝格指导下以一篇关于变量计算的论文完成博士学业。1883年他又一次去柏林一个学期,在那里为魏尔斯特拉斯关于关于阿贝尔函数的讲座做加工处理。……"(参见该书第374页)如此等等。但需要指出:该书编者随后对康托尔书信的评论含有差误:"康托尔的努力始终没有成功:胡塞尔虽然被列在聘任名单上,但这个讲席是为里尔所获得的"(参见该书第380页)。如上所述,这个讲席不是为里尔获得的,而是因他调离而空出的。这年获得此讲席的是李凯尔特。

“巴登大公国文化与教育部”与“普鲁士国家文化与教育部”，它与胡塞尔身处的德意志国家背景密切相关。

胡塞尔的生活轨迹实际上穿越了德意志历史的四个时代：普鲁士王国、德意志第二帝国、魏玛共和国、德意志第三帝国。

胡塞尔出生和上中学的地方是摩拉维亚地区，当时属于奥匈帝国，而相邻的德国尚属各个独立的王国，其中最强的是普鲁士王国。正是在胡塞尔于奥洛穆茨中学毕业后的一年，普鲁士王国在首相奥托·冯·俾斯麦的领导下，先后在普丹战争、普奥战争和普法战争获胜，随后以令人惊讶的速度完成了统一德意志的大业。普鲁士国王威廉一世于1871年1月18日正式登基为德意志皇帝，德意志帝国建立。胡塞尔后来是在属于德意志帝国的莱比锡、柏林学习。虽然他“遵从其作为正统奥地利人的父亲的愿望”[①]，最后还是在维也纳完成了博士考试，但他随后便根据老师布伦塔诺的指示在哈勒完成任教资格论文，担任私人讲师，又在哥廷根大学获得副教授和正教授的位置。因此，除了维也纳之外，胡塞尔中学毕业后的学习和工作过的所有城市都是在德意志帝国内的普鲁士王国的管辖范围内。

德意志帝国是一个联邦国家，由二十五个邦国和一个帝国直属领地组成：其中有四个王国(普鲁士、萨克森、巴伐利亚、符腾堡)、六个大公国(巴登、黑森、奥尔登堡、梅克伦堡–什未林、梅克伦堡–施特雷利茨、萨克森–魏玛–爱森纳赫)、五个公国(安哈尔特、布伦瑞克、萨克森–阿尔滕堡公国、萨克森–科堡和哥达、萨克森–迈宁根)、七个亲王国(利珀、罗伊斯–格拉、罗伊斯、绍姆堡–利珀、施瓦尔茨堡–鲁多尔施塔特、施瓦尔茨堡–松德斯豪森、瓦尔代克–皮尔蒙特)、三个汉萨自由城市(汉堡、不来梅、吕贝克)以及普法战争后夺取的一个帝国直

---

① 参见马尔维娜·胡塞尔：“埃德蒙德·胡塞尔生平素描”，同上书，第12页。

属领地阿尔萨斯-洛林。普鲁士国王是世袭的联邦主席，享有“德意志皇帝”的称号，代表国家。原先的普鲁士王国也是德意志帝国的核心，王国的首都柏林也是帝国的首都。

由于胡塞尔此前担任私人讲师的哈勒大学和当时担任副教授的哥廷根大学均属于德意志帝国中的普鲁士王国，因而胡塞尔的私人讲师奖研金以及正、副教授的职务等等申请，都是送呈给普鲁士国家教育部的。而他于 1906 年 6 月 28 日获得的哥廷根大学正教授的任命，是由普鲁士威廉国王签署的，威廉同时也是德意志帝国的皇帝。这就是我们在这个时代的许多科学、教育、文化等等文献中常常可以读到“皇帝的-国王的”（kaiserlich-königlich）这类表述的原因。随一次大战以德意志帝国战败结束，威廉二世被迫逊位，流亡海外，帝制也告终结。德意志帝国虽然还保留其名称，但根据 1919 年在魏玛制定的宪法实际上已经改为共和制。历史学家将从 1919 年起至 1933 年希特勒上台为止这段时间的德意志帝国称为“魏玛共和国”。希特勒领导下的纳粹德国在 1933 年至 1939 年自称为“德意志第三帝国”，以强调对中世纪的作为“德意志民族神圣罗马帝国”（962–1806 年）的“第一帝国”与此前作为“德意志帝国”（1871–1918 年）的“第二帝国”的德国历史传统的继承。胡塞尔在这个第三帝国中生活了五年后辞世，没有看到后来的又自改称为“大德意志帝国”（1939–1945 年）的纳粹德国的兴亡。

胡塞尔于 1916 年获得的新职位是弗莱堡大学的哲学讲席教授。位于布莱斯高地区的弗莱堡是当时的巴登大公国的重要城市。巴登是一个历史地名，位于德国西南部，毗邻法国和瑞士，今属德意志联邦共和国的巴登-符腾堡州。它早先由采林根（Zähringen）王朝统治。巴登的弗莱堡、瑞士的伯尔尼和弗里堡等十二座中小城市均为这个采林根大公家族所建。1803 年，巴登升为选侯国，1806 年升为大公国，于 1871 年德意志统一时加入德意志帝国，成为前面所说的六个大公国之一。它的首府位于卡尔斯鲁厄，也是这个邦国的文化与教育部所在地。第一次世界大战之后，巴登成为德意志共和国的自由城。这个变化正好发生在胡塞尔迁居弗莱堡之后不久。

李凯尔特当时之所以离开弗莱堡，是因为文德尔班在海德堡大学退休，那里空出的哲学教席需要填补。海德堡大学和弗莱堡大学是当时新康德主义西南德意志学派的两个重镇，均位于巴登地区。但随着文德尔班的退休，这两个重镇已经无法同时守住。李凯尔特选择了更为重要的海德堡大学，将弗莱堡大学留给了带有浓厚新康德主义色彩、一度也被误认作新康德主义一员的胡塞尔。①

弗莱堡大学的哲学系史上关于此次聘任的报告如下："由海因里希·芬可(Heinrich Fink)担任系主任的哲学系于[1915 年]12 月 22 日便在一个以哥廷根正教授埃德蒙德·胡塞尔——已经 56 岁——为首的[候选人]名单达成一致，排在名单上第二至四位的是同样在哥廷根的海因里希·迈耶(Heinrich Maier)、爱尔兰根的保尔·亨瑟尔(Paul Hensel)以及在苏黎世联邦理工学院任教的弗里茨·梅迪库斯(Fritz Medicus)，他以 39 岁的年纪是最年青的候选人。弗莱堡人坚信，可以在几乎所有这些被建议的人中找到合适的系统哲学的继承人，唯有排名第二的迈耶还在哲学史方面有其强项。当然，哲学系认为埃德蒙德·胡塞尔具有'科学和教育方面的力量'，尽管'他的科学人格'或许不会产生'最大程度'的演说效果。然而他是一位出色的

① 关于胡塞尔的超越论哲学转向，我们会在讨论胡塞尔与康德的关系以及与新康德主义者的关系，尤其是与纳托尔普的关系时再详细论述。这里需要补充说明的仅仅是：在一定意义上，胡塞尔与牟宗三是现代东西方哲学中最重要的、也是最有影响的新康德主义者，因为康德哲学在他们思想中以不同的方式起着至关重要的作用。但他们各自的思想特点又如此鲜明，以至于我们很难将他们纳入新康德主义的阵营。

教师，他的科学声誉是无可争议的，甚至可以将他‘视作当今最重要的活着的思想家之一和德国最大的严格哲学学派的首领’。他的学术道路的形成得到透彻的指明——‘来自弗里茨·布伦塔诺的业已分布很广的学派’，与哲学思想流派的联系得到了概述，也指出了他自1913年以来就创立了一个自己的刊物《哲学与现象学研究年刊》……他的思想的原本性、他的研究工作的彻底性和方法严格性得到了夸赞性的强调……这个建议名单在1915年12月24日便递交给学校评议会，评议会在12月30日又转交给卡尔斯鲁厄。教育部得到了最详尽的报告，因为海因里希·芬可在12月23日便在一份‘因为紧急’而寄发的私人信函中向枢密顾问维克多·施威尔(Viktor Schwoerer)通报了这个名单和表决结果，施威尔是大学部门的负责人，富有影响力，几十年来在巴登的各大学的招聘事务上具有权威。谈判进行得很顺利，以至于在冬季学期结束前就公布了任命书——仿佛是在海因里希·李凯尔特与埃德蒙德·胡塞尔之间进行的一次飞行更替。”①

看起来早在一月底之前胡塞尔的任命便已经为公众知晓。他在1916年1月30日致弗里茨·考夫曼的信中写道：“自一段时间以来我就是一种打字机器，因为我需要回复像潮水般涌来的一封封祝贺信，祝贺我被聘至弗莱堡(作为移居海德堡的李凯尔特的继任者)。我接受了聘任并且考虑在夏季学期去履行教职。因而哥廷根学派将会在弗莱堡的大地上生长！我现在对自己的健康状况重又感到满意，并且对新的效率满怀喜悦”(Brief. III,341)。

正式的任命书是在1916年2月6日下达的，但胡塞尔于当年4

① Eckhard Wirbelauer (Hrsg.), *Die Freiburger Philosophische Fakultät 1920–1960. Mitglieder – Strukturen – Vernetzungen*, Freiburg/München: Verlag Karl Alber, 2006, S. 443.

月1日移居弗莱堡,在弗莱堡大学校长面前宣誓就职,并且在开始其教学与研究之前,他还不得不经受一次生存的打击:他的次子沃尔夫冈于该年3月8日战死在一次大战的残酷的凡尔登战役中。与前次离开哈勒时所处的喜悦心态截然不同,胡塞尔离开哥廷根时必定带着极度的悲伤。

第四幕　弗莱堡任教时期（1916-1928 年）

在胡塞尔的弗莱堡大学就职讲座中，他以这样一段话来开始自己的演说："命运将我们以及我们的生活劳作置于这样一个历史时代之中，它在人类精神生活发生作用的所有领域中都是一个剧烈变化生成着的时代"（Hua XXV,68）。

用这段话来刻画胡塞尔的弗莱堡生涯实际上也是最为恰当的，因而珀格勒为纪念弗莱堡现象学所撰写的重要论文便以"'一个剧烈变化生成着的时代'——弗莱堡现象学及其时代"[①]为标题，以此来说明现象学的弗莱堡时期相对于其哥廷根时期的基本特点。他在文章的一开始便讨论了胡塞尔转到弗莱堡大学任教的一个重要原因："文德尔班和李凯尔特的教椅具有吸引力，因为胡塞尔自己在此期间已经将他的现象学发展为超越论哲学，不再惧怕与康德-新康德主义传统的亲近。"[②]

而此前胡塞尔在哥廷根大学的处境始终不佳，"同行相轻"的情况在他未到哥廷根时就已经在等着他，而且在十多年里一直伴随着他，并未因他学术地位的不断提高而改变。因而胡塞尔随时都在等待，希望日后有机会离开哥廷根。这个等待持续了十多年，直到 1916

① Otto Pöggeler, „‚Eine Epoche gewaltigen Werdens' – Die Freiburger Phänomenologie in ihrer Zeit", in *Phänomenologische Forschungen*, 30, 1996, S. 9–32.

② Otto Pöggeler, „‚Eine Epoche gewaltigen Werdens' – Die Freiburger Phänomenologie in ihrer Zeit", in a.a.O., S. 9.

年从弗莱堡大学发出的聘书到达。[①]

无论如何，在胡塞尔的全部学术生涯中，弗莱堡时期是最长的。胡塞尔在这里度过了其生命的最后二十二年，此前他从未在任何一个地方生活过如此之久。他的弗莱堡时期可以分为两个阶段：**任教阶段**：胡塞尔在这里担任正教授的十二年，即 1916 至 1928 年；以及**退休阶段**：胡塞尔在这里退休后直至其辞世的十年，即 1928 年至 1938 年。由于聘请了年近六旬的胡塞尔，弗莱堡大学得以在自己的校史上增添一个重要的思想篇章。历史学家胡戈·奥特将它称作"弗莱堡现象学时期"[②]，这个时期至少延续了二十二年。笔者在这里将分两幕来讲述胡塞尔的弗莱堡时期："第四幕：弗莱堡任教时期(1916–1928 年)"与"第五幕：弗莱堡退休后的岁月(1928–1938 年)"。

胡塞尔妻子马尔维娜曾对 1916 年初到弗莱堡的胡塞尔做过如下的描述："他已近五十七岁，并且相信向一个另类环境中的移植以及对此环境的征服只可能使他生命之流奔淌得更为顺畅。的确也是如此。1916 年至 1937 年的这些岁月引导他在陡峭的石径上向上攀行。他始终生活在无限的理念下，直至其最后健康的日子，他都一直拥有对于他的无限任务而言的无限时间视域。他越是觉得自己是一个初学者、一个拓路人，他越是探讨死亡问题，他就越是看不到自己就站在那个无法逾越的、切断了世俗生活之线的时间边界面前。对他而言，他的世俗活动是一个来自上方的使命，对此使命的服务构成了他

---

① 关于胡塞尔在哥廷根期间的"换岗"或"求职"的尝试与结果，可以参见前面第三幕中关于"卡尔·格罗斯"的论述，他不断地出现在胡塞尔的应聘奔跑的背景中，时而陪跑，时而领跑，以此方式与胡塞尔结缘。

② 参见 Hugo Ott, „Edmund Husserl – die Epoche der Freiburg Phänomenologie", in Hugo Ott, *„Die Weisheit hat sich ihr Haus gebaut" – Impressionen zur Geschichte der Universität Freiburg*, Freiburg: Rombach Verlag, 2007, S. 95–114.

的生活，这个生活不含有任何对未来的担忧。在他面前，他的任务是无限的，他实现这个任务的追求是无限的。"①

值得注意的是，这些描述几乎构成了马尔维娜对胡塞尔弗莱堡生涯之回忆的全部，它在马尔维娜的全部回忆录中所占比例不到十分之一。然而与此形成鲜明对照的是，如前所述，弗莱堡的二十二年构成胡塞尔一生中居住时间最长的一段生活经历。

从一个较为客观的视角来看，例如按照卡尔·舒曼编写的《胡塞尔年谱》来看，胡塞尔的思想与生命历程在1916年的哥廷根和弗莱堡的交接点前占有199页的篇幅，余下的290页，是对胡塞尔在弗莱堡时期直至1938年去世思想与生活的记载，也就是说，他有五分三以上的思想与生活是在弗莱堡生活期间展示出来的。舒曼本人在马尔维娜回忆录的编者前言中曾提到她的这个记忆权重失衡的情况，并警告过可能出现的相关问题："马尔维娜将她所做阐述的一半篇幅用于《逻辑研究》出版前的时间，而在当时仍记忆犹新的二十年弗莱堡时间方面，却几乎没有任何轮廓性的东西留存下来。如果随之而产生出一份对于早期胡塞尔生活状况而言的独特资料，那么我们尤其会面临回忆欺罔与回忆视角限制（Perspektivik）的危险。"② 或许马尔维娜的这个回忆录可以成为记忆心理学研究的一个范例。但另一方面，我们也有理由认为，她是在有意回避这段对她而言有着最为不幸结局的

① 马尔维娜·胡塞尔："埃德蒙德·胡塞尔生平素描"，载于《回忆埃德蒙德·胡塞尔》，同上书，第23页。

② 参见卡尔·舒曼："编者引论"，载于马尔维娜·胡塞尔："埃德蒙德·胡塞尔生平素描"，同上书，第7-8页。——这份回忆录的原编者卡尔·舒曼在"编者引论"中对马尔维娜·胡塞尔做了一个客观中立的介绍和评论，因此而可以说是提供了一份"马尔维娜·胡塞尔生平素描"。他所依据的当时保存下来的同时代人对她的回忆资料几乎都是出自弗莱堡时期，例如埃迪·施泰因、罗曼·英加尔登、尤利乌斯·艾宾浩斯、赫伯特·施皮格伯格、艾玛纽埃尔·勒维纳斯、理查德·库朗、让·海林、范·布雷达等等，他们在各自的零星回忆中对马尔维娜的感受不同，评价也褒贬不一（参见同上书，第1-8页）。

历史。

不过至少可以说，胡塞尔的这个任职期是他人生旅途中最为顺畅、磕绊最少的一段岁月。我们在下一幕开启时会较为详细地对胡塞尔的这一幕做总结和对下一幕做展望。这里我们只须以预告的方式大略地说：这一幕基本上是胡塞尔的教书期和封笔期，下一幕则是胡塞尔的退休期和写作期。

在来到弗莱堡几年之后，胡塞尔曾于 1920 年 5 月 29 日在致其于慕尼黑读艺术史的女儿伊丽莎白的信中说："我在这里有一个我在其他地方从未有过的学生圈，而且在讲座与讨论课方面做加倍的努力。我还从未如此仔细地做过准备"(Brief. IX,350)。这个状况后来还维持了很长时间，直至他 1928 年退休。

与哥廷根时期相比，胡塞尔在弗莱堡付诸了更多心力在其弟子身上，而且也获得了明显的效果。胡塞尔去弗莱堡时，在哥廷根随他读书的一些学生没有随他同行，例如后来成为社会哲学家的赫尔穆特·普莱斯纳等；另一些则跟他去了弗莱堡，例如后来被罗马教会封圣的埃迪·施泰因，后来成为文学艺术现象学家的罗曼·英加尔登，还有后来成为历史现象学家的弗里茨·考夫曼，以及在哥廷根听过胡塞尔的课，后来在弗莱堡完成博士学业的莱布尼茨学家迪特里希·曼科等。

英加尔登对这个时期的胡塞尔有一个相当细致的观察、回忆和描述：

> 在胡塞尔的大学活动史上，以及随之而在现象学运动史上，一个新时代在弗莱堡开始了。胡塞尔开始在一个至此为止完全不同的哲学工作中心发挥作用，尽管他通过其活动而完全重塑了这个中心，但他同时也受到这个新环境的某些影响的制约。即使

如此，他不得不顺应这个不同的氛围，或在其教学活动中考虑这个氛围。战争的最后几个年头虽然削弱了南德意志新康德主义的这个中心，因为许多李凯尔特的合作者和学生都还在战场上或在战场上阵亡，还有一小部分随李凯尔特去了海德堡；然而在战后又有许多大学生和年轻的哲学家回到弗莱堡，而胡塞尔当然必须考虑到他们的在场。另一方面，哥廷根的现象学中心不仅在空间上与胡塞尔相分离，因为只有几个哥廷根的大学生迁居到弗莱堡，而且这个中心也因为战争的状况和战争的结果而被摧毁和打散。因而胡塞尔在很大程度上失去了对老哥廷根现象学氛围的感受，他必须在很大程度上为自己在弗莱堡构建一个新的现象学的周围世界。只有少数几个老哥廷根学生、而且是在相对短的时间里还跟随着他。1916 年春，除了我之外，在弗莱堡的只有鲁道夫·迈耶了（他很快便消失了，以至于我根本不知道他是否还在从事哲学）。夏天，大约在夏季学期结束时，埃迪·施泰因小姐来到这里，以便在胡塞尔这里提交她的博士论文，而后她自 1916 年秋起作为胡塞尔的女助手留在弗莱堡将近两年。在胡塞尔的老哥廷根学生中，战后只有几个人来到弗莱堡，例如汉斯·利普斯和弗里茨·考夫曼；胡塞尔在哥廷根最亲近的同事阿道夫·莱纳赫于 1917 年秋阵亡，同样还有一系列其他的亲近的和有才华的胡塞尔学生（如鲁道夫·克莱门斯、方克弗特等等）。最后，胡塞尔还有许多其他的学生和朋友留在了国外，如亚历山大·柯瓦雷、让·海林、温斯洛普·贝尔等等；康拉德-马悌尤斯与她的丈夫特奥多尔·康拉德在贝格匝本（Bergzabern）隐居了许多年。——哥廷根现象学家的圈子作为一个文化整体在根本上已经中止了存在，而胡塞尔只是时不时地还谈到他的“老学生”，他们已经从他的视野中消失。胡塞尔重又是独自一人，并且从头开始一个建设工作。[①]

对于跟随他来到弗莱堡的学生，胡塞尔似乎有特别的看重。首先是在他与英加尔登之间“建立起了一个更为亲近的关系”，因为，按照英加尔登自己的说法，“我们两人彼此感觉可以说是面对一个新的、陌生世界的老熟人。所以我开始在每次讲座之后都陪胡塞尔回家，但很快便形成了这样的习惯：我几乎每晚都去拜访胡塞尔，以便共同进行哲学思考。常常延续到深夜，而后马尔维娜·胡塞尔太太会出现，并将我打发回家。此后，施泰因小姐在秋天时到来，这样我们三人便构成在弗莱堡的一个小哥廷根殖民地。尤其是施泰因小姐还完全生活在哥廷根的氛围中，因为她与老哥廷根的朋友，首先是与莱纳赫，还保持紧密的通信联系。”[②]

此外，考夫曼在其回忆胡塞尔的文章中，也记载了胡塞尔在1936 年的《危机》发表后寄给他的印本上的题献：“赠给老而忠实的(altgetreuen)哥廷根学生弗里茨·考夫曼先生！ E. 胡塞尔”。[③] 事实上，考夫曼在哥廷根只在胡塞尔身边学习了一年：1913 年，而后他于1914 年参与第一次世界大战，战后于 1918 年在弗莱堡重新开始随胡塞尔学习，此后担任助手和私人讲师直至 1936 年。尽管哥廷根的一年和弗莱堡的十八年不成比例，胡塞尔在称呼考夫曼时仍然强调其哥廷根身份，这恰好印证了英加尔登的上述说法：“对于跟随他来到弗莱堡的学生，胡塞尔似乎有特别的看重。”这一点也尤其表现在另一位“老而忠实的(altgetreuen)哥廷根学生”埃迪·施泰因那里。

---

① Roman Ingarden, „Erinnerungen an Edmund Husserl“, in a.a.O., S. 119f.

② Roman Ingarden, „Erinnerungen an Edmund Husserl“, in a.a.O., S. 120.

③ 参见考夫曼的无题回忆录：Fritz Kaufmann, [ohne Titel], in H. L. Van Breda/J. Taminiaux (Hrsg.), *Edmund Husserl. 1859–1959. Recueil commémoratif publié à l'occasion du centenaire de la naissance du philosophe*, a.a.O., S. 50.

埃迪·施泰因

施泰因(Edith Stein,1891–1942)出生于当时属于德国的布莱斯劳(Breslau)。第二次世界大战后这个地区划归给波兰，如今是波兰共和国的“弗罗茨瓦夫”(Wroclaw)。

施泰因原先在布莱斯劳大学已经学习了两年的德语、历史和心理学。这所大学在二次大战被划给波兰之前有许多重要的人物在这里教过书。在施泰因上学时期就有哲学家理查德·赫尼希斯瓦尔德(Richard Hönigswald,1875–1947)、心理学家威廉·施特恩(Wilhelm Stern,1871–1938)在这里任教。此前还有记忆心理学家海尔曼·艾宾浩斯(Hermann Ebbinghaus,1850–1909)在这里执教了十多年。当他于1905年调离时，胡塞尔还曾出现在布莱斯劳大学空缺的教席候选人的建议名单上(*Husserl-Chronik*,94)。此后，它也是伽达默尔(Hans-Georg Gadamer, 1900–2002)于1918年期间读书的学校。

施泰因在回忆录中写道：“在[布莱斯劳大学的]第四个学期里我获得了这样的印象：布莱斯劳无法再向我提供了什么了，而我需要新的动力。客观上当然绝非如此。还有许多没有充分利用的可能性，而我在这里应当还可以学到很多东西。但我急迫地想要离开。”[①] 出于对胡塞尔及其《逻辑研究》的兴趣，她于1913年转学到哥廷根随胡塞尔学习，在1916年前便已经基本上完成其博士论文初稿。在胡塞尔于1916年夏季学期开始在弗莱堡大学任教之后，她于秋天从哥廷根转学跟随胡塞尔来到弗莱堡，在这里提交博士论文“历史发展和现象学考察中的同感问题”[②]，并以最佳成绩顺利完成答辩获得博士学位，成

---

① 埃迪·施泰因：“在胡塞尔身边的哥廷根和弗莱堡岁月”，载于倪梁康(编)：《回忆埃德蒙德·胡塞尔》，同上书，第80页。

② Edith Stein, *Das Einfühlungsproblem in seiner historischen Entwicklung und in*

为第一个在弗莱堡获得博士学位的胡塞尔弟子。

在施泰因那里除此之外还可以发现许多第一：她在胡塞尔的弟子中是最有个性的一位，是胡塞尔聘请的第一位私人助手，是身前命运最为多舛的一位，也是身后影响最大的一位。

由于当时正处在一次大战的战争状态中，施泰因的博士论文因物资紧缺而只付印了其中关于同感的本质、心理物理个体的构造、同感作为对精神人格的理解之论述的第二、三、四部分，其余的部分，即关于同感问题的历史发展的第一部分，以及关于同感问题在社会学、伦理学、审美学方面的作用之论述的第五、六、七部分，都没有得到付印，而且后来在施泰因还在世时便已遗失而不可复得。目前得以保留下来的仅仅是付印的整个论文中的第二、三、四部分，即后来以《论同感问题》[①]为题出版的著作。

这部著作在同感问题研究领域中的影响一直延续不断，至今还一再被引述。而由于同感研究如今不仅在现象学、心理学、心灵哲学、审美学、伦理学、宗教学、社会学等精神科学领域进行，而且也在生

---

phänomenologischer Betrachtung, Dissertation Freiburg, 1916.——施泰因的这篇提交给弗莱堡大学的答辩论文由七个部分组成：第一部分，从约翰·哥特利布·赫尔德(Johann Gottlieb Herder)到二十世纪初的同感问题的历史；第二部分，同感的本质；第三部分，心理物理个体的构造；第四部分，同感作为对精神人格的理解；第五部分，同感现象及其在社会共同体和共同体构成物上的运用；第六部分，伦理领域中的同感；第七部分，审美领域中的同感。

① Edith Stein, *Zum Problem der Einfühlung* (Teil II/IV der unter dem Titel „Das Einfühlungsproblem in seiner historischen Entwicklung und in phänomenologischer Betrachtung" eingereichten Abhandlung), Halle a. S.: Buchdruckerei des Waisenhauses, 1917.——中文本由张浩军译出，题为《论移情问题》(上海：华东师范大学出版社，2014 年)。将“Einfühlung”译作“移情”会带来诸多问题。其中的技术方面的问题在于，它与弗洛伊德的“移情”(Übertragung)会产生混淆。笔者在“关于几个西方心理哲学核心概念的含义及其中译问题的思考(一)”(载于《西北师范大学学报》，2021 年，第 3 期)文章的第二节中对此有较为详细的讨论说明。

理物理学、神经学、脑科学、人工智能等自然科学领域受到关注和讨论，因而施泰因的早期研究也一再被回溯和重审。而她的相关思想来源，如利普斯和胡塞尔等等在同感问题上的思考，也随之而一再被纳入讨论和研究的语境和论域。①

胡塞尔在此问题上对施泰因的影响可以在她撰写的回忆笔记《出自一个犹太家庭的生活》(ESGA 1)② 中读到。这个回忆录从她出生一直写到博士学位完成为止。她的国家考试论文和博士论文的写作同时也反过来影响了它的首个读者胡塞尔。胡塞尔对她提交的博士论文做了许多摘要。它们后来也作为附录放在施泰因《论同感问题》书后一同发表。③

还在博士论文答辩之前，胡塞尔就已经对施泰因说："我只是在考虑，这个论文是否可能在《年刊》中与《观念》相并列。我的印象是，您已经从《观念》第二部分中提前取走了一些东西。"施泰因随即提出她可以担任胡塞尔的助手，帮助他整理他的大量手稿。胡塞尔大喜过望，立即应允。④

---

① 对此可以参见笔者的论文："意识现象学论域中的人格问题"，载于《河北学刊》，2021年，第1期。

② 该回忆录中涉及胡塞尔及其同事与学生的部分已由笔者译出，以"在胡塞尔身边的哥廷根和弗莱堡岁月"为题刊登在笔者编辑的《回忆埃德蒙德·胡塞尔》中(第77-160页)。

③ 胡塞尔的这个摘要也被舒曼编辑并单独出版。参见 Karl Schuhmann, „Husserls Exzerpt aus der Staatsexamensarbeit von Edith Stein", in *Tijdschrift voor Filosofie*, 53ste Jaarg., Nr. 4, 1991, pp. 686-699.

④ 参见埃迪·施泰因："在胡塞尔身边的哥廷根和弗莱堡岁月"，同上书，第157页。——后来施泰因的这篇博士论文虽然没有刊载在《哲学与现象学研究年刊》上——由于战争原因，《年刊》在1917-1920年期间是空缺的——，但施泰因于1922年还是在《年刊》上发表了自己的另一部在论题上与其博士论文密切相关的论著：《对心理学和精神科学的哲学论证文稿》(Edith Stein, *Beiträge zur philosophischen Begründung der Psychologie und der Geisteswissenschaften*, in *Jahrbuch für Philosophie und phänomenologische Forschung*, V. Band, Halle a. S.: Max Niemeyer Verlag, 1922, S. 1-284)。

胡塞尔乐意聘任施泰因作自己的私人助手的原因与他当年的身体状况有关，主要是因为他在视力方面出现问题。施泰因在她的回忆录中曾报告说：“他无法再辨认原稿，因为他是用纤细的铅笔字速记下来的；他的视力现在已经弱到不足以去阅读它们；他对眼睛的抱怨由来已久，很想让人为他做一个白内障摘除术，但这个病从未达到可以做手术的程度。”[①]这个状况还在胡塞尔于哥廷根任教期间就已经有所显露。按施泰因的回忆，还在提交博士论文初稿给胡塞尔审读时，他就已经开始乐于让施泰因读给他听，而不愿自己阅读了。[②]

在论文答辩完成后，施泰因从 1916 年 10 月 1 日起开始担任胡塞尔的助手，到 1918 年 2 月下旬结束，[③]但仍然在弗莱堡无助手义务束缚的情况下工作到这年的 11 月上旬。[④]在此意义上可以说，施泰因作为学术助手为胡塞尔工作了整整两年的时间。

如果现在来回顾施泰因在此期间所完成的任务，那么可以很清楚地看到，她在胡塞尔手稿的分类、整理、加工方面的工作是开创性的和基础性的。首先，她已经开始用打字机誊写胡塞尔的速记手写稿，加上她之后兰德格雷贝和芬克担任胡塞尔的学术助手期间继续誊写的手稿最后总计有一万多页。她对胡塞尔的大量研究手稿做了首次系统的归类和整理。胡塞尔在哥廷根时期的许多手稿宗卷上都留有她手写的标题和边注。

---

① 参见埃迪·施泰因：“在胡塞尔身边的哥廷根和弗莱堡岁月”，同上书，第 156 页。

② 参见埃迪·施泰因：“在胡塞尔身边的哥廷根和弗莱堡岁月”，同上书，第 142 页。

③ 准确的时间可以参见施泰因于 1918 年 2 月 28 日给英加尔登的信，她在其中写道；“大师仁慈地允准了我的辞职。他非常友善地——尽管并非不带有某种指责的弦外之音——写了信给我。因而我现在自由了，而且我想，这样很好，即使我眼下并不恰恰感到开心”(ESGA III, Nr. 29)。

④ 准确的时间可以参见施泰因 1918 年 11 月 12 日写给英加尔登的信，该信是她在去布莱斯劳的回家途中发出的(ESGA III, Nr. 58)。

其次，她整理了胡塞尔交给她处理的多份重要手稿，其一是《纯粹现象学与现象学哲学的观念》第二卷和第三卷的速记体文稿，对它们进行誊写和排列，并于 1916 年和 1917 年或 1918 年进行了两次加工。其二是受胡塞尔委托对其迟迟未能完成修改的《逻辑研究》第二卷的第二部分，即第六逻辑研究，进行修改。其三，施泰因在整理胡塞尔的手稿时发现其中一组关于时间意识的文稿，即 1905 年的“内时间意识现象学讲座稿”。其四，在施泰因于 1918 年 2 月辞职之后，她仍然在为胡塞尔工作，帮助他审阅了在哈勒和哥廷根时期写下的关于判断理论的大量速记稿(800 页)以及编列了一份详细的目录(Brief. III,181f.)。这里的统计是根据笔者目前所知的施泰因的编辑工作情况做出的，很可能还有笔者未知的其他编辑工作。

最后，施泰因还帮助胡塞尔进行《哲学与现象学研究年刊》的编辑工作以及在教学方面的服务和辅助，包括为胡塞尔的学生开设哲学训练课。

胡塞尔在施泰因的助手工作结束后为她写的任教资格考试推荐函中写道：“她在此后的一年半多的时间里作为我的助手工作，不仅在为了大量的学术出版而对我手稿所做的整理和加工方面，而且也在我的学院教学活动方面做出了极有价值的服务。她为此目的而为我的那些追求更深哲学训练的听众们定期举行哲学练习课，参加这些练习课的不仅有哲学的初学者，而且也有已取得进步者”(Brief. III,549)。

导致施泰因后来辞去助手职务的原因是多方面的，其中最主要的可能是胡塞尔在此期间已经关注其他问题并制定了其他计划。他在此期间(自 1918 年起)的书信中常常谈到他撰写一部“现象学哲学体系”著作的打算，这个计划一直延续到他去世为止。后面笔者会在“自 1918 年开始的著述计划”的标题下展开对这个问题较为详细的论述。

在这里就施泰因的工作而言可以确定一点：她费心竭力地为胡塞尔加工整理的几本著作随后都被胡塞尔搁在一边，连通读一遍的想法和兴趣的都没有，遑论纳入出版的计划。事实上胡塞尔从 1916 年到弗莱堡直至 1928 年退休期间连一部著作都没有发表。①

正因为此，施泰因会在致英加尔登的信中说明她可以继续帮助胡塞尔编辑《年刊》等等，但却不愿再去整理胡塞尔手稿的理由："我不明白那些工作的意义是什么"（ESGA 4, Nr. 28）。当然，导致施泰因离开弗莱堡回到家乡布莱斯劳的原因还有其他一些，例如胡塞尔对她的助手工作的许多要求不近人情；她本人在学术和学业上有进一步的计划，包括申请任教资格考试的打算；1917 年十月革命导致的德国政局的动荡，以及如此等等。

施泰因在其担任助手期间完成的几项工作后来都以各种方式被发表，除了上述在胡塞尔生前于《哲学与现象学研究年刊》中出版的《内时间意识现象学讲座》之外，其余都是在二战后由鲁汶胡塞尔文库组织编辑出版《胡塞尔全集》的过程中作为胡塞尔遗稿而逐步得到发表的：《内时间意识现象学讲座》而后也作为其第 10 卷《内时间意识现象学》的主要内容而再次得到考证性的编辑整理。该卷的编者波姆在回顾介绍施泰因的助手期间工作时写道："在此期间，她不仅受胡塞尔委托整理他的文稿以及处理其他事务，而且除此之外，她还带着令人难忘的智慧、惊人的工作能力和值得赞叹的献身精神，努力通过一种'加工'来使胡塞尔的已有文稿更接近出版的可能。今天已经

① 1928 年由海德格尔在施泰因"加工稿"基础上编辑出版的《内时间意识现象学讲座》也不构成例外，而是胡塞尔于该年 3 月退休后才由海德格尔编辑发表在《年刊》第九辑上。胡塞尔自己在校对清样时已经是这年的 8-9 月了（*Husserl-Chronik*,337），即完全处在退休状态中了。在此意义上完全可以说，1916 年 4 月到 1928 年 3 月是胡塞尔的教学期，1928 年 4 月到胡塞尔 1938 年 4 月去世是他的著述期。

很难知晓，胡塞尔在这里赋予他的女助手的究竟是完全确定的任务、确切的指示，还是扩展了的全权和任凭她决定的自由。”①

波姆在这里提到的“加工”(Ausarbeitung)一词上加了引号，因为它是施泰因对自己整理和处理胡塞尔手稿的工作性质的定义(ESGA III, Nr. 3)。这个词在德文中还包含“拟稿”和“起草”的含义，而它们的确也与施泰因的工作情况相符。从目前已经发表了的几部胡塞尔著述的施泰因加工稿来看，里面含有相当多的施泰因自己的内容。它们之中有许多可以说是施泰因在胡塞尔的相关手稿的基础上为胡塞尔撰写的相关意向著作的初稿。关于《内时间意识现象学讲座》在施泰因那里的“加工”情况，波姆在其《胡塞尔全集》版的“编者引论”中有详细的说明；笔者前面在对该书的介绍中也有。而根据最新的已由封法拉(Dirk Fonfara)编辑即将出版的《纯粹现象学与现象学哲学》第二卷的三份胡塞尔原始本文及其附录和补充文本(Hua IV-2/V-2)的情况来看，施泰因的“加工”工作付出的努力巨大，而且其中不乏她自己的思想添加。

以笔者在探讨胡塞尔的“意识权能现象学”时于《观念》第二卷(Hua IV)中发现的“原权能”(Urvermögen)的重要概念为例，这个词并未出现在胡塞尔的《观念》第二卷原始文本中。施泰因是从胡塞尔的其他未刊手稿或胡塞尔讲授的课程中获得这个概念并将它加入到她起草的文稿中的吗？但在胡塞尔生前发表的和目前可查到的遗稿资料中，这个词的下一次出现已经是十多年之后了，即在一份1929年的研究手稿中。或者这是出自施泰因本人之手的概念？但在《施泰因全集》中目前还没有发现她对此概念的使用。这可能会成为一个永

---

① 鲁道夫·波姆：“编者引论”，载于胡塞尔：《内时间意识现象学》，倪梁康译，北京：商务印书馆，2017年，第7–8页。

远的不解之谜。[①]

施泰因本人在世时曾对与这种“加工”相关的问题做出过解释：“我还要说几句话来澄清我的研究与胡塞尔的思想工作的关系。我几乎有两年的时间在帮助胡塞尔教授先生做重大出版的准备，而在此时间里他近几十年的所有手稿(其中也包括探讨心理学和精神科学论题的手稿)都供我支配。不言而喻，从我以此途径以及在许多谈话中所获得的启发中产生出了对我自己研究的重大影响。这些影响的程度究竟有多大，如今我自己也无法再检验。通过引文来个别地给出引证，这对我来说是不可能的，一方面因为这里涉及的是未刊印的材料，另一方面也因为我常常不清楚：我应当将某些东西看作自己的研究结果，还是应当看作对接受了的思想动机的内心占有”(ESGA VI, 6)。

这种状况对于施泰因而言应当说是很自然的事情，而且是现象学研究的特有风格。她原先在布莱斯劳大学学习心理学，而后转到哥廷根学习现象学。她在回忆中曾以轻松的笔调记录过自己对心理学的实验研究方式与现象学的工作方式之间差异的印象和感想：在哥廷根的哲学教授米勒的心理学实验室中，他的学生们“常常要在几个月之后才能将实验规定与必要的机器凑在一起。没有人会告诉其他人，他做的研究究竟是什么……他们在他们的机器前神秘地转来转去地工作……我们现象学家对这些故弄玄虚的做法一笑了之，并且为我们自由的思想交流感到高兴：我们并不担心，一个人可能会抢走另一个人的成果。”[②]

---

① 对此问题可以参见笔者的论文：“意识分析的两种基本形态：意识体验分析与意识权能分析——兼论通向超越论—发生现象学的莱布尼茨道路”，载于《学术月刊》，2021 年，第 8 期。

② 埃迪·施泰因：“在胡塞尔身边的哥廷根和弗莱堡岁月”，同上书，第 101–102 页。——但她在这里所说的“我们并不担心”还只是她当时充满稚气的大学生心态的写照。后来她在胡塞尔手稿的“加工”方面，在“同感”问题对舍勒的诉诸以及舍勒对胡塞尔思想的诉诸等等方面都遭遇过令人有所“担心”的事情。当然这已经属于另一方面的问题了。

因此，从另一个视角来看待这个问题可以说，无论如何，在施泰因这里可以感觉到现象学的工作哲学风格和科学合作精神。王浩在与哥德尔的谈话中曾流露出对胡塞尔的作为严格科学的现象学的怀疑，理由是在他的思想发展中没有明显的合作进展[①]；而胡塞尔本人实际上也偶尔会抱怨"没有人再与我同行"[②]，但施泰因的案例已经首次表明，现象学的工作可以用合作的方式来完成。后来在胡塞尔与芬克和兰德格雷贝的合作出版中也可以看到类似的现象学团队合作的不尽成熟、但仍属成功的案例。

关于胡塞尔与施泰因的私人关系与思想因缘，笔者在本书第二卷第十四章"胡塞尔与埃迪·施泰因：现象学与同感心理学和神学"中还有更为详细的论述。这里不再赘述，而只补充一个在胡塞尔与施泰因之间私人关系与思想因缘的历史资料：施泰因的回忆笔记写到她自己于 1916 年获得博士学位为止。她此后的生活与工作是以另一种方式记录下来的，即在她与两位哥廷根和弗莱堡时期的同学与好友罗曼·英加尔登和弗里茨·考夫曼的通信中。施泰因与胡塞尔也有长期的和大量的通信，此前她在回忆录中已经提到，且在与他人的书信也一再提到她与胡塞尔的数十次书信往来。但无论是在胡塞尔遗留的书信中，还是在施泰因遗留的书信，能够发现的仅仅是寥寥几封。笔者曾在撰写本书期间致函施泰因传记资料[③]的编者贝克曼–泽勒尔博士（Beate Beckmann-Zöller）询问，得到回复解释：施泰因后来

---

① 参见 Wang Hao, *A Logical Journey. From Gödel to Philosophy*, Cambridge/London: The MIT Press, 1996, p. 171.

② Adelgundis Jaegerschmid O.S.B., „Gespräche mit Edmund Husserl (1931–1936)", in: n Waltraud Herbstrith (Hrsg.), *Edith Stein. Wege zur inneren Stille*, S. 214.

③ Beate Beckmann-Zöller/Hanna-Barbara Gerl-Falkovitz (Hrsg.), *Edith Stein: Themen–Kontexte–Materialien*, Dresden: Verlag Text & Dialog, 2015.

于 1933 年加入科隆的加尔默罗修会前曾将她保存的私人信件悉数烧毁，并很有可能也致函她的朋友和熟人，要求他们烧毁自己给他们的信函。后来她给他们的信函之所以保存下来，是因为他们没有遵从她的要求。而施泰因的书信在胡塞尔那里没有保存下来，原因是否与此有关？即是说，胡塞尔也收到施泰因的信函，并遵其请求而将她的书信予以销毁？抑或还有一种可能，即胡塞尔与施泰因的通信往来，与胡塞尔和海德格尔的通信一样，在二次大战中于安特卫普毁于盟军的轰炸？[①]——或许未来会有进一步的线索可以为这个问题的回答提供可能。

贝克曼-泽勒尔博士的回信还告知一个信息：施泰因在进入修道院前销毁了私人书信，但保留了学术方面的笔记资料和文献。由于她常常会利用书信的背面作笔记，因而有些书信以此方式被保留下来。这也可以解释为何胡塞尔还有寥寥几封给施泰因的信会留存于世。

接下来要讨论这里已经一再被提到的胡塞尔弟子英加尔登。他是与施泰因关系最密切的朋友。

罗曼·英加尔登

英加尔登(Roman Witold Ingarden,1893-1970)可以算作胡塞尔最重要的五名学生和助手之一(另外四位是施泰因、考夫曼、兰德格雷贝、芬克)，而从入门时间来看，他是这五人中最早的一位。

---

① 对此可以参见范·布雷达的报告：“不幸的是，1940 年 9 月……装有[胡塞尔的]家具的集装箱因为战争的缘故而被摧毁了；在指望可以将它装船运到美国去的时间里，我们让人将集装箱放置在安特卫普的港口。由于盟军在 1940 年 9 月 16 日的一次空袭以及由此造成的火灾，胡塞尔的老师布伦塔诺为青年胡塞尔所绘的两幅画像以及他的通信的一个重要部分——也包括马丁·海德格尔给他的信——被毁灭殆尽”(海尔曼·范·布雷达：“胡塞尔遗稿的拯救与胡塞尔文库的创立”，载于倪梁康(编)：《回忆埃德蒙德·胡塞尔》，同上书，第 549 页。——重点号为笔者所加)。

英加尔登于1912年4月入学，在胡塞尔那里学习的时间要早施泰因一年，这是指在哥廷根时期。而在胡塞尔转到弗莱堡之后，英加尔登也比施泰因早一个学期到了弗莱堡。胡塞尔、英加尔登与施泰因“三人便构成在弗莱堡的一个小哥廷根殖民地”。[①]

这个三人组的格外紧密的关系一直延续到胡塞尔1938年去世。即使胡塞尔–施泰因的通信往来现在无法见到，但胡塞尔–英加尔登的书信集已经在1968年作为“现象学文丛”（Phaenomenologica）第二十五卷出版。[②] 在舒曼编辑的《胡塞尔年谱》中，胡塞尔在退休后的思想进程和工作进程、生活日程乃至旅行行程，后来有许多都是通过他以及他的太太马尔维娜在致英加尔登的信函中给出的信息来确定的。此外，该书信集中还刊载了英加尔登撰写的长篇胡塞尔回忆录以及对胡塞尔书信的解释说明。这个回忆录和访问记[③] 正好与施泰因的回忆录相衔接，从一个方面勾勒出了胡塞尔在到达弗莱堡之后的生活经历与思想道路。笔者在后面还会一再地诉诸于它们。

而在三人组中，由于施泰因的回忆录中止于她的博士考试的完成，因而她后来在担任胡塞尔私人助手期间的所思所为的直接记录是通过她于1917年至1938年期间写给英加尔登的162封书信[④]（此外还有她于1916年至1934年期间写给考夫曼的29封书信）来完成的。

---

① 罗曼·英加尔登：“回忆埃德蒙德·胡塞尔”，载于倪梁康（编）：《回忆埃德蒙德·胡塞尔》，同上书，第175页。

② 参见 Edmund Husserl, *Briefe an Roman Ingarden. Mit Erläuterungen und Erinnerungen an Husserl,* herausgegeben von Roman Ingarden, Phaenomenologica 25, Den Haag: Martinus Nijhoff, 1968.

③ 它们现在已由笔者译成中文，参见罗曼·英加尔登：“回忆埃德蒙德·胡塞尔”与“五次弗莱堡胡塞尔访问记”，载于倪梁康（编）：《回忆埃德蒙德·胡塞尔》，同上书，第161–190页、第191–231页。

④ 参见 Edith Stein, *Gesamtausgabe Bd. IV: Selbstbildnis in Briefen III. Briefe an Roman Ingarden*, Freiburg i.Br.: Verlag Herder, 2005.

英加尔登于 1962 年将施泰因在那几年里给他的信函扼要地发表出来，以澄清施泰因在“加工”胡塞尔手稿的方式上受到的质疑。[①] 除此之外，英加尔登还对施泰因的哲学做过总体的介绍与评价。[②]

在去哥廷根随胡塞尔学习之前，英加尔登曾在利沃夫（Lwów）大学随布伦塔诺的学生特瓦尔多夫斯基（Kazimierz Twardowski,1866–1938）学习数学与哲学。这个地区的历史因欧洲政治的原因而充满了变数。它此前叫作伦贝格（Lemberg），属于奥匈帝国。利沃夫是这个城市的波兰文名称，伦贝格是它的德文名称。

特瓦尔多夫斯基与胡塞尔一样在维也纳大学学习，同属布伦塔诺的学生。[③] 胡塞尔在《逻辑研究》中对特瓦尔多夫斯基有认真的研究和诸多引用，主要是他的《关于表象的内容和对象的学说》[④]，将他当作一个经验主义和心理主义的严肃论辩对手。英加尔登在其回忆录中曾回顾过他的这段离开特瓦尔多夫斯基转向胡塞尔的经历：“我来自利沃夫，那里尽管有特瓦尔多夫斯基却仍然笼罩着强烈的带有实证主义色彩的哲学氛围，因为有一部分特瓦尔多夫斯基的学生（主要是卢卡西维茨）处在罗素和马赫的影响下。特瓦尔多夫斯基的另一部分学生仅仅从事一种布伦塔诺意义上的描述心理学，而特瓦尔多夫斯基始终将布伦塔诺标示为一个‘心理学家’。这个时期人们已经很少相信哲学。后来的逻辑主义学派的最初开端此时业已成为现实。因此，

---

① Roman Ingarden, “Edith Stein on Her Activity as an Assistant of Edmund Husserl”, in: *Philosophy and Phenomenological Research,* 23, 1962, pp. 155–175.

② Roman Ingarden, „Über die philosophischen Forschungen Edith Steins“, in: *Freiburger Zeitschrift für Philosophie und Theologie*, 26, 1979, S. 456–480.

③ 对此可以参见 Anna Brożek, *Kazimierz Twardowski – Die Wiener Jahre*, Wien: Springer-Verlag, 2011, S. 124.

④ Kazimierz Twardowski, *Zur Lehre vom Ihnalt und Gegenstand der Vorstellungen. Eine psychologisce Untersuchung*, Wien: A. Hölder, 1894.

当我听到胡塞尔说应当让哲学承担本质研究的任务时，我感到异常的兴奋。尽管如此，我还是用了很长的时间才习惯于这种新的哲学的，尤其是现象学的氛围。"[①]

在哥廷根随胡塞尔学习了几年之后，他于1916年随胡塞尔到弗莱堡继续完成他的博士论文，其论题在哥廷根时便已与胡塞尔商定："论亨利·柏格森的直觉与智性"（Über Intuition und Intellekt bei Henri Bergson）。到1917年10月时，英加尔登已经可以将其博士论文分章地读给胡塞尔听了。他的论文答辩是在1918年1月16日举行的。

完成博士学业后，英加尔登回到利沃夫大学准备任教资格考试，但他并未像胡塞尔希望的那样在三年内完成，而是一直拖至1924年才完成考试，并于次年在这里担任私人讲师。1933年担任教授，1946年应聘回到他的家乡克拉科夫担任那里的雅盖隆大学的讲座教授。

可以说，一战后期的弗莱堡岁月（1916年4月-1918年11月），胡塞尔是在英加尔登和施泰因的陪伴下度过的。

关于英加尔登与胡塞尔的私人关系与思想因缘，除了前引的英加尔登的两篇回忆录之外，还可以参考笔者在本书第二卷第十五章：胡塞尔与英加尔登（一）"现象学与文学艺术理论"与第十六章"胡塞尔与英加尔登（二）：现象学与实在论"中更为详细的论述。

就总体而言，英加尔登是胡塞尔在哥廷根完成"超越论转向"之后最接近其超越论现象学思考方式的三位学生之一，另外两位是施泰因和芬克。施泰因曾一度向英加尔登承认，"我自己已经皈依了观念论，而且相信，它可以得到如此理解，以至于它也可以在形而上学方面得到满足"（ESGA 4, Nr. 37）。而英加尔登则在二战后一再撰文对

---

① 罗曼·英加尔登："回忆埃德蒙德·胡塞尔"，同上书，第170-171页。

胡塞尔的超越论的观念论进行解释和说明。[①] 因此，尽管胡塞尔仍然抱怨说没有人与他“同看、同行、成为同研究者”（Brief. III,286），但他说到底也只是在批评他的这些学生的立场并不如他一般坚定而已。

弗里茨·考夫曼

一战结束后，弗里茨·考夫曼（Fritz Kaufmann,1891–1958）从前线返回学院，从 1919 年夏季学期开始参加胡塞尔的课程，在这里继续他的博士学业。此前他在战争期间曾尝试撰写了一份题为“冲突”的文稿，是对战争问题的回应思考，其中表明胡塞尔、狄尔泰和施普朗格对他的影响。战后他试图以此在莱比锡大学申请博士学位考试，但不知出于何种原因，这个申请在莱比锡大学未得到考夫曼原先的老师施普朗格的允许。[②]

此后考夫曼转向胡塞尔求助，胡塞尔虽然没有同意他用这个论文到弗莱堡大学申请博士，但并未拒绝考夫曼到弗莱堡继续学习。于是考夫曼于 1919 年来到弗莱堡，准备新的论文，并由此开始他在胡塞尔身边度过的十四年弗莱堡岁月。

在哥廷根和弗莱堡时期，考夫曼最亲近朋友应当非埃迪·施泰因

① Roman Ingarden, „Über Den Transzendentalen Idealismus Bei E. Husserl“, in Van Breda, H. L. and Taminiaux, J. (Eds.), *Husserl Et La Pensée Moderne/Husserl und das Denken der Neuzeit. Actes du deuxième Colloque International de Phénoménologie/Akten des zweiten Internationalen Phänomenologischen Kolloquiums. Krefeld 1.–3. Nov. 1956*, Phenomenologica 2, The Hague: Martinus Nijhoff, 1959, S. 190–204; Roman Ingarden, *On the Motives Which Led Husserl to Transcendental Idealism*, The Hague: Martinus Nijhoff, 1975.

② 这份共有 146 页打字纸的文稿始终没有发表，现作为考夫曼遗稿与他的其他手稿一起存放在比利时鲁汶大学胡塞尔文库中。文库的托马斯·冯格尔（Thomas Vongehr）认为：“除了值得怀疑的质量之外，我们相信，该论文具有历史价值，因为它是最早（1918 年）对战争所做的（现象学）反思之一。”（Thomas Vongehr, January 25, 2016）：http://hua.ophen.org/2016/01/25/der-konflikt-fritz-kaufmanns-first-dissertation-1918/.

莫属。她在回忆录中记录过她对考夫曼的总体印象:"弗里茨·考夫曼也已有了一个他可以带着骄傲回顾的哲学过去。他从马堡的纳托尔普那里来,因而内心已经接受了那么多的新康德主义,以至于他如此难以适应现象学的方法。他是一个来自显然非常富有的莱比锡犹太商人家庭的长子。由于他还有两个弟弟可以接管他父亲的买卖,因而他可以完全献身于哲学,而且直接向着高校生涯奔驰。他是我们中间唯一无需考虑面包学业的人。"① 而考夫曼在弗莱堡期间的另一位同学和朋友是卡尔·洛维特,后者也在回忆录中对考夫曼有简短的回顾和性格刻画:"考夫曼是胡塞尔的一位老学生,他在弗莱堡完成了任教资格考试,是犹太人,离开了德国。他是典型的伦理上严厉的、极有教养的,训练有素且干净整洁。"②——这里提到的三位都是胡塞尔的犹太裔学生。

考夫曼于1924年以"作为审美现象的艺术作品"为题完成博士论文答辩,1928年以"瓦尔腾堡的约克伯爵的哲学"为题完成的任教资格答辩,而后在弗莱堡大学担任私人讲师,直至1933年希特勒上台,他的犹太血统使他无法在弗莱堡乃至德国容身。如果加上此前在哥廷根的一年,他陪伴在胡塞尔身边的时间是所有学生中最长的。

关于胡塞尔和考夫曼的私人关系和思想联系,笔者在本书第二卷第二十章"胡塞尔与考夫曼:现象学与历史哲学"中有较为详细的论述。这里需要提到胡塞尔在1918年2月28日致考夫曼信中所写的一段话,他在那里写道:"我正在进行重大的和富有成效的工作,并且在两年的弗莱堡工作中取得了可观的进步。许多文稿都在成书过

---

① 埃迪·施泰因:"在胡塞尔身边的哥廷根和弗莱堡岁月",同上书,第94页。

② Karl Löwith, *Mein Leben in Deutschland vor und nach 1933 – Ein Bericht*, Stuttgart/Weimar: Verlag J. B. Metzler, 2007, S. 61.

程中，而且是在缓慢地、但可靠地成熟着。当然它们的篇幅都很大”(Brief. III,342)。

从这里可以看出胡塞尔于 1916 年开始的著述计划的端倪。这在很大程度上与施泰因对胡塞尔文稿的编辑成果有关。它们给胡塞尔以信心开始考虑和准备他的“系统著作”或“基本著作”。

弗莱堡时期的“现象学哲学体系”巨著计划

1916 年，当胡塞尔应聘到弗莱堡大学担任这里的讲席教授时，他已经 57 岁。大约在两年后，他开始有了撰写一部“现象学哲学体系”著作的初步想法。[①] 它也是胡塞尔太太在回忆录中提到的著作，即胡塞尔在 78 岁时仍然在将他集聚起来的精神习得之力量全部浇注于其中的“一部登峰造极的著作”。[②] 为此计划而产生的最初文字是他于 1918 年 3-4 月间在贝尔瑙度假时写下的 14 页手稿，它已经带有“体系”的标题，主要讨论“各种逻辑学(各种存在论)，尤其是价值学和实践论”。事实上，关于“所有存在论的体系”的核心观念已经在此文稿中得以形成。[③] 随后，在 1920 年 10 月为《逻辑研究》第二卷第二部分撰写的“前言”中，胡塞尔对此计划做了公开的暗示：“我在弗莱堡的新教学工作也要求我将我的兴趣朝向主导的普遍性和体系”(LU II/2, B_2 III)。[④]

---

① 耿宁认为：胡塞尔是从 1921 年起开始准备这部重要的体系著作，以“取代以前计划过的《观念》第二、三卷”(参见 Iso Kern, “Einleitung des Herausgebers”, in Hua XV, S. XXII)。他依据的是胡塞尔 1921 年 11 月 25 日给英加尔登的信。但下面的引述会表明这个时间点还可以向前推至 1920 年乃至 1918 年。

② 马尔维娜 · 胡塞尔：“埃德蒙德 · 胡塞尔生平素描”，同上书，第 23 页。

③ 参见胡塞尔手稿：A III 13/30-44，A III 4/95b；以及参见 *Husserl-Chronik,* 223。

④ 海德格尔也注意到了这一点，他在后来的回忆录中同样引用了胡塞尔的这段文字，并且甚至据此而将胡塞尔的“体系发展”的趋向追溯到 1913 年发表的《观念》第一卷：“胡塞尔……本人对《逻辑研究》已不再感兴趣了。在他的学院活动的新领域，他的思维激情和努力比任何时候都更转向了对《观念》中所表达的那种规划的体系发展”(海德格尔：《面向思的事情》，同上书，第 95 页)。

可能是在1920年7月3日写给美国的观念论哲学家、他的哥廷根时期学生威廉·霍金的信中，胡塞尔最早透露了撰写这样一部体系著作的想法："我以最大的强度在继续钻研一门'现象学'哲学的基本问题和体系，而且大概不会在两年内完成它"(Brief. III,165)。随后在同年9月22日给他的另一位来自加拿大的哥廷根时期学生贝尔(W. P. Bell)的信中，他更明确地说："我想在一种全新的精神中将逻辑学[①]构想为整个哲学的最普全的形式原理学。在主要纲领上我达到了一个——体系"(Brief. III,20)。

至此之后，"体系著作"(Systemwerk)或"基本著作"(Grundwerk)的想法和计划一再出现在胡塞尔的书信、文稿以及他人对胡塞尔的谈话的记录中，最多出现于胡塞尔致其哥廷根与弗莱堡时期的学生英加尔登的信函中。从中我们可以看到胡塞尔在相关方面长达十多年工作的具体进展、变化与结果。但对此计划的起因、范围、进展等最为详尽的一次回顾和总结是在他1931年初写给普凡德尔的信中："在尝试对我的《观念》(1912年秋)的第二、三部分(我很快便认识到它们的不足)进行改进并且对在那里开启的问题域进行更为细致而具体的构建的过程中，我纠缠到了新的、极为广泛的研究之中(人格现象学与更高级次的人格性现象学、文化现象学和人类周围世界一般的现象学、超越论的'同感'现象学与超越论的交互主体性理论，'超越论的感性论'作为世界现象学，即纯粹的经验、时间、个体化的世界现象学，作为被动性构造成就理论的联想现象学、'逻各斯'现象学、现象学的'形而上学'问题域，如此等等)。这些研究贯穿在忙碌的弗莱堡岁月之始终。数量已经增加到了无法控制的地步。其间一再地产生

① 这里的"逻辑学"不是指形式逻辑或现代逻辑，而是指胡塞尔当时(1920/21年冬季学期)开设的"超越论的逻辑学"讲座。

出这样的担忧：在我这个年龄，我自己是否还能将这些托付给我的东西最终加以完成。激情的工作导致我一再地经受挫折并一再地陷入忧郁。最终留存下的是一种普遍的、压抑的基本情绪，是危险地坠落了的自身信任”(Brief. II,180–184)。写此信时，胡塞尔距离他的去世只有七年的时间，也就是说，他的整个计划(1916–1938年)实际上已经用完了三分之二的时间。

1. 1921年11月25日，胡塞尔在给英加尔登的信中写道：“现在我自几个月以来一直在仔细处理我的那些分量过大的手稿，并且正计划一部重要的体系著作，这部著作是自下而上地构建起来的，可以用作现象学的基本著作”(Brief. III,213)。但胡塞尔似乎很快便发现这里的困难。在1922年2月1日写给纳托尔普的信中，他提到正在准备四次伦敦讲演的文稿，并且已经开始抱怨说：“我的情况远比您的要糟糕，因为我的毕生工作的绝大部分都还滞留在我的手稿中。我几乎要诅咒自己无能力完成这项工作以及我只是这么晚——部分地只是现在——才获得了这种普全的**体系的**想法，这些思想是我迄今为止所有个别研究所要求的，并且它们现在也迫使我去改进所有这些个别研究。一切都处于重构的阶段！也许，我以人所能鼓足的一切干劲来做的努力都只是为了我的遗稿而工作。无论如何，只希望它圆满成功，并且不会来得太迟”(Brief. V,151f.)。接下来，当舍勒于1922年4月26日去弗莱堡拜访胡塞尔时，他报告说，胡塞尔“立即向我阐释他将在伦敦演讲的‘体系’”(*Husserl-Chronik*,259)。

这里两次提到的“伦敦讲座”是胡塞尔应伦敦大学的邀请而于这年的圣灵降临节在那里所做的四个题为“现象学的方法与现象学的哲学”的演讲。它可以说是胡塞尔这一时期的“体系思考”的一个阶段性成果。这次伦敦讲演的几个月后，胡塞尔在1922年9月1日致其哥廷根时期学生阿道夫·格里默的信中写道,“我最近又一次透彻地思考了现象学的原则思想和方针。我据此而选择了我的伦敦讲演的论题……我刚刚步入‘最佳年华’,我必须进行‘盘点’,在此期间,一个**体系**的主要思想得以形成,并且迫使我去追究它们,而不是去完成我理应完成的老的东西。我需要每一段完好的时刻,每一份微小的力量”(Brief. III,85f.)。

伦敦的四次讲演包含一个引论:现象学哲学的一般目标,以及四个篇章:1)通向本我-我思(ego cogito)的笛卡尔式道路与现象学还原的方法;2)现象学经验的王国与一门现象学科学的可能性。超越论现象学作为超越论主体性的本质科学;3)超越论现象学与可能认识、可能科学、可能对象性和世界的问题;4)一门作为科学论的逻辑学的具体观念与所有存在论的体系。未来现象学哲学的具体目标。[①]

然而胡塞尔迟迟没有将他的四篇伦敦讲演稿付诸发表。即使在当年年底纳托尔普、普凡德尔和他的伦敦讲演的邀请人希克斯(G. D. Hicks)都致函胡塞尔,催促他早日出版这些讲演(Brief. V,160;II,173;III,45),胡塞尔仍然不为所动。其中的原因他在 1922 年 12 月 13 日致贝尔的信中已经有所表明:“希克斯向我保证可以很快地、以尽可能简短的形式发表伦敦演讲,并因此而在英国唤起对现象学的最初的严肃兴趣。是的,智慧的希克斯,你很有道理!但是我(始终如一 [semper idem])无法成为实际政治家,纵然是为了现象学及其成就也做不到。我不能为了‘名气’这道小扁豆菜(Linsengericht)而在英国出售我的灵魂救赎。(这种‘小扁豆’我很不喜欢吃,尤其是自现象学成为时尚以来。)希克斯很看重将这些文字放在剑桥大学

① 这些讲演稿在鲁汶胡塞尔文库中一直存放到 1999 年才发表。参见 E. Husserl, „Phänomenologische Methode und phänomenologische Philosophie <Londoner Vorträge 1922>“, in: *Husserl Studies*, 16(1999), S. 183-254. 后来收入 Hua XXXV, 311-340.

出版社出版。但我会用拖延、有可能也通过扩展的方式来将它打发掉”(Brief. III,45f.)。胡塞尔在这里似乎并不在意现象学在英国的影响,尤其不愿意以简本的方式发表这些演讲。他更想将它们扩充为体系著作。这一点可以在他1923年8月31日致英加尔登的信中读出:“我没有将伦敦讲演加以付印。我将它们扩展成了一个每周四小时的冬季讲座,而且我会在下一个冬季对它们做更近一步的深化,并且会与我的研究助手一起为它们的付印做准备(它将成为在现象学的意义上以及在第一哲学沉思集形式上的一个哲学体系的原则提纲,这些沉思必定会作为‘开端’而(从本质上)开启真正的哲学)”(Brief. III,218)。胡塞尔在这里提到的“研究助手”是1923年开始为他工作的兰德格雷贝,而“每周四小时的讲座”是指题为“哲学引论”的1922/23年的冬季讲座,这个讲座的文稿后来也与伦敦讲演稿一样,在胡塞尔生前都未得发表,而是在近八十年之后才作为《胡塞尔全集》第35卷于2002年出版,其中也将1999年在《胡塞尔研究》上单独出版的“伦敦讲演”作为补充文字收录。

胡塞尔没有出版相关讲座稿和讲演稿的一个重要原因可以在耿宁的分析中找到:“那些为1921/22年的一部‘重要的体系著作’所做的准备工作具有极为丰富的内容,然而这些准备工作所包含的任何一个部分都没有被加工到可以出版的程度。这是由胡塞尔的特殊工作方式所决定的:当他想撰写一部著作时,他通常不会在一开始就立即拟定一个确定的计划,而后一部分、一部分地去实现它;相反,他首先尝试在他的文字‘独白’中从思想上把握全部的资料;并且希望能够在这样一种思想掌控的基础上于短时间内写下作为这种掌控之结果的文字论述。”[①] 这意味着,如果他最终没有能够完成他的出版计划,

① Iso Kern, “Einleitung des Herausgebers”, in Hua XV, S. XX.

那么可能的原因只有两个：要么是还没有在思想上掌控全部材料，要么是无法在短时间里完成文字上的阐述。

在伦敦讲演之后，胡塞尔的体系著作的写作计划暂时告一段落。但按照“伦敦讲演”编者谷森斯（B. Goossens）的说法，“胡塞尔对于伦敦讲演的兴趣始终贯穿在整个二十年代”。[①] 看起来胡塞尔还在思考如何将自己的相关思想系统化的问题，只是由于种种原因而一直没有将其诉诸表达。在 1926 年 10 月 9 日致英加尔登的一封信中，施泰因便就她于一周前在弗莱堡对胡塞尔的拜访而报告她的感受说：“事实上在他［胡塞尔］那里，所有的东西都已经聚合为一个卓越的统一，此前我了解的所有具体研究都嵌入其中，并且在其中具有其目的论的意义。但是——现在才是真正的悲剧所在——，这个整体应当都活在他心中，而他在合适的时候可以谈论它，然而我怀疑他是否会将它写在纸上，遑论将它付印，而他简直就没有一个学生是完全在他的意义上工作的。”[②]

在此期间胡塞尔在书信和其他谈话中实际上都较少提及他的“体系著作”，遑论将它们写在纸上；直至 1929 年。是年 2 月 23 日和 25 日，胡塞尔应邀在巴黎索邦大学做了有关“超越论现象学引论”的两次讲演，此后又在斯特拉斯堡大学对这两个讲演做了有所改动的重复。他在这两个讲演中重拾伦敦讲演的开端，再次透彻地审思笛卡尔的方案对于现象学的体系意义。因而在 1929 年，当吉尔伯特·赖尔（Gilbert Ryle）与奥列弗·弗兰克到弗莱堡拜访胡塞尔时，我们才又听到报道

① 参见 E. Husserl, „Phänomenologische Methode und phänomenologische Philosophie <Londoner Vorträge 1922>“, in a.a.O., S. 194.

② Edith Stein, *Selbstbildnis in Briefen III. Briefe an Roman Ingarden*, a.a.O., S. 171f.

说：胡塞尔向他们讲述了“我的体系”。[①]

与对待伦敦讲演稿的方式不同，胡塞尔此次开始认真计划将巴黎讲演稿加工成《笛卡尔式沉思》出版。是年12月2日，胡塞尔在给英加尔登的信中说：“我愈发重视将《笛卡尔式沉思》德文版充分地扩展为我的系统的‘主要著作’。但愿它在30年底完成，接下来是各个具体阐述的著作——在材料上已经有了极其丰富的准备”（Brief. III,254）。

这条从伦敦讲演到巴黎讲演的思想发展线索构成胡塞尔“体系著作”之构想和准备过程的一个重要部分，或者说，首要的部分。谷森斯曾描述过这个部分的方法论特征：“在这里标示出的从伦敦讲演到《笛卡尔式沉思》的道路上有众多的构建、发展和在方法上完善现象学引论的新纲领的尝试。与此起点相联结的是胡塞尔在超越论哲学转向之后对现象学方法论的再次彻底化，首先是在现象学成为‘严格的科学’的要求方面，以及与此相关在能够完成最终论证的要求方面。”[②] 这同时也意味着，胡塞尔的“体系著作”之构想首先开始于方法论方面的思考。

2. 然而1929年与胡塞尔计划的“体系著作”相关的写作还不只是《笛卡尔式沉思》这一部，它的法文版拖延到了1931年才在巴黎出版。事实上在1929年10月真正得以出版的是另一部与“自然与精神”体系思想方向相关的《形式逻辑与超越论逻辑》。[③] 胡塞尔在1928/29

---

① 参见H. Spiegelberg, *Scrap-Book*（G. Ryle），转引自*Husserl-Chronik*, 340。

② 参见B. Goossens, „Einleitung des Herausgebers“, in: E. Husserl, „Phänomenologische Methode und phänomenologische Philosophie <Londoner Vorträge 1922>“, a.a.O., S. 184.

③ 关于《笛卡尔式沉思》和《形式逻辑与超越论逻辑》的形成、出版与核心内容，笔者已有专门文字论述。它们都可以被视作胡塞尔后期体系著作思考的一部分。

年冬季用几个月的时间全力以赴撰写并最终赶在《哲学与现象学研究年刊》第十辑上发表了这部导论性著作,其主要目的在于指明一条从形式逻辑通向超越论逻辑的道路。关于这部"逻辑书"以及后来与此书密切关联的"第二逻辑书"《经验与判断》的产生原因,兰德格雷贝在他为后者撰写的"编者导言"中已有交待。

在如此短的时间里完成一部著作的撰写和出版,这在胡塞尔这里并非首次:1913年的《纯粹现象学与现象学哲学的观念》第一卷也是以这种方式完成的。它们都符合耿宁所描述的胡塞尔的写作方式——《逻辑研究》除外。

《形式逻辑与超越论逻辑》看起来是胡塞尔以某种方式为自己的七十岁生日所做的庆祝或纪念。它发表在《哲学与现象学研究年刊》第十辑上。这一辑年刊因为胡塞尔的七十诞辰还专门出版了一个作为补充卷的纪念文集。[①] 无论如何,《形式逻辑与超越论逻辑》应当被视作胡塞尔后期与体系著作相关思考的一个部分。

可能是受到《形式逻辑与超越论逻辑》出版的鼓舞,胡塞尔翌年年初继续尝试去完成"第二逻辑书"。胡塞尔将他称作"逻辑研讨"(Logischen Studien)。在1930年[②]3月5日致格里默的信中,胡塞尔曾预告说:"两部篇幅更大的著述将会在年内付印;系统的主要著作若无意外会在明年付印,那时还必须在文字上展示十分重要的具体研究,它们在思想上已经完成"(Brief. III,90)。这里所说的"两部篇幅较大的著述"很可能就是指兰德格雷贝于1928年受胡塞尔的委托开

---

① M. Heidegger (Hrsg.), *Festschrift E. Husserl zum 70. Geburtstag gewidmet. Ergänzungsband zum Jahrbuch für Philosophie und phänomenologische Forschung*, Halle a. S.: Max Niemeyer Verlag, 1929.

② 这封致格里默的信在舒曼编辑的《胡塞尔年谱》中标明的日期是1930年3月5日(*Husserl-Chronik* 359);但在他编辑的《胡塞尔书信集》中标明的时间是1931年3月5日(Brief. III, 89)。

始编辑整理[①]，但在他去世后才出版的《经验与判断》，以及《笛卡尔式沉思》的德文版；而"系统的主要著作"则很可能是指胡塞尔后来一再说他"自十年来就在准备的体系著作"。

但这些预告后来都没有实现，甚至在两个星期后他便打算暂时修改这些著作的出版计划。他在1930年3月19日给英加尔登的信中解释说："因为我从手稿中(或从由此统一相联结的兰德格雷贝博士那里)突然明白，在松散片断中有一个极为重要的统一的思想从隐蔽处凸现出来，而且现在有必要在它的原则领导下进行一个全新的系统的起草加工，同时还要加入其他旧草稿的补充部分。我看到，我为此将还需要四至六个月的时间，而我不能将《笛卡尔式沉思》德文版的加工拖延那么久"(Brief. III, 262)。胡塞尔在这段时间里显然更看重对《笛卡尔式沉思》的德文版的加工出版，他在这封信中将它称作"我一生的主要著作、一门对我而言逐步生长起来的哲学的纲要、一部方法的基本著作和哲学问题的基本著作"，接下来他还写道："至少**对我而言**它是个了结，而且是我所能够倡导的并且可以随之而安心辞世的那种最终清晰性"(Brief. III, 262)。因此，《经验与判断》与体系著作的计划被搁置，胡塞尔开始将注意力集中在对《笛卡尔式沉思》的德文版的加工上。

当然，胡塞尔只是暂时搁置了体系著作的计划，但始终没有完全放弃。此后他的工作还一再地徘徊于《笛卡尔式沉思》的德文版和"体系著作"之间，并且偶尔还有将它们合而为一的想法。1930

① 按照兰德格雷贝的更为严格的说法："我在1928年受胡塞尔——当时我是他的助手——的委托，将属于超越论逻辑问题范围的手稿归集到一起，从速记稿中誊写出来，并试着对它们统一的、系统的整理"(参见 Ludwig Landgrebe, "Einleitung des Herausgebers", in E. Husserl, *Erfahrung und Urteil – Untersuchungen zur Genealogie der Logik*, Hamburg: Felix Meiner Verlag, 1985, S. XXI；中译本参见胡塞尔：《经验与判断——逻辑谱系学研究》，北京：三联书店，1999年)。

年6月21日,列夫·舍斯托夫在弗莱堡拜访了胡塞尔。他后来回忆说:胡塞尔正试图像李凯尔特那样在死前完成他的“体系”(*Husserl-Chronik*,363)。

这个时期的工作有很大的强度,它很快使胡塞尔感到疲惫不堪,时而病倒,时而陷入忧郁状态。1930年7月16日,他在给吉布森的信中写道:“我曾有过一段长时间的极度强化的工作,并且还将会有一段长时间的极度强化的工作。在此期间我已经疲惫之极。这部新的著作会非常显著地完善现象学的系统问题范围,并且表明,事实上在它之中包含了哲学(包括所有真正的科学)的全部问题域,而这部新的著作实际上需要年青的力量”(Brief. VI,140)。胡塞尔在这里所说的“年青的力量”已经实有所指:他即将全薪聘任的私人助手欧根·芬克。

如前所述,施泰因在1926年拜访胡塞尔时曾注意到,“他简直就没有一个学生是完全在他的意义上工作的”[①],而在四年之后,局面已经有所改观:芬克与兰德格雷贝应当可以说是两位当时全然在胡塞尔意义上工作的学生。

3. 芬克自1927年开始旁听胡塞尔的讲课(*Husserl-Chronik*,323),1928年开始接替已获得德意志科学紧急共同体奖学金的兰德格雷贝,担任胡塞尔的私人助手(*Husserl-Chronik*,337)。到了1930年5月,胡塞尔哥廷根时期的学生、时任普鲁士教育部长的格里默答应胡塞尔,为他支付一个私人助手薪酬的经费。芬克因此可以全力以赴地投入到为胡塞尔文稿的构想、布局,手稿的整理、誊写、加工、编辑等工

① Edith Stein, *Selbstbildnis in Briefen III. Briefe an Roman Ingarden*, a.a.O., S. 171f.

作中。1930年8月13日，芬克将他与胡塞尔商定构想起草的“现象学哲学体系”的布局交给胡塞尔，整个布局有六页纸。[①] 这就是下面译出的分别出自胡塞尔和芬克之手的两份体系著作构想草案。

此后胡塞尔一直与芬克密切合作，甚至在度假时也让芬克同行，以便在工作中随时可以进行商讨。这样的做法也就使得度假不再是度假，而是成为某种异地工作。1930年8月底，胡塞尔与芬克一起到意大利基亚瓦里地区“度假”。是年9月23日，他从意大利的基亚瓦里地区致函凯恩斯说：“我与我的出色助手芬克博士一起在制定超越论现象学的一个新的系统设想（直至伦理-宗教问题域，直至‘形而上学’的诸问题）。但愿这个设想可以在1931年出版”（Brief. IV,25）。但他在那里因患气管炎而病倒，卧床14天，直至他能够起身从那里回到弗莱堡。胡塞尔认为他为此而失去了两个月的时间（Brief. III,268）。

但到该年11月13日，他已经可以向格里默写信报告说：“我正在做我一生的全部工作的总结并且将它加以系统的完善”（Brief. III,89）。他在三天后写给格奥尔格·米施的信中写道：“希望这部自十年来就在准备的、现在确实已经生成的书作为完全系统的构建将会提供最完善的清晰性”（Brief. VI,282f.）。二十天之后，他在致亚历山大·普凡德尔的信中已经谈到具体的出版计划：“我现在考虑在明年出版一部对于德国读者来说合适的、篇幅较大的著作，取代《笛卡尔式沉思》德文版”（Brief. II,177）。

---

① 胡塞尔手稿：P 1314：“布局草稿”。英加尔登最早在其编辑出版的《致英加尔登书信集：带有解释和对胡塞尔的回忆》（*Briefe* an *Roman Ingarden. Mit Erläuterungen und Erinnerungen an Husserl*. Den Haag: Martinus Nijhoff, 1968, S. 169–172）中刊载了这两份草稿。后来耿宁在他编辑出版的《胡塞尔全集》第15卷的“编者引论”（Hua XV, XXXVI–XL）中再次全文摘录了这两份草稿。后面的附录是它们的中文译本。

这里格外需要注意的是,胡塞尔在1930年11月27日致米施的信中还谈到了这部体系著作的内容:它不仅涉及目前正在加工的“对一个普全(构造性的-现象学的!)哲学的框架的描画”,而且还会表明,“‘非历史的’胡塞尔之所以时而不得不与历史保持距离(他极度地关注历史),恰恰是为了在方法中能够走得如此远,以至于可以对历史提出科学的问题”(Brief. VI,283)。胡塞尔的这个说法一方面表明:他在1930年时便已经有了后来在维也纳讲演中才明确表达的历史哲学研究与思考,另一方面也说明:此时胡塞尔的体系著作构想的三个方向已经形成:结构的、方法的、历史的。

此外还有一个方向的构想事实上在胡塞尔此时的体系著作的构想与撰写中一再出现并也得到他的关注和思考:形而上学的方向。胡塞尔在1930年12月21日致英加尔登的信中按序谈及最后这个形而上学的方向:“在我这个年龄,我首先牵挂的当然是系统的现象学基本书,我内心里实际上已经为此准备了十年,现在正在对它进行加工整理……首要的、也许是最大的困难在于现象学还原方法的彻底无成见性。单单它就已经是一大篇章,而后是对‘在先被给予的世界’的构造分析,而后还有发生现象学和‘形而上学’的问题域,它在特殊的现象学的意义上是形而上学的”(Brief. III,269f.)。这里所说的“形而上学问题域”是指与死亡、出生、无意识等等相关的问题域。例如胡塞尔于这年6月便曾关注和讨论过这些问题(Ms. A VI 14 a/1-34)。但它们并没有像胡塞尔提到的前三个方向那样受到过他的系统加工处理,以及通过后期三书的形式得到一定程度的系统阐述。“形而上学的问题域”在目前为止发表的胡塞尔遗稿中始终只是他零星思考的论题。

尽管总的轮廓已经显现出来,胡塞尔面临的工作与困难仍然很多。他在年初致迪特里希·曼科的信中就他的这部“基本书”写道:

"自1929年秋以来，我就已经在准备了(但实际上我自十年来就在准备这本书)，但还是没有得到誊清加工。需要将丰硕的思想、大量的旧的、不断进步的设想加以综合，可以说是将一批无限的、地理学的'照相'材料加以系统的统一化"(Brief. III,474)。胡塞尔已经越来越清楚地看到，他必须将二十年来的具体研究工作加以"自由的共思(Zusammendenken)、补充、均衡、相互比照、相互联结，同时始终还要进行原则的、方法的反思"。最终的结果"几乎与自己的期待相背"，这是"一个在生成中的和已经生成的自成一体的体系，当然，它是科学无限性的一个体系"(Brief. III,280)。他在致格里默的信中再次告知："体系的主要著作若无意外会在明年付印"(Brief. III,89)。

但在接下来的近两年时间里，胡塞尔始终处在为此体系著作而进行的激情四溢的工作中。从他在这段时间所写书信中所表达的相关情况来看，他时而对此系统工程感到极度的悲观和力不从心，时而抱有十足的信心和极其乐观的心态。他一次次地预告这本体系的基本书即将完成和即将出版，但一次次地重又因为遇到绕不开的困难而放弃出版计划。

与此相关，《哲学与现象学研究年刊》在1930年出版第十一辑之后便没有再继续出版，其主要原因固然在于1933年希特勒上台之后施行了反犹政策，胡塞尔自己的以及他主编的著作无法在德国国内发表；但在1933年之前的两年时间里，《年刊》的没有编辑出版也与胡塞尔自己一再放弃自己的体系著作的出版计划有关。他在1931/32年的书信中多次提到他会将他的"体系著作"或《笛卡尔式沉思》德文版放在《年刊》的第十二辑上发表，但最后都无果而终。例如在1932年1月7日致吉布森的信中他报告说："我重又拾起了暂时放弃(为了一部全面的系统著作而放弃的)的修订德文版《沉思》的打算。我希望能够在《年刊》第十二辑上发表它，也许连同一个附加的讲演

(1931年6月在柏林康德学会上的讲演)，加上1917年的时间研究”(Brief. VI,142)。胡塞尔此时再次信心满满：“所有的缺口都弥合了，而且，尽管对具体的和与方法及系统性相关的研究做了不同寻常的扩展，已经有把握看到它的完成：即对构造现象学的一个统一的、多卷本的系统奠基。今年将会出版一个引论性的著作和具体研究的一个部分。但这仅仅是开始”(Brief. III,93)。但几天之后他在致英加尔登的信中就已经写道：“当然，就《年刊》而言我有些狼狈——究竟何时能够开始付印，因为我始终还滞留在我的大系统论述上，《沉思》的加工首先留给芬克博士去完成他的前构想，所有必要的东西都已经得到通盘的透彻讨论。如果他完成了，我还必须亲自进行加工，这会花费几个月的时间。此外，看起来新的《沉思》的篇幅将会大得多”(Brief. III,283)。然而与前几次的预告一样，这次预告最终也以再一次的出版推延为结局。胡塞尔这年4月或5月[①]还在“克服我对现象学所做的一个最终成熟的系统阐述的尝试中无法绕开的困难”(Brief. III,95)，但在两个月后，他告知他的老朋友阿尔布莱希特：数月来他又一次处在忧郁状态，就像他自青年时代以来一旦过度疲劳就会发生的那样。原因在于，如胡塞尔所述，“我不可能感到满足，我的意图几乎超越了人的力量和时间。我的手稿在近几年里增长极快——思想上十分丰硕的年头，它们给了我极多的启示，将我引向了高处，通向古老的‘形而上学’问题的通道在这里得以开启，但以这样一种方式，即它们在我的方法工作以及在此从下而上开启的问题域的体系进程中成为工作问题。我是多么想至少为问题域的体系提供一个普遍的

① 这封致格里默的信在舒曼编辑的《胡塞尔年谱》中标明的日期是1932年4月3日(*Husserl-Chronik*,405)；但在他编辑的《胡塞尔书信集》中标明的时间是1932年5月3日(Brief. III, 94)。

勾画，自下而上，直至这个最高的顶点，但属于这里的还有多少具体的个别阐述、细微而单调的要素分析啊！”(Brief. IX,82f.)

这个状况一直延续到1933年。这年捷克斯洛伐克哲学家扬·帕托契卡于夏季学期到达弗莱堡，随胡塞尔学习现象学。他在回忆录中写道：“时而我也被带着参与胡塞尔和芬克习惯于每天都进行的‘哲学散步’，在此过程中他们讨论最新的工作成果。”此时的德国已经处在纳粹的统治之下，作为犹太人的胡塞尔及其家人已经开始被孤立，并且随时可以感受到来自纳粹的威胁。已经退休的胡塞尔还被大学通知再次“休假”，以此而被阻止进行教学活动。但胡塞尔似乎无所顾忌，或者至少毫不在意。帕托契卡回忆说：“一个大学生很少会将尊敬的老师看作一个有烦恼、有苦痛、有人的困境的人。两位哲学家当时所过的生活对我来说是新奇的事情。他们似乎并不关心那时围绕着他们的、无论他们是否愿意都决定着他们命运的压抑政治现实。他们有自己的任务，因为这个任务，他们生活得更为敬业，并且他们当时给了我第一个范例：在全然的公共性之外，一种真正意义上的精神生活如何能够不顾一切地盛开。”①

4. 胡塞尔对“体系著作”的撰写、修改、加工的过程至少一直可以持续到1933年底。从胡塞尔1933年10月11日致英加尔登的信中看出，这项工作在这年的冬季学期仍在进行之中，但这里有新的构想表露出来：“我必须做出许多调整，进行内部的联结，完成系统学。一部关于在构造着的时间化中的时间(贝尔瑙1917/18年的‘个体化’

① Jan Patočka, „Erinnerungen an Husserl“, in Walter Biemel (Hrsg.), *Die Welt des Menschen – Die Welt der Philosophie. Festschrift für Jan Patočka*, Den Haag: Martinus Nijhoff, 1976, S. IX, S. XI.

问题)的第一卷——根据手稿和谈话经芬克系统加工——几近完成(将会以两人名义出版)"(Brief. III,291)。这次预告的体系著作第一部的具体内容与时间和时间化问题相关。[①]

两个月后，在1933年12月30日致阿尔布莱希特的信中，胡塞尔写道："我希望，一部基本书的第一卷(关于时间和时间化)在复活节[1934年]时将会得到付印，预计在1935年初会轮到第二卷。除此之外，也许我还会振作起来去从事《沉思》的德文加工——一件极其困难的事情，尽管这里关系的是，或者毋宁说，因为这里关系的是对我的整个哲学的系统提炼，即关系对所有领域、所有手稿(几千页速记稿纸)的迅速支配的能力，换言之，关系完全自由的头脑和心灵的活力"(Brief. IX,98)。

胡塞尔在这里提到的"时间与时间化"文稿与他后期加工的时间构造研究手稿有关。他一生在现象学时间研究方面留下了三卷文稿(《全集》第10卷、第33卷、《全集资料编》第8卷)，其中只有一部分由海德格尔编辑并于1928年出版，题为《内时间意识现象学讲座》。关于三卷本的产生经过，笔者在前文"《内时间意识现象学》"一章中已经给出基本的说明。这里所说的时间文稿是胡塞尔在1929年10月至1934年9月期间对时间问题进行的最后一次集中深入的探讨，在整个过程中有芬克的参与。虽然文稿"几近完成"，胡塞尔还是放弃了将它作为体系著作第一卷出版的计划。

尽管这个系统著作的新出版计划最终也未落实，但初看起来这里又有一个体系著作的新方向展示出来，一个不同于结构的、方法的、

---

① 实际上，在1927年秋英加尔登去弗莱堡访问胡塞尔时，胡塞尔已经给英加尔登看过他的这份贝尔瑙手稿。胡塞尔将它称作"我的主要著作"，并曾请英加尔登协助做编辑出版的准备。对此可以参见 Roman Ingarden, „Erinnerungen an Edmund Husserl“, in E. Husserl, *Briefe an Roman Ingarden*, a.a.O., S. 154.

历史的、形而上学方向的第五方向：时间方向。但更为仔细的考察会表明：这个方向并不构成一个独立的方向，而只是历史方向的一个部分。而这整个方向与其说是历史的方向，不如说是发生的方向：发生现象学的方向，它将时间现象学和历史现象学包含在自身之中。

紧随1934年时间与时间化研究文稿之后的写作和出版计划是与维也纳-布拉格讲演有关的《欧洲科学的危机与超越论现象学》书。胡塞尔于1934年受到维也纳“文化协会”以及布拉格的几个哲学学会的邀请，计划于1935年5月前后在维也纳和布拉格做几个讲演。为此之故，胡塞尔从1934年开始投身于维也纳-布拉格讲演的准备以及此后对《欧洲科学的危机与超越论现象学》的构想和撰写，直至他1938年去世。这段历史自成一体，笔者将在《危机》的书评中给出说明。但“自成一体”并不是指它与胡塞尔的体系著作的构想没有关系。实际上，它仍然是胡塞尔的体系构想的一个部分，即发生现象学中的历史哲学部分。这个方向的思考并非胡塞尔为讲演而从体系著作构想脱身出来的一时心血来潮，而是如前所述，是他1930年相关思考的再次拾起和延续。

在1935年6月19日致凯恩斯的信中，胡塞尔写道：“现在我正满怀激情地在加工我在维也纳所做的讲演。现在是做文字上的规整，为1935年的德国读者加入相应的深化、论证——手稿越增越多！……现在，历史哲学的沉思完全占据了我的老脑袋，实际上这是整个现象学的具体化的一个更宽泛的阶段，通过这些沉思，最终的东西、预期的目的论和仅仅被触碰到的‘边缘问题’会变得伸手可及。实际上我想给出对现象学还原的大阐述，并且由此出发继续前行，而后对《沉思》(不是巴黎讲演)的真正体系进行加工。我们考虑将维也纳‘讲演’作为引论放到前面”(Brief. IV, 50f.)。这意味着，胡塞尔在他的体系著作构想中计划将维也纳讲演当作巴黎讲演的引论，或者说，将

《危机》的历史哲学沉思当作《笛卡尔式沉思》方法沉思和体系沉思的引论。这也意味着，他想将历史的考察纳入到体系的考察之中！甚至可以说，在维也纳讲演后，世界体系和方法体系的著作计划已经转变为历史哲学体系的著作计划。体系著作的视角从结构系统的和方法系统的转变为历史系统的或发生系统的。胡塞尔在 1935 年 6 月中旬致考夫曼的信中也证实了这一点："我立即重拾我的那些因[维也纳]讲演的构想而中断的历史哲学研究，它们实际上是对超越论现象学的自身说明和对系统构想的最高结算"(Brief. IV,210)。但整个《危机》的撰写计划由于胡塞尔于 1938 年 4 月 27 日的因病逝世而中断。随之而中断的还有他的体系著作的撰写和出版计划。

胡塞尔的体系巨著最终没有能够完成。但它在其后期的三地讲演(伦敦、巴黎、维也纳)中得到表露并在此后期三书中以分散的、未完成的方式得到发布：或者作为自然与精神以及自然科学与精神科学之关联的**总体世界现象学体系**(《形式逻辑与超越论逻辑》)，或者作为通过现象学还原开启的**全部哲学的方法进程的体系**(《笛卡尔式沉思》)，或者作为观念发生的**整个历史现象学体系**(《欧洲科学的危机与超越论现象学》)。它们分别可以被视作胡塞尔的现象学哲学的**结构体系**、**方法体系**和**历史体系**，或者说，它们代表了现象学在结构、方法和历史方面的系统自身规定和自身刻画。而从下面给出的胡塞尔三十年代的两个布局构想中，我们可以看到这个体系的总体构架，它非常有助于我们对胡塞尔后期的现象学哲学做出总体概览的把握。

胡塞尔在 1931 年 1 月 6 日致普凡德尔的信中曾写道："在对自 1913 年以来的工作状况所做的纵观中，我看到，所有的主要路线都已经得到布设，比我任何一次所斗胆希望的都更多。已经足以能够撰写那本自十年来就折磨着我的终结著作了"(Brief. II,184)。胡塞尔在这里所说的"布设"，指的就是他自己在四个月前(1930 年 8 月 13 日)

亲手完成的“一部体系著作的计划”。[①]

5. 这里最终还是需要对以上一再使用的“体系”(System)一词做一个说明。它与“系统”一词是同义的。笔者在本文中所使用的“体系”,如有必要,都可以改写为“系统”。这里之所以还是使用“体系”这个随德国观念论时代的过去而往往带有贬义的中译名称,乃是因为在胡塞尔的相关思考中的确表露出建立体系的意向。在这方面,胡塞尔不仅有意维持德国古典观念论的体系哲学的传统风格,而且他作为数学哲学家也在很大程度上抱有与罗素、弗雷格、希尔伯特等人相同的数学–逻辑体系的构想。

恩斯特·布洛赫曾宣告:“体系的时代已经结束。”[②]他一方面赞赏海德格尔“有时甚至可以做到不需要体系”,另一方面批评胡塞尔的现象学是一种“脱离此在”的知识的典范,“此在被加上了括号”,它像数学一样,“人为地远离开所有反映着它的实在关系。”[③]科学哲学的体系化追求与人文研究的非体系化特点在这里已经被鲜明地对立起来。这种对立让人联想到狄尔泰对自然科学与精神科学的划分和对峙,但两者有不同的偏重。狄尔泰认为精神科学的方法是理解的、描述的,而自然科学的方法是因果说明的。这里的问题在于,精神科学或人文科学研究可以是系统的吗?接下来,哲学可以或应当是系统的吗?从当代系统论的视角来看,自然科学和精神科学都可以是系统的,即使是不同类型的系统。而从胡塞尔的角度来看,意识现象学的构造研究可以分为意识发生的本质研究和意识结构的本质研究,

---

① 详见后面的附录前篇。

② K. Bloch/R. Alelbert, *Denken heißt überschreiten. In memoriam Ernst Bloch 1885–1977*, Frankfurt a. M.: Ullsetin Verlag, 1982, S. 21.

③ E. Bloch, *Das Prinzip Hoffnung, Bd. I*, Frankfurt a. M.: Suhrkamp, 1959, S. 265.

它们都应当是严格科学的，因此都可以是系统的：历史系统的和结构系统的。科学的和系统的在这里几乎是同义词。

在通常用法中，我们常常将“系统的”一词作为“历史的”一词的对立面来使用。胡塞尔本人也常常在这种通常的意义上使用“系统的”一词。在此意义上，胡塞尔的“体系著作”构想就应当是“非历史的”。但胡塞尔显然是在更宽泛的意义上使用这个词来标示他的“体系著作”的构想。

我们在这里有必要回溯到“System”(“体系”或“系统”)这个词的原初意义上去。它源自古希腊词“σύστεμα”，其最初的、也是最基本的意义是“我安排”或“我聚合”。我们这里可以参考海德格尔在其1936年夏季学期的弗莱堡讲座《谢林：论人类自由的本质》中借讨论谢林的《先验唯心论体系》之际而对“体系”一词所做的语源学分析。“体系”或“系统”这个说法可以包含两个极度对立的基本含义：“内部的接缝”(Fuge)和“单纯的挤轧”(Geschiebe)。而在这两者之间摇摆不定的就是“体系”的核心含义：“框架”(Rahmen)。据此也就有真正的系统和非真正的系统之分。[①] 在此意义上，“系统”是一个中性的哲学概念，它可以带有贬义，也可以带有褒义。

此外还可以参考纳托尔普身后出版的《哲学的系统学》(*Philosophische Systematik*,1958)中对“系统”(System)和“系统学”(Systematik)的区分。按照路福特的概述：“系统”隐含了完整性、封闭性，它展示一种完善的知识并使所有的真理追求都变得不可能。因而哲学本质上不是系统，而是系统学，即关于系统可能性的学说，或者说，是哲学问题的系统、批判的系统。路福特认为“这个定义很好

---

① 参见 Heidegger, *Schelling: Vom Wesen der menschlichen Freiheit (1809)*, GA 42, Frankfurt a. M.: Vittorio Klostermann Verlag, 1988, S. 44f.

地切中了胡塞尔的系统构想”。[①]

胡塞尔在其最后二十多年的时间里所努力追求的超越论现象学的“系统性”的含义，可能最接近康德在《纯粹理性批判》中所说的“系统”，即：“我把系统理解为在一个观念下的杂多认识之统一。”[②]

6. 耿宁先生曾对笔者谈过他的这样一个印象，即胡塞尔在进行具体的现象学描述分析时其工作十分细腻娴熟，但在进行体系的构建时则会让人感觉不那么得心应手。笔者深有同感，同时也发现，胡塞尔本人在研究过程中常常会因此而从体系的思考转入具体的研究，并深陷其中，不能自已，忘记了体系的任务。

胡塞尔的体系著作最后没有完成，这是事实。而它最终究竟是否能够完成，这是问题。假设胡塞尔没有因为1937年8月偶然滑倒，摔伤肋骨，引起胸部炎症而去世，而是在芬克的协助下继续辛勤地工作十年，那么他的“体系著作”设想能够实现吗？

历史容不得假设。对于胡塞尔本人而言，这个设想的实现是毫无疑义的：“我对未来绝对有信心，完全有信心，永远不再可能有旧式风格的哲学了，随着超越论的现象学，哲学的方法、意义、问题域已然经历了一次总体的和永恒的变化。这样一种信念难道不是一种骄傲自大？但根据最冷静的和经过无数次检验的工作，我必须这样来看待它”(Brief. IX,99)。然而按照胡塞尔当年的助手、也是胡塞尔体系构想最直接的参与者芬克的看法，胡塞尔的超越论现象学的体系构建是

---

① Sebastian Luft, *Phänomenologie der Phänomenologie–Systematik und Methodologie der Phänomenologie in der Auseinandersetzung zwischen Husserl und Fink*, Phaenomenologica 166, Dordrecht/Boston/London: Kluwer Academic Publishers, 2002, S. 4, Anm. 8.

② Kant, *Kritik der reinen Vernunft*, A 832/B 860. 海德格尔曾用这个定义来比照谢林的“体系”概念。参见GA 42, 64.

不可能成功的。不过笔者认为这仍然是一个信念，芬克自己的信念，而非他的证明。因此这有别于哥德尔对希尔伯特的形式主义系统之不可能性的形式证明。或许由此也可以看出形式逻辑的系统与超越论逻辑的系统的基本差异。

无论胡塞尔的体系著作或基本著作的撰写能否成功，今天对这个思想史事件的重审并不只是为了迎合与满足历史学的好奇想象，而更多具有对于胡塞尔思想研究而言的两方面现实意义：

一方面，它表明在胡塞尔生前发表的文字与未发表的文字之间不存在一个截然的界限划分。在所谓胡塞尔为自己撰写的研究文稿中实际上有许多部分也是为他人撰写的准备发表的文字。因而对胡塞尔思想的研究不能像保罗·利科所主张的那样①，或像英美哲学界早期所施行的那样②，仅仅依据经胡塞尔本人认可并在他生前出版的文字，而是必须关注他一生的所有思想记录。莱布尼茨所说的"谁要是仅仅从发表的文字来了解我，他就不了解我"，不仅适用于海德格尔③，同样也适用于胡塞尔。

另一方面，胡塞尔的体系著作构想至少为后来的现象学研究者勾画了一幅总体的现象学思想蓝图，提供了现象学的各个学科领域连同其相关思想资源的精神脉络：世界现象学、时间–空间现象学、本我现象学、交互主体性现象学、宗教现象学、伦理现象学、静态现象学、发

---

① 扎哈维在其《胡塞尔现象学》中也是依照胡塞尔体系著作的构想而对利科的这一说法做了反驳。参见扎哈维：《胡塞尔现象学》，李忠伟译，上海：上海世纪出版集团，2007年，第4页。

② 道恩·威尔顿在其著作《另类胡塞尔》中力图对英美现象学研究中的传统趋向做出矫正。参见 Donn Welton, *The Other Husserl. The Horizons of Transcendental Phenomenology*, Bloomington: Indiana University Press, 2000；中译本参见道恩·威尔顿：《另类胡塞尔：先验现象学的视野》，靳希平译、梁宝珊校，上海：复旦大学出版社，2012年。

③ 参见 Martin Heidegger, *Anmerkungen I–V* (Schwarze Hefte 1942–1948), GA 97, Frankfurt a. M.: Vittorio Klostermann Verlag, 2015, S. 325.

生现象学、世代生成的现象学、历史现象学、政治现象学，现象学的直观理论、语言理论、判断理论、社会理论，现象学的意向性与前意向性理论，如此等等。它们为今天的研究者们所提供的助益是显而易见的。

最后应当指出一点：就总体构架来看，这个三重意识哲学研究体系与佛教唯识学主张的“知心”并“觉悟”的系统努力十分相近。《解深密经》与《瑜伽师地论》中均有以下关于世尊语录的记载：“慈氏菩萨复白佛言：世尊，云何修行引发菩萨广大威德？善男子，若诸菩萨善知六处，便能引发菩萨所有广大威德。一者善知心生，二者善知心住，三者善知心出，四者善知心增，五者善知心减，六者善知方便。”这里所说的“心生”、“心住”和“方便”，就对应于胡塞尔所说的“历史体系”、“结构体系”和“方法体系”。①

一部体系著作的计划

出自胡塞尔之手（“1930 年 8 月 13 日收入”）

第一卷：本我论的意识学之奠基（意向性的普遍理论，它的各种普遍本质形态，它的所有变项）。

第二卷：本我论的世界性之构造。空间–时间性构造与经验空间–时间对象性构造的意向相关项理论与意向活动理论。所有阶段上的经验世界。身体、事物、作为独自（solus）的自我。首先是静态的。

第三卷：作为唯我论抽象的本我的**自身发生**。被动发生、联想的理论。前构造、在先被给予的对象的构造。在范畴方向上的对象构造。

① 而其余三处“心出”、“心增”、“心减”，在笔者看来都可以纳入“心生”和“心住”的范畴。

[删除:“观念性的构造、精确自然的构造。”]情感构造与意愿构造。人格、文化——唯我论的。

第四卷:交互主体性的构造与共同体世界的构造。同感。人的构造。历史世界的构造。交互主体的时间空间性。无限性。精确自然的理想化(其中有多少可以属于第三卷?)静态的:人与周围世界。

第五卷:客观世界的超越论发生。人与人类的超越论发生。世代生成的问题。自身保存问题、真正的人。人类与命运。神学问题与上帝问题。

埃德蒙德·胡塞尔“现象学哲学体系”的布局

出自欧根·芬克之手

引论：哲学“体系”的现象学观念。开放的工作视域的体系；体系作为标示与问题概略。——批判的分析。

第一卷：纯粹现象学的各个阶段

第一编：论哲学的开端与原则

一、世界中的哲学。1)源自自身思义观念的哲学之自主论证。自身思义作为绝对的证实；哲学作为最终论证的“**科学**”。2)“科学”的形式本质：关于“相应性”、“直接明见性”与“间接明见性”的要素分析。对一种“自在第一的明见性”的要求。3)自身思义的境况：**在先被给予的**世界。对这种在先被给予性进行临时描述的任务。这样一种论题化的原则特殊性(对因其自明性而得以避开我们的“自明之物”的课题化)。对“传统”概念的原则扩展。4)个体经验之“普遍统觉”的先行性建基于在先被给予性之中。世界的已知性特征。5)人的在先被给予性：构成的能力与熟悉的动觉系统。6) 不仅是现时的、各自(je-eigen)被经验的世界的在先被给予性，而且是完整意义的“世界”的在先被给予性。世界作为通过直接经验以及主要是通过**间接**经验而在先被给予之物的总和：世界是一个交互主体的传统！ 7) 常态与非常态之区别的在先被给予性。所有世界经验都涉及验证经验的“常规”。非常态作为对“世界实存”的怀疑动机。8)“具有更高尊严之世界”的明见性作为各自内心世界之存在者的明见性。“世界”作为存在与假象的抉择视域。9) 笛卡尔的经验批判作为世界实存的可疑性动机是不充分的。10) 普全的自身思义作为不仅是对这个现时被经验到的世界，而且是从在先被给予性的各个维度出发对这个**在先被给予的**世界之完整意义的本底置疑(并非怀疑)：例如，历史！ 这种置疑的各个阶段：1. 对所有间接经验和经验遗产加括号；2. 对我的本己经验的所有假设及其所有回溯效用加括号。返回到自身思义的当下处境上。11) 相对于被经验到的(直接的和**间接的**)世界，我自己和我的当下的灵知论(gnoseologisch)先行性。12) 对**在体的**(ontisch)先行性的主张作为背谬的自负：人类学的观念论。对这种有力的哲学动机做出证实的任务。

二、现象学的还原。1) 现象学还原作为对人类学–观念论的“还原”的最内在目标意义的揭示。关于笛卡尔向“本我–我思”(ego cogito)的回溯。2) 现象学还原的人类学前形态原则上还始终处于**在先被给予的**世界中，始终处在作为一个人的主体性的自身统觉中。对“自然观点”的**超越论**概念的前说明。3) 在《[纯粹现象学与现象学哲学的]观念》[第一卷]中对现象学还原的形式–指引的进行(Vollzug)。对**在先被给予的**世界或对“自然观点”的加括号作为对实施的进行的指示。形式–指引的进行与实施的进行之间的区别并不等同于象征–符号的进行与表达–严谨的进行之间的区别。4)对现象学还原的课题性阐明。5)对在现象学还原之理解中的内在危险的讨论。犹疑派(Aporetik)！ 6)现象学概念性的方法问题：世间的-在体的概念向超越论概念的转换。"超越论假象"的源泉。

第二编：回退的(regressive)现象学

一、超越论主体性的要素分析。1)以还原的方式被开启的超越论主体性的"不确定性"；超越论"存在领域"的视域性(自身构成的"第二阶段的在先被给予性")。2)对时间化方式的最初划分，以及对"本我论的"、"交互主体的"时间化方式的最初划分。内在时间作为回退的现象学的普全视域。3)本我论的"世界现象"(以交互主体的方式在先被给予的世界)的结构释义。首先是在当下中的释义。对感知的范例性分析。4)现时的意向性与隐含的意向性。对**可能**经验的仔细分析。**权能化**(Vermöglichung)！ 5)对过去和将来的本我论分析。联想的现象学理论的前形态。联想与当下化的构造功能。6)真理与现实的构造性问题域。参见《笛卡尔式沉思》的第三沉思。7)"观念化"(Ideation)的现象学。8)"逻辑-形式"的现象学。

二、超越论本我的自身构造。1)自我现象学作为所有意向的极。2)习性现象学。(对"信念"、"决断"、"有意义"的范例分析，即理论的、意愿的和实践的习性。)

三、向原真的世界现象以及相关的原真主体性的还原。参见《笛卡尔式沉思》的第五沉思。

四、陌生经验分析，而且是要素分析：局限于现时在场遭遇的他人。对超越论的"时代合作社"(Zeitgenossenschaft)的释义，它使得人类合作社的构造得以可能。在他人身上进行的超越论的共还原(Mitreduktion);对现象学观念论的前说明。

五、方法反思:原样式与意向变项(原样式的要素分析的现象学优先地位)。回退的现象学的"素朴性":"在先被给予的世界"的超越论相关项。对"边缘问题"的指明!原样式与意向变项之间的对立是不断反复的:回退的现象学作为原样式的现象学对立于观念发生的前行现象学!

第三编:前行的(progressive)现象学

一、方法问题。1)对静态–回退的现象学之概念的界定与限制:它是对超越论主体性的释义,只要这个主体性是在先被给予的世界的相关项。前行的分析是对超越论生活之**完美性**的进攻。回退的分析作为拆除的分析;前行的分析作为构建的分析;2)前行的分析既非"发生的"亦非对"可能性条件"组成指明的:所有发生都以内在时间为前提(发生现象学是关于原创立和习性的理论)。前行的现象学的发问并不朝向习性,也不朝向奠基。3)前行的分析的"构建"特征。4)传统的发生问题(空间表象的起源等等)是前行的问题的前形态。世界的自在存在的实在论–心理学的前提。世界表象本身的起源是一个恰恰在人的心灵的内心世界事件。前行的现象学探问空间本身的起源而不是空间表象的起源。5)内在时间的在先被给予性的消解。传统的起源问题自身转变为**原意向性**分析。

二、**原意向性**的现象学("本能"现象学)。1)原意向性尚未被分化:成功的存在构造作为善业。动感的活动空间的建构。原欲望的意向定局、"无意识"的问题。2)原联想的现象学:原素领域中的前在体的(prä-ontisch)统一构成。原被动区域中的融合现象与分离现象。

三、原意向的空间构造的前行分析。

四、存在作为“观念”：存在阶段理论；前存在的(Vor-seins)的各个阶段以及世界存在的各个阶段(例如，前理论存在与理论存在)。

五、对至此为止的进程的反思。对超越论的经验的批判。

第四编：现象学的形而上学之概要

一、现象学的观念论与超越论的历史性问题。

二、本我之“事实”的超越论必然性。在本我论的中心单子中，超越论-历史的交互主体性的中心化。

三、“世界唯一性”的超越论演绎。

四、“素朴性”的超越论权利之复原(将“自然观点”构造性地定义为超越论生活本身的一种生存方式)。

五、走向自己本身的超越论倾向(在宗教、智慧中以及在世界生活的伦理**真正性**中的前形态)。哲学作为绝对者的功能：作为绝对主体性的揭示者，哲学家是“世界精神的经理人”。对一门历史哲学的展望。——作为“超越论的执政者”，哲学家具有最高真正性的**可能性**，他的履行义务作为榜样：对柏拉图的国家思想的现象学复原。

第二卷：存在论与现象学

第一编：普全-超越论的审美论的观念

第二编：自然与精神

第三编：从纯粹的内心理学到超越论的现象学

胡塞尔从哥廷根到弗莱堡后的第二年，布伦塔诺于 1917 年 3 月 17 日在瑞士去世。胡塞尔最后一次拜访布伦塔诺还是在十年之前。当时布伦塔诺还住在意大利的佛罗伦萨，后因第一次世界大战爆发而于 1916 年再次迁居至瑞士苏黎世，一年后便在那里病逝。胡塞尔于 1919 年发表了他的纪念文章"回忆弗兰茨·布伦塔诺"。这篇文章刊登在由布伦塔诺的学生和遗稿管理者奥斯卡·克劳斯撰写的论述布伦塔诺之生平与著作的专著中。[①] 很可能是胡塞尔根据克劳斯的一个请求写下了此文。但胡塞尔与克劳斯的通信并未被保存下来。同时刊登在该论著中的另一篇回忆文章出自布伦塔诺的另一位弟子、也是胡塞尔的任教资格论文指导老师卡尔·施通普夫之手。如果不算后来离开学界进入政界的托马斯·马塞里克，那么施通普夫应该是最早与胡塞尔有师生关系和密切思想联系的布伦塔诺学派成员。[②]

胡塞尔本人此前能够获得弗莱堡大学的教职在一定程度上也受益于布伦塔诺及其学派的影响。弗莱堡大学哲学系在聘任胡塞尔为弗莱堡大学哲学讲席教授而给出的理由中，除了胡塞尔本人可以"视作当今最重要的活着的思想家之一和德国最大的严格哲学学派的首领"以外，"他的学术道路的形成得到透彻的指明——'来自弗里茨·布伦塔诺的业已分布很广的学派'"[③] 也是一个极为重要的依据。

的确，如前所述，胡塞尔自己一再承认，他是由布伦塔诺的学生马塞里克引上了哲学道路，而没有布伦塔诺，他连一个字的哲学都写不出来，而且他的任教资格论文，最终也是在布伦塔诺的另一位学生

---

① Oskar Kraus, *Franz Brentano. Zur Kenntnis seines Lebens und seiner Lehre, mit Beiträgen von Carl Stumpf und Edmund Husserl*, München: C. H. Beck'sche Verlagsbuchhandlung, 1919, S. 153–167.

② 关于胡塞尔与施通普夫的关系，笔者在前面第一幕中已经做了较为详细的说明。

③ 参见 Eckhard Wirbelauer (Hrsg.), *Die Freiburger Philosophische Fakultät 1920–1960*, a.a.O., S. 443.

施通普夫的指导下完成的。他与布伦塔诺的其他学生马尔梯、迈农、赫夫勒、特瓦尔多夫斯基、贝格曼、乌悌茨、克劳斯等人都有思想联系，而且他们在思想倾向、思维风格、立场方法等方面或多或少带有共同的布伦塔诺印记。这也使得人们有理由为他们——包括胡塞尔在内——贴上布伦塔诺学派的标签，无论他们自己是否愿意。

布伦塔诺学派

所谓“布伦塔诺学派”，主要是指由布伦塔诺以及他的学生所代表的一个复杂的思想路线和思想传统。它由布伦塔诺最亲近的和最重要学生来体现，但也包容了其他较为疏远的学生。目前被确定的布伦塔诺的最重要学生通常有以下六位，他们都可以被视作“二十世纪哲学的伟大人物”[①]：

(1) 安通·马尔梯(Anton Marty,1847–1914)，布拉格大学教授，语言哲学家、本体论哲学家、心理学家，布伦塔诺的最忠实的学生；

(2) 卡尔·施通普夫(Carl Stumpf,1848–1936)，维尔茨堡、布拉格、哈勒、慕尼黑和柏林大学的教授，完形心理学的共同缔造者；

(3) 阿列克休斯·迈农(Alexius Meinong,1853–1920)，格拉茨大学教授，对象理论的创始人；

(4) 克里斯蒂安·冯·埃伦菲尔茨(Christian von Ehrenfels,1859–1932)，布拉格大学教授，完形心理学的共同缔造者；

(5) 埃德蒙德·胡塞尔(Edmund Husserl, 1859–1938)，哈勒、哥廷根和弗莱堡大学的教授，现象学的创始人；

① 参见 L. Albertazzi, M. Libardi and R. Poli (eds.), *The School of Franz Brentano*, Den Haag: Kluwer Academic Publishers, 1996, p. 81；也可以参见 Anna Brozek, *Kazimierz Twardowski – Die Wiener Jahre*, Wien: Springer-Verlag Wien, 2011, S. 124.

(6)卡兹米尔茨·特瓦尔多夫斯基(Kazimierz Twardowski,1866–1938)，利沃夫大学和华沙大学的教授，利沃夫–华沙学派的创始人。

除此之外，布伦塔诺的较为疏远的学生以及听众中还包括心理分析学派创始人西格蒙德·弗洛伊德(Sigmund Freud)、教育哲学家和审美学家阿洛伊斯·赫夫勒(Alois Höfler)、捷克斯洛伐克首任总统托马斯·加里格·马塞里克(Tomáš Garrigue Masaryk)、人智学创始人鲁道夫·施坦纳(Rudolf Steiner)等有重要影响的二十世纪思想家和政治家。

这里的统计当然是不完全的，而且也不一定确当。无论如何，就笔者在此讨论的布伦塔诺学派而言，它的成员中有几位(马尔梯、施通普夫、迈农、马塞里克)已经在本书的本卷中或后面的第二卷中得到了或多或少的介绍。例如，关于胡塞尔与布伦塔诺的私人关系与思想联系，笔者在本书第二卷的第一章“胡塞尔与布伦塔诺：现象学与心理学”中有较为详细的论述。而关于胡塞尔与布伦塔诺学派的关系，笔者在该卷的第八章“胡塞尔与马尔梯：现象学与语言哲学”和第九章“胡塞尔与迈农：现象学与对象理论和完形心理学”中也有较为详细的论述。[①]

这里只还要补加关于几位与胡塞尔有关的布伦塔诺学派成员的介绍。他们的著述文章和思想发展或多或少地受到胡塞尔的影响，同样也或强或弱地影响过胡塞尔。

奥斯卡·克劳斯

奥斯卡·克劳斯(Oskar Kraus,1872–1942)在上述统计中并未被提及，也就是说在布伦塔诺研究界看来他还不算是布伦塔诺的最重要

① 这方面更为详细的论述还可以参见 Robin D. Rollinger, *Husserl's Position in the School of Brentano*, Dordrecht/Boston/London: Kluwer Academic Publishers, 1999.

学生。的确，严格说来，克劳斯连布伦塔诺的听众都不算，当然也就谈不上学生，遑论最重要的学生。但他在布拉格大学学习期间是布伦塔诺大弟子马尔梯的学生，被他引入布伦塔诺哲学中，后来也是其布拉格大学之讲席的继承人，因而可以算是布伦塔诺的徒孙。他为布伦塔诺学派所做的厥功至伟的贡献是对布伦塔诺的思想遗产的管理以及对其遗稿的编辑出版，类似于后来范·布雷达对胡塞尔的思想遗产所做的贡献。

克劳斯与布伦塔诺的第一次相会是在 1893 年，[①] 即在布伦塔诺 1895 年从维也纳大学退休的两年前，比胡塞尔认识布伦塔诺的时间晚了近十年。克劳斯于 1895 年获得法学博士学位，1902 年以“论价值理论：一项边沁的研究”为题完成哲学系的任教资格考试。1907 年 3 月 15 日，他还去佛罗伦萨拜访过布伦塔诺。后者在给施通普夫的信中也表明了自己对克劳斯的推荐意向：“今天有克劳斯博士来访。您认识这个布拉格的有才华、有个性的勤奋年轻讲师。最近他因为一篇就亚里士多德的修辞学撰写的出色论文而做出了贡献。我的弟弟以及法学家李斯特对他都有很好的评价。与胡塞尔一样，他并不执着于他的犹太血统，而且他足够明智，不会出于幼稚的任性而使其发展为对庄重高贵之兴趣的障碍。他只需尽可能地防止遭人误解。”[②]

---

① 布伦塔诺在 1898 年 5 月 11 日从佛罗伦萨寄给胡塞尔的信中说：“一位布拉格的大学生现在在我这里，一位有才华的马尔梯的学生，他给我带来推动我的工作的动力”(Brief. I,18)。舒曼认为这个大学生是指克劳斯。但从信中还看不出克劳斯是否在佛罗伦萨才初识布伦塔诺。

② Franz Brentano, *Briefe an Carl Stumpf 1867–1917*, a.a.O., S. 83f. ——布伦塔诺在这里提到的他的弟弟卢约·布伦塔诺(Lujo Brentano，1844–1931)是慕尼黑大学的教授，著名的经济历史社会学家；而他所说的法学家“李斯特”应当是指奥地利裔的德国法学家弗兰茨·李斯特(Franz von Liszt，1851–1919)，时任柏林大学教授，著名法学家爱德华·李斯特(Eduard von Liszt，1817–1879)是他的父亲，曾任奥地利国家总检察长；而与他同名的著名音乐家弗兰茨·李斯特(Franz von Liszt，1811–1886)是他的伯父，也是他的教父。

1911 年，克劳斯获得布拉格大学副教授的位置。1914 年马尔梯去世，克劳斯于两年后接任其讲席教授的职位，并于这年(1916 年)与另一位马尔梯的学生阿尔弗雷德·卡斯悌尔(Alfred Kastil,1874–1950)一同去苏黎世访问已因一次大战而移居到那里的布伦塔诺。他们两人后来自 1917 年起开始筹划对这年去世的布伦塔诺的遗稿的整理和编辑。从 1922 年开始就已经有一系列的布伦塔诺遗著得以出版，其中最主要的是由克劳斯编辑出版的布伦塔诺的代表作《出自经验立场的心理学》三卷本(分别为 1924 年、1925 年、1928 年)以及《真理与明见》(1930 年)等。[①]

时至 1931 年，克劳斯在布伦塔诺的另一位学生、时任捷克斯洛伐克总统马塞里克的经费支持下成立了布拉格布伦塔诺学会。1934 年，第八届世界哲学大会在布拉格召开，胡塞尔受到参会的邀请，但并未打算出席，他为此专门致函大会主席莱德(Emanuel Rádl,1873–1942)，并写下著名的"布拉格信函"，它可以说是《欧洲科学的危机与超越论现象学》一书的初稿。当时克劳斯正担任世界哲学大会的副主席。但 1939 年德国占领捷克斯洛伐克之后，克劳斯遭到逮捕，入狱六周后出狱并成功逃往英国。1942 年他因患癌症在牛津去世。

克劳斯与胡塞尔的关系并不密切，就目前情况来看，他们之间的书信往来没有被保留下来。尽管在胡塞尔的书信中对克劳斯时有提及，但从未对其做出过评论。1917 年布伦塔诺去世后，克劳斯撰写了

---

① 卡斯悌尔从 1922 年起也编辑出版了多部布伦塔诺遗著，如《耶稣的学说及其恒久的意义》(1922 年)、《论上帝的此在》(1925 年)、《范畴理论》(1933 年)等等。此项工作后来由迈耶–希勒伯兰特(Franziska Mayer-Hillebrand，1885–1978)等人接手继续，将布伦塔诺的重要遗稿逐步编辑出版。随着布伦塔诺遗稿和新的研究文献的出版，目前在奥地利的维也纳大学(布伦塔诺曾任教的学校)、格拉茨大学(迈农曾任教的学校)、德国维尔茨堡(布伦塔诺曾任教的学校)和捷克布拉格大学(马尔梯曾任教的学校)都形成布伦塔诺及其学派研究的传统，而且在多地建立了布伦塔诺文献馆。近年来在这方面的研究文献也可谓层出不穷。

一部题为《弗兰茨·布伦塔诺:关于他的生活与他的学说的认识》[①]的小册子,其中刊载了施通普夫和胡塞尔回忆布伦塔诺的文章,他们很可能是应克劳斯邀请而撰写的。由于当时马尔梯作为布伦塔诺的大弟子已于1914年去世,因而最应当撰写纪念文章的当然是施通普夫和胡塞尔。而迈农、埃伦菲尔茨、赫夫勒等为何缺席这个由克劳斯主导的纪念活动,原因尚不得而知。但无论如何,此时克劳斯对待师长胡塞尔的态度应当还是较为尊重的。只是在七年之后,克劳斯才在他为编辑出版布伦塔诺的代表作《出自经验立场的心理学》而撰写的长篇"编者引论"中严词或"恶意"批评迈农与胡塞尔,将迈农的"对象理论"以及胡塞尔的"现象学"称作"布伦塔诺观点的根本对立面",[②]以至于胡塞尔太太马尔维娜在其回忆录中禁不住要批评克劳斯"在其布伦塔诺正统派中肯定比教皇本人还要教皇"。[③]——不过如今已经可以看到,克劳斯对待迈农和胡塞尔的看法的确来自"教皇"布伦塔诺本人,后者在1916年11月10日致施通普夫的信中也曾批评过"经院哲学化的迈农-胡塞尔谬误"。[④]

实际上克劳斯的批评含有自相矛盾的地方,即一方面一再地证明迈农和胡塞尔仍然停留在老师已经达到的层面上,另一方面又重复地批评他们没有坚持老师的观点。但胡塞尔本人似乎对克劳斯的批评

---

① 参见 Oskar Kraus, *Franz Brentano. Zur Kenntnis seines Lebens und seiner Lehre. Mit Beiträgen von Carl Stumpf und Edmund Husserl*, München: Verlag C. H. Beck, 1919.

② 克劳斯的批评可以参见 Oskar Kraus, „Einleitung des Herausgebers", in: F. Brentano, *Psychologie vom empirischen Standpunkt* I, Hamburg: Felix Meiner Verlag, 1924, S. XIX; „Einleitung des Herausgebers", in: F. Brentano, *Wahrheit und Evidenz*, Hamburg: Felix Meiner Verlag, 1930, S. XIII ff.

③ 参见马尔维娜·胡塞尔:"埃德蒙德·胡塞尔生平素描",同上书,第13页。——马尔维娜在这里加引号地提到胡塞尔的"堕落",应当是出自克劳斯的批评话语,但应当是在其他地方,而非出自他的这两篇引论。

④ Franz Brentano, *Briefe an Carl Stumpf. 1867–1917*, a.a.O., S. 153.

从未作过回应,可能也从未打算回应。或许是他意识到自己与布伦塔诺的基本哲学立场之间确有隔阂,且无法消除,因而不能不作叛逆之举。他在 1919 年的回忆文章中便感叹自己“并不善于始终做他的学派的成员”,[①]而该回忆录的全集版编者奈农和塞普曾概括说:“尽管有相互理解的证明,尽管有胡塞尔将自己哲学立场向布伦塔诺靠拢的努力,在实事上、也在胡塞尔 1907 年于佛罗伦萨访问布伦塔诺期间的多次对话中,都没有产生任何的亲近,所以胡塞尔强调‘某种疏远,即便不是与我老师的某种私人关系上的生分’,这种疏远‘使一种科学方面的接触变得如此艰难’。”[②]而且这里需要留意:胡塞尔在写回忆布伦塔诺文章时(1919 年)还没有读到克劳斯的那两篇令马尔维娜产生反感的“编者引论”,它们在 1924 年和 1930 年才被公开发表出来。他在回忆录中表达的这些感受,后来只是通过克劳斯以另一种方式表达出来了而已。无论如何,胡塞尔在这次访问中感受到的“疏远”是真实不妄的,甚至连他否认的“私人关系上的生分”其实也已存在,至少就布伦塔诺那方面而言是如此。这一点在接下来讨论布伦塔诺与胡戈·贝格曼的通信时会得到清楚的表明。而马尔维娜所说的克劳斯“肯定比教皇本人还要教皇”,事实上最终也已表明是不确切的。

阿列克休斯·迈农

阿列克休斯·迈农(Alexius Meinong,1853–1920)与胡塞尔同为布伦塔诺的学生。胡塞尔与他之间的通信没有全部保存下来,但在《胡塞尔书信集》中还是留有十多封书信往来。迈农可以算是与胡塞

---

① 胡塞尔:“回忆弗兰茨·布伦塔诺”,载于胡塞尔:《文章与讲演(1911–1921 年)》,同上书,第 370 页。

② 奈农、塞普:“编者引论”,载于胡塞尔:《文章与讲演(1911–1921 年)》,同上书,第 xl 页。

尔交往最多的几位布伦塔诺学派成员之一。其余的几位是前面第一幕中提到的马塞里克和第二幕中提到的施通普夫，以及在后面将会涉及的马尔梯。

在前引马尔梯学生克劳斯对迈农与胡塞尔的批评中，迈农与胡塞尔都被视作布伦塔诺的叛逆者。这里存在一个复杂的三边关系：在马尔梯与迈农之间有学术方面的论争，它通过克劳斯体现出来，而在马尔梯与胡塞尔之间则虽有不同的意见表达，却并无正面的冲突，但也遭到克劳斯的“恶意”（马尔维娜语）攻击。最后，在胡塞尔与迈农之间有较多的争论发生，它们不仅涉及胡塞尔现象学与迈农的对象理论以及埃伦菲尔茨的完形心理学各自观点的解释说明，也关系它们之间的差异辨析与问题讨论，最终还涉及迈农与胡塞尔各自研究的思想原创性问题。而后一个问题超出了一般学术争论的范围，它应当是导致胡塞尔与迈农关系决裂的主要原因。[①]

胡塞尔与迈农的联系在《逻辑研究》之前十分融洽，在许多方面有良好的交流与互动。在《逻辑研究》中，迈农也是胡塞尔考虑、引述和讨论最多的对手，连同布伦塔诺、施通普夫、马尔梯，以及其他一些被视作布伦塔诺学派的心理学家。

严重的分歧在此后的1902年至1904年之间便已产生。从遗留下来的几封通信来看，两人之间的关系已然充满了怀疑与争议，虽然不失客套与恭敬。也正是在这一年，胡塞尔与迈农之间的通信交往结束了。起因看起来是迈农将自己的长篇论文《关于对象理论》的抽印本寄给胡塞尔。[②] 随后胡塞尔做了回复和致谢。直至迈农于1920年

---

① 对此可以参见本书第二卷第九章“胡塞尔与迈农：现象学与对象理论和完形心理学”。

② Alexius Meinong, „Über Gegenstandstheorie“, in ders. (Hrsg.), *Untersuchungen zur Gegenstandstheorie und Psychologie*, Leipzig: J. A. Barth, 1904, S. 1–50.

去世的十六年间，两人之间没有再发生任何有案可查的思想交流。

不过，在胡塞尔那里可以查到他私下对自己所受迈农影响的反思：在鲁汶胡塞尔文库中保存着一个黑色笔记本（编号：X x 5），瓦尔特·比梅尔于上世纪五十年代将它编辑发表。他在编者引论中说明："胡塞尔曾在其中摘录过对他留有印象的书，记下重要的著作，并于1906-1908年的关键年代也做过一些私人的、类似日记的札记。"[①] 笔记开始于1906年9月25日，而且开始于迈农。在这里已经清楚地看出胡塞尔在此期间正在十分仔细地思考迈农以及其他人对自己思想发展的影响："自本月初以来我就认真地投入到工作中。我是否做得对呢？我首先研究了迈农《论假设》的书[②]，同时我不得不一再地看我自己的旧作并且思考到它们之中去。"

在回顾自己从《算术哲学》到《逻辑研究》的思想历程以及威廉·詹姆斯对自己的可能影响之后，胡塞尔再次返回到迈农这里：

> 可惜我无法再判断，迈农的关系理论对我的影响有多大。我于90年前后就已经读过它。但直至1891年与迈农的通信才导致了对它的更为仔细的研究。但很难设想，除了几个有限的思想以外，它还对我在方法上提供过什么。

而后他得出最终的结论：

> 迈农的书已经无法在表象和判断的研究方面为我提供如此多的东西了，除了一个巨大的兴奋以外，每当一个并非无足轻重的

① Edmund Husserl, „Persönliche Aufzeichnungen", in *Philosophy and Phenomenological Research*, vol. 16, no. 3, 1956, S. 293-302.——中译本参见胡塞尔："私人札记"，载于倪梁康（编）：《回忆埃德蒙德·胡塞尔》，同上书，第436-449页

② Alexius Meinong, *Über Annahmen*, in *Zeitschrift für Psychologie und Physiologie der Sinnesorgane: Ergänzungsband 2*, Leipzig: J. A. Barth, 1902.

人在思考的问题也正是我们多年来操心的问题时，就会出现这种兴奋。我在这部书中仅仅发现一个重要的思想，它是我在《逻辑研究》中没有说出的，尽管我在起草过程中已经有了它并思考过它，但却未敢接受它：将判断向"单纯表象"的变异转用于愿望和所有其他行为上，我还有关于这个问题的标明日期的页张(1894年)，在那儿我恰好和迈农的立场一致。但当然，我看到了迈农没有看到的巨大困难，而它们阻止我得出结论。迈农的表象概念是完全不明智的，完全不可理解的。显而易见，与迈农的分歧是有必要的并且是无法避免的，撇开这一点不论：总有一天会证明，这些研究领域与最本质认识的这两个方面实际上是一致的。

接下来胡塞尔记录下在自己与迈农的关系方面的总体印象："我们像是两个在同一个黑暗的局部世界中旅行的人。我们当然常常看到同一个东西并且对它进行描述，但与我们不同的领悟力相符合，这些描述也含有多重的差异。"①

这里的思想内心记载看起来十分冷静、客观，并未掺杂负面的怨愤和不满的情绪。由此看来，迈农的这一道坎此时似乎已经被他越过。不过实际的情况恰恰相反。在后来关于胡塞尔的回忆录中，许多回忆者都提到，胡塞尔在接下来的哥廷根时期和弗莱堡时期都仍然表达过对迈农的抱怨和不满。例如，当弗里茨·考夫曼于 1913 年到哥廷根时，他已经注意到："当我的哥廷根岁月开始之时，胡塞尔还没有完全从那种'优先权之争'(Prioritätenstreit)——尤其是与迈农的争论——的狭隘中走出。"② 而按照兰德格雷贝的回忆，在他的博士论文

---

① 以上文字引自胡塞尔："私人札记"，同上书，第 440-441 页。

② 弗里茨·考夫曼："回忆胡塞尔"，谢裕伟译 / 方向红校，载于倪梁康(编)：《回忆埃德蒙德·胡塞尔》，同上书，第 42 页。

选题上，胡塞尔曾建议他撰写关于迈农的对象理论的批判性论文。[①]此外，还可以从普莱斯纳的同年回忆中得到另一个证明："当我有一次谈到迈农时，胡塞尔真的愠怒起来。"[②]最后还可以在吉布森的1928年的日记中读到他所记录的胡塞尔在那个时期对迈农的表态以及他对迈农与胡塞尔关系的一个理解，从而为后人了解其中的因缘聚合提供了一个视角："迈农和胡塞尔都是布伦塔诺的学生。他们曾经关系很好。但《逻辑研究》出版后，迈农很不满其中对心理主义的批判，并对此发表了颇具敌意的文章。自此他们的友谊出现了裂痕。1900年之后，迈农开始写关于'对象理论'的东西，胡塞尔认为这反映了自己在各方面产生的影响，并认为其中不尽如人意的地方都在《逻辑研究》中得到了进一步完善。他不确定迈农是否读过此书，但认为他读过的可能性非常大。胡塞尔不认可精神财产这类东西。他慷慨地任由其所有学生从他的思想中充分获益(参看他对海林作品的批评——海林是他在哥廷根的学生，他教了他两年。这个学生比较偏激，但执着且善于表达。胡塞尔曾建议我看看他的书)，但在这里他却情绪高昂，强烈反对任何人攫取他自己(胡塞尔)的思想，并说出'我是一个全新观念秩序的奠基者'之类的话，而且认为自始至终，迈农与其说是原创者，不如说是借用者。"[③]

看起来胡塞尔在这个时候仍然没有从他的怨愤中解脱出来，而此时迈农已经去世了八年。这种情况在胡塞尔那里是绝无仅有的现象。

---

① Ludwig Landgrebe, „Selbstdarstellung", in Ludwig J. Pongratz (Hrsg.), *Philosophie in Selbstdarstellungen* II, Hamburg: Felix Meiner Verlag, 1975, S. 138.

② 普莱斯纳："于哥廷根时期在胡塞尔身边"，载于倪梁康(编):《回忆埃德蒙德·胡塞尔》，同上书，第54页。

③ 威廉·拉尔夫·鲍伊斯·吉布森："从胡塞尔到海德格尔——1928年弗莱堡日记节选"，张琳译，载于倪梁康(编):《回忆埃德蒙德·胡塞尔》，同上书，第326-327页。

或许可以说，不仅在哥廷根时期，而且很可能在其一生中，能使胡塞尔最耿耿于怀的人便是迈农了。

卡兹米尔·特瓦尔多夫斯

在前面论述英加尔登时已经涉及布伦塔诺的另一位学生卡兹米尔·特瓦尔多夫斯基（Kazimierz Twardowski,1866–1938）。他出生在维也纳，并于 1885 年至 1889 年期间在维也纳大学随布伦塔诺和齐默曼（Robert Zimmermann）学习。胡塞尔在维也纳随布伦塔诺学习的时间与此有部分重叠：1884/85 年冬季学期和 1885/86 年冬季学期。但没有资料表明他们两人在这个时期就已经相互认识。1891 年特瓦尔多夫斯基以一篇题为"观念与知觉"的博士论文获得哲学博士学位，而后于 1894 年以"关于表象的内容与对象的学说"为题完成任教资格考试。这两部论著后来都正式发表。[①] 这也是他一生发表的仅有两部专著。在维也纳担任一年的讲师之后，他在利沃夫大学获得教授职位。他被视作波兰现代科学哲学的开创者，也被公认为"利沃夫–华沙学派"的缔造者。这个学派既是哲学流派，也是逻辑学流派或数学流派。无论如何，布伦塔诺的哲学作为严格科学的理想后来通过特瓦尔多夫斯基而在他的一批后来成为哲学家、逻辑学家和数学家的波兰弟子以及弟子的弟子那里得到了进一步的传承。综上所述，一方面的确应当说，"特瓦尔多夫斯基对于波兰文化的重要性无论如何评价都不会过高"；[②] 但另一方面也必须承认，"特瓦尔多夫斯基的重要性并不在于他是一

---

① Kazimierz Twardowski, *Idee und Perception. Eine erkenntnis-theoretische Untersuchung aus Descartes*, Wien: Konegen, 1892; *Zur Lehre vom Inhalt und Gegenstand der Vorstellungen. Eine Psychologische Untersuchung*, Wien: Hölder, 1894.

② Anna Brozek, *Kazimierz Twardowski – Die Wiener Jahre*, a.a.O., S. 9.

个原创性思想家，而在于他是一个伟大的教师和组织者。”[①]

胡塞尔与特瓦尔多夫斯基的私人联系看起来主要是因为英加尔登的缘故而建立起来的。前面在论述英加尔登时，笔者曾引述过他在回忆胡塞尔的文章中对从利沃夫特瓦尔多夫斯基那里转到哥廷根胡塞尔这里的学习生涯的过渡历程：特瓦尔多夫斯基是一个出色的教师，培养了许多学生，他们大致可以分为两派：一部分以卢卡西维茨为代表的学生处在罗素和马赫的经验心理学的影响下，而另一部分学生则处在布伦塔诺的描述心理学的影响下。英加尔登之所以到哥廷根随胡塞尔学习，是因为他相信胡塞尔的观点：哲学应当承担本质研究的任务。[②]

按英加尔登的说法，特瓦尔多夫斯基与胡塞尔有过多次会面。[③]但他们之间目前仅有两次书信往来存世，时间是在 1928 年，主要是因为他们二人的共同学生英加尔登后来在波兰的工作与待遇问题，并未涉及学术和思想方面的交流。不过在信中还是可以读到，胡塞尔曾于 1927 年委托英加尔登将他于 1896 年，即几近三十年前，为特瓦尔多夫斯基 1894 年发表的任教资格论文《关于表象的内容和对象的学说》所撰写的、但后因种种原因未发表的一篇书评的副本转交给特瓦尔多夫斯基。后者在回信中特别致谢并提到，“这个书评在历经许多年后也未失去其价值”(Brief. I,183)。

事实上，胡塞尔的书评后来以另一种形式在《逻辑研究》中得到了表达。他在那里的第二研究中批评特瓦尔多夫斯基的普遍对象和普遍表象的理解，即“普遍表象的对象是被我们所表象，但它

① Max Rieser, “Philosophy in Poland: An Introduction”, in: *The Journal of Philosophy*, vol. 57, no. 7, 1960, p. 202.

② 参见英加尔登：“回忆埃德蒙德 · 胡塞尔”，同上书，第 170–171 页。

③ 参见英加尔登：“回忆埃德蒙德 · 胡塞尔”，同上书，第 190 页。

并不实存”[①] 的观点，同时维护柏拉图和鲍尔查诺的观念论立场（LU II/1,A134/$B_1$124）。在这里，胡塞尔的确是站在了布伦塔诺及其学派的对立面。而特瓦尔多夫斯基当时则明确地与布伦塔诺站在一边，将普遍表象视作符号表象一样的“非本真表象”。在这点上，特瓦尔多夫斯基应当属于马尔维娜所说的“布伦塔诺正统派”。

特瓦尔多夫斯基去世于1938年2月11日。此后不到两个月，胡塞尔也于4月27日去世。英加尔登在特瓦尔多夫斯基的追悼会上得知了胡塞尔逝世的消息。[②]

安通·马尔梯

不过真正的“布伦塔诺正统派”是由安通·马尔梯（Anton Marty,1847–1914）来代表的。他是布伦塔诺的大弟子，比胡塞尔的任教资格导师施通普夫还要年长一岁。他于1868–1870年期间在维尔茨堡随布伦塔诺学习，1869年便获得神职和教职。但他与布伦塔诺一样，在1872年放弃神职，来到哥廷根随洛采学习，并于1875年完成博士学业，博士论文的题目是“关于语言起源理论的批判”。该论文于同年出版，总计60页，它的完整版也在同年出版，题为《论语言的起源》，总计150页。[③] 博士毕业后他在切尔诺维茨（今属乌克兰）大学任教五年，而后于1880年受聘到布拉格德语大学，此后一直在那里任教，直至1914年去世。他通过他和他的学生的工作，使布拉格在几十年里保持了“布伦塔诺哲学”中心的地位。在此意义上可以

① Kazimierz Twardowski, *Zur Lehre vom Inhalt und Gegenstand der Vorstellungen*, a.a.O., S. 106.

② 参见英加尔登：“回忆埃德蒙德·胡塞尔”，同上书，第190页。

③ 参见Anton Marty, *Kritik der Theorien über den Sprachursprung: Inauguraldissertation*, Würzburg: Richter, 1875; *Über den Ursprung der Sprache*, Würzburg: Stuber, 1875.

将“布伦塔诺正统派”称作“布拉格学派”(Prager Schule)或“学圈”(Kreis),与迈农所代表的、可称作“布伦塔诺非正统派”的“格拉茨学派”(Grazer Schule)相对应,或者也在某种意义上也可以说,相呼应。

马尔梯同样是胡塞尔在《逻辑研究》中付诸深入研究和分析的布伦塔诺弟子,主要是在第一研究和第四研究中,而且主要涉及马尔梯的语言哲学和含义理论。1910年胡塞尔还为马尔梯《对普遍语法基础与语言哲学的研究》(第一卷,哈勒,1908年)[①]撰写了书评,并在书评的开篇处对马尔梯的工作领域和思想风格以及他与老师布伦塔诺的关系做了一个出色的概括评价,几乎可以视作对四年后才病逝的马尔梯的预先盖棺论定:“1875年,他以一部杰出的作品《论语言的起源》开启了科学生涯,从那时起,语言哲学的问题便始终占据了他的兴趣中心,他的许多论文(“论无主词命题及语法与逻辑学和心理学的关系”、“论语言反思、天赋论和有目的的语言习得”等等)都表明了这一点。这一著作是献给他那才华横溢的老师及朋友布伦塔诺的。在人们所谓的‘哲学观点’方面——因而不仅是基本的哲学信念,而且还有对待问题的整个方式,以及哲学发问和哲学方法的整个风格——马尔梯都受惠于他。只有在极度紧迫的情况下,马尔梯才在这种风格所允许的范围内修正布伦塔诺的观念。”[②]——最后这一点也证明波扎克的确有理由将马尔梯称之为“布伦塔诺的最忠实的学生”。[③]

胡塞尔与马尔梯之间有十多次的通信往来。关于胡塞尔与他的

---

① Anton Marty, *Untersuchungen zur Grundlegung der allgemeinen Grammatik und Sprachphilosophie* I, Halle a.S.: Max Niemeyer Verlag, 1908.

② 胡塞尔:“评:马尔梯《对普遍语法基础与语言哲学的研究》(第一卷,哈勒,1908年)”,载于胡塞尔:《文章与书评(1890–1910年)》,高松译,北京:商务印书馆,2018年,第304页。

③ 参见 Anna Brozek, *Kazimierz Twardowski – Die Wiener Jahre*, a.a.O., S. 124.

语言哲学与含义理论方面的思想关联，笔者在本书第二卷第八章“胡塞尔与马尔梯：现象学与语言哲学”中有较为详细的论述。

胡戈·贝格曼

这里还需要略作较为详细讨论的另一位马尔梯弟子、布伦塔诺学派和布拉格学派的成员是胡戈·贝格曼（Samuel Hugo Bergmann,1883-1975）。他在胡塞尔与后期布伦塔诺的关系中扮演了一个至关重要的角色。

贝格曼出生在布拉格的一个犹太家庭，在布拉格老城上的文科中学，与弗兰茨·卡夫卡是同学。他们，包括胡塞尔、弗洛伊德等，都是自几百年来便生活在这个当时属于奥匈帝国的波西米亚与摩拉维亚地区（现属于捷克共和国）的说德语的犹太家族成员。贝格曼先后在布拉格大学和柏林大学学习哲学和自然科学，后来曾于1907-1919年期间担任布拉格大学图书馆管理员。他早年便是犹太复国主义的倡导者和该运动的参与者，后来也成为说德语的新希伯来哲学的先驱。1920年，贝格曼到所谓的“以色列土地”（Eretz Yisrael）或“应许之地”，并担任以色列国家与大学图书馆馆长，直至1935年。自1928年起，他还担任耶路撒冷希伯来大学的哲学讲师，1935年担任哲学教授，并于1935年至1938年期间担任该校的校长。

在以色列工作期间，贝格曼在二战前就为介绍和传布胡塞尔的哲学思想做了许多工作，撰写评论和分析胡塞尔现象学的文章，开设相关课题的讲座和讨论课，如此等等。胡塞尔去世后，贝格曼在讲座中还为胡塞尔致了悼词。二战后他联系鲁汶大学胡塞尔文库，推动并参与胡塞尔的希伯来语文集的编辑校对工作；不仅自己作关于胡塞尔哲学的讲演，同时也邀请犹太哲学家如汉斯·约纳斯等去以色列作关于胡塞尔现象学的报告。贝格曼还将自己保存的布伦塔诺手稿誊写给胡塞尔文库备存，如此等等。[①] 直至战后 1949 年，贝格曼还在其日记中记录过他的关于盖世太保的噩梦，以及醒来后与胡塞尔哲学有关的思考："夜里我常常做些沉重的梦，梦见我落入盖世太保之手，而这一切都是如此真实。有一次我醒了过来，为这不是真的而感到高兴，但我很快又睡着了，而后噩梦接着继续做下去。当我再醒来时，我无法再入睡了，便开始接着讨论课的一个对话来思考胡塞尔与康德，而后我明白了以下的问题：康德大致是从主观性出发，但他探问的是，我如何克服它，这样他便走向他的超越的形式。胡塞尔是从客观性出发，并且探问，它是如何系泊在主观性中的。"[②]

就总体而言，贝格曼是将胡塞尔视作德语–希伯来语哲学文化的一个有机组成部分加以弘扬和推广，为犹太复国的计划准备思想和理论基础。

在此方向上，贝格曼与当时著名犹太思想家建立广泛的联系并有密切的交往。他于 1929 年出版的著作《现代物理学中的因果律之战》题献给他的老师安通 · 马尔梯，并附有爱因斯坦为其撰写的简短引言。[③] 此外，贝格曼的犹太复国主义思想和行动在开始阶段受到马丁 · 布伯的影响，后者自耶路撒冷希伯来大学于 1925 年正式建立起便在那里担任社会学系主任。两人之间关系密切。贝格曼也著有关于布伯思想的论著《从基尔凯戈尔到布伯的对话哲学》。[④]

在贝格曼的日记中还记录过他与布伯的一次关于胡塞尔的谈话

---

① 参见 Samuel Hugo Bergmann, *Tagebücher & Briefe*, Königstein im Taunus: Jüdischer Verlag bei Athenäum, 1985, Band 1: 1901–1948, S. 363, S. 366, S. 468, S. 471f., S. 579, S. 655, S. 679, S. 731 usw.; Band 2: 1948–1975, S. 113, S. 148, S. 205, S. 294.

② Hugo Bergmann, *Tagebücher & Briefe*, Band 2: 1948–1975, a.a.O., S. 23.

③ Hugo Bergmann, *Der Kampf um das Kausalgesetz in der jüngsten Physik*, Braunschweig: Vieweg Teubner Verlag, 1929.

④ Hugo Bergmann, *Dialogical Philosophy from Kierkegaard to Buber*, translated from Hebrew by Arnold A. Gerstein, New York: State University of New York Press, 1991.

和感想："关于胡塞尔，以及他是否能够给出对相对主义的反驳，我们也谈论了许多。布伯认为：我拒绝进行这种对世界的加括号。在我看来，这当然是一种带有文学色彩的回答，因为在胡塞尔那里，这个问题涉及的是一种研究的**方法**。"①

与胡塞尔以及布伦塔诺及其学派的交往也属于贝格曼1920年赴以色列之前的一个重要章节。作为布伦塔诺学派和布拉格学派的成员，贝格曼与胡塞尔显然时有联系。1908年10月15日，胡塞尔还收到他的寄赠的著作《内感知明见性问题研究》②，并在书中题记："08年10月15日得自作者"（Hua X,324,Anm.1）。在后来由施泰因和海德格尔编辑出版的《内时间意识现象学讲座》中还收录了胡塞尔在阅读贝格曼的这本书后对相关问题的思考记录："**无限性**——它应当处在哪里？参见胡戈·贝格曼所提到的布伦塔诺的指责，第82页（论述'内感知'的著述）：在他看来，如果'内感知'在每个时间点上都指向当下之物和过去之物，就会产生一个有无限多维度的连续统：我的内感知是指向当下之物和过去之物的，为它所把握的过去的内感知重又指向当下之物和过去之物，如此等等。"③此外，根据贝格曼致其太太的信，他至少曾于1911年7月20日这天下午在哥廷根拜访过胡塞尔。他在其中还报告说："这里的哲学兴趣十分活跃。胡塞尔本人就有一

---

① Hugo Bergmann, *Tagebücher & Briefe*, Band 2: 1948–1975, a.a.O., S. 23.

② Hugo Bergmann, *Untersuchungen zum Problem der Evidenz der inneren Wahrnehmung*, Halle a. S.: Max Niemeyer Verlag, 1908.

③ Hua X,328. ——胡塞尔《内时间意识现象学》的《胡塞尔全集》本编者波姆在这里还附加了一个说明："在该书相关处的文字是：'因为不只是我的当下的内感知，而且我的过去的内感知也据此而部分指向当下，部分指向过去，同样还有被这个内感知作为过去来把握的内感知，如此不断地接续下去。这里似乎已经产生出了一个有无限多维度的连续统。似乎还可以进一步推导出：如果我们的内感知持续地包含着一个如此之小的时段（Zeitspanne），那么它也就必定包含着我们的整个心理生活了'。贝格曼在一个脚注中对此解释说：'这个指责是我于1906年夏从布伦塔诺教授先生那里听到的'；同上书，第82页、注1"（Hua X, 328, Anm. 2）。

个约三十人的紧密学圈，所有人或至少大多数人都想在大学工作。”[①]

但就目前情况看，贝格曼与胡塞尔之间的书信往来应当没有被保留下来。与此相反，布伦塔诺写给贝格曼的数十封长短不一的信函则得以存世，并于1946年被贝格曼编辑发表。[②] 这些信函从1906年开始，直至贝格曼因一战爆发而作为军官赴前线参战时中断，但如贝格曼所说，“读者可以注意到，书信往来在最后几年里已经随着学生关系开始松散而不那么密集和温馨了。”[③] 这些信函一方面“表达出被胡塞尔称作布伦塔诺生命的‘原事实’(Urtatsache)的布伦塔诺人格之伟大、他对自己的哲学使命的信念”[④]，另一方面也透露出布伦塔诺私底下对待胡塞尔的态度和看法。尽管胡塞尔自己已经从布伦塔诺那里直接地意识到，“如果有人走自己的路，哪怕是从他[布伦塔诺]那里分出的路，也会使他激动不安。这时他会容易变得不公正，并且在我面前也曾如此，而这是令人痛苦的”；[⑤] 但布伦塔诺在背后，尤其是在另一个弟子面前，对迈农和胡塞尔的讽刺和挖苦，今天读来还常常会令人咂舌。

如前所述，在回忆布伦塔诺的文章中，胡塞尔记载说，1907 年在佛罗伦萨拜访布伦塔诺时他已经感受到“某种疏远，即便不是私人关系上的生分”。[⑥] 这里所说的与布伦塔诺的“疏远”，主要是因为胡塞尔与布伦塔诺在几个哲学问题上的意见分歧而产生的隔阂所致。胡

---

① Samuel Hugo Bergmann, *Tagebücher & Briefe*, Band 1: 1901–1948, a.a.O., S. 41. ——由于贝格曼的日记与书信出版较迟，因而这次会面并未被舒曼记入《胡塞尔年谱》。

② 参见 Hugo Bergmann (Hrsg.), „Briefe Franz Brentanos an Hugo Bergmann“, in *Philosophy and Phenomenological Research*, vol. 7, no. 1, 1946, S. 83–158.

③ Hugo Bergmann, „Vorbemerkung des Herausgebers“, in „Briefe Franz Brentanos an Hugo Bergmann“, a.a.O., S. 83.

④ Hugo Bergmann, „Vorbemerkung des Herausgebers“, in „Briefe Franz Brentanos an Hugo Bergmann“, a.a.O., S. 83.

⑤ 胡塞尔：“回忆弗兰茨・布伦塔诺”，同上书，第 471 页。

⑥ 胡塞尔：“回忆弗兰茨・布伦塔诺”，同上书，第 471 页。

塞尔在《逻辑研究》中似乎默默地将布伦塔诺及其学派视作心理主义的代表之一并予以批判。而关于他与布伦塔诺的其他方面的具体分歧，则首先涉及对布伦塔诺提出的意向性的理解，其次涉及对布伦塔诺所强调的内感知的明见性的理解，再次关系到对布伦塔诺的表象概念的理解，最后是对德国观念论哲学传统的理解。而所有这些意见分歧最终都可以归结为心理学的经验论与意识哲学的观念论之间的立场对立。

但从外部显露的情况来看，布伦塔诺与胡塞尔之间最大的矛盾焦点和意见分歧在于他们对“心理主义”问题的理解。让布伦塔诺感到恼火的很可能是他在《逻辑研究》之后常常被当作“心理主义”的代表来加以讨论，而这种情况在他看来最终要拜胡塞尔所赐。

在 1909 年 6 月 1 日致贝格曼的信中，布伦塔诺便写道：“我很高兴，宇伯维克终于可以从海因策的手中解放出来了[①]。据我所知，米施教授是狄尔泰的女婿。这个婚姻面临诸多困难，女孩的父母对此十分拒斥，但我弟弟[②]带着温暖的同情接受了这对被困扰的人。米施愿意清除那些由格拉茨学派加入的垃圾，这是非常值得夸赞的，而通过与我的布拉格朋友们的接触，他就踏上了正确的道路，会了解到事情的真实状况。”[③]

---

① “宇伯维克”在这里是指由这位德国哲学史家宇伯维克（Friedrich Ueberweg,1826–1871）撰写的最初为三卷本的《从泰勒斯到当代的哲学史纲要》（Friedrich Ueberweg, *Grundriss der Geschichte der Philosophie von Thale bis auf die Gegenwart*, Berlin: E.S. Mittler,1862–1866）。后来该书不断扩充再版。在宇伯维克去世后继续由海因策（Max Heinze, 1835–1909）接手编辑扩充。布伦塔诺写信的这天恰巧就是海因策去世的当日。米施接手这部哲学史巨著的扩充再版。关于米施以及与胡塞尔的私人关系和思想联系，笔者在后面还会展开讨论。

② 弗兰茨·布伦塔诺的弟弟是德国国民经济学家卢约·布伦塔诺（Lujo Brentano,1844–1931）。

③ Hugo Bergmann (Hrsg.), „Briefe Franz Brentanos an Hugo Bergmann“, in: a.a.O., S. 124f.

布伦塔诺在这里涉及的思想史的信息十分丰富，在消化展开后足以成为一项专门研究的课题。但在此只能就这里的论题扼要论之：布伦塔诺在这里仅仅提到迈农学派加入到哲学史章节中的"垃圾"，即海因策在《宇伯维克哲学史纲要》的第十版中加入的格拉茨学派一章的内容，这一章的标题是"对象理论"；但他没有提到并表示不满的是，也是在这一版中，介绍布伦塔诺哲学的一章被冠以"心理主义"的标题。[①] 就总体而言，很难说布伦塔诺对这两个标题中的哪个标题更为恼火。但他这个语境中之所以没有提及胡塞尔，很可能是因为胡塞尔于 1907 年在佛罗伦萨对布伦塔诺的拜访而使他的火气有所消退。

还在胡塞尔去佛罗伦萨拜访布伦塔诺之前，在 1906 年 9 月 17 日，即在与贝格曼认识第二个月后写给贝格曼的第三封信中，布伦塔诺就已经开始评论他的学生对他的忠诚度，例如赫夫勒、施通普夫，尤其是胡塞尔。从信中可以读到，他对胡塞尔的了解是依据另一位马尔梯的学生埃米尔・乌悌茨[②] 的叙述。这一点是可以理解的，因为布伦塔诺晚年视力下降，几乎无法阅读。几乎可以确定，布伦塔诺没有读过《逻辑研究》。不过这种情况还在他视力还健全的时候就已经如此。胡塞尔在回忆录中便写道："我曾写信请他接受我在《算术哲学》（我的哲学处女作）上给他的献辞，他回信表示热诚的谢意，但同时认真地告诫我：我不应去惹恼他的敌人。尽管如此，我仍将这部书题献给他，但寄去赠书后并未得到进一步的回复。直到十四年之后，布伦塔诺才注意到，我的确将此书题献给了他，并在这时才衷心友好地表达谢意；他显然没有仔细地看过它，或在其中以他的方式'交叉地读过'。他对我来说是高高在上的，而我对他也太了解，所以并不介意。"[③]

---

① 参见贝格曼对此的说明：Hugo Bergmann (Hrsg.), „Briefe Franz Brentanos an Hugo Bergmann“, in a.a.O., S. 124, Anm. 54.

② 关于埃米尔・乌悌茨与胡塞尔的关系，笔者会在后面第五幕中做出阐述和说明。

③ 胡塞尔："回忆弗兰茨・布伦塔诺"，同上书，第 470–471 页。

事实上，与题献给布伦塔诺、且未真正惹恼过什么人的《算术哲学》相反，题献给施通普夫的《逻辑研究》则恰恰“惹恼”了一些人，而且更多是胡塞尔的师友，甚至首先是他的老师布伦塔诺，他通过其他弟子对胡塞尔的心理主义批判的转述而对胡塞尔抱有不满和怨气。在这里所说的第三封信中就可以看到，布伦塔诺在向贝格曼解释内感知明见性问题时举胡塞尔为例来说明：“例如，如果胡塞尔自己感知自己，并且或许以为感知到一个伟大哲学家，那么这个感知就几乎不能被称之为正确的。”接下来，在完成了其解释之后，布伦塔诺还写道：“证明这些混乱要比理顺胡塞尔的混乱脑袋容易得多！您的报告对这位突然成名之人的推荐也是非常糟糕的。您的批判是确切的。不过我们在这里打交道的至少是一个好人。”①

布伦塔诺在这里所说的贝格曼的“报告”，是指后者当时正在撰写和准备出版的论著《关于内感知明见性问题的研究》，该书在与布伦塔诺讨论多次后完成，于1908年出版。前面提到，贝格曼在该书出版后曾寄赠给胡塞尔一册。胡塞尔于1908年10日15日收到并在研究手稿中记录下对书中提出的问题的思考。在同一天，布伦塔诺也收到了贝格曼的寄赠，并这天(1908年10月15日)致贝格曼的回信中写道：“您的论著我至此为止只能匆匆看一下。涉及胡塞尔的部分我让人相对完整地读给我听。”看起来布伦塔诺对贝格曼的胡塞尔批判并不满意，他接下来写道：“这是一项艰难的任务，即以可以理解的方式来评论这些混乱费解的理论，这些理论既不与真理相契合，也没有在顾及他人意见时去如其所是地把握它们。您在此已经以一种一般说来值得称赞的简洁方式尽力而为之，却也未能使此事变得容易；

① Hugo Bergmann (Hrsg.), „Briefe Franz Brentanos an Hugo Bergmann“, in a.a.O., S. 85f.

而我至少不是所有要点上都明白胡塞尔究竟想要什么。"①

布伦塔诺在这里最后提到的一点是他在对待胡塞尔的态度问题上的关键之所在：由于无意或无法阅读胡塞尔的《逻辑研究》本身，布伦塔诺对胡塞尔现象学及其心理主义批判的了解主要是通过他的其他学生的转述和批评。他实际上并不清楚胡塞尔的真实说法与想法。

正因如此，布伦塔诺对胡塞尔的不满和怨气即使在胡塞尔与布伦塔诺见面几次并做了当面的解释之后也未见消解。还在 1908 年 10 月 15 日，即在胡塞尔于佛罗伦萨拜访了布伦塔诺之后不久，后者便已经致函贝格曼，并且在讨论"心理主义者"这个负面"绰号"时写道："这个高贵武器的共同发明者胡塞尔刚来我这里访问过。他滔滔不绝地向我送上一堆谢意和敬意的誓言，而倘若我相信这些仅仅是恭维之辞，那就对他有些不公正了。他也告诉我说：他始终向人们保证，我并不真的属于心理主义者，他似乎在想为我洗清一个可怕的嫌疑。他太太的在场以及佛罗伦萨在初次访问时引发的诸多兴趣而导致的注意力分散，阻碍了一场详尽透彻的讨论的进行。但我还是听到了几个怪诞的主张。看起来胡塞尔似乎带有好的意愿来考虑批评的话语，在这种情况下，一个深入的阐释或许会让他放弃这个立场。"②

这样一个"深入的阐释"很可能就是布伦塔诺在1911年出版的《论心理现象的分类》③一书的"附录十一：论心理主义"中所作的相关说明："为了在一个如此严重的控告面前为自己辩护，我必须首先提问，心理主义究竟意味着什么；因为人们常常一而再、再而三地使用这个

---

① Hugo Bergmann (Hrsg.), „Briefe Franz Brentanos an Hugo Bergmann", in a.a.O., S. 120f.

② Hugo Bergmann (Hrsg.), „Briefe Franz Brentanos an Hugo Bergmann", in a.a.O., S. 85f.

③ 该书后来由克劳斯重新编辑并附加了布伦塔诺遗稿，作为《出自经验立场的心理学》第二卷于 1925 年再版。

吓人名称，即使在涉及全然不同的事物时也是如此。当我在与胡塞尔的一次友好会面时，以及常常也在其他谈及这个由他新引入的术语的人那里寻求一个解释时，人们对我说，它指的是一种学说，即主张其他不同于人的生物能够具有与我们的明察恰恰相反的明察。如果就这个意义来理解，那么我不仅不是心理主义者，而且甚至在任何时候都已经对这样一种荒谬的主观主义做了最坚定的抵制和斗争。”[①]

这样一种对“心理主义”的理解显然不是胡塞尔在《逻辑研究》中所批判的“心理主义”。因而在收到布伦塔诺于1911年出版的三本新书[②]之后，胡塞尔于这年11月22日致布伦塔诺的信中仍然还在解释他三年前于佛罗伦萨访问布伦塔诺时曾做过的解释：“在佛罗伦萨我曾尝试借访问的机会向您澄清我对心理主义批判的意义。也许我的表达过于笨拙了。我不可能像您（从我的不太成功的阐释中）所理解和报告的那样坚持过我的《[纯粹逻辑学]导引》并对心理主义做过如此定义”（Brief. I,54）。

就总体而论，“心理主义”的术语问题是造成晚年布伦塔诺与胡塞尔之间隔阂的主要原因，或者说，是造成胡塞尔对布伦塔诺的某种冒犯的主要原因。这个结果是显而易见的，然而它的起因是毫无根据的。由于布伦塔诺没有阅读胡塞尔的《逻辑研究》第一卷，因而他对“心理主义”的理解十分有限，他在1911年11月17日致胡塞尔的信中甚至还在讨论：“心理主义”这个术语究竟能不能说是由胡塞尔“新引入的”。布伦塔诺认为他依据的是胡塞尔在给他的信函中的说法，

---

① Franz Brentano, *Psychologie vom empirischen Standpunkt* II: *Von der Klassifikation der psychischen Phänomene*, Hamburg: Felix Meiner Verlag, 1971, S. 179f.

② 参见 Franz Brentano, *Aristoteles und seine Weltanschauung*, Leipzig: Quelle u. Meyer, 1911; *Aristoteles' Lehre vom Ursprung des menschlichen Geistes*, Leipzig: Duncker u. Humblot, 1911; *Von der Klassifikation der psychischen Phänomene*, Leipzig: Duncker u. Humblot, 1911.

但其他人则反驳说，老埃德曼早就使用过这个概念，如此等等（Brief. I,53）。事实上，只要大致地读过《纯粹逻辑学导引》，这个问题就根本不可能被提出来。据此可想而知，胡塞尔在回答布伦塔诺的这个问题时必定充满了内心的苦涩。

这里还需要插入对另一位布伦塔诺学派的成员卡斯悌尔（Alfred Kastil,1874–1950）的说明。他同样是马尔梯的学生，而且如前所述，1916 年，他与克劳斯一同去苏黎世拜访布伦塔诺，并于布伦塔诺 1917 年去世后与克劳斯一起开始编辑出版布伦塔诺的著作与遗稿。布伦塔诺在致胡塞尔和贝格曼的信中一再提到"其他人"或"人们"关于胡塞尔的或"心理主义"的说法，或许与克劳斯和卡斯悌尔及其转述有关。至少可以确定一点：在卡斯悌尔于 1950 年发表的"布伦塔诺与心理主义"的文章中可以读到布伦塔诺在前引"论心理主义"附录中所说的"其他谈及这个由他[胡塞尔]新引入的术语的人"的类似论点。例如，卡斯悌尔在这里对"心理主义"的理解是："它的意义缺少明确的规定，以至于一个人可能会遭遇这样的情况，他同时是心理主义者和反心理主义者。但有一点是毫无疑问的：这个名称应当是一个鄙视性的谓词，而且包含了这样的指责：它的承载者误解了真理的客观性并对真理概念做了主观主义的篡改。"不仅如此，卡斯悌尔还说明，"埃德蒙德·胡塞尔是这个概念的发明者，也是将这个指责掷向布伦塔诺的人。"① 从这里可以看出，布伦塔诺在"心理主义"问题上的纠结并非他自发产生的，而是通过布伦塔诺正统派的这些解释才形成的。在这点上，布伦塔诺晚年的确是在生理和心理的双重意义上"盲目的"。

---

① Alfred Kastil, „Brentano und der Psychologismus", in: *Zeitschrift für philosophische Forschung*, Bd. 12, H. 3, 1958, S. 351f.

不得不说，在这个问题上的纠缠构成了胡塞尔与晚年布伦塔诺的关系中的一个仅仅具有消极意义的章节。好在他们之间存在的其他一些争议和辨析还是具有积极的意义，它们至少可以有助于后人了解他们各自观点的异同，例如在对待哲学传统的态度方面，在对内感知的理解方面，以及在对精神科学与自然科学的方法差异的态度方面。

就总体而言可以看出，在布伦塔诺与胡塞尔的分歧中，贝格曼原则上是站在胡塞尔一边的，因而尽管他的身份是布拉格学派和布伦塔诺学派中的一员，但其理论立场却很难被归入布伦塔诺正统派，因而他也与他的师兄奥斯卡·克劳斯并不处在同一战线。即使他在自己的著述中一再对胡塞尔关于内感知的明见性的看法做出辨析，但就总体而言还是赞成胡塞尔对布伦塔诺的哲学做出的以下几个方面的修正：

1. 贝格曼并不赞同布伦塔诺对待观念论传统的态度，包括对鲍尔查诺以及康德的态度。[①] 在布伦塔诺的奥地利经验论传统维护者和胡塞尔的德国观念论传统维护者的分歧与对立中，贝格曼基本上站在胡塞尔一边。布伦塔诺在致贝格曼的信中曾写道："以为哲学思辨与科学并不共属一体，而且恰恰相互对立，这种看法如今已经广泛流行，它与下列看法是相互关联的，即康德以及依附于他的后来德国哲学应当被视作真正的哲学，而如果不与所有这些衰老退化（Entartung）进行激烈的抗争，哲学就没有权利要求重获一个与其他科学相并列的位置，遑论它原有的一切科学之王的位置。"而贝格曼对此并不赞成，他对此这段话附加了一个脚注说明："这个讨论，就像与此同时在与

---

① 可以推测，贝格曼对鲍尔诺的研究（Hugo Bergmann, *Das philosophische Werk Bernard Bolzanos. Mit Benutzung ungedruckter Quellen kritisch untersucht*, Halle a. S.: Max Niemeyer Verlag, 1909）在很大程度上拉近了他与胡塞尔的距离。

我的老师马尔梯的一次通信中就此问题的讨论一样，并不能说明康德和后康德哲学的历史意义。这里也要指出胡塞尔在《弗兰茨·布伦塔诺》文集第 159 页上就这个问题所做的阐述。”①

的确，胡塞尔在这篇回忆布伦塔诺的文章中一方面准确地再现了布伦塔诺的态度，连同其关于德国观念论的“衰老退化”(Entartung)之说法：“对于像康德和后康德的德国观念论者那样的思想家，即那些将原初直观和前直观预感的价值看得远远高于逻辑方法和科学理论之价值的思想家，他的评价并不很高……布伦塔诺，这位完全献身于最严格的哲学科学的苦涩理想(对他来说，这个理想在精确的自然科学中得到了展现)的人，仅仅把德国观念论的体系看作是一种衰老退化(Entartung)。”另一方面，胡塞尔在这里也表达了自己的不同立场和看法：“即便康德和其他德国观念论者并没有为科学严格地处理那些如此有力地感动了他们的问题动机提供多少令人满意的和站得住脚的东西，即那些确实能够对这些动机进行追复理解(nachfühlen)并能够在它们的直观内涵中立足的东西，但有一点却可以肯定：在观念论体系中涌现出了全新的和最为彻底的哲学问题维度，只有在澄清了它们并构造出它们的特性所要求的哲学方法之后，哲学的最终的和最高的目标才会开显出来。”②

显而易见，在这个分歧中涉及的仅仅是对康德以及后康德的德国观念论的理解与看法，而非对一般哲学史动机的“追复理解”(nachfühlen)的能力和意愿问题。就后一个问题而言，布伦塔诺的哲学史研究，尤其是其亚里士多德研究，较之于胡塞尔的哲学史研究固然要博大精深得多。这里的问题更多在于应当重审和接受哪些哲学

---

① Hugo Bergmann (Hrsg.), „Briefe Franz Brentanos an Hugo Bergmann“, in a.a.O., S. 158., Anm.1.

② 胡塞尔：“回忆弗兰茨·布伦塔诺”，同上书，第 466–467 页。

遗产？是亚里士多德的经验论，还是康德乃至柏拉图的观念论？是亚里士多德的内感知理论，还是笛卡尔的内感知理论？①

布伦塔诺将近代笛卡尔以降的整个哲学发展都视作哲学的堕落。这一点在前引布伦塔诺 1911 年 11 月 17 日致胡塞尔的信中也清晰地表现出来，他在那里以一种略带讥讽的口吻对胡塞尔的哲学遗产观作出明确的批判表态："还请您乐意接收刚给您寄出的三部著述！②当然它们并不都处在您的较为狭窄的兴趣论域中。不过您很愿意将您的目光加以扩展，而且您没有看错，如果忽略了对以往时代伟大思想家的研究，就无法有所成就。您不久前在贝格曼博士面前所做的一个表述已经充分地透露出这一点，而且我对此只能感到高兴，尽管我也觉得讶异，您如何能够认为，我和其他与我亲近的人不知道以类似的方式尊重哲学前史的价值。但事实上我们在上升发展的时期与堕落的时期的区分方面要比您做得更多"（Brief. I,51f.）。在这里至少可以确定一点：布伦塔诺与胡塞尔的哲学立场不同，导致他们对哲学发展的上升与下降所持的价值判断标准也各不相同。

2. 贝格曼相信，布伦塔诺在划分先天的描述心理学与经验的发生心理学时实际上已经使用了某种意义上的本质直观方法。他批评布伦塔诺在赋予他的著作以"出自经验立场的心理学"之标题时没有意识到自己使用的"经验"概念有双重含义：一方面，"发生心理学的方法是自然科学的方法，主要是归纳的，并且在此意义上是'经验的'"。而另一方面，他所倡导的描述心理学也是"经验的"，但却是

① 布伦塔诺在给贝格曼的信中提到："人们究竟是像笛卡尔那样主张，唯有内感知才是明见的，还是像亚里士多德那样主张，每个认识都伴随着这样一种内感知（ἐν παρέργῳ），这是完全不同的情况。前者涉及是明显的错误，而后者则是后来赢得的明察，它不应重又被放弃"（Hugo Bergmann (Hrsg.), „Briefe Franz Brentanos an Hugo Bergmann", in a.a.O., S. 93.）。

② 即如前所述布伦塔诺于 1911 年发表的三部著作，其中两部与亚里士多德有关。

在另一种意义上:"描述心理学的分析与一种可以通过增加被观察的案例来获取或然性的归纳无关。正如布伦塔诺自己在他的著作《论伦常认识的起源》中所阐释的那样,描述心理学是可以'无须任何归纳而一举'(mit einem Schlage und ohne jede Induktion)达到普遍认识的。"①

贝格曼的这个提示实际上非常重要。这里需要摘引布伦塔诺的相关原文:"当然,随着对相关的爱或恨的行为的经验,这个总体属的善或恶会在无须对特殊案例进行任何归纳的情况下一举显露出来。人们以此方式例如可以达到这样一个普遍认识,即明察本身是善的。"② 这个意义上的"明察",已经不再是布伦塔诺意义上的"经验直观",而更多是胡塞尔意义上"本质直观"了。这也就意味着,不仅胡塞尔的"意向性"概念源自布伦塔诺,而且他的一再受到布伦塔诺批评和讽刺的"本质直观"或"本质明察"的概念最终也可以在布伦塔诺那里找到支点!再扩展一步当然还可以说:布伦塔诺的这个说法就是后来同样处在布伦塔诺影响下的舍勒式"伦常明察"的前身!——不过这是需要作进一步专门讨论的问题。③

---

① Hugo Bergmann, „Franz Brentanos", in: *Revue Internationale de Philosophie*, vol. 20, no. 78(4), 1966, p. 361f.

② Franz Brentano, *Vom Ursprung der sittlichen Erkenntnis*, Hamburg: Felix Meiner, 1969, S. 82.

③ 这里还可以追踪贝格曼所受到的鲁道夫·施坦纳的影响。贝格曼很早便在布拉格结识了施坦纳并且终生都在研究施坦纳,尽管他对待施坦纳的态度有变化(对此参见 Nothan Rotenstreich, „Einleitung 1901–1914", in: Samuel Hugo Bergmann, Band 1: 1901–1948, *Tagebücher & Briefe*, a.a.O., S. 5; Petr Normann Waage, *Eine herausfordernde Begegnung. Samuel Hugo Bergman und Rudolf Steiner*, Stuttgart: Finken & Bumiller, 2006, S. 39, S. 107ff.)。

而施坦纳这方面在"精神直观"(geistiges Schauen)问题上很早便与舍勒心有灵犀一点通(参见 Rudolf Steiner, *Mein Lebensgang. Mit einem Nachwort von Marie Steiner*, GA 28, Dornach/Schweiz: Philosophisch-Anthroposophischer Verlag, 1925, S. 443, S. 142)。如果伽达默尔说:"直觉这个关键词在 1901 年曾是联结两位思想家的桥梁"(H.-G. Gadamer,

3．贝格曼赞成胡塞尔区分心理学（即广义上的精神科学）的方法与物理学（即广义上的自然科学）的方法的做法。而且他认为布伦塔诺并没有看到这个区分的必要性，因而处在胡塞尔所说的素朴的自然态度的立场上。贝格曼指出，后来的克劳斯恰恰是在胡塞尔影响下做出了这个区分。他在其纪念布伦塔诺的文章中写道："描述心理学的对象从属于经验，但它的方法完全不同于自然科学的方法。我相信，布伦塔诺在撰写其《出自经验立场的心理学》时……并没有意识到这一点。但这个区别被布伦塔诺学派意识到了，尤其是被克劳斯所强调。这应当归功于胡塞尔现象学的影响。"①

当然，这个区分自然科学与精神科学研究方法的要求还应当进一步追溯到狄尔泰对胡塞尔的影响上。胡塞尔在这里将布伦塔诺的严格科学的主张与狄尔泰的精神科学的主张结合在一起，强调精神科学的动机说明方法的严格性（Strenge），以此与自然科学的因果解释方法的精确性（Exaktheit）划清界限（Hua III,§§73ff.）。除此之外，这里还可以注意到，同样既受狄尔泰影响也受布伦塔诺影响的海德格尔后来也默默地接受了胡塞尔的这个区分。②

如前所述，贝格曼暗示，他与布伦塔诺书信往来在最后几年里不再密集和温馨，是因为学生关系开始松散所致。③这很可能也是指他自己因为不能附和布伦塔诺的观念和更多站在胡塞尔一边为其辩护

„Max Scheler – der Verschwender", in a.a.O., S. 14)，那么"直观"或"直觉"的概念也应当是联结施坦纳与舍勒的桥梁。

① Hugo Bergmann, „Franz Brentanos", in a.a.O., S. 362.

② Martin Heidegger, *Beiträge zur Philosophie. (Vom Ereignis)*, GW 65, Frankfurt a.M.: Vittorio Klostermann, 1989, S. 150. 海德格尔在这里实际上更推进了一步："相反，'精神科学'为了严格，必须是不精确的。这不是它的缺陷，而是它的特长。"

③ Hugo Bergmann, „Vorbemerkung des Herausgebers", in „Briefe Franz Brentanos an Hugo Bergmann", a.a.O., S. 83.

的态度,使得布伦塔诺不再有兴趣与他维系和加强这种书信往来。

尽可能中立地说,布伦塔诺对待自己的学生胡塞尔的态度和看法或许总体上可以用“不够大气”来标示。毋庸置疑,在与布伦塔诺学派的问题相关的语境中,胡塞尔对待迈农的态度和看法或许也可以用这个词来定义。但在后一个案例上更难找到胡塞尔的动机和理由。或许胡塞尔只是在为自己的老师鸣不平而已。而布伦塔诺对胡塞尔的“担心”似乎主要是因为胡塞尔在《逻辑研究》发表后一夜成名以及名声太大,因而在很大程度上是一种类似长辈对晚辈的“少年得志”式的担心。他在 1907 年 5 月 7 日致施通普夫的信中说:“胡塞尔的来访让我非常高兴。但他的新想法是极为奇异的。利普斯、里尔都为此而恭维他。而我担心,如果我向他指明,他正走在歧途上,那么这会有害于他的学术生涯。”接下来在 1909 年 1 月 19 日致施通普夫的信中他又写道:“我担心我们的胡塞尔的情况也不好。不应得的赞誉将他越来越紧地束缚在某些稀奇古怪的想法上,只要他愿意,我会轻易向他证明它们是完全错误的。”①

除此之外,还有一位与胡塞尔有关的马尔梯学生埃米尔·乌悌茨同样属于布伦塔诺学派和布拉格学派的成员。他当时(1906 年)是与贝格曼一同去拜访布伦塔诺的,就像克劳斯在十年后(1916 年)是与卡斯悌尔一同去拜访布伦塔诺的一样。笔者在后面第五幕中还会讨论他在纳粹上台之后为胡塞尔提供的移居布拉格的可能与计划。但这一章已经属于胡塞尔与布伦塔诺学派关系史的外篇了。

---

① Franz Brentano, *Briefe and Carl Stumpf 1867–1917*, Graz: Akademische Druck- und Verlagsanstalt, 1989, S. 134, S. 141. ——对此问题也可以参见 Wolfgang Huemer, “Husserl’s Critique of Psychologism and his Relation to the Brentano School”, in Arkadiusz Chrudzimski and Wolfgang Huemer (Eds.), *Phenomenology and Analysis: Essays on Central European Philosophy,* Frankfurt: Ontos, 2004, p. 201.

在这里只还需要补充一个贝格曼在 1935 年 10 月 4 日的日记中记载的他们师兄弟几人对待胡塞尔的不同态度方面的一段有趣故事："昨晚我去访问克劳斯和布伦塔诺文库。当克劳斯置身于谈话的中心，闭着眼睛在阐述布伦塔诺对某件事情的反应，而且当他承认胡塞尔的贡献在于：他说出了有一门先天的心理学这个事实，这时他实际上是十分令人感动的。他关于乌悌茨所讲述的东西尤为有趣：乌悌茨曾如此赞美胡塞尔。对此克劳斯问道：您读过他最近的著作吗？乌悌茨回答说：我可不想因为阅读他的著作而让我对他的敬重蒙上阴影！"① 由此也可以理解，为什么兰德格雷贝在 1933 年去布拉格申请任教考试时会将克劳斯称作"胡塞尔的最尖锐的敌手"，而将乌悌茨却称作"胡塞尔的崇拜者"，② 尽管这两位师兄弟已经彼此是好友并已成为同事。

这里已有必要对胡塞尔与布伦塔诺学派的关系作一个全面的回顾总结。尽管这个关系并未随马尔梯于 1914 年以及布伦塔诺于 1917 年的去世而告结束，而是延续到更年青的一代人，这一点例如可以从克劳斯在上世纪二十年代起对胡塞尔的批评、贝格曼与胡塞尔的关系、英加尔登对迈农的批评 ③ 以及后面还会讨论的乌悌茨与胡塞尔的关系上感受到，但胡塞尔本人与布伦塔诺本人及其重要弟子的直接联系和书信往来到 1916 年便已告结束。这年也是布伦塔诺写给胡塞尔最后一封信的年头。

不过这里所说的"布伦塔诺学派"乃是一个十分含糊的概念。如

---

① Hugo Bergmann, *Tagebücher & Briefe*, Band 1: 1901–1948, a.a.O., S. 410.

② Ludwig Landgrebe, „Selbstdarstellung", in a.a.O., S. 142f.

③ 参见 Barry Smith, "Ingarden vs. Meinong on the Logic of Fiction", in *Philosophy and Phenomenological Research*, vol. 41, no. 1/2, 1980, pp. 93–105.

果按照目前欧洲的几个布伦塔诺学派研究团队所列出的那些最重要代表人物来确定它的成员组成，那么这个学派与其说是一个统一的思想阵营，还不如说是对一个师承脉络的标示。当然，这个学术团体的一个共同标识是意向心理学，但在对"意向性"的理解和解释上，他们的分歧要大于统一；此外，这个学术团体的另一个共同标识是"严格的科学"的理想，但在对"科学"以及"严格性"的定义和方法理解方面，他们也各持自己的看法。就此而论，"布伦塔诺学派"的含义边界甚至要比现象学的"慕尼黑-哥廷根学派"以及"弗莱堡学派"的含义边界更为模糊，同样也比当时的新康德主义"马堡学派"和"西南德意志学派"的含义边界更为模糊。

虽然胡塞尔本人事实上已被视作"布伦塔诺学派"重要成员，但他在关于自己"并不善于始终做他的学派的成员"的表达中已经使自己与布伦塔诺及其弟子保持了距离。从总体上看，胡塞尔与布伦塔诺及其学派的对立首先是哲学立场的对立。这个对立在很大程度上可以被视作亚里士多德经验论与柏拉图理念论之间对立的现代延续。胡塞尔在《逻辑研究》之前已经与弗雷格和哥德尔处在一个统一战线中。由此也可以理解胡塞尔在《逻辑研究》的第一卷前言中所言："确切地说，我自身的发展进程引导我，一方面在逻辑学的基本信念上远离那些对我的学术培养最有影响的人与著作，另一方面则很大程度上接近了其他一些研究者，以往我未能充分地估价他们的著述，因而在工作中也未曾从这些著述中得到足够的启迪"(LU I, A VIIf./B VIIf.)。这基本上就意味着从布伦塔诺及其学派、洛克、休谟、亚里士多德那里的脱离，以及同时向弗雷格、鲍尔查诺、莱布尼茨、柏拉图方向的靠近。

在这个接近的途中，胡塞尔在哥廷根接受了来自慕尼黑的"利普斯心理学派"的致意，并顺意而认同他们自行改编成为慕尼黑现象学派，而后在与哥廷根现象学派的弟子们的合作中开启了早期的现象学运动。统一在这个运动旗帜下的不再是一个师承的脉络，而是一个在方法论上的共识：在心理学领域中对本质直观和本质描述的运用。胡塞尔自己的思想列车从"布伦塔诺学派"这一站已经驶到了"慕尼黑-哥廷根学派"的下一站。

但很快，1913 年公开表达的超越论还原思想以及由此带来的超越论转向，使得胡塞尔有可能将现象学运动引向一个更接近观念论哲学的方向：超越论的现象学或观念论的现象学。而早期现象学运动的主要成员对这个新的转向或多或少表明了拒绝认同的态度，并或明或隐地不再随胡塞尔同行。胡塞尔逐渐进入思想上的独自行走状态。

可以说，在 1905 年到 1913 年的八年时间里，胡塞尔实际上又完成了一次远离一些人和接近另一些人的行程。如果说以《逻辑研究》为代表的第一次转向意味着穿越了经验心理学而走向本质心理学，这一次的穿越方式是通过观念直观和本质还原来完成的，那么以《观念》第一卷为代表的第二次转向则表明胡塞尔穿越了本质心理学而走向超越论心理学或超越论哲学，而这一次的穿越方式是通过"超越论还原"（Reduktion）或"普全悬搁"（universale Epoché）来完成的。

对于胡塞尔而言，即使本质心理学通过本质直观和本质描述而把握到人的心灵的本质，即心的秩序或心的逻辑，它也仍然是关于在世界中生活的人的心灵的科学，仍然是以客观世界为基础的实证科学。胡塞尔在二十多年后对这个穿越和转向做出总结和评价说："作为实证科学的纯粹心理学，即一种想要与其他实证科学、自然科学与精神科学一样，将生活世界中的人当作世界中的实在事实进行普全研究的纯粹心理学，是不存在的。只存在一种超越论的心理学，它与超越论哲学是同一的……因此纯粹心理学就其本身来说，与作为关于超越论的主观性的科学的超越论哲学是同一的。这一点是不可动摇的"

（Hua VI,261）。

胡塞尔在这里表达出一种彻底的一元论的哲学诉求。他所说的"超越论心理学"或"超越论哲学"就相当于纯粹的、绝对的意识哲学或精神哲学。在这个立场上，他离开慕尼黑学派有一步之遥，而离开布伦塔诺学派则已有两步之距。

但在另一方面，胡塞尔在精神上仍然属于布伦塔诺学派。因为这个学派不仅仅以经验立场上的意向心理学为其统一的共同标示，而且也以严格科学的心理学为其共同理想。正如贝格曼所说，"还在布伦塔诺的青年时代，其主导的理想就是作为严格科学的哲学，后来胡塞尔从他那里接受了这个理想。"[①] 胡塞尔自己在回忆布伦塔诺的文章中也写道："首先是从布伦塔诺的讲座中，我获得了一种信念，它给我勇气去选择哲学作为终生的职业，这种信念就是：哲学也是一个严肃工作的领域，哲学也可以并且因此也必须在严格科学的精神中受到探讨。"[②] 因此，即使后来对于这个意义上的"科学"的理解不一，胡塞尔一生从经验心理学到本质心理学再到意识哲学的发展，始终是而且最终是在作为严格科学的哲学的意义上进行的，这里的"严格的科学"，不是单纯的"心灵术"或"意识观"，也不是精确的、实证的自然科学，而是严格的"心灵学"或"意识学"，无论这个"学"指的是"科学"还是"哲学"。

如果现在再返回到 1917 年的语境中，那么一方面可以说，与胡塞尔在一定程度上同行的还有弗莱堡现象学三人组中的另外两人：施泰因和英加尔登。他们至少一度统一在超越论的观念论的旗帜下。但这已经不是素朴的柏拉图的理念论，而是超越论的观念论，而且接

① Hugo Bergmann, „Franz Brentano", in: a.a.O., S. 349.

② 胡塞尔："回忆弗兰茨・布伦塔诺"，同上书，第 463 页。

下来还可以留意一点：在胡塞尔那里，它也逐渐成为发生的观念论，从而在多重意义上有别于柏拉图意义上的理念论。[①] 这是在胡塞尔思想变化发展中的另一个阶段：发生现象学的阶段——这是笔者接下来要讨论的问题。另一方面，同样处在这个1917年语境中的是胡塞尔的弗莱堡就职讲演。他在开篇谈到，“命运将我们以及我们的生活劳作置于这样一个历史时代之中，它在人类精神生活发生作用的所有领域中都是一个剧烈变化生成着的时代”（Hua XXV,68）。事实上，这个针对人类精神生活发生作用的所有领域而言的“剧烈变化生成”，同样也体现在胡塞尔的精神发展中。

十三年后，胡塞尔在1930年6月7日致米施的信中就自己的思想发展变化做出回顾时发出感慨道：“实际上每个自己思考者每隔十年都必须更换自己的名字，因为他那时已经成为另一个人了。”据此也就可以理解他接下来所做的抱怨：“但对于人们来说胡塞尔就是胡塞尔”（Brief. VI, 281）。这个抱怨是针对那些没有用发生的眼光来看待他和他的思想的人而发。

---

① 关于胡塞尔现象学的观念论与柏拉图理念论的关系可以参见笔者在本书第二卷第二十一章“胡塞尔与柏拉图：现象学与观念论”所做的讨论。

发生现象学的思考与研究

如何才能从混沌中勾画出一种观念的发生？

——胡塞尔(Hua XI, 414)

一、序论

与其始终闭口不谈“历史现象学”的情况形成鲜明对照，胡塞尔很早便在手稿中使用了“发生现象学”(Phänomenologie der Genesis, genetische Phänomenologie)，而对“发生”(Genesis)概念的使用以及对发生问题的思考更是早之又早。他在1918年6月29日致纳托尔普的信中甚至略带夸张地写道:“我在十多年前便已克服了静态柏拉图主义的阶段，并已将超越论发生的观念当作现象学的主要课题”(Brief. V,137)。

不过对于胡塞尔在这里所说的“发生”的观念，我们还需要做更为仔细的界定。通常的看法是胡塞尔在1916年前后，亦即大致在写此信前不久时才真正开始讨论“发生现象学”的问题。

笔者此前曾梳理过胡塞尔关于发生现象学的思考以及他对发生与时间、历史的关系的理解的发展变化，并将他公开发表的相关研究扼要地概括为:胡塞尔1900/01年的《逻辑研究》没有将“时间”与“发生”置于某种联系、哪怕是对立的联系之中。只是从个别的零散论述中可以看出胡塞尔对“时间分析”的关注和对“发生分析”的排斥。

但1905年的《内时间意识现象学讲座》对“时间分析”与“发生分析”的态度则有改变。胡塞尔在这里将这两者放在一起讨论，并试图把握它们之间的内在联系。但直至1913年，胡塞尔在《纯粹现象学与现象学哲学的观念》第一卷中还以柏拉图[①]的口吻写道：“这里不叙述历史。对于这里所说的起源性，既不需要和不应当考虑心理学的-因果的发生，也不需要和不应当考虑发展史的发生”(Hua III/1,10)。此后，他在《笛卡尔式沉思》期间(1931)对“时间”与“发生”问题的思考，表现为一种对静态现象学(对“横意向性”的分析)与发生现象学(对‘纵意向性’的分析)关系的讨论。这个思考很可能是导致胡塞尔可以在《笛卡尔式沉思》把“时间”看作“所有本我论发生的普全形式”的原因。从这里出发，历史问题也开始，尤其是在《欧洲科学的危机与超越论现象学》(1936)中，以一种与时间与发生内在相关的方式进入胡塞尔的视野，包括历史研究的方式与历史研究的范围、历史与“时间”、“发生”的内在关联，以及“形式的”和“内容的”历史现象学的可能联系与区别。[②]

这里还需要补充的是，就“发生”问题本身而言，根据耿宁的一个考察研究的结论，“在胡塞尔1918年前思考的‘发生’问题上可以发现有诸多与纳托尔普的共鸣(Anklänge)之处。但对于胡塞尔自己的发生现象学而言真正具有决定意义是纳托尔普的《普通心理学》的论著以及《哲学与心理学》的论文，胡塞尔于1918年8月和9月第一次对它们做了仔细的研究。”[③]

---

① 柏拉图曾留下“我们不叙述历史”的名言(参见柏拉图:《智者篇》,242c)。

② 参见笔者:“纵意向性:时间、发生、历史——胡塞尔对它们之间内在关联的理解”,载于《哲学分析》,2010年,第2期。——这里只是对胡塞尔在身前公开出版的文字中的关于发生问题论述的说明。后面还会介绍他在其未发表的遗稿中对此问题的思考。

③ Iso Kern, *Husserl und Kant*, Den Haag: Martinus Nijhoff, 1964, S. 350. ——纳托尔普的《根据批判方法的普通心理学》(*Die allgemeine Psychologie nach kritischer*

所有这些事实确定都会导向这样一个结论：胡塞尔 1918 年在纳托尔普影响下形成的“发生”观念与他在信中所说十多年前就将之当作现象学主要论题来思考的“发生”观念，并不完全是一回事。

我们的确可以在胡塞尔那里找到各种不同的“发生”概念，或者说，可以在胡塞尔那里找到他对“发生”问题的各种不同理解。而随他对“发生”的理解不同，胡塞尔思考的“发生现象学”也就具有各种不同的含义，并且因此也会与不同的学科发生各种联系。

关于胡塞尔的发生现象学，这里还可以加入一个回忆说明：在笔者 1993–1995 年于欧洲做洪堡基金项目研究期间去伯尔尼访问耿宁时，他曾在谈及发生现象学时向笔者意味深长地发问：“你认为胡塞尔有没有说清楚他的发生现象学?”由于耿宁本人在享有盛名的现象学导论著作《胡塞尔思想的阐释》[①] 一书中负责撰写“静态的与发生的现象学”一节，因此当时笔者只是觉得这个问题不应该由耿宁向笔者提出来，发问的方向恰恰应该调转一下。然而现在回想起来，耿宁的这个问题很可能别有深意：由于我当时的洪堡基金项目研究的指导老师(Betreuer)是克劳斯·黑尔德(Klaus Held)，他是兰德格雷贝的最重要学生，而后者在当时的哲学界差不多就是胡塞尔发生现象学与历史现象学的代言人。兰德格雷贝不仅本人编辑出版了胡塞尔的所谓“发生逻辑学”著作《经验与判断：逻辑谱系学研究》，而且自己一生中也撰写和发表了多部与发生现象学和历史现象学有关的论著与论文集；特别还要留意一点：他于二十世纪六十年代末、七十年代初在科隆大学培养了至少四位以胡塞尔“发生现象学”为研究主题的著

Methode)(第一卷)出版于 1912 年，而《哲学与心理学》(*Philosophie und Psychologie*)的长文出版于 1913 年。

① 参见 Rudolf Bernet/Iso Kern/Eduard Marbach, *Edmund Husserl Darstellung seines Denkens*, Hamburg: Felix Meiner, 1996.

名现象学家，他们的博士论文均在鲁汶大学胡塞尔文库组织和编辑出版的“现象学文丛”中发表。[①]由于这四本书都是紧随耿宁在这个丛书中出版的博士论文《胡塞尔与康德》之后出版的，因而很可能引起了耿宁的格外注意。而黑尔德正是兰德格雷贝的四位弟子中最早发表相关著述的一位，同时他既是最重要的发生现象学的研究者和讲述者，也是这个传统最重要的继承者；后来在十二卷本《哲学概念历史辞典》中的“发生现象学”条目，也恰恰是由他所撰写。因而耿宁的问题很可能在于了解：我是否有可能从最知悉胡塞尔发生现象学的人那里学到了这门学说的真正涵义。

事实上，在兰德格雷贝的任教资格准备中已经涉及胡塞尔现象学中的发生学问题。当时胡塞尔的这些思考尚未计划发表。只是因为兰德格雷贝作为助手受胡塞尔委托要整理出版其“第二逻辑书”[②]，如此才得以了解和熟悉胡塞尔在“发生现象学”方面的一再重复并有所修改的思考。这些思考后来主要在胡塞尔的后期著作《形式逻辑与超越论逻辑》(1929)、《笛卡尔式沉思》(1931)、《欧洲科学的危机与超

① 参见 1) Klaus Held, *Lebendige Gegenwart. Die Frage nach der Seinsweise des Transzendentalen Ich bei Edmund Husserl*, Phaenomenologica 23, Den Haag: Martinus Nijhoff, 1966; 2) Paul Janssen, *Geschichte und Lebenswelt. Ein Beitrag zur Diskussion von Husserls Spätwerk*, Phaenomenologica 35, Den Haag: Martinus Nijhoff, 1970; 3) Antonio Aguirre, *Genetische Phänomenologie und Reduktion. Zur Letztbegründung der Wissenschaft aus der radikalen Skepsis im Denken E. Husserls*, Phaenomenologica 38, Den Haag: Martinus Nijhoff, 1972; 4) Ante Pažanin, *Wissenschaft und Geschichte in der Phänomenologie Edmund Husserls*, Phaenomenologica 46, Den Haag: Martinus Nijhoff, 1972. ——事实上，兰德格雷贝的大弟子克莱斯格所写的博士论文《胡塞尔的空间构造理论》也在很大程度上属于发生现象学领域。参见 Ulrich Claesges, *Edmund Husserls Theorie der Raumkonstitution*, Phaenomenologica 19, Den Haag: Martinus Nijhoff, 1964.

② 这就是兰德格雷贝后来编辑出版的胡塞尔的《经验与判断：逻辑谱系学研究》。它一直被胡塞尔称作“逻辑研讨”(Logische Studien)，但被兰德格雷贝错误地记作“发生逻辑学”讲座稿。对此的详细说明可以参见笔者的相关书评：“《经验与判断——逻辑谱系学研究》(1939 年)”。

越论现象学》(1936)和《经验与判断》(1939)中得到了零散的表达。但关于“意识的普全发生”(Hua XI,24)问题的专门思考和讨论，实际上还是在他生前未发表、死后才作为遗稿出版的研究稿和讲座稿中，例如在《纯粹现象学与现象学哲学的观念》第二卷(1912-1929)、《第一哲学》第二卷(1923/24)、《现象学的心理学》(1925)和《被动综合分析》(1918-1926)中。概括地说，这些讨论大致从1912年开始，在1916-1921年期间达到一定的系统性，最后在《笛卡尔式沉思》中得到集中而概括的阐释。

尽管在胡塞尔本人看来，他的关于发生问题的思考尚未成熟到可以作为系统论述发表的地步，但是由胡塞尔开启的这个发生现象学研究的路向，的确为后人在此方向上的进一步探索和发展提供了实实在在的可能性。

下面对胡塞尔的“发生”概念与“发生现象学”构想的阐释，可以算是笔者对耿宁多年前的问题的回答尝试以及对笔者以往相关文字的补充说明。

二、胡塞尔的“发生”概念

要想理解胡塞尔的“发生现象学”，首先需要把握他所使用的“发生”概念。我们可以在不同时期的胡塞尔那里发现含义不同的“发生”概念。在前引1918年6月致纳托尔普的信中，胡塞尔所说的“超越论发生的观念”就是其中的一个，而它更多是指胡塞尔在其时间意识分析中的“时间性的发生”。

1. 时间性的发生(zeitliche Genesis)以及与时间现象学相关的问题

在其后期的纲领性著作《笛卡尔式沉思》中，胡塞尔首先提到的就是“时间作为本我论(egologisch)发生的普全形式”(Hua I,§37)。但在1905年的《内时间意识现象学讲座》中，胡塞尔并未谈到这个意义上的“发生”问题。在谈及“发生”时，他所指的都是“经验的发生”(Hua X, 9)。不过胡塞尔在此期间已经指出了构造时间的现象与在时间中被构造的对象性的现象之间的根本差异(Hua X,74f.)。对此他已经在使用“双重的意向性”的概念，亦即“横意向性”和“纵意向性”(Hua X,81f.,380)、时间流的“横截面”与“纵剖面”(Hua X,233,406,411)、“横截面的连续统”(Hua X,232)等等说法；同时他也用图式中的横坐标和纵坐标来刻画时间形式的这个纵横双向的特征。

从横意向性的视角来看，纵意向性上的对象都处在不定的发生变化之中，因而“在这里要想去寻找某个在延续中不变化的东西，乃是毫无意义的”(Hua X,74)。但如果从纵意向性本身的视角来看，无论各个对象如何变化，它们的时间显现形式始终是统一不变的，它们的流动始终是在滞留-原印象-前摄的三位一体时间形式中发生的。当然，就总体而言，胡塞尔在这个时期尚未将时间形式与发生形式结合起来，而且他始终觉得：“对所有这一切我们都还缺少名称”(Hua X,75)。

在十多年之后，即在1918年的“逻辑学”讲座中，也是在给纳托尔普发去前引信函的那段时间前后，胡塞尔才开始将时间问题与发生问题联系在一起，他在“逻辑学”讲座中谈及“时间流的原发生”(Urgenesis des Zeitstroms)(Hua XI,73)，并且认为：“发生的原法则(Urgesetze)是原初时间意识的法则，是再造的法则，而后是联想的法则和联想期待的法则。此外我们还具有在主动的动机引发基础上的发生”(Hua XI,344)。

再后，在1929年的《形式逻辑与超越论逻辑》中，胡塞尔开始专门讨论“意向发生的时间形式。滞留的变化。在未凸显之物(无意识之物)的背景中的积淀”等等问题(Hua XVII,318ff.)。在这里也可以看到他对发生的时间性的强调:“所有其他的东西都要回溯到意向发生的普全本质形式上,它是内在时间性的构造,这种时间性以一种固执的合法则性主宰着每一个具体的意识体验,并且赋予所有意识体验以一种恒久的、时间性的存在”(Hua XVII,318)。

需要注意的是,在上述《形式逻辑与超越论逻辑》的两段文字中,胡塞尔所说的“意向发生”已经不再仅仅是指“时间流的原发生”,而且还涉及在他那里另一个含义更为宽泛的“发生”概念。不过在讨论这个“意向的发生”概念之前,我们先要对胡塞尔的最严格意义上的“发生”概念做一界定和分析:个体性的发生。

2. 个体性的发生以及与联想现象学、积淀现象学、习性现象学、人格现象学相关的问题

对于胡塞尔而言,最严格意义上的发生是指一种心理的、个体的、经验的发生。他在“现象学的心理学”讲座中所讨论的就是这个意义上的发生;它意味着心理个体的“人格的和历史的发生”(Hua IX,488)。这里的“人格的”(personal)一词,与在其他地方一样,都带有两种含义:1. 个体之个性的,以及 2. 一般精神生活的。[①]这个意义上的“发生”,在胡塞尔早期被他当作经验心理学的范畴放在一边。但在它获得了现象学心理学的意义之后,胡塞尔也将它纳入超越论现象学的研究范围,[②]而且由此开始讨论“一个单子的发生”(Hua

① 关于“人格”的双重含义以及“人格现象学”双重任务的详细说明可以参见笔者:“胡塞尔与舍勒:精神人格的结构分析与发生分析及其奠基关系问题”,载于《现代哲学》,2017年,第1期。

② 因为对于胡塞尔而言,任何一个有效的心理学定律在经过现象学还原之后都可以作为超越论现象学的定律起作用。

XI,343)、“在个别单子中进行的发生”(Hua I,138),或者说,“一个纯粹主体性的普全发生”(Hua XI,118)。

与此相符的是兰德格雷贝的学生克劳斯·黑尔德对“发生现象学”的标准定义:它“是指在胡塞尔现象学中的构造理论的终结形态。它的课题是单子的超越论发生,即超越论主体性的自身构造和世界构造的时间过程,这个过程导向超越论主体性的完全具体化”。[①] 由此便可以理解,在《笛卡尔式沉思》中,胡塞尔为何在第37节论述了“作为本我论发生之普全形式的时间”之后,在接下来的第38和39节中立即开始分析“主动发生与被动发生”以及“作为被动发生之原则的联想”。

胡塞尔本人就这个严格意义上的“发生”问题脉络写道:“尤其是通向现象学的发生的普遍本质规律的通道很迟才得以开启,处在这种发生最底层的,乃是在不断更新的意向性构成中以及在没有那个自我的任何主动参与的统觉中进行的**被动发生**。在这里产生出一门联想现象学,它的概念和起源获得了一个本质上全新的面孔。这主要是借助于一个起先是奇特的认识:联想是一个本质规律性的巨大标题,一个天生的先天,没有它,自我本身是无法想象的。另一方面是**更高阶段的发生问题**,在这种发生中,有效性的构成物通过自我-行为而产生,并且与此一致,中心的那个自我接受特殊的自我-统一性,诸如习惯的信念、习得的特征”(Hua I,29)。

胡塞尔在这里已经勾勒出了发生问题研究的一个总体脉络。在这个思考线索中,严格意义上的“发生”至少与一单个主体以下三个方面的具体形成和发展相关联:

---

① Klaus Held, „Genetische Phänomenologie“, in Joachim Ritter/Karlfried Gründer/Gottfried Gabriel, *Historisches Wörterbuch der Philosophie*, Bd. 7, Schwabe Verlag: Basel 1989, S. 505A.

其一，发生是指在单个主体的各个意识体验之间的相互接续和相互引发的关系

按照胡塞尔的描述："一个指向另一个——尽管这里并不存在一种真正的指示与被指示的关系。此外，这个现象本身给明自身是一种发生，一个环节给明自身是唤起者，另一个环节给明自身是被唤起者。对后者的再造给明自身是通过唤起而引发的"(Hua XI,121)。他也将这里的"发生"称作"联想性的发生"(assoziative Genesis)(EU,77)。联想的状况"自身给明自身为发生；这一个环节的特征被意识为唤起的环节，另一个环节的特征则被意识为被唤起的环节。自然，联想并不始终以这种方式原本地被给予。也有一些在越过中间环节的前提下的间接联想情况，即这样一些联想，在它之中，并未明确地被意识到中间环节以及在它们之中存在的直接相似性"(EU,78)。

无论如何，这里至关重要的一点在于："联想这个标题标志着在此关系中的一个内在发生的合法则性的形式，这个形式属于意识一般并且是合乎本质的"(EU,78)。也就是说，联想是一种有规律可循的发生，它被胡塞尔纳入到联想现象学的研究领域中。而这个领域十分巨大，是"一个天生的先天(eingeborenen Apriori)的王国"(Hua I,114)。例如，仅就相似性联想的范畴而言，胡塞尔便已经列出可以做进一步分析的四种类型(Hua XI,408)。

胡塞尔据此而对发生学说与联想学说之间的关系以及对联想现象学的领域描画说："关于再造之发生及其构成物的学说就是关于首要的和更为本真的意义上的联想学说。但与此不可分隔地连接在一起的，或者说，在此基础上建立起来的是关于联想和联想学说的一个更高阶段，即一门关于期待的发生学说以及与此密切相关的、包含了现实的和可能的期待之视域在内的统觉学说。总而言之，这里关系的是前握现象的发生，即那些预测性的特殊意向的发生"(Hua XI,119)。

关于联想现象学的系统研究，最早要回溯到艾尔玛·霍伦斯坦的基础研究上。他在其《联想现象学：胡塞尔的被动综合基本原则的结构与功能》中不仅根据胡塞尔未发表手稿而给出了胡塞尔的系统构想的基本轮廓，讨论了胡塞尔在不同领域中从不同角度出发对联想现象学的思考，区分了联想现象的不同形式、不同结构与不同功能，而且也处理了联想现象学与动机引发的现象学、统觉现象学、共现现象学、发生现象学的关系，以及如此等等。①

其二，发生是指已进行的意识体验在单个主体意识生活中的积淀（Sedimentation）

霍伦斯坦在《联想现象学》中已经扼要地提到作为一个要素包含在联想领域中的现象：积淀。从前谓项的经验直至谓项的判断，有一系列的成就在进行中，而在达到语言阶段后开始出现的是"积淀"现象："在一个基质上完成的特性规定与关系规定以及在逻辑层面上由一个主体陈述的谓项判断并不随着它们的成就的短暂行为而化解为无。说明与判断会作为恒久的意义层次而在基质对象或主体对象上积淀下来。积淀是一个杰出的（par excellence）的被动过程。它自己进行，无需自我在意向朝向和主动性中去启动它。"②

实际上，这个意义上的"积淀"仅仅涉及胡塞尔使用的狭义的"积淀"概念。而他在手稿中思考的"积淀"现象，不仅出现在作为客体化行为一部分的语言和判断领域，也出现在作为客体化行为另一部分的感觉与表象领域："每个活的当下成就，即每个感觉成就或对象成就都会沉淀（niederschlagen）在死的或毋宁说是沉睡的视域领域中，

① Elmar Holenstein, *Phänomenologie der Assoziation. Zu Struktur und Funktion eines Grundprinzips der passiven Genesis bei E. Husserl*, Phaenomenologica 44, Den Haag: Martinus Nijhoff, 1972.

② E. Holenstein, *Phänomenologie der Assoziation*, a.a.O., S. 60.

而且是以一种固定的积淀秩序的方式，因为一切都持续地处在沉淀之中，在开头处，活的过程获得了新的、原初的生活，在结尾处，一切都是对滞留式综合的某种程度上的终极赢得”(Hua XI,178)。

就此而论，“积淀”在胡塞尔那里是指在客体化领域中的普遍的发生形态，而由于非客体化行为奠基于客体化行为之中，因而也可以得出，情感行为和意欲行为及其对象也以特定的秩序“持续地处在沉淀之中”。我们在后面还会回到这些表象的积淀、情感的积淀、意欲的积淀上来。

“沉淀”或“积淀”是指在当下意识的意识活动及其意识对象在意识流动中离开当下，沉入过去，变为或隐或显的背景、或醒或睡的视域。而后这些积淀物一方面有可能会在唤醒的联想中被拽回当下，成为当前的回忆。如胡塞尔所说：“现在我们从最根本的方面来看这个事态。我们假定一个遥远的唤起，从当下一瞬间回引到一个深埋的零度领域的积淀层次，亦即一个下坠了的遥远过去”(Hua XI,181)。而另一方面，这些积淀物在沉睡的状态中构成在晦暗背景中起作用的无意识领域。用胡塞尔的话来说，“这个清醒意识的过程、清醒意识的构造和下坠至僵睡的过程是一个永不中断的过程，而无意识的积淀因而也始终相互叠加，与此相同，唤醒的潜能也是一个无穷无尽地持续着的潜能”(Hua XI,193)。

日本动画片《千与千寻》中钱婆婆所说“曾经发生的事不可能忘记，只是暂时想不起来而已”，描述的就是这个状态；而被想起来的、被拽回当下的曾经发生之事，则是指前一种情况。“诚然，所有这些再回忆都回涉到隐蔽的存在者和连续地相互关联的积淀系统上”(Hua XI,183)。

如果我们进一步询问这个积淀系统究竟属于谁，沉睡于何处，那么我们就会接近这个意义上的“发生”的第三个阶段或第三种类型。

对此问题的回答涉及个体自我问题：从结构的角度看，自我是一个点状的极，不断地处在意识构造的过程中；从发生的角度看，自我是一条延续的线，不断地处在意识积淀的过程中。最终这也就是胡塞尔所说的"作为极点的自我和作为诸习性的自我"（Hua IV,310）。

其三，发生是指单个主体的意识体验积淀成为习性、成为人格

这里讨论的个体性意义上的"发生"已经涉及个体的、具体的、经验的自我通过意识活动而形成的习性，它包含禀好、个性、能力、气质、性情、品格、素质等等所有后天获得的习惯或属性，它们同样也构成人格的具体内涵。即所谓"每个个体都有其习惯"（Hua XIV, 230）。因此，这个阶段上的发生现象学的代表是习性现象学[①]和人格现象学。它们在舍勒那里也在"形态发生"（Morphgenese）研究（GW II, 240）和"人格生成"（Personwerden）研究（GW II, 370, 520）的名义下进行。如果前面所说的发生与积淀的进行有关，那么这里的发生就意味着积淀的结果。意识流的积淀系统最终是由习性和人格构成的。也可以说，它们就是经验自我的基本组成。胡塞尔指出，"持存的意指"就是"在纯粹自我中的沉淀"（Hua IV,113f.; Hua I,31f.），同时他也将自我视作"各类习性的基质"（Hua I, 100f.）。

霍伦斯坦将这个意义上的"发生"标示为"习性发生"（Habitusgenese）。[②]尽管胡塞尔本人似乎没有使用过或极少使用这个现代心理学的概念，但他表达的意思与此相近："自身（Selbst）的习性的整体指明了发生的诸本质形式、它的各个可能的主动性"（Hua IX,259）。但霍伦斯坦并没有将"习性发生"视作积淀的结果，而是视

---

① 关于胡塞尔的习性现象学尤其可以参见莫伦的相关研究：Dermot Moran, "Edmund Husserl's Phenomenology of Habituality and Habitus", in: *Journal of the British Society for Phenomenology,* vol. 42, no. 1, 2011, pp. 53–77.

② 参见 E. Holenstein, *Phänomenologie der Assoziation*, a.a.O., S. 61.

作与积淀平行的发生过程:“与在基质对象上的意义层次的积淀相关联,在意识的自我极上也有一个类似的过程在进行。在这里得以沉淀的是作为恒久信念的个别意义创造和有效性决断。”“与积淀一样,习性发生是一种被动的构造。”[①] 这意味着,霍伦斯坦没有将积淀和习性理解为两个前后相继的发生阶段,而是理解为两个在不同方向上同时进行的发生过程:在意向相关项方面和意向活动方面的发生。这个理解有其合理性,只要我们将“积淀”和“习性”都做动词和名词的双重理解,亦即发生(Genesis)与有效性(Geltung)的双重理解:“积淀”既可以指积淀的过程,也可以指积淀的结果;习性既可以指习性养成的过程或习性化,也可以指习性化的结果,即习性。这两者可以互换。积淀的结果是习性的形成,或者说,习性化的结果是积淀层次的形成。无论用积淀的发生和结果,还是用习性的发生与结果来命名这里的两个发生现象学阶段,其实是无关紧要的。[②]

这里更需要指出的是习性现象学与人格现象学的关系。胡塞尔将人格视作一种受各种习性规定的东西:“人格的主体不是单纯的纯粹主体。人格自我有可能会在它的权能(Vermögen)方面出错。但它还会有其他的权能。它必定会具有某种权能,它是自身必然发展着的和已经发展了的,它具有它的必然的发生(圆满[Teleiosis]),而我可以研究这种发生:它始终受到规定,受到在先被给予的具有(Habe)之节奏的规定,受到对一个新的对象性的朝向以及对它的处理的节奏的规定,受到对于新对象性而言的新具有(Habe)的规定”(Hua IV,349)。在此意义上,对相对恒久的人格的研究要以整个发生现象

① E. Holenstein, *Phänomenologie der Assoziation*, a.a.O., S. 61.

② 因此,黑尔德将“习性化”(Habitualisierung)直接等同于“积淀”(Sedimentierung)(参见克劳斯·黑尔德:“导言”,载于胡塞尔:《生活世界现象学》,倪梁康译,上海:上海译文出版社,2014年,第33页)。

学的研究，尤其是习性现象学的研究为前提。

当然，习性现象学和人格现象学这两个概念并不相互涵盖。这里提到的各种习性概念和习性现象学概念，事实上仅仅构成人格现象学的一部分。“人格主体”不仅仅是“主体的、发生的构成物”，而且“必须被视作一个自身发展的主体，它在这个发展的开端上就已经具有其特定素质”(Hua IV,259)。在人格的概念中包含着比习性因素更多的东西。胡塞尔认为，“人格自我在原初的发生中构造自身，不仅仅是作为在本欲上(triebhaft)确定的个人性，作为自始至终受原初‘本能’的驱使以及被动跟随它的自我，而且也作为更高的、自主的、自由活动的、尤其是受理性动机引导的、不只是被牵引的和不自由的自我。习惯必定会形成，无论是对于原初的本能行为而言(以至于本能的驱动(instinktiver Trieb)是与习惯的驱动(Gewohnheitstrieb)的力量联结在一起的)，还是对于自由的行为而言。对一个本欲(Trieb)的服从论证了服从的本欲：以合乎习惯的方式”(Hua IV,255)。胡塞尔在这里既考虑到了人格中的习性，也考虑到了人格中的本性(Natur)、本能(Instinkt)、本欲(Trieb)。在后者那里也存在着发生的问题：本能自身的发展以及它发挥的驱动作用。

因而人格现象学或人格的发生现象学必定会涉及被动-主动综合分析、联想现象学、动机现象学、本能现象学、习性现象学等各个领域的思考。

3. 历史性的发生(historische Genesis)以及与历史现象学相关的问题

以上所说的所有“发生”，都可以说是在时间中进行的“历史性的发生”(Hua XVII, 360)。所谓“历史性的发生”，可以是指单个主体性的意识体验及其积淀的“历史”以及它的人格的形成与发展的历史。但在一般的、更为确切意义上的“历史性发生”，应当是指交互主体的、社会的、文化的、精神的形成和发展的历史。前一个意义上的“个体性的发生”与这里的“历史性发生”之间存在着一个交互主体的或社会的过渡。胡塞尔曾谈及这个过渡意义上的“交互主体性的发生”(Hua VIII,239)。他在《笛卡尔式沉思》中也写道：“由于这里涉及的不是一种根据时间上先行的自身经验的经验种类的时间发生，因而显然只有一种对在陌生经验中真正可指明的意向性的准确阐释以及对在它之中本质隐含的动机引发的证明才能为我们提供启示”(Hua I,150)。在这个意义上，一门历史现象学不仅要以发生现象学的研究，而且也要以交互主体性现象学的研究为前提。而从人格的角度来看，人格现象学不仅要研究单个人的人格，也要研究交互人格性(Interpersonalität)。

由此可以理解胡塞尔对“历史”的一个重要定义：“绝对地看，每一个本我(ego)都有其历史，而它只是作为一个历史的主体、它的历史的主体而存在。而由各个绝对自我、各个绝对主体性组成的每一个交往共同体……都具有其‘被动的’和‘主动的’历史，而且仅仅存在于这个历史中。**历史是绝对存在之伟大事实**(Faktum)；而最终的问题、终极形而上学问题和终极目的论问题是与关于历史的绝对意义问题相一致的”(Hua VIII, 506)。

与前面提到的“人格”概念所具有的双重含义相应，人类历史作为总体人格的发生历史一方面表现为交往共同体的历史，另一方面表现为精神人格性的历史。这个意义上的“历史发生的现象学”，差不多就是狄尔泰追求的那种有着现象学–解释学方法基础的精神科学。胡塞尔本人也在接续狄尔泰的这个传统：“所有精神科学都要回溯到这个[人格的精神生活的]统一之上。但它们的课题是具体的、为了自己和为了彼此而在交互主体的发生中生成的人格主体性，它们涉及具体的个别主体和交互主体的周围世界，它是在各个发生阶段上对于相关的人格性意向地构造起来的周围世界，恰恰以如此显现的方式，恰恰以如此被评判、被估价和以劳作实践的方式被构建。在其内发生中澄清它，通过对规定着它的动机引发的指明来认识一种必然性，即在与其时间发生联系中的历史时代位置上认识这个具体存在的必然性，而且这是对人格构形的任何一个大结构形式而言，以及对人格性本身而言——这就是历史科学或精神科学的任务”(Hua VIII, 239)。

胡塞尔最终也将此称作“文化世界的精神构成物的历史发生”(Hua XVII, 360)。这也是黑尔德所理解的广义的胡塞尔发生现象学：“人类文化的所有对象都曾是通过原创立(Urstiftung)所具有的那种构成对象的成就而构造起自身的。随着每一次的原创立，意识便从此而赢得了一种一再地向新的对象回溯的权能性(Vermöglichkeit)；这就意味着，对相关对象的经验逐渐成为习惯。这种‘习性化’，或者也可以说，这种‘积淀’是一个被动的过程，即不是一个由我作为实行者而启动的过程。原创立的创造行为在这里通常会被遗忘。这种习惯逐渐成为一种亲熟性，即非课题地亲熟了这种对有关对象的经验的权能性。但这就意味着：通过对原创立的被动习性化，一个视域被构造起来，意识便持续地生活在这个视域中，它并不需要在原创立的主动性中一再地重新进行这个视域的原初形成。带着这个思想，构造理论获得了一个全新的维度。逐渐成为它的基本课题的是视域意识在其中得以形成和丰富的内部历史，它的‘发生’。”[①]

如前所述，虽然胡塞尔至迟在二十年代初便使用了“发生现象学”的概念(Hua XI,336)，但他似乎从未使用过“历史现象学”的概念。这很可能是因为，“历史的发生”构成“发生”问题最后的和最广的部

① 参见黑尔德：“导言”，同上书，第33页。

分。在完成对其他部分的发生问题(时间性发生、个体性发生)研究之前,对历史性发生的研究尚无全面而系统的展开的可能。对此,胡塞尔在1925年4月3日致卡西尔的信中有所暗示:“历史的发生是受本质法则主宰的。从超越论的结构以及包含其中的超越论生活的发生的‘ABC’出发,就可以理解一个人类一般的具体发展类型学的必然阶段:现行的、但并非最终有效的世界观的发展类型学,同样还有在已经苏醒的理性阶段上的普全假象与迷惑的类型学。此外另一方面当然还有实际性(Faktizität)本身的问题,即‘非理性’的问题,在我看来,它们只有在一种扩展了的康德假设的方法中才能得到处理。这可能是康德的最伟大的发现。当然,所有康德的东西都只是发现,它首先需要得到最终的科学构形、论证、界定”(Brief. V, 5f.)。

从这个角度来看,胡塞尔晚年对欧洲危机的历史哲学思考,的确带有不得已而为之的被迫色彩。这种被迫并非是指他不得不在一个他从未涉足的领域中去思考他未曾思考过的东西,而是意味着,他不得不将他认为尚未成熟到可发表的东西付诸发表。

除了以上三种构成胡塞尔“发生”概念的系统内涵的表达之外,我们还可以在胡塞尔那里发现另外两种对“发生”概念的非常态用法。

4. 构造性的发生(konstitutive Genesis)或意向性的发生(intentionale Genesis)以及与双重意义上的构造现象学相关的问题

胡塞尔也常常谈到“构造性的发生”(Hua I,111; EU,328)或“意向性的发生”(Hua XVII)以及在相应的双重意义上的“构造现象学”。这里涉及的是在胡塞尔那里最宽泛意义上的“发生”概念:“普全的发生”(universale Genesis)(Hua I,109)。它基本上是与胡塞尔的“构造”概念同义的。胡塞尔认为,根据这种普全发生的形式合法则性,在一种特定的意向活动-意向相关项的形式结构中，过去、当下与未来的流动被给予方式会一再地得到统一的构造。[①] 在此意义上，构造是一种发生，发生也是一种构造。它们被胡塞尔当作同义词使用，只是偶尔会加上引号："所有意向统一都是出自一个意向发生，都是'被构造'的统一，而且始终可以向'已成的'(fertig)统一探问它们的构造、它们的总体发生，而且探问它们的可以本质把握的本质形式"(Hua XVII,216)。

这个意义上的"构造性的发生"在二十年代中后期越来越多地出现在胡塞尔的表达中。他甚至也将它们当作同义词来使用(Hua XVII,215)。英加尔登在回忆他于 1927 年秋访问胡塞尔时说，他常常从胡塞尔口中，或从兰德格雷贝口中听到"一切都是被构造的"[②] 的说法。而与"发生"相关的类似说法，在 1923/24 年的胡塞尔讲座中就可以发现："超越论地看，一切存在都处在一个普全的主体的发生之中"(Hua VIII,225)。

如果将"发生"理解为"构造"或者反之，那么胡塞尔所说的超越论的意识构造首先可以意味着意向性的构造：意向活动的构造与意向相关项的被构造。胡塞尔在这个意义上一方面谈及"意识发生"(Bewußtseinsgenesis)(Hua XI,24)，即意向活动方面的发生，另一方面也谈及"存在发生"、"意义发生"(Hua XVII,227)，即意向相关项方面的发生。这实际上已经属于意识的静态结构或动态构造方面的问题讨论，但胡塞尔在这里也将它们纳入"构造性发生"的范畴。而

---

① Hua I,109.——《笛卡尔式沉思》德文本中的这段话是有语病的。这里的中文引用是参照凯恩斯的英译本的大意而译出的。参见 Edmund Husserl, *Cartesian Meditations. An Introduction to Phenomenology*, translated by Dorion Cairns, The Hague: Martinus Nijhoff Publishers, 1960, p. 75.

② Roman Ingarden, „Erläuterungen zu den Briefen", in: E. Husserl, *Briefe an Roman Ingarden*, a.a.O., S. 157.

在“构造性发生的视角下”,胡塞尔还进一步从观念上区分:1. 前社会的主体性,它仅仅知道内经验和外经验。2. 社会的主体性,它具有关于其他主体的经验(Hua IV,198f.)。因此,从“前社会的主体性”到“社会主体性”也存在一个“构造性发生”的过程。在《笛卡尔式沉思》中胡塞尔也写道:“这里会令人回想起早已熟悉的空间表象、时间表象、事物表象、数字表象等等的心理学起源问题。在现象学中,它们是作为超越论的问题,而且当然带着意向问题的意义出现的,尤其是作为被纳入普全发生问题的问题出现的”(Hua I,109)。

普全的意识构造的问题与普全的意识发生的问题在这里合为一体。但这种术语上的等同是要付出代价的:横向的意识构造和纵向的意识发生的基本差异被遮掩了或被模糊了。

同样,“意向发生”的说法将胡塞尔的“普遍意向性理论”做了扩展,使它不仅包含了“静态释义”,也包含了“发生释义”。

“普遍意向性理论

a)原初的意识与意向变更。静态的释义,对‘意指’与被意指之物‘本身’的释义。关于同一者的可能意识方式的杂多性。

b)对发生的意向释义。经验被给予方式的发生的和静态的原初性。对于每一个对象范畴而言的‘统觉’的‘原创造’。

c)意向发生的时间形式。滞留的变化。在未凸显之物(无意识之物)的背景中的积淀”(Hua XVII,315ff.)。

在这里依然要付出类似的代价:“纵意向性”和“横意向性”之间的本质差异被忽略了或被模糊了。

5. 奠基性的发生以及与发生逻辑学或逻辑谱系学相关的问题

除此之外,胡塞尔还在一种特定的意义上使用“发生”概念:奠基意义上的发生。我们可以将它称作“奠基性的发生”。这个意义上的“发生”较多出现在兰德格雷贝编辑出版的胡塞尔遗著《经验与判断》以及它产生于其中的胡塞尔遗稿论题卷宗中。还在1929年的《形式逻辑与超越论逻辑》中，胡塞尔便谈到：“据此，在这种发生的视角中，自在第一的判断理论是明见判断的理论，而在一门明见判断的理论(以及随之在一门判断理论一般)中，自在第一的东西是谓项的明见性向那种叫作经验的非谓项的明见性的**发生的**回溯”(Hua XVII,217)。

这个意义上的“发生”后来最明显地表现在1939年才在德国境外出版的《经验与判断》中，并且通过它的副标题“逻辑谱系学研究”而得到一定程度的说明：它涉及各种意识行为之间的传承关系，亦即奠基关系。这种关系胡塞尔在最初在《逻辑研究》中就曾探讨过，而且对此做出了原则性的揭示：非客体化行为(如情感、意欲)奠基于客体化行为(如表象、判断)之中；判断奠基于表象之中；在表象本身之中，非直观的表象(符号表象)奠基于直观表象之中；在直观表象本身之中，想象奠基于感知之中，如此等等。

而《经验与判断》讨论的也是类似的问题，即：谓项判断如何最终奠基于前谓项的经验之中。胡塞尔在《经验与判断》中也将此称作“发生”，即“判断模式从经验之中，特别是从外部经验之中的发生”(EU,371)，或者，“在其生产的原初性中各个判断的现象学发生”(EU,15)。他进一步阐释说：“这里已经可以看出，我们是在何种意义上涉及发生问题。这不是第一种(历史的以及在相应意义上个体自身之中的历史的)发生，而且不是在任何意义上的一种认识的发生，而是一种生产，通过它，认识，例如判断，在其原初形态中、在其自身被给予性的原始形态中产生出来——这种生产会在任意的重复中一再地产生出同一个东西、同一个认识”(EU,16)。

可以看出，这里的“发生”是指“奠基”或“奠基的发生”：指一种类似的意识行为在另一种意识行为中的奠基。因而这里所说的“逻辑谱系”，是指意识行为各种类型的家族传承关系，并且在这个意义上也是一种“发生的逻辑学”，与黑格尔所理解的“逻辑学”相应合。它的意义也从关于判断的学说一直扩展到原初经验的领域。①

这里也需指出，将“奠基”等同于“发生”的做法也要付出代价，即“有效性奠基”和“发生性奠基”这个基本范畴的本质差异被撇在了一边：前者是超时间的，后者则与时间有关。此外，这个意义上的“发生”关系的是横意向性，而非纵意向性。不过兰德格雷贝后来还是看到了这个本质区别。② 但这个等同的做法所造成的影响直至今日还能在学术界看到。③

以上第四和第五两个“发生”概念已经偏离开胡塞尔赋予“发生”的真正的和准确的含义，即在前三个发生概念中表达出的含义。

三、胡塞尔的“发生现象学”构想

对一门发生现象学或发生学理论的要求已经预设了这样的前提：发生是有规律的发生，否则我们就没有理由谈论关于它的理论或学

---

① 对这个问题的详细讨论可以参见笔者的书评：“《经验与判断——逻辑谱系学研究》（1939年）”。笔者在那里谈到，“逻辑谱系学”的副标题很可能是出自兰德格雷贝之手，但较之于他记忆中的胡塞尔命名的“发生逻辑学”要更适合该书的讨论内容，尽管兰德格雷贝本人不一定意识到这一点，也未对此做过说明。

② 参见 L. Landgrebe, „Die Phänomenologie als transzendentale Theorie der Geschichte“, in *Phänomenologische Forschungen*, 3, 1976, S. 32.

③ 例如，将“本真表象”与“非本真表象”或“直观”与“代现”之间的相互影响视作一种“发生”的关系，并在此意义上谈论胡塞尔在1892/93年的数学哲学论文中的“发生哲学的谨慎开端”，就是这种将“奠基”等同于“发生”之做法的后遗症（参见 Deodáth Zuh, „Wogegen wandte sich Husserl 1891? Ein Beitrag zur neueren Rezeption des Verhältnisses von Husserl und Frege“, in *Husserl Studies*, 28, 2012, S. 97）。

说。因此，在本节题记中引述的胡塞尔的问题并非在于“发生现象学”是否可能，而是在于“如何可能”，即“如何才能从混沌中勾画出一个观念的[或理想的]发生？”(Hua XI, 414)胡塞尔相信这样一个“在开放的体验领域中的必然结果”：“来者不仅仅是来了，而且是遵循必然结果的明见法则必然而来。我们当然可以将此称作发生的法则”(Hua XI, 345)。

胡塞尔曾在“发生法则”(Gesetze der Genesis)的标题下进一步区分：

“1)这样一些发生法则，它们意味着对在体验流中的事件的相互接续而言的法则之指明。它们或者是对具体的体验而言的直接的、必然的接续法则，或对具体事件或这些事件的抽象时段、因素而言的直接的、必然的接续法则，例如各个滞留与逝去的体验的必然衔接，或滞留的时段与各个印象时段的必然衔接。或者它们也可以是间接的相互接续法则，如联想法则、在一个体验当下中的再造之出现法则，以及类似的期待意向的法则——在最宽泛的意义上的宽泛意向、充实了的或未充实的前指与回指。

2)那些支配着统觉之构成的合法则性(Gesetzmäßigkeiten)。统觉是这样一些意向体验，它们将某个在它们之中并非自身被给予的(并非完善地被给予的)东西意识为是在自身中被感知的，而且只要它们具有这种特性，它们便叫作统觉，即使它们也把在它们之中真正自身被给予的东西意识为自身被给予的。统觉超越出它们的内在内涵，而这就合乎本质地意味着，处在连续衔接之段落(Strecke)中的一个充实的体验有可能在这一个意识流中通过充实的综合而提供它的自身被给予之物，而在另一个意识流中，它却提供非自身被给予之物和自同者(Selbige)。就此而论，在这里存在着一个对未来的支配法则，但只是一个未来可能性的法则，关于意识流的一种可能持续、一种观念可能的持续”(Hua XI,336)。

胡塞尔之所以能够谈论“发生现象学”，原因就在于他相信一旦以现象学的方式把握到这些发生的法则，发生现象学的学科便可以成立了。而如前所述，由于所有的构造问题都可以被理解为发生问题，因而广义上的“构造现象学”也就意味着广义上的“发生现象学”。在1921年所做的“静态现象学与发生现象学”的思考中还可以读到胡塞尔记录下的想法：“一门构造的现象学可以考察统觉的联系，同一个对象在这些联系中以本质的方式构造起自身，在其被构造的自身性中表明自身是作为这个对象而被经验到的和可以被经验到的。另一门‘构造的’现象学，即发生的现象学，探讨历史，探讨这种客体化的必然历史，并因此也探讨客体本身作为一种可能认识客体的必然历史。客体的原历史(Urgeschichte)要回溯到原素的(hyletisch)客体以及内在的客体一般上，也就是要回溯到它们在原初时间意识中的发生上。在一个单子的普全发生中包含着对于这个单子而言在此存在的客体的构造历史，而在普全本质的发生现象学中，这些是对所有可想象的客体而言、与可想象的单子相关的成就；而反过来就可以获得一个与客体阶段相应的单子阶段系列。——我必须对‘观念’进行一次复核，以便弄清，即使我‘构造地’考察所有内在之物，在关于意识结构的学说与关于构造的考察之间还会有何种区别”(Hua XI,345)。所有这些都属于胡塞尔的发生现象学构想。而这里提到的“观念”，并不是指已于1913年出版的《纯粹现象学与现象学哲学的观念》第一卷，而是指1912年便写出、但经埃迪·施泰因和兰德格雷贝多次誊写加工后始终没有发表的第二卷。它的副标题就是“对构造的现象学研究”。

此后在《笛卡尔式沉思》中，胡塞尔表达了对发生现象学研究的更为坚定和更为具体的信念：“只是通过发生现象学，本我才可以作为诸多系统共属之成就的一个无限联系而得到理解，而且这些成就是构造性的，它们不断地使相对性阶段中的存在对象的新阶段成为有效的。可以理解，自我仅仅是它之所是，存在于发生之中，通过这种发生，它不断地、暂时地或持久地赢得存在着的各个世界、实在的和观念的世界；这是一种源自于本己感性创造的赢得，是在对那些同样作为典型的感性事件而内在产生的虚无、假象等等进行先天可能的和可操作的修正、删除的情况下完成的赢得。在所有这一切中，事实是非理性的，但形式、被构造对象的巨大形式系统以及它们的意向构造的相关形式系统则是先天的，是无穷无尽的先天，它在现象学的标题下得到揭示，而自我作为一个一般自我所具有的本质形式无非就在于，通过我的自身思义而得到揭示并且始终可以得到揭示”(Hua I, 29)。

关于“现象学”，胡塞尔曾这样描述说：“‘现象学的’意味任何一种普全的认识论，而且首先是普全的经验态度，它将世界整体转化成为只是在主体性中的现象之整体；被普全地执行的现象学的认识论于是就包含了就从属于它且全然不可分者而言的纯粹主体性，而且也包含了所有的世界现象，另一方面也包含了作为极之自我(das Ich als Pol)与作为其意识体验之习性自我的自我(das Ich als habituelles Ich)”(Hua IX,445)。

按照这个定义，发生现象学就是一种关于意识发生的普全认识论，一种对意识发生的现象学研究。它不仅要研究作为意识现象的世界的生成和发生，也要研究作为点和线的自我的生成和发生。同时，它不仅要有别于“个体的历史编纂学”(Historiographie des Individuellen)，即有别于“对个体发生的理解”(Hua VIII,238)，也要有别于“外部-因果的发生”(der äußerlich-kausalen Genesis)研究(Hua VIII,238)，即有别于实证的自然科学的研究，亦即有别于历史决定论的进路。唯如此，发生现象学才会得以可能。

这个意义上的“发生现象学”在以下几个方面凸显于胡塞尔所说

的一般意义上的现象学:

1. 发生现象学要讨论的对象是发生的、流动的、时间的,它与一般意义上的现象学的讨论对象正好相对,后者是静态的、无时间的

如果通常意义上的现象学,即静态的、探讨意识结构的现象学所要把握的是“超越论的有效性(Gcltung)”,那么发生现象学所探讨的就是“超越论的发生(Genesis)”。在这两者之间存在着一定的奠基关系。在胡塞尔看来,静态现象学描述处在较低的阶段上,它最终会导向动态现象学或发生现象学。按照胡塞尔的说法,“这种‘静态的’本真描述最终总会导向发生问题,以及导向一个普全地按照本质法则自始至终主宰着人格自我之全部生活和发展的发生。因而在较高阶段上的第一‘静态现象学’上建构起动态现象学或发生现象学”(Hua IX,286f.)。

2. 发生现象学的思考方向是纵向的,不同于静态现象学的横向思考方向

无论是在发生现象学中包含的时间发生、个体发生,还是历史发生,它们都与线性的、流动的意识纵剖面有关,与意识流的“纵向”(Hua X,91,327)有关,与“纵意向性”(Hua X,81f., 380)问题有关。胡塞尔在《内时间意识现象学讲座》中区分“双重的意向性”,即“横意向性”和“纵意向性”(Hua X, 81f.,380),它们构成静态现象学与发生现象学各自的研究课题。

3. 发生现象学探讨的是个别的、经验个体的本质发生,不同于一般意义上的现象学,后者具有普遍性诉求,即以普遍有效的意识结构为探讨课题

由于“发生”指的是严格意义上的发生,即个体经验自我的发生,首先是个别主体人格的发生,而后是交互主体人格的发生,因而胡塞尔的发生问题思考始终要面对个体化问题的提出和解决:每个本我都有其自己的发生和历史，每个共同体也都有自己的发生和历史。这里存在一个张力：一方面，胡塞尔强调发生现象学与静态现象学一样，都是对“本质特性”和“必然形式”(Hua III/1,§81)的把握，因此“意识发生”应当是一种“先天的发生构造”(Hua XVII,257)，另一方面，发生的研究一直要回溯到个体的“感觉材料”以及“身体性”的实际差异上，具体探讨个体与个体化问题。在这里，发生现象学的功能和任务类似于海德格尔的实际性的解释学。①

4. 发生现象学依据的方法是动机说明的、理解的、解释的，不同于静态现象学的描述-分析方法

在后期处理发生现象学问题时，胡塞尔也在思考它在方法上与静态-结构现象学的对应关系。他将早期的“静态现象学”按其方法特征而称作“描述性科学”，而后期的“发生现象学”则被他标识为“说明性科学”，它是对意识发生的动机引发的说明(erklären)，带有非直观的构造性因素(Hua XI,340)。胡塞尔在1921年的研究文稿中已经写道：“‘说明的’(erklärende)现象学以某种方式区别于‘描述的’(beschreibende)现象学，前者是合法则发生的现象学，后者是可能的、无论以何种方式在纯粹意识中得以生成的本质形态现象学，以及这些本质形态在‘对象’和‘意义’的标题下于可能理性的王国中的目的论秩序的现象学”(Hua XI,340)。后来在《欧洲科学的危机与超越论现象学》中，胡塞尔再次强调并具体阐释说：相对于“描述”的基础阶段，“解释”是一种在更高阶段上的意识成就，“一种超越出描述的领域以外的方法，即超越出一个可以通过现实经验直观来实现的领域以

---

① 甚至有学者认为：由于身体性的特性，个体发生的问题只能由海德格尔的此在实际性的解释学来处理。在这里，“现象学发生的普全本质规律性”是否意味着一个语词矛盾？“现象学的发生”与“普全的本质规律性”是否不是一个可以相互兼容的概念对？对此可以参见 Mario A. Presas, „Leiblichkeit und Geschichte bei Husserl“, in: *Tijdschrift voor Filosofie*, vol. 40, no. 1, 1978, S. 111-127.

外的方法”(Hua VI,227)。在描述现象学和发生现象学的研究之间的重要区别就在于:“描述”必须限制在直观领域之内。因此,“描述性领域”也就意味着一个“可以通过经验直观来实现的领域”。而“解释”则可以超越出直观、描述的范围之外而带有构造性的成分。

四、结语

还在写于1917年的未发表长文“现象学与认识论”中,胡塞尔便谈到意识的横截面与意识整体的关系问题:“特殊的认识论问题和理性理论问题一般与理性这个首先是经验的权能标题相符合(只要它们产生于其超越论的纯化之中),它们只是意识与自我问题一般的横截面,而一个横截面只有在其整体得到研究时才可能完整地被理解”(Hua XXV,197f.)。胡塞尔在这里已经隐约地表达了将意识的纵向发生视作意识整体的想法。

这方面的思考在海德格尔那里也可以零星地发现。他在1920年的早期弗莱堡讲座中也已经谈及心灵生活的“横截面”与“纵剖面”(GA 59,157f.)。而他这方面的思考又可以追溯到早先狄尔泰的与心理学研究相关的研究工作中(GS V,101)。他对胡塞尔专注意识生活“横截面”或“横意向性”的知性现象学感到不满足,因而希望用能够直接把握和理解生命进行或历史性的“纵剖面”的历史释义方式来加以补充之。

还可以留意一点:与它们相呼应、而且同样可以追溯到狄尔泰的心理学设想那里的还有伽达默尔对“哲学解释学”和“历史解释学”(historische Hermeneutik)(GW1,266)的任务划分:“哲学解释学”的任务在于:“它要如此远地回溯到黑格尔的精神现象学的道路上,在那里指明在所有主体性中规定着它们的实质性(Substanzialität)”

(GW1,307)。而“历史解释学”的任务在于:“它要透彻地反思在共同实事的自身性与它应当在其中被理解的变动不居的处境之间的紧张关系”(GW 1,314)。

可以说,现象学的发生学或发生现象学代表了二十世纪思想史的一个重要思想脉络,上续狄尔泰-约克的历史哲学,下接海德格尔的存在论与伽达默尔的解释学。[①]这个思想脉络也可以被称作二十世纪的佛教缘起论。“缘起”指的是心中的有条件的产生,而按现象学的说法就是合法则的发生;而“缘起法”所指的无非就是“超越论发生的合法则性”(Hua I,100)。《楞严经疏》说:“圣教自浅至深,说一切法,不出因缘二字。”于是,一切实相,终归缘起;一切结构,终归发生。

但在胡塞尔这里最终还是需要强调一点:发生是时间性的,有历史的;但发生的法则、历史的规律本身又是超时间的,一如内时间意识的三位一体形式不会随时间的流动而变化一样。这也是胡塞尔在《哲学作为严格的科学》中既要反对自然主义,也要反对历史主义的根本原因所在。

对于如今许多人来说,logos 只是一种 ethos 而已。而对于胡塞尔来说,ethos 也有其 logos。这与黑格尔对历史与理性的理解是一致的:历史是有理性的,理性也是有历史的,易言之:历史是有逻辑的,逻辑是有历史的。

培养和指导学生

弗莱堡的“三人组”存在的时间并不长。随着 1918 年 11 月一战

---

① 笔者在“历史哲学的现象学-解释学向度——源自狄尔泰的两条方法论思想线索”(载于《中国现象学与哲学评论》第二十四辑,上海:上海译文出版社,2019 年)论文中对此思想脉络做了较为详细的梳理。

的结束，许多前线的战士学生回到学校，放下他们的战士身份，继续他们的学生生活。按照接下来将要论述的胡塞尔的弗莱堡女学生格尔达·瓦尔特的回忆，她是于1917/18年在弗莱堡开始随胡塞尔学习的，“当时胡塞尔的讲授课也只有大约30-40位学生参加。后来在战后，他应该有大约200名甚至更多听众。”[①] 格尔达与施泰因一样写有自传式的回忆录《向着彼岸——从马克思主义和无神论到基督教》[②]，其中的弗莱堡部分恰好接续了施泰因的弗莱堡回忆，因而弥足珍贵，其中所记录的胡塞尔周边的人物和事件接下来会在后面一再地被引述。

格尔达·瓦尔特

格尔达·瓦尔特(Gerda Walther,1897-1977)出生在黑森林地区聚离弗莱堡不远的诺德拉赫(Nordrach)，父亲是著名的肺病医生。她在1917年之前还在慕尼黑大学随普凡德尔学习过一段时间。1917年夏天随父亲搬家到巴登地区的巴登-巴登市。这里离弗莱堡仍然不远，因而她在父亲的支持下决定去弗莱堡随胡塞尔学习。在她的回忆录中没有给明她去弗莱堡的具体时间。但她的名字已经出现在胡塞尔于1917年10月开设的冬季学期的“判断理论”练习课参与者名单上。她回忆当时的上课情况说：“在胡塞尔的研讨课上常常只有我们7到10位学生。”[③] 综合各方面的信息，如今可以确定的准确人数是11人(*Husserl-Chronik*,217)，其中有前面已经提到的英加尔登，

---

① 格尔达·瓦尔特：“于弗莱堡时期在胡塞尔身边”，王俊译，载于倪梁康(编)：《回忆埃德蒙德·胡塞尔》，同上书，第220-221页。

② Gerda Walther, *Zum anderen Ufer. Vom Marxismus und Atheismus zum Christentum*, Remagen: Der Leuchter-Otto Reichl Verlag, 1960.

③ 格尔达·瓦尔特：“于弗莱堡时期在胡塞尔身边”，同上书，第220-221页。

此外还有后面将会谈及的弗莱堡当地学生克劳斯（Ludwig Ferdinand Clauß）等。

格尔达在到弗莱堡之前已有在慕尼黑大学普凡德尔那里学习的经历。可以说，她是少数几个先后参与了慕尼黑学派和弗莱堡学派的胡塞尔学生之一。她在1917年到达弗莱堡之后便去拜访胡塞尔。后来她在回忆录中记录了她与胡塞尔的第一次见面对话："我转达了普凡德尔的问候，胡塞尔询问了普凡德尔的境况。而接下来他所说的令我惊讶：对我在慕尼黑听到的现象学，他抱有怀疑，他怀疑那种现象学与他本人所理解的是否一致。他完全不清楚，在慕尼黑人们是否'卡在'（stecken geblieben）本质化的本质分析之中，抑或根本没有。"[①] 这也可以用作前面阐释胡塞尔的两次转向过程的一个注脚。

格尔达到弗莱堡之后便被胡塞尔指派给埃迪·施泰因，委托她来指导。格尔达在回忆录中说施泰因自哥廷根时代就是胡塞尔的助手，并在那里主管过一个现象学的"幼儿园"，这当然是个误会。但施泰因在弗莱堡期间主管了一个"幼儿园"或"幼儿班"却是真实不虚的。它是为了引导低年级学生进入胡塞尔思想世界而组织的一个研究小组。这个小组先由施泰因来负责照管和指导，在施泰因离开弗莱堡回布莱斯劳之后便由从战场上归来、回到胡塞尔这里继续就读的弗里茨·考夫曼负责。胡塞尔的弗莱堡新学生中有不少人参加了这个"幼儿班"，例如这里提到的格尔达和克劳斯。而且格尔达因为年纪最小，还被称作"现象学的婴儿"。当然，参与这个"幼儿班"的还有一些是匆匆的过客，后来在其他学术领域中成名，例如在考夫曼主管"幼儿班"期间的诺贝特·埃利亚斯等。[②]

---

① 格尔达·瓦尔特："于弗莱堡时期在胡塞尔身边"，同上书，第213页。

② 埃利亚斯与弗莱堡"现象学幼儿班"的故事可以参见本书第二卷第二十八章"胡塞尔与埃利亚斯：现象学与过程社会学"中的阐述。

格尔达·瓦尔特与她的“幼儿班”老师埃迪·施泰因之间存在许多共同之处：除了她们都是在弗莱堡时期随胡塞尔学习的女学生之外，她们还都写有自传式的回忆录，并在其中表述过自己一度有过“自杀”的动机，亦即同属于“自杀的一代”；她们都对心理哲学和社会哲学感兴趣，并且在胡塞尔和普凡德尔那里完成的博士论文都获得了“最优”（Summa cum laude）的成绩，最终都在《哲学与现象学研究年刊》上出版了她们的相关论著[①]；她们都希望在胡塞尔这里做任教资格申请，但都因为女性的身份而没有得到胡塞尔的全力支持。

关于最后一点，格尔达在她的回忆录中记录的是十分真实的情况，它为后人了解胡塞尔的女性职业观提供了第一手的资料。在本书第二卷第十四章“胡塞尔与埃迪·施泰因：现象学与同感心理学和神学”中，笔者阐述了施泰因在这个问题上与胡塞尔发生的分歧和她对胡塞尔的抱怨，以及胡塞尔在施泰因的大学任职问题上的所尽的义务和所做的努力，有些是施泰因并不知晓的，例如近年刚刚发现的胡塞尔写给米施的推荐信函。而对此的另一个印证也可以在格尔达的这个回忆录找到：

> 在这之前，当我有一次与胡塞尔讨论到写教职论文的可能性时，他略显尴尬地说了一些话，他就是持这样的看法，女性的任务根本上应当还是家庭和婚姻，因此他也没有安排埃迪·施泰

① 对此可以参见 Edith Stein, *Beiträge zur philosophischen Begründung der Psychologie und der Geisteswissenschaften*, in *Jahrbuch für Philosophie und phänomenologische Forschung*, V. Band, Halle. a. S.: Max Niemyer Verlag, 1922, S. 1–284; *Eine Untersuchung über den Staat*, in *Jahrbuch für Philosophie und phänomenologische Forschung*, VII. Band, Halle. a. S.: Max Niemyer Verlag, 1925. S. 1–123; Gerda Walther, *Zur Ontologie der sozialen Gemeinschaften (mit einem Anhang zur Phänomenologie der sozialen Gemeinschaften)*, in *Jahrbuch für Philosophie und phänomenologische Forschung*, VI. Band, Halle a. S.: Max Niemeyer Verlag, 1923, S. 1–158.

因在他那里写教职论文。(毫无疑问她曾经有可能这样做。)其他教授总还是会让女性在自己这里取得教职资格,他甚至可能会把他的女学生推荐给这些教授,但是他自己无法下决心做此事。在这件事上是否马尔维娜夫人也在他那里说了什么?在我看来这很有可能。显而易见他根本不会这样想,即认为已婚的女性可以成为大学教师——即便这种情况后来多次发生。在这些事情上,他仍然局限在旧约重男轻女的观念中,尽管在他的时代,如他一直所强调的,他是出于信仰、而非外部原因才改信新教的。无论如何,相比于那个完全不允许妇女参加其活动的弗莱堡哲学学会的其他奠基者,胡塞尔已经算是具有较为进步的倾向了。通过1918年的革命在我们这里妇女才具有充分的可能选择学术生涯。[①]

格尔达在这里提到胡塞尔的太太马尔维娜所起的作用或许不无理由。这个方面的猜想和暗示在施泰因的回忆录中也有显露。马尔维娜本人是专职家庭主妇,始终以辅助丈夫与服务家庭为自己的使命。格尔达在其回忆录中也以女性特有的细腻笔触回忆了她当时对胡塞尔家人的印象:

胡塞尔的儿子们在前线,我想他的小儿子已经去世了。他的女儿伊丽[②]在我的记忆里是红十字会的女护士,后来我在慕尼黑与她重逢,她已是一位艺术史专家。她和她的母亲虽然都带有明显的犹太女性的美丽特征,但都非常娇小纤弱,几乎就像一座古埃及的女性雕塑,或者像一头羚羊,有着深色的直发和杏仁状的

① 格尔达·瓦尔特:“于弗莱堡时期在胡塞尔身边”,同上书,第227页。

② 伊丽(Elli)是胡塞尔女儿伊丽莎白(Elisabeth Husserl,1892-1981)的昵称。

眼睛。他的女儿,伊丽·胡塞尔在生了她的第一个孩子之后变得很强壮,而马尔维娜·胡塞尔夫人,当我于 1950 年在一家配有专门护士的弗莱堡疗养院中再度见到她时,她在体格上几乎没有变化,不久她就去世了,享年 90 岁。当她在二战期间躲在一座外国修道院中时,她成了天主教徒,但是此时她已经完全丧失了记忆,认不出我了。

但是当时她正处于精力充沛的中年。几乎可以说,她代表着胡塞尔与坚硬的外部实在世界之间的关联。因此,人们如何看待马尔维娜·胡塞尔,这并非无关紧要。当胡塞尔出门旅行时,她必须按照固定的模式装好行李箱——胡塞尔开玩笑说,按照这个模式就是"区域本体论",否则胡塞尔凭借他糟糕的视力根本什么都找不到。当胡塞尔提出任何一种要求或者提出某些外在方面的建议时,他会完全听从马尔维娜的意见。比如说,当胡塞尔当作条件提出的那些要求,即拒绝了前往柏林工作的召唤而留在弗莱堡,这个决定毫无疑问可以归因到马尔维娜,而当时的巴登州文化部长对这些要求的难度惊奇不已。当其中一个部分被拒绝时,据说他只是顺从地说:"我应该如何将此事仅仅告诉我的太太?"①

在弗莱堡期间,格尔达除了参加"幼儿班"之外还参与了胡塞尔的全部课程。她对胡塞尔在此期间的授课风格也有记录:"在胡塞尔的研讨课上常常只有我们 7 到 10 位学生。有时我们坐在教室的最前排,而胡塞尔喜欢跨坐在讲台上面对着我们:这是真正的私人课程……当胡塞尔在讲座课上站在讲台上时,有时他会让我想起旧约中的先知或者中世纪的智者,站在高塔上思索着星星的轨迹:看上去他

① 格尔达·瓦尔特:"于弗莱堡时期在胡塞尔身边",同上书,第 221 页。

像在出离了世界的远方，停留在‘纯粹意识’的领域中的事物之上。”

不过她接下来讲述的与胡塞尔的性格方面相关的内容则很可能与她后来研究的“神秘经验的现象学”[①]和“超心理学”(Parapsychologie)有关：“后来有一次我向一位非常出色的丹麦女性笔迹学家耶斯塔·贝格(Jesta Berg)展示了胡塞尔的字迹(带有覆盖页的亲笔签名)，而她对胡塞尔一无所知。(这是一封完全无关紧要的信函，没有陈述任何关于他的内容。)她认为，情况很奇特，这个人漂浮在世界之上，根本上他不会将任何东西看成是实在的，甚至包括他自己！这正是对将一切被给予之物还原为意识内容的‘现象学还原’最好的定义！”[②]

格尔达在弗莱堡随胡塞尔学习直至1919年夏季学期，即至少有三个学期之久。后面还可以看到，她也是在1917/18年冬季学期新成立的“弗莱堡现象学学会”上做开场报告的人，题目与胡塞尔的纯粹自我问题有关。而关于胡塞尔与格尔达的思想联系还可以参见本书第二卷第二十六章“胡塞尔与格尔达·瓦尔特：现象学与神秘学”中的较为详细的阐释，尤其是其中就胡塞尔与格尔达的一次书信往来中涉及的现象学本质直观与对神秘现象的“精神直觉”之异同的问题讨论。

路德维希·克劳斯

胡塞尔到弗莱堡一年后，当地的一位学生路德维希·克劳斯

---

① 这里的“神秘经验的现象学”的德文原文是“Phänomenologie der Mystik”。原先我曾译作“神秘现象学”或“神秘论现象学”，都觉得不尽如意。后来读到张祥龙在《精神的婚恋》的“译者前言”中对将“mysticsm”翻译为“神秘经验”所给出的理由，不禁叫绝，而且用在与现象学的合成概念中尤其适合，于是从善如流接受之(参见张祥龙：“译者前言”，载于J. V. 吕斯布鲁克：《精神的婚恋》，张祥龙译，《张祥龙文集》，第十六卷，北京：商务印书馆，2022年，第vii页)。

② 格尔达·瓦尔特：“于弗莱堡时期在胡塞尔身边”，同上书，第221-223页。

(Ludwig Ferdinand Clauß)开始随胡塞尔学习。他与格尔达、英加尔登等一同出现在1917/18年冬季学期胡塞尔开设的练习课上。按照格尔达的回忆:"这是一个独来独往的人,但是充满了冷幽默,有一个高高的、漂亮的、就如象牙雕刻的前额,尽管身材矮小,但坚韧不拔。后来他成为国际知名的民族心理学家,是'把握陌生人心灵生活的模仿性方法'的发现者。这种方法认为,要以感同身受的方式将自身视为陌生民族的成员,大概就像一位演员、一个模仿者,而不是像迄今为止的做法那样,仅仅从外部观察他并记录他的特点。克劳斯首先以这种方式研究了贝都因人的生活和习俗。但是当时他还没有发展出这种方法。此外把我们联系在一起的还有他对于所有北欧事物的偏爱,这远远超出了其他日耳曼学者的兴趣。他曾经也在挪威待过,会说挪威语。"

与克劳斯有关的还有一位小姑娘兰德(E. Landé)。格尔达没有说她是否也是现象学幼儿班的成员。但她关于这个女孩子的其他记忆还是准确的:"这一位也是犹太人,但是我不太想得起她了。我只记得她的名字,因为她后来成了克劳斯的女同事,在第三帝国时期克劳斯有好几年将她藏在位于勃兰登堡边境的他的农庄里,最后差不多15个月时间是藏在一片云杉树林中的一个地下防空洞里。"①

关于胡塞尔与克劳斯的关系可以参见本书第二卷第二十七章"胡塞尔与克劳斯:现象学与人种学"中的较为详细的阐述,其中也有笔者对胡塞尔的所谓"欧洲中心主义"的评论。

迪特里希·曼科

迪特里希·曼科(Dietrich Mahnke, 1884-1939)出生在德国北部

① 格尔达·瓦尔特:"于弗莱堡时期在胡塞尔身边",同上书,第216-217页。

汉诺威与不来梅之间的小镇韦尔登（Verden）。文科中学毕业后便在哥廷根学习数学、物理学和哲学。其间受到狄尔泰、西美尔，尤其是胡塞尔的影响。他自十八岁中学毕业（1902年）起便在哥廷根随胡塞尔学习，直至1906年，因此他是胡塞尔在哥廷根时期最早的学生之一，尽管他的主修课程应当是数学和物理学。而他在胡塞尔这里真正获得哲学博士学位是在二十年后，即1922年，那时胡塞尔已经离开哥廷根，到弗莱堡任教了六年。而曼科此时也已经年近四旬。在大学毕业到博士毕业的这段时间里，曼科先作为高级教师在中学教书，而后在一战期间作为军官参战。一战结束后还多年担任德国北部城市施塔德（Stade）的教育委员会委员（Studienrat）。

曼科在胡塞尔思想传记中具有相当重要的位置。这首先是因为他与胡塞尔的思想交往时间要长于他的所有其他师兄弟，而且贯穿于后者的整个哥廷根时期和弗莱堡时期，可以说是胡塞尔在《逻辑研究》出版之后的全部思想历程的伴随者，而且他在此期间，即从1905年起到1934年止，与胡塞尔有长达三十年的书信往来，最后保留下来的胡塞尔书信有近六十封。在这些书信中常常可以读到胡塞尔对自己的回忆和反思，也可以读到他的日程和行程，常常还有他刚阅读的文献和新招收的学生，如此等等，因而曼科的名字常常出现在胡塞尔的传记和年谱中。其中较为典型的是胡塞尔1933年5月4、5日写给曼科的信。该信首先是对曼科发来的祝贺电与祝贺信的回复，即祝贺胡塞尔获得博士学位五十周年，其次是抒发胡塞尔对自己五十年来学术生命的感慨，主要是因为希特勒攫取政权和颁布反犹法律，以及他自己一度最信任和寄予最大希望的接班人海德格尔于三天前公开加入国社党。这些事件如胡塞尔所说“袭击到了我的此在的最深根基。原先我就曾被政治推入到一个危险的个人危机之中。战争，以及那些使我的过于博爱的乐观主义发生动摇的经历，即对理想主义与宗教如何会以最卑鄙的方式被利用为战争手段、被利用为最可恶的有意诽谤的幌子——所有这些都将我在健康上和哲学上回掷到多年以前。”这封信可以被视作胡塞尔对自己五十年生活工作的一个难得的回顾总结。[①]

五年后(1938年),胡塞尔因病去世。又一年后(1939年),曼科因意外事故身亡,像是在追随胡塞尔而去,时年仅55岁。

如今思想史界对曼科的总体定义首先是莱布尼茨研究者,而由于他的学习背景和研究成果,他也被视作莱布尼茨哲学的现象学解释者,或数学史家、哲学史家、科学史家等等。他从1912年起,也就是在担任中学老师的一年后,便开始发表关于莱布尼茨的著述。1922年6月他在弗莱堡提交博士论文并完成博士答辩,其博士论文《莱布尼茨对普全数学与个体形而上学的综合》[②] 于1925年发表在胡塞尔主

---

① 笔者已将该信的全文译成中文,作为“资料二”刊载在笔者的《胡塞尔与海德格尔:弗莱堡的相遇与背离》中(北京:商务印书馆,2016年,第216-227页)。在本书后面的第五幕中,笔者还会详细说明胡塞尔与曼科的这次书信往来。

② Dietrich Mahnke, *Leibnizens Synthese von Universalmathematik und Individualmetaphysik*, in *Jahrbuch für Philosophie und phänomenologische Forschung*, VII. Band, Halle a. S.: Max Niemeyer Verlag, 1925, S. 305-609. ——这里还可以留意一点,胡塞尔在阅读曼科的博士论文过程中对其中关于库萨的尼古拉的两种“认识”或两种“看”的概念做了摘录,并同时记录下自己的感想:一方面是库萨的尼古拉的“理性(rational)认识”概念,另一方面是他的“智性(intellektuell)认识”概念:“比理性认识更高的是‘智性’认识(ratio sine dissensu, visio mentalis, intuitio)。看起来这无异于本质直观。根据‘论可能与现实之一体的对话’(Dialogus de possest):‘由于一切实存的东西都可以是它在现实中之所是,因此我们从这里出发能够看到(conspicimus)绝对的现实[绝对现实=可能与现实之一体=本质(actualitatem absolutam = possest = Wesen)],现实中的一切都通过它才是其所是;就像我们例如通过在一个可见的眼睛上看到白的东西,而以智性的方式看出(intellectualiter intuamur)白性(albidinem),没有这种白性,白的东西就不是白的’”(Hua VII, 330)。

这可以让人联想到胡塞尔自己在《逻辑研究》中的说明:第二项关于“种类的观念统一与现代抽象理论”研究的“目的仅在于:使人们学会在一个类型中,例如在由‘红’的观念所代表的类型中,看到观念,并学会说明这种‘看’的本质”(LU II/1, B_1 15)。

编的《哲学与现象学研究年刊》第五辑上。

胡塞尔在为曼科所撰博士论文的评语中一开始便说明:“教育委员曼科先生已经通过一些极具价值的论文和篇幅较大的著述而在哲学家中,尤其是在莱布尼茨研究者中受到尊敬。目前他应当属于德国最出色的莱布尼茨专家。”胡塞尔建议哲学系接受曼科的“这篇优秀博士论文”(Brief. III, 516f.)。

从胡塞尔的评语中可以看出,他此前便对曼科的莱布尼茨研究水平非常熟悉。这主要是因为他与曼科之间一直保存着思想交流。还在 1917 年出版《一门新单子论》[①] 的专著时,曼科便寄赠一本给胡塞尔。1919 年 4 月胡塞尔去黑森林度假时,在 11 日写给曼科的信中告诉他:

> 我将您的《单子论》带到黑森林的山上,直到现在我才能够在宁静与凝神中系统地阅读它(我这三天已经读到第 84 页了)。多么奇怪:我一再地感受到,我的心灵的一部分就好像随着我的思想分道而行,并且在您的思想中继续发展开来一样。自 1907 年以来我就完全生活在这些思想系列中,尤其是——我所能说的只是在科学上可论证的,而对超出的部分我原则上缄口不语,无论在内心中我对它们做了多少思考——《观念》第二卷便是奉献给它们的……我们当然在许多本质性的思想系列中彼此有所偏离,在我看来是因为您的工作过多地带有形而上学的猜测,而我则纯粹从内心出发以现象学的方式发展,并因此也只能达至某些边界。当我在您的美好的书中与您一同共同体验您的一部分生活时,您的感觉怎么样?(Brief. III,422)

---

① Dietrich Mahnke, *Eine neue Monadologie* (Kantstudien: Ergänzungshefte im Auftrage der Kantgesellschaft, no. 39), Berlin: Reuther u. Reichard, 1917.

显然，胡塞尔在阅读曼科著作的过程中不仅意识到了曼科所展示的莱布尼茨的思想与现象学的共同点，而且也留意到它们之间的分歧点。关于前者，笔者在论文“意识分析的两种基本形态：意识行为分析与意识权能分析——兼论通向超越论-发生现象学的莱布尼茨道路”中有展开的论述。这里还需补充说明的是：事实上，在此之前，即还在这年年初，在1月5日致曼科的信中，胡塞尔便就他自己与莱布尼茨的思想联系做过十分重要和精彩的阐述：

> 年青时我常常睁大眼睛阅读埃德曼版的莱布尼茨，而这无疑对我产生了强烈的影响，无论我当时的心态有多么不同。因此，后来我很容易就接受了洛采的一些重要论述，同样也容易接受兰贝特、鲍尔查诺的论述，而且有能力做出对我来说决定性的转变。如今我还觉得与莱布尼茨很亲近，而您对单子论的诠释，就像您在简短几句话中对它所做的简略说明那样，对我来说是全然可以理解的，而且如果我根据这几句话来了解的话，那么这个诠释完完全全也就是我的诠释。我在前定和谐中还预感到了某些被莱布尼茨直观到、但没有推进到底的东西。他本身完全就是一个直观者，只可惜始终缺乏理论的详尽分析和详尽阐述，而没有它们，被直观到的东西就始终不能成为科学。我自己实际上是单子论者。我不能像莱布尼茨那样在单子的观点中走那么远，将单子比喻为一系列的展开。莱布尼茨没有完全忽略意向性，对他来说，表象是某种与意向体验的延伸范围差不多的东西。但我并不想将所有内心活动都展开于其中，而且不同于因果性的动机引发都消解在数学的必然性中。此外，您不认为，康德提供的许多极具价值的东西实际上已经藏在莱布尼茨那里了？（Brief. III,407）

也正是在这封信中，胡塞尔表示他非常高兴地听到曼科实现了胡塞尔自己曾有的一个重要心愿：即参与新的莱布尼茨全集的编辑出版："您是合适的人选……我当然认为，您可以出色地担任整个全集的领导，而且没有人会做得更好！"（Brief. III,407）

这里也可以看到曼科之所以在胡塞尔思想传记中具有重要的位置的另一个原因：胡塞尔与莱布尼茨的思想联系在很大程度上是通过他与曼科的思想交流表现出来的。

与此同时，即同样在1917年，在胡塞尔与曼科的思想联系中还发生了另一个事件：曼科在这年出版了他的论著《朝向永恒的意志：一位德国战士关于德国精神生活之意义的思考》[①]。胡塞尔为曼科这本书给尼迈耶出版社写的评语也于这年刊印在出版社的出版手册上，他于这年还收到出版商马克斯·尼迈耶寄给他的该书清样（Brief. VIII,255）。从书名上可以看出，这是曼科在一战参军担任军官期间撰写的世界观和伦理学的感想文字。他自己在作者告示的一开始便说：

> 在胡塞尔对哲学之为严格**科学**的非个人热情中表露出来这样一个精神气质（Ethos）：对短暂现实之永恒根据的追求；这同一个精神气质现在也活跃在他的一位初期的忠实学生的**世界观**小书中。但胡塞尔——一种类似亚里士多德的理论精神——仅仅在超时间的科学世界（universitas scientiarum）中寻求对此追求的满足，而且相信，为了能够在真理世界的永恒建筑上的实事合作，必须中止在当前世界观战斗中的直接个人作用，而我则想要在理论外的生活领域中也发现通往永恒精神世界的道路，并且通

① Dietrich Mahnke, *Der Wille zur Ewigkeit – Gedanken eines deutschen Kriegers über den Sinn des Geisteslebens*, Halle a. S.: Max Niemeyer Verlag, 1917.

过实践“智慧”的征服时间的理想来补充纯粹科学的在某种程度上时间仓促的理想:将时间之物本身塑造成为永恒性的基石。[①]

尽管在这里已经可以清晰地读出在胡塞尔的科学精神与曼科的宗教精神之间的差异性,但他们两人显然都愿意将这种差异性理解为某种意义的互补性。在1931年2月23日写给曼科的信中,胡塞尔写道,他在书架上找寻资料时碰巧拿到了曼科的这本书并再次阅读:“我打开了它便根本无法放下。这是多么可爱的一本战争书啊,而且对我来说真正是发自内心写出来的”(Brief. III,477)。

笔者在后面第五幕中还会再阐述胡塞尔与曼科在1933年之后的友谊与思想关联。

马丁·海德格尔(上)

胡塞尔与海德格尔的私人关系和思想联系构成前者在其弗莱堡任教时期这一幕中最重要的内容。对此笔者在《胡塞尔与海德格尔:弗莱堡的相聚与背离》(北京:商务印书馆,2016年)一书中有详细记述与说明。它属于本书第二卷的有机组成部分,只是因为篇幅过大且为了纪念海德格尔去世四十周年,笔者将这个部分提前另册出版。这里对海德格尔不再重复讨论,而只补充几个当年同时代人对他的回忆。

格尔达在回忆录中写道:“我们中的大多数人当然也会参加海德格尔的讲授课和练习课。我记得,我们是如何在一个研讨课中长达数小时在头脑中‘观察’一块统一的红色,这块红色被作为唯一的对象

① Dietrich Mahnke, „Selbstanzeige“ zu *Der Wille zur Ewigkeit*, in: *Kant-Studien*, Bd. XXV, H. 1, 1920, S. 292.

‘给予’我们。由此我们应当搞清楚，当一个意识只具有唯一一个、不可再行‘区分’的对象时，它是否能够根本上达成理解。(这个问题比如对于神秘化结合(Unio Mystica)至关重要，但在这里并不涉及这些内容。)或者，是否在此它与其他意识之间的区分并不必要。无论如何，每个主体始终能够转回自身，而不必具有更多被给予的‘对象’，然而是什么造成了这种情况？我无法再知晓，我们会得到什么样的结果。”①

格尔达对海德格尔及其太太的回忆“海德格尔此时刚刚在胡塞尔那里完成了教职论文。② 他从海因里希·李凯尔特那里过来，李凯尔特先于胡塞尔在弗莱堡任教，这时则已前往海德堡工作。海德格尔来自麦斯基尔希，他的父亲是教堂司事，由于所具有的出色天赋他在一个天主教奖学金的资助下在大学学习，但是后来认识了一位普鲁士军官的女儿，她觉得，一位哲学家如果被束缚在天主教的世界观上，是不值得的。因此海德格尔就将自身从这种‘对其精神自由的限制’中解放出来，与这位精神独立的女先锋结婚了。就我所知，海德格尔夫人终其一生对海德格尔的精神创造都具有最大的影响，并且她还会在发表之前审阅海德格尔所写的所有文字。”③

对海德格尔及其太太的印象施泰因在其回忆录中也有记载：“有一次我们应邀到胡塞尔家里去参加晚会，被邀请的是一个较大的圈子。如果我没有记错的话，我是在那个晚会上认识马丁·海德格尔的。他还在李凯尔特那里便完成了任教资格考试，胡塞尔从他前任那

---

① 格尔达·瓦尔特：“于弗莱堡时期在胡塞尔身边”，同上书，第 219 页。

② 格尔达这里的回忆与施泰因后面的回忆一样有误。海德格尔是在李凯尔特那里那里完成了的任教资格考试，并于 1915 年 7 月 27 日便完成了任教资格讲座“历史科学中的时间概念”。

③ 格尔达·瓦尔特：“于弗莱堡时期在胡塞尔身边”，同上书，第 219 页。

里接受了他。他的就职讲座是在胡塞尔已经到了弗莱堡之后才举行的。它具有针对现象学的确凿无疑之矛。[①]他后来的太太、当时还是佩特里(Petri)小姐，曾在胡塞尔的讨论上出现并且活跃地提出反对意见。这是他自己后来告诉我的：'如果一个妇人形象是倔强不羁的，那么后面一定藏着一个男人形象。'在这个晚会上，海德格尔给我的感觉很好。他安静而内向，只要没有谈及哲学。但一旦有哲学问题出现，他便充满了活力。"[②]

除此之外，施泰因、格尔达与海德格尔的其他思想联系在本书第二卷涉及胡塞尔与施泰因和格尔达的第十四章和第二十六章中也有讨论。

卡尔·洛维特

处于这个圈子中的还有卡尔·洛维特(Karl Löwith,1897–1973)。1919 年初，洛维特听从他的老师盖格尔与普凡德尔的建议，从慕尼黑到弗莱堡随胡塞尔学习。洛维特在其《从黑格尔到尼采——十九世纪思维中的革命性决裂》的 1941 年第一版中对其"纪念埃德蒙德·胡塞尔"的献辞做了一个说明，他在其中写道："弗莱堡是一座可爱的城市，它有着赭红色的明斯特教堂，地处黑森林的茵绿山脉之中，紧靠着莱茵河。我的大学生涯就是在这座城市里开始的，当时我刚从战场上归来，便与一批还在寻找着自己生活道路的坦诚青年们一起，开始在胡塞尔和海德格尔身边学习。"[③]

---

① 施泰因这里的回忆有误。看起来她将海德格尔担任弗莱堡大学讲师的就职讲座"历史科学中的时间概念"与十三年后接替胡塞尔讲席后举行的就职讲座"什么是形而上学"混为一谈。而且如前所述，前一个讲座也是海德格尔在胡塞尔到弗莱堡之前的 1915 年 7 月 27 日便完成了，并非是"在胡塞尔已经到了弗莱堡之后才举行的"。

② 埃迪·施泰因："在胡塞尔身边的哥廷根和弗莱堡岁月"，同上书，第 155–156 页。

③ Karl Löwith, *Von Hegel bis Nietzsche. Der revolutionäre Bruch im Denken des*

这个青年人的圈子是由格尔达、施泰因、贝克尔等哲学生组成的。此外还有他 1940 年撰写的《1933 年之前与之后我在德国的生活：一篇报告》中提到的那些“我在弗莱堡学生时代的朋友”。[①]

格尔达对洛维特有较深的印象，并在她的回忆录中为他付诸了较多的笔墨。她对当时的洛维特的首要回忆是，“他的父亲是慕尼黑著名的画家，他后来与胡塞尔渐行渐远，而与海德格尔日渐亲近。”[②]——这当然是格尔达当时，更确切地说，在 1933 年之前对洛维特的印象。接下来她还有更为具体鲜活的回忆：

> 此时我常常跟与我大致同龄的卡尔·洛维特一起，我可以与他交流对慕尼黑的记忆，尽管他对普凡德尔评价不高。总的来说，他经常通过他的批判将我带到几乎对一切人和事绝望的境遇，他总是抱着怀疑。此外他已经亲历过死亡：在意大利前线时他曾跟随巡逻队在晨雾中径直误入敌方的位置，令人极为吃惊的是，在意大利人的炮火中他作为唯一的幸存者逃出。在这样一个

---

neunzehnten Jahrhunderts, Zürich/New York: Europa Verlag, 1941, S. 5. ——由于这个说明涉及对胡塞尔逝世的布告和对弗莱堡大学的相关态度的批评，洛维特在二战后的第二版中将其删除。但其中回忆胡塞尔的内容后来在他 1959 年纪念胡塞尔 100 周年诞辰的文章中基本上得到表达。参见 Karl Löwith, „Eine Erinnerung an E. Husserl“, in H. L. Van Breda/J. Taminiaux (Hrsg.), *Edmund Husserl. 1859–1959*, a.a.O., S. 48–55. ——中译文可以参见卡尔·洛维特：“关于埃德蒙德·胡塞尔的一个回忆”，倪梁康译，载于倪梁康（编）：《回忆埃德蒙德·胡塞尔》，第 247–253 页。

① 这份报告是洛维特为了哈佛大学当时举办的一个有奖征文活动所写。这个征文活动最后不了了之，而文稿也一直没有发表。直至洛维特 1973 年去世十年后，他的太太（Ada Löwith）后来于 1986 年将它作为洛维特的哲学自传加以出版。参见 Karl Löwith, *Mein Leben in Deutschland vor und nach 1933 – Ein Bericht*, Stuttgart/Weimar: Verlag J. B. Metzler, 2007, S. XVI, S. 46. ——中译本可以参见卡尔·洛维特：《一九三三：一个犹太哲学家的德国回忆》，欧立远译，台北：行人出版社，2007 年，尤其可以参见第 148–149 页上的有奖征文启事的德文原本和中文译本。

② 格尔达·瓦尔特：“于弗莱堡时期在胡塞尔身边”，同上书，第 219 页。

时刻一个人所想之事，应该是非常奇特的，有时他注意到，他只是循着他的香烟摸索前进！随后他在意大利的牢房里待了很长时间，并且经由此学会了去爱上这个国家和语言。突然有一天他被作为战俘交换，作为已宣告死亡的人回到了他欣喜不已的父母身边：在一个抽屉里他找到了唁函和讣告，这些是随着死亡通知被寄给他的父母的。

“当人们在此觉察，关于一个人有哪些好的看法，能从一个人那里期待的所有东西是什么，这无论如何是必要的。”他常常沉思着说。他的妹妹同样也死掉了，母亲就带着狂热的爱眷恋着这个失而复得的儿子。[①]

洛维特本人也有与这个动荡时代相关的回忆录存世，即他在1940年流亡日本于仙台大学任教时期撰写的《1933年之前与之后我在德国的生活：一篇报告》以及1959年战后于海德堡任教期间为胡塞尔百年诞辰所撰写的文稿“关于埃德蒙德·胡塞尔的一个回忆”[②]。关于洛维特与胡塞尔的关系大致可以按照他自己回忆录的分期分为两个部分：1933年之前的与1933之后的。

1933年之前

他在1940年的哲学自传式的文稿中记述了他在一次世界大战中的被俘经历以及战后的思想变化。但对于弗莱堡期间格尔达的回忆，

① 格尔达·瓦尔特：“于弗莱堡时期在胡塞尔身边”，同上书，第223–224页。

② 值得注意的是，洛维特所撰写的题为“纪念胡塞尔诞辰一百周年”的底稿现存于比利时鲁汶大学胡塞尔文库(*Husserl-Chronik*, XVIII)。它的内容显然要多于上述公开发表的、仅有6–7页篇幅的短文“关于埃德蒙德·胡塞尔的一个回忆”，例如前文在第2页上记载了洛维特于1929年参加胡塞尔本人七十诞辰庆祝会的回忆(*Husserl-Chronik*, 345)，而这在后文中则是缺失的。为何当时纪念文集的编者没有刊发洛维特文稿的全文，这是一个令人好奇也有待查明的问题。

他只有寥寥数语："G. 瓦尔特，一个热情洋溢的、有丹麦血统的女孩子，1919 年时是胡塞尔的私人秘书。她后来钟情于超心理学、灵媒术与星象术，1931 年以后我就再也没有见过她了。"[①]——不过这里关于格尔达的胡塞尔私人秘书身份的印象显然是错误的，就像格尔达在回忆录中认为施泰因在哥廷根时期便做过胡塞尔私人助手的印象是错误的一样。这里有一点应当是确切无疑的：根据格尔达的回忆，正是洛维特一再地劝说她在 1919 年弗莱堡现象学学会的成立会议上做了关于胡塞尔的纯粹自我问题的报告。这一点笔者在后面还会涉及。

正如格尔达所说，洛维特到弗莱堡之后有一个逐渐离开胡塞尔而成为海德格尔最亲近的学生的过程。由于海德格尔当时还是私人讲师，因而洛维特于 1923 年先在慕尼黑大学盖格尔那里完成博士论文"论尼采的自我解释和对尼采的解释"，而后于 1928 年在已成为马堡大学副教授的海德格尔那里完成任教资格论文，接下来在那里担任私人讲师，直至 1933 年希特勒上台。

就总体而言，在洛维特与胡塞尔的私人关系和思想联系方面并无许多可以讲述的东西。洛维特本人在 1959 年为胡塞尔百年诞辰撰写的纪念文章中曾记述过他的内心变化的过程：

> 在四十年之后的今天，如果我问自己，我在弗莱堡的三年时间里从胡塞尔那里究竟学到了什么，那么回答不会使他本人，也更不会使我自己感到满意。我还记得，当时我便失望地向他承认过这一点，因为我在前几个学期有过如此疾速的"进步"，而现在却突然停滞了下来。他的质朴性情使他无法猜测到，我没有继续进步的原因乃是因为我与我的许多同龄人一样，更强烈地为年轻的海德格尔所打动。我们对胡塞尔关于向纯粹意识"还原"的学

① Karl Löwith, *Mein Leben in Deutschland vor und nach 1933,* a.a.O., S. 60.

> 说越是失去兴趣,更年青的和更合乎时势的哲学家[海德格尔]所提出的那些激动人心的问题也就越是吸引我们。

事实上,胡塞尔当时虽然“质朴性情”且双目几近失明,但也逐渐意识到海德格尔的政治立场和个人品性问题。他在 1934 年致曼科的信中便告知说:“在此之前他已完全断绝了与我的来往(而且是在他被任命[①]之后不久),而后是近年来他的越来越强烈地表露出来的反犹主义——在他那一群兴奋的犹太青年面前以及在系里也是如此”(Brief. III,493)。

胡塞尔所说的“一群兴奋的犹太青年”,后来在沃林的专著中《海德格尔的弟子:阿伦特、洛维特、约纳斯和马尔库塞》[②]得到讨论。其中提到的四位犹太弟子都曾听过胡塞尔的课程。而沃林没有列出的至少还有弗里茨·考夫曼,他是犹太人,也是胡塞尔的助手,但后来也与海德格尔走得很近。

洛维特在其 1940 年的回忆录中涉及胡塞尔的章节仅有三处,第一处是讲述他 1919 年到达弗莱堡时对胡塞尔的人格和思想的高度评价:

> 他那具有巨匠风范的现象学分析、冷静而清晰的演说、人性却又严格的科学训练方式,给我们带来精神上的成长,也给我们指出现象学不受时代局限的“本质”(Wesen)——这本质立于转瞬即逝的现实之外,他用数学与逻辑的存在当范例来掌握之。他强迫我们在讨论课的练习里,避免使用一切伟大的术语,要我们把每一个概念都用对现象的观照(Anschauung)来加以检验,然

---

① 海德格尔于 1928 年接替退休的胡塞尔,被任命为弗莱堡大学哲学系的讲座教授。

② 参见 Richard Wolin, *Heidegger's Children: Hannah Arendt, Karl Löwith, Hans Jonas, and Herbert Marcuse*, Princeton: Princeton University Press, 2015.

后在回答他的问题时，不要给他大钞，而要拿出“零钱”来。他正是尼采在《查拉图斯特拉》里所描述的“精神的良知”。令我难以忘怀的是，在许多人担忧法国部队即将占领弗莱堡的日子里，大学的讲堂变得冷清不堪，而作为对最细微事物的伟大研究者，是如何以比平日更安祥与坚定的态度，继续讲述他的学说——仿佛科学研究纯然认真的精神，不可能受到世界上任何事物的干扰一样。我们对胡塞尔的《观念》最不感兴趣的，就是他向“超越论意识”还原的学说，然而这也正是我在 1933 年有机会认识其理论源头与效力之处：胡塞尔在弗莱堡教学与著述了数十年，但是在纳粹党人政变成功之后，这个场域对他来说实际上就像被“置入了括号中”，并不对他的哲学意识构成阻碍，虽然他那时已经退休，国家仍然将他再度停职，把他的作品从图书馆里清出来，标示为犹太作品，在一个“耻辱柱”上公开展示。尽管弗莱堡大学在一定程度上是依靠胡塞尔才得到当时的声望，校方却用完全漠视此事的态度来避免一切的尴尬。①

可以看出，洛维特当时因为身处远东，对胡塞尔当时的遭遇的描述并不完全准确，但他所说胡塞尔用加括号的方法来对待自己面临的不利处境的说法与胡塞尔本人在 1934 年 6 月 4 日写给曼科信中的表述如出一辙：“我立即掌控了我的哲学视域，并正处在可喜的紧张工作中：可惜前一个冬天在这方面带来了许多干扰，即带来了许多压抑心灵的混乱骚动。但我最终将这一切都用‘现象学的加括号方法’

---

① 卡尔·洛维特：《一九三三：一个犹太哲学家的德国回忆》，同上书，第 47 页。——洛维特在这里所说的最后一点，即胡塞尔的著作作为犹太作品当时被校方从图书馆清理出来，这样的说法后来遭到海德格尔的否认，近年来陆续出版的他的几部手记遗稿《黑皮书》中有这种否认。参见 Martin Heidegger, *Anmerkungen* I – V, Frankfurt am Main: Vittorio Klostermann, 2015, S. 462.

予以了克服，只是这种方法在这个时代难以实施并且需要耗尽全力”(Brief. III,516)。

在洛维特的回忆录中涉及最多的人物除海德格尔之外便是他当时在弗莱堡时最亲密的朋友、也是其极简婚礼上的唯一证婚人[①]：B. 博士，即奥斯卡·贝克尔。

奥斯卡·贝克尔

奥斯卡·贝克尔(Oskar Becker,1889–1964)是胡塞尔在弗莱堡任教时期的四个最重要的学生和助手之一，其他三位是海德格尔、芬克和兰德格雷贝。贝克尔还与海德格尔一同作为弗莱堡现象学的代表参与了胡塞尔主编的《哲学与现象学研究年刊》。

贝克尔原先在哥廷根跟随希尔伯特和胡塞尔学习。按照洛维特的说法，贝克尔与他一同到达弗莱堡，时间是在一战结束后的 1919 年。但他第一次有记录的参加胡塞尔课程的时间是 1922 年夏季学期(*Husserl-Chronik*,259)。

与洛维特一样，贝克尔既是胡塞尔的学生，也是海德格尔的学生。他们都是因为胡塞尔而到弗莱堡的，但很快被海德格尔的课程所吸引。洛维特回忆说：“在海德格尔的最早的学生中，奥斯卡·贝克尔博士以成熟和聪慧而显得突出。他在战前已经完成了大学学业，与我同时于 1919 年来到弗莱堡胡塞尔这里，在这里他受到海德格尔的影响。”[②]

---

① 根据洛维特的回忆，另一位证婚人是贝克尔花了五马克临时聘请的弗莱堡火车站的行李搬运工。参见 Karl Löwith, *Mein Leben in Deutschland vor und nach 1933 – Ein Bericht*, a.a.O., S. 47.

② Karl Löwith, *Mein Leben in Deutschland vor und nach 1933 – Ein Bericht*, a.a.O., S. 46.

洛维特所说的“已经完成大学学业”是指贝克尔在1914年一战爆发前就已经在莱比锡大学完成了数学博士考试，博士论文题为“论根据联接与排列的平面公理将多角形分解为专用三角形”。[①] 此后他从1915年至1918年在东西前线参加一战。一战结束后，他到弗莱堡在胡塞尔这里学习三年，直至1922年以“对几何学及其物理学应用的现象学论证文稿”为题完成任教资格考试。[②]1923年，海德格尔赴马堡大学担任副教授，因他离开而空下的胡塞尔助手的位置为贝克尔获得。1927年他在弗莱堡大学获得一个编制外教授的位置，1931年被聘为波恩大学的数学史教授。洛维特在1940年撰写其自传时还提到：“他至今还在那里无精打采地讲授他的课程”。[③]

不过对于洛维特而言印象最为深刻的是贝克尔在1933年之后才觉醒的“哲学的纳粹主义”。洛维特认为这种“哲学的纳粹主义”与海德格尔式的纳粹主义正好相反，因为“它与贝克尔的生存并不处在直接无间的联系中，它的‘觉醒’仅仅是对他的本质的易碎性的反应。”[④] 一般说来，洛维特的这个论断还缺少说服力。因为更多的迹象表明，贝克尔与海德格尔在纳粹主义以及与之相关的反犹主义问题上是基本一致的。

不过如果说，在海德格尔那里可以发现政治感觉与哲学立场之间

---

① 参见 Oskar Becker, *Über die Zerlegung eines Polygons in exklusive Dreiecke auf Grund der ebenen Axiome der Verknüpfung und Anordnung*, Druck von F.A. Brockhaus, 1914.

② 参见 Oskar Becker, *Beiträge zur phänomenologischen Begründung der Geometrie und ihrer physikalischen Anwendungen*, in *Jahrbuch für Philosophie und phänomenologische Forschung*, VI. Band, Halle a. S.: Max Niemeyer Verlag, 1923, S. 385–560.

③ Karl Löwith, *Mein Leben in Deutschland vor und nach 1933 – Ein Bericht*, a.a.O., S. 47.

④ Karl Löwith, *Mein Leben in Deutschland vor und nach 1933 – Ein Bericht*, a.a.O., S. 47.

的内在理论联系，而在贝克尔那里却很难找到这种联系，那么前面关于贝克尔与海德格尔的纳粹主义是正相对立的命题在这里或许就可以成立。

无论如何，没有迹象表明海德格尔与贝克尔在纳粹立场和反犹主义之间有相互影响的关系，但的确可以找到许多相同的和不同的地方：他们二人都有许多亲近的犹太朋友，海德格尔这方面自不待言：犹太老师胡塞尔和他的诸多犹太弟子与情人，此外还有娶了犹太妻子的雅斯贝尔斯；贝克尔这边的犹太人除了业师胡塞尔之外，还有他一度最为亲近的卡尔·洛维特，以及共事多年的弗里茨·考夫曼，此外还有娶了犹太妻子的同事路德维希·兰德格雷贝。在公开的场合，海德格尔与贝克尔当时都对犹太人问题未做公开表态，但在私下场合，他们都由衷地赞成纳粹的反犹、排犹政策，即使是出于各自不同的想法与动机。海德格尔在与雅斯贝尔斯的私下交谈中曾说："的确存在一个危险的犹太人国际联盟"，[①] 并认为德国的大学以及哲学教授的席位已经过多地被犹太人占据，大学的犹太化是他早已预见到的危险。据此他也承认自己抱有一种在大学理念方面的反犹主义。[②] 贝克尔则在致洛维特的信中表示支持纳粹的变革，尽管在此过程中德国犹太人难免会遭遇"被打碎的瓷器"的命运，[③] 如此等等。而他们两人的不同之处在于，贝克尔并没有加入纳粹国社党，但仍因为他在纳粹时

---

① Karl Jaspers, *Philosophische Autobiographie*, München: R. Piper, 1977, S. 101.

② 参见 H. Arendt/M. Heidegger, *Briefe 1925 bis 1975 und andere Zeugnisse*, Frankfurt a. M.: Vittorio Klostermann, 2002, S. 68. ——对此问题还可以参见笔者《胡塞尔与海德格尔：弗莱堡的相遇与背离》一书的第六讲"胡塞尔与海德格尔关系史外篇(2)：海德格尔的反犹主义与纳粹问题"，同上书，第122–156页。

③ Karl Löwith, *Mein Leben in Deutschland vor und nach 1933 – Ein Bericht*, a.a.O., S. 50.

期所持有的态度和扮演的角色而在战后被暂时停职五年(1946 年至 1951 年),复职后继续工作,直至 1955 年在波恩大学退休。海德格尔则加入了国社党,而且始终没有退党,战后在弗莱堡大学被停职,直至 1952 年退休。他的教席在 1947 年至 1961 年间一直空缺,委托威廉·斯基拉奇(Wilhelm Szilasi,1950–1960)代理。①

这里可以插入思考一个问题,它与笔者在《胡塞尔与海德格尔:弗莱堡的相遇与背离》中谈到的海德格尔与纳粹的关系问题有关,现在它也涉及贝克尔与纳粹的关系问题,甚至也可以用它来审视胡塞尔的其他那些最后加入纳粹行列的弟子们的品格特征。这个问题是由尼古劳斯·桑巴特讲述的一个"笑话"引发的:"在正直、聪明及纳粹三项特质中,一个德国人只能具有其中两项。如果他是纳粹,并且聪明,那他就不会正直;要是身兼纳粹与正直,那他就不聪明;如果他聪明、正直,就不会是纳粹。这是当时流传的'笑话'之一,大家都知道其含意。不过这基本上一直是划分不同德国人的最简单的方法。"② 这里的问题与在海德格尔那里的问题相同:贝克尔属于哪种德国人?汉斯·利普斯又属于哪种德国人?但需要补充一个说明:这里所说的"聪明",应当是指某种意义上的"政治智慧"。

再回到贝克尔这里:他自 1923 年起担任胡塞尔的助手,工作之一便是协助胡塞尔编辑出版《哲学与现象学研究年刊》,自第六辑起,直至最后 1930 年的最后一辑:第十一辑。时至 1928 年,《年刊》原

① 参见 Sylvia Paletschek, „Entwicklungslinien aus der Perspektive der Fakultätssitzungen", in Eckhard Wirbelauer (Hrsg.), *Die Freiburger Philosophische Fakultät 1920–1960*, a.a.O., S. 101.

② Nicolaus Sombart, *Rendezvous mit dem Weltgeist. Heidelberger Reminiszenzen 1945–1951*, Frankfurt a. M.: S. Fischer, 2000. ——中译本参见尼古劳斯·桑巴特:《海德堡岁月》,刘兴华译,南京:江苏人民出版社,2007 年,第 62 页。

先的编委因莱纳赫和舍勒的先后去世而只剩下慕尼黑的盖格尔与普凡德尔。还在1927年，胡塞尔便在第八辑的编委中加入了马堡的海德格尔，自1928年的第九辑起又加上了弗莱堡的贝克尔作为编委，而海德格尔的所在地自此也改为弗莱堡。

1927年出版的《年刊》第八辑破天荒地仅由两部论著组成：海德格尔的《存在与时间》第一卷和贝克尔的《数学实存》。[①] 珀格勒曾指出：根据海德格尔的报告，胡塞尔之所以将这两本书放在一起出版，乃是想表明：他的超越论现象学既可以运用于数学和自然科学，也可以运用于精神科学以及与神学家的对话。[②]

就总体而言，贝克尔在数学基础研究方面做出了比较重要的贡献。他的数学哲学立场是一种接近直觉主义的建构主义，实际上与胡塞尔的思考是十分接近的。这一点也可以从他为胡塞尔撰写并发表在《康德研究》上的论文"埃德蒙德·胡塞尔的哲学(为其七十诞辰而撰)"[③] 中读出来。除此之外，贝克尔还提供了数学史方面的研究，尤其是希腊数学史方面的研究，以及模态逻辑方面的研究。

在本书第二卷第二十四章"胡塞尔与贝克尔：现象学与数学"中，笔者对贝克尔的研究工作以及他与胡塞尔以及外尔、希尔伯特等人的关系有更多展开的说明。

---

① Oskar Becker, *Mathematische Existenz. Untersuchungen zur Logik und Ontologie mathematischer Phänomene*, in *Jahrbuch für Philosophie und phänomenologische Forschung,* VIII. Band, Halle a. S.: Max Niemeyer Verlag, 1927, S. 440–809.

② 参见 Otto Pöggeler, „Phänomenologie und philosophische Forschung bei Oskar Becker", in: J. Mittelstraß/A. Gethmann-Siefert (Hrsg.), *Die Philosophie und die Wissenschaften. Zum Werk Oskar Beckers*, Bonn: Wilhelm Fink Verlag, 2002, S. 16f.

③ Oskar Becker, „Die Philosophie Edmund Husserls (Anläßlich seines 70. Geburtstags dargestellt)", in: *Kantstudien*, Bd. XXXV, H. 9, 1930, S. 119–150. ——笔者的中译文载于倪梁康(编)：《回忆埃德蒙德·胡塞尔》，同上书，第474–512页。——此外也可以参见笔者在该文的"译后记"中对贝克尔的胡塞尔现象学的认识与理解的评价与赞誉(同上书，第512–513页)。

社会职务

1917 年 12 月 28 日，胡塞尔被弗莱堡当时所属的巴登大公国的弗里德里希大公聘为宫廷枢密顾问（Geheimen Hofrat）。胡塞尔本人在次年 2 月 28 日致弗里茨·考夫曼信的信后附笔中提到此事，而且很可能是因为考夫曼在给他的信中使用了“枢密顾问”的称呼，因而胡塞尔特别对此做了说明。这似乎是胡塞尔在自己的书信中唯一提及的一次，而且还使用了简称，甚至还是在否定的意义上：“附言：对于我的学生或朋友来说，我不是‘枢密顾问’（Geheimrat）”（Brief. III,342）。此后他只还在为施泰因写的推荐函的落款上使用过这个头衔（Brief. III, 549）。

除此之外，胡塞尔于 1919 年 4 月至 1920 年 4 月担任了一年的弗莱堡大学哲学系主任。从胡塞尔在此期间撰写的诸多书信中都可以读到他对此所做的抱怨（Brief. III,8,84,203,usw.）。但从胡塞尔的讲座和讨论课的记录来看，他并未因为系主任的职务而耽误或减少他的教学活动。同样，他在这个时期里的研究手稿也丝毫未减少。

在胡塞尔本人思想的价值秩序中，哲学反思以及通过反思来把握的真理是列在这个秩序的第一位的，而他毕生所持守的内在道德规范以及所做出的内在道德裁定也是依照这个价值排序来完成的。在他那里，社会职务和社会荣誉方面的外在价值尺度始终被置于次要的或无关紧要的位置。

弗莱堡现象学学会

1918/19 年冬季学期，“弗莱堡现象学学会”得以成立。根据格尔达的说法，这个学会的成立是由教师和学生表决通过的。在成立会上应当有一个人做开幕报告。但大家都找出各种借口不做这个报告。最终这个报告是在洛维特的劝说下由同样刚到弗莱堡不久的格尔达·瓦尔特承担的。

> 洛维特纠缠了我很久，直至我在强烈的反对无效后最后接受了这个任务。但是我应当讲什么？我经常与一些人谈起关于胡塞尔“纯粹自我”的一系列问题。洛维特认为，这应当是一个非常适合的题目。如果我的记忆没错的话，海德格尔也非常赞同，尽管这真是一个很难的题目，当时他担任某种形式上的主持人，因为这个活动很明确不涉及教授的圈子。报告所涉及的是，按照胡塞尔的看法，从事认识活动的经验个人也要落入现象学的加括号之中。因此还有的只是意识流及其纯粹的自我，这个纯粹自我是“绝对空乏的和无内容的、单纯观视的眼睛”，一切都是在这个意识流中“构建”出来的。普凡德尔有关于基本本质以及“自身”部分、即“灵魂器官”的思想，通过灵魂器官对不同对象领域的认识根本上才是可能的，我凭借这一思想——尽管没有提到普凡德尔的名字，现在提出了如下问题：如果“纯粹自我”是“绝对空乏和无内容的”，那么这个一般的“纯粹自我”是如何能够意向某物、认识某物的。参加这场讨论的还有胡塞尔本人和海德格尔，可能还有埃迪·施泰因。海德格尔首先认为，这个问题的提出非常重要，并且是值得赞扬的。另外一些人事后抗议说，这个报告太难了，学生们几乎跟不上。现在我也不会强迫自己去做这样一个报告！后来，那个报告的手稿很遗憾也在一次外借中被弄丢了。[①]

---

① 格尔达·瓦尔特：“于弗莱堡时期在胡塞尔身边”，同上书，第 225 页。

这篇文稿的遗失的确可惜，否则它很可能会发表在《哲学与现象学研究年刊》上。格尔达的慕尼黑老师普凡德尔已经向胡塞尔提议在《年刊》上刊发它。——关于格尔达与胡塞尔的私人关系和思想联系可以参见笔者在本书第二卷第二十六章“胡塞尔与格尔达·瓦尔特：现象学与神秘学”中更为详细的论述。

但关于胡塞尔的“纯粹自我”概念与问题的讨论并未结束。根据《胡塞尔年谱》的资料，格尔达在 1919 年 6 月 20 日(周五)的一封很可能是写给普凡德尔或盖格尔的信中在谈及胡塞尔时报告说，在 1919 年 6 月 21 日进行的周六讨论的框架内，尤利乌斯·艾宾浩斯[①]、海德格尔和格尔达将会对胡塞尔的“纯粹自我”概念进行批评。由于这封信至今尚未公开发表，因而一方面无法了解格尔达这个说法的具体语境，另一方面也不能完全有把握地确定此事在次日的真实发生(*Husserl-Chronk*,235)。

没有迹象与记录表明胡塞尔本人在这些讨论中对自己的“纯粹自我”的概念是否做了辩护以及做了哪些辩护。原则上，他在这个时期正处在从静态现象学到发生现象学的转向过程的开端处。因而“纯粹自我”在这个时期究竟应当被理解为“绝对空乏和无内容的”几何学意义上的“点”或地理学意义上的“极”，还是发生学和历史学意义上的既有过程也有积淀的“线”，在此时期胡塞尔对该问题仍然语焉不详。也许格尔达等人的讨论曾为他提供过思想的启示或思考的契机。但无论如何，胡塞尔在后期仍然使用这个概念(Hua I,10,63)，但同时

① 尤利乌斯·艾宾浩斯(Julius Ebbinghaus,1885-1981)在去弗莱堡随胡塞尔学习之前已经获得哲学博士学位。他是 1909 年去世的著名心理学家海尔曼·艾宾浩斯的儿子。尤利乌斯于 1921 年 2 月 21 日以题为“1793-1803 年黑格尔哲学的基础”的任教资格论文完成考试并在弗莱堡大学哲学系担任私人讲师，而后于 1927 年担任弗莱堡大学的计划外副教授，1930 年应聘至罗斯托克大学担任教授。

也用超越论的本我（ego）、超越论的自我、纯粹人格、人格自我、单子等等来补充它（Hua I,99ff.）。

教学活动

胡塞尔在弗莱堡执教期间十二年的主要工作是教学与培养学生。他在此期间每学期开设一次讲座，主要是针对哲学系和其他院系的学生举办的，题目相对宽泛：哲学引论、哲学通史、现象学导论、伦理学导论、逻辑学、逻辑学与一般知识论、自然与精神、第一哲学、新哲学史、康德的超越论哲学、现象学的问题选、现象学的心理学导论等。此外他还每学期开设一次练习课或讨论课。这些课程与胡塞尔的相关讲座相衔接，进一步展开并处理和解决讲座中涉及的论题和观点。参与这些讨论课和练习课的更多是他的学生以及从其他地区到弗莱堡专门学习现象学的学生与学者。

这里尤其需要提到一门课程，即胡塞尔于 1919 年夏季学期在弗莱堡大学开设的题为“自然与精神”的讲座。对此笔者在后面还会做展开的论述。而在这一年，胡塞尔在弗莱堡文化科学学会还做过同一论题的讲演。格尔达回忆说：

> 有一天胡塞尔邀请我们所有人参加一个讲座，这个讲座应该是他在弗莱堡文化哲学协会所作的，我想这个协会还是由他的前任李凯尔特教授建立的。随即他就敞开了某些阻碍他的女性学生的东西，事后他才意识到，女士是不允许参加此类活动的。他尝试着获得一个例外，然而这是白费力气，陈规不可变动。这难道不荒诞吗？在这里，比如说埃迪·施泰因对胡塞尔哲学的所知可能要比那些被允许参加活动的“世界的主人”中的很多人都要

多。当然这一规定的目的是，学者不应该携他们的夫人，在那个时代还没有女性学生。而作为安慰，胡塞尔后来向我们讲了整整一节课关于那个晚上涉及的一系列问题，这些问题都是从未发表的《观念II》中提取出来的：将文化"对象"构建为新的、更为宽广的"层面"，这个层面是基于物质之物被构成的，就比如说书是基于每页的纸张和印刷字体的黑色线条被构成的。①

就总体而言，胡塞尔显然不是一个演说家，也不能算是出色的教师。吉布森在1928年的弗莱堡日记中曾记录过一次与胡塞尔的谈话："胡塞尔说他每次上课前都会有一点点紧张，即使现在70岁了也依然如此，而每学期第一次课前他都会非常紧张，然后才会跟学生正常接触。"②不过晚年他在1935年12月22日致老友阿尔布莱希特的信中对自己的讲课和写作能力做过一个清醒而诚实的反思："年迈时，我的发自内心的表述能力与影响能力显然有特别的增长(我的讲座便始终具有这方面的能力，但还绝不能与近期的讲演相比)，而与此相关，完成一篇文献上可用的论文对我来说却变得尤为困难——顺便说一句，我也从未真正有过这种能力"(Brief. IX,123f.)。

接下来需要详细讨论这个在胡塞尔1910年的《哲学作为严格的科学》的长文中就已经做过初步论述，而后在1914年起开始撰写但生前始终未发表的《观念》第二卷中得到系统的展开，最后在1919年和1927年的两个夏季学期讲座稿中分别讲授过的重要论题。

---

① 格尔达·瓦尔特："于弗莱堡时期在胡塞尔身边"，同上书，第224页。

② 威廉·拉尔夫·鲍伊斯·吉布森："从胡塞尔到海德格尔——1928年弗莱堡日记节选"，同上书，第332页。

“自然与精神”讲座(1919年)

1. “胡塞尔的整个哲学事业都是在科学概念的磁场中活动的。”[①]这是贝耐特确定的一个基本事实，它甚至已经成为普遍常识。自《算术哲学》始，至《欧洲科学的危机与超越论现象学》止，胡塞尔从未放弃过哲学作为严格科学的理想。[②]但进一步的问题在于，如果这里的“科学”或“严格科学”不是指近代以来的自然科学(它在胡塞尔和海德格尔那里都叫作“**精确**科学”)，那么哲学应当是什么意义上的科学或胡塞尔所说的**严格**科学?

德文中的“科学”(Wissenschaft)一词，基本的词义是“知识”，相当于古希腊哲学中与“意见”(δόξα)相对立的“认识”(ἐπιστήμη)。由于人类的知识通过各种专门的研究而逐渐得到扩展，因此知识也逐渐获得了各种学说之集成的含义，即科学知识。例如，近代以来的借助数学化以及实验、观察等实证化手段获取关于自然的知识的整个机制，便被称作“自然科学”。胡塞尔将它归于精确科学的范畴。虽然这些精确科学是从哲学母体中产生出来的，但哲学本身不是精确科学。

在1911年的《哲学作为严格的科学》的著名长文中，胡塞尔将哲学理解和定义为严格的科学：“自最初的开端起，哲学便要求成为严格的科学，而且是这样的一门科学，它可以满足最高的理论需求，

---

① Rudolf Bernet/Iso Kern/Eduard Marbach, *Edmund Husserl: Darstellung seines Denkens*, a.a.O., S. 11.

② 后面将会澄清一个长期而广泛流传的对胡塞尔后期哲学信念的误解和误释。

并且在伦理-宗教方面可以使一种受纯粹理性规范支配的生活成为可能。这个要求时而带着较强的力量，时而带着较弱的力量被提出来，但它从未被完全放弃过。即使是在对纯粹理论的兴趣和能力处于萎缩危险的时代，或者在宗教强权禁止理论研究自由的时代，它也从未被完全放弃过。"[①] 这里可以看出，在此对哲学性质的刻画中包含了强烈的理论诉求，这个诉求自始至终都贯穿在胡塞尔的哲学理解中。

2. 胡塞尔在早期的《算术哲学》中主要讨论"一、多、数等本真概念"的心理学起源。他的理想是建立一门"真正的计算哲学"（die wahre Philosophie des Kalküls）。这个想法虽然源自莱布尼茨对"普全数理模式"的追求，但胡塞尔是在尝试用当时流行的逻辑心理学的方式来实现它。他将数学和逻辑学的概念还原为心理发生和心理体验、或者将判断内容还原为判断活动的做法，实际上是把以往被视为客观的对象、概念，还原到主观的心理发生上，例如将多还原为集合联结的心理行为，把自然数还原为心理的计数活动。胡塞尔的任教资格论文的副标题是"心理学的分析"，扩充后发表的《算术哲学》的副标题是"心理学的和逻辑学的研究"[②]，它们都清楚地说明了胡塞尔当

① 胡塞尔：《哲学作为严格的科学》，倪梁康译，商务印书馆：2010 年，第 2 页。——在这个问题上，海德格尔也持相近的态度。他甚至将"严格"与"精确"看作是"精神科学"与"自然科学"各自的标志："'精神科学'为了严格，必须是不精确的。这不是它的缺陷，而是它的特长"（GA 65, 150）。

② 这个副标题在《胡塞尔全集》版的《算术哲学》中没有得到准确的再现。因为胡塞尔的教授资格论文标题为："论数的概念——一项心理学的分析"（1887 年）；扩充后发表的著作标题为：《算术哲学——心理学的和逻辑学的研究》（1891 年）。而 1970 年出版的《胡塞尔全集》版（第 12 卷）的《算术哲学》第一卷的副标题则是"逻辑学的和心理学的研究"，即"心理学"与"逻辑学"的顺序正好与第一版相反。参见 E. Holenstein, „Einleitung des Herausgebers", in Hua XVIII, S. XXI.

时的立场:"只要分析伸展到概念上,那么,在他当时看来,这些分析要想'达到确定的结果',就根本不可能不是心理学的。"①

但在胡塞尔的研究进程中,他还是遭遇到"一系列无法避免的问题",亦即最终还是遇到了困难,或者说步入了绝境,以至于他无法将已经完成校对的《算术哲学》第二卷再交付印刷。胡塞尔后来在《逻辑研究》"前言"中阐述了这里遭遇的困难:"然而,思维的心理联系如何过渡到思维内容的逻辑统一(理论的统一)上去,在这个问题上我却无法获得足够的连贯性和清晰性。此外,数学的客观性以及所有科学一般的客观性如何去俯就心理学对逻辑的论证,这个原则性的怀疑就更使我感到不安了"(LU I, A VII/B VII)。实际上,在后一点上可以看到弗雷格的影响,他在其《算术基础》中已经提出过对当时心理主义的数学论证的一个批评:"如果最精确的科学竟然应当依据还在无把握地摸索着的心理学,那么这是令人奇怪的。"②最后,胡塞尔因为理论的困境而不得不中断了"多年来为从哲学上澄清纯粹数学所做努力的进程",并开始从另一个角度来思考"数学基本概念和基本明察的起源"(LU I, A V/B V)。

3. 这个新思想的结果在胡塞尔的现象学突破性著作《逻辑研究》两卷本中得到表达。其第一卷看似是一个对其原有心理主义观点的批判性引论,但事实上已经总体地表达出了他的新立场:就数学–逻辑的概念与命题而言,一方面它们与主体的行为有关,无论真理以何种形式的规律出现,它们都必须以某种方式出现在主体的意识活动

---

① E. Holenstein, „Einleitung des Herausgebers", in Hua XVIII, S. XXI.

② Gottlob Frege, *Die Grundlagen der Arithmetik. Eine logisch mathematische Untersuchung über den Begriff der Zahl*, Hamburg: Felix Meiner Verlag, 1986, S. 43.

中，这可以说是真理认识之可能性的主观条件；而另一方面，无论真理是否被明察到，是否出现在心理体验中，它们本身仍然是它们所是，这可以说真理认识之可能性的客观的或观念的条件。

以概念为例，它一方面与对它的心理表象活动有关，另一方面与它所包含的内容有关。胡塞尔极为明确地强调这一点："毫无疑问，人们可以把我们的概念表象看作是一种具有这些或那些心理内涵的主观行为。但是，这个表象、这个概念的'什么'(Was)却在任何意义上都不能被理解为心理学内涵的实项(reell)部分，不能被理解为一种此地和此时，一种随行为同来、随行为同去的东西。这种东西可以在思维中被意指，但却不能在思维中被造出"(LU I, A132/B132)。这个说明同样也适用于建基于概念和概念关系之中的判断。与概念相关的表象活动与表象内容的这个关系，类似于与命题相关的判断活动与判断内容的关系。它们都表达了胡塞尔在《逻辑研究》时期的一个坚定主张：真理"并不是在它们仅仅能够为我们明察到时才有效，而是我们只有在它们有效时才能明察到它们"(LU I, A238-239/B237-238)。

这样，胡塞尔便从对知识活动的经验心理学的发生探问转向对知识内容的纯粹逻辑学的构成研究。知识学(Wissenschaft)意义上的科学的第一次转向，即从心理学向纯粹逻辑学的转向，由此而在胡塞尔的哲学作为严格科学的追求中得以完成。

4. 此后不久，很可能与《逻辑研究》同时，至少随着1905年内时间意识现象学的思考同时，胡塞尔已经开始进一步转向与纯粹逻辑学不同方向的思考。我们可以将这个新的方向称作"现象学哲学"的方向，它将前面的逻辑现象学或认知现象学(或"逻辑体验的现象学"(LU II/1, A8/$B_1$6))的方向包含在自身之中。胡塞尔于1910年发表的长文《哲学作为严格的科学》，是对这个意义上的现象学哲学之志向的一个阐述。现象学以逻辑现象学为突破口，但并不限于逻辑现象学的范围。胡塞尔当时的同道与学生显然没有跟上他的步伐而对他产生误解，因而胡塞尔会在《逻辑研究》出版十八年后给朋友的信中抱怨说："我曾写过有关逻辑学研究的文字。至此之后我便扮演逻辑学家的角色。现象学被看作是某种类似逻辑学的东西。它与逻辑学的关系并不比它与伦理学、美学和所有类似学科的关系更多"（Brief. VI,420）。而在1930年的一封信中，他更是明确地说：在《逻辑研究》出版之后，"接下来（在出版《观念》时就已经走到了这一步！），我只想对一门超越论的主体性学说、而且是交互主体性的学说进行系统的论证，而原先对形式逻辑和所有实在本体论所抱有的兴趣，现在都已荡然无存"（Brief. VI,282）。

如果胡塞尔在前一封信中主要想在否定的层面上说明他的严格科学不只限于逻辑学和认识论领域，那么后一封信则在肯定的层面上具体指出了这门严格的科学就是"超越论的主体性学说"或"交互主体性学说"。

这里问题在于：为什么这种对"超越论的主体性和交互主体性学说"的兴趣会与《逻辑研究》之前的"形式逻辑和所有实在本体论"的相冲突，或者说，在什么意义上相冲突呢？

与此密切相关，但从完全相反的角度切入的问题是：从胡塞尔生前发表的著作来看，他对逻辑学的关注似乎从未间断过。不仅他的现象学突破性著作冠之以《逻辑研究》的标题，就是他生前的最后一部著作的副标题也是《逻辑谱系学》，遑论期间发表的《形式逻辑与超越论逻辑》，[1] 以及多次以逻辑学、判断理论为题的讲座。因此，这里的

① 按照王浩的回忆，哥德尔对《形式逻辑与超越论逻辑》有以下扼要评价："那只是

所谓“原先对形式逻辑和所有实在本体论所抱有的兴趣，现在都已荡然无存”的说法，究竟意味着什么？

或许最简单的回答就是：胡塞尔在《逻辑研究》之后放弃了对通常意义上的**形式逻辑学**、**实在本体论**的兴趣，而开始追随自己在**超越论逻辑学**和**精神本体论**方面的兴趣。胡塞尔也将它们称作“超越论的主体性和交互主体性学说”。这里的主体性，如胡塞尔在同一封信中所说，是“最终真实的和具体的主体性，连同其存在与生活的全部充盈，在它之中的不仅具有理论成就，而且也具有普全成就的生活：绝对主体性连同其历史性：科学、世界、文化、伦理-宗教追求等等”(Brief. VI,282)。

5．从总体上看，胡塞尔在其哲学生涯的开初几年基本上是一个**自然哲学家**，或者还可以借用他曾在1889年购买的一本书的标题而更确切地将其研究方向表达为“数学的自然科学”。我们在后面将会清楚地看到，胡塞尔的思想发展有一个逐渐的转向，而且在其最后的岁月中更多是一位**精神哲学家**。此外我们还会看到，这个基本思考方向的改变有其充分必然的理由。

在胡塞尔的这个兴趣转变上发挥了至关重要的影响的主要是他在1905年结识的狄尔泰。

在1927年12月26日致迪特里希·曼科(胡塞尔哥廷根时期和弗莱堡时期的学生)的信中，胡塞尔描述了他的这个思想转向的过程：“对我来说，在狄尔泰和现象学之间并不需要有特别的‘综合’[①]。

纲要性的：它说形式逻辑是客观的，而超越论逻辑是主观的，但那超越论的部分，那个要说出理由的部分，还是很初步的”(王浩：《逻辑之旅：从哥德尔到哲学》，邢滔滔等译，杭州：浙江大学出版社，2009年，第205页)。

① 这里所说的“综合”，是指曼科在当时在为《狄尔泰全集》第七卷所写书评中提出

在《逻辑研究》中完成第一次突破的现象学还是很有限的，我在方法的有效范围方面还是完全没有把握的，还不具有对作为普全科学的领域的'现象'的清晰想象。1905年冬产生了在狄尔泰和我的努力之间的第一次'综合'，而且是以在狄尔泰家中几次私人谈话的形式。(诱因是一位狄尔泰主持的讨论课的参与者——美国人皮特金——传达的消息，狄尔泰在1904/05年冬季学期开设了一次关于我的《逻辑研究》第二卷的讨论课。)狄尔泰将我的现象学与精神科学的心理学相等同，并与他的为精神科学做哲学奠基的生活目标相关联，这给我的印象异常深刻。我立即在哥廷根通告我要开设'自然科学与精神科学'的练习课，并且从那时开始对一门精神科学的现象学的相关问题做了多年的讨论，几乎比对其他任何问题的讨论都更多，尽管在这些讨论中至今为止还没有任何东西发表出来"(Brief. III,460)。

与此相应，胡塞尔在1929年6月27日致狄尔泰女婿米施(G. Misch)信中也曾写道："1905年在柏林与狄尔泰少数几次谈话(并非他的著述)意味着一个推动，这个推动将《逻辑研究》的胡塞尔导向了《[纯粹现象学与现象学哲学的]观念》的胡塞尔，而不完整地展现出来的、并且实际上是在1913至大约1925年期间才得以具体完善了的《观念》的现象学——尽管在方法上有本质不同的形态——导向了与狄尔泰的一种最内在的共同体"(Brief. VI,275)。

当然，另一个此前已经潜移默化地影响着胡塞尔的是与他同年出生、并于1888至1892年期间在哈勒同样担任私人讲师的挚友汉斯·封·阿尼姆。由于他在古典学方面的造诣，胡塞尔曾将他称作"柏拉图青年"(Platonjünger)(Brief. VIII,137)。胡塞尔的太太马

的观点："因此我愿意相信，狄尔泰和胡塞尔的学说不仅允许，而且恰恰要求一种综合"(D. Mahnke, „Rezension von Wilhelm Diltheys *Gesammelten Schriften,* Bd. VII“, in *Deutsche Literaturzeitung,* Bd. 44, Neue Folge IV, 1927, S. 2135)。

尔维娜曾评价胡塞尔与阿尼姆的关系说:“胡塞尔曾在精确的自然科学中受过当时一流的精神伟人的教育,而阿尼姆则构成他的对立面:他是那位具有最精致学养的精神科学家威拉莫韦茨·莫伦道夫(Wilamowitz-Möllendorf)的学生。由此而产生出一个受到神的眷顾的星座:一个人为另一个人的未受训练的眼睛打开自然科学认识与方法的无穷财富的大门,并且为此而得到历史学与语言学的宝藏作为回报礼。”[①] 胡塞尔本人则在1929年9月12日致阿尼姆的七十寿辰的贺信中回忆说:“一段时间以来,在意识到这个临近的节日时,我自己已经常常心驰神往地来到你这里——来到我们于哈勒时期的共同的私人讲师时光,来到我们暑假里在特文(Tweng)和塔巴茨(Tabarz)[②] 一同度过的欢乐时光,来到我们的难忘的、精神上有如此丰富之交流的内心共同体中,你能够将这种交流保持在一个如此人性的和科学的水平上。你当时是给予者;你那时的确是比我广博得多。尽管还在成长过程中,你已然不仅具有了由那种对古典时代的倾心研究而带来的推动,而且还具有一种方法上可靠的科学的优越性,连同一个极为丰富和坚实的工作基地。而在我这方面,我作为布伦塔诺学生此前感到如此确定的整个基础当时已经在脚下晃动不已,我在前提、目标和方法上越来越没有把握。同时我也为我所受的单一数学-自然科学教育之狭隘性而感到十分苦恼。所以,你的精神科学的力量和与财富对我来说是一种帮助和幸运的补充;你多方面精神兴趣的持续参与以及你的始终原本创造性思想表达的源源不绝的生动性和直观性,这些都一再地给我带来全新而深刻的启示”(Brief. IX,141)。而在1931年为阿

---

① 马尔维娜·胡塞尔:“埃德蒙德·胡塞尔生平素描”,同上书,第17页。

② 两处为奥地利和德国的地名。胡塞尔与阿尼姆两家人曾于1889年和1893年在那里度暑假。

尼姆去世而给其妻子埃拉写的哀悼信中，胡塞尔更是说："我几乎无法言说他［阿尼姆］对我在人性方面以及在对我的精神视域的丰富方面有多么重要的意义"（Brief. IX,142）。

6．这个受到多重影响而引发的从数学–逻辑哲学向历史科学和精神科学转向的趋向，在文字上已经明显地表露在胡塞尔的《纯粹现象学与现象学哲学的观念》第二卷的手稿中。而最敏锐和最确切地把握到这个动向的是海德格尔。从所有迹象来看，海德格尔之所以能够如此并不完全是因为他的精神嗅觉敏锐过人，而主要是因为他在胡塞尔那里理解了他想理解的东西：胡塞尔的精神现象学与人格主义现象学的倾向。

在 1925 年的《时间概念历史导引》的第 12 节和第 13 节中，海德格尔分两次"指明"（Aufweis）某种意义的"错失"（Versäumnis）：一次是对意向之物的存在的错失，一次是对存在的意义或人的存在的错失。前一次错失已经被胡塞尔的意识现象学所弥补，因此第 12 节的标题是"指明对作为现象学研究基本领域的意向之物的存在问题的错失"；后一次错失则仍然还在现象学中存在，因此第 13 节的标题为"指明在现象学中对存在本身的意义问题以及对人的存在问题的错失"。

胡塞尔在第 13 节里占据了一个分节 C）的篇幅。从海德格尔的论述来看，这节标题中的"存在之意义"或"人的存在"与胡塞尔所理解的现象学的"精神"和"人格"相差无几。因此，胡塞尔并不位于"错失"了这个问题的人的行列。如果说"错失"，可能只是因为胡塞尔迟迟没有将他的《纯粹现象学与现象学哲学的观念》第二卷的文稿付诸发表。海德格尔对胡塞尔的"精神现象学（现象学的心理学）"或"人格主义现象学（现象学基础上的人格主义心理学）"的倾向与观点深信不疑。他引用胡塞尔当年（1925 年 2 月 7 日）给他的信："自弗莱堡开始各项工作以来，我在自然与精神的问题上有了如此根本的进步，以至于我不得不用部分是完全改变了的内容来实施全新的阐述。”①

胡塞尔在这封信中提到的“自然与精神的问题”是他在二十年代中期的关注要点。如前所述，在1910年发表的长文《哲学作为严格的科学》中，胡塞尔已经纠缠在对此问题的思考中。他此刻是在两条战线上作战：一方面是针对自然主义，另一方面是针对历史主义，它们意味着当时在“自然与精神”关系问题上需要特别警惕的两种倾向。然而胡塞尔在此时似乎只知道在此问题的思考上不应当是怎样的，却还并不确切地知道它应当是怎样的。②

但随后，如胡塞尔在前引致米施的信中所说：狄尔泰的推动很快便“将《逻辑研究》的胡塞尔导向了《[纯粹现象学与现象学哲学的]观念》的胡塞尔”(Brief. VI,275)，这里所说的《观念》，并非是1913年发表的《纯粹现象学与现象学哲学的观念》第一卷，而是与此同时完成的、经一再修改但在胡塞尔生前仍未出版的《纯粹现象学与现象学哲学的观念》第二卷(1913-1924年，《全集》第4卷)。胡塞尔在此信中将这些研究称作“不完整地展现出来的、并且实际上是在1913至大约1925年期间才得以具体完善了的《观念》的现象学”。它由“物质自然的构造”、“动物自然的构造”与“精神世界的构造”三部分组

① Martin Heidegger, *Prolegomena zur Geschichte des Zeitbegriffs*, GA 20, Frankfurt am Main: Vittorio Klostermann, 1994, S. 168.——由于在胡塞尔方面，他与海德格尔的通信连同他的一些私人财产在1940年于安特卫普毁于同盟国的空袭，而在海德格尔方面，他保存的与胡塞尔的通信至今尚未发表，因此海德格尔这里对胡塞尔书信的引述便显得尤为珍贵。

② 姑且不论海德格尔的看法，他在这篇长文中已经看到了“胡塞尔对人格主义倾向的接纳”，参见 Martin Heidegger, *Prolegomena zur Geschichte des Zeitbegriffs*, a.a.O., 3. Kapitel, § 13, C)“胡塞尔在‘逻各斯-论文’中对人格主义倾向的接纳”。

成，代表了胡塞尔在“自然与精神”问题域中的最基础的和最重要的思考。

7. 进一步的建设性思考的结晶后来展示在 1919 年夏季学期以“自然与精神”为题的弗莱堡讲座(2002 年作为《胡塞尔全集资料编》第 4 卷:《自然与精神》出版)和 1927 年夏季学期的同名的弗莱堡讲座中(2001 年作为《胡塞尔全集》第 32 卷:《自然与精神》出版)。此外，胡塞尔还于 1919 年在弗莱堡地区文化科学学会做过以“自然与精神”为题的演讲[①]，在 1920/1924 年夏季学期的伦理学讲座中做过“自然与精神”为题的“附论(Exkurs)”[②]。

这里可以将胡塞尔在“自然与精神”问题域上撰写的主要文字列表如下：

1)《哲学作为严格的科学》(1910 年，载于《全集》第 25 卷:《文章与讲演(1911–1921 年)》)；

2)《纯粹现象学与现象学哲学的观念》第二卷(1913–1924 年，《全集》第 4 卷)；

3)“自然与精神”演讲(1919 年夏季学期，载于《全集》第 25 卷:《文章与讲演(1911–1921 年)》)；

4)《自然与精神》讲座(《全集资料编》第 4 卷:《自然与精神(1919 年夏季学期讲座)》)；

5)“自然与精神。实事科学与规范科学。自然科学与精神科学”(1920/1924 年夏季学期“伦理学引论”讲座附论(载于《全集》第 37 卷:

---

① 参见胡塞尔:《文章与讲演(1911–1921 年)》，同上书，第 374–383 页。

② “附论：自然与精神。实事科学与规范科学。自然科学与精神科学”(Hua XXXVII, 259–320)。

《伦理学引论(1920/1924年夏季学期讲座)》);

6)《自然与精神》讲座(《全集》第32卷,《自然与精神(1927年夏季学期讲座)》)。

所有这些思考记录,现在都已经随着胡塞尔遗稿的出版而公诸于世,并且受到越来越多研究者的关注和讨论。耿宁在为2001年出版的《自然与精神》(《胡塞尔全集》第32卷)所撰书评中曾概括地写道:"《胡塞尔全集》中的遗稿出版得越多,就越清楚地表明,胡塞尔哲学的主要问题与其说是为科学进行绝然性论证的问题('笛卡尔的动机'),远不如说是与自然科学相对的意识、主体性、人格、精神的科学和哲学的独立性问题。"[①] 如果耿宁在这里作为"胡塞尔哲学主要问题"所列出的前者代表着"笛卡尔的动机",那么后者就应当更多地代表着"黑格尔的动机",或者也可以说:代表着在黑格尔之前的"维柯的动机",代表着在黑格尔之后的"狄尔泰的动机"。

无论如何,耿宁在这里已经指出胡塞尔一生思想道路的两个基本走向:一方面是逻辑哲学、自然哲学、结构现象学的走向,另一方面是历史哲学、精神科学、发生现象学的走向。由于胡塞尔始终是在意识现象学的领域工作,因此这两个走向可以用他自己在内时间意识现象学研究中提出的术语"横意向性"与"纵意向性"来标示。在胡塞尔的后期,无论是在"自然与精神"标题下进行的未公开出版的思考记录,还是在公开发表的《形式逻辑与超越论逻辑》、《笛卡尔式沉思》与《欧洲科学的危机与超越论现象学》的著作中,"纵意向性"方面的研究都越来越多地移至他的思想的中心位置。当然,这并不意味着在胡塞尔早期思想中完全不含有历史与发生的路向。事实上,从他在早

① 耿宁:"胡塞尔论'自然与精神'",方向红译,载于耿宁:《心的现象》,北京:商务印书馆,2012年,第405页。

期《算术哲学》中直至在后期《危机》中关于算术与几何的起源思考,都明显包含着强烈的发生研究的动机。耿宁很早就曾指出:“从发生现象学的角度来看,胡塞尔可以从其《算术哲学》的心理学发生思考中重新获得有效的一面。”[①]

8. 后来的海德格尔以及伽达默尔等人都更多是在这个发生的方向展开自己的工作。它们都或多或少继承了狄尔泰与胡塞尔的精神科学传统,并在解释学的标题下展开精神发生的或人格生成的“纵意向性”方向上的研究与思考。只是他们更多将这个方向上的思考视作“艺术”而非“科学”。在他们这里可以看到“笛卡尔动机”与“黑格尔动机”的分离。而这两个动机在狄尔泰与胡塞尔那里还仍然是彼此相互作用和相互交融的。海德格尔已经看到,胡塞尔即使在思考人格问题时仍然是以笛卡尔为指南的。[②]更确切地说,胡塞尔哲学已经代表了近代笛卡尔哲学精神与现代黑格尔哲学精神的会合。他的超越论的现象学和逻辑学,用黑格尔的历史与理性之统一的逻辑学来命名也罢,用黑格尔的精神现象学来命名也罢,都意味着一种精神哲学,一种精神本体论和精神现象学的统一。我们当然也可以将它称作人格现象学,或与自然主义现象学相对立的人格主义现象学。名称实际上是无关紧要的,关键在于后面的实事。

这里的“笛卡尔的动机”更多含有认识论、方法论的意味。这也在胡塞尔早期的论述中得到表述:“假如我们能明察心理发生的**精确**规律,那么这些规律也将是永恒不变的,它们会与理论自然科学的

---

① Rudolf Bernet/Iso Kern/Eduard Marbach, *Edmund Husserl. Darstellung seines Denkens*, a.a.O., S. 181, Anm. 1.

② 参见 Martin Heidegger, *Prolegomena zur Geschichte des Zeitbegriffs*, a.a.O., S. 166.

基本规律一样，就是说，即使没有心理发生，它们也仍然有效”（Hua VI,508）。也就是说，无论是结构现象学、逻辑哲学、自然哲学的研究，还是发生现象学、历史哲学、人格主义心理学、精神科学的研究，它们都是在认识反思、理性批判的本质科学的目光中进行的，更进一步说，是在现象学的**纵向本质直观**与**横向本质直观**中进行的。

胡塞尔所追求的严格的科学，是一门严格的精神科学。它具有**严格的结构描述的方法**和**发生说明方法**，有别于自然科学的**精确的因果解释方法**。因此，决定现象学研究性质的关键并不在于，这门科学应当是发生的还是结构的，逻辑-自然的还是历史-精神的，而是在于，这门科学应当是经验的、事实的还是先天的、本质的。

9．最后还有两个与此问题相关的补充：

其一是要在这里澄清一个长期而广泛流传的对胡塞尔后期哲学信念的误解和误释：自 1954 年考证版的《欧洲科学的危机与超越论现象学》作为《胡塞尔全集》第 6 卷首次出版以来，其中与第 73 节相关的附录二十八中有一段胡塞尔的文稿一再地被引用：“**哲学作为科学**，作为严肃的、严格的、甚至是绝然严格的科学，**这个梦已经破灭了**”（Hua VI,508）。1965 年《哲学作为严格的科学》单行本的编者斯基拉奇在其“后记”中误将此段话理解为胡塞尔后期在哲学追求方面的一种“半途而废地有所屈服”：“这个屈服以特殊的方式使人们看到了胡塞尔对哲学事业的巨大献身；但这种屈服是没有得到论证的。这个梦并没有破灭，只是在那些无比丰富的、不断更新的研究中，阿莉阿德尼的线[①]从

① 阿莉阿德尼（Ariadne），希腊神话中的人物，克里特王弥诺斯和帕西淮的女儿。雅典英雄忒修斯杀死弥诺陶洛斯后，她用小线团帮助忒修斯逃出迷宫。“阿莉阿德尼的线”常被用来比喻解决问题的办法。

胡塞尔的手中脱落了出来。"[①] 此外还有许多人，从米施到王浩，都据此而认为胡塞尔在其后期放弃了对哲学的科学性之要求。[②] 然而伽达默尔很早便已指出这个解释是错误的。[③] 在这个问题上尤其还可以参见兰贝克的《历史作为对象。胡塞尔现象学中的历史科学》[④]，他在其中指明，胡塞尔于1935年7月10日写给英加尔登的信[⑤] 提供了一个清楚的证据，说明胡塞尔的这个笔记只是对当时流行观点的一个短评，而非自己的观点。对此问题的最新综述还可以参见马尔巴赫为《哲学作为严格的科学》新单行本撰写的"编者引论"。[⑥]

其二是要为胡塞尔的科学哲学观所受到的常见质疑指明一种回答的可能：王浩在二十世纪七十年代与哥德尔谈到胡塞尔现象学时曾

---

① 斯基拉奇："单行本编者后记"，载于胡塞尔：《哲学作为严格的科学》，倪梁康译，北京：商务印书馆，1999年，第93、107-108页。

② 例如可以参见 Georg Misch, *Lebensphilosophie und Phänomenologie – Eine Auseinandersetzung der Diltheyschen Richtung mit Heidegger und Husserl*, Darmstadt: Wissenschaftliche Bugesellschaft, 1967, S. 136; Stefan Strasser, „Das Gottesproblem in der Spätphilosophie Edmund Husserls", in *Philosophisches Jahrbuch der Goerres Gesellschaft*, 67, 1959, S. 132 f.; Hubert Hohl, *Lebenswelt und Geschichte. Grundzüge der Spätphilosophie Edmund Husserls*, Freiburg/München: Karl Alber, 1962, S. 78; 王浩：《哥德尔》，康宏逵译，上海：上海译文出版社，2002年，第277-278页。

③ 对此可以参见 Hans-Georg Gadamer, „Die phänomenologische Bewegung", in *Philosophische Rundschau*, Bd. 11, H. 1/2, 1963, S. 25；此外还可以参见 Paul Janssen, *Geschichte und Lebenswelt. Ein Beitrag zur Diskussion um Husserls Spätwerk*, Phaenomenologica 35, Den Haag: Martinus Nijhoff, 1970, S. XX ff., Anm. 16, 142; E. W. Orth, „Husserl und Hegel. Ein Beitrag zum Problem des Verhältnisses historischer und systematischer Forschung in der Philosophie", in W. Biemel (Hrsg.), *Die Welt des Menschen – Die Welt der Philosophie. Festschrift für Jan Patočka*, Phaenomenologica 72, Den Haag: Martinus Nijhoff, 1976, S. 217, Anm. 10.

④ 参见 K.-H. Lembeck, *Gegenstand Geschichte. Geschichtswissenschaftstheorie in Husserls Phänomenologie*, a.a.O., S. 54, Anm. 18.

⑤ 参见 Edmund Husserl, *Briefe an Roman Ingarden*, a,a,O., S. 92f(Brief. III, S. 301).

⑥ E. Marbach, „Einleitung", in: Edmund Husserl, *Philosophie als strenge Wissenschaft*, Hamburg: Felix Meiner Verlag, 2009, S. XLIff.

提出过这个流行的质疑："我指出，胡塞尔称他的现象学是一门科学，但事实上相反，在它的发展中没有明显的合作性成果。"王浩做出这个质疑的理由在于，胡塞尔与慕尼黑–哥廷根学派以及后来包括海德格尔和舍勒在内的其他重要现象学家并未能够合作与同行，而是各行其道，走了自己的路。现象学因此与通常的科学标准不符。而哥德尔对此则回答说："胡塞尔仅仅指出了道路；三十年的工作里，他从未发表过他获得的东西，只发表了他使用的方法。他需要才智卓绝的后继者：像他一样或比他更好。"[①]——哥德尔不愧为他的摩拉维亚老乡的隔世知音。

一战后的通货膨胀与经济危机[②]

第一次世界大战后，由于战争的耗费和战争造成的破坏，以及战败国的几千亿金马克的战争赔款，德国的经济几近崩溃，物价飞涨。洛维特在他的回忆录中有专门的一章讲述一战后的"通货膨胀将现存的一切吞噬殆尽"。[③]事实上他的一生受一战影响很大，1914 年战争开始时他才 17 岁，高中尚未毕业。他自愿报名入伍参战，后来做了战俘，在意大利战俘营被关押两年多，直至战争结束。1918 年他从战俘营返回，先在慕尼黑开始上大学，1919 年到弗莱堡大学学习，

① 王浩：《逻辑之旅：从哥德尔到哲学》，同上书，第 215 页。——这里可以参考哥德尔另一次在谈及胡塞尔时给出的对"胡塞尔从未发表过他获得的东西"之原因的想象："胡塞尔达到了终点，达到了形而上学的科学。胡塞尔不得不掩饰他的伟大发现。哲学是一种受到迫害的科学。如果他不掩饰，那么世界的结构有可能会害了(killed)他"（同上书，第 208 页）。——因此我们在胡塞尔的解释史中也可以发现一种类似"显–隐论"的说法。但要特别留意的是，哥德尔晚年患有妄想症，甚至可能死于妄想症。

② 2014 年是第一次世界大战爆发后的第一百个年头。谨以此文追思和反省这个人类历史上的不幸事件。

③ 参见卡尔·洛维特：《一九三三：一个犹太哲学家的德国回忆》，同上书，第 101 页。

而后在慕尼黑盖格尔那里于 1923 年完成博士学位考试。但因通货膨胀，他不得不到麦克伦堡的一个大地主家里去做家庭教师，以维持生计，随后再逃离周遭环境去了意大利，最后回到马堡，于 1928 年完成最后的任教资格考试，并在这里担任私人讲师。他的整个学习生涯就贯穿在一战后德国政治和经济的困境与危机的始终，因而对此也最有体会。

洛维特出生在一个相对富裕的犹太家庭，他自认属于中产阶级，但这个阶级在一战后遭受的损失是最大的。这主要因为，更为富裕的资产阶级多少可以承受战争造成的损失，而更为贫困的无产阶级则本来就没有多少可以因战争而丧失的。洛维特在回忆录中所举的例子非常具体实在：他的父亲在几个月内便失去了在四十年工作中积累的储蓄；除了其他之外，他保存的三十张千元马克大钞每张只值十芬尼。而洛维特从其祖父那里继承的价值三万马克的股票，在通货膨胀结束时只值三马克。由此可见一战后德国的危机和困境之一斑。①

现在回过头来再看前引格尔达对洛维特的回忆，也就不难理解洛维特的悲观主义和怀疑主义心态："他的父亲是慕尼黑著名的画家……总的来说，他经常通过他的批判将我带到几乎对一切人和事绝望的境遇。"②

洛维特的这些回忆当然会受其作为犹太当事人自己的经历、视角、看法和立场的限制，但他作为历史哲学家和历史学家所具有的犀利眼光和独特思考却仍然不失狄尔泰意义上的"历史性"与胡塞尔意义上的"客观性"："在这种诡异的事件里，大战的真实意义才真正彰

① 参见卡尔·洛维特：《一九三三：一个犹太哲学家的德国回忆》，同上书，第 100-102 页。

② 格尔达·瓦尔特："于弗莱堡时期在胡塞尔身边"，同上书，第 219 页，第 223-224 页。

显出来：它代表一种倾其所有的支付行为、一种全盘的毁灭，其结果就成了这段物价膨胀期间的一切归零，也是这千年帝国的归零，德国中产市民的美德在当时被洪流冲走了，而这股污秽的洪流里夹带着的运动力量，在希特勒身边排成了战斗的队形。”[①] 的确，由第一次世界大战引发的德国的灾难与危机，以及与欧洲列强的敌对与分裂的加深，连同与此伴随的世界政局动荡与变化，是最终导致后来纳粹希特勒第三帝国的兴起和更为惨烈的第二次世界大战的爆发的主要的和直接的原因。

第一次世界大战是于 1918 年 11 月 11 日结束的。两个多月后，战后协约国的和平会议便于 1919 年 1 月 18 日在巴黎凡尔赛宫召开，这次会议被称为“巴黎和会”。中国作为协约国和战胜国之一，也由当时的中国政府即北洋政府派代表团参加。由于大会将战前德国在山东的特权转交给日本，完全无视中国的利益，由此导致五四运动的爆发和北洋政府代表最终拒绝在《凡尔赛和约》上签字。此后引发了一系列的思想变动与历史事件发生。据此可以说，“1919 年长期用来被视为中国现代史的开端，原因之一即与巴黎和会‘外交失败’及其引发的五四运动密切相关。”[②] 而今天的西方历史学家在回顾这段历史时也承认：“1919 年的和平缔造者们当然犯过错误，它们对待欧洲以外世界的草率方式，挑起了怨恨的大火，直到今天西方世界还在为此付出代价。”[③]

在 1919 年一战后的欧洲背景中还可以若隐若现地看到梁启超、蔡元培、张君劢与胡塞尔的一段间接因缘。梁启超作为前任的财政

---

① 卡尔·洛维特：《一九三三：一个犹太哲学家的德国回忆》，同上书，第 102 页。

② 唐启华：《巴黎和会与中国外交》，北京：社会科学文献出版社，2014 年，第 1 页。

③ 玛格丽特·麦克米伦（Margaret MacMillan）：《缔造和平：1919 巴黎和会及其开启的战后世界》，邓峰译，北京：中信出版社，2018 年，第 671 页。

部长和当时的极富影响力的思想家与社会活动家，在 1918 年底也以在野的民间观察家的身份赶赴欧洲，一方面前去观察和报道凡尔赛和会，另一方面也计划对战后的欧洲社会做尽可能深入的考察，同时拜访并结识当时欧洲思想界的重要人物。

时值一次世界大战结束不久。欧洲废墟遍地，满目疮痍，城市和乡村被毁，国家负债累累，币制受到破坏。德国的情况更是糟糕。帝国崩溃了，在停战协议书上签字的埃茨贝格尔完成投降事宜时所说的最后一句话就是："一个七千万人口的民族正在受难但并未死亡"；弗・恩斯特描述当时情况说："德国公民食不果腹，衣不蔽体，在街头踟躇。他们曾把自己的金银财宝奉献给祖国，他们的子弟不是阵亡就是被俘，回来的人变得惨不忍睹。"[①] 这段恩斯特引文的前一句还不一定适合用来描述洛维特或胡塞尔一家当时的处境，但后一句则确实是恰如其分的。[②]

当梁启超等一行于 1919 年底到达柏林，而后去耶拿拜访奥伊肯时，他亲历和见证了德国当时的困境。他在报告当年 12 月 12 日的信中说："十二晨六时发哥龙[科隆]，晚九时抵柏林，此十五小时中仅以饼干一片充饥，盖既无饭车，沿途饮食店亦闭歇也。战败国况味，略尝一脔矣。"在报告 14 日抵达柏林后情况的信中他继续写道："柏林旅馆极拥挤，初到之夕草草得一榻。翌日而迁，今所居极安适。日租五十马克，可称奇昂，然合中国银只得一元耳。全欧破产，于兹益信。"[③]

---

① 对此可以参见迪特尔・拉甫：《德意志史——从古老帝国到第二共和国》，同上书，第 240 页，以上引文均转引自此。

② 对此可以参见笔者在本书第三幕"一次大战期间的政治践行与理论反思"一章中的相关介绍。

③ 丁文江、赵丰田(编)：《梁启超年谱长编》，上海：上海人民出版社，2009 年，第 573-574 页。

从梁启超报道的经历来看，1919 年底的德国通货膨胀情况还只是一个小小的开端。五十马克住一夜旅馆到洛维特前面的报道的千元马克只值十芬尼，中间只隔了大约五年的时间。而在梁启超赴欧时，作为战败国的德国的境况已经远逊于当时作为战胜国的中国了。

梁启超于 1920 年 3 月从欧洲回到上海，并于同年 9 月 5 日创办讲学社，落实邀请欧美名哲来华讲演的计划。蔡元培、张君劢等参与邀请德国当代著名哲学家来华事宜。第一年已经确定为罗素，而第二年则由董事会决议定为奥伊肯。但奥伊肯因年迈不能远行，谢绝了邀请。因此讲学社请留在德国留学的张君劢再提出可以代表奥伊肯的德国哲学家人选建议。而张君劢 1921 年 3 月 21 日陪蔡元培等再次去耶拿拜访奥伊肯时，后者作为重要顾问并未向张君劢推荐他一度十分看重的胡塞尔，而是推荐了汉斯·杜里舒。[①] 因此之故，胡塞尔与中国失之交臂。但张君劢和张东荪在 1922 年均发表了含有对胡塞尔现象学介绍内容的文字，使得国人当时已经对胡塞尔的思想有所了解，可以视作对胡塞尔的未竟中国行的某种弥补。此后奥伊肯的儿子瓦尔特·奥伊肯与胡塞尔在弗莱堡大学共事，还引出另一段思想史因缘。[②]

梁启超的讲学社最终没有向胡塞尔发出邀请，这已成为历史。但感兴趣的人显然还会提一个问题：如果邀请了胡塞尔，他会来中国吗？他接受邀请的可能性究竟有多大？从现有的资料来看，胡塞尔接受邀请的可能性大于不接受的可能性。虽然他来中国不一定出于他对中国或亚洲的兴趣，但可能会部分出于他为日本《改造》杂志撰文

---

① 参见李贵忠：《张君劢年谱长编》，北京：中国社会科学出版社，2016 年，第 35 页。

② 对此的详细描述可以参见笔者的论文“胡塞尔的未竟中国行——以及他与奥伊肯父子及杜里舒的关系”（载于《现代哲学》，2015 年，第 1 期）中的相关介绍。——该文主要内容现为本书第二卷第十七章“胡塞尔与奥伊肯父子及杜里舒：现象学与精神生活哲学”。

的相同理由，即因一战后通货膨胀造成的贫困而不得不到欧洲之外寻找“挣外币”的理由。

胡塞尔当时所处的境况与洛维特的父亲遭遇的困境十分相似。或者反过来也可以说，胡塞尔儿女当时所处的境况与洛维特遭遇的困境十分相似。这两家都属于犹太裔的中产阶级，都以大笔资金购买了德国的“爱国战争债券”而最终血本无归，① 都因为战后的通货膨胀和经济危机而几乎倾家荡产，诸如此类。

无论如何，尽管因为鲁道夫·奥伊肯对汉斯·杜里舒的即兴推荐使得胡塞尔与中国的直接关系很可惜未能成为思想史上的一章，“胡塞尔与中国人”的故事也因此而未能开始，不过他与东亚的缘分显然未尽，还在同一年，胡塞尔便受到日本《改造》杂志社的约稿，并于此后两年在这个刊物上发表了三篇著名文章 ②，从而使得“胡塞尔与日本人” ③ 的一段故事得以可能。

---

① 胡塞尔将其哥廷根住房的卖房款全部用于购买“爱国战争债券”(Brief. III,21)，而且还将其最心爱的望远镜收藏捐献给德国军队用于战争(关于胡塞尔与望远镜的故事可以参见他太太马尔维娜的回忆“埃德蒙德·胡塞尔生平素描”，以及参见舒曼的相关说明：“有几张照片显示胡塞尔拿着望远镜。范·布雷达神父告诉我，胡塞尔在一次大战时将他收集的大量望远镜都转交给了德国军队”(同上书，第 10 页，注③))。

② 业内通常将其简称为“改造文”(Kaizo-Artikel)，就像胡塞尔《哲学作为严格的科学》长文因发表在《逻各斯》期刊上而被简称为“逻各斯文”(Logos-Artikel)一样。在这两次专门为期刊写的文章之间的确也存在内在的联系。奈农与塞普认为：“在纲领性的文章《哲学作为严格的科学》与胡塞尔最后的巨著《欧洲科学的危机与超越论现象学》之间，‘改造文’占据了一个重要的位置”(Nenon/Sepp, „Einleitung der Herausgeber“, in Hua XXV, S. XVI)。——我们在会面会论述这个说法的理由。

③ 关于由此引发的“故事”，首先可以参见 Donn Welton, “Husserl and the Japanese”, in: *The Review of Metaphysics*, vol. 44, no. 3, 1991, pp. 575–606；此外还可以参见 Ernst Wolfgang Orth, „Interkulturalität und Inter-Intentionalität. Zu Husserls Ethos der Erneuerung in seinen japanischen Kaizo-Artikeln“, in: *Zeitschrift für philosophische Forschung*, 47, Heft 3, 1993, S. 333–351; Henning Peucker, “From Logic to the Person: An Introduction to Edmund Husserl's Ethics”, in: *The Review of Metaphysics*, vol. 62, no. 2, 2008, pp. 307–325.

“改造文”与“改造伦理学”

胡塞尔于一次大战后为日本《改造》杂志所撰“改造”文稿，是其伦理学思想的一个重要组成部分，代表了他在规范伦理学方向上的思考，也是他在伦理学方面唯一公开发表的文字。胡塞尔的“改造”伦理学的核心思想在于将道德、伦理的生活建基于理性之上的要求和主张。理性在这里被当作一种规范性的东西，伦理生活因此也被当作一种经过理性规范的生活。

1. 在前面引述的梁启超书信中提到的欧洲以及德国通货膨胀情况，后来在胡塞尔谈论为《改造》杂志撰写文章的相关信函中也得到相应表达。具体说是在1922年12月13日写给他的哥廷根学生、加拿大人贝尔的信中。胡塞尔在这里告诉自己的学生，他将会为日本的《改造》杂志撰写文章。随后他写道：“这让您毛骨悚然吧？您会高喊，胡塞尔怎么可能去参与这种闹剧？！他从未做过这类事情啊，难道是为了挣钱？！是的，亲爱的朋友，这是新德国。而且胡塞尔有两个孩子要结婚，因而需要布置，不然又能怎么办？尽管我在年薪上是百万富翁，差不多一年150万——真漂亮！但可惜一个美金价值约8300马克，这样算来就不到160美金，在本国的购买值不到300美金。也就是不到我原先正式收入的十分之一。这样的话，如果每篇文章能够提供给我20英镑[①]，我就没法说不。不幸的是我叫胡塞尔而不叫罗素，

① 当时的20英镑究竟值多少？胡塞尔本人在致贝尔的前一封信函（1922年5月10

没法将文章一挥而就地寄过去(这只是一些‘日本人!’)。既然要写,我就会像为《年刊》而写一样,丝毫不差地为《改造》而写。我选择了(欧洲文化)‘改造’(《改造》的英文双重标题叫作‘reconstruction’)的问题。而我将此诠释为伦理学的问题,而且是个体伦理学的和社会伦理学的问题”(Brief. III,44f.)。

胡塞尔在这里一方面坦然承认自己的写作动机之一是因为可以获得对于当时的德国人来说很高的稿费,而他因通货膨胀,的确有经济上的需求。另一方面他事实上也早想要对一战后人类的伦理问题、人类的“回转、自身的改进与再造”问题表达自己的思考与诉求,《改造》杂志恰好提供了这样的表达可能性。这两方面的因素在他两年前同样写给贝尔的信中就已经得到过表达。胡塞尔一方面写道:“我住在这里位于黑森林高处的小村庄里,仅仅忙于在圣梅尔根的周边区域里从一个农庄到一个农庄地做‘仓鼠式囤积’,为了我们窘迫的家计乞讨几枚鸡蛋,当然还要用上许多钱和许多好话”(Brief. III,10)。另一方面他也写道:“这场战争,这场在整个可见的历史中人类最普全的和最深层的罪孽,已经证明了所有现行观念的不清晰与不真实”(Brief. III,12)。

从这两个角度来看,胡塞尔接受讲学社邀请的可能性是存在的。

日)中曾提到:“(1 £ =约 1400M !)”(Brief. III, 39)。也就是说,英镑的价值在德国远低于美元。除了梁启超所说一银元等于 50 马克供住旅馆一日之外,我们还可以在胡塞尔书信中找到另一个具体的度量标准:胡塞尔的日本学生田边元曾在 1922 年 10 月 4 日致胡塞尔的信中提出送胡塞尔一台打字机,其具体方式是他提供胡塞尔 10 英镑,请胡塞尔按自己心意选择购买一台(Brief. IV,509)。当时的一台打字机的价格很可能相当于今天的一台电脑的价格。但由于战后欧洲各国,尤其是德国,通货膨胀状况各有差异,且瞬息万变。因此,如果我们离开具体的生活世界而去遵从历史科学的说法,那么精确的数据是:“德国货币在国际外汇市场上从 1919 年至 1921 年由 1 美元换 8.9 马克猛跌到 1 美元换 56 马克,从 1921 年 7 月至同年年底又从 76 马克跌至 191 马克以上,从那时至 1923 年 1 月又跌至 17912 马克,并于 11 月 15 日在通货膨胀顶峰时达到 1 美元兑换 4.2 万亿马克这个天文数字”(迪特·拉甫:《德意志史——从古老帝国到第三帝国》,同上书,第 251 页)。

仅就经济方面而言，当时梁启超为讲学社筹募了巨额资金，每年有两、三万银元的收入，主要是用于邀请"当代大思想家"来华讲演。四大名哲杜威、罗素、杜里舒、泰戈尔均受讲学社资助。柏格森和奥伊肯只因年迈才未能成行。身处一战后极度窘迫的德国，估计胡塞尔实难免俗。

向胡塞尔约稿的日本改造社是一个杂志社，同时也是一个出版社。它已于1922年刊发了罗素的两篇文章"中国的国际条件"和"相对论"，李凯尔特的两篇文章"歌德的《浮士德》与德国观念论"和"费希特的社会主义的哲学基础"[①]，还有爱因斯坦应改造社邀请赴日讲演而发表的印象文章以及报道文字。这家杂志社与梁启超讲学社在许多方面似有共识。这几个人，包括爱因斯坦，也都在梁启超的邀请计划中。日本的《改造》杂志创刊于大正八年(1919年)。同年张东荪在上海也创立《解放与改造》杂志并任其主编。次年梁启超从欧洲回，将杂志改名为《改造》并接张东荪而任主编。此中文《改造》与彼日文《改造》是否有直接关联，笔者未曾考究。无论如何，中文的《改造》在1922年9月刊印第4卷第46期后便停刊，而日文的《改造》维持至昭和十九年(1944年)也因二次大战而中止。

上世纪二十年代，胡塞尔在日本已经具有相当影响力。他在弗莱堡初期便已经接受许多日本的学生和讲师前来访学。还在胡塞尔到达弗莱堡任教的同一年，即1916年，西田几多郎(1870-1945年)便已在京都大学开设关于胡塞尔《逻辑研究》的讲座。另一位哲学家田边元(1885-1962年)于1922年留学德国，随胡塞尔和海德格尔学习现象学。次年回日本后，田边元连同西田等人一起，奠定了京都学派的基础。因而《改造》杂志邀请胡塞尔撰文，对于当时的日本学界来

① 胡塞尔的私人书库中存有刊载这些文章的《改造》期刊。

说应当说是理所当然之事,并不像张君劢的胡塞尔提名那样带有一定的偶然性。杂志社驻柏林的代表秋田于1922年8月8日致函胡塞尔说:"目前我们已有刊发李凯尔特教授先生、考茨基先生、伯恩斯坦先生之文章的荣幸。[①]如果您能寄给我们一篇文章供《改造》发表,我们将会非常高兴。文章可以长达3000词。为了表达谢意,我们乐意为这样一篇文章支付20英镑"(Brief. VIII,273)。胡塞尔与秋田的通信仅留此一封。此后的信件未能保存,但胡塞尔与秋田约定的结果应当是前后共发表五篇文章,胡塞尔首先发表的三篇文章题目分别为:1)"改造:它的问题与方法"(日文+德文),载于:《改造》,1923年第3期,第84-92页;2)"本质研究的方法"(日文),载于:《改造》,1924年第4期,第107-116页;3)"改造作为个体伦理学的问题"(日文),载于:《改造》,1924年第2期,第2-31页。[②]后两篇文章没有刊印德文原稿,这是由于自然灾害的原因:1923年的东京地震毁坏了许多印刷厂的拉丁文字排版设备。[③]胡塞尔另外还有两篇文章已经完成,标题为"改造与科学"和"人类发展中文化的形式类型",但它们最终没有继续刊载在《改造》杂志上,而这很可能是出于人为的原因:改造社迟迟没有给胡塞尔寄去稿费和赠刊。[④]幸好田边元出面与杂志社联系才解决此事。胡塞尔有可能是为此才中止了最后两篇文稿的

① 考茨基(Karl Kautsky,1854-1938),奥地利社会主义理论家;伯恩斯坦(Eduard Bernstein,1850-1932),德国社会主义理论家。

② 这三篇文章的德文原稿现已收入 Hua XXVII, 3-42。

③ 参见 Tomas Nenon/Hans Rainer Sepp, „Einleitung der Herausgeber", in Hua XXVII, S. XI.

④ 胡塞尔曾在1922年7月22日的一封信中提到:"系列文章……第一篇已经刊发(我连一篇抽印本都没有收到),而其他三篇还留在日本,已有六个月之久"(Brief. VII, S. 253)。这里所说的其余三篇文章最后都得到了发表,但是作为两篇文章刊载,最后一篇文章包含两个部分。

交付。[①]

胡塞尔这几篇文章所用的标题“Erneuerung”通常应当被译作“革新”或“更新”，而且它们后来的日文本也的确译作“革新”和“再新”。[②]但胡塞尔赋予它的意思更应当是指“改造”（Reconstruction）。由于《改造》杂志社的代表秋田（T. Akita）向胡塞尔约稿时并未提出命题，而只谈及为杂志社撰写文章，同时他告知胡塞尔《改造》杂志的另一个外文名是“The Reconstruction”（Brief. VIII, 273），因此，胡塞尔的文章显然是针对“改造”的杂志名称而撰写的相应的“Erneuerung”文章。即是说，“Erneuerung”是胡塞尔对“改造”或“Reconstruction”的德文翻译。他本人在1923年写给人文学者史怀哲（Albert Schweitzer,1875–1965）的信中说：“我的论文题目与杂志的标题‘改造（Erneuerung）’有关”（Brief. VII,253）。

胡塞尔在这个词中看到了他在亲历一战之后就人类的本性与习性、历史与发展方面需要表达的伦理学基本想法与诉求。很可能是胡塞尔在读完秋田的来函后就直接在信的背面写下了“根据问题和方法进行改造”（Erneuerung nach Problem und Methode）的笔记，而这几乎就是后来胡塞尔撰写的第一篇改造文的标题。[③]

胡塞尔在第一篇改造文中开门见山地说：“改造是在我们这个苦

---

① 改造社在支付胡塞尔稿酬方面产生的差误究竟是出于疏忽还是有意为之，就现有资料而言还难以得出确定结论。改造社的创办人和社长是山本实彦。在改造社1921年邀请爱因斯坦访日时也有类似问题出现，导致爱因斯坦在最初接受邀请后又予以拒绝（参见梁波：“爱因斯坦的日本之行——读金子务的《爱因斯坦冲击》”，载于《自然科学史研究》，2005年，第24卷，第3期，第285页）。无论如何，田边元在致胡塞尔的相关信中曾写道：“我想为我的不了解和不小心致以最诚挚的歉意，因为我疏于向您提醒这个出版商的不诚与无耻”（Brief. III, 513）。

② 参见《改造》1923年3月号：“革新——その问题とその方法”；1924年2月号：“个人伦理问题の再新”。

③ 参见 Tomas Nenon/Hans Rainer Sepp, „Einleitung der Herausgeber“, in Hua XXVII, S. XI.

难当下之中，而且是在欧洲文化的整个领域之中的普遍呼唤”(Hua XXVII,2)。这里所说的“改造”，被胡塞尔理解为“对一种普全伦理的人类文化的**伦理**回转(Umkehr)与塑造”(Brief. III,45)。他在前引致贝尔的信中也将其理解为“个体伦理学与社会伦理学”的基本问题，即“一个‘人类’如何成为一个伦理的、‘真正的’人类？它如何进行回转？如何进行自身的改进、再造？如此等等”(Brief. III,45)。

2．胡塞尔在其五篇改造文章中提出的“改造伦理”(Ethos der Erneuerung)或“文化伦理学”(Kulturethik)一方面与他一直以来对理论哲学与实践哲学之间关系的思考有内在联系，另一方面也出于和基于他在一战期间以及一战之后对欧洲文化与伦理的反思。

就前一方面而言，虽然胡塞尔偶尔也有将实践哲学作第一哲学解释的动机和做法，但在总体上他还是坚持实践理性必须受理论理性指导的原则。在 1910 年可视作现象学宣言的逻各斯文章《哲学作为严格的科学》中，他开宗明义地提出他的哲学观：“自最初的开端起，哲学便要求成为严格的科学，而且是这样的一门科学，它可以满足最高的理论需求，并且在伦理–宗教方面可以使一种受纯粹理性规范支配的生活成为可能。”[①] 即是说，哲学首先要满足理论需要，而后要用它来支配人类的伦理–宗教生活。这个观点与他于 1900 年在《逻辑研究》第一卷中的想法一脉相承：他在那里强调理论学科是规范学科的基础，并据此反驳当时流行的心理主义对作为规范学科和工艺论的逻辑学之理解。而在二十年后对个体伦理学和社会伦理学的思考中，胡塞尔仍然强调理论伦理学对实践伦理学的奠基作用。

这已经涉及笔者在此提到的后一方面的问题：即胡塞尔的伦理学

---

① 胡塞尔：《文章与讲演(1911–1921 年)》，同上书，第 3 页。

思想从战时伦理学到战后伦理学的转变。这是胡塞尔在实践伦理学问题上的思想变化。如果胡塞尔的理论伦理学思想可以分为一战之前和一战之后两个时期，[①] 那么他的实践伦理学思想就可以分为战时的和战后的两个时期：它们的各自代表是战时讲演 [②] 和改造文章。在战时讲演中，德意志民族连同源自民族的理想得到了几乎是压倒一切的强调。胡塞尔在这里已经使用"Erneuerung"即"更新"或"改造"的概念，甚至主张不惜通过战争的手段来完成："这是一个对所有观念的力量源泉进行更新的时代"，"这是一场为神的观念在我们神圣的德意志民族中的继续启示而进行的战争"。[③] 这种将民族的文化生活的改造与民族战争联系在一起的做法当然是有问题的，但这里更严重的含糊与混淆还在于对民族伦理与超民族的伦理之间、对诸民族的文化与整个人类文化之间关系的理解与解释，以及对它们各自位置的摆放与认可。

还在一次大战爆发前多年(1912 年)，胡塞尔于 1878-1879 年在柏林大学读书期间的老师、哲学家保尔森(Friedrich Paulsen,1846-1908)[④] 便曾表达过自己对民族主义的焦虑："一种过分激情的民族主义已经成了对欧洲一切民族的十分严重的危险；他们正因此而面临着丧失人类价值感的危险。民族主义被推到顶峰，就正像宗派主义一样也会消灭道德的，甚至于逻辑的意识。公正和不公、善和恶、真和假，都失掉了它们的意义；当别人这样做的时候，被人们称之为羞耻的和

① 对此可以参见笔者在本卷第三幕"一战前与一战后的伦理学"一章中的相关介绍。

② 对此可以参见笔者在本卷第三幕"一次大战期间的政治践行与理论反思"一章中的相关介绍。

③ 参见胡塞尔："费希特的人类理想"，载于胡塞尔：《文章与讲演(1911-1921 年)》，同上书，第 318 页，第 346 页。

④ 胡塞尔后来曾回忆说："在哲学方面吸引我的尤其是保尔森教授先生"(*Husserl-Chronik*, 7)。

没有人性的事情，他们却转瞬之间就推荐给自己的人民去向外国那样做。”[①]就总体而言，胡塞尔的哲学观受保尔森影响显然很深，且这种影响在胡塞尔那里从未完全消失过。只是在涉及政治思考与政治哲学时，我们才差不多可以用他批评米勒时所说的话来批评他自己：“通常如此敏锐的胡塞尔就像被诸神遗弃了一般。”[②]但胡塞尔很快便通过一次大战的经历与理性的反思而重新找回自己。他形成与保尔森类似的想法恰好是在保尔森的上述文字发表十年之后(1922年)。在这年12月13日致贝尔的信中，他写道：“与民族问题(在与纯粹人属的观念之关系中的纯粹民族观念的问题)相一致的战争问题必须重新得到思考，必须从最终的根源出发得到澄清和解决”(Brief. III,12)。战争是由各个民族观念之间的冲突引发的。胡塞尔在这里所说的“所有现行观念的不清晰与不真实”，恰恰就是民族观念或民族伦理的问题所在。他在这里看到现象学哲学与现象学分析所面临的任务，因为“现象学也是一种必然(necessarium)，而且是一种尽管超民族的、却也是民族的价值”(Brief. III,343)。胡塞尔提出的“改造伦理”或“文化伦理学”，其最基本的意图就是要通过对各种民族的观念、民族的价值、民族的伦理、民族的文化的改造和更新，建立起一种“普全伦理的人类文化”。

这个意义上的“改造”，是将民族的观念、民族的价值和民族的理想改造成为共同的人类观念、人类价值、人类理想。简言之，是要克服保尔森所看到的“面临着丧失人类价值感”的危险，是要找到或重建一种人类的、尽管是“超民族的、却也是民族的”共同价值。

---

① 转引自弗里德里希·迈内克:《德国的浩劫》，何兆武译，北京：商务印书馆，2011年，第31页。

② 参见 LU I, Kap.5, § 25.

3．一次大战后，与胡塞尔一样处在对战后的政治社会境况的反思以及随之引发的对整个人类文化与历史的反思之中的思想家还有许多，而且他们由此得出的思考结论也各不相同。一种常见的反应是“对原先为战争宣传服务而提出的哲学、宗教、民族的理想抱以极度的不信任”(Hua XXVII,94)，这在从战场上回来的年青人中十分常见，而在学术界，这种趋向则表现为将原先流行的各种文化观念、民族理想和国家信仰弃之如敝履。而一旦观念相对主义或文化相对主义被推至极端，道德意识、逻辑意识、乃至确切意义上的理性意识便会被削弱或消除。这也就是保尔森所说的状态：“公正和不公、善和恶、真和假，都失掉了它们的意义。”这意味着，它们都只是针对某个特定的、流动的群体或个体以及某些特定的、流动的时期才有效，都仅仅是某些群体、某些时期的约定的产物，而且甚至更多是由各种强力集团强加于人的产物。类似的消极方面还可以列出许多，相对主义者对此显然也是心知肚明。彻底的相对主义最终只能放弃言说，保持缄默不语。因为最终导致的结果将会在于：共同的文化意识不复存在，不仅共同的道德法则被视作无效，而且共同的逻辑法则也被视为无效。

温和的文化相对主义者和文化虚无主义者的代表则是奥斯瓦尔德·斯宾格勒，他在1918年和1922年分两卷出版的史学著作《西方的没落》[①]，就是对整个人类历史的一曲哀歌吟唱。胡塞尔曾在1934年致布拉格大学哲学系教授莱德(Emanuel Rádl)的信中暗示过他对斯宾格勒的人性论与历史观的保留和批评，同时也声明和主张他自己对人类历史发展的积极信念：“只要还有一个哪怕是小的共同体存

① Oswald Spengler, *Der Untergang des Abendlandes. Umrisse einer Morphologie der Weltgeschichte*, München: C.H. Beck, 1918/1920.

在，它满怀真正的哲学志向——作为哲学家怀有最内在的确然性，即确信在我们的希腊-欧洲意义上的哲学是一个绝对必然的任务，而且它已经在生存的决断性中将这个任务当作其最本己的、与其个人此在绝然不可分离的生命任务接受下来，那么我们的真正意义上的哲学之崩溃以及随之而来的西方之崩溃就还不是最终有效的现实”(Brief. VIII,94)。

与胡塞尔的积极的文化改造志向比较一致的是文化哲学家史怀哲，他在1923年也发表了其《文化的衰败与重建》[①]的文化哲学系统的第一部分。胡塞尔在收到史怀哲的赠书后曾致函感谢并承认，“就最一般情况而言，我达到了相同的信念”，这个信念更具体地说就是“对启蒙时代的相同重视，对我们的享有盛誉的文化的相同蔑视，因为它背叛了启蒙的伟大理想(《理想国》中的柏拉图理想)”(Brief. VII, 253)。

当然，普遍主义和观念主义这一边虽然抱有积极的姿态，却也面临如何有效构建普全文化观念和普遍伦理价值的问题，即前面已经涉及的从个体的、群体的价值感向总体的人类价值感上升的问题。若暂且不论如何上升的问题，胡塞尔首先面临的问题是上升到谁的超民族伦理之上？或者说，上升到哪一种无民族的伦理之上？上升到怎样的一个不限于特定民族、特定国家、特定文化共同体的伦理之上？如果普全的人类伦理不是一个空泛无内容的形式，不是一种类似于语言学中既非中文也非英文或法文或德文的世界语，不是一种类似于几何学中既非钝角、也非锐角或等腰或等边三角形的普遍三角形，那么它将会立足于什么样的观念内涵与价值内涵之上？从胡塞尔上述种种

① Albert Schweitzer, *Kulturphilosophie I: Verfall und Wiederaufbau der Kultur*, Bern: Paul Haupt, 1923.

说法来看，他的基本诉求可以归结为：上升到哲学的观点之上。这里的哲学，是指起源于古希腊的、首先是以柏拉图为代表的哲学，这个信念更具体地说就是他在致史怀哲信中所说的他与史怀哲的共同之处："对启蒙时代的相同重视，对我们的享有盛誉的文化的相同蔑视，因为它背叛了启蒙的伟大理想（《理想国》中的柏拉图理想）"（Brief. VII,253）。

4．建基于哲学理性、哲学文化之上的超民族的人类价值感和文化伦理学，这是胡塞尔在五篇改造文章中所表达的最终改造诉求所在。奈农和塞普在《胡塞尔全集》第 27 卷的"编者引论"中扼要再现了这五篇改造文的基本思路："唯有个人改造以及共同体改造的严格科学才能创造出一个更为可靠的出发点，这个思想引导着所有的改造文章。"①

在第一篇题为"根据问题和方法进行改造"的文章中，胡塞尔主要阐述了这样一个核心思想："唯当严格的科学能够成功地规定理性的人性之本质时，对欧洲的文化人类的真正改造才会是可能的。因为在这个本质规定中也包含着根据普遍理性规范来进行评判以及根据这些规范来引导实践。"

第二篇文章"本质研究的方法"则讨论这门严格的科学所需使用的工作方法："作为本质科学的、埃多斯的方法，它应当与纯粹数学相类似，纯粹数学使对自然的理性化成为可能，而则它应当将引导人们走上将精神的东西加以理性化的道路。通过这种方法而得以可能的关于理性的人性的本质科学将自身实现为'纯粹的'、即先天地进行的、且'普全的'、探讨所有理性种类的伦理学。这门伦理学作为'关

---

① 参见 Tomas Nenon/Hans Rainer Sepp, „Einleitung der Herausgeber“, in Hua XXVII, S. XIV.

于一个理性主体性的整体行为生活的科学'包含了逻辑学与价值学。个人生活与共同体生活的问题构成它的主要论题，因为对于胡塞尔来说，唯有通过持续的改造、唯有以一种朝向业已被预示的目的观念的不间断生成的形式，伦理的生活才能自身实现。”

在第三篇文章“改造作为个体伦理学的问题”中讨论的课题便是对个人的改造。它分为两个部分，篇幅也因此也多出一倍，超出前两篇文章的总和。前一部分涉及“作为自身规整(Selbstreglung)、作为伦理生活之前形式的生活形式”问题。胡塞尔在这里首先分析“作为人格的和自由的生物的人”，而后讨论“特殊的人类生活形式与自身规整的前伦理形式”。而后一部分则关系“真正的人性的个体生活形式”问题。胡塞尔在这里已经谈到“作为绝对而普全自身规整的改造之发生”、谈到“理性、幸福、满足、伦理良知”，以及谈到“真正人性的生活形式”的问题。

如前所述，胡塞尔在《改造》杂志上刊登的系列“改造”文章实际上并未结束。在胡塞尔遗稿中还发现另外两篇与“改造”问题相关的文章，它们都与社会伦理学的改造相关，在问题上紧接第三篇的个体伦理学分析。它们没有被交付刊印。

第四篇文章“文化与科学”探讨的是文化共同体改造的问题。“现在的论题是将个体伦理学的改造与共同体的改造加以对照。与对个体伦理学的改造相平行，胡塞尔探讨一个文化共同体、一个理性在其中得以实现的文化共同体的可能性条件，以及向这个目标的发展。在这里，科学作为科学的伦理学所具有的任务在于，预先标示出这个朝向人性的和理性的共同体形式的发展。但由于科学本身展示着一个文化形式，因此它不仅是工具，而是本身就是这个发展的分支。所以，哲学作为理性的代表，这个文化形态在一个共同体中以何种程度被改造出来，这个共同体就在何种程度上将自身实现为一个理性的共同体。”

第五篇文章“人类发展中文化的形式类型”将哲学的原创造以及它的历史使命作为讨论课题。“胡塞尔首先感兴趣的是指明作为在其发展史构建中的两种文化类型的哲学与宗教之间的相似性。他将基督宗教的创造以及哲学在希腊的原创造理解为在其各自领域中反对独断论信仰方式的拘束的、传统的精神的自由运动，这种精神在历史进程中以变化了的形态不断更新地产生出来。但这意味着：基督宗教和希腊哲学已经实现了改造的社会伦理学观念，并且可以被视作任何一种改造所追求的榜样。胡塞尔在这篇文章中所做的阐述与他在其他地方所做的努力相交会，即：将欧洲文化的历史写成作为严格科学的哲学为了理性的自律而搏斗的历史。这篇文章没有完成；胡塞尔没有完成对近代的哲学自律精神之重新苏醒的分析。”①

5. 胡塞尔在其五篇改造文章中讨论的基于古希腊哲学之上的改造伦理学，在今日哲学研究界也引起过争议，尽管类似的争议通常更多是针对胡塞尔晚年影响巨大的著作《欧洲科学的危机与超越论现象学》而发。② 这里的问题在于：胡塞尔当时是否仍然处在某种形式的“欧洲中心主义”或“西方中心主义”的视域之中？

当然，在“西方的没落”于一战后刚刚被宣告之际，再使用这类标题来标示当时那些对西方文化抱以清醒而悲观态度的思想家们显

① 这一节中关于胡塞尔“改造文章”内容的引述均译自 Tomas Nenon/Hans Rainer Sepp, „Einleitung der Herausgeber“, in Hua XXVII, XIV–XV.

② 对此可以特别参见克劳斯·黑尔德（Klaus Held）的两篇文章：1) „Husserls These von der Europäisierung der Menschheit“, in: Ch. Jamme/O. Pöggeler (Hrsg.), Phänomenologie im Widerstreit, Frankfurt a. M.: Suhrkamp, 1989, S. 13–39; 2) “Intercultural Understanding and the Role of Europe”, in: *The Monist*, vol. 78, no. 1, 1995, pp. 5–17. 但对这个问题的展开讨论我们将会放在对胡塞尔后期著作《欧洲科学的危机与超越论现象学》的讨论中一并进行，这里只是结束语的方式做一个总括性的表态。

然不太合适。但他们是否仍然可以被称作某种“古希腊中心主义”或“哲学中心主义”或“理性中心主义”的坚守者呢？就胡塞尔的努力而言，回答应当是肯定的。只要我们还将哲学视为一种为希腊人最先发现的寻求与认识真理的方式，以及根据真理来规定自己的生活的方式，那么对它在人类思想史上的中心地位的确认就是不言自明的。但这个意义上的“中心主义”显然不同于前面意义上“中心主义”。“古希腊”或“哲学”已不再是一个地域概念或民族概念，而是一个对于人类共有的思维方式、共同的思想追求以及可以共同分享的精神财富的称号，也是人类共有的、民族的和超民族的文化类型。正如我们今天若将玄奘的西行取经责之为“印度中心主义”将会是偏执可笑的一样，胡塞尔对古希腊哲学的追溯与敬崇若被冠以“欧洲中心主义”也同样不只是苛求古人的，而且还真正是不明事理的。

希腊哲学对于西方文化的根本影响是在文艺复兴之后发生的事情，在此之前的希腊，通常并不被看作西方的组成部分。即使在今天，希腊文化虽然被视作西方文化的源头，但并不被视为西方文化本身，无论是在斯宾格勒那里，还是在汤因比那里。希腊文化甚至被看作是西方文明的对立面。胡塞尔在“改造”文章中和在后期的《欧洲科学的危机与超越论现象学》著作中，都带有从偏离古希腊精神的当代西方回溯到其真正源头上去的想法和主张。在这个意义上，胡塞尔是希腊中心主义者而非西方中心主义者。同样在此意义上，但经过必要的修正，尼采和海德格尔也都是希腊中心主义者而非西方中心主义者。

事实上，在胡塞尔“改造”伦理学方面，更值得注意的是它的规范伦理学的色彩。它有别于胡塞尔战前和战后两个时期的现象学伦理学。严格说来，胡塞尔战时的费希特讲演和战后的“改造”伦理学文章，都是规范伦理学方向上的思考，而不能算作真正意义上的现象学伦理学或道德意识现象学，即使胡塞尔在这里仍然坚持它的方法是现象学的，即本质直观的。

通过“改造”伦理学表达出的一个核心思想就是将道德、伦理的生活建基于理性之上的要求和主张。而这里的一个预设在于，理性在这里被当作一种规范性的东西，伦理生活因此也被当作一种经过理性规范的生活。胡塞尔所说的“改造”，也就是将无理性、无规范的生活改造成为有理性、有规范的生活。

这个思路与胡塞尔在战前伦理学讲座和战后伦理学讲座中表述的伦理学想法有所不同。① 也就是说，在胡塞尔发表文字中给出的伦理学思考恰恰不同于在他讲座中表达的伦理思想。如果胡塞尔在“改造”文章中表达的是与康德相近的伦理学或道德形而上学诉求，那么在战前的伦理学讲座中，他的伦理学更多是带有布伦塔诺痕迹的伦理认识起源的现象学，而在战后伦理学讲座中则更多是处在狄尔泰影响下的作为精神哲学的人格发生的现象学。

或许我们可以这样来定义现象学意义上的伦理学：现象学的伦理学意味着通过反思和本质直观的方法来把握道德意识的结构与发生，它包含本性伦理学（道德意识的结构学）和习性伦理学（道德意识的发生学）。而它们与胡塞尔的“改造”伦理学只具有比较间接的关系。②

---

① 关于胡塞尔的战前和战后的伦理学讲座，可以参见本卷第三幕“一战前与一战后的伦理学讲座”一章。

② 在2014年9月16-20日于布拉格举办的“生命与身体”国际会议上，韩国首尔大学哲学系李南麟教授做了“胡塞尔与孔夫子的改造伦理学”的报告。笔者在随后的讨论中提出了自己的看法：笔者十分赞赏李南麟对胡塞尔与孔子的比较研究尝试，认为他率先指出了在这两种思想之间存在的少数几个共同点之一。但笔者同时认为这两者之间的思想风格差异更大。胡塞尔战后的改造伦理学并非他之所长，而是与他战时的“费希特讲演”一样，出自由时局促发的“教授激情”，基本可以纳入到近代以来“规范伦理学”或“应当伦理学”的总体发展脉络中。真正具有现象学伦理学特点的还是他的与孟子心性学相似的道德意识描述伦理学的思考和努力。此外，孔子思想的实践伦理学特征也与胡塞尔的理论伦理学诉求相距甚远，前者主张根据具体不同的人、具体不同的时机来提出具体不同的伦理要求，后者则力图把握人性中共同的、不变的东西，即具有普遍性和永恒性的东西。

1921 年：与中国的失之交臂

如前所述，张君劢于 1921 年 3 月 21 日陪同蔡元培去耶拿拜访奥伊肯，咨询邀请德国名哲赴中国讲学的计划。奥伊肯认为纳托尔普(Paul Natorp,1854–1924)和李凯尔特都年事已高，长途旅行恐体力不支，因此建议找一个五十岁以下的德国学者代替。最后共同商定选择了生机论者杜里舒(Hans Driesch,1867–1941)，即使他也已年逾五十。而原先列在候选名单上第三位的胡塞尔被忽略了过去，他比杜里舒年长了八岁。[①]

的确，胡塞尔在此半个多月之后(4 月 8 日)便要庆祝他的 62 岁生日了。关于这个生日宴会的报告有限，但基本可以确定的一点，雅斯贝尔斯参加了这次的胡塞尔生日宴会。

卡尔·雅斯贝尔斯

按照雅斯贝尔斯(Karl Theodor Jaspers,1883–1969)本人的两处回忆，他早先于 1913 年便在哥廷根拜访过胡塞尔，[②]而后于 1921 年 4 月 8 日又应邀在弗莱堡参加过胡塞尔的生日宴会，两次都是顺访胡塞尔。在后一次的胡塞尔生日宴会上，他结识了胡塞尔的助手海德格尔，两人后来一同站到反对胡塞尔权威的统一战线中。[③]

---

① 参见李贵忠：《张君劢年谱长编》，同上书，第 35 页。

② 参见 Karl Jaspers, *Rechenschaft und Ausblick*, München: R. Piper Verlag, 1958, S. 386f.

③ 不过雅斯贝尔斯在发表的文字中自认为是于 1920 年 4 月 8 日在弗莱堡举行的胡塞尔寿辰庆典上认识海德格尔的。参见 Karl Jaspers, *Philosophische Autobiographie,* München: Piper, 1977, S. 92; 他的学生汉斯·萨尼尔在为他写的传记中据此也如实引用。参见汉斯·萨尼尔：《雅斯贝尔斯》，张继武、倪梁康译，北京：三联书店，1988 年，第 45–46 页。可是按照施皮格伯格 1962 年采访雅斯贝尔斯时的记载以及舒曼在《胡塞尔年

对于雅斯贝尔斯与胡塞尔和海德格尔的这段交往史，我们现在只能从雅斯贝尔斯的回忆录中略知其大概。而其中有一点是可以确定的：雅斯贝尔斯在弗莱堡第一次见到胡塞尔和海德格尔时便发现，他与海德格尔之间有一种“在反对抽象秩序之权威的过程中两个青年人之间的团结性”。[①] 这些说法给人带来两方面的感觉：一方面。这里的“抽象秩序权威”是针对胡塞尔而言，但并无实质性的具体内容；另一方面，“青年人之间的团结性”同样是无内容的空洞形式，似乎是年轻人对年长者的纯粹为反抗而做的反抗，而且后来随着各自思想内容的充实而逐渐转变成为年轻人彼此间的对立。[②]

雅斯贝尔斯的这个回忆写于战后，显然已经含有对他与海德格尔之间从团结到分裂之经历的酸楚滋味。但就胡塞尔这方面而言，可以根据施皮格伯格的记录确定，雅斯贝尔斯自始至终没有改变他的这个印象，即胡塞尔是他喜欢的学者，但并不是一个伟大的哲学家。

在 1933 年希特勒上台后直至二战结束前，雅斯贝尔斯都因其妻子的犹太裔而随时处在受纳粹迫害的致命威胁之下。他几次尝试逃离德国未果，最后不得不做最坏的打算：如果纳粹前来抓捕他的妻子送往集中营，他们就一同自杀。后因盟军的进攻迅速，提前占领了海德堡，雅斯贝尔斯夫妇才侥幸逃过此劫。雅斯贝尔斯随后在战后德国

谱》中对此记载的引用：这次结识应当与 1921 年的胡塞尔 62 岁寿辰庆典有关（*Husserl-Chronik*,246）。施皮格伯格的最初的说法可以参见 Herbert Spiegelberg, *Phenomenology in Psychology and Psychiatry – A Historical Introduction*, Evanston: Northwestern University Press, 1972, pp. 176–178，以及 Herbert Spiegelberg, *Scrap-Book*, Karl Jaspers: Page Two.（这份由多个打印稿组成的“剪贴簿”应当是施皮格伯格在撰写《现象学运动》前后采访现象学运动当事人的各次谈话记录与感想。该“剪贴簿”现存于慕尼黑巴伐利亚国家图书馆手稿部；复印件保存在浙江大学和中山大学的两个现象学文献馆中。施皮格伯格在笔记本封面写有：“引用之前需核实”。）

① 参见 Karl Jaspers, *Philosophische Autobiographie*, a.a.O., S. 92f.

② 关于雅斯贝尔斯与海德格尔的关系还可以参见笔者的文章“海德格尔书信考”，载于笔者：《会意集》，北京：东方出版社，2001 年，第 76–88 页。

大学的学术重建和去纳粹化的过程中发挥了重要作用。也正是因为他的政治审查，海德格尔战后未被允许在弗莱堡大学继续执掌哲学教椅。

桑巴特在其回忆录中评论说："直到 1945 年，雅斯贝尔斯都被禁止发言，之后才活跃起来，成为第一个以'集体罪责论'要求所有德国人对迫害及屠杀犹太人负责的人士，这并不是在政治层面上，那是次要的，而是在精神道德上。"[①] 尽管桑巴特在回忆录的字里行间流露出对雅斯贝尔斯的为人做派的不喜欢或无好感，但仍然佩服他的勇气与政治上的不妥协精神。他对雅斯贝尔斯因无法贯彻自己的观念而于 1948 年辞职，失望地离开海德堡，前往瑞士巴塞尔执教而感到遗憾，"我们完全知道雅斯贝尔斯的重要性，他的离开是一种厄兆。"[②]

由于雅斯贝尔斯是第一个将现象学方法运用在心理诊疗和心理病理学中的心理学家，[③] 因而他与胡塞尔的思想联系十分值得探讨，而且至今为止，这在哲学心理学界与心理哲学界都仍然是一个活跃的论题。对此问题较为详细的阐释还可以参见本书第二卷第十二章"胡塞尔与雅斯贝尔斯：现象学与心理病理学"。

1922 年 6 月的伦敦讲演

最早还在 1921 年 12 月 24 日，胡塞尔便在致英加尔登的信中告知，他接受了伦敦大学的邀请，大约在四月底或六月底去做四个讲座。一个多月后，胡塞尔在 1922 年 2 月 1 日致纳托尔普的信中说："现在

---

① 参见桑巴特：《海德堡岁月》，南京：江苏人民出版社，2007 年，第 169 页。

② 参见桑巴特：《海德堡岁月》，同上书，第 169–171 页。

③ 参见 Karl Jaspers, „Die phänomenologische Forschungsrichtung in der Psychopathologie“, in: *Zeitschrift für die gesamte Neurologie und Psychiatrie*, 9, 1912, S. 391–408.

我正在起草四篇伦敦讲演！这是伦敦大学正式要求我去做的，我不能拒绝。我还应当在剑桥讲话，整个时间我都客居在道斯·希克斯那里。我会在六月初（圣灵降临节后）去做这些讲演”（Brief. V,152）。

这里提到的希克斯（G. Dawes Hicks,1862–1941）是促成此次胡塞尔赴伦敦的发起人和邀请人，时任伦敦大学的道德哲学首席教授。胡塞尔之所以接受这个报告，在很大程度上是因为他想要实施他自1916年到达弗莱堡后便开始计划的“系统著作”和“主要著作”。笔者在前面“自1918年开始的著述计划：弗莱堡时期的‘现象学哲学体系’巨著计划”一章中已经谈到这个计划，“伦敦讲演”实际上是这个计划的初次具体实施。在这封给纳托尔普的信中，胡塞尔写道：“我的情况远比您的要糟糕得多，因为我的毕生工作的绝大部分都还滞留在我的手稿中。我几乎要诅咒自己无能力完成这项工作以及我只是这么晚——部分地只是现在——才获得了这种普全的体系的想法，这些思想是我迄今为止所有个别研究所要求的，并且它们现在也迫使我去改进所有这些个别研究。一切都处于重构的阶段！也许，我以人所能鼓足的一切干劲来做的努力都只是为了我的遗稿而工作。无论如何，只希望它圆满成功，并且不会来得太迟”（Brief. V,151f.）。

1922年6月2日，胡塞尔赴伦敦旅行度假的申请获得校长的批准。他于当月赴伦敦，在伦敦大学于6日、8日、9日、12日下午五点半分别做了总标题为“现象学方法与现象学哲学”的四场讲演。

除了前面的一个题为“现象学哲学的普遍任务”的引论之外，这四次讲演的题目依次为：

第一讲：通向本我-我思（ego cogito）的笛卡尔式道路与现象学还原的方法。

第二讲：现象学经验的王国与一门现象学科学的可能性。超越论现象学作为超越论主体性的本质科学。

第三讲：超越论现象学与可能认识、可能科学、可能对象性与世界的问题。

第四讲：一门作为科学论的逻辑学的具体观念与所有存在论的体系。未来现象学哲学的具体目标。[①]

这可以说是胡塞尔的“体系著作”构想的最初公开表达。笔者在前面的“弗莱堡时期的‘现象学哲学体系’巨著计划”一章中已经说明，胡塞尔的“体系著作”最终是以意识哲学的三重结构形态表现出来的，即使它没有得到最终的完成：现象学哲学的**结构体系**、**方法体系**和**历史体系**。在伦敦讲演的这个方案中，胡塞尔在历史体系的最后一方面，即在时间、发生、历史方面的思考还没有被纳入其中，因为这也是胡塞尔自 1916 年开始思考的一个主要内容，但他始终不认为这些思考已经到了可以公开讲述或发表的程度。[②]

这里可以插入海德格尔自述的一段胡塞尔轶事：胡塞尔去伦敦时，海德格尔曾到弗莱堡火车站为胡塞尔送行。后来他在与朋友们交谈中以调侃的方式提到他在送行时与胡塞尔的一段对话：他问胡塞尔，除了绝对意识这一方面与自然另一方面之外，历史位于何处？胡塞尔回答说：“历史？——是啊，我忘了历史……”[③]

这里也可以注意到海德格尔对胡塞尔哲学的基本批判立场。而许多与胡塞尔同时代的哲学家如狄尔泰，或后胡塞尔的哲学家如利

① Edmund Husserl, „Phänomenologische Methode und phänomenologische Philosophie <Londoner Vorträge 1922>“, in *Husserl Studies*, 16, 1999, pp. 183–254. 后来收入 Hua XXXV, 311–340.

② 对此可以参见笔者在“意识分析的两种基本形态：意识活动分析与意识权能分析——兼论通向超越论-发生现象学的莱布尼茨道路”（载于《学术月刊》，2021 年，第 8 期）一文中对胡塞尔弗莱堡时期的在纵意向性学说、发生现象学、意识权能现象学、历史现象学等标题下所做思考的详细论述。

③ 参见 Heinrich Wiegand Petzet, *Auf einen Stern zugehen. Begegnungen und Gespräche mit Martin Heidegger 1929 bis 1976*, Frankfurt a. M.: Societäts-Verlag, 1983, S. 86.

科，都在这一点上达成对胡塞尔哲学思想的一致的否定性看法：胡塞尔在哲学思考中是只关注永恒不变而不顾及历史变化的，就像柏拉图不愿意叙述历史一样。

但这里需要说明两点：其一是胡塞尔如前所述在其系统著作构想中为历史问题留下了三分之一的篇幅。听过胡塞尔弗莱堡期间的讲座或了解胡塞尔在此期间的研究手稿的人，如英加尔登、海德格尔、米施，甚至勒维纳斯等，都应当知道胡塞尔的观点："'非历史的'胡塞尔之所以时而不得不与历史保持距离（他极度地关注历史），恰恰是为了在方法中能够走得如此远，以至于可以对历史提出科学的问题"（Brief. VI,283）。[①] 因为他自己已经在这个超越论-发生现象学的领域中勤奋地耕作了多年。它的纲领已经在他写于 1916 年的两篇研究文稿中得到展示，首先是作为意识权能的现象学。

其二，胡塞尔并不认为自己已经能够解决他在 1910 年的《哲学作为严格的科学》长文中提出的历史主义问题，当然也不认为他曾经批评的狄尔泰以及他未曾批评的特洛尔奇等人已经解决了这个问题。直到在后期的《欧洲科学的危机与超越论现象学》中，他才将自己关于历史主义危机以及历史主义克服之问题的想法公之于众。——坦率地说，历史主义的危机与克服直至今日对于哲学家来说仍然是一个难解的问题。

无论如何，胡塞尔在伦敦的讲演是成功的。根据范·布雷达在 1938 年 9 月 1 日与马尔维娜的谈话中所记录的她的回忆："在最后一次报告结束时，胡塞尔对这次的掌声［他在每次报告后都得到掌声］

---

① 对于海德格尔与胡塞尔在历史问题上的相同与相异，笔者在"胡塞尔与海德格尔的历史问题：历史哲学的现象学-存在论向度"一文中有详细论述，可以参见笔者：《胡塞尔与海德格尔：弗莱堡的相聚与背离》，同上书，第七讲，第 157-180 页。

感受非常强烈。他自发地开始谈起他的生活，温情而坦诚。他说，现象学是作为一个出乎意料的和不受欢迎的客人来到他的生命之中的。诞生是极为困难的。但它带着清晰的证明来到精神面前，这些证明不允许我去回避它们。"①

演讲期间和讲演之后胡塞尔都住在剑桥的希克斯家中。胡塞尔在多年后还在答复希克斯的另一次邀请去牛津参会的信(1930 年 3 月 15 日)中回忆起他们在希克斯书房的火炉边谈论笛卡尔式沉思的基本思想的"美好而难忘的夜晚"。但胡塞尔拒绝了这个第二次参会的邀请(Brief. VI,180)。

胡塞尔在此期间还会见或偶遇了英国的一些哲学家如沃德(J. Ward)、布劳德(C. D. Broad)、斯托特(G. F. Stout)、摩尔(G. E. Moore)。吉布森在 1928 年访问弗莱堡期间曾记录下胡塞尔后来对此次英国之行的两次回忆，第一次是于 6 月 24 日："胡塞尔在剑桥的希克斯家里度过了一段美好时光，他非常享受那里的围炉夜聊、皮质扶手椅和烟草。他在那里遇见了沃德，还与斯托特偶遇，后者当时正在剑桥做监审员。他提到了《分析心理学》和《心理学手册》，认为斯托特从布伦塔诺开始其研究，是与他本人的最佳切近之处，并对自己没研究过斯托特的《心理学手册》表示遗憾，但现在为时已太晚：他老了，没有能力做这种阅读了。他注意到了沃德在德国攻读博士学位时所做的一切以及他的其他优点。"② 此后的另一次是在 10 月 19 日："胡塞尔是在剑桥遇见布劳德和斯托特的，他们当时是那里的校外主

---

① 参见存于比利时鲁汶胡塞尔文库的列奥 · 范布雷达的卡片(原文为荷兰文)：Fichier Van Breda, Gespräch mit Malvine H., 1.IX.38; 这里的引文转引自 *Husserl-Chronik*, 261.

② 鲍伊斯 · 吉布森："从胡塞尔到海德格尔—— 1928 年弗莱堡日记节选"，同上书，第 323 页。

考(external examiners)。他无法和斯托特交流，因为后者不懂德语，每件事都要借助翻译。他们带他去拜访了摩尔，摩尔很欣赏《逻辑研究》，但却接受不了《观念》。胡塞尔觉得布劳德不愿拿出必要的时间去了解现象学，摩尔也是如此。但这很可能是由于他没考虑到当时风行英国的现实主义态度。”[①]

胡塞尔夫妇于6月16日结束英国之行，开始返程，不久便回到弗莱堡。接下来他在这年冬季学期(1922/23)开设的“哲学引论”的讲座，是对四次伦敦讲演的进一步扩展，共六编，包含了伦敦四讲的四编，此外还加上了另外两编：

第一编：“关于哲学观念的前沉思”。

第二编和第三编的标题与伦敦四讲中的前两讲的标题完全一致，即：第二编：“通向本我-我思(ego cogito)的笛卡尔式道路与现象学还原的方法”，以及第三编：“现象学经验的王国与一门现象学科学的可能性。超越论现象学作为超越论主体性的本质科学”。

第四编是新加入的一编：“通向一门绝然(apodiktisch)科学的道路：对超越论主体性的绝然批判”。

第五编的标题与伦敦四讲中的第三讲相比有所更改扩充：“超越论现象学作为超越论主体性的本质科学与可能认识、可能科学、可能对象性与世界的问题”。

最后的第六编标题基本上保留了伦敦四讲中的第四讲标题：“一门作为科学论的逻辑学的具体观念与所有存在论的体系。一门未来现象学哲学的具体目标”。

从标题上看，原先的伦敦四讲被扩充为“哲学引论”讲座的六编；

---

① 鲍伊斯·吉布森：“从胡塞尔到海德格尔——1928年弗莱堡日记节选”，同上书，第336页。

从篇幅上看，原先伦敦四讲的约 40 页的讲演文字被扩充至约 300 页的讲座稿。两份讲稿以及附录材料后来作为《胡塞尔全集》第 35 卷编辑出版，题为《哲学引论》[①]。实际上它的标题更应当叫作《哲学引论与伦敦讲演》，就像《胡塞尔全集》第 1 卷题为《笛卡尔式沉思与巴黎讲演》一样。

胡塞尔构想的体系巨著的最初是以伦敦讲演开始的，但因为种种内在的和外在的原因而最终未能顺利完成。但无论如何，它在其后期的三地讲演（伦敦、巴黎、维也纳）中得到表露并在此他的后期三书（《形式逻辑与超越论逻辑》、《笛卡尔式沉思》与《欧洲科学的危机与超越论现象学》）中以分散的、局部的和总体未完成的方式得到发布。

最后，关于胡塞尔在英国的这段历史，还可以参考现象学运动的历史学家施皮格伯格的论文"胡塞尔在英国：事实与教训"，《不列颠现象学学会期刊》的编者在其创刊号上将之作为首篇文章刊登出来，[②]由此也可见胡塞尔这次讲演旅行对于英国现象学运动发展的重要性。后来可以与之相比的当然还有胡塞尔的巴黎讲演和维也纳讲演，而较少为人所知的还有阿姆斯特丹讲演和布拉格讲演。这些是胡塞尔在

① Edmund Husserl, *Einleitung in die Philosophie. Vorlesungen 1922/23*, Hua XXXV, hrsg. von Berndt Goossens, Dordrecht: Kluwer Academic Publishers, 2002.

② Herbart Spiegelberg, "Husserl in England: Facts and Lessons", in *Journal of the British Society for Phenomenology,* vol. 1, no. 1, 1970, pp. 3–15. 后来收入他的文集：Herbert Spiegelberg, *The Context of the Phenomenological Movement*, Phaenomenologica 80, The Hague: Martinus Nijhoff, 1981, pp. 144–161. ——施皮格伯格在文章中对胡塞尔的英国之行做了详细的历史考证，补充了在当时公众所知的资料之外的许多细节，例如希克斯邀请胡塞尔的背景和起因，以及胡塞尔在伦敦还参加过希克斯主持的"亚里士多德学会"的一次报告会：格林武德（T. M. Greenwood）"几何与现实"的报告会（ibid. 1 ff.），并且质疑了一些流传的说法，包括胡塞尔本人的回忆，例如摩尔表示能够接受《逻辑研究》，却无法接受《观念》，如此等等。施皮格伯格在这篇文章中展示了一个历史学家对细节的偏好。后面笔者在涉及施皮格伯格的介绍时还会再回到他在现象学运动史方面所做的贡献和存留的问题上来。

德国之外的所有讲演，均在欧洲的范围内。胡塞尔一生没有走出过欧洲。

柏林大学的聘请

时至1923年夏，用弗莱堡大学的历史学家奥特(Hugo Ott)的话来说，“弗莱堡的现象学学派面临一次出走(Exodus)的危险。”[①]他在这里使用的“Exodus”是《新约圣经》的摩西五经中的第二经标题，即：“出埃及记”(ἔξοδος)，它记录的是摩西带领以色列人从埃及出走的历史事迹。而在这里，它被用来暗示胡塞尔带领他的现象学团队离开弗莱堡迁移至普鲁士首都柏林的可能性：尽管胡塞尔这年已经64岁，但他还是收到了柏林大学的聘请：接替著名历史学家恩斯特·特洛尔奇(Ernst Troeltsch)的讲席。弗莱堡大学哲学系动用了一切力量来挽留胡塞尔。他最终拒绝了柏林的邀请，决定留在弗莱堡。

奥特认为，这是因为“胡塞尔一家在此期间与弗莱堡和南部风光的联系过于紧密，而且弗莱堡的空间为他们提供的潜能要远大于柏林所能提供的诱惑。除此之外，离退休还有几年的时间。需要仔细地为他讲席的交接做准备：在马堡冉冉上升的明星马丁·海德格尔的光芒投射到了南方。对于胡塞尔来说，将他的‘学生’带回弗莱堡作他的继任者，这从一开始(a limine)就是毫无疑义的。”[②]

奥特在此提到的促使胡塞尔留在弗莱堡的三个原因当然是有根

① 参见 Hugo Ott, „Philosophie und Psychologie“, in Eckhard Wirbelauer (Hrsg.), *Die Freiburger Philosophische Fakultät 1920–1960. Mitglieder–Strukturen–Vernetzungen*, Freiburg/München: Verlag Karl Alber, 2006, S. 445.

② Hugo Ott, „Philosophie und Psychologie“, a.a.O., S. 445.

据的:1.欧洲中南部的绮丽风光,2.学校提供的条件和3.讲席继任者的安排。这里只需对此三点做一些具体补充。

其一,胡塞尔对欧洲中南部地区风光的偏好由来已久。还在哈勒和哥廷根时期,胡塞尔一家人就常常南行赴奥地利、意大利和瑞士等地旅行度假。胡塞尔利用这个机会要么进行心灵休整,摆脱因紧张思考而引发的忧郁症,要么易地继续工作思考,著名的西费尔德手稿和贝尔瑙手稿等等都是在南部的度假地完成的。胡塞尔对南部环境的依恋和倚赖很早就已形成。

其二,关于校方提供的条件,胡塞尔利用此次机会与柏林教育部和弗莱堡大学校方进行了谈判,得到了进一步的支持:为他的教学活动配备一名教学助理,为他的研究活动配备一名研究助理。由于胡塞尔的助手海德格尔在这年到马堡担任副教授,因而原有的一个助手位置由贝克尔接替,新增的一个助手位置提供给兰德格雷贝。此外,哲学专业的图书经费也得到了增加(*Husserl-Chronik*,271)。

其三,关于海德格尔作为讲席继任者的考虑和安排可以参见笔者在《胡塞尔与海德格尔:弗莱堡的相遇与背离》中的专门讨论,以及在后面的补充引证。[①]

但所有这些都还不算是那个促使胡塞尔从一开始就没有考虑去柏林,而是决定留在弗莱堡的主要原因,这个原因是他自己在1923年8月19日致他的学生和朋友威廉·斯基拉奇[②]的信中给明的:"我

---

① 倪梁康:《胡塞尔与海德格尔:弗莱堡的相遇与背离》,同上书,第二讲"胡塞尔与海德格尔关系史中篇:1923-1928年",第34-54页。

② 斯基拉奇(Wilhelm Szilasi,1889-1966)出生在布达佩斯,1910年在布达佩斯完成博士学业,后来担任布达佩斯的高级文科中学的老师,以及布达佩斯大学的教授;1919年移居弗莱堡,加入胡塞尔的学生圈并因此而结识了海德格尔,与胡塞尔和海德格尔有较为密切的往来。二战后海德格尔被禁止在弗莱堡大学继续执教,由此空缺下来的讲席

为您的亲切来函由衷地感到高兴，并且感谢您和您亲爱的夫人的热情祝贺。我想，我选择了更好的部分，而且现在更想与弗莱堡心心相连。我希望在这里还能完成我的一些思想方案，并因此而能够达到内心的宁静。我几乎无法适应柏林的喧闹，而我的内心的持续工作会因此而终结的”（Brief. IV,505f.）。而在当月 31 日致他的波兰弟子英加尔登的信中，胡塞尔也报告说：“我也得到了现象学的赐福，我始终富有成效地继续研究，从未像这几年一样多产。在德国的影响获得令人惊讶的扩展，现在我虽然已经 64 岁，甚至还收到并拒绝了柏林方面对我接任特洛尔奇讲席的聘请。我忠实于我的生活使命，并且想与被允准给我的两名助手一起在教学和研究方面再有一番作为”（Brief. III,218）。

可以说，胡塞尔的去留决定与他始终具有的使命意识内在相关。对于这个决定，胡塞尔在 1933 年纳粹攫取政权并开始反犹计划之后应当会感到庆幸。倘若胡塞尔生命的最后几年是在柏林的政治喧嚣中度过的，那么情况对他而言显然要会比在弗莱堡恶劣许多倍。后面将会表明，弗莱堡的环境尽管最终间接导致胡塞尔的过早离世，但至少为他争取到了五年的时间。尽管过往的历史是容不得假设的，但在 1933 年之后的柏林氛围中，很难想象胡塞尔还能撰写和发表类似《欧洲科学的危机与超越论现象学》那样的著述文字！

而马尔维娜也在 1923 年 10 月 31 日致贝尔的信中写下自己对此事的感想：“如果我想到，我丈夫在哈勒如何独孤地在《逻辑研究》上

于 1947–1957 年由当时居住在瑞士的斯基拉奇代理，他同时也被任命为弗莱堡大学的名誉教授。海德格尔于 1951 年退休，斯基拉奇于 1957 年退休。直至 1964 年，空缺的哲学系第一讲席才由维尔纳·马克斯（Werner Marx,1910–1994）正式接任。参见 Eckhard Wirbelauer (Hrsg.), *Die Freiburger Philosophische Fakultät 1920–1960. Mitglieder–Strukturen–Vernetzungen*, a.a.O., S. 101, S. 463f., S. 845, S. 1011.

工作了十年，而后来他又如何受到攻击，即使是在哥廷根时期，他不得不为一个正教授位置等待了那么久——而他现在得到了如此广泛的认可。（这个夏天例如有三个现象学家受聘到普鲁士：盖格尔到哥廷根，海德格尔到马堡，我丈夫到柏林。）”（Brief. III,53）

海德格尔在接替胡塞尔讲席的五年之后（1933 年）也收到过纳粹政府的文化部长聘他去柏林大学担任哲学讲席教授的邀请，而且如海德格尔和芬克所说，“这个聘任与一个特殊政治任务相关联”。[①] 海德格尔最终也拒绝了这项聘任。笔者在本书第二卷第三十五章“胡塞尔与欧根·芬克（一）：现象学与哲学方法论”阐述芬克与海德格尔的关系时对此次不同寻常的聘任事件还有进一步的详细说明。

国际交流学生

在前引胡塞尔 1923 年 8 月 31 日致英加尔登的信中，他在报告其柏林大学聘任的国内影响前还谈到现象学当时产生的国际影响：“现象学正向外产生几何级数的影响，来参加研讨班与讲习课的外国人几乎可以说是太多了，但其中有些人是弥足珍贵的。现象学开始影响美国、日本、英国的年轻一代，俄国十分活跃，如此等等”（Brief. III,218）。

胡塞尔在这里提到的现象学的国际影响实际上在哥廷根时期就已经显露出来。他的致函对象英加尔登本人就是来自波兰的外国人，从哥廷根时期随胡塞尔学习。而在施泰因的回忆录中提到的便有加拿大人贝尔、来自俄罗斯的柯瓦雷、“一位想在源头上学习现象学

---

① Martin Heidegger, *Reden und andere Zeugnisse eines Lebensweges*, GA 16, Frankfurt a. M.: Vittorio Klostermann, 2000, S. 163.

的俄国教授”（施佩特），以及施泰因没有提到的来自美国的霍金等等。按照舒曼的说法，“在胡塞尔哥廷根时期的学生中占有一定比重的是斯拉夫学生，而在弗莱堡时期则除了美国人之外主要是日本人”（Brief. X,51,Anm.88）。

日本：田边元等

按照卡尔·舒曼的说明，“在胡塞尔哥廷根时期的学生中占有一定比重的是斯拉夫学生，而在弗莱堡时期则除了美国人之外主要是日本人”。不过，就笔者目前已经见到的资料来看，二十世纪二、三十年代到弗莱堡先随胡塞尔，后随海德格尔学习现象学的日本学生和学者人数之众多，实际上应当已经超过了来自美国的学者与学生，自然也超过除德国本土之外任何一个其他国家的学者和学生。[①]

从一个案例中已经可以看出胡塞尔在弗莱堡时期的日本学生的数量众多：1936 年，胡塞尔的犹太籍弟子卡尔·勒维特经他的同学九鬼周造（Kuki Syuzou,1888-1941）的介绍[②]，离开德国，流亡至日本仙台的东北大学任教。到达仙台时，他应当会发现，那里已经有三位同事是胡塞尔弗莱堡时期的学生：高桥里美（Satomi Takahashi）、小山鞆绘（Tomoye Oyama）以及三宅刚一（Goichi Miyake）。胡塞尔在 1937 年 2 月 22 日致洛维特的信中便衷心地祝贺洛维特顺利到达仙台，

---

① 这里所说的“学者”和“学生”，分别是指已经在本国获得博士学位，而后到弗莱堡访问学习的人，以及尚未获得学位，还在大学期间到弗莱堡访问学习的人。笔者尚未发现在胡塞尔这里申请并获得博士学位的日本人。

② 参见卡尔·洛维特：《一九三三：一个犹太哲学家的德国回忆》，同上书，第 192 页。——此外，关于九鬼周造与海德格尔的关系，已有许多原始文献和讨论文章。这里只需补充一条与胡塞尔相关的信息：他显然早已了解九鬼周造，因而在 1937 年 5 月 5 日致兰德格雷贝的信中提到九鬼周造时在他名字后面加了扩号说明“（显然深受海德格尔的影响）”（Brief. IV, 372）。

"来到我的老朋友中间"。这里所说的"老朋友"，按书信集编者舒曼所做的说明就是指上述三位日本学者和学生（Brief. IV,397,Anm.1）。

另一个证明是由西田几多郎（Kitaro Nishida,1870–1945）提供的，他在 1925 年 5 月 20 日致胡塞尔信中写道："现在我们国家许多能干的、曾在您那里学习过的年轻学者陆续回到他们的祖国。所以我相信，您的现象学也会在我们这里得到广泛的传播。已在本地的［京都］大学讲授现象学的有田边教授，而在东京商学院讲授现象学的还有山内教授"（Brief. VI,307）。[①]

以上提到的日本人都还不在 1924/25 年冬季学期参加胡塞尔的著名"贝克莱研讨课"的听众名单中。这门课程的参与者中有案可稽的日本人是铃木弘（Hiroshi Suzuki）、矢崎美盛（Yoshimori Yasaki）[②]、藤田（Kiyozo Miyata）和宫本和吉（Miyamoto Wakichi）博士。田边元此时已经回到京都大学，并正在开设关于胡塞尔现象学的讲座。上面列出的"贝克莱研讨班"的日本参与者中，最后一位就是田边元在 1924 年 6 月 23 日致胡塞尔信中曾经引荐过的他的挚友（intimer Freund）宫本博士。除此之外，田边元在这封信中还提到过他的另一位同事有可能会去拜访胡塞尔：天野博士（Dr. I. Amano）（Brief. IV,511）。

除此之外，于此期间在《胡塞尔书信集》和《胡塞尔年谱》中出现的日本人名如此之多，以至于很容易推断，当时的弗莱堡已成为日本思想界的现象学朝圣地。看起来若有人要想写一本题为《胡塞尔与日本人》的专著的话，这本书的篇幅应当会相当大，且不见得小于《海

---

① 西田提到的这位山内教授（Prof. Yamanouchi）是山内得立（1890–1982 年），时任东京商科大学教授，后任京都大学教授。

② 矢崎本人还曾在 1925 年 7 月 25 日从柏林致函胡塞尔，并让另一位日本人稻毛金七（Kinshichi Inage）将他的信面交胡塞尔，以此方式向胡塞尔推荐了这位希望跟随胡塞尔学习现象学的送信人。（Brief. IV, 527）

德格尔与日本人》的专著。关于胡塞尔与日本人的关系论述或许可以分为二十年代和三十年代的上、下两篇。而上篇中最重要的一章当属来自京都大学的田边元(Hajime Tanabe,1885–1962)。毋庸置疑,在二十年代到弗莱堡跟随胡塞尔学习的众多日本学者和学生中,田边元可以被视作其中最著名的人物,而他在这个时期与胡塞尔一家的关系也是最为密切的。[①]

在 1994 年出版的十卷本《胡塞尔书信集》中,第四卷"弗莱堡弟子"的书信集收录有田边元致胡塞尔的七封或长或短的书信,其中包括前面提到的在第一封信中表示要为战后生活拮据的胡塞尔捐赠一台打字机费用的 1922 年 10 月 4 日的信函(Brief. IV,509),以及回国后帮助胡塞尔的"改造文"索要改造社欠发稿酬的 1924 年 6 月 23 日的信函(Brief. IV,512f.)。但很明显,并非田边元致胡塞尔的所有书信都被收录于《胡塞尔书信集》中,不仅 1922 年 10 月之前和 1925 年 7 月之后的信函下落不明,而且在这段时间之内的通信也有缺失。

而胡塞尔写给田边元的信函则缺失更多,一封都未收入《胡塞尔书信集》。不过,胡塞尔夫妇于 1925 年 3 月 19 日写给田边元的两封较长信函的原件现存于日本群马大学(Gunma University)图书馆田边元文库中,其内容具体丰富,弥足珍贵,[②] 它为后人提供了胡塞尔夫

---

① 而下篇中可以讨论三十年代在弗莱堡随胡塞尔与海德格尔学习哲学的日本学者和学生。其中的代表人物当属法学家尾高朝雄(Tomoo Otaka,1899–1956),以及文学评论家和诗人芳贺檀(Mayumi Haga,1903–1991)。关于芳贺檀与胡塞尔的思想交流,可以参见他本人在纪念胡塞尔文章中的回忆文字:芳贺檀:"短暂的相逢",冯芳译,载于倪梁康(编):《回忆埃德蒙德·胡塞尔》,同上书,第 299–301 页;而关于尾高朝雄与胡塞尔的私人关系和思想联系还可以参见笔者在本书第二卷第七章"胡塞尔与施泰因和沙普及凯尔森学派和格哈特·胡塞尔:现象学与法哲学(二)"第四节 a 中较为详细的论述。

② 这里要特别感谢中山大学廖钦彬教授为笔者提供胡塞尔夫妇信函的影印件并邀请参与他主编的《危机的时代与田边哲学:田边元逝世六十周年纪念论文集》的论文撰写工作!此外,还要感谢他为几位日本学者的中文姓名翻译提供的帮助!

妇这方面的视角，展示了胡塞尔与田边元等日本学者和学生之私人关系和思想联系的许多细节。

笔者对胡塞尔的这封德文信件的全文做了辨读和誊抄，并翻译成中文如下：

弗莱堡／布莱斯高，1925年3月19日
洛莱托街40号

尊敬而亲爱的朋友！

您的24年12月4日的来函已经在今年1月到达并且让我(而且同样也让我太太)由衷地感到高兴。可惜您没有谈到您个人的状况，也没有谈及您的教学活动和您的现在的发表情况。这些肯定是我始终最感兴趣的。我之所以回复得这么迟，是因为我想先等待您的友善礼物的到达。我以为它已经丢失了，但它在这一周还是抵达了，我们为此感到高兴：完好无损，在如此仔细的包装下也不可能是其他的情况。现在这个十分迷人的托盘在装饰着我们的餐厅，并且让我们持续地回想起别离的日本朋友。说来也巧，我现在能够送给您一个小小的回礼，我很不谦虚地相信，它会让您感到高兴。我会寄一张我的(今年1月)新拍摄的相片给您，您的日本崇拜者们(我指的是在这里学习的先生们)认为它很不错。我允许自己附加第二份相片给西田先生，作为对他的珍贵相片的迟到回礼。

我在顺利继续工作的良好状态中度过了冬季学期。我开设了在新的和深化了的观点中的直至康德的近代哲学史讲座(作为对现象学的观念史引论)。现在二月份讲的是贝克莱的《人类知识原理》。我尤其为日本听众组感到高兴：所有人都是勤奋的，而且根据我的印象都是相当有才华的。宫本和吉先生是一位非常可亲的人，他完全证实了您的热忱推荐[①]，而我很高兴他在这里感觉舒适。——关于其他先生们我也可以说同样的话，就像在哲学上已经有很大进展的铃木弘和矢崎美盛。后者的活泼令人印象深刻，而且很容易在提问时不由自主，他给人的印象是具有特殊才能；然而我并不知道，“水静底深”这个谚语是否并不适用于矢崎先生。每当他有所表达时，他所说的都是聪明的。——关于宫田喜代藏(G. Miyatas)的儒雅品性，我无须说什么。您完全了解他。——最后这里还有一位年青的初学者(神学家)北山淳友(Junyu Kityama)，他想在这里多留几年，而且从他充满活力的行动方式来看，完全可以对他抱以美好的期待。

圣诞假期时海德格尔同事在我们这里做客三天(在黑森林中位于欣特察尔腾的布赖特瑙)，下周我等他来弗莱堡这里，我们想再进行勤奋的哲学讨论。

我的著作正在缓慢地构形，我必须扩充这个著作计划，以至于它可以包纳我的整个哲学观点的系统纲领。它已经成为一项巨大的事业。由于我必须相信，完成这项事业是我的使命，因此我也必须相信，生命也将会为此给我提供足够的力量。无论如何我都会打起全部的精神。压力是很沉重的。

夏季学期我要做的讲座是：现象学的心理学(亦即不是超越论的)。

---

① 田边元此前在1924年6月23日的信中向胡塞尔推荐了他的挚友(intimen Freund)宫本博士，告知宫本“将去弗莱堡，以便在您那里学习现象学。尽管他现在不是大学教授，而是一所高级文科中学的教授，但他在哲学研究方面已经有相当的进展。至于他的性格，他是非常有伦常心的人。我尤其在这方面敬重他。他上学期在海德堡学习，现在他想在您的指导下继续学习。他会在秋天去拜访您，同时向您出示我的推荐卡片。我恭请您仁慈地接纳他”(Brief. IV, 511)。

现在,亲爱的同事,向您致以最衷心的问候,请很快再来函叙谈。

怀着敬意

您的

E. 胡塞尔

几个月前,在更换出版社时,有一些我的1891年版《算术哲学》的剩余本在转移过程中被发现(现在的出版社是莱比锡的克雷纳)。您有我的这本处女作吗?我应当寄给您一本吗?还请告知,不必拘泥。最衷心地问候西田先生。

在这封信中可以读到的信息很多。它几乎可以说是胡塞尔自己写下的二十年代中期的一个工作日志,它也将他在弗莱堡任教期间(1916-1928年)的各项工作串连起来,给出了一个节点和一条线索。笔者在这里按胡塞尔信函中的论述顺序来做一梳理。

1. 首先,从这封信来看,田边元于1924年12月4日致胡塞尔的信函没有被收录到《胡塞尔书信集》之中,这也意味着,它没有在胡塞尔文库保存的遗物资料中保留下来。[①] 但它很有可能还有复本保留在田边元的遗物资料中,前提当然是田边元的德文信函是打字稿,并同时保留了打字复本。[②]

① 是否田边元的书信像海德格尔的书信一样,因为重要而没有被胡塞尔太太留在鲁汶,而是计划与其他资料以及胡塞尔的骨灰一起运至美国,但最终因行程受阻,在二战后期于安特卫普火车站等待装运时毁于美军飞机的轰炸?对此问题只能做出猜测,无法给出答案。

② 类似的情况在《胡塞尔书信集》中曾出现过:胡塞尔在迈农于1920年去世后因其遗孀的请求提供迈农以往致胡塞尔的信函资料。胡塞尔回应说他在此期间一直没有再见到过他们十多年前的书信,因而很难满足迈农太太的请求。但他依稀记得迈农的来函是打字稿,因而提醒迈农太太,在迈农的遗稿中可能还存有打字复本(Brief. I, 149)。

2. 胡塞尔十分期待能够从田边元那里了解其教学活动和著述发表方面的情况。田边元在1925年5月10日的回信中满足了胡塞尔的要求，对自己的教学和研究做了详细的报告。笔者接下来还会说明：田边元在这个报告中如何系统地反思了自己哲学的思想来源，同时如何概括地说明了他所受的康德的主体形而上学方面以及胡塞尔的现象学方法方面的双重影响。

3. 胡塞尔在信中报告说："我在顺利地继续工作的良好状态中度过了冬季学期。我开设了在新的和深化了的观点中的直至康德的近代哲学史讲座（作为对现象学的观念史引论）。"从这个表述来看，胡塞尔的1924/25年所做的"近代哲学史讲座"，不只是在二十年代初（1921年夏季学期，1922年夏季学期）的两次同名讲座的重复，而更应当是对前一个冬季学期（1923/24年）的"第一哲学"讲座的加工后的重复。胡塞尔在前一年做完这个"第一哲学"的讲座后就一直在对它进行加工，以期日后出版，而且这个加工一直持续到了1928年，因而这里有"新的和深化了的观点"之说。这个"第一哲学"讲座分为两个部分，总共54讲：第一部分"批判的观念史"的"历史部分"的27讲与第二部分"现象学的还原理论"的"体系部分"的27讲。胡塞尔需要以每星期四讲的频率来讲授（*Husserl-Chronik*,285）。但胡塞尔最终也没有发表这些讲稿。它们是在他去世后才作为其遗稿在《胡塞尔全集》中出版的《第一哲学》的第一卷和第二卷（Hua VII, Hua VIII）。田边元没有听过这个讲座，因为它在1923/24年冬季学期第一次开讲时，田边元已经回到京都。

4. 接下来胡塞尔在信中还写道，"现在二月份讲的是贝克莱的《人类知识原理》"。从他的这个表述来看，他在这里指的更应当是"第一哲学"讲座历史部分的第22讲"贝克莱的单子论萌芽；与莱布尼茨比较。向休谟过渡"（*Husserl-Chronik*,277,Hua VII,152ff.），而不是他这个学期同时开设的“贝克莱研讨课”。无论如何，这门为高年级学生开设的“贝克莱研讨课”因为有许多重要的参与者而十分著名，例如多里翁·凯恩斯、赫伯特·施皮格伯格等，注册记录在案的便有27 人，当然也包括胡塞尔在上述致田边元的信中提到的四位日本人，而且可能还有一些未正式注册的旁听者，如鲁道夫·卡尔纳普[①]等。

5. 胡塞尔在信中提到的几位日本人，后来在哲学研究方面并没有做出显著的成就，但北山淳友是个例外。看起来他是在此期间于弗莱堡大学哲学系唯一获得博士学位的日本人，不过他撰写的是关于世亲的佛教唯识学的博士论文，这也是胡塞尔在信中也将他称作“神学家”的原因。北山淳友后来也的确如胡塞尔所说在弗莱堡“多留了几年”：事实上他用了几乎十年的时间才完成学业，并于 1934 年出版了他的博士论文。[②] 他在前言中致谢胡塞尔和雅斯贝尔斯“为他在大学学习期间提供了极有成效的启示”(第 IX 页)。

6. 胡塞尔在信中还预告了 1925 年夏季学期的讲座“现象学的心理学”,并在括号中说明“不是超越论的”。关于这门讲座课程的情况，以及这门现象学的而非超越论的心理学的性质，还有它与胡塞尔的超越论哲学的关系，笔者在后面还会在“‘现象学的心理学’讲座(1925 年)”标题下做详细的阐释和论述。

7. 从胡塞尔信中还可以读到：1924 年圣诞假期时，海德格尔曾在胡塞尔的度假地布赖特瑙住了三天，一同讨论哲学问题，而后于“下周”(三月中旬)再去弗莱堡与胡塞尔继续讨论。这两个事件

---

① 按照兰德格雷贝 1976 年 8 月 6 日致函舒曼告知的信息：卡尔纳普在 1924 年夏季学期到 1925 年夏季学期参加了胡塞尔的高年级研讨班(*Husserl-Chronik*, 281)。

② 参见 Junyu Kitayama, *Metaphysik des Buddhismus. Versuch einer philosophischen Interpretation der Lehre Vasubandhus und seiner Schule*, Stuttgart/Berlin: Verlag von W. Kohlhammer, 1934.

在《胡塞尔年谱》中均无记载。不过前者可以从胡塞尔1924年12月28日致海德格尔的信中得到验证："我刚收到斯基拉奇的友好来函，并很高兴你们大家都想来布赖特瑙我们这里小住一段时间"（Brief. IV,139）。而接下来胡塞尔所说的下周海德格尔会到弗莱堡拜访他，也可以在胡塞尔这年3月23日致法学家菲利克斯·考夫曼的信中得到验证（Brief. IV,178）。——当然，胡塞尔在信中专门而非顺带提到海德格尔亦非常见的情况。或许这只是胡塞尔在书信结束时偶然想到田边元在弗莱堡学习时也与当时还在弗莱堡任讲师、现在已在马堡任副教授的海德格尔相识并受其影响较深，因而向田边元通报一下其老友的情况；或许也可能是因为这段时间是胡塞尔与海德格尔的关系最为融洽的时期，因而胡塞尔会情不自禁地将他对海德格尔的欣赏不经意地表露在与田边元的通信中。笔者曾在《胡塞尔与海德格尔：弗莱堡的相遇与背离》（北京：商务印书馆，2016年）一书中详细讨论过胡塞尔与海德格尔的私人关系与思想联系，这里不再赘论。

8. 关于在信末谈到的"我的著作"的计划，胡塞尔在1916年到弗莱堡执教后就已经开始考虑，并在他与友人的通信中出现过多次。这里的语境也表明，还在田边元于弗莱堡学习期间（1922-1924年），胡塞尔便与他在私下交谈中或在课程讨论中阐述过这个打算。笔者前面已经在"自1918年开始的著述计划"的标题下对此问题有较为详细的论述。这个计划在胡塞尔退休后部分地通过《形式逻辑与超越论逻辑》、《笛卡尔式沉思》与《欧洲科学的危机与超越论现象学》而得到实现，但与胡塞尔的原初设想已经相距很远。最后的结局表明，这部胡塞尔计划中的"基本著作"最终还是一部未完成的交响曲。就此而论，胡塞尔在信中所说"由于我必须相信，完成这项事业是我的使命，因此我也必须相信，生命也将会为此给我提供足够的力量"，最终只保留为一种美好的信念而未成为真正的现实。

接下来，关于胡塞尔与田边元在 1925 年 3 月之后的思想交往与精神关联，有必要再指出田边元 1925 年 5 月 10 日对胡塞尔信函的回复。他在这里满足了胡塞尔想要了解自己在京都的教学与发表方面的要求，为胡塞尔做了较为详细的汇报，即使他所报告的内容并不与胡塞尔对他在日本进一步弘扬现象学所抱有的期待相符合（也许正因为此，他才在前一封信中没有向胡塞尔主动汇报他这方面的工作）：

> 但我必须坦白，我所受的是康德的教育，以便能够成为一名现象学家。当然我从现象学这里学到了很多，尤其是在逻辑学和认识论中我现在完全行走在现象学方法的道路上。但在我的整个哲学思考中我都处在康德主义的影响之下，而且感觉与之趣味相投（kongenial），尤其是我在去年春天为本校的康德纪念活动[①]而对康德的目的论做了研究和演讲，并对演讲内容加以发挥，写出了一本书。[②]我感到遗憾的是我没有能力自己进行现象学研究。我只能成为一名康德主义者（不是一名“新康德主义者”），并且满足于向我的学生们告知现象学的精神、方法和成就，并尽我的力量来使他们成为真正的现象学家。我全然谦卑地请求您认可这一点，并且不要过于严厉地批评我。现在我正在研究感觉问题，既是以现象学的方式，也是以超越论哲学的方式，因为这个问题是在与康德的“直觉理解”（intuitiven Verstand）的关联中产生的。我的目标是一门主体形而上学，并且，我的方法既是现

---

① 这是指 1924 年 4 月 22 日的康德诞辰两百周年纪念活动。胡塞尔也在弗莱堡大学推后到该年 5 月 1 日举行的纪念活动上做了题为“康德与超越论哲学的观念”的讲演，讲演稿后来收入《第一哲学》的第一卷（*Husserl-Chronik*,280; Hua VII,230ff.）。

② 应当说是一篇连载的长文。参见 Hajime Tanabe, „Ninshikironto genshögaku“ [Erkenntnistheorie und Phänomenologie], in, *Koza*, 24, 1925, S. 1–20; 25, 1925, S. 23–44.

象学的，也是超越论哲学的。就后一方面而言，我有别于彻底超越论哲学的费希特和谢林。不过我的哲学研究的目标不可能不是形而上学，就像在他们那里的情况一样。而我的信念是，现象学方法与超越论哲学方法是可以彼此和谐并相互补充的”（Brief. IV,514f.）。

田边元在这里对自己所受西方哲学的双重影响做出了反思和总结：一方面是康德意义上的超越论哲学的影响，另一方面是胡塞尔意义上的现象学的影响。他表明前者主要是就他的哲学研究的目标或主旨而言，而后者则主要是就他的哲学研究方法而言。从这里的简短语境来看，田边元理解的现象学方法应当是胡塞尔所说的本质直观方法。田边元在这一点上应当与他的老师西田几多郎相一致的：他们都有重审和重启德国古典哲学中的“智性直观”（在这里也包括“直觉知性”）概念的想法，并在这点上与胡塞尔倡导的观念直观、先天直观和本质直观的主张不谋而合。笔者曾在讨论“智性直观”的文章[①]中说明：西田几多郎在谢林影响下从美学与哲学相结合的方向上展开他对“智性直观”的理解，将“智性直观”理解为“生命直观”，即对“生命的深刻把握”以及“理想的，即通常所说的经验以上的那种直觉，也就是对可以辩证地加以认识的东西的直觉。例如美术家和宗教家等所具有的那种直觉”。[②]西田在这点上与牟宗三的主张相互应和。而田边元的理解主要以康德和胡塞尔的问题意识与思想方法为源头，其

① 参见笔者：“‘智性直观’概念的基本含义及其在东西方思想中的不同命运”，载于笔者：《意识的向度：以胡塞尔为轴心的现象学问题研究》，北京：商务印书馆，2019年，第120-158页。

② 西田几多郎：《善的研究》，何倩译，北京：商务印书馆，1997年，第30、32、34页。

思考方向与思考的结论显然已经有别于西田。田边元与西田在“智性直观”问题上的相同与不同态度，应当是一篇专论的课题，这里不再展开。

胡塞尔与田边元的通信联系一直延续到三十年代后期。在 1937 年 5 月 5 日致兰德格雷贝的信中，胡塞尔在谈到自己“最成熟的著作”《形式逻辑与超越论逻辑》所获得的最新反响时曾提及“田边元(东京)的一封兴奋的长信，令人惊讶地切入实事，令人惊讶地富于理解”(Hua VI, 373f.)。田边元的这封写于三十年代的长信同样未收在《胡塞尔书信集》中。但可以确定的是，胡塞尔与田边元的思想交流一直延续到胡塞尔 1938 年去世才停止。

美国：马尔文·法伯与多里翁·凯恩斯

在弗莱堡的国际交流学生中有来自美国的马尔文·法伯(Marvin Farber,1901-1980)，他于 1923/24 年冬季学期和 1924 年夏季学期在弗莱堡参加胡塞尔的讲座和研讨班。法伯可以说是胡塞尔学生的学生，因为派他去胡塞尔那里学习是他的老师，也是胡塞尔在其哥廷根初期便指导过的学生、来自哈佛的威廉·霍金。

另一位随后而来的北美学生是多里翁·凯恩斯(Dorion Cairns,1901-1973)，他与法伯有许多共同之处，例如是同一年出生，都来自哈佛，都是受霍金的派送。他们后来都在哈佛大学以现象学为题获得博士学位。但他们两人也有诸多不同之处：法伯于 1922 年便以最优(summa cum laude)成绩毕业于哈佛大学。而后在柏林和弗莱堡学习两年，回国后很快于 1925 年在哈佛大学获得博士学位，时年 24 岁。1928 年他便在布法罗大学获得副教授的位置。而凯恩斯则于 1924-1926 年和 1931-1932 年同样通过霍金推荐，两度来到弗莱堡学习，并于 1933 年以“埃德蒙德·胡塞尔的哲学”为题才在哈佛大学获得博士学位，比法伯整整迟了五年。

法伯的出道成名比较早。他的主要现象学论著是发表于1928年的现象学概念《现象学作为一种方法和一门哲学学科》(*Phenomenology as a Method and as a Philosophical Discipline*)，以及主要讨论胡塞尔哲学之逻辑基础的《现象学的基础》(*Foundation of Phenomenology*,1943)。胡塞尔去世后，他编辑出版了纪念文集《纪念埃德蒙德·胡塞尔哲学文集》(*Philosophical Essays in Memory of Edmund Husserl*,1940)。在二战后的五、六十年代里，他还有一些著述发表，如《自然主义与主体主义》(*Naturalism and Subjectivism*,1959)、《现象学的诸目标》(*The Aims of Phenomenology:The Motives, Methods, and Impact of Husserl's Thought*,1966)、《现象学与生存》(*Phenomenology and Existence: Toward a Philosophy within Nature*,1967)以及《哲学的基本问题》(*Basic Issues of Philosophy: Edmund Husserl & the Quest for a Rigorous Science of Philosophy*,1967)。不过法伯的国际影响力主要还是通过他于1939年创建的国际现象学学会以及自1940年起编辑出版的《哲学与现象学研究》。尤其是后一项工作，在开始时便被计划为、后来也一度被视作对胡塞尔主编、因纳粹上台和胡塞尔去世而中止的《哲学与现象学研究年刊》的直接继承。

凯恩斯于1924年9月到弗莱堡首次拜访胡塞尔，并于这年的夏季学期参加了胡塞尔的1924/25年冬季学期的“近代哲学史讲座”(Geschichte der neueren Philosophie)以及“贝克莱研讨课”。这两门课程与胡塞尔身后出版的《第一哲学》讲座稿有关。胡塞尔通常在举行讲座课的同时也开设研讨课，以供参加讲座课的听众接下来对讲座的内容进行讨论。

1932年完成博士学业后，凯恩斯在罗克福德学院担任哲学与心理学教授，直至1950年。此后他应老友阿尔弗雷德·舒茨的邀请，转到位于纽约的“社会研究新学院”[①] 的研究生部工作，最初为访问教授，而后为全职教授，直至 1969 年退休。

凯恩斯在现象学界为人熟知的工作是他发表在鲁汶胡塞尔文库出版的“现象学文丛”(Phaenomenologica)中的两部资料性的著作，作为这个系列第 55 卷的《胡塞尔翻译指南》(*Guide for Translating Husserl*,1973)，以及作为第 66 卷的《与胡塞尔和芬克的谈话》(*Conversations with Husserl and Fink*,1975)，它是由凯恩斯自己整理并准备出版的，但因突然去世而迫使计划中断。他计划发表的另一部著作是他的博士论文《埃德蒙德·胡塞尔的哲学》(*The Philosophy of Edmund Husserl*, Phaenomenologica 207,2012)，但却是作为其遗著由后人整理出版的。

除了这几部为人们准确把握胡塞尔丰富而复杂的思想体系提供帮助的作品之外，凯恩斯对于胡塞尔现象学的贡献还在于，他最早将胡塞尔的后期著作《笛卡尔式沉思》(*Cartesian Meditations – An Introduction to Phenomenology*,1960)与《形式逻辑与超越论逻辑》(*Formal and transcendental Logic*,1969)译成英文出版。

凯恩斯本人也撰有一些原创性的文字，有些作为文章发表，有些作为遗稿有待发表。1971 年，凯恩斯的学生和朋友为庆祝凯恩斯的 70 周年寿辰而开始编辑并计划在“现象学文丛”出版他的祝寿文集：《现象学：继承与批判》。凯恩斯对此文集极为重视，不仅为文集的开首提供了他的一个哲学自传“我本人的生活”(“My Own Life”)，

---

① 纽约的这所学院于 1919 年创立，并于 1933 年希特勒上台后为接纳逃离德国的犹太裔学者而转变为某种形式的流亡大学。在弗莱堡随胡塞尔和海德格尔学习过的许多犹太裔学生在流亡美国后都曾在这所新大学中任教过，如卡尔·洛维特、阿尔弗雷德·舒茨、汉斯·约纳斯、汉娜·阿伦特、阿隆·古尔维奇等。

而且也为文集的结尾提供了他的一篇讲座文稿："感知、回忆、图像意识、假装意识"（"Perceiving, Remembering, Image-Awareness, Feigning Awareness"）。然而，他本人因在纽约医院做心脏手术后于1973年1月突然离世，最终未能看到该书于这年的出版。该书的编者为此而在这年出版文集时专门补加了"纪念多里翁·凯恩斯论文集"的副标题，并在前言中加以说明。[①]

1924年11月13日胡塞尔家宴

1924年4月8日，胡塞尔步入他的第65个生命年岁。但没有迹象表明胡塞尔在这年举办过公开的生日聚会。但在半年之后，即在这年的11月13日，胡塞尔曾邀请研讨课的成员到他家中聚会，并在晚宴过程中谈到李凯尔特、舍勒、普凡德尔、海克尔和基尔凯戈尔、赫尔曼·黑特讷等。[②]凯恩斯和和施皮格伯格在各自的书信、日记和回忆中都有提及。施皮格伯格在这年11月就参加了在胡塞尔家中举办的这个宴会。他于这年的10月底来到弗莱堡学习，而后在给他父母的一封家书中详细描述了这样一次聚会，后来在他的会议文章中再次回顾了这个让他印象深刻的聚会活动。他将它称作胡塞尔为研讨班

① 参见 F. Kersten and R. M. Zaner (Eds.), *Phenomenology: Continuation and Criticism. Essays in Memory of Dorion Cairns*, Phaenomenologica 50, The Hague: Martinus Nijhoff, 1973, xii + 266 pp. 前面谈及的几个事项可以分别参见该书：pp. 1–13, pp. 251–262, p. VII.

② 参见 *Husserl-Chronik*,286, 以及施皮格伯格："视角变化：一个胡塞尔印象的构造"，载于倪梁康（编）：《回忆埃德蒙德·胡塞尔》，同上书，第263–264页。——施皮格伯格在这里回忆起胡塞尔当时对舍勒的一个评价："尽管承认舍勒的天才，他还是谈到他是一个冒牌货–现象学家（Talmi-Phänomenologe）：'人必须具有突然产生的思想；但是人不应该发表这些思想。'"而按照施皮格伯格本人崇尚的严格历史考察方式，这个评价也是一个可以质疑的孤证。

成员举办的“欢迎样式”：“整个研讨课的成员加上几位其他的现象学家等都被邀请到胡塞尔的住宅中，一共有约三十人。整个活动是在一个不大却漂亮的住宅的三个房间里进行。尽管如此，整个晚上的气氛还是亲切而令人兴奋的，晚宴招待极为丰盛，一直延续到 12 点以后。”①

赫伯特・施皮格伯格

施皮格伯格（Herbert Spiegelberg,1904–1990）出生在当时还属于德国的斯特拉斯堡。父亲是著名的埃及学者，曾于一次大战前在斯特拉斯堡大学执教。施皮格伯格在给其父母的家书中报告说，在上面谈到的胡塞尔晚宴上，“一开始时就谈到了父亲，胡塞尔立即回忆起他是‘德国最重要的埃及学家’，并说他很遗憾没有能够在 1919 年将他吸引到弗莱堡来。”舒曼为此提供了一个背景说明，“施皮格伯格的父亲威廉・施皮格伯格（慕尼黑西北部的施皮格伯格街便是对他的纪念）在被驱逐出斯特拉斯堡后（即在法国人于 1918 年底解散了德语大学之后）得到了多个新老大学提供的职位，他从中选择了海德堡大学，主要是因为那里的图书馆，他在那里担任了四年的客座教授，而后于 1923 年被聘为慕尼黑大学埃及学的讲席教授，他在那里任教，直到 1930 年 12 月突然去世为止。”②

---

① 参见施皮格伯格：“视角变化：一个胡塞尔印象的构造”，同上书，第 261 页。

② 以上引述施皮格伯格：“作为大学生在胡塞尔身旁”，载于倪梁康（编）：《回忆埃德蒙德・胡塞尔》，同上书，第 257 页，以及舒曼在该页的注④。——这封家书是舒曼编辑出版的，他在编者“前言”中说明发表这封家书的意义：“我们认为这样做有益于保留哲学史的一个片断，它已经面临着会过快地从我们身边滑过的危险。”并且他提醒留意：“在这封家书中的某些价值判断肯定更多是一种青年人的匆忙草率，而非一种深思熟虑判断的象征。读者可以在施皮格伯格于 1959 年的回顾中寻找后者”（同上书，第 255 页）。舒曼所说的“1959 年的回顾”就是指这里引用的“视角变化：一个胡塞尔印象的构造”。

小施皮格伯格先在海德堡学习，以法学为主修专业，而后于 1924 年 10 月底到弗莱堡。他在 1924 年 11 月 16 日这个周日，亦即在这学期的第三周的进程中给他的父母写下上述家书。但他在这里仅仅滞留了一个学期。

在这短短一个学期里，施皮格伯格不仅参加了上述高年级研讨班，同时也参加了胡塞尔的讲座课。这就是前面所引胡塞尔于 1925 年 3 月 19 日致田边元信中提到的两门课程。对此，施皮格伯格回忆说："胡塞尔在 1924-1925 年冬季学期只做了并未充分吸引现象学初学者的近代哲学史讲座，而且他还为高年级学生做了关于贝克莱《人类知识原理》的现象学练习课。尽管我的准备性的训练不足，我还是决定至少试一试，即作为旁听生获准旁听这些练习课。因而，我在胡塞尔的谈话时间里首次见到了他。他的身姿挺直，凸出的脑袋略向后倾，似乎足以弥补其物理尺寸方面的不足。他用透彻的目光打量我。让我感到如此轻松的是，他认为我的准备工作和我的理由是充分的，可以立即准许我参加！"①

在参加完 1924-1925 年冬季学期的讲座与研讨课后，施皮格伯格主要出于当时在法学主科学习方面的外在原因而转到慕尼黑继续其学业。但他后来还是谈到了他离开弗莱堡的另一方面原因："在这里一同起作用的还有这个明察：弗莱堡的现象学要求我这位犹豫不决的初学者与大师保持一个过于固定的联系。因为，我无法抑制自己对胡塞尔的新学说的怀疑，同时也难以抑制自己对由奥斯卡·贝克尔所提供的、常为人所论及的马丁·海德格尔(他当时还在马堡)的解释学现象学之印象的怀疑。尤其是在慕尼黑还有普凡德尔的吸引，胡塞尔在研讨班的欢迎仪式上曾给他以很高的夸赞。当时普凡德尔还在

---

① 参见施皮格伯格："视角变化：一个胡塞尔印象的构造"，同上书，第 261-262 页。

主持现象学《年刊》的编纂工作,并且偶尔到弗莱堡拜访胡塞尔。”[①] 这几方面的因素导致施皮格伯格最终成为慕尼黑现象学而非弗莱堡现象学的重要成员。

施皮格伯格后来成为现象学哲学史家,而且到目前为止仍然是最重要的现象学哲学史家,即使他的现象学运动史的巨著一度受到业内不少人的批评。[②] 无论如何,哈贝马斯所说的“现象学……早已找到了自己的历史学家”,所指的不多不少就是施皮格伯格。[③] 不仅如此,施皮格伯格还培养了自己的事业继承人,从他到卡尔·舒曼再到阿维–拉勒芒,有一条现象学历史学研究的慕尼黑传承线索得到清晰的

---

① 参见施皮格伯格:“视角变化:一个胡塞尔印象的构造”,同上书,第264页。

② 施皮格伯格的现象学运动史研究,可以成为一个专项研究的课题。就笔者的总体印象而言,他对现象学运动史的研究和记载过多关注了外部历史事件的发生和确证,较少追踪历史人物的内心活动的基本脉络;较多记载历史学家本人查对和审核相关历史事实的过程,较少描述作为研究对象的历史进程的本质规律和内在生成。他在风格上似乎构成主张并尝试理解历史性的狄尔泰–约克伯爵的对立面。笔者在上世纪八十年代中期在弗莱堡的一次晚会上曾与芬克太太交谈,在涉及施皮格伯格时,芬克太太对施皮格伯格记忆犹新。她记得他总是跟在她丈夫后面问这问那,主要是询问胡塞尔在哪天做了什么,如此等等。而她丈夫告诫他,要了解胡塞尔想了哪些,不要刻意了解胡塞尔做了什么。此外,以笔者前面提到的施皮格伯格撰写的“胡塞尔在伦敦”为例,他考证胡塞尔与摩尔是否真的有会晤交谈,以及在何时何地会晤交谈,以此来证明或证伪吉布森所记录的胡塞尔的说法是否属实:“摩尔很欣赏《逻辑研究》,但却接受不了《观念》。”施皮格伯格为此致函摩尔太太询问,得到后者1968年4月5日的回复说:“我丈夫与他有过一些交谈。”而后施皮格伯格又说:“但她后来在谈话中告诉我,她不知道是什么性质的谈话。她也不记得摩尔对讲座有任何明显的反应”(H. Spigelberg, “Husserl in England”, in H. Spigelberg, *The Context of the Phenomenological Movement*, Phaenomenologica 80, Dordrecht: Springer, p. 147)。诸如此类的几近琐碎案例还有不少。看起来施皮格伯格一直想要证明一个命题:历史学家要比历史人物更了解历史人物自己以及他们的历史经历。这个做法与解释学中所主张的读者要比作者更了解作品本身,以及翻译学中主张的译者要比原作者更了解原著本身的主张,是异曲同工的。施皮格伯格的这些做法如今留给我们的好处与坏处都可以归结为:它提供了历史学家的工作方式和工作历史的案例,历史学家的研究本身成为二阶的历史研究案例,原先作为研究对象的一阶的历史问题退到了后台,失去了被关注的强度和力度。

③ 参见 Jürgen Habermas, *Nachmetaphysisches Denken*, Frankfurt a. M.: Suhrkamp, 1988, S. 11f.

显露。而范·布雷达在现象学运动史上文献保存和研究工作的鲁汶传承线索也与这条慕尼黑思想史研究线索紧密地交织在一起。

在接下来的1925年里还需要详细论述的是胡塞尔在这年所做的一个重要讲座："现象学的心理学引论"。

“现象学的心理学引论”讲座(1925年)

一、引论

1925年夏季学期，胡塞尔在弗莱堡大学做了题为“现象学的心理学引论”的讲座。他在其中对现象学与心理学的关系问题进行了全面详细的讨论，给这段已经有了延续四分之一个世纪的问题以一个当时看来是了断的，现在看来是小结的回答。之所以如此，是因为胡塞尔在这里既非第一次处理这个问题，也非最后一次阐述这个问题。他从起初的任教资格论文“论数的概念”(1887年)开始，直至最后期的《欧洲科学的危机与超越论现象学》(1936/37年)期间，都需要一再面对和处理这个问题。但无论如何，在“现象学的心理学引论”讲座中的讨论与阐述的仍然是胡塞尔本人给出的对此关系的最为详尽的和最为系统的说明。只是胡塞尔在他生前并没有发表这个讲座稿。直至1968年，该讲座稿才由比利时鲁汶大学胡塞尔文库组织，经瓦尔特·比梅尔(Walter Biemel, 1918–2015)编辑，连同胡塞尔于1925–1928年期间为《不列颠百科全书》撰写的“现象学”条目以及1928年以“现象学的心理学”为题的阿姆斯特丹讲演的几个内容相关的文本一起，作为《胡塞尔全集》的第9卷出版。[①]

① Edmund Husserl, *Phänomenologische Psychologie.* Vorlesungen Sommersemester 1925, Hua IX, Den Haag: Martinus Nijhoff, 1968.——中译本参见埃德蒙德·胡塞尔:《现象学的心理学:1925年夏季学期讲稿》，游淙祺译，北京:商务印书馆，2017年。下面对该书的引述参考了这个译本，偶尔有一些修改，不再一一标明。

事实上，不仅在胡塞尔那里，而且在他去世之后，直至今日，现象学与心理学的关系都是某种意义的老生常谈，而且还是一种不得不一谈再谈的老生常谈。之所以如此，主要是因为在现象学和现代心理学产生以来的一百多年时间里，它们各自都处在不断的发展之中，而它们之间的关系也随着这些发展而处在不断变化之中，从而会一再以新的面目出现，一再受到重新理解和解释，无论是在胡塞尔所处的时代，还是在当下的人工智能时代，从而也会一再地被提出并一再地被思考，无论是在现象学这一边，还是在心理学的另一边。①

二、现象学与出自经验立场的意向心理学

胡塞尔本人是在现代心理学形成的初期进入哲学领域的，并从一开始便受到几位重要的心理学家的影响。他的两位哲学老师布伦塔

---

① 这里所说的现象学与心理学之间关系的讨论，首先是指一种为了向起源回溯而进行的关于胡塞尔本人在这两者关系理解上的思想发展之讨论，例如参见 Elisabeth Ströker, „Phänomenologie und Psychologie. Die Frage ihrer Beziehung bei Husserl“, *Zeitschrift für philosophische Forschung*, Bd. 37, H. 1, 1983, S. 3–19；其次，这个讨论也会涉及一些可称作现象学的心理学家或一些可称作心理学的现象学家的工作，这些工作会在现象学与心理学之间的间域进行，并为它们的相互关系添加新的内容并为新的讨论提供素材，例如参见 Aron Gurwitsch, *The Collected Works of Aron Gurwitsch (1901–1973)*, Volume II: *Studies in Phenomenology and Psychology*, Dordrecht/Heidelberg/London/New York: Springer, 2009；最后还会包括对在现象学界和心理学界各自就此关系所做的不断延续和不断更新的讨论，例如参见 Carl Friedrich Graumann, *Grundlagen einer Phänomenologie und Psychologie der Perspektivität*, Berlin: Walter de Gruyter, 1960; Herbert Spiegelberg, *Phenomenology in Psychology and Psychiatry. A Historical Introduction*, Evanston: Northwestern University Press, 1972; Peter D. Ashworth, Man Cheung Chung (Eds.), *Phenomenology and Psychological Science. Historical and Philosophical Perspectives*, New York: Springer, 2006; Ian Rory Owen, *Phenomenology in Action in Psychotherapy. On Pure Psychology and its Applications in Psychotherapy and Mental Health Care*, Contributions To Phenomenology 79, Heidelberg/New York/Dordrecht/London: Springer, 2015, 以及如此等等。

诺和施通普夫都是现代心理学的主要奠基人，对胡塞尔的影响要远甚于他的另外两位数学老师：魏尔斯特拉斯和科尼西贝格。这在一定程度上导致了胡塞尔在其哲学思考的初期，即《算术哲学》时期，试图用心理学来为数学–逻辑学奠基的做法。但理论上的困难迫使胡塞尔在此后的《逻辑研究》第一卷中开始检讨和批判自己原先的所谓"心理主义"的观点，并转向其对立面"反心理主义"的立场，这个立场也被冯特误解为某种意义的"逻辑主义"。[①] 不过《逻辑研究》第二卷对意识体验的大量讨论以及描述心理学与意识现象学观念的提出，又使得胡塞尔看起来仍然无法摆脱与心理学的纠缠，利普斯甚至认为有必要再讨论一下《逻辑研究》中"胡塞尔的心理主义"问题。[②]

这两方面的误解都与现象学在心理学和逻辑学之间的特殊位置有关系。它也涉及学科划界的问题。胡塞尔本人在《逻辑研究》第一版中对现象学与心理学这一方面和逻辑学另一方面的关系理解可以在如下概括表述中找到：

> 纯粹现象学展示了一个中立性研究的领域，在这个领域中有着各门科学的根。一方面，纯粹现象学为**作为经验科学的心理学**做准备。它分析和描述(特别是作为思维和认识的现象学)表象的、判断的和认识的体验，心理学应当对这些体验进行发生上的说明，应当对它们的经验规律关系进行研究。另一方面，现象学打开了"涌现出"**纯粹逻辑学**的基本概念和观念规律的"泉源"，

① 对此可以参见笔者在本书第二卷第五章"胡塞尔与冯特：现象学与心理学"中的详细说明。

② 对此可以参见笔者在本书第二卷第三章"胡塞尔与利普斯：现象学与心理学"中的详细说明。

只有在把握住这些基本概念和观念规律的来历的情况下，我们才能赋予它们以“明晰性”，这是认识批判地理解纯粹逻辑学的前提(LU II/1, A4)。

后来在《逻辑研究》1913年的第二版中，胡塞尔的这个理解也未发生根本的变化。在这个1901年的说法中实际上已经包含了胡塞尔在1905年提出现象学还原并完成超越论转向之后的某些因素：相对于自然科学的经验心理学，现象学借助于本质直观或本质还原而是本质科学、先天科学，是本质心理学，也是反思的心理学。由于意向性是意识的最普遍本质，因而本质心理学也可以被称作意向性心理学。而相对于作为本质科学、先天科学的逻辑学(形式逻辑)，现象学借助超越论还原而可以既是反思的逻辑学、主观的逻辑学，也是超越论的逻辑学。

现象学在此意义上可以为心理学和逻辑学做两方面的奠基：一方面是先天的奠基：事关经验心理学如何可能，如何奠基于本质心理学之中的问题，另一方面是超越论的奠基：事关形式逻辑如何可能，如何奠基于超越论逻辑学中的问题。

然而，现象学与心理学的关系问题与其说是随《逻辑研究》的发表而得到了回答，还不如说这个问题随《逻辑研究》中现象学观念的倡导而刚刚被提出来。因为在现象学与心理学的关系问题上依然存在诸多不确定的因素。

尤其是在前一个奠基方向上，胡塞尔在《逻辑研究》第一版发表之后就很快做了一些自我批评和自我修正。例如在1900年的第一版中他将现象学等同于“描述心理学”(LU I, A18)，但在1913年第二版中则收回了将现象学标示为描述心理学的“误导做法”(LU I, B XIII)。他承认对现象学运作的阐述没有能够正确地评价“现实地被进行的这些研究的本质意义和方法”(LU I, BXIII)。潘策尔在《逻辑研究》第二卷的“编者引论”中指出:早在1902/1903年冬季学期关于“认识论”的讲座中,胡塞尔就已经对描述心理学和现象学的关系做了重新反思,而且还在其研究手稿中明确表明:“心理学-客体化的兴趣将现象学转变为描述心理学……但现象学可以并且应当被视作纯粹本质学。从观念来看,它不是心理学,也不是描述心理学”(F I 26/12a)。

胡塞尔究竟是基于哪些在此期间新获得的明见性才发现了这里的问题并做出这个修正,目前还不得而知。不过可以确定,这个转变一方面与他对描述方法的新理解有关,另一方面也与他对作为描述方法之对立面的发生方法的新理解有关。这也意味着,在现象学与心理学的关系问题上,胡塞尔从一开始,甚至在《逻辑研究》前的《算术哲学》时期,就强调现象学不同于心理学的关键在于本质直观、范畴直观、观念直观、先天直观或形式直观,无论是以意识现象学的名义,还是以直观逻辑的名义,或是以直观数学的名义。[①]只是在对本质直观方法的具体展开解释上,他的观点才有所变化。

首先就现象学的描述方法来看,胡塞尔在《逻辑研究》第一版发表之后不久就不再将现象学称作“描述心理学”,并在这点上既偏离开他的老师布伦塔诺,也偏离开他后来(1905年)结识的狄尔泰。

胡塞尔不再使用“描述心理学”的原因是他在此期间注意到,描

---

① 参见E. Holenstein, „Einleitung des Herausgebers“, in: Hua XVIII, S. XXX-XXXI.——这里需要一再强调,胡塞尔所说的作为现象学“一切原则之原则”的“直观”概念是“Anschauung”,它原则上有别于“直觉”(Intuition),无论是在直觉逻辑的意义上,还是在直觉数学的意义上。尽管胡塞尔偶尔也将两者等同使用,但它们在德文和中文中所表达的根本不同含义是需要随时留意的。详见笔者的文章:“关于几个西方心理哲学核心概念的含义及其中译问题的思考(一)”,载于《西北师大学报》,2021年,第3期,第四节“直观与直觉”。

述的方法也可以被经验心理学运用，因而它无法将本质现象学区别于心理学。在此之前，布伦塔诺于1874年发表他的代表作《出自经验立场的心理学》，强调心理学的方法是建立在经验基础上的方法，[①]而后他首次在1887/88年讲座中阐释“描述心理学”，即“一门对我们的现象进行分析描述的心理学”；他在1888/89年的讲座中还将“描述（deskriptive）心理学”等同于“描述（beschreibende）现象学”。[②]因而在布伦塔诺那里，正如他的另一位学生，也是胡塞尔的激烈批评者奥斯卡·克劳斯所说：“描述心理学的方法也可以称之为‘经验的’，因为它建基于内经验之上；唯有描述心理学才需要对心理进程的经验与统觉，其目的也在于借助包含在这种经验中的直观而上升为更普遍的表象，完全类似于数学的情况，它要想获得对它的公理而言最基本的概念也不能缺少直观……在如此获得的普遍概念的基础上，描述心理学直接地达到普遍认识，而且是‘在无须任何归纳的情况下一举获得’。”[③]

对于这里表述的布伦塔诺心理学的基本立场，胡塞尔是完全可以接受的，而且在《逻辑研究》期间也的确这样做了，不论是以“描述心理学”的名义，还是以“本质现象学”的名义。但这恰恰与克劳斯对他的两位师兄胡塞尔与迈农的一个批评有关，即布伦塔诺的描述心理学以复归（wiederkehrt）的方式出现在胡塞尔的现象学与迈农的对象理论中；他以此暗示这两种学说并未提供比布伦塔诺心理学更多的新东西。但克劳斯同时又不无矛盾地指出：布伦塔诺与胡塞尔之间是

---

① 参见 Franz Brentano, *Psychologie vom empirischen Standpunkt* I, Hamburg: Felix Meiner, 1955, 2. Kapitel, S. 39 ff.

② Franz Brentano, *Deskriptive Psychologie*, Hamburg: Felix Meiner, 1982.

③ Oskar Kraus, „Vorwort des Herausgebers“, in Franz Brentano, *Deskriptive Psychologie*, a.a.O., S. XVII f.

有区别的，这个区别在于，布伦塔诺并不承认"观念的、无时间的、普遍的对象"是真实的存在；胡塞尔的"本质直观"对于布伦塔诺来说只是一种"臆想"(Fiktion)。至于胡塞尔与迈农都承认的先天对象的"先天性"或"本质性"，在克劳斯看来都仅仅涉及一种特殊的认识方式，而不涉及一个特殊的认识领域。[①]

就此而论，布伦塔诺意义上的"描述心理学"是经验心理学。这对于克劳斯来说，而且对于胡塞尔来说也意味着：如果胡塞尔接受这个概念，他就继承了布伦塔诺的经验心理学；而如果他将现象学理解为本质心理学，那么他实际上就背叛了布伦塔诺，因而不应该再使用这个概念。胡塞尔显然在《逻辑研究》第一版出版后就已经意识到了这一点，而克劳斯是在二十多年后(1924年)编辑出版布伦塔诺的《出自经验立场的心理学》第一卷时才在"编者引论"中表达了这个观点。由此看来，胡塞尔不应当是因为受到克劳斯的批评的影响才中止使用"描述心理学"的概念，而更可能是出于自己思考而得出的结论和做出的决定。

但由于这个概念的使用与布伦塔诺及其学派有关，因而可以确定一点，在概念使用上的校正与胡塞尔对自己以及对布伦塔诺及其学派的重新理解有关。他在1901年7月7日致师兄马尔梯的信中还将"现象学的"等同于"纯粹描述心理学的"(Brief. I,78)；但在1902年5月11日写给他的老师兼师兄施通普夫的信中就已经对自己刚出版的《逻辑研究》自我批判地写道："在表述中令人感到有所干扰和有所不足的地方在于，在各种'普遍性意识的形式'的关系上没有做出最终的澄清，而为了区分这些形式所需进行的描述分析则可以说是完全缺

① 参见 Oskar Kraus, „Einleitung des Herausgebers", in: Franz Brentano, *Deskriptive Psychologie*, a.a.O., S. XIX ff.

失”（Brief. I,169）。

由此看来，胡塞尔在《逻辑研究》第一版发表之后自己就立即注意到，从布伦塔诺那里接受过来的“描述的方法”没有被或不能被有效地运用在对意识体验的本质把握或观念抽象上。在这里讨论的于四分之一个世纪之后的“现象学的心理学引论”讲座中，胡塞尔更明确地表达了他对布伦塔诺及其学派的成熟看法：“虽然几世纪以来心理学已经是奠定在内经验基础上，并且有时候也意图成为一门关乎纯粹意识给予性的描述心理学。在此，我甚至不能把布伦塔诺及其学派排除在外，虽然他具有划时代的贡献，引进意向性以作为心理之物的描述性根本特质。于此，他呼吁将经验心理学的构成奠定在一个系统而首先是纯粹描述的意识研究之上。但纯粹意识分析的真正的意义及方法却始终对他隐而不显”（Hua IX,309）。

当然，除此之外，在这里也可以考虑霍伦斯坦提到的另一方面的影响因素，即与布伦塔诺及其学派无关，但与纳托尔普的新康德主义学派有关的影响因素。他认为胡塞尔的这个自我校正与他的超越论现象学还原有关：“胡塞尔在 1903 年就已经不再同意用描述心理学来标识他的认识体验的现象学分析。这个做法的原因在于，传统的描述心理学将它所研究的体验和体验类理解为人的体验和体验类，即是说，理解为在客观-时间上可规定的自然事实，而胡塞尔的纯粹现象学分析则将任何关于心理体验的心理物理的和物理的依赖性的假设连同对物理自然的实存设定都悬置起来。”①

不过，即使承认这个将胡塞尔潜在的超越论转向提前了几年的观点有其一定的道理，它也只能是导致胡塞尔放弃“描述心理学”概念与方法的另一个次要的原因：对实在设定的排除要求。而对经验事实

① 参见 E. Holenstein, „Einleitung des Herausgebers“, in: Hua XVIII, S. XVI.

的排除要求最终是导致胡塞尔放弃描述心理学概念的主要原因。不过这并不意味着他放弃描述方法，而仅仅意味着他放弃经验的描述方法。他仍然会使用本质描述的方法，并在此意义上使用“描述现象学”的名称(Hua IX,320)。

三、现象学与精神科学的理解心理学

在现象学与心理学关系问题上，1905 年与狄尔泰的结识是另一个影响胡塞尔思想发展的重要事件。虽然狄尔泰与布伦塔诺一样，都倡导描述心理学的观念与方法，但他们之间看起来并没有相互影响。这主要是因为，虽然他们都使用“描述心理学”的概念，但他们对描述的方法与描述的对象的理解都不尽相同。

胡塞尔的“现象学的心理学引论”讲座的历史回顾部分是从狄尔泰开始的(§1, § 2)，而后才在讨论《逻辑研究》时涉及布伦塔诺(§3,d)及其学派。这也说明狄尔泰在此问题上对胡塞尔的影响有多么大。

比梅尔在“编者引论”中已经对此开端做出说明：“讲座开始于对狄尔泰的讨论。这件事之所以合理，原因不在于胡塞尔是透过狄尔泰找到了通向心理学的途径，在这方面布伦塔诺和施通普夫更有贡献。当我们看到胡塞尔将《逻辑研究》一书献给卡尔· 施通普夫时，它并不只是表面功夫而已。从本册的讲稿我们甚至得知，胡塞尔原本是未曾阅读过狄尔泰的著作的，这是受到艾宾浩斯的负面批评的结果。但狄尔泰本人却架起桥梁，与胡塞尔建立起联系[①]，因为在狄尔泰看来，

① 比梅尔的这个说法现在需要得到修正，并非是狄尔泰与胡塞尔建立起联系，但他开设了《逻辑研究》的讨论课。胡塞尔得知此事后去柏林拜访狄尔泰并随即建立起两人之间的联系。

胡塞尔同样在他所追求的精神科学奠基工作方面下了功夫。从历史的回顾来看，该重视的是狄尔泰，而非施通普夫，因为胡塞尔总结说，狄尔泰曾在对抗实证论上面做出巨大贡献，尤其是就将心理学视作精神科学这点来看，贡献更是显著。”[①]

比梅尔在这段话中集中概括了胡塞尔在讲座中就自己所受的两方面影响的回顾阐述：狄尔泰的精神科学心理学与布伦塔诺的出自经验立场的意向心理学。但这里还有几个要点需要得到进一步的展开说明。

首先，狄尔泰对胡塞尔的影响是在独立于布伦塔诺的情况下发生的。他在 1894 年发表的“一门描述的和分析的心理学的观念”长文中，提出并论证了他的精神科学的心理学奠基的任务以及这门心理学的方法基础。[②]他在其中并没有也无法诉诸布伦塔诺或马赫的描述心理学的观念，而是自己在这种描述和分析的方法中看到了划分精神科学的心理学与自然科学的心理学的关键所在。由于自然科学连同各种将心理当作“自然”来研究的心理学学科，例如物理心理学、生理心理学、化学心理学、神经心理学等等，所诉诸的无一不是因果解释的方法，例如通过外部的物理刺激或内部的生理反应来解释特定的心理活动和意识行为，而精神科学的心理学则将精神视作不同于自然的现象，强调需要通过自己特有的方法，如在反思、理解、自身思义(Selbstbesinnung)中“描述和分析”心理现象和精神现象，因而自然科学与精神科学由于各自研究对象的不同而需要在基本方法上各行其道。因此，胡塞尔对狄尔泰的这篇长文评价说，它是“针对自然主

---

① 参见 Walter Biemel, „Einleitung des Herausgebers“, in Hua IX, S. XVI.

② 参见 Wilhelm Dilthey, „Ideen über eine beschreibende und zergliedernde Psychologie“, Sitzungsberichte der Königlich Preußischen Akademie der Wissenschaften zu Berlin, vorgetragen am 22. Februar und am 7. Juni 1894, Berlin, 1894.

义心理学的首次抨击；是一项天才的，即使尚未完全成熟的工作，是在心理学的历史中始终不会被忘却的工作”(Hua IX, 6)。

在胡塞尔这里所做的“尚未完全成熟的工作”的有所保留的评价中，包含了多重的含义。它们主要涉及精神科学心理学的描述方法和经验性质。

首先要提到的是，在狄尔泰的长篇论文发表两年后，从自然科学的实验心理学一边有了海尔曼·艾宾浩斯的反驳回应，他在自己主编的《心理学与感官生理学杂志》上发表了对狄尔泰的批评长文：“论解释的和描述的心理学”[①]。这里的最主要批评在于，狄尔泰将描述的方法视作精神科学的特有方法，但这种方法在自然科学的心理学中，在经验心理学和实验心理学中早已得到了有效的使用。艾宾浩斯本人便同样使用描述的方法而创立了记忆心理学。他以自己为主试者和受试者进行的记忆力实验以及借此而确立的“遗忘曲线”使他成为著名的实验心理学家。自然科学的心理学因而并非如狄尔泰所说仅仅依据因果解释的方法，而是同样也使用描述和分析的方法。

如果从今天的视角来审查这场争论，那么一方面当然可以说，艾宾浩斯在记忆心理学案例中实施的实验方法，并不能算是自然科学的客观心理学的实验方法，而更多是一种精神科学的主观心理学的实验方法；这里姑且对此置而不论。[②]而另一方面也应当承认，“描述”概念本身的定义在狄尔泰那里始终模糊而不确定，故而难以成为他倡导的精神科学心理学的方法基础。总的说来，描述的方法既可以是经验的和实证的，也可以是反思的和实验的，甚至可以说，描述的方法既

① 参见 Hermann Ebbinghaus, „Über erklärende und beschreibende Psychologie“, in *Zeitschrift für Psychologie und Physiologie der Sinnesorgane*, 9, 1896, S. 161-205.

② 笔者在“意识问题的现象学与心理学视角”(《河北师范大学学报》, 2020年, 第2期)一文中对这场这场争论有较为详细的说明。

可以运用于“主观心理学”，也可以运用于“客观心理学”。

这可能是狄尔泰后来放弃对艾宾浩斯进行反驳和回应的打算，从公共讨论中归隐，回到对自己的精神科学的观念与方法的专注思考与研究中的原因之一。因而这场争论给世人留下的印象可以说是：“艾宾浩斯曾严厉批判过《描述的与分类的心理学》，而狄尔泰不知道如何应对他的批判。”①

因此，可以想象狄尔泰在读到胡塞尔的《逻辑研究》时的兴奋之情。应当说，他在其中看到了他主张的“描述心理学”的理想在胡塞尔的现象学意义上的“描述心理学”中的实现。用胡塞尔在1925年讲座中的话来说，“尽管《逻辑研究》是在与他［狄尔泰］自己的著作极不相关的情况下产生的，他却看到了他自己的‘关于描述的与分析的心理学的观念’首度具体地展示在《逻辑研究》中”(Hua IX,34)。

但如前所述，胡塞尔于此期间(1901–1905年)已经发现用“描述心理学”来标示“现象学”带来的问题，并计划对它做出修正。胡塞尔必定在1905年在柏林拜访狄尔泰时已经向他透露了自己的想法，因而按照胡塞尔太太马尔维娜的回忆，狄尔泰在随后于哥廷根对胡塞尔回访时曾对她说：“仁慈的太太，《逻辑研究》是哲学的一个新时代的引导。这部著作还会经历很多次再版，您要运用您的全部影响，使它**不被修改**，它是一个时代的纪念碑，必须始终将它如其在被创造时的那样保存下来。”②

事实上，在与狄尔泰初识的这段时间里，胡塞尔不仅将狄尔泰的“描述心理学”的观念，而且也已经将自己《逻辑研究》中的“描述心

① 参见鲍伊斯·吉布森：“从胡塞尔到海德格尔——1928年弗莱堡日记节选”，同上书，第325页。

② 参见马尔维娜·胡塞尔：“埃德蒙德·胡塞尔生平素描”，同上书，第22页。

理学”的观念视作“尚未完全成熟的”了。因而即使有狄尔泰的忠告在前，他对《逻辑研究》的修改也仍然势在必行。

不过胡塞尔从狄尔泰那里的确获益良多，不仅是在狄尔泰的“精神科学的心理学”的观念和方法的总体构想方面，而且也在狄尔泰的“描述心理学”以及“理解心理学”概念对发生现象学与历史现象学的推动与推进方面。

胡塞尔在 1925 年的讲座中指出：狄尔泰所设想的精神科学可以分为历史的和系统的两个部分。构成系统的精神科学的方法主要是“描述的分析的方法”，而历史的精神科学所使用的方法则被称作“理解的和说明的方法”，它涉及在精神生活中展现出的个体性与历史性。与此相对应，为精神科学奠基的心理学也可以分为两种：描述心理学和理解心理学（verstehende Psychologie）。

这里的“理解”，也是在狄尔泰与约克（Paul Yorck von Wartenburg, 1835-1897）的通信中一再讨论的“理解历史性”（Geschichtlichkeit verstehen）意义上的“理解”，[①] 而且它也构成海德格尔的“存在理解”（Seinsverständnis）思想的主要来源。[②]

胡塞尔在 1925 年讲座中对此予以充分肯定：“狄尔泰的阐述的之重大意义首先在于，他针对作为一个体验整体的心灵生命之整体提出正面说明，并在于提出一个纯粹直观创造的描述心理学之相关的要求：也就是一种尽管只是‘单纯’描述的，却仍然能够完成一种特有的最高说明成就的心理学，即狄尔泰用**理解**一词来表达的那种说明成

---

① 关于胡塞尔与狄尔泰在历史哲学的思想与方法问题上的相互作用关系，可以参见本书第二卷第四章“胡塞尔与狄尔泰：现象学与历史哲学和精神科学”。

② 关于胡塞尔与海德格尔在历史哲学的思想与方法问题上的相互作用关系，可以参见笔者《胡塞尔与海德格尔——弗莱堡的相遇与背离》（北京：商务印书馆，2016 年）的“第六讲：胡塞尔与海德格尔的历史问题（1）：历史哲学的现象学-存在论向度”和“第七讲：胡塞尔与海德格尔的历史问题（2）：海德格尔思想中的黑格尔-狄尔泰动机”中的详细说明。

就”（Hua IX,10）。

狄尔泰在“理解和说明”的心理学方法上对胡塞尔的影响是无法估量的。它推动了胡塞尔后期在发生现象学和历史现象学方向上的思考和研究。而值得留意的是，这个推动早在1905年就已经发生。到1910年胡塞尔撰写《哲学作为严格的科学》长文时，狄尔泰的精神科学的心理学的历史理解方向和方法已经在胡塞尔思想中有了相当成熟的结果，他在这里对狄尔泰在此思考方向上的功绩做了总结性的阐释：

> 如果我们通过内心直观（innerliche Intuition）而生活到一个精神生活的统一中去，那么我们就可以追复感受（nachfühlen）到那些制约着精神生活的动机，并且因此也可以‘理解’各种精神构形的本质和发展，理解这些构形对精神的统一动机和发展动机的依赖关系。以此方式，所有历史的东西对我们来说都是在其‘存在’特性中‘可理解的’、‘可说明的’，这种存在就是‘精神的存在’，就是一个意义所具有的各个内部自身要求的因素的统一，并且在此同时也是那些根据内部动机而合乎意义的自身构形和自身发展的统一。即是说，以此方式也可以对艺术、宗教、道德等等进行直观的研究。同样也可以对那个与它们相近并在它们之中同时得到表达的世界观进行直观的研究，一旦这种世界观获得科学的形式并以科学的方式提出对客观有效性的要求，它便常常被称作形而上学，或者也被称作哲学。因此，在这些哲学方面便产生出这样一个重大的任务：透彻地研究［精神生活的］形态结构、它们的类别，以及它们的发展联系，并且通过最内在的追复生活（Nachleben）而使那些规定着它们本质的精神动机得到历史的理解。狄尔泰的著述，尤其是最新发表的关于世界观类型

的论文表明，在这方面有多少极为重要的事情，并且事实上也是值得赞叹的事情有待完成(Hua XXV,42)。

尤其是胡塞尔在这段引文中所说的最后一句话值得注意，它是胡塞尔的由衷之言，也涉及胡塞尔在随后几十年里一再去努力完成的工作。十多年后，他在1927年12月26日致曼科的信中甚至说："但从这一部分(《观念》第一卷)就可以看出，对我来说，现象学无非就是这门普全的'绝对的'精神科学"(Brief. III,460)。进一步看，胡塞尔在这里尚未说出的是他已请埃迪·施泰因编辑完成，但还无意出版的《观念》第二卷和第三卷(Hua IV–V)，它们更应当被视作现象学哲学作为精神科学的自身宣示。

应当说，《纯粹现象学与现象学哲学的观念》三卷本标题中的"纯粹现象学"与狄尔泰的"描述心理学"和"理解心理学"的功能相似，而"现象学哲学"则与狄尔泰的"精神科学"并行不悖。

比梅尔曾指出，对于"现象学与心理学"这个论题而言，胡塞尔的《哲学作为严格的科学》具有重要的意义，[①] 后面笔者会阐释他为此给出的具体理由。但这里先要对此说法给出一个其他的理由：如果说胡塞尔在狄尔泰的"描述和分析的心理学"中看到的是**系统的(静态结构的)精神科学**的基础，那么他在狄尔泰的"理解的和说明的心理学"中看到的便是**历史的(变动发生的)精神科学**的基础。现象学与心理学在心理结构与心理发生两个方向上平行而行。这里要预先说明：这两个方向原则上都属于某种意义上的"二阶系统"，与它们相对的一阶系统是"自身反思"或"自身思义"的总方向。

就狄尔泰所说的精神科学心理学的"理解和说明"方法而言，它

---

① 参见 W. Biemel, „Einleitung des Herausgebers", in: Hua IX, XVII.

与对动机的**追复理解**与动机引发线索的**追踪说明**有关。胡塞尔后来在《危机》中提出的静态现象学的描述方法与发生现象学的说明方法,在很大程度上是对狄尔泰的精神科学的心理学的批判性继承(Hua XI,340)。在这里,心理学的认识方法的差异导致心理学类型的差异;而且在相同的意义上也可以说,现象学的认识方法的差异导致现象学类型的差异。

在结束这一节之前还有必要做两方面的简要说明:其一,描述与理解作为精神科学心理学的两种方法并非各行其是,互不干涉。无论是在狄尔泰那里还是在胡塞尔那里,它们都可以互补地既运用在意识结构或精神系统的研究上,也可以运用在意识发生或精神历史的研究上。[①] 如胡塞尔所说,描述也可以是"对在每一个被发展的人类心灵生活中,那个以相同形式出现的组成部分与脉络的描述"。他借用狄尔泰的话说:"我们解释自然,但却理解心灵和精神生命:进行理解乃是所有历史与系统精神科学之任务,这些精神科学因此正是可回溯到那个描述的,即分析的心理学去而作为理解的基本科学"(Hua IX,14)。

其二,狄尔泰与胡塞尔所说的"理解与说明"方法中的"说明"(Erklären),也可以译作"解释",但它不是艾宾浩斯在其批评论文中所说的"解释"(Erklären),即不是自然科学心理学意义上的"因果解释",而是历史的精神科学与发生现象学意义上的"动机解释"。前者意味着通过因果法则来解释一个心理现象产生的物理的、化学的、生理的外部原因,例如荷尔蒙的分泌对人的情感意识所产生的影响,或

① 胡塞尔的哥廷根和弗莱堡学生、后来博士论文以约克的历史哲学为题的弗里茨·考夫曼在跟随胡塞尔学习之前曾在莱比锡学习,他回忆说:"在莱比锡,由于狄尔泰的学生施普朗格的引导,我是按照'理解的描述'(verstehendes Beschreiben)的视角来熟悉现象学的"(考夫曼:"回忆胡塞尔",同上书,第 44 页)。

解释一个心理现象会引起或导致的各种生理物理数值的变化，例如撒谎的意识行为所导致的脸红和心跳加速等等；后者则是在纯粹的直觉的内心经验中、在普遍有规律的心灵生活与精神发展脉络中被追踪和被解释，例如一个表象如何会引发一个审美享受；对他人痛苦的同感如何会引发自己的怜悯意识，如此等等（Hua IX,13 ff.）。

四、现象学的特质：相对于布伦塔诺和狄尔泰的心理学

这里需要回到前引比梅尔的说法上，即《哲学作为严格的科学》一文对于理解现象学与心理学的关系具有重要意义。这个说法在他那里得到了另一方面的补充说明："诚然，我们还必须补充一点：胡塞尔在现象学的构造阶段特别重视将他自己的工作与其他人的工作划清界限，而且恰恰是与他看来非常接近的人的工作。《哲学作为严格的科学》这篇'逻各斯'论文就是胡塞尔的一篇论战文章，是这位哲学家在找到自己的道路之后将别人的道路揭示为歧途的论战文章。"[①] 所谓"别人的道路"，主要是指胡塞尔在文章中批评的狄尔泰的精神科学心理学的"历史主义"道路。正是通过胡塞尔对自己与他人的差异的标明，他的现象学与他人的心理学的差异也随之得到了揭示。

如果前一节揭示的是胡塞尔如何在狄尔泰影响下转向历史的精神科学的方向，或者说，转向发生现象学和历史现象学的方向，那么这一节要阐述的就是胡塞尔如何在这个方向上发现狄尔泰的不足以及如何用自己的方式来加以弥补的过程。以此方式，现象学与心理学一般以及与特定类型的心理学的关系也会在一定程度上得到彰显。

① W. Biemel, „Einleitung des Herausgebers“, in Hua IX, S. XVI.

这个情况在第一节讨论胡塞尔现象学与布伦塔诺的意向心理学中已经出现过。

不过在展开胡塞尔对狄尔泰的批评分析之前还需要说明一点，这里要讨论的现象学与心理学的差异已经不再是狄尔泰曾经面对的精神科学的意识理论与自然科学的实验心理学之间的差异了。这个界限的划分很快便已被胡塞尔抛诸脑后。因此，当赫尔穆特·普莱斯纳于1914年来到哥廷根随胡塞尔学习时，他已经注意到一些明显表露出来的状况：首先，胡塞尔在此期间不再为如何说明现象学与心理学的关系而烦恼。按照他的回忆和理解："诚然，与心理学的亲近当时已经不再使他感到不安。由于心理学采纳的实验-因果程序，混淆已不再可能发生，而当时并不存在描述心理学。即使有描述心理学，通过悬搁(ἐποχή)，亦即通过对体验状况在命名它的语词的观念含义统一方面所做的示范处理，现象学的实践也可以与描述心理学毫无混淆地区分开来。"①

普莱斯纳在这里的对实验心理学状况的理解是确切的，但对描述心理学状况的理解则有失偏颇。不但各种形式的描述心理学依然存在，而且它与现象学的关系仍然谈不上已被毫无混淆地区分开来。例如，胡塞尔自己在1917年曾为了澄清现象学与心理学和认识论的关系而撰写了两篇后来未发表的文章："现象学与心理学"和"现象学与认识论"，以回应心理学对他的现象学的心理学的误解。不仅如此，胡塞尔在《观念》第一卷中将现象学标示为"纯粹体验的描述性本质学说"(Hua III/1, § 75)，并且说明：现象学的"描述"是一种"本质直观的描述分析"、一种"本质描述"(Wesensbeschreibung)(Hua III/1, § 79)。

---

① 普莱斯纳："于哥廷根时期在胡塞尔身边"，同上书，第54页。

因此毫不奇怪，在这里讨论涉及的“现象学的心理学”的阿姆斯特丹讲演(1928 年)中，他直截了当地将现象学称作“描述现象学”，它的第一阶段是本我论的描述现象学(Hua IX,320)，而在此之前于1923/24 年所做的“第一哲学：现象学还原理论”的讲座中，他已经说明，这门“本我论(egologisch)的描述现象学”，或“超越论的本我论”，或“唯我论(solipsistisch)的现象学”，接下来会过渡到第二阶段的交互主体的描述现象学领域中(Hua VIII,173 ff.)。

可以看出，胡塞尔在此期间一直致力于对同样以描述为方法的现象学与其他心理学之间的关系的梳理辨析。在这里讨论的 1925 年讲座中，胡塞尔的一个主要意图就是理清他自己的描述现象学与狄尔泰和布伦塔诺的描述心理学的关系。在划清了它们之间的界限的情况下，胡塞尔可以说，“所以，经过几个部分的说明之后，我所引入的并非带着狄尔泰印记的心理学，而是，如同我已经宣告的那般，一门现象学的心理学”(Hua IX,35)。

胡塞尔对狄尔泰的批评从《哲学作为严格的科学》文章开始，到1925 年的讲座为止，它们大致可以归纳为以下三个方面的缺失：

其一，狄尔泰的精神科学心理学的经验科学性质及其在本质观点方面的缺失

与对布伦塔诺的经验心理学立场的批评相似，胡塞尔对狄尔泰批评也在于后者的精神科学的经验立场。

狄尔泰对胡塞尔的《逻辑研究》的赞赏，是因为他看到的是作为描述心理学的现象学的成就，但它并没有看到作为本质科学的现象学的成就，而后者“谈论的是感知、判断、感受等等本身，谈论它们先天地、在无条件的普遍性中作为纯粹种类的纯粹个别性所拥有的东西，谈论那些只有在对‘本质’……的纯粹直观把握的基础上才能明察到的东西”(LU II/1, $B_1$18)。

因此，胡塞尔在1925年的讲座中将本质观点的缺失视作“狄尔泰的描述心理学所包涵的极大缺陷”，因为“他仍未见到基于直观、但也是本质直观的理由而来的一般本质描述之类的存在，犹如他也还没看到底下的事实，那个构成心理生活的极端本质——与意识对象的关系——乃是系统性的心灵分析由其作为本质的分析之本有而无尽丰富的主题”（Hua IX,13）。

早在1910年的《哲学作为严格的科学》文章中，胡塞尔在批评了自然主义哲学之后进一步转向对包括狄尔泰在内的“历史主义与世界观哲学”的批评。他在一个脚注中说明，从狄尔泰的精神科学的经验立场出发无法把握历史发展的本质规律性和客观有效性，而且最终只会导向历史主义的怀疑论，因为“一门还是经验的精神科学既不能对某个提出客观有效性要求的东西提出反对的论证，也不能对它提出赞成的论证”（Hua XXV,45, Anm.1）。而他在正文中的说法更为直白和激烈：“从历史根据中只能产生出历史的结论。从事实出发来论证或反驳观念，这是背谬——用康德所引用的一句话来说就是：从石中取水（ex pumice aquam）”（Hua XXV,45）。

对于胡塞尔来说，一方面是历史学家在历史事实中发现的“流动的起效用（Gelten）”过程以及建基于其中的文化现象的经验科学，另一方面是哲学家在历史发展脉络中把握到的“本质和客观的有效性（Gütigkeit）”以及建基于其中的有效理论体系的科学（Hua XXV,44），前者必须以后者为理论基础，否则它的归宿只能是历史主义的相对论和怀疑论。

而从狄尔泰这方面来看，胡塞尔的这个批评带有过于浓厚的柏拉图观念论与康德的先天论的烙印。他在此之前就强调：“康德的先天是僵死的（starr und tot），但我理解的意识的现实条件是活的历史过程，它们具有其历史，而这个历史的进程是它们对越来越精准地以归纳的方式被认识到的经验的杂多性的调整适应(Anpassung)。"[①] 而在读到胡塞尔的《哲学作为严格的科学》的文章后，他的反应可以在他于胡塞尔这篇文章的页边所做批注上看出："真正的柏拉图！先是将变化流动的事物固定在概念中，然后再把流动这个概念补充地安插在旁边。"[②]

在胡塞尔这方面，他在前引脚注中曾继续写道："如果将这种旨在经验理解的经验观点换成现象学的本质观点，那么事情自然就会是两样的，而这似乎正是他思想的内部活动"(Hua XXV, 45,Anm.1)。现在看来，这个对狄尔泰"思想的内部活动"想象只是算是胡塞尔带有良好愿望的揣测。狄尔泰持有的一个明显的成见在于，他对观念、先天、本质的理解始终是柏拉图式的或康德式的，即将它们理解为僵死的和固定不变的，而历史、发生、精神是活的，流动不息的，因而与本质、观念、先天等等无关，仅仅与杂多经验的丰富性和鲜活性有关。狄尔泰没有读到胡塞尔 1905 年便已讲授过的，但于 1928 年才由海德格尔编辑发表的《内时间意识现象学讲座》，也没有读到胡塞尔 1929 年出版的《形式逻辑与超越论逻辑》，胡塞尔在这两部著述中都在尝

---

① Wilhelm Dilthey, *Grundlegung der Wissenschaften vom Menschen, der Gesellschaft und der Geschichte*, GS XIX, Göttingen: Vandenhoeck & Ruprecht, 1997, S. 51. ——在这个文本的前一稿中，"经验的杂多性"原为"感觉内容的杂多性"，参见同上书，S. 44. ——关于心理学是经验科学的观点和主张尤其可以参见他的全集第二十一卷中收集出版的讲座"作为经验科学的心理学"第一部分"心理学与人类学讲座"中：Wilhelm Dilthey, *Psychologie als Erfahrungswissenschaft*. Erster Teil: *Vorlesungen zur Psychologie und Anthropologie (ca.1875–1894)*, GA XXI, Göttingen: Vandenhoeck & Ruprecht, 1997.

② 参见 Gerog Misch, „Vorbericht des Herausgebers", in: Wilhelm Dilthey, *Die geistige Welt: Einleitung in die Philosophie des Lebens*; Hälfte 1, *Abhandlungen zur Grundlegung der Geisteswissenschaften*, GS V, Göttingen: Vandenhoeck & Ruprecht, 1990, S. CXII；此外还可以参见 Gerog Misch, *Lebensphilosophie und Phänomenologie – Eine Auseinandersetzung der Diltheyschen Richtung mit Heidegger und Husserl*, Darmstadt: Wissenschaftliche Buchgesellschaft, 1967, S. 136.

试对在纵向本质直观中展现出来的历史发生之“本质和客观的有效性”进行本质描述：或者是对时间意识的三位一体形式的本质有效性，或者是对普遍意识结构与意识发生之超越论逻辑的本质有效性。

其二，狄尔泰缺乏对意向性的本质认识，更确切地说，缺乏对作为纵意向性的历史性的直观与理解

狄尔泰的这个缺失与前一个缺失是密切相关的：正是因为狄尔泰在本质观点方面的缺失，他才无法看到意识的最基本的本质特征：意向性。胡塞尔自己说：“狄尔泰似乎并未被布伦塔诺所影响。他毋宁完全被他自己，特别是自己的精神科学兴趣领域所支配而来到对于纯粹描述的要求。意向性的核心意义在他身上完全起不了任何作用”(Hua IX,33)。

事实上，狄尔泰没有注意到布伦塔诺的意向性理论是可以理解的，他在其著述中虽然对布伦塔诺有所提及，但并无特别的关注。布伦塔诺对他的影响更多是通过胡塞尔来完成的。不过令人不解的是，他的好友约克一再要求的“理解历史性”也没有在狄尔泰那里产生特别的效应。至少可以说，狄尔泰在“理解历史性”的方法思考与实施方面始终没有获得充分的自觉与自信。[①]

不过，显然狄尔泰最终还是在胡塞尔那里看到了描述心理学的成就，即胡塞尔在布伦塔诺的描述的意向心理学影响下取得的成就。但他并未将此理解为对意向性的本质描述的成就，也不会将它与他和约克意义上的“理解历史性”联系在一起，发展出在纵意向性方面的本

① 此外，笔者在讨论胡塞尔、海德格尔以及帕托契卡的历史哲学时都讨论过“理解历史性”的主张对他们的影响。对此可以参见笔者的以下三篇文章：“胡塞尔与海德格尔的历史问题——历史哲学的现象学-存在论向度”（载于《西南政法大学学报》，2016年，第1期），“海德格尔思想中的黑格尔-狄尔泰动机”（载于《学术月刊》，2014年，第1期），以及“胡塞尔与帕托契卡的生活世界——作为纯粹哲学家的现象学家”（载于《学术月刊，2020年，第1期）。

质描述心理学的成就。

这个成就是在胡塞尔那里才得到了一定程度的实现。所谓的“历史性”，无非是指贯穿在历史进程中的规律性与意义的有效性，无论这里的历史是精神史还是自然史。在精神科学的历史现象学中，它就是指胡塞尔自1905年起就开始关注的历史意识中的纵意向性(Hua X, 82, 379)，它也是胡塞尔在后期《危机》书中所说的“超越论的历史性”(Hua VI, 213)。“理解历史性”在现象学中可以改写为：对历史意识中的纵意向性的纵向本质直观以及理解的本质描述。

其三，狄尔泰的精神科学心理学在“同感”或“交互主体性”问题的思考与研究方面的缺失

胡塞尔在1925年讲座中所确定的狄尔泰的第三个缺失在于，“狄尔泰没有提出这个问题：一个个体的心灵关系如何进入到其他的心灵关系之中，它们如何能够联结成一个结构关系”(Hua IX,548)。他以此来批评在狄尔泰那里一门同感心理学的缺失。

狄尔泰并非没有思考和讨论过同感问题，并非没有考虑过个体的历史意识与集体的历史意识的关系问题，例如他在《精神科学中的历史世界之建构》中便有“对其他各人及其生命表述之理解”的论述，讨论“理解”的各种类型“设身处地”(Hineinversetzen)、“模仿”(Nachbilden)、“追复体验”(Nacherleben)，以及如此等等。[1] 不过这些思考大都只是以手稿的方式记录下来，且在胡塞尔的时代还难以为他所知悉和了解。因此胡塞尔会认为，“狄尔泰在这一方面却缺乏一个令人满意的说法。在只是内经验或者只是对他人精神生命及群体生命的阐明的基础上如何能够产生一个比个人的理解更多的描述?”

---

① Wilhelm Dilthey, *Der Aufbau der geschichtlichen Welt in den Geisteswissenschaften*, GS VII, Stuttgart: B. G. Teubner Verlagsgesellschaft, 1958, S. 205 ff.

(Hua IX,13)

胡塞尔本人在1905年，即在结识狄尔泰的这一年，已经开始在特奥多尔·利普斯的影响下思考和研究同感问题，后来同感问题被改称为交互主体性问题。这个问题是横意向性研究和横向本质直观的一个分支。到1925年做“现象学的心理学引论”讲座时，胡塞尔对这个问题已经有二十年的思考，并且已经培养了以“论同感问题”为题完成了博士论文的埃迪·施泰因；而且在1925年期间，按耿宁的说法，在胡塞尔那里，“交互主体性理论第一次获得一种自成一体的、在内容上得到透彻加工整理的形态”。[①] 因此可以理解，他在这个问题上对狄尔泰的发难和批评在当时有他自己的特别理由。他将自己的意识现象学的第一阶段称作“超越论的本我论”或“唯我论的现象学”，这也是狄尔泰的心理学所处的阶段，即他讨论内感知、内经验、自身思义等等时所处的阶段。而胡塞尔的交互主体性现象学还原则为“交互主体性现象学”打开了通道(Hua VIII,173ff.)，在这里，对其他个人的“同感”就意味着“对他们的动机的理解”(Hua IV,226)，这是狄尔泰的历史思义的心理学尚未到达的阶段。[②]

如果在狄尔泰那里，**系统的精神科学**采用的是“静态理解”[③] 的方法，并且如前所述，在施普朗格那里是所谓“理解地描述”(verstehend beschreiben)的方法，而**历史的精神科学**则采用“历史理解”的方法，

---

① Iso Kern, „Einleitung des Herausgebers“, in Hua XV, S. XXXIV.

② 不过，在狄尔泰和雅斯贝尔斯的“理解心理学”的具体实施者戈鲁勒那里，动机理解意义上的“同感”已经出现，参见 Hans W. Gruhle, *Verstehen und Einfühlen*, Berlin/Göttingen/Heidelberg, Springer-Verlag 1953, S. 283；以及 Hans W. Gruhle, *Verstehende Psychologie. Ein Lehrbuch*, Stuttgart: Georg Thieme Verlag, 1956, „III. Psychologisches Verstehen. Einfühlung“, S. 57 ff.

③ 这是戈鲁勒引述的雅斯贝尔斯的说法，参见 Hans W. Gruhle, *Verstehen und Einfühlen*, a.a.O., S. 283；以及 Hans W. Gruhle, *Verstehende Psychologie. Einlehrbuch*, a.a.O., S. 57.

那么狄尔泰意义上的交互主体的精神历史、精神社会历史的方法就应当是“理解地同感”(verstehend einfühlen)的方法。[①]

五、现象学与经验论心理学、自然科学心理学、精神科学心理学的差异

通过与自然科学心理学、精神科学心理学以及布伦塔诺经验心理学划清界限,胡塞尔便对自己的现象学与种种心理学的关系做出了理清和说明。尤其是在现象学与心理学的相同性与差异性的各个层次方面,胡塞尔也表达了明确的态度和立场。

现象学与自然科学心理学、实证的和实验的心理学的差异已经十分了然,就像普莱斯纳如前所述在1914年便已经确定的那样。无论是在研究方法上,还是在研究对象上,现代心理学都已经放弃了那些如今由现象学来坚守的东西:对意识体验和意识权能在结构与发生两个方向上的反思和本质直观。早期现象学家如普凡德尔曾将他所理解的现象学与心理学的区别等同于“主观心理学”与“客观心理学”的区别,[②]并与他的现象学同道如胡塞尔和盖格尔等人一起为在客观心理学面前维护主观心理学的权利而耗费心力。此前十多年,在冯特、施通普夫、艾宾浩斯、詹姆斯等现代心理学的开创者那里,这两种心理学都还以互助互补的方式共处于一室。而此后十多年,各种类

① 陈寅恪在为冯友兰《中国哲学史》上册所写审核报告中提到:“对于古人之学说,应具了解之同情,方可下笔。”这里的“了解之同情”若翻译为德语,基本上就是“理解地同感”(verstehend einfühlen)的意思。这是否是陈寅恪在他两次留学德国期间(1910-1914年,1921-1925年)所受狄尔泰及其后学“理解心理学”影响的表露,目前尚不得而知,还有待进一步查究。

② 参见 Alexander Pfänder, *Phänomenologie des Wollens. Motive und Motivation*, München: Verlag Johann Ambrosius Barth, 1965, S. 6f.

型的主观心理学与各种类型的客观心理学已经彼此分离另立门户，既不再为彼此间的合作而费神，也不再为相互间的混淆而担心。

然而，现象学与各种主观心理学之间的关系在此期间反倒成为这个特殊心理学群体内部需要思考的问题。

首先，胡塞尔需要面对的是他的现象学与布伦塔诺心理学的关系问题。后者的意向的和经验描述的心理学一方面脱离开与哲学心理学有关的思辨哲学，另一方面也脱离开与生理心理学或心理物理学有关的发生心理学。在这两个方面，胡塞尔都无条件地予以接受。除此之外，他也采纳了布伦塔诺经验心理学的本质内核，即意识的最普遍的本质特征：意向性，但同时排斥布伦塔诺的经验主义以及由此导致的自然主义立场。胡塞尔在1925年讲座中对此有清晰的表述："布伦塔诺对意向性的指明突破了在意向性方面的普遍盲目状态；但尚未克服自然主义，现在可以说自然主义是强占了意向体验并阻断了通往意向研究之真正任务的道路"（Hua IX,310）。

胡塞尔不再将"描述"仅仅视作经验描述。他赋予现象学的描述以本质刻画的性质，从而可以谈论一门本质学说意义上的"描述现象学"。这个意义上的现象学实际上就是胡塞尔谈论得更多的、意义也更为宽泛的"本质现象学"或"现象学的心理学"。因为按照胡塞尔和盖格尔的理解，描述的基础是直观；本质描述的基础是本质直观。直观和描述之间的关系与意识现象学和语言现象学之间的关系都是平行的。而"本质描述的现象学"最终必须以"本质直观的现象学"为前提条件，因而这里存在着一种奠基关系。

除此之外，布伦塔诺指明的作为意识本质特征的意向性最终只是"横意向性"，即意向活动与意向相关项的关系。但胡塞尔通过时间意识分析和意识发生分析而将意识的本质特征的概念扩展到纵向的维度：发生的和历史的维度。因而在胡塞尔这里，"发生"不再像他在《逻辑研究》第一版时期那样，意味着原初布伦塔诺意义上的生理心理的因果发生，而是指内在的心理发生、意识发生。通过纵向本质直观来把握在意识发生中的纵意向性和超越论逻辑，这是胡塞尔的发生现象学不同于其他各种形式的发生心理学（包括皮亚杰的发生认识论[①]）的地方。

其次，胡塞尔现象学与狄尔泰精神科学的关联是在纵意向性方面。胡塞尔应当是从狄尔泰那里接受了历史意识的向度，并且将它与此前从布伦塔诺那里获得的时间向度结合在一起。

但现象学对纵意向性的认识和把握方式本质上有别于狄尔泰的精神科学的描述心理学和布伦塔诺的经验心理学的描述方法。对这里的情况可以作如下概括：如果说胡塞尔现象学与布伦塔诺经验心理学相同的地方在于，他们都是用描述的方式来揭示意识的一个基本特征：**意向性或构造性**（**横意向性**），那么胡塞尔现象学与狄尔泰的精神科学心理学相同的地方就在于，他们都在尝试用理解的方式来解释意识的另一个基本特征：**流动性或历史性**（**纵意向性**）。而后可以进一步说，胡塞尔的现象学要求用**横向本质直观**和**静态理解**的方式把握横意向性，因此有别于布伦塔诺的心理学，同时要求用**纵向本质直观**或**追复理解**的方式来把握纵意向性，因而有别于狄尔泰的心理学。胡塞尔始终认为：狄尔泰与布伦塔诺的在纵横意向性方向上的思考没有脱出经验论的巢穴，因而最终会在这两个方向上导向自然主义和历史主义。

因此，无论是横向上的意向性描述，还是纵向上的历史性理解，现象学都必须——正如胡塞尔在 1913 年的《观念》第一卷中已经确定的那样——是“一门意识体验的描述本质学（eine deskriptive

---

① 对此可以参见 Eduard Marbach, “Two Directions of Epistemology: Husserl and Piaget”, in *Revue Internationale de Philosophie*, vol. 36, no. 142/143, 1982, pp. 435–469.

Eidetik)”，即一门“现象学的本质学”(Hua III/1,148f.)。而在这里讨论的1925年的“现象学的心理学引论”讲座中，胡塞尔更是明确地指出，现象学与心理学的关系最终还会涉及现象学与逻辑学的关系以及现象学与认识论的关系。即是说，这个意义上的本质学与数学、几何、逻辑意义上的先天科学相似，它是心理学领域中的本质学，必须实施一种“新型的、先天运行的心理学分析”，并构成“一门从纯粹内向直观中汲取的心灵科学”(Hua IX,41)。

这里提到几何、数学等等并非偶然。它们与现象学一样(现象学的心理学或纯粹心理学)一样，都是观念科学。这里可以看到胡塞尔的数学背景始终在起作用，看到莱布尼茨的普全数理模式(mathesis universalis)的潜在影响。无论是在《观念》第一卷中，还是在“现象学的心理学引论”讲座中，他都一再指出，现象学的心理学与经验心理学和精神科学的关系应当类似于几何学、运动学、年代学、力学等等与自然科学物理学的关系。尽管他认为，现象学的本质论不同于作为形式的本质科学的数学、算术等等，而更应当像几何学、运动学等等一样是质料的本质科学或质料的数理模式，因而或有可能讨论是否可以或必须“将现象学构造为一门意识体验的‘几何学’”(Hua III/1,149f.)，但现象学与几何学仍然在方法和对象上彼此有别，例如现象学诉诸本质描述，而几何学则主要以演绎的方式进行；现象学讨论体验的本质，而几何学揭示的是空间的本质，如此等等。无论如何，现象学与几何学在这一点上是一致的：它们探讨和处理的都是可能性问题，而非实在的事实。

在此意义上，“现象学本身不是心理学，就像几何学不是自然科学一样”(Hua III/1,5)。这里的“现象学”，当然不是经验现象学或经验心理学，而是“现象学的心理学”或“纯粹心理学”(Hua IX,244)。它们不依赖关于心灵生活的经验事实科学，但可以为后者提供理论基础。

现象学为心理学提供理论解释与论证的观点还在胡塞尔于1903年为埃尔森汉斯的“关于逻辑学与心理学的关系”①撰写的相关德国逻辑学著作报告中便可以发现，他在那里写道：“显然，被排除的心理学统觉随时可以插进来，让现象学和认识批判的结果可以为心理学所用。因此，现象学分析获得了描述心理学分析的特征；它充当了对心理学这门关于精神显现的自然科学进行理论解释的基础”(Hua XXII,207)。此后他在1917年又写道：“每个现象学的确定作为关于意识和被意识之物的本质确定都可以被重新评价为心理学的确定……纯粹现象学的每个结果都可以被转释为先天心理学或理性心理学的一个结果”(Hua XXV,117)。

而由于心灵生活的流动性和历史性，因而现象学在这里面临双重的任务：不仅要在横向上对意识体验的结构进行本质描述，而且要在纵向上对意识体验的发生进行本质解释，即“建立起一门先天纯粹心理学，它具有类似于几何学等对于经验物理学所具有的那种功能。在其中包含的一个重大任务就在于对历史的以及对在它的独一性中包含的普全‘意义’的现象学诠释”(Hua IX,252)。从这段出自1927年“不列颠百科全书条目”草稿的文字中可以看到，胡塞尔还在这一年便已经有了一门关于历史意识的本质现象学的构想。在这里可以看到胡塞尔与狄尔泰的同行和分离的大致轨迹。

最后，胡塞尔的现象学首先是认知现象学和理性现象学，而非心理学一般。这是由布伦塔诺和胡塞尔理解的意识最基本特征决定的，他们的心理学的最原本形式必定是意向心理学或表象理论和对象理论。用胡塞尔话来说：“情感生活与意愿生活的现象学连同其特有的意向性是奠基在自然经验和认识的现象学之中的，它涵盖了在其必然

① Theodor Elsenhans, „Das Verhältnis der Logik zur Psychologie“, in *Zeitschrift für Philosophie und philosophische Kritik*, 109, 1897, S. 195–212.

的和可能的本质构形方面的全部文化以及属于社会性的本质形式的相关先天”(Hua IX, 252f.)。因而现象学在这点上也有别于一般心理学。即是说，现象学承载的首先是认识论奠基的使命，而后在进一步的发展中才会朝向对情感行为、意愿活动等等与文化与社会相关的意识生活的描述分析。

在前引普莱斯纳的回忆录中，他记载说当他于 1914 年到哥廷根时曾注意到，胡塞尔现象学始终还持守在认知现象学或理性现象学的范围内，尽管他的现象学同道已经各自在情感、意欲等领域展开工作。他回忆说，“讨论题目被紧缩在认知行为范围上，尽管莱纳赫、普凡德尔、舍勒、莫里茨·盖格尔已经突破了它，但胡塞尔却还并不懂得如何去摆脱它，因为他是在七十、八十年代的心理学与认识论上成熟起来的，而且不得不为了与逻辑学中的心理主义作战而付出其半生的心血。伦理学的、美学的、法哲学的问题离他甚远。感觉、感知(他向我特别推荐沙普和黑德维希·康拉德-马悌尤斯的典范研究)、错觉、抽象、判断和事态主宰着整个课程，尤其是讨论课，而且——如《观念》所表明的那样——还不仅仅是课程。”[①]

普莱斯纳的这个回忆虽然基于表浅的印象，但的确是对哥廷根当时现象学阵营活动状况的写实描述。而如今随着大量胡塞尔遗稿的编辑出版，人们已经可以了解胡塞尔本人在现象学各个领域(尤其是在情感现象学、意愿现象学、生活世界现象学等领域[②])中的长期耕耘

① 普莱斯纳：“于哥廷根时期在胡塞尔身边”，同上书，第 54 页。

② 对此尤其可以参见新近出版的《胡塞尔全集》第 43 卷，其中第 1 册讨论知性与对象，选自 1909-1927 年的手稿，第 2 册讨论情感与价值，选自 1896-1925 年的手稿，第 3 册讨论意欲与行动，选自 1902-1934 年的手稿：Edmund Husserl, *Studien zur Struktur des Bewusstseins*, Hua XLIII, Bd. 1. *Verstand und Gegenstand (1909–1927)*; Bd. 2. *Gefühl und Wert (1896–1925)*; Bd. 3. *Wille und Handlung (1902–1934)*; Bd. 4. *Textkritischer Anhang*, Cham: Springer Nature Switzerland AG, 2020.

的状况以及业已收获和尚待收获的丰富成果。在这点上，现象学与心理学在研究对象上并无原则性差异，只是视角和方法不同而已。

六、现象学的各个分科之间的关系

胡塞尔在1925年讲座中主要讨论的是“现象学的心理学”，而在1927年为《不列颠百科全书》撰写的现象学条目草稿中则首先论述作为“纯粹现象学”的“心理学的现象学”，而后论述与“心理学的现象学”相对应的“超越论的现象学”。最后，在1928年的阿姆斯特丹讲演中，胡塞尔开宗明义地标示了“现象学的双重意义”：心理学的现象学与超越论的现象学。

就第一个标示而言，“现象学的心理学”的主语是“心理学”，指一种关于心灵生活的科学，而前面的定语“现象学的”则与这门心理学采用的方法有关，即现象学的本质直观方法，它们在两个方向上进行，对横意向性的横向本质直观与结构把握，以及对纵意向性的纵向本质直观与发生理解。“现象学的”在这里意味着运用本质直观和分析方法的。现象学的心理学意味着一种描述的和理解的心理本质学。如前上述，现象学的心理学具有对心理学的理论奠基作用，“现象学的心理学既对心理的自然研究而言是奠基性的，也对人格科学和相应的科学而言是奠基性的”(Hua IX,217)。现代心理学是在两端之间活动：现象学的心理学的一端，生理学的心理学的另一端。前者为心理学提供意识的理论基础，后者为心理学提供生理物理基础。

此外，“现象学的心理学”的标示在当下的语境中还有另一方面的含义。“现象学的”在这里是指它的原初含义：“意识显现的”，即“有意识的”。“现象学的心理学”随之也就意味着“关于有意识的心灵生活的科学”。由于心灵生活分为有意识的(被意识到的)和无意识的(未被意识到的)两个部分,因而各种形式的“有意识的”或“现象学的”心理学,包括上述胡塞尔使用的意义上的“现象学的心理学”,就构成关于前一部分的心灵科学,而各种形式的“无意识心理学”则构成关于第二部分的心灵科学。目前在意识哲学方面影响较大的心智哲学家大卫・查尔默斯的著作《有意识的心灵》[①]以及现象学哲学家伽拉戈尔(S. Gallagher)与扎哈维(D. Zahavi)的著作《现象学的心灵》[②]都属于前一部分的心灵科学。关于后一部分的心灵科学在胡塞尔那里(在他的许多手稿中)相当于不显现的、未意识到的意识权能意义上的现象学,而在现代心理学中也被涵盖在机能心理学或功能心理学的范畴下。[③]

接下来,就后面提到的两种现象学标示而言,它们的主语都是“现象学”,在这里主要涉及关于意识现象的研究对象与研究领域。而它们的定语“心理学的”和“超越论的”则是对这里的对象和领域之性质的进一步刻画。

按胡塞尔的说法,“必须以最清晰的方式将超越论的现象学与心理学的现象学分离开来,它们在其基本意义上是各不相同的。不过,通过观点的改变,这一个可以过渡到另一个之中,因而在两方面会出现‘相同的’现象与本质明察,但可以说是伴随着原则上改变它们的意义的不同符号”(Hua IX,247f.)。

---

① 参见 David John Chalmers, *The Conscious Mind. In Search of a Fundamental Theory*, New York: Oxford University Press, 1996;中译本参见大卫・查尔默斯:《有意识的心灵——一种基础理论研究》,朱建平译,北京:中国人民大学出版社,2012 年。

② 参见 Shaun Gallagher and Dan Zahavi, *The Phenomenological Mind*, London: Routledge, 2008.——中译本由罗志达翻译,即将由商务印书馆出版。

③ 对此可以参见笔者的两篇论文“意识现象学与无意识研究的可能性”(载于《中国社会科学》,2021 年,第 3 期)和“意识分析的两种基本形态:意识体验分析与意识权能分析”(载于《学术月刊》,2021 年,第 8 期)。

胡塞尔自己在为《不列颠百科全书》撰写的“现象学条目”和“阿姆斯特丹讲演”中曾尝试以最清晰的方式区分这两者，即指明在这两种现象学是对两种相互平行的现象的探讨：超越论的现象学的对象是纯粹意识现象，心理学的现象学的对象是人的心理现象。在它们之间隔着一个超越论现象学的还原。通过对这个还原的实施和放弃，这两种现象以及两种现象学彼此可以相互过渡。同时，对这两种现象学的关系的澄清也会附带地解释：为什么带有深刻的康德烙印的“transzendental”在胡塞尔这里不能被译作“先验”，而应当选择“超越论”这个更为确切也更不易造成误解的译名。但这里不是展开对此问题的重新讨论的合适场合，笔者会另文专述。

这里的思考和阐释还是集中在这一卷的书名所标示的“现象学的心理学”上。它与众多“主观心理学”或“内省心理学”的差别也在于一个还原的施行和放弃：本质现象学的还原。它在胡塞尔那里更多被称作“本质直观”或“观念直观”。

除此之外，关于胡塞尔的《现象学的心理学》这一卷的内容只还需要强调说明一点：从1925年的“现象学的心理学引论”讲座，到1928年的“现象学的心理学”的阿姆斯特丹讲演，在胡塞尔这几年的思想道路旁既可以安放精神科学的路碑，也可以安放历史哲学的路碑。在这些路碑上不仅应当刻有胡塞尔的名字，也应当刻有胡塞尔的两位前辈狄尔泰与约克的名字，最后还可以刻有胡塞尔的两位弟子的名字：弗里茨·考夫曼和路德维希·兰德格雷贝(Ludwig Landgrebe,1902-1991)。他们两人于1928年在胡塞尔主编的《哲学与现象学研究年刊》第九辑上同时发表了他们各自的历史哲学论著，即考夫曼的任教资格论文“瓦尔腾堡的约克伯爵的哲学”和兰德格雷贝的博士论文“威廉·狄尔泰的精神科学”。由于这两部论著与胡塞尔的《内时间意识现象学讲座》刊登在同一辑，因而这个第九辑完全可以说是专门献给历史哲学的一辑，[①] 而这一年也顺理成章地成为现象学的历史哲学年，它在1925年便随胡塞尔在“现象学的心理学引论”讲座中向狄尔泰的回溯和诉诸就已经默默地开始了。

七、结语

在本文引论中已经提到，胡塞尔从起初的任教资格论文“论数的概念”(1887年)开始，直至最后期的《欧洲科学的危机与超越论现象学》(1936/37年)期间，都需要一再面对和处理现象学和心理学的关系问题。笔者在这里对此问题的讨论，主要是依据“现象学的心理学”(1925年)的讲座稿。但因胡塞尔的思想变化，不仅需要涉及最初的《逻辑研究》(1900/01年)，也需要涉及《哲学作为严格的科学》(1910年)和《纯粹现象学与现象学哲学的观念》第一卷(1913年)；即使在集中讨论这个关系的《胡塞尔全集》的第9卷中，胡塞尔对这个问题的思考和表述也有略微的变化，它们主要体现在1927–1928年期间为《不列颠百科全书》撰写的“现象学”条目以及1928年的“阿姆斯特丹讲演”中。

如果回到《逻辑研究》最初的意向上去，那么对于胡塞尔来说，对现象学与心理学一方面的关系以及与逻辑学另一方面的关系的思考与讨论自始至终都服务于一个目的：寻找、发现并把握意识的静态的和发生的逻辑，即寻找、发现并把握主观性中的“客观性”：心的逻辑或心的秩序，或者说，“心智”(νοῦς)本身、“对思想的思想”

① 参见Fritz Kaufmann, *Philosophie des Grafen Paul Yorck von Wartenburg*; Ludwig Landgrebe, *Wilhelm Diltheys Theorie der Geisteswissenschaften*; Edmund Husserl, *Vorlesungen zur Phänomenologie des inneren Zeitbewußtseins*, in *Jahrbuch für Philosophie und phänomenologische Forschung*, IX. Band, Halle a. S.: Max Niemeyer Verlag, 1928.

(νόησις νοήσεως)的逻辑与秩序。

在术语上可以作如下总结：胡塞尔所说的“纯粹心理学”、“本质心理学”、“先天心理学”、“现象学的心理学”，其含义基本上是相同的。但如果它们仍然想要“普全地研究作为在世界中的实在事实而生活在世界中的人的心理学”，它们就不是真正意义上的纯粹科学。这个意义上的纯粹心理学必定是“超越论的心理学”，它与“超越论哲学”无异：“只有一门超越论的心理学，而它与超越论的哲学是一回事”(Hua VI, 261)。一言以蔽之，经过双重纯化的纯粹的超越论的意识学。

这里最后还要引述胡塞尔在1908年12月23日致纳托尔普的信中的一段与本文论题密切相关的话：“我在1903年的逻辑学年度报告(参见：贝格曼、贡佩尔茨、耶路撒冷等)中就已经放弃了现象学作为‘描述心理学’的偏斜的标示，尽管我在这些年里——在讲座中——已经能够做出更好的阐释。我寄希望于今后几年的更大的著述发表。我还要说明一点，我的——以任何方式都不是心理学的——问题与马堡学派的问题并不相合。而我的超越论现象学的方法(不是心理学的方法——既非发生心理学的也非描述心理学的方法)在目标与本质上都是一种不同于您的意义上的超越论逻辑学的方法”(Brief. V, 103)。

不言而喻，这段引文的前半部分尚未超出这里讨论的现象学与心理学的关系的论题范围，但其后半部分则已经过渡到另一个论题上去，它已经属于胡塞尔所做的将自己的现象学与各种超越论哲学划清界限之努力的另一章节了。因此，对胡塞尔与康德各自的“transzendental”概念的不同意义的澄清已经迫在眉睫。[①]

---

① 对此可以参见笔者的论文“Transzendental：含义与中译问题再议”(载于《学术月刊》，2022年，第4期)。

与“现象学的心理学”讲座同时发生的是胡塞尔这年在佛教方面的阅读、思考和发表。

关于佛教的思考

1925 年春，胡塞尔发表了“论《觉者乔达摩语录》”的沉思文章。这篇短文是胡塞尔为卡尔·奥伊肯·诺伊曼(Karl Eugen Neumann,1865–1915)从《阿含经》翻译成德文的《觉者乔达摩语录》所撰写的书评。胡塞尔在文章的开篇写道：“我现在已阅读了卡尔·埃根·奈曼翻译的佛教神圣经典德文译本的主要部分。当我开始了这一阅读之后，便手不释卷，尽管我手头还有其他急迫的工作”(Hua XXVII,125)。[①]

胡塞尔一生中在佛陀、佛教与印度思想方面读得不多，写得更少。这方面的集中论述，除了 1925 年发表的这篇“论《觉者乔达摩语录》”的简短书评[②]之外，就是 1926 年写下的题为“苏格拉底–佛陀”的研究手稿。这篇总计 11 页的手稿原先有 4 页的缺失，后来在找到缺失部分之后于 2010 年全文刊登在《胡塞尔研究》期刊上。[③]

胡塞尔在这两篇文稿中所思考的问题，严格说来既不是苏格拉底与佛陀的关系，也不是古希腊思想与古印度思想的关系，而更多地是他的(现象学)哲学思想与佛陀的佛教思想的关系。

---

① 这里的引文出自刘国英之手，但根据德文而略有改动。刘国英在其“胡塞尔论佛教”(载于《现象学与人文科学》第 3 辑《现象学与佛家哲学专辑》，台北：漫游者文化事业股份有限公司，2007 年，第 9–26 页)文章中全文翻译了胡塞尔的这篇书评(第 14–16 页)。

② 载于 *Piperbote*, Frühling 1925, II/I, S. 8–19. 后收入 Hua XXVII, S. 125–126.

③ 参见 E. Husserl, „Sokrates–Buddha“, in *Husserl Studies*, 26 (2010), pp. 1–17. ——该文的全文已由笔者译成中文，参见塞巴斯蒂安·路福特(编)：“胡塞尔：苏格拉底–佛陀(1926年1月21日和22日)——胡塞尔文库中一份未发表的手稿”，载于《唯识研究》第一辑，上海：上海古籍出版社，2012 年，第 138–154 页。

这两篇文稿都写于上世纪的20年代中期。这段时间在胡塞尔与东方思想之间形成了相对紧密的联系。首先是胡塞尔在1923和1924年应日本《改造》杂志社的邀请而在该杂志上发表了著名的"改造三论"，即三篇论述"改造"[①]的文章。而后便是胡塞尔在此前后阅读了由诺伊曼翻译出版的《觉者乔达摩语录》[②]，并于1925年发表了热情洋溢的"论《觉者乔达摩语录》"的书评；再后便是写于1926年1月的"苏格拉底-佛陀"文稿，它很可能是胡塞尔对自己在继续阅读《觉者乔达摩语录》过程中形成的深入思考的记录，这个过程历时两天，但内容极为丰富。于此可见胡塞尔一生思路历程之一斑。这篇文稿显然以他此前的那篇书评为文字基础和思想背景。书评中的一些想法也在此文稿中进一步得到表露，例如，无论在书评还是在文稿中，胡塞尔都一再将"佛教"称作"超越论的"(transzendental)，如此等等。[③]

关于胡塞尔与佛教的思想关联，还可以参见笔者在"胡塞尔与佛教"论文中更为详细的论述。[④]

1926年：来自美国的邀请

的确，1921年，胡塞尔在战后通货膨胀，个人和家庭经济窘迫的情况下没有得到来自中国"讲学社"的讲学邀请，与中国失之交臂。

---

① 详见前面关于"改造文"与"改造伦理学"的论述。

② Gautama Buddha, *Die Reden Gotamo Buddhas*, übertragen von Karl Eugen Neumann, München: R. Piper, 3. Aufl., 1922.

③ 参见 Hua XXVII, S. 125："这印度宗教中的最高花卉——其视野与修持努力都是纯然投向内在——我会称之为'超越论的'(transzendentalen)而非'超越的'(transzendenten)。"——这里的胡塞尔书评引文均出自刘国英的中译。

④ 参见笔者："胡塞尔与佛教"，原载于《唯识研究》第一辑，同上书，第155-166页；后收入笔者：《缘起与实相：唯识现象学十二讲》，北京：商务印书馆，2019年，第十一讲，第233-254页。

五年之后，胡塞尔收到了美国在哈佛大学举办的国际哲学家大会的邀请，但他并未接受邀请。由于美国方面十分重视胡塞尔的参会，因而大会的筹备委员会的秘书考斯教授特别发电报给德国柏林的国务部长施密特-奥特(Friedrich Schmidt-Ott,1860–1956)，急切地请求胡塞尔尽可能参会，并做简短的报告。由于此前柏林大学的教育学家和哲学家施普朗格教授也曾就此事与胡塞尔商讨并遭拒绝，因而施密特-奥特部长也“以施普朗格教授的名义并且为了庄严地代表德国哲学的目的”再次恳请胡塞尔考虑“满足美国人一再提出的愿望”的可能性。国务部长还提到，美国方面已经为胡塞尔的旅行准备了 400 美元的旅费补助(Brief. VIII,69f.)。胡塞尔的回函并未被保留下来，因而他的态度也不得而知。无论如何，胡塞尔最终没有踏上去美国的跨洋旅途，无论是在 1933 年之前还是之后。

马丁·海德格尔(下)

在胡塞尔 1928 年 70 岁到来之前，亦即他退休之前，胡塞尔在他的现象学研究工作之外考虑和筹备最多的一件事便是他的讲席继承人的物色和选择。前面在涉及 1923 年柏林大学的聘请和胡塞尔最终予以拒绝的事情上已经可以看出，胡塞尔在自己接班人的人选确定问题上很可能已经从五年前便开始斟酌了，而且很可能在那时已经做出了决定：以年轻的海德格尔作为自己的接任者。这一方面是因为海德格尔的出色才华，但另一方面，也是更重要的一方面，为了弗莱堡的现象学事业和传统能够在一个青年人手中多维持几十年。为此，胡塞尔放弃了本来想让亚历山大·普凡德尔前来接替自己的打算，最终全力以赴将海德格尔扶上这个当时德国最重要的教席。

笔者在《胡塞尔与海德格尔：弗莱堡的相遇与背离》(北京：商务印书馆，2016 年)一书中讨论了胡塞尔与海德格尔的个人关系与思想联系，尤其在第二讲“胡塞尔与海德格尔关系中期”中描述了胡塞尔与海德格尔是如何相互配合，终于使得这个讲席的交接得以成功，同时也导致普凡德尔与胡塞尔的长期友谊最终破裂的故事。关于这段现象学运动史上重要历程，读者可以参考该书的详细论述。它本属于本书的第二卷，只是因为因篇幅过大，已经足以单独成书出版，此外也是为了纪念海德格尔去世四十周年，笔者才先于本书而单独出版了该书，它实际上是本书的一个有机组成部分。

这里只还想再补充胡塞尔与海德格尔关系方面的另一个观察视角，即格尔达·瓦尔特的女性观察视角：在胡塞尔 1928 年教席的继承人的选择问题上，格尔达猜测是胡塞尔太太在后面起作用：“马尔维娜夫人最为器重海德格尔，她经常说：‘这是我们的本雅明！’，尽管在我来到弗莱堡期间，海德格尔事实上已经开始疏远胡塞尔，并且越来越强烈地往另外一个方向发展。在这个时期，胡塞尔视力已经非常糟糕，在接下来的几年几乎失明，因此他无法再阅读很多东西，关于他的学生和追随者的出版物的了解要依赖其他人的报告。因此也许他还不知道，当他推荐海德格尔做他的继任者时，后者在多大程度上已经在走自己的路了。在我来到胡塞尔这里之前很久，在与普凡德尔以及几位共同的朋友——其中有传说中的道伯特，一起待在蒂罗尔州的西费尔德[①]——的谈话中，他当时曾说过，没有任何其他人能像

---

① 这一点极有可能是谣传而非事实。胡塞尔与“普凡德尔以及几位共同的朋友”在西费尔德的会面发生在 1905 年。胡塞尔于这年夏天在这里度假，其间写下著名的“西费尔德文稿”。当时胡塞尔还是副教授。此时谈论讲席的继任人未免为时过早。普凡德尔自己在 1931 年 1 月 2 日致胡塞尔的信中说：“您在大约十年的时间里曾向每一个愿意听的人都宣布说，您以后会建议我做您的继任者。这个宣布在很大范围内为人所知，无论在学术圈内，还是在学术圈外”(Brief. II,179)。这里所说的“十年”应当是胡塞尔在获得弗莱堡大学讲席教授之后的期间，即最早自 1916 年起的十年时间里。

普凡德尔那样，他能与之进行如此深刻且具有启发性的哲学对话。因此有朝一日普凡德尔应当首先被聘任为他的继任者。但是当在咨询会议上讨论继任者问题时，胡塞尔根本没提到普凡德尔，这令几位会议参与者十分意外。当有其他人提出普凡德尔时，他完全没有理会这个建议。我猜想，这一情况至少有一部分要归因于马尔维娜夫人的影响：她对普凡德尔并不是非常有好感，可能这一情形的出现还是双方相互的？”①

现在可以对胡塞尔的十二年弗莱堡教学生涯做一个大致的回顾，它很容易将胡塞尔在此期间的一个显著特征暴露出来：胡塞尔在此期间没有发表任何大部头的论著，但他在此期间写下的讲座稿和研究稿却是最多的，无论是在篇幅上还是在内容上。

著述的发表，或者不如说：著作发表的缺失

在这方面首先要提到的是：在拖延多年之后，脱销多年的《逻辑研究》第二卷第二部分的第二版终于在 1921 年出版。由于占《逻辑研究》四分之三篇幅的第一卷和第二卷第一部分已经在 1913 年完成了第二版的出版，因而胡塞尔不得不专门为这个迟到了八年且仍未完成曾许诺过的彻底修改的第二部分的前面增加一个“第二版前言”来加以说明：

> 我很抱歉，摆在读者面前的这个新版《逻辑研究》之结尾部分与我在 1913 年为本书第一卷第二版所做序言中的预告并不相

① 格尔达·瓦尔特：“于弗莱堡时期在胡塞尔身边”，载于《回忆埃德蒙德·胡塞尔》，同上书，第 222 页。

符。我不得不做出决定:不再发表已彻底修改过的文本——这个修改过的文本的相当大部分在当时已经得到付印——,而是发表原先的、只是在几个篇章中得到了根本修正的文字。书都有其自己的命运,这句老话在这里再次得到了验证。首先迫使我中断印刷的原因在于,一段时间的超量工作自然而然地导致了我的疲惫。而我在付印期间所感受到的理论困难要求我对新构思的文字进行切入性的重构,为此需要付出更新的力量。但在接下来的战争年代[①]中,我无法为逻辑现象学(Phänomenologie des Logischen)付诸那种激情般的参与,而没有这种参与,在我这里也就不可能产生成熟的工作。我只能在最普遍的哲学沉思以及一些重新着手的工作中去承受战争和接踵而来的"和平",这里所说的重新着手之工作是指在方法上和实事上制定现象学哲学的观念,系统地构设这门哲学的基本路线,整理它的工作问题并且将这样一些在此关系中不可或缺的具体研究继续进行下去。而我在弗莱堡的新教学工作也要求我将我的兴趣朝向主导的普遍性和体系。只是在近期里,这种系统性的研究才重又将我引回到我现象学研究的起源区,并且使我回忆起这项原先的、久待完成和发表的纯粹逻辑学基础工作。此外,悬而未决的问题还有,被紧张的教学与紧张的研究分割开来的我,究竟何时才能使这里的工作与在此期间已经获得的进展相应合,何时才能对这项工作进行文字上的重新加工;我在加工时究竟是继续利用第六研究的文字,还是赋予我的那些在内容上已远远超出第六研究的构想以一部全新著述的形态。

根据这些情况,我屈从了本书的朋友们的急迫愿望,不得不

① 这里的"战争年代"是指1913-1919年的第一次世界大战。——中译注

决定：至少是以原初的形态将此书的结尾部分再次交付给公众（Hua XIX, II/2,533f.）。

仅就胡塞尔的“以原初的形态……交付给公众”的说法来看就可以得知，这部在胡塞尔弗莱堡期间再版的篇幅较大的著作算不上是胡塞尔的真正的出版工作。这样的工作是在胡塞尔 1928 年退休之后才开始的。1916-1928 年是胡塞尔的弗莱堡教学期，也是无著作期。

胡塞尔在此期间并非始终没有任何出版设想和计划，恰恰相反，他始终有这方面的想法。这里提到的“我在弗莱堡的新教学工作也要求我将我的兴趣朝向主导的普遍性和体系”已经说明，他有更为博大的出版计划，而且始终处在实施的过程中，只是缺了类似足球比赛中的临门一脚。例如，还在 1918 年 2 月 28 日致弗里茨·考夫曼的信中，胡塞尔就已经告知他的这位哥廷根弟子：“我处在重大的、富有成效的工作中，而且在弗莱堡的前两年里已经取得了显著的进步。多部著述已经在撰写中并且缓慢地，但稳妥地成熟着”（Brief. III,342）。又如，在同年 6 月 8 日给格里默的信中他又写道：“我工作得很多，而且在弗莱堡的创造力相当于我最好的哥廷根时期。可惜问题巨大而且繁多，或者说，有待进行的研究极为众多。我是否在这一年能发表些什么还是个问题。或许就是那个为《康德研究》而作的分量较轻的副业，现象学的引论，可以提供一些有益的补充，但会先拿走《观念》第三卷的一些内容。主要的努力在于一门个体化的现象学，即对一门自然哲学和精神哲学的论证，《观念》第二卷也属于此”（Brief. III,83f.）。类似的报告在胡塞尔的私下说法和公开表达中还有许多。

无论如何，从 1916 年到弗莱堡直至 1928 年退休，在弗莱堡担任讲席教授的十二年期间，胡塞尔虽然极其勤奋地工作，最终除了几篇短篇的文字之外没有发表任何著述。在此期间，经他之手编辑出版的

《哲学与现象学研究年刊》有六辑之多，其中却没有刊载他自己的任何文字。只是在他正式退休之后，他的《内时间意识现象学讲座》才由海德格尔编辑，1928 年发表在《年刊》的第九辑上，随后在 1929 年的第十辑上又发表了《形式逻辑与超越论逻辑》。

胡塞尔的这个弗莱堡时期可以被称作"弗莱堡前期"。撇开在思想发展上的特点不论，这个时期一方面意味着，胡塞尔于此期间还担任教职；而另一方面这也是指，这一时期仅仅是他的教学期，而不是他的著述期，甚至可以说是他的休笔期。他在此期间基本上没有长篇文字发表，然而却写下了大量的讲座稿。只要看一下目前在《胡塞尔全集》中出版的胡塞尔这一时期的讲座稿，就可以知道他的写作活动从来没有停滞过，它已经无异于他的思维，只是他的思考结果没有作为完成的作品发表出来而已。他本人在 1930 年 3 月 21 日致凯恩斯的信中说："弗莱堡的讲座始终要比我的著述更为广泛"(Brief. III,23)。实际的情况也的确如此，仅在《胡塞尔全集》中已经出版的弗莱堡期间讲座稿就有："逻辑学与一般科学论(1917/18 年)"、"第一哲学(1923/24 年)"、"近代哲学史"(1924/25 年)、"被动综合分析(1918-1926 年)"、"主动综合(1920/21 年)"、"哲学引论(1922/23 年)"、"伦理学引论(1924 年)"、"现象学的心理学(1925 年)"、"自然与精神(1919 年、1927 年)"。——这里还没有算上胡塞尔在此期间写下的大量研究手稿；它们可以说是胡塞尔为自己写的，而不像其讲座稿那般是为学生们和小范围公众所写的。

胡塞尔一直没有在《年刊》上发表任何著述的部分原因可以在施泰因 1926 年 1 月 9 日致英加尔登的一封信中找到。在这封写于意大利圣马格达莱纳的信中她向英加尔登报告说：

上周我在弗莱堡待了三天。有许多私人义务召唤我在学期中到那里去，而拜访胡塞尔只是随机“顺带的”事情。但从根本上说，这个访问对我来说当然是主要的事情，而我对此机会深怀感激。我与大师做了详细的交谈，而他从头至尾都极为仁慈和真挚。他向我仔细报告了他在近几年里的进步（马尔维娜太太最后要我给她丈夫打一个“分数”）。而事实上在他那里，所有的东西都已经聚合为一个卓越的统一，此前我了解的所有具体研究都嵌入其中，并且在其中具有其目的论的意义。但是——现在才是真正的悲剧所在——，这个整体应当都活在他心中，而他在合适的时候可以谈论它，然而我怀疑他是否会将它写在纸上，遑论将它付印，而他简直就没有一个学生是完全在他的意义上工作的。如果他退休了，那么他估计自己会选海德格尔作为他的后任，而后者会走自己的路。现在作为讲师在他身边的是考夫曼和贝克尔，他们看起来与海德格尔离得更近，至少在关键点上也偏离开胡塞尔。他显然已经感受到，却不想真正承认。当我向他说明我的道路在哪里与他的道路分开时，他显然受到了触动。但这对他几乎没有实事性的意义，因为我并不属于他对其工作有所指望的那些人。但他还是将我——完全合理地——视作最忠诚的，而且实在没能想到会在我这里遭遇一个完全处在他的世界之外的世界。近期无法指望他会发表任何东西。他想将几篇短文发到《年刊》发表，但考夫曼和贝克尔极力劝阻了他，他们的看法是正确的，如果在13年之后胡塞尔有东西发表，那不应该是几篇短文，而应当是有决定性意义的东西……[①]

英加尔登对施泰因信中所说表达了他的意见：“施泰因小姐的最

---

① Edith Stein, *Selbstbildnis in Briefen III. Briefe an Roman Ingarden*, ESGA 4, a.a.O., S. 171f.

后几句话说明了，为什么胡塞尔准备的文章还是没有刊发在《年刊》上。但我不知道，给胡塞尔的这个建议是否真的好。在胡塞尔心中始终有某种对文字发表的畏惧，它自《观念》第一卷以来随时间流逝得愈多而愈发增强。除此之外，胡塞尔对他自己的研究工作要求很高，另一方面，一旦工作的热度和直观的浪潮退去，他就会对他的著述抱有某种不信任，而他太太的情绪对他帮助甚微。”①

但从胡塞尔后来的出版情况来看，考夫曼和贝克尔的建议不能说不好。胡塞尔退休的这一年(1928 年)，他的《内时间意识现象学讲座》由海德格尔编辑出版，发表在《年刊》第十辑上。② 它的出版，一方面的确起到了“有决定性意义的东西”所应起的效果，另一方面也显然在一定程度上消除了胡塞尔的“出版畏惧症”：随后在 1929 年的第十一辑上，胡塞尔又发表了《形式逻辑与超越论逻辑》③。但这些都属于胡塞尔退休后的一个章节了。

因此可以说，1916 年 4 月到 1928 年 3 月是胡塞尔的教学期，1928 年 4 月到胡塞尔 1938 年 4 月去世是他的著述期。

---

① Edmund Husserl, *Briefe* an *Roman Ingarden. Mit Erläuterungen und Erinnerungen an Husserl*, a.a.O., S. 24.

② 尽管如此，胡塞尔对海德格尔的编辑方式并不满意。凯恩斯在三十年代初与胡塞尔的对话中曾记录说：“对于时间讲座就那么出版了，胡塞尔感到很遗憾。如果那时候芬克就在的话，他们肯定会把后期时间讲座放在一起整理出版。”[参见 Dorion Cairns, *Conversations with Husserl and Fink*, a.a.O., S. 28 (28/8/1931) ——这里所说的“后期时间讲座”应当是凯恩斯的一个笔误。胡塞尔在这里说的应当是“后期时间研究”。]但实际上这只是胡塞尔在 1931 年期间的一个乐观想法。他的后期时间研究文稿，无论是 1917-1918 年期间的“贝尔瑙文稿”，还是 1929-1934 年期间的“C 文稿”，在他生前都没有公开发表过，它们最终是作为《胡塞尔全集》第 33 卷(2001 年)和作为《胡塞尔全集资料编》第 8 卷(2006 年)在二十一世纪才作为胡塞尔遗稿出版。也就是说，如果当时海德格尔没有将《内时间意识现象学讲座》以最简单的方式编辑出版，很可能它也会以胡塞尔遗稿的形式在许多年后才面市。详见笔者前面关于《内时间意识现象学讲座》以及其他两部时间研究文稿的详细说明。

③ 详见笔者后面关于胡塞尔《形式逻辑与超越论逻辑》论著的详细说明。

现象学思考与研究的进展

最重要的研究结果：1916年开始思考发生现象学，并且已经开始将原先的静态结构的意识体验分析理解为普全的现象学意识行为分析，同时将在此期间得到重点思考的发生脉络的意识功能分析理解为普遍的现象学意识权能分析。这样，意识分析的两种类型实际上涵盖了意识与无意识的两个领域；意识现象学因此而有能力扩展到无意识研究领域或特定意义的"心而上学"，并由此而成为真正意义上的心灵生活的现象学。

胡塞尔在1930年6月7日致米施的信中就自己的思想发展变化发出感慨："实际上每个自己思考者每隔十年都必须更换自己的名字，因为他那时已经成为另一个人了。"他紧接着便抱怨说："但对于人们来说胡塞尔就是胡塞尔"（Brief. VI,281）。

第五幕　弗莱堡退休后的岁月（1928-1938 年）

1928 年 3 月 31 日，胡塞尔作为讲席教授的职责正式被免除，他也随之正式进入退休阶段。而在此之前不久，即 1928 年 3 月 9 日，他也完成了对他的最后一位博士生博奈尔（Hellmuth Bohner）的博士口试，其博士论文的题目是“格奥尔格·西美尔的哲学发展研究”。[①] 不过胡塞尔仍然享有荣休教授（Professor emeritus）的名誉和权利，即仍然可以按自己兴趣和意愿来开设各种课程，指导学生。事实上许多学生是在他退休之后才到弗莱堡接受他的指导，其中较为著名的人物例如有舒茨、凯恩斯、古尔维奇、沈有鼎、尾高朝雄、帕托契卡、勒维纳斯等。

胡塞尔在弗莱堡一共生活了二十二年。这里是他一生中居住时间最长的地方，也是他最后离世的地方。前面所说的弗莱堡前期基本上可以算作他的执教时期，而这里接下来要讨论的弗莱堡后期，则是胡塞尔的退休时期，也可以算作胡塞尔的著述时期和非教学期。自 1929 年夏季学期之后，他不再举办讲座和研讨课，只是偶尔在国内外做一些报告。此时他已年满七十。他将讲席交付给海德格尔，而后便

---

① Hellmuth Bohner, Disssertation: „Untersuchung zur Entwicklung der Philosophie Georg Simmels“（*Husserl-Chronik,* 327）. ——如果我们回忆一下：胡塞尔指导的第一位博士生诺伊豪斯的博士论文是关于休谟的：Karl Neuhaus, Dissertation: „Humes Lehre von den Prinzipien der Ethik“（*Husserl-Chronik,* 113），那么我们会发现一个让人略感意外的事实：胡塞尔指导的第一篇和最后一篇博士论文都是与现象学没有直接关系的。

腾出手来完成他的酝酿已久的著书计划。这便是海德格尔后来在其黑皮本笔记中为了自我辩护而写下的“事实”:“胡塞尔自1928年起便自愿退休，他此后从未做过讲座或开过练习课。”[①] 胡塞尔自己则在1928年6月27日致米施的信中诙谐地解释了他自愿退休的原因:“人到了七十岁就可以允许自己‘没有时间了’，身处堆积如山的手稿之中，身处与当年狄尔泰一样的‘不知所措’(格雷图伊森[②]语)之中!”(Brief. VI, 275)

这个维续了十年时间的著述发表和出版过程尽管充满了主观方面的纠结和客观方面的障碍，且最终结果也离胡塞尔的初衷和计划相距甚远，但仍然可以算是有所成就的:即使不去考虑他即兴交给海德格尔编辑并于1928年出版的《内时间意识现象学讲座》，此后的弗莱堡三书《形式逻辑与超越论逻辑》(1929年)、《笛卡尔式沉思》(1931年)与《欧洲科学的危机与超越论现象学》(1936年)也足以表明:这个时期是胡塞尔著作发表最集中的时期，可以算是他的出版鼎盛期了。由胡塞尔这个时期的讲座稿和著作稿共同构成的思想体系与历史，也被芬克称作“胡塞尔弗莱堡时期的后期哲学”。[③] 胡塞尔这个时期的哲学思想，既不同于他的哈勒时期，也不同于他的哥廷根时期，甚至不同于他的弗莱堡的早期。这也是他在前引1930年6月7日致

---

① Martin Heidegger, *Anmerkungen* I–V, GA 97, Frankfurt a. M.: Vittorio Klostermann Verlag, 2015, S. 462.

② 伯恩哈德·格雷图伊森(Bernhard Groethuysen,1880–1946)是法裔哲学家和宗教社会学家。胡塞尔于1905年在柏林拜访狄尔泰时，格雷图伊森还在柏林大学担任私人讲师，与狄尔泰和西美尔等过从甚密。对此可以参见胡塞尔与格雷图伊森的通信往来(Brief. VI,171)。

③ Eugen Fink, „Die Spätphilosophie Husserls in der Freiburger Zeit“, in H. L. Van Breda/J. Taminiaux (Hrsg.), *Edmund Husserl. 1859–1959. Recueil commémoratif publié à l'occasion du centenaire de la naissance du philosophe*, a.a.O., S. 99–115.

米施的信中就自己的思想发展变化时所说“每个自己思考者每隔十年都必须更换自己的名字”(Brief. VI,281)的原因。

除了著述方面的变化之外，退休后发生的另一个改变是胡塞尔在德国与欧洲其他国家所做的讲演也明显增多。此前他仅仅去英国的伦敦和剑桥做过讲演，退休后则在荷兰的阿姆斯特丹和格罗宁根，法国的巴黎和斯特拉斯堡，德国的法兰克福、柏林、哈勒，奥地利的维也纳，捷克斯洛伐克的布拉格等地做了多次讲演。当然，就总体而言，胡塞尔会说：“我并不想将我的时间浪费在讲演上”(Brief. IX,72)。如果说胡塞尔的退休生涯是由持续的著述与断续的讲演组成的，那么在这两者之间存在着内在的联系：讲演是对著述的准备，著述是对讲演的完善。[①]

1928年在阿姆斯特丹、格罗宁根的讲演“现象学的心理学”；1929年在巴黎、斯特拉斯堡所做的“超越论现象学引论”；1929年发表的《形式逻辑与超越论逻辑》；1929年在《不列颠百科全书》发表的“现象学”条目；1931年用法文发表的《笛卡尔式沉思》；1931年在法兰克福、柏林、哈勒的讲演“现象学与人类学”；1935年在维也纳的讲演“欧洲人危机中的哲学”，同年在布拉格的讲演“欧洲科学的危机与心理学”；1938年在贝尔格莱德发表的《欧洲科学的危机与超越

① 在涉及胡塞尔《笛卡尔式沉思》的撰写和出版时，该书编者施特拉塞尔曾认为，“面对由其讲演所激发的那些生动兴趣，胡塞尔产生了这样的想法：将自己的‘超越论现象学引论’扩展为对超越论哲学根本问题的一种全面思义，它应当被命名为《笛卡尔式沉思》”(Stephan Strasser, „Einleitung des Herausgebers“, in Hua I, S. XXV)。这个说法现在看来很容易产生误导，它会使人误以为胡塞尔只是因为讲演成功才起念撰写相关著作。实际上胡塞尔在1916年到弗莱堡后就有计划出版“系统著作”或“基本著作”，《笛卡尔式沉思》便是其中的一个部分。对此可以参见本书前面的“弗莱堡时期的‘现象学哲学体系’巨著计划”。事实上，唯有它的起名才带有某种偶然性。因而更确切的说法应当是：倘若没有巴黎讲演，或许就不会有《笛卡尔式沉思》的名称。

论现象学》第一部分。——这一系列的事实都是对这一时期特点的说明：胡塞尔的弗莱堡退休时期是由一系列的讲演旅行以及与此相关的一系列著述组成的。

刚退休不久，胡塞尔夫妇便踏上了旅途，开始享受他在任职期间难得进行的度假旅行。这次旅行整整延续了一个月：从1928年4月6日到5月7日。不过它最终的目的地还是与他的工作有关：胡塞尔应邀在荷兰的阿姆斯特丹和格罗宁根两地做几次关于现象学的讲演。

1928年4月的阿姆斯特丹、格罗宁根讲演

1928年5月5日，马尔维娜在给阿尔布莱希特的信中写道："我们自4月6日以来便离开了弗莱堡，先到哥廷根，再到柏林，最后去荷兰，到我们的旅行的主要目的地。埃德蒙德应和了在阿姆斯特丹和格罗宁根做讲座的迫切要求"（Hua IX,70）。

胡塞尔夫妇于4月7日至17日期间在哥廷根逗留，会见了老朋友，尤其是数学家大卫·希尔伯特。马尔维娜在给胡塞尔的哥廷根弟子英加尔登的信中报告说，"我们很高兴地见到了生气勃勃的和健康的希尔伯特，他有两年患了严重的恶性贫血症，通过一次肝脏治疗而得救"（Hua III,239）。胡塞尔也于此逗留期间完成了对《不列颠百科全书》的"现象学"条目的草稿修订的打字稿，并将它用作阿姆斯特丹的讲演稿。[①]

随后，胡塞尔夫妇于4月18日从哥廷根出发去柏林，居住在他们的女儿伊丽莎白家中。他们在柏林滞留的主要原因是为了于4月

① 这个讲演稿与此前的伦敦讲演稿一样，在胡塞尔生前并未公开发表。后来在出版《胡塞尔全集》的过程中才与"不列颠百科全书现象学条目"一起，作为《胡塞尔全集》第9卷《现象学的心理学》"补充文字"的"A：论文"部分正式发表（Hua IX, 237-349）。

21日在柏林参加胡塞尔的任教资格指导老师卡尔·施通普夫的八十诞辰庆祝会。马尔维娜在前引致英加尔登的信中感叹:“一位学者很少会得到如此普遍的敬重和最慷慨的认可。但最美之处在于,老寿星正处在罕见的精神清醒状态,同时身体状况也良好”(Hua III,239)。

次日,胡塞尔夫妇再启程去阿姆斯特丹,居住在荷兰心理学家和神经学家范·德·霍普(Johannes Van der Hoop,1887-1950)家中,后面笔者还会详述他与胡塞尔夫妇建立起的友谊和长期联系。在4日22日至27日期间,胡塞尔在阿姆斯特丹哲学学会做了两次关于“现象学与心理学”和“超越论现象学”的讲演,每次两小时,并参加了一次晚间讨论会。参与的听众大都是教授、开业的神学家和心理诊疗师等。此外,胡塞尔在哲学学会主席珀拉克(L. Polak)的家中还在一个小范围内对交互主体性现象学做了专门阐述。

在阿姆斯特丹期间,胡塞尔结识了荷兰数学家布劳威尔(L. E. J. Brouwer,1881-1966)和俄罗斯哲学家舍斯托夫(Leo Schestow,1866-1938)。这应当被视作思想史上两个重要事件:布劳威尔可以说是一位开创了数学中的直觉主义学派的数学家,在此意义上构成胡塞尔在哥廷根刚刚拜访过的形式主义学派创始人希尔伯特的对立面。在很大程度上,布劳威尔与倡导现象学本质直观方法的胡塞尔是同一战线的战友。[①] 胡塞尔在应邀赴阿姆斯特丹之前便函告这次邀请的组织者、他的荷兰学生珀斯[②],希望能在讲演期间会见布劳威尔,并请珀斯帮助

① 关于胡塞尔与布劳威尔这次会面及其思想史影响的详细讨论可以参见Mark van Atten, *Brouwer Meets Husserl. On the Phenomenology of Choice Sequences*, Dordrecht: Springer, 2007. ——该书作者范·阿腾在该书中一方面指出了胡塞尔的本质直观方法已被用来证明布劳威尔的直觉逻辑是正确的,另一方面,他自己也进一步主张,对布劳威尔的胡塞尔式解读可以证明选择序列作为纯数学对象的存在是合理的(参见该书:p. 18ff., 85ff.)。

② 亨德瑞克·珀斯(Hendrik Pos,1895-1955)是荷兰哲学家、语言学家,时任阿姆斯特丹大学的教授。他的著述颇丰,27岁时便出版过《论语言科学的逻辑》(Hendrik J.

联系。虽然胡塞尔与布劳威尔此前并没有讨论过彼此的研究工作，而且胡塞尔也担心自己因为“眼下远离哲学-数学的思考”而显然会使布劳威尔失望(Brief. IV,442)，但两人在阿姆斯特丹还是愉快地相会并进行了长时间的交谈。胡塞尔自己在几年后还提到，布劳威尔在谈话中曾向胡塞尔征询阿姆斯特丹大学的一个空缺的哲学职位的人选问题的意见，布劳威尔自己提到了几个人名，尤其是胡塞尔当时的助手奥斯卡·贝克尔(Brief. III, 478)。

而舍斯托夫则是在阿姆斯特丹第一次与胡塞尔会面。此前他已经发表过两篇评论胡塞尔现象学的文章。这次他受索邦大学法兰西学院德国语言与文学讲座教授安德勒(Charles Andler,1866–1933)的委托，请胡塞尔考虑去巴黎在索邦大学做讲演的可能性。胡塞尔此前已经收到了正式的邀请函。舍斯托夫本人回忆说：“他[胡塞尔]只问了我一个问题：‘在你看来，我能在巴黎找到既懂德语，又愿意认真思

Pos, *Zur Logik der Sprachwissenschaft*, Heidelberg: Carl Winter, 1922)。可以说珀斯是促成胡塞尔赴阿姆斯特丹讲演的主要人物之一。他早年曾随李凯尔特和胡塞尔学习，也与海德格尔、卡西尔、雅各布森等人有交往，因此在现象学运动史上留有一些思想痕迹，并因此也被视作现象学运动的成员之一。在海德格尔版的“达沃斯论辩”中，他是除海德格尔、卡西尔之外出现的唯一第三者，并提出语言学的评论：“两位先生说的是两种完全不同的语言……”云云(Heidegger, GA 3, 287)。当胡塞尔1938年去世时，珀斯用荷兰文撰写和发表了“回忆埃德蒙特·胡塞尔”的悼念文章[对此可以参见 H. J. Pos, “In memoriam Edmund Husserl (8/4/1859–29/4/1938)”, in *Algemeen Nederlands Tijdschrift voor Wijsbegeerte en Psychologie*, 31, 1937, pp. 227–229]。除此之外，他还写过回忆卡西尔的文章：“恩斯特·卡西尔往事”(Hendrik J. Pos, “Recollections of Ernst Cassirer”, in P. Schilpp (Ed.), *The Philosophy of Ernst Cassirer*, Evanston: The Library of Living Philosophers, 1949, pp. 67–69)。值得注意的是，珀斯曾撰写过论述“现象学与语言学”关系的文字，参见 Hendrik J. Pos, “Phenomenology and linguistics”, translated by Robin Muller, in *Graduate Faculty Philosophy Journal*, vol. 31, no. 1, 2010, pp. 35–44；也有人据此讨论过胡塞尔与珀斯在语言哲学方面的思想联系，对此可以参见 Klaas Willems, „Edmund Husserl und Hendrik J. Pos: Phänomenologie, Sprache und Linguistik“, in *Phänomenologische Forschungen*, Neue Folge, vol. 3, no. 2, 1998, S. 211–244.

考我的问题的人吗？'"[①] 这也意味着，胡塞尔在巴黎做著名的"巴黎讲演"以及出版法文版《笛卡尔式沉思》的前奏曲还在阿姆斯特丹便已奏响了。

4 月 30 日，胡塞尔在格罗宁根的心理学学会做了关于"现象学的心理学"的讲演。他在那里还认识了荷兰心理学的奠基人海曼斯（Gerard Heymans,1857–1930）。马尔维娜在致英加尔登的信中提到海曼斯给胡塞尔留下很深的印象（Brief. III,239）。事实上胡塞尔对海曼斯关注已久。还在二十八年前的《逻辑研究》第一卷《纯粹逻辑学导引》中，他就曾对海曼斯的逻辑学心理主义理论以及经验分析的思维规律论证做过详细而犀利的批判。这次会面，不知是否属于"相逢一笑泯恩仇"一类的传奇故事。

关于胡塞尔的阿姆斯特丹、格罗宁根讲演的内容，可以参见前面对胡塞尔的"现象学的心理学引论"讲座（1925 年）的阐述。这个讲座与胡塞尔 1925–1928 年期间为《不列颠百科全书》撰写的"现象学"条目以及 1928 年的阿姆斯特丹和格罗宁根讲演，在内容上构成一个内在的系列统一，因而后来在出版《胡塞尔全集》过程中作为第 9 卷《现象学的心理学》的主要部分一并出版。可以说，阿姆斯特丹、格罗宁根讲演的内容，是对"现象学的心理学引论"讲座的精炼以及对"不列颠百科全书现象学条目"的完善。它们展现了胡塞尔在 1925–1928 年期间问题思考与研究的一个重要着力点。

从荷兰回到弗莱堡后不久，胡塞尔为兰德格雷贝的助手工作向"德国科学应急共同体"申请的助教奖学金获得批准（*Husserl-*

① 列夫·舍斯托夫："纪念伟大的哲学家：埃德蒙德·胡塞尔"，载于倪梁康（编）：《回忆埃德蒙德·胡塞尔》，同上书，第 369 页。

Chronik,337)。以此方式，由巴登文化部额外提供给退休的胡塞尔的两年助手经费便可由芬克接手，直至1931年4月31日。芬克由此开始了与胡塞尔长达十年的合作。当然，在1931年之后，芬克的助手经费则还是需要通过其他各种资金来源渠道来艰难筹集的。[①]

由于海德格尔在马堡的工作尚未结束，需要到1928年10月1日即冬季学期开始才可能赴弗莱堡接任胡塞尔的讲席，因而巴登文化部于1928年4月16日发文请求胡塞尔在此期间继续掌管这个哲学讲席(*Husserl-Chronik*,339)。为此，胡塞尔在1928年夏季学期和随后的1928/1929年冬季学期里还继续开设了讲座和高级班的研讨课，分别以"意向心理学"和"同感现象学"为题。

在1928年7月13日致英加尔登的信中，胡塞尔对他的"意向心理学"讲座报告说："参加我(作为荣休教授)的两小时课程的人如此之多，而且有如此多的热心听众，以至于我必须为此付出劳作——但这是对我的荷兰讲演的扩展和深化的前期劳作"(Brief. III,241)。

对此讲座和研讨课，吉布森此前曾在其5月8日的日记中记下他对此的观察和描述："168个座位很快坐满，其余的学生只能站着。我估摸了一下，总数有180人左右。胡塞尔的讲话声音温和，语速相对较慢，大部分时间是在读稿子，引领学生慢慢来到关键处。(他拿了一页纸，上面满是注释。)总的说来很容易跟上胡塞尔的讲课。有趣的是，竟会有180多个学生争先恐后来听现象学心理学的讲座。"而与此配套的研讨课则是为高年级学生开设的。还是按照吉布森的说法：参加者"大约有25人，其中有三四个日本人。"[②] 这个夏季学期参加胡

① 关于胡塞尔与芬克的私人关系和思想联系可以参见本书第二卷第三十五章"胡塞尔与芬克(一)：现象学与哲学方法论"。

② 吉布森："从胡塞尔到海德格尔——1928年弗莱堡日记节选"，载于倪梁康(编)：《回忆埃德蒙德·胡塞尔》，同上书，第314-315页。

塞尔课程的学生中除了吉布森之外还有一批后来知名的或不太知名的学生：勒维纳斯、马克斯·米勒（Max Müller,1906–1994）、科尔纳（Aurel Kolnai,1900–1973）等（*Husserl-Chronik*,332）。

胡塞尔在职期间承担义务的最后一次研讨课是于 1928 年 7 月 25 日进行的。参加者中有吉布森、兰德格雷贝、勒维纳斯、斯托普斯小姐（Frl. Stomps）、罗泊尔（Heinz Ropohl）[①] 等。吉布森在其 1928 年弗莱堡日记中对这次研讨课有较为详细的记录，他甚至还描画了当时在前排就座的几个人的座位：胡塞尔坐在长桌的中间，并排而坐的是左边的兰德格雷贝和右边的勒维纳斯；坐在长桌左侧的是斯托普斯小姐 [②]，右侧的是罗泊尔。首先是罗泊尔对胡塞尔的哲学伦理境界（ethos）做了言简意赅的讲话，“强调了胡塞尔坚持科学精神与素质的价值所在”。随后胡塞尔做了一个简短的回应，谈到“他的主要目的已展示得很明白：严格的科学；至于说素质，则是绝对的真挚与绝对的诚实，这关系到生活的方方面面，包括思想。首当其要的是严格的学术良心。在这个所有事物似乎都在分崩离析的崩溃时期，这些观点显得极为重要。有一点他非常确信，即，现象学从根本上讲是绝对有效的，它标志着一个哲学新时代的开启。”接下来，勒维纳斯在研讨课上做了一个课堂报告。胡塞尔再次做了回应。最后，下课前的五

---

① 吉布森将“罗泊尔”（Ropohl）误写为“欧珀尔”（Opol）。罗泊尔原先是哈特曼的学生，自 1922 年起便在胡塞尔这里就读，直至 1930 年末还作为受邀的唯一客人与胡塞尔全家三代人一起过圣诞节（*Husserl-Chronik*,273, 337,374）。他最终于 1933 年通过博士考试，其论文《论造型艺术的审美与技艺》（Zur Asthetik und Technik der bildenden Künste）在莱比锡出版（Hua IX, 389, Anm. 1）。

② 按照吉布森的说法，“斯托普斯小姐（她是神学专业的，认为自己需要现象学的帮助来写出关于信念心理学的学位论文）”可能就是学位论文“马丁·路德的人类学，一个哲学视角的思考”（*Die Anthropologie Martin Luthers. Eine philosophische Untersuchung*, Frankfurt a. M.: Vittorio Klostermann, 1935）的作者 M. A. H. 斯托普斯。参见吉布森：“从胡塞尔到海德格尔—— 1928 年弗莱堡日记节选”，同上书，第 315 页，第 333 页注①。

分钟被用来提问和回答："勒维纳斯提了一个问题，胡塞尔兴致勃勃地讲解了十分钟，之后彬彬有礼地用几句话结束了他与学校的'聘任(beamtete)关系'。"[①] 据此可以说，胡塞尔在他的最后一次研讨课上一共讲了三次话，而整个过程都或多或少带有某种告别仪式的性质。学生们还用鲜花装饰了课堂。

这里还有一个值得留意的异常情况：根据吉布森的记录，在研讨课上胡塞尔两次表示自己"有些累"或"实在太累"，[②] 因而并没有像以往那样滔滔不绝地一直讲下去。按理说 1928 年的胡塞尔正处在精力充沛的阶段。在他两个月前于阿姆斯特丹做讲演时，舍斯托夫曾描述说："他的讲演整整耗时两小时有余。顺便提一句，他是站着讲完的，其间他所流露出的优容，技巧与活力，更像四十岁上下的中年人，而非七旬老者。"[③] 而且，即使在这次课程上，胡塞尔在最后五分钟里回答勒维纳斯的问题时也还"兴致勃勃地讲解了十分钟"，这着实让人感觉胡塞尔在此次课上的所说和所做有些自相矛盾，并且也让人不禁想问：胡塞尔在最后一次研讨课上所做的"累"的表达，究竟是因其教学工作终告结束而流露出的某种伤感与失落，还是某种释怀与解脱的表达，抑或出于其他的原因。不过这个问题的答案现在已无从知晓。

最后，吉布森对这次课程的日记以一段文学性的描述结尾："本鲁比[④] 和我停下脚步与胡塞尔握手，然后目送他慢慢朝伯托尔德街方

---

① 参见吉布森："从胡塞尔到海德格尔——1928 年弗莱堡日记节选"，同上书，第 334 页。

② 参见吉布森："从胡塞尔到海德格尔——1928 年弗莱堡日记节选"，同上书，第 333 页。

③ 舍斯托夫："纪念伟大的哲学家：埃德蒙德·胡塞尔"，同上书，第 368 页。

④ 埃萨克·本鲁比(Isaac Benrubi,1876-1943)，当时是在日内瓦大学讲授法德哲学，尤其是法国当代哲学的讲师。

向走去，腋下夹着他的巴拿马草帽和雨伞，身影在阳光下渐行渐远，直到消失 。”[①]

鲍伊斯 · 吉布森

1928 年，时任澳大利亚墨尔本大学的哲学教授鲍伊斯 · 吉布森(W. R. Boyce Gibson,1869–1935)借着休学术年假之际，来到弗莱堡并在此前后住留了约一个学期，旁听胡塞尔、海德格尔、贝克尔等现象学家的课程，加入胡塞尔的学圈，成为弗莱堡现象学学会的外围成员。

吉布森本人出生在巴黎，父亲是卫理公会牧师。他是在英国受的教育，后来在牛津大学学习数学，分别于 1892 年获得学士学位，1895 年获得硕士学位，1911 年获得博士学位。在此期间他对哲学产生了兴趣，1893 年曾去耶拿大学随鲁道夫 · 奥伊肯[②]学习哲学，后来还去在巴黎和格拉斯哥学习哲学。从 1898 年开始，他先后在几所大学讲授逻辑学、心理学和伦理学。1911 年，他被任命为墨尔本大学心灵与道德哲学教授，1912 年开始上任，并在这里一直任职到 1935 年去世。

吉布森对现象学运动的最重要贡献是在两个方面：其一是他将胡塞尔的《观念》第一卷翻译成英文发表，其二是在 1928 年弗莱堡访问期间，他用日记的方式记录了胡塞尔等人的日常活动和谈话，以及他自己的感受，从而为这个弗莱堡大学哲学讲席从胡塞尔到海德格尔的过渡期提供了一份特殊的、弥足珍贵的旁观者资料。[③]

---

① 参见吉布森：“从胡塞尔到海德格尔—— 1928 年弗莱堡日记节选”，同上书，第 332–334 页。

② 笔者在本书第二卷第十七章“胡塞尔与奥伊肯父子及杜里舒：现象学与精神生活哲学”中有关于胡塞尔与鲁道夫 · 奥伊肯私人关系与思想联系的详细说明。

③ 参见吉布森：“从胡塞尔到海德格尔—— 1928 年弗莱堡日记节选”，同上书，第 302–350 页。

关于第一点，即吉布森对《观念》第一卷的英译，笔者会在后面予以说明。这里主要讨论他与现象学运动有关的第二点，即他的1928年弗莱堡日记。吉布森在弗莱堡的这段时间，即整个一年中除意大利、英国和巴黎之外的将近六个月时间，理论上恰好是胡塞尔已经退休，而海德格尔开始新上任的学期。但由于海德格尔在马堡大学的课程未结束，因而教育部委托胡塞尔继续执掌讲席到十月。因而在1928年夏季学期和随后的1928/1929年冬季学期里，胡塞尔还继续开设了讲座和高级班的研讨课，分别以"意向心理学"和"同感现象学"为题。

吉布森参加了胡塞尔的课程。同时也参加了贝克尔的课程。海德格尔于十月回到弗莱堡后也开始开课。吉布森也参加了海德格尔的课程。他的日记中就这些课程记录下自己的印象。这些印象是中性的，也带有比较，但不乏精彩："5月10日：贝克尔的讲座简直就像在解说赛马！"而关于胡塞尔的讲座，他记录的是5月14日的另一场胡塞尔的讲座。"这次大约有150名学生。胡塞尔是位很好的教师，他的语速慢得十分到位。这次讲的是狄尔泰及其哲学心理学前沿著作。"而在与胡塞尔的谈话中他还记录说："胡塞尔说他每次上课前都会有一点点紧张，即使现在70岁了也依然如此，而每学期第一次课前他都会非常紧张，然后才会跟学生正常接触。"至于他旁听的海德格尔的讲座，吉布森记录说："11月5日：他比胡塞尔讲得好，因为他不漫谈，也不重复(除了在讲了很长一段之后重述要点)。他的声音温和悦耳，样子十分安详……在11月8日的哲学研讨班(周五，6-8点)上，他同样安详地讲课。而且讲得非常好！……他很懂让学生回应的技巧。"如此等等。①

① 以上参见吉布森："从胡塞尔到海德格尔——1928年弗莱堡日记节选"，同上书，第315、322、342页。

吉布森的这些印象及其表述之所以是“中立的”，乃是因为他当时及后来的哲学立场既不是胡塞尔的，也不是海德格尔的，而更多是奥伊肯的，因而他不会像胡塞尔和海德格尔的学生们在回忆他们的老师时各自带有的明显偏好。吉布森本人最初是学习数学的，应当与胡塞尔在风格上相近，但他实际上对鲁道夫·奥伊肯的人生观或世界观哲学更感兴趣。他于 1906 年便出版过《鲁道夫·奥伊肯的生命哲学》[①] 的著作，此外还曾与太太露西一起翻译过奥伊肯的三本书。不过他并不完全认同奥伊肯对心理学的误解和对智识主义的批评，因而也希望能在他很早就有所关注并抱有好感的胡塞尔这里找到一种关于人格或人生的新观念论或新形而上学，或用他的术语可以称作“新人格观念论”。此前他便在 1923 年于墨尔本召开的澳大利亚心理学与哲学年会上提交过一篇题为“胡塞尔现象学中的观念与实在”的文章。但他看起来既不主张哲学应当是严格的，也不承认本质直观的有效性。在知识论上，他更多带有英国经验论的色彩；而在人生观和伦理学方面，他的文学偏好又在发挥作用，就此而论，他自己的和奥伊肯的“personal idealism”的中译更应当译作“人格理想主义”，而非“人格观念论”。

这个意义上的“哲学”在吉布森看来代表了原本的、传统的形而上学精神，相当于康德所说的“未来形而上学”。为此，吉布森十分想了解胡塞尔对于现象学与形而上学关系的想法。他曾一再地(5 月 20 日、7 月 14 日、7 月 24 日)希望胡塞尔对此做出回答，同时也迫切期待胡塞尔的《观念》第二、三卷的出版。而此时海德格尔的《存在与时间》已经面世，吉布森也通过胡塞尔和贝克尔的介绍以及他对海德

---

① W. R. Boyce Gibson, *Rudolf Eucken's Philosophy of Life*, London: Adam and Charles Black, 1906.

格尔讲座的旁听而对海德格尔的形而上学思考有所了解和期待，甚至为此而想进一步了解胡塞尔与海德格尔对此问题的思考之间的关系。施皮格伯格在“编者序”中将这个意义上的“形而上学”称作胡塞尔的和海德格尔的“新形而上学”。[①]

在胡塞尔的相关回答中可以发现两种意义的“形而上学”，其一是传统的形而上学，对此，胡塞尔曾回答：“对我来说，‘形而上学’一词几乎是我要本能避开的东西。它意味着抽象和不育。”而在另外两次的回答中，胡塞尔也谈到他自己的“形而上学”：“他明确认可现象学对终极问题的处理，认为整个关于上帝和神的问题与人格问题一样都可在现象学基础上得到解决。”无论如何，“现象学是形而上学的基础，但反之不然。而这是哲学终极根本的问题。”吉布森总结说：“形而上学在他［胡塞尔］看来是现象学的一种特殊发展。现象学的‘最高阶段’（höchste Stufe）更具体地讨论‘命运（Schiksal）、死亡与上帝（Gott）’的问题。”同样在这个意义上胡塞尔也说：“他［自己］的形而上学从根本上说是一种单子–形而上学（Monaden-Metaphysik）。”[②]

此外，在吉布森与贝克尔和海德格尔的谈话中也可以发现两种意义的“形而上学”，情况与在胡塞尔那里的基本相似。吉布森在日记中记载：“贝克尔和海德格尔都更接受形而上学的原初地位。海德格尔的‘存在论’（Ontologie）实际上就是‘形而上学’，只是这个术语歧义性太大，让人无法自信地说出这一点。这就是主要差异。而贝克尔的确认同现象学意在给出一个更好的形而上学并服务于后者。”[③]

吉布森此时既不知道胡塞尔的《观念》第二、三卷的内容，也还

---

① 参见施皮格伯格：“编者序”，载于吉布森：“从胡塞尔到海德格尔——1928 年弗莱堡日记节选”，同上书，第 307 页。

② 参见吉布森：“从胡塞尔到海德格尔——1928 年弗莱堡日记节选”，同上书，第 317、327–328、330 页。

③ 吉布森：“从胡塞尔到海德格尔——1928 年弗莱堡日记节选”，同上书，第 341 页。

不知道海德格尔后来(1929年6月24日)在弗莱堡大学就职演说标题就是"什么是形而上学?",但他显然在期待某种新哲学思考的即将出现,它被施皮格伯格称作"新形而上学",而用吉布森自己的术语或许更应当叫作"新人格观念论"。在一次与胡塞尔讨论过"形而上学"问题之后,他在日记中写道:"无论如何,没有理由把形而上学限制在胡塞尔意义上。把现象学自身看作是'严格的科学的形而上学'(streng wissenschaftliche Metaphysik)可能会更好。"[①] 因而说到底,吉布森在胡塞尔和海德格尔那里所期待的,恰恰是他自己理想中的"形而上学"。

在此最后还可以留意施皮格伯格关于吉布森本人在对现象学的最终回应方面所做的一个简略的报告,它可以帮助我们了解吉布森的基本哲学立场以及他对胡塞尔现象学的基本态度:

> 唯一一个见诸纸端的标识可在他[吉布森]最后写的一篇关于"什么是哲学?"的短文中找到,1933年他在墨尔本宣读过这篇文章。[②] 在文中,他区分了两种哲学:一种是"意在人生观或世界观的哲学",如"哲学"一词所示;另一种是"回避诗学而贴近科学,且寻求在严格性与精确性上超过科学"。他接着说道:
>
> "胡塞尔及其追随者的现象学意在达到这种彻底的严格性,却把思辨性的世界观与人生观看作是外行的、主观的、非哲学的。我们不必如此极端。哲学拥有逻辑学与现象学基础固然极为重要,但它与生活和行为的联系也同样重要,一方要求的严格性对另一方来说可能是令人窒息的。那就让我们接受这两种哲学概

① 吉布森:"从胡塞尔到海德格尔——1928年弗莱堡日记节选",同上书,第330页。

② Boyce Gibson, "What is Philosophy?", in *The Australasian Journal of Psychology and Philosophy*, XI, 1933, p. 94.

念吧：一种是与诗歌和宗教内在相关，另一种则与科学和数学密切联系……”①

笔者在前面已经借助吉布森的日记再现了胡塞尔理论上的最后一次官方课程，后面还会借助这个日记来追溯吉布森对胡塞尔《观念》第一卷英文本翻译的起因、过程和结果。

在接下来的1928/29年冬季学期和1929年夏季学期里，胡塞尔还以荣休教授的身份分别开设了以“同感现象学”与“现象学问题选”为题的讲座和练习课，此后便中止了。尽管他还做了1920/30年冬季学期“现象学问题选要”的讲座预告，但后来也还是收回了，因为如他在1929年9月10日致吉布森的信中所言，“冬天我不再做讲座了，这样可以完全自由地致力于著述发表的工作，与我的两个助手一起。”随后在10月23日在同样致吉布森的的信中又写道：“我取消了我的讲座，因而永远是‘假期’，但我一小时也不损失，比这几年更清醒、更有效率”（Brief. VI,134）。

据此可以说，胡塞尔在弗莱堡大学的课程，是于1929年夏季学期最终结束的。胡塞尔在1930年3月15日致希克斯的信中写道：“作为荣休教授，我心怀感激地享受我的生命假期，摆脱了所有学院义务，我可以随心所欲地开设或不开设讲座，而我自两个学期以来就偏好后者，放弃了曾经念兹在兹的作为老师的个人影响，以便完全献身于我毕生的收获”（Brief. VI,179）。

这里所说的“毕生的收获”之一，便是胡塞尔于1929年发表的《形式逻辑与超越论逻辑》。

---

① 参见赫伯特·施皮格伯格：“编者序”，载于吉布森：“从胡塞尔到海德格尔：1928年弗莱堡日记”，同上，第308-309页。

《形式逻辑与超越论逻辑》(1929年)

一

在胡塞尔主编的《哲学与现象学研究年刊》中，他本人先后共发表过三部论著：1913年第一辑上的《纯粹现象学与现象学哲学的观念》第一卷、1928年第九辑上的《内时间意识现象学讲座》，以及1929年第十辑上的《形式逻辑与超越论逻辑》①。

《形式逻辑与超越论逻辑》写于1928/29年冬季学期，它还带有一个副标题："一种逻辑理性批判的尝试"②。关于这本书的产生与出版的一个并非完全偶然的起因，可以在路德维希·兰德格雷贝的一个报告中找到：他在为1939年于布拉格出版的胡塞尔《经验与判断：逻辑谱系学研究》一书所撰"编者导言"中写道："鉴于不断增多的构想

---

① 现在作为《胡塞尔全集》第17卷出版：Edmund Husserl, *Formale und transzendentale Logik. Versuch einer Kritik der logischen Vernunft, mit ergänzenden Texten*, Den Haag: Martinus Nijhoff, 1974.

② 该卷的编者保罗·江森认为，该书的副标题指明，《形式逻辑和超越论逻辑》是对胡塞尔在1906年的"私人札记"中所表述的那个任务的部分解决："如果我能够称自己为哲学家，那么我首先提到的是我必须为自己解决这个一般的任务。我指的是**理性批判**。这是逻辑理性批判和实践理性批判、普遍评价理性一般的批判。如果不在大致的轮廓中弄清理性批判的意义、本质、方法、主要观点，如果还没有设想、计划、确定和论证它的一般纲领，我就不能真正而又真实地生活。"——参见 Paul Janssen, „Einleitung des Herausgebers", in: Hua XVII, S. XXI, Anm. 1, 以及胡塞尔："私人札记"，倪梁康译，载于《世界哲学》，2009年，第1期，第33页。

和研究手稿，胡塞尔在其生命的最后二十年中越来越多地考虑这样一个问题，即在与学生们和同事们合作中找到新的途径来对其研究成果做文献方面的评估，由于这些成果数量丰富，他觉得仅凭自己已经无法掌控。于是，我在1928年受胡塞尔——当时我是他的助手——的委托，将属于超越论逻辑问题范围的手稿归集到一起，从速记稿中誊写出来，并试着对它们做统一的、系统的整理。相关的主导线索和基本思想已经包含在胡塞尔自1919-1920年冬季学期以来在弗莱堡一再举行的每周四小时的关于'发生的逻辑学'的讲座中。这个讲座被当作编撰稿的基础，作为其补充还加入了产生于1910-1914年期间的一组较早期手稿以及产生于二十年代的其他讲座的部分。如此形成的这个构想本来应当成为一部最终由胡塞尔本人来加以编辑完成的著作的出版基础。但这个计划未能实现：我曾将[胡塞尔的]一篇关于超越论逻辑问题域之意义的短文放置在这个编撰稿之前，当作它的引论。在对这篇短文进行补充的过程中，胡塞尔在1928-1929年冬的几个月里随手就写下了《形式逻辑与超越论逻辑》。它首先脱离开这一编撰稿而自行出版，该书本应成为这份编撰稿的开场白，而这份编撰稿的引论则构成了这本书的胚细胞。"① 兰德格雷贝这里所说的"编撰稿"，就是后来在胡塞尔去世几个月后由布拉格学术出版书局刊印的《经验与判断》。

从兰德格雷贝的这个说明中可以得到以下两方面的清楚信息：其一，在早年的相对沉默期和多年的不懈研究之后，胡塞尔本人在后期开始计划，再次借助自己学生和助手的参与，逐步整理发表自己的

① Ludwig Landgrebe, „Vorwort des Herausgebers", in: Edmund Husserl, *Erfahrung und Urteil. Untersuchungen zur Genealogie der Logik*, Hamburg: Felix Meiner Verlag, 1985, S. XXI.

大量研究文稿。之所以说“再次”，乃是因为胡塞尔早年的女助手埃迪·施泰因曾对他的《内时间意识现象学讲座》文稿、《纯粹现象学与现象学哲学的观念》第二、三卷文稿、《判断理论》文稿等进行过类似的整理，但最终徒劳无果。而此次的计划则可以说是相对成功的：海德格尔、兰德格雷贝和芬克所参与的对《内时间意识现象学讲座》、《形式逻辑与超越论逻辑》、《笛卡尔式沉思》、《欧洲科学的危机与超越论现象学》、《经验与判断》的整理与加工，后来都导致了它们的最终出版。当然，最根本的原因还在于胡塞尔自己对此计划的实施决心。

其二，胡塞尔在此出版计划的一开始就有打算首先出版自己在超越论逻辑学方面的研究成果，因此委托其助手兰德格雷贝来进行编撰加工。虽然最后的成果是胡塞尔去世后才出版的《经验与判断：逻辑谱系学研究》，但在对被构想为《经验与判断》之引论的一篇文字的加工中，胡塞尔完成了《形式逻辑与超越论逻辑》的撰写，并很快便将它于1929年付诸出版。因此，在很大程度上我们可以将《形式逻辑与超越论逻辑》与《经验与判断》视作属于同一个问题域的著作，甚至可以将它们算作是一部书的上下卷：前者构成对后者的导引说明，后者则构成对前者的具体展开。倘若我们可以不考虑它们之间时隔十年的时代思想背景的变化，而只关注它们之间的内在思想脉络，那么我们在这里甚至可以将这两本书放在一起介绍，即如胡塞尔自己在书信中常常所做的那样，将这两本书称作其后期的“逻辑书”和“第二逻辑书”。

二

与撰写《观念》第一卷的情况相似，《形式逻辑与超越论逻辑》

也是胡塞尔在几个月的时间里一气呵成的，[①]具体说来，是在1928至1929年冬的几个月里。这个撰写进度一方面与胡塞尔的长期思想准备有关，许多酝酿都已经在研究手稿中完成，甚至可以说，剩下要做的工作主要只是梳理和誊写。另一方面，作为主编，胡塞尔承受的《哲学与现象学研究年刊》按时出版方面的压力也显而易见。[②]看起来他必须根据时间表来完成工作。在1928年12月23日致英加尔登的信中，胡塞尔写道："我此前和现在都在准备一部论著——按理说它现在应该已经如我所允诺的那样在尼迈耶那里了"（Brief. III,180）。书稿在1929年4月初已经交付印刷。同年5月15日至6月10日期间，胡塞尔滞留于意大利小镇特雷梅佐。他利用这段时间对文稿进行修改。在1929年5月26日致罗曼·英加尔登的信中，胡塞尔又写道："在特雷梅佐这里我现在必须开始校改《形式逻辑与超越论逻辑》(240页！)，而且整天都在进行"（Brief. III,249）。

至迟在1929年10月，《形式逻辑与超越论逻辑》便作为《哲学与现象学研究年刊》第十辑的首篇论著（第1–298页）面市，同时也作为单行本发行。出版后直至今日，这部书的影响始终远弱于胡塞尔的其他生前发表著作，既不如此前的《逻辑研究》、《内时间意识现象学讲座》和《纯粹现象学与现象学哲学的观念》第一卷，也不如随后出版的《笛卡尔式沉思》与《欧洲科学的危机与超越论现象学》。该书的《胡塞尔全集》考订版编者保罗·江森曾阐述过其中的原因："当胡塞尔的新逻辑学著作在《观念》第一卷发表十五年之后出版时，将现

---

① Paul Janssen, „Einleitung des Herausgebers", in Hua XVII, S. XXVII.

② 胡塞尔在这年计划出版《形式逻辑与超越论逻辑》可能还有一个原因：胡塞尔将它当作送给自己的礼物：1929年他恰好七十周岁。这年要出版的《哲学与现象学研究年刊》也恰好是第十辑。随这辑出版的还有一个补充卷，是胡塞尔的朋友、学生和子女献给他的礼物：《胡塞尔七十周岁纪念文集》，其中刊载了包括海德格尔、英加尔登、埃迪·施泰因、柯瓦雷、贝克尔和格哈特·胡塞尔（胡塞尔的长子）等人的十二篇文章。

象学理解为观念论的流行看法始终还在起作用，与此同时，人们却并未特别费心去具体地研究这种观念论的新颖之处究竟何在。除此之外，这部论著的抽象而特别的论题也曾为并仍在为这样一种研究设置不可小觑的障碍。此后，《形式逻辑与超越论逻辑》的重要性又被《笛卡尔式沉思》与《欧洲科学的危机与超越论现象学》所含有的普遍引论的系统意义所遮掩。尤其还要考虑到，胡塞尔的最后一部著作《欧洲科学的危机与超越论现象学》是在一个变化了的境况中以这样一种方式被接受，这种方式既未给逻辑的以及超越论逻辑的问题域留下许多空间，也完全不利于这些问题域。”① 但是，也如江森所言，《形式逻辑与超越论逻辑》实际上是贯穿在胡塞尔毕生事业之中的连续性的一个重要环节。如果忽略它的意义，胡塞尔的总体思想成就在其统一性中的实事关联、进步和变化就无法得到全盘的把握。正是基于这个原因，鲁汶大学胡塞尔文库在1974年便出版了作为《胡塞尔全集》的第17卷的《形式逻辑与超越论逻辑》考订版，1977年还刊印了它的两卷本的研究版(Studienausgabe)。

三

胡塞尔生前以逻辑学为题发表的著作至少有三部：第一部是《算术哲学：心理学和逻辑学研究》；第二部是《逻辑研究》，尤其是其第一卷《纯粹逻辑学导引》；第三部便是《形式逻辑与超越论逻辑》。②

① Paul Janssen, „Einleitung des Herausgebers“, in Hua XVII, S. XVIII.

② 当然，目前以逻辑学为题作为胡塞尔遗稿出版的《胡塞尔全集》卷册则远不止于此：第24卷：《逻辑学与认识论引论。1906/07年讲座》(1985年出版)、第30卷：《逻辑学与普遍科学理论。1917/18年讲座》(1995年出版)、第31卷：《主动综合。出自1920/21年“超越论逻辑”讲座》(2000年出版)；此外，在《胡塞尔全集资料编》中还有第1卷：《逻辑学。1896年讲座》(2001年出版)、第2卷：《逻辑学。1902/03年讲座》(2001年出版)、第6卷：《老逻辑学和新逻辑学。1908/09年讲座》(2003年出版)。

此外勉强还可以算上一部:《经验与判断:逻辑谱系学研究》。但这部著作是在胡塞尔去世后才出版,而且从种种迹象来看,至少其副标题很有可能不是出自胡塞尔之手。[①]

与《形式逻辑与超越论逻辑》和《经验与判断》之间存在着如前所述的内在联系一样,在《逻辑研究》第一卷与《形式逻辑与超越论逻辑》之间也可以把握到这样的关联。胡塞尔于1928年12月23日还在撰写后者的过程中便向英加尔登介绍了这两者的内在联系:"它[《形式逻辑与超越论逻辑》]是对作为科学论的逻辑学之观念的展开。首先并且与《逻辑研究》第一卷相衔接的是形式逻辑和形式本体论,连同深入的现象学分析,而后是向心理之物和超越论之物的过渡,以及向一门实在的(普全的)本体论和现象学的扩展"(Brief. III, 242)。这里特别需要注意的一点在于:胡塞尔在这里已经将逻辑学理解为"科学论"或"知识论"(Wissenschaftslehre)。因而在此意义上,书名中的"形式逻辑"可以理解为形式的知识论,"超越论逻辑"可以理解为超越论的知识论。这一点不仅是理解后期胡塞尔意义上的"逻辑学"的前提,也是理解早期胡塞尔意义上的"逻辑学"的前提:事实上胡塞尔在《纯粹逻辑学导引》的第6节中便考虑过"一门作为科学论的逻辑学的可能性"。

由此可以得出,在《逻辑研究》的讨论逻辑学和讨论现象学的两卷之间有一个内在的联系,这个联系曾一度被理解为从客观朝向的逻辑学向主观朝向的现象学的过渡。但从后期胡塞尔的角度来看,它甚至可以被理解为从作为形式逻辑的知识论向作为超越论逻辑学的知识论的过渡。

---

① "逻辑谱系学"的概念在胡塞尔那里从未出现过,即使在这本书中也只出现在由兰德格雷贝撰写的"引论"中。对此的详细讨论可以参见笔者所撰胡塞尔主要著作评论:"《经验与判断:逻辑谱系学研究》(1939年)"。

《逻辑研究》第一卷的编者埃尔玛·霍伦斯坦曾指出过一个事实：胡塞尔当时曾打算将“纯粹逻辑学导引”用作全书的标题，“在这个标题下面，人们不仅可以将第一卷的前九章或前十章合拢在一起思考，而且可以将整个第二卷合拢在一起思考。”而后来在《形式逻辑与超越论逻辑》中，胡塞尔则不再把第一卷介绍为“纯粹逻辑学导引”，而是介绍为“第二卷的现象学研究引论”。[①] 这两个事实看起来意味着胡塞尔在对逻辑学与现象学问题域的理解和表达方面的前后矛盾，但实际上它们仅仅表明了作为形式逻辑的知识论与作为超越论逻辑的知识论的两种不同说法，而且它们无论如何都共同印证了《逻辑研究》两卷之间的内在联系：无论是第一卷内容向第二卷内容必然过渡的联系，还是第二卷内容向第一卷内容必然回溯的联系。它们实际上是胡塞尔在《形式逻辑与超越论逻辑》中表达的在形式逻辑与超越论逻辑之间内在联系的一个早期版本。

在1929年10月23日致吉布森[②]的信中，胡塞尔写道：“也许您会在假期里找到时间来浏览一下我的逻辑书[《形式逻辑与超越论逻辑》]，并且纵览它的统一意义，在其中包含着一个从传统形式逻辑向超越论逻辑的上升——这是‘在前言中’所暗示的‘诸途径’之一”(Brief. VI, 135f.)。而在1930年3月21日致凯恩斯[③]的信中，胡塞

① 参见埃尔玛·霍伦斯坦：“编者引论”，载于胡塞尔：《逻辑研究》第一卷，倪梁康译，上海：上海译文出版社，2006年，第31页，以及该页注1，以及Hua XVII, 85。

② 吉布森(W. R. Boyce Gibson, 1869–1935)是英国哲学家，也是胡塞尔《观念》第一卷版1931年的英译者。但凯恩斯(Dorion Cairns)在1935年6月3日致胡塞尔的信中便曾告知：“吉布森的《观念》译本是绝然不可用的”(Brief. IV,48)。凯恩斯后来是《形式逻辑与超越论逻辑》的英译者。可是他的这个英译本也存在诸多问题。这些问题后来又再转移到李幼蒸的中译本《形式逻辑与先验逻辑》中。

③ 凯恩斯(Dorion Cairns,1901–1973)曾于从1924年至1926年以及1931年至1932年期间在弗莱堡师从胡塞尔。他不仅是《形式逻辑与超越论逻辑》的英译者，也是胡塞尔《笛卡尔式沉思》的英译者(撇开《形式逻辑与超越论逻辑》的英译不论，他的译本通常被看作是较为可靠的)，而且也是《胡塞尔翻译指南》(*Guide for Translating Husserl,*

尔对前一年出版的《形式逻辑与超越论逻辑》也做了相同的介绍，只是胡塞尔这里将“超越论逻辑”转称为“现象学的超越论哲学”：“它是一种在形式逻辑理性批判的道路上向现象学的超越论哲学的上升。它会给您带来许多帮助，会带来许多新的东西，同时也为老的东西做出澄清”（Brief. IV, 23）。除此之外，凯恩斯还在弗莱堡与胡塞尔的谈话中记录说：“在《形式逻辑与超越论逻辑》中，胡塞尔尝试着为素朴逻辑指出一条通往现象学的道路。”①

所有这些，都说明了胡塞尔《形式逻辑与超越论逻辑》一书的主要目的在于指明一条从形式逻辑通向超越论逻辑的道路。而作为目的地的“超越论逻辑”，在胡塞尔那里已经具有一个十分宽泛的意义。

四

胡塞尔所使用的“超越论逻辑学”概念虽然来源于康德，但胡塞尔赋予这个语词以完全不同的含义。“超越论逻辑学”的说法在康德他那里意味着一种思维理论［或曰“知性论”（Verstandslehre）］，与作为直观理论的超越论感性学［或曰“感性论”（Sinnlichkeitslehre）］相对应，它们共同组成“超越论的要素论”。

超越论逻辑在康德那里有别于形式逻辑的要点在于：形式逻辑并不考虑认识与客体之间的关系，因而它自身是从所有认识内容中抽象出来的；而超越论逻辑并不抽象于所有的认识内容，而只抽象于经验

Phaenomenologica 55, Den Haag: Martinus Nijhoff Publishers, 1973）以及《与胡塞尔和芬克的谈话》（*Conversations with Husserl and Fink*, Phaenomenologica 66, Den Haag: Martinus Nijhoff Publishers, 1976）的作者。

① Dorion Cairns, *Conversations with Husserl and Fink*, ibid., “Conversation with Husserl and Malvine Husserl 13/8/31”, p. 28.

性的认识内容。在这点上,胡塞尔对康德有所批评:“就语词而言,康德的逻辑学从定义开始直至阐述之中都将自己呈现为一种朝向主观的科学——一门关于思维的科学,然而它作为先天的思维科学是与经验的思维心理学相分离的。但实际上他的纯粹形式逻辑学就其意义而言是针对观念的思维构成物的。他没有对它们本真地提出认识可能性的超越论问题。他把一门在其先天性中的形式逻辑视为已经自足地得到论证,这一点是如何发生的呢?他没有想到对形式逻辑领域——即对自在自为地被理解的形式逻辑领域——提出超越论的问题,这一点应当如何理解呢?”(Hua XVII,267)就总体而言,胡塞尔在《形式逻辑与超越论逻辑》书中对康德的批评,也被江森概括为:“胡塞尔责备康德:他让形式逻辑悬浮在超主体之物的空中,却根本没有想到这一点:也从主观的方面去考察形式逻辑。”[①] 一言以蔽之,在胡塞尔看来,康德没有提出形式逻辑如何可能的问题,因此也没有提出、制定和展开确切词义上的和真正意义上的“超越论逻辑”。

这里的情况实际上已经表明,尽管胡塞尔与康德都将自己的哲学标示为某种意义上的“transzendental”,但他们二人对这个概念的含义理解实际上还是各有偏重的。康德的“transzendental”概念含有双重含义:其一,先于经验的;其二,使经验得以可能的。[②] 前者与认识方式的“先天性”(Apriorität)问题直接相关,后者则意味着认识活动

① Paul Janssen, „Einleitung des Herausgebers“, in Hua XVII, S. XXVIII.

② 这个双重含义包含在康德为“transzendental”一词所给出的两个主要定义中:“我将所有那些不是与对象有关,而是与我们关于对象之认识方式有关的认识,只要它们是先天可能的,都称作‘transzendental’”;“‘transzendental’……并不意味着某种超越出一切经验的东西,而是某种虽然先于经验的(‘先天的’),但除了仅仅使经验成为可能以外还没有得到更进一步规定的东西。”(康德:《纯粹理性批判》,引论,第VII节,中译本参见:邓晓芒译,北京:人民出版社,2004年;李秋零译,北京:中国人民大学出版社,2004年;康德:《未来形而上学导论》,中译本参见:庞景仁译,北京:商务印书馆,1982年,第172页,注①。)

的可能性条件，亦即指向“超越是如何可能的”问题，它在康德那里也意味着“理性批判”的问题或反思的问题。事实上，胡塞尔之所以将《形式逻辑与超越论逻辑》的副标题命名为“一种逻辑理性批判的尝试”，其依据也正是在于康德赋予“transzendental”的这个含义。

所谓“超越论的反思”或“理性批判”，首先意味着一种将精神的目光从外部事物转回到内心活动之上的思维取向，或者也可以说：将转向意向相关项的目光转回到构造出这些意向相关项的意向活动上。就逻辑学领域而言，意向相关项的方向意味着一门系统的含义“形式论”，而意向活动的方向则意味着一门系统的含义赋予活动的“权利论”（Rechtslehre）[①]，即人如何为自然界立法的“法学”。

这种将客观的含义回溯到主观的含义赋予之行为上的做法，当然会引发人们形成这样一种印象，即胡塞尔重又回落到他在《纯粹逻辑学导引》中所批判的那种心理主义的立场上。这种批评在《逻辑研究》出版后始终不绝于耳。胡塞尔在《形式逻辑与超越论逻辑》中对此可能的批评预先提出了反驳：“奇怪的是，人们将《纯粹逻辑学导引》视为一种对心理主义的全然（schlechthinnig）克服，却没有注意到，在这里从来没有提到（作为一种**普全的**认识论错误的）全然的心理主义（Psychologismus schlechthin），而只提到一种完全特殊意义上的心理主义，即对恰恰是逻辑学课题的非实在的含义构成物的心理学化”（Hua XVII, 136）。

胡塞尔在《逻辑研究》第一卷中所批判的实际上是混淆心理学与逻辑学，以及在此特殊意义上的心理主义：将逻辑学加以心理学化或还原为心理学，但胡塞尔在《逻辑研究》第二卷中也已经开始反对一

---

① 胡塞尔曾在其1917/18年关于“逻辑学和普遍知识论”的讲座中将一门“普遍的意向活动学（Noetik）”定义为“系统形式的认识权利论”。参见Hua XXX, § 67 „Die allgemeine Noetik als systematisch formale Rechtslehre der Erkenntnis“ , S. 316ff.

种可能的逻辑主义：将心理学加以逻辑学化或还原为逻辑学。如果我们将逻辑学视作判断理论，那么心理主义是一种仅仅在判断行为(含义赋予的行为、意向活动)中寻找逻辑学根据的做法，而逻辑主义是一种仅仅在判断内容(含义构成物、意向相关项)中寻找逻辑学根据的做法。也就是说，胡塞尔从来没有反对过"全然的心理主义"，它经过必要的修正而可以成为一种真正讨论认识可能性问题的超越论主义，而只反对过特殊的心理主义，即把逻辑学建基于心理学之上的做法：逻辑心理主义。

五

《形式逻辑与超越论逻辑》出版后不久，英加尔登在1929年12月18日致胡塞尔的回信中便对它做了一个大致的评价："它[《形式逻辑与超越论逻辑》]是对一个问题域的令人印象深刻的构想。而且它仅仅给出为了理解这个问题域所必须的具体研究和个别分析。对于像我这样已经长年生活在您的思想世界中的人来说，这些个别分析已经足以让我们把握到这个问题域的意义。然而对于疏远者而言，这部著作会带来极度的困难。因为必须深深进入到现象学以及自己的工作之中才能统握住整体。这里必须有具体的阐述"(Brief. III,257)。对此，胡塞尔在1930年3月19日的回信中写道："您的信对我来说是一个巨大的喜悦，这是自我的《形式逻辑与超越论逻辑》出版以来我能够**认真**对待的唯一反应，而且它的确告诉我宝贵的东西。我准备尽心地对待您的迫切期望，即首先完成第二部逻辑书。实际上我已经为此工作了几个月，但在基尔则有些动摇，因为它的成型比我希望的更慢。因而我会在1月份再次着手于此事"(Brief. III,261)。接下来的便是关于《经验与判断：逻辑谱系学研究》的另一段成功和不成功的故事了。

胡塞尔可能不知道卡尔纳普对此书的看法，它也应当属于他需要"认真对待"的反应。这是兰德格雷贝在他的回忆录中报告的。1933年他到布拉格德语大学开始准备任教资格考试后不久，鲁道夫·卡尔纳普也到了布拉格："卡尔纳普收到了聘书，从维也纳来到布拉格德语大学。我与他多次见面进行长期间的讨论，其间我设法使他相信用超越论现象学来论证逻辑是十分必要的，但徒劳无功。他认为胡塞尔的《形式逻辑与超越论逻辑》极其危险，并猜测其中有一条通向非理性主义的道路。"[①]

不过胡塞尔当然不会认同他昔日的旁听生卡尔纳普的看法，他会将该书中的道路称作"超理性主义"，就像他在1935年3月11日致吕西安·列维-布留尔的信中所说。胡塞尔曾在《形式逻辑与超越论逻辑》出版多年之后（1937年3月）重读了这本书。他在这年5月31日致其弗莱堡时期的弟子、后来该书的英译者多里翁·凯恩斯的信中写下了自己对此书的感想："两个月前我（自1930年以来第一次）读了《形式逻辑与超越论逻辑》。我必须透彻地研究它，我觉得它很难，但总体上非常满意。这是我最成熟的著作了，只是过于浓缩了"（Brief. IV, 60）。[②]

与《形式逻辑与超越论逻辑》的编辑出版同时进行的是胡塞尔为巴黎讲演所做的文字准备工作。还在1928年7月1日致阿尔布莱希特的信中，胡塞尔就已经提到他要为索邦的讲演做准备："我当

① Ludwig Landgrebe, „Selbstdarstellung", in Ludwig J. Pongratz (Hrsg.), *Philosophie in Selbstdarstellungen* II, a.a.O., S. 144.

② 舒曼在其《胡塞尔年谱》中将"凯恩斯"误作"格里默"（阿道夫·格里默为胡塞尔哥廷根的弟子）。参见 *Husserl-Chronik*, 485.

然要考虑每句话并且仅仅应当提供最深刻的和最好的东西”(Brief IX,72)。也正是在这封中,胡塞尔还对自己的退休生活和未来工作做了思考和计划:“我并不想将我的时间浪费在讲演上,因而这些讲演与荷兰讲座的内容应当很快被制作成一份纲领性的著述并在深秋交付印刷——我的哲学发展的最后阶段。对于我这个年纪来说,无论如何是多了而且太多了。我此生大概是无法再做到真正进入退休状态和悠闲度假过日了”(Brief IX,72)。——胡塞尔此时显然已经对自己的退而不休的余生做好了思想准备和精神规划。

在1928年退休之后的这段时间里,前来拜访胡塞尔的朋友、学生和同道仍然不少。撇开1928年来访的学生柯瓦雷、1929年来访的英国心智哲学家吉尔伯特·赖尔等等不论,尤其需要提及的是在这段时间里还有两个人物的来访,他们都是胡塞尔在阿姆斯特丹初次结识的朋友:俄罗斯思想家列夫·舍斯托夫与荷兰心理学家范·德·霍普。

列夫·舍斯托夫

1928年11月初,在于阿姆斯特丹初会胡塞尔之后,舍斯托夫到弗莱堡拜访了胡塞尔,并在这里做了关于托尔斯泰的讲演,胡塞尔旁听了这个讲演。如前所述,舍斯托夫与胡塞尔初次相识于阿姆斯特丹。但舍斯托夫还在三十年前就关注胡塞尔的哲学,后来在法国对其做出评价和批评。吉布森在其日记中对舍斯托夫的此次来访有记载,按照作者吉布森和编者施皮格伯格的说法:“他是胡塞尔的朋友,但写文章批判过他(一本中等尺寸的书,黄色封皮),把自己描写成理性主义的顶峰。因此在哲学意义上讲,从苏格拉底到胡塞尔都成为他的最大敌人。”“尽管发出这一抨击,但舍斯托夫本人与胡塞尔关系很友好,不仅参加了后者的阿姆斯特丹讲座,而且据他自己说,还为胡塞尔的巴黎讲座准备过材料。”[①]

胡塞尔自己此前在1928年7月13日致英加尔登的信中曾就他的阿姆斯特丹讲座以及与舍斯托夫的会面报告说：“在我那里的听众中有俄国人舍斯托夫（他在《哲学指标》对海林和我做了如此机智的攻击），他以其冲动的天性和好辩的热情给我带来许多快乐。他说服我暂时答应尽可能在巴黎做讲演（他被巴黎人用作触角），而在几周之前确实有一封来自索邦的正式请求，满怀友善且带有真正法兰西式的亲切。此外，邀请是由日耳曼研究所与[法国]哲学学会发出的。我可以用德语讲演——四个讲演和一个晚间讨论，大约在二月初”(Brief. III,241)。

关于对胡塞尔的“抨击”，舍斯托夫本人也在其晚年纪念胡塞尔的文章中写道：“我在弗莱堡拜访胡塞尔时，胡塞尔本人亦曾亲自向一群来访的美国哲学教授介绍我说：‘从来没有人像他那样尖锐地批评过我，但也正因为如此，我们才能成为这么亲密的朋友。’胡塞尔在言语间所清晰展露的‘公正无私’令人叹服，如是品质甚至在很多伟大的哲学家身上都未尝多见。他最大的兴趣在于真理，为了寻求真理而和学术论敌成为朋友，不仅是可能的而且是必要的。这是胡塞尔最为突出的特质。”[②]

按照舍斯托夫的回忆，他曾就自己对胡塞尔的批评而向胡塞尔表示说：“我曾经不遗余力地批评过您的观点，但这只是因为我看到了您思想威力之巨大之无与伦比，感到了如您现在所说的，您那大胆与独创的思想的由来。我的文章尚未发表时，法国几乎没有人知道您，

① 吉布森：“从胡塞尔到海德格尔——1928年弗莱堡日记节选”，同上书，第343、338页。

② 列夫·舍斯托夫：“纪念伟大的哲学家埃德蒙德·胡塞尔”，载于倪梁康（编）：《回忆埃德蒙德·胡塞尔》，同上书，第367页。

而现在，毫无疑问地，法国人已然意识到他们的邻国出了一位第一流的哲学家，帮他们打开了那个长久以来为传统而庸常的思想所遮蔽的视域。我的尖锐批评实则是对您为哲学所做出的巨大而重要贡献之强调，而非贬低。”[①]

舍斯托夫此次到弗莱堡讲演，应当是出于胡塞尔的邀请和安排，也应当与通过舍斯托夫的斡旋而得以可能的胡塞尔巴黎讲演的出行准备有关。这是舍斯托夫与胡塞尔的第二次会面。接下来他们二人的第三次会面则是在巴黎了。

时至 1929 年 2 月 10 日，马尔维娜在给亲友的信中已经可以报告说:“十天后他会去巴黎(我陪他去)，应那边大学的迫切邀请在那里就他的哲学纲领做几个讲座。为此重要使命所做的准备当然不是一件容易完成的任务，而且由于巴黎讲演会付印发表，因而也就愈发需要认真准备。与此同时，埃德蒙德已经完成了一部也将于近期发表的重要著作[《形式逻辑与超越论逻辑》]”(Brief. IX,178)。

十天之后，即 1929 年 2 月 20 日，胡塞尔夫妇开始了赴巴黎的行程。

巴黎、斯特拉斯堡讲演

按照《笛卡尔式沉思》编者施特拉塞尔(Stephan Strasser)的说法，胡塞尔当时是作为“法兰西学院”的通讯院士而应邀于 1929 年在巴黎作一场讲演的。[②] 邀请函是由“日耳曼研究所”(Institut d’Études

---

① 列夫 · 舍斯托夫:“纪念伟大的哲学家埃德蒙德 · 胡塞尔”，同上书，第 370 页。

② 不过，关于胡塞尔当时是“法兰西学院”(Académie Française)的通讯院士这一点，笔者尚未发现进一步的证明。有证明的是胡塞尔在布伦什维格(Léon Brunschvicg,1869–1944)的斡旋下于 1932 年 7 月 9 日被“法国伦理和政治学院”(Académie des sciences germaniques)和“法国哲学学会”(Société fransçaise de Philosophie)共同发出的。

到达巴黎三天之后,胡塞尔于2月23日做了第一次的前两讲,两天后的2月25日做了第二次的后两讲,全部讲演的总标题是“超越论现象学引论”。在第一次讲演后胡塞尔在索邦的接待室中愉快地会见了一批“德高望重的欢迎者”(马尔维娜语):列维-布留尔(Lucien Lévy-Bruhl,1857–1939)、利希滕贝格(Henri Lichtenberger,1864–1941)、安德勒(Charles Andler,1866–1933)、莱昂(Xavier Léon,1868–1935)、迈尔森(Émile Azriel Meyerson,1859–1933)等,他们都是当时活跃在法国思想界著名人物;而在第二次讲演后胡塞尔会见的则是他哥廷根时期的学生柯瓦雷和海林,他们当时在法国各自也已有建树。

除了以上几位会后见面的人物之外,旁听胡塞尔的巴黎讲演的还有其他一些当时还年轻、后来才连续成为重要思想家和哲学家,甚至法国抵抗运动烈士的人物,如勒维纳斯(Emmanuel Levinas,1905–1995)、帕托契卡(Jan Patočka,1907–1977)、卡瓦耶斯(Jean Cavailles,1903–1944)、马塞尔(Gabriel Marcel,1889–1973)、尤金·闵可夫斯基(Eugene Minkowski,1885–1972)、贝格尔(Gaston Berger,1896–1960)、萨特(Jean-Paul Sartre,1905–1980)、莫尼埃(Emmanuel Mounier,1905–1950)等人。

帕托契卡正是此次在巴黎见到了胡塞尔,为他后来去弗莱堡成为他的学生做了铺垫。他在其回忆胡塞尔的文章中对巴黎讲演的内容和效果做了如下的描述和评价:

> 胡塞尔将这些沉思构想和意指为对现象学问题域之总体的

---

morales et politiques de l'Institut de France)授予通讯院士称号,并且成为自一次大战以来第一位获此殊荣的德国人(*Husserl-Chronik,* 413)。

> 系统阐释——可惜这些沉思是如此紧凑和密集，以至于它们几乎不适合用作讲演。然而从这个讲演和讲演者之中还是走出了某种东西，它要求得到理解并将人带入思想的历程，即使它是如此不寻常——人们感觉到一种新的奠基、一种极其深刻的转向的急迫必然性——而且人们看到自己面前的一位哲学家，他不做报告，不做评论，而是坐在他自己的工作间里，就好像他是独自一人，并且在与他的问题搏斗，全然不去关心世界与众人。讲演获得了巨大的成功。[①]

胡塞尔从1929年2月23日至3月8日居住在巴黎，并做了两场讲演；而后去了斯特拉斯堡，在那里再住留了四天，并再次做了两场讲演，基本内容是对巴黎讲演的重复，但特别偏重于对交互主体性现象学的阐释。按照胡塞尔自己的说法："在巴黎时只是就交互主体性还原做了粗略的勾画，但在斯特拉斯堡对此问题做了系统的进一步说明"(Ms. F II 5/100b)。胡塞尔的哥廷根学生，时任斯特拉斯堡大学教授的让·海林在其回忆胡塞尔的文章中写道："1928年从索邦的会议回程时，他非常乐意为斯特拉斯堡人奉献几天宝贵的时间。他为他们做了一场听者云集的报告，并应允了与哲学家小团体的好几场谈话。"[②] 在斯特拉斯堡讲演的旁听者中例如有神学家埃米尔·鲍丹(Emile Baudin,1875-1948)、认识论哲学家埃德蒙·戈布洛特(Edmond Goblot,1858-1935)[③]，以及著名的人文学者史怀哲等。

① 帕托契卡："回忆埃德蒙德·胡塞尔"，倪梁康译，载于倪梁康(编)：《回忆埃德蒙德·胡塞尔》，同上书，第280页。

② 帕托契卡："埃德蒙德·胡塞尔：回忆与反思"，董俊译、方向红校，载于倪梁康(编)：《回忆埃德蒙德·胡塞尔》，同上书，第234页。

③ 舒曼编著的《胡塞尔年普》两次将"Edmond Goblot"误写作"Emile Goblot"(参见 *Husserl-Chonik*, 343, 510)。

胡塞尔夫妇于3月12日回到弗莱堡。马尔维娜在1929年3月24日从弗莱堡写给英加尔登的信里有一段总括性的描述，在这里可以被用来再现胡塞尔夫妇法国之行的那些日子：

> 关于巴黎和斯特拉斯堡我只能够说，它是一次意想不到的成功。我的丈夫在索邦大学讲了两次的两个小时，全然不拘礼节和随心尽兴……作为开场白（德国大使和大使馆一等参赞也在场），莱昂先生用法语向我丈夫致辞；结束时，著名的日耳曼语文学者安德勒用德语说，由于胡塞尔，黑格尔之后那股浑浊的哲学退潮被注入一种德国哲学的新古典繁荣，云云。德高望重的欢迎者以及其他各种的邀请，使我们（我不好意思说“我们”）成为焦点人物，最后一天（我们在巴黎待了十五天）德国大使馆还邀请我们吃晚饭。——在斯特拉斯堡的四天完全不同，但同样令人欢欣鼓舞，而且同样有热烈的反响。这里不像在巴黎那样具有官方色彩（我先生否认这点），他对由海林请来的约莫五、六十个有兴趣者（他们特别强烈地支持这两个神学系），作了一场关于他自《逻辑研究》和《观念》以来发展的讲演。因此，每天都以热烈的讨论来结束，常常直至半夜，然后又来一场异常激烈的争论。①

约翰内斯·范·德·霍普

这里还要插入在此语境中的人物故事：1929年3月4日，在离开巴黎去斯特拉斯堡之前，胡塞尔夫妇从巴黎寄出一张明信片给阿姆斯特丹的范·德·霍普，并在明信片上向他简单扼要地介绍了他在巴黎的讲演和社会交往的情况。这张正反面写有胡塞尔夫妇文字的明信

---

① 参见 Brief. III, 246；中译文引自比梅尔：“编者引论”，载于胡塞尔：《笛卡尔沉思与巴黎讲演》，张宪译，北京：商务印书馆，2008年，第5页。

片原件（连同另一张马尔维娜于 1947 年 1 月 10 日写给范·德·霍普的明信片原件），现存于浙江大学心性现象学文献馆。它的内容在这里是首次发表：

> 亲爱的范·德·霍普先生：我们在这两周的巴黎活动日中由衷地想到了您和您亲爱的太太。对于我的讲演的接受情况，我可以感到非常满意了。已经引发了对哲学的强烈兴趣。一系列的友善活动和不懈努力让我们见证了［巴黎人的］好感。建立起了一批珍贵的私人关系。进行了无穷无尽的哲学讨论，也与一些俄国人。下一周要去斯特拉斯堡，我在那里又要讲演。最衷心的，您的 E. 胡塞尔。

这里所说的“俄国人”是复数，至少可以让人想到舍斯托夫和柯瓦雷。

而如前所述，范·德·霍普是胡塞尔在阿姆斯特丹讲演期间结识的朋友，他是胡塞尔夫妇居住期间的房东，当时已是重要的荷兰神经学家和心理学家，著有多部心理学专著。在阿姆斯特丹讲演后，胡塞尔夫妇与范·德·霍普夫妇还保留了长时间的联系。1928 年 10 月 19 日，范·德·霍普夫妇到访弗莱堡，胡塞尔在家设宴款待，吉布森也应邀作陪（*Husserl-Chronik*,338）。吉布森在他当日的日记中记录说：“刚刚从胡塞尔夫妇举办的晚宴回来，受邀的还有范·德·霍普和他的妻子。霍普是胡塞尔在阿姆斯特丹时的房东。他是一位遵循现象学思路的心理分析家。他曾为《国际心理学、哲学与科学方法文库》系列丛书写过一本关于‘性格与无意识’的书。”[①]

① 吉布森：“从胡塞尔到海德格尔——1928 年弗莱堡日记节选”，同上书，第 334-335 页。

无论吉布森在这里对范·德·霍普的定义是否参照了胡塞尔的介绍，它是相当准确到位的：范·德·霍普是心理诊疗师，遵循现象学的思路。他在结识胡塞尔之前便有心理学著作发表，也就是吉布森提到的《性格与无意识：对弗洛伊德和荣格的心理学的一个批判性阐释》①。在去弗莱堡拜访胡塞尔的当年，他还发表了《精神分裂症的心理学》②的小册子，而且此后还有一系列文章和著述发表。③尤其是在1937年，范·德·霍普出版了他的最重要著作《意识类型以及它们与心理病理学的关系》④。该书本身并未标明出版时间。"1937"是舒曼在《胡塞尔书信集》中用方括号标明的时间(Brief. VII,143,Anm.2)。不过可以注意到，也有一些对该书的年代标示要比1937年更早。无论如何，胡塞尔是在1937年2月22日致函范·德·霍普，为他所寄的赠书道谢。由此可见，或许该书的出版年代也有可能是1936年末。

胡塞尔在这封信的开篇便说："您做出了巨大的进步"，这是指范·德·霍普撰写的《意识类型》已经突破了以往性格学和心理诊疗术的局限，进入到意识心理学和心理病理学的更为普遍的理论研究领域。当然，说到底，他所讨论的"意识类型"依然还是他早年讨论的荣格意义上的"性格"的另一种表达，而且依然还是建立在弗洛伊德与荣格的心理分析以及理论对立的基础上，而且他认为荣格的"心理

---

① J. H. van der Hoop, *Character and the Unconscious: A Critical Exposition of the Psychology of Freud and Jung* (International Library of Psychology), London: Kegan, Trench, Trubner, 1923.

② J. H. van der Hoop, *Psychologie der Schizophrenie*, in: *Overgedruck uit de Psychiatrische en Neurologische Bladen*, No. 5 en 6, 1928, pp. 1–27.

③ J. H. van der Hoop, „Sexualität, Moral und Lebensanschauung", in: *Zentralblatt für Psychothrapie und ihre Grenzgebiete*, Bd. VII, H. 6, 1935, S. 329–340.

④ J. H. van der Hoop, *Bewusstseinstypen und ihre Beziehung zur Psychopathologie*, Bern: Hans Huber, [1937].

类型问题”[1] 可以构成对弗洛伊德的动态观的重要补充，如此等等。[2] 与此相关，范·德·霍普认为荣格在其后来心理学发展中忽略了类型学，原因可能在于对概念的加工缺少明晰性，因而他希望诉诸胡塞尔现象学的方法来弥补荣格的缺失，并在前言中对此做出明确的表述：“在这点上，我对精确性的需求很早就促使我去寻求明晰的表述，而我通过胡塞尔和海德格尔与现象学的交遇给我带来了巨大的收益。我因此而意识到，我在更准确地把握意识功能方面的尝试必须被视作一种现象学的研究。”[3] 就此而论，范·德·霍普属于最初几位尝试将心理学与现象学结合在一起的心理学家之一。在他这里可以看到胡塞尔的阿姆斯特丹讲演“现象学与心理学”的遗留影响。当然，在范·德·霍普的这部著作中，不仅可以看到荣格、弗洛伊德的背影，也可以看到胡塞尔的意向分析方法和海德格尔生存分析的痕迹，而且在他对概念描述的精准性的诉求和在心理诊疗术中的心理病理学的理论倾向中还可以感受到雅斯贝尔斯的气息，尽管他的名字并未出现在范·德·霍普的书中。

胡塞尔在收到范·德·霍普赠书的时候，恰好也是他的连载长文《欧洲人的危机与超越论现象学》在国外(贝尔格莱德)发表的前后。因而胡塞尔在前引信函中接下来又写道：“但我也没有停滞不前，正如您从这个分篇在《哲学》(*Philosophia*)上发表的著述中可以读出的那样”(Hua VII,143)。胡塞尔这个生前未完成的作品之所以不得

---

① 关于荣格对“心理类型问题”的相关讨论可以参见 C. G. Jung, *Psychologische Typen*, Zürich: Verlag Rascher & Cie, 1921.

② 参见 J. H. van der Hoop, *Bewusstseinstypen und ihre Beziehung zur Psychopathologie*, a.a.O., S. 4.

③ J. H. van der Hoop, *Bewusstseinstypen und ihre Beziehung zur Psychopathologie*, a.a.O., S. 5.

不在国外发表，是因为当时纳粹政权已经禁止德国国内的出版机构刊发胡塞尔等犹太学者的著述。因此也可以理解，胡塞尔致范·德·霍普的这封信是以这样一句话结尾："实际上我在我的永远周期性的抑郁症中需要作为医生的您"(Hua VII,144)。这句话看似自嘲调侃，实际上意味深长。胡塞尔的忧郁症由来已久，并非是由纳粹的迫害活动所直接导致的，胡塞尔自己将其称作"习常的抑郁状况"(Brief. IX,45f.)，通常是因为过度工作才引发的。仅仅根据舒曼在《胡塞尔年谱》中的不完全记录就可以得知，胡塞尔自 1891 年 1 月初起，历经 1906 年 11 月、1909 年 9 月、1922 年 9 月、1931 年 1 月、1932 年 2 月中至 4 月，直至 1937 年 5 月期间都曾受此烦恼折磨，无法工作，需要度假休息。而按照这个显然不完全的统计，胡塞尔至少在发出这封信的两个月之后便再次陷入抑郁的沼泽。

最后还可以留意一点：在 1930 年 3 月 21 日致凯恩斯的信中，胡塞尔提到过他"曾尝试接受一位神经科医生的咨询"(Brief. IV,21f.)。这位神经科医生是否就是他 1928 年结识的范·德·霍普？这应当是一个可以通过思想史家的进一步考证来核实的问题。

斯特拉斯堡与犹太人问题

这里还要补充一个与斯特拉斯堡之行有关的犹太人问题插曲。与在巴黎讲演期间一样，胡塞尔夫妇在斯特拉斯堡滞留期间也参观游览了一些地方。勒维纳斯在此期间(1928 年夏季学期和 1918/29 年冬季学期)正好在胡塞尔和海德格尔这里就读。他是胡塞尔夫妇在斯特拉斯堡期间的陪同，后来记述了胡塞尔在此期间的一段对犹太人的表态："最后一点，即使新近提出的胡塞尔的犹太人问题没有促使我将它束之高阁，我终究还是犹豫着是否要把它叙述出来。我们知道，胡塞尔与他的夫人是皈依了新教的犹太人。大师的最后一些照片暴露了他的一些犹太人相貌的特征(人们说大师的相貌开始变得与先知的相貌相似了，这样说或许不对，因为毕竟没有人拥有先知耶利米或哈巴谷的肖像)。胡塞尔夫人曾严格地以第三人称——甚至都没有以第二人称——对我谈起过犹太人。胡塞尔则从未与我谈起过犹太人，除去一次。那一次，他的夫人要利用去斯特拉斯堡的行程买一件很重要的东西。在斯特拉斯堡的神学家和哲学家海林的母亲海林夫人的陪同下，她完成了此次购物。回来之后，她当着我的面公开说：'我们发现了一家很棒的商店。尽管是犹太人开的，却非常可靠。'我没有掩饰我受到的伤害。于是胡塞尔说：'算了，勒维纳斯先生，我自己也来自一个[犹太]商人家庭……'他没有继续说下去。犹太人之间彼此苛刻，尽管他们无法忍受非犹太人向他们瞎讲的'犹太历史'；正如教士们讨厌那些来自世俗人员的反教权的笑话，但是他们自己之间却常讲这些笑话一样。胡塞尔的反思使我心情平复下来。"①

显而易见，正是因为勒维纳斯本人是犹太人出生，故而在涉及这个问题时要比其他人更为敏感一些。胡塞尔学生中同样是犹太人的还有施泰因、莱辛等。他们也曾以不同的方式对胡塞尔自己的犹太人身份认同或不认同做过评述：施泰因在其于 1933 年开始撰写的《出自一个犹太家庭的生活》的回忆录中也记录过关于胡塞尔大儿子格哈特儿时的一个传闻。当时她已经感受到德国的反犹主义浪潮，但在那里还是以较为轻松的口吻写道："胡塞尔夫妇都是犹太人出生，但早年便转而皈依路德新教。孩子们所受的是路德新教的教育。有人讲述说——我不能保证这是真的——格哈特六岁时与大数学家希尔伯特

① 勒维纳斯："表象的废墟"，朱刚译，载于倪梁康(编)：《回忆埃德蒙德·胡塞尔》，同上书，第 352 页，注①。

的唯一孩子弗兰茨一起上学。他问小同学，他是什么（即哪个教派）。弗兰茨不知道。'如果你不知道，你就肯定是一个犹太人。'这个推理是不正确的，但却很有性格。后来格哈特经常谈到他的犹太家世。"[①]

如果说勒维纳斯和施泰因对这个传闻的评述或转述还是中性的，那么莱辛的陈述就带有了尖刻的负面批评的意味。笔者在本书前面"特奥多尔·莱辛与'莱辛事件'"一节中曾附带提到：莱辛在其1914年于哥廷根出版的《作为行动的哲学》中批评胡塞尔"尴尬地逃避"自己是犹太人的问题是"何种痛苦的耻辱！"[②] 这无疑激怒了胡塞尔。他在致出版商弗兰克斯·迈纳的说明函中还特别附上了这段文字（Brief. VIII, S.247）。

关于胡塞尔以及他太太马尔维纳对待其自己民族的态度问题，或者说，关于他们的所谓"犹太式的反犹主义"（jüdischer Antisemismus）[③] 问题还可以参见笔者在从属于本书的其他文本中所做的更为详细的讨论。[④]

胡塞尔于1929年3月12日回到弗莱堡。三天后便开始对他的

① 施泰因："在胡塞尔身边的哥廷根和弗莱堡岁月"，同上书，第90页。

② 参见 Theodor Lessing, *Philosophie als Tat*, Göttingen: Hapke, 1914, S. 308f.

③ 这个说法应当出自卡尔·舒曼本人。他用它来表达赫伯特·施皮格伯格在其就读于弗莱堡初期写给父母的信中所记述的马尔维纳的相关态度。这封信后来由舒曼编辑发表在《胡塞尔研究》期刊第二辑（*Husserl Studies* 2 (1985), S. 239-243）上，而后由笔者译成中文，发表在《回忆埃德蒙德·胡塞尔》文集（北京：商务印书馆，第254-259页）中。但事实上在信中并不能找到施皮格伯格本人的这个说法。也许舒曼在出版这封信时将这个说法删除了，但更有可能它就是出自舒曼本人之手，而在其他文字中所做的引述在严格意义上只是舒曼的自引。对此可以参见舒曼的相关注释：Herbert Spiegelberg, „Als Student bei Husserl: Ein Brief vom Winter 1924/25", in *Husserl Studies*, 2, 1985, S. 243, Anm. 15.

④ 参见笔者：《胡塞尔与海德格尔：弗莱堡的相遇与背离》，北京：商务印书馆，2016年，第5讲："胡塞尔与海德格尔关系史外篇(1)：胡塞尔与犹太人问题"，第104-121页。

巴黎讲演进行加工修改,准备将它出版。这也是后来被翻译成法文首先于1931年在法国出版的《笛卡尔式沉思》。它的德文版是在战后1950年作为《胡塞尔全集》第1卷出版的《笛卡尔式沉思与巴黎讲演》。

《笛卡尔式沉思与巴黎讲演》(1931年)

胡塞尔于1929年2月23日和25日应邀在巴黎索邦大学做了有关"超越论现象学引论"的两次讲演。《笛卡尔式沉思》便是在这两次讲演的文稿的基础上修改而成。它最初由帕费尔(Gabrielle Peiffer)和勒维纳斯译成法文,于1931年在巴黎出版。[①] 出版后胡塞尔对此书的内容和翻译不甚满意,因而做过许多修改和补充,并计划再以德文版的形式出版它,但此心愿因为种种原因,尤其是在1933年后的政治原因而并未在胡塞尔生前得以实现。二战结束后,由范·布雷达创立的比利时鲁汶大学胡塞尔文库以及由他组织的《胡塞尔全集》出版工作将《笛卡尔式沉思与巴黎讲演》列为《胡塞尔全集》考订版的第1卷,后由施特凡·施特拉塞尔(Stephan Strasser)编辑,于1950年交由荷兰马尔梯努斯·奈伊霍夫出版社正式出版。[②]

这部著作是胡塞尔一生发表著述中最为成熟、也是最为全面的现象学引论。胡塞尔自己曾在1930年3月19日致英加尔登的信中将其称作"我一生的主要著作、一门对我而言逐步生长起来的哲学的纲要、一部方法的基本著作和哲学问题的基本著作",接下来他还写道:"至少**对我而言**它是个了结,而且是我所能够倡导的并且可以随之而

---

① Edmund Husserl, *Méditations cartésiennes. Introduction à la phénoménologie*, French translation by Gabrielle Peiffer and Emmanuel Levinas, Paris: Librairie Armand Colin, 1931.

② Edmund Husserl, *Cartesianische Meditationen und Pariser Vorträge*, Husserliana I, Den Hagg: Martinus Nijhoff, 1950.

安心辞世的那种最终清晰性”(Brief. III,262)。

除此之外，它也是在胡塞尔发表的著述中唯一一部以哲学家命名的著作。从这个书名可以看出笛卡尔的思维方式对胡塞尔的重大影响。当然，写作该书的最初动机也在一定程度上规定着这个书名。这一点会在下面对胡塞尔撰写过程的重构中得到表明。

1. 作为《胡塞尔全集》第1卷的《笛卡尔式沉思与巴黎讲演》由三个主要文本和一个附录构成：其一是胡塞尔的“巴黎讲演”的原文文本，即《胡塞尔全集》第1卷的“文本A”。这个巴黎讲演是胡塞尔应法国“日耳曼研究所”和“法国哲学学会”的邀请而做的。他于1928年4月23日至29日期间认识了在俄国十月革命后流亡巴黎的俄国思想家列夫·舍斯托夫，后者劝说胡塞尔“暂时答应可以在巴黎做几个讲演”。而后，胡塞尔太太马尔维娜在1928年7月1日致阿尔布莱希特的信中写道：“刚刚收到巴黎(索邦)大学的一个满含敬意和恭维之辞的邀请函，邀请去巴黎就他的哲学纲领做讲座。斯特拉斯堡大学也在竭力邀请他。这当然会花费他的时间和精力，但出于科学和政治的原因，拒绝是不可能的”(Brief. IX,73)。这里所说的“政治原因”，很可能是指在一战后，战胜国方面为了弥补与德国之间因一战以及一战和约的不公而导致的分离，以某种方式尝试做出的示好的姿态。此前胡塞尔赴伦敦的讲演便与此有直接的关联。这次胡塞尔受邀到巴黎演讲是否在背后隐含某种政治意图，目前还不得而知。

胡塞尔于1929年1月25日开始准备其巴黎讲座(*Husserl-Chronik*,341)。但与此同时，他也在撰写和修改即将发表在《哲学与现象学研究年刊》第十辑上的《形式逻辑与超越论逻辑》文稿(*Husserl-Chronik*,341)。同年2月20日，胡塞尔夫妇踏上法国之旅，并于23日和25日在巴黎索邦大学的“笛卡尔楼”做了两场“超越论现象学引论”

演讲，每次两小时。前来听报告的除了舍斯托夫之外还有布留尔、勒维纳斯、马塞尔、闵可夫斯基、帕托契卡等人，他们有的当时就是、有的则后来成为国际哲学界的重要人物。

胡塞尔在讲演一开始便向近代哲学的笛卡尔传统表达敬意："能够在这个法兰西科学的最令人尊敬的地方谈论新的现象学，对此我有特别的理由感到高兴。因为在过去的思想家中，没有人像法国最伟大的思想家勒内·笛卡尔那样对现象学的意义产生过如此决定性的影响。现象学必须将他作为真正的始祖来予以尊敬。可以直截了当地说，正是对笛卡尔的沉思的研究，影响了这门成长着的现象学的新发展，赋予了现象学以现有的意义形式，并且，几乎可以允许人们将现象学称为一种新的笛卡尔主义，一种二十世纪的笛卡尔主义。在这种情况下，如果我首先以《第一哲学沉思集》的那些在我看来具有永恒意义的动机为出发点，然后阐释一种具有现象学方法和问题之特色的改造与更新，那么我也许事先便可以肯定，你们会对此感兴趣"（Hua I,3）。很可能就在这一时刻，胡塞尔已经起念修改他的讲演文稿，并准备将其更名为《笛卡尔式沉思》发表。

同年3月8日，胡塞尔夫妇离开巴黎，踏上归途，在回弗莱堡的途中于斯特拉斯堡做了短暂停留。在那里应他的哥廷根学生让·海林[①]的邀请也做了两场讲演。它们的内容与巴黎讲演相近，但在第二

① 让·海林是胡塞尔哥廷根时期的学生，于1909至1912年在哥廷根随胡塞尔学习，并且积极参与和领导哥廷根哲学学会的活动。他原先是德国籍，自1918年起改为法国籍，并自此在斯特拉斯堡大学担任新教神学教授。他于1925年便出版了法国第一本现象学著作《现象学与宗教哲学》（Jean Héring, *Phénoménologie et philosophie religieuse*, Strasbourg: Impr. Alsacienne, 1925）。正是海林促成了胡塞尔的斯特拉斯堡之行，并且后来也安排和组织了《笛卡尔式沉思》在法国的翻译出版。英加尔登曾在海林去世后对他评价说："海林是一位谦逊的、但真诚而认真的研究者。他仅仅主张那些他能够视作真正明见的东西"（参见 Roman Ingarden, "Notes and News", in *Philosophy and Phenomenological Research*, vol. 27, no. 2, 1966, p. 309）。

场讲演中增加了交互主体性问题。胡塞尔自己在文稿中也曾说明:"关于交互主体的还原只是在口头上一带而过,在斯特拉斯堡的讲演中才得到系统的、更进一步的阐述。"[①] 就此而论,真正讨论交互主体性现象学问题的是《笛卡尔式沉思》而非"巴黎讲演"。

与《笛卡尔式沉思》的产生以及与胡塞尔对它的两次修改相关的"交互主体性问题"文稿后来被耿宁收在他编辑的胡塞尔《交互主体性现象学》的三卷本(《胡塞尔全集》第 13、14、15 卷[②])中,具体地说,1929 年 3 月–1930 年 3 月期间产生的文稿作为第 15 卷的第一部分载于该卷的第 1–78 页上,1931 年 7 月–1932 年 2 月期间产生的文稿作为该卷的第三部分载于该卷第 189–457 页上。当然,该卷的编者耿宁并不认为胡塞尔在对《笛卡尔式沉思》的撰写和修改中就交互主体性问题所做阐述是最为清楚的,真正"自成一体的、在实事上经过完全仔细加工的"的交互主体性理论在他看来实际上是在此前的研究中,即在胡塞尔的一组与 1926/27 年冬季学期"现象学引论"第二部分相关的手稿中。耿宁认为:"在它们之中,胡塞尔在某种程度上解决了他从一个完全特殊的视角提出的陌生经验的问题。如果胡塞尔在其《形式逻辑与超越论逻辑》(1929 年)中说:他在 1910/1911 年的讲座中已经提出了解决交互主体性和超越论唯我论问题的要点,但所需的'具体研究'是在很久以后才得以结束的,那么这个'结束'可以在 1927 年 1 月至 2 月的研究中看到。在这些研究中,胡塞尔的同感(陌生经验)理论第一次找到了一个自成一体的、在实事上经过完全仔细

① 转引自 S. Strasser, „Einleitung des Herausgebers", in Hua I, S. XXIV.

② Edmund Husserl, *Zur Phänomenologie der Intersubjektivität. Texte aus dem Nachlass*. Erster Teil. 1905–1920, Husserliana 13; Zweiter Teil. 1921–28, Husserliana 14; Dritter Teil. 1929–35, Husserliana 15, hrsg. von Iso Kern, Den Haag: Martinus Nijhoff, 1973.

加工的形态。”[①]

2. 五个“笛卡尔式沉思”构成全集版《笛卡尔式沉思与巴黎讲演》的第二部分，即《胡塞尔全集》第1卷的“文本B”。这是胡塞尔自己在1930年开始准备的德文版《笛卡尔式沉思》的文本。但需要留意：这个文本并非胡塞尔1929年5月为法文版《笛卡尔式沉思》撰写的德文底本。后者也被称作“斯特拉斯堡文本”，因为在从斯特拉斯堡回到弗莱堡后，胡塞尔便开始着手修改巴黎–斯特拉斯堡讲演稿，并于5月17日完成修订文稿，由他当时的私人助手芬克交给在斯特拉斯堡他的另一位哥廷根学生亚历山大·柯瓦雷[②]处(Brief. III,248)。法文翻译是由海林委托给自1928年夏季学期便在弗莱堡随胡塞尔学习的勒维纳斯以及另一位女士帕费尔来完成的。

关于这次的修改以及由此产生的“斯特拉斯堡文本”，胡塞尔在1929年5月26日致英加尔登的信中曾写道：“我必须开足马力工作，

① Iso Kern, „Einleitung des Herausgebers“, in Hua XIV, S. XXXIV. ——耿宁在这里接着认为：“胡塞尔后来对此课题的阐述本质上没有提供超出这个形态的东西。即使是在《笛卡尔式沉思》(1929年)中对交互主体性理论的展示在陌生感知的问题方面也远未达到1927年的这些反思的力度和深度”(同上)。也正是基于这个理由，在耿宁为中译本提供的《交互主体性现象学》的简要选本中，1927年以后的思考内容被忽略不计。——较为具体的说明可以在本卷第三幕“《交互主体性现象学》三卷本”一章中找到。

② 亚历山大·柯瓦雷(Alexandre Koyré,1892–1964)，俄裔法国哲学家，主要研究科学史和科学哲学。他于1908–1911年期间在哥廷根随胡塞尔和希尔伯特学习哲学和数学，曾是哥廷根哲学学会的主要成员。由于胡塞尔没有认可柯瓦雷的博士论文，因而他于1912年转到巴黎，随柏格森、布伦什维格(Léon Brunschvicg)、拉兰德(André Lalande)等人学习。胡塞尔的《笛卡尔式沉思》有可能影响了柯瓦雷对伽利略在科学史上地位的理解。此后柯瓦雷先后任职于巴黎高等应用学院、埃及福阿德大学(后来的开罗大学)和美国的约翰·霍普金斯大学，并成为美国普林斯顿高等研究中心成员。他的思想后来为科学史家托马斯·库恩(Thomas Kuhn)等所接受和发展。他也是第一位对阿拉伯世界产生重要影响的现代哲学家。另外，柯瓦雷在《哲学与现象学研究年刊》的第五辑(1922年)和第十辑(1929年)上发表过“关于芝诺悖论的说明”(Bemerkungen zu den Zenonischen Paradoxen)和“雅各·波墨的上帝学说”(Die Gotteslehre Jacob Bönme)的文章。

以便完成对巴黎讲座的加工。可惜我事后发现,这种技能难以令人满意,因为,为了避免困难的表述以及为了不再过多超出巴黎讲演的布局('概要'),我留下了证明的缺口——这一点涉及交互主体性(或者说:现象学的方法论与超越论的观念论)理论。我决定把事情做**整全**,并提供超越论的陌生经验理论等的一个完整建构。因而现在已经产生出一个新的《笛卡尔式沉思》(这是现在的名称)的完整构成:大约有7个至7个半印张。我将此视为我的主要著作,并且很快会在尼迈耶出版它"(Brief. III,248)。这意味着,胡塞尔在刚交出《笛卡尔式沉思》的斯特拉斯堡文本后的几天里就决定要出版一个更为完善的德文版,并且也已经开始着手工作。

法文版的翻译并不顺畅。在斯特拉斯堡文本完稿后才最终截稿的《形式逻辑与超越论逻辑》已于当年便在《年刊》中被排印刊发了,而斯特拉斯堡文本的法文翻译初稿还迟迟未见踪影。胡塞尔在7个月后、即在1929年12月2日给英加尔登写信时已经抱怨:"可惜!《笛卡尔式沉思》的女译者[Peiffer]花了太多的时间(或者她的时间太少)"(Brief. III,253)。这个速度与胡塞尔编辑出版《年刊》的速度相比显然是慢了许多。然而胡塞尔当时尚未料到:这还只是一个开始。一年之后,即在1930年12月21日致英加尔登的信中,他再次写道:"《笛卡尔式沉思》始终还没有出版,尽管在夏天已经完成了排版(140页),为此我感到十分郁闷,只还缺最终校对了。文稿在1929年5月!就已经交到法国了"(Brief. III,269)。而在此之前一个多月,即1930年11月7日,胡塞尔已经致函柯瓦雷,请他在出版速度的加快方面提供可能的帮助:"这本书的效应已经丧失了一年,甚至一年多了,这在当今的哲学处境中并非小事。现在我感到遗憾的是我没有将这本著述立即在《年刊》上付印。如果您能在巴黎通过您的亲自介入来尽快出版它,我会对您抱以极为感激之情"(Brief. III,358)。

几经周折，法文版最终于1931年在巴黎出版。[①] 根据胡塞尔的请求，[②] 英加尔登在法文版出版不久便给胡塞尔发去了他对这个文本的一系列评注和意见。这些批注和意见后来作为“附录”收在全集版的《笛卡尔式沉思》中。[③] 胡塞尔仔细核查了这些评注和意见。他在1931年8月31日致英加尔登的信中写道：“可惜您的猜测得到了证实。《沉思》的译者们常常没有理解文本。难怪他们会停滞不前。在重要之处会有整个几节的内容被一句含糊而不知所云的话语所取代，此外还有足够多的错误”（Brief. III,278）。

所有这些都愈发增强了对这个他始终不甚满意的法文版底本进行修改，而后出版一个更为成熟和完善的德文本的想法。他在1931年7月8日致英加尔登的信中感谢说：“对我来说，了解一位如此清晰认真的读者和一位忠实老学生如何阅读我的著述，以及他在哪些方面感到不妥，这是无比重要的。尽管所有这一切，也包括所有的异议，我自己都曾考虑过无数次，我自己还是再次透彻地研究了所有这些含混之处。现在，在我与读者的距离已经拉开过大之际，对于这个阐述来说极为重要的是，清楚地看到所有这些困难和可能的异议。您是唯

---

① 参见Edmond Husserl, *Méditations Cartésiennes: Introduction à la Phénoménologie*, Paris: Armand Colin, 1931.

② 参见马尔维娜·胡塞尔1931年5月21日致英加尔登的信：“感谢您友善地表示愿意提供对《笛卡尔式沉思》的评注”（Brief. III, 275）。

③ 但英加尔登仅仅提供了对《沉思》的前四个沉思的评论意见。关于第五沉思的意见，英加尔登觉得涉及他与胡塞尔在观念存在方面的原则分析，无法通过简单评论来说明，因此没有发给胡塞尔。对此可以参见本书第二卷第十六章“胡塞尔与英加尔登（二）：现象学与实在论”。英加尔登后来在1966年11月29日致耿宁的信中认为：这是后来胡塞尔放弃了发表《笛卡尔式沉思》德文版的一个原因，他在信中写道：“目前，在我看来，胡塞尔只进行了一些不同的预备性研究，以便可以说是能够为新版获得一个出发点，这个新版他最终放弃了。我没有把我对第五沉思的评注寄给胡塞尔，这样他就不能从读者的立场来看‘沉思’整体，因而无法想象，在哪里仍有必要修改旧文本。”——该信原件现收于中山大学现象学研究所，由耿宁捐赠。

——一个对我和对此实事做出这个重大效劳的人”（Brief. III,276）。此后，在同年8月31日的信中，胡塞尔又向英加尔登报告说：“在损失了几个月的时间之后，对《沉思》的新加工已经变得迫在眉睫”（Brief. III,277）。

3. 事实上，还在拿到法文版《笛卡尔式沉思》之前，即在1931年2月16日致英加尔登的信中，胡塞尔已经写道：“我会将《笛卡尔式沉思》（由芬克并且可能由我来加以扩展）以及已经由芬克单独完成了一份文字上统一了的（相当全面的）贝尔瑙时间研究纳入《年刊》”（Brief. III,273）。同年5月15日，胡塞尔太太马尔维娜在致英加尔登的信中告知，胡塞尔已经确定无论如何要扩充德文版并增加两个沉思。而芬克每天在长时间散步的过程中与胡塞尔透彻地讨论所有问题（Brief. III,274）。一个多月后，胡塞尔在6月22日致柯瓦雷的信中较为具体地说明了在法文版之外出版德文版的理由：“我现在正在为德国公众修改《笛卡尔式沉思》，并且顾及那些自舍勒以来在这里已经成为主流的误解。这里要做出许多在法国无须进行的改造。我想可以在圣诞节前发表德文版《沉思》的新一卷《年刊》，此外还有一大部时间研究书（1917年及此后的‘贝尔瑙’时间研究），在我的出色的工作伙伴芬克的协助下”（Brief. III,360）。

圣诞节前出版两部书的预想并没有实现。随后在1932年2月10日致英加尔登的信中，胡塞尔已经表露出先将他的德文版计划完全交给芬克去处理的想法：“《沉思》的处理首先完全托付给芬克博士，让他做一个前构想，只是一般性地通透讨论所有必要的东西。一旦完成了这个前构想，我就还必须先亲自进行加工，需要为此花费几个月的时间”（Brief. III,283）。

接下来的进程按照施特拉塞尔对芬克的一个说法的转述是这样

展开的："芬克于1932年受胡塞尔委托，对《笛卡尔式沉思》的被视作必要的修改提出建议。当时芬克草拟出全新的第一沉思(62页打字机文稿)、第二沉思的一些新章节(总共32页)，而对第三、第四、第五沉思则分别草拟出新的14、15和35页。此外，芬克还撰写了一个全新的第六沉思：'超越论方法论的观念'。胡塞尔当时想把这些包括芬克第六沉思在内的新'笛卡尔式沉思'放在一起，以共同作者的名义发表。"在这些说明之后，施特拉塞尔还表达了一个愿望："我们希望，在我们的文本[即《胡塞尔全集》第1卷]发表之后，欧根·芬克会将由他修改并补充的新'笛卡尔式沉思'，在可能的情况下连同胡塞尔那些常常是如此富有启发的边注一起提供给读者。"①这个愿望在近四十年后才通过芬克的《胡塞尔全集文献编》第2卷的两个部分的出版而得以实现。②这个由芬克起草的《第六笛卡尔式沉思》专门讨论"一门超越论现象学的方法论"问题。它完成于1932年10月。胡塞尔对它至少有过三次(1932年、1933年、1934年)仔细的阅读、修改、评注和批评。③

---

① St. Strasser, „Einleitung des Herausgebers“, in Hua I, S. XXVIII–XXIX.

② Eugen Fink, *Cartesianische Meditation*, Teil I: *Die Idee einer transzendentalen Methodenlehre*, Husserliana Dokumente 2/1, Edited by G. van Kerckhoven, H. Ebeling & J. Holl, The Hague: Kluwer Academic Publishers, 1988; Eugen Fink, *Cartesianische Meditation*, Husserliana Dokumente 2/2, Teil II: Ergänzungsband, The Hague: Kluwer Academic Publishers, 1988.

③ 由于《笛卡尔式沉思》的出版在1933年之后因为政治局势的变化而成为不可能，芬克起草的第六沉思也一直没有发表，只是在弗莱堡的现象学家小圈子中得到讨论。战后芬克以他的这份第六沉思文稿完成其任教资格考试。芬克曾在1948年10月26日致鲁汶大学胡塞尔文库的创办者范·布雷达的信中说："我的任教资格考试是由大学评议会作为'政治补救'的案例来推行的，并且被理解为对胡塞尔传统的恢复。因而我选择了得到胡塞尔最高授权的'第六沉思'作为论文，尽管我可以提交更为重要的研究。我以此而象征性地表达了：我想接受胡塞尔的传统，但并非以正统追随的方式，而是以继承胡塞尔所领受的精神推动的方式"（参见 H. Ebeling/J. Holl/G. V. Kerckhoven, „Vorwort“, in Eugen Fink, *VI. Cartesianische Meditation*, Teil I: *Die Idee einer transzendentalen Methodenlehre*, a.a.O., S. XI）。

但胡塞尔的修改并在《年刊》上出版德文版《笛卡尔式沉思》的计划在 1932 年的进展并不顺利。1932 年 6 月 11 日胡塞尔在致英加尔登的信中写道:“您因为新的《年刊》而询问《笛卡尔式沉思》? 我还是不得不说:我还没有走到那一步,而且无论如何谈不上将老的德文文本付诸印刷,尽管它在这里和那里得到了改善,尽管它已经得到了如此透彻的思考”(Brief. III,285)。到了 1933 年,希特勒上台并颁布一系列反犹太人的政策,胡塞尔著作在德国的出版很快便成为不可能的,包括他主编的《哲学与现象学研究年刊》也于 1930 年出版了第十一辑之后陷于停滞。他后来完成的《欧洲科学的危机与超越论现象学》以及《经验与判断》最终都是在德国以外出版的。

除了这个外在的原因之外,《笛卡尔式沉思》德文版没有能够在胡塞尔生前出版还有其内在的原因。正如施特拉塞尔所说:“在较年迈的和年迈的胡塞尔的出版计划方面,始终有两个相互争执的趋向在起作用:一方面是需要将他的哲学认识的整个财富总括为一个系统的统一,另一方面则是他的直观的持续不断的进化,它使得所有宏大的总体阐述很快便又显得是陈旧过时的。”随后施特拉塞尔引述的一句胡塞尔的话未给明出处,很可能是胡塞尔的口头表达:“在年迈时达到了至少对自己而言的完全确然性之后,可以将自己称作一个**真正的**初学者。”[①] 这种既已获得一定的确然性又仍处在继续探索状态中的矛盾特点不仅可以用来刻画胡塞尔的后半生,而且也是他整个一生著述状况的真实写照。

4. 胡塞尔全集版《笛卡尔式沉思与巴黎讲演》正文的最后部分是“文本 C”。它是胡塞尔自己对巴黎讲演及其法文翻译所作的一个内容

---

① St. Strasser, „Einleitung des Herausgebers“, in Hua I, S. XXIX.

概述。它在这里也可以被用作对《笛卡尔式沉思》之要点的简短介绍的出发点。

胡塞尔自己在“巴黎讲演”和《笛卡尔式沉思》的开篇处就强调了笛卡尔式沉思对于哲学思考者而言的必要性：“每一个认真地想成为哲学家的人，都必须在一生中有一次回溯到自己本身，并且在自身中尝试一下，将所有现有的科学都加以颠覆并予以重建。哲学是哲思者的完全私人的事情。哲学关系到**他的**普全智性(sapientia universalis)，即关系到**他的**迈向普全的知识——但却是关系到一种真正科学的知识，一种他从一开始并且在每一步上都可以出于**他的**绝对明晰的理由而绝对地负责的知识。只有当我自由地决断要向着这个目标生活，我才能成为哲学家。如果我做出这样的决断，并从绝对的贫乏和颠覆中选择一个开端，那么我要做第一件事当然就是思考：我如何在一个缺乏任何现有科学支撑的地方找到绝对可靠的起点与前行的方法。因此，笛卡尔的沉思并不想成为哲学家笛卡尔私人的事情，而是想成为任何一个新开始的哲学家都必然要做的沉思的范例”(Hua I,2,43)。

《笛卡尔式沉思》之所以被胡塞尔称作“笛卡尔式的”，乃是因为他在这些沉思中效法笛卡尔对第一哲学进行的顺序的沉思。在这些沉思中可以发现胡塞尔沉思与笛卡尔沉思的相同和不同之处。按照施特拉塞尔的说法：“胡塞尔在《笛卡尔式沉思》中尤为清晰地表达了这样的意思：一方面，他在哪些方面要感谢现代哲学的鼻祖，另一方面，他又在哪些关键步骤上脱离开他”(Hua I, XXIII)。

笛卡尔在其《第一哲学沉思集》中也曾写过一个“两个沉思的内容提要”。按照笛卡尔列出的顺序：在第一个沉思中，他提出普遍怀疑的原则，提出对一切，特别是物质的东西的怀疑。在第二个沉思里，他指出怀疑本身不可能被怀疑为不存在。由此，精神的东西将自己区别于物质的东西。在第三个沉思里，笛卡尔解释了用来证明上帝存在的主要论据：在我们心里的上帝的观念不可能没有它的原因，这个原因就是上帝自己。在第四个沉思里证明了：凡清楚、明白的东西都是真的。在第五个沉思里，除解释一般意义下的物体性以外，还用新的理由来论证了上帝的存在。还有，在那里也看到，几何学论证的正确性本身取决于对上帝的认识这一点怎么是真的。最后，在第六个沉思里，他把理智活动和想象活动分别开来，并且指出了各种理由来说明物质的东西的存在。即是说，在第一沉思中受到怀疑并被悬搁起来的东西，到第六沉思中基本得到了重新的确认和在有效性方面的恢复。

胡塞尔的《笛卡尔式沉思》是沿着笛卡尔的思路行进的，但在以斯特拉斯堡文本为基础的法文版中和在以胡塞尔1932年文本为基础的全集本德文版中，胡塞尔都只做了五个沉思：

首先是"导论"的两节，借着作为哲学自身思义典范的笛卡尔沉思，引出一种彻底的哲学新开端的必要性。

在第一沉思中，胡塞尔首先说明通向超越论本我的路径。通过普遍怀疑或笛卡尔式的摧毁，胡塞尔指明对科学的绝对奠基的目标观念。他在这里用很大篇幅讨论明见性，因为哲学要求一种绝然的和自在第一的明见性，而世界此在的明见性是非绝然的、可怀疑的。同时，胡塞尔指出笛卡尔并未实现超越论的转向。

第二沉思题为"根据其普遍结构揭示超越论经验领域"。这里讨论的是在普遍怀疑后留存下来的思维活动之流，以及其中的两个基本要素：我思与我思对象。由此展开现象学的意向分析的两个方面的可能性：其一，横意向性方面：意向活动的和意向相关项的各种类型。其二，纵意向性方面：超越论时间的普遍综合。这里也谈及意向生活的现实性和潜能性。

从第二沉思转向第三沉思中的构造问题，即"在理性与非理性名下更确切的超越论构造的概念”。这里主要是讨论对象的构造与对世界的经验，最终导向质料本体论和形式本体论的领域。这个问题构成《纯粹现象学与现象学哲学的观念》第二卷的主要内容。但胡塞尔并未出版它。在这里只是对《观念 II》的思考轮廓的一个基本勾画。

第四沉思讨论超越论自我本身的构造问题。自我在这里展现出几种可能性：与其诸体验不可分开的超越论本我，作为诸体验之同一极的自我，作为诸习性基底的自我，作为单子的整个具体的自我以及它的自身构造问题。胡塞尔在这里特别强调现象学方法的原则扩展，强调超越论分析与本质分析的现象学关联。同时，在涉及本我问题时也会涉及作为一切自我学发生的普遍形式的时间，涉及主动的和被动的发生，涉及作为被动发生原则的联想。这里有一条从时间现象学到发生现象学的发展线索。

最后的第五沉思涉及“对作为方法论的交互主体性的超越论存在领域的揭示”。胡塞尔首先反驳在唯我论方面的异议。笛卡尔曾经遭受这样的指责，胡塞尔也同样如此。无论如何，他人经验的构造理论的超越论主线在这里得到标明。胡塞尔在这里第一次公开地提出向“本己性领域中的超越论经验还原”的概念、作为他人经验的联想性构造要素的“结对”概念、作为一种具有其特有证实风格的“共现”和“类比的统觉”的概念。胡塞尔在这里实际上给出了几种澄清交互主体性的基本构造以及交互单子论群体在更高阶段上的构造可能性的途径。

最后，胡塞尔在“结束语”中提出一种对超越论经验和认识进行批判的任务。

5. 关于这五项沉思，胡塞尔在 1931 年 11 月 13 日致英加尔登的信中曾给出一个近乎秘传的说明：“坦率地说，您不知道，一旦您获得了对构造现象学的**真正**理解，在这里**对您而言有可能**起作用的是什么？您距此还有天涯之遥，因为您还没有理解，这并非是(历史意义上的)观念论这个种差，而且它同样远离历史上的观念论和实在论，并与它们之间有鸿沟相隔。这里涉及的是千年来整个哲学的一个转变，它完全改变了**所有**问题和**所有**理论的意义与方法。《笛卡尔式沉思》为您提供的是一个系统的前思义，它给出一个前瞻，给出一个对新东西、对已经成为必然的总体革命的最初预感。显然您认为，将它贯彻到底并不那么重要，并且认为在第一至第四沉思之后就已经理解了这里的意图所在。但在第五沉思之后才必定会出现本真的理解，而后才必定会感到有必要从第一沉思再次开始。当然，对进一步的问题域——现象学的形而上学的体系——的系统论述和筹划并未因此而得以实施。但一旦上升到了新的基地上，您就已经理解，这里能够以及必须期待些什么，就会有眼睛自己去看。您这时就不会继续以老的方式去从事本体论。您的整个哲学就会进入新的运动，就会有意义与方法上的改变。(这并不是说，老的思想会丧失殆尽。)您预感不到这门新哲学生长于其中的范围和深度，以及对每个在那里行动的人所开启出来的种种发现的无限性”(Brief. III, 279f.)。

最后我们在这里还可以引用凯恩斯的一个说法，以此指明《笛卡尔式沉思》在胡塞尔的全部著述中所具有的特殊的引论和概论地位。凯恩斯是美国人，先是于 1924 夏季学期至 1926 年冬季学期，而后又于 1931 年 5 月至 1932 年圣诞节期间在弗莱堡随胡塞尔学习和研究，并于 1933 年在哈佛大学以“埃德蒙德·胡塞尔的哲学”为题获得博士学位。他曾记录下在弗莱堡期间与胡塞尔和芬克的谈话[①]，同时

---

① 这些对话后来由理查德·赞纳(Richard M. Zaner)编辑，在《现象学丛书》中作为第 66 卷出版：Dorion Cairns, *Conversations with Husserl and Fink*, Phaenomenologica 66, The Hague: Martinus Nijhoff, 1975. 该书的中译已经由余洋完成并发给笔者参考，但

他也是胡塞尔《笛卡尔式沉思》和《形式逻辑与超越论逻辑》的英译者[①]，为胡塞尔哲学在北美的传播做出了重大的贡献。理查德·赞纳在编者"前言"中引述凯恩斯的看法说：

> 按凯恩斯的观点，阅读的顺序应当是从《笛卡尔式沉思》开始，然后是《形式逻辑与超越论逻辑》，只有把握了这两部著作，我们对《观念I》的研习才有意义。(研习《观念I》的重点应放在其第二部分。胡塞尔认为第一部分非常不清楚，并因此对该部分有重大保留。)在这之后，我们方可转向《逻辑研究》这一在很大程度上仍是前-哲学的(当然更是前-超越论的)著作；最后，我们可以转向胡塞尔的其他出版的或未出版的作品。我们面前的这部《对话》不仅很好地确认了这一观点，而且为此观点提供了解释：在本书中多个地方，我们可以清楚地看到胡塞尔自己正是在创作这两本代表着他在1920年代心血结晶之著作的过程中才真正达到他哲学上的成熟；而另一方面，胡塞尔早期的探索性研究在哲学上的成败得失也只能在其哲学真正成熟后才可以得到一个系统的评估。[②]

这个概括无疑是凯恩斯从他与胡塞尔的对话中得出的结论，而且

因各种原因至今未见出版。后面对该书的引述取自这个译本。——该书的编者赞纳将此对话集所具有的重要性归结为两点："其一是在那个时期的胡塞尔看来具有突出重要性的问题，其二是胡塞尔对自己的早期研究在整个现象学系统中所具有的历史地位进行研判的方式"(参见 Richard M. Zaner, "Foreword", ibid, p. IX.)。

① Edmund Husserl, *Cartesian Meditations: an Introduction to Phenomenology*, translated by Dorion Cairns, The Hague: Martinus Nijhoff, 1960; Edmund Husserl, *Formal and Transcendental Logic*, translated by Dorion Cairns, The Hague: Martinus Nijhoff, 1969.

② Richard M. Zaner, "Foreword", in Dorion Cairns, *Conversations with Husserl and Fink*, ibid, p. XI.

无疑也可以得到胡塞尔本人的认同。

七十岁生日庆祝会

时至1929年4月8日,胡塞尔已经可以庆祝他的第七十个生日了。学校的同事、胡塞尔的继任者海德格尔以及他的远道而来的学生们一同组织和参与了他的生日庆祝会。这无疑是他一生中最重要的、也是记录最详细的一个生日庆祝会。参加庆祝会的有海德格尔、柯瓦雷、海林、珀斯、英加尔登、洛维特、贝克尔等。最后提到的三位学生对这场庆祝会做了或详细或简略的描述,最详细的要算英加尔登的回忆:

> 根据胡塞尔教授太太的一个邀请,我参加了胡塞尔七十诞辰的祝寿会。在最后时刻看起来护照会迟到,因此我极为惋惜地给胡塞尔只是发去了一封祝贺信。但次日早晨我却收到了旅行证件,因而在祝寿会那天一早我便到达了弗莱堡。我在霍亨佐伦的旅馆下车,在那里我遇到了许多老熟人和老朋友,并与他们一起在恰当的时刻来到洛莱托街,出现在胡塞尔面前,使他大吃一惊。在我的老朋友中主要有埃迪·施泰因、让·海林、柯瓦雷等。当校长和系主任以及海德格尔一起同时出现时,正式的庆祝开始了。在校长致辞后,新的讲席教授海德格尔也做了一个长长的、相当复杂的讲话。在火车里睡了两夜之后,我还没有休息好,没有听懂多少。结束时胡塞尔做了回应,显然受到了感动,但素朴而简短。他同意这个说法,即他有幸完成了一些东西,但大多数的东西都还处在未完成状态。而后他以几句值得注意的话结束发言,他说:“有一点我必须予以驳回,即关于功绩的说法。我根

本没有功绩。哲学是我的毕生使命。我必须进行哲学思考，否则我在这个世界上无法生活。”[①]

英加尔登的回忆看起来是刻意回避了对海德格尔的“长长的讲话”的记述与评价，其借口是因为长途劳累而没有听懂多少，但他对胡塞尔的讲话却句句留意。这可能是因为英加尔登对回忆录发表时（1968 年）还健在的海德格尔有所顾忌，因而属于一种“为师长讳”。但海德格尔的这篇四页纸的文稿当时便被印出并在小范围传播，[②] 从而引发海德格尔当年的挚友雅斯贝尔斯的疑问和不满。他致函海德格尔索要这篇文稿：“我在这里听说您为胡塞尔生日所做的讲演已经印出。我不应该得到它吗？”在得到该篇文字之后，雅斯贝尔斯在回信中以这样一句话结尾：“对您的胡塞尔讲演，我还有几个不礼貌的问题。”[③] 虽然雅斯贝尔斯本人最终也没有提出这些问题，但《海德格尔 / 雅斯贝尔斯书信集》的编者瓦尔特·比梅尔和汉斯·萨尼尔猜测：雅斯贝尔斯的“问题”很可能是指：海德格尔的颂词在他看来近乎荒诞；而且文中所说的“世界取向之模式”就是在影射地批评雅斯贝尔斯本人；最后雅斯贝尔斯肯定会提问哲学中的“领袖”究竟是怎么回事。[④]

---

① 英加尔登：“五次弗莱堡胡塞尔访问记”，载于倪梁康（编）：《回忆埃德蒙德·胡塞尔》，同上书，第 201-202 页。

② 该文当年发表在弗莱堡大学的学生会通讯上。参见 Martin Heidegger, „Edmund Husserl zum siebenzigsten Geburtstag“, in: *Akademische Mitteilungen. Organ für die gesamten Interssen der Studentenschaft an der Albert-Ludwig-Universität*, vierte Folge, IX. Sem., Nr. 3 14. 5. 1929, S. 46f. 后来收入《海德格尔全集》第 16 卷，参见 M. Heidegger, „Edmund Husserl zum siebenzigsten Geburtstag (8. April 1929)“, in: Heidegger, *Reden und andere Zeugnisse eines Lebensweges (1910-1976)*, GA 16, Frankfurt a. M.: Vittoria Klostermann, 2000, S. 56-60.

③ Martin Heidegger/Karl Jaspers, *Briefwechsel 1920-1963*, hrsg. von Walter Biemel / Hans Saner, München: Piper, 1990, S. 124f.

④ Martin Heidegger/Karl Jaspers, *Briefwechsel 1920-1963*, a.a.O., S. 251f.

但雅斯贝尔斯对海德格尔的最大质疑毋宁在于，海德格尔如何能够将他在私下里对胡塞尔的蔑视和抨击与他的公开的赞美和颂扬协调一致。据此也可以理解雅斯贝尔斯在其 1977 年版《哲学自传》中加入的对海德格尔的评论：他是这样一种“朋友”，“在背后会出卖别人，当面……则显得令人难忘的亲近”。[①] 而赫尔曼·施密茨则将此定义为海德格尔对付有影响的同行的“典型行为模式”（Verhaltungsmuster）：背后无比“尖刻”，当面则极具“奉承”。[②]

再回到胡塞尔的祝寿会上来！这个会上的另一个小插曲也与海德格尔有关，涉及由他编辑出版的胡塞尔祝寿文集。但这次应当与海德格尔的行为模式无关，而是涉及出版商尼迈耶的一个失礼之过失。它导致了这样的结果：尽管这个祝寿文集作为生日礼物的确给胡塞尔带来了惊喜，但也使得中午的祝寿会很快以在胡塞尔那里产生的“不愉快的惊讶”而结束：

> 在正式的庆祝部分结束后，几乎所有客人都很快离开了。只有几个胡塞尔的老学生还被邀请参加一个可以说是私人的午宴。在场的只有胡塞尔一家，而后是埃迪·施泰因、让·海林、柯瓦雷、珀斯和我，几乎全是老哥廷根人。在午宴后有一个不和谐的

---

① Karl Jaspers, *Philosophische Autobiographie*, München: R. Piper & Co. Verlag, 1977, S. 97. ——雅斯贝尔斯《哲学自传》的第一版发表于 1953 年，其中并无关于海德格尔的一章。1969 年雅斯贝尔斯去世后，这章也未发表。直至 1976 年海德格尔去世后，它才被收入次年(1977 年)扩展再版的《哲学自传》中公开发表。这种避讳的做法与英加尔登的做法相似，只是前者是“为师长讳”，后者是“为友人讳”。此外，笔者在二十年前出版的《会意集》(北京：东方出版社，2001 年)中曾对雅斯贝尔斯与海德格尔的私人关系和思想联系有过较为详细的讨论。

② Herrmann Schmitz, *Husserl und Heidegger*, Bonn: Bouvier Verlag, 1996, S. 402, Anm. 997.

> 声音。胡塞尔请人从放在他写字桌上的一堆信中选几封朗读一下。是施泰因小姐读的信。在某个时刻她读到了莫里茨·盖格尔的信：他和其他“慕尼黑人”抱歉没有能够来参加。而使得他不可能前来的是海德格尔。胡塞尔陷入不愉快的惊讶之中，而且全然不解。但人们认为，这与纪念文集的准备方式有关。好心情过去了，很快我们便离开了。
>
> 晚上在胡塞尔那里还举办了一个盛大的招待会，有许多客人到来。①

这里提到的盖格尔的祝寿信并没有收入《胡塞尔书信集》。但在胡塞尔于祝寿会后给时任哥廷根大学正教授的盖格尔的回信以及盖格尔的再回信中可以大致了解事情的原委：最初是出版商尼马克斯·尼迈耶委托时任慕尼黑大学副教授的亚历山大·普凡德尔编辑出版《胡塞尔七十诞辰纪念文集》，但普凡德尔出于某种原因转请盖格尔承担此事。在答应普凡德尔之后，盖格尔又收到尼迈耶的信，得知后者在未通知盖格尔的情况下已将此事委托给了海德格尔。盖格尔在回信中同意从编辑事务中撤出。然而他随即又收到普凡德尔的信，告诉他尼迈耶同意将编辑事务交给盖格尔。盖格尔至此十分恼怒，认为这是尼迈耶“在一个教授面前很不专业的举止”，因而告知“我很遗憾不可能再以任何方式参与《纪念文集》的事务”（Brief. II,113f.）。由于这部主要由胡塞尔学生的论文组成的《纪念文集》是学生们和朋友们为他准备的生日惊喜，因而胡塞尔对此前的准备工作一无所知，并最终陷入不愉快的惊讶和全然的不解之中。

最后只还需要提到一点：胡塞尔的另外两位在场的学生卡尔·洛

① 英加尔登：“五次弗莱堡胡塞尔访问记”，同上书，第 202-203 页。

维特[①]以及奥斯卡·贝克尔都在纪念文章中提到，胡塞尔在他的感言中特别提到他的几位老师对他的影响，除布伦塔诺之外还着重强调了魏尔斯特拉斯。

> 在其 1929 年 4 月 8 日七十诞辰的庆祝会上，胡塞尔对到场者致谢，在其纯朴的发言中，他提到他的老师们，当然包括他的老师弗里茨·布伦塔诺，此外他还特别强调了卡尔·魏尔斯特拉斯，这位数学家率先为微积分的严格论证做出了贡献。魏尔斯特拉斯最终清除了关于无穷的模糊说法，并且用精确的、建基于清楚明白的明察之上的概念与方法来取而代之；与此相同，胡塞尔自己的哲学目标就在于，用纯朴的、但对无成见者来说绝对明晰的、不再给模糊性留下余地的考察来取代当代的、也包括以往的体系的含糊阐述，这些体系虽然无比伟大、但却晦暗不明。这是一门"作为严格的（精确的）哲学"所抱有的多被误解的追求之单纯却仍深远的意义。[②]

1930 年在牛津召开的第七届世界哲学大会

胡塞尔在 1926 年于哈佛大学召开的第六届世界哲学大会上被选为世界哲学大会常设委员会（Permanent International Committee）成员。四年后的第七届国际哲学大学定在牛津大学召开，时间是 1930 年 9 月 1 日至 6 日。胡塞尔因此而收到他的老朋友、前次他的伦敦讲

① 参见 Karl Löwith, „Edmund Husserl zum 100. Geburtstag", Ms. im Husserl-Archiv, S. 2（*Husserl-Chronik*, 345）.

② 奥斯卡·贝克尔："埃德蒙德·胡塞尔的哲学"，倪梁康译，载于倪梁康（编）：《回忆埃德蒙德·胡塞尔》，同上书，第 474-475 页。

演的主要邀请人希克斯的是否可能参会并再访英国的询问。胡塞尔在1930年3月15日致希克斯的回信中回忆了前次愉快的伦敦之行和希克斯好客之家对他的吸引力之后写道:“牛津会议并不具有这样一种吸引力。我的确会在那里会遇到许多有趣的人物,但因为我在英语表达方面的无能,他们对我来说始终是无法沟通的。幸运的是,对我而言可以说是没有去牛津的道德压力。牛津的筹备委员会忽略了我的存在(我在[马萨诸塞州的]剑桥大会上被选为国际委员会的成员),遑论为我提供做主题报告的邀请。牛津大会的第一轮通知根本没有发到我这里来。这样一来,我就可以留在我的安静的小屋里并且去完成我的生命之作,这是更为重要的”(Brief. VI,180)。

从胡塞尔这里的表述来看,《胡塞尔书信集》的编者舒曼的确有理由认为胡塞尔感觉自己遭到了牛津会议组织方的冷遇。但这只是胡塞尔列出的几个拒绝参会的理由或借口之一。事实上,第一个与胡塞尔英语交流能力有关的借口的确应当比第二个未收到邀请的理由具有更大的权重。但无论第一个还是第二个理由很可能都不是胡塞尔逃会的真正原因。或许只需留意一个事实,就会发现胡塞尔拒绝参加此次会议的最后动因:在他的一生中没有迹象表明他曾经参加过任何学术会议(Kongress),遑论大型的国际会议。在其年谱中虽然有记录表明他两次参加会议,但那种类型的会议(Sitzung),实际上只是单个人——他自己的或某个他人的——专题报告会(*Husserl-Chronik*, 81,261)。即使接下来的第八届世界哲学大会于1934年9月在胡塞尔的故乡布拉格举行,而且大会主席莱德(Emanuel Rádl)也特别邀请了胡塞尔参加并做专题报告,他也没有应邀参加会议,而只是给莱德回复了一封长信,它被胡塞尔称作“布拉格书信”,其内容后来成为胡塞尔的维也纳、布拉格讲演以及《欧洲科学的危机与超越论现象学》著述的基础。

最后还值得一提的是，胡塞尔在写给希克斯的这封谢绝函中已经能够就他退休两年来的状况做出了以下总结性的报告：

> 赞美上帝，我现在并不缺乏精力与成就力。在有可能作为哲学隐士不受干扰地生活在我的沉思之中的情况下，我满怀喜悦的希望，至少还能够将多年研究的重重交织结果的主要部分在文字上进行统一。我的逻辑书是这些生命收获中的第一个，但并非最重要的果实，它实际上是因为偶然的原因而被放在了前面。对我来说更为重要的是对在您主持下所做伦敦讲座的最终文字加工和具体思路贯彻，我也将它作为我于二月底在索邦所做讲座的基础，在新版中也做了与我后来工作相应的本质深化(Brief. VI,179)。

胡塞尔在这里提到的“逻辑书”是指他于一年前出版的《形式逻辑与超越论逻辑》，而“更为重要的”则是基于伦敦讲演和巴黎讲演上的《笛卡尔式沉思》。胡塞尔从巴黎回到弗莱堡后便开始对巴黎讲演稿进行加工修改和扩充。事实上，胡塞尔对前书校样的修改与后书的扩充加工基本上是同步进行的。胡塞尔此前在1929年7月3日致舍斯托夫的信中所说：“前天我寄出了我对我的新书的最后修改，我在付印期间还需要对其进行一些补充和说明……我对巴黎讲演做了明确的扩展，使它成为一部有八个印张的著述。它现在正在法国被翻译”(Brief. VI,372)。

《笛卡尔式沉思》的法文版最终于1931年在巴黎出版。因而它的发表时间如今也被定位1931年。但如前所述，该书的法文翻译质量引发英加尔登和胡塞尔本人的质疑和不满，因而导致胡塞尔产生出版其德文版的打算。只是该书在胡塞尔生前未能完成修改。后来的前五个沉思和芬克起草的第六沉思是在二战后才先后出版的，更具体地说，在胡塞尔与芬克分别于1938年和1975年去世后才作为《胡塞尔全集》的第1卷(1950年)和作为《胡塞尔全集文献编》的第2卷(1988年)出版。笔者在前面已经较为详细地介绍了前五个笛卡尔式沉思的写作出版过程和基本内容，并将在后面尽可能详细地说明芬克起草和胡塞尔批改后的第六笛卡尔式沉思的写作出版过程和基本内容。

"我的《纯粹现象学与现象学哲学的观念》英文版后记(1930年)"

胡塞尔在1930年出版的第十一辑《哲学与现象学研究年刊》上发表了"我的《纯粹现象学与现象学哲学的观念》英文版后记"[①]。这是胡塞尔专门为吉布森正在翻译的《观念》第一卷英译本撰写的"后记"。该译本于一年后出版。胡塞尔的"后记"在书中被放到了前面，成为"作者前言"。[②]

鲍伊斯·吉布森是英译本《观念》第一卷的译者。前面已经谈到他1928年的弗莱堡日记，后来他也因此而在现象学界享有盛名。但在他的日记被整理出版之前，按照施皮格伯格的说法，对于绝大多数现象学专业的学生而言，吉布森仅仅是把胡塞尔的《纯粹现象学与现象学哲学的观念》第一卷(1913年)译为《观念：纯粹现象学通论》的

---

① Edmund Husserl, „Nachwort zu meinen *Ideen zu einer reinen Phänomenologie und phänomenologischen Philosophie*“, in: *Jahrbuch für Philosophie und phänomenologische Forschung*, XI. Band, Halle a. S.: Max Niemeyer Verlag, 1930, S. 549–570. ——该文以后纳入《观念》第三卷，即《胡塞尔全集》第5卷出版，后面的引用均依据这个版本 Edmund Husserl, „Nachwort“, in: *Ideen zu einer reinen Phänomenologie und phänomenologischen Philosophie*, Band III, Hua V, Den Haag: Martinus Nijhoff, 1971, S. 138–165.

② 参见：Edmund Husserl, *Ideas: General Introduction to Pure Phenomenology*, translated by W. R. Boyce Gibson, London: George Allen & Unwin Ltd, 1931, pp. 11–30.

英译者。

不过吉布森的这个功绩已然不小，因为这是胡塞尔著作的第一个英译本。此前虽然早在1905年就有皮特金的《逻辑研究》英译计划，但最终因为出版商的拒绝而不得不放弃(*Husserl-Chronik*, 87)。后来计划中的胡塞尔伦敦讲演的英译也因胡塞尔本人的有意拖延而最终无果。

此次胡塞尔的欣然同意，也是某种意义上的机缘巧合。胡塞尔在吉布森离开弗莱堡后给他的第一封信中以书面的方式说明了他的同意的原因："当然，让我感到特别高兴的是您这样一位如此独立成熟的人物已经带着如此深入的理解和如此参与的兴趣深入地熟悉了我的哲学尝试。我在四十年的工作中能够获得的仅仅是一些残篇与彻底的方法上的前思义(Vorbesinnung)，但我还是认为，那些让我从痛苦的模糊性中摆脱出来的东西，也可以为其他人提供帮助，而那些向我开启的确定道路，一旦被其他人认真地踏上，也会被他们体验为是确定的。他们会平整这些道路并从这里起开辟新的道路。我相信，一种使我们从巴比伦的混乱中摆脱出来的新哲学正在生成之中"(Brief. VI,133)。出于同样的理由，胡塞尔在此期间也在让人将他的《笛卡尔式沉思》的稿本交给海林和勒维纳斯翻译成法文。法文版的《笛卡尔式沉思》最终于1931年出版。因而胡塞尔著作的第一个英文版和第一个法文版是在同一年出版的。

获得胡塞尔的允准之后，吉布森在弗莱堡期间便开始了他的翻译准备。他利用这段时间向胡塞尔以及其他现象学家咨询一些他不甚明了的现象学概念的含义与翻译可能，例如"reell"、"Konstituierung"、"Umwelt"、"Zeug"等等。最典型的例子便是胡塞尔使用的"reell"概念。这个概念在英文中缺少正相对应的语词概念。吉布森在这年10月29日的日记中记录了他与贝克尔的相关谈话："我问他胡塞尔对术语‘实项的’(reell)和‘构造’(Konstituierung)的使用情况。‘实项的’是指意向活动的实在性，但它是现象学意义上的。意向相关项是‘非-实项的’(nicht-reell)。‘Real’更接近黑格尔的‘实在的’(Reale)。如果我跟他人一样在此在领域(Daseinssphere)中反思自己，我的立足点就是实在的(real)。如果我反思作为我自己的自己，这就不好确定术语了。要想成为‘实项的’(reell)，立足点应该是现象学的。‘实在的’(real)与‘现实的’(wirklich)实际上是同义词。”①

与此同时，吉布森也与胡塞尔商讨了具体的出版事宜，他在日记中记录说：“至于我的翻译，胡塞尔说他不介意选哪家出版社，但希望有一个好的‘版式’(format)——因为他有点清高——当然这是玩笑话(Scherz)——我告诉他，如果他写前言(Vorwort)和后序(Nachwort)的话，我不会写导言，顶多写点‘译者注’(Anmerkungen)。他欣然同意。把一切都交给我去办。”胡塞尔也允诺将此计划纳入他的时间

---

① 吉布森：“从胡塞尔到海德格尔——1928年弗莱堡日记节选”，同上书，第340页。——不过这里需要说明：这个说法仍然是含糊不明的，姑且不论它是贝克尔的解释的问题，还是吉布森的理解的问题。后来也因为此，吉布森在他的翻译中仍然将“reell”翻译成了“real”。因而施皮格伯格为此添加了一个含蓄的评论：“从鲍伊斯·吉布森把《观念》第41节(‘感知的实在性质’)中的‘reell’(不幸)翻译成‘real’可以看到，他纠结于‘实项的’(reell)与‘实在的’(real)之间的区别很有意思。”《观念》第41节的德文标题是：“Der reelle Bestand der Wahrnehmung und ihr transzendentes Objekt”(感知的实项组成及其超越的客体)，吉布森的相应译文是“The Real Nature of Perception and Its Transcendent Object”；而后来新英文版《观念》第一卷的凯尔斯腾(F. Kersten)的翻译(这也是目前通用的译本)则是：“The Really Inherent Composition of Perception and Its Transcendent Object”。严格说来，最后这个翻译也有问题。不过它的确是因英文与德文之间的固有差异所致：德文中用来标明数学中“实数”的“实”(reell)不同于“客观实在”之“实”(real)，但英文中却是同一个。即使像凯尔斯腾那样附加一个类似“固有的实在”或“主观的实在”或“内在的实在”的解释来翻译它，也会让人觉得似是而非，或未切中要害。后来包括《逻辑研究》在内的胡塞尔著作英译本，都未能避免落入这个巢穴。或许消除这个误译的唯一方法，就是像吉布森在这里使用的黑格尔或海德格尔的“Dasein”概念一样直接使用德文原文“reell”。

表：在1929年2月中旬去巴黎讲演之后，2月底开始为英文版写前言和后序。[①]

但这个计划还是因为胡塞尔的“无休止的工作生活”而推迟。直至1929年9月10日，胡塞尔才在致吉布森的信中告知，他开始着手为《观念》的英文版做计划中的添加工作。他在信的开端写道：“为了重新进入到我的这部著作之中并且思考由于我的那些肯定是非常不完善的阐述而造成的误解，并且为了思考我为了有助于引导英国读者而必须陈述的东西，我重读了这部著作。这时我看到，完全有可能——**在本质上不改变旧文字的情况下**——通过修改个别的语词，通过偶尔添加语句，最后通过在附加的章节中加入较多的阐释来获得对这个阐释的一个十分重要的改善”(Brief. VI,133)。

但接下来胡塞尔谈到他突然产生的一个想法，即：在德文版的基础上创建一个有所扩展并在细节上有显著改进的英文版。这样也就不必再附加他所设想的作为补充的前言以及作为抵御误解的后记。为此，英文版的读者将具有优先于德文版多年的优势，并且避免了德文版读者所获得的在超越论现象学的建构与问题方面的误解。胡塞尔为此征求吉布森的意见(Brief. VI,133f.)。

吉布森本人的回信似乎没有保存下来，至少在《胡塞尔书信集》中公开发表的只有胡塞尔夫妇写给吉布森夫妇的十封书信。不过从胡塞尔随后于10月23日致吉布森的回信中可以读出，吉布森没有赞同这个让他“陷于不安之中”的计划。胡塞尔自己在此期间也渐渐意识到，他为自己加载了过重的心理负担，因而最终还是放弃了这个想法(Brief. VI,135)。如今看来，吉布森的这个拒绝是十分明智的，因

① 参见吉布森：“从胡塞尔到海德格尔——1928年弗莱堡日记节选”，同上书，第349、347页。

为若按胡塞尔的想法对《观念》第一卷进行修改，那么结果可能会像《逻辑研究》或《观念》第二、三卷的修改一样，要么是最终放弃彻底修改而再版，要么干脆是最终放弃出版。

不过这次胡塞尔还是完成了他的部分承诺，为《观念》第一卷的英文版撰写了一个"后记"，并于 1929 年 10 月 24 日寄给吉布森。原先计划的"前言"最后没有完成，因为最初计划的相关内容已经被放到同时出版的《笛卡尔式沉思》中发表了。吉布森将这个"后记"放到英文版《观念》第一卷的前面，改为"作者前言"[①]。他自己只撰写了一个简短的"译者序"放在胡塞尔的"前言"后面。

尽管这个"后记"是为英文版读者附加的阐释，但胡塞尔认为，这些阐释也应该对这部作品的德国读者有用，"因为我所陈述的是关于那些遮蔽了我的超越论现象学真正含义的普遍误解"(Hua V,138)。因此，他在英译本出版之前先在《哲学与现象学研究年刊》上以"我的《纯粹现象学与现象学哲学的观念》英文版后记"为题刊发了这篇长达 22 页的文字。

在吉布森的英译本中，胡塞尔为德国读者撰写的用以澄清当时在德国出现的误解的前三页被去除，而在德文版中，最后第 22 页上为英文版增加的对吉布森的致谢部分被删除。

胡塞尔计划在《观念》第一卷英译本中增加的内容主要包括两个方面；其一，加入对他自 1913 年发表《观念》第一卷以来超越论现象学的新进展或新方向[②]；其二，对自《观念》后产生的那些遮蔽了超越论现象学真正意义的误解做出澄清，胡塞尔在这里特别强调这是"我

① Edmund Husserl, *Ideas: General Introduction to Pure Phenomenology*, ibid., pp. 5-22.

② 参见吉布森："从胡塞尔到海德格尔——1928 年弗莱堡日记节选"，同上书，第 336 页。

的意义的超越论现象学”，以此将自己与现象学运动的各种广义的“现象学”切割开来(Hua V,141)。

鉴于第二个方向上的修改补充是针对德国哲学界，且主要针对现象学界中的误解和批评所言，因而胡塞尔在德文版中增加了三页纸的“前说明”(Vorbemerkung)。尽管如此，胡塞尔在这里也没有针对具体的误解做出具体的说明，而只是顺带提到：“没有去顾及德国哲学(它与英国哲学非常不同)的状况，生命哲学、新人类学、‘生存’哲学正在这里争夺统治地位，也没有去顾及那些对我的现象学的‘智识主义’或‘理性主义’的指责，它们与我对哲学概念的理解密切相关”(Hua V,138f.)。

胡塞尔在这里的论述更多是对自己的哲学观的积极论述而非消极反驳。加之胡塞尔在这里面对的是新的读者群，因而他实际上是在尝试对自己的思想作再一次的说明和澄清。

与这个动机绞缠在一起的还有另外一个动机。由于《观念》第一卷英文版“后记”的写作时间是在几部系统著作之后，不仅是前不久出版的《内时间意识现象学讲座》和《形式逻辑与超越论逻辑》，还有刚刚完成的《笛卡尔式沉思》法文版文稿，因而胡塞尔在“后记”中的诸多表述看起来一方面像是对近二十来思想成果的总结和概述，另一方面也像是对即将出版的《笛卡尔式沉思》与正在准备出版的“第二逻辑书”(《经验与判断：逻辑谱系学研究》)的一些内容的提示与预告。

例如，他在这里重申自己的作为严格科学的哲学理想：“哲学，就其观念而言，对我来说是普全的和在本底意义上的‘严格的’科学。它是一门出自最终论证的科学，或者，与此同样有效，一门出自最终自身负责的科学，在这门科学中，不会有任何谓项的或前谓项的不言自明性在作为无可置疑的认识基础起作用”(Hua V,139)。这个信念在他于 1910 年发表的“逻各斯文”中已经得到宣示，并且引起包括吉布森（也包括雅斯贝尔斯）等人的不解和反驳，但在这里新加入的对“前谓项的不言自明性”的提示一方面可以让人联想到“生存”哲学的出发点，另一方面也涉及“逻辑系谱学”中作为判断基础的经验层面。

再如，胡塞尔在这里与《观念》第一卷中的论述顺序一样，首先讨论本质直观和本质还原的方法，强调现象学的本质科学特征，但在这里特别提到本质直观的方法在于对意识体验的纯粹可能性的把握，“对贯穿在所有自由变化中牢不可破的超越论主体之本质结构的确定”，或者说，对这个结构的“先天性”的提取（Hua V,142）。于此可以看出，胡塞尔在这里所做的阐释已经加入了他在二十年代中后期的“现象学的心理学”讲座、“不列颠百科全书现象学条目”和“阿姆斯特丹讲演”的内容。

胡塞尔在这里以及随后在关于超越论的悬搁和还原的论述中一方面要说明现象学哲学不是经验事实的科学或经验心理学，而是类似数学的本质科学，因而有别于布伦塔诺、迈农等人的立场（Hua V,155f.），同时也不是彻头彻尾的先天科学或先天心理学，而是也讨论超越论的“经验事实”。因而他在这里阐释的不仅是现象学的心理学与超越论的现象学之间的区别，而且在总体上也涉及客观心理学与主观心理学之间的区别。

按照吉布森日记中的记载，胡塞尔曾计划在英译本的前言与后记中加入对他自 1913 年发表《观念》第一卷以来超越论现象学的新进展或新方向，胡塞尔将它们称作“自《观念》后的两个改进方向”：一、交互主体性（同感）。同感现象学。二、本我与“习性”（Habit）。[①]

---

① 参见吉布森：“从胡塞尔到海德格尔——1928 年弗莱堡日记节选”，同上书，第 336 页。

不过，在胡塞尔的后记中并未对在交互主体性理论做出展开分析和阐释，而只是做了一些提示和预告："我在 1910/11 年冬季学期的哥廷根讲座的初稿中已经给出了我的超越论同感的理论以及对在世界的相关联中的人类存在向超越论主体性还原的理论。详细的描述可以参阅即将出版的《笛卡尔式沉思》的第五章。我的 1929 年的《形式逻辑与超越论逻辑》第 29 节对其进程做了简略刻画"（Hua V,150,Anm.1）。

另一个关于"习性"的问题则在"后记"中则根本未被提及，这也是胡塞尔在《现象学的心理学》与《笛卡尔式沉思》中讨论的重要问题。当时吉布森本人对此问题还不明所以，因此仅仅写道："尽管我现在还说不出它到底指的是什么。使用'习性'意在强调'恒久的东西'（das Bleibende）"[①]，但他提供的信息表明胡塞尔在 1928 年期间曾在《笛卡尔式沉思》的语境中特别关注了此问题。

除此之外还值得注意的是，胡塞尔在"后记"中提示：留待这部书的第二卷，亦即《观念》第二卷讨论的还有自我问题、人格性问题、超越论的"同感"问题（Hua V,142）。这与吉布森 1928 年在弗莱堡所听到的胡塞尔说法并不一致。尽管由埃迪·施泰因于 1916–1918 年加工处理的《观念》第二、三卷的打字稿本后来还曾于 1923–1925 年由兰德格雷贝接手处理，其间包括海德格尔在内的许多人都读到过这个稿本，但吉布森在日记中记载说，胡塞尔在 7 月 24 日的谈话中告诉他，"它们压根儿不可能出版了。"施皮格伯格对此曾评论说："当 7 月 24 日胡塞尔宣称这两卷压根儿不可能出版时，吉布森一定极为失望，因为也许在弗莱堡的这个学期里，吉布森的一个目的就是能获得

① 参见吉布森："从胡塞尔到海德格尔——1928 年弗莱堡日记节选"，同上书，第 336 页。

关于这两卷内容的更多情况。”[①] 当然，即使有“后记”中的再次预告，胡塞尔最终果然还是没有出版《观念》第二、三卷。《观念》第一卷的英文版后记因而是胡塞尔生前为该书撰写的最后一篇文字。

胡塞尔对自己在《观念》第二卷的修改和出版上的踌躇和反复的原因曾做过反思和总结：在 1931 年致普凡德尔的信中，胡塞尔曾对其中的一个原因做过说明：“在尝试对我的《观念》(1912 年秋)的第二、三部分(我很快便认识到它们的不足)进行改进并且对在那里开启的问题域进行更为细致而具体的构建的过程中，我纠缠到了新的、极为广泛的研究之中(人格现象学与更高级次的人格性现象学，文化现象学和人类周围世界一般的现象学，超越论的‘同感’现象学与超越论的交互主体性理论，‘超越论的感性论’作为世界现象学，即纯粹的经验、时间、个体化的世界现象学，作为被动性构造成就理论的联想现象学，‘逻各斯’现象学，现象学的‘形而上学’问题域，如此等等)。这些研究贯穿在忙碌的弗莱堡岁月之始终。数量已经增加到了无法控制的地步”(Brief. II,180)。即是说，胡塞尔在弗莱堡时期的“系统著作”或“基本著作”计划，取代了《观念》第二卷的计划，使得它退居到了次要的位置。但这并不代表《观念》第二卷的论题已经不重要或已经解决，相反，它以一种方式在新的著述中达到讨论和处理，例如在《笛卡尔式沉思》和《形式逻辑与超越论逻辑》中。如前所述，这另一个原因在胡塞尔的英文版后记中也得到了说明。此外，兰德格雷贝的一个说法也为此提供了另一个证明，它通过英加尔登的回忆和存疑而被保留下来：“我当时询问‘观念 II’和‘观念 III’的情况如何。兰德格雷贝认为，胡塞尔将相关的手稿以某种方式分到各个

---

① 参见施皮格伯格：“编者序”，载于吉布森：“从胡塞尔到海德格尔——1928 年弗莱堡日记节选”，同上书，第 307 页。

组中。'实际上',兰德格雷贝当时对我说,'观念'已经不复存在了。这是指"观念 III"吗?"[①] 看起来英加尔登并不相信或不敢相信这一点,但这的确是实际的情况。

最后只还需要提到一点:1930 年出版的第十一辑《哲学与现象学研究年刊》是这个年刊的最后一辑,胡塞尔的"后记"是这一辑的最后一篇文章。因此,它也成为年刊的"绝响"意义上的"后记"。

1931 年的法兰克福、柏林、哈勒讲演

时至 1931 年 6 月,胡塞尔在德国国内做了一次讲演旅行。此时距前一次的巴黎和斯特拉斯堡讲演旅行已经过去了两年半的时间。这次的讲演是应德国康德学会的邀请在法兰克福、柏林、哈勒三个城市的康德分会进行的。胡塞尔分别于 1931 年 6 月 1 日、6 月 10 日和 6 月 16 日在法兰克福、柏林、哈勒三个城市做了题为"现象学与人类学"的报告。这是胡塞尔第一次在德国国内进行的讲演旅行,而且也是唯一的一次。

胡塞尔在 1929 年参与了他的七十诞辰庆祝活动之后便于 11 月勉强应允了此次的讲演,但他内心对此一直有所抵制,主要原因在于他更愿意集中精力来完成他的"系统著作"或"基本著作",不愿意为了准备讲稿而中断其写作工作。在拖延甚至短暂拒绝了近一年时间之后,胡塞尔在 1931 年 4 月终于决定接受邀请,并在两个月后踏上讲演的旅程。这主要出于几方面的原因:一方面当然是因为他在此期间已经分别于 1929 年和 1931 年完成《形式逻辑与超越论逻辑》和《笛卡尔式沉思》(法文版)两本著作的撰写以及在德国和法国的出版,因

① 英加尔登:"五次弗莱堡胡塞尔访问记",同上书,第 205–206 页。

而可以稍作喘息和休整。另一方面的原因则可能在于，如耿宁推测的那样，胡塞尔感到有义务回报当时的普鲁士文化部长、胡塞尔哥廷根时期的学生阿道夫·格里默。他是此次讲演的幕后支持者，并在困难的三十年代为胡塞尔的私人助手芬克提供了经费支持。[①]

不过，这里还有一个或许更为重要的原因，如《胡塞尔全集》第27卷《文章与讲演(1922-1937)》的编者奈农和塞普所言，胡塞尔感到，“需要在现象学思想的其他流派面前为超越论现象学进行辩护。在他于此期间的书信和谈话中表露出这样一种担忧：主要是他的超越论还原方法在他看来遭到了误解，或被绕开了，甚或受到了指责。他尤感痛心的是，这是以诉诸现象学的方式发生的。”[②] 只有从这个角度看才容易理解和解释，胡塞尔此次讲演为何以下列的批评为开篇：“众所周知，近十年来，在德国较年轻一代的哲学人中起作用的是一种急速增长的对哲学人类学的喜好。狄尔泰的生命哲学、一种新型的人类学现在正在发挥强烈的影响。但所谓的现象学运动也被一种新的倾向所攫取。据说哲学的真正基础仅仅是在人之中，而且是在他的具体-世俗的此在本质论之中。人们将它视作一种对原初的构造现象学的必然改革，一种唯有通过它才能达到本真的哲学维度的改革”(Hua XXVII,164)。

胡塞尔在这里提到的“人类学”或“哲学人类学”或“人类学主义”的倾向与康德提到的最终哲学问题“人是什么?”有关，因而也与他在康德学会所面对的听众有关。胡塞尔很早便批评过康德的人类学理论(Hua VII,357ff.)，将其视作带有亚里士多德烙印的关于作为经验事实的心理物理的人的知识的科学，它的最终结果是某种形式的

① 参见 Iso Kern, „Einleitung des Herausgebers“, in: Hua XV, S. LII.

② Thomas Nenon/Hans Rainer Sepp, „Einleitung der Herausgeber“, in: Hua XXVII, S. XI f.

人类主义,其有效性是相对有限的。就总体而言,胡塞尔可以赞成康德将理性理解为所有可能的理性生物的理性,但不会同意将理性理解为人类这样一个在进化史上偶然出现的、经验实际的生物种类所独有的理性,当然更不会将其理解为某个人种或人属,例如欧洲人所特有的理性。他在讲演中明确提到了他所认为的当时人类学理论的代表人物:狄尔泰和舍勒,尤其是后者所开创的哲学人类学。而其中提到的论点,即"据说哲学的真正基础仅仅是在人之中,而且是在人的具体-世俗的此在本质论之中",听起来又像是针对海德格尔的。即使如此,整个讲演也并不是在针对现象学内外的其他人类主义立场的论战中展开的。他更多地是在阐释自己的超越论现象学的立场,并从这个立场出发来说明他自《逻辑研究》和《哲学作为严格的科学》以来便一再批评的心理主义以及与之内在相关的人类主义。他相信,"一种在人类学主义和超越论主义之间的决断必定是可能的,它凌驾于哲学和人类学或心理学的所有历史形态之上"(Hua XXVII,165)。

初看起来,此次的讲演与伦敦讲演的意图正好相反,后者是在讨论现象学与心理学的内在联系,而前者是在讨论现象学与心理学(人类学)的本质区别。但深入的分析会表明,胡塞尔在这里讨论的仍然是"在人与本我、内心理学和超越论现象学之间的平行关系"(Hua XXVII,180),这也是胡塞尔在这个时期一再思考的现象学的心理学与超越论的现象学的关系问题。因此,舒曼的说明是有根据的,"胡塞尔的讲演不是**针对**(gegen)某个人而作,而是**为了**(für)一件事情而作,为了他的事情:超越论的现象学。对他来说,事关一个有意识撇开同时代的被给予性的原则决定。"[①]

在康德学会的组织下,前来参加胡塞尔柏林讲演的人数众多,

① 卡尔·舒曼:"论海德格尔在《明镜》谈话中关于胡塞尔的说法",倪梁康译,载于倪梁康:《胡塞尔与海德格尔:弗莱堡的相遇与背离》,同上书,第 248 页。

规模空前。媒体也做了大量的报道。讲演是在柏林大学的礼堂举行的，参加者是挑选出来的听众，有1600人之多。康德学会主席利贝尔特在讲演的引言中说："倘若一并算上那些因为大学的大礼堂容不下而不得不回去的来宾人群，那么用这些异常庞大的一位哲学家的敬仰者的圈子事实上可以填满体育宫了。"此外，胡塞尔讲演时高朋满座，"在场的有普鲁士文化部长格里默、西班牙大使阿米利科·卡斯特罗、政府部长利希特、所有柏林高校的校长和众多教授、哲学家德索、尼古拉·哈特曼、沃尔夫冈·克勒尔、施普朗格、格雷图伊森、霍赫施泰特、霍夫曼、古特曼、文学史家佩特森和威克斯勒、历史学家麦那肯和布莱希克、国民经济学家伯恩哈特和桑巴特、数学家埃尔哈特·施密特和舒尔、数学家利茨曼和瑟林。医学家封·贝格曼。"[①]

胡塞尔本人显然并不喜欢在这样大规模的公众面前讲演。他在1931年7月2日给他的助手和学生兰德格雷贝的信中自我调侃地写道："我(偏偏是我)在柏林不得不在1600个听众面前讲演，而且同时还有几百人不得不撤退！您听到这些会不会觉得很好玩？呐，这真的不是一个通俗的报告！"(Brief. IV,265)。不过在回到弗莱堡后于1931年6月22日写给兰德格雷贝的第一封信中，胡塞尔对此次讲演旅行还是做了相对积极的回顾："我刚刚从我的第一次、预计也是唯一的一次德国讲演旅行归来。我在法兰克福、柏林和哈勒做了报告，始终在最大的报告厅中而且面对一批抱有令人喜悦的兴趣的听众。不仅如此，在讲演之外还有与各个同事的讨论，他们向我表明，我的思想还在充分地起作用，甚至有些部分恰恰是现在正在起作用(即对心理学的革新而言)。我被吸干了之后才回到这里"(Brief. IV,262)。

除了以上所说的这些讲演当时产生的作用和效果之外，还需要

---

① 这是出自当时的《柏林日报》和《福斯日报》的报道，这里转引自卡尔·舒曼："论海德格尔在《明镜》谈话中关于胡塞尔的说法"，同上书，第246页，注④；第247页，注①。

留意，胡塞尔的柏林讲演还具有一个附带的思想史影响。这主要是因为，它被海德格尔视作胡塞尔做出的与他的公开决裂。在三十多年之后，即在 1966 年 9 月 23 日与《明镜》周刊记者的谈话中，海德格尔在涉及他与胡塞尔关系的问题时还谈到胡塞尔的“柏林讲演”：“实事方面的分歧激化了。胡塞尔在三十年代初对马克斯・舍勒和我做了公开的清算，它的清楚无疑使得任何希望都荡然无存。是什么促使胡塞尔在这种公开场合反对我的思考，对此我无从知晓。”[①] 舒曼后来对海德格尔这次谈话的内容做了详细的反驳，他认为海德格尔一方面对胡塞尔的暗含的批评做了过度解释，“将芝麻夸张成了西瓜”（aufs mindeste ungeheuer übertrieben），另一方面海德格尔也未曾认真尝试去获得关于柏林讲演的更准确的消息，因而他在访谈中给出的信息有许多错误。[②]

胡塞尔自己后来曾考虑将柏林讲演的文稿做加工修订并与《笛卡尔式沉思》的德文版一起发表在《哲学与现象学研究年刊》上。他的私人助手芬克为此提供了一分修改加工后的打字稿，但其中没有涉及对狄尔泰和舍勒的点名批评。可是，这份讲稿与《笛卡尔式沉思》的德文版一样，在胡塞尔生前都没有发表。1941 年，芬克的这份加工稿“现象学与人类学”作为胡塞尔遗稿发表在《哲学与现象学研究》上。后来于 1989 年收入《胡塞尔全集》第 27 卷出版的讲稿是第一次将胡塞尔的原讲稿和芬克的加工稿以完整的形式发表。[③]

在胡塞尔柏林讲演的语境中最后还需要提到的是与胡塞尔的这

① 参见海德格尔：《明镜–谈话》，载于《明镜》，1966 年 9 月 23 日，第 199 页。

② 参见卡尔・舒曼：“论海德格尔在《明镜》谈话中关于胡塞尔的说法”，同上书，第 248、250 页。

③ 参见 Edmund Husserl, „Phänomenologie und Anthropologie“, in *Philosophy and Phenomenological Research*, 2, 1941, pp. 1–14; Hua XXVII, 164–181.

次旅行讲演直接相关的两个人物，其中一位便是前面已经一再提到的，通过执着的努力最终促成胡塞尔的此次讲演旅行的阿尔图尔·利贝尔特(Arthur Liebert,1878-1946)。事实上，他与胡塞尔的生命线索在二十世纪二三十年代不止一次地交织在一起。

阿尔图尔·利贝尔特

当时，更准确地说，在1910-1933年期间，利贝尔特是全德国的康德学会的主席，同时也担任该学会的柏林分会的主席。除此之外，他从1918年起还担任康德学会的重要刊物《康德研究》(*Kant-Studien*)的联合主编。利贝尔特本人是柏林大学哲学教授，新康德主义者，属于马堡学派的代表人物。他曾发表过《有效性问题》(莱比锡，1920年第二版)、《批判哲学是如何可能的?》(莱比锡，1923年第二版)、两卷本的代表作《认识论》(柏林，1932年)以及其他一些著述。

与前面已经谈到过的前任康德学会主席及《康德研究》主编汉斯·法伊欣格尔一样，利贝尔特与胡塞尔也过从甚密。早在1917年11月29日，利贝尔特便作为《康德研究》的负责人邀请胡塞尔在这个刊物上发表一篇关于这年在一战中阵亡的阿道夫·莱纳赫的悼念文章(*Husserl-Chronik*,218；Brief. VIII,51)。

此后，在1929年祝贺胡塞尔七十诞辰之际，利贝尔特主持的康德学会于1929年5月22日将胡塞尔选为学会的荣誉会员(*Husserl-Chronik*, 347)，此外他还将胡塞尔助手和学生奥斯卡·贝克尔为胡塞尔所撰的祝寿文章“埃德蒙德·胡塞尔的哲学(为其七十诞辰而作)”刊登在1930年的《康德研究》上。[①] 他本人借此机会也邀请胡塞尔到

① 参见 Oskar Becker, „Die Philosophie Edmund Husserls (Anläßlich seines 70. Geburtstags dargestellt)“, in *Kant-Studien*, Bd. XXXV, 9, 1930, S. 119-150.

康德学会做讲演，并最终促使胡塞尔完成了“现象学与人类学”的文稿与讲演。

利贝尔特在此期间通过他的期刊对胡塞尔现象学的支持力度有加。直至两年之后，即1933年，希特勒纳粹攫取政权并推行反犹主义的一体化(Gleichschaltung)政策。时年55岁的利贝尔特因其犹太人血统而离开柏林大学，流亡至南斯拉夫，在贝尔格莱德大学执教。

胡塞尔在1933年10月31日致兰德格雷贝的信中告通报了与利贝尔特和《康德研究》期刊相关的消息：“可惜《康德研究》未付印的这一册不知要拖延到什么时候才能发行了(一体化！利贝尔特被排除了，现在去了贝尔格莱德)，而我们还不能将六月已完成印刷的、对您而言意味深长的芬克论文寄给您”(Brief. IV,316)。

胡塞尔在这里提到的兰德格雷贝的书评是后者从胡塞尔立场出发对当时的两部讨论胡塞尔现象学的论著的评论与反驳。[①] 而芬克的文章则是指他为胡塞尔现象学辩护的重要文章，胡塞尔为后者写了一个前言，与芬克文章一并发表在《康德研究》上。[②]

不过利贝尔特并不甘于放弃自己热爱和擅长的哲学期刊编辑事业。他很快便于次年(1934年)在那里创立了题为《哲学》(*Philosophia*)的刊物，邀请了一批国际哲学界的重要人物担任编委，

---

① 参见 Ludwig Landgrebe, „Rezensionen von Illemann (Werner Illemann, *Die vorphänomenologische Philosophie Edmund Husserls und ihre Bedeutung für die phänomenologische*, Dissertation, Leipzig, 1932) und Zocher (Rudolf Zocher, *Husserls Phänomenologie und Schuppes Logik. Ein Beitrag zur Kritik des intuitionistischen Ontologismus in der Immanenzidee*, München: Reinhardt, 1932)“, in *Kant-Studien* XXXVIII, 1933, S. 216f., S. 236f.

② 参见 Eugen Fink, „Die phänomenologische Philosophie Edmund Husserls in der gegenwärtigen Kritik. Mit einem Vorwort von Edmund Husserl“, in *Kant-Studien* XXXVIII, 1933, S. 319–383.

时任燕京大学教授的中国哲学家张东荪也名列其中。[①] 他向当时已经不能在德国发表文章和出版著作的胡塞尔约稿，促成了胡塞尔最终在利贝尔特主编的这个刊物上发表了《欧洲科学的危机与超越论现象学》的第一、二部分。

由此可见，利贝尔特在胡塞尔三十年代的思想进程中所发挥的作用虽然是辅助性的，却也是不应低估的。

不过利贝尔特在贝尔格莱德大学只工作了六年，而后他于 1939 年离开南斯拉夫，流亡至英国伯明翰，直至二战结束。1946 年他结束了十三年的流亡生涯回到满目疮痍的德国柏林，但于当年便在这里去世，时年 68 岁。

马克斯·霍克海默

还要简略提到的另一位与胡塞尔此次讲演旅行相关的人物是法兰克福学派的创始人马克斯·霍克海默(Max Horkheimer,1895-1973)。他出现在这个语境中的原因看似偶然：胡塞尔在法兰克福的康德学会的讲演是霍克海默联系的。他自 1930 年起任法兰克福大学的社会哲学教授以及那里的社会研究所的所长，尤其是他同时还担任康德学会的法兰克福分会的主席。

但实际上，胡塞尔与霍克海默的联系还带有一定的必然性：还在胡塞尔去法兰克福讲演之前，他便与霍克海默有书信往来，主要是为了他的学生和助手兰德格雷贝，一方面是为他寻找新的助手经费，另一方面也是为他寻找可以接受他教职申请的学校，例如法兰克福、基尔、汉堡、波恩等地的大学。1931 年 4 月 25 日，即胡塞尔赴法兰克福讲演的一个多月前，他便写信给兰德格雷贝说："请您现在向法兰

---

① 参见 Arthur Liebert (Ed.), *Philosphia*, Vol. 1, Fasc. 1-4, 1936, S. 419, S. 422.

克福的霍克海默教授预约一下，他现在又回到法兰克福了。我很高兴他信守了诺言：他帮了我一个忙，的确在部里谈了您的应急共同体奖研金[①]的事情，而且为我获得了一个机会，新近为您的事情去说情，现在有一些把握可以得到一些东西。这样一来，霍克海默担任所长的社会科学所[②]的支持也就可以省下来了。无论如何，您最好在霍克海默那里露一下面，他刚刚还为此问过我。而您要表现得好一些，听取他的建议，有可能的话问一下在法兰克福还应当拜访谁。我也许必须在那里做一个讲演，大约在五月底，我还不知道确切日期”(Brief. IV,260)。

随后兰德格雷贝在1931年5月7日致胡塞尔的回信中报告了他在法兰克福的进展，其中提到：“按照霍克海默教授的提议，我也向大学的学监雷茨勒教授做了自我介绍，他也非常友好，我可以在周二下午再陪他去散步”(Brief. IV,261)。

这里需要插入介绍一下这里提到的库尔特·雷茨勒(Kurt Riezler, 1882–1955)。他在法兰克福学派的发展中扮演了一个重要的角色。雷茨勒原先在魏玛共和国曾是重要的政治家和外交官，出版过经济学史、政治理论和历史哲学方面的著作，例如《古希腊的财政与垄断》(*Über Finanzen und Monopole im Alten Griechenland: Zur Theorie und Geschichte der Antiken Stadtwirtschaft*)等。自1928年起，他担任法兰克福大学学监(Kurator der Universität)，相当于大学

① 这是指“德国科学应急共同体”(Notgemeinschaft der Deutschen Wissenschaft)。这个组织是由柏林的法学史家、自1917年其担任普鲁士文化部长的施密特–奥特(Friedrich Schmidt-Ott,1860–1956)与其他科学家一起于1920年创建的，他本人担任首任会长。在胡塞尔书信中可以查到他至少为以下学生向“德国科学应急共同体”申请过各种资助：贝克尔、汉斯·利普斯、艾宾浩斯、曼科、康拉德–马悌尤斯、兰德格雷贝、芬克。

② 应为“社会研究所”。

董事会主席，同时也担任法兰克福大学的名誉哲学教授。1934 年他还出版过《巴门尼德：翻译、引介与解释》(*Parmenides. Übersetzung, Einführung und Interpretation*)。在其任职期间，雷茨勒吸引了霍克海默、蒂利希等重要哲学家到法兰克福大学任讲席教授。[①] 后面我们还会看到，他还推荐了马尔库塞到法兰克福大学任教。在 1933 年希特勒上台之后，他因其妻子是犹太血统而受到诽谤并失去名誉教授的职位。1938 年，他与妻子移民到美国。于 1939 年至 1952 年期间，雷茨勒在霍克海默主持的纽约社会研究学院任教，并于 1940 年出版他的著作《物理学与现实》(*Physics and Reality*)。战后他于 1954 年回到欧洲（罗马）并于 1956 年去世。次年，与雷茨勒在社会研究新学院共事多年（1939–1949 年）的列奥·施特劳斯(Leo Strauss,1899–1973)在《社会研究》杂志上发表了纪念文章，赞扬他不仅是思想者、写作者，同时也是行动者，一个具有罕见的广度与深度的人。[②]

再回到兰德格雷贝的法兰克福大学申请事宜上来！在接下来的 6 月 22 日，即在讲演旅行回来后不久，胡塞尔又致函兰德格雷贝报告说："我在司长利希特那里举荐了您。他自己想试一下为您（再次在基尔，也可能在法兰克福）铺平通向任教资格考试的道路。他也答应我现在就给您发放一些补助。具体多少他没有说。我在法兰克福也借机对您做了举荐：尽管那里已经有七个讲师，霍克海默和韦特海默 [③] 很认

---

① 关于雷茨勒对法兰克福大学所做贡献的更为详细介绍可以参见近年出版的新作：Notker Hammerstein, *Kurt Riezler: Der Kurator und seine Universität*, Frankfurt a. M.: Societaets Verlag, 2019.

② 参见 Leo Strauss, "Kurt Riezler, 1882–1955", in: *Social Research*, vol. 23, no. 1, 1956, pp. 3–34.

③ 马克斯·韦特海默(Max Wertheimer,1880–1943)是心理学家，完形心理学的创始人之一，1929 年起担任法兰克福大学心理学系主任。他与霍克海默一起，于 1933 年后移居美国，受聘于纽约社会研究新学院。

真地希望您能到那里去，问题仅仅在于，是否能够说服哲学系(可惜韦特海默不在哲学系)。无论如何您要鼓足勇气”(Brief. IV, 262f.)。

在近一个月之后，胡塞尔 1931 年 7 月 17 日又写信与兰德格雷贝商讨其任教资格的可能性问题。他在前信中所担心的可能在此期间已经成为现实，因此，“我们暂时必须完全排除法兰克福，尽管霍克海默和韦特海默对您如此友好”(Brief. IV, 266)。

后来兰德格雷贝始终没有成功获得任教资格考试的接受单位。这与后来纳粹政府的反犹主义政策有关。而兰德格雷贝的老师和妻子都是犹太血统。直到战后，他才在汉堡大学完成了任教资格复考(Umhabilitierung)，并于两年后获得基尔大学的正教授位置。关于胡塞尔与兰德格雷贝的私人关系和思想联系，还可以参见本书第二卷第二十九章“胡塞尔与兰德格雷贝：现象学与历史哲学”的相关论述。

胡塞尔与霍克海默之间的书信往来没有保存下来，只有 1931 年 10 月 28 日霍克海默致胡塞尔的一封是例外，“亲爱的和非常尊敬的枢密顾问先生！我打算与您在这里已认识的私人讲师维森格荣德[阿道尔诺]一起，在这个冬季学期开设您的《观念》的练习课，同时也会涉及《形式逻辑与超越论逻辑》。那时我想要至少要简略地说明一下后面这本书的产生，因而如果您能告诉我您何时写了这本书的话我会很感谢您”(Brief. VI,191)。从这封信中可以读出，霍克海默和阿道尔诺当时都还保持着他们对胡塞尔现象学的兴趣。

这里只能简单扼要地再现当时在现象学创始人与法兰克福学派创始人之间于二十世纪二、三十年代存在的一段友好交往。接下来还要讨论其他法兰克福学派成员与胡塞尔和海德格尔的现象学之间的思想因缘。

法兰克福学派成员与胡塞尔–海德格尔现象学的思想联系

这里主要说明其他两位后来成为法兰克福学派重要代表人物的思想家与胡塞尔及其现象学的关系：马尔库塞和阿道尔诺。而关于哈贝马斯与胡塞尔和海德格尔的思想关联，可以参见笔者在其他场合的相关讨论。[①]

赫伯特·马尔库塞

马尔库塞（Herbert Marcuse,1898–1979）出生在柏林的一个犹太人家庭，曾就读于柏林大学和弗莱堡大学，1923年以题为“德国的艺术家小说”（Der deutsche Künstlerroman, Phil. Diss. Freiburg i. Br.1923）的博士论文在弗莱堡大学获得了博士学位。所谓“艺术家小说”，是指艺术家在其中扮演主角的小说。1929年初[②]，他与他的太太一起回到弗莱堡，随胡塞尔和海德格尔继续学习，准备申请任教资格。这个时期实际上是弗莱堡大学的哲学讲席从胡塞尔到海德格尔的过渡期：胡塞尔还在继续授课，而海德格尔已经开始授课。因而这个期间到弗莱堡学习现象学的学生多半会参加两人的课程，而在学生指导

① 例如参见笔者：《现象学及其效应——胡塞尔与当代德国哲学》，北京：商务印书馆，2014年，下篇，第四章：“胡塞尔的现象学与哈贝马斯的社会哲学”，第319–345页，还可以参见笔者在“一时与永恒：海德格尔事件感悟”（载于笔者：《会意集》，北京：东方出版社，2001年）中给出的哈贝马斯对海德格尔的政治立场与哲学思维之间内在关联的基本判断和评价（第59–61页）。

② 按照舒曼所编《胡塞尔年谱》上的说法是“1929年夏季学期”，但应当早于夏季学期，也许是在1928/29年冬季学期之末，因为按照马尔库塞夫妇的说法：他们参加了胡塞尔关于“同感”问题的研讨课，而这门课是胡塞尔在1928/29年冬季学期开设的（*Husserl-Chronik,* 346）。

方面，名义上也是先挂在胡塞尔名下，而后很快便转给海德格尔。马尔库塞是如此，汉斯·约纳斯也是如此，此外还可以算上勒维纳斯等一批学生。

虽然马尔库塞在弗莱堡学习期间至少参加过胡塞尔关于同感的研讨课，但很难说他受到过胡塞尔在交互主体和社会行为的思考方面的影响。他在晚年（1976 年 5 月 12 日）致阿维–拉勒芒（Eberhard Avé-Lallemant,1926–2015）的信中对胡塞尔的现象学的记忆仍然是充满了负面印象的："我们在胡塞尔那里听了关于同感的研讨课。可惜这里表明的是一种完全的衰落。他不断地在加括号，只还知道超越论的现象学，作为'原单子'的纯粹自我，因此当然会让人担心他如何从这个原单子走向其他自我。"而马尔库塞太太要中性一些，她写道："在胡塞尔的研讨课上做介绍时，他相信以前曾认识我；而后他询问我具有的预备知识，主要是对《观念》的认识。我说我曾在八年前读过。他说：那我就将您算作老哲学家吧。很可爱，不是吗？他是个好心的白发爷爷，——以我之见（ceterum censeo）——一再地要回溯到笛卡尔的怀疑尝试以及它的变革性地位上"（*Husserl-Chronik*,346）。

与此相比，海德格尔对马尔库塞的影响则要早得多，后者对前者的了解绝不仅仅是"预备知识"。还在回弗莱堡之前，马尔库塞便在《哲学文册》期刊 1928 年关于海德格尔《存在与时间》的讨论专辑上发表过"历史唯物主义的现象学论稿"。[①] 这篇文章一方面根据海德格尔在其《存在与时间》中的基本分析来讨论他对此在的历史性的现象

① 参见 Herbert Marcuse, „Beiträge zur Phänomenologie des Historischen Materialismus", in *Philosophische Hefte*. *Sonderheft über Heidegger, Sein und Zeit*, H. 1, 1928, S. 45–68. ——这个期刊由慕尼黑现象学家贝克（Maximilian Beck）担任主编，在柏林出版。在这期特辑上也刊载了他本人撰写的海德格尔《存在与时间》的长篇书评。参见 Maximilian Beck, „Referat und kritik von Martin Heidegger: *Sein und Zeit*", in a.a.O., S. 5–44.

学解释(第二节),另一方面则在讨论马尔库塞自己的辩证现象学的构想(第三节)和他所做的历史唯物主义现象学的尝试(第四节)。这里所说的"现象学",基本上是海德格尔意义上的"存在论现象学"或"历史性现象学"。

此后,马尔库塞在弗莱堡学习期间发表了他的第一著作:《黑格尔的存在论与一门历史性理论的奠基》。[①] 事实上,马尔库塞至此为止发表的著述都带有海德格尔的印记,这个"历史性"印记首先可以上溯到狄尔泰-约克伯爵那里,其次还可以再进一步回溯到黑格尔-马克思那里。就总体而论,马尔库塞早年的立场可被称作一种海德格尔式的马克思主义(Heideggerian Marxism)。

马尔库塞出版该书后也想以此作为任教资格论文提交给他的导师海德格尔。但政治立场方面的分歧使得海德格尔没有意愿将马尔库塞聘为自己的助手。但后人仍有理由将他视作海德格尔的四大犹太门徒之一。[②] 最后的结局是,"由于无望在弗莱堡获得教职,马尔库塞于 1932 年离开弗莱堡。法兰克福大学的学监雷茨勒请胡塞尔为马尔库塞说情,推荐他去了霍克海默那里。"[③] 马尔库塞随后成为法兰克福社会研究所的重要成员和后来的法兰克福学派的创始人之一。1933 年他先流亡至瑞士,而后再去美国,在二战期间(1939-1945 年)曾为美国华盛顿战略服务局和国务院情报研究处工作。战后自 1951 年起,他先后在哥伦比亚、哈佛、布兰代斯、加利福尼亚等大学担任

---

① Herbert Marcuse, *Hegels Ontologie und die Grundlegung einer Theorie der Geschichtlichkeit*, Frankfurt a. M.: V. Klostermann, 1932.

② 参见 Richard Wolin, *Heidegger's Children: Hannah Arendt, Karl Löwith, Hans Jonas, and Herbert Marcuse*, New Jersey: Princeton University Press, 2015, pp. 134 ff.

③ Martin Jay, *The Dialectical Imagination: A History of the Frankfurt School and the Institute of Social Research*, Oakland: University of California Press, 1996, p. 28.——但如前所述,胡塞尔与霍克海默的通信大都已遗失,仅留存一封,因而胡塞尔对马尔库塞的推荐还有待其他的证明。

教授。[①]

最后还需要提到马尔库塞与海德格尔在弗莱堡分手后的一次有记载的交往，或者说，一次书信往来：二战后不久，马尔库塞在一次出差回德国期间（1947 年 8 月 28 日）致函他的老师海德格尔，谈到纳粹政府“杀死了几百万犹太人——仅仅因为他们是犹太人——，使恐怖成为常态，并将一切真正与精神以及自由和真理概念相联结的东西转变成它们的对立面”，因而纳粹主义意味着“对西方此在的清算”。[②]对此，海德格尔在五个月之后（1948 年 1 月 20 日）回函，对马尔库塞信中的主要问题做了六点回答，其中第六点全文如下：“对于您所表述的对一个政权的沉重而合理的谴责，我只能补充说：这里的‘犹太人’也可以是‘东德人’，而后同样对同盟国中的一个成员有效，区别在于：自 1945 年以来发生的一切都是为世界公众所知的，而纳粹的血腥恐怖在德意志民族面前事实上始终是被隐瞒的。”接下来海德格尔还请马尔库塞不要相信在德国流传的关于他的谣言以及对他和他的工作的诽谤。[③]

特奥多尔·阿道尔诺

另一位与现象学有关的法兰克福学派成员是特奥多尔·阿道尔诺（Theodor Adorno,1903–1969）。他于 1921 年至 1924 年期间在法

---

① 对此可以参见 Tim B. Müller, *Krieger und Gelehrte. Herbert Marcuse und die Denksysteme im Kalten Krieg*, Hamburg: Hamburger Edition, 2011.

② Marcuse an Heidegger, 28. 8. 1947, 13. 5. 1948, in Herbert Marcuse, *Collected Papers*, vol. 1, London: Routledge, 1998, pp. 261–267.

③ Heidegger an Marcuse 20.1.1948, in Martin Heidegger, *Reden und andere Zeugnisse eines Lebensweges (1910–1976)*, GA 16, Frankfurt a. M.: V. Klostermann, 2000, S. 431. ——对此还可以参见笔者：《胡塞尔与海德格尔：弗莱堡的相遇和背离》，北京：商务印书馆，2016 年，第 135–136 页；以及 Tim B. Müller, *Krieger und Gelehrte. Herbert Marcuse und die Denksysteme im Kalten Krieg*, a.a.O., S. 55.

兰克福大学学习哲学、心理学、社会学和音乐学。阿道尔诺于1922年在法兰克福大学的一门研讨课上认识了霍克海默，当时后者正在研讨课上做一篇关于胡塞尔的课堂报告。许多年后，阿道尔诺在为霍克海默七十周年诞辰写的祝贺信中回顾了他们的这次相识。两年之后，即1924年，年仅21岁的阿道尔诺向他的导师汉斯·科内利乌斯(Hans Cornelius)提交了一篇关于胡塞尔现象学的博士论文："胡塞尔现象学中事物与意向相关项的超越性"(Die Transzendenz des Dinglichen und Noematischen in Husserls Phänomenologie)。该博士论文以最高分获得通过。随后他在法兰克福大学随科内利乌斯继续学习，试图完成任教资格考试。他于1927年完成的第一篇任教资格论文是"超越论心灵学中的无意识概念"(Der Begriff des Unbewußten in der transzendentalen Seelenlehre)，涉及从弗洛伊德无意识概念出发对康德的超越论心灵学的思考。但他听从了科内利乌斯的建议而未将它提交评审。[①]1931年他在时任法兰克福大学讲席教授的蒂利希(Paul Tillich)那里再次提交了他的第二篇任教资格论文："基尔凯戈尔：审美之物的建构"(Die Konstruktion des Ästhetischen bei Kierkegaard)。担任该论文第二评审人的是霍克海默，在此意义上他也可以被视作阿道尔诺的老师。这年2月，阿道尔诺在法兰克福大学哲学系通过了任教资格考试并被聘为这里的讲师。

1934年4月，阿道尔诺赴英国伦敦学习，但因他有一半的犹太血统，故而他的这次赴英也包含流亡的意味和打算。他后来在牛津注册为进修生(advanced student)，准备在这里再申请英国的哲学博士学位。他提交的关于胡塞尔的论文提纲后来在牛津大学人文学部的理事会获得通过。但他最终并未完成论文，而是在1938年应霍克海默

---

① Theodor W. Adorno, *Gesammelte Schriften in zwanzig Bänden*, Band 1: *Philosophische Frühschriften*, Frankfurt a. M.: Surkamp, 1973.

的邀请去了美国，最终落脚于霍克海默主持的纽约社会研究所。他在牛津期间（1934–1937 年）为博士论文准备的大量文稿后来经过挑选和结集，在战后以《认识论的元批判：关于胡塞尔与现象学的二律背反的研究》[①] 为题出版。

阿道尔诺对现象学的认识论的"元批判"以胡塞尔早期的认识论哲学为考察和批判的对象。他对胡塞尔的"第一哲学"诉求和"逻辑绝对主义"主张提出质疑和批评。如果说他的博士论文和第一篇任教资格论文还有对意识哲学与无意识哲学进行内在批判的意向，那么在《认识论的元批判》书中，这种意向和努力已经荡然无存。这里表明的是一种从社会哲学立场出发与哲学的认识论形态和存在论形态的决裂和诀别。但不过哟，仍然值得注意的是，阿道尔诺将胡塞尔的现象学到海德格尔的存在论的发展视作理论上和语言上的一脉相承，因而胡塞尔思想的内在矛盾同样也会出现在海德格尔的著述中。例如阿道尔诺认为，"所有第一哲学，直至海德格尔对解构（Destruktion）的要求，本质上都是残余理论（Residualtheorie）"；海德格尔的存在论实际上构成现象学的最终阶段。他在这里已经开始批评海德格尔的"本真的行话"（Jargon der Eigentlichkeit），同样也批评现象学的"具体化的假象"、"概念的感性色调"、"语言的隐喻、青春艺术风格和单纯的花纹装饰"，它们最终都必须归结到胡塞尔那里，而且，"如果对那些流向现象学的动机所做的批判的施行揭示了它们的漏洞，即它们通过从一个概念向另一个概念的过渡来堵塞的漏洞，那么在某种意义上，在其存在论最终阶段上的现象学就愿意是这些漏洞本身。"[②] 这

---

① Theodor W. Adorno, *Zur Metakritik der Erkenntnistheorie. Studien über Husserl und die phänomenologischen Antinomien*, Stuttgart: Kohlhammer, 1956.

② 以上的引文参见 Theodor W. Adorno, *Gesammelte Schriften*, Band. 5, Frankfurt a. M.: Surkamp, 1990, S. 355, S. 41 ff.

里的情况表明，阿道尔诺对胡塞尔和海德格尔的现象学的批判从三十年代初已经开始，当然后来也从未中断过。

从前引霍克海默致胡塞尔的信中可以读出，胡塞尔与时任私人讲师的阿道尔诺在胡塞尔于法兰克福讲演期间有过相遇和相识。[①]他当时作为新任不久的哲学讲师听过胡塞尔 1931 年 6 月 1 日在法兰克福大学的讲演。[②]但无论如何可以说，阿道尔诺在二、三十年代的思考和研究大半是在胡塞尔现象学的作用圈中进行的。这与马尔库塞在此时期受海德格尔影响的情况恰好形成对照。

与这几位法兰克福学派代表人物的命运相似的还有两位重要的学者：阿隆·古尔维奇和阿尔弗雷德·舒茨。他们同样流亡美国，同样在纽约的社会研究新学院执教，同样在社会哲学方面卓有建树，同样与胡塞尔的现象学有思想联系，这些联系要远比现象学与法兰克福学派的关系更密切。就总体而言，他们二人都自认为，同时也被认为是胡塞尔的学生。

阿隆·古尔维奇

在现象学运动的历史上，阿隆·古尔维奇（Aron Gurwitsch,1901–1973）大都被视作外围人物，尽管他也被归入胡塞尔的弗莱堡弟子的

---

① 参见 Brief. VI,191. ——《胡塞尔全集》第 27 集的编者认为，“法兰克福的报告是由马克斯·霍克海默联系的，他的助手特奥多尔·阿道尔诺曾在弗莱堡随胡塞尔学习过”（Hua XXVII, S. XXIIf.）。这显然是一个错误！阿道尔诺从未在弗莱堡胡塞尔那里学习过。唯一在弗莱堡随胡塞尔和海德格尔学习过的法兰克福学派成员是前面所说的赫伯特·马尔库塞。

② 此外还有记录的是阿道尔诺与海德格尔此前于 1929 年 1 月在法兰克福有过唯一的一次相遇，地点是前面在马尔库塞案例中曾提到的法兰克福大学学监雷茨勒的家中。参见 Martin Jay, *The Dialectical Imagination: A History of the Frankfurt School and the Institute of Social Research*, ibid., p. 28.

行列。他进入现象学运动的时间不算晚：二十年代初，但产生的影响却相对较迟：六十年代中。而这从一开始就与他的家庭出生有很大关系。

古尔维奇出生在立陶宛的维尔纽斯（Vilnius）的一个犹太家庭，当时维尔纽斯尚属沙皇俄国。不过他六岁时便随全家移民至当时还属德国的但泽（叔本华的城市），在那里读书，学习英语、法语和德语，实际上是按照他父亲的安排在为日后可能的进一步移民或流亡做准备。一次大战中，他作为俄国公民在德国属于敌对国公民。一次大战结束后，立陶宛脱离俄国独立，但前后几度被他国占领，古尔维奇随即成为"无国家的公民"。不过他利用这段时间在德国各地读大学，自 1919 年起先后在柏林大学和弗莱堡大学学习了数学和哲学，在法兰克福大学学习了心理学，最后于 1928 年在哥廷根大学莫里茨・盖格尔教授那里以最优成绩（summa cum laude）获得哲学博士学位，博士论文题目是"论题性的现象学与纯粹自我现象学：关于完形理论与现象学的比较研究"，随后登载在《心理学研究》期刊上。[①] 他的老师中依次有施通普夫、胡塞尔、盖尔布[②]和戈德斯坦[③]、韦特海默、舍勒、盖格尔等重要思想家。[④]

---

① Aron Gurwitsch, „Phänomenologie der Thematik und des reinen Ich. Studien über Beziehungen von Gestalttheorie und Phänomenologie", in *Psychologische Forschung*, Bd. 12, H.4, 1929, S. 279ff.

② 盖尔布（Adhemar Gelb,1887–1936）是完形心理学家，施通普夫的学生，自 1931 年起担任哈勒大学的正教授，二十年代曾在法兰克福任职。古尔维奇在此期间跟随他学习过。

③ 戈德斯坦（Kurt Goldstein, 1878–1965）是神经学家，与心理学家有合作，也被视作神经心理学的先驱。胡塞尔于 1929 年在法兰克福大学做"现象学与人类学"的讲演时，他是听众之一。

④ 参见 Herbert Spiegelberg, *Scrap-Book* (May 18, 1904 – September 6, 1990), "A. Gurwitsch".

一、古尔维奇的流亡生涯与胡塞尔的未知弟子

很可能是因为他的这段无国籍的流亡经历，古尔维奇早期的生平资料有许多是通过他的口述留下的，缺少官方资料的证明。现有的几个古尔维奇的生平与传记资料彼此并不一致，存有不少差误、错漏和对立的说法，这也导致后来的哲学史家的以讹传讹。例如，按照古尔维奇自己的说法，他很早便在弗莱堡参加过胡塞尔的课程。根据他本人在1954年接受施皮格伯格的采访时所说：他"自1920年起在弗莱堡随胡塞尔学习，而后每年去拜访胡塞尔一次。"①

这里引述的施皮格伯格的采访记录被收入他的著名的《笔记本》(*Scrap-Book*)中。关于这个笔记本在这里需要做一个插入说明：施皮格伯格在里面收集了他于1904年至1909年期间对包括古尔维奇在内的一些哲学家和心理学家的访谈。其中的笔记大多数是在访谈后直接记下的。笔记本没有标明连贯的页码，仅仅按人名顺序排列。由于其中内容大都涉及即时即兴的口述，因而内容可能会有差误。为此施皮格伯格在整个笔记本的首页写下"勿在审核前使用"(Don't use before checking)的字样。它的原件现存于慕尼黑的巴伐利亚国家图书馆手稿部。浙江大学和中山大学的现象学文献馆中存有这个至今未公开发表的扫描件。舒曼编辑的《胡塞尔年谱》和本书都曾多次引用过这个笔记本中的数据，但仅作为参考资料。

而这里提到的关于古尔维奇的口述资料有三页打字纸，是他于

① 这里的说法引自约纳斯和恩布瑞于1974年为去世的古尔维奇撰写和发表的讣告 Hans Jonas, "Aron Gurwitsch (1901-1973)", in *Social Research*, 40, 1973, p. 567; Lester Embree, "Aron Gurwitsch (1901-1973)", in *Philosophy and Phenomenological Research*, vol. 34, no. 1, 1973, p. 141, 以及 Lester Embree, "Biographical Sketch of Aron Gurwitsch", in Lester Embree (Ed.), *Life-World and Consciousness: Essays for Aron Gurwitsch*, Evanston: Northwestern University Press, 1972, p. XVIII.

1954年在布鲁塞尔对古尔维奇所做的访谈记录。按照这个记录，古尔维奇于一次大战后在德国是“无国籍”人士，因而可以各个学校游走学习。1920年在弗莱堡胡塞尔那里学习了现象学之后，他还于1921至1928年在法兰克福随盖尔布、戈德斯坦和韦特海默学习过完形心理学（即所谓“格式塔心理学”：Gestaltpsychologie），而他的博士论文起初是提交给在科隆大学任教的舍勒的，1928年舍勒猝然去世后才又转交给了哥廷根的盖格尔。[①]

这个说法初看起来会带出两个问题：第一个问题在于，古尔维奇在这里关于自己“自1920年起在弗莱堡随胡塞尔学习”的说法与他的学生莱斯特·恩布瑞的说法不一致，后者在讣告中说明这个时间是从1922年起。[②] 而且后面可以看到，他的说法所依据的同样是古尔维奇的口述资料。而按照胡塞尔当年的学生和助手兰德格雷贝的说法，古尔维奇在弗莱堡的学习时间是1921年和1922年。[③] 这个问题也曾对现象学运动自己的思想史家施皮格伯格造成过困扰：如果参考他在《现象学运动》1960年第一版中的概述，即按古尔维奇本人还在世时的说法，那么古尔维奇并没有直接在胡塞尔那里学习过，只是在1920年之后才有定期的接触。[④] 但若按1982年第三版中补充修改后的说法，那么古尔维奇是“由施通普夫介绍到胡塞尔那里的，在胡塞尔的讲座和研讨班中度过了一年（1922年）。”[⑤] 这个修正仍然是参考了恩

---

① 以上参见 Herbert Spiegelberg, *Scrap-Book* (May 18, 1904 – September 6, 1990), “A. Gurwitsch”.

② 参见 Lester Embree, “Aron Gurwitsch (1901–1973), in *Philosophy and Phenomenological Research*, ibid., p. 141.

③ 参见 Ludwig Landgrebe, „Einleitung“, in Alfred Schütz/Aron Gurwitsch, *Briefwechsel 1939–1959*, München: Wilhelm Fink Verlag, 1985, S. XV.

④ 参见 Herbert Spiegelberg, *The Phenomenological Movement: A Historical Introduction*, Den Haag: Martinus Nijhoff, 1960, p. 630.

⑤ 参见施皮格伯格：《现象学运动》，王炳文、张金言译，北京：商务印书馆，2011年，第348页。

布瑞 1972 年发表的“阿隆·古尔维奇传记概述”[①];而这个“传记概述”也仍然是建立在古尔维奇的口述回忆资料基础上。留存下来的胡塞尔与施通普夫的通信中没有发现相关的资料,因而仍然属于孤证。

第二个问题则在于,在古尔维奇获得博士学位的时间问题上也有异议产生。不过这个问题已经有确切的答案:前面所说古尔维奇 1927 年在哥廷根获得博士学位的说法,依据的是约纳斯和恩布瑞在古尔维奇去世后发表的讣告。[②] 而按古尔维奇在施皮格伯格采访中的说法推断,这里所说的获得博士学位的时间不应当是在 1927 年,而更应当是在 1928 年 5 月 18 日舍勒猝然去世之后。加之古尔维奇的博士论文在出版时是作为长篇论文刊载在 1929 年的《心理学研究》期刊上,故而能够确定的仅仅是这样一个事实:他的博士论文是在 1929 年之前完成的。的确可以在该论文的标题页上找到这样的脚注说明:“1928 年 8 月 1 日作为博士论文被哥廷根大学哲学系接受。”[③] 这个时间后来在恩布瑞的“传记概述”中被接受下来。但其中仍然还有一些说法会引起另一些问题。

施皮格伯格在 1982 年版的《现象学运动》中接下来还提到古尔维奇在“私下交往”中透露的一个信息:“海德格尔背离胡塞尔使他[古尔维奇]大吃一惊。胡塞尔当时曾指责过这位年轻学生的警告,只

---

① 参见 Lester Embree, “Biographical Sketch of Aron Gurwitsch”, in Lester Embree (Ed.), *Life-World and Consciousness: Essays for Aron Gurwitsch,* ibid., pp. XII–XXX. ——这个“传记概述”后来收入《古尔维奇文集》第一卷(参见 Lester Embree, “Biographical Sketch of Aron Gurwitsch”, in Aron Gurwitsch, *The Collected Works of Aron Gurwitsch (1901–1973)*, Volume I. *Constitutive Phenomenology in Historical Perspective,* Dordrecht/Heidelberg/London/New York: Springer, 2009, pp. 41–54),恩布瑞在这一版的结尾加了一个脚注:“这篇文字建立在对传主采访的基础上”(ibid., p. 54, n. 9)。

② 参见 Hans Jonas, “Aron Gurwitsch: 1901–1973”, ibid., p. 567; Lester Embree, “Aron Gurwitsch (1901–1973)”, ibid., p. 141.

③ Aron Gurwitsch, „Phänomenologie der Thematik und des reinen Ich. Studien über Beziehungen von Gestalttheorie und Phänomenologie“, in a.a.O., S. 279.

是当古尔维奇于1928年再次访问胡塞尔时，胡塞尔才承认他是正确的。”[①] 这个情况或许是真实不虚的，因为海德格尔的确于1920年至1922年期间，即在古尔维奇就读于弗莱堡两个可能的时间里，还在这里授课，直至1923年才去了马堡。而胡塞尔自己在1932年致普凡德尔的信中也谈到他此前收到过这方面的“足够多的告诫”。[②] 但施皮格伯格给出的信息仍然因为是某种“口述历史”而很难说是准确和确切的，关键是无其他依据可查：不仅在胡塞尔已出版的写给古尔维奇的信函中从未提到过海德格尔；同样也没有记录表明，古尔维奇在1929年12月30日之前在弗莱堡或其他地方拜访过胡塞尔。

二、古尔维奇与胡塞尔的特殊师生关系

现存的古尔维奇与胡塞尔的书信往来仅有胡塞尔写给古尔维奇的17封信。最早的信件写于1929年12月30日，是胡塞尔在收到古尔维奇寄给他已出版的博士论文之后所做的回复。而且从信上看，胡塞尔此前显然并不认识或至少不记得古尔维奇。他在这封信中写道：“我刚刚开始阅读您的关于论题性现象学的博士论文，看起来这是一篇非常出色的论文。我要感谢您将它惠寄于我。我会在柏林格洛纳森林伏格街18号(Grunewald, am Vogelherd 18)(罗森贝格博士[③]处)住几日。您到这里来看访我吧，周二或周三下午四点半前后，我会很

---

① 该论文末页上标明的收稿日期是1929年12月1日。而按照舒曼的说法，古尔维奇于12月11日便将他的博士论文从柏林-哈伦湖寄给胡塞尔，带有这个日期邮戳的信封还存放在胡塞尔的遗稿中。但博士论文却不在胡塞尔的书库中(Brief. IV, 101, Anm. 1)。

② 胡塞尔在1931年1月6日致普凡德尔信中的原话是：“我曾收到足够多的告诫：海德格尔的现象学完全不同于我的现象学；他的学院讲座和著作不是对我的学术研究的继续构建，而更多是对它们的公开的和隐含的攻击，是对它们在最根本处的诋毁。当我友善地向海德格尔讲述这些传说时，他笑着回答说：胡扯！”(Brief. II,182)

③ 雅各布·罗森贝格(Jakob Rosenberg,1893–1980)是胡塞尔的女婿。胡塞尔夫妇于1929年12月28日到柏林，住在女儿和女婿家中(*Husserl-Chronik*,355)。

高兴认识您”(Brief. IV,101)。

此时的古尔维奇正在柏林，因而胡塞尔约他在柏林见面。按照施皮格伯格的访谈记录，古尔维奇当时希望在哥廷根再进一步做任教资格申请，但盖格尔认为，由于古尔维奇的犹太血统，这在哥廷根是不可能完成的，因而虽然古尔维奇还有一段时间担任过盖格尔的助手，但最终他还是去了柏林。[①]

按照古尔维奇任教资格论文《周遭世界中人与人之间的相遇》编者梅特劳的说法，盖格尔、胡塞尔、尼古拉·哈特曼等在此之前都曾为古尔维奇申请奖研金而给普鲁士教育部写过推荐信。古尔维奇最迟于 1929 年初获得了这份奖研金。[②]但这个说法应当有误，至少要将胡塞尔写推荐的可能排除掉。理由与上面的一样，胡塞尔在 1929 年底才与古尔维奇建立直接联系。而盖格尔此前在与胡塞尔通信中从未提到过古尔维奇。直至 1932 年 12 月 31 日，在致胡塞尔信中因为感谢后者于 1932 年 11 月为古尔维奇申请洛克菲勒奖学金撰写推荐函时，他才首次提到古尔维奇(Brief. II,116)。

现有的胡塞尔档案中保存着胡塞尔于 1932 年 10 月为古尔维奇的申请而写给洛克菲勒基金会的推荐函底稿。此外还可以读到他于 1933 年 2 月 4 日写给他的哥廷根学生、普鲁士文化部长格里默的非正式推荐：“古尔维奇博士——我听说他属于您的门生——已经发展成为未来现象学的一个认真的希望。他配得上任何方式的资助”(Brief. III, 97)。

---

① 参见 Herbert Spiegelberg, *Scrap-Book*(May 18, 1904 – September 6, 1990), “A. Gurwitsch”.

② 参见 A. Métraux, „Vorwort“, in Aron Gurwitsch, *Die mitmenschlichen Begegnungen in der Milieuwelt*, herausgegeben und eingeleitet von A. Métraux, Berlin/New York: Walter de Gruyter, 1977, S. VII.

在这里需要跳出古尔维奇的个案，对胡塞尔退休后的投入时间和精力很多的一项工作做一个概述：为自己的学生、助手和其他在他看来有资质的青年学者的发展铺平道路，主要是通过各种方式的建议和推荐。在涉及兰德格雷贝、芬克、英加尔登、考夫曼等人时便是不遗余力，而在古尔维奇这里更可以见到一个典型案例。虽然胡塞尔在退休前也曾在这方面花费许多时间精力，例如为舍勒、海德格尔、贝克尔等人做推荐，为尼尔森、莱纳赫、马悌尤斯、施泰因等同事和学生写鉴定意见。但他在退休后所处的状况与面临的时局已经不同以往。这一方面是因为他不再是在任的讲席教授，无法自己再直接招聘或雇用他寄予厚望的后生，许多引荐的事务只能通过私人关系来进行；而更为重要的还有另一方面：他退休的岁月也是德国的反犹主义气氛日趋浓烈沉重的时期，犹太学生和学者的处境愈发艰难；加之不仅胡塞尔本人是犹太出生，而且他的许多学生如施泰因、考夫曼等，以及门生如古尔维奇[①]等，甚至包括他自己的儿子和女婿，都因为要么自己是犹太人，要么与犹太人联姻，从而在学院的生涯与生计方面遭遇重重困难，最后大都或是移民或是流亡或是逃亡到国外。总起来看，胡塞尔在退休后的岁月中花费的时间与精力首先是用于他自己的研究手稿和书稿，其次便是用于为他人(偶尔也为自己)能够多多少少地摆脱时代厄运，而且往往为此而疲于奔命。他常常为了推荐一个人而给其本人以及其他相关人士写上十几封乃至几十封信函。

这也正是这里讨论的推荐古尔维奇的情况！在胡塞尔写给古尔维奇的 17 封信中，有 6 封是与为他做推荐的事宜有关，此外还要加

① 古尔维奇在其“思想传记”中将自己称作胡塞尔的“永远的门生”(a disciple forever)。参见 Aron Gurwitsch, “Author’s Introduction”, in Aron Gurwitsch, *The Collected Works of Aron Gurwitsch (1901–1973)*, Volume II: *Studies in Phenomenology and Psychology*, Dordrecht/Heidelberg/London/New York: Springer, 2009, p. xv.

上一封他给洛克菲勒基金会的推荐函。这里没有算上他为古尔维奇获得各种可能的奖研金以及任职资格考试而给施普朗格、盖尔布、克勒尔、韦特海默、柯瓦雷、格里默、盖格尔等撰写的正式的和非正式的推荐信函。但所有这些努力都没有能够完全成功。尽管古尔维奇被视作天才人物，而且有许多德高望重且有影响的人物在支持和推荐他，但他的犹太血统和无国籍身份在那个时代就已经面临重重困难，遑论在德国的学院中立足。按照恩布瑞的说法，古尔维奇在1930年获得过德国公民的身份，也获得过奖学金，但后来被纳粹的部长取消了。事实上，古尔维奇在纳粹上台之前便预感到他在德国的危机处境，因为他读过希特勒的《我的奋斗》，十分了解希特勒关于犹太人的想法。[①] 还在1932年初，他便产生了离开德国，继续流亡的想法，而后开始为此做准备。[②]

尽管——如前所述——古尔维奇有过自1920年后每年一次去弗莱堡拜访胡塞尔的说法，但留下明确记载的仅仅是他于1932年7月去弗莱堡的一次。这次访问很可能与古尔维奇在此期间由于对德国局势的预测悲观而产生的离开德国的想法有关，去弗莱堡显然是为了与胡塞尔详细讨论此事。胡塞尔在1932年4月30日致古尔维奇的信中写道："我热切地期望您的来访，对您我会有时间的，尽管我正处在、也必须处在无喘息的工作中"（Brief. IV,105）。

在这次的访问中胡塞尔应当与古尔维奇详细讨论了后者去法国寻找其学术立足地的可能性，例如去法国的高等院校谋求一个职位。

---

① 在希特勒的《我的奋斗》中可以明确读到："雅利安人的最大对立面就是犹太人"，以及"对种族问题和犹太人问题如果没有最清楚的认识，德意志民族就不会复兴"（希特勒：《我的奋斗》，第362、324页；转引自迪特尔·拉甫：《德意志史——从古老帝国到第二共和国》，同上书，第281页）。

② 参见Lester Embree, "Biographical Sketch of Aron Gurwitsch", in Aron Gurwitsch, *The Collected Works of Aron Gurwitsch (1901–1973)*, ibid., p. 45.

由于胡塞尔在巴黎讲演期间与法国的哲学界建立起联系，例如与列维-布留尔等人，此外还有一些学生已经在法国立足，例如在巴黎的柯瓦雷和在斯特拉斯堡的海林等人，因而胡塞尔在与古尔维奇会面之后首先便与柯瓦雷联系。

1932 年 10 月 1 日，即在古尔维奇于 7 月的弗莱堡访问之后不久，胡塞尔向古尔维奇通报了柯瓦雷那边的回复：柯瓦雷认为现在去法国找工作的时机还不成熟。虽然像古尔维奇的同胞勒维纳斯已经在法国找到工作，但首先是作为文科中学的教师，而且还不在巴黎；另一位与他同姓、后来成为哲学家和社会学家的古尔威奇(Georges Gurvitch,1894-1965)已在巴黎立足，但还是用了五、六年的时间，而且是通过洛克菲勒基金会的支持。柯瓦雷认为，当下唯一的可能是申请洛克菲勒基金会的奖研金去法国，而后用一两年时间可以在那里为自己的学术生涯谋得一个经济基础。他提到胡塞尔的哥廷根学生、神经学家和心理哲学家埃尔文・施特劳斯(Erwin Straus,1891-1975)，后者也获得了洛克菲勒基金会的奖研金。柯瓦雷建议胡塞尔为古尔维奇寻求这样的可能性，他认为有很多类似的基金会，而且古尔维奇还足够年轻可以向它们提出申请。就总体而论，柯瓦雷的意见是古尔维奇现在去法国还不是时机，需要等待并再做准备。

胡塞尔与柯瓦雷的这次通信的原件并未收在《胡塞尔书信集》中。但因胡塞尔将柯瓦雷回信的相关片段抄送给了古尔维奇，故而相关内容以此方式得以保留下来(Brief. IV,109)。在抄送了柯瓦雷回信的相关段落后胡塞尔写道：“我现在真的不知道我该给您何种建议和帮助了。您的命运在触动我，而我的思想常常会到您那里。我看重您的才华，如果您的哲学情怀(Ethos)得到持守，就可以期待您将会有一个重要的未来。通过现象学方法和问题的开启而带来的哲学新转变需要有一大批这样的力量，它需要这样罕见的人物，他们在其生命意志中接受了哲学问题的彻底性和哲学工作的正直性，而这真真切切就是构造现象学的严肃精神。只要能为您做些什么，从而使您有可能获得一份摆脱物质困扰的工作，我就会去做”（Brief. IV,109）。

确实如此，胡塞尔在 1932 年 11 月便按照柯瓦雷的建议和古尔维奇的请求致函洛克菲勒基金会，正式推荐了古尔维奇（Brief. IV,113）。但接下来的情况明确印证了古尔维奇的悲观预测，时局的疾速发展已经容不得他在德国再等待基金会决定的下达了。随着 1933 年 1 月 30 日希特勒被任命为总理以及 3 月 5 日国会的选举，国社党主导的政府的上台和一系列专制法律的通过，使古尔维奇感到了危险的逼近。于是他决定离开德国。“他申请了一个法国签证，与他的太太一同在 1933 年 4 月初通过一次颇费周折的旅行，逃亡般地抵达了法国。”① 而略有不同的是恩布瑞在“传记概述”中的说法：“在抵制犹太商店和办公室的那一天（1933 年 4 月 1 日），古尔维奇和他的妻子在没有签证的情况下离开柏林前往巴黎。”② 恩布瑞对此借用歌德的教育小说的书名来发感慨：“古尔维奇的学徒生涯（Lehrjahre）在特殊意义上让位于漫游生涯（Wanderjahre）。”③ 但事实上更确切的说法应当是，古尔维奇的学徒生涯从一开始就与漫游生涯并行，现在只是再延续下去而已。

通过柯瓦雷、布留尔、布伦什维格（Léon Brunschvicg,1869-1944）等人的帮助，古尔维奇幸运地在一个属于索邦大学科学史部门的社会与技术史研究所④ 找到工作，担任这里的讲师，讲授一些完形

---

① 参见 A. Métraux, „Vorwort“, in a.a.O., S. VIII.

② 参见 Lester Embree, “Biographical Sketch of Aron Gurwitsch”, in ibid., p. 45.

③ 参见 Lester Embree, “Biographical Sketch of Aron Gurwitsch”, in ibid., p. 45.

④ 这个社会与技术史研究所（l’Institut d’Histoire des Sciences）按格拉特霍夫的说法是借助美国方面为流亡者提供的基金资助设立的，共有 12 个讲师的位置（参见 Richard Grathoff, „Alfred Schütz und Aron Gurwitsch: Notizen des Herausgebers zum Leben und Werk sowie zur Edition ihres Briefwechsels“, in Alfred Schütz/Aron Gurwitsch, *Briefwechsel 1939–1959*, a.a.O., S. 1）。

心理学、构造现象学、戈德斯坦的生物学以及心理学史和哲学史方面的课程，在他的听众中有后来比他成名更早的梅洛–庞蒂。[①] 他在这段时间也发表了一系列法语的论文。古尔维奇后来在回忆时曾说，1933 年至 1940 年的巴黎岁月是他一生中最快乐、最有创造力的年代。[②]

可惜这段岁月随着二战的开始和德国对法国的入侵而不得不结束。1940 年他在前一年到达美国的舒茨的帮助下，再次踏上流亡之途去了美国，先后在霍普金斯大学、哈佛大学、惠顿学院等地短期授课，很长一段时间需要在各个大学和学院申请各种奖研金用以维持生计。他在 1942 年致其好友阿尔弗雷德・舒茨的信中报告当年的申请进展时写道："如果一切顺利，我们下一年就会在那里，而再下一年我们又会绞尽脑汁考虑到哪里去，——永远流浪的犹太人。"[③] 直至 1948 年，他终于可以结束四处游走的生涯，成为纽约社会研究新学院的政治与社会科学研究部的数学助理教授（1948 年），再任这里的哲学副教授。他在美国期间发表了一系列英文论文，而且在五十年代完成了他的代表作《意识场域》。此外，古尔维奇还于 1966 年发表了他的英文论文集《现象学与心理学研究》，并在文集前写下了被汉斯・约纳斯称作思想自传的"作者引言"。[④]1972 年他在社会研究新学院被选为杰出贡献教授，并于 1973 年成为这里的荣休教授。古尔维奇于 1973 年去世，享年 72 岁。

---

① 梅洛–庞蒂是在马塞尔家中认识了古尔维奇并得知他是"论题性的现象学与纯粹自我现象学"一文的作者。此后他便去旁听了古尔维奇在社会与技术史研究所的现象学讲座。他在 1939 年访问鲁汶大学胡塞尔文库时对范・布雷达神父详细介绍了古尔维奇的讲座，而且梅洛–庞蒂所做的讲座笔记都还保存了下来（参见 Lester Embree, "Biographical Sketch of Aron Gurwitsch", in ibid., p. 47, n. 2）。

② 参见 Lester Embree, "Biographical Sketch of Aron Gurwitsch", in ibid., p. 46.

③ Alfred Schütz/Aron Gurwitsch, *Briefwechsel 1939–1959*, a.a.O., S.112 f.

④ Aron Gurwitsch, "Author's Introduction", in Aron Gurwitsch, *Studies in Phenomenology and Psychology*, ibid., p. xxiv.

古尔维奇的代表作是他于五十年代完成的这部《意识场域》，它最初是用德文构思的，而后用英语写成，但起先在美国找不到愿意出版它的出版社，因而只能先让人译成法文在巴黎出版，在欧洲产生影响后才在美国找到出版商出版了它的英文原稿，最后又回到它的起源地德国柏林，被译成德语出版。古尔维奇在去世前还见到了该书德文版的样稿，因而它可以视作得到作者授权的。①

看起来这里又可以感叹：书都有其自己的命运！但若追根究底，这还不单单是书的命运，而更多是人的命运。该书的德文版编者感叹说："为了能够持久地在哲学的家中自由地思考和讲授而不得不离开各个国家，古尔维奇就是二十世纪欧洲的命运。也是这本书的命运。"②

不过古尔维奇没有来得及看到自己的另一部代表作的出版：它是古尔维奇因为流亡而未能在德国提交的任教资格论文，可以说是他的博士论文的续篇或补充卷：《周遭世界中人与人之间的相遇》③。

三、古尔维奇对胡塞尔超越论现象学的继承与发展

从前面古尔维奇在采访中给出的他在法兰克福学习了七年心理学这个角度来看，他受法兰克福大学的完形心理学家盖尔布、韦特海默以及神经心理学家戈德斯坦影响的时间较长也较早，这也可以解释

---

① 参见 Aron Gurwitsch, *Théorie du Champ de la Conscience. Textes et Études Anthropologiques*, französische Übersetzung von Michel Butor, Bruges und Paris: Desclée de Brouwer, 1957; *The Field of Consciousness*, Pittsburgh: Duquesne University Press, 1964; *Das Bewußtseinsfeld*, deutsche Übersetzung von W. D. Fröhlich, Berlin: Walter de Gruyter, 1974. 也可以参见 A. Métraux, „Vorwort", in: a.a.O., S. XIII, Anm. 15.

② C. F. Graumann/A. Métraux, „Vorwort der Herausgeber", in:A. Gurwitsch, *Das Bewußtseinsfeld*, a.a.O., S. I.

③ Aron Gurwitsch, *Die mitmenschlichen Begegnungen in der Milieuwelt*, a.a.O., 1977.

古尔维奇的博士论文的副标题为何是“关于完形心理学与现象学关系的研究”，而且也可以解释他在巴黎的讲座课程为何是以完形心理学开始的。尽管如此，在他这篇博士论文中引述最多的仍然是胡塞尔的《纯粹现象学与现象学哲学的观念》第一卷和《逻辑研究》等，其次才是韦特海默、施通普夫、考夫卡、克勒尔等心理学家的论述。

根据恩布瑞记录的古尔维奇口述回忆：胡塞尔在读了古尔维奇的博士论文之后曾对他说：“‘既然您到目前为止看得这么清楚，您就会看得更远’(即更充分地了解胡塞尔的立场！)。还有一次，在与胡塞尔讨论了八个小时对列维-布留尔、盖尔布和戈德斯坦的研究之后，古尔维奇被告知：‘好吧，也许您看得比我更远，因为您站在我的肩膀上。’”[①]

自 1929 年末古尔维奇将博士论文寄给胡塞尔并随即在柏林拜访了胡塞尔之后，两人之间建立起较为频繁的通信往来。博士论文是古尔维奇发表的第一篇文字。而后在三十年代，他开始发表一系列内容涉及很广的德文文章与书评，包括对盖格尔的数学哲学著述、弗里茨·考夫曼的历史哲学博士论文的书评，以及对胡塞尔为《观念》的英文版撰写的“后记”的书评，还有对列奥·施特劳斯关于斯宾诺莎论著的书评等等。[②]他将这些论文的抽印本都寄送给了胡塞尔。在读了古尔维奇为其博士导师盖格尔《欧几里德几何学的系统公理学》一书撰写的书评[③]后，胡塞尔在回信中写道：“非常感谢您寄来让我觉得十分有趣的大作！我在通读第一遍时就发现它的确大有裨益，因为盖

① 参见 Lester Embree, “Biographical Sketch of Aron Gurwitsch”, in ibid., p. 44.

② 参见 Lester Embree, “Bibliography of Aron Gurwitsch”, in Lester Embree (Ed.), *Life-World and Consciousness: Essays for Aron Gurwitsch,* ibid., pp. 591 ff.

③ 参见 Moritz Geiger, *Systematische Axiomatik der Euklidischen Geometrie*, Augsburg: Filser, 1924; A. Gurwitsch, „Ontologische Bemerkungen zur Axiomatik der Euklidischen Geometrie“, in *Philosophischer Anzeiger*, 4, 1930, S. 78–100.

格尔教授的纯粹数学研究现在获得了本体论的意义，即是说，这才有了真正哲学的意义”(Brief. IV,102)。

就总体而言，胡塞尔于此期间看到了古尔维奇在其发表文章中进一步表露出来的哲学眼光与能力。他在1932年4月30日的信中曾对古尔维奇表达过赞许和鼓励：“您有开阔的目光，并且持续地前行，这是令人惊叹的——您不要停滞固守，而要保持自由的运动——即成为真正的哲学家”(Brief. IV,105)。由此也可以理解：胡塞尔为何在帮助古尔维奇寻求一个学院教职的事情上如此不遗余力：这是因为他在古尔维奇那里看到了现象学哲学的未来希望。

当然，更为重要的书评是古尔维奇1932年为胡塞尔两年前发表在《哲学与现象学研究年刊》第十一辑上的英文版《纯粹现象学与现象学哲学的观念》“后记”撰写的书评。①关于这篇“后记”的起因与意涵，此前已经有过较为详细介绍。古尔维奇显然意识到这篇文字的重要性，因而在完成博士论文之后便为它写下评论。胡塞尔在收到书评后于1932年4月15日致函古尔维奇，而他在信中对该书评的评价之高，实属罕见。他在信中首先写道：“对您的书评，我感到非常高兴，这差不多是唯一基于对我的某个著述之理解的书评了(自《逻辑研究》以来！)。只是在几个措辞上我还会想到，还原的完整有效范围，即相对于整个传统，它对哲学的观念与方法而言所意味的总体变革，尚未对您直达本底地开显出来。但既然您走到了这一步，您就会自己走下去，而新的著述会向您说话的。如果您能够为《形式逻辑与超越论逻辑》写评论的话，我会非常高兴的。您曾在与《笛卡尔式沉思》的关

① Edmund Husserl, „Nachwort zu meinen *Ideen zu einer feinen Phänomenologie und phänomenologischen Philosophie*“, in *Jahrbuch für Philosophie und phänomenologische Forschung*, XI. Band, Halle a. S.: Max Niemeyer, 1930, S. 549–570; A. Gurwitsch, „Rezension“, in *Deutsche Literaturzeitung*, Bd. 53, H. 9 (1932), S. 395–404.

联中读过它吗？可惜您不在我的身边，不能参与我的出色年轻哲学家们(芬克博士和凯恩斯博士)关于新开启的超越论现象学问题领域的讨论。您写信告诉我您的进一步工作(Fortarbeit)吧，我对它寄予厚望”(Brief. IV, 104f.)。

这里所说的“进一步工作”，应当是指古尔维奇在完成博士论文之后便立即开始撰写的任教资格论文，胡塞尔为此在信中曾多次询问过古尔维奇。至迟在1931年12月14日之前，古尔维奇已经基本完成了它，前后用了不到三年的时间。[①] 这篇任教资格论文是对博士论文第四章中触及的人格与交互主体性问题的专门讨论。这项研究的出发点因而仍然是对胡塞尔现象学与格式塔心理学的辨析，但——按照梅特劳的评论——古尔维奇对1928年后的研究领域做了十分关键的扩展。他在认识论方面与卡西尔的相关著作相衔接，通过批判地引入社会学的观念来保持现象学的考察方式，将胡塞尔意识与笛卡尔和马勒伯朗士的传统唯理论进行比较。此外他还诉诸舍勒和海德格尔的相关思想，涉及社会哲学、宗教哲学乃至几何学的问题。[②]

总的看来，胡塞尔在其后期集中思考的几个重要问题在古尔维奇的任教资格论文中都得到了关注和处理：同感或交互主体性问题、历史性或社会问题、生活世界或自然的周围世界问题。在第一个问题上他也关注了利普斯和施泰因的同感问题研究，在第二个问题上他也诉诸于狄尔泰和列维–布留尔的历史哲学和历史逻辑学的思考，在第三个问题上他也大量讨论舍勒、海德格尔和滕尼斯等人的相关思想。尤

① 从古尔维奇于1931年12月14日写给柏林大学教授德苏瓦尔(Max Dessoir, 1867–1947)的一封信上看，他的论文业已完成并已向收信人递交了一个样本，它被命名为《周遭世界中人与人之间的相遇》。古尔维奇在信中说明，只有两处引文页码因为技术原因(图书馆的借书需要漫长等待)还有待补充。参见A. Métraux, „Vorwort“, in a.a.O., S. VII.

② 参见A. Métraux, „Vorwort“, in a.a.O., S. VIII.

为可贵的是，他的这些思考都是从意识哲学和胡塞尔现象学的角度展开的，几乎是胡塞尔在这些问题上的代言人，其重要性不输于胡塞尔的几个后期重要弟子的工作：施泰因、芬克、英加尔登、帕托契卡、兰德格雷贝得等。即使从今天的角度来看，这些研究也是走在时代前面的，而且它们对今天的相关问题讨论仍然具有启示性和参考作用。

尽管完成了任教资格论文，但古尔维奇已经无法用它在德国申请教职，该论文也始终没有发表。他于1971年的夏天同意将其编辑出版，后来也提交了手稿的复印件。但该书最终是于古尔维奇去世两年后才在它的写作地德国柏林出版。

自四十年代起，古尔维奇的发表开始转向胡塞尔的现象学、意识研究、观念直观等论题。从他1966年出版的三十二年间(1929年至1961年)的论文集《现象学与心理学研究》标题已经可以看出，他的重点实际上已经逐渐从心理学转向了意识现象学。[①] 后来的发展表明，古尔维奇是一位首先受胡塞尔影响的超越论现象学家，而后也是一位受韦特海默等人影响的完形心理学家，而且他毕生致力于将这两门学科加以结合并付诸运用。

上世纪五十年代便已完成的《意识场域》同样是这个努力的结果，而且十分具有代表性。古尔维奇在该书的引论中曾对胡塞尔的奠基作用做出开宗明义的阐释：

> 当代的哲学和心理学要感谢埃德蒙德·胡塞尔对意识的两面性的发现。胡塞尔强调意识的体现功能——他走得如此之远，以至于用这个功能本身来定义意识。他要求有一条研究意识的描述性主线。他引入了对如其真实所是的对象与如其所显现的

① 参见 A. Gurwitsch, *The Collected Works of Aron Gurwitsch (1901–1973)*, Volume II: *Studies in Phenomenology and Psychology*, ibid., 2009.

> 对象的基本区分，后者是被经验的、被意识的或被意向的对象，无论是通过个别的行为，还是通过一组相互交织的行为。意识分析的描述性主线从意识的体现功能的视角来看就意味着：对象必须如此被接受，一如它自身所展示的那样，不能将任何不是通过相关行为而自身被给予的东西加入到它之中或分派给它。然而，胡塞尔通过他的以严格描述为方向的研究是在致力于澄清对象的真实存在。在现象学的光照下，"对象绝然和本身"同样自身展现为"被意指的对象"，即作为如其在意识过程(例如感知过程)的进展中自身揭示的对象，在这里，行为与行为群组以持续前行的方式出现在持续增长和扩展的彼此系统联结中。如果如其显现的对象与个体行为和相对有限的行为群体相符合，那么如其真实所是的对象就与这些行为和行为群组的日趋全面和日趋复杂的系统相符合。由于个人行为和有限的行为群组被并入这一系统，因而它们在这个系统性内部就会具有一些作用和功能。因而现象学可以被定义为一种对主体性的系统研究和理论，其目的是澄清客观性的意义，而这与所有可能范畴的对象有关。这样一种澄清是借助于对对象之显现的描述分析来尝试的。现象学，即胡塞尔主要在《纯粹现象学和现象学哲学的观念》第一卷中以及在《笛卡尔式沉思》中所论证的现象学，为我们的分析提供了基础。[①]

据此可以说，古尔维奇的"意识场域理论"——这是该书的法文版标题——是在胡塞尔的意识现象学基础上建立的和在对心理学的问题和理论的讨论中展开的。

该书的标题"意识场域"或"意识领域理论"中的"意识场域"(Bewußtseinsfeld)一词，不能算是一个胡塞尔意识理论的核心概

---

① A. Gurwitsch, *Das Bewußtseinsfeld*, a.a.O., S. 4.

念，尽管它建立在胡塞尔构造现象学的基础上。这个概念或许更应当译作“意识场”。古尔维奇偏重使用这个词，很可能是因为他希望让人联想到物理学中的“引力场”（Gravitationsfeld）”或“磁场”（Magnetfeld）。这个词有可能来源于胡塞尔，不过他早期几乎不使用这个概念，只是后期在古尔维奇引用很多的《笛卡尔式沉思》中有偶尔几次使用。例如在强调“需要有意识地进行**现象学还原**，以便获取**作为超越知识之可能性问题**的超越论问题经常要问到的那个**自我**和**意识**”之后，胡塞尔继续写道：“只要人们不是仓促地进行现象学的悬搁，而是想要在系统的自身思义中并且作为纯粹本我揭示整个意识场域，即想要揭示它自身，那么人们就会认识到，所有曾对它而言存在的东西都是在它之中被构造起来的东西；此外，任何存在种类，包括任何被刻画为超越的存在种类，都具有其特殊的构造”（Hua I,32）。这个意义上的“意识场域”，相当于胡塞尔意识现象学中的纯粹本我的全部意识生活的领域。而古尔维奇意义上的“意识场域”则与胡塞尔意识现象学中的“视域”（Horizont）理论基本一致，但古尔维奇通过他自己掌握的现象学-心理学研究知识背景而在几个方向上展开了自己的“意识场域理论”。完全可以将它视作对视域现象学或视域心理学的一种创造性的深化和拓展。

“意识场域”在该书中被古尔维奇定义为“同现的被给予性的总体”。所谓“同现”（Kopräsenz），首先是指时间上的同时显现。按照古尔维奇的说法，如果作最宽泛意义的理解，那么不仅包括同时被经验到的，而且也包括同时被体验到的被给予性，即便它们并非是**作为**同时的被给予的。[①] 类似的概念在胡塞尔的意识分析中也属于核心概念，而且也在手稿中被使用过，例如“Kompräsenz”、“quasi-

① 参见 A. Gurwitsch, *Das Bewußtseinsfeld*, a.a.O., S. 2 f.

Präsenz"、"Adpräsenz"、"Als-ob original Appräsentation"等,它们基本同义,但有细微分别。只是后来他才认为"共现"(Appräsentation)是更好的术语,因而在公开发表的著述中对它使用得最多。例如在《笛卡尔式沉思》中,胡塞尔专门用一节来论述作为"一种带有本已证实风格的特殊经验方式"的"共现"。[①]

这里需要说明一点,古尔维奇所说的意识场域的"同现"性质并不仅仅意味着空间意义上的同时显现的意识场域,而且也是指,甚至主要是指时间意义上的延续显现的意识场域。易言之,意识场域既可以是指横向的空间的,也可以是指纵向时间的。因为"意识本质上是时间性的","时间性是意识的必要条件"。[②] 就此而论,古尔维奇的"同现"概念与胡塞尔的"共现"概念几乎可以是等义的,即具有基本相同的内涵与外延。即使他们对各种类型的"同现"或"共现"的划分并不一致,这些划分也是可以起到互补的效果。它们构成观察意识场域的远近高低的各个不同视角。[③]

与古尔维奇所说的意识的"同现"结构内在相关的是"关联"(Zusammenhang)概念和"组织"(Organisation)概念。对于古尔维奇

---

① 参见 Hua I, § 52, S. 143 ff. ——对此概念的详细论述可以参见笔者的论文: „, Appräsentation' – Ein Versuch nach Husserl", in Cathrin Nielsen, Karel Novotný, Thomas Nenon (Hrsg.), *Kontexte des Leiblichen*, Nordhausen: Verlag Traugott Bautz, 2016, S. 377–418. ——该文的中文版参见倪梁康:"现象学意识分析中的'共现'——与胡塞尔同行的尝试",载于《鹅湖学志》(台北),第五十六期,2016年,第185–235页。

② 参见 A. Gurwitsch, *Das Bewußtseinsfeld*, a.a.O., S. 2f.

③ 笔者在前面提到的关于"共现"的文章中确定了"共现"(Appräsentation)是所有认识活动,甚至所有意识活动的基本结构。胡塞尔在其生前发表的著述中涉及"共现"结构的意识分析描述相对较少,但如果按其在未发表手稿中的大量案例分析描述,可以从中区分出六大类型的"共现":1."映射的(abschattend)共现",2."同感的(einfühlend)共现",3."流动的(strömend)共现",4."图像化的(abbildend)共现",5."符号化的(bezeichnend)共现",6."观念化的(ideierend)共现"。它们与古尔维奇的"同现"的两种类型"同时的"和"相续的"并不完全重合。

来说，它们三者在意识场域理论中具有这样的勾连关系："一门意识场域理论需要考虑意识的整体场，并揭示那些**相互关联的同现被给予性在其中组织起自身的形式**。对于这样一门理论来说，既有对一般**关联现象**进行分析的任务，也有对各种不同的特殊**组织原则**做出澄清的任务。"①

于此也就可以理解古尔维奇在书中提出的总命题："每个整体-意识场域都是由三个区域组成，其中的每个区域都遵循特定类型的操作。这些区域是：1）论题（Thema），即我们在一个特定时刻所关注的东西，我们正在处理的东西，或者——正如人们经常表达的那样——处在'注意力焦点'中的东西；2）论题场域（das thematische Feld），它被定义为与论题同现的被给予性整体，这些被给予性被经验为是与论题客观实际相关联的，并构成作为中心的论题从中提升出来的背景或视域；3）虽然是同现的，却并不具有与主题的实际关联的被给予性，它们在其整体上构成了我们愿意称作边缘的东西。说明这些区域中的每个区域的结构，以及确定在各个区域中占主导地位的组织原则，这是我们的研究所面对的主要任务。"② 这里也可以参考施皮格伯格对这三个意识场域层次的特征刻画：主要是在胡塞尔意义上的论题对象，受完形心理学关联原则支配的论题领域，关联不再起作用的边缘领域。③

古尔维奇认为，意识的关联性是由它的同现结构所决定的，意识研究的任务就在于划分各种关联性的层次并把握它们的组织原则。

这里的问题已经开始将我们从意识场域理论的讨论对象与课题

---

① A. Gurwitsch, *Das Bewußtseinsfeld*, a.a.O., S. 2. ——重点号为笔者所加

② 参见 A. Gurwitsch, *Das Bewußtseinsfeld*, a.a.O., S. 3 f. ——重点号为笔者所加

③ 参见 Herbert Spiegelberg, *The Phenomenological Movement: A Historical Introduction*, ibid., p. 252.

导向它的探讨方法。如果这门理论最终是一门关于意识场域的本体论的话，那么这种本体论就是一种形式本体论。古尔维奇强调："我们在这里所阐释的意识场域理论是严格的、形式的组织理论，我们确定的组织结构是形式的常项，不依赖于它们的内容的殊相化。它们属于任何一个意识场域，无论其特殊的内容是什么。"[①] 在这个意义上，意识场域理论是关于"形式组织原则"的理论，是胡塞尔意义上的"超越论逻辑学"，或者古尔维奇直接命名的"意识的逻辑学"，当然还有帕斯卡尔和舍勒意义上的"心的逻辑"。

不过这里还是需要留意，如古尔维奇所说，"在将现象学视为意识的逻辑学时，人们可能会得出它与心理学不同的新定义。"[②] 这里的问题涉及现象学与一般心理学的方法论差异。大多数心理学，无论是古尔维奇在该书中诉诸甚多的詹姆斯的心理学，还是在很大程度上借助实验方法的完形心理学，都是出自经验立场的心理学。而胡塞尔的意识现象学以及古尔维奇的意识场域理论的方法特征在这一点上并不与一般心理学的立场相对立。事实上他们都可以像布伦塔诺一样声言自己的心理学是"出自经验立场的心理学"，即以经验描述为出发点，更确切地说，以对关联经验的描述为出发点。因而古尔维奇也说："我们的分析具有描述的性质。我们将努力从各个关联经验出发来说明关联。"但他在这里已经需要解决一个伴随出现的问题，因为他同时也声言："我们确立的组织结构是形式常项(Invarianten)。"[③] 因而这个问题明确地表现为：如何通过经验描述来把握意识的逻辑、意

---

① 参见 A. Gurwitsch, *Das Bewußtseinsfeld*, a.a.O., S. 9 f.

② Aron Gurwitsch, "Author's Introduction", in Aron Gurwitsch, *The Collected Works of Aron Gurwitsch (1901–1973)*, Volume II: *Studies in Phenomenology and Psychology*, ibid., p. xviii.

③ A. Gurwitsch, *Das Bewußtseinsfeld*, a.a.O., S. 2, S. 9.

识的本质，或作为意识组织结构的“形式常项”（Invarianten）。

这个问题当然也早已出现在胡塞尔那里。他的意识现象学，无论是在早期的描述心理学的意义上，还是在中后期的超越论现象学的意义上，都是借助于本质直观、观念直观进行的本质科学。经验只是必不可缺的出发点，最终的目的是通过目光转向或观念化的抽象而完成本质把握（Wesenserfassung），例如从一张个别的红纸上把握到普遍的红的观念本身，或在一个具体的感知行为上把握到一般感知的本质结构。

古尔维奇在这个方法论的关节点上也接受和继承了胡塞尔的立场并在该书第 28 节中专门讨论了“观念化”（Ideation）问题。尽管他认为胡塞尔的“本质直观”（Wesensschau）并不是一个幸运的概念，因而在自己的论述中一般避免使用“本质”（Wesen）一词。但他在总体上倾向于用胡塞尔的“形相变更方法”（eidetische Variation）来说明意识场域中的形式常项的把握方法。胡塞尔所说的“本质”或“观念”及其相互关系，在古尔维奇那里更多是指通过形相变更的方法而获得的种种“形相”（εἴδη）以及这些形相之间的“形相关系”（eidetische Relationen）。

与此相关，古尔维奇注意到，胡塞尔早期在《算术哲学》和《逻辑研究》中使用“形态因素”（figurale Momente）（LU II/1, A 231）来标示意识所具有的直观统一的联结能力，它实际上是完形心理学意义上的“完形把握”（Gestalterfassen）的先驱，而且可以用来说明现象学的本质把握方法。

在这方面尤其值得注意的是，流亡美国的两位欧洲思想家在二战后几乎同时（五、六十年代）对胡塞尔提出的本质直观方法做过严肃的思考，并得出赞同与认可的表述：古尔维奇从心理学角度，尤其是从完形心理学角度对本质直观方法的理解与说明与哥德尔从数学物理学的角度对本质直观与数学直观或物理直观的对比和解释形成了某种呼应。

除此之外，古尔维奇还确认了胡塞尔的现象学理论与心理学倡导的某些论点之间的种种亲缘性和亲和力，例如同现与共现、构形(构造)与完形、视域与关联、联结与组织、本质与常项等等。从这一系列的概念对比上可以看出古尔维奇的用心：一方面是希望“从心理学中，尤其是从完形心理学中，导出概念和原理，借助于此可以进一步发展意识的现象学理论”；另一方面则相信，完形理论中的“恒定性假设之任务”与詹姆斯“思想客体”等心理学核心概念，都会在现象学的光照下得到说明。[①]

从这些说法已经可以看出，《意识场域》一书的主旨和任务基本上与胡塞尔意识视域理论密切相关，可以说是古尔维奇在胡塞尔《笛卡尔式沉思》基础上对这个方向上的研究的进一步拓展。虽然古尔维奇在这里也致力于对心理学的问题和理论的讨论，而且如他所说，在该书的第一部分，心理学的观念甚至会比真正的现象学观点具有一定的优势，但他随即便强调：“意识场域的现象学理论的发展是我们分析的最终目标和愿望。”[②]他在另一处则说得更为明确：“对于笔者自己而言，更重要和更有意义的是他努力以现象学的方式来诠释某些心理学理论，并利用它们来推进现象学的问题。”[③]

因此可以理解古尔维奇在纽约社会研究新学院的同事和朋友汉斯·约纳斯在为古尔维奇撰写的讣告中所说：“古尔维奇在学习埃德

---

① A. Gurwitsch, *Das Bewußtseinsfeld*, a.a.O., S. 5, S. 7.

② A. Gurwitsch, *Das Bewußtseinsfeld*, a.a.O., S. 4.

③ Aron Gurwitsch, “Author’s Introduction”, in Aron Gurwitsch, *The Collected Works of Aron Gurwitsch (1901–1973)*, Volume II: *Studies in Phenomenology and Psychology*, ibid., p. xxi.

蒙德·胡塞尔的哲学时就找到了自己的真正家园，而且一旦踏入它就从未离开过。”①

四、古尔维奇意识场域理论对胡塞尔现象学立场的偏离与修正

但这并不意味着在古尔维奇与胡塞尔的立场和方法之间不存在任何分歧和偏离。古尔维奇自己曾列出他对胡塞尔理论的一些背离之处：

首先，他放弃了胡塞尔意向分析中确定的“原素材料”（hyletic data）的概念，导致对意向性理论的某种修改。这个修改是运用完形理论与概念而导致的结果，也与梅洛-庞蒂的观点相一致。鉴于梅洛-庞蒂曾在巴黎听过古尔维奇讲授的完形心理学与现象学的课程，因而存在着梅洛-庞蒂在这点上从一开始便受到古尔维奇影响的可能性。

其次，古尔维奇否认胡塞尔所说的“纯粹自我”观念，而是强调一种“非自我论的”（non-egological）意识概念。在这点上，古尔维奇明确表示受到萨特《自我的超越性》的影响。事实上，在胡塞尔到达弗莱堡后不久，他的来自慕尼黑的学生格尔达·瓦尔特就曾在弗莱堡现象学学会的成立会上用一篇题为“胡塞尔的纯粹自我”的论文对胡塞尔提出过质疑；而与古尔维奇基本同时期的另一位弟子帕托契卡也在相同的时间里提出过“无主体的现象学”的概念和主张。②胡塞尔对这个问题显然是早已心知肚明的。

最后，古尔维奇放弃“超越论本我”（ego），甚至避免谈论“超越

① 参见 Hans Jonas, “Aron Gurwitsch: 1901–1973”, in *Social Research*, vol. 40, no. 4, 1973, p. 567f.

② 对此可以参见本书第二卷第二十六章“胡塞尔与格尔达·瓦尔特：现象学与神秘学”与“第三十三章 胡塞尔与帕托契卡：现象学与生活世界（一）”中的相关问题讨论。

论意识”，而用“超越论功能”的概念取而代之。在这点上可以看到皮亚杰心理学对古尔维奇的影响。不过胡塞尔本人在弗莱堡时期已经开始讨论意识权能（Vermögen）问题，并将现象学从意识行为的现象学扩展到意识权能的现象学，古尔维奇在这点上接受了胡塞尔的观点的可能性也是存在的。

可以看到，在这些对胡塞尔意识理论的背离或修正中，古尔维奇不仅吸收了与胡塞尔同时代的思想家的理论，如詹姆斯、柏格森、韦特海默、考夫卡、克勒尔等等，而且也采纳了与古尔维奇自己同时代的思想家的研究成果，尤其是萨特、皮亚杰等人的研究与思考结论。前面所传的胡塞尔对古尔维奇的说法“好吧，也许您看得比我更远，因为您站在我的肩膀上”[①]，的确所言不虚。

而古尔维奇自己则在其思想自传中写道：

> 尽管多次背离胡塞尔的一些理论，但笔者仍然声称自己忠于构成现象学的精神。忠于胡塞尔的意图并不意味着严格遵守他的每一个理论，就像成为大师的门生并不意味着成为一个教派的党徒一样。对于作为学者和哲学家的胡塞尔个人而言，最为陌生的，对他的事业伤害最大的，莫过于将其“冻结”成一种宗派教义，并猜妒地守望着信条的纯洁性。胡塞尔从未打算建立一个教派。他开创了一种工作哲学，一种在实际研究工作中生活和发展的哲学。如果在他奠定的基础上，一些追随他的现象学家们，即那些他使得他们的工作成为可能的现象学家们，被导向了一些修改和校正，即对一些从未被胡塞尔本人考虑过的，而更多是开放给后续更正的初步尝试的修改和校正，那么这是完全符合情况的本质

① 参见 Lester Embree, “Biographical Sketch of Aron Gurwitsch”, in ibid., p. 44.

的，丝毫不减损胡塞尔的伟大。

而汉斯·约纳斯则从一个旁观者角度对此给出了中肯的评价：

古尔维奇自己在其论文集《现象学与心理学研究》的自传式引言中对胡塞尔表达了令人感动的敬意：对他一生最具有决定性的智识与道德影响的是弗莱堡的埃德蒙德·胡塞尔，不仅以他的现象学哲学，而且还以他坚定专一奉献的榜样。古尔维奇在这两方面都以一种唯一配得上他老师的方式保持他的信念：在现象而非在他的权威的引导下继续他的道路。[①]

五、结尾的两点感想

在本文结束之际，笔者还想表达自己在对古尔维奇案例的观察和研究中产生的两方面感想，或者也可以说，还想说明他为我们提供的两方面启示。

首先，在 1907 年的“现象学的观念”的讲座以及在 1913 年《纯粹现象学与现象学哲学的观念》第一卷的著作中完成了向超越论现象学转向之后，胡塞尔的诸多哥廷根和慕尼黑的弟子几乎毫无例外地对他的这个新立场抱以质疑和批评的态度。在转到弗莱堡后，这个情况在后来形成的弗莱堡现象学派也没有发生改变。胡塞尔仍然常常在抱怨自己的学生没有一个能够跟得上他的步伐而可以与他同行，抱怨人们总是将他视作《逻辑研究》的胡塞尔，而全然不理会他后来的进一步发展。他在 1930 年 3 月 21 日致凯恩斯的信中还写道：“几乎我的所有学生都始终半途而废，而且惧怕对于现象学来说是本质必然

① 参见 Hans Jonas, “Aron Gurwitsch: 1901–1973”, in ibid., p. 567f.

的本底主义（Radikalismus），而它恰恰构成我的生命要素，而且我的所有明察都归功于它。几乎所有人都已经将自己有限化了，回落到了‘现实主义’与人类主义之中，或者回落到体系哲学之中，它是科学的现象学哲学的死敌”（Brief. IV,23）。而在 1935 年 9 月日与他的学生、耶格施密特修女的谈话中，他仍然说：“自从我的哲学发生巨大变化以来，自从我的内在转向之后没有人再与我同行。”[①]

但是，在考察了古尔维奇的案例之后，人们会诧异，胡塞尔为何没有想到将他寄予厚望的这位年轻哲学家视作他真正的同行者！或许是因为胡塞尔对古尔维奇的了解太少，只是基于他二三十年代的几篇论文与书评，或许是因为古尔维奇的许多说法和立场并不像他此后在六十年代所表达那样明确和坚定；但无论如何可以说，古尔维奇的研究方向在总体走向上是与胡塞尔完全一致的，或者说，他们二人在总的方向上是完全并行的。古尔维奇毫无疑问是胡塞尔式的构造现象学——超越论现象学或现象学观念论的最基本的和最具体的形式——的最重要实践者和推进者。

这里需要引述一段跟随胡塞尔时间最长的弟子之一海林的一段回忆和反思，它以一种对在此问题上的流俗观点的反驳的方式表达出来：

> 此处应该驳斥一种顽固的错误。人们一再暗示：胡塞尔第一时期的弟子，可能也包括第二时期的，只接受了本质还原，而未接受超越论还原。我们可以断言完全不是如此。沙普也好，莱纳赫也好，抑或是希尔德勃兰特，或是康拉德–马悌尤斯，又或是柯瓦雷，再或是更晚的马尔文·法伯或芬克，都未想过否

① 阿黛尔贡迪斯·耶格施密特：“与胡塞尔的谈话（1931–1936 年）”，张任之译，载于倪梁康（编）：《回忆埃德蒙德·胡塞尔》，同上书，第 415 页。

认第二种现象学还原的认识论价值或否认作为第一哲学(prima philosophia)的意识分析(包括构造问题)的重要性。他们排斥的，只是关于意识之首要性的形而上学命题，这在他的《观念》第一卷(第92页)中由如下字句简练地表达:“**内在的存在无疑在如下的意义上是绝对存在，即它在本质上是无需任何‘物’(re)的存在**。另一方面，**超越‘物’(res)的世界是完全依赖意识的，而且并非依赖在逻辑上可设想的意识，而是依赖现时的意识**。”在我们看来，似乎现象学也完全——甚至更好地——兼容于关于世界之独立性或意识与世界之相互依赖性的命题。无意识即无世界吗?对，或许如此。然而，没有向其呈现的世界，亦无意识。我们很明白，显然胡塞尔不想由其命题使世界失去在超越论现象学的目光中获得的可靠性。他说:“某一世界如何能比我们的世界更好地、以更融贯的方式显示自身呢?”我们以为，我们指出的正是否定大师之形而上学命题的理由。纵使某些弟子更愿意只进行或近乎只进行本质研究，那也是另外一回事，完全不能证实我们刚刚驳斥的不实之言。[①]

海林的这个说明有助于我们更深入地理解胡塞尔与他学生之间形成的隔阂乃至对立。这个说明代表了一批胡塞尔学生与门徒的立场，尤其以他的好友罗曼·英加尔登为甚。在帕托契卡的回忆录中，英加尔登在三十年代已经作为“极其细腻的分析家和胡塞尔超越论的批评者”[②]而闻名于世。而海林和英加尔登都在一定程度上参与了当时现象学哲学中关于实在论和观念论的争论。海林在这段文字的一个脚注中便提到:“在罗曼·英加尔登关于‘世界之实在性问题’的

---

① 海林:“埃德蒙德·胡塞尔:回忆与反思”，同上书，第233-234页。

② 帕托契卡:“回忆埃德蒙德·胡塞尔”，同上书，第286页。

重要手稿中，所有这些问题都以一种我们看来已详尽无遗的方式得到了讨论，我们极为期盼该书在法国或德国的出版。”[①] 事实上在这里已经可以看出，“胡塞尔超越论的批评者”并不必定就是胡塞尔构造现象学的反对者。如果同时再考虑到，按胡塞尔的说法，在本质现象学与超越论现象学之间仅仅隔着一个超越论还原，那么胡塞尔与他的一些学生之间的立场差距和观念隔阂实际上并不意味着在“唯物论”与“唯心论”之间的选择空间，而更多是指在“物本论”与“心本论”之间的选择空间。这一点，胡塞尔的学生，尤其是后期的贝克尔、芬克和兰德格雷贝看起来都是了如指掌的。施泰因也曾一度在致英加尔登的信中私下告知：“我自己已经皈依了观念论，而且相信，它可以得到如此理解，以至于它也可以在形而上学方面得到满足”（ESGA 4, Nr.37）。

而在古尔维奇这里，他从一开始所接受的就是胡塞尔的超越论的观念和构造现象学的立场，而且也从未动摇过。在此意义上他的确是胡塞尔的“永远的门生”。

其次还应当指出一点：古尔维奇的意识场域理论具有很强的实际操作性。对于当前从自然科学立场出发的意识研究，即从人工智能、神经科学和脑科学出发，也包括从科学哲学和认知科学立场出发的意识研究，具有极为重要的启示意义。这主要是因为古尔维奇与胡塞尔一样具有数学研究和莱布尼茨研究的背景，他始终想在现象学与完形心理学奠定的基石上建立起一门意识场域的形式组织理论，一门“意识的逻辑学”或一门“意识的数学”（或意识的普全数理模式）。这样一门理论在古尔维奇之后直至当下的人工智能研究中已经有了很大进展，与智识活动相关的意识场域的形式系统已经在以各种算法的方

① 海林：“埃德蒙德·胡塞尔：回忆与反思”，同上书，第 234 页，注①。

式卓有成效地工作。但这种形式系统是否能够应用在与情感和意欲相关的意识场域，这还是一个有待解答的问题。

从理论上说，康德和胡塞尔确定的“先天综合原则”可以用来理解和说明意识的普遍运行原则，即：无论是智识意识还是情感意识或意欲意识，都是通过意识活动的“先天”组织形式与实际内容的“综合”相互结合来进行的。这个原则作为心理世界的运行规律与物理世界的运行规律形成对立：前者是心的逻辑、意识行为和意识功能的逻辑，后者是物的逻辑，包括神经的逻辑和大脑运作的逻辑；前者的原则是动机律①，后者的原则是因果律。

如果有人说，这两种规律最终都可以是形式的，或者说，都可以被形式化，那么这里所说的“形式”和“形式化”很可能包含了不同的意义：动机系统和秩序的“形式”含义与因果系统和秩序的“形式”含义，或者说，意识系统和秩序的“形式”含义与神经系统和秩序的“形式”含义。甚至认知系统的“形式”含义也有可能不同于可能的情感系统或意欲系统的“形式”含义。未来对“人工意识”系统所做的可能的“构造”和“组织”以及“关联”的工作，必定需要首先面对和处理这方面的问题。

阿尔弗雷德·舒茨

在现象学运动史上，古尔维奇的名字常常与阿尔弗雷德·舒茨(Alfred Schütz,1899–1959)的名字一同出现。这主要是因为他们都属

---

① 这是指现象学意义上的动机律，即意识现象与意识现象之间的动机引发关系的规律。古尔维奇已经敏锐地看到“特定的现象学意义上的‘动机’与当代‘动机心理学’中所处理的内容无关”，而在他的理论中，“最简单的例子就是孤立和分散的元素联接成为一批或一组更高阶的统一客体。沿着这些思路进行的探究会导致对意识运作的揭示以及对转化法则的确立”(Aron Gurwitsch, “Author’s Introduction”, in Aron Gurwitsch, *Studies in Phenomenology and Psychology*, ibid., p. xviii)。

于胡塞尔在弗莱堡退休后晚年接纳的门外弟子，都属于现象学运动的外围人物，都在现象学社会学或社会现象学的领域工作并成为这些学科的经典作家。

一、舒茨与胡塞尔的特殊师生关系

舒茨于1899年出生在维也纳的一个中产阶级犹太家庭，是家中的独生子。他在维也纳大学法学家凯尔森[①]那里学习三年并获得法学博士学位。在研究边际效用经济学的过程中对韦伯的"理解社会学"产生兴趣，而后逐步转向胡塞尔的现象学。他自1929年以来便是维也纳的莱特(Reiter & Co)银行的法律顾问，因而他白天的工作不仅涉及原先奥匈帝国的国家如奥地利、匈牙利、捷克斯洛伐克等国的业务，而且还会与法国、荷兰、瑞士等其他国家的银行界有联系。他从1929年开始担任这个工作，在德国于1938年吞并奥地利之后，他感到"极度的恐惧和不安"，不得不与古尔维奇一样，加入到"永恒流浪的犹太人"[②]的行列。他先移居到巴黎，并在此期间与古尔维奇有诸多交往和互动，一年后再移居纽约。不过在美国期间他始终还在为维也纳的这家私人

---

① 汉斯·凯尔森(Hans Kelsen,1881-1973)是奥地利法学家和法哲学家，也是犹太家庭出生，曾任维也纳大学和科隆大学的法学讲席教授。1933年纳粹攫取政权后他被剥夺公职，先去瑞士，而后于1940年流亡美国。他的学生如菲利克斯·考夫曼(Felix Kaufmann,1895-1949)、尾高朝雄(Otaka Tomoo,1899-1956)都同时也是胡塞尔的学生，他们都致力于在凯尔森创立的纯粹法学理论与胡塞尔的纯粹现象学之间建立起理论联系。在后面将要全文引述的舒茨致胡塞尔的第一封的一开始，他便告知胡塞尔，"菲利克斯·考夫曼博士讲师和尾高朝雄教授鼓励我向您赠送我刚出版的书:《社会世界的意义构成》"(Brief. IV, 481)。——关于这个论题可以进一步参见本书第二卷第六章"胡塞尔与莱纳赫:现象学与法哲学(一)"和第七章"胡塞尔与施泰因和沙普及凯尔森学派和格哈特·胡塞尔:现象学与法哲学(二)"中的较为详细的阐述。

② 这个说法可以参见古尔维奇于1942年7月11日致舒茨的书信，他在其中抱怨自己在美国每年依靠申请各类奖研金维持生计，因而年复一年地居无定所(Alfred Schütz/Aron Gurwitsch, *Briefwechsel 1939-1959*, a.a.O., S. 112)。

银行工作，直至他去世前不久。他同时还担任美国政府的经济顾问，因而在美国过着特殊的移民生活，远不同于古尔维奇的居无定所的流亡生涯。胡塞尔所说的“他白天是银行高管，晚上是现象学家！”这句话对他始终有效。略有改变的是舒茨后来还担任大学的教师，曾在霍普金斯大学、社会研究新学院任职，因而可以说是白天一半是银行高管，一半是大学学者。他在社会研究新学院的教职在他于 1959 年猝然去世后由古尔维奇接替。舒茨与古尔维奇之间长达二十年的(1939 年至 1959 年)往来学术讨论书信共有 278 封，内容极为丰富，1985 年由格拉特霍夫编辑出版并附有兰德格雷贝撰写的引论。

在前引恩布瑞撰写的古尔维奇“传记概述”中便有古尔维奇关于胡塞尔的一段口述回忆的记录，它真实地再现了古尔维奇与舒茨通过胡塞尔而结下的因缘之最初开端：“由于他需要迅速在法国科学中找到一席之地，古尔维奇放弃了他在社会学基本类别方面的工作，因为需要太多时间来完成和翻译。但还有另一个原因。1932 年，在他最后一次访问弗莱堡期间，古尔维奇向胡塞尔讲述了他的‘任教资格论文’，当时这个论文已几近完成。胡塞尔拿出一本刚刚出版的阿尔弗雷德·舒茨的《社会世界的意义构成：理解社会学引论》，他说：‘您认识这个人吗？非常有趣。他白天是银行高管，晚上是现象学家！’古尔维奇订购了这本书，并计划为《哥廷根学者通讯》(*Göttingische Gelehrte Anzeigen*)写一篇评论，但该评论没有写出来，因为 1933 年后，一位犹太作家的文稿在德国无法被接受，连学术期刊也不接受。无论如何，古尔维奇在阅读这本书时发现，虽然方法和主题在某些方面与他自己的不同，但舒茨原则上几乎从现象学的立场说出了所有需要说的话。”①

① Lester Embree, “Biographical Sketch of Aron Gurwitsch”, in ibid., p. 47.

舒茨与胡塞尔的结识方式也与古尔维奇的相同：舒茨于 1932 年 4 月 26 日将自己的新作也是代表作《社会世界的意义构成》[①] 从维也纳寄给胡塞尔，并同时致函胡塞尔，一方面做了自我介绍，另一方面也对他寄赠的这部论著做了大致的说明。在获得胡塞尔的回复后，舒茨借着去巴塞尔出差的机会于 1932 年 6 月到弗莱堡拜访了胡塞尔，在那里做客多日（*Husserl-Chronik*,410）。

舒茨与古尔维奇后来于 1935 年在巴黎见面，同样是通过胡塞尔的介绍而促成的。舒茨在 1948 年 1 月 12 日写给时任社会研究新学院的院长雷茨勒 [②] 的信中说："埃德蒙德·胡塞尔在 1935 年敦促我在我即将进行的巴黎旅行期间与阿隆·古尔维奇见面，他认为古尔维奇是他最有前途的学生之一。我立即被古尔维奇的个性、博学和哲学思想的独创性所吸引。"[③] 不过，关于这次会面没有任何其他的记录，包括胡塞尔与舒茨在此期间的书信往来也没有关于此事的讨论。如果考虑到舒茨在 1932 年面见了胡塞尔之后还常常去拜访他，每年三、四次，那么可以推测，对古尔维奇的推荐很可能是胡塞尔向舒茨口头传达的。舒茨后来还在维也纳和布拉格听了胡塞尔的著名讲演："欧洲人的危机与超越论现象学"。

按照舒茨本人的说法和舒曼所编年谱，舒茨最后一次去弗莱堡拜访胡塞尔是在 1937 年圣诞节后不久，但若按照在此期间与舒茨有较

---

① Alfred Schütz, *Der sinnhafte Aufbau der sozialen Welt: Eine Einleitung in die verstehende Soziologie*, Wien: Verlag Von Julius Springer, 1932. ——中译本参见阿尔弗雷德·舒茨：《社会世界的意义构成》，游淙祺译，北京：商务印书馆，2018 年。

② 这里的"雷茨勒"就是前面提到的曾为法兰克福学派的创立和发展提供了诸多帮助的法兰克福大学学监库尔特·雷茨勒（Kurt Riezler,1882–1955）。前面在对胡塞尔与法兰克福学派关系的讨论中可以多次看到他在法兰克福学派发展中所起的作用。

③ Richard Grathoff, „Alfred Schütz und Aron Gurwitsch: Notizen des Herausgebers zum Leben und Werk sowie zur Edition ihres Briefwechsels", in Alfred Schütz/Aron Gurwitsch, *Briefwechsel 1939–1959*, a.a.O., S. 1.

多交往的兰德格雷贝的更准确说法，则是在胡塞尔去世前的一个月：1938 年 3 月。[①] 舒茨此时已与家人基本上搬迁至巴黎居住，并且正在为最后流亡美国做准备。而按照马尔维娜在 1937 年 2 月 24 日致英加尔登信中的说法，胡塞尔的病情自 1937 年圣诞节之后便出现恶化。舒茨对胡塞尔的最后一次探访也是在此期间进行的，他在二十年后的回忆中写道："在我最后一次于 1937 年圣诞节后不久对他的难忘访问过程中，他表达了他的自信，如果这本书[《危机》]完成，它将成为他一生工作的顶峰。胡塞尔当时已卧床不起，患有导致他在几个月后死亡的疾病。我被允许短暂地看望他。但他必定预见到了他即将到来的结局，因为他向我解释说，完全发展了的超越论现象学无可置疑地表明：他，世俗的人埃德蒙德·胡塞尔，将不得不死去，但超越论的本我（Ego）却不可能消亡。病人被这个想法如此深深地打动，以至于胡塞尔夫人不得不结束我们这次的最后见面。"[②]

一个月后，胡塞尔在弗莱堡辞世而去。此后不久，舒茨和古尔维奇都从法国辗转去了美国，加入了"流亡哲学家"的行列。

二、舒茨通往胡塞尔现象学的奇特道路

舒茨在最初给胡塞尔寄去其代表作《社会世界的意义构成》时在附加的信中对他这部论著有一个扼要的介绍说明：

> 在这部我工作了十二年的书中，我试图对马克斯·韦伯创立的"理解社会学"的问题和方法进行一种立足于哲学基础上的批

---

① 参见 Alfred Schütz, "Husserl's Importance for the Social Sciences", in *Edmund Husserl 1859–1959*, a.a.O., S. 86–98; *Husserl-Chronik*, 488; Ludwig Landgrebe, „Einleitung", in Alfred Schütz/Aron Gurwitsch, *Briefwechsel 1939–1959*, a.a.O., S. XVI.

② 参见 Alfred Schütz, "Husserl and his influence on me", in *The Annals of Phenomenological Sociology*, 2, 1977, pp. 41–45.

判。随着我的研究的进行，我越来越清楚地意识到，分析自然领域中的社会性的任务只能在一种现象学上澄清了的对意识生活基本事实之明察的基地上才能解决，这是指那种唯独只能通过超越论的构造分析来促成的明察。在我看来，首先是马克斯·韦伯的基本概念，即“一个行动的意义”和“对这种意义的理解”这两个概念，只有借助于对内时间性现象的发生分析才能得到充分的说明。如前所述，我花费了数年时间试图解决这些问题，主要是我试图将柏格森对“绵延”（durée）的分析应用于真正的社会学问题，但我的尝试并没有取得令人满意的成功。因此，您对内时间感的研究［《内时间意识现象学讲座》］，还有在《形式逻辑与超越论逻辑》中对构造分析的论证，对我而言就更加是一种对这里所涉问题的启示。在我研究这两部著作之前，我曾相信我在对《逻辑研究》和《观念》的多年研究中已经掌握了现象学方法的本质。但这种自信是多么的没道理！只有从《形式逻辑和超越论逻辑》中，我才学会理解《观念》的真实意义，并在日趋增长的敬畏之心中赞叹这一自康德以来最重大的哲学成就。

尊敬的枢密顾问先生，倘若对您的著作的研究给我带来的不是别的，而恰恰就是这样明确无误的确定性，即我据此已经找到了哲学明察的唯一真正科学基础，那么这种情况就足以成为恭敬地感谢您的这份伟大礼物的理由，我懂得将我的精神存在与它最深入地联接在一起。在您阐述的超越论交互主体性问题中，我找到了困扰我这么多年的几乎所有社会学问题的钥匙。顺便说一句，我的书专门论述了自然领域的交互主体性问题，并有意识地放弃了对超越论问题的解决甚至讨论，这仅仅是尝试将您的基本发现转用于社会学学科这个更为淳朴的、但始终尚未得到透彻研究的工作领域。因此，在方法论上，它的存在，就像它的作者的精神一样，要归功于您和您的工作，这句话蕴含了一个人对于一位老师与向导所能抱有的最深切的感恩之情。

我希望能够纯粹地吸收并传递您的学说的本质，我主要是在我书中的第二和第三部分中对它们做出阐述，并将它们应用于我的问题提出；我的这个希望除了基于对我而言十分重要的考夫曼博士的赞同之外，还基于这样一个事实，即我相信我的诠释在《笛卡尔式沉思》中——可惜我只是在手稿完成后才接触到了它——已经多次得到证实。如果我事实上已经成功地向对社会学感兴趣的读者传达了现象学哲学在其创始人的意义上的一点余晖（Abganz），并以这种方式呈现了它同样对社会科学的专业问题而言的根本含义，那么我的书也应该鼓励哪怕少数几个读者去探讨那些在我看来代表了西方哲学最伟大成就的著作。因此，对于我多年来克服某些外部困难而得以持续的努力而言，这将会是最美好的满足（Brief. IV,481f.）。

从舒茨的简短介绍中可以读出，他的这部著作的主要工作是在胡塞尔现象学和马克斯·韦伯社会学基础上建立起一种现象学的社会学。在这里，现象学与社会学的关系主要在于，用胡塞尔的现象学理论来为韦伯的理解社会学理论奠基。这是舒茨从他的师兄弟菲利克斯·考夫曼那里得到的启示。当时考夫曼正在撰写他的第一本书《逻辑学与法权科学》。[①] 在舒茨看来，考夫曼在他的书中已经成功地尝试将凯尔森的纯粹法学理论奠基于胡塞尔的逻辑学的和认识论的认识之上。也正是在考夫曼的鼓励下，舒茨开始研究胡塞尔的著作《逻辑研究》和《观念》第一卷。但他并未能够从中获得对他为社会科学做

① 参见 Felix Kaufmann, *Logik und Rechtswissenschaft. Grundriss eines Systems der reinen Rechtslehre*, Tübingen: Mohr, 1922.

哲学奠基的设想的帮助。只是在胡塞尔后来出版了《内时间意识现象学讲座》与《形式逻辑与超越论逻辑》之后，舒茨才从中找到了他一直孜孜以求的东西。因而连胡塞尔也认为，这条通向胡塞尔现象学的道路是十分奇特的："我向胡塞尔的不寻常的靠拢将我带到与他的后期哲学的直接联系中，而从那里出发，我发现了他的早期哲学。"①

胡塞尔的回信同时也是邀请信："我渴望结识您这样一位如此严肃而透彻的现象学家，您是极少数几个能够挺进到我一生工作的最深刻的、可惜也因此而难以达及的意义那里的人，我可以将他们视作我的一生工作的充满希望的继承者，视作真正的永恒哲学（philosophia perennis）、唯一孕育未来的现象学的代表者。因此，您来吧。我会为您抽出空来。这应当会是一次美妙的哲学家聚会（συμφιλοσοφεῖν）"（Brief. IV,483）。

胡塞尔以此方式给予舒茨本人的现象学造诣以及他的代表作《社会世界的意义构成》以极高的评价，并将舒茨引入当时的现象学研究圈。由此开始，在胡塞尔与舒茨之间发展出了一种特殊的师生关系。舒茨回忆说："每年我都会与胡塞尔见面三、四次，在弗莱堡、维也纳或布拉格，时间或长或短。在弗莱堡逗留期间，我有难忘的体验，我经常陪他一起进行他每天的'哲学漫步'，这是他于天气晴好时在书桌旁的工作结束后和中饭前进行的，每天一个半小时，由芬克陪同，有时也由多里翁·凯恩斯和兰德格雷贝陪同。我也被允许参加在他家中与几个亲密朋友的晚间讨论，例如与让·海林。"②

这个关系持续了五年多，直至胡塞尔去世。而这段时间正是胡塞尔的创作高峰期，因而在胡塞尔与舒茨的直接面谈与书信往来中，讨

① 参见 Alfred Schütz, "Husserl and his influence on me", in ibid., pp. 41–45.

② 参见 Alfred Schütz, "Husserl and his influence on me", in ibid., p. 43.

论最多的是胡塞尔的几部业已出版的和即将出版的著作。舒茨拜访胡塞尔的当年恰逢胡塞尔的法文版《笛卡尔式沉思》出版。在胡塞尔的安排下，舒茨于在这年在《德国文献报》上发表了这本书的书评。[①] 从胡塞尔 1932 年 8 月 13 日写给舒茨的信上看，该书评原先计划是由菲利克斯·考夫曼来撰写的，但很可能是因为来不及完成而改由舒茨接手，考夫曼为该书所写的书评两年后才刊发在《国民经济学杂志》上。[②]

自 1931 年起，即在法文版《笛卡尔式沉思》发表之后，胡塞尔似乎开始特别在意自己退休后出版的著述的影响：首先是 1931 年的法文版《笛卡尔式沉思》，而后是 1929 年的《形式逻辑与超越论逻辑》，再后还有胡塞尔 1930 年为英文版《观念》第一卷撰写的"后记"，最后当然是仅部分完成的《危机》论文。无论是在与舒茨的通信中，还是在与古尔维奇和考夫曼的通信中，很多时候讨论的是书评的撰写与发表，而这在他退休前的教学生涯中是从未有过的。这很可能与胡塞尔在退休后感受到的来自各方面的危机有关，他担心自己的事业会逐渐遭到误解或遗忘，也担心"虚假的现象学"会取代"严肃的现象学"，因而他在致舒茨的信中写道："当前需要的是睁开我们的双眼，并创造一个新的公众，我们，也包括您在您未来的作品中，要向他们说话，我们可以与他们一起工作，在永恒哲学（philosophia perennis）上的工作"（Hua IV,489）。

三、舒茨在胡塞尔弟子中的特殊地位

前面在讨论古尔维奇时已经提到，英文版《观念》第一卷的"后记"

---

① Alfred Schütz, „E. Husserl, *Méditations Cartésiennes*", in *Deutsche Literaturzeitung*, 53/51, 1932, S. 2404–2416.

② Felix Kaufmann, „E. Husserl, *Méditations Cartésiennes*", in *Zeitschrift für Nationalökonomie*, 5, 1934, S. 428–430.

是由古尔维奇撰写并发表的。而后胡塞尔还邀请古尔维奇为《形式逻辑与超越论逻辑》撰写书评(Brief. IV, 105)。但古尔维奇最终并未发表该书的书评,原因很可能在于,舒茨和菲利克斯·考夫曼后来在胡塞尔的安排下各自撰写和刊发了一篇该书的书评。[①]

舒茨为《笛卡尔式沉思》撰写的书评发表后,胡塞尔致函舒茨告知他因此而获得的"巨大的节日欢乐":"我立即阅读了它[书评],而它以其非凡的仔细性和彻底性满足了我的美好期望。毕竟我了解您的科学严肃性,它排除了肤浅和不负责任的闲谈的可能性。当然,读者可能无法完全理解所有的内容,而且从我的角度来看,这里或那里换一种表达方式可能会更好,这里或那里还需要插入一些解释性的词语,如此等等。但主要的事情在于,每个科学的读者都会从这种严肃的阐述风格中,以及从它向他清楚表明的这种方法的新奇意义中注意到,这已经不再是一种以新的方式对旧的思想和方法进行修改和系统化的传统哲学之变体,而是在这里最终会回问到所有哲学的原意向和原源泉上,从那里出发去尝试一种极为严肃的开启与前行。我确信这个书评会大有裨益。人们将学会区分严肃的现象学和虚假的现象学(Schein-Phänomenologie),并且认识到,必须研究现象学的基本著作,而不是为了获得'印象'、'启发'而仅仅像'阅读'哲学文献那样去'阅读'它"(Brief. IV,485f.)。

胡塞尔对舒茨书评的这个发自内心的评价与舒茨在胡塞尔的现象学圈中具有的特殊身份不无关系。舒茨自认为他对胡塞尔现象学的理解有两个有别于其他胡塞尔弟子的特点。首先,他所受的基本科

---

① Alfred Schütz, „Edmund Husserl, *Formale und transzendentale Logik*", in *Deutsche Literaturzeitung*, 54, 1933, S. 773-784; Felix Kaufmann, „Edmund Husserl, *Formale und transzendentale Logik*", in *Göttinger Gelehrten Anzeigen*, 195, 1933, S. 432-448.

学训练是社会科学，但在这点上他并非是独一无二的，因为当时与他关系密切的另外两个胡塞尔门外弟子古尔维奇和菲利克斯·考夫曼都与他一样可以说是半路出家。唯有第二点的确是他特有的：他通向现象学的道路不是正统的，即不是从《逻辑研究》，沿胡塞尔本人的思想发展路向一路经《观念》第一卷、《内时间意识现象学讲座》和《形式逻辑与超越论逻辑》以及"我的《观念》的后记"，最后抵达《笛卡尔式沉思》。这是胡塞尔绝大多数学生的"现象学之路"，包括海德格尔在内。而且他们中的绝大多数未能跟随胡塞尔一直走下去，有许多在《观念》第一卷之后就与胡塞尔分道扬镳了。而舒茨的现象学之路正好与此相反，他实际上是从《内时间意识现象学讲座》和《形式逻辑与超越论逻辑》开始，经过《笛卡尔式沉思》，再回到《观念》第一卷以及《逻辑研究》那里。这便是前引舒茨本人的说法："我向胡塞尔的不寻常的靠拢将我带到与他的后期哲学的直接联系中，而从那里出发，我发现了他的早期哲学。"①

由此产生的结果是，舒茨一开始就是胡塞尔的超越论现象学的追随者和倡导者，而且乐意从那里出发将它贯彻到或应用到社会生活世界现象学的问题上。这与遭到胡塞尔批评的他的那些在自然观点中止步不前的学生的立场正好形成对照。舒茨就此写道："从一开始我就对'超越论现象学'的问题更感兴趣，而不是对胡塞尔后来在其'我的《观念》的后记'中所说的'自然观点中的现象学'。尽管我清楚地领会这门现象学以及本质还原对于一门无前设的哲学之论证的重要意义，我还是预感到，对于一种研究社会实在的尝试来说，主要的意义就在于那个同样为胡塞尔所确立的事实情况（Faktum）之中：所有的知识在自然的观点中也始终是有效的。"②

---

① 参见 Alfred Schütz, "Husserl and his influence on me", in ibid., pp. 41–45.

② Alfred Schütz, "Husserl and his influence on me", in ibid., p. 42.

简言之，与胡塞尔的其他学生不同，舒茨认为超越论现象学的经验研究(胡塞尔所说的对超越论经验的研究)可以应用在社会科学的领域中，而且他甚至反对那些用本质直观或本质还原的方法来研究社会科学问题的做法。他认为，“可惜的是，胡塞尔的最初一批与他关系亲近的弟子们认为，社会科学的具体问题可以通过直接应用本质还原的方法来解决，这些方法可以直接应用于未得到澄清的常识思维概念，或应用于同样未得到澄清的实证社会科学概念。”在这方面他后来特别批评胡塞尔早期的女弟子埃迪·施泰因与格尔达·瓦尔特“在分析社会关系、共同体与国家问题时天真地运用了本质方法，这导致她们做出了某些绝然的(apodictic)、而且据称是先天论的陈述，它们使得社会科学家们对现象学抱以极度怀疑的态度”。[1] 从这个角度看，舒茨实际上与胡塞尔的大多数早期学生都站在对立的位置上。

笔者曾论述过[2] 通向胡塞尔的纯粹意识现象学领域的道路——即他在这个时期也将之称作“严肃的现象学”的道路——总体上可以分为两条：一条是先进行本质还原(或观念直观)而后进行超越论还原(或现象学还原)，另一条的操作顺序正好相反。胡塞尔本人走的第一条道路，他的大多数学生和同事——慕尼黑学派和哥廷根学派的成员——开始也是随他走了这条道路，但在胡塞尔看来并没有走到底，即没有再完成超越论还原，因而半途而废，停留在“自然观点的现象

---

① Alfred Schütz, “Husserl’s Importance for the Social Sciences”, in ibid., p. 88f.

② 参见笔者:《意识的向度——以胡塞尔为轴心的现象学问题研究》，北京：商务印书馆，2019 年，方法篇，“意识现象学的基本方法”，第 25-99 页。——舒茨本人在他为德文版《笛卡尔式沉思》撰写的书评中提到胡塞尔在三本引论性的著作中开辟的三条通往纯粹现象学的不同通道:《观念》第一卷是从本质直观开始，《危机》则是从对西方哲学史的重新解释开始，而《笛卡尔式沉思》是借助笛卡尔的本底怀疑来开启超越论现象学的领域。他认为这是一条更为便捷的道路，这实际上也是他自己行走的道路。参见 Alfred Schütz, “Review of *Cartesianische Meditationen und Pariser Vorträge* by Edmund Husserl”, in *Philosophy and Phenomenological Research*, vol. 11, no. 3, 1951, pp. 421-423.

学”的领域中。而舒茨则是以“非正统的方式”首先进行了超越论的还原，进入超越论的领域，在那里开始自己的耕耘，无论是以经验的方式，还是以本质的方式，而后将这些成果运用到社会科学的研究中。在此意义上，舒茨是一个与胡塞尔殊途同归，最终在纯粹的、严肃的现象学领域会合的另类人物。

正因为此，胡塞尔将舒茨视作“相互依靠的少数几个艰难而严肃的工作者”(Brief. IV,488)之一，将他为《笛卡尔式沉思》与《形式逻辑与超越论逻辑》撰写的书评视作一种“为了不错失彻底的、最终的现象学哲学的核心意义所做的重要努力”(Brief. IV,484f.)。

当然，在前面讨论胡塞尔《笛卡尔式沉思》时笔者已经提到，该书的法文版虽然交由海林和勒维纳斯负责，但一方面进展迟缓，拖延了两年才最终出版，另一方面法文的翻译质量也有问题。胡塞尔曾请他的学生英加尔登对法文版《笛卡尔式沉思》做过审核。在1931年8月31日致英加尔登的回信中，胡塞尔写道：“可惜您的猜测得到了证实。《沉思》的译者们常常没有理解文本。难怪他们会停滞不前。在重要之处会有整个几节的内容被一句含糊而不知所云的话语所取代，此外还有足够多的错误”(Brief. III,278)。因此，早在1931年初，还在认识舒茨并约请他撰写书评之前，甚至还在拿到法文版《笛卡尔式沉思》之前，胡塞尔就已经决定加工出版《笛卡尔式沉思》的德文本了。到1932年6月前后，芬克已经根据胡塞尔的指示草拟出了前五个笛卡尔式沉思，共158页打字纸。胡塞尔在1932年8月24日致舒茨的信中特别感谢舒茨的太太伊尔莎(Ilse Schütz)愿意在维也纳将这个打字稿再誊写五份，计划将两份寄给斯特拉斯堡和贝桑松两地，两份寄给凯恩斯和英加尔登两人，最后给弗莱堡留一份(Brief. IV,485)。1932年9月16日，舒茨夫妇将五份誊写稿带到弗莱堡交给胡塞尔。就此而论，舒茨的书评针对的是法文版的《笛卡尔式沉思》，但依据的或参照的已经是德文版的《笛卡尔式沉思》了。

四、舒茨对胡塞尔的社会思想的批评

不过，无论舒茨依据的是哪个版本的《笛卡尔式沉思》，他后来对胡塞尔在第五沉思中阐述的超越论的交互主体性理论，即关于"他我"(alter ego)在我自己的意向性中的构造的理论，都表达了他的怀疑态度或反对意见。

舒茨对胡塞尔的交互主体性理论的反驳主要依据了奥尔特加·加塞特[①]的观点："胡塞尔试图通过从我的身体到他人身体的类比投射或转移而将他人理解为一个'他我'。胡塞尔在这里没有考虑到，我所观察到的只是他人身体的外部，而我对自己身体的体验则是从内部进行的。这种区别永远不能归结为'这里'和'那里'视角差异。"这个反驳实际上可以看作从意识心理学或内在心理学的角度出发对当时已经产生影响的行为主义心理学或客观心理学提出的异议，而且如今在行为主义理论与观察–实验心理学盛行的时代也仍然是有效的。[②]

胡塞尔在《笛卡尔式沉思》中对交互主体性问题的仓促处理理应当属于应急之作，而且他本人最终也没有将文稿付诸发表，原因显然在

---

① 奥尔特加·加塞特(Ortega y Gasset,1883–1955)是当代最重要的西班牙哲学家，1934年11月中旬曾去弗莱堡访问过胡塞尔。胡塞尔在给朋友阿尔布莱希特和学生英加尔登的信中都曾报告说：在他们(加塞特与胡塞尔和芬克)之间"的确进行了重大而严肃的谈话，他的问题一直探入到最艰难的深层"(*Husserl-Chronik,* 453)。——加塞特与胡塞尔的思想联系仍然是一个值得研究的思想史论题。

② Alfred Schütz, "Husserl's Importance for the Social Sciences", in ibid., p. 91. ——不过，舒茨接下来提出的自己对于胡塞尔交互主体性分析的质疑理由却并不具有很强的说服力："如果我是男人，而他人是女人，那么又如何可能通过同感进行意义转移呢?"因为胡塞尔以及利普斯、施泰因等人所讨论的是"同感"的最普遍形式，这个形式可以说是超性别、超种族、超年龄的。只有在进一步的研究中才会涉及经验的、具体的个案讨论。

于他已经看到了这些研究及其表达还有不符合他的要求的地方。事实上，他在 1913 年之后便开始加工《观念》第二卷，但最终也没有对自己提出的解决交互主体性、同感以及作为较高层次主体性之形态的社会和共同体等问题的方案感到过满意。舒茨在回忆录中也提供了对此证明："多年前我曾问过他，是什么在抑制他出版第二卷，他回答说，当时他还没有找到解决交互主体性构造问题的办法。"①

当然，通过由耿宁编辑并于 1973 年作为《胡塞尔全集》第 13 至 15 卷出版的胡塞尔《交互主体性现象学》三卷本遗稿，人们已经了解到，胡塞尔在长达三十多年对交互主体性问题的探讨中留下了大量的手稿，提出了许多思考的路径和解决的方案，而《笛卡尔式沉思》中的交互主体性理论只是其中的一种，而且并非是最好的。在前面对胡塞尔交互主体性理论的阐述中，笔者已经指出，耿宁所认定的最好方案是胡塞尔在 1926/27 年的现象学引论讲座中提出的，在这里，"交互主体性理论第一次获得一种自成一体的、在内容上得到透彻加工整理的形态"；同时耿宁还认为，"胡塞尔后来对此课题的阐释本质上没有超越过这个形态。即使在《笛卡尔式沉思》(1929 年)中对交互主体性理论的阐述，在陌生感知问题上也远远没有达到 1927 年的这些反思的力度与深度。"② 而笔者在赞同耿宁观念的同时还认为，在《笛卡尔式沉思》之前，即在《观念》第一卷中，胡塞尔已经区分："我们仅仅具有在'外感知'中对物理事物的本原(originär)经验，但在回忆或前瞻的期待中则不再具有；我们具有在所谓的内感知或自身感知中对我们自己或我们的意识状态的本原经验；但在'同感'中却不具有对他人及其体验的本原经验。我们根据他们的身体表现而看到

① Alfred Schütz, "Husserl's Importance for the Social Sciences", in ibid., p. 88.

② Iso Kern, „Einleitung des Herausgebers", in Hua XV, S. XXXIV.

他人具有他们的体验。尽管这种同感的看到是一种直观的、给予的行为，但却不再是**本原**给予的行为”(Hua III/1,11)。而在《笛卡尔式沉思》之后，即在 1934 年的手稿中，胡塞尔又明确区分了第一、第二和第三的原本性(Originalität)，它们依次是指：我的当下的意识生活在第一原本性中被给予我，我的被回忆的意识生活在第二原本性中被给予我，而被同感的他人的意识生活在第三原本性中被给予我(Hua XV,Beil. L,641)。这些分析和区分实际上都已经预先考虑到了并在一定程度回答了舒茨和奥尔特加·加塞特的批评和质疑。①

不过，在当时的知识背景下，舒茨全面地支持加塞特对胡塞尔的社会理论的批评。舒茨认为加塞特“有理由拒绝胡塞尔关于在超越论的领域中‘他我’(alter ego)之构造的观点，并随之也拒绝了关于一个共同的交互主体世界之构造的观点，而且他还出于更好的理由拒绝了胡塞尔关于集体性是更高层次的主体性的观点。”②

五、舒茨自然观点的构造现象学与胡塞尔的超越论的构造现象学

如前所述，舒茨完全理解和赞成胡塞尔的超越论转向及其结果：超越论现象学。但他本人所从事的则是一种“自然观点的构造现象学”(constitutive phenomenology of the natural attitude)。这里所说的“构造”，就是胡塞尔一再强调的包括发生构造和静态构造在内的意识构造成就和构造能力。无论在舒茨这里，还是在胡塞尔那

---

① 从这个划分的角度来考察当代的心理学研究方式和趋势，也可以获得在总体研究纲领的制定方面以及相应研究方法的采用方面的启示。但这里不是讨论这个问题的合适场所。笔者会在“人工智能与脑科学时代中的意识问题”的研究框架内展开对此问题的分析和阐释。

② Alfred Schütz, “Husserl’s Importance for the Social Sciences”, in ibid., p. 91.

里，这当然不意味着自相矛盾。因为对于他们来说，超越论现象学构成了自然观点的构造现象学的基础，而非对立面。就此而论，自然观点的构造现象学并不必定是哲学观点的或超越论观点的，它也可以是生活世界观点的，亦即社会世界观点的。舒茨在其《社会世界的意义构成》一书中分析了“衰老”（Altern）以及各种“共同衰老”（Zusammenaltern, Gemeinsamaltern, Miteinanderaltern）等等①，它们都是建立在内时间意识分析的基础上的。因而舒茨在该书的“前言”中便感谢柏格森和胡塞尔的研究工作，“首先是胡塞尔的超越论现象学，开启了哲学思维的那些在其中可以追求对意义问题的真正奠基层次。”②

事实上，舒茨是在三十年之后才真正了解了胡塞尔在“构造现象学”方面的系统工作：意识中的物质自然的构造、动物自然的构造、精神世界的构造，其中也包括通过同感对他人心灵的构造。这是因为胡塞尔文库于1952年编辑出版了由施泰因曾经加工过的《观念》第二卷和第三卷遗稿，即《胡塞尔全集》的第4卷和第5卷。次年，舒茨为它们撰写和发表了长篇书评。③他后来还感叹说：“许多年后，在胡塞尔文库出版了《观念》第二卷之后，我才得知，我的许多发现是与胡塞尔的系统陈述相一致的，它们在我自己的研究工作的许多年前就完成了，而我当时对此完全一无所知。”④可以说，舒茨在他的代表

---

① Alfred Schütz, *Der sinnhafte Aufbau der sozialen Welt*, a.a.O., S. 107, S. 113, S. 181 usw.

② Alfred Schütz, *Der sinnhafte Aufbau der sozialen Welt*, a.a.O., S. 107, S. 113, S. IIIf.

③ Alfred Schütz, “Edmund Husserl's *ideas*, volume II”, in *Philosophy and Phenomenological Research*, vol. 13 no. 3, 1953, pp. 394–413; “Edmund Husserl's *ideas*, volume III”, in *Philosophy and Phenomenological Research*, vol. 13, no. 4, 1953, pp. 506–514.

④ Alfred Schütz, “Husserl and his influence on me”, in ibid., p. 43.

作中分析的社会世界的意义构造，仅仅是胡塞尔已经实施的系统计划中的一个部分。社会世界、文化世界、精神世界、自然世界等等，简言之，我们生活于其中的生活世界，都是意识行为在其流动的进程中通过一步一步在发生的和静态的两个方向上构造出来、而后在意识功能中积淀下来的现象世界，都在这两个方向上包含各自的基本要素和基本结构以及相互间的基本关联及其基本秩序。

从这个角度来看，他人心灵的构造究竟是通过心灵或身体的类比投射和转移，还是通过结对的联想等等方式来完成的，已经无关紧要。这里的关键在于，严格地区分对他人心灵和自己心灵的把握，这是意识构造分析的第一个重要步骤，从这里开始可以展开对精神世界和意义世界的进一步探索。舒茨在这里已经认识到了这一点："正如胡塞尔清楚地看到的那样，他人的意识生活对我来说并非是直接可达及的，而只能以共现的（appresentation）方式。"①

而且在笔者看来，在这个问题上同样无需太多顾忌的是所谓的"唯我论"的质疑和批评，因为这里严格区分的"本我"与"他我"以及对它们的不同把握方式，实际上已经从一开始就排除了唯我论命题提出的可能性。这里讨论的并非是否只有一个"自我"的问题，而是复数的"自我"之间认识与沟通的问题。严格说来，"本我"与"他我"的问题是社会认识论的问题，而"唯我论"问题则属于社会伦理学的问题。

除此之外，在前面论述古尔维奇的代表作《意识场域》时，笔者曾说明该书中的核心概念"同现"（Kopräsenz）意味着一种决定着意识关联性的普遍结构，即同现结构，它与胡塞尔的"共现"（Appräsentation）概念是对应的或相似的，同时笔者也说明胡塞尔在

① Alfred Schütz, "Husserl's Importance for the Social Sciences", in ibid., p. 96.

《笛卡尔式沉思》的第五沉思中专门讨论了交互主体性问题，尤其有一节论述作为“一种带有本己证实风格的特殊经验方式”的“共现”。[①]而舒茨在这里对“共现”方式的强调，再次突显了这种方式在意识构造中的关键性作用。舒茨和古尔维奇这两位弟子在这个概念上对他们共同老师的观念和方法的继承是独具慧眼的，而且也是至关重要的。[②]

看起来古尔维奇是将它应用于普遍的意识场域，而舒茨则主要将它应用在社会意义的建构分析框架内，但实际上这里的共同性大于差异性。舒茨是从马克斯·韦伯那里发现并接受了对社会学中“行动的意义”与“意义的理解”的概念。而在发现胡塞尔的意向性理论之后，舒茨将它运用在社会学领域的行动意义的建构分析中。如果胡塞尔在其意向性分析中将意向活动理解为一种赋予意义（sinngebend,sinnverleihend）的意识行为（Bewußtseinsakt），例如将树林中的活动物体感知为一只兔子，即赋予这个物体以兔子的意义，如果舒茨也在此意义上将一个行动（Handeln）理解为赋义的行动，例如把笔沾上水或打开台灯，并进一步将韦伯的社会行动的概念理解为有意义地或与一个意义相联结地指向他人的行动，那么舒茨已经在胡塞尔的一般意向意识领域中讨论的“意义”与韦伯的社会世界中讨论的“意义”之间建立起了一种内在的联系。而这种联系在胡塞尔那里也

---

① 参见 Hua I, § 52, 143ff. ——对此概念的详细论述可以参见笔者的论文：„, Appräsentation‘ – Ein Versuch nach Husserl“, in Cathrin Nielsen, Karel Novotný, Thomas Nenon (Hrsg.), *Kontexte des Leiblichen*, Nordhausen: Verlag Traugott Bautz, 2016, S. 377-418. ——该文的中文版参见笔者：“现象学意识分析中的‘共现’——与胡塞尔同行的尝试”，载于《鹅湖学志》（台北），第五十六期，2016 年，第 185-235 页。

② 但舒茨和古尔维奇似乎并没有对“共现”与“同现”作对比性的考察，他们在书信中讨论和分析“共现”与“同现”时从未想到将两者联系在一起处理（参见 Alfred Schütz/Aron Gurwitsch, *Briefwechsel 1939-1959*, a.a.O., S. 280f., S. 352f., S. 363ff.）。但这两个概念的确是一个需要专门讨论的现象学课题。

体现为《观念》第二卷的总标题《现象学的构造研究》与其中第三编“精神世界的构造”之间的联系。

六、结语

这里还需要回到本文开篇讨论的古尔维奇与舒茨的关系上来！他们的名字常常一起出现实属必然。从作为意义赋予(Sinngebung)的意向性角度来看，古尔维奇的《意识场域》继承的是对胡塞尔的总体意识领域的意向性研究，而舒茨的《社会世界的意义构成》则是对其中的精神社会世界的意向性研究(与古尔维奇在其《周遭世界中人与人之间的相遇》的研究属于同一个方向)。他们二人都以私塾弟子的身份不仅继承了胡塞尔的思想遗产，而且也通过各自的创造和转化进一步丰富了这个思想宝库。

就总体而言，这里所说的“意向性”，前一种是布伦塔诺原初意义上的意向性，后一种则更多是韦伯意义上的以及当代英美分析哲学中讨论的意向性。舒茨指出了这两种意向性的共同之处都在于其“赋予意义”的特性。原则上，“有意向”与“有意图”都是带有某种主观指向的“有意义”。它们都意味着在意识构造或社会行动过程中完成的意义原创、意义给予、意义积淀、意义传递，由此形成的意义库，类似用图像、符号等等信息组成的知识库。波普尔曾用“第三世界”的概念以及弗雷格、胡塞尔曾用“第三王国”的概念来或含糊或清晰地指出这个既非心理的也非物理的信息世界。因为意识构造和社会行动过程就是文化意义、社会意义、历史意义等等的原创与积淀的过程。在知识储存的意义上如今已经可以谈论文化知识学、社会知识学、历史知识学等等。它们构成今天的各种类型的虚拟世界的基础。这也是笔者在人工意识与人造社会生活世界之可能性标题下讨论的课题。

最终可以看到，根据以上所述，舒茨有理由对他所理解和接手的胡塞尔思想遗产及其与经验社会科学、自然观点的构造现象学和超越论的构造现象学的关系做出如下的精辟概括：

> 经验的社会科学的真正基础不是在一门超越论现象学中，而是在一门自然观点的构造现象学中。胡塞尔对社会科学的特别贡献既不在于他徒劳地尝试去解决在还原后的本我论的领域中的超越论交互主体性的构造问题，也不在于他的作为理解基础的未澄清的同感概念，同样不在于他将共同体和社会理解为其本质可以本质的方式得到描述的更高层次的主体性；胡塞尔的成就更多在于他的那些指向生活世界问题以及指向一门有待发展的哲学人类学的丰富多彩的分析。事实上，这些分析有许多是在现象学还原的领域中进行的，甚至可以说，这些被研究的问题只有在实施了这种还原之后才会变得可见，但这个事实并不会影响它们的结果在自然观点领域内的有效性。因为胡塞尔自己已经一劳永逸地确立了这一原则。[①]

迪特里希·曼科与胡塞尔之间的最后几封书信往来

笔者曾将胡塞尔这年5月4/5日写给他的哥廷根和弗莱堡的学生迪特里希·曼科的一封长信（Brief. III,491–500）翻译成中文，作为附录二收于《胡塞尔与海德格尔》一书中。[②] 胡塞尔的这封信，不仅应曼科的要求对他早期的数学研究以及此后五十年的哲学生涯做了回顾和说明，以及对他正在撰写的《笛卡尔式沉思》一书的主要观点做了说明和阐释，而且还用很大的篇幅描述了当时的政治局面与由此带来

---

① Alfred Schütz, “Husserl’s Importance for the Social Sciences”, in ibid., 97f.

② 参见笔者：《胡塞尔与海德格尔：弗莱堡的相遇与背离》，同上书，第216–227页。

的危险，尤其表达了他对海德格尔在当时政治局面中所持的政治态度以及背后的哲学立场的极度不满和失望。

我在我的漫长的、也许过于漫长的生活中需要克服许多艰难！还在青年时代便已如此；但那时的艰难在于我的哲学发展，它对我来说是在我的无把握的、不明晰的状态下为了精神的生与死而进行的搏斗：一种完全个人的、尽管与哲学精神性的存在相关的搏斗。从中产生出一种对我所信赖的、但无限地超出我的微弱力量的哲学使命的意识——因而由此直到年迈时都与这样一种使命不可分割地联系在一起的傲慢的悲剧，与此合而为一的是一种巨大责任负担的持续压力，这种压力在前进的过程中会减轻，但随即重又会加倍。而后便是那种在这两者之间的悲哀张力：一方面是绝对的确然性：发现了并启动了一个无限的研究方法域(Arbeitsmethodik)与研究问题域(Arbeitsproblematik)的真正的方法、真正的体系；另一方面则是我的学生们、可爱的年青朋友们以及同事们的态度——他们恰恰没有在意向阐释的意向活动-意向相关项的全面性与直观的无限性中理解最为本质的东西、这种方法的新精神、超越论还原的意义，并且现在多方面地通过对相对明见性的绝对化、对一种新的本体主义(Ontologismus)的建立来亵渎一门新哲学的真正变革性的意义，并因此而完全地使这个意义被贬值。由此出发来进行所有那些所谓的改善、补充、深化的尝试，而这些尝试的水平从一开始就已经永远地被我的真正的现象学所跨越。然而我与这些学生中的一批人还保持着私人的友谊，尽管我并不能赞同他们的哲学思考，同样也不能赞同那些他们所以为的、然而在其理解中从未达到的东西。(大部分是由于我的罪过，由于一种在生成过程中尚未完全表达出来的哲学的罪过。）而**在另一些人那里**，我却已经不得不拥有了最阴暗的个人经历——最后的和对我最沉重的打击是在海德格尔那里的经历：之所以最沉重，是因为我不仅对他的才华，而且对他的品格曾寄予了一种（现在连我自己也已经不再能够理解的）信任。

［这段被误认为是哲学的心灵友谊的最美结局就是（完全戏剧性地）在5月1日公然加入国社党。在此之前他已完全断绝了与我的来往（而且是在他被任命[①]之后不久），而后是近年来他的越来越强烈地表露出来的反犹主义——在他那一组热情的犹太青年面前以及在系里也是如此。］要想克服这些难度很大。而且在这里还要克服海德格尔与其他"生存"哲学——大部分出自对我在著述与讲座以及个人教诲中所阐释的思想的漫画——的那种做法：将我毕生工作的彻底的、**科学的**基本意义完全颠倒过来，并且用大量的赞誉将这个工作贬低为已被克服的东西，贬低为现在还去学习已经纯属多余的东西。要想克服这些也不容易。但所有这些我都克服了，而在退休后的这些年里，我在我的与世隔绝状态（splendid isolation）中实际上感觉很好，因为我有了巨大的进步——直至出现新的障碍，主要是年龄以及相应的忧郁症的障碍，或许只是过度工作的不良结果，不言而喻，我会在一段时间后再次战胜它们。

这里可以留意一点：胡塞尔在此期间的自身反思使他内心开始产生对自己的哲学使命的怀疑，主要是对自己完成这个使命的主观能力和客观可能的怀疑。他谈到"一种**对我所信赖的、但无限地超出我的**

① "任命"是指海德格尔于1928年接替退休的胡塞尔，成为弗莱堡大学哲学系的讲席教授。

微弱力量的哲学使命的意识”,以及“**直到年迈时都与这样一种使命不可分割地联系在一起的傲慢的悲剧**”。这种疑虑在胡塞尔那里难得出现,而且即使偶尔有也多半会转瞬即逝。这里的情况也是如此。

由于这个长信的附录当时主要用于对胡塞尔与海德格尔之间私人关系和思想联系的背景交待,因而笔者没有一并提供曼科当时对胡塞尔长信的回复。笔者在这里要补充曼科在这个时代的政治立场和思想态度,以便能够在一个更大的范围内勾勒出胡塞尔当年身处的人际环境和社会世界。

对于胡塞尔的这封长信,曼科于1933年9月4日写了回信(Brief III,504-511),篇幅与胡塞尔来信几乎同样长。他在信的一开始便列出一个回答的提纲:“我要为以下三点衷心地感谢您:1.您关于您哲学早期的、数学的研究和工作所做的详细告知;2.您对您为德国哲学的精神发展做出的艰辛的、受到多方面阻碍的追求和创造的阐释,您担心这些追求和创造现在因为国家政权与年轻一代的反犹主义而被判为无效;3.您在回答我对您的单子论奠基问题时对您的‘笛卡尔式沉思’所做的重要阐释和补充。”

曼科对胡塞尔阐释的这三点做了详细回复。笔者在这里撇开与胡塞尔早期数学学习生涯相关的第一点以及与他后期《笛卡尔式沉思》的阐释相关的第三点,而仅仅集中于与1933年的历史事件以及它导致的个人命运和思想变化密切相关的第二点,它一方面涉及德国当时的当局和大众的反犹运动,另一方面涉及学校的和学界的反犹思潮。

关于第二点,现在很难做纯粹实事的和客观的表述,因为这里一并漂浮着过多的主观的和个人的东西。因为我觉得,如果用相对外在的、实事的思考将最内心的个人感觉可以说是从世界中排斥出去，那么这会是一种亵渎。但由于您自己最后还表达了这样的希望，即“很快就能够重新在永恒的精神原野（即在上述客观区域）中克服这种‘对暂时此在’的个人威胁”，因而我在这里想告诉您我的实际看法，它或许可以为您提供少许慰藉，诚然，只有在您能够从您的系统立场出发跟随我的哲学史的立场的情况下。

您为此而感到深深的忧伤，即您的众多学生中几乎没有一个理解了您的思想的最为本质的东西，而且没有“在意向阐释的意向活动–意向相关项的全面性与直观的无限性中”继续培育“这种方法的新精神、超越论还原的意义”，情况相反，这一个学生在将“这个相对的明见性加以绝对化”，那一个学生在将“那个相对的明见性加以绝对化”，而且急于想要达到一个新的系统，例如存在论。而且您担心，有一些完全不忠实的、转到国家社会主义那边去的学生也将试图摆脱与您的残余联系，而且在下一代人那里会因为盛行的反犹主义而将您的超越论现象学完全排斥殆尽。我完全不认同您的这个担心，而且我作为历史学家将此视之为历史完全不可能的。对此，您的现象学已经对德国的哲学和精神生活的其他方面发挥了如此深刻和如此广泛的影响，以至于它的作用再也无法被根除，即使是通过一种有意为之的反作用。我同样认为，这只是一种暂时的夸张，它可以通过我们祖国的过于活跃的犹太同胞在最近几年当然是不合理的强大的公开的影响而得到解释，如果执政党现在正谋求全然遏制犹太精神的话。但从长远来看，德意志的客观性将不会允许人们去轻视犹太人的天才智慧所创造的精神价值，德意志的全面性也不能忽略将这些价值据为己有。当前由那些宣传演讲者们所宣告的东西及其以更粗鄙的方式被大众所效仿重复的东西，都带有倾向性色彩。但希特

> 勒本人——就像我在他的《我的奋斗》的书中读到过的那样——很清楚这一点,即:德意志民族是一个种族**混合体**,而且它的**多方面**才华恰恰要归功于这个事实。(第一部分第十一章)即使他为了政治统一的缘故而试图阻挠进一步的种族混杂,他也必定会为了这个精神财富而让这个血统与精神资质的现有杂多性继续发挥作用。而他也的确愿意如此,这一点例如已经表现在他对基督教会的态度上,他对"德意志民族的漫游学者"连同其古日耳曼宗教的态度上,以及他对德意志民族在宗教领域从犹太精神那里,同样也在科学和艺术的论域从希腊精神那里所经历的历史影响的认可上。这些思考的结论在于,国家社会主义也必定会认可例如斯宾诺莎对莱辛、赫尔德、歌德等人所具有的影响,而且情况不可能与此相反,他也同样会承认您的现象学对德意志精神生活所起的作用——即使他眼下还不会这样**说**(Brief. III,505f.)。

除了对胡塞尔的忧伤和悲观所做的安慰以外,曼科在这段话中主要表露了以下几个观点:首先,他认为,反犹的民众运动和当局的反犹遏制政策之所以产生,乃是因为德国犹太人近几年"过于活跃",从而有了"不合理的强大的公开的影响";其次,在他看来,当前的这些夸张局面是"暂时的"和"眼下的",不会持久地维续下去,因为德意志的客观性和全面性会阻止这一点;最后,他相信希特勒不同于一般的宣传演说家和粗鄙的大众,他对犹太人和其他种族创造的精神价值有清晰的认识。对于最后这一点,《胡塞尔书信集》的编者卡尔·舒曼还附加了一个带有讥讽意味的说明:"对希特勒《我的奋斗》的第一部分第十一章('民族与种族')的极富善意的解释。"后来的发展表明曼科作为历史学家对"历史完全不可能"的断言以及对希特勒的理解和解释都是幼稚而外行的。

随后曼科还再次强调自己的历史学家身份，并对胡塞尔与其弟子的思想关系做了解读和劝说：

> 因此，您当然也必须满足于这种状况，即您的学生中没有人完全在您的意义上继续培育现象学，而且许多人觉得尤为重要的和值得发展的并不是您认为的本质性的东西，而是那些对您来说次要的东西。如果您抱怨的只是这个事实，那么在我看来，在这里表现出来的是一种为体系学家所特有的片面性，对他来说，被他明见地认识到的、普遍有效的真理的客观体系就是一切。而历史学家则相反，对他来说，生成变化的认识活动的主观的-个体的杂多性也是有价值的，他也将此视作您的思想世界之内在财富的一个证明，它使这个思想世界朝向杂多方面的继续发展成为可能。我回想起狄尔泰的“在一个系统中包含的种种结论之多面性”原则（GS II,357,458），这种多面性使他能够继续发挥其多方面的历史作用，当然，只要它的确是一个内涵丰富的思想体系。作为历史学家，我在您抱怨的东西中恰恰看到了您的现象学的全面重要性和丰富成效性的一个证明。在我看来，您必须为此感到自豪：您以如此不同的方式发挥了令人振奋的作用，并且不仅创造了观念，而还创造了新的精神、原创的精神生活……我作为历史学家是这样来看待您的重要性的，而且我只能期望，您或许可以至少是部分地承认我的这个看法是合理的，这样您就不会错误地以为：您所起作用的不成功的错误看法，而是转而坚信：您的使命之实现已经成为现实（Brief. III, 506f.）。

曼科在这段话中两次提及自己的历史学家身份，并预言和劝说胡塞尔相信，他的现象学会具有恒久的效应。就这点而言，曼科作为理论历史学家或思想史家具有比他作为社会历史学家或政治历史学家更为清晰准确的眼光。

胡塞尔对曼科的长信一直没有答复，直至 1933 年的最后一天，即 12 月 31 日，胡塞尔才给曼科寄去简短的回信："我不想在还未给您写信之前就让旧的一年过去，而且只是为了感谢您今年夏天的在私人和科学方面都令人愉悦的来函。自那时起它就始终躺在我的书桌上。我曾打算同样详细地回复它，但正因为此才一直没有做到"（Brief. III,511）。无论如何，胡塞尔的这封信为他与曼科在 1933 年的书信往来画上了一个休止符。看起来胡塞尔此后没有再详细地回复过曼科的这封长信，也许是因为胡塞尔从中已经看到曼科的思想道路与他的相距甚远，甚至越行越远，因而再多说也于事无济；也许是因为时局的发展证明了曼科的政治预言完全不着边际，因而也无须再做回应和反驳。

这里所说的"时局的发展"，不仅是指纳粹政府接下来愈演愈烈的反犹运动，包括"纽伦堡法案"的颁布，而且也是指胡塞尔的"雅利安"学生与朋友的海德格尔作为弗莱堡大学校长（1933–1934 年）于 1933 年 5 月 27 日发表"德国大学的自我主张"的讲话，而后于 11 月 11 日在莱比锡大学的德国学者庆祝"纳粹革命"的大会上致辞，并在随后在此次会议上被宣读的"德国大学和高校教授们对阿道夫・希特勒和民族社会主义国家的表白"的公开信上签名，以及诸如此类。而曼科本人作为马堡大学哲学系主任（1932–1934 年）不仅在 1933 年 6 月也在这封信上签了名，而且还在 1934 年加入了纳粹的冲锋队。[①]

与此形成明显对照的是胡塞尔的书生气：尽管没有迹象表明他有对曼科回信中第一点和第二点的回复意图，但对于第三点中曼科提到的"意向蕴涵"的学术问题，可以在胡塞尔的书信中找到一份他让

① 参见 https://de.wikipedia.org/wiki/Dietrich_Mahnke.

助手芬克起草的反驳信稿，这份未完成的一页半纸信稿的落款时间是1933年11月30日。它的开篇是："曼科对'单子的超越论蕴涵'的错误解释要归因于他没有切中原则性的问题视域，这个现象学命题仅仅在这个视域中才是合理的。他误识了'现象学还原'的意义"，以及如此等等（Brief. III,519f.）。

半年之后，即1934年6月4日，胡塞尔从弗莱堡附近的小镇卡佩尔（Kappel）给曼科寄去明信片："非常感谢您的亲切来函。我非常需要康复宁静的乡村生活，已经于6月1日移居至此，并且理想地实现了在住宅和风景方面的要求。我立即掌控了我的哲学视域，并正处在可喜的紧张工作中：可惜前一个冬天在这方面带来了许多干扰，即带来了许多压抑心灵的混乱骚动。但我最终将这一切都用'现象学的加括号方法'予以了克服，只是这种方法在这个时代难以实施并且需要耗尽全力"（Brief. III,516）。

曼科在这张明信片上记有如下笔记："这是对我追加的[胡塞尔]七十五岁生日祝福的回复。胡塞尔没有再回复我的6月6日的回信。在他1938年3月最后一次患病期间我还给胡塞尔太太去信，最终在他去世后还写了悼念函，但均未收到回复"（Brief. III,516,Anm.222）。

这些笔记是曼科在胡塞尔于1938年4月27日去世后写下的。而此后不久，即1939年7月25日，曼科在德国南部城市菲尔特（Fürth）因一场意外事故而去世。

1933年

时至1933年，这是德国历史上的一个极不寻常的年份。从1月初开始的德意志帝国秘密组阁谈判到1月末有了结果：1月30日，德意志帝国总统保尔·封·兴登堡任命国家社会党主席和最大的国家议会党团派系“领袖”阿道夫·希特勒为德意志帝国首相。德国历史由此翻开“第三帝国”的一页。

两个多月后，德国便开始制定和颁布一系列反犹主义的法律，以“累进式激进主义”的方式开启反犹、排犹、灭犹的进程。首先是希特勒于 4 月 7 日签署了“公务员职务重制法”(Gesetz zur Wiederherstellung des Berufsbeamtentums)，禁止犹太人担任公职等等。而后于 1935 年 9 月 15 日通过两部被称作“种族法”或“雅利安人法”的“纽伦堡法案”，即“帝国国民权法”(Reichsbürgergesetz)与“德意志血统和德意志荣誉保护法”(Gesetz zum Schutze des deutschen Blutes und der deutschen Ehre)；前者褫夺作为“非雅利安人”的“犹太人”的德国公民权，后者禁止“德国人”与“犹太人”结婚或有婚外性行为以及禁止“犹太人”雇用 45 岁以下的德国妇女为家庭佣工等等。

而对于胡塞尔而言，这一年首先意味着：他作为犹太人在退休之后又于 4 月 6 日被巴登州的文化部下令“休假”，4 月 28 日休假又被取消。他的一度最亲密的朋友和讲席继承人海德格尔于 5 月 1 日公开加入纳粹党。

胡塞尔的德意志民族意识和民族情感是在 1933 年之后才受到最终伤害的。对此可以参考埃迪·奥伊肯-埃尔德希克的回忆：胡塞尔“始终觉得自己是德国人，他曾不得不在第一次世界大战中献出自己的一个儿子，现在他被逐出‘民族共同体’。”[①] 胡塞尔自己在 1933 年 5 月 4、5 日致其学生迪特里希·曼科的信中深感悲哀地写道：“我在年迈时还不得不经历一些我从未认作可能的事情……根据一个今后生

① 埃迪·奥伊肯-埃尔德希克：“迷恋真理——回忆埃德蒙德·胡塞尔”，载于倪梁康(编)：《回忆埃德蒙德·胡塞尔》，同上书，第 404 页。

效并且始终有效的国家法律，我们应当不再有权利将自己称作德意志人，我们的精神事业应当不再被归入德意志精神史。我们只能够带着'犹太人'的烙印——因为据说它按新国家意志的所有宣示就是可鄙的烙印——作为德意志精神必须防范的、必须要灭绝的一种毒药而继续生活。"[①] 而在这年 7 月 1 日写给好友阿尔布莱希特的信中，胡塞尔还更为苦涩地回顾说："随着对'德国人'与'非德国人'的对置，我与其他数百万人一样，被剥夺了作德国人的权利，我几乎无法承受这一点。我想，我并不曾是最坏的（老派而保守的）德国人，而我家曾是一个充满真正民族志向的场所，我的**所有**孩子都在战时的自愿参战的活动中于前线以及（伊丽）于战地医院证明了这一点"（Brief. IX,92）。

南加州大学的聘请

在胡塞尔受到来自自己国家和周遭的心理伤害最深的这一年，从遥远的美国南海岸伸出了援手。1933 年 11 月 10 日，胡塞尔收到了位于洛杉矶的美国南加州大学哲学院的邀请函，聘请他去那里担任客座教授。邀请函中说明，他是去接任过世的伦敦教授、莱布尼茨专家卡尔（Herbert Wildon Carr,1857-1931）。如胡塞尔向他的哥廷根学生曼科报告的那样，卡尔在那里担任这个教职已经五年，开始时是客座，而后是长聘。如果胡塞尔愿意，南加州大学也可以从一开始就为胡塞尔申请接下来的长聘教职（Brief. III,515）。尽管此时胡塞尔已经年逾 70，但他面对时局，还是认真考虑了这个可能性，主要是因为他相信可以在加利福尼亚的天堂中找到对那些压抑他的东西的解脱。

---

① 胡塞尔："胡塞尔1933年5月4、5日致迪特里希·曼科的信"，倪梁康译，载于《世界哲学》，2012 年第 6 期，第 133 页。

胡塞尔在 1933 年 11 月 20 日致英加尔登的信中问道:“您怎么看:我收到了一个来自洛杉矶的客座教授聘书。我在考虑是否可能去那里一年或一年半”(Brief. III,292)。看起来胡塞尔考虑的时间相当长。一个多月后,在 1933 年 12 月 30 日致阿尔布莱希特的信中,胡塞尔看起来仍然在考虑这个可能性,但此时考虑的更多是负面的因素了:“当然我们愿意非常认真地对待去洛杉矶的聘任,并且带着在那里找到心灵安宁并有可能在那里发挥我的哲学影响的希望前往那里。但有时我会觉得,我这个 75 岁的人还参与这样的事情是不是有些疯狂,我不会说英语,尤其是我始终带有老年的困苦(在这里它们就已经在为工作可能性的斗争中扮演重要的角色了)”(Brief. IX,98)。

紧接下来的 1934 年 1 月,胡塞尔与他的学生曼科之间还有一次通信往来,曼科虽然对胡塞尔受到聘任的消息感到高兴,但也表明这只是因为他希望,“这个认可会激发您的创作喜悦,而不是您去遵从这个聘任。因为您现在的任务当然不是在大学中任职,而是在于将您的研究工作尽可能向前推进”(Brief. III,514)。很难说是因为听从了曼科的反对意见,但无论如何,胡塞尔在 1934 年 1 月 8 日的回信中已经告诉曼科:“我无法与德国分离,尽管我还没有做出最终决定,但仍然可以预见,我将会坚守信念,至死不渝(daß ich an meiner Stange bleiben und in meinen Sielen sterben werde)。希望将来会有一天人们愿意并且必须将我认真地视作德国民族及其哲学的一部分”(Brief. III,515)。

可以注意到,无论是邀请方南加州大学,还是受邀方胡塞尔,此时都还未将这个赴美担任教职的可能性视作一个流亡美国的机会,而此时他的儿子格哈特与他的犹太学生如弗里茨·考夫曼、古尔维奇、舒茨等等都已经启动了或完成了流亡的进程。可见德国的时局当时虽然严酷,尤其对于犹太人而言,但他们的流亡和迁徙大都还是出于学院生涯与工作生计方面的考虑。后来以种族灭绝为目的的大屠杀和集中营，此时尚未被任何政治哲学家和社会思想家预见到。

当然德国时局的恶化在当时是十分迅速的。两年后的情况便与此大不相同。后面将会说明胡塞尔的另一次国外大学的受聘可能：布拉格德语大学的胡塞尔聘任计划。实际上邀请方和受邀方都将这个聘请视作一个帮助胡塞尔流亡国外的可能性。

晚年的身体状况

在前引 1933 年 12 月 30 日写给其老友阿尔布莱希特的信中，胡塞尔谈到他的“老年的困苦”（Altersbeschwerden）（Brief. IX,98）。这里所说的困苦，首先是视力的衰退。事实上这在胡塞尔的哥廷根时期就开始了，很难说是老年病，而只能说是因年龄增长而造成的器官功能退化。如前所述，施泰因于 1915 年在哥廷根撰写博士论文时，胡塞尔就已经开始让她将自己博士论文稿读给他听了。施泰因曾回忆说：“他[胡塞尔]对眼睛的抱怨由来已久，很想让人为他做一个白内障摘除术，但这个病从未达到可以做手术的程度。现在他只知道一个拯救办法：他必须有一个助手。”[①] 这个情况在胡塞尔的弗莱堡教学时期一直延续。他退休时的视力状况在吉布森的弗莱堡日记中也有记录。例如他在 1928 年 6 月 25 日的日记中曾写道：“勒维纳斯告诉我，胡塞尔很少读书。他翻开一本书看了两页后就会因自己的思维受到冲击而不得不放下它。”这是对胡塞尔很少读书之原因的一种不太可信的解释。吉布森后来在日记中也给出了对胡塞尔不读书或少读书的较为可信的解释。这是在四个月之后即 10 月 25 日的日记

① 施泰因：“在胡塞尔身边的哥廷根和弗莱堡岁月”，同上书，第 156 页。

中:“胡塞尔视力不好,因而读起书来很费事。他能看清远处的事物,但近在眼前的却根本看不到。他会与最好的朋友擦肩而过却认不出对方。他看书时总要借助放大镜。因此,读一本博士论文对他来说不啻是一种折磨。这就解释了很多现象,特别是他什么都不读这件事。1917 年来这里后情况好了很多。于是他开始读书,但视力慢慢越来越糟。”[①] 这可以说是对胡塞尔的视力与阅读状况的一个直接写照。

与此相伴的还有胡塞尔的听力的减弱。不过看起来这是在他到弗莱堡之后发生的,而且很可能是在 1928 年退休之后。他自己在前引 1933 年 12 月 30 日致阿尔布莱希特的信中便抱怨说:“去年我的听觉变得非常糟糕,每次与人交往对我来说都是一次痛苦,而且我的视觉也在退化”(Brief. IX,98)。

撇开牙疼、头疼、关节疼等等小症状不论,胡塞尔抱怨最多的还是听觉和视觉的障碍。在 1934 年 10 月 7 日致阿尔布莱希特的信中,胡塞尔再次描述他的身体:“是的,不知不觉就老了。你知道的。我的眼睛始终稳定不变,小字体我当然只能用放大镜看——但能够这样维持,我已经非常满意了。但听觉!如果有两人在一起,我就几乎什么也理解不了”(Brief. IX,105)。这还可以从他在弗莱堡时期的好友、瓦尔特·奥伊肯的太太埃迪·奥伊肯–埃尔德希克的回忆中得到旁证:1936 年,胡塞尔在给她的电话中会自我调侃说“我是聋子”,事实上她也补充对此说明:“他的耳朵有些背。”[②]

而在 1935 年 12 月 22 日致阿尔布莱希特的信中,胡塞尔对自己的身体状况所做的清醒而苦涩的总体评价可以算作他对自己最后几年的体验总结:“但我现在已经 77 岁了!而我的躯体,无论医生们对

---

① 吉布森:“从胡塞尔到海德格尔——1928 年弗莱堡日记节选”,同上书,第 324、339 页(这里所说的“1917 年”应为“1916 年”)。

② 参见埃迪·奥伊肯–埃尔德希克:“迷恋真理”,同上书,第 403 页。

它如何夸奖，仍然有四分之三是尸体了，余下的四分之一则每天都在制造恼人的不适”（Brief. IX,123）。

国际学术声誉

在国际声誉方面，胡塞尔于1928年被选为“美国艺术与科学学院”的国外名誉院士，在1932年被“法国伦理学和政治学学院”授予通讯院士称号，1935年被“布拉格哲学院”授予荣誉院士称号，1936年被授予“英国学院”院士的称号，如此等等。

扬·帕托契卡

1933年夏季学期，帕托契卡来到弗莱堡，成为胡塞尔最后指导的学生。由于当时胡塞尔已经退休，因而前来弗莱堡学习现象学的国际交流学生大多数都是随海德格尔学习，有少数几个虽然挂在他的名下，实则更应算作胡塞尔的亲炙弟子。帕托契卡因为此前便对胡塞尔的现象学著作有阅读和理解，而且在巴黎聆听过胡塞尔关于笛卡尔式沉思的讲演，加之他与胡塞尔是捷克历史地域意义上的同乡（帕托契卡的出生地是波西米亚，胡塞尔的出生地是摩拉维亚），故而他在弗莱堡学习期间更多是随胡塞尔而非海德格尔学习。

根据帕托契卡的回忆，他于1933年夏季学期（通常从4月开始）到弗莱堡报到时，纳粹刚刚上台并颁布反犹政策不久。他的第一印象，即“胡塞尔已经经历过了最初的失望和屈辱”[①]，还是十分准确的。因为胡塞尔因其犹太血统而在这年的4月6日收到巴登文化部单方面颁发的以“休假通告”为名的禁教令。次日颁布的第三帝国“公务

① 参见帕托契卡：“回忆埃德蒙德·胡塞尔”，同上书，第280页。

员重置法”则只是在法律上部分核准了巴登文化部的禁教令。具体说来，根据这个法律，胡塞尔的儿子格哈特因其犹太血统不能再担任公职和教职，而相反胡塞尔则可以继续担任，因为这个法律的规定日是1919 年 8 月 1 日之后入职的公务员。因而巴登州的休假通告在 4 月 14 日被取消。胡塞尔被告知，巴登文化部并不反对胡塞尔开设一些课程。[①]

不过，胡塞尔在帕托契卡面前必定对自己内心的创伤有所掩饰。马尔维娜在 4 月 26 日写给儿子格哈特的信中仍然报告说，胡塞尔“上周感觉不适，失眠和神经痛在折磨他”(Brief. IX,213)。而胡塞尔自己则在这年 7 月 1 日致老友阿尔布莱希特的信中还将“公务员职务重制法”和与此相关的“休假令”感受为“对我的生命的最大伤害”(Brief. IX,92)。

无论如何，至少帕托契卡在这里使用的“**最初的**失望和屈辱”还是恰如其分的，因为随后还有一系列让胡塞尔更加感到失望和屈辱的事件发生：海德格尔于这年的 4 月 21 日担任弗莱堡大学校长，海德格尔太太埃尔弗雷德于 4 月 29 日致胡塞尔太太马尔维娜的“告别信”，海德格尔本人于 5 月 1 日公开加入国社党——所有这些都构成了对胡塞尔而言的“最阴暗的个人经历”和对他的“最后的和最沉重的打击”(Brief. III,492f.)。

帕托契卡之所以感到胡塞尔已将最初的失望和屈辱抛之身后，很可能是因为胡塞尔在他面前没有这方面的丝毫表露。胡塞尔在第一次见到他时满怀喜悦地说：“啊，终于有这一天！我已经有了来自世界各地的学生，但一位同胞来到我这里——这还从来没有发生过。”的

① 参见 Hugo Ott, „Edmund Husserl und die Universität Freiburg“, in Hans Rainer Sepp (Hrsg.), *Edmund Husserl und die Phänomenologische Bewegung. Zeugnisse in Text und Bild*, a.a.O., S. 100.

确，1933 年胡塞尔身边还有许多国内外的学生，除了他的两位助手欧根·芬克和兰德格雷贝之外，帕托契卡在胡塞尔的家中还见到一位日本人（尾高朝雄？）和一位中国人（沈有鼎？）。在这里，“我们当然谈论现象学、它的精神使命”。因而帕托契卡在胡塞尔和他的学生这里能够获得的最深印象是：“在全然的公共性之外，一种真正意义上的精神生活如何能够不顾一切地盛开。”①

帕托契卡在弗莱堡学习以及自此开始与胡塞尔的思想交往与学术联系给他带来的最大收获就是他对“生活世界”论题的关注和选择。帕托契卡后来以“作为哲学问题的自然世界”为自己的博士论文课题，与胡塞尔的影响不无关系。②

---

① 以上引述参见帕托契卡：“回忆埃德蒙德·胡塞尔”，同上书，第 281-283 页。

② 关于胡塞尔与帕托契卡的思想联系和私人关系还可以参见本书第二卷的第三十三章“胡塞尔与帕托契卡：现象学与生活世界（一）”与第三十四章“胡塞尔与帕托契卡：现象学与生活世界（二）”。应当说，与胡塞尔“生活世界”问题相关的思考也可以在海德格尔《存在与时间》第十一节中找到，他在那里讨论“生存论分析工作与原始此在的阐释。获得‘自然的世界’概念之困难”。下面的论述还会说明，这个方向上的思考同样也可以在古尔维奇、舒茨、哈贝马斯等人那里发现。

生活世界现象学

一、胡塞尔与“生活世界”问题

“生活世界”的概念以及与此相关的“一门关于生活世界的科学”的观念主要出现在胡塞尔后期著作《欧洲科学的危机与超越论现象学》中。[①]但在自二十年代起的研究手稿中，胡塞尔已经在不同的标题下思考和探讨过这些问题，例如在“自然的世界概念”、“在先被给予的世界”以及“超越论的感性论”的标题下。[②]

如果我们希望对胡塞尔的“生活世界”概念有一个初步的描述界定，那么我们大致可以做以下最简单扼要的特征刻画：“生活世界”就是我们生活于其中的那个世界。还在我们将它当作我们的思考的问题与静观的对象之前，我们就已经生活于在它之中了。在这个意义上，“生活世界”先于并异于“科学世界”或“哲学世界”。

胡塞尔的学生兰德格雷贝曾概括地说：“胡塞尔很早便熟悉‘自然的世界概念’的问题，但直到后期他才了解它的根本的、系统的意

---

① 参见 Edmund Husserl, *Die Krisis der europäischen Wissenschaften und die transzendentale Phänomenologie. Eine Einführung in die phänomenologische Philosophie*, Hua VI, Den Haag: Martinus Nijhoff, 1954, § 34 ff.; Edmund Husserl, *Die Krisis der europäischen Wissenschaften und die transzendentale Phänomenologie. Ergänzungsband: Text aus dem Nachlaß 1934–1937*, Hua XXIX, Dordrecht u.a.: Springer, 1993, S. 101 ff.

② Edmund Husserl, *Die Lebenswelt. Auslegungen der vorgegebenen Welt und ihrer Konstitution. Texte aus dem Nachlass (1916–1937)*, Hua XXXIX, New York: Springer, 2008, Nr. 1 – Nr. 8.

义、此时才从术语上引入了‘生活世界’的标题。1934年胡塞尔放弃了撰写新的系统总结和现象学引论的努力，并且仅仅还在为了身后的遗著而整理他的文稿。但布拉格与维也纳讲演的成功给他以勇气，将他的全部力量集中于对其讲稿内涵做进一步的加工并赋予它以一个文本的形式。”[①] 这就是后来的生活世界现象学之诞生地《危机》书的产生。

胡塞尔本人并未使用过“生活世界现象学”的说法，至少从目前已经公布的资料来看是如此。[②] 它大都是由后来的研究者提出，并被用来泛指胡塞尔后期的主要思想倾向和思考内容。[③] 在2008年之前，虽有众多对胡塞尔的生活世界思想的讨论和研究，尤其是在社会学领域，但大多数研究者所依据的都是胡塞尔的后期著作《危机》中出现的“生活世界”概念。[④] 在那里，生活世界被视作“被遗忘的自然科学意义基础”（Hua VI,48ff.），胡塞尔要求回返到这个已被遗忘了的生活世界，[⑤] 这一点与海德格尔强调被遗忘的存在历史的做法有相似之处。[⑥]

---

① Ludwig Landgrebe, „Erinnerungen an meinen Freund – Jan Patočka: Ein Philosoph von Weltbedeutung“, in *Perspektiven der Philosophie. Neues Jahrbuch*, Bd. 3, 1978, S. 300.

② 胡塞尔倒是曾经使用过“生活世界本体论”的概念（参见 Hua VI,176 ff.）。

③ 例如克劳斯·黑尔德在其编辑出版的《胡塞尔文选》中将上下两卷的标题分别命名为“现象学的方法”和“生活世界现象学”。

④ 笔者在拙著《现象学及其效应——胡塞尔与当代德国哲学》（北京：商务印书馆，2014年）上篇第二章第九节“胡塞尔的‘生活世界’概念”中已经对胡塞尔所理解的“生活世界”做过四个方面的定义：第一，“生活世界”是“非课题性的”；第二，它是“奠基性的”；第三，它是“主观相对的”，第四，它是“直观的”。笔者现在还愿意在这里再加上第五个定义：“生活世界”是自然形成的、我们身处于其中的日常周围世界。

⑤ 参见 Wilhelm Emil Mühlmann, *Geschichte der Anthropologie*, Wiesbaden: AULA-Verlag, 1968, S. 152.

⑥ 由此也可以理解克里斯多夫·雅默在1989年便曾提出的一个主张：“无论如何，在十年之后，《存在与时间》和《欧洲科学的危机与超越论现象学》这两本书必须在某种

但是，胡塞尔的“生活世界”越是应当被理解为一个需要通过思想的回溯来达到的出发点，它就越是不能被解释为现象学家的哲学努力所要达到的目的地。无论如何，现象学所要达到的真正目的地不会是生活世界的领域，而更多是超越论现象学的领域。由此可以理解《危机》第三部分 A 篇的标题：“现象学从在先被给予的生活世界出发进入现象学的超越论哲学之路”。胡塞尔在这里将“生活世界”理解为哲学与自然科学的共同出发点。但近代以来自然科学对客观性的片面追求使得它忘记了自己的主观意义基础，由此而导致近代自然科学施行者欧洲人种的自身危机。

由于在 2008 年之前出版的著作和遗稿中，胡塞尔对生活世界的论述基本上都可以在前引《危机》第三部分 A 篇的标题下得到概述，[①] 因而他在此之前也很少被视作和称作生活世界的哲学家或现象学家。

对此，胡塞尔与海德格尔的学生约纳斯在胡塞尔的生活世界现象学思考方面所持的看法具有很强的代表性：“胡塞尔的纯粹意识虽然能够阐述一种‘生活世界’，这个生活世界仅仅是‘对于’纯粹意识‘而言’的生活世界，它在纯粹意识中构造自身，甚至被纯粹意识所构建：纯粹意识本身不是其中的一个部分，不是与其相依地交织在一起，因而身体也只是作为被体验的身体出现，只是作为‘现象’，不是

意义上被理解为是两部互补性的著作，缺少其中的任何一本，都会使对另一本的完整理解成为不可能”（Christoph Jamme, „Überrationalismus gegen Irrationalismus. Husserls Sicht der mythischen Lebenswelt“, in Ch. Jamme/O. Pöggeler (Hrsg.), *Phänomenologie im Widerstreit. Zum 50. Todestag Edmund Husserls*, Frankfurt a. M.: Suhrkamp Verlag, 1989, S. 68）。

① 也可以参考胡塞尔《经验与判断》第十节的标题：“向经验明见性的回溯作为向生活世界的回溯。对遮蔽生活世界的理想化的消除”（Husserl, *Erfahrung und Urteil. Untersuchung zur Genealogie der Logik*, Hamburg: Felix Meiner Verlag, 1964, S. 38 ff.）。

现实的。”[①]

对于这个状况，瓦尔登费尔茨在1985年出版的《在生活世界之网中》书中也曾从另一个角度做出过概括说明：“生活世界在胡塞尔那里不是一个直接描述的对象，而是一个具有方法目的的回问对象，通过这种回问，人们可以重新把握住生活世界的在先被给予性。”[②] 但瓦尔登费尔茨本人仅仅将这个回问理解为生活世界研究的首要前提，这从该书第一部分内容的标题可以看出：回到生活世界。但是接下来更多的工作在他看来是在这块土地上的继续耕耘，即该书随后各部分标题所表达的内容：二、对生活世界的规整，三、生活世界的各个区域，四、在生活世界的各个边缘。

与此相似，胡塞尔之后的大多数现象学家和哲学家对生活世界问题的讨论和对生活世界现象学的发展，虽然大都是在参照和遵循胡塞尔指出的这个回返方向，但他们的工作最终还是遵从自己的意图与旨趣，或多或少地驻留于生活世界的问题域，不再跟随胡塞尔从这里出发踏上伊卡洛斯式的超越论之旅，无论是早先的海德格尔[③]、古尔维奇[④]、

---

① Hans Jonas, *Materie, Geist und Schöpfung – Kosmologischer Befund und kosmogonische Vermutung*, Frankfurt a. M.: Suhrkamp Verlag, 1988, S. 62f.; Hans Jonas, *Philosophische Untersuchungen und metaphysische Vermutungen*, Frankfurt a. M./Leipzig: Insel Verlag, 1992, S. 250.——可以看出，在这里同时得到表达的还有约纳斯的另一种倾向：将胡塞尔现象学的意识世界视作某种从现实世界剥离出来的虚拟世界，因此他也批评胡塞尔的“纯粹意识”是一种“人为的删减”（Hans Jonas, *Materie, Geist und Schöpfung*, a.a.O., S. 63.）。不过这不是我们在这里需要展开讨论的问题。

② Bernhard Waldenfels, *In den Netzen der Lebenswelt*, Frankfurt a.M.: Suhrkamp, 1985, S. 16.

③ 参见 Martin Heidegger, *Grundprobleme der Phänomenologie (Wintersemester 1919/20)*, GA 58, Frankfurt a. M.: Verlag Vittorio Klostermann, 1993; *Sein und Zeit*, in *Jahrbuch für Philosophie und phänomenologische Forschung*, VIII. Band, Halle a. S.: Max Niemeyer Verlag, 1927, §11.

④ 参见 Aron Gurwitsch, *Die mitmenschlichen Begegnungen in der Milieuwelt*, Berlin/New York: Walter de Gruyter, 1976.

舒茨[①]，还是后来的哈贝马斯[②]、布鲁门贝格[③]，如此等等，不一而足。

但从 2008 年起，随着这年《胡塞尔全集》第 39 卷《生活世界：对在先被给予的世界及其建构的释义》的出版，胡塞尔本人所从事的“生活世界现象学”的长期思考记录得以公布在世人面前。人们对胡塞尔生活世界现象学的印象也随之得到改变。这部卷帙浩繁的遗稿辑录表明，胡塞尔对生活世界问题的思考确如兰德格雷贝和耿宁以及布鲁门贝格所言始于上世纪二十年代初期，更严格地说，始于 1916 年，止于他去世的 1938 年，前后长达二十多年，贯穿在胡塞尔的弗莱堡生涯之始终；而且不仅如此，按照编者索瓦的说法：“当‘生活世界’这个词在胡塞尔[于 1916 年]从哥廷根转到弗莱堡后不久首次出现在他的两份手稿中时，生活世界这个概念已经自大约十年以来便得到确立，而且通过在哥廷根时期形成的具体分析而获得了一个丰富的和确

---

① 参见 Alfred Schütz, *Werkausgabe*, Bd. V. 1, *Theorie der Lebenswelt. Die pragmatische Schichtung der Lebenswelt*, Konstanz: UVK Verlagsgesellschaft, 2003; Bd. V.2, *Theorie der Lebenswelt. Die kommunikative Ordnung der Lebenswelt*, Konstanz: UVK Verlagsgesellschaft, 2007.

② 参见 Jürgen Habermas mit Niklas Luhmann: *Theorie der Gesellschaft oder Sozialtechnologie. Was leistet die Systemforschung?* Frankfurt a. M.: Suhrkamp, 1971. 笔者在拙著《现象学及其效应——胡塞尔与当代德国哲学》(北京：商务印书馆，2014 年)的下篇第四章第 26 节中对胡塞尔与哈贝马斯的“生活世界”做过较为详细的说明，笔者在那里着重关注了哈贝马斯至此为止对胡塞尔现象学思想最确定的一个继承与发展点，即对“生活世界”问题的强调和发挥。哈贝马斯将“生活世界”作为他的哲学的中心概念“交往行为”的互补概念加以引进，突破了将社会哲学建立在认识论上的传统。他特别强调“生活世界”的非课题性和奠基性。这个做法主要有两方面的原因：一方面，哈贝马斯确信，交往行为的基础就建立在“生活世界”所代表的那种无疑的(非课题性的)、根本的(奠基性的)信念之中。换言之，交往行为理论是建立在生活世界现象学的基础之上；另一方面，“生活世界”这个概念所展示的领域使哈贝马斯发现了理论与实践的本质关系，为他提供了将胡塞尔生活世界现象学纳入到西方马克思主义实践论中的可能性。他对胡塞尔在“生活世界”方面研究结果的批判与发展也主要是在这两个方向上进行的。

③ Hans Blumenberg, *Theorie der Lebenswelt*, Frankfurt a.M.: Suhrkamp, 2010.

定的内容。"[①]

从该卷中展示的大量研究手稿来看，以往对胡塞尔的"生活世界现象学"的通常理解事实上已经需要受到校正和补充。[②]其中最重要的一点在于，它们表明胡塞尔的生活世界思考并不像人们以往所认为的那样是一个点到为止的论题、一个即触即返的出发点，而是早已构成他长期耕耘于其中的一个问题域。

如今我们已经可以对胡塞尔的生活世界现象学思考和阐述做一个总的概览：胡塞尔《欧洲科学的危机与超越论现象学》长文的三个正文部分连同有关"生活世界"问题的附录在战后 1962 年作为《胡塞尔全集》第 6 卷出版。在此之前当然已经有包含这方面零星思考与表达的全集各卷相继出版，例如全集第 1 卷《笛卡尔式沉思》(1950 年)与全集第 8 卷《第一哲学·下卷》(1959 年)；在此之后是全集第 9 卷《现象学的心理学》(1968 年)、全集第 13 至 15 卷《交互主体性现象学》三卷(1973 年)和全集第 17 卷《形式逻辑与超越论逻辑》(1974 年)。最后是两部专门思考与表达生活世界问题的遗稿的整理出版：与《危机》问题域相关的全集第 29 卷《危机补充卷(1934–1937 年)》(1994 年)以及包含了胡塞尔一生与生活世界问题思考相关的研究手稿的全

---

① Rochus Sowa, „Einleitung des Herausgebers", in Hua XXXIX, S. XLV.

② 例如布鲁门贝格(Hans Blumenberg,1920–1996)，他本人生前未能看到《生活世界》卷的出版，而在他 2010 年身后发表的文集《生活世界理论》中，他的题为"作为现象学论题的生活世界"的遗稿所表达的对胡塞尔的生活世界论题的看法和思考典型代表了他那个时代对此论题感兴趣的现象学家们的基本态度——一个现在看来亟待校正和补充的态度："当胡塞尔 1924 年将'生活世界'概念引入现象学时，相较于其他新创词汇而言，尤其是相较于海德格尔已经为《存在与时间》准备的语言新创词汇而言，这是一个无伤大雅、毫不起眼、好好先生式的构词。胡塞尔本人在 1917/18 年就已经自称是'几乎半瞎了'。因而人们几乎不会期待从新的'生活世界'中有可能会展示出一种色彩斑斓的热带景观，而更多是期待对这种热带景观的渴望会无心地引发出某种东西。总而言之，它不会是在这个新论题中隐含的青春才华横溢"(Hans Blumenberg, *Theorie der Lebenswelt*, a.a.O., S. 111)。

集第39卷《生活世界(1916-1937年)》研究手稿集。

二、胡塞尔的"生活世界现象学"

胡塞尔本人在思考生活世界问题的研究手稿中虽然从未使用"生活世界现象学"的概念,却常常使用类似"世界现象学"(Hua XXXIV, 692)或"感性世界的现象学"(Hua XXXIV, 692),乃至"职业的现象学"(Hua XXXIX, Beil. XXVII, 392 ff.)等表述,实际上它们几乎可以被视作"生活世界现象学"的同义词。只是这里所说的"生活世界"和"现象学"还需要得到更为明确的界定。

首先,这里所思考和讨论的"生活世界"包含了丰富多彩的、具有"色彩斑斓的热带景观"(布鲁门贝格)的诸多区域和视角。事实上我们讨论的"生活世界"(Lebenswelt),在胡塞尔那里更多具有复数而非单数的形式。单数的生活世界常常被胡塞尔用来指称各个生活世界的总和,并在这种情况下与他所说的"世界"是同义的。"世界"被视作"所有生活世界的总体视域"(Hua XXXIX,195)或"一个人类的周围世界"(Hua XXXIX,335)。而复数的生活世界则涉及形形色色、各种各样的具体周围世界,例如"诸民族的"、"诸历史的"、"诸传统的"、"价值的"、"实践的"、"家乡的和异乡的"、"远的和近的"、"社团的"和"共同体的"、"文化的"世界(Hua XXXIX,339,385,504,519),以及如此等等。

在这卷《生活世界》遗稿选编中包含了胡塞尔对市民生活、职业、团体、家庭、家族、民族、社团、阶层、家乡、异乡等等生活世界,甚至动物的生活世界的大量经验描述和特征刻画。这种描述并不局限在对生活世界区域的静态描述方面,而且也指向生活世界的发生、历史和传统的向度(Hua XXXIX,26,154)。生活世界一方面在横向上被理解为“意见(δόξα)世界”(Hua XXXIX,336)、“事实世界”和“经验世界”,另一方面也在纵向上被理解为“历史世界”(Hua XXXIX,336,510)。因此,胡塞尔在这里不只是从系统-结构的角度进行考察,而且也从发生-历史的角度进行梳理。这里已经随着《生活世界》卷的出版而显露出纵-横两个方向上的社会现象学和历史现象学之雏形以及众多的基础工作。这样一门社会历史现象学最终意味着胡塞尔所设想的一门关于“大全-共同体”(All-Gemeinschaft)的现象学(Hua XXXIX,328ff.,385ff.),它将所有的现实的和可能的、实际的和想象的、当下、过去、未来的生活世界都纳入自己的直观、描述、分析和释义的工作领域。对此可以参考胡塞尔在文稿中对“世界统觉的静态释义和动态释义的普遍问题域”的特别论述(Hua XXXIX,487ff.)。

这是在胡塞尔的大量生活世界研究手稿中包含的主要内容。这些思考和研究文稿的出版,表明胡塞尔在1925年的“现象学的心理学”讲座中对关于生活世界和科学的两个层次的区分不仅是一个抽象的学科构想,而且在两个层次上都已经有了具体的实施。索瓦在编辑完胡塞尔的《生活世界》之后便特别撰文指出了这个在有关胡塞尔生活世界思想研究的文献中始终被忽略的事实,即胡塞尔的“生活世界科学”是一门有着“两个层次的”科学:一个是经验层次的,另一个是先天层次的。[①] 这个划分已经在胡塞尔1925年的“现象学的心理学”(Hua IX)讲座稿中出现。然而它在后来的《危机》与《经验与判断》中,以及在作为相关文稿之辑要总汇的这部《生活世界》卷中并未得到进一步的展开和细化。

---

① Rochus Sowa, „Husserls Idee einer nicht-empirischen Wissenschaft von der Lebenswelt“, in *Husserl Studies* 26, 2010, S. 49–66.

按照这个区分，思考和讨论生活世界问题的现象学也可以分为“生活世界的经验描述现象学”和“生活世界的本质描述现象学”，而且它们既对静态结构的横的方向有效，也对发生历史的纵的方向有效。1925年期间胡塞尔所谈论的实际上主要是一门静态结构的“生活世界的本质学”(Eidetik)：“除了把捉到那个对于所有可设想的纯粹可能性而言是共同的绝对普遍之物之外，一门本质学还可用做出更多的成就；它也可以在这个区域普遍性的范围内并且始终还是以这个纯粹一般的形式按类区分可能性，即区分可能的个人、共同体、生活世界的普遍的专门形式(Sonderformen)，而且是以系统的方式来进行”(Hua IX,492)。

随本质要素和本质结构的普遍性程度不同，这门生活世界的本质学可以是指对具有专门形式的生活世界的本质结构的把握，也可以是指对作为各个生活世界之总体的世界的本质结构的把握，后者贯穿在前者之中，并且构成一种系统的和历史的生活世界的最普遍本质直观。

应当说，在胡塞尔那里展开的所有研究都是本质研究，无论在他的超越论转向之前，还是在完成这个转向之后。对于生活世界的思考也是如此，它已经超出超越论反思的范围，进入到现实的生活世界，与其他现象学家处在同一个思考趋向上，如早先的莱纳赫、盖格尔、普凡德尔、希尔德勃兰特和后来的海德格尔、舒茨、帕托契卡、哈贝马斯等等，这些思考版本不局限于内在的、超越论的哲学的领域。但关于生活世界的思考在胡塞尔那里和在其他现象学家那里一样，仍然是本质学的，即依据直观、描述、本质把握、本质分析和释义、历史性理解和历史的自身思义的方法。

其次还值得注意的是，布鲁门贝格在胡塞尔后期对“生活世界”问题的讨论中所看到的更多是在现象学继续发展中内在逻辑学(或超越论逻辑学）所受的强大压力，它导致胡塞尔后来在发生逻辑学或逻辑谱系学方向上的工作以及《经验与判断》著作的产生。[①] 布鲁门贝格的这个提示使我们注意到在生活世界本质学所要把捉的最普遍发生法则与发生的逻辑学、超越论逻辑学或逻辑谱系学之间的内在联系。

如果对生活世界的经验描述现象学和本质描述现象学的区分以及实施是《生活世界（1916–1937 年）》手稿与《现象学的心理学（1925 年）》讲座稿的基本内涵，而对生活世界的发生法则研究构成《经验与判断》（1939 年）的思想内容，那么在《危机》中出现的“生活世界”论题则带有强烈的自然科学批判的色彩：胡塞尔在这里区分 1. 前科学的和前理论、前逻辑的自然的观点，2. 科学的观点，以及 3. 哲学的观点。自然的观点，也是生活世界的观点，构成科学观点和哲学观点的出发点。“生活世界”在这里意味着自然态度中的世界。

三、胡塞尔生活世界问题思考的四重视角

根据以上所述，但主要还是依据胡塞尔在其关于生活世界的著述和遗稿的论述，我们可以把握到并概括出胡塞尔生活世界现象学的四重视角或四个切入角度：

第一视角：对生活世界的经验描述与本质描述的区分与实施。

在这个方向上的思考和研究实际涵盖了社会学、文化学、民俗学、民族学的区域。生活世界在这里以政治世界、法权世界、族群世界、职业世界等面貌出现，它们构成世界现象学的总体领域。在这里，世界是“作为所有生活世界的总体视域”而受到探讨的（Hua

---

① 参见 Hans Blumenberg, *Theorie der Lebenswelt*, a.a.O., S. 111.

XXXIX,195)。这里可以进一步区分“作为经验视域的世界与作为逻辑观念的世界”(Hua XXXIX,67),即作为日常的经验世界和作为本质的观念世界,它们分别构成生活世界的经验科学与本质科学的研究对象。胡塞尔对生活世界的描述和研究,主要集中于后者。在这个方向上,早期现象学运动中莱纳赫的法权现象学、埃迪·施泰因的国家现象学、格尔达·瓦尔特的社会现象学等,后期现象学运动中舒茨的现象学社会学、威廉·沙普与格哈特·胡塞尔的现象学法权学、尾高朝雄的现象学社团学说,都可以说是生活世界现象学的某种具体表现形式。他们的相关思考有些受到了胡塞尔的影响,有些则反过来影响了胡塞尔。所有这些研究,都不是在超越论反思的方向上进行的,因为对这些问题的讨论不需要经过超越论还原的步骤,而只需要在本质直观和本质描述的方法中进行。

第二视角:对生活世界的发生研究或谱系研究,或者说,对“历史的精神世界”的研究。

胡塞尔也将它视作完整的交互主体性的时间世界。它由原初的时间世界扩展而来。并且最终是“历史统觉”之扩展的产物,相对于横向意义上的“世界统觉”。因而胡塞尔在论及对世界统觉的“静态释义”时也会将另一种“发生释义”的视角纳入进来(Hua XXXIX,487)。生活世界的普遍问题域由此而可以在纵-横两个方面展开。我们后面将会说明这个视域与海德格尔所说的“存在理解”或“在世之在”的关系。这里需要指出的更多在于,它与狄尔泰-约克的“历史哲学”与“生命哲学”(生活世界意义上的生活哲学)的思考以及他们的“理解历史性”的努力是基本一致的。因而这个向度上的思考体现了胡塞尔对狄尔泰思想遗产的继承和延续,[①] 而且也在某种程度上被理解为胡塞尔

① 事实上,胡塞尔对生活世界问题的最初思考就很大程度上受到狄尔泰1910年出

在生前公开发表著作中所表明的超越论主体主义立场的对立面。①

胡塞尔自己在《危机》手稿中写道："我们将会看到，这个生活世界（全时地（allzeitlich）看）无非就是历史世界……《观念》[第一卷]的引论尽管仍然有其合理性，但我现在认为历史的道路更为原则和系统"（Hua XXIX,426）。

无论如何，从这个视角出发把握到的论题构成胡塞尔后期大都未发表的研究手稿中所记录下的发生现象学和历史现象学研究的基本内容。他曾在"超越论逻辑"或"发生逻辑"的标题下发布和阐述自己的相关思想。现象学运动中胡塞尔的学生考夫曼、兰德格雷贝、柯瓦雷和沙普等都是在这个方向上展开自己的工作。它的思考对象是生活世界的"原初的和交互主体的历史性"（Hua XXXIX,495ff.），或者说，是作为"世代生成的生命共同体"（Hua XXXIX,527）的生活世界。生活世界在这里以"世代生成的家乡世界或异乡世界"的形式出现（cf. Hua XXXIX,335）。这种对于生活世界的历史性研究，同样可以既通过现象学的经验学的方式（对历史的经验梳理与分析），也通过现象学的本质学的方式（对历史的纵向本质直观）来进行。

我们可以将此视作胡塞尔克服"历史主义"的一种尝试：以纵向本质的方式把握历史的真理或本质，并以此方式来完成"理解历史性"

版的著作《精神科学中的历史世界之构造》的影响。狄尔泰将该书寄赠给胡塞尔。后者于1911年秋仔细阅读了这部著作（cf. Rochus Sowa, „Einleitung des Herausgebers“, in Hua XXXIX, S. XLII）。而其后期的生活世界问题思考也常常沿着狄尔泰的思路进行，例如胡塞尔在他写于1934/35年期间的手稿卷宗封面上将其中的生活世界思考内容标明为："狄尔泰、自然与历史、事实世界与世界"（cf. Hua XXXIX,439）。

① 参见 Paul Janssen, „Lebensweltliche Geschichtlichkeit versus transzendentaler Subjektivismus“, in Helmuth Vetter (Hrsg.), *Lebenswelten – Ludwig Landgrebe - Eugen Fink - Jan Patočka*, Frankfurt a. M.: Peter Lang 2003, S. 11–28. 江森在此文章中主要指明：兰德格雷贝如何从胡塞尔的超越论的自我论中获得处理此种貌似对立的能力：一方面是康德式的超越论哲学的主体性，另一方面是狄尔泰式的生命哲学的历史性。

的使命。

第三视角：对在传统变化与传统的自身保存中的效力世界（Geltungswelt）与作为超生活世界的总体世界之间关系的思考。

这个视角所指明的首先是复数的生活世界与单数的世界总体之间存在的强烈张力。这是在两次世界大战之间胡塞尔不得不面临的问题：一方面是在欧洲各个国家的观念之间存在的激烈冲突，另一方面是欧洲的超民族的理性之总体理想。一个负有使命的现象学哲学家能够为此做些什么？他在 1919 年 1 月 17 日致其学生考夫曼的信中曾表达过自己的想法："现象学也是一种必然（necessarium），而且是一种尽管超民族的、却也是民族的价值"（Brief. III,343）。此后通过帕托契卡和英加尔登的回忆，我们也了解了胡塞尔于三十年代在面对充满敌意和战争气息的欧洲时局以及由国际学生构成的周边环境时所说的依旧乐观的话语，① 以及胡塞尔即使在面临困境时仍然保持乐观的态度。② 这主要是因为胡塞尔相信现象学哲学在不远的将来会以自己的方式克服这种困境。

这种现象学的方式已经不仅仅是在上述狄尔泰和约克的意义上去尝试"理解历史性"，即在生活世界问题的第二视角中出现的"历史性"问题，而是以现象学哲学实践的方式去改造"历史性"并通过这

---

① 帕托契卡说："我还记得，他［胡塞尔］当时说：'我们在这里的统统都是敌人。'他指着我和芬克：'敌人。'指着中国人和日本人：'敌人。''而超越一切的——现象学'"（帕托契卡："回忆埃德蒙德·胡塞尔"，倪梁康译，载于《中国现象学与现象学评论》第十九辑，上海：上海译文出版社，第 339 页）。也可以参见本书第二卷第三十三章"胡塞尔与帕托契卡：现象学与生活世界（一）"第二节。

② 英加尔登："让·海林晚上到旅馆来看我。我们谈到胡塞尔。海林在那段时间去看过他多次，并且赞叹他的好状态，他的坚定性，以及他对科学研究的不懈的奉献。胡塞尔在此最后的岁月里作为人和作为哲学家变得更加伟大了。他坚信，他的哲学终有一天会拯救人类。他预感到将会发生的事情吗？"（罗曼·英加尔登："五次弗莱堡胡塞尔访问记"，倪梁康译，载于《广西大学学报》，2016 年第 3 期，第 35 页）同样可以参见本书第二卷第三十三章"胡塞尔与帕托契卡：现象学与生活世界（一）"第二节。

种方式来创造一种新的"历史性",即"第二历史性",这种历史性可以在具体的生活世界及其历史与世界总体及其历史之间提供内在的关联。

胡塞尔在1934年深秋的一篇研究手稿中便对这个意义上的"第一历史性和第二历史性"(Hua XXIX,40)做了区分。这里的"历史性"(Historizität)概念虽然在字面上不同于狄尔泰和约克所说的"历史性"(Geschichtlichkeit),但它们两者在胡塞尔那里所传达的意义是相同的。它意味着"对我们的世代生成的效力世界(Geltungswelt)的扩展以及它的超民族的世间文化的倾向"(Hua XXXIX,519ff.),意味着人类从此在的自然的第一历史性和传统性到经过科学和理论观点改造过的哲学的第二历史性、传统性的发展(cf. Hua XXIX,40)。这种从对"第一历史性"的理解到改造并因此而产生"第二历史性"的工作,被胡塞尔理解为现象学的历史使命。胡塞尔撰写这篇手稿的时间(1934年)恰好处在帕托契卡1933年夏季在弗莱堡第一次拜访他和英加尔登1935年最后一次拜访他的时间之间。与帕托契卡和英加尔登的相关谈话可被视作胡塞尔对自己的相关思考的小范围表达。

我们可以将此视作胡塞尔克服"历史主义"的另一种尝试:用"第二历史性"来取代"第一历史性"。

第四视角:对三种世界和世界观的区分与科学批判:1.先被给予的(vorgegebene)文化世界与自然世界,2.反思的、超越论的哲学世界,3.直向的、数学化的科学世界。

这个以作为科学意义基础的生活世界为出发点对科学与哲学两条不同发展脉络的区分是胡塞尔在《危机》书中提出的最重要观点,它也产生出对后人影响最大的效应。

在同时代的现象学家中可以发现与胡塞尔的生活世界现象学的诸视角相一致的观点和想法,或者是独立获得的,或者是依据胡塞尔而获得的。这里首先可以提到舍勒。他在1910/11年撰写的“关于三种事实的学说”遗稿中提出对三种事实的划分并对三种的特征和差异做了详细的现象学论证和分析:“自然的事实”、“科学的事实”和“现象学的事实”,最后一种事实也被舍勒称作“哲学的事实”或“纯粹的事实”。[①]这个学说被后来的舍勒研究者视作支撑舍勒哲学的七根支柱之一[②],而它与胡塞尔生活世界问题的第四视角是基本吻合的。

这个视角在海德格尔那里也意味着他的生存分析的一个主要进路。我们一方面注意到胡塞尔生活世界思考在早期海德格尔那里留下的影响痕迹:在他的1919/20冬季学期“现象学的基本问题”的早期弗莱堡讲座中,他就已经“将现象学构想为‘关于生活的起源科学’、关于‘自在与自为的生活’的科学,这里也常常出现‘生活世界’的语词,并且主要是在打上胡塞尔烙印的含义上”;[③]而在1927年发表的《存在与时间》中,海德格尔在人类此在的生存论分析的框架内对日常的“在世之在”和生活世界做了细致的分析;[④]而这个分析也是与这个第四视角相吻合的。[⑤]

---

① 参见 Max Scheler, „Lehre von den drei Tatsachen“, in M. Scheler, *Schriften aus dem Nachlass,* Band I, *Zur Ethik Und Erkenntnislehre*, Bern: Francke Verlag, 1957, S. 431–502.

② 参见 Wilhelm Mader, *Scheler*, Hamburg: Rowohlt, 1980, S. 50.

③ Rochus Sowa, „Einleitung des Herausgebers“, in Hua XXXIX, S. XLIX, Anm. 6. 其中引述海德格尔“生活世界”表述的出处为 M. Heidegger, *Grundprobleme der Phänomenologie (Wintersemester 1919/20)*, GA 58, Frankfurt a. M.: Verlag Vittorio Klostermann, 1993, S. 69, S. 75, S. 83ff, S. 174 f., S. 250, S. 261.

④ Rochus Sowa, „Einleitung des Herausgebers“, in Hua XXXIX, S. LVIII.

⑤ 关于胡塞尔在1928年之后对海德格尔在生活世界问题上态度,他有两个未公开的批评:第一个批判是索瓦已经指出的:海德格尔在《存在与时间》中将“自然的世界概念”视作一个使哲学久已不安,却又无力完成的“亟缺之事”(Desiderat),同时对阿芬那留斯和胡塞尔的先行工作避而不论(cf. Rochus Sowa, „Einleitung des Herausgebers“, in Hua XXXIX, S. XLIX, Anm. 6)。胡塞尔于1931年末在与凯恩斯的谈话中曾谈到海德格尔的这种视而不见的做法(cf. Dorion Cairns, *Conversations with Husserl and Fink*, ibid.,

事实上，后期海德格尔的技术批判也可以看作对这个科学批判方向上的生活世界问题思考的继续推进。汉斯·约纳斯后来的责任伦理学也完全可以纳入到生活世界现象学的大视域中。[①]

从总体上看，胡塞尔的生活世界现象学的设想后来是在"社会的生活世界"与"历史的生活世界"这两个大方向上得到进一步的落实和展开的。它与胡塞尔在弗莱堡时期的"现象学哲学体系"巨著计划是相互吻合的。[②]

胡塞尔与海德格尔的弗莱堡教椅继承者斯基拉奇曾对胡塞尔的生活世界现象学做过一个总体评价，我们可以在这里将它用作本文的总结："胡塞尔的成功之处在于，他出色地揭示了'**生活世界**'在其自由的束缚性中作为基础和作为奠基的统一，作为自由的意识创造和作为一个必然性的产物的统一，正是在这种必然性中有着生成的习俗、生成的人类组织、宗教、艺术和纯粹的精神意向性的超主体根源，而且它们只有这时才有能力构造其一个立足于纯粹明见性基地上的人类。"[③]

在接下来胡塞尔剩余不多几年时间里，还需要记录一些在胡塞尔生活中有影响而且至今仍在起作用的人物与事件。首先是1934年在布拉格召开的第八届世界哲学大会。

---

p. 63)。另一个批评是胡塞尔在1931年的研究手稿中对海德格尔的"此在"与"存在理解"之"幼稚性"的批评："**存在理解**是完全空乏的东西，只要我们没有将它认识为自身统觉和陌生统觉，认识为在其各个特定的、作为一个持续的、恒定重复的结构的**超越论结构**中的世界统觉，并且在与它的关联性中提出本质问题，包括在这个普全统觉的静态与可能发生方面的基本问题"(Hua XXXIX, 490)。

但这里不是讨论这些问题的合适场所。就总体而言，胡塞尔与海德格尔的思想联系和思想差异还需要得到进一步的研究和思考。

① 对此可以参见本书第二卷第二十三章"胡塞尔与约纳斯：现象学与责任伦理学"。

② 详见本卷第四幕"弗莱堡时期的'现象学哲学体系'巨著计划"一章。

③ 威廉·斯基拉奇："单行本编者后记"，载于胡塞尔：《哲学作为严格的科学》，倪梁康译，北京：商务印书馆，1999年，第106页。

1934 年在布拉格召开的第八届世界哲学大会

第八届世界哲学大会于 1934 年 9 月在胡塞尔的"老祖国"捷克斯洛伐克首都布拉格召开。胡塞尔受到邀请，但与往常一样没有参加会议，而只是在会前给邀请他参会的大会主席莱德(Emanuel Rádl)回复了一封长信。它后来于 1989 年被收入《胡塞尔全集》第 27 卷《文章与讲演(1922–1937)》(Hua XVII, 184–221)出版。编者给它加的标题为"论当前的哲学任务"。胡塞尔自己只是将它称作"布拉格书信"。它的一个部分在大会的第一次全体会议上由胡塞尔的学生、捷克斯洛伐克哲学家扬·帕托契卡宣读。信的全文后来未经胡塞尔允许便刊登在《布拉格日报》上。之所以说"未经允许"，是因为胡塞尔在寄出信后便发现其中有一些"与原意有出入的"错误，因此随即又致函帕托契卡，让他"不要让信落入任何人手中"(Brief. IV,427)。但当时的通信是通过投递速度相对较慢的国际邮政系统，因此并未及时起到作用。[①]

胡塞尔在审读助手芬克为他誊写的这封信的信稿时便开始对信做修改，后来形成了他称之为"布拉格论文"的长文。它实际上是他后来的《欧洲科学的危机与超越论现象学》一书的前身。帕托契卡在回忆中也说："胡塞尔在致大会的信中暗示了现象学的世界使命——显然是对'危机'问题域的一个预先说明。"这个现象学的使命还可以借用帕托契卡的睿智比喻来刻画："将一个伟大的哲学使命、也是人类的使命感受为一种始终活跃的工作冲动，同时不得不为此工作去期待一个被丢入海中的瓶子的命运。"[②]——这应当也是对今天大多数有

① 帕托契卡："回忆埃德蒙德·胡塞尔"，同上书，第 285–286 页。

② 英加尔登："回忆埃德蒙德·胡塞尔"，同上书，第 204 页。

责任感和使命感的哲学家的心态写照。

帕托契卡在他的回忆录中还对这次在两次大战之间的哲学大会的政治背景和政治因素做了反思。此外他还回忆说:"当时也有重要人物从波兰来到布拉格:英加尔登在大会上与新实证主义者进行了交锋,而我当时是初次能够听到这位极其细腻的分析家和胡塞尔超越论的批评者的讲话,并与之进行交谈。"[①]

这里所说的波兰哲学家罗曼·英加尔登(Roman Ingarden)是胡塞尔的学生。他于 1934 年 9 月参加布拉格大会之后再到弗莱堡拜访胡塞尔,并在后来在回忆录中回忆了他与胡塞尔的会面以及他与胡塞尔关于这次世界哲学大会的谈话:"我是唯一抗拒新实证主义的波兰人。我的报告的题目是'一种对哲学的新构建的逻辑学尝试',主要反对新实证主义的语义观。胡塞尔对所有这一切都饶有兴趣。有一刻我在胡塞尔面前对此表示遗憾:现象学家们——与'维也纳人'相反——根本没有被组织起来,因而他们没有作为群组出场,尽管有一批现象学的报告。对此胡塞尔父亲般地拍拍我的肩膀说:'亲爱的英加尔登,哲学是不用组织起来做的',于是我羞愧无言。"[②]

与此相关,在接下来准备"布拉格论文"以及后来的布拉格和维也纳的讲演的过程中,胡塞尔阅读了赫尔穆特·库恩寄赠给他的《苏格拉底》书。他在 1934 年 11 月 26 日致英加尔登的信中写道,"自从我在卡佩尔撰写这个原定给大会(后来收回)的论文以来,这篇(两星期内写下的)急就章,即对我们哲学这个目的之历史起源的诠释草稿,引起我的思考,而这将我引到了的确困扰着我的那些深刻的历史哲学问题上。作为对照,我阅读了库恩的才华横溢的苏格拉底书(仑德出

① 帕托契卡:"回忆埃德蒙德·胡塞尔",同上书,第 284-285 页。

② 英加尔登:"回忆埃德蒙德·胡塞尔",同上书,第 204 页。

版社，柏林）”（Brief. III,297）。

这里需要对胡塞尔提到的库恩及其“苏格拉底书”做一个基本的介绍。

赫尔穆特·库恩

此前笔者已经谈到胡塞尔在弗莱堡时期的视力以及他不读书或少读书的原因。但正如吉布森在 1928 年 10 月 19 日记录的一个自己的感受中所说：“胡塞尔只要读书，一定是激情澎湃的。正是这种激情与智力的结合成就了胡塞尔的伟大。”[①] 对此可以给出的最好例证就是胡塞尔 1934 年对库恩的《苏格拉底》一书的阅读案例。他在这年 11 月 26 日致英加尔登的信中说明了自己的阅读原因并对该书做了夸赞之后，又于 11 月 28 日给柏林大学哲学系的“同事”赫尔穆特·库恩去信致谢，并在信中写道：“衷心地感谢您寄来的出色而有才华的和敏锐的《苏格拉底》书。我前几周对它做了许多研究。这实际上是我这几年来从头至尾读完并做了认真透彻思考的第一部哲学书”（Brief. VI, 237）。

这里的收信人和《苏格拉底》书的作者是时任柏林大学哲学系私人讲师的赫尔穆特·库恩（Helmut Kuhn,1899–1991）。他在大学期间曾就读于布莱斯劳、因斯布鲁克和柏林，1923 年完成哲学博士考试，1930 年在柏林大学完成任教资格考试并在那里担任私人讲师直至 1937 年。他在学习期间受胡塞尔现象学的影响，后来与胡塞尔有通信往来。他寄赠给胡塞尔的著作《苏格拉底：关于形而上学起源的一个尝试》[②] 曾受到广泛关注。1938 年因受纳粹政府的压力而流亡至美

---

① 吉布森：“从胡塞尔到海德格尔—— 1928 年弗莱堡日记节选”，同上书，第 337 页。

② Helmut Kuhn, *Sokrates. Ein Versuch über den Ursprung der Metaphysik*, Berlin: Verlag Die Runde, 1934.

国，先后在卡罗来纳大学和埃默里大学任教。二战后库恩回到德国，先后担任爱尔兰根大学和慕尼黑大学的教授，直至1961年退休。

库恩在战后德国哲学中发挥的重要影响之一是他与伽达默尔一同于1953年创立了至今仍为德国当代哲学研究的重要喉舌的《哲学评论》(*Philosophische Rundschau*)期刊。而对于国际现象学学界而言，他的最重要工作是在1969年组织建立了慕尼黑现象学学会(Die Gesellschaft für phänomenologische Forschung e.V., München)，担任该学会的首任会长，后来这个地方学会于1971年扩展为德意志现象学学会(Deutsche Gesellschaft für phänomenologische Forschung)，库恩仍然担任该学会的首任会长。1981年，他以82岁的高龄还出版了专著《从意识到存在的道路》。[①] 他在这部书中从意识维度和意识结构两方面来讨论知识与信仰之间的关系问题，或者说，讨论意识哲学与意识神学的关系。在这个方向上延续了胡塞尔和海德格尔晚年的思考路径。

1935年3月11日
致吕西安·列维-布留尔的一封信

如前所述，还在1929年赴巴黎讲演期间，胡塞尔便会见和结识了法国思想界的一个重要人物：人类学家、社会学家和哲学家列维-布留尔。他在大学期间学习哲学、音乐、科学。1879年在巴黎高等师范学院毕业后先在外省的中学教哲学，后在索邦完成博士论文后留在那里任教，从事各个社会的思维范畴的人类学研究，尤其是对原始民族的心灵研究，并提出了原始人心灵的一般理论，在人类学学科

① Helmut Kuhn, *Der Weg vom Bewußtsein zum Sein*, Stuttgart: Ernst Klett, 1981.

史上产生了重要影响。他的代表作包括《初级社会的智力机能》(*Les fonctions mentales dans les sociétés inférieures*,1910)、《原始心态》(*La mentalité primitive*,1922)、《原始灵魂》(*L'âme primitive*,1927)、《原始心态中的超自然与自然》(*Le surnaturel et la nature dans la mentalité primitive*,1931)、《原始神话》(*La mythologie primitive*,1935)等。

这里列出的最后一本是在1935年出版的《原始神话》。这年列维-布留尔78岁。他将新出版的著作《原始神话》寄赠给胡塞尔，从而引发胡塞尔就人类学问题以及历史共同体和文化共同体问题的思考，并写了长篇的回信。

这封保存在胡塞尔文库的回信是打字复本。基本上可以确定，原件已经寄给了列维-布留尔。胡塞尔在信中说他这封信是第三稿，表明他为此做过反复的思考和斟酌。事实上，这封信与胡塞尔于1907年1月12日写给作家胡戈·冯·霍夫曼斯塔尔的信[①]一样具有重要的意义：后者包含了胡塞尔对他最初的超越论现象学方案的宣示与说明以及对本质直观和审美直观方法的比较和解释，前者则体现了他后期在生活世界、欧洲科学、人类理性与共同体方面的探索与审思。

布莱斯高地区的弗莱堡，1935年3月11日
洛莱托街40号

尊敬的同事先生，

这么迟才致函感谢您通过惠寄您的关于原始人神话的新作而给

① 该信的中译文由笔者译出，载于笔者编辑出版的两卷本《胡塞尔选集》下卷，上海：上海三联书店，1997年，第1201-1204页。

我带来的巨大的、全然非比寻常的快乐，这是不是有些过分了？[1] 但我也许可以通过以下的告知而与您达成和解：恰恰是我对这部著作的强烈兴趣妨碍了我写信。我搁置了我自己的工作，将您馈赠于我的关于原始人心灵的全部经典著作拿到身边，[2] 并且几个星期以来便埋头于其中。我想向您透露一点：这封信已经是我第三次起草了——但愿它这次会完成。因为我还是想向您说，在我心中以及在我关于人类与环境的长年研究中的哪些问题受到了您的基础研究的推动。这并非是第一次，但这次的推动尤其强烈。我此前对此所做的阐述之所以不成功，原因一方面在于，它面临转变成长篇大论的危险，而另一方面则是因为我在尝试将它缩短的过程中受到外在的干扰而从这个语境中脱离了出来……［——我只是简要说明一下，我必须写许多信，以便尽全力来帮助那些因德意志民族的重建(Neubau)而遭受严重法律问题的人——其中包括我自己的儿子，他与您儿子一样作为法学教授拥有学术生命职业，或者更多的东西，但现在却必须考虑在国外建构起一个新的未来。］

毫无疑问，您的关于原始人的著作必须被视为一门严格科学的民族学的经典基本著作。已经可以在一个巨大的和尤为重要的领域上看到一门纯粹精神科学的人类学的可能性和绝对必然性——因此我也可以说，纯粹心理学的可能性和绝对必然性，它不是以心理物理学的

---

① 列维-布留尔：《原始人的神话。澳大利亚人和巴布亚人的神话世界》(L. Lèvy-Bruhl, *La mythologie primitive. Le monde mythique des Australiens et des Papous*, Paris, 1935)(存于胡塞尔书库，带有手书的献辞："献给我的同事，致以亲切的敬意。列维-布留尔"。——卡尔·舒曼)。

② 除此之外，胡塞尔的书库中还存有其他几本列维-布留尔的著作：德译本《原始人的精神世界》(*Die geistige Welt der Primitiven*, München, 1927)；法文本《原始人的心灵》(*La mentalite primitive*, Oxford, 1931)；法文本《原始人心灵中的超自然与自然》(*Le surnaturel et la nature dans la mentalite primitive*, Paris, 1931)。——卡尔·舒曼

方式将人看作空间和时间实在宇宙(Universum)中(在客观的、自然科学的空间–时间性中)的自然客体,而是将人视为人格,视为意识主体,一如它们具体地自身发现的那样,一如它们用各种人称代词来具体地自称的那样。在说"我"与"我们"的时候,它们会发现自己是家庭、社团、社会的成员,发现自己是"相互一起"生活的,是在它们的世界中发挥作用的并身受它们的世界之困苦的——这是一个从它们的意向生活出发,从它们的经验活动、思维活动、评价活动出发而对它们具有意义与现实的世界。当然我们早已知道,每个人都有他的"世界表象",每个民族(Nation)、每个超民族的(übernational)文化圈都可以说是生活在一个不同于它们的周遭(Umwelt)的世界中,因而每个历史时间都重又处在它们的历史时间之中。但相对于这种空泛的普遍性,您的著作和您的出色论题使我们感受到了一种令人震撼的新东西,即:这是一项可能的和重大的任务,我们要"同感到"那些在活生生的时代生存中的社会性里封闭地生活的人类之中去,将他们理解为在其社会统一化的生活中并从其中出发拥有世界的人类,这个世界对于他们来说并不是"世界表象",而是对他们来说真实存在的世界。在这里我们学会理解他们的统摄方式、认同方式、思维方式,即他们的逻辑学以及他们的存在论,他们的周遭连同其相关范畴的逻辑学与存在论。原始人的"无历史性"阻碍了我们,使我们无法沉浸到历史的文化传统、文献、战争、政治等等的大海之中,并在这方面忽略了在纯粹精神生活与其有效性构成之间的这种具体相关性,因而也没有使它们成为科学的论题。显然,现在必定有同样的任务产生出来,这是对于所有我们可以接近的、生活在封闭状态中的人类而言,而且也是对于那些其自成一体的共同体生活并不处在无历史的停滞状态(即一种仅仅是流动的当下的生活)中,而是处在一种真正的历史生活(它作为那种民族生活具有未来并想要有恒久未来的生活)中的人类而言。因此，这样一种社会性并不具有一种可以说是僵化的周遭，而是具有一个世界，它一部分具有业已实现了的未来(民族的“过去”)，一部分则具有尚待实现的未来，即作为在民族目标方面还有待构形的未来。因而这会导向普遍的历史问题域——导向历史精神的心理学连同这个精神的所有可能形态与相对性(民族以及由社会特殊共同体组成的民族内建构，另一方面是作为各个民族的社会性的超民族种类，如此等等)。因而对于一个历史的共同体而言以及对于原始人而言，我们所具有的问题是关系问题：一个封闭的民族生活的统一以及在其中对于民族而言的生活的、具体的和对他们而言现实的世界连同其结构类型。同样还有一个各民族的关系的统一以及更高的“超民族”的统一(欧洲，或者另一方面例如中国)，此外还可以说各个人类和周围世界的逻辑学、存在论。这里的任务首先是具体历史的，对于那些实际已知的民族和超民族而言，而后也是普遍心理学的——在一门具体化的纯粹内心理学(Innenpsychologie)的意义上，对于这门心理学还必须先创造一种方法。但我已经看到，您的基本著作开启了一个最初的开端。

对于正处在我的无休止继续的生命工作的当下状态的我来说，这个视角引起我最大的兴趣，因为我在许多年前就已经将我们与周遭的关系问题作为就可能的杂多的“我们”方面的“超越论现象学”问题提了出来，而且最终回溯到绝对本我(Ego)的问题上。因为在其意识领域中，所有社会性及其相关周遭都建构起了意义和效用并且还在变化中一再地重新建构它们。我相信可以确定，在这条已经得到透彻加工的意向分析的道路上，历史相对主义还保留着它的无疑的权利——作为人类学的事实，但人类学与所有实证科学，包括它们的总体(Universitas)，尽管是认识——科学认识——的第一语词，却并非是最终语词。实证科学是一贯的客观科学，是处在客观世界存在的自明性和作为在世界中的实在此在的人的存在的自明性中的科学。超越论现象学是彻底的和一贯的关于主体性的科学，是那个在自身中最终构建世界的主体性的科学。易言之，这门科学将“世界和我们这些在世界中的人”的普全自明性揭示为不明性，因而是谜、是问题，并且以彻底的自身思义的唯一可能方式予以科学的说明。这是一种因为这种彻底主义而是新型的科学性，它系统地指明客体如何作为有效性统一而“被构成的”、客体的杂多性与无限性是如何作为对于意义给予的主体有效的世界而“被构成的”，指明这种“构成”(Bildung)的基础和语法，并因此而是一门自下而上，直至高处的哲学。

也许那些正在准备出版的新论著(尽管我的个人的此在受到政治运动的过分侵犯，我还是希望完成它们)会对此给出一些说明：我想在脆弱的神秘主义和非理性主义面前对一种超理性主义进行论证的方法是多么有望和具体，这种超理性主义将旧的理性主义当作不足的予以超越，但依然为其最内在的意向进行辩护。

我是不是对您的耐心的考验时间太长了？但也许我向您至少通报了一个通常会让您高兴的事情：从您的生命之作中能够发出如此强烈的推动，远远超出了那些使您获得如此多敬仰的长年民族学的影响。我恰恰认为，这还是不够的。在您的著作中有重要的原则，它们将会在未来得到圆满实现(Entelechien)。

愿上天还会赐予您许多年保持这种神奇的精神力量，它使您在古稀之年[①]还有能力完成这样的基本著作(Brief. VII,161ff.)

E. 胡塞尔

① 列维–布留尔这年 78 岁。——译者注

在这封信中可以注意到胡塞尔流露出的几个新想法或新表达：首先，胡塞尔在信中第一次提出"超理性主义"（Überrationalismus）的概念，并相信自己已经拥有了论证它的方法："我想在脆弱的神秘主义和非理性主义面前对一种超理性主义进行论证的方法是多么有望和具体，这种超理性主义将旧的理性主义当作不足的予以超越，但依然为其最内在的意向进行辩护。"而胡塞尔在这封信中所表达的最重要想法就是对"超理性主义"与"旧理性主义"之间基本关系的梳理与处理。

首先是在各种具体的民族（Nation）中或在由各个民族构成的"超民族"（Übernation）中形成的"旧的理性主义"。胡塞尔特别举欧洲与中国为例：欧洲在这里是各个民族或超民族中的一个，中国也是如此；而列维-布留尔所研究的原始人的思维，实际上也可以纳入这个意义上的"旧的理性主义"的范畴。它们都是历史的共同体，是"一个封闭的民族生活的统一以及在其中对于民族而言的生活的、具体的和对他们而言现实的世界连同其结构类型"，它们都处在同一个层次上，拥有各自意义上的逻辑学、存在论。这是纯粹民族学需要研究的课题层面，它以民族以及由社会特殊共同体组成的"民族内建构"为研究课题，而且扩展开来也可以将各个民族的社会性作为更高的超民族种类来研究。胡塞尔将此视作一门"具体化的纯粹的内心理学（Innenpsychologie）"的任务。他认为，"对于这门心理学还必须先创造一种方法。但我已经看到，您的基本著作开启了一个最初的开端。"

在这个层面上，胡塞尔"相信可以确定，在这条已经得到透彻加工的意向分析的道路上，历史相对主义还保留着它的无疑的权利——作为人类学的事实"。这样一门关于"人类学的事实"的科学，基本上可以等同于胡塞尔自1916年到弗莱堡之后便开始的关于生活世界的科学，即后来被人们称作"生活世界现象学"的学说。

第二个更高的层面是一门纯粹精神科学的人类学。它的课题指向超越于各个历史共同体之上的各民族关系的统一和超民族的统一。在此意义上，这门纯粹精神科学的人类学就相当于各种民族心理学之总和的人类精神科学。以此方式，胡塞尔对他的意义上的“哲学人类学”做出了定位。“人类学与所有实证科学，包括它们的总体（Universitas），尽管是认识——科学认识——的第一语词，却并非是最终语词。”

接下来的第三层面或“最终语词”是超越论现象学：“超越论现象学是彻底的和一贯的关于主体性的科学，是那个在自身中最终构建世界的主体性的科学。易言之，这门科学将‘世界和我们这些在世界中的人’的普全自明性揭示为不明性，因而是谜、是问题，并且以彻底的自身思义的唯一可能方式予以科学的说明。”

从具体化的民族心理学或超民族心理学，到精神科学的人类学，最后达到以对所有这些民族心理与人类精神的自身思义为己任的超越论现象学，这里有一个三层次的结构区分与逐层次的上升过程。

在这里，胡塞尔实际上也是在思考复数的民族或超民族与人类总体的关系，以及这个思考本身所代表的生活世界现象学。① 从这个角度来看便可以理解，为什么胡塞尔晚年会说布留尔提前完成了自己的最新纲领，以至于布留尔听说后会感到大吃一惊。②

---

① 此外，在胡塞尔那里还可以找到在以下方面的类似思考：复数的生活世界与作为单数的生活世界的超生活世界之间的关系，复数的文化与作为单数文化的超文化之间的关系，复数的历史与作为单数历史的超历史之间的关系，复数的语言与作为单数语言的超语言之间的关系，复数的主体与作为单数的超主体，最终是复数的理性与作为单数理性的超理性之间的关系，如此等等。

② 参见赫伯特·施皮格伯格：《现象学运动》，同上书，第 36 页。——不过施皮格伯格并没有给出这个说法的文字出处。他只是在这里的尾注中说明：这个说法出自古尔维奇的口述。不知这是否是指他在 1954 年在布鲁塞尔和剑桥（马萨诸塞州）对古尔维奇的两次采访。在后一次的采访中他曾记录古尔维奇的说法：“列维-布留尔在收到胡塞尔 1936

胡塞尔在这里勾勒出一个由历史、文化与精神共同体组成的无限的工作场域。还在五年前，即在 1930 年 3 月 21 日致凯恩斯的信中，他便已经在此方向上充满信心地写道："我甚至敢说：我的意向在对其意义的最终澄清过程中已经得到了出色的证实，而对一门'作为严格科学的哲学'的设想已经成立，它为一种走向无限的哲学共同体工作提供了保证，并且可以说是为这个工作绘制了第一幅地图，并因此也绘制了系统的问题域——一个无限的、预想不到的、由未来各个世代之发现组成的领域"（Brief. IV,23）。

以上所有这些人物与事件，可以说都是在为胡塞尔的最后一部著作做准备。而这部著作的写作是随胡塞尔 1935 年在维也纳和布拉格的讲演活动开启的。如今在对这段历史的回顾中可以发现，在胡塞尔退休后的写作生涯中，如果说与兰德格雷贝有直接关联的胡塞尔著述是《经验与判断》，与芬克有直接关联的是《笛卡尔式沉思》，那么与帕托契卡有直接关联的就是《欧洲科学的危机与超越论现象学》了。这不仅是因为《危机》的初稿与"布拉格书信"有关，而且也因为它的定稿也与"布拉格讲演"有关。

年的回信后将其出示给古尔维奇，并且问道：'跟我讲一讲，我对此一无所知'" [Herbert Spiegelberg, *Scrap-Book* (May 18, 1904 – September 6, 1990), "A. Gurwitsch"]。但这里并未出现前引胡塞尔的晚年说法："布留尔提前完成了自己的最新纲领。"

《欧洲科学的危机与超越论现象学》（1936年）

胡塞尔在其毕生的哲学思考与创作生涯中差不多平均每十年出版一部书。唯有二十世纪的二十年代是个例外：他不仅发表了《形式逻辑与超越论逻辑》，而且也让海德格尔出版了他十多年前就已完成的《内时间意识现象学讲座》。到了三十年代，胡塞尔真正发表的著作也仍然只有一部，即：他以法文出版的《笛卡尔式沉思》。虽然他在三十年代末曾竭尽全力来完成和发表他的历史哲学著作《欧洲科学的危机与超越论现象学》[①]，但最终得以出版的仅仅是其第一、二部分，它们实际上只能算是他发表在期刊上的长文。整部《危机》是胡塞尔撰写的最后一部著作，但最终也是他的未竟之作。

一

《欧洲科学的危机与超越论现象学：一个现象学哲学的引论》的标题表明，胡塞尔开始公开阐述与人类历史、政治、文化有关的“实践现象学”问题，这也是他所说的“现象学哲学”的问题。此前的《纯

---

① Edmund Husserl, *Die Krisis der europäischen Wissenschaften und die transzendentale Phänomenologie. Eine Einleitung in die phänomenologische Philosophie*, Hua VI, hrsg. von Walter Biemel, Den Haag: Martinus Nijhoff, 1976, § 9. 中译本参见胡塞尔：《欧洲科学的危机与超越论现象学》，王炳文译，北京：商务印书馆，2001年。这里在正文中均简称为《危机》。

粹现象学与现象学哲学》第二卷便是为“现象学哲学”而作的，但始终未令胡塞尔感到满意，因而他在去世前最终也未允准该书出版。他的一个基本信念在于，在作为本质科学的“纯粹现象学”的任务没有在一定程度上得到令人满意的完成之前，作为事实科学的“现象学哲学”也就难以得到令人满意的开展，甚至难以得到令人满意的提出，遑论令人满意的完成。因为任何事实科学的真正研究都以本质科学的相关奠基为前提。这与他在《危机》中揭示的自然科学的发展史是一致的：在伽利略之前的自然科学都难以被称作科学，因为它们完全囿于对经验事实的观察、归纳和推断。而由伽利略开启的对自然的数学化过程同时也意味着用某种本质科学来为关于自然的经验事实研究奠基的过程(Hua VI,§9)。

因此，当胡塞尔于1935/36年在讲演和著述中公开地对“人类历史”和“人类危机”的问题做出论述和研究，并由此而展开了一门可以说是现象学的“历史哲学”的可能性时，业内的人士或许会有各种不同的其他反应，但他们首先都会同样地感到惊讶。正如江森所说，“《欧洲科学的危机与超越论现象学》被理解为一种偏离开并孤立于胡塞尔的其他著作，是一种有所改变的、与时代危机境况相应和的现象学表达”(Hua XVII，XVIII)。但笔者在《现象学及其效应——胡塞尔与当代德国哲学》一书中已经列举并讨论过“对胡塞尔后期历史哲学趋向的各种评述”，其中涉及利科、梅洛-庞蒂、哈贝马斯、米尔曼、布伯等人。[①]这里不再重复赘述。就总体而言，对于胡塞尔的历史哲学思考，有些思想家会表示热烈的欢迎，例如狄尔泰、舍勒、海德格尔，他们都曾批评过胡塞尔的“非历史的”思想取向和思维方式；[②]扬·帕

① 参见倪梁康：《现象学及其效应——胡塞尔与当代德国哲学》，北京：商务印书馆，2014年，第110页及以后各页。

② 例如，狄尔泰批评胡塞尔是“真正的柏拉图！先是将变化流动的事物固定在概

托契卡曾将它与胡塞尔此前于1929年春在巴黎进行的著名讲演相比照:“它[布拉格讲演]与巴黎讲演形成如此鲜明的对比,在那里论述的是一个在新构建的思想之纯粹苍穹中的设想,而在这里则有一个声音在呼唤人们回返,它将哲学家的信息传达给处在极度危险中的人类。”[①] 但另一些思想家则会质疑胡塞尔的这种“历史化”趋向,认为他由于受二战前时代危机状况的外来压迫而转向人类学和历史学研究,最终放弃了追求永恒真理的本质哲学,例如王浩,可能还包括库尔特·哥德尔。[②]

然而正如笔者在《现象学及其效应》中所说,“将胡塞尔的哲学研究课题变化归咎于或归功于时代危机状况的外来压迫,这种做法若想得到合理的论证,首先必须提供这样一个证明:胡塞尔危机意识的形成不会早于时代危机状况的产生,因为前者按此做法应当是后者的结果。”[③] 哲学人类学家威廉·E. 米尔曼便认为胡塞尔对这个问题的关注要早得多:胡塞尔“用他那敏锐的目光清楚地认识到:与危机密切相关的是对人类认识能力的绝望以及在世界观中向非理性主义的突变趋向,并且,他并不只是在关于《欧洲科学的危机》(1936年)的论

念中,然后再把流动这个概念补充地安插在旁边”(Wilhelm Dithey, *Die geistige Welt. Einleitung in die Philosophie des Lebens I*, GS V, a.a.O., S. CXII)。海德格尔认为应当将胡塞尔对待历史问题的立场称作“不可能的”(GA 20,164f.)。舍勒则干脆说:“胡塞尔是非历史的”(Max Scheler, *Wesen und Formen der Sympathie. Die deutsche Philosophie der Gegenwart*, GW VII, a.a.O., S. 330)。这些批评都是针对胡塞尔在1910年的长文《哲学作为严格的科学》中的反历史主义或非历史主义立场。

① J. Patočka, „Erinnerungen an Husserl“, in W. Biemel (Hrsg.), *Die Welt des Menschen – Die Welt der Philosophie. Festschrift für Jan Patočka*, a.a.O., S. XVI.

② 例如,王浩曾说:“哥德尔似乎不欣赏被人称作胡塞尔‘辞世之作’的《欧洲科学的危机与超越论现象学》,一般认为这部作品增加一个历史的维度,而且按梅洛-庞蒂的说法它‘暗暗放弃了本质哲学’。”参见 Hao Wang, *Reflections on Kurt Gödel*, Cambridge/London: The MIT Press, 1987, p. 227。

③ 笔者:《现象学及其效应——胡塞尔与当代德国哲学》,同上书,第115页。

著中才认识到这一点,而是至迟在1910年时便已认识到了这一点。"[①] 虽然米尔曼并未给出关于这个"1910年"的具体论据,但我们至少在胡塞尔写于1912年的《观念》第三卷中已经可以读到胡塞尔对现代自然科学的批评以及他的要求:"对这种无法忍受的理性的危难状况做一个了结"(Hua V,96)。也就是说,还在一次大战之前,胡塞尔就已经预感到欧洲人的文化危机和历史危机,并试图以自己的方式去指出它和克服它。

二

撰写《危机》书的直接起因是胡塞尔应维也纳"文化协会"的邀请以及应布拉格"人类知性研究哲学小组"和"布伦塔诺学会"及"康德学会"的邀请,先是计划于1935年5月3日在维也纳做一个讲演,而后于5月中旬再在布拉格做几个讲演(Brief. III,299)。但后来因为布拉格方面的讲演因故推延,胡塞尔决定先去维也纳,并于5月7日在这里做了题为"欧洲人危机中的哲学"的讲演。由于反响出乎意料地巨大,协会请胡塞尔于5月10日再将内容相同的讲演重复了一次。就此而论,撰写《危机》书的起因具有某种偶然性。在1935年7月10日致罗曼·英加尔登的信中,胡塞尔写道:"我来这里时其实并没有带着现成的稿子,因为很迟才决定必须在那里做讲演……我根据最主要的东西自由发挥。题目是'哲学与欧洲人的危机'。前半部分:从其出自哲学的历史起源来澄清欧洲人的(或'欧洲文化的')哲学理念。第二部分:从十九世纪末开始的危机的原因,哲学或者它的分支、

① Wilhelm Emil Mühlmann, *Geschichte der Anthropologie*, Frankfurt a. M./Bonn: Athenäum Verlag, 1968, S. 103.

近代特殊科学失误的原因，它的职责(它的目的论的功能)——即为应当在欧洲作为观念而历史生成的更高的人类形态提供规范指导的职责——失误的原因。第一部分是一个自成一体的讲演，它用了整整一小时。因而我想就此结束，并为主题过于宽泛而道歉。但听众非常想要我继续说下去，于是我在休息之后继续，并且发现听众对第二部分很感兴趣。两天后[①]我不得不再次(在重又满座的屋子里)重复这个双重报告——又是两个半小时。这在维也纳是一周中的巨大轰动。与此相应，在维也纳的15天是一连串的持续负载，险乎已达到超载的边缘”(Brief. III,302)。当年11月，胡塞尔又去布拉格，并于15日和16日在布拉格德语大学与布拉格捷克语大学分别举行了两次内容相同的演讲。

胡塞尔标明完成于1935年4月7日的维也纳讲演文稿后来被扩展为《欧洲科学的危机与超越论现象学》的论著。1935年12月22日，胡塞尔在致其家庭的老朋友古斯塔夫·阿尔布莱希特的信中写道：“现在重又是为付印而对讲演进行加工的痛苦。口头的讲演即使有了书面的准备也仍然不是一篇被言说的论文”(Brief. IX,123)。但将口头讲演改造为书面文章的困难在胡塞尔这里显然不是主要的问题。最后导致《危机》成为未竟之作的关键原因仍然在于胡塞尔的写作方式，它在《笛卡尔式沉思》等书的写作中已经表现出来。而在《危机》这里，问题依然如故。全集版《危机》的编者比梅尔在“编者引论”中曾描述过胡塞尔的研究手稿的总体风格，这也在一定程度上适用于胡塞尔对《危机》修改稿的处理：“胡塞尔的思想进程有时是跳跃式的。胡塞尔预告一个问题，然而在准备阐述这个问题时，他却让一个潜在的、而现在成了注意中心的问题吸引住了；以后他重又给出更大的总

① 实际上应当是4天后，即5月11日。

结，其目的只是为了将以往所思保留在当下。如果他在一个问题上停顿下来，那么出现这种情况有时是因为他对这个问题一而再、再而三地重新把握、重新拾起、改善、批评，或干脆将写下的东西丢弃”（Hua VI, XV–XVI）。

于是，接下来的结果用胡塞尔太太马尔维娜的话来说便是：“对讲演稿的‘编辑’变成了一种全面的新构形、扩展和深化”（Brief. VI,220）。胡塞尔于1936年1月24日已经将完成的《危机》的第一稿寄出，但他接下来在1936年的全部工作日程却依然充满了对《危机》文稿的加工修改。虽然这年3月他突患胸膜炎，不得不一度中断写作。但自4月12日起，他又重新开始夜以继日地工作。在这年6月10日致其学生、捷克哲学家扬·帕托契卡的信中，胡塞尔曾乐观地报告说：“这部著作的结尾部分现在表明比我想象的要难，它已经慢慢地成熟起来”（Brief. IV,433）。可是此后两周之间，胡塞尔的心态便又有所改变，并在6月26日致帕托契卡的信中写道：“由于篇幅已经大大超出《哲学》的一个双册本的范围，我不得不决定做出改动，它恰恰是现在给我带来一个巨大的工作负担”（Brief. IV,433）。同年12月16日，胡塞尔在致阿尔布莱希特的信中对此做了更详细的说明：“对我来说，写作这部著述[《危机》]的困难是无法言表的，恰恰是因为年龄障碍——而我尽管如此还不是在阐述和整理老的思想，而是以令人惊讶的方式在向前迈进，获得最终的深刻洞见，它们以比我以往所知的，至少比我自己清楚意识到的更为深刻的理由来论证我的精神生活道路。与此相关，我突然在付印的过程中（！）注意到，我必须改变我的阐述计划。所以我在第一校时加入了一个不少于一又二分之一印张的附件，几乎是一篇自为的论文，而且还在第三校中又做了可观的改动”（Brief. IX,128）。

这封给阿尔布莱希特的信写于1936年12月16日。此前一天，胡塞尔刚刚完成对《危机》文稿的最后校改，而写信的这天也是他最后交稿的日子。因此，他在信中同时还报告说："今天中午，我的作品(Opus)《欧洲科学的危机与超越论现象学——一个现象学哲学的引论》为《哲学》第一册所准备的那个部分已经以最终修订稿的形式寄给贝尔格莱德的利贝尔特教授，现在我终于可以给你写信了！……自我从拉帕洛的休养月以来的这半年时间是对我这个年纪之精力的一种苛求，而且无法设想会有一个休息日……我现在必须阅读许多东西——但我的眼睛在去年变得糟糕了很多，我必须不断地去拿放大镜。而听力则差到了实际上已经很难与我交往的地步……如果没有完成这部著作[《危机》]，我就根本无法安心地死去。可惜我还不得不交付几个续篇，否则现在付印的整个部分都将始终是无用的，从中最终会产生一部篇幅庞大的书，日后，但愿是一年后，它也应当作为独立的著作出版。当然不是在德国。这里没有一家杂志社是对我开放的(所有的都被一体化了[①])，连尼迈耶出版社也不行，遑论其他出版社。因此我必须坚持，并且将每一分钟都奉献给工作"(Brief. IX,129)。

《危机》的第一、二部分终于发表在由贝尔格莱德大学利贝尔特教授在那里创办的《哲学》期刊1936年创刊号上。[②] 由于胡塞尔1936

---

① "一体化"(Gleichschaltung)是1933年出自当时德国纳粹术语的一个概念，指的是将整个社会政治生活进行统一的过程，其最终的结果是纳粹把军队和教会之外的所有政治社会机构都一体化，并将所有权利集中于希特勒一身。胡塞尔是在讥讽的意义上使用它。

② 参见 E. Husserl, „Die Krisis der europäischen Wissenschaften und die transzendentale Phänomenologie. Eine Einleitung in die phänomenologische Philosophie", in *Philosophia*, I, 1936, S. 77–176，现收于 Hua VI,1–104.——关于阿尔图尔·利贝尔特(Arthur Liebert)于1936年在贝尔格莱德创办的这个《哲学》期刊以及他此前于1935年在贝尔格莱德大学创建的"国际哲学协会"，有以下相关的三点需要说明：首先，利贝尔特原先是德国康德学会主席，新康德主义马堡学派的代表人物。由于其犹太血统，他在1933年纳粹上台之后便从柏林流亡至当时的南斯拉夫王国首都贝尔格莱德(参见 Jan Patočka, „Edmund Husserl's

年9月才完成修改，并于28日寄给利贝尔特，而最后的誊清稿是于1937年1月7日才寄到胡塞尔这里的，因此，可以推测，《哲学》期刊1936年的创刊号实际上是在1937年才真正面市的。

《危机》正式发表的这个第一部分讨论“作为欧洲人根本生活危机之表达的科学危机”，第二部分致力于“近代物理主义的客体主义与超越论的主体主义之间对立的起源澄清”。这两个部分自成一体，阐述了胡塞尔对欧洲危机的实质与起源的看法，应和了《危机》书标题中的前半部分内容：“欧洲科学的危机”。在《哲学》创刊号上发表的这两个部分的前面，胡塞尔还加有一个前言，他在其中说明：“我在这篇论文中开始的，并且将会在《哲学》期刊的一组其他文章中完成的著述，是在进行一种尝试，即通过对我们的科学的与哲学的危机状况之根源的目的论的-历史的思义(Besinnung)，对哲学需要进行一种超越论现象学转向的无可避免的必然性的论证。因此，这部著作就成为进入超越论现象学的一个独立的引论。”①

原先计划一同刊出的第三部分最终被胡塞尔留下做进一步的加工处理。这个第三部分题为“对超越论问题的澄清以及与此相关的心

Die Krisis der europäischen Wissenschaften und die transcendentale Phänomenologie“, in L'. Učník et al. (eds.), *The Phenomenological Critique of Mathematisation and the Question of Responsibility*, Contributions to Phenomenology 76, Cham: Springer International Publishing Switzerland, 2015, p. 17)。其次，胡塞尔在此期间已经无法在德国境内出版他的著述。即使在德国之外的出版也受到来自纳粹政府的压力。1936年1月25日，帝国科学、教育和国民教化部强制要求胡塞尔退出由利贝尔特在贝尔格莱德创立的哲学组织(参见 *Husserl-Chronik*, 472)。最后还需要提到的是，这个在贝尔格莱德创立的“国际哲学协会”当时在世界各地有许多成员，其中的中国哲学界两位成员是时任燕京大学哲学系教授博晨光(Lucius C. Porter)和张东荪(参见 *Philosophia*, I, 1936, S. 422)。

① E. Husserl, E. Husserl, „Die Krisis der europäischen Wissenschaften und die transzendentale Phänomenologie. Eine Einleitung in die phänomenologische Philosophie“, in a.a.O., S. 77.

理学的作用”。它实际上构成这整部著作的另一个核心论题,相应于该书标题的后半部分的内容“超越论现象学”以及副标题的内容“一个现象学哲学的引论”,它们被用来说明通向超越论现象学的可能途径。第三部分由两个篇章构成:第一篇章“A. 在回问中从在先被给予的生活世界出发进入现象学的超越论哲学之路”;第二篇章“B. 从心理学出发进入现象学的超越论哲学之路”。[①] 胡塞尔计划将它作为补充篇发在《哲学》期刊的下一期上。在 1936 年的最后一天(12 月 31 日),胡塞尔在致英加尔登的信中兴致盎然地写道:“第二篇[《危机》]论文重又与康德等人相衔接,在现象学还原中对生活世界、而后是对哲学的阐释。然后,第三、四篇是现象学与心理学、物理学、生物学、精神科学的关系。又一个工作之年!”(Brief. III,309f.)

胡塞尔这里所说的第二篇论文应当是指准备发表的《危机》第二部分,而他所说的第三、四篇论文很可能是指他在与自己助手欧根·芬克商讨制定的《危机》其他部分的写作提纲中的“第四篇章:将全部科学都收回到超越论哲学之统一中的观念”(包括:1. 心理学和心理物理学或生物学,作为对受到合法限定的世间问题域与现象学之间关系的形象说明。2. 描述的自然科学(它们的先天作为“生活世界的本体论”)与理想化的现象学。3. 作为普遍相互关联体系之统一的科学的“统一”。现象学的形而上学概念。)以及“第五篇章:哲学的不可丧失的任务:人类的自身思义”。[②]

---

① 这里需要特别留意胡塞尔后期对现象学与心理学关系问题的思考。事实上,《危机》书初稿的标题是“欧洲科学的危机与心理学”。这份初稿也是寄给《哲学》(*Philosophyia*)的第一稿。期刊主编利贝尔特在 1936 年 7 月撰写这个新期刊的引论时所引用的也是这个第一稿的标题。但在 1936 年 9 月修改打印稿时胡塞尔也修改了原先的标题,将“心理学”改为“超越论的现象学”(对此可以参见 Reinhold N. Smid, „Einleitung des Herausgebers“, in Hua XXIX, S. XXXI)。

② 参见 Hua VI,516。此外还可以参见胡塞尔在另一处的与此相一致的说法:在 1937 年致德国作家、哲学家鲁道夫·潘维茨的信中,胡塞尔对《危机》的总体结构介绍说,

1937年的日子里，胡塞尔的确在继续着日复一日的工作。在1937年5月31日致多里翁·凯恩斯的信中，他回顾说："自1937年初以来，我的身体状况十分虚弱。我大概在近几年里工作得太多，并且也必须克服一些困难。现在重又慢慢地好起来，以至于我还是可以对我的著述的第二部分进行加工，即对生活世界理论，以及由此出发对现象学还原的主要阐述的加工——是文字上的，因为思想上我早已处在纯然状态"（Brief. IV,60）。

然而不幸的是，同年8月10日，胡塞尔在浴室摔倒，伤及肋骨，引起胸部的炎症，从而不得不卧床休息。他在8月14日致瑞典哲学史家艾克·佩措埃尔（Åke Petzäll）的很可能是口述的信中说："眼下我病了，因而不得不中断我的全部工作"（Brief. VIII,283）。在此后的住院期间，他还一直惦念《危机》的写作。有回忆者在1937年10月见证说："胡塞尔相信他必定还会恢复力量并完成他的第二篇论文"（*Husserl-Chronik*,487）。1938年2月，他还对夜班护士说："我还想完成一本书，应当会给我这个恩赐"（*Husserl-Chronik*,488）。

但是，这场疾病并未给胡塞尔留下完成《危机》的机会，它最终还是导致胡塞尔于1938年4月27日与世长辞，使得这部书成为他的未完成交响曲。完全可以说，胡塞尔在这部书上一直工作和思考到死去为止。

三

1937年元旦，即在撰写和修改《危机》第三部分的过程当中，胡

"在第一部分中仅仅是前说明、唤醒，在第二、三部分是对绝对基地的发现，而后在最后一部分是对实证科学的本质构形的真正意义的澄清"（Brief. VII, 226）。

塞尔自己曾对该书的意义做过一个总体评价:“这是关于我的生命之作的最终交待,作为内心结合的最终成果,它可能是我思想体验的最成熟的产物:以一种艰难的方式,从这个在其当下思义着的哲学家的素朴而封闭的传统性出发,逐渐引导上升,直至‘超越论还原’的真正自主性,直至发现他是‘超越论的本我’,以及发现由此出发和在此之中的普全的和超越论的交互主体性,发现绝对的超越论的历史性以及绝对者的超越论的目的论”(Brief. VII,225f.)。

从现今研究者的视角来看,除了其他问题(例如交互主体性问题)之外,胡塞尔在《危机》中主要提出和处理了三个彼此间有内在关联的重要问题:

1. 近代欧洲科学以及欧洲文化所面临的危机问题

这个问题是在维也纳讲演中作为第一论题被提出来的,也是《危机》书出版后最大的影响所在。对此问题的论述是第一、二部分的主要内容(第1-27节),即在《哲学》期刊上得到公开发表的内容。从这两部分的标题“作为欧洲人根本生活危机之表达的科学危机”和“近代物理主义的客体主义与超越论的主体主义之间对立的起源澄清”可以看出,胡塞尔将欧洲科学的危机仅仅视作欧洲人的生活危机的外在表现。真正的内在危机是欧洲文化的危机和欧洲人思维方式的危机。

“科学危机”在当时并不是一个普遍的口号或公认的命题。因而胡塞尔从一开始便提出,自然科学与技术在近代取得的成果有目共睹,伽利略因其将自然数学化的做法而成为近代自然科学的开创者,数学化的自然科学成为近代哲学的特征。[①] 但在自然科学,甚至数学

① 这里可以留意一点,《危机》这两个部分中包含的对伽利略在科学史上的地位的评述,后来还影响了胡塞尔的哥廷根学生、科学思想史家亚历山大·柯瓦雷(Alexandre Koyré)的科学史研究,尤其是其《伽利略研究》(*Études galiléennes*, Paris, 1939)。用柯瓦雷自己话来说,他从胡塞尔那里“学到了如何正面地接近历史,学到了他对希腊和

科学的领域仍然有令人困惑的含糊性出现，以及与此相关的世界之谜出现，它们最终可以被归结为主体性之谜。解决主体性问题需要心理学和精神科学的研究和方法的支持。然而这些解决主体性之谜的科学却始终在诉诸和援引自然科学，以它们为科学之精确性的典范。而自然科学这一方面却要求排除一切主观性的东西，排除人的文化构成物的理性与非理性的一切问题。正是在这个意义上，一方面，数学自然科学由于技术化而被抽空了意义，或者说，它脱离开原初的意义赋予，排除了原初思维；另一方面，科学的危机同时也表现为，它丧失了它对于生活而言的意义（Hua VI,3,45–46）。

而从作为科学之父的哲学出发来看，胡塞尔认为，它在近代的发展史，主要是自笛卡尔以来的近代哲学的历史，是"为了人的意义而斗争"的历史，但它却因为不具备自然科学式的客观性和精确性而不再被视作理性人的自身理解，即对绝对理性本身的理解，而是越来越呈现出"为了生存而斗争"的特征（Hua VI,11），普遍哲学的理想已然解体，哲学被视作某种文化类的东西或某种世界观。胡塞尔也在此语境中谈及"哲学的衰亡"（Hua XXVII,242）。因此，"我们这些在这种发展中成长起来的当代人，正处于最大的危险之中，即在怀疑论的洪流中沉没，从而放弃我们的本己真理"（Hua VI, 12）。这便是胡塞尔所说的意义上的危机。

2. 现象学意义上的历史哲学与历史目的论的问题

关于"欧洲科学危机"及其产生原因的回顾与思考已经与历史哲学的思考密切联系在一起。对历史哲学问题的思考和处理贯穿在《危

中世纪思想中的客观主义、对看似是纯粹的概念辩证法的直观内容、对本体论系统的历史构成——和观念构成——的兴趣"（参见 Herbert Spiegelberg, *The Phenomenological Movement. A Historical Introduction*, ibid., p. 239. 中译本参见施皮格伯格：《现象学运动》，同上书，第 333 页）。而柯瓦雷的思想又影响了托马斯·库恩的科学革命结构说。这里可以梳理出一条观念史的发展研究到科学革命结构研究的思想演进的脉络。

机》的所有三个部分(第 1–73 节)之始终,它可能是胡塞尔撰写《危机》书的最初计划,也是最终目的。他曾在 1935 年 6 月中旬致其弗莱堡的学生菲利克斯·考夫曼的信中说:“我立即重又捡起了我的因为[维也纳]讲演的形态而中断了的历史哲学研究,它们实际上是自身领会的最高结论和超越论现象学的系统形态”(Brief. IV,210)。在《危机》书中也可以找到胡塞尔对这里的内在关联的再次指明:“我们的这些考察必然会引向最深刻的意义问题、科学的问题和一般科学史的问题,最后甚至会引向一般的世界史的问题;因此我们的与伽利略几何学有关的问题与说明就获得一种范例的意义”(Hua VI,365)。正是在对欧洲哲学的历史以及从中产生的自然科学和精神科学的历史的回顾中,胡塞尔提出历史的意义和历史目的论的命题。

就总体而言,胡塞尔在《危机》中提出了现象学的历史哲学研究方案,以及他对哲学的历史目的论的解释,还有他的历史哲学研究方法论说明。

首先要留意他提出的“理解的历史学”的概念:“一切关于事实的历史学都始终是无法理解的,因为它们总是素朴地直接从事实进行推论,却从不将这种推论整体所依据的一般意义基础当作主题,也从不研究意义基础所固有的强有力的结构先天。只有揭示出处在我们的当下之中、而后是处于每个过去或将来的历史的当下本身之中的一般结构,并且总的说来,只有对我们生活于其中、我们整个人类生活于其中的具体历史时间的揭示,就其整个本质一般结构方面的揭示——只有这样一种揭示,才使真正的、理解的历史学、明晰的、在本真意义上的科学历史学成为可能。这是具体的历史先天,它包纳了所有那些在已经历史地生成和正在生成之中的存在者,或者说,它包纳了所有那些在其本质存在中作为传统和传承者的存在者”(Hua VI,381)。这里的论述表明:历史研究应当是对意义基础的本质结构的发生和展开的研究。这是理解胡塞尔后期历史哲学或历史现象学的一个关节点。

其次是胡塞尔在这里提出的"历史"概念:"历史从一开始就无非是原初**意义构成**(Sinnbildung)和**意义积淀**(Sinnsedimentierung)之相互并存和相互交织的活的运动。不论什么东西根据经验作为历史事实被想起,或是由历史学家作为过去的事实而表明出来,它们必然具有自己的**内意义结构**(innere Sinnesstruktur)"(Hua VI,380)。这个历史的"内意义结构"也可以导出对胡塞尔"内历史"(innere Geschichte)概念的理解:"如果通常的事实历史学一般,以及尤其是最近以来现实而普全地扩展到整个人类的历史学一般,具有某种意义的话,那么这种意义只能奠定在我们于此可称作内历史的东西的基础上,而且它本身只能奠定在普全的、历史的先天的基础上。这种意义必然会进一步导向已经暗示过的一门理性的普全目的论的最高问题"(Hua VI, 86)。

最后,关于现象学历史哲学的方法论问题,笔者在"历史现象学的基本问题——胡塞尔《几何学的起源》中的历史哲学思想"一文中做了较为详细的梳理,划分了四种历史或历史研究的对象,以及通达这些对象的现象学还原方法。除此之外,这篇文章也以《危机》中的附录"几何学的起源"为历史现象学研究的范例讨论了胡塞尔历史哲学或历史现象学的整个思考。①

---

① 参见笔者:"历史现象学的基本问题——胡塞尔《几何学的起源》中的历史哲学思想",载于《社会科学战线》,2008年,第9期。上述四种历史研究对象和与之相应的方法分别为:"1)超越的、外在对象性的构造发生与历史,例如宇宙史、生物史、自然史、动物史,它们可以用'科学史'的名义来概括;2)内在的、反思的对象性的构造发生与历史等等,例如心灵史、世界观史、宗教思想史、文化史,它们可以用维柯的'新科学'的名义来概括。——这两个历史学研究领域可以通过超越论还原的方法而得到区分;3)观念对象性的构造发生与历史,例如几何学的观念史、零的历史、廉耻观的历史、善的历史等等;4)实在对象性的构造发生与历史,例如物的历史、桌子的历史、吗啡的历史。——这两个历史学研究领域可以通过本质还原的方法而得到区分"(同上,第44页)。

3. 作为现象学出发点的生活世界以及与之相关的诸问题

关于胡塞尔的生活世界现象学已经有诸多研究文献问世。这里的说明仅仅集中在《危机》语境中它与其他论题的可能关联方面。

首先,历史哲学的思考同样内在地与生活世界的问题联系在一起。耿宁的研究表明:"胡塞尔在 1920 年前便已开始零星地运用'生活世界'这一概念了,但直到二十年代,这个概念在他的哲学中才成为一个根本性问题的名称。"他同时也指出,在胡塞尔的《危机》中科学的危机、历史的观念以及生活世界的问题是如何内在地结成为一个基本的论题的:"胡塞尔在二十年代仅仅犹豫不决地表露出来的思想在《危机》中则得到明确的贯彻:'客观科学的基础在生活世界中,它作为人类成就与其他所有人类成就一样,同处于具体的生活世界之中'。"[①] 胡塞尔本人在《危机》中也对此有清楚的表达,它指明了一种从"科学客观性"向构造着这个客观性的"生活世界主观性"的转向要求:"至于'客观上真的'世界、科学的世界,它是**更高层次上的构成物**,是建立在前科学的经验和思维之上的,或者说,是建立在经验与思维的有效性成就之上的。只有彻底地回问(Zurückfragen)**这种**主观性,而且是回问以所有前科学的和科学的方式**最终**使一切世界有效性连同其内容得以成立的主观性,并且回问理性成就的内容与方式,只有这样一种回问才能使客观真理成为可理解的,才能达到世界的**最终存在意义**。因而自在第一性的东西并不是处于其无疑的不言而喻性中的世界之存在,而且不应单纯地提问;什么东西客观地属于世界;相反,**自在的第一性的东西是主观性**,而且是作为朴素地预先给定这

---

① 关于胡塞尔对生活世界问题思考的历史与实质内容的讨论可以进一步参见耿宁(Iso Kern)写于 1979 年的文章:"生活世界:作为客观科学的基础以及作为普遍真理问题与存在问题",倪梁康译,载于耿宁:《心的现象——耿宁心性现象学研究文集》,北京:商务印书馆,2012 年,第 59-71 页,此处两段引文出自该书第 59、64 页。

个世界存在、然后将它合理化的主观性，或者同样可以说，将它客观化的主观性”(Hua VI,70)。可以看出，转向生活世界的要求是与向超越论主观性做超越论转向的要求内在相一致的。

在1937年1月6日致其弗莱堡的学生、后来成为重要的社会哲学家的阿尔弗雷德·舒茨的信中，胡塞尔写道：“如果您而后写信告诉我，我的序曲(Ouverture)[即当时发表了的《危机》的第一、二部分]、我的那些方法的前释以及前释性的批判对您产生了何种作用，那么我会非常高兴。接续的部分[即当时未发表的《危机》的第三部分和其他计划发表的部分]会继续这些工作，并且会越来越多地指明必然的问题：‘生活世界’的问题，或者，对作为巨大科学论题的‘生活世界’的发现，以及对彻底观点改变的动机引发：现象学的还原。而后从这个绝对的观点来看所有素朴–客观科学(实证科学)的真正问题域。但愿我这个年纪的精力还能够做到在三、四篇论文中来展开它”(Brief. IV,493f.)。胡塞尔在这里首先指出了生活世界作为现象学研究的可能性，其次也指出了生活世界研究与现象学还原的关系，最后还指出了生活世界现象学研究对科学发展史研究和历史目的论研究的可能意义。

关于生活世界与胡塞尔批评的客观主义之间的关系问题，黑尔德曾在他为胡塞尔《生活世界现象学》撰写的“编者导言”的第七节“客观主义批判与生活世界”中做出清晰的说明：“胡塞尔在他后期著作标题中所说的‘欧洲科学的危机’就是一种意义的丧失，这种意义丧失之所以产生，乃是因为一个绝然的、与主体无关的世界——如果它真的存在的话——将会放弃人的责任。”而“随着现象学的‘生活世界科学’的提出，对那种随哲学与科学的产生而一同被原创立的、无成见的世界认识之要求具体地得到了满足……胡塞尔认为，随着科学意向在无成见的世界认识基础上的原创立，一种对整个人类都有效的认识规范就会被提出……在对科学的原初意向与此意向迄今的满足所做的这种历史的–现象学的比较中，人的理性的自身负责便会得到实现。”[①] 在这里，从生活世界现象学到人类的自身认识和自身负责的历史目的论发展线索得到了清楚的勾画。

而关于生活世界与现象学还原的关系，耿宁在前引文章中给出了扼要的说明：“生活世界的‘素朴’本体论还不能最终被理解为本质上主观相对的生活世界的存在意义。最后的澄清只有在对先验主体性的反思中，在对‘普遍进行着的生活’的反思中才有可能，在这种生活中，世界作为对我们始终在流动着的当时性中存在着的、始终‘在先被给予我们的世界而成立’”(Hua VI,148)。因此，“对这种生活的研究在方法上需要超越论的中止判断和还原，所以胡塞尔在方法上把生活世界的问题看作是一条通向超越论还原的道路。”[②] 易言之，生活世界是现象学的出发点，而不是目的地。这与胡塞尔强调现象学是世界观哲学，但本身不是世界观的说法是一致的。

这里最后还值得重提的是，笔者在《现象学及其效应》中还讨论过胡塞尔与海德格尔在生活世界问题域中的可能相互影响的问题。这里也需要再引克里斯多夫·雅默的合理看法：“无论如何，在十年之后，《存在与时间》和《欧洲科学的危机与超越论现象学》这两本书必须在某种意义上被理解为是两部互补性的著作，缺少其中的任何一本，都会使对另一本的完整理解成为不可能。”[③]

---

① 黑尔德（Klaus Held）：“导言”，倪梁康译，载于胡塞尔：《生活世界现象学》，上海：上海译文出版社，2005 年，第 40、45 页。

② 耿宁：“生活世界：作为客观科学的基础以及作为普遍真理问题与存在问题”，同上书，第 71 页。

③ Christoph Jamme, „Überrationalismus gegen Irrationalismus. Husserls Sicht der mythischen Lebenswelt“, in Christoph Jamme/Otto Pöggeler (Hrsg.), *Phänomenologie im Widerstreit. Zum 50. Todestag Edmund Husserls*, a.a.O., S. 68.

四

胡塞尔的《危机》书未能如愿完成，身后留下一批相关的研究手稿。他在提纲中列出并在书信中提到的总共四部分的出版计划仅仅出版了第一部分（即《哲学》期刊上正式出版的第二部分）。而第二部分（即被胡塞尔压下修改，后来作为第三部分收入《胡塞尔全集》第6卷出版的文本）则可以被视作是基本完成的。此外，胡塞尔遗稿中有一小部分属于计划中的第三部分（即提纲中题为“将全部科学都收回到超越论哲学之统一中的观念”的第四篇章）和第四部分（即提纲中题为“哲学的不可丧失的任务：人类的自身思义”的第五篇章）的内容已被收入《胡塞尔全集》第6卷。

还在出版作为《危机》考证版的《胡塞尔全集》第6卷和作为《交互主体性现象学》研究手稿的《胡塞尔全集》第13、14、15卷时，编者们（瓦尔特·比梅尔和耿宁）就已经预告要在胡塞尔写作《危机》期间留下的文稿中再做选择和编辑出版（Hua VI,XI）。1992年，《欧洲科学的危机与超越论现象学·补充卷》得以作为《胡塞尔全集》第29卷出版。[①] 在其中得到发表的胡塞尔文稿的论题处在《危机》的语境中，时间处在1934–1937年期间。这些文稿按年代写作顺序排列出版。选编它们的目的在于，如该书编者（莱茵赫尔德·N. 斯密特）所说，“对胡塞尔为《危机》的出版而在不同工作阶段所做的工作做出说明，并且对《胡塞尔全集》第6卷做出补充”（Hua XXIX, 430）。

---

① Edmund Husserl, *Die Krisis der europaischen Wissenschaften und die transzendentale Phänomenologie. Ergänzungsband. Texte aus dem Nachlass 1934–1937*, Hua XXIX, Dordrecht: Kluwer Academic Publishers, 1992.

卡尔·洛维特：1933 年之后

1936 年在贝尔格莱德发表了《欧洲科学的危机与超越论现象学》的第一部分之后，胡塞尔将这个部分寄给刚到日本仙台大学任教不久的卡尔·洛维特，并随书附上他写于 1937 年 2 月 22 日的一张明信片，其中涉及《危机》第一、二部分的内容如下：

> 也许您会理解：我为何并非出于固执，而是遵循最内在的必然性，许多年来便行走在我的孤独之路上，而且在一个发问与决断的新维度中高度尊崇这条道路——以及我为何不得不将时髦的生存哲学以及如此自以为是的历史相对主义的深邃神秘视作已然无力的人类的脆弱失败，人类在逃避整个"近代"之崩溃向它、向我们所有人已经提出并还在提出的巨大任务！第一部分是缓慢的上升，在第二册或第三册中的第二部分才分别地提出现象学的还原，因而关键的东西可惜是在后面，出于偶然的原因（Brief. IV, 397）。[①]

洛维特回忆录中另一处关于胡塞尔的记录与前者在 1933 年最后一次在弗莱堡对后者的拜访有关。洛维特在这里报告了胡塞尔当时的外部处境和内心状况，同样也报告了胡塞尔与海德格尔的关系。洛维特首先报告说："在我 1933 年最后一次到弗莱堡的那两天里，去听了海德格尔的演讲课，他正在分析沉默有哪些不同的方式：他自己是最懂沉默的人。"[②] 这句话中显然包含了洛维特对海德格尔的讥讽，因为 1933 年的海德格尔所展示的是恰恰是沉默的对立面，但也正因为

---

① 最初刊载于 Karl Löwith, „Eine Erinnerung an E. Husserl“, in H. L. Van Breda/J. Taminiaux (Hrsg.), *Edmund Husser 1859–1959*, a.a.O., S. 48–55.

② 卡尔·洛维特：《一九三三：一个犹太哲学家的德国回忆》，同上书，第 94 页。

此才衬托出他以往尤其是在胡塞尔面前的成功沉默策略。[1] 由此也可以看出，洛维特在此时已经开始用另一种眼光来审查他昔日的老师和挚友海德格尔了。[2] 与此相关，当晚他没有像以往一样留宿在海德格尔家中，而是去了一位过去的大学同学那里借宿。

> 第二天我拜访了胡塞尔。海德格尔已经跟他完全断绝了来往，而且自纳粹政变以来，再也没有在他这位“父亲般的朋友”(从前他在给胡塞尔的信上都这么称呼他)的家里出现过。胡塞尔仍温和而镇定地、深深地投入在自己的工作里，但内心却因为这位昔日门生的行径而受到了打击，而这位门生之所以接任自己在弗莱堡的哲学讲座教授的位置，还是出于自己对他的提拔，现在更当上了大学的校长。[3]

事实上，在洛维特的回忆录中，涉及胡塞尔的地方多半与海德格尔有关，而且他的落笔往往是在与胡塞尔的比照中批评海德格尔的人格。1936 年洛维特还在罗马与海德格尔见过一次面，而后他赴日本仙台大学任教，并于 1939 年在那里完成了他的重要思想史著作《从

---

① 海德格尔在 1933–1934 年生命历程中的不沉默的见证可以参见他自己留下的讲稿、致辞、公函和书信等等：Martin Heidegger, *Reden und andere Zeugnisse eines Lebensweges*, GA 16, a.a.O., III. Rektor der Freiburger Universität (1933–1934), S. 81–274.

② 洛维特自传的编者科塞勒克在“前言”中对洛维特与海德格尔的私人关系与思想联系的刻画十分贴切中肯：“这里首先可以找到对海德格尔批判的自传式起源，这个批判后来发表在 1953 年的《贫困时代的思想家》中。对他的老师所持有的明确无疑的认可态度与坚定不移的间距立场彼此连结成为一个谜，它既不能用单纯心理学的方式也不能用单纯社会学的方式来解开，因为从每个不同的视角出发都始终会有一个角度是不可察见的。洛维特对每个角度都做了阐明，真诚地报以谢意，但不为谢意所困惑”（Reinhart Koselleck, „Vorwort“, in Karl Löwith, *Mein Leben in Deutschland vor und nach 1933* – Ein Bericht, a.a.O., S. XI）。

③ 卡尔·洛维特：《一九三三：一个犹太哲学家的德国回忆》，同上书，第 94 页。

黑格尔到尼采：十九世纪思想中的革命性突破》。洛维特将该书题献给胡塞尔，在第一版中为“纪念埃德蒙德 · 胡塞尔”的献辞附加了一个说明：“在这部书的写作期间我收到了胡塞尔在弗莱堡去世的消息……弗莱堡大学对胡塞尔的逝世置之不理，而胡塞尔教椅的继任者对他的‘敬意与友谊’的证明就是：他一言不发，或者，他一言也不敢发。”[①] 如前所述，洛维特在该书 1950 年的第二版中删去了这个说明。但他对海德格尔和贝克尔在对待他们老师胡塞尔态度上的强烈不满还是在他几乎于同年完成的“一九三三年之前与之后我在德国的生活”的报告中得到了更为详细的表达：

> 1938 年胡塞尔于弗莱堡过世，海德格尔证明他对老师的“敬意与友谊”(这是他 1927 年把作品献给胡塞尔所用的献词)的方式，就是没有费心表示过一句纪念或哀悼的话——或者他根本不敢。公开或私下的场合都没有，口头与文字上也都没有。同样地，那位贝克尔——他从任教资格论文一直到获得波恩聘书，也就是说他整个哲学的“存在”，都受到胡塞尔提拔的恩惠——回避这个难堪处境的办法，一样也是毫无表示；他的理由很“单纯”：他的老师是一个被解职的犹太人，而他却是一个担任公职的雅利安人。这种英雄气概，从希特勒掌权后就成为德国人常见的行为方式——如果他曾受到一位德国犹太人的提拔才获得现在的职位的话。很有可能海德格尔和贝克尔觉得自己的行为只不过是一种“忠诚的”或“理所当然的”，因为在他们尴尬的处境里，还能够做些什么别的呢？

---

① Karl Löwith, *Von Hegel bis Nietzsche. Der revolutionäre Bruch im Denken des neunzehnten Jahrhunderts*, Zürich/New York: Europa Verlag, 1941, S. 5.

洛维特这里两次引用的“敬意与友谊”是海德格尔在《存在与时间》中给胡塞尔的献辞，它在直至1935年的第三版中都还保留下来。在《从黑格尔到尼采》出版一年后的1941年的第五版中，这个献辞被删除了。按照海德格尔后来在《走向语言途中》1959年第一版的解释，这是遵照出版商的建议与愿望而删除的，以免该书的再版受到威胁甚至导致该书被禁止。但引论结尾部分对胡塞尔的致谢还是根据海德格尔提出的条件而被保留下来。[①] 但海德格尔的这个解释后来在该书后来的各个版本中也消失了。

如前所述，在洛维特与胡塞尔的私人关系和思想联系方面几乎可以说是乏善可陈。主要原因在于，洛维特是近代哲学中贯穿的从黑格尔到狄尔泰的思想动机的坚定追随者，而胡塞尔在公开的场合则主要贯彻笛卡尔-康德的思想动机。在这方面，洛维特所受的更多是海德格尔的影响。而后者的思想来源则可以进一步追溯到狄尔泰那里。海德格尔对胡塞尔的主要批评也在于胡塞尔忽略了历史性。在这个方面，洛维特基本接受了他的主要导师海德格尔的观点与立场。虽然洛维特对胡塞尔自始至终充满了敬仰之情，但这种敬仰说到底还是一种类似堂吉诃德崇拜的情感，按照洛维特自己的说法：

> 尽管胡塞尔有可能低估了通过黑格尔而得以普及的“历史意识”的深度，并且误识了思考的历史对于思考的实事问题的内在从属性，但没有人可以忘记，当胡塞尔在对一种“科学动力”的遵从中坚持作为纯粹理论的原则科学的伟大传统时，他是以何种令人叹服的方式持守在一个业已失落的岗位上！

---

① 参见 Martin Heidegger, *Unterwegs zur Sprache*, Pfullingen: Neske, 1959, S. 269.

洛维特在这里对胡塞尔的历史意识的评价与海德格尔如出一辙，笔者在“胡塞尔与海德格尔的历史问题(1)：历史哲学的现象学–存在论向度”与“胡塞尔与海德格尔的历史问题(2)：海德格尔思想中的黑格尔–狄尔泰动机”[①] 两篇文章中对胡塞尔与海德格尔的历史哲学观点做过较为详细的说明，并且特别批评了海德格尔作为知情者有意夸大胡塞尔的所谓“遗忘历史”的做法。海德格尔清楚地知道胡塞尔的“历史现象学”或“精神现象学”在相关的《观念》第二卷手稿中以及在关于“自然与精神”的多次讲座中已经达到哪一个阶段，即使胡塞尔本人始终没有将它们诉诸发表。相比之下，洛维特只是在他流亡日本之后才对胡塞尔当时不得不在国外发表的《危机》的第一部分中所阐述的作为观念史的历史现象学思想有一些了解。胡塞尔在给洛维特寄赠《危机》第一部分时还写信给洛维特说：

> 但愿您不属于那些“早熟者”、不属于一个**已经**形成自己立场的人，以至于您还有内心自由来为您自己的人类学“加括号”，并根据我的新的、最成熟的阐述来理解我为何将人类学视作哲学上幼稚的实证性，以及为什么我将现象学还原的方法视作唯一哲学的方法，视作**真正**具体达到普全存在认识或普全自身思义的唯一方法。也许您会理解，舍勒、海德格尔以及所有早先的“学生”并未弄懂现象学——超越论现象学作为唯一可能的现象学——的本真意义和深刻意义，而且有多少东西是取决于这个意义的。它当然是不易达及的，但我认为，值得为它付诸心力(Brief. IV,394)。

胡塞尔在这里念念不忘的是他的现象学观念论的对立面：“人类

① 参见笔者：《胡塞尔与海德格尔：弗莱堡的相遇与背离》，同上书，第 157–196 页。

主义”。胡塞尔在1928年之后将舍勒和海德格尔都纳入这个范畴，而属于海德格尔的那一群“兴奋的犹太青年”的洛维特当然也被他归入这个范畴。这个范畴不同于他在1910年的《哲学作为严格科学》中批评的“历史主义”和“自然主义”，也不同于他在1900年的《逻辑研究》中的批评的“心理主义”。它们都属于胡塞尔心目中的哲学，即观念论意义上的严格科学的对立面。这个信念来自布伦塔诺及其学派的传承。洛维特也了解胡塞尔这方面的思考：“胡塞尔认为，这个朝向科学方法的意向从希腊哲学直至康德都是活跃的；在浪漫主义哲学中，主要是通过谢林和黑格尔（他的效果就是历史主义的‘世界观哲学’），这个意向以灾难性的方式被削弱和篡改了。”[①]

不过洛维特始终没有注意到的是，胡塞尔在写这封信时已经默默地在狄尔泰-约克的“理解历史性”的方向上工作了三十多年了。笔者在本书第二卷第二十章“胡塞尔与考夫曼：现象学与历史哲学”与第二十九章“胡塞尔与兰德格雷贝：现象学与历史哲学”一文中通过考夫曼和兰德格雷贝的历史哲学研究阐述了狄尔泰在这个方向上产生的双重影响：历史哲学的胡塞尔现象学-发生论的向度与海德格尔存在论-解释学的向度。

洛维特同样看到了狄尔泰在这个历史意识和历史思维的复兴方面所起到的决定性作用并给予高度评价：“狄尔泰通过他的《青年黑格尔历史》（1805年）和他的历史的-系统的作品，比其他所有新黑格尔学派加起来还更多地重新复活了黑格尔的历史思维方式，并使之对当代来说也富有成果。”[②] 但洛维特与伽达默尔一样，关注和遵循的仅

---

① 参见洛维特：“关于埃德蒙德·胡塞尔的一个回忆”，载于倪梁康（编）：《回忆埃德蒙德·胡塞尔》，同上书，第157-196页。

② 洛维特：《从黑格尔到尼采——19世纪思维中的革命性决裂》，北京：生活·读书·新知三联书店，2006年，第163页。

仅是海德格尔的道路与足迹，以及向前追溯到从黑格尔到尼采的这段思想脉络。“黑格尔和尼采是两个端点。十九世纪德国精神历史的真正发生就在这两个端点之间运动。”[①]

不过如前所述，这段思想史的发生对胡塞尔并未产生决定性影响。就这个两端而言，胡塞尔对黑格尔的轻视：他在读了黑格尔《精神现象学》一书的引论之后就没有再读下去，以及他对尼采的无视：他一生从未读过也从未谈及尼采，这两点都与海德格尔和洛维特形成鲜明的对照。之所以如此，并不是因为黑格尔和尼采的历史哲学本体论思考与价值论思考，而只是因为他们的思辨的或浪漫的思维方式都与胡塞尔的科学理想形成截然的对立面。直至在认识和了解狄尔泰之后，胡塞尔才看到将精神科学与历史研究结合为一的可能路径，而这已经是在尼采去世五年之后了。

总之，在历史本体论的发展中由海德格尔和洛维特着力加入的黑格尔和尼采的因素，在胡塞尔的历史现象学思考中是缺失的——无论这种缺失是胡塞尔哲学的长处还是短处。除此之外，如果胡塞尔曾遭遇过在这段思想史之前的维柯，相信他会像结识狄尔泰一样获得根本性的受益。

而从洛维特这方面来看，胡塞尔对洛维特的影响虽然不如海德格尔那样明显，但也是相当深刻的。就总体而言，洛维特没有看到胡塞尔在送给他的《危机》单行本中表达的历史就是观念史的思考，没有看到胡塞尔对历史意识中发生逻辑或超越论逻辑的追踪之努力与狄尔泰和约克的理解历史性的要求是本质上一致的，后者就是胡塞尔所说的“作为意义成就和有效性成就的最终起源的超越论历史性”(Hua VI, 212f.)。但胡塞尔在《哲学作为严格的科学》中对真理之永恒性的

① 洛维特：《从黑格尔到尼采》，同上书，第3页。

追求以及对最内在的必然性的遵循还是对洛维特产生了潜隐而深刻的影响。洛维特不仅在黑格尔那里发现了真理与历史的统一可能，而且也在尼采那里看到历史的永恒复归中存在的宇宙必然性。如果可以说，“永恒作为在循环中重复自身存在的永恒肯定，依然是尼采精神偏爱的主导动机”[①]，那么人们不仅可以像芬克一样说，胡塞尔与黑格尔是殊途同归的，而且也可以说，胡塞尔与尼采是异曲同工的。

路德维希・兰德格雷贝

兰德格雷贝自 1923 年夏季学期开始在弗莱堡随胡塞尔学习，并于这年秋天被胡塞尔聘为他的私人助手。[②] 如前所述，这是因为胡塞尔拒绝了柏林大学的讲席教授聘任，留在弗莱堡，而大学为胡塞尔增加聘任一个私人助手的经费。按照兰德格雷贝在其哲学自述中的说法，“我的第一个任务就是抄录和加工他的 1923/24 年冬季学期讲座‘第一哲学’。胡塞尔在每次讲座后都会将那些大都是在讲座前不久写下的速记手稿页张交到我手中。”[③]

在他做助手工作的最初几年里，大约从 1926 年起，胡塞尔还委托兰德格雷贝誊写一些速记手稿，有可能是打算对它们做些修改加工，而后作为较长的论文发表在《哲学与现象学研究年刊》上。兰德格雷贝为此而先后整理出了三份篇幅较大的打字稿：一份打字稿的标题是“意识结构研究”（Studien zur Struktur des Bewusstseins），另一份打字稿的标题是“对象与意义”（Gegenstand und Sinn），而最后一

---

① 洛维特：《从黑格尔到尼采》，同上书，第 272 页。

② 关于胡塞尔与兰德格雷贝的思想联系与私人关系可以参见本书第二卷第二十九章“胡塞尔与兰德格雷贝：现象学与历史哲学”。

③ Ludwig Landgrebe, „Selbstdarstellung“, in Ludwig J. Pongratz (Hrsg.), *Philosophie in Selbstdarstellungen* II, a.a.O., S. 136f.

份打字稿的标题则是“逻辑研讨”（Logische Studien）。

此后可以确定的是，在兰德格雷贝于 1927 年 2 月 24 日完成博士考试后不久，胡塞尔便委托兰德格雷贝将第一份与意向分析研究有关的速记手稿进行编排整理，这就是被称作“意识结构研究”的那份手稿，它又分为三个研讨部分：1. 主动性与被动性，2. 价值统觉、情感、意志，3. 模态与倾向。[①] 这份誊写稿在上世纪末便被纳入《胡塞尔全集》的出版计划，在经过“四分之一个世纪”的编辑工作之后，终于在 2020 年作为《胡塞尔全集》第 43 卷出版，总标题仍为《意识结构研究》。全书共分四册，前三册的内容建立在兰德格雷贝的该誊写稿的三个相应部分的基础上，但增加了兰德格雷贝没有收入的相关胡塞尔研究手稿，而三个部分的标题均有改动，分别为：第一册：《知性与对象》，第二册：《感受与价值》，第三册：《意志与行动》，第四册则专门由《文本考证性的附录》组成。这是《胡塞尔全集》最新出版的一卷。[②]

而兰德格雷贝整理出的另一份题为“逻辑研讨”（Logische Studien）则在 1928 年就由胡塞尔委托给兰德格雷贝进行加工，几经修改，最终于 1939 年，即在胡塞尔去世后不久便以《经验与判断——逻辑谱系学研究》为题在布拉格出版。

---

① 参见 Ullirich Melle, „Einleitung des Herausgebers“, in Hua XLIII, S.LI, S. LXIf., S. LXXIV.

② 参见 Edmund Husserl, *Studien zur Struktur des Bewusstseins*, hrsg. von Ullrich Melle und Thomas Vongehr, Bd. I–IV (Hua XLIII/1: *Verstand und Gegenstand*; XLIII/2: *Gefühl und Wert*; XLIII/3: *Wille und Handlung*; XLIII/4: *Textkritischer Anhang*), Cham: Springer Nature Switzerland AG, 2020.——由于这几卷的内容与笔者近年来专注的自然意识与人工意识的关系问题密切相关，故而笔者已将它纳入自己的翻译计划。

《经验与判断——逻辑谱系学研究》(1939 年)

一、兰德格雷贝整理的所谓“发生逻辑学”文稿

1928 年，胡塞尔聘任路德维希·兰德格雷贝为私人助手，主要目的是让他整理和誊写自己用加贝尔斯贝格速记法记录下的研究文稿，类似于埃迪·施泰因在十年前作为胡塞尔私人助手所做的工作。这个工作兰德格雷贝在撰写博士论文之前就开始了。此后在博士考试之后和进行任教资格考试之前，他继续进行他的胡塞尔手稿整理工作。按照他本人在其“哲学自述”以及“《经验与判断》前言”中的说法，他在此期间的工作一方面是将胡塞尔从 1901 年《逻辑研究》到 1913 年所写的逻辑学手稿归总、整理并从速记体誊写成普通文本，另一方面则是整理胡塞尔的题为“发生逻辑学”讲座稿：“从二十年代初开始，胡塞尔多次修改过这个讲座稿。”① 而在为此书撰写的“编者前言”中，兰德格雷贝写道：“我在 1928 年受胡塞尔——我当时是他的助手——的委托，将属于超越论逻辑学问题领域的文稿归总，从速记体中誊抄出来，并尝试对它们做统一的、系统的整理。对此论题的主导线索和基本思想包含在胡塞尔自 1919/20 年冬季学期起在弗莱堡做过多次的

① L. Landgrebe, „Selbstdarstellung“, in L. Pongratz (Hrsg.), *Philosophie in Selbstdarstellungen* II, a.a.O., S. 139.

'发生逻辑学'四小时的讲座中。它构成了加工的基础。"[①]

兰德格雷贝在1928年秋便完成了对该文稿的整理。而后胡塞尔想要为它写一个引论。但这个引论在1928/29年冬的几个月时间里被胡塞尔越写越长，最后干脆自成一书：这就是1929年出版的《形式逻辑与超越论逻辑》。

此后胡塞尔也很想一鼓作气再完成这部由兰德格雷贝整理、后来作为《经验与判断》出版的文稿。在多瑞恩·凯恩斯记录的《与胡塞尔和芬克的对话》中可以找到与此相关的印证：他在1931年9月16日的笔记中记录他与胡塞尔的谈话时说："在完成了《形式逻辑与超越论逻辑》之后，胡塞尔曾打算继续完成一部大型的逻辑著作，但芬克劝胡塞尔先为现象学整体做一概观性论述。要想让胡塞尔手稿中的专项研究能被人理解，这个概观性的论述是绝对必要的。"而后在1931年11月18日与胡塞尔和芬克的谈话中他继续写道："芬克自己跟我说，《形式逻辑与超越论逻辑》按原计划只是《逻辑研讨》(Logische Studien)的导论，但该书已远远超出了胡塞尔为它设计的这个功能。《逻辑研讨》的手稿实际上也已经完备了。"[②]

二、胡塞尔的"第二逻辑书"构想

不过基本可以确定的是，胡塞尔在此之前已经搁置了这个出版计划，所以这里记录的都是过去时。按照保尔·江森的说法，"也许是受《形式逻辑与超越论逻辑》很快得以完成的鼓励，胡塞尔想使用兰

---

① L. Landgrebe, „Vorwort des Herausgebers", in Edmund Husserl, *Erfahrung Und Urteil. Untersuchungen zur Genealogie der Logik,* ausgearbeitet und herausgegeben von Ludwig Landgrebe, Hamburg: Felix Meiner Verlag, 1972, S. XXIII. ——中译本参见胡塞尔：《经验与判断——逻辑谱系学研究》，邓晓芒、张廷国译，北京：生活·读书·新知三联书店，1999年。——以下凡引此书均只在正文中括号标出(EU＋页码)。

② Dorion Cairns, *Conversations with Husserl and Fink*, ibid., p. 32, p. 42.

德格雷贝的前期工作，紧接着再写完另一本逻辑书。他在这个计划上一直坚持到1930年。而后他看清了，如果不搁置更为重要的工作，就不可能在可预见的时间里完成这本'第二逻辑书'。因而他放弃了自己完成这部著作的想法，将它的加工整理托付给兰德格雷贝，后者此后在胡塞尔的授权下将为此加工整理出的手稿中的重要部分以'经验与判断'为题予以发表。"③

这个"第二逻辑书"的说法在胡塞尔的许多书信中都出现过。同时——如凯恩斯通过对芬克所说的记录所示——它也被胡塞尔称作"逻辑研讨"（Logische Studien）。此前在1930年3月19日致罗曼·英加尔登的信中，胡塞尔就已经写道："'逻辑研讨'还远远落在后面，我很久没有再处理逻辑问题了——因而现在进展缓慢，我还得先熟悉起来"（Brief. III, 262）。胡塞尔接下来也透露了他正在做的"更为重要的工作"：《笛卡尔式沉思》的加工，以及兰德格雷贝当时正在做的事情：撰写任教资格论文。

但在此期间，兰德格雷贝的任教资格考试并不像他的博士考试那样顺畅，因为胡塞尔此时已经在弗莱堡大学退休，虽然他对兰德格雷贝鼎力相助，最终也未能使后者在一所德国大学谋求到参加任教资格考试的可能。最后兰德格雷贝是在布拉格德语大学获得了做任教资格考试的机会，并于1935年通过了考试。接下来他可以根据当年获得的洛克菲勒奖学金，在进行教学活动的同时重新开始整理胡塞尔的手稿。于是他在布拉格和弗莱堡之间往返，并在弗莱堡与欧根·芬克合作，制定了胡塞尔大约四万页的速记文稿的整理与编目系统，直至今日它都仍然是收藏在鲁汶大学胡塞尔文库的胡塞尔遗稿的整理原则。

---

③ Paul Janssen, „Einleitung des Herausgebers", in Hua XVII, S. XXIV.

与此同时，兰德格雷贝在这段时间里还要在胡塞尔本人的帮助下完成另一工作，即后来作为《经验与判断》出版的文稿的加工整理。他在回忆录中说："根据[布拉格]哲学学会与胡塞尔之间的一个协议，我受到委托：赋予我直至1929年做过加工的那个发生逻辑学的稿本以一个最终的形式，并且在它前面加上一个引论，它要处理在这个逻辑文本与《形式逻辑与超越论逻辑》以及与胡塞尔最后著作《欧洲科学的危机与超越论现象学》的基本思想之间的关系。我还能够与胡塞尔本人讨论这个引论的基本轮廓。"[①] 胡塞尔自己也曾在1936年1月14日致英加尔登的信中报告说："兰德格雷贝博士正在辛勤的誊抄以及同样辛勤地编辑'逻辑研讨'。这个月的23日或24日会来这里三周，取走新的手稿，并且透彻地讨论学术问题。他会带来我们在三至六年前便想完成的'逻辑研讨'的部分"(Brief. III,305)。

接下来的出版情况可以参考兰德格雷贝的回忆录："我还能够与胡塞尔本人讨论这个引论的基本轮廓，但这本书是在他逝世一年之后才于1939年初由布拉格的学术出版书局(Academia Verlagsbuchhandlung Prag)以《经验与判断——逻辑谱系学研究》为名出版的。这个出版社是由特奥多儿·马尔库斯(Theodor Marcus)与一位布拉格的书商一同组建的，马尔库斯是布莱斯劳的法学出版社的最后一位业主，现在流亡到了布拉格。当马尔库斯在他的布拉格办公室里将第一本样书交给我时，希特勒的坦克已经在城里穿过，而比这本书让我们更感兴趣的是这个问题：'现在怎么办?'马尔库斯本人还得以及时离开这个国家，流亡南美。直到十五年之后我们才能在他回来之后于欧洲庆祝我们的一次重逢。当时出版社不得不马上解散，而该书只有一小批还能够被寄到英国之外，其余的都被没收和被封

① L. Landgrebe, „Selbstdarstellung", in a.a.O., S. 146.

存。它在1948年才得到重印。”[①]

三、“经验”与“判断”作为“超越论的感性论”与“超越论的逻辑学”的研究课题

在兰德格雷贝的上述两个说法中都提到:《经验与判断》所依据的是胡塞尔的“发生逻辑学”讲座稿。但第一个在1975年“哲学自述”中的说法已经对1939年“编者前言”中的说法做了一定的修正,但仍不完全,且仍有误差。因为一方面,胡塞尔不仅在此期间,而且也从未做过题为“发生逻辑学”(Genetische Logik)的讲座,另一方面,这些相关讲座的举行时间也并非始于1919/20年冬季学期,而是始于1920/21年冬季学期。按照鲁道夫·波姆的准确说法:“这里涉及的是胡塞尔1920/21年冬季学期以‘逻辑学’为题、1925年夏季学期以‘现象学问题选要’为题以及1925/26年冬季学期以‘逻辑学基本问题’为题所预告和举行的讲座。”[②] 兰德格雷贝在讲座题目方面的记忆误差有可能是因为他的记忆力偏巧聚焦在胡塞尔自己在讲稿中对这个讲座所做的一个铅笔的命名标记上:“发生逻辑学”(Hua XI,524)。也许这个记忆问题还不能算是错误,但它可以在一定程度上解释他为何给后来发表的这个胡塞尔一再谈及的“逻辑研讨”文稿以“逻辑谱系学研究”的副标题。

在上面提到的几个讲座稿中,胡塞尔后来自己感觉最满意的是

① L. Landgrebe, „Selbstdarstellung“, in a.a.O., S. 146f.

② Rudolf Boehm, „Einleitung des Herausgebers“, in Hua VIII, S. XXXV, Anm. 5.——中译本参见胡塞尔:《第一哲学》下卷,王炳文译,北京:商务印书馆,2006年。对此问题的更为详细的说明还可以参见Dieter Lohmar, „Zu der Entstehung und den Ausgangsmaterialien von Edmund Husserls Werk *Erfahrung und Urteil*“, in *Husserl Studies*, 13, 1996, S. 45f.

1920/21年"逻辑学"讲座的稿本，它于1966年以《被动综合分析》为题作为《胡塞尔全集》第11卷编辑出版。[①] 由于兰德格雷贝对《经验与判断》的编辑整理是建立在包括这个讲座在内的三个讲座稿的基础上，因而它在内容上会与《被动综合分析》有所重合。"被动综合分析"的书名是编者玛格特·费莱舍尔根据胡塞尔在文稿中所做的核心分析内容自造的标题。他认为"超越论的逻辑学"或"超越论的感性论"也被胡塞尔在讲稿中使用过，虽然它们要比胡塞尔自定的那些讲座题目更为合适，但也各有不足，都会造成误解，因为它们都有可能导致读者认为这里的分析或是囿于经验，或是囿于判断，所以它们最后都没有被使用。应当说，如果读者能够在黑格尔的意义上理解这里所说的"逻辑学"，那么"超越论的逻辑学"就是一个比较合适的名称。不过实际上胡塞尔自己也曾将这些讲稿称作"超越论的分析论"（Hua XI,522）。而在笔者看来，这可能是一个比胡塞尔从未使用过的"被动综合分析"标题更为恰当的命名。

类似的问题也出现在《经验与判断——逻辑谱系学研究》的书名这里：它的主标题中的两个概念"经验"与"判断"，分别对应于胡塞尔意义上的"超越论的感性论"与"超越论的逻辑学"的研究对象；而副标题"逻辑谱系学（Genealogie）研究"则要表明一种对逻辑之物的现象学起源研究：即一种从谓项判断的明见性一直追溯到前谓项经验的明见性上去的研究。这差不多也就意味着，将逻辑学的领域扩展到了通常所说的感性学的领域中去，亦即在超越论感性学的领域发现超越论逻辑学的基础。

对此，兰德格雷贝在《经验与判断》的"引论"中曾做过如下的说

① E. Husserl, *Analysen zur passiven Synthesis. Aus Vorlesungs- und Forschungsmanuskripten, 1918-1926*, Hua XI, Den Haag: Martinus Nijhoff, 1966. ——中译本胡塞尔《被动综合分析》由李云飞翻译，2017年由商务印书馆出版。

明："以下的研究所针对的是一个起源问题。这些研究想要通过对谓项判断的起源澄清来为一门逻辑谱系学一般做出贡献。首先需要阐明的是这样一个意图的可能性和必要性以及这里应当提出的起源问题的意义。这种起源澄清的论题既不是通常意义上的'逻辑学历史'问题，也不是发生心理学的问题，在此起源澄清中被揭示的是这个在其起源上被探问的构成物的本质。因而这里的任务在于，通过研究其起源的方式来澄清谓项判断的本质"(EU,1)。这个说法同样也可以在胡塞尔自己的相关文稿中找到对应："感知及其平行的直观的意识方式是意识的第一性的基本形态，这些基本形态适合于种属性的逻辑意识的建构，它们在逻辑的构造中是必须被铺设和被理解的第一性的基础。因此，我们决没有离题，毋宁说，我们在这里已是逻辑学家，而不知道这一点"(Hua XI,319)。

据此，就总体而言，《被动综合分析》和《经验与判断》都出自胡塞尔在自二十年代起做的三个讲座，都可以被纳入到"超越论逻辑学"的论题之中，都代表了他在这段时间里思考的一个主要问题。

四、关于兰德格雷贝的"合作"与"加工"

从兰德格雷贝的回忆中可以读出，《经验与判断——逻辑谱系学研究》的长篇引论"这项研究的意义与范围"不是出自胡塞尔，而是出自兰德格雷贝之手。如前所述，胡塞尔为此撰写的引论后来单独成书，已经作为《形式逻辑与超越论逻辑》于1929年发表。此外，"经验与判断"的主标题按兰德格雷贝的说法出自胡塞尔1929年一份论述现象学逻辑学基本问题的手稿标题。[①] 而兰德格雷贝对"逻辑谱系学研究"副标题的出处未加说明。从种种迹象来看，它应该不是出自

① L. Landgrebe, „Vorwort des Herausgebers", in a.a.O., S. XXII.

胡塞尔本人笔下。尽管兰德格雷贝在引论中对“逻辑系谱学”的定义“对传统形式逻辑的起源分析和主观论证”（EU,51）基本符合胡塞尔对“超越论逻辑学”的定义，但“谱系学”的概念除了作为《经验与判断》的副标题以及在由兰德格雷贝撰写的该书引论部分出现过几次之外，胡塞尔在自己所有已发表的著述和研究文稿中、甚至可能在其所有文稿中都没有使用过这个词。因此，基本上可以推定：“逻辑谱系学”这个当时带有尼采烙印的名称并不属于胡塞尔的现象学概念辞典，它很可能是出自兰德格雷贝之手。是否兰德格雷贝因受尼采的影响而采纳了这个用语①，目前还不得而知。科隆胡塞尔文库正在筹备出版《经验与判断》的考证版。②很快我们会看到更为详细的结果。笔者此前曾间接向文库的常务主任迪特·洛玛教授表达过上述推测。他回答说虽然没有发现直接的证据表明这个书名出自兰德格雷贝之手，但这个推测无疑是有道理的。

无论如何，兰德格雷贝自己的定义是准确无误的：《经验与判断》在总体上是受胡塞尔允准的、授权的著作，而这意味着：“它是一种完全独特方式的合作的结果，这种方式大致可以这样来刻画：其思想内涵或者可以说原始材料是出自胡塞尔本人的，其中没有什么是加工者简单添加的或包含他自己的现象学诠释的——但加工者会对文字撰写承担责任。”③

---

① “谱系学”概念在哲学中的转用始于尼采 1887 年发表的题为《道德的谱系》的论文集。它后来也影响了弗洛伊德和福柯，并因此而使得这个原初属于社会学的概念如今在哲学领域更具有知名度和影响力。

② 迪特·洛玛很早就开始做此考证版的准备。参见他二十年前相关考证文章 Dieter Lohmar, „Zu der Entstehung und den Ausgangsmaterialien von Edmund Husserls Werk *Erfahrung und Urteil*“, in a.a.O., S. 31–71. 该文经笔者推荐、由邓晓芒、张廷国译成中文，作为“附录”附在中译本《经验与判断》的书后（参见该书第 553–581 页）。

③ L. Landgrebe, „Vorwort des Herausgebers“, in a.a.O., S. XXVI.

五、结构奠基的问题：经验如何构成判断的基础

严格说来，《经验与判断》中对意识从经验活动到判断行为的奠基关系的展开分析仍然属于意识结构现象学的研究，而不属于意识发生现象学的研究。如前所引，兰德格雷贝曾在引论的开篇合理地说明："这种起源澄清的论题既不是通常意义上的'逻辑学历史'问题，也不是发生心理学的问题"(EU,1)。事实上，兰德格雷贝并未用他一再提到的"发生逻辑学"来命名该书，而是用了"逻辑谱系学"的时尚概念，这个做法的确有它的理由。如果谱系学(Genealogie, γενεαλογία)从事的是家族史的研究，或对各个家族成员之间的生物起源关系的研究，那么发生学(Genetik, γένεσις)所从事的就主要是个体成员的生成与发展的研究与描述；虽然它可以与家族的遗传问题相关联，因而也与谱系学发生关联，但它原则上是针对个体发生而非针对各个家族成员的传承关系的研究。

如果将它们的含义转用于胡塞尔的意识现象学或超越论逻辑学，那么各种类型的意识行为之间的奠基关系是现象学的谱系学的论题，例如在感知与想象、图像意识与符号意识、客体化行为与非客体化行为之间，甚至包括在感知、情感、意欲等意识行为类型之间的奠基关系；而在一个特定的意识行为中的各种动机之间的引发关系则构成现象学的发生学的论题，例如在一个意识主体的意识发生活动中，在青年时代作为学徒对一棵银杏树的表象和中年作为木匠对这样一棵树的表象之间存在着一个表象含义的发生变化，前者构成后者的发生学基础。

简言之，逻辑谱系学不是发生逻辑学，也不是发生现象学。关于胡塞尔对发生现象学的理解以及兰德格雷贝对胡塞尔的发生现象学

的理解,笔者已经做过专门讨论。[①] 这里我们仍然要集中于结构奠基的问题:经验如何构成判断的基础。

在此方向上与《经验与判断》内容相关的还有作为《胡塞尔全集》第 43 卷出版的《意识结构研究:知性、感受与意欲》。[②] 根据乌尔里希·梅勒的介绍,"主要是在 1907 至 1914 年期间产生的那些至此为止未发表的、只是以残篇的方式保存下来的研究手稿中,胡塞尔对情感现象学和意欲现象学进行了研究。这些情感分析和意欲分析是从这个年代产生的全面意识研究的组成部分,在此期间胡塞尔试图对整个意识,对它的所有行为种类、奠基联系、进行方式等进行系统的描述。这个意识研究的范围即使在其残篇组成中也委实令人印象深刻。它包含了 1000 多页的研究手稿。路德维希·兰德格雷贝作为胡塞尔助手于 1926/27 期间从这整个材料中制作出了一个同样篇幅巨大的打字稿文本,它带有一个恰当的标题:'意识结构研究'。这里的三个研究中的第二个便致力于情感的和意欲的意识结构。如兰德格雷贝在其《经验与判断》的前言中所说:他在加工《经验与判断》时也顾及了这些研究手稿。"[③]

六、逻辑基础问题:从经验到判断

《经验与判断》讨论的基本问题应当可以概括为"逻辑基础问题",或曰"逻辑的直观基础问题",或曰"逻辑判断的经验基础问题"。

---

① 参见本卷第四幕"发生现象学的思考与研究"一章。

② Edmund Husserl, *Studien zur Struktur des Bewusstseins*, hrsg. von Ullrich Melle und Thomas Vongehr, Bd. I–IV (Hua XLIII/1: *Verstand und Gegenstand*; XLIII/2: *Gefühl und Wert*; XLIII/3: *Wille und Handlung*; XLIII/4: *Textkritischer Anhang*), Cham: Springer Nature Switzerland AG, 2020.

③ U. Melle, „Husserls Phänomenologie des Willens", in *Tijdschrift voor Filosofie*, 54ste Jaarg., Nr. 2, 1992, S. 281; 还可以参见 L. Landgrebe, „Vorwort des Herausgebers", in a.a.O., S. XXIII.

它是一个对超越论逻辑学范围内的意识结构以及各种意识结构之间的奠基关系的研究。洛玛将它称作"把思维在最高阶段上的成就发生地追溯到它们在那些朝向具体个体的行为中的奠基上。"[①]他在这里使用的"发生"(genetisch)与埃莱伊在应兰德格雷贝之邀为第四版《经验与判断》所写"后记"中提到的胡塞尔所理解的特定意义上的"发生"(Genesis)相似:"自亚里士多德以来为人熟知的从直观到思维的阶段划分(Stufung)。"[②]如前所述,或许它的更恰当名称是"谱系划分"。在这个意义上,"经验与判断"更应当被称作"从经验到判断",即从超越论的感性学到超越论的逻辑学。因而也可以将它视作胡塞尔在《形式逻辑和超越论逻辑》的副标题中预告的"逻辑理性批判"。

但"经验与判断"的书名仍然名副其实,因为除了上述追溯研究之外,《经验与判断》还分别展开了对两种基本的意识理论的分析,前谓项的经验理论和谓项的判断理论。它们分别构成《经验与判断》第一部分和第二部分的内容。而在最后的第三部分中则主要讨论普遍对象(Allgemeine Gegenstände)与一般判断(Überhaupt-Urteil)的问题。从整个讨论的内容来看,这里的问题是《逻辑研究》的继续,因而胡塞尔所说的"第二逻辑书",不仅可以指《形式逻辑与超越论逻辑》之后的另一本逻辑书,而且也可以是指《逻辑研究》之后的另一本逻辑书。[③]珀格勒干脆将它称作"新《逻辑研究》"。[④]

---

① D. Lohmar, „Zu der Entstehung und den Ausgangsmaterialien von Edmund Husserls Werk *Erfahrung und Urteil*", in a.a.O., S. 31.

② L. Eley, „Nachwort", in Edmund Husserl, *Erfahrung Und Urteil. Untersuchungen zur Genealogie der Logik*, a.a.O., S. 512.

③ 对此可以还参见笔者所撰胡塞尔主要著作评论:"《形式逻辑与超越论逻辑》(1929年)"。

④ 参见 Otto Pöggeler, „‚Eine Epoche gewaltigen Werdens'. Die Freiburger Phänomenologie in ihrer Zeit", in *Phänomenologische Forschungen*, 30, 1996, S. 24.

胡塞尔在《逻辑研究》中就已经将作为知识行为的客体化行为划分为表象与判断。而所有的判断最终都可以被还原为表象——这是由意识分析所指明的，正如所有的语句(命题)最终都可以还原为语词——这是由语言分析所指明的。只是在《逻辑研究》时期，胡塞尔所讨论的还是“形式逻辑”，或者说：形式的知识论(Wissenschaftslehre)。而在《经验与判断》时期，更确切地说，自二十年代以来，胡塞尔所说的“逻辑学”，一方面已经主要是指“超越论逻辑”，另一方面则主要是指超越论的知识论。

如果在《形式逻辑与超越论逻辑》中，胡塞尔对康德的批判在于，如江森所说，“他[康德]让形式逻辑悬浮在超主体之物的空中，却根本没有想到这一点：也从主观的方面去考察形式逻辑”，[①] 或者说，康德没有提出形式逻辑如何可能的问题，因此也没有提出、制定和展开确切词义上的和真正意义上的“超越论逻辑”，那么在《经验与判断》中，胡塞尔与康德的对立就在于，如洛玛所说，“他理由充分地拒绝了康德和康德主义的要求，即：发现知性范畴单独构造对象的功能”，[②] 换言之，胡塞尔在这里提出了与康德相悖的直观与知性的关系原则：知性不能单独构造对象或范畴，它必须回溯到经验之上并借助经验来完成。据此，在纯粹理性批判的思考中，胡塞尔得出一个在双重意义上与康德相反的结论：一方面要求从形式逻辑回溯到超越论逻辑(康德的先验要素论)上，另一方面还进一步要求从超越论逻辑(康德的先验逻辑学)回溯到超越论感性学(康德的先验感性学)上。在此意义上，胡塞尔在《形式逻辑与超越论逻辑》、《经验与判断》、《被动综合

① Paul Janssen, „Einleitung des Herausgebers“, in Hua XVII, S. XXVIII.

② D. Lohmar, „Zu der Entstehung und den Ausgangsmaterialien von Edmund Husserls Werk *Erfahrung und Urteil*“, a.a.O., S. 32.

分析》等著述中所展示的工作，可以称作“超越论的分析学”，也可以称作“超越论的还原论”。

这个思考的路向和结果同样也是与逻辑经验主义的原则在双重意义上相悖的：按照胡塞尔的分析结果，逻辑命题最终应当奠基在经验命题之中，而经验命题最终可以还原为经验直观。在此意义上可以将胡塞尔的超越论现象学称作“经验逻辑主义”。但这个观点没有为曾经在弗莱堡听过胡塞尔课的鲁道夫·卡尔纳普接受。当时他也在布拉格大学，担任自然哲学教授。兰德格雷贝在回忆录中曾记录过卡尔纳普对此的看法：“我与他会面多次，进行长时间的讨论，我徒劳无益地设法使他相信一种对逻辑学的超越论现象学论证的必要性。他认为胡塞尔的《形式逻辑与超越论逻辑》‘极其危险’，并猜测在其中有一条通向非理性主义的道路。”[①]

最后还要指出胡塞尔的这部著作对于语言分析具有的重要意义。洛塔·埃莱在其后记“现象学与语言哲学”中将《经验与判断》的分析视作胡塞尔的意识分析与语言分析合而为一的一个典型案例。兰德格雷贝对此“后记”评价说：“胡塞尔对逻辑学的奠基与当代语言哲学所提出的诸问题之间的关系在其中得到了阐明。读者从中将可以得知，胡塞尔的分析为什么不只是一个已成为‘古典的’、只还具有历史意义的文本。”[②]

总而言之，胡塞尔的《经验与判断——逻辑谱系学研究》(1939年)是他生前审定并计划出版的最后一部著作，也是他身后出版的第一部著作。它在胡塞尔的生命与思想道路上占有重要地位，一方面是因为

---

① L. Landgrebe, „Selbstdarstellung“, in a.a.O., S. 144.

② L. Landgrebe, „Vorwort des Herausgebers zur 4. Auflage“, in Edmund Husserl, *Erfahrung Und Urteil*, a.a.O., S. XIX.

它的产生的曲折过程是与作者胡塞尔和编者兰德格雷贝的个人命运联系在一起的，另一方面也是因为它的内容和形式都展现了一座连接胡塞尔生前公开发表著作与身后出版的遗稿之间的桥梁；而且从这个角度看，胡塞尔的现象学著作发表是以《逻辑研究》开幕，以"新《逻辑研究》"闭幕的。

布拉格计划：建立胡塞尔文库、聘任胡塞尔或协助胡塞尔流亡

在胡塞尔生命的最后岁月里，他与布拉格的联系变得越来越密切和内在。这主要是因为随着时局的变化在布拉格形成了一个被胡塞尔称作"我的忠实者的小圈子"，其中最主要的是胡塞尔的学生兰德格雷贝、帕托契卡和胡塞尔的师弟埃米尔·乌悌茨。

兰德格雷贝是于1928年8月，也就是在胡塞尔退休后不久，获得了德意志科学紧急共同体的奖学金，继续作为胡塞尔的助手工作，而他原先的私人助手的工作则交给了芬克来继续，以此方式，胡塞尔在退休后有两位助手一方面在协助他工作，另一方面还以各自的方式与他进行合作。上面的《经验与判断》书，便是兰德格雷贝与胡塞尔合作的结果。后面我们还会谈到由芬克以特殊方式完成的另一个合作的结果。

1930年，兰德格雷贝结束了他在胡塞尔这里的助手工作，到汉堡他的未婚妻那里，在其准岳父的经济支持下，开始全力以赴地投入到他在前一年便已开始的任教资格论文的写作中。他的博士论文主要讨论狄尔泰的历史哲学与精神科学，而任教资格论文则进一步扩展到胡塞尔-狄尔泰-海德格尔的三角关系之中："我的目的是想将狄尔泰

对历史世界的分析纳入超越论现象学的语境之中，同时也理清它们与海德格尔的'基础存在论'的关系。"①

但兰德格雷贝的任教资格申请始终不顺利。纵使有胡塞尔的大力支持与帮助，兰德格雷贝的诸多努力最后均无果而终，无论是如前所述在法兰克福大学的霍克海默那里，还是在弗莱堡大学的海德格尔这里，还是在哥廷根大学的米施那里。最后，作为犹太人胡塞尔的学生以及有犹太血统的妻子的丈夫，兰德格雷贝已经不敢奢望在德国找到一个教职。后来听从了前面已经提到的布伦塔诺的学生、时任哈勒大学教授的埃米尔·乌悌茨的劝告，他于 1933 年到布拉格德语大学，以布伦塔诺的另一位学生安通·马尔梯的语言哲学研究为题撰写任教资格论文，并于 1935 年通过任教资格考试，开始在这里担任私人讲师。

在此期间，乌悌茨因其犹太血统也被迫离开德国哈勒大学，来到布拉格德语大学任教，并与捷克教授科扎克（J. B. Kozák）一起建立了"布拉格哲学学会"。这个学会的宗旨是对抗民族主义，倡导马塞里克的精神，服务于人文理想，并成为一个培育哲学，尤其是培育现象学的场所。乌悌茨和科扎克是首任德语会长和捷克语会长。兰德格雷贝成为这个哲学社的首任德语秘书，而刚刚从弗莱堡回到布拉格的另一位胡塞尔的学生帕托契卡则成为学会的首任捷克语秘书。

帕托契卡在自己的回忆中较为详细地记述了这段历史：

> 当我与胡塞尔告别时，他指示我在他以前的助手路德维希·兰德格雷贝那里继续我的学业。兰德格雷贝当时正好在奥斯卡·克劳斯教授那里谋求一个布拉格德语大学的讲师位置，而且他作为长年的合作者可以对超越论现象学的所有问题提供出

---

① Ludwig Landgrebe, „Selbstdarstellung", in a.a.O., S. 140.

色的咨询。但后来在布拉格所得到的结果更多：埃米尔·乌悌茨教授从哈勒回到自己的老家，他视野开阔，对于精神的可能性嗅觉极其敏锐，而且是一流的组织者。这位以前的布伦塔诺学生并不理解超越论，因此他也就更为强调在胡塞尔那里的具体分析，并且拟订了一个将布拉格建成一个现象学研究中心的计划。[①]

在此期间，胡塞尔为 1934 年 9 月在布拉格召开的第八届国际哲学大学撰写的“布拉格书信”、1935 年 11 月的“布拉格讲演”，都与这个“布拉格哲学学会”成员的努力直接相关，后者也被帕托契卡称作“学会活动与存在的顶峰”。[②] 由于兰德格雷贝于 1935 年在哲学学会的推荐下获得了一笔洛克菲勒奖学金，因而可以在课余时间重新开始整理胡塞尔的手稿。上述《经验与判断》的编辑和出版便可被视作这项工作的一个重要成果。不过哲学学会的计划实际上还要大得多。相关的计划首先是由乌悌茨提出的，他注意到了“胡塞尔的巨大担忧，即对他的学术遗稿的担忧。帕托契卡将此称作‘一个被乌悌茨以其专注于必要之物的敏锐目光所把捉到的伟大动机’：乌悌茨将此当作学会的主要任务之一和主要合法认证之一来加以推动。科扎克教授当时是捷克斯洛伐克国会议员，他设法弄到了一笔虽然微博，但对开创阶段已经足够的财政基金，于是制定了计划：获取现有的资料，通过将速记体文稿誊写成打字稿来安置它们。”[③]

胡塞尔在 1934 年 10 月 7 日致阿尔布莱希特的信中已经暗示了这个“在我的忠实者的小圈子中的计划”：申请国际资金援助，将胡塞尔的全部手稿转移到布拉格，在那里建立一个胡塞尔文库（类似在

① 帕托契卡：“回忆埃德蒙德·胡塞尔”，同上书，第 283 页。
② 帕托契卡：“回忆埃德蒙德·胡塞尔”，同上书，第 288 页。
③ 帕托契卡：“回忆埃德蒙德·胡塞尔”，同上书，第 286 页。

马塞里克支持下于布拉格建立的布伦塔诺文库），并将它们全部整理，最终付诸印刷，此外还聘请芬克对它们做系统加工整理。[①] 而接下来在 1934 年 12 月 29 日的信中，胡塞尔已经告知："极有可能我会去布拉格，在那里做一个讲演，也许这很重要，为了在毁灭之前拯救我的遗稿"（Brief. IX,105,113）。

后来于 1936 年成书的《欧洲科学危机与超越论现象学》大都被视作胡塞尔 1935 年在维也纳讲演稿"哲学与欧洲人的危机"基础上完成的扩展本。维也纳讲演的影响的确也大于布拉格的讲演，尤其是内容基本相同的维也纳讲演要比布拉格讲演早半年进行，不过，实际上胡塞尔在 1934 年就已经确定了去布拉格讲演，而维也纳文化协会的邀请是在 1935 年 3 月才发出的。胡塞尔接受维也纳方面的邀请更多是为了顺道访问他那里的弟弟、妹妹以及他的老友阿尔布莱希特。[②] 只是因为布拉格方面后来需要推迟讲演的时间，胡塞尔才先去了维也纳，半年后再去了布拉格。

在维也纳和布拉格的成功讲演之后，纳粹统治下的德国时局也变得愈发严峻。到了 1936 年初，布拉格哲学学会甚至制定了一个计划，邀请胡塞尔到布拉格德语大学任教。这个计划骨子里只是为胡塞尔提供一个流亡国外的可能性。不过兰德格雷贝和帕托契卡在各自

① 根据珀斯的报告："学会决定，通过编辑出版来拯救胡塞尔的大量手稿，使其免于毁灭。胡塞尔以前的学生兰德格雷贝博士接受了编辑的任务。最先应当出版的第一组文稿题为'世间现象学'。它包括：I. 逻辑学与形式本体论，II. 形式伦理学，法哲学，III. 本体论（本质论及其方法论），IV. 知识论，V. 意向人类学（个人与周围世界），VI. 心理学（意向性学说），VII. 世界统觉理论"（*Husserl-Chronik*,458）。——这里的分组标题与胡塞尔文库中的胡塞尔遗稿分类 A 组的内容基本一致，它应当是 1935 年 3 月完成的对胡塞尔遗稿的第一次分组。对此还可以参见本书后面的附录 2："关于胡塞尔遗稿的札记"。

② 参见 Brief. IX,115. ——胡塞尔的哥哥海因里希（Heinrich Husserl,1857–1928）已于几年前去世，还有一个妹妹海伦娜（Helene Husserl,1863–1939）和一个弟弟埃米尔（Emil Husserl,1869–1942）生活在维也纳。

的回忆录中都没有谈到这个计划，帕托契卡只是提到，在胡塞尔 1935 年 11 月于布拉格讲演期间，弗兰茨·考夫曼和阿尔弗雷德·舒茨从维也纳赶到布拉格，他们“常常与胡塞尔交谈，甚至为可能的迁移制定野心勃勃的计划”。[①]

只有英加尔登在回忆录中记录了这个在他 1936 年最后一次访问弗莱堡期间胡塞尔所面临的选择。在他到达弗莱堡时，兰德格雷贝已经在那里了。这是布拉格哲学小组为胡塞尔及其手稿安置所准备的计划的一部分：首先准备了一至两年的经费，包括为兰德格雷贝初步整理胡塞尔的手稿提供在弗莱堡三周的驻留费用。兰德格雷贝于 1936 年 1 月 23 日到弗莱堡，不仅带来了“逻辑研讨”(即《经验与判断》)的稿本，同时也带来一份邀请函，邀请胡塞尔到布拉格德语大学任教，同时他也要带一部分胡塞尔手稿到布拉格去誊抄(*Husserl-Chronik*,472)。

随后在 1 月 26 日至 27 日，海林与英加尔登也到弗莱堡访问胡塞尔，他们得知了这个邀请的消息并与胡塞尔一起进行讨论。英加尔登写道：

> 关于布拉格邀请的谈话持续了很长时间。我们考虑了所有赞成和反对的理由。但我和海林都不知道，这里能够做何种建议。很明显，胡塞尔在德国的境况在这些年里从根本上变坏了，很难预料将来还可能会发生什么。但布拉格？——谁能够知道在那里会更平静和更安全吗？胡塞尔倾听并沉默。我们在没有做出决定的情况下各自分手回去。
>
> 第二天早上我去胡塞尔那里。他立即坚定地告诉我：“我留在这里”。他勇敢而骄傲。不愿退让。我没有抗议，尽管我忧心

① 帕托契卡：“回忆埃德蒙德·胡塞尔”，同上书，第 288–289 页。

忡忡。[①]

后来的时局发展果然表明，无论胡塞尔是留在德国还是去布拉格，结果是一样的：都会处在纳粹阴影的笼罩之下。胡塞尔于1938年4月在弗莱堡去世后不久，捷克斯洛伐克便需要按照德、意、英、法四国于1938年9月30日签订的“慕尼黑协议”将苏台德区割让给德国。而布拉格德语大学也被实施了德国的“一体化”。纳粹学生组织主宰了大学。兰德格雷贝于1939年初被迫停止讲课。而随着1939年3月德国侵占捷克斯洛伐克，兰德格雷贝在布拉格整理胡塞尔遗稿的计划也不得不中止。已经运到那里的部分遗稿也处在危险之中，后来是由比利时青年海尔曼·范·布雷达(Herman Leo Van Breda,1911-1974)通过驻布拉格的比利时大使馆运送到鲁汶的。他将弗莱堡和布拉格的胡塞尔遗稿分别冒险运送到比利时，并于战后在鲁汶大学建立起胡塞尔文库。帕托契卡在回忆录中写道：“在慕尼黑之后不久，在布拉格出现了一位拯救者，没有人曾预料到他，胡塞尔本人也从未预料到他，因为他从未见过他。关于这个人，可以毫不夸张地说：他将其生命奉献给了，甚至是祭献给了胡塞尔的事业：海尔曼·列奥·范·布雷达。”[②]

正如兰德格雷贝在其胡塞尔回忆录中所说：范·布雷达开启了现象学历史的下一个篇章。[③]

---

① 英加尔登：“五次弗莱堡胡塞尔访问记”，同上书，第205页。

② 帕托契卡：“回忆埃德蒙德·胡塞尔”，同上书，第291页。

③ 兰德格雷贝：“回忆我走向埃德蒙德·胡塞尔的道路和与他的合作”，载于倪梁康(编)：《回忆埃德蒙德·胡塞尔》，同上书，第278页。关于这一篇章的具体内容还可以参见赫尔曼·范·布雷达：“胡塞尔遗稿的拯救与胡塞尔文库的创立”，以及该文的附录：“兰德格雷贝为范·布雷达撰写的讣告”，倪梁康译，载于倪梁康(编)：《回忆埃德蒙德·胡塞尔》，同上书，第514-555页。

"有一份可用的遗稿"

如前所述,胡塞尔在1928年之所以自愿退休,原因在于他"身处堆积如山的手稿之中"(Brief. VI,275),亟需时间来整理。

退休三年后,胡塞尔在1931年初写给普凡德尔的一封信中对自己到弗莱堡之后的思想历程做出回顾,并且因此而向普凡德尔列出了"我的生命史的一个部分":

> 在尝试对我的《观念》(1912年秋)的第二、三部分(我很快便认识到它们的不足)进行改进并且对在那里开启的问题域进行更为细致而具体的构建的过程中,我纠缠到了新的、极为广泛的研究之中(人格现象学与更高级次的人格性现象学,文化现象学和人类周围世界一般的现象学,超越论的"同感"现象学与超越论的交互主体性理论,"超越论的感性论"作为世界现象学,即纯粹的经验、时间、个体化的世界现象学,作为被动性构造成就理论的联想现象学,"逻各斯"现象学,现象学的"形而上学"问题域,如此等等)。这些研究贯穿在忙碌的弗莱堡岁月之始终。数量已经增加到了无法控制的地步。其间一再地产生出这样的担忧:在我这个年龄,我自己是否还能将这些托付给我的东西最终加以完成。激情的工作导致我一再地经受挫折并一再地陷入忧郁。最终留存下的是一种普遍的、压抑的基本情绪,是危险地坠落了的自身信任"(Brief. II, 180)。

事实上,胡塞尔在其生命最后阶段,即在弗莱堡退休后的时间里所做的精神努力,大部分都集中于两个基本工作:其一,能够为后世留下通过"一部基本著作"来最终完成以上这些托付给他的东西;以及其二,将他的堆积如山的手稿整理成为"一份有用的遗稿"。这是胡塞尔在1932年6月2日致英加尔登的信中所表达的一个想法和愿望:"我已经成为哲学隐士,脱离了所有的'学派'。未来的世代终究会发现我的。这是我的义务,因而我在满怀忧虑地为此工作着:有一份可用的遗稿,并且尽可能有一部基本著作。对此我——在实事上——已经走到这一步了,但不是在文字上!"(Brief. III,286f.)

如果对照胡塞尔在到达弗莱堡之后的计划就可以发现,胡塞尔已经将"一份可用的遗稿"排在"一部基本著作"的前面了。这个迹象表明,胡塞尔对完成"基本著作"或"系统著作"的信心已经发生动摇,同时已经开始考虑在自己有限的时间里的更为务实的计划。

还在1922年2月1日写给纳托尔普的信中,胡塞尔便抱怨说:"我的情况远比您的要糟糕,因为我的毕生工作的绝大部分都还滞留在我的手稿中。我几乎要诅咒自己无能力完成这项工作以及我只是这么晚——部分地只是现在——才获得了这种普全的**体系的**想法,这些思想是我迄今为止所有个别研究所要求的,并且它们现在也迫使我去改进所有这些个别研究。一切都处于重构的阶段!也许,我以人所能鼓足的一切干劲来做的努力都只是为了我的遗稿而工作。无论如何,只希望它圆满成功,并且不会来得太迟"(Brief. V, 151f.)。

胡塞尔在这两封信中提到的"基本著作"以及"普全的体系"计划,笔者在前面已经做过论述,它与他几十年积累下来的大量研究手稿有关,而且需要以这些手稿的加工处理为前提。事实上,胡塞尔后来已经退而求其次,将自己的愿望回溯到对此前提的满足上。

胡塞尔很可能是世界上留下手稿最多的哲学家。他写下的第一份研究手稿不晚于1886年6月28日,这是现存标记时间最早的胡塞尔的研究手稿。这一年胡塞尔27岁。而写于1938年4月4日的一份文字很可能是他在病榻上写下的最后一份手稿。这时胡塞尔离他的79岁生日仅差4天。23天后胡塞尔辞世而去。可以说，他在其79年生命中的52年时间里的工作，大都是这些在完全独自的状态下的思考和记录，而后是再思考和再记录……为此他也常常被称作“用笔来思维的人”。

被帕托契卡称作“极其细腻的分析家”的英加尔登曾对胡塞尔的这个思考和记录的工作状况做过一个现象学式的描述刻画：“我曾透过他[胡塞尔]书房的玻璃门看见他在全然独自状态下的工作。我看到他如何不安地在房间里走动，如何生动地做着手势，不时地坐到书桌边记录下几句话，而后再起身于屋内走动，就好像他在试图克服某些阻碍。他给人的印象是，思维或直观对他而言是极其珍贵的。”①

以此方式，胡塞尔在去世后为世人留下了四万多页的手稿，绝大部分是用当时流行的加贝尔斯伯格速记法②写成。按照舒曼的说法，胡塞尔在1900年前就已经养成了用这种速记法来写作的习惯(Brief. X, 2)。而他于1920年在给他的哥廷根学生贝尔的信中便曾透露：“如果我要倾诉发自内心的流露，在哲学方面，但也在私人事务方面，我就必须用速记的方式”(Brief. III, 10)。在1930年写给潘维茨的信中，

① 英加尔登：“回忆埃德蒙德·胡塞尔”，同上书，第188页，注①。紧接着英加尔登还对胡塞尔的这种独自状态下的工作与在与人交谈中的思考做过一个比较：“然而在谈话中情况则全然不同。他在某种程度上忘记了与他谈话的人，后者的当下并不会干扰他，而是相反导致他在某种程度上轻易地找到语词与措辞，它们在困难的问题境况中常常是不容易找到的”(同上)。据此也可以理解，为何许多人(如普莱斯纳、伽达默尔、施皮格伯格、兰德格雷贝等)在初识胡塞尔时会抱怨，胡塞尔在与他们的谈话中或在课堂上常常会陷入长时间的独白。

② 加贝尔斯贝格速记系统(Gabelsberger Stenographie)由生于并死于慕尼黑(当时属于神圣罗马帝国)的加贝尔斯贝格(Franz Xaver Gabelsberger,1789–1849) 1817年发明，1834年作为教科书《德语速记法指南》(*Anleitung zur Deutschen Redezeichenkunst oder Stenographie*)出版。据说它曾被大约四百万人使用，主要是在德国南部和奥地利。使用这种速记法的著名人物除胡塞尔之外还有薛定谔、策梅洛、哥德尔和卡尔·施米特等。直到1924年它才被如今使用的德语统一速记法(Einheitskurzschrift)所取代。

他还说，“只有用速记的方式我才能自由地表述”（Brief. VII, 216）。

这种加贝尔斯伯格速记法的优点固然是可以快速记录，而且记录的速度可以跟得上说话的速度，乃至思考的速度；而其缺点则是以此写下的文字基本上只能为自己所用，难以通行，无法为不熟悉这种字体的人辨读；而另一个问题则在于，它还会因其简化而可能导致误读和误解。在胡塞尔这里，前一种情况带来的障碍已经表现在，一方面胡塞尔很想用这种字体来给朋友或学生写信，但因为对方不懂加贝尔斯伯格速记体而作罢。例如他曾询问纳托尔普和古尔维奇，是否可以用速记法给他们写信（Brief. V,64,VII,216）。事实上他只有在与施泰因、兰德格雷贝、芬克等人通信时才能用速记体来书写；而另一方面，胡塞尔的许多手稿在未经誊抄的情况下无法交给学生传阅，例如他曾交给海德格尔等人阅读的《观念》第二卷、《内时间意识现象学讲座》、《笛卡尔式沉思》等等文稿，都需要事先让施泰因、芬克等助手通过誊抄或打字才能成为公共的阅读物。

接下来，前面所说的后一种情况，即有可能造成误读误解的情况，很可能在现有的《胡塞尔全集》有不少数量的存在。许多年前，在与笔者一起读胡塞尔《观念》第一卷时，耿宁便认为其中一处的“意向相关项”（noesis）很可能是“意向活动”（noema）之误，因为这两个词在速记体中的写法十分接近。此外，耿宁在公开的文字中还指出，胡塞尔《笛卡尔式沉思》中的一段文字（Hua I,S.144,Z.13-20）在他看来已经被损坏了（verdorben），因而与《交互主体性现象学》第二卷中的相关说法不一致。加之胡塞尔的原本手稿已经不复存在，现存的仅有他当时的助手芬克的一个誊抄和加工的文本，故而可能造成的误解也无法修正。[1] 这或许是速记体使用可能带来的误读误解问题的另一个

① Iso Kern, „§ 2. Fremderfahrung“, in R. Bernet/E. Marbach/I. Kern, *Edmund Husserl: Darstellung seines Denkens*, a.a.O., S. 151.

案例。

正是由于这个原因，当胡塞尔在弗莱堡初期开始打算出版自己的“基本著作”或“系统著作”时，他立即面临一些几乎无法解决的困难：

首先，他的大部分工作滞留在其大量的手稿中，需要进行系统的整理。英加尔登便曾将这个工作看作某种对于胡塞尔本人而言不可能完成的任务：“胡塞尔似乎是以一种极其非系统的方式在工作。他将精力主要集中于个别的、彼此相邻的问题上，在这里，同一类问题会多次地、而且常常是在时间上彼此相距很远的阶段得到探讨，并且会导向各种不同的、内容上常常彼此对立的结果。而对问题的选择似乎在很大程度上取决于刚好清醒起来的直观的随意。因而看起来极难在这些论题及其处理的杂乱中找到一条系统的发展线索。而且完全可以怀疑，它可以在何种程度上得到标示，因为看起来极难勾勒出手稿的一个产生史。许多手稿的产生日期不明，而且只能根据不同的派生标记来确定，倘若这种做法还能奏效的话。”[①] 而胡塞尔本人也在前引致纳托尔普信中表达过这样的担忧。

其次，如前所述，此时他的视力已经退化，无法辨读他用铅笔写下的纤细的速记体手稿。这是施泰因在回忆录中记叙的状况：“他无法再辨认原稿，因为他是用纤细的铅笔字速记下来的；他的视力现在已经弱到不足以去阅读它们。”[②]

最后，他必须脱出原来习常的独自状态，寻求自身以外的帮助，即依靠一些熟悉加贝尔斯伯格速记体的助手来协助他完成工作计划。这也就是施泰因当时确定的：“现在他只知道一个拯救办法：他必须有一个助手。”[③]

---

① 英加尔登：“回忆埃德蒙德·胡塞尔”，同上书，第 173 页，注②。

② 施泰因：“在胡塞尔身边的哥廷根和弗莱堡岁月”，同上书，第 156 页。

③ 施泰因：“在胡塞尔身边的哥廷根和弗莱堡岁月”，同上书，第 156 页。

施泰因、兰德格雷贝、芬克就是前后协助胡塞尔工作的三位助手。[①] 他们首先对胡塞尔的速记手稿进行归类整理，而后誊抄或打字并略作加工修改和补充，包括加入章节的标题等等，最后交给胡塞尔阅读。由于胡塞尔的许多研究手稿实际上是为讲座准备的讲座稿，而且胡塞尔也有意向将这些讲座纳入他的系统出版计划，因而他在进行讲座的同时也请助手将相关的速记稿转成打字稿。这里可以参考兰德格雷贝的回忆："我的第一个任务是给胡塞尔 1923/1924 年冬季学期的"第一哲学"讲座做笔记，并且用打字机转录笔记文本。为此，胡塞尔在每次讲座后都把他的速记手稿交给我，以便检验我的笔记。这个讲座的打字稿笔记，只有第一部分——即截至 1923 年圣诞节所作的报告——还保存在其原稿中。胡塞尔曾多次把它发给他的听众阅读。从速记文本中——胡塞尔通常把速记文本编成和看作某个讲座的基础——无法获得实际的讲授过程的任何概念。"第一哲学"讲座的第一部分打字副本具有这样的特殊地位，因此可以被用作后来的《胡塞尔全集》考证版第 7 卷的基础。"[②]

这样的誊抄稿数量也十分惊人。范·布雷达在弗莱堡初见胡塞尔遗稿时报告说，他看到除了四万多页速记手写稿（还不包括由兰德格雷贝带到布拉格并存放在那里的 1500 多页的 A 组速记手稿）之外，还有约一万页的誊抄稿。[③]

---

① 胡塞尔的其他承担过助手工作的学生如贝克尔、弗里茨·考夫曼、海德格尔等则很可能没有去学习加贝尔斯贝格速记法。目前在比利时鲁汶胡塞尔文库工作的研究人员都需要熟悉这种速记法，这是整理出版胡塞尔遗稿的第一前提。笔者在博士毕业后曾被当时的文库主任鲁道夫·贝耐特邀请去那里做这项工作，但后因比利时政府当时对东欧政策的偏重而未获批准。他曾告诉笔者，虽然这种速记法并不像学习一门新语言那样困难，但通常也需要通过一至三个月时间的专注学习才能掌握。

② 兰德格雷贝："回忆我走向埃德蒙德·胡塞尔的道路和与他的合作"，同上书，第 275 页。

③ 范·布雷达："胡塞尔遗稿的拯救与胡塞尔文库的创立"，同上书，第 520 页。

在有了这些可以为胡塞尔阅读的誊写稿之后，他的工作进程便通常是对自己研究文稿的阅读、思考、记录，而后再阅读、再思考、再记录……与此同时，他也会在文稿上写下评语或做出标记，标明它们是否可以用于日后自己的"基本著作"的撰写和出版。

耿宁有可能是阅读过或至少通览过胡塞尔全部速记手稿和誊写手稿的两个人之一（另一个应当是卡尔·舒曼）。他曾对"胡塞尔的特殊工作方式"做过一个刻画："当他想撰写一部著作时，他通常不会在一开始就立即拟定一个确定的计划，而后一部分、一部分地去实现它；相反，他首先尝试在他的文字'独白'中从思想上把握全部的资料；并且希望能够在这样一种思想掌控的基础上于短时间内写下作为这种掌控之结果的文字论述。"①

这样的工作方式的成功结果是《观念》第一卷和《形式逻辑与超越论逻辑》的出版。它们都是在极短的时间内完成的。而不成功的案例则要多得多：《观念》第二、三卷，"第六逻辑研究的修订稿"、德文版的"笛卡尔式沉思"、"关于时间意识的贝尔瑙手稿"、"关于时间构造的后期手稿（C–手稿）"、"现象学的心理学讲座稿"、"第一哲学讲座稿"、"战前和战后的伦理学讲座"，如此等等。战后开始出版的《胡塞尔全集》至今已有五十多卷（至2022年初正式出版43卷文集和8卷资料集），其中大部分都是这些经过誊抄和整理，但最终未被胡塞尔提交出版的研究手稿和讲座稿。②

胡塞尔曾于1927年在英加尔登到弗莱堡访问他时说过搁置这些

① Iso Kern, „Einleitung des Herausgebers", in Hua XV, S. XX.

② 耿宁编辑出版的三卷本《交互主体性现象学》是第一部主要根据胡塞尔的原本速记研究手稿完成的胡塞尔遗稿文集。这也意味着，胡塞尔本人尚未计划将这个专题的现象学文稿整理出版。耿宁的所做的这项工作，与施泰因、兰德格雷贝、芬克在担任胡塞尔助手期间所做的工作是相同的，也是在协助胡塞尔完成他的相关计划，只是没有在胡塞尔的亲自指导下。

文稿不出版的原因："胡塞尔自己对我说，这些手稿还没有成熟到可以简单做纯粹外部处理即可准备付印的程度。它们必须得到积极的进一步的思考——而这是指在现象学的工作中——得到进一步的直观的透彻研究和追复检验。"[①]

不过，这里所说的"进一步的思考"以及"进一步的直观的透彻研究和追复检验"，在胡塞尔那里实际上几乎意味着一个无尽的过程。因为在此过程中，新的直观提供了新的描述和分析的可能，由此产生出新的思想，而新的思想会得到新的文字记录。如果新的文字记录立即得到了加工整理出版，那么一部著作就会很快问世，例如《形式逻辑与超越论逻辑》便提供了这样一个经典案例。如果情况相反，新的文字记录不是立即被加工整理出版，而是因为尚不成熟和完善，或是因为有新的思考方向和动机的插入而被搁置，它们就会被放到需要得到"进一步的思考"以及"进一步的直观的透彻研究和追复检验"的下一个等待行列中。关于时间意识的三部文稿，即前面已经阐述的"内时间意识现象学讲座稿"、"关于时间意识的贝尔瑙手稿"和"关于时间构造的后期手稿（C-手稿）"的产生，就是这个几乎是无尽的过程的一个典型表现。

可以说，在这里，即在精神科学或意识哲学中，似乎有一个类似胡塞尔同胞卡尔·波普尔在实证的自然科学中确定的证伪原则在起作用：对意识的反思越是深入和清晰，反思的目光提供的信息便越多，而对意识结构的把握和刻画就越是需要通过进一步的细化和锐化来修正和改善，无论是静态的意识结构方面，还是在追溯的意识发生方面。反思或思义的结果在此过程中不断被"证伪"，即不断被修正和改善，这几乎成为胡塞尔一生，尤其是后期的研究与思考的常态。修

① 英加尔登："回忆埃德蒙德·胡塞尔"，同上书，第194页。

改与完善几乎成为他的宿命。在这个意义上可以理解胡塞尔所说的"人始终只有作为生成者和愿意生成者才是哲学家"(Brief. IV,24)。

但由于外部政治环境的恶化和内部身体器官的退化，胡塞尔在其生命最后阶段所做的精神努力并没有达到让他满意的结果。他在1932 年 6 月 2 日致英加尔登的信中所表达的两个简约的愿望，即"有一份可用的遗稿，并且尽可能有一部基本著作"，最终都仅仅得到了部分的实现。

胡塞尔自己在 1935 年 12 月 30 日致阿尔布莱希特的信中即将他的这种精神努力称作"为一种工作可能性而进行的搏斗"，只有在全部内外条件都具备时才能进行和完成。他在那里写道："即使对我自己来说，我的哲学理论也完全是难以理解的，我必须具有完全清晰的头脑。但首先是情感的宁静、完全地背离世界。它始终是一种为关闭了的工作时间以及为了使内心的凝聚与宁静得以可能而进行的搏斗，唯有在这种状态中，思想才会出现，甚至唯有在这种状态中才有可能阅读我自己的手稿，完全理解地领会它们"(Brief. IX,97f.)。

这样的理想工作状态，在胡塞尔晚年越来越珍贵和罕见，直至最终消失。

欧根 · 芬克

如前所述，这里还要介绍由胡塞尔的最后一位助手芬克以特殊方式完成的另一个合作结果。

芬克(Eugen Fink,1905–1975)自 1927 年开始旁听胡塞尔的讲课，1928 年开始接替已获得正式奖学金的兰德格雷贝，担任胡塞尔的私人助手，直至胡塞尔去世(*Husserl-Chronik*,323,337)。芬克与胡塞尔的思想联系和私人关系，包括他在担任助手期间所做的大量工作，笔者在本书第二卷第三十五章"胡塞尔与芬克(一)：现象学与哲学方法论”和第三十六章“胡塞尔与芬克(二):现象学与教育学”中会有较为详细的阐述。这里只需对他与胡塞尔合作的最重要成果《第六笛卡尔式沉思》做一个系统的说明,它涉及胡塞尔现象学的方法论问题,或者说,涉及“现象学的现象学”问题。

《第六笛卡尔式沉思》

一、引论：现象学的方法论

方法论是关于方法的学说或理论。现象学的方法论是随着现象学的发展而日趋突出并亟待解答的问题。从总体上说，胡塞尔是在1905年之后才开始提出现象学的特有方法，即超越论现象学的还原方法，并考虑和论证它的合法性问题。在完成超越论的转向并提出还原的方法概念之前，胡塞尔在方法上并没有做过系统的论述。他曾有过对现象学作为认识批判、认识启蒙的定义以及作为描述心理学、本质学的定义，也曾有对现象学方法作为范畴直观、范畴代现、观念化抽象的定义，它们虽然都包含了方法论的因素和向度，但胡塞尔并不认为它们可以代表现象学独有的方法，而是将它们视之为所有本质科学共同运用的方法，例如是纯粹逻辑学、纯粹数学、纯粹物理学、纯粹心理学等的共同方法。纯粹现象学作为本质学、作为这个意义上的本体论并不需要具有自己的特殊方法。现象学的本质直观和本质描述的方法只是将本质科学的共同方法运用在精神科学领域。这个对现象学方法的理解和定义，后来也得到绝大多数现象学运动参与者的认可和坚持，无论他们是否在“现象学方法”或“本质直观”的名称下运用它。

但随1905年现象学运动的滥觞，胡塞尔也开始了他的超越论现象学转向。他于这年夏天去奥地利西费尔德小城度假，其间在那里会见了到访的几位慕尼黑的心理哲学家特奥多尔·利普斯门下的学生如普凡德尔、道伯特等。与此同时，胡塞尔在西费尔德休假期间撰写的西费尔德研究手稿中第一次提出“现象学还原”的概念和方法（*Husserl-Chronik*,91f.）。

在1907年于哥廷根大学所做的“现象学的观念”（“现象学与理性批判的主要部分”）五次讲座中，胡塞尔第一次公开地阐述他的超越论现象学转向，“第一次公开地阐述了这些可以说决定了他以后全部思想的想法。在这些讲座中，他既清楚地阐述了现象学还原的思想，也清楚地阐述了对象在意识中构造的基本思想。”[①] 自此刻起，现象学方法论的问题日趋突出。胡塞尔也因此而在这里的第一讲中便提出现象学的定义：“现象学：它标志着一门科学，一种诸科学学科之间的联系；但现象学同时并且首先标志着一种方法和思维态度：特殊的**哲学思维态度**和特殊的**哲学方法**”（Hua II,23）。

在此后于1913年公开发表的《纯粹现象学与现象学哲学的观念》第一卷（Hua III/1）中，胡塞尔对超越论现象学做出公开的宣示，并且对超越论现象学的方法做出系统的阐释，包括悬搁、还原、排除、加括号、判为无效等等方法。如果加上本身并不属于超越论方法的“本质还原”方法，那么其中关于一般现象学的方法域（Methodik）与关于一般现象学的问题域（Problematik）的讨论篇幅几乎是各占一半。

但所有这些都仍然属于关于现象学方法的表述，而非真正意义上的现象学方法论的反思。因而胡塞尔后来曾将它当作“更高的素朴性阶段”而加以批判。他在1925年12月10日致英加尔登的信中写道：“认识论作为理性论当然完完全全属于超越论哲学。但就其在《观念》中被探讨的方式而论，它还停留在一个‘更高的’素朴性阶段上：

① 瓦尔特·比梅尔：“编者引论”，载于胡塞尔：《现象学的观念》，倪梁康译，北京：商务印书馆，2016年，第ix页。

'我思'的明见性以及随之还有本我论的纯粹的可能性基地的明见性是一种需要受到批判的素朴明见性。所以我区分全然的(schlechthin)现象学还原与'绝然的'(apodiktisch)还原、向绝然之物的还原。这是作为彻底的认识批判的真正认识论的区域，这种认识批判只能在现象学还原中完成，因而在现象学之前是无法想象的。一种系统阐述的首次尝试构成我的1922/23年每周四小时讲座的主要内容"(Brief. III,228)。

这里提到的1922/23年冬季学期的每周四小时讲座的题目是"哲学引论"。在这个讲座中胡塞尔第一次在"绝然的还原"或"对超越论还原的绝然批判"[①]的标题下进行了超越论现象学的自身批判。此后在1929年发表的《形式逻辑与超越论逻辑》的结尾，胡塞尔还再次强调："所有其他认识批判都植根于其中的**自在第一的认识批判**是**现象学认识本身**的超越论自身批判。"对此他还在这里的脚注中再次说明："我曾在1922/23年冬季学期的每周四小时讲座中尝试去真正地实施这个终极批判，我的青年朋友们可以读到这个讲座的记录"(Hua XVII,295,Anm.1)。

但需要留意的是，这种现象学的自我批判并非出于胡塞尔在方法论方面的一个偶发奇想，而是起源于胡塞尔对现象学做系统表达的打算和思考，而这种系统表达必定是与对现象学的最终论证结合在一起的。还在1916年到弗莱堡任教后不久，胡塞尔便开始萌生进行现象学系统研究的想法。胡塞尔在1920年10月为《逻辑研究》第二卷第二部分撰写的"前言"中曾说明："我在弗莱堡的新教学工作也要求我将我的兴趣朝向主导的普遍性和体系"(LU II/2, B III)。而在前引致

---

① 这里的"绝然批判"是指"自我为了获取一种真正令人满意的、与自身相一致的生活而进行的自身批判"(Hua XXXIV, S. 349)。

英加尔登的信中也可以看到，在彻底的认识批判与系统阐述的尝试之间存在着一个内在的联系：对现象学的系统阐述意味着对认识批判的彻底论证，当然也包含现象学的自身批判。

这里也可以参考塞巴斯蒂安·路福特对胡塞尔的系统学(Systematik)诉求与方法学(Methodik)诉求之间关系的说明："'方法学'与'系统学'这对概念在这里并不意味着分离的反思层次，而是在后期胡塞尔的许多表述中一口气地被提到；这里既形成了胡塞尔的哲学自身理解方面的主要诉求，也形成了现象学关于自己的自身阐明方面的主要诉求。"①

这个在系统阐述与方法论反思的内在联系最初是在胡塞尔1922年6月的伦敦讲演"现象学方法与现象学哲学"中形成的，这里得到宣示的是胡塞尔这一时期的"体系思考"的一个阶段性成果，而方法问题已经被放在体系思考的开端。

接下来在上述1922/23年于弗莱堡大学所做的"哲学引论"讲座中，胡塞尔首次尝试了超越论现象学的自身批判。这个"哲学引论"的讲座实际上是后来以《第一哲学》命名的两卷本的前身(Hua XXXV)。在1923/24年冬季学期的"第一哲学"讲座的第二部分"现象学还原的理论"(Hua VIII/2)中，尤其是在其中的第二编第三章以及整个第三编中，胡塞尔还再次尝试通过"绝然批判"来完成对"现象学还原的现象学"的阐释和对一门"具有绝然基础的哲学"的论证(cf. Hua VIII, 69ff.)。

除了这些公开进行的讲座和公开发表的论著之外，胡塞尔在

---

① Sebastian Luft, *Phänomenologie der Phänomenologie—Systematik und Methodologie der Phänomenologie in der Auseinandersetzung zwischen Husserl und Fink*, Phaenomenologica 166, Dordrecht/Boston/London: Kluwer Academic Publishers, 2002, S. 2.

1926–1935 年还就现象学还原问题写下了为数众多的研究手稿，在其中可以发现胡塞尔对超越论现象学方法的大量深入集中的说明与反思的记录。这些文稿后来被编辑整理，作为《胡塞尔全集》第 34 卷(Hua XXXIV)出版，题为“论现象学还原”。胡塞尔在其中谈到了“现象学的现象学”的概念以及以此方式进行的“批判的批判’的现象学纲领。这个纲领在这里——如路福特所说——“虽然没有得到更宽泛的实施，但一些简短的暗示却让人预感到：胡塞尔至少是如何预先实施这个纲领的，以及这个纲领看起来是如何不同于芬克的实施。”①

除此之外，在这卷中收集的研究手稿的时间跨度是需要说明的，它表明胡塞尔在 1922/23 年之后对方法和方法论问题的集中思考的时期，而这个时期是与胡塞尔的《笛卡尔式沉思》的撰写和出版计划有关。它之所以到 1935 年截止，是因为胡塞尔在 1934 年中便开始转向与《欧洲科学的危机与超越论现象学》相关问题域的写作，方法与方法论问题在这个新的历史现象学的问题域中虽然并未完全消失，但基本上已经退到了后台。

二、芬克的《第六笛卡尔式沉思》

回到 1929 年。胡塞尔于这年 2 月 23 日与 25 日应邀在巴黎索邦大学做了关于“超越论现象学引论”的两次讲演。这个著名的“巴黎讲演”以笛卡尔为开端，以奥古斯丁为结尾。讲演的最后一句话是奥古斯丁的名言：“不要向外行，回到你自身；真理寓于人心之中。”(Noli foras ire, in te redi, in interiore homine habitat veritas.)

---

① Sebastian. Luft, „Einleitung des Herausgebers“, in Hua XXXIV, S. XXXIX. 此外还可以参见 Hua XXXIV, Beilage XII，以及 Sebastian Luft, *Phänomenologie der Phänomenologie—Systematik und Methodologie der Phänomenologie in der Auseinandersetzung zwischen Husserl und Fink*, a.a.O., S. 9f.

胡塞尔对这句话的解释是："必须首先通过悬搁丧失世界，然后在普全的自身思义中重新获得它"（Hua I,39）。据此可以说，胡塞尔的"巴黎讲演"是以超越论哲学方法的主张结束的。胡塞尔以此而自觉地将自己纳入到欧洲哲学的从笛卡尔到康德的超越论发展脉络之中，成为它的现代环节。

在完成巴黎讲演之后，胡塞尔计划以《笛卡尔式沉思》为题发表加工并扩展他的巴黎讲演。初稿由五项笛卡尔式沉思组成，首先翻译成法文在巴黎出版。当时作为胡塞尔私人助手的芬克参与了对《沉思》的加工，他从第六节开始加入各节的小标题，同时还做了大量润色，所有这些都得到胡塞尔的赞同和认可。

1929年5月17日，芬克将胡塞尔的"笛卡尔式沉思"文稿寄到法国。在此之后，尤其是在发现1931年出版的法文本翻译并不尽如人意之后，胡塞尔开始考虑发表该书的更为系统的德文版。他计划与芬克合作进行扩展，并增加两个沉思（cf. Brief. III,274）。[①] 芬克对前五个沉思的加工进展较为顺利，而且在1932年8月至10月期间，芬克也完成了他自己的"第六沉思"的撰写，分四次将他的总共123页文稿交给胡塞尔审阅（cf. *Husserl-Chronik*, 415-419）。根据《沉思》德文胡塞尔全集版的编者施特拉塞尔所依据的芬克的说法："当时芬克草拟出一个完全新的第一沉思（62张打印纸），第二沉思的一些新段落（总共32页），而对第三、第四、第五沉思则分别重新草拟出14、15和35页。此外，芬克还写出一个完全新的第六沉思——关于'超越论的方法论的观念'。为此，胡塞尔当时想把新的《笛卡尔式沉思》，

① 关于胡塞尔的《笛卡尔式沉思》的写作和芬克的合作以及对《第六笛卡尔式沉思》的撰写，可以参见本卷第五幕"《笛卡尔式沉思与巴黎讲演》"一章以及本书第二卷第三十五章"胡塞尔与芬克（一）：现象学与哲学方法论"。

连同芬克的第六沉思一起，以共同作者的名义发表。”①

然而由于 1933 年纳粹攫取政权，客观上胡塞尔在德国国内的发表已经变得不再可能，而主观上胡塞尔在此之后便专注于 1935 年的维也纳和布拉格的讲演以及此后开始的“欧洲科学的危机与超越论现象学”论文组的撰写，《沉思》的修改完善与出版被暂时搁置。接下来，胡塞尔于 1937 年意外摔倒患病，随后于 1938 年去世。他与芬克合作修改和几近完成的六个《沉思》最终也未能在他生前出版。

直到二战结束后，芬克才以他的“第六笛卡尔式沉思”文稿在弗莱堡大学哲学系申请任教资格考试并随即获得通过。芬克曾在 1948 年 10 月 26 日致范·布雷达的信中回忆说：“我的任教资格考试是由大学评议会作为‘政治补救’的案例来推行的，并且被理解为对胡塞尔传统的恢复。因而我选择了得到胡塞尔最高授权的‘第六沉思’作为论文，尽管我可以提交更为重要的研究。我以此而象征性地表达了：我想接受胡塞尔的传统，但并非以正统追随的方式，而是以对胡塞尔所领受的精神推动的继承的方式。答辩委员是海斯教授。由于还需要一位辅助答辩委员，因此哲学系从海德格尔那里索取了一份鉴定，但这份鉴定仅仅局限于这样一个回答：胡塞尔本人授权的研究工作不需要再做进一步的鉴定。”②

---

① St. Strasser, „Einleitung des Herausgebers“, in Hua I, S. XXVIII. —— 在 1945 年 2 月为作为任教资格论文提交的第六沉思的“前说明”中，芬克提到，胡塞尔想将这个第六研究加入《笛卡尔式沉思》，“以便通过一次共同的发表来表达我们的合作”（VI. CM,184）。

② 转引自 H. Ebeling/J. Holl/G. V. Kerckhoven, „Vorwort“, in Eugen Fink, *VI. Cartesianische Meditation*, Teil I: *Die Idee einer transzendentalen Methodenlehre*（以下简称：VI. CM），Dordrecht/Boston/London: Kluwer Academic Publishers, 1988, S. XI.—— 对此还可以参见海德格尔于 1945 年 12 月 23 日致芬克的明信片：“尊敬的芬克博士先生！您现在选择的任教资格论文是由胡塞尔本人授权的，因而不需要我们这方面再做鉴定。在此意义上我与同事海斯先生谈过。因而任教资格考试会很快通过……致以最佳问候。海德格尔”（Axel

芬克和海德格尔在这里都谈到胡塞尔的“授权”。这不仅是因为胡塞尔亲自委托芬克撰写《笛卡尔式沉思》的两个沉思，而且还因为——根据芬克于1946年10月25日致格哈特·胡塞尔的信——胡塞尔还在1933年就曾将这个“第六沉思”作为芬克的任教资格论文予以接受，只是随后的政治局面很快便不允许芬克在犹太人胡塞尔的名义下完成任教资格考试了。[①] 因而他于1945年完成的这项考试是一个由于纳粹和二战而被推迟了十二年的工作。

然而这部《第六笛卡尔式沉思》在1945年完成任教资格考试后便被芬克存放起来，始终没有列入发表的计划，甚至在胡塞尔的德文版“前五个沉思”于1950年作为《胡塞尔全集》第1卷出版之后，芬克也没有在最初的应允之后[②]最终满足施特拉塞尔的希望，即：“在我们的文本发表出来之后，欧根·芬克将由他修改并补充的新《笛卡尔式沉思》——如果可能，连同胡塞尔那些常常是如此富有启发的眉批一起——提交给读者。事实上，这样一种发表将会是尤其令人感兴趣的，而且会让胡塞尔研究者的一些疑惑得到更好的解决。”[③] 而实际的情况是，芬克直至1975年去世也未决定将它正式发表。

不过这部书稿还是在一个小圈子里得到流传并得到谈论。读到这部书稿的人有胡塞尔的弗莱堡学生凯恩斯、弗里茨·考夫曼、舒茨，以及法国哲学家梅洛-庞蒂、加斯顿·贝格尔[④]和法国的越南裔哲学家

Ossenkop/Guy van Kerckhoven/Rainer Fink, *Eugen Fink (1905–1975): Lebensbild des Freiburger Phänomenologen*, Freiburg i. Br.: Karl Alber, 2015, Bild 530–531)。

① 参见 Guy van Kerckhoven, „Eugen Finks Phänomenologie der VI. Cartesianischen Meditation“, in *Phänomenologische Forschungen*, 30, 1996, S. 88f. Anm.1, 以及 Axel Ossenkop, Guy van Kerckhoven, Rainer Fink, *Eugen Fink (1905–1975): Lebensbild des Freiburger Phänomenologen*, a.a.O., Bild 563.

② 参见 H. Ebeling/J. Holl/G. V. Kerckhoven, „Vorwort“, in VI. CM, S. XI.

③ S. Strasser, „Einleitung des Herausgebers“, in Hua I, S. XXVIII.

④ 加斯顿·贝格尔（Gaston Berger,1896–1960），法国马赛哲学学会的创始人和时

陈德草[①]。梅洛-庞蒂在其《感知现象学》的前言中曾提到过这部书稿的存在。[②]在这个意义上可以说，未发表的"第六笛卡尔式沉思"在二战前就已经开始对德法现象学界发挥影响，早于胡塞尔的德文版前五个笛卡尔式沉思。我们在最后一节还会回到这个论题上来。

这部由芬克撰写、加有胡塞尔批注的书稿最终是在芬克去世后才经他的遗孀允许而收入《胡塞尔全集文献编》，作为其中的第3卷，分上、下册公开出版，从而为世人所知。施特拉塞尔在1950年表达的希望在近四十年后才终于得以实现。[③]

三、关于超越论现象学的方法论及其局限性的反思

芬克撰写的这个《第六沉思》的标题是"超越论的方法论的观念"。

任主席，《哲学研究》(*Les Etudes Philosophiques*)主编，曾于1934年8月14日在卡佩尔拜访胡塞尔(cf. Hua VIII, 105f.)。正是在这次访问期间，贝格尔获得了芬克"第六笛卡尔式沉思"的稿本，并将它带回法国，此后也交给陈德草和梅洛-庞蒂等传阅。芬克本人也了解这一点，他在自己相关遗稿的文件袋上写道："第1节至第11节由贝格尔教授带到法国，在那里被多篇出版物引用"(VI. CM, 233)。

贝格尔于1939年发表他的重要论文"胡塞尔与休谟"(Gaston Berger, "Husserl et Hume", in *Revue Internationale de Philosophie*, vol. 1, no. 2, 1939, pp. 342–353)，并于1941年发表其博士论文《胡塞尔哲学中的我思》(Gaston Berger, *Le Cogito dans La philosophie de Husserl*, Paris: Aubier, 1941)。

① 陈德草(Trần Đức Thảo,1917–1993)是越南-法国现象学家。他于1951年出版其法文论著《现象学与辩证唯物主义》(*Phénoménologie et matérialisme dialectique*)。

② 参见 M. Merleau-Ponty, "Preface", in *Phenomenology of Perception*, translated from the French by Colin Smith, London: Routledge & Kegan Paul Ltd., 1962, p. viii, n. 2.——梅洛-庞蒂在这里说明他读到的芬克稿本是由加斯顿·贝格尔"友善借阅的"。

③ 参见 Eugen Fink, *VI. Cartesianische Meditation,* Teil 1, *Die Idee einer transzendentalen Methodenlehre*, *Texte aus dem Nachlass Eugen Finks (1932) mit Anmerkungen und Beilagen aus dem Nachlass Edmund Husserls (1933/34)*, herausgegeben von Hans Ebeling, Jann Holl und Guy van Kerckhoven; Teil 2, *Ergänzungsband*, *Texte aus dem Nachlass Eugen Finks (1932) mit Anmerkungen und Beilagen aus dem Nachlass Edmund Husserls (1933/34)*(以下简称：VI. CM 2), herausgegeben von Guy van Kerckhoven, Dordrecht/Boston/London: Kluwer Academic Publishers, 1988.

方法论从未在胡塞尔此前的著述中作为标题出现过。大致是从1922年的伦敦讲演起，胡塞尔开始考虑他的“系统著作”的计划，并将方法论的问题放在其布局的开端。《笛卡尔式沉思》实际上可以视作这个系统著作的一部分，而且是尤其偏重方法论的一部分。但以方法论观念为标题的沉思在最后才被列入讨论的范围，这是由实事的性质决定的。

对此可以用两个现象学家的例子来加以引证：

其一，1933年夏季学期，帕托契卡在弗莱堡学习期间见证了胡塞尔与芬克每天的散步讨论。这些讨论实际上便是与第六沉思有关，亦即与现象学还原或现象学方法论的问题有关。他回忆说：“芬克和胡塞尔两人都一再强调，应当面向一个具体的个别问题，由此出发才能学会理解现象学方法的普遍意义——这个方法的整个效果是在很久以后才为我所领会的。”[①]

其二，类似的说法还可以在另一位现象学运动主要成员盖格尔那里读到：“谈论方法——宣传一种方法却不能指明这种方法如何导向具体结论，不能通过它的运用来表明它不是一个单纯的理论幽灵——这在所有科学领域都是同样可疑的。”[②]

据此可以说，将现象学的方法论问题放在最后讨论是有其充分理由的，尤其对于作为一种工作哲学的现象学来说更应当如此。正如数学的学习不会从抽象的方法谈起，而是首先要在具体的运算中掌握方法一样，现象学对方法的反思总是要跟在对方法的运用之后的。

---

① 扬·帕托契卡：“回忆埃德蒙德·胡塞尔”，同上书，第280、283页。

② Moritz Geiger, *Zugänge zur Ästhetik*, Leipzig: Der Neue Geist Verlag, 1928, S. 136. ——笔者曾在讨论盖格尔与胡塞尔关系的文章中引用过这段话并且相信：“在讨论问题之前，不弄清方法是危险的，但只谈论方法也是可疑的”（参见本书第二卷第十一章“胡塞尔与盖格尔：现象学与审美理论”）。

至于在五个沉思之后增加一个关于超越论方法论的沉思[①]的主张最初究竟是发自胡塞尔还是芬克，对此如今已经无从查证。但至少可以确定一点：胡塞尔对这个问题已经有过长期的思考和阐释，而且他委托芬克撰写这一沉思是最为恰当的，因为超越论现象学的方法论问题是芬克的长项。

芬克对现象学方法的兴趣由来已久。还在他1930年的博士论文《当下化与图像：非现实性的现象学论稿》中，他就已经在关注现象学的方法论问题。论文的引论基本上是对现象学方法的讨论，尤其是在第四、五节中专门讨论现象学还原的问题。在此基础上，他在第六节"现象学分析的特性"中提出现象学分析的三个原则性命题："1. 任何现象学分析本质上都是**暂时的**；2. 任何现象学分析本质上都是**时间分析**；3. 任何现象学分析本质上都**需要一条指导线索**。"他接下来说明："这显然不是一个穷尽性的特征刻画，但它可以被用来恰当地澄清这里所做的专项研究的局限性。"[②]

芬克在这里所讨论的是他的关于"非现实性现象学"之专项研究的"局限性"。而这种"局限性"实际上并不仅仅局限于现象学的专项研究，而且也完全有可能延展到普遍的现象学研究上。他在这里使用的全称命题"任何现象学分析"已经明示了这一点。因此毫不奇怪，他在几年后的"第六沉思"第一节标题中再次提到"局限性"，而且已经涉及一般现象学方法的局限性："至此为止的诸沉思的方法局限性"(VI. CM,3ff.)。

---

① 马尔维娜在前引致英加尔登信中关于"增加两个沉思"(Brief. III, S. 274)的说法没有在其他地方再见到。无论如何，最终的结果是增加了芬克撰写的一个沉思，即第六沉思。

② Eugen Fink, *Vergegenwärtigung und Bild. Beiträge zur Phänomenologie der Unwirklichkeit*, in E. Fink, *Studien zur Phänomenologie 1930–1939*, Den Haag: Martinus Nijhoff, 1966, S. 16.

可以说，芬克对待超越论现象学方法的态度从一开始就带有一定的审慎性和怀疑性的色彩或印记。它们并不代表某种否定性或隐含某种批判性，否则芬克不可能再去鼓吹和弘扬需要依仗这种超越论方法的超越论现象学；而是涉及一种力图探寻和确定超越论现象学方法之边界的思考取向，同时也关系对它的运用的小心收敛和仔细节制。这种思维态度与此前胡塞尔在尝试与他当时的助手海德格尔合作撰写《不列颠百科全书》的“现象学”条目时曾遭遇过的思想走向并不相同，也与此后在胡塞尔的另一位学生普莱斯纳那里可以发现的立场观点不尽相似。[①] 不过，与海德格尔和芬克不同，普莱斯纳并非现象学的业内人士，而且在胡塞尔的生活中只是个匆匆过客，因而胡塞尔即使知道普莱斯纳的看法也不会在意。相反，对胡塞尔更为重要的、也是使他更为伤心的，还是他的“最亲近的学生和朋友”——应当也包括芬克在内——也未能与他同行。[②]

究竟是胡塞尔本人错了，还是他的学生和朋友错了？抑或两边都

---

① 普莱斯纳在他回忆胡塞尔的文章中曾写道：“胡塞尔在其方法理论的压力下成为了‘观念论者’，而这种理论恰恰应当在对世界之直接性的全然敞开性中确保那些对立的东西、素朴的‘实在论’，反对传统意识哲学的所有内向性、他的年青时代的敌对者。在意向活动与意向相关项的一致性原则上，向可能性条件回溯的超越论方法就有可能重新复活，并且获得凌驾于他之上的强力，这个方法在其康德版本中曾对他而言是极为可疑的”（参见赫尔穆特·普莱斯纳：“于哥廷根时期在胡塞尔身边”，载于倪梁康（编）：《回忆埃德蒙德·胡塞尔》，同上书，第60页）。

② E. Husserl, *Briefe an Roman Ingarden*, a.a.O., S. 77f. ——胡塞尔在这里，即在1932年6月11日致英加尔登的信中，写道：“真正的追复理解（Nachverstehen）就已经意味着同看、同行、成为同研究者。而我现在必须不无伤心地看到，几乎是我最亲近的学生和朋友都相信，可以将对这些著述的研究，即对主张进行这种全然逆转的著作的研究，搁置在一旁，他们显然还束缚在这样的假象明见性中，即以为已经认识这些著述的本质风格和意义，并且确信，这里附加出现的新事物不**可能**对自己的态度和理论，例如在认识论，在‘观念论’等等方面，再产生任何改变。也许我自己也有过失，因为我可能在战争年月丧失了自己的清晰性，退回到了《观念》状态之后，而且在弗莱堡这里没有给您以正确的引导。”

没错或都有错？而如果有错，那么究竟错在哪里？

四、方法论反思在现象学系统中位置

上述问题所涉及的实际上是现象学的自我批判问题，现象学本身是否可能以及如何可能的问题，或者说，“现象学的现象学”问题。胡塞尔在 1930 年的文稿中使用了这个概念。此后芬克在《第六沉思》中也使用了这个概念。[①]

关于这个意义上的现象学自我批判的问题，路福特在他的《现象学的现象学》的论著中有过详细探讨。他指出胡塞尔在他一生的方法论反思中已有多次的实施，因而常见的认为胡塞尔从来不做自身批判的说法是错误的。[②]路福特在这里首先批评兰德格雷贝：他作为胡塞尔私人助手受其委托而将 1922/23 年的“第一哲学”的速记体手稿做了转写，但却在四十年后于 1962 年的《胡塞尔告别笛卡尔主义》的经典论文中奇怪地声言胡塞尔从未进行过自我批判！[③]其次路福特也批耿宁在《胡塞尔与康德》论著中接受了兰德格雷贝的看法，即认为胡塞尔的这个自身批判被遥遥无期地（ad calendas graecas）推延了。[④]

---

① 参见 Hua XXXIV, 176; VI. CM, 74.

② 参见 Sebastian Luft, *Phänomenologie der Phänomenologie—Systematik und Methodologie der Phänomenologie in der Auseinandersetzung zwischen Husserl und Fink*, a.a.O., S. 9, Anm. 11. ——塞巴斯蒂安·路福特也是《胡塞尔全集》第 34 卷《论现象学还原》的编者，他以此为题撰写了这部专著《现象学的现象学：处在胡塞尔与芬克之间的分歧中的现象学的系统论和方法论》（2002 年）。它与芬克《第六沉思》的编者凯尔克霍芬撰写的《胡塞尔与芬克哲学中的世间化与个体化：第六笛卡尔式沉思及其“投入”》（Guy van Kerckhoven, *Mundanisierung und Individuation bei Edmund Husserl und Eugen Fink—Die VI. Cartesianische Meditation und ihr "Einsatz"*, Würzburg: Königshausen u. Neumann, 2003）一同构成目前为止对此问题最新的、也是最为细致和深入的研究。

③ 参见 Ludwig Landgrebe, „Husserls Abschied vom Cartesianismus“, in *Philosophische Rundschau*, vol. 9, no. 2/3, 1961, S. 133–177.

④ 参见 Iso Kern, *Husserl und Kant. Eine Untersuchung über Husserls Verhältnis zu Kant und zum Neukantianismus*, a.a.O., S. 202.

这里的问题在于，究竟应当在何种意义上理解兰德格雷贝和耿宁所说的“自身批判”(Selbstkritik)。[①] 路福特自己也认为可以在胡塞尔那里区分出两种意义上的“自身批判”：第一种便是以“现象学的现象学”的方式进行的自身批判，这也是本文关注和讨论的论题。这个意义上的现象学自身批判涉及对“超越论的素朴性的克服”，它带有对进行现象学活动的本我的一种自身关涉的批判的特征。但路福特认为除此之外在胡塞尔那里还可以找到“自身批判”第二种含义：在对现象学的明见证据(Evidenzell)之批判意义上的“批判的批判”，即胡塞尔在《笛卡尔式沉思》中所说的“带有对范围与边界、包括对决然性模态进行规定之意图的自身批判”(Hua I,178)。而这也是胡塞尔在1922/23年的“哲学引论”讲座中实施的自身批判。[②] 这就意味着兰德格雷贝和耿宁的观点的一定的合理性：胡塞尔的确始终没有进行过第一种意义上的自身批判，即使他早已完成第二种意义上的自身批判。

第一种意义上的“自身批判”就是胡塞尔所说的“现象学的现象学”，或路福特所说的“对现象学的自身理解以及它的‘目的意义’、它的系统性(Systematik)的方法论研究”，或凯尔克霍芬所说的“现象学的自身反思”。[③]

这也是芬克在《第六沉思》中所说的“超越论的方法论的观念”的基本意涵，他对此解释说：“在超越论的方法论的观念中包含着这样的任务：使现象学活动本身成为现象学研究和任务的对象，而且首

---

① Sebastian Luft, „Einleitung des Herausgebers“, in Hua XXXIV, S. XXXIX, Anm. 2.

② Sebastian Luft, „Einleitung des Herausgebers“, in Hua XXXIV, S. XXXIX, Anm. 2.

③ 参见 Sebastian Luft, *Phänomenologie der Phänomenologie*, a.a.O., S. 2; Guy van Kerckhoven, *Mundanisierung und Individuation bei Edmund Husserl und Eugen Fink*, a.a.O., S. 23.

先是以特殊的方式进行，就像它在超越论要素论（世界构造的现象学认识）中所起的作用那样”（VI. CM,61）。

因此，不是像在通常的现象学研究中那样将通常的意识活动当作现象学研究的对象，而是将正在进行的现象学活动（Phänomenologisieren）当作现象学研究的对象，这是“现象学的现象学”的特点。而将现象学家的意识反思标示为动词的“现象学活动”，这很可能是芬克的首创。

这里提到的“超越论的要素论”[①] 与“超越论的方法论”一同构成现象学的总的问题域。这种对现象学问题域的二分令人联想到康德的《纯粹理性批判》，但它显然不是出自胡塞尔的建议，因为他在此前自己的几部纲领性论著中均未曾谈论过这个意义上的“要素论”。事实上，芬克是借用这个康德式的概念来概括《笛卡尔式沉思》的前五个沉思的内容：“构造的生成、超越论的宇宙起源论、单子全体的创世主动性，这是超越论的要素论的通常课题”（VI. CM,13）。芬克将“超越论的要素论”分为两个部分：回退的（regressiv）现象学和建构的（konstruktiv）现象学，前者意味着超越论的感性论和分析论，后者意味着超越论的辩证论。

而《第六沉思》则构成现象学的问题域的第二部分：超越论的方法论。如果在超越论的要素论中的主体是超越论的旁观者，论题是世界的构造，那么在超越论的方法论中的主体是超越论的旁观者，论题也是超越论的旁观者（VI. CM,12f）。

严格说来，在芬克对现象学问题域的勾画中还包含一个在超越论的要素论和超越论的方法论之前的部分，或者可以说，一个通过向现象学问题域的转向而使之得以开启的部分。芬克将它划为两个层次：首先是人的自身思义，而后是它的彻底化：现象学的还原。

---

① 芬克也使用“现象学的要素论”的名称（VI. CM, 95）。

这样，现象学的总体进程便被分作四个阶段：1. 人的自身思义，2. 现象学还原，3. 超越论的要素论，4. 超越论的方法论。

这四个部分实际上也是胡塞尔的“现象学系统学”的布局内容。我们在芬克1930年8月13日交给胡塞尔的一份草案“埃德蒙德·胡塞尔‘现象学哲学体系’的布局”中可以看到这四个部分的大致轮廓。[①]按理说，其中的第四部分内容现在正好应当构成芬克《第六沉思》的论题。但芬克接下来在《第六沉思》中的分节讨论却把“现象学的系统学”的三个或四个层次全部包含在自身中，即：第5节“现象学活动作为还原活动”（Reduzieren），第6节“现象学活动作为回退的分析活动（Analysieren）”，第7节“‘建构性’现象学中的现象学活动”。这三节分别对应的是“超越论的要素论”中的几个层次或阶段。而接下来的第8节“作为理论经验活动的现象学活动”、第9节“作为观念化活动的现象学活动”、第10节“作为述谓判断的现象学活动”和第11节“作为‘科学化’的现象学活动”或许应当被理解为真正的“超越论的方法论”的几个层次或几个讨论环节。

无论如何，这里初看起来有一个论题方面的矛盾出现，即使将“超越论的方法论”的问题域区分为两种：广义的、即“系统学”意义上的与狭义的、即真正的，这个矛盾似乎也不能完全得到消解。但更为仔细的观察会表明，这种消解是可以通过对这两个问题域的进一步规定来完成的。这里只需要进一步留意：在超越论的方法论中，方法论思考的主体和论题都是“主体”，而“主体”在这里是指以各种形式表现出来的“现象学活动”，据此便可以理解，现象学的系统学的问题域与

① 这个“布局”草案的德文本先刊载于耿宁为其所编《胡塞尔全集》第15卷所撰的“编者前言”中（Hua XV, S. XXXVI–XL），后收入芬克的《第六沉思》的第二部分补充卷（VI. CM 2, 3–10）。该布局的中译文可参见本书第四幕“弗莱堡时期的‘现象学哲学体系’巨著计划”一章的“附录二”中。

现象学的方法论的问题域是重合的。第 5–7 节的论题与超越论还原活动的现象学活动有关，第 8–11 节的内容则与本质论[①]还原活动的现象学活动有关。

五、《第六沉思》中讨论的几例具体方法论问题

在《第六沉思》中不仅可以看到芬克的现象学系统论和现象学方法论的总体布局，也可以发现他对现象学方法论问题的具体讨论和分析。这些问题有些是已经被胡塞尔讨论和阐释过的，有些则是芬克在同时代哲学家的质疑中看到的和面对的。

第一个例子：芬克在第 3 节“现象学的‘自身关涉性’”中特别探讨的上述意义上的“现象学的现象学”中可能包含的“无穷回退”的问题。他在这里一开始就说明：“超越论的方法论的课题是现象学的旁观者”（VI. CM,14）。这里的所谓“现象学的旁观者”是指这个正在进行现象学活动的主体或自我：“他就是‘现象学反思的’的真正主体，就是真正超越论的反思者！因而我们在‘方法论’中所拥有的是一个已经在进行反思活动的自我的自身对象化，即一个‘更高阶段’的反思？”（VI. CM,15）如果对这个问题的回答是肯定的，那么接下来这里可能产生的问题就在于“无穷回退”，即：如果现象学的反思需要通过二阶的现象学反思来论证，那么后者理论上也要通过三阶的现象学反思来论证，如此类推，以至无穷。因而芬克的进一步问题就是：“如果我们的确想要认识心灵存在的总体性（Totalität），那么我们不是必须要在一个新的反思阶段上揭示这个自我，如此无穷（in infinitum）进行下去。这样，‘无穷回退’（regressus in infinitum）真的就是不可避

---

① 在胡塞尔这里，尤其在《观念 II》（Hua III/2）中，“本质论”是与“本体论”亦即“存在论”同义的。

免的吗?”(VI. CM,19)

需要留意胡塞尔在这段话上写下的眉批:“反思的迭复必定只有在心理学或心理学家提出对心灵的个体存在进行穷尽认识的任务时才会真正被制作出来并且被课题化。但这是一个从一开始就背谬的任务。心灵,无论是我自己的心灵,还是一个他人的心灵,都无法在此意义上被完全地认识,无法在其完全的个体性中被认识——恰如任何世间性的东西都无法在此完全的意义上被认识。客观地认识作为心理学家的我,根据我的时空上已定位的、固持的存在而将我认识为一个可以以同样方式为任何人都认识的人,这一并属于心理学的课题。但这种客观认识的任务、普遍地对于任何人和在任何时间里都原则可制作的认识的任务并不包含、而且更多是排斥这样一个任务,即明确地制作出我的心理的总体性(Totalität)、我的自身反思的总体性和对他人的反思的总体性。但是,关于个体心灵的客观认识、包括关于经验的心灵群组的客观认识的‘普遍有效性’唯有通过一种作为在世界中的心灵科学的普遍心理学的方式才是可以施行的”(VI. CM,19,Anm.31)。

即是说,胡塞尔在这里对“无穷回退”的问题做出两方面的提示,一方面是否定性的,一方面是肯定性的:在否定性的方面,他将对个体心灵的“穷尽(erschöpfend)认识”或“总体性”认识的不可能性视作心理学的宿命,这里的心理学是指作为精确科学、经验科学的心理学。它会遭遇这个无穷回退的问题。而在肯定性的方面,胡塞尔指出一种作为在世界中的心灵科学的普遍心理学的可能性,它的认识虽然不是穷尽的和总体的,但却是普遍有效。这是指在严格科学意义上的超越论的本质现象学的可能性。这里的情况有些让人联想到哥德尔的工作:他一方面证明了形式数论系统的不完备性,另一方面又指出并非所有真命题都能够被证明。后一个主张很有可能与他在1959年对胡塞尔现象学的“本质直观”的方法研究与思考有关。但他并未随胡塞尔进入到“严格”科学的领域。而在这里可以区分两种完备性:严格的完备性与精确的完备性。后者是被哥德尔证明为不可能的,而前者则是被胡塞尔指明为可能的。[①]

简言之,胡塞尔在这里提出的是作为精确科学的心理学的不可能性和作为严格科学的现象学的可能性。事实上,“无穷回退”或“无穷之过”的问题早在玄奘那里就已经出现,后来也在对笛卡尔的沉思的诘难中被提出,但那些是在意识反思与自身意识的层面,而不是在方法论反思与超越论自身理解的层面,因此胡塞尔对此的回应方式与前两位古人是有所不同的。

第二个例子:芬克在第4节中讨论超越论方法论的问题与划分时涉及的问题。芬克将超越论的方法论所要讨论的问题罗列如下:“构造探问的和澄清的行动、构造的揭示活动本身是‘构造的’吗?而对这个行动的反思是对‘存在者’的反思或至少是对处在朝向存在的构造倾向中、处在世界实现的目的性中的‘存在者’的反思吗?对现象学活动的反思回转具有同一个行为意向的结构和同一个‘构造性的本质’,正如一种在超越论的要素论中从课题上得到澄清的反思(作为在以超越论方式被还原的体验流中的一个事件)?”芬克认为,“超越论方法论的问题就是在这些问题中表述出来的”(VI. CM,24)。[②]

撇开后面几个问题中隐含的海德格尔式质疑不论,这里尤其引人注目的是一个后来成为现象学方法论的关键性质疑的问题:对意识的

---

① 对此问题较为详细的论述可以参见本书第二卷第三十一章“胡塞尔与哥德尔:现象学与数学-逻辑学”。

② 芬克的论述在许多地方都是以提问-回答的方式进行的。“在芬克那里让我感到异常敬佩的地方在于他的似乎永无止境的提问之艺术”(帕托契卡:“回忆埃德蒙德·胡塞尔”,同上书,第282页)。但胡塞尔在《第六沉思》的眉批中有时还是会忍不住地写道:“不要太多的问题!”(VI. CM, 18, Anm. 24)

构造活动的揭示本身也是一种构造活动吗?

这个问题最早在描述心理学和内省心理学的发展中就已经出现过,例如在布伦塔诺那里,他曾思考:对原则上已经消散的愤怒的反思是否不同于对当下愤怒的直接体验?对此胡塞尔在《逻辑研究》中有过讨论;后来在现象学的发展中,尤其是在法国现象学的发展中这个问题也以变化的方式一再出现,例如在关于自我的超越性的论述中,自我是否是在对它的反思中被构造出来的?笔者曾在几篇文章中,尤其是在"胡塞尔哲学中的原意识与后反思"[①]论文中讨论过这个问题,这里不再赘论。需要说明的是,芬克在这里将这个问题提到了超越论的方法论高度进行讨论,实际上它事关意识现象学乃至整个主观心理学与超越论哲学的可能性问题。如果对意识的构造活动的描述和分析本身也是构造性的,如果通过现象学还原达到的绝然之物最终也是被构造之物,那么这种反思的构造在何种程度上会影响我们对意识的客观认识?而如果主体对主体的认识不能是自身反思的或自身反省的,那么目前实验心理学或客观心理学的研究方式是否就具有一定的合理性或必要性?但我们后面会在芬克的"前言草稿"中看到,胡塞尔对待这个问题持有保留的态度,他认为"在构造活动的自我(Ich)与现象学活动的自我之间的对立被过分强调了"(cf. VI. CM,183)。

第三个例子:"静态现象学–发生现象学"与"本我论现象学和交互主体性现象学"。这里的问题既涉及现象学的"系统学"也涉及现象学的"方法学"。后者在这两个问题上尤其表现为:当现象学谈论个体的发生和个体与个体的共同生存时,它是否还可能是一门超越论

① 参见笔者的论文:"胡塞尔哲学中的'原意识'与'后反思'",载于《哲学研究》,1998年,第1期,后收于笔者的专著:《自识与反思——近现代西方哲学的基本问题》,北京:商务印书馆,2002年,第二十一讲。

的哲学。后期的胡塞尔始终在思考和讨论“个体化”和“具体化”的问题以及与此相关的“超越论经验”[①]的问题。芬克在这个方面基本遵循胡塞尔的构想，同时也提出自己的思考。至少在《第六沉思》中，芬克对于一门超越论的发生现象学持一种赞同的立场并且做出论证和奠基的努力。

按照芬克的看法，“现象学还原的现象学是超越论方法论的首要问题”(VI. CM,32)。而在通过现象学还原进入到“回退现象学”的第一阶段之后，现象学的目光所面对的是“在现象学还原中直接的和第一的被给予之物是在其活的当下的全部具体化中的本我论生活流的超越论生存”(VI. CM,5f.)。

需要说明，“回退的现象学”(regressive Phänomenologie)应当是芬克本人的概念，他在为胡塞尔起草的“现象学哲学体系”的布局中用它来表明“以还原的方式被开启的超越论主体性的‘不确定性’”(VI. CM2,6f.)，即是说，回退是指将现象学的目光从直向地指向意识对象回转到反思地指向的意识活动，类似于在康德那里从认识对象向认识能力的超越论回转。在芬克的上述“现象学哲学体系”的布局中，紧随“回退现象学”之后的是“前行的现象学”(progressive Phänomenologie)的阶段。按照芬克的说法，“回退的分析作为拆除的分析；前行的分析作为构建的分析”(VI. CM2,7f.)。但这个概念在《第六沉思》中没有再出现，取而代之的是另一个同样为胡塞尔本人不多使用的概念：“建构的现象学”(konstruktive Phänomenologie)。

① 在“超越论的(transzendental)经验”的概念中最明显地看到胡塞尔的“transzendental”不同于康德的特点：它仅仅包含“返回自身”、“自身反思”和“超越性批判”的意思，而不带有“先于经验并使经验成为可能”的含义。因而它在胡塞尔这里已经不再可能译作“先验的”。况且这个中译名即使用在康德哲学中也会导致许多流行的误解。笔者在“Transzendental：含义与中译”(载于《南京大学学报》，2004 年，第 3 期)一文中对此问题有较为详细的讨论。

在这个阶段上讨论的是意识活动在“纵-横”两个方向上[①]的构造性展开。

如果“建构的现象学”的论题是“超越论的世界构造”的问题，那么这个“世界”既可以是指个体的“历史世界”，也可以是指个体的“自然世界”。它们都是通过意识活动的主体而被构造起来。按照芬克的说法：“根据这个本我论的具体化的双面性，对于构造问题的构想来说有两个方向显示出来：对流动的经验生活的构造性分析学（**静态现象学**）以及对深入到在现时习性中隐含的被积淀下来的施行生活的构造性回问（**发生现象学**）”（VI. CM,5f.）。

但芬克在这里所说“在现象学还原中直接的和第一的被给予之物是在其活的当下的全部具体化中的本我论生活流的超越论生存”，或者说，他所说的“以还原的方式被开启的超越论主体性的‘不确定性’”，并不仅仅涉及上述“静态现象学”和“发生现象学”两个可能方向。在这个通过还原而获得的现象学的原点上，实际上还包含“提出并回答关于本我论和交互主体的世界构造的‘开端’和‘结尾’的超越论问题”（VI. CM,10）的两个可能方向。按照芬克的表述：“一旦进入超越论生活的突破位置，即超越论本我（Ego）在回退的现象学的第一阶段上得到描述和完全的展开，我们原则上会具有两种进一步推进的可能性。我们要么就确实地进入构造研究的具体学科之中，实施静态的和发生的构造分析——要么我们首先展开那个通过还原而被给予的存在的完整内涵，我们开启本我的被遮蔽的蕴涵：共同生存的交互主体性。但这两种推进的可能性绝不是等值的。毋宁说，方法上正

---

① 芬克在《第六沉思》中并没有使用胡塞尔在《内时间意识现象学》的研究文稿中曾在时间意识分析上使用的“纵-横意向性”这对概念来标示这两个方向。而且事实上胡塞尔本人也很少使用这对概念。但它们的确与这两个方向相符合，而且非常适用于对这两个方向的规定。

确的东西首先是持守回退的现象学的第一阶段，穿过它的整个范围，将现象学的还原的本我论开端形态纳入到交互主体还原的结尾形态中加以完成”(VI. CM,6)。

这个从本我论还原到交互主体的还原的进程也属于“超越论的**世界**构造”部分，但在这里不再是**历史世界**或**自然世界**的构造，而是**社会世界**的构造。现象学的系统学在这里已经为舒茨在此时期的工作安排了位置。但舒茨并未随胡塞尔同行，并未将自己的工作纳入超越论哲学的系统，而是在个体的生活世界现象学和交互主体的生活世界现象学的课题下开辟了理解的社会学的新领域。不过，在胡塞尔的超越论的社会现象学与舒茨的世间的社会现象学之间并不存在一种相互排斥的关系，而更多是一种可能的奠基关系。[①] 胡塞尔本人在这方面的思考和论述尽管主要集中“超越论现象学”的领域，但他在生活世界现象学思考方面留下的大量研究手稿也有许多属于“世间现象学”的，包含对市民生活、职业、团体、家庭、家族、民族、社团、阶层、家乡、异乡等等生活世界的讨论和思考。[②]

综上所述，芬克在这里展示的是从回退的现象学的第一阶段出发进一步推进的四种可能性：本我论现象学、交互主体性现象学、静态现象学、发生现象学。笔者之所以将这两个问题放在一起讨论，是因为它们与现象学系统中特定阶段上的两种发展可能性有关：现象学的发生学研究和社会学研究在胡塞尔看来仍然可以在超越论的层面进

---

① 舒茨于此期间发表了其代表作《社会世界的意义构成》(Alfred Schütz, *Der sinnhafte Aufbau der sozialen Welt. Eine Einleitung in die verstehende Soziologie*, Wien: Springer, 1932)。这里的“Aufbau”也可以译作“构成”或胡塞尔的“构造”(Konstitution)。关于舒茨的“社会现象学”与胡塞尔的“交互主体性现象学”的关系，笔者将另文论述。

② 对此可以参见前面对胡塞尔“生活世界现象学”的阐释以及作为《胡塞尔全集》第39卷出版的《生活世界——对在先被给予的世界及其构造的释义。出自遗稿的文本(1916–1937年)》(Hua XXXIX)。

行，尽管在此问题上芬克有不同的看法。这两种超越论学科被纳入两个具体可能的方向，即是说，在这两个方向中都包含"超越论的个体化"或"超越论的经验"可能性：超越论的发生现象学与超越论的交互主体性现象学。而无论是在前者还是在后者那里都可以用芬克的话来说："我们在课题上所具有的始终是一个超越论的生活，它已经处在世界构造的中心"（VI. CM,65）。在这个意义上芬克给出一段总结性的文字："哲学的真正论题是通过还原而得以开启的：在超越论生活中的综合与统一构成、习性与潜能中的超越论世界构造，这种超越论生活本身展示着一个在单子交互主体性自身共同体化的构造过程中的统一。构造性的生成、超越论的宇宙起源论、单子大全的创世活动就是超越论的要素论的通常课题"（VI. CM,11）。

第四个例子：除了其他的诸多讨论案例之外，最后还可以指出芬克从语言角度对现象学还原以及现象学哲学的可能性问题的思考。芬克在《第六沉思》中以"现象学活动作为直言陈述"为题进行肯定性的阐释，在后期（1957 年）则以"胡塞尔现象学中的操作性概念"为题对这个问题再次做出重审。[①] 笔者曾在"现象学与逻辑学"中插入的"附论：芬克和德里达所涉及的现象学与逻辑学的关系"中做过讨论。[②] 笔者在那里阐释了胡塞尔对此问题的态度以及芬克的观点和德里达的曲解，这里不再重复。

这里需要留意的是，实际上胡塞尔在一个眉批中已经对芬克在"胡塞尔现象学中的操作性概念"中所做的相关语言哲学思考做过一个提前的回应。芬克在"超越论方法的问题与划分"的第四节中有一

① 参见 Eugen Fink, „Operative Begriffe in Husserls Phänomenologie", in *Zeitschrift für philosophische Forschung*, Bd. 11, H. 3, 1957, S. 321–337；后收入 Eugen Fink, *Nähe und Distanz. Phänomenologische Vorträge und Aufsätze*, Freiburg i. Br./München: Verlag Karl Alber, 1976, S. 180ff.

② 参见笔者："现象学与逻辑学"，载于《现代哲学》，2004 年，第 4 期。

个关于超越论方法论的提问的两组划分：

"A. 对在超越论的要素论中的现象学活动的生活的课题化：

1. 作为还原活动的课题；

2. 作为回退的分析活动的课题；

3. 作为'构造的-现象学活动的课题'。

B. 对现象学活动的生活的课题化，撇开它的各个特定的作用'方式'(Wie)，在其最普遍的作用方式中作为以理论的方式经验的、观念化的、阐释的、科学从事的课题。"

胡塞尔对此批注说："这段话由于模棱两可而含糊不清：这并不是两个'问题'两个层次，若如此就是说有两个理论任务的层次了……第一个成就是对作为要素论而现时的和习性化了的生活之揭示的前理论任务，首先应当以自身给予的方式被直观到的是这个生活；另一个被奠基的成就是在这种直观基础上进行的理论化，而且首先是本质普遍的理论化与构成超越论方法论(构造现象学的现象学)的理论。通过它，在较低阶段上对我的现象学活动的实际生活的理论规定才具有一个特定的意义，这个意义本身的有效范围当然还是成问题的"(VI. CM,6)。

胡塞尔的这个批注在这里实际上指出了"直观"与"理论"之间的关系，或"看"与"想"或"看"与"说"之间的关系。因此，芬克在"胡塞尔现象学中的操作性概念"一文中讨论的哲学总想跳出自己的阴影的问题，实际上还只是一个第二层次的、被奠基的问题。这也让人联想到佛教量论因明学中对"现量"与"比量"关系的陈述。但这里不再对此展开论述。

六、《第六沉思》的问题与意义

在芬克的遗稿中可以找到一份未标明具体撰写时间，但应当是写于胡塞尔阅读了第六沉思之后的“前言草稿”。芬克将它夹在标题为“1932 年‘超越论方法论的第 12 节’”的文件夹中(VI. CM,233)。

> 以下文字的产生与作者作为埃德蒙德·胡塞尔的助手所接受的任务有关:为《笛卡尔式沉思》起草附论。它被计划为一个新的第六沉思。
>
> 作者试图表述一系列始终隐含地处在胡塞尔哲学中的问题。尽管在胡塞尔的现象学中,现象学的现象学的思想、对现象学活动的反思的思想是一个系统构想的本质因素。对这个超越论方法论的问题阐释在这里是以最贴近胡塞尔哲学的方式由一种对绝对精神的非存在[①]哲学的展望来规定的。
>
> 这表现在胡塞尔的赞同判断对此项研究所持有的保留态度中:胡塞尔认为构造活动的自我(Ich)与现象学活动的自我之间的对立被过分强调了,他认为超越论的直言陈述的困难被过分夸大了,他为哲学主体的个体概念辩护,反对在这项研究中诚然是以不明确的方式进行的那种还原,即将作为个体精神开始的哲学活动主体还原到处在所有个体化之前的绝对精神的生命深度之

---

① “非存在的”(meontisch)与“非存在学”(Meontik)是芬克本人创设的概念。关于这个概念和学说在芬克思想中的涵义以及开端与发展可以参见 Giovanni Jan Giubilato, *Freiheit und Reduktion. Grundzüge einer phänomenologischen Meontik bei Eugen Fink (1927–1947)*, Nordhausen: Traugott Bautz, 2017.——按照《芬克全集》编者汉斯·莱纳·塞普的解释:“芬克将他在《第六笛卡尔式沉思》中的研究理解为对超越论主体性的非存在探问。他在这里区分三个主体:不仅有世间的和超越论的主体,而且还有发现超越论主体的现象学活动的主体(第六沉思是现象学的现象学)。超越论主体作为构造世界的主体与存在设定的构成相关(世间主体则是生活在这种设定中的),而现象学活动的主体则是**非存在设定的**,并且在这个意义上是**非存在的**(meontisch)”(引自塞普于 2019 年 3 月 15 日致笔者的信)。——塞普本人在他自己的两部论著中对此理论有进一步的继承和发展。对此可以参见 Hans Rainer Sepp, *Bild. Phänomenologie der Epoché*, Würzburg: Königshausen u. Neumann, 2012; *Über die Grenze. Prolegomena zu einer Philosophie des Transkulturellen*, Nordhausen: Verlag Traugott Bautz, 2014.

中。胡塞尔否认人只是“貌似”(scheinbar)在进行哲学活动,因为超越论本我(Ego)本身就是“人”(诚然是通过自身统摄的构造)。即是说,胡塞尔并不将超越论主体与人的区别迁移到个体化的维度中(VI. CM,183)。

可以从这篇“前言草稿”中读到胡塞尔对芬克《第六沉思》工作所持的基本态度。它不太像是“前言”,倒很像是一篇工作“总结”,或合作“总结”。文中提到的“胡塞尔的赞同判断”已经表明胡塞尔对整个《第六沉思》持肯定的态度。但芬克在这里并未对此做出展开说明。很有可能胡塞尔在与芬克对“超越论的方法论”问题的讨论中不再对他已经认可的方面做更多的赞赏和评价,而是仅仅集中于他认为需要修改和完善的方面。这一点也表现在胡塞尔对《第六沉思》所做的众多眉批和补充撰写的十几份附录与说明中。除了大量的修改与补充之外,胡塞尔偶尔也会流露出不满并提出反驳,例如“这段话含义模糊”,而他的满意与赞许通常则仅仅表现为:“这点很重要。”随后往往就是“但还需要更为仔细的思考……”[①]

由于在现象学的系统学和方法学之间存在着如前所述的本质的内在联系,因此芬克的《第六沉思》的方法思考也包含着对现象学的系统讨论。在这里可以看到,关系超越论现象学的可能性乃至决定它的成败的问题——即使不是所有问题、至少也是大多数问题——,在这里都已经被涉及并且得到分析和回应。

在胡塞尔的学生中之所以难有几位能够始终在超越论现象学的道路上伴随他同行,原因与这里列出的这些未决问题有关。通过芬克的工作,胡塞尔了解了这些问题,并且做出了自己的应对。而由《第六沉思》引发的胡塞尔对超越论现象学方法的原则性思考不仅仅收录

① 例如参见 VI. CM, 6, 98, 104.

在芬克的这部书中，它只是胡塞尔交给芬克阅读的部分，更多的思考内容实际上留在了胡塞尔自己保存的研究手稿中，即后来由路福特编辑出版的《胡塞尔全集》第34卷《论现象学还原(1926-1935年)》中。路福特曾说明："如果芬克强调，在胡塞尔对'第六笛卡尔式沉思'的说明中包含了胡塞尔就现象学的方法性和系统性所表述过的最原则性的东西，那么这一点同样适用于这里发表的文本，因为它们所阐释的是原则相同的论题，当然是更为宽泛的。"① 这应当属于芬克的《第六沉思》工作之贡献的一个重要方面。

这里也可以参考芬克自己对自己在这段时期所起作用做的概括评价。在一篇写于1945年6月1日的文稿《我的学术生涯的政治历史》的第一部分"我在埃德蒙德·胡塞尔身边的初学时期"中，他报告说："胡塞尔从未想将我培养成一个中规中矩的学生(Paradeschüler)，他对我的合作的赞赏首先是因为它的强烈批判倾向；我在这七年里对众多手稿进行批判性的加工修改，将草稿加工修改为新稿，提出修改建议，也包括对已经发表的著作与出版计划的修改建议……胡塞尔承认我的精神独立性，恰恰是因为他一直在寻求我的反驳和我的批评，他需要用它们来激励他的创造性思想的客观化。所以正是在这七年中产生出了最重要的研究手稿。在胡塞尔试图拿出他的长年研究之生命成果的这段时间里，我对他仿佛起到了精神催化剂的作用。"②

除此之外，芬克的研究所做出的另一方面重要贡献在于，通过胡塞尔的回应和补充，通过与胡塞尔的交流与对话，他自己也进一步了解了胡塞尔的相关思考和解决方案，并以此方式成为胡塞尔晚年培养的"弗莱堡现象学家"，成为如施泰因所说的胡塞尔的"生命事业的继

① Sebastian Luft, „Einleitung des Herausgebers“, in Hua XXXIV, S. XXXV.

② Axel Ossenkop/Guy van Kerckhoven/Rainer Fink, *Eugen Fink (1905-1975): Lebensbild des Freiburger Phänomenologen*, a.a.O., S. 511.

承人”（ESGA II, Nr.695）。[①] 二战后通过在弗莱堡大学的教学、研究和建立胡塞尔文库，在胡塞尔现象学方法的论述与运用上，在胡塞尔遗稿的出版上，在胡塞尔传统的维护和发展上，芬克对现象学方面的贡献并不亚于他在战前于胡塞尔指导下进行的现象学活动。他的确坚守了他的承诺：“我想接受胡塞尔的传统，但并非以正统追随的方式，而是以对胡塞尔所领受的精神推动的继承的方式。”[②]

七、现象学运动的新开端：“第六笛卡尔式沉思”对法国现象学的影响

最后还要大致勾勒一下芬克《第六笛卡尔式沉思》的效果史。如前所述，芬克的“第六沉思”手稿在二战前就已经开始对德国和法国的现象学界发挥影响，而且我们后面还会看到，这个影响是极为重要和不可低估的。尤其是因为芬克的第六沉思的影响实际上要早于胡塞尔的前五个沉思的德文版，因为后者是在1950年才作为《胡塞尔全集》的第1卷得到公开发表的。封·海尔曼在1970年为庆祝他的老师芬克诞辰65周年而编辑出版的《欧根·芬克文献目录》前言中便曾概述过芬克当时对法国现象学和欧洲现象学业已发挥的重要影响：“他与两位法国哲学家莫里斯·梅洛–庞蒂和加斯顿·贝格尔之间有着紧密的哲学联系，他们在其现象学工作中诉诸芬克。在索邦，不仅芬克的著述得到研究，而且还设立了关于芬克著述的教学课程。”[③]

不过这里应当留意“第六沉思”的法国传播史中出现的以下两个

① 关于胡塞尔与芬克的思想联系可以参见本书第二卷第三十五章“胡塞尔与芬克（一）：现象学与哲学方法论”。

② 转引自 H. Ebeling/J. Holl/G. V. Kerckhoven, „Vorwort“, in VI. CM, S. XI.

③ Friedrich Wilhelm von Hermann, *Bibliographie Eugen Fink*, The Hague: Martinus Nijhoff, 1970, S. 3.

耐人寻味的现象。凯尔克霍芬曾在他的专项研究中根据鲁汶胡塞尔文库的原始资料并在芬克太太的协助下再现了这个“第六沉思”的法国接受史的特别脉络。[①]

第一个现象是“第六沉思”在被贝格尔带至法国后出于各种原因而被当作胡塞尔本人的文字来阅读和理解。例如，陈德草在1943年9月27日读完“第六沉思”后致鲁汶的胡塞尔文库主任范·布雷达的信中便得出结论说：“同样真实的是，这个研究的对象就是现象学，而它无力将自己有效地论题化恰恰也就是它的真正性标志。”陈德草在这里实际上将一部“现象学的分歧论著”等同于胡塞尔本人的现象学论著。

这种情况导致范·布雷达需要一再地做出说明：将“第六沉思”视作胡塞尔的手笔乃是一种误读。他曾在读完《感知现象学》后于1945年12月17日致梅洛-庞蒂的信中表达过自己对此的担忧：“我觉得，您的著述受‘第六沉思’的影响过深。它是由欧根·芬克而非胡塞尔编撰的。这部著述以及同样还有芬克在《康德研究》上的文章，从根本上说都是对胡塞尔思想基础的一种批判，尽管作者很懂得隐藏他的异议，而胡塞尔在其闪光的天真性中并没有予以留意，至少没有留意那篇康德研究文章究竟关系到什么。”[②] 而在同日写给奥比埃出

---

① 参见 Guy van Kerckhoven, „Eugen Finks Phänomenologie der VI. Cartesianischen Meditation“, in *Phänomenologische Forschungen*, 30, 1966, S. 88–110. ——以下三处的引文出自该文章的第92–95页。

② 对此可以参见前面第三节“关于超越论现象学的方法论及其局限性的反思”就芬克在“康德研究文章”（“处在当前批判中的埃德蒙德·胡塞尔的现象学哲学”）中所介绍的芬克对现象学分析的特征描述，以及在笔者本书第二卷第三十五章“胡塞尔与芬克（一）：现象学与哲学方法论”中介绍的胡塞尔对该文的评价：“我仔细通读了这篇文章，而且我很高兴现在能够说：其中没有一句话是我不能完全占为己有的，没有一句话是我不能明确认作我自己的信念的”（Husserl, „Vorwort von Edmund Husserl“, Vorwort zu Eugen Fink, „Die phänomenologische Philosophie E. H.s in der gegenwärtigen Kritik“, in *Kantstudien*, XXXVIII, 1933, S. 320）。

版社的信中，范·布雷达更明确地表达了自己的看法："我想请您注意，'第六沉思'并不是胡塞尔的著述，而是对胡塞尔思想的一个十分深入的批判，而且是出自芬克之手。胡塞尔阅读了并再次阅读了这些页张，并且添加了他本人的大量笔记。芬克并不想将这个文本传播开来，因为他的批判在根本上是非常坚硬的。芬克将它的一个副本赠送给他的一位朋友(贝格尔)，可惜它在法国被当作是胡塞尔本人的文本。我比任何其他人都知道导致芬克以此形式来进行他的批判的原因——我不对人做评判。在编撰这些文字时，他极难将他的思想付诸清晰的表达。"

这里需要注意的是，范·布雷达对芬克的这种带有阴谋论色彩的评价，即他刻意隐瞒自己的胡塞尔现象学批判，乃是与芬克本人的说法正相反对的。在前引芬克的报告中，芬克恰恰强调："他[胡塞尔]对我的合作的赞赏首先是因为它的强烈批判倾向；我在这七年里对众多手稿进行批判性的加工修改，将草稿加工修改为新稿，提出修改建议，也包括对已经发表的著作与出版计划的修改建议……胡塞尔承认我的精神独立性，恰恰是因为他一直在寻求我的反驳和我的批评，他需要用它们来激励他的创造性思想的客观化。"①

接下来，另一个值得思考的现象在于，芬克的"第六沉思"一共包含12节，而当时在法国哲学界流传并发挥影响的仅仅是前11节。前面曾提到在芬克遗稿中保留了一份标题为"1932年'超越论方法论的第12节'"的文件夹。芬克在文件夹上特别标注说："贝格尔教授将第1至11节带回法国，它们在许多著述中被引用"(VI. CM,233)。即是说，事实上这个第12节在"第六沉思"于1988年发表前从未离开过弗莱堡。而且，按照凯尔克霍芬的说法，若不是芬克太太于那个

① Axel Ossenkop/Guy van Kerckhoven/Rainer Fink, *Eugen Fink (1905–1975): Lebensbild des Freiburger Phänomenologen*, a.a.O., S. 511.

雨天在其梅尔茨豪森[①]住宅的地下室中重新发现在装有胡塞尔阅读过的"第六沉思"手稿的文件夹中的这个第12节的文本连同两个"前言"的草稿，那么今天摆在我们面前的《第六沉思》文稿很可能仅仅会由流传到法国的那11节所组成。[②]

这里当然会有一个问题引发人们的好奇心：为何芬克仅仅给了贝格尔前11节，而将最后的第12节"'现象学'作为超越论的观念论"扣留下来？什么样的顾虑使得他做出这样的决定？这个问题的答案显然要在第12节的内容中才有可能找到。

还在第12节的一开始，芬克便指出："随着这一章论题的提出，我们显然已经走出超越论方法论的问题域"(VI. CM,170)。就此而论，第12节已经不是"第六沉思"的内在组成部分，而是属于凌驾于"第六沉思"之上的一个反思和总结。

这一节标题中的"现象学"被加了引号，这是因为芬克认为，真正意义上的"现象学"与"观念论"一样，不是一种教理，而是一种哲学思维活动。芬克在这里写道："就其本身来看，现象学活动(Phänomenologisieren)既不是一种'观念论'，也不是一种'实在论'，也不是任何一种其他立场性的教理，而是超越于所有人类教理之上的绝对者的自身领会(Sichselbstbegreifen)"(VI. CM,170)。芬克将这个意义上的"现象学"和"观念论"理解为"超越论的观念论"。

这一节的接下来的文字便围绕这个论题展开，并最终以下列文字结束："实在论固执于独断论的存在信仰，并且也拥有世间真理，但从未达及哲学一般的问题域，而世间的观念论则接近了超越论的真理，只是它将外部世界与一个本身属于世界的主体联系起来，并且在一种

---

① 梅尔茨豪森(Merzhausen)是弗莱堡附近的一个小镇。

② 参见 Guy van Kerckhoven, „Eugen Finks Phänomenologie der VI. Cartesianischen Meditation", in a.a.O., S. 96.

无法采纳的意义上将它'主体化',因而试图将存在者一般对前存在的主体性的超越论依赖性把握为超越性对存在着的内在性的依赖性。对这些关联的明察使人清晰地认识到,超越论的观念论是如何处在观念论和实在论的彼岸的"(VI. CM,179)。

这里的阐释与芬克为胡塞尔"第四沉思"结尾一节中所加的标题是一致的:"对自我我思(ego cogito)的真正现象学的自身释义作为超越论的观念论"(Hua I,116)。这里我们需要留意:胡塞尔在这一节中留下的批判、评论与修改建议相对于其他各节而言是最少的,甚至可以说,胡塞尔对这个第12节几乎未作补充和修改。

这里还可以参考帕托契卡对这一时期胡塞尔与芬克所讨论的问题的回忆与评价:"胡塞尔与芬克当时主要在探讨作为现象学的超越论的观念论之钥匙的现象学还原的问题域。芬克正准备将这种观念论解释为一种独创的观念论,并突出它与德国观念论的相似性,他是后一方面的专家,而胡塞尔本人则从未停止过对英国经验论的意义的指明,他的大部分教育都受益于这个方面。"①

根据这些情况我们可以说,芬克将他的"第六沉思"的第12节保留下来的两种可能的理由都在于,他认为或者他不认为这一节中对超越论的观念论的原则性解释是他的原创或他自己的真实想法。也就是说,我们对他的动机解释最终需要根据我们对这一节的论述的原创性的评判来进行。

如果说芬克在1933年完成"第六沉思"时还有可能顾忌自己的批判是否会像海德格尔那样伤害胡塞尔,因而采用了一种如范·布雷达所说的"隐藏他的异议"的做法,那么芬克在胡塞尔去世十多年后对自己的任教资格论文所做的"前说明"应当是毫无隐瞒的了。他在

---

① 扬·帕托契卡,"回忆埃德蒙德·胡塞尔",同上书,第282页。

那里写道："这里所阐释的现象学探问是以《笛卡尔式沉思》为前提的并且是从那里开启的问题域的基础上和界限内产生出来的。但它也延伸了出去，因为它质疑《笛卡尔式沉思》的这个通常的方法的素朴性本身，这个素朴性在于，将与存在者有关的认识方式不加批判地转用于对存在者之构造(Bildung, Konstitution)的现象学认识。这里的根本性的东西并不在于对现象学的现象学的哲学反思的迭复，而是在于这样一个疑难：'存在'最终是从视域出发而被理解的，而视域本身是否以及如何是'存在着的'；存在者的时间化的存在是否是以及如何是可被规定的"(VI. CM,184)。在这里已经可以看到，胡塞尔的超越论现象学最终是如何与海德格尔的基础存在论接续到一起的。从这点上看，帕托契卡的说法很可能是不确切的："也许芬克在这点上恰恰始终忠实于胡塞尔：当芬克在试图从整体立场出发讨论空间、时间、世界这些大的总体性问题时，他完全[不]离开超越论反思的现象学道路。"[①]

无论如何，通过芬克(连同兰德格雷贝、范·布雷达、英加尔登、帕托契卡等人)的努力，现象学的研究在二战后一方面在德国得以继续维系并有所发展，另一方面也以各种形式在法国哲学界产生影响并得到接纳，形成了法国现象学的重要思潮和持续几十年的运动。在此过程中，几乎所有重要的法国现象学家都曾从芬克的工作中获得关键的现象学知识与启示，因而他们各自的现象学工作也以各种方式带有芬克的思想印记。事实上，梅洛-庞蒂在其于1951年1月31日致芬克的信中已经透露说，他在芬克的早期研究中已经"预感到了原创的哲学家，而非胡塞尔的注释家"。[②] 这与胡塞尔对芬克的评价是基本一

① 扬·帕托契卡，"回忆埃德蒙德·胡塞尔"，同上书，第282页。

② 转引自Guy van Kerckhoven, „Eugen Finks Phänomenologie der VI. Cartesianischen Meditation“, in a.a.O., S. 96.

致的:“芬克作为同思者是异乎寻常的,作为助手是不可用的”(Brief. IX,105)。

应当说,芬克的“第六沉思”构成了整个现象学运动的一个转折点,至少构成了一个里程碑。“第六沉思”之后的“现象学”,尤其是法国现象学,已经带有或深或浅的芬克思想印记。与黑格尔对康德的体系与方法的转化相似,也与海德格尔将名词的“现象”之学向动词的“存在”之论的转化相似,芬克将名词的“现象学”转向动词的“现象学活动”。这里可以隐约地看到后来法国哲学家大都偏好黑格尔、胡塞尔、海德格尔的所谓“3 H”的原因所在。凯尔克霍芬用一个疑问句来表达这个原因:“现象学是否最终还是被思辨性的思维所传染,而且这甚至是出于它本已发展的最内在的必然结果,这个结果现在强迫现象学跨越出我们的共同经验本身的内涵?”[①]——这始终还是一个问题,一个值得进一步思考的问题。[②]

最后只还需要指出一点:在芬克后期的现象学方法论反思与现象学研究和实践中,他在现象学的教育学方面的重要工作是他的另一个思想亮点。而这是另一个需要专门讨论的课题。[③]

弗莱堡的住所问题

从哥廷根搬迁至弗莱堡之后,胡塞尔便住在洛莱托街 40 号的公

① Guy van Kerckhoven, „Eugen Finks Phänomenologie der VI. Cartesianischen Meditation“, in a.a.O., S. 96.

② 在本文截稿之日,笔者收到乌珀塔尔理论哲学与现象学的讲座教授施奈尔(Alexander Schnell)的通报与邀请:乌珀塔尔大学精神与文化科学系正在筹建“欧根·芬克中心”,希望有意者参与合作,促进芬克的国内外研究的发展。

③ 对此可用参见本书第二卷第三十六章“胡塞尔与芬克(二):现象学与教育学”对此课题的专门论述。

寓中。住房是这个三层楼公寓的中间一层。根据施皮格伯格的印象，这是一个不大却漂亮的住宅，可以安排下三十人的晚宴。这个地方距离位于老城的弗莱堡大学教学主楼还有一段路程，步行通常需要半小时左右。与原先胡塞尔自己购置的哥廷根霍恩街上的住宅相比，弗莱堡的住宅要宽敞了许多。但胡塞尔在离开哥廷根时将住宅出售并将房款用于购置国家发行的一战债券，因而弗莱堡的住宅一直是租用的。

胡塞尔的哥廷根学生埃迪·施泰因后来随胡塞尔从哥廷根到弗莱堡。她在回忆录中记录了初到胡塞尔家中对他住所的印象以及随发的感触："他们[胡塞尔一家]现在住在洛莱托街，位于君特谷与市中心之间，在洛莱托山的山脚下；不像在哥廷根那样住在自己的房子里，而是住在一个宽畅的租用住宅里。当我被带进过道时，我已经透过一扇大玻璃门看见可亲的大师坐在他书房的书桌旁。这让我感到难过。在哥廷根他可以在远离世界的顶楼工作。"①

不过胡塞尔的另一位女学生、当时已在弗莱堡大学就读的耶格施密特则对这个为胡塞尔夫妇所钟爱的住宅有另一种感觉："他们在这里幸福地度过了许多年，在这里，大师的大而壮观的工作室始终就像一个圣所展现给我们，也恰恰只有这里算得上一个圣所。"②

胡塞尔的住所位于洛莱托山脚下，出门沿山脚向南而行，就可以逐渐进入属于黑森林山脉的城市森林、草地、农庄和葡萄园，一直进入君特谷（Günterstal）和绍因斯兰（Schauinsland）山区。海德格尔后来所住的托特瑙上的小屋，也处在这个方向上。胡塞尔十分喜欢这个环境，因此在这里一直住了有 20 多年。他常常独自散步进入黑森

---

① 施泰因："在胡塞尔身边的哥廷根和弗莱堡岁月"，同上书，第 150 页。

② 耶格施密特："胡塞尔的最后岁月（1936-1938 年）"，张任之译，载于倪梁康（编）：《回忆埃德蒙德·胡塞尔》，同上书，第 426 页。

林。有一次因担心他没带伞会淋雨，他的朋友、居住在君特谷的鲁道夫·奥伊肯夫妇还专门到山里他散步的路上去找他。[①] 而他晚年常常与芬克以及其他来访的学生和朋友在这条山路上长时间地进行“哲学散步”和“问题讨论”。帕托契卡在 1934 年圣诞节到弗莱堡再访胡塞尔时回忆说：“欧根·芬克也重又在此，谈话在去年的风格中进行。圣诞节是如此和煦，施洛斯山（Schloßberg）上的连翘已经初放花朵，让人禁不住想要将哲学的散步一直延伸到圣奥悌里恩的近旁。汉斯·拉斯纳（Hans Lassner）也从维也纳来到这里，他为胡塞尔拍摄了许多可爱的照片，这些照片后来流传开来。”[②] 而其中一张正是胡塞尔站在中间，帕托契卡和芬克站在两旁的合影。

可惜这个美好的状况在 1933 年之后便无法延续下去。纳粹煽动起来的反犹情绪以及颁布的反犹法律也一步步地从大城市蔓延到小城镇。英加尔登于 1936 年在弗莱堡最后一次访问胡塞尔时已经注意到，他所住的旅馆因为知道他去拜访过胡塞尔而变得有些异样，“人们不想让这样一个客人留在自己这里”。[③] 而胡塞尔的弗莱堡学生耶格施密特于 1937 年去看望因搬家而独自住在布莱特瑙的十字架旅店里的胡塞尔时，她记录到：“十字架旅店的老板娘多年来都很喜欢胡塞尔夫妇，她甚至在 1937 年再次毫无顾忌地接待了他。不过，这必须秘密地进行，所以胡塞尔在隔壁房间独自用餐。”[④]

胡塞尔自己的住宅环境也是如此，他不得不放弃他在洛莱托街上住了二十年的房子，“原因可能需要从几个住户的反犹行为中寻

---

① 参见埃迪·奥伊肯-埃尔德希克：“迷恋真理——回忆埃德蒙德·胡塞尔”，同上书，第 399 页。

② 帕托契卡：“回忆埃德蒙德·胡塞尔”，同上书，第 287–288 页。

③ 英加尔登：“五次弗莱堡胡塞尔访问记”，同上书，第 205 页。

④ 耶格施密特：“胡塞尔的最后岁月（1936–1938 年）”，同上书，第 426 页。

找”。[①] 耶格施密特也说，胡塞尔一家因为“种族理由”被迫离开他们钟爱的寓所。[②]

但笔者在胡塞尔夫妇给自己子女和友人的书信中并没有发现他们对自己必须迁居的原因的明确表述。他们对这个极为重要的事件不太可能闭口不谈，更有可能是当时的情况逼得他们不愿或不能留下对此表态的文字证据。

据说胡塞尔弗莱堡的上下楼邻居一位是普鲁士旧军队的军官，另一位是纳粹分子。英加尔登在一战结束前曾在胡塞尔家中经历一次空袭，他回忆说他与胡塞尔都下到底层的客厅，与房主一家站在前厅里等空袭过去。[③] 看起来那时候胡塞尔与邻居的关系还没有问题。

胡塞尔的邻居反犹问题有可能是在 1935 年之后变得激烈起来。起因可能与胡塞尔家中雇用的女佣人或女管家约瑟芬·奈普勒(Josefine Näpple,1895–1984)有关。她自 1931 年 9 月起在胡塞尔工作，始终忠实于胡塞尔一家，在最艰难的岁月里也不离不弃，最终可以说是成为胡塞尔的家人。她在胡塞尔在世时便被胡塞尔的学生和家人称作“忠诚者约瑟芬”。[④] 在胡塞尔去世后她仍然陪伴马尔维娜逃至比利时，在范·布雷达的安排下于一个修道院中匿名躲避，直至二战结束。1946 年她陪同马尔维娜去美国看望她的子女。马尔维娜在维也纳去世后，约瑟芬回到弗莱堡，在这里度过自己的晚年。

---

① Hugo Ott, „Die Trauerfeier für Edmund Husserl am 29. April 1938“, in Remigius Bäumer/J. Hans Benirschke/Tadeusz Guz (Hrsg.), *Im Ringen um die Wahrheit. Festschrift der Gustav-Siewerth- Akademie zum 70. Geburtstag ihrer Gründerin und Leiterin Prof. Dr. Alma von Stockhausen*, Weilheim-Bierbronnen: Gustav-Siewerth-Akademie, 1997, S. 223。

② 耶格施密特：“胡塞尔的最后岁月(1936–1938 年)”，同上书，第 426 页。

③ 英加尔登：“回忆埃德蒙德·胡塞尔”，载于：《回忆埃德蒙德·胡塞尔》，同上书，第 189 页。

④ 例如耶格施密特在向施泰因报告胡塞尔死讯的信中便这样称呼：“忠诚者约瑟芬(Josefine die getreue)”(ESGA II, Nr. 543)。

1935 年 9 月 15 日，纳粹政府颁布了《保护德国血统和德国荣誉法》，禁止"德国人"与犹太人结婚或有婚外性行为，同时也禁止犹太人雇用 45 岁以下的德国妇女为家庭佣工。马尔维娜为此而必须在 1936 年 1 月 1 日停止雇用她的"雅利安"女佣人、时年 40 岁的约瑟芬。马尔维在 1935 年 9 月 19 日给女儿伊丽的信中报告说："当我周一早上从报纸上念到第三条款[①]，并告诉她我们因此而不得不在 1 月 1 日与她分手时，这个严肃而矜持的人就开始不知所措地大哭起来，而我也和她一起哭"（Brief. IX,460）。同年 11 月 3 日，马尔维娜在给伊丽的信中还说，"约瑟芬让我们非常担心。对规定的有利执行的希望越来越渺茫，因为情况看起来越来越激进。"从信中还可以读出，伊丽在此期间已经不得不辞去了自己家中的女佣（Brief. IX,465f.）。

但约瑟芬必定以某种方式逃过了 1936 年 1 月 1 日与胡塞尔一家分离的命运。1936 年的 1 月 18 日，马尔维娜在写给女儿伊丽的信中告知："我们会在 16 日与约瑟芬一起去柏林。她已经同意了，而且她的效力对我们和你们的需要而言都是不可或缺的。唯一的问题是你们那边有没有不费周折就可以去的教堂，因为约瑟芬必须每周日去听弥撒。请尽快查明！"（Brief. IX,468）

马尔维娜究竟以何种合法的方式继续将约瑟芬留在了家中，目前从笔者掌握的资料来看还不得而知。唯有一点可以确定：约瑟芬最初是作为女佣（Dienstmädchen）被雇用的（Brief. IV,383, Anm.231；VII,167,Anm.3；IX,244,Anm.129；416,Anm.327），而后，至少在胡塞尔去世后当范·布雷达到弗莱堡初见马尔维娜时，她在谈到约瑟芬时将她称作"忠诚的女管家（Haushälterin）"。[②] 但从中还不能推断出这

① 这是指《保护德国血统和德国荣誉法》中的第三条款："犹太人不允许在家务中雇用 45 岁以下的德国或同类女性国民。"

② 范·布雷达："胡塞尔遗稿的拯救与胡塞尔文库的创立"，同上书，第 527 页。

样的结论，即约瑟芬是通过这种转换身份的方式继续留了下来。

根据弗莱堡大学胡塞尔文库的原工作人员、胡塞尔逝世五十周年纪念文集《埃德蒙德·胡塞尔与现象学运动》编者汉斯-莱纳·塞普先生的口头叙述，笔者得知，洛莱托街的住宅的三层建筑中，胡塞尔住在其中的一层[①]，其余两层的住户要么是纳粹党员，要么是前普鲁士军官。他们对胡塞尔一家抱有的反犹的行为举止主要与胡塞尔一家雇用德国人做女佣有关。[②]

不过，看起来胡塞尔决心离开这个居住了二十多年的环境的念头产生得还要更早些。还在1934年6月1日至9月10日期间，胡塞尔夫妇便曾搬入位于弗莱堡周边黑森林中、坐火车一小时可达的卡佩尔(Kappel)小镇居住，在这里度过了整个夏天。[③]

胡塞尔在1934年入住后不久就从这里给他的学生曼科寄去明信片："非常感谢您的亲切来函。我非常需要康复宁静的乡村生活，已经于6月1日移居至此，并且发现我在住宅和风景方面的要求得到了理想的满足。我立即掌控了我的哲学视域，并正处在令人喜悦的紧张工作中：可惜前一个冬天在这方面带来了许多干扰，即带来了许多压抑心灵的混乱骚动。但我最终将这一切都用'现象学的加括号方法'予以了克服，只是这种方法在这个时代难以实施并且需要耗尽全力"

---

① 在耶格施密特的记录中，胡塞尔一家住在三楼，但可能有误。按照笔者的记忆应当是二楼。

② 塞普先生还告知，目前，至少是在几年前，胡塞尔在洛莱托街的故居里住着一位画家。他了解胡塞尔的现象学，并且一直尝试用现象学的方式绘画。笔者在塞普家中见到过这位画家的画册。

③ 在此后两年的夏天，胡塞尔夫妇都会到这里来居住一段时间。这里的住所是胡塞尔的朋友、弗莱堡贝托尔德文科中学退休教授齐默曼(Eugen Zimmermann)提供的。胡塞尔的女儿、儿子、学生英加尔登等都到这里来访问过。胡塞尔从这里也有数十封信写给英加尔登、柯瓦雷、凯恩斯、法伯、芬克、古尔维奇、兰德格雷贝、帕托契卡、弗里茨·考夫曼等人。

（Brief. III,516）。而从胡塞尔 6 月 9 日写给他儿子格哈特的信中可以读出，胡塞尔已经有了搬迁到那里长期居住的想法：“也许我们所有人都可以在那里获得一小块友好美丽的家园，德意志的家园。而我则为自己获得一块美丽的墓地角落”（Brief. IX,243）。

到了 1935 年 9 月 21 日，马尔维娜在给儿子格哈特的信中说：“我们非常想在 4 月 1 日解除我们住房的租约，可惜下一个解约期是 1 月 1 日。”舒曼在这里加注说明：“因为邻居对犹太人的敌意”（Brief. IX,246,Anm.136）。

马尔维娜在 1937 年 2 月致伊丽的信表明，她和胡塞尔已经看过打算搬入的新住宅，而且完全满意。最终从洛莱托街 40 号到美丽角街（Schöneckstraße）6 号的搬迁是在 1937 年 6 月下旬进行的。新家位于弗莱堡东北部施洛斯山的斜坡上。耶格施密特在回忆录中描述说：“1937 年夏天住所的改变并不太坏，而我常常有机会惊叹上帝的智举，它赐予大师在人世的最后一站住在极美的在半山腰的屋子，它位于美丽角街 6 号，是法斯特［房主］的住宅。这房子看起来几乎像一个圆形大厅，无论如何，人们在这里可以看到各方向最美的风光和景色。从街上走来，会经过一座小桥到一块平地然后进入寓所，它包括几个非常大的房间。一个宽敞、连续的阳台沿着房子的全部三个面延伸，使房间彼此连接。从这里可以享受整个城市直到凯撒施图尔（Kaiserstuhl）和佛日山脉（Vogesen）的难以形容的风光，甚至可以在丛山间看到一点点莱茵河水道。”①

搬家期间，胡塞尔被安顿在弗莱堡东面黑森林中的布莱特瑙（Breitnau）山区。他在 6 月 18 日从这里写信给马尔文·法伯说：“现

---

① 耶格施密特：“与胡塞尔的谈话（1931–1936 年）”，载于倪梁康（编）：《回忆埃德蒙德·胡塞尔》，同上书，第 426 页。

在，这两周，我住在欣特察尔滕地区的布莱特瑙。在我们搬家（搬至赫尔德区，在施洛斯山斜坡上的一个位置极佳的新住宅里）期间，我在那里只会妨碍我正在指挥家具搬运工的太太，而所有力气活都由年轻人接手了。也许高原的空气（海拔1020米）会给我新的推动力。在静好的时光里（in guten Stunden），我在思想上还极具创造力，正如在年迈时（自我1928年退休以来），在证实的清晰性方面、在最广泛视域的预示方面还有许多东西被给予我。只是文字的阐释还染有微恙”（Brief. IV,81）。

胡塞尔住在布莱特瑙的两周期间，耶格施密特在一个阳光明媚的夏日去那里看访了他："他平静而愉悦地把我从公共汽车上接下来，我们一起待了一天直到晚上。我们大部分时间都在户外。满目繁花似锦的草地和硕果累累的田野使他充满惆怅的快乐。时代和德国正在发生的一切给了他很大的压力。他越发地紧紧抓住他还拥有的几个老朋友的忠诚和爱。可以理解，他对陌生人非常胆怯。大约中午，我们参观了布赖特瑙的教堂，它位于被白色矮墙环绕的墓地中间。我们在一排排墓穴间来回地走，经常停下来。胡塞尔心事重重地看着远方，他的灵魂因为悲哀而阴郁。"[①]

搬入新家后，马尔维娜给女儿伊丽写的第一封信是在7月19日，而在8月20日的第二封信中她便通报说：胡塞尔十天前在浴室滑倒，摔伤了胸肋，引发致命的胸膜炎，卧床不起（Brief.IX,263）。

帕托契卡可能是第一位在胡塞尔新家拜访胡塞尔并且第一个得知胡塞尔摔伤的学生。他于1937年8月7日至10日在从巴黎回布拉格的途中到访弗莱堡。他在回忆录中记录了胡塞尔在患病前的最后精神状态：

① 耶格施密特："与胡塞尔的谈话（1931-1936年）"，同上书，第426-427页。

> 现在我也发现，胡塞尔，这位在坚定的清晰性上的勇敢之士，处在同样黯然神伤的心情中。他知道情况的恶劣糟糕，并且不抱任何幻想——捷克斯洛伐克的梦对他来说已经破灭，他的生命事业重又陷入完全的黑暗之中，对于这个国家本身，他看不到希望。当然，他的谈话还是得体而小心，但这是一种与人们此前习惯于听到的完全不同的声音，它受制于一种对局势的冷静权衡的领会。他没有做出任何预言，肯定没有预言这些事情的可耻结局，但从所有可能情况来看，对于哲学研究而言这是一种绝望的状况。然而在此期间能做的只是继续工作。在我滞留的最后一天，当我打电话去时，我听到马尔维娜太太说，胡塞尔在浴室滑倒了，并且受伤严重。我不能再像约定的那样去看望他。这就是那个发展成致命的胸膜炎的事故，他未能从这个胸膜炎中再得到恢复。——在从波西米亚边境回返时可以看到到处都是军队、大量的机械化部队。——他不用再去经历奥地利的合并(遑论捷克斯洛伐克的灾难)。[①]

接下来的情况，与胡塞尔昔日的学生、此后的护理阿黛尔贡迪斯修女有较多的关系。前面的论述中已经一再地引用了她的回忆录，从中可以看到胡塞尔人格中不常被人注意到的情感和宗教的一面。

阿黛尔贡迪斯·耶格施密特修女

阿黛尔贡迪斯(Adelgundis)修女原名艾米莉·耶格施密特(Amelie Jaegerschmid,1895-1996)，在弗莱堡大学学习历史，后来在历史学教授芬可(Heinrich Finke,1855-1938)指导下完成博士论文答

① 帕托契卡："回忆埃德蒙德·胡塞尔"，同上书，第290页。

辩，胡塞尔是四个答辩委员之一。[①] 耶格施密特很早便参加胡塞尔的课程。还在 1916 年夏胡塞尔到弗莱堡后开设的第一个夏季学期的课程“哲学引论”讲座的参加者名单上就可以看到她与英加尔登、施泰因、迈耶等人的名字（*Husserl-Chronik*,200）。她也自此开始建立起与施泰因的友情联系。她后来也参加过施泰因在博士毕业后作为胡塞尔私人助手开设的“现象学引论”课程。在这个意义上，耶格施密特既是胡塞尔的学生，也是施泰因的学生。

1935年5月1日，耶格施密特在位于君特谷的圣利奥巴修道院（St. Lioba）做永久宣誓，成为天主教本笃会修女（教名阿黛尔贡迪斯）。胡塞尔夫妇出席了这次为耶格施密特入修道院举行的命名和宣誓庆典（Namens-und Profeßfeier）。她在其回忆录中写道：“在大约两个半小时的仪式结束后，我被叫到图书馆，他们——被感动而情绪激动，胡塞尔几乎落泪——向我致意并表示祝贺。他给了我一张他的大的签名照，而他的妻子给了我一朵极美的，盛开的马蹄莲。突然他摁住自己的心口，开始眩晕。我们给他喝了一杯葡萄酒，艰难地扶他起来。他带着温和的微笑，低声说：‘我是太高兴了。这太美了。’”[②]

多年来耶格施密特一直与胡塞尔及其家人以及埃迪·施泰因保持联系和友谊，并且常常将胡塞尔的情况通报给施泰因。而施泰因本人在十二年前便改宗天主教，后来成为加尔默罗会修女（教名特蕾

---

① 参见 ESGA II, Nr. 544. ——这是耶格施密特于 1938 年 4 月 28 日给她和施泰因的同学、也是胡塞尔学生的玛丽亚·奥芬贝格（Maria Offenberg）写信报告前日胡塞尔去世消息的信中所说：“我的四位博士论文答辩的老师中只还有 82 岁的芬可还与我们在一起，胡塞尔、居勒、克林厄都死了。”——这封信之所以被收入既非写信人亦非收信人的施泰因的文集中发表，是因为耶格施密特在 27 日给施泰因写信之后立即又在 28 日给奥芬贝格写信，而后奥芬贝格将耶格施密特给她的信又誊抄一份寄给了施泰因。因此，施泰因实际上收到了耶格施密特的两封报丧信（ESGA II, Nr. 548）。

② 耶格施密特：“与胡塞尔的谈话（1931-1936 年）”，同上书，第 414-415 页。

莎 · 本尼迪克塔）。她的首次宣誓是在 1935 年 4 月 21 日，永久宣誓是在三年之后，即 1938 年 4 月 21 日，即胡塞尔去世前六天。

施泰因在收到耶格施密特报告即将举行的命名和宣誓庆典以及胡塞尔的情况之后于 1934 年 4 月 29 日回信说："我尤其要感谢您，亲爱的阿黛尔贡迪斯修女，所写的关于我们亲爱的大师的情况。我时而会收到他给我寄来的详细的速记卡片，我可以从中感觉到越来越强的内心亲近。但外在的方面也已经走得如此之远，我还不知道。如果胡塞尔去参加圣弥撒，这确实意味着什么！不久前马尔维娜太太最近写信告诉我，他们两人想去参加您的宣誓庆典。请您代我衷心地问候他们"（ESGA II,389）。

在一定程度上可以说，胡塞尔晚年大部分处在哲学工作圈中，但也有一部分是处在宗教生活圈中。这样的环境大部分是他自己营造的，也有一部分是自然形成的。这也可以让人理解，为什么并非是后来在 1937 年患病之后，也并非在 1933 年纳粹的反犹运动兴起之后，而是自 1931 年以来或更早，胡塞尔就越来越多地思考上帝和宗教的问题，似乎应验了或兑现了他自己有一次对英加尔登说过的话："每个哲学家都必定会集中到宗教上。"[①] 对于现象学家来说更是如此，吉布森记录他于 1928 年 7 月 14 日与胡塞尔的谈话："他明确认可现象学对终极问题的处理，认为整个关于上帝和神的问题与人格问题一样都可在现象学基础上得到解决。"[②] 不过，在前面阐述的胡塞尔的"系统著作"计划中，有待最后的第五卷论述的最后一个问题才是"神学问题与上帝问题"。

---

① 英加尔登："五次弗莱堡胡塞尔访问记"，同上书，第 202 页。

② 吉布森："从胡塞尔到海德格尔—— 1928 年弗莱堡日记节选"，同上书，第 327 页。

神学与上帝作为最终的形而上学问题

在 1919 年 9 月 4 日致其弗莱堡学生阿诺德·梅茨格(Arnold J. Metzger,1924–2022)的长信中,胡塞尔谈到他于 1882 年在马塞里克的影响下阅读《新约圣经》:"《新约圣经》对 23 岁青年[胡塞尔]所发挥的巨大影响在这样一个欲望中溢出:借助于一门严格的哲学科学来找到通向上帝和真实生活的道路"(Brief. IV,408)。

此后不久,在 1920 年 6 月 30 日致彼得·伍斯特(Peter Wust,1884–1940)的信中,胡塞尔又在基本相近的意义上写道:"我的现象学从一开始就无非只是并且只应是通向一门本底上真正的、得到诚实论证的、严格科学的形而上学的道路。"[①]

不过,直至 1933 年,在 6 月 17/21 日致 P. 韦尔奇(E. ParI Welch)的信中,胡塞尔仍然还在强调:"宗教–伦理问题是最高阶段的问题……正因为此,我在我的著述中对宗教哲学问题始终沉默不语"(Brief. VI,459)。

看起来有许多迹象表明,在教学和研究并重的日子,胡塞尔将自己置身于课堂和书房,无暇探出头来仰望星空,因而上帝问题并未频繁出现在他的意识中,但他在内心中早已为此做好了准备。而在他退休之后,身体的状况和外部的时局使得他开始有时间来思考上帝与信仰的问题。胡塞尔在 1934 年 2 月 23 日与耶格施密特谈及施泰因时还带有一丝不解:"奇怪,她[施泰因]从一座山上看见了在其美妙的透明和生动中极尽视野的清晰和广袤,但同时她拥有转向别的、转向

① Husserl: Husserl an Peter Wust, 1920.06.30, in Wilhelm Vernekohl, *Peter Wust, Leben und Werk: Biographische Notizen: Die Philosophie-Bibliographie*, Münster: Verlag Regensberg, 1967, S. 30.

内心的和她的自我的视角。”[①] 但此后不久，胡塞尔便不仅参加了耶格施密特的命名与宣誓庆典，而且同时也为自己未能出席一个月前施泰因在科隆的加尔默罗隐修会的着装庆典（Einkleidungsfeier）而感到遗憾，甚至最后胡塞尔夫妇自己也去参加了弥撒。这里已经可以看到胡塞尔晚年改宗天主教的想法之端倪。而在摔倒受伤住院之后，他甚至可以对耶格施密特说出在他的研究手稿中从未出现过的话：“现在，在完成我的义务使命之后，我最终有这样的感受：现在我可以做那些藉之我可认识我自己的事了。没有人可以不读《圣经》而认识自己。”[②] 胡塞尔去世后马尔维娜在天主教的修道院里躲过纳粹的魔爪，最终在战后于维也纳皈依天主教，事实上是这个想法的最终落实。

同样是根据耶格施密特的记录和报告：

> 1937 年 8 月 10 日，胡塞尔夫妇非常平静地庆祝了他们结婚 50 周年。他们明确地不希望别人知悉，甚至是他们亲近的朋友。当日清晨当胡塞尔在浴室穿衣服时，他滑倒了并且似乎受了内伤……奥托（Otto）医生——给他进行治疗的老家庭医生——说在他多年的行医中从没遇到过类似的病例。在医学上说，病人不可能存活到 1938 年 4 月。他摄入的营养越来越少。发烧动摇了并且不停地消耗他身体的力量和根基。两次严重的渗出造成了必须穿刺。因为应胡塞尔的愿望和请求我有时也负责护理他，所以我也协助穿刺：这个病人沉默地忍受痛苦让人不安。在其它情况下胡塞尔也很少抱怨，他对一切感到满意，除了他几乎不去吃东西，任何的劝说都会让他激动。他的身体在缩小，但他的精神却未受妨碍，仍过着其严格的本己生活。有时这给人们留下印

① 耶格施密特：“与胡塞尔的谈话（1931–1936 年）”，同上书，第 411 页。
② 耶格施密特：“与胡塞尔的谈话（1931–1936 年）”，同上书，第 427 页。

象，似乎只有精神还在那里。他的生命对医生来说确实是个谜。无论如何，它与他们的医学经验背道而驰。这个精神不停地活跃着并提供它的财富。[①]

---

① 耶格施密特："与胡塞尔的谈话（1931-1936年）"，同上书，第428页。——这里一再引用的耶格施密特的回忆资料与她本人的思想文化历史的保护意识以及胡塞尔去世后范·布雷达对胡塞尔文献的保护计划有关。她为这份回忆资料加了一个前言："在胡塞尔生命的最后几年中，随着国家社会主义悲剧的最初迹象已经变得可见，在弗莱堡，甚至在我回到君特谷的圣利奥巴修道院（das Kloster St. Lioba in Günterstal）路上的有轨电车上，我在每一次会面后立刻以日记的形式把我们的谈话记录在散页的纸上。作为一个老练的史学工作者，我清醒地注意到这一事实：我自己只是一个联系人以及胡塞尔以出自其人格的内在生命的美好的人与人的信任而传达给我的内容的'传播者'（traditor）。我想把他的话保留给新的时代。

胡塞尔去世后5个月的1938年9月，他的遗孀马尔维娜女士让比利时方济各会的神父范·布雷达（鲁汶胡塞尔文库的创始人）来找我，因为他正为他的博士论文搜集有关胡塞尔个人的信息。考虑到当时世界政治的危险局势，范·布雷达神父决然地逼使我在第二天晚上用打字机记下我的回忆。这些回忆是一份历史文件、一个小小的原始资料，没有文学的加工——而且也不指望它们成为别的什么"（耶格施密特："与胡塞尔的谈话（1931-1936年）"，同上书，第406页）。

尾　　声

还在1909年9月8日写给老友阿尔布莱希特的信中，胡塞尔便已对他的生命与使命做过预先评估："显然我的处境十分糟糕。一个重大的毕生使命，一个最为全面的研究已经开启并完成了一半：而与此相应的是**有限的**工作时间、**有限的**力量以及我还可以真正计算的**有限的**生命岁月"（Brief. IX,46）。——在近三十年的生命历程中，这个状况始终维续。其原因在于，与使命的无限相比，生命始终是有限的。胡塞尔永远无法摆脱由于生命有限而使命无限而形成的张力，以及由此而产生的纠结。——他在临终前的四个多月里也始终处在这种纠结中。

终场谢幕：生命的终结和使命的延续

胡塞尔生命中的最后四个月，即1938年1–4月，通过以下方式而得到了记录和报告：胡塞尔女儿伊丽莎白的笔记以及她致丈夫罗森贝格的书信、护士克拉拉·伊米施与伊丽莎白的通信、胡塞尔太太马尔维娜致其亲友的书信、胡塞尔曾经的学生阿黛尔贡迪斯·耶格施密特修女的笔记和她致施泰因的书信等：

1938年2月1日：胡塞尔对夜班护士说："还想完成一本书，应该会赐予我这个机会的。"

3月10日，在连续多日的完全无动于衷或茫然迷惘之后，胡塞尔与芬克进行了哲学讨论。

1938 年 3 月，兰德格雷贝最后一次探望胡塞尔。“我不再打算进行哲学的交谈。他躺在床上，他目送我离开的方式表明，他把我的探望视为告别。”①

大约从 4 月起，胡塞尔睡得很多，鲜有意识清醒的时刻。

4 月初，多日长时间的烦躁不安，伴随长时间的静默不语。

4 月 4 日的一篇手稿很可能是胡塞尔写下的最后一篇。

4 月 8 日，马尔维纳在写给阿尔弗雷德·舒茨的信中说：“我们生活在对我丈夫的令人沮丧的担忧之中，他日渐虚弱，而且在他天国般的耐心和仁慈中愈发超凡脱俗”（Brief. IV,497）。

4 月 13 日，胡塞尔对护理他的护士克拉拉·伊米施说：“要来的已来了：生与死作为我的哲学的最终追求。我作为哲学家生活过，并且要试着作为哲学家死去。”

4 月 13 日，胡塞尔在晚上 9 点左右对他太太说：“上帝仁慈地接纳了我。他已允许我死。”

4 月 15 日，耶稣受难日：当阿黛尔贡迪斯·耶格施密特修女与胡塞尔独处时：“他艰难地呼吸着要求直着坐起来，然后一直由我的手臂支撑着坐着。一片沉寂，直到他抱怨似地温和地说：‘我们已经真挚地请求上帝能允许我们去死。现在祂已经允许了。但我们仍然活着，这太令人失望了。’我试图让他充满一个基督徒的强烈希望，我说：‘就像十字架上的基督一样，您今天也必须受难直到最后。’于是他深信不疑且极为严肃地说——听起来像是‘阿门’——‘是的。’因为他内心充满焦虑不安却说不

① 兰德格雷贝：“回忆我走向埃德蒙德·胡塞尔的道路和与他的合作”，李云飞译，载于倪梁康（编）：《回忆埃德蒙德·胡塞尔》，同上书，第 278 页。

出来，所以我对他说：‘上帝很好，上帝真的非常好。’胡塞尔说：‘上帝很好，是的；上帝很好，但如此不可理解。现在这对我们是巨大的考验。’

过了一会——他早就又靠着枕头躺了一会了——他再次移动他的手，在空中划线，他也做出防御的动作，好像他看到了什么让他害怕的东西。我问他看到了什么，他似乎在梦一般的深度沉思中用我完全不熟悉的似乎来自那一边的声音说：‘光和黑暗，是的，非常黑暗，接着是光……’

他的妻子后来告诉我，这是胡塞尔的最后一次谈话。此后他只是静静地躺着，睡得很多。在最后的日子里，一天下午，他睡觉醒来，容光焕发地注视着，双眼炯炯发光，他说：‘噢，我看到如此美妙的东西，快写！’在护士拿起本子之前，他已经因虚弱而倒向一边了。他把他看到的秘密一起带入了永恒，在那里，他这位不知疲倦的真理追求者，很快会走近永恒真理。”①

4 月 21 日，在所有那些无法描述的虚弱中，在胡塞尔心中仍有深层的精神生活发生，但他很少能用语词来把握它。

在其患病的最后期间，胡塞尔太太有一天早晨来看胡塞尔。胡塞尔看起来刚从沉睡中清醒。他的脸上充满明显的幸福表情，张开双臂，而后他说：“我看到非常奇妙的东西。不，我没法跟你说。不！”

自 4 月 23 日起，胡塞尔不再说话。

4 月 27 日 5 时 45 分，胡塞尔与世长辞，享年 79 岁 19 天（*Husserl-Chronik*, 488f.）。

---

① 这段文字引自阿黛尔贡迪斯·耶格施密特修女记撰的“胡塞尔的最后岁月（1936-1938 年）”的最后一节“1938 年 4 月 15 日，耶稣受难日”，张任之译，载于倪梁康（编）：《回忆埃德蒙德·胡塞尔》，同上书，第 434-435 页。

耶格施密特于当日写信给埃迪·施泰因，向她报告胡塞尔去世的消息："一个沉重的夜晚，文森特护理院的护士龙吉娜(通常她每三夜看护一次)、忠实者约瑟芬[①]、胡塞尔太太在床边守候至凌晨6点，护士还常常在他的耳边念上帝耶稣的名字，而在她作祈祷'启程吧，基督的灵魂'的同时，他在三次平息的呼吸中将他纯洁、高贵的心灵送出。当我下午4-5点于殡仪馆在他身边滞留，而胡塞尔太太亲手将我带去的十字架放在他枕边时，他是如此美，他现在看到了孜孜以求的真理。为此一切感谢上帝！但这位亲爱的朋友以他的离世打开了一个悲痛的缺口"(ESGA III, Brief. Nr. 543)。

胡塞尔去世两天后举行了简单的悼念与火化仪式。除了马尔维娜和忠实者约瑟芬之外，还有一小批人在场：来自弗莱堡大学的参加者并非如卡尔·舒曼在《胡塞尔年谱》中说所记载的那样"唯有格哈特·利特尔"[②]，而是如胡戈·奥特后来考证补充的那样，还有哲学家鲁道夫·奥伊肯之子、弗莱堡大学的经济学教授瓦尔特·奥伊肯与他的太太埃迪·奥伊肯-埃尔德希克；他们与利特尔教授在道德和政治上观点和信念一致，此前也与胡塞尔一家保持密切的关系。[③]接下来

① 约瑟芬(Josefine Näpple,1895-1984)是胡塞尔家里的女管家，在胡塞尔去世后也忠实地陪伴马尔维娜，与她一同流亡至比利时；1946年她还陪同马尔维娜去美国看望她的孩子们。

② 利特尔(Gerhard Ritter,1888-1967)当时是弗莱堡大学研究近代史的教授。按照弗莱堡大学图书馆的资料："在纳粹时期，格哈特·利特尔是弗莱堡大学形成的抵抗纳粹之团体的成员。由于他与抵抗组织的接触，他于1944年11月被捕，但没有再受到指控。二次世界大战后，他在参与弗莱堡大学重建的工作中起了至关重要的作用，但在1945年竞选弗莱堡大学校长未获成功。"

③ 对此可以参见奥伊肯太太埃迪·奥伊肯-埃尔德希克所撰的回忆文章："迷恋真理——回忆埃德蒙德·胡塞尔"，倪梁康译，载于倪梁康(编)：《回忆埃德蒙德·胡塞尔》，同上书，第398-405页。

还可以确认的参加者有弗莱堡大学哲学与教育学教授格奥尔格·施蒂勒尔(Georg Stieler)夫妇,以及弗莱堡大学的顶尖学者、1936年诺贝尔生理学或医学奖的获得者、枢密顾问汉斯·施贝曼(Hans Spemann)夫妇。[①] 再接下来,葬礼上在场的当然还有欧根·芬克,但他是胡塞尔的私人助手,并不受聘于弗莱堡大学。最后还有胡塞尔曾经的学生阿黛尔贡迪斯·耶格施密特,以及护理和照顾胡塞尔的护士与修女,如克拉拉·伊米施等。

年轻的牧师霍夫(Otto Hof)用《以赛亚书》第四十章第三十一节的文字做了葬礼演讲:"但那倚靠上主的,必从新得力,他们必如鹰展翅上腾。他们奔跑却不困倦,行走却不疲乏。"这段话也出现在马尔维娜所撰《胡塞尔生平素描》中,以及奥伊肯太太埃迪·奥伊肯-埃尔德希克所撰"迷恋真理——回忆埃德蒙德·胡塞尔"文章中。[②] 它注定被用来为胡塞尔履行其毕生使命提供精神的支撑。

接下来,欧根·芬克在葬礼上为胡塞尔致悼词。他的悼词在三十七年后才公开发表,它以下列对胡塞尔生命与使命的概括为结尾:"这个事业自为地持存,而如果他的声望与尊严为人真实地知悉,

---

① Hugo Ott, „Die Trauerfeier für Edmund Husserl am 29. April 1938", in Bäumer, Remigius (Hrsg.), *Im Ringen um die Wahrheit. Festschrift der Gustav-Siewerth-Akademie zum 70. Geburtstag ihrer Gründerin und Leiterin Prof. Dr. Alma v. Stockhausen*, Weilheim-Bierbronn: Gustav-Siewerth-Akademie, 1997, S. 227. ——该文提供了对胡塞尔葬礼状况的最详实考证,也提供了许多未发表的一手资料。或许唯一的遗憾或缺失就是奥特弄错了胡塞尔两个儿子格哈特和沃尔夫冈的长幼次序。

② 参见马尔维娜·胡塞尔:"埃德蒙德·胡塞尔生平素描",埃迪·奥伊肯-埃尔德希克,"迷恋真理——回忆埃德蒙德·胡塞尔",均载于倪梁康(编):《回忆埃德蒙德·胡塞尔》,同上书,第15、401页。——根据马尔维娜给她女儿伊丽莎白的信中所说,霍夫牧师之所以引述这段诗篇,是因为他读过胡塞尔的一些著述,而且事先受邀与奥伊肯夫妇详细讨论过葬礼事宜。此外,他的这篇葬礼演讲后来全文刊发在奥特的这篇文章中(Hugo Ott, „Die Trauerfeier für Edmund Husserl am 29. April 1938", a.a.O., S. 227, S. 229 ff.)。

这个事业就仍会持存并受到尊崇。”①

弗莱堡大学的荣休经济学家卡尔·迪尔(Karl Diehl,1864–1943)在葬礼当晚于他家中举行的研讨课上为胡塞尔致了纪念词。②

前面提到的参加葬礼的医学教授施贝曼教授在当日给他儿子撰写的一周报告信中表达了他对葬礼的印象和感想:“这一周的事情很多,所以我直到现在才给你写信。我从最近的说起:今天我和妈妈参加了胡塞尔的葬礼,他终于得以从他漫长的濒死过程中解脱出来。一位年轻的教士做了非常庄严的讲话,也提到他在战争中丧子之事。而后还有一位年轻人讲话,他已做了他多年的助手,而且一直陪伴他散步;非常动人和感人。他的老系友几乎都到了;只有一个不应当缺席的人缺席了,而这个人在他七十岁时还将他捧上了天。‘太胆怯了’,他的一位同事带着仅仅隐藏的鄙视口吻说。我偶尔听说,胡塞尔即使在最紧密的家庭圈中也从不容忍别人说任何对海德格尔不利的话。我羡慕他,并非因为他拥有的声誉。”③

---

① 这篇悼词当年只能以捷克文发表在《捷克心灵》(*Česká mysl* 34, 1938, 1f.)期刊上,德文的原文在三十多年后才发表在芬克本人主编的《哲学视角》辑刊的创刊号上,参见 Eugen Fink, „Totenrede auf Edmund Husserl“, in *Perspektiven der Philosophie*, 1975(1), S. 285 f.

② 参见 *Husserl-Chronik*, 489. ——迪尔自 1908 年起便是弗莱堡大学的经济学家,担任经济学讲席教授直至 1937 年。奥伊肯和利特尔都参加过迪尔为弗莱堡大学几乎所有学科的讲师和助教开设的研讨课,因而在某种意义上都是迪尔的学生。这个研讨课的参与者构成一个具有相近的政治志向共同体的学圈。利特尔后来回忆过这个研讨课及其组织者迪尔和参与者之一奥伊肯(Eckhard Wirbelauer, *Die Freiburger Philosophische Fakultät 1920–1960. Mitglieder – Strukturen – Vernetzungen*, a.a.O., S. 761 f., S. 790.)。

③ 转引自 Hugo Ott, „Die Trauerfeier für Edmund Husserl am 29. April 1938“, in a.a.O., S. 233 f. ——关于海德格尔在葬礼上的缺席,笔者在《胡塞尔与海德格尔:弗莱堡的相遇与背离》(北京:商务印书馆,2016 年,第 77–78 页)中已经做了说明。——这里还要根据奥托的资料再做一补充:对于自己的缺席,不仅海德格尔自己多次解释,而且他儿子后来在他去世后也解释:胡塞尔葬礼进行时,他正发烧生病卧床,因而“错失”葬礼。但舒曼已经对这个说法提出质疑,因为海德格尔在此期间根本没有请假缺课的记录。更为关键的是,胡塞尔在医院卧床六个月,医院处在海德格尔每日散步路过的地方,但海德格尔

埃迪·施泰因此时作为加尔默罗会的修女已身处科隆的圣约瑟夫修道院中，在那里默默地为她的"大师"（Meister）的离去和解脱祈祷。她在这年5月6日致友人的信中询问《巴登报》是否刊登了胡塞尔的讣告，并为《汉堡异闻报》刊登的简短告示而感到可怕的心寒。她写道："这已经不能再伤害亲爱的大师了。当他归天时，他已经脱离了一切尘世。但还是很想将歌德对汉斯·萨克森的误识者所做的诅咒发送给后代"（ESGA III, Brief. Nr. 543）。——这里所说的"歌德的诅咒"是指他的一首诗歌的最后一行："所有在青蛙池里曾误认了他们的大师的人，都应当遭到放逐！"①

同年5月13日，路德维希·兰德格雷贝与扬·帕托契卡在"布拉格哲学学会"为胡塞尔去世发表了各自的纪念讲话。兰德格雷贝也在纪念讲话中用里尔克赞美罗丹的话来赞美胡塞尔："人们终有一天会认识到，究竟是什么才使得这位伟大的艺术家如此伟大：他是一位工作者，他所追求的无非就是全然地、竭尽全力地深入到他的此在的最低的和坚硬的器具之中。在这里含有一种对生活的放弃。然而正是靠着这种耐性，他才获得了生活：因为整个世界都走向他的器具。"②帕托契卡在纪念讲话中则将胡塞尔视作观念的力量的信奉者和牺牲

在这段时间里同样"错失"了向"父亲般的朋友"探病问候的机会。马尔维娜将海德格尔因"心病"而不能参加葬礼的借口称之为"童话"。而与海德格尔夫妇交往甚密的胡塞尔女儿伊丽莎白则说，以前我"确实很喜欢他"，"现在我也无法理解他了"（参见 Hugo Ott, „Die Trauerfeier für Edmund Husserl am 29. April 1938", in a.a.O., S. 232 f.）。

① 歌德„Hans Sachsens Poetische Sendung"诗歌中的最后一句，出自 Johann Wolfgang von Goethe, *Goethes Gedichte*, Zweiter Teil, Leipzig: Reclam Jun.(O. J.), 1940, S. 66.

② 参见 Ludwig Landgrebe/Jan Patočka, "Edmund Husserl zum Gedächtnis: Zwei Reden gehalten von Ludwig Landgrebe und Jan Patočka", in *Schriften des Prager Philosophischen Cercles*, herausgegeben von J. B. Kozák und E. Utitz, Prag: Academia Verlagsbuchhandlung, 1938, S. 9.

者:“尽管在世界的全部负担上感受到所有的痛苦,在世界之中仍然有一个非人形的天意的闪烁之光从深处穿透出来,这是最终理想的目标设定之天意,正是这些目标设定构成了对一个漫长向往的奖励。”①这两篇演讲文字后来在该学会的著述系列中出版。它们与欧根·芬克同年 4 月 29 日在胡塞尔墓前的致辞一起,成为在那个充满危机的年代里对一位伟大思想家的少数几篇重要讣告和悼词。

赫尔穆特·普莱斯纳于 1938 年以假名发表悼念胡塞尔的文章“现象学:埃德蒙德·胡塞尔(1859-1938)的事业”。他在文章中宣告:“随胡塞尔离逝而去的,是对战前一代人形成过学院教育作用的最后德国哲学家,是从特殊的德国哲学传承中获得了对全部科学生活的影响的、无疑是最有成效的运动的发起人。”②

罗曼·英加尔登则在回忆录中写道:“最后我是在卡希米尔·特瓦尔多夫斯基的追悼会上需要讲述其学术活动的那天得到了胡塞尔辞世的电报。在关于特瓦尔多夫斯基的讲演中,我多次提到胡塞尔的名字,特瓦尔多夫斯基曾与他多次会面。但我不忍心告知听众胡塞尔刚刚去世的消息。由于在两天之内无法获得护照,因而我无法参加葬礼,而只是向胡塞尔太太发去一份唁电。”③

前面在论述布伦塔诺学派时提到的布伦塔诺与马尔梯的学生胡戈·贝格曼当时已在以色列工作。在得知胡塞尔去世消息后,他在耶路撒冷大学的讲座中为胡塞尔致以纪念悼词。同样已经在以色列耶路撒冷大学工作的汉斯·约纳斯也参加了大学为胡塞尔去世举行的

① 参见 Ludwig Landgrebe/Jan Patočka, „Edmund Husserl zum Gedächtnis: Zwei Reden gehalten von Ludwig Landgrebe und Jan Patočka“, in a.a.O., S. 28 f.

② 参见 Ulrich Eyser (Helmuth Plessner), „Phänomenologie das Werk Edmund Husserls“, in *Maß und Wert. Zweimonatsschrift für freie deutsche Kultur*, 1938(2), S. 8.

③ 英加尔登:“回忆埃德蒙德·胡塞尔”,同上书,第 190 页。

悼念活动，并作为胡塞尔的学生做了一个希伯来语的纪念讲演“胡塞尔与存在论问题”。[①]

几个月后的一天，即1938年8月15日，一位27岁的比利时青年范·布雷达来到弗莱堡，“打算为胡塞尔身后遗留的文件编写目录并对它们进行研究，而且想了解他的教学活动的遗留影响。”他当时27岁，已经在鲁汶大学的哲学研究所获得了一个神学学士学位，但计划继续学习，完成哲学博士的学业。在去弗莱堡拜访胡塞尔太太之前，他已经有一个初步的出版胡塞尔遗稿的“鲁汶计划”。而在弗莱堡了解了胡塞尔遗稿的情况以及面临的危险后，他向马尔维娜提出“另一个建议”：拯救胡塞尔遗稿，建立胡塞尔文库，因为如他所说，“胡塞尔的精神遗产是这样一种遗产，以至于只要有任何可能，就必须决定将它完整无缺地提供给人们研究。”[②]范·布雷达他自这一刻起便将胡塞尔当作一个承担人类自身反思之使命的使者，同时将胡塞尔的事业当作自己的事业来接续，随之而开启了一个胡塞尔之后的现象学时代。他发表于1956年的长文“胡塞尔遗稿的拯救与胡塞尔文库的创立”，生动详细地回顾和叙述了他在纳粹的危险之下完成的英雄之举：将胡塞尔的遗稿、藏书、骨灰和部分家具从德国运至比利时，藏在一家教堂的地下室，同时胡塞尔太太也获准到达比利时。在纳粹占领比利时后，她与她的忠实的女管家约瑟芬一起，在范·布雷达的帮助下匿名藏身于一家修道院中，直至纳粹覆灭，二战结束。

范·布雷达后来为胡塞尔夫妇安排了最后的归宿地。仍然按照他的记述：“1950年，在胡塞尔太太去世后，他们的孩子们决定将他

① 参见 Hans Jonas, *Erinnerungen*, Frankfurt am Main: Suhrkamp, 2005, S. 155f.

② 范·布雷达，“胡塞尔遗稿的拯救与胡塞尔文库的创立”，同上书，第514–521页。

们父亲的骨灰放在他们母亲的棺材旁，安置在弗莱堡附近君特山谷的公墓中；用来装饰坟墓的是一块简单、然而优美的石碑。"[①] 事实上，后来胡塞尔的两个儿子以及大儿媳的骨灰后来都葬到了这个公墓里，一家人最终以此方式守候在一起。[②]

这个公墓所属教堂的对面便是埃迪·施泰因在弗莱堡完成博士论文答辩时住过的屋子，现在这所屋子的墙上还有钉有专门的标牌，表明埃迪·施泰因曾在此居住过。她自己在写于 1933 年至 1939 年的回忆笔记《出自一个犹太家庭的生活》中曾这样描述君特斯特塔尔（君特山谷）："这是位于城南的一个合并的村庄，从平原一直建造到黑森林的山中。在村庄入口前靠着森林边的稍高处有一座带有最纯粹意大利风格的大房子。异国情调的外观会立即吸引住每个人的眼球。电车司机告诉一个人说：这是愉快心情别墅（Wohlgemut'sche Villa）。每次走过那里，都会希望有一次可以进入到这个关闭的天堂里。后来它转而成为利奥巴修女会（Liobaschwestern）的财产，这让我感受到爱和信任。这次我从它旁边驶过，穿过古老的小门，一直到达轨道电车的终点站。就在车站附近，我在平地上的一个干净农家房屋中找到一间舒适的小房间。"[③]

如今，胡塞尔的墓碑与施泰因的标牌正相对应，好像是施泰因的心灵仍然在伴随着和守护着胡塞尔的精神，即使他们生前都未曾安排过、也未曾预见过如此的结局。

---

① 范·布雷达，"胡塞尔遗稿的拯救与胡塞尔文库的创立"，同上书，第 550 页。

② 胡塞尔去世将近八十年时，弗莱堡市政府因墓地护理的费用问题而计划将君特斯塔尔公墓中胡塞尔一家的墓地搬迁至市政公园旁的主公墓，当时已经施工将墓碑挖出。一位细心的女参观者发现此事并将其报告给弗莱堡大学及其胡塞尔文库。此事引发争议。后经弗莱堡市政府与弗莱堡大学协商，共同承担胡塞尔墓的护理费用。胡塞尔的墓地最终得以留在君特斯塔尔的墓地。详见《巴登报》的报道：Joachim Röderer, „Husserls Grab bleibt weiter in Günterstal“, in *Badische Zeitung*, Sa, 06. Mai 2017, Freiburg.

③ 施泰因："在胡塞尔身边的哥廷根和弗莱堡岁月"，同上书，第 149 页。

阿黛尔贡迪斯·耶格施密特在前引致施泰因的信中对胡塞尔的与世长辞做了一个非常宗教的描述：

> 终于到来了，就像我们一直期望的那样：从他的世俗任务中解脱出来，灵魂真正地回家，回到它的上帝那里，但始终是完全独立的和与众不同的。这不是与他至此为止生活的决裂，更不是一种“皈依”，而是安静的分离和转变，是对最终精神存在的改变和完善，是将天生的基督教灵魂（anima naturaliter christiana）召回家来，或者也是未受损害的洗礼恩典[①]的重见天日”（ESGA III, Brief. Nr. 543）。

与此相应，或者也可以说，与此相对，还在1936年11月30日致马尔文·法伯的信中，胡塞尔自己便已给出了对他自己临终告白的一个非常哲学的表述：

> 我们老人孑然地退隐。这个时代的一个怪异转变，这个转变带给哲学家——如果它还没有夺走他们的呼吸的话——许多需要思考的东西。现在可以说：我思故我在，即是说：我在永恒的光照下（sub specie aetemi）证明我的生活权利，而这个生活权利、这个永恒一般（aeternitas überhaupt），是任何世俗权力都无法触碰的（Brief. IV,77）。

① 胡塞尔于1886年4月26日在维也纳奥格斯堡福音派教区城市教堂中受洗。

附录

胡塞尔年谱简编[①]

（生平、著作与教学活动）

第一幕　从出生到担任教职（1859–1887 年）

1859 年 4 月 8 日：埃德蒙德·胡塞尔出生在摩拉维亚地区的普罗斯捷耶夫，是家中四个孩子中的第二个。

1876–1887 年：大学生涯。

1876/77 年冬季学期–1877/78 年冬季学期：

莱比锡大学。

天文学；数学、物理学、天文学和哲学。首次阅读哲学著作：贝克莱。首次与托马斯·马塞里克接触。马塞里克后来成为捷克斯洛伐克的总统，他指点胡塞尔到维也纳布伦塔诺处学习。

1878–1880/81 年：

柏林大学。

学习数学（随 L. 克罗内克和 C. 魏尔斯特拉斯等人学习。1883 年夏季学期，胡塞尔成为魏尔斯特拉斯的私人助手并且“从魏尔

---

① 该年谱简编由笔者根据《胡塞尔思想述评》书后的资料（R. Bernet/E. Marbach/I. Kern, *Edmund Husserl: Darstellung seines Denkens*, a.a.O., „Daten zu Leben, Werk und Lehrtätigkeit“, S. 217–224）译出，并略有修改和补充。

斯特拉斯那里得到了科学追求的伦理志向”）以及学习哲学（随F.保尔森学习）。

1881-1881/82年：

维也纳大学。

学习数学。

1882年10月8日：

博士论文“变量计算理论文稿”完稿；

1883年1月23日：

哲学博士论文答辩。

1884年4月24日：

父亲去世。

1884/85年冬季学期-1886夏季学期：

维也纳大学。

听弗兰茨·布伦塔诺的哲学讲座。

1886/87年冬季学期-1887夏季学期：

萨勒河畔的哈勒大学。

听施通普夫讲座。布伦塔诺推荐胡塞尔到施通普夫处做任教资格论文。

1886-1895年：

主要在形式数学和形式逻辑领域学习。

1887年8月6日：

与马尔维娜（婚前姓：施泰因施奈德）结婚。

1887年秋季：

任教资格论文“论数的概念。一项心理学的分析”付印。

在大学学习期间购买哲学书籍（选取其中几部列出）：

1880年：叔本华，斯宾诺莎；

1884 年:黑格尔,《精神现象学》, H. 斯宾塞,《哲学基础》;

1986 年: E. 马赫,《感觉的分析》;

1887 年: G. 弗雷格,《算术基础》。

第二幕　在哈勒任私人讲师期间(1887–1901 年)

1887 年 10 月 26 日: 就职讲座“形而上学的目的与任务”。

1891 年:《算术哲学。逻辑学与心理学研究》; 为施罗德的《逻辑代数》写书评。

1900 年:《逻辑研究》, 第一卷,《纯粹逻辑学导引》。

1901 年:《逻辑研究》, 第二卷,《现象学与认识论研究》。

1902 年 1 月 3 日: 舍勒首次接触胡塞尔。

1901 年 9 月初: 悬而不决达一年之久的聘书下达, 胡塞尔应聘去哥廷根大学任教。

在哈勒大学的教学活动中, 胡塞尔对以下几个领域的问题做了探讨:

——认识论与形而上学引论(讲座, 1887/88 年冬季学期)

——心理学的基本问题(讲座, 1888 年夏季学期)

——哲学大百科(讲座, 1888/89 年冬季学期)

——逻辑学(讲座, 1889 年夏季学期, 1890 年夏季学期, 1896 年夏季学期)

——伦理学(讲座, 1890 年夏季学期)

——数学哲学问题选(讲座, 1889/90 年冬季学期, 1890/91 年冬季学期)

——近代哲学史(讲座, 1890/91 年冬季学期)

——伦理学的基本问题（讲座，1891 年夏季学期，1893 年夏季学期）

——心理学（讲座，1891/92 年冬季学期，1894/95 年冬季学期）

——与洛克的《人类理解研究》相衔接的哲学练习（讨论课，1891/92 年冬季学期，1898/99 年冬季学期）

——哲学引论（讲座，1892 年夏季学期，1893 年夏季学期，1894 年夏季学期，1896 年夏季学期，1897/98 年冬季学期，1898/99 年冬季学期）

——与笛卡尔的《第一哲学沉思》相衔接的哲学练习（讨论课，1892 年夏季学期，1896/97 年冬季学期）

——论意志自由（讲座，1892/93 年冬季学期，1893/94 年冬季学期，1894/95 年冬季学期，1896 年夏季学期，1897 年夏季学期，1899 年夏季学期，1900 年夏季学期，1901 年夏季学期）

——上帝此在的证明（讲座，1892/93 年冬季学期）

——与叔本华《作为意志与表象的世界》相衔接的哲学练习（讨论课，1892/93 年冬季学期）

——有神论与现代科学（讲座，1893/94 年冬季学期）

——伦理学与法哲学（讲座，1894 年夏季学期，1897 年夏季学期）

——对归纳逻辑的最新研究（讲座，1895 年夏季学期）

——与穆勒的逻辑学相衔接的哲学练习（讨论课，1895 年夏季学期）

——自斯宾诺莎以来的宗教哲学史（讲座，1895/96 年冬季学期）

——与休谟关于自然宗教的对话相衔接的哲学练习(讨论课,1895/96 年冬季学期)

——认识论引论(讲座,1896/97 年冬季学期)

——与叔本华文选相衔接的哲学练习(讨论课,1897 年夏季学期)

——关于康德《导引》的哲学练习(讨论课,1897/98 年冬季学期)

——康德与后康德哲学(讲座,1898 年夏季学期)

——与康德《纯粹理性批判》相衔接的哲学练习(讨论课,1898 年夏季学期,1900/91 年冬季学期)

——认识论与形而上学主要问题(讲座,1898/99 年冬季学期)

——哲学史(讲座,1899 年夏季学期,1900 年夏季学期,1901 年夏季学期)

——与大卫·休谟《人性论》相衔接的哲学练习(讨论课,1899 年夏季学期)

——与斯宾诺莎的《伦理学》相衔接的哲学练习(讨论课,1900 年夏季学期)

——康德哲学(1900/01 年冬季学期)

第三幕 在哥廷根担任副教授和教授时期(1901-1916 年)

1901 年秋季被任命为编外副教授。

1902 年:J. 道伯特第一次在哥廷根访问胡塞尔讨论《逻辑研究》。

在这次会见的基础上，慕尼黑 Th. 利普斯的学生开始与胡塞尔联系。

1904 年 5 月：访问慕尼黑，会见 Th. 利普斯和他的学生（J. 道伯特，A. 普凡德尔等）。

1905 年 3 月：柏林旅行，访问狄尔泰。

1906 年被任命为编内教授。

1906 年 12 月：诗人雨果 · 封 · 霍夫曼斯塔访问胡塞尔。

1907 年：在佛罗伦萨访问布伦塔诺。

1907 年夏季学期：通过 Th. 康拉德组建“哥廷根哲学学会”。

1909 年 10 月：纳托尔普访问胡塞尔。

1910 年 1 月：胡塞尔答应李凯尔特一同合作出版新杂志《逻各斯》。

1911 年：《哲学作为严格的科学》在《逻各斯》第一卷，1910/11 期上发表。

1911 年：狄尔泰–胡塞尔通信，与《哲学作为严格的科学》一文相关联。

1913 年：《纯粹现象学和现象学哲学的观念》第一卷：《纯粹现象学通论》。此书发表于《哲学与现象学研究年刊》第一辑，该《年刊》由胡塞尔任责任主编，与 M. 盖格尔，A. 普凡德尔，A. 莱纳赫，M. 舍勒合作创办。

1913 年：K. 雅斯贝尔斯访问胡塞尔。

1914 年 4 月 15 至 18 日：参加在哥廷根召开的第六届实验心理学大会。

1916 年 1 月 5 日：经李凯尔特推荐，应聘到弗莱堡接替李凯尔特的教椅，自 4 月 1 日起生效。

1916 年 3 月 8 日：次子沃尔夫冈战死于法国凡尔登。

在哥廷根的教学活动中，胡塞尔对于以下领域的问题做了探讨：

——论意志自由（讲座，1901/02 年冬季学期，1903 年夏季学期，1904/05 年冬季学期）

——逻辑学与认识论（讲座，1901/02 年冬季学期）

——与贝克莱《人类认识原理论》相衔接的认识论练习。从最古时代到十九世纪的哲学通史（讲座，1902 年至 1915 年期间的每个夏季学期）

——伦理学的基本问题（讲座，1902 年夏季学期，1908/09 年冬季学期）

——关于康德《纯粹理性批判》的哲学练习（讨论课，1902 年，1909/10 年冬季学期，1911/12 年冬季学期）

——逻辑学（讲座，1902/03 年冬季学期）

——普通认识论（讲座，1902/03 年冬季学期）

——与大卫·休谟《人性论》相衔接的哲学练习（讨论课，1902/03 年冬季学期，1904/05 年冬季学期，1907/08 年冬季学期，1910/11 年冬季学期）

——文艺复兴哲学（讲座，1903 年夏季学期）

——关于费希特《人的使命》的哲学练习（讨论课，1903 年夏季学期）

——从康德到当代的新哲学史（讲座，1903/04 年冬季学期）

——教育学史（讲座，1903/04 年冬季学期，1909/10 年冬季学期，1913/14 年冬季学期，1915/16 年冬季学期）

——关于康德《实践理性批判》的哲学练习（讨论课，1903/04 冬季学期）

——关于自然科学研究家的最新自然哲学著述（首先是关于马赫的《感觉分析》哲学练习）（讨论课，1903/04 年冬

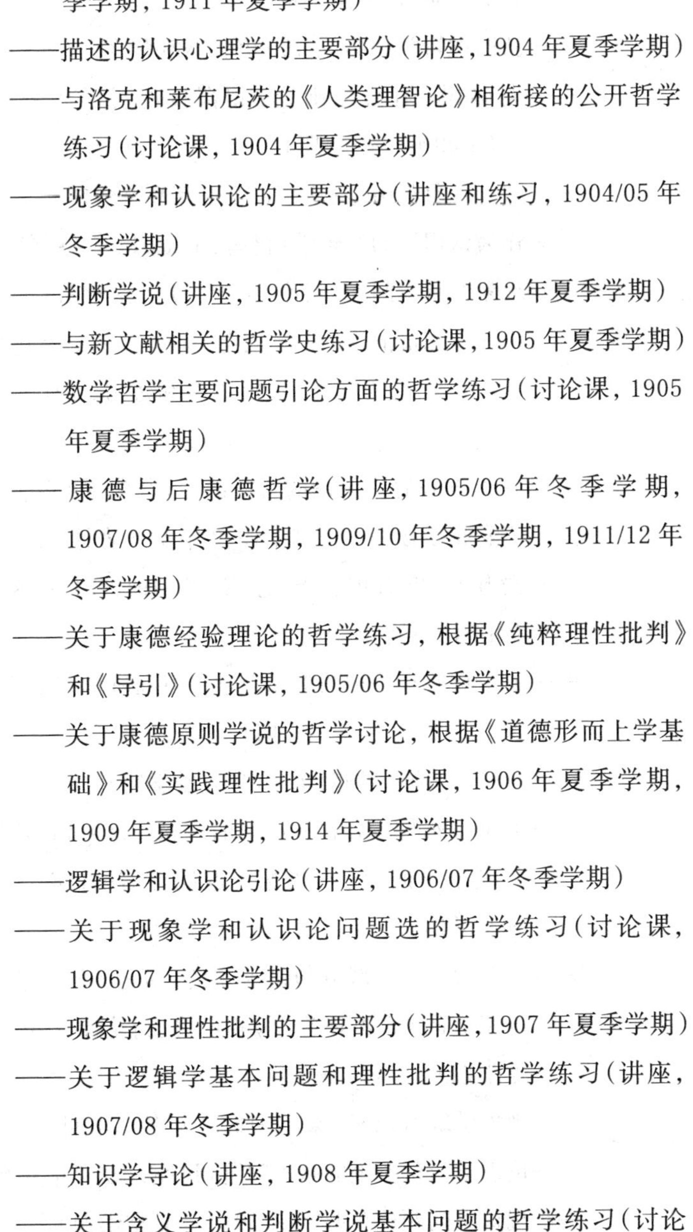

季学期，1911 年夏季学期）

——描述的认识心理学的主要部分（讲座，1904 年夏季学期）

——与洛克和莱布尼茨的《人类理智论》相衔接的公开哲学练习（讨论课，1904 年夏季学期）

——现象学和认识论的主要部分（讲座和练习，1904/05 年冬季学期）

——判断学说（讲座，1905 年夏季学期，1912 年夏季学期）

——与新文献相关的哲学史练习（讨论课，1905 年夏季学期）

——数学哲学主要问题引论方面的哲学练习（讨论课，1905 年夏季学期）

——康德与后康德哲学（讲座，1905/06 年冬季学期，1907/08 年冬季学期，1909/10 年冬季学期，1911/12 年冬季学期）

——关于康德经验理论的哲学练习，根据《纯粹理性批判》和《导引》（讨论课，1905/06 年冬季学期）

——关于康德原则学说的哲学讨论，根据《道德形而上学基础》和《实践理性批判》（讨论课，1906 年夏季学期，1909 年夏季学期，1914 年夏季学期）

——逻辑学和认识论引论（讲座，1906/07 年冬季学期）

——关于现象学和认识论问题选的哲学练习（讨论课，1906/07 年冬季学期）

——现象学和理性批判的主要部分（讲座，1907 年夏季学期）

——关于逻辑学基本问题和理性批判的哲学练习（讲座，1907/08 年冬季学期）

——知识学导论（讲座，1908 年夏季学期）

——关于含义学说和判断学说基本问题的哲学练习（讨论

课，1908 年夏季学期）

——新旧逻辑学（讲座，1908/09 年冬季学期）

——与休谟《道德原则论》相衔接的哲学练习（讨论课，1908/09 年冬季学期）

——认识现象学引论（讲座，1909 年夏季学期）

——作为认识论的逻辑学（讲座，1910/11 年冬季学期）

——现象学基本问题（讲座，1910/11 冬季学期）

——伦理学和价值论的基本问题（讲座，1911 年夏季学期）

——一般意识论的基本纲要（讲座和练习，1911/12 年冬季学期）

——关于洛采的认识论的哲学练习（与洛采《逻辑学》的第三卷相衔接）（讨论课，1912 年夏季学期）

——逻辑学和知识论导论（讲座，1912/13 年冬季学期，1914/15 年冬季学期）

——关于自然与精神的形而上学练习和科学理论练习（讨论课，1912/13 年冬季学期）

——自然与精神（讲座，1913 年夏季学期）

——关于自然科学和精神科学的观念的练习（讨论课，1913 年夏季学期）——康德与近代哲学（讲座，1913/14 年冬季学期）

——哲学练习，一部分与笛卡尔的《沉思》相衔接，一部分与洛克的《人类理智论》相衔接（讨论课，1912/14 年冬季学期）

——现象学练习（讨论课，1913/14 年冬季学期）

——伦理学与价值论的基本问题（讲座，1914 年夏季学期）

——现象学问题选（讨论课，1914 年夏季学期）

——与休谟《人性论》相衔接的哲学练习（讨论课，1914/15年冬季学期）

——现象学问题选（现象学导论）（讲座，1915年夏季学期）

——关于费希特的《人的使命》的哲学练习（讨论课，1915年夏季学期）

——关于自然与精神的哲学练习（讨论课，1915/16年冬季学期）

第四幕 在弗莱堡担任正教授期间（1916–1928年）

1917年4月：长子格哈特战伤住在施拜耶的战地医院里。

1917年5月3日：就职讲座："纯粹现象学及其研究领域和方法"。

1917年7月：母亲去世。

1917年11月8日至17日：在高校培训班上为参战者作三次关于费希特人类理想的讲演（1918年1月14–16日重复；1918年11月6日、7日和9日为哲学系教师重复）。

1918/19年："弗莱堡现象学学会"成立。

1919年：胡塞尔发表"回忆布伦塔诺"文章。

1919年10月：胡塞尔在由"人道促进会"散发、由罗曼·罗兰撰写的呼吁书"为了精神的自由"上签名。

1922年6月：在伦敦大学作讲座："现象学的方法与现象学的哲学"；在剑桥逗留，住在戴维斯·希克斯家中；会见J. 瓦德、G. F. 斯多特、G.E. 摩尔。

1922年12月：被选为亚里士多德科学院"通讯院士"。

1923年：在日本《改造》杂志上发表文章："改造。它的问题和它的方法”。

1924 年:在日本《改造》杂志上发表两篇文章:“本质研究的方法”和“作为个体伦理的问题的改造”。

1924-1925 年:卡尔纳普参加胡塞尔的高级讨论课。

1924 年 9 月:多里翁·凯恩斯初次访问胡塞尔。

1925 年:根据卡尔·欧根·瑙曼的翻译发表《论乔达摩·佛陀语录》的沉思。

1926 年 4 月 8 日:海德格尔将《存在与时间》题赠给胡塞尔。

1927-1928 年:与海德格尔合作撰写“不列颠百科全书现象学条目”。

1928 年:海德格尔在《年刊》第九辑上发表胡塞尔的《内时间意识现象学讲座》。

1928 年 3 月 31 日:退休。

在弗莱堡的教学活动中,胡塞尔对于以下领域的问题做了探讨:

——哲学引论(讲座,1916 年夏季学期,1918 年夏季学期,1919/20 年冬季学期,1922/23 年冬季学期)

——与笛卡尔的《沉思》相衔接的练习(讨论课,1916 年夏季学期)

——现象学问题选练习(讨论课,1916 年夏季学期)

——哲学通史(讲座,1916/17 年冬季学期,1918/19 年冬季学期)

——与贝克莱《人类认识原理论》相衔接的练习(讨论课,1916/17 年冬季学期)

——判断理论问题(讨论课,1916/17 年冬季学期)

——现象学导论(讲座,1917 年夏季学期,1926/27 年冬季

学期）

——康德的超越论哲学（讲座，1917 年夏季学期）

——现象学练习（与康德的超越论感性论相衔接的哲学练习）（讨论课，1917 年夏季学期）

——逻辑学与一般知识论（讲座，1917/18 年冬季学期）

——判断理论的基本问题（讨论课，1917/18 年冬季学期）

——关于费希特《人的使命》的练习（讨论课，1918 年夏季学期）

——关于康德超越论哲学的练习（讨论课，1918/19 年冬季学期）

——自然与精神（讲座，1919 年夏季学期，1921/22 年冬季学期，1927 年夏季学期）

——伦理学基本问题的哲学练习（讨论课，1919 年冬季学期）

——关于超越论感性论和超越论唯心主义的哲学练习（讨论课，1919/20 年冬季学期）

——伦理学导论（讲座，1920 年夏季学期，1924 年夏季学期）

——论现象与意义（讨论课，1920 年夏季学期）

——逻辑学（讲座，1920/21 年冬季学期，1925/26 年冬季学期）

——抽象现象学（讨论课，1920/21 年冬季学期）

——时间意识现象学（讨论课，1920/21 年冬季学期）

——近代哲学史（讲座，1921 年夏季学期，1922 年夏季学期，1924/25 年冬季学期，1926 年夏季学期，1927/28 年冬季学期）

——与大卫·休谟《人性论》相衔接的现象学练习（讨论课，1921 年夏季学期，1926/27 年冬季学期）

——现象学练习(讨论课,1921/22 年冬季学期,1922 年夏季学期,1922/23 年冬季学期,1923 年夏季学期,1923/24 年冬季学期,1924 年夏季学期,1927/28 年冬季学期)

——现象学问题选(讲座,1923 年夏季学期)

——第一哲学(讲座,1923/24 年冬季学期)

——关于贝克莱《人类认识原理论》的现象学练习(讨论课,1924/25 年冬季学期)

——现象学的心理学导论(讲座,1925 年夏季学期)

——对纯粹意识行为和纯粹意识构成物的分析与描述(与现象学的心理学讲座相衔接)(讨论课,1925 年夏季学期)

——逻辑学问题选(讨论课,1925/26 年冬季学期)

——现象学练习(关于康德)(讨论课,1927 年夏季学期)

第五幕 退休之后(1928–1938 年)

1928 年 4 月:为纪念 C . 施通普夫八十寿辰旅行至柏林。

1928 年 4 月:阿姆斯特丹讲演:“现象学与心理学。超越论现象学”;结识数学家 L. E. 布劳威尔以及列夫 · 舍斯托夫。

1928 年 4 月:由于要到 10 月 1 日才有可能聘请海德格尔作为胡塞尔的教席继续人,因此文化部请胡塞尔在此期间继续管理哲学教席。

1928 年 8 月:路德维希 · 兰德格雷贝获得另一份奖学金,为胡塞尔继续工作;欧根 · 芬克接替兰德格雷贝原来的位置,开始了他与胡塞尔的合作。

1928/29 年冬季学期:开设“同感现象学”的讲座与练习。

1928/29 年：在几个月内写下《形式逻辑与超越论逻辑》。

1929 年 2 月：巴黎讲演；会见 L. 列维-布留尔，E. 迈耶，A. 克洛尔，L. 列勒纳斯，J. 海林等等。

1929 年 4 月 8 日：海德格尔呈交《胡塞尔七十寿辰纪念文集》。

1929 年 7 月：在《年刊》第十辑上并且同时作为单行本发表《形式逻辑与超越论逻辑》。

1929 年夏季学期：开设"现象学问题选"的讲座与练习。

1929 年夏季学期：赫伯特·马尔库塞与妻子一同随胡塞尔学习。

1929/30 年冬季学期：胡塞尔起先做了"现象学问题选"的讲座预告，但后来收回了预告。

1930 年：在《年刊》第十辑上发表"我的《纯粹现象学和现象学哲学的观念》的后记"。

1931 年 6 月：在德国做讲演旅行：胡塞尔在法兰克福、柏林（听众约有 1600 人）和哈勒为康德学会讲演："现象学与人类学"。

1933 年 4 月 6 日：A 7642 通令胡塞尔休假；7 月 20 日解除休假令。

1933 年 11 月：洛杉矶南加利福尼亚大学邀请胡塞尔，胡塞尔做慎重考虑。

1934 年 8 月 1 日前后，胡塞尔接到布拉格会议邀请，以书信的形式论述当代哲学的任务；8 月 30 日胡塞尔给布拉格会议写信。

1934 年 10 月：计划在布拉格为胡塞尔手稿建立文库。

1935 年 3 月：为胡塞尔手稿转移事项与布拉格方面商谈。

1935 年 5 月 7 日：为"维也纳文化协会"作讲演："欧洲人危机中的哲学"（5 月 10 日重复）

1935 年 11 月：布拉格讲演："欧洲科学的危机与心理学"。

1936 年（1 月 15 日）胡塞尔教学许可被取消（自 1935 年底起生效）

1936 年 1 月 24 日：《欧洲科学的危机与超越论现象学》第一部分

寄往布拉格，交由A.利伯特主编的贝尔格莱德《哲学》杂志发表。

1936年1月25日：帝国科学、教育和国民教育部强迫胡塞尔退出由利伯尔特在贝尔格莱德组建的哲学组织。

1937年6月8日：胡塞尔申请参加在巴黎举行的第九届世界哲学大会，未得到帝国总理府的允许。

1937年8月10日：胡塞尔意外滑倒摔伤，卧床休息。

1938年4月27日：胡塞尔逝世，享年79岁。

退休后胡塞尔还讲授过以下课程：

——现象学的心理学引论（讲座，1928年夏季学期）

——现象学-心理学练习（讨论课，1928年夏季学期）

——同感现象学（讲座和练习，1928/29年冬季学期）

——现象学问题选（讲座和练习，1929年夏季学期）

关于胡塞尔遗稿的札记①

胡塞尔生前发表的著作极少，但他写下的手稿却很多，他的哲学手稿共有四万多页，大都用加贝尔斯贝格速写法写成。胡塞尔之所以会留下如此大量的手稿的原因主要在于，他始终是用“写”的方式来思考问题的。也就是说，胡塞尔的大部分手稿并不是用来发表的，而是一种在解决哲学问题时所发出的“自言自语”。但除了这类工作手稿或研究手稿之外，胡塞尔还留下了一批讲座稿、讲演稿以及一小部分为发表著述而准备的底稿。

胡塞尔本人很想多发表一些他的哲学思想。他一再制定出版计划，但却很少能够将这些计划加以实现。胡塞尔之所以没有能够发表更多的著作，其原因一方面在于他具有强烈的自我批判精神，他不断地对自己已经达到的成果提出怀疑；但另一方面的原因也在于，他的哲思具有分析的性质，很难将他所做的大量个别分析系统地组织为一个整体。由于出版计划一再失败，胡塞尔自己在后期越来越重视日后他的遗稿的问题。因此早在 1922 年致保罗·纳托尔普的一封信中，他便写道：“我的情况远比您的糟糕，因为我的绝大部分工作都还藏在手稿中。我几乎要诅咒我没有能力来中断自己的工作，这样我可以在以后将那些由我至此为止的特殊研究所推动的普遍系统的思想加以整理，有一部分现在就可以整理，我可以迫使自己对所有这些思

---

① 该附录由笔者译自 Rudolf Bernet/Iso Kern /Eduard Marbach, *Edmund Husserl. Darstellung seines Denkens*, a.a.O., S. 225–228.

想进行加工。所有这一切都处在重建阶段！也许我用尽了人所可能具有的一切力量，最终却只是为了我的遗稿而工作而已”（Hua XIV, XIX）。至迟自 1932 年春起，胡塞尔开始直接为其遗稿做准备工作，1935/1936 年，他让芬克和路德维希·兰德格雷贝从系统的角度出发来整理自己的手稿并附加相应的编号。1935 年的这些系统整理目前仍然是鲁汶胡塞尔文库中胡塞尔遗稿编列顺序的基础。

1938 年 4 月 27 日胡塞尔去世以后，在由国家社会党人执政的德国已经不可能对胡塞尔的遗稿进行加工和出版，甚至这些遗稿还面临着被毁的危险，因而这批手稿在同一年被带到国外，安置在比利时鲁汶大学。这一拯救手稿的工作首先要归功于海尔曼·列奥·范·布雷达神甫。在他的领导下以及在胡塞尔以前的助手欧根·芬克和路德维希·兰德格雷贝的帮助下，胡塞尔文库得以建立。胡塞尔的遗稿在文库中以下列方式得到编列：

A．世间现象学

I．逻辑学与形式本体论（41 个卷宗）

II．形式伦理学，法哲学（1 个卷宗）

III．本体论（本质论及其方法论）（13 个卷宗）

IV．知识论（22 个卷宗）

V．意向人类学（个人与周围世界）（26 个卷宗）

VI．心理学（意向性学说）（36 个卷宗）

VII．世界统觉理论（31 个卷宗）

B．还原

I．还原的道路（38 个卷宗）

II．还原本身及其方法论（23 个卷宗）

III．暂时的超越论意向性分析（12 个卷宗）

IV. 历史的和系统的现象学自身特征描述(12 个卷宗)

C. 作为形式构造的时间构造(17 个卷宗)

D. 原本构造("原构造")(18 个卷宗)

E. 交互主体的构造

I. 直接陌生经验的构造性要素论(7 个卷宗)

II. 间接陌生经验的构造(完整的社会性)(3 个卷宗)

III. 超越论人类学(超越论神学等)(11 个卷宗)

F. 讲座与讲演

I. 讲座与讲座部分(44 个卷宗)

II. 讲演与附录(7 个卷宗)

III. 印刷的论文手稿连同以后的附录(1 个卷宗)

IV. 松散的页张(4 个卷宗)

K. 自传,未收入 1935 年的批评观点

I. 1910 年以前的手稿(69 个卷宗)

II. 1910 至 1930 年的手稿(5 个卷宗)

III. 1930 年以后的手稿(5 个卷宗)——关于《危机》问题的手稿(33 个卷宗)

IX.—X. 抄录的胡塞尔在其私人藏书中的书页所做的边注文字

L. 贝尔瑙手稿

I. (21 个卷宗)

II. (21 个卷宗)

M. 由胡塞尔的弗莱堡的助手在 1938 年前用正规体和打字机抄

录的手稿

I. 讲座(4 个卷宗)

II. 讲演(3 个卷宗)

III. 出版构想(7 个卷宗)

N. 遗著

P. 其他作家的手稿

O. 胡塞尔在听他的老师的讲座时所做的笔记

R. 书信

I. 胡塞尔写的信

II. 致胡塞尔的信

III. 关于胡塞尔的信

IV. 马尔维娜·胡塞尔写的信(1938 年以后)

X. 档案

A、B、C、D 和 E 组是在 1935/1936 年根据系统的观点组合起来的。但这一系统的组合非常笼统，因为胡塞尔的各个手稿卷宗与它们在被组合之前一样没有得到较为仔细的分析和划分，而只是作为整体根据它们的总标题得到编列。F 组也是在 1935/1936 年被组合的。K 组的胡塞尔手稿大都是用速写法写成，范·布雷达 1938 年在弗莱堡发现这些手稿，但它们当时没有被纳入到 1935/1936 的编列顺序中去。L 组的手稿是胡塞尔大约在 1927（?）年交给欧根·芬克做加工修改的，它们在 1969 年 2 月被收入胡塞尔文库。

准备工作(加贝尔斯贝格速写法的翻译，编写目录，以及其他等等）在鲁汶持续了多年，即使在战争时期也未中断，到1950年，胡塞尔的遗稿终于开始在《胡塞尔全集》系列中得到出版。时至今日（1987），鲁汶胡塞尔文库已经出版了26卷，其中有些部分是与科隆胡塞尔文库和弗莱堡胡塞尔文库合作出版的。

胡塞尔文库对《胡塞尔全集》编辑遵循以下宗旨：1）对达到出版的每一份胡塞尔的文字都进行严格的文本考证，以便使读者能够清晰地了解手稿基础。尽可能确切地给出手稿的产生时间。标明胡塞尔本人在手稿中所做的更动（补充、修正等等），只要它们具有一定重要性；由编者所做的风格上的改动也得到标明。2）出版的胡塞尔的文字或是按照胡塞尔自己设想的编列顺序（根据讲座稿或讲演稿的顺序），或是根据实事性的课题（例如：被动综合、交互主体性、直观当下化等等）被组合在一起。3）不准备出版胡塞尔的所有哲学手稿，而只计划出版那些实事性的或者对胡塞尔思想的形成具有重要性的文字。4）各类的出版顺序完全是偶然的。事先并没有制定一个详尽的《胡塞尔全集》总体出版计划。要想制定这样一个出版计划，首先必须最仔细地了解胡塞尔的全部手稿，在实际课题和年代顺序方面对手稿进行透彻的划分，而这样做就会将《胡塞尔全集》的出版工作推迟几十年。胡塞尔遗稿的编列顺序不能作为编辑的基础，因为在各个手稿卷宗中常常包含着在实际课题和年代顺序上不相同的文字，而一份完整统一的文字往往被分散在不同手稿组的多个卷宗中。

即使在今天，在出版了《胡塞尔全集》29卷之后[①]，仍然可以期待在胡塞尔遗稿中发现重要的东西。出于可理解的原因，出版重点至

① 这还是1987年时的状况。截至2021年，《胡塞尔全集》（Husserliana）校勘本已经出版了43卷，而未校勘的《胡塞尔全集资料编》（Husserliana-Materialien）已经出版了9卷，《胡塞尔全集文献编》（Husserliana-Dokumente）已经出版了5卷，其中第3卷由十册《胡塞尔书信集》组成。——译者注

今为止一直集中在胡塞尔为出版而撰写的那些文字上，只有几卷《胡塞尔全集》是关于他的那些难以理解的“自言自语”（“研究手稿”），然而这类手稿却占据了胡塞尔遗稿的极大部分，并且它们可以说是在其初生态中再现了胡塞尔的创造性思维。尤其是胡塞尔后期文字（在1929年发表《笛卡尔式沉思》之后）被出版得较少[迄今为止所发表的唯一一卷全集本是在《笛卡尔式沉思》（1929年）至《欧洲科学的危机与超越论现象学》（自1935年起）之间的“研究手稿”，是《胡塞尔全集》第15卷，《交互主体性的现象学（1929-1935年）》]。在出版上尚待开发的还有胡塞尔的在这之前所写的一些研究手稿，例如关于情感行为和意愿行为的手稿，以及所有关于伦理学问题的手稿。

胡塞尔手稿译文（对加贝尔斯贝格速写手稿的翻译尚未结束）的复印件除了保存在鲁汶胡塞尔文库之外，还保存在科隆大学胡塞尔文库、布莱斯高的弗莱堡大学胡塞尔文库、纽约城社会研究新学院、宾夕法尼亚州匹兹堡的杜肯大学和巴黎高等师范学院中。

参考文献

1. 胡塞尔著作

1.1 胡塞尔全集(Husserliana)[①]：

Hua I: *Cartesianische Meditationen und Pariser Vorträge*, hrsg. von Stephan Strasser, Den Haag: Martinus Nijhoff, 1950.

(*Méditations cartésiennes. Introduction à la phénoménologie*, French translation by Gabrielle Peiffer and Emmanuel Levinas, Paris: Librairie Armand Colin, 1931.)

(*Cartesian Meditations: an Introduction to Phenomenology*, translated by Dorion Cairns, The Hague: Martinus Nijhoff, 1960.)

(《笛卡尔沉思与巴黎演讲》,张宪译,北京:人民出版社,2008 年)

Hua II: *Die Idee der Phänomenologie: Fünf Vorlesungen*, hrsg. von Walter Biemel, Den Haag: Martinus Nijhoff, 1973.

(《现象学的观念》,倪梁康译,北京:商务印书馆,2016 年)

Hua III/1: *Ideen zu einer reinen Phänomenologie und phänomenologischen Philosophie. Erstes Buch: Allgemeine Einführung in die reine Phänomenologie*, hrsg. von Karl Schuhmann, Den Haag: Martinus Nijhoff, 1976.

Hua III/2: *Ideen zu einer reinen Phänomenologie und phänomenologischen Philosophie. Erstes Buch: Allgemeine Einführung in die reine Phänomenologie*

① 正文中引用仅标注 Hua+ 卷数 + 页数。

2. Halbhand: Erägzende Texte (1912–1929), hrsg. von Karl Schuhmann, Den Haag: Martinus Nijhoff, 1976.

Hua IV: *Ideen zu einer reinen Phänomenologie und phänomenologischen Philosophie. Zweites Buch: Phänomenologische Untersuchungen zur Konstituition*, hrsg. von Marly Biemel, Den Haag: Martinus Nijhoff, 1969.

Hua V: *Ideen zu einer reinen Phänomenologie und phänomenologischen Philosophie. Drittes Buch: Phänomenologie und die Fundamente der Wissenschaften*, hrsg. von Marly Biemel, Den Haag: Martinus Nijhoff, 1952.

Hua VI: *Die Krisis der Europäischen Wissenschaften und die Transzendentale Phänomenologie*, hrsg. von Walter Biemel, Den Haag: Martinus Nijhoff, 1976.（《欧洲科学的危机与超越论的现象学》，王炳文译，北京：商务印书馆，2005 年）

Hua VII: *Erste Philosophie (1923/24). Erster Teil: Kritische Ideengeschichte*, hrsg. von Rudolf Boehm, Den Haag: Martinus Nijhoff, 1956.

Hua VIII: *Erste Philosophie (1923/24). Zweiter Teil: Theorie der phänomenologischen Reduktion*, hrsg. von Rudolf Boehm, Den Haag: Martinus Nijhoff, 1956.（《第一哲学》（上下卷），王炳文译，北京：商务印书馆，2006 年）

Hua IX: *Phänomenologische Psychologie. Vorlesungen Sommersemester 1925*, hrsg. von Walter Biemel, Den Haag: Martinus Nijhoff, 1968.（《现象学的心理学：1925 年夏季学期讲稿》，游淙祺译，北京：商务印书馆，2017 年）

Hua X: *Zur Phänomenologie des inneren Zeitbusstseins (1893–1917)*, hrsg. von Rudolf Boehm, Den Haag: Martinus Nijhoff, 1969.（《内时间意识现象学》，倪梁康译，北京：商务印书馆，2017 年）

Hua XI: *Analysen zur passiven Synthesis. Aus Vorlesungs- und Forschungsmanuskripten (1918–1926)*, hrsg. von Margot Fleischer, Den Haag: Martinus Nijhoff, 1966.（《被动综合分析》，李云飞译，北京：商务印书馆，2017 年）

Hua XII: *Philosophie der Arthmetik: Mit ergänzenden Texten (1890–1901)*, hrsg. von Lothar Eley, Den Haag: Martinus Nijhoff, 1970.

Hua XIII: *Zur Phänomenologie der Intersubjektivität. Texte aus dem Nachlass. Erster Teil: 1905–1920*, hrsg. von Iso Kern, Den Haag: Martinus Nijhoff, 1973.

Hua XIV: *Zur Phänomenologie der Intersubjektivität. Texte aus dem Nachlass. Zweiter Teil: 1921–1928*, hrsg. von Iso Kern, Den Haag: Martinus Nijhoff, 1973.

Hua XV: *Zur Phänomenologie der Intersubjektivität. Texte aus dem Nachlass. Dritter Teil: 1929–1935*, hrsg. von Iso Kern, Den Haag: Martinus Nijhoff, 1973.

(《共主观性现象学》(三卷本), 王炳文译, 北京: 商务印书馆, 2018 年)

Hua XVI: *Ding und Raum: Vorlesungen 1907*, hrsg. von Ulrich Claesges, Den Haag: Martinus Nijhoff, 1973.

Hua XVII: *Formale und transzendentale Logik: Versuch einer Kritik der logischen Vernunft. Mit ergänzenden Texten*, hrsg. von Paul Janssen, 1974.

(*Formal and Transcendental Logic*, translated by Dorion Cairns, The Hague: Martinus Nijhoff, 1969.)

Hua XVIII(LU I): *Logische Untersuchungen. Erster Band: Prolegomena zur reinen Logik*, hrsg. von Elmar Holenstein, Den Haag: Martinus Nijhoff, 1975.

Hua XIX/1(LU II/1): *Logische Untersuchungen. Zweiter Band: Untersuchungen zur Phänomenologie und Theorie der Erkenntnis. Erster Teil*, hrsg. von Ursula Panzer, Dordrecht/Boston/London: Kluwer Academic Pubishers, 1984.

Hua XIX/2 (LU II/2): *Logische Untersuchungen. Zweiter Band: Untersuchungen zur Phänomenologie und Theorie der Erkenntnis. Zweiter Teil*, hrsg. von Ursula Panzer, Dordrecht/Boston/London: Kluwer Academic Pubishers, 1984.

(*Logical Investigations*, 2 Volume, trans. by J. N. Findlay, New York/London: Routledge, 1970.)

(《逻辑研究》(两卷全三册), 倪梁康译, 北京: 商务印书馆, 2015 年)

Hua XX/1: *Logische Untersuchungen. Ergänzungsband: Erster Teil: Entwürfe zur Umarbeitung der VI. Untersuchung und zur Vorrede für die Neuauflage der Logischen Untersuchungen (Sommer 1913)*, hrsg. von Ullrich Melle, Dordrecht/Boston/London: Kluwer Academic Pubishers, 2002.

Hua XX/2: *Logische Untersuchungen. Ergänzungsband: Zweiter Teil: Texte für die*

Neufassung der VI. Untersuchung: Zur Phänomenologie des Ausdrucks und der Erkennis (1893/94–1921), hrsg. von Ullrich Melle, Dordrecht: Springer, 2005.

Hua XXI: *Studien zur Arithmetik und Geometrie: Texte aus dem Nachlass (1886–1901)*, hrsg. von Ingeborg Strohmeyer, Den Haag: Martnus Nijhoff, 1983.

Hua XXII: *Aufsätze und Rezensionen (1890–1910)*, hrsg. von Bernhard Rang, Den Haag: Martnus Nijhoff, 1979.

(《文章与书评(1890–1910年)》, 高松译, 北京: 商务印书馆, 2018年)

Hua XXIII: *Phantasie, Bildbewusstsein, Erinnerung: Zur Phänomenologie der anschaulichen Vergegenwärtigungen: Texte aus dem Nachlass (1898–1925)*, hrsg. von Eduard Marbach, Den Haag: Martnus Nijhoff, 1980.

Hua XXIV: *Einleitung in die Logik und Erkenntnistheorie: Vorlesubngen 1906/07*, hrsg. von Ullrich Melle, Dordrecht: Martinus Nijhoff, 1984,

Hua XXV: *Aufsätze und Vorträge (1911–1921)*, hrsg. von Thomas Nenon und Hans Reiner Sepp, Dordrecht: Martinus Nijhoff, 1987.

(《文章与讲演(1911–1921年)》,倪梁康译,北京:人民出版社,2009年;北京:商务印书馆, 2020年)

Hua XXVI: Vorlesungen *über Bedeutungslehre 1908*, hrsg. von Ursula Panzer, Dordrecht: Martinus Nijhoff, 1987.

Hua XXVII: *Aufsätze und Vorträge (1922–1937)*, hrsg. von Thomas Nenon und Hans Reiner Sepp, Dordrecht/Boston/London: Kluwer Academic Pubishers, 1989.

Hua XXVIII: *Vorlesungen über Ethik und Wertlehre 1908–1914*, hrsg. von Ullrich Melle, Dordrecht/Boston/London: Kluwer Academic Pubishers, 1988.

Hua XXIX: *Die Krisis der Europäischen Wissenschaften und die Transzendentale Phänomenologie. Ergänzendsband Texte aus dem Nachlass 1934–1937*, hrsg. von Reinhold N. Smid, Dordrecht/Boston/London: Kluwer Academic Publishers, 1993.

Hua XXX: *Logik und allgemeine Wissenschaftstheorie. Vorlesungen Wintersemester 1917/18. Mit ergänzenden Texten aus der ersten Fassung von 1910/11*, hrsg. von Ursula Panzer, Dordrecht/Boston/London: Kluwer Academic Publishers, 1996.

Hua XXXI: *Aktive Synthesen: Aus der Vorlesung „Transzendentale Logik“ 1920/21: Ergämzungsband zu „Analysen zur passiven Synthesis“,* hrsg. von Roland Breeur, Dordrecht/Boston/London: Kluwer Academic Publishers, 2000.

Hua XXXII: *Natur und Geist: Vorlesungen Sommersemester 1927*, hrsg. Michael Weiler, Dordrecht/Boston/London: Kluwer Academic Publishers, 2001.

Hua XXXIII: *Die Bernauer Manuskripte über das Zeitbewusstsein (1917/18)*, hrsg. von Rudolf Bernet und Dieter Lohmar, Dordrecht: Kluwer Academic Publishers, 2001.

(《关于时间意识的贝尔瑙手稿(1917–1918 年)》, 肖德生译, 北京: 商务印书馆, 2016 年)

Hua XXXIV: Zur ph*änomenologischen Reduktion: Texte aus dem Nachlass (1926–1935)*, hrsg. von Sebastian Luft, Dordrecht: Kluwer Academic Publishers, 2002.

Hua XXXV: *Einleitung in die Philosophie: Vorlesungen 1922/23*, hrsg. von Berndt Goossens, Dordrecht: Kluwer Academic Publishers, 2002.

Hua XXXVI: *Transzendentaler Idealismus: Texte aus dem Nachlass (1908–1921)*, hrsg. von Robin D, Rollinger und Rochus Sowa, Dordrecht: Kluwer Academic Publishers, 2003.

Hua XXXVII: *Einleitung in die Ethik: Vorlesungen Sommersemester 1920/24*, hrsg. von Henning Peucker, Dordrecht: Kluwer Academic Publishers, 2004.

Hua XXXVIII: *Wahrnehmung und Aufmerksamkeit: Texte aus dem Nachlass (1893–1912)*, hrsg. von Thomas Vongehr und Regula Giuliani, Dordrecht: Kluwer Academic Publishers, 2004.

Hua XXXIX: *Die Lebenswelt. Auslegungen der Vorgegebenen Welt und Ihrer Konstitution. Texte aus dem Nachlass (1916–1937)*, hrsg. von Rochus Sowa, Dordrecht/Heidelberg/London/New York: Springer, 2008.

Hua XL: *Untersuchungen zur Urteilstheorie: Texte aus dem Nachlass (1893–*

1918), hrsg. von Robin D. Rollinger, Dordrecht/Heidelberg/London/New York: Springer, 2009.

Hua XLI: Zur Lehre vom Wesen und zur Methode der Eidetischen Variation: Texte aus dem Nachlass (1891–1935), hrsg. Dirk Fonfara, Dordrecht/Heidelberg/London/New York: Springer, 2012.

Hua XLII: *Grenzproblem der Phänomenologie. Analysen des Unbewusstseins und der Instinkte. Metaphysik. Späte Ethik*, hrsg. von Rochus Sowa und Thomas Vongehr, Dordrecht/Heidelberg/London/New York: Springer, 2014.

Hua XLIII/1: *Studien zur Stuktuer des Bewusstseins. Verstand und Gegenstand. Texte aus dem Nachlass (1909–1927)*, hrsg. von Ullrich Melle und Thomas Vongehr, Dordrecht/Heidelberg/London/New York: Springer, 2020.

Hua XLIII/2: *Studien zur Stuktuer des Bewusstseins. Gefühl und Wert. Texte aus dem Nachlass (1896–1925)*, hrsg. von Ullrich Melle und Thomas Vongehr, Dordrecht/Heidelberg/London/New York: Springer, 2020.

Hua XLIII/3: *Studien zur Stuktuer des Bewusstseins. Wille und Handlung. Texte aus dem Nachlass (1902–1934)*, hrsg. von Ullrich Melle und Thomas Vongehr, Dordrecht/Heidelberg/London/New York: Springer, 2020.

Hua XLIII/4: *Studien zur Stuktuer des Bewusstseins. Textkritischer Anhang*, hrsg. von Ullrich Melle und Thomas Vongehr, Dordrecht/Heidelberg/London/New York: Springer, 2020.

Hua Mat I: *Logik. Vorlesung 1896,* hrsg. von Elisabeth Schuhmann, Dordrecht: Kluwer Academic Publishers, 2001.

Hua Mat II: *Logik. Vorlesung 1902/03*, hrsg. von Elisabeth Schuhmann, Dordrecht: Kluwer Academic Publishers, 2001.

Hua Mat III: *Allgemeine Erkenntnistheorie. Vorlesung 1902/03*, hrsg. von Elisabeth Schuhmann, Dordrecht: Kluwer Academic Publishers, 2001.

Hua Mat IV: *Natur und Geist: Vorlesungen Sommersemester 1919*, hrsg. von Michael Weiler, Dordrecht: Kluwer Academic Publishers, 2002.

Hua Mat V: *Urteilstheorie: Vorlesung 1905*, hrsg. von Elisabeth Schuhmann, Dordrecht: Kluwer Academic Publishers, 2002.

Hua Mat VI: *Alte und neue Logik. Vorlesung 1908/09*, hrsg. von Elisabeth Schuhmann, Dordrecht: Kluwer Academic Publishers, 2003.

Hua Mat VII: *Einführung in die Phänomenologie der Erkenntnis. Vorlesung 1909*, hrsg. von Elisabeth Schuhmann, Dordrecht: Kluwer Academic Publishers, 2005.

Hua Mat VIII: *Späte Texte über Zeitkonstitution (1929–1934). Die C-Manuskripte*, hrsg. von Dieter Lohmar, Dordrecht/Heidelberg/London/New York: Springer, 2006.

Hua Mat IX: *Einleitung in die Philosophie. Vorlesungen 1916–1920*, hrsg. von Hanne Jacobs, Dordrecht/Heidelberg/London/New York: Springer, 2012.

Hua Dok I: Karl Schuhmann, *Husserl-Chronik. Denk- und Lebensweg Edmund Husserls*, Den Haag: Martinus Nijhoff, 1977.①

Hua Dok III: Karl Schuhmann (Hrsg.), *Briefwechsel*, I–X, Dordrecht: Kluwer Academic Publishers, 1994.②

I: Die Brentanoschule.

II: Die Münchener Phänomenologen.

III: Die Göttinger Schule.

IV: Die Freiburger Schüler.

V: Die Neukantianer.

VI: Philosophenbriefe.

VII: Wissenschaftlerkorrespondenz.

VIII: Institutionelle Schreiben.

IX: Familienbriefe.

X: Einführung und Register.

Hua Dok V: *Edmund Husserl/Winthrop Bell, Eine Kritische Untersuchung der Erkenntnistheorie Josiah Royces*, hrsg. von Jason M. Bell und Thomas Vongehr, Dordrecht: Springer, 2018.

---

① 正文中引用仅标注 *Husserl-Chronik*+ 页数。

② 正文中引用仅标注 Brief.+ 卷数 + 页数。

1.2 胡塞尔其它著作：

——, „Nachwort zu meinen *Ideen zu einer feinen Phänomenologie und phänomenologischen Philosophie*“, in *Jahrbuch für Philosophie und phänomenologische Forschung*, XI. Band, Halle a. S.: Max Niemeyer, 1930, S. 549–570.

——, „Vorwort von Edmund Husserl“, Vorwort zu Eugen Fink, „Die phänomenologische Philosophie E. H.s in der gegenwärtigen Kritik“, in *Kantstudien*, XXXVIII, 1933, S. 320.

——, „Phänomenologie und Anthropologie“, in *Philosophy and Phenomenological Research*, 2, 1941, pp. 1–14.

——, „Persönliche Aufzeichnungen“, in *Philosophy and Phenomenological Research*, vol. 16, no. 3, 1956, pp. 293–302.

——, *Erfahrung und Urteil. Untersuchungen zur Genealogie der Logik*, ausgearbeitet und herausgegeben von Ludwig Landgrebe, Prag: Academie Verlagsbuchhandlung, 1939.（Hamburg: Felix Meiner Verlag, 1972.）[①]

（《经验与判断——逻辑谱系学研究》，邓晓芒、张廷国译，北京：三联书店，1999 年）

——, „Die Krisis der europäischen Wissenschaften und die transzendentale Phänomenologie. Eine Einleitung in die phänomenologische Philosophie“, in *Philosophia*, I, 1936, S. 77–176.

——, *Briefe an Roman Ingarden. Mit Erläuterungen und Erinnerungen an Husserl*, hrsg. von R. Ingarden, Phaenomenologica 25, Den Haag: Martinus Nijhoff, 1968.

——, „Gespräche von Sr. Adelgundis Jaegerschmid OSB mit Edmund Husserl“, in Waltraud Herbstrith, *Edith Stein. Wege zur inneren Stille*, Aschaffenburg: Kaffke-Verlag, 1987.

——, „Randbemerkungen Husserls zu Heideggers *Sein und Zeit* und *Kant und das Problem der Metaphysik*“, in *Husserl Studies*, 1994, 11, S. 3–63.

——, „Phänomenologische Methode und phänomenologische Philosophie <Lon-

① 正文中引用仅标注 EU+ 页数。

doner Vorträge 1922>", in *Husserl Studies*, 2000, 16, S. 183–254.

——, „Husserl's Vorlesung ‚Über den Begriff der Zahl ' von WS 1889/90", in *The New Yearbook for Phenomenology and Phenomenological Philosophy*, 2005 (V), pp.278–308.

——：《胡塞尔选集》，上海：上海三联书店，1997 年。

——：《哲学作为严格的科学》，斯基拉奇编，倪梁康译，北京：商务印书馆，1999 年。

——："论《觉者乔达摩语录》"，刘国英译，载于《现象学与人文科学》第三辑，台北：漫游者文化事业股份有限公司，2007 年。

——："《逻辑研究》第二版'序言'草稿的两个残篇(1913 年 9 月)"，倪梁康译，载于《中国现象学与哲学评论》，上海：上海译文出版社，2014 年。

——："私人札记"，倪梁康译，载于《世界哲学》，2009 年，第 1 期；载于倪梁康(编)：《回忆埃德蒙德·胡塞尔》，北京：商务印书馆，2018 年。

——："胡塞尔 1933 年 5 月 4、5 日致迪特里希·曼科的信"，倪梁康译，载于《世界哲学》，2012 年，第 6 期。

——：《生活世界现象学》，倪梁康译，上海：上海译文出版社，2016 年。

——：《哲学作为严格的科学》，倪梁康译，北京：商务印书馆，2017 年。

——："苏格拉底-佛陀(1926 年 1 月 21 日和 22 日)"，倪梁康译，载于《唯识研究》，第一辑，上海：上海古籍出版社，2012 年。

2. 其它参考文献

2.1 其它外文文献

Adorno, Theodor W., *Zur Metakritik der Erkenntnistheorie. Studien über Husserl und die phänomenologischen Antinomien*, Stuttgart: Kohlhammer, 1956.

——, *Gesammelte Schriften in zwanzig Bänden*, Band 1: *Philosophische Frühschriften*, Frankfurt a. M.: Surkamp, 1973.

——, *Gesammelte Schriften in zwanzig Bänden*, Band 5: *Zur Metakritik der Erkenntnistheorie. Drei Studien zu Hegel*, Frankfurt a. M.: Suhrkamp, 1990.

Albertazzi, L./M. Libardi/R. Poli (Eds.), *The School of Franz Brentano*, Den Haag: Kluwer Academic Publishers, 1996.

Arendt, H. /M. Heidegger, *Briefe 1925 bis 1975 und andere Zeugnisse*, Frankfurt a. M.: Vittorio Klostermann, 2002.

Ashworth, Peter D./Man Cheung Chung (Eds.), *Phenomenology and Psychological Science. Historical and Philosophical Perspectives*, New York: Springer, 2006.

Baldwin, J. Mark, "Die Spiele der Thiere by Karl Groos. Review", in *Science*, New Series, vol. 5, no. 113, 1897, pp. 347–352.

Baron, Lawrence, "Discipleship and Dissent: Theodor Lessing and Edmund Husserl", in *Proceedings of the American Philosophical Society*, 127, 1983, pp. 32–49.

Beck, Maximilian, „Referat und kritik von Martin Heidegger: *Sein und Zeit*", in *Philosophische Hefte. Sonderheft über Heidegger, Sein und Zeit*, H. 1, 1928, S. 5–44.

Becker, Oskar, *Über die Zerlegung eines Polygons in exklusive Dreiecke auf Grund der ebenen Axiome der Verknüpfung und Anordnung*, Druck von F.A. Brockhaus, 1914.

——, *Beiträge zur phänomenologischen Begründung der Geometrie und ihrer physikalischen Anwendungen*, in *Jahrbuch für Philosophie und phänomenologische Forschung*, VI. Band, Halle a. S.: Max Niemeyer, 1923, S. 385–560.

——, *Mathematische Existenz. Untersuchungen zur Logik und Ontologie mathematischer Phänomene*, in *Jahrbuch für Philosophie und phänomenologische Forschung,* VIII. Band, Halle a. S.: Max Niemeyer Verlag, 1927, S. 440–809.

——, „Die Philosophie Edmund Husserls (Anläßlich seines 70. Geburtstags dargestellt)", in *Kantstudien*, 1930, XXXV(9), S. 119–150.

Beckmann-Zöller, Beate/Hanna-Barbara Gerl-Falkovitz (Hrsg.), *Edith Stein: Themen–Kontexte–Materialien*, Dresden: Verlag Text & Dialog, 2015.

Bečvářová, Martina/Jindřich Bečvář/Jan Škoda, „Emil Weyr und sein italienischer Aufenthalt", in *Sudhoffs Archiv*, vol. 92, no. 1, 2008, S. 98–113.

Berger, Gaston, "Husserl et Hume", in *Revue Internationale de Philosophie*, vol. 1, no. 2, 1939, pp. 342–353.

——, *Le Cogito dans La philosophie de Husserl*, Paris: Aubier, 1941.

Bergmann, Hugo, *Untersuchungen zum Problem der Evidenz der inneren Wahrnehmung*, Halle a. S.: Max Niemeyer, 1908.

——, *Das philosophische Werk Bernard Bolzanos. Mit Benutzung ungedruckter Quellen kritisch untersucht*, Halle a. S.: Max Niemeyer, 1909.

——, *Der Kampf um das Kausalgesetz in der jüngsten Physik*, Braunschweig: Vieweg Teubner Verlag, 1929.

——, „Briefe Franz Brentanos an Hugo Bergmann", in *Philosophy and Phenomenological Research*, vol. 7, no. 1, 1946, pp. 83–158.

——, „Franz Brentanos", in *Revue Internationale de Philosophie*, vol. 20, no. 78 (4), 1966, pp. 349–372.

——, *Tagebücher & Briefe*, Königstein im Taunus: Jüdischer Verlag bei Athenäum, 1985, Band 1, 1901–1948, Band 2, 1948–1975.

——, *Dialogical Philosophy from Kierkegaard to Buber*, translated from Hebrew by Arnold A. Gerstein, New York: State University of New York Press, 1991.

Bernet, Rudolf/Iso Kern/Eduard Marbach, *Edmund Husserl. Darstellung seines Denkens*, Hamburg: Meiner, 1989.

Beßlich, Barbara, „‚Die verfluchte Kultur'. Theodor Lessing (1872–1933) zwischen Zivilisationskritik, jüdischem Selbsthaß und politischem Reformwillen", in Ariane Huml/Monika Rappenecker (Hrsg.), *Jüdische Intellektuelle im 20. Jahrhundert: Literatur- und kulturgeschichtliche Studien*, Würzburg: Königshausen u. Neumann, 2003.

Biemel, Walter, „Einleitende Bemerkung zum Briefwechsel Dilthey-Husserl", in *Man and World. An International Philosophical Review*, 1, 1968, pp. 428–446.

Bloch, Ernst, *Das Prinzip Hoffnung, Bd. I*, Frankfurt a. M.: Suhrkamp, 1959.

Bloch, K./R. Alelbert, *Denken heißt überschreiten. In memoriam Ernst Bloch 1885–1977*, Frankfurt a. M.: Ullsetin Verlag, 1982.

Blumenberg, Hans, *Theorie der Lebenswelt*, Frankfurt a.M.: Suhrkamp, 2010.

Bochenski, Joseph Maria, *Europäischen Philosophie der Gegenwart*, Bern: Francke, 1952.

Boehm, Ulrich (Hrsg.), *Philosophie heute*, Frankfurt/New York: Campus Verlag, 1997.

Bollnow, Otto Friedrich, „Hans Lipps: Ein Beitrag zur philosophischen Lage der Gegenwart", in *Blätter für Deutsche Philosophie*, Bd. 16, H. 3, 1941, S. 293–323.

Bonacchi, Silvia, „Carl Stumpf: Leben, Werk und Wirkung", in *Gestalt Theory*, 2009, vol. 31, no. 2, S. 101–114.

Brentano, Franz, *Aristoteles und seine Weltanschauung*, Leipzig: Quelle u. Meyer, 1911.

——, *Aristoteles' Lehre vom Ursprung des menschlichen Geistes*, Leipzig: Duncker u. Humblot, 1911.

——, *Von der Klassifikation der psychischen Phänomene*, Leipzig: Duncker u. Humblot, 1911.

——, *Wahrheit und Evidenz*, Hamburg: Felix Meiner Verlag, 1930.

——, *Vom Ursprung sittlicher Erkenntnis*, Hamburg: Felix Meiner, 1955.

——, *Psychologie vom empirischen Standpunkt* I, Hamburg: Felix Meiner, 1955.

——, *Psychologie vom empirischen Standpunkt* II: *Von der Klassifikation der psychischen Phänomene*, Hamburg: Felix Meiner Verlag, 1971.

——, *Deskriptive Psychologie*, Hamburg: Felix Meiner, 1982.

——, *Briefe an Carl Stumpf 1867–1917*, Graz-Austria: Akademische Druck- und Verlagsanstalt, 1989.

Brożek, Anna, *Kazimierz Twardowski – Die Wiener Jahre*, Wien: Springer-Verlag, 2011.

Buddha, Gautama, *Die Reden Gotamo Buddhas*, übertragen von Karl Eugen Neumann, München: R. Piper, 3. Aufl., 1922.

Cairns, Dorion, *Guide for Translating Husserl*, Phaenomenologica 55, Den Haag: Martinus Nijhoff Publishers, 1973.

——, *Conversations with Husserl and Fink*, Phaenomenologica 66, Den Haag: Martinus Nijhoff, 1976.

Cantor, Georg, „Über unendliche, lineare Punktmannichfaltigkeiten", in 1) *Mathematische Annalen*, 15, 1879, S. 1–7; 2) a.a.O., 17, 1880, S. 355–358, 3) a.a.O., 20, 1882, S. 113–121; 4) a.a.O., 21, 1883, S. 51–58; 5) a.a.O., 21, 1883, S. 545–591; 6) a.a.O., 23, 1884, S. 453–488.

——, *Grundlagen einer allgemeinen Mannigfaltigkeitslehre. Ein mathematisch-philosophischer Versuch in der Lehre des Unendlichen,* Leipzig: Teubner, 1883.

——, „Beiträge zur Begründung der transfiniten Mengenlehre", in *Mathematische Annalen*, 46, 1895, S. 481–512; 49, 1897, S. 207–246.

——, *Briefe*, hrsg. von Herbert Meschkowski und Winfried NilsonBerlin: Springer-Verlag, 1991.

Chalmers, David John, *The Conscious Mind. In Search of a Fundamental Theory*, New York: Oxford University Press, 1996.

Conrad, Theodor, „An die Münchner Phänomenologengruppe von 1953/54", in Eberhard Avé-Lallemant/Karl Schuhmann, „Ein Zeitzeuge über die Anfänge der phänomenologischen Bewegung: Theodor Conrads Bericht aus dem Jahre 1954", in *Husserl Studies*, 9, 1992, S. 79–84.

Dathe, U., „Eine Ergänzung zur Biographie Edmund Husserls", in W. Stelzner (Ed.), *Philosophie und Logik – Frege Kolloquien Jena 1989/1991*, Berlin: De Gruyter, 1993.

Daubert, Johannes, „Bemerkungen zur Psychologie der Apperzeption und des Urteils", in *New Yearbook for Phenomenology and Phenomenological Philosophy*, 2, 2002, pp. 344–365.

De Warren, Nicolas/Thomas Vongehr (Eds.), *Philosophers at the Front: Phenomenology and the First World War*, Leuven: Leuven University Press, 2017.

Dilthey, Wilhelm, *Gesammelte Schriften (GS)*:

GS V: *Die geistige Welt. Einleitung in die Philosophie des Lebens. Erste Hälfte*, Göttingen: Vandenhoeck & Ruprecht, 1990.

GS VII: *Der Aufbau der geschichtlichen Welt in den Geisteswissenschaften*, Stuttgart: B. G. Teubner Verlagsgesellschaft, 1958.

GS XIX: *Grundlegung der Wissenschaften vom Menschen, der Gesellschaft und der Geschichte*, Göttingen: Vandenhoeck & Ruprecht, 1997.

GA XXI: *Psychologie als Erfahrungswissenschaft*. Erster Teil: *Vorlesungen zur Psychologie und Anthropologie (ca. 1875–1894)*, Göttingen: Vandenhoeck & Ruprecht, 1997.

——, „Ideen über eine beschreibende und zergliedernde Psychologie“, *Sitzungsberichte der Königlich Preußischen Akademie der Wissenschaften zu Berlin*, vorgetragen am 22. Februar und am 7. Juni 1894, Berlin, 1894.

——, *Leben Schleiermachers*. Zweiter Band: *Schleiermachers System als Philosophie und Theologie*. 1. Halbband: *Schleiermachers System als Philosophie*. 2. Halbband: *Schleiermachers System als Theologie*, aus d. Nachl. hrsg. und Einführung Martin Redeker, Göttingen: Vandenhoeck & Ruprecht, 1966.

——, *Leben Schleiermachers*. Erster Band. 1. Halbband: 1768–1802, 2. Halbband: 1803–1807, Aufl. von 1870 und d. Zusätze aus d. Nachl. hrsg. und bearbeitet von Martin Redeker, Göttingen: Vandenhoeck & Ruprecht, 1970.

Dumment, Michael, *Origins of Analytical Philosophy*, Cambridge, Massachusetts: Harvard University Press, 1993.

Dupont, Christian, *Phenomenology in French Philosophy. Early Encounters*, Phaenomenologica 208, Dordrecht: Springer, 2014.

Ebbinghaus, Hermann, „Über erklärende und beschreibende Psychologie“, in *Zeitschrift für Psychologie und Physiologie der Sinnesorgane*, 9, 1896, S. 161–205.

Eisenberg, N., “Empathy and Sympathy,” in M. Lewis and J.M. Haviland-Jones (Eds.), *Handbook of Emotions*, New York/London: Guilford Press, 2000, pp. 677–691.

Elsenhans, Theodor, „Das Verhältnis der Logik zur Psychologie“, in *Zeitschrift für Philosophie und philosophische Kritik*, 109, 1897, S. 195–212.

Embree, Lester, “Biographical Sketch of Aron Gurwitsch”, in Lester Embree (Ed.), *Life-World and Consciousness: Essays for Aron Gurwitsch,* Evanston: Northwestern University Press, 1972.

——, “Aron Gurwitsch (1901–1973)”, in *Philosophy and Phenomenological Research*, vol. 34, no. 1, 1973, pp. 141–142.

——, “Biographical Sketch of Aron Gurwitsch”, in Aron Gurwitsch, *The Collected Works of Aron Gurwitsch (1901–1973)*, Volume I. *Constitutive Phenomenology in Historical Perspective*, Dordrecht/Heidelberg/London/New York: Springer, 2009, pp. 41–54.

Fraenkel, Abraham, „Georg Cantor“, in *Jahresbericht der Deutschen Mathematiker-Vereinigung*, 39, 1930, S. 189–266.

Feldes, Joachim, *Das Phänomenologenheim. Der Bergzaberner Kreis im Kontext der frühen phänomenologischen Bewegung*, Nordhausen: Traugott Bautz, 2016.

Figal, Günter, „Hermeneutik und Phänomenologie“, in *Tijdschrift voor Filosofie*, 68ste Jaarg., Nr. 4, 2006, S. 763.

Fink, Eugen, „Die phänomenologische Philosophie Edmund Husserls in der gegenwärtigen Kritik. Mit einem Vorwort von Edmund Husserl“, in *Kant-Studien* XXXVIII, 1933, S. 319–383.

——, „Operative Begriffe in Husserls Phänomenologie“, in *Zeitschrift für philosophische Forschung*, Bd. 11, H. 3, 1957, S. 321–337; in Eugen Fink, *Nähe und Distanz. Phänomenologische Vorträge und Aufsätze*, Freiburg i. Br./München: Verlag Karl Alber, 1976, S. 180ff.

——, „Die Spätphilosophie Husserls in der Freiburger Zeit“, in H. L. Van Breda/J. Taminiaux (Hrsg.), *Edmund Husserl. 1859–1959. Recueil commémoratif publié à l'occasion du centenaire de la naissance du philosophe*, Phaenomenologica 4, La Haye: Martinus Nijhoff, 1959.

——, „Totenrede auf Edmund Husserl“, in *Perspektiven der Philosophie*, 1975 (1), S. 285 f.

——, *Cartesianische Meditation*, Teil I: *Die Idee einer transzendentalen Methodenlehre*, Husserliana Dokumente 2/1, Edited by G. van Kerckhoven, H. Ebeling & J. Holl, The Hague: Kluwer Academic Publishers, 1988.

——, *Cartesianische Meditation*, Husserliana Dokumente 2/2, Teil II: Ergänzungsband, The Hague: Kluwer Academic Publishers, 1988.

Frege, Gottlob, *Begriffsschrift und andere Aufsätze*, Halle a. S.: Verlag von Louis Nebert, 1879.

——, *Die Grundlagen der Arithmetik. Eine logisch mathematische Untersuchung über den Begriff der Zahl*, Breslau: Verlag von Wilhelm Koebner, 1884.

——, *Kleine Schriften*, Darmstadt: Wissenschaftliche Buchgesellschaft, 1967.

Fries, Jakob, *Die mathematische Naturphilosophie nach philosophischer Methode bearbeitet: ein Versuch*, Heidelberg: Mohr und Winter, 1822.

Gadamer, Hans-Georg, „Die phänomenologische Bewegung“, in *Philosophische Rundschau*, Bd. 11, H. 1/2, 1963, S. 1–45.

——, „Vorwort von Hans-Georg Gadamer“, in Hans Lipps, *Werke I: Untersuchungen zur Phänomenologie der Erkenntnis*, Frankfurt am Main: Vittorio Klostermann, 1976.

——, *Hermeneutik I. Wahrheit und Methode. Grundzüge einer philosophischen Hermeneutik*, Tübingen: J. C. B. Mohr (Paul Siebeck), 1986.

——, „Selbstdarstellung“, in Ludwig J. Pongratz (Hrsg.), *Philosophie in Selbstdarstellungen* III, Hamburg: Felix Meiner Verlag, 1975.

——, „Max Scheler – der Verschwender“, in Paul Good (Hrsg.), *Max Scheler im Gegenwartsgeschehen der Philosophie*, Bern und München: Francke Verlag, 1975.

——, *Wahrheit und Methode. Grundzüge einer philosophischen Hermeneutik*, GW 1, Tübingen: J. C. B. Mohr (Paul Siebeck), 1990.

Gallagher, Shaun/Dan Zahavi, *The Phenomenological Mind*, London: Routledge, 2008.

Geiger, Moritz, „Über das Wesen und die Bedeutung der Einfühlung“, in F. Schumann (Hrsg.) *Bericht über den IV. Kongreß für experimentelle Psychologie in Innsbruck vom 19. Bis 22. April 1910*, Leipzig: Barth, 1911, S. 29–73.

——, *Systematische Axiomatik der Euklidischen Geometrie*, Augsburg: Filser, 1924.

——, *Zugänge zur Ästhetik*, Leipzig: Der Neue Geist Verlag, 1928.

Gibson, W. R. Boyce, *Rudolf Eucken's Philosophy of Life*, London: Adam and Charles Black, 1906.

——, "What is Philosophy?", in *The Australasian Journal of Psychology and Philosophy*, vol. 11, no. 2, 1933, pp. 88–98.

Goethe, Johann Wolfgang von, *Goethes Gedichte*, Zweiter Teil, Leipzig: Reclam Jun. (O. J.), 1940.

——, *Faust: Der Tragödie erster Teil*, Stuttgart: Reclam, 1986.

Graf, F. W., „Die gescheiterte Berufung Husserls nach Jena – Drei unbekannte Briefe", in *Dilthey-Jahrbuch*, 10, 1996, S. 135–142.

Graumann, Carl Friedrich, *Grundlagen einer Phänomenologie und Psychologie der Perspektivität*, Berlin: Walter de Gruyter, 1960.

Grimme, A., „Die frohe Botschaft der Husserlschen Philosophie", in *Der Falke*, 1, 1917, S. 224–231.

——, „Max Scheler: Krieg und Aufbau", in *Weserzeitung* Nr. 180, vom 13. März 1918.

Groos, Karl, *Beiträge zum Problem des „Gegebenen"*, Erster Beitrag, in *Zeitschrift für Philosophie*, Erste Ausgabe. Druck von Radelli & Hille in Leipzig, 1906, S. 1–20.

——, *Die Spiele der Tiere*, Jena: Verlag von Gustav Fischer, 1896; english translated by E. L. Baldwin as *The Play of Animals*, New York: D. Appleton and Co., 1898.

——, *Die Spiele der Menschen*, Jena: Verlag von Gustav Fischer, 1899; english translated by E. L. Baldwin as *The Play of Man*, New York: D. Appleton and Co., 1901.

Gruhle, Hans W., *Verstehen und Einfühlen*, Berlin/Göttingen/Heidelberg, Springer-Verlag 1953.

——, *Verstehende Psychologie. Ein Lehrbuch*, Stuttgart: Georg Thieme Verlag, 1956.

Gurwitsch, Aron, „Phänomenologie der Thematik und des reinen Ich. Studien über

Beziehungen von Gestalttheorie und Phänomenologie“, in *Psychologische Forschung*, Bd. 12, H. 4, 1929, S. 279–238.

——, „Ontologische Bemerkungen zur Axiomatik der Euklidischen Geometrie“, in *Philosophischer Anzeiger*, 4, 1930, S. 78–100.

——, „Rezension“, in: *Deutsche Literaturzeitung*, Bd. 53, H. 9, 1932, S. 395–404.

——, *Théorie du Champ de la Conscience. Textes et Études Anthropologiques*, französische Übersetzung von Michel Butor, Bruges und Paris: Desclée de Brouwer, 1957.

(*The Field of Consciousness*, Pittsburgh: Duquesne University Press, 1964.)

(*Das Bewußtseinsfeld*, deutsche Übersetzung von W. D. Fröhlich, Berlin: Walter de Gruyter, 1974.)

——, *Die mitmenschlichen Begegnungen in der Milieuwelt*, Berlin/New York: Walter de Gruyter, 1976.

——, *The Collected Works of Aron Gurwitsch (1901–1973)*, Volume II: *Studies in Phenomenology and Psychology*, Dordrecht/Heidelberg/London/New York: Springer, 2009.

Habermas, Jürgen/ Niklas Luhmann: *Theorie der Gesellschaft oder Sozialtechnologie. Was leistet die Systemforschung?* Frankfurt a. M.: Suhrkamp, 1971.

——, *Nachmetaphysisches Denken: Philosophische Aufsätze*, Frankfurt am Main: Suhrkamp Verlag, 1988.

Hammerstein, Notker, *Kurt Riezler: Der Kurator und seine Universität*, Frankfurt a. M.: Societaets Verlag, 2019.

Heidegger, Martin, *Gesamtausgabe* (GA):

GA 3: *Kant und das Problem der Metaphysik*, Frankfurt a. M.: Vittorio Klostermann, 2010.

GA 13: *Aus der Erfahrung des Denkens*, Frankfurt a. M.: Vittorio Klostermann, 1983.

GA 16: *Reden und andere Zeugnisse eines Lebensweges*, Frankfurt am Main: Vittorio Klostermann, 2000.

GA 20: *Prolegomena zur Geschichte des Zeit (Wintersemester 1925)*, Frankfurt am

Main: Vittorio Klostermann, 1979.

GA 58: *Grundproleme der Phänomenologie (Wintersemester 1919/20)*, Frankfurt a. M.: Vittorio Klostermann, 1992.

GA 59: *Phänomenologie der Anschauung und des Ausdrucks. Theorie der philosophischen Begriffsbildung (Summersemester 1920)*, Frankfurt a. M.: Vittorio Klostermann, 2007.

GA 65: *Beiträge zur Philosophie (Vom Ereignis)*, Frankfurt a. M.: Vittorio Klostermann, 1989.

GA 97: *Anmerkungen I–V. (Schwarze Hefte 1942–1948)*, Frankfurt a. M.: Vittorio Klostermann, 2015.

——, *Sein und Zeit*, in *Jahrbuch für Philosophie und phänomenologische Forschung*, VIII. Band, Halle a. S.: Max Niemeyer Verlag, 1927; Tübingen: Niemeyer, 1979.

——(Hrsg.), *Festschrift E. Husserl zum 70. Geburtstag gewidmet. Ergänzungsband zum Jahrbuch für Philosophie und phänomenologische Forschung*, Halle a. S.: Max Niemeyer Verlag, 1929.

——, *Unterwegs zur Sprache*, Pfullingen: Neske, 1959.

——/Karl Jaspers, *Briefwechsel 1920–1963*, München: Piper, 1990.

Heinrich, Erich, Dissertation: *Untersuchungen zur Lehre vom Begriff*, Göttingen: Druck der Universitäts- Buchdruckerei von W. Fr. Kaestner, 1910.

Held, Klaus, „Das Problem der Intersubjektivität und die Idee einer phänomenologischen Transzendentalphilosophie“, in Ulrich Claesges/Klaus Held (Hrsg.), in *Perspektiven transzendental-phänomenologischer Forschung*, Phaenomenologica 49, Den Haag: Martinus Nijhoff, 1972, S. 3–60.

——, „Einleitung“, in K. Held (Hrsg.), *Phänomenologische Methode. Ausgewählte Texte Husserls I*, Stuttgart: Reclam Verlag, 1985,

——, „Einleitung“, in K. Held (Hrsg.), *Phänomenologie der Lebenswelt. Ausgewählte Texte Husserls II*, Stuttgart: Reclam Verlag, 1986.

——, „Genetische Phänomenologie“, in Joachim Ritter/Karlfried Gründer/Gottfried Gabriel, *Historisches Wörterbuch der Philosophie*, Bd. 7, Schwabe Verlag:

Basel 1989, S. 505A.

——, „Husserls These von der Europäisierung der Menschheit“, in Ch. Jamme/O. Pöggeler (Hrsg.), Phänomenologie im Widerstreit, Frankfurt a. M.: Suhrkamp, 1989, S. 13–39.

——, “Intercultural Understanding and the Role of Europe”, in *The Monist*, vol. 78, no. 1, 1995, pp. 5–17.

Heller, E./F. Löw (Hrsg.), *Neue Münchener philosophische Abhandlungen.* ALEXANDER PFÄNDER zu seinem sechzigsten Geburtstag gewidmet von Freunden und Schülern, Leipzig: Verlag von Johann Ambrosius Barth, 1933.

Henckmann, Wolfhart, *Max Scheler*, München: Verlag C.H.Beck, 1998.

Héring, Jean, *Phénoménologie et philosophie religieuse*, Strasbourg: Impr. Alsacienne, 1925.

Hermann, Friedrich Wilhelm von, *Bibliographie Eugen Fink*, The Hague: Martinus Nijhoff, 1970.

Hilbert, David, „Mathematische Probleme“, Vortrag, gehalten auf dem internationalen Mathematiker-Kongreß zu Paris 1900, in *Nachrichten von der königlichen Gesellschaft der Wissenschaften zu Göttingen. Mathematisch-physikalische Klasse aus dem Jahre 1900*, S. 253–297.

Hildebrand, Dietrich von, *Die Idee der sittlichen Handlung*, in *Jahrbuch für Philosophie und phänomenologische Forschung*, III. Band, Halle a. S.: Max Niemeyer Verlag, 1916, S. 126–251.

——, *Sittlichkeit und ethische Werturteile. Eine Untersuchung über ethische Strukturprobleme*, in *Jahrbuch für Philosophie und phänomenologische Forschung*, V. Band, Halle a. S.: Max Niemeyer Verlag, 1922, S. 463–602.

——, „Selbstdarstellung“, in Ludwig J. Pongratz (Hrsg.), *Philosophie in Selbstdarstellungen* II, Hamburg: Felix Meiner Verlag, 1975.

Hohl, Hubert, *Lebenswelt und Geschichte. Grundzüge der Spätphilosophie Edmund Husserls*, Freiburg/München: Karl Alber, 1962.

Holenstein, Elmar, *Phänomenologie der Assoziation. Zu Struktur und Funktion eines Grundprinzips der passiven Genesis bei E. Husserl*, Phaenomenologica

44, Den Haag: Martinus Nijhoff, 1972.

Huemer, Wolfgang, "Husserl's Critique of Psychologism and his Relation to the Brentano School", in Arkadiusz Chrudzimski/Wolfgang Huemer (Eds), *Phenomenology and Analysis: Essays on Central European Philosophy,* Frankfurt: Ontos, 2004, pp. 199–214.

Huml, Ariane/Monika Rappenecker, *Jüdische Intellektuelle im 20. Jahrhundert. Literatur- und kulturgeschichtliche Studien*, Würzburg: Königshausen & Neumann, 2003.

Husserl, Heinrich, *Heilige stunden*, Wien/Leipzig: Deutsch-österreichischer Verlag, 1918.

——, *Träume des Tages*, Zürich/Wien/Leipzig: Amalthea-Verlag, 1919.

——, *Die stummen Wünsche*, Wien: Paul Knepler Verlag, *Tages*, 1921.

Husserl, Malvine, „Skizze eines Lebensbildes von E. Husserl", in *Husserl Studies*, 5, 1988, S. 105–125.

Ingarden, Roman, „Über Den Transzendentalen Idealismus Bei E. Husserl", in H. L. Van Breda, and J. Taminiaux (Eds.), *Husserl Et La Pensée Moderne/Husserl und das Denken der Neuzeit. Actes du deuxième Colloque International de Phénoménologie/Akten des zweiten Internationalen Phänomenologischen Kolloquiums. Krefeld 1–3. Nov. 1956,* Phenomenologica 2, The Hague: Martinus Nijhoff, 1959, S. 190–204.

——, "Edith Stein on Her Activity as an Assistant of Edmund Husserl", in *Philosophy and Phenomenological Research,* 1962, 23, pp. 155–175.

——, "Notes and News", in *Philosophy and Phenomenological Research*, vol. 27, no. 2, 1966, pp. 308–310.

——, *On the Motives Which Led Husserl to Transcendental Idealism*, The Hague: Martinus Nijhoff, 1975.

——, „Über die philosophischen Forschungen Edith Steins", in *Freiburger Zeitschrift für Philosophie und Theologie*, 26, 1979, S. 456–480.

Jaegerschmid, Adelgundis, „Gespräche mit Edmund Husserl (1931–1936)", in Waltraud Herbstrith (hrsg.), *Edith Stein. Wege zur inneren Stille*, Aschaffenburg: Kaffke-Verlag, 1987, S. 205–222.

Jamme, Christoph, „Überrationalismus gegen Irrationalismus. Husserls Sicht der mythischen Lebenswelt“, in Ch. Jamme/O. Pöggeler (Hrsg.), *Phänomenologie im Widerstreit. Zum 50. Todestag Edmund Husserls*, Frankfurt a. M.: Suhrkamp Verlag, 1989.

Janssen, Paul, *Geschichte und Lebenswelt. Ein Beitrag zur Diskussion um Husserls Spätwerk*, Phaenomenologica 35, Den Haag: Martinus Nijhoff, 1970.

——, „Lebensweltliche Geschichtlichkeit versus transzendentaler Subjektivismus“, in Giovanni Jan Giubilato, *Freiheit und Reduktion. Grundzüge einer phänomenologischen Meontik bei Eugen Fink (1927–1947)*, Nordhausen: Traugott Bautz, 2017.

Jaspers, Karl, „Die phänomenologische Forschungsrichtung in der Psychopathologie“, in *Zeitschrift für die gesamte Neurologie und Psychiatrie*, 9, 1912, S. 391–408.

——, *Rechenschaft und Ausblick*, München: R. Piper Verlag, 1958.

——, *Philosophische Autobiographie,* München: Piper, 1977.

Jay, Martin, *The Dialectical Imagination: A History of the Frankfurt School and the Institute of Social Research*, Oakland: University of California Press, 1996.

Jonas, Hans, “Aron Gurwitsch (1901–1973)”, in, *Social Research*, 40, 1973, pp. 567–569.

——, *Materie, Geist und Schöpfung – Kosmologischer Befund und kosmogonische Vermutung*, Frankfurt a. M.: Suhrkamp Verlag, 1988.

——, *Philosophische Untersuchungen und metaphysische Vermutungen*, Frankfurt a. M./Leipzig: Insel Verlag, 1992.

——, *Erinnerungen*, Frankfurt am Main: Suhrkamp, 2005.

Jung, C. G., *Psychologische Typen*, Zürich: Verlag Rascher & Cie, 1921.

Kastil, Alfred, „Brentano und der Psychologismus“, in *Zeitschrift für philosophische Forschung*, Bd. 13, H. 3, 1958, S. 351–359.

Kaufmann, Felix, *Logik und Rechtswissenschaft. Grundriss eines Systems der rein-*

en Rechtslehre, Tübingen: Mohr, 1922.

——, *Philosophie des Grafen Paul Yorck von Wartenburg*, in *Jahrbuch für Philosophie und phänomenologische Forschung*, IX. Band, Halle a. S.: Max Niemeyer Verlag, 1928, S. 1–235.

——, „Edmund Husserl, *Formale und transzendentale Logik*“, in *Göttinger Gelehrten Anzeigen*, 195, 1933, S. 432–448.

——, [ohne Titel], in n H. L. Van Breda/J. Taminiaux (Hrsg.), *Edmund Husserl. 1859–1959. Recueil commémoratif publié à l'occasion du centenaire de la naissance du philosophe*, Phaenomenologica 4, La Haye: Martinus Nijhoff, 1959.

Kern, Iso, *Husserl und Kant. Eine Untersuchung über Husserls Verhältnis zu Kant und zum Neukantianismus*, Phaenomenologica 16, Den Haag: Martinus Nijhoff, 1964.

——/Liangkang Ni, „Fünf Briefe von Husserl an Karl Groos zwischen 1907–1912“, in *Husserl Studies*, 31, 2015, S. 237–243.

Kersten, F./R. M. Zaner (Eds.), *Phenomenology: Continuation and Criticism. Essays in Memory of Dorion Cairns*, Phaenomenologica 50, The Hague: Martinus Nijhoff, 1973.

Kitayama, Junyu, *Metaphysik des Buddhismus. Versuch einer philosophischen Interpretation der Lehre Vasubandhus und seiner Schule*, Stuttgart/Berlin: Verlag von W. Kohlhammer, 1934.

Klump, Rainer/Manuel Wörsdörfer, “On the affiliation of phenomenology and ordoliberalism: Links between Edmund Husserl, Rudolf and Walter Eucken”, in *The European Journal of the History of Economic Thought*, vol. 18, no. 4, 2011, pp. 551–578.

Kraus, Oskar, *Franz Brentano. Zur Kenntnis seines Lebens und seiner Lehre. Mit Beiträgen von Carl Stumpf und Edmund Husserl*, München: Verlag C. H. Beck, 1919.

Kuhn, Helmut, *Sokrates. Ein Versuch über den Ursprung der Metaphysik*, Berlin: Verlag Die Runde, 1934.

——, *Der Weg vom Bewußtsein zum Sein*, Stuttgart: Ernst Klett, 1981.

Kühndel, Jan, „Edmund Husserls Heimat und Herkunft", in *Archiv für Geschichte der Philosophie*, Bd. 51, H. 3, 1969, S. 286–290.

Landgrebe, Ludwig, Dissertation: *Wilhelm Diltheys Theorie der Geisteswissenschaften. Analyse ihrer Grundbegriffe*, Albert-Ludwigs-Universität Freiburg im Breisgau, 1928.

——, *Wilhelm Diltheys Theorie der Geisteswissenschaften*, in *Jahrbuch für Philosophie und phänomenologische Forschung*, IX. Band, Halle a. S.: Max Niemeyer Verlag, 1928.

——, „Rezensionen von Illemann (Werner Illemann, *Die vor-phänomenologische Philosophie Edmund Husserls und ihre Bedeutung für die phänomenologische*, Dissertation, Leipzig, 1932) und Zocher (Rudolf Zocher, *Husserls Phänomenologie und Schuppes Logik. Ein Beitrag zur Kritik des intuitionistischen Ontologismus in der Immanenzidee*, München: Reinhardt, 1932)", in *Kant-Studien* XXXVIII, 1933.

——/Jan Patočka, "Edmund Husserl zum Gedächtnis: Zwei Reden gehalten von Ludwig Landgrebe und Jan Patočka", in *Schriften des Prager Philosophischen Cercles*, herausgegeben von J. B. Kozák und E. Utitz, Prag: Academia Verlagsbuchhandlung, 1938.

——, „Husserls Abschied vom Cartesianismus", in *Philosophische Rundschau*, vol. 9, no. 2/3, 1961, S. 133–177.

——, „Selbstdarstellung", in Ludwig J. Pongratz (Hrsg.), *Philosophie in Selbstdarstellungen* II, Hamburg: Felix Meiner Verlag, 1975.

——, „Die Phänomenologie als transzendentale Theorie der Geschichte", in *Phänomenologische Forschungen*, 3, 1976, S. 17–47.

——, „Vorwort des Herausgebers", in Edmund Husserl, *Erfahrung und Urteil. Untersuchungen zur Genealogie der Logik*, Hamburg: Felix Meiner Verlag, 1985.

——, „Erinnerungen an meinen Freund – Jan Patočka: Ein Philosoph von Weltbedeutung", in *Perspektiven der Philosophie. Neues Jahrbuch*, Bd. 3, 1978, S. 295–312.

Lembeck, K.-H., *Gegenstand Geschichte. Geschichtswissenschaftstheorie in Husserls Phänomenologie*, Phaenomenologica 111, Den Haag: Martinus Nijhoff, 1988.

Lessing, Theodor, „Studien zur Wertaxiomatik. Untersuchungen über reine Ethik und reines Recht“, in *Archiv für systematische Philosophie*, 1908, XIV. Band, 1. Heft, S. 58–93; 2. Heft, S. 226–257.

——, *Der Bruch in der Ethik Kants: Wert- und Willenstheoretische Prolegomena*, Bern: Verlag der „Berner Studien zur Philosophie“, 1908.

——, *Philosophie als Tat*, Göttingen: Hapke, 1914.

——, *Studien zur Wertaxiomatik. Untersuchungen über reine Ethik und reines Recht*, 2. Erweiterte Ausg., Leipzig: Felix Meiner Verlag, 1914.

——, *Europa und Asien. Untergang der Erde am Geist*, Berlin-Wilmersdorf: Verlag der Wochenschrift, 1918.

——, „Gerichtstag über mich selbst“, in ders., *Einmal und nie wieder. Lebenserinnerungen*, Gütersloh: Bertelsmann Sachbuch-Verlag, 1969.

Lipps, Hans, „Die Paradoxien der Mengenlehre“, in *Jahrbuch für Philosophie und phänomenologische Forschung*, VI. Band, Halle a. S.: Max Niemeyer Verlag, 1923, S. 561–571.

——, *Untersuchungen zur Phänomenologie der Erkenntnis. Erster Teil: Das Ding und seine Eigenschaften*, Bonn: F. Cohen, 1927.

——, *Untersuchungen zur Phänomenologie der Erkenntnis. Zweiter Teil: Aussage und Urteil*, Bonn: F. Cohen, 1928.

——, „Das Urteil“, in M. Heidegger (Hrsg.), *Festschrift E. Husserl zum 70. Geburtstag gewidmet. Ergänzungsband zum Jahrbuch für Philosophie und phänomenologische Forschung*, Halle a. S.: Max Niemeyer Verlag, 1929, S. 561–571.

——, „Die Subordination der Organe: Zur Philosophie der Biologie“, in Hans Lipps, *Werke V, Die Wirklichkeit des Menschen*, Frankfurt a. M.: Vittorio Klostermann, 1976, S. 127–152.

Lipps, Theodor, *Ästhetik: Psychologie des Schönen und der Kunst. Erster Teil,*

Grundlegung der Ästhetik, Hamburg: L. Voss, 1903.

——, „Die Aufgabe der Psychologie. Einer Erwiderung“, in *Beiträge zur allgemeinen Zeitung*, Nr. 101, 03. 05. 1904, S. 202.

——, „Weiteres zur Einfühlung“, in *Archiv für die gesamte Psychologie*, 4, 1905, S. 465–519.

Lohmar, Dieter, „Zu der Entstehung und den Ausgangsmaterialien von Edmund Husserls Werk *Erfahrung und Urteil*“, in *Husserl Studies*, 13, 1996.

Lotze, Rudolph Hermann, *Medizinische Psychologie oder Physiologie der Seele*, Leipzig: Weidmann'sche Buchandlung, 1852.

Löwith, Karl, *Von Hegel bis Nietzsche. Der revolutionäre Bruch im Denken des neunzehnten Jahrhunderts*, Zürich/New York: Europa Verlag, 1941.

——, *Mein Leben in Deutschland vor und nach 1933 – Ein Bericht*, Stuttgart/Weimar: Verlag J. B. Metzler, 2007.

Luft, Sebastian, *Phänomenologie der Phänomenologie – Systematik und Methodologie der Phänomenologie in der Auseinandersetzung zwischen Husserl und Fink*, Phaenomenologica 166, Dordrecht/Boston/London: Kluwer Academic Publishers, 2002.

Mach, Ernst, *Die Mechanik in ihrer Entwicklung: Historisch-Kritisch dargestellt*, Leibzig: F. A. Brockhaus, 1883.

Mader, Wilhelm, *Scheler*, Hamburg: Rowohlt, 1980.

Mahnke, Dietrich, *Eine neue Monadologie* (Kantstudien: Ergänzungshefte im Auftrage der Kantgesellschaft, no. 39), Berlin: Reuther u. Reichard, 1917.

——, *Der Wille zur Ewigkeit – Gedanken eines deutschen Kriegers über den Sinn des Geisteslebens*, Halle a. S.: Max Niemeyer, 1917.

——, „Selbstanzeige“ zu *Der Wille zur Ewigkeit*, in *Kant-Studien*, XXV, 1920.

——, *Leibnizens Synthese von Universalmathematik und Individualmetaphysik*, in *Jahrbuch für Philosophie und phänomenologische Forschung*, VII. Band, Halle a. S.: Max Niemeyer Verlag, 1925, S. 305–609.

——, „Rezension von Wilhelm Diltheys *Gesammelten Schriften*, Bd. VII“, in *Deutsche Literaturzeitung*, Bd. 44, Neue Folge. IV, 1927, S. 2135.

Marbach, Eduard, "Two Directions of Epistemology: Husserl and Piaget", in *Revue Internationale de Philosophie*, vol. 36, no. 142/143, 1982, pp. 435–469.

——, „Einleitung", in Edmund Husserl, *Philosophie als strenge Wissenschaft*, Hamburg: Felix Meiner Verlag, 2009.

Marcuse, Herbert, „Beiträge zur Phänomenologie des Historischen Materialismus", in *Philosophische Hefte. Sonderheft über Heidegger, Sein und Zeit*, H. 1, 1928, S. 45–68.

——, *Hegels Ontologie und die Grundlegung einer Theorie der Geschichtlichkeit*, Frankfurt a. M.: V. Klostermann, 1932.

Marty, Anton, *Kritik der Theorien über den Sprachursprung: Inauguraldissertation*, Würzburg: Richter, 1875;

——, *Über den Ursprung der Sprache*, Würzburg: Stuber, 1875.

——, *Untersuchungen zur Grundlegung der allgemeinen Grammatik und Sprachphilosophie* I, Halle a.S.: Max Niemeyer, 1908.

Mayer, V., *Edmund Husserl*, München: Verlag C. H. Beck, 2009.

Meinong, Alexius, „Über Gegenstandstheorie", in ders. (Hrsg.), *Untersuchungen zur Gegenstandstheorie und Psychologie*, Leipzig: J. A. Barth, 1904, S. 1–50.

——, *Über Annahmen*, in *Zeitschrift für Psychologie und Physiologie der Sinnesorgane: Ergänzungsband*, 2, Leipzig: J. A. Barth, 1902.

Melle, Ullrich, „Husserls Phänomenologie des Willens", in *Tijdschrift voor Filosofie*, 54ste Jaarg., Nr. 2, 1992.

Merleau-Ponty, Maurice, "Le philosophe et son ombre", in Maurice Merleau-Ponty, *Signes*, Paris: Gallimard, 1960.

——, "Preface", in *Phenomenology of Perception*, translated from the French by Colin Smith, London: Routledge & Kegan Paul Ltd., 1962.

Misch, Gerog, *Lebensphilosophie und Phänomenologie – Eine Auseinandersetzung der Diltheyschen Richtung mit Heidegger und Husserl*, Darmstadt: Wissenschaftliche Buchgesellschaft, 1967.

——, „Vorbericht des Herausgebers", in Wilhelm Dilthey, *Die geistige Welt: Einleitung in die Philosophie des Lebens*; Hälfte 1, *Abhandlungen zur Grundle-*

gung der Geisteswissenschaften, GS V, Göttingen: Vandenhoeck & Ruprecht, 1990.

Moran, Dermot, "Edmund Husserl's Phenomenology of Habituality and Habitus", in *Journal of the British Society for Phenomenology*, vol. 42, no. 1, 2011, pp. 53–77.

Mühlmann, Wilhelm Emil, *Geschichte der Anthropologie*, Wiesbaden: AULA-Verlag, 1968.

Müller, Tim B., *Krieger und Gelehrte. Herbert Marcuse und die Denksysteme im Kalten Krieg*, Hamburg: Hamburger Edition, 2011.

Nagel, Thomas, *The View From Nowhere*, New York: Oxford University Press, 1986.

Neuhaus, Karl Guido, Dissertation: *Humes Lehre von den Prinzipien der Ethik; ihre Grundlagen, ihre historische Stellung und philosophische Bedeutung*, Universität Göttingen, 1908.

Ni, Liangkang, „, Appräsentation' – Ein Versuch nach Husserl", in Cathrin Nielsen, Karel Novotný, Thomas Nenon (Hrsg.), *Kontexte des Leiblichen*, Nordhausen: Verlag Traugott Bautz, 2016, S. 377–418.

Nissen, Walter/Christina Prauss/Siegfried Schütz, *Göttinger Gedenktafeln*, Göttingen: Vandenhoeck & Ruprecht, 2002.

Orth, E. W., „Husserl und Hegel. Ein Beitrag zum Problem des Verhältnisses historischer und systematischer Forschung in der Philosophie", in W. Biemel, *Die Welt des Menschen – Die Welt der Philosophie. Festschrift für Jan Patočka*, Phaenomenologica 72, Den Haag: Martinus Nijhoff, 1976, S. 213–250.

Osborn, Andrew D., *The Philosophy of Edmund Husserl in its Development from his Mathematical Interests to his First Concept of Phenomenology in Logical Investigations*, New York City: International Press, 1934.

Ossenkop, Axel/ Guy van Kerckhoven/Rainer Fink, *Eugen Fink (1905–1975): Lebensbild des Freiburger Phänomenologen*, Freiburg i. Br.: Karl Alber, 2015.

Ott, Hugo, „Die Trauerfeier für Edmund Husserl am 29. April 1938", in Remigius

Bäumer/J. Hans Benirschke/Tadeusz Guz (Hrsg.), *Im Ringen um die Wahrheit. Festschrift der Gustav-Siewerth- Akademie zum 70. Geburtstag ihrer Gründerin und Leiterin Prof. Dr. Alma von Stockhausen*, Weilheim-Bierbronnen: Gustav-Siewerth-Akademie, 1997.

——, „Edmund Husserl – die Epoche der Freiburg Phänomenologie", in Hugo Ott, *„Die Weisheit hat sich ihr Haus gebaut" – Impressionen zur Geschichte der Universität Freiburg*, Freiburg: Rombach Verlag, 2007.

Owen, Ian Rory, *Phenomenology in Action in Psychotherapy. On Pure Psychology and its Applications in Psychotherapy and Mental Health Care*, Contributions to Phenomenology 79, Heidelberg/New York/Dordrecht/London: Springer, 2015.

Paletschek, Sylvia, „Entwicklungslinien aus der Perspektive der Fakultätssitzungen", in Eckhard Wirbelauer (Hrsg.), *Die Freiburger Philosophische Fakultät 1920–1960*, Freiburg/München: Verlag Karl Alber, 2006, S. 58–107.

Patočka, Jan, „Erinnerungen an Husserl", in Walter Biemel (Hrsg.), *Die Welt des Menschen – Die Welt der Philosophie. Festschrift für Jan Patočka*, Den Haag: Martinus Nijhoff, 1976.

——, *Ausgewählte Schriften. Band II: Die Bewegung der menschlichen Existenz, Phänomenologische Schriften* II, Stuttgart: Klett-Cotta, 1991.

——, „Edmund Husserl's *Die Krisis der europäischen Wissenschaften und die transcendentale Phänomenologie*", in L'. Učník et al. (Eds.), *The Phenomenological Critique of Mathematisation and the Question of Responsibility*, Contributions to Phenomenology 76, Cham: Springer International Publishing Switzerland, 2015.

Peckhaus, Volker, „Einleitung: Oskar Becker und die Philosophie der Mathematik", in demselben (Hrsg.), *Oskar Becker und die Philosophie der Mathematik*, München: Wilhelm Fink Verlag, 2005.

——, „Die Zeitschrift für die Grundlagen der gesamten Mathematik. Ein gescheitertes Zeitschriftenprojekt aus dem Jahre 1908", in *Mathematischer Semesterbericht*, 54, 2007, 103–115.

Petzet, Heinrich Wiegand, *Auf einen Stern zugehen. Begegnungen und Gespräche mit Martin Heidegger 1929 bis 1976*, Frankfurt a. M.: Societäts-Verlag, 1983.

Pfänder, Alexander, „Das Bewußtsein des Wollens", in *Zeitschrift für Psychologie und Physiologie der Sinnesorgane*, 17, 1898, S. 321–367.

——, *Phänomenologie des Wollens. Eine Psychologische Analyse,* Leipzig: J. A. Barth, 1900.

——(Hrsg.), *Münchener Philosophische Abhandlunge. Theodor Lipps zu seinem sechzigsten Geburtstag gewidmet von früheren Schülern*, Leipzig: Verlag von Johann Ambrosius Barth, 1911.

——, „Grundprobleme der Charakterologie", in *Jahrbuch der Charakterologie*, 1, 1924, S. 289–335.

——, *Phänomenologie des Wollens. Motive und Motivation*, München: Verlag Johann Ambrosius Barth, 1965.

Plessner, Helmut, *Die Stufen des Organischen und der Mensch,* Berlin/Leipzig: De Gruyter, 1928.

——(Ulrich Eyser), „Phänomenologie das Werk Edmund Husserls", in *Maß und Wert. Zweimonatsschrift für freie deutsche Kultur*, 2, 1938.

——, „Selbstdarstellung", in Ludwig J. Pongratz (Hrsg.), *Philosophie in Selbstdarstellungen I*, Hamburg: Felix Meiner Verlag, 1975.

Pöggeler, Otto, „‚Eine Epoche gewaltigen Werdens' – Die Freiburger Phänomenologie in ihrer Zeit", in *Phänomenologische Forschungen*, 30, 1996, S. 9–32.

——, „Phänomenologie und philosophische Forschung bei Oskar Becker", in J. Mittelstraß/A. Gethmann-Siefert (Hrsg.), *Die Philosophie und die Wissenschaften. Zum Werk Oskar Beckers*, Bonn: Wilhelm Fink Verlag, 2002.

Pos, Hendrik J., *Zur Logik der Sprachwissenschaft*, Heidelberg: Carl Winter, 1922.

——, "In memoriam Edmund Husserl (8/4/1859–29/4/1938)", in *Algemeen Nederlands Tijdschrift voor Wijsbegeerte en Psychologie*, 31, 1937, pp. 227–229.

——, "Recollections of Ernst Cassirer", in P. Schilpp (Ed.), *The Philosophy of Ernst Cassirer*, Evanston: The Library of Living Philosophers, 1949, pp. 67–69.

——, "Phenomenology and linguistics", translated by Robin Muller, in: *Graduate*

Faculty Philosophy Journal, vol. 31, no. 1, 2010, pp. 35–44.

Presas, Mario A., „Leiblichkeit und Geschichte bei Husserl“, in *Tijdschrift voor Filosofie*, 40ste Jaarg., Nr. 1, 1978, S. 111–127.

Rang, Bernhard, „Die bodenlose Wissenschaft. Husserls Kritik von Objektivismus und Technizismus in Mathematik und Naturwissenschaft“, in *Phänomenologische Forschungen*, 22, 1989, S. 95, Anm. 5

Rentsch, Thomas, *Martin Heidegger – Eine kritische Einführung*, München/Zürich: Piper Verlag, 1989.

Rieser, Max, “Philosophy in Poland: An Introduction”, in *The Journal of Philosophy*, vol. 57, no. 7, 1960, pp. 201–209.

Röderer, Joachim, „Husserls Grab bleibt weiter in Günterstal“, in *Badische Zeitung*, Sa, 06. Mai 2017, Freiburg.

Rollinger, Robin D., *Husserl's Position in the School of Brentano*, Dordrecht/Boston/London: Kluwer Academic Publishers, 1999.

Roth, Alois, *Edmund Husserls ethische Untersuchungen – Dargestellt anhand seiner Vorlesungsmanuskripte,* Phaenomenologica 7, Den Haag: Martinus Nijhoff, 1960.

Schapp, Wilhelm, Dissertation: *Beitrage zur Phanomenologie der Wahrnehmung*, Göttingen: Druck der Universitäts-Buchdruckerei von W. Fr. Kaestner, 1910.

——, *Die neue Wissenschaft vom Recht. Eine phänomenologische Untersuchung*, 1. Band: *Der Vertrag als Vorgegebenheit. Eine phänomenologische Untersuchung*, Berlin-Grunewald: Dr. Walther Rothschild, 1930; 2. Band, *Wert, Werk und Eigentum*, Berlin-Grunewald: Dr. Walther Rothschild, 1932.

——, *In Geschichten verstrickt: Zum Sein von Mensch und Ding*, Hamburg: Verlag Richard Meiner, 1953.

——, „Erinnerungen an Husserl“, in Van Breda H. L. /J. Taminiaux (Hrsg.), *Edmund Husserl. 1859–1959*, Phaenomenologica 4, The Hague: Martinus Nijhoff, 1959.

——, *Philosophie der Geschichten*, Frankfurt am Main: Vittorio Klostermann, 1981.

——, *Beiträge zur Phänomenologie der Wahrnehmung. Mit einem Vorwort zu Neu-*

auflage von Thomas Rolf, Frankfurt am Main: Vittorio Klostermann, 2004, [2]2013.

——, *Auf dem Weg einer Philosophie der Geschichten:* Teilband I–III; *Geschichten und Geschichte,* Freiburg/München: Verlag Karl Alber, 2016–2018.

Scheler, Max, *Gesammelte Werke*:

GW II: *Formalismus in der Ethik und die materiale Wertethik*, Bern: Francke Verlag, 1980.

GW VII: *Wesen und Formen der Sympathie. Die deutsche Philosophie der Gegenwart*, Bern/München: Francke-Verlag, 1973.

GW XI: *Schriften aus dem Nachlass. Zur Ethik und Erkenntnistheorie*, Bonn: Bouvier, 1986.

Schlick, Moritz, „Das Wesen der Wahrheit nach der modernen Logik", in *Vierteljahrsschrift für wissenschaftliche Philosophie und Soziologie*, 34, 1910, S. 386–477.

Schloßberger, Matthias, *Die Erfahrung des Anderen. Gefühle im menschlichen Miteinander*, Berlin: Akademie Verlag, 2005.

Schmitz, Herrmann, *Husserl und Heidegger*, Bonn: Bouvier Verlag, 1996.

Schmücker, Franz Georg, *Die Phänomenologie als Methode der Wesenserkenntnis: unter besonderer Berücksichtigung der Auffassung der München-Göttinger Phänomenologenschule*, Inaugural-Dissertation München, 1956.

Schuhmann, Karl, "Structuring the Phenomenological Field: Reflections on a Daubert Manuscript", in W. S. Hamrick (Ed.), *Phenomenology in Practice and Theory*, Contributions to Phenomenology 1, Den Haag: Martinus Nijhoff, 1985.

——/Barry Smith, "Questions: An Essay in Daubertian Phenomenology", in *Philosophy and Phenomenological Research*, vol. 47, no. 3, 1987, pp. 353–384.

——/Barry Smith, "Adolf Reinach: An Intellectual Biography", in K. Mulligan (Ed.), *Speech Act and Sachverhalt: Reinach and the Foundations of Realist Phenomenology*, Dordrecht/Boston/Lancaster: Martinus Nijhoff, 1987, pp. 1–27.

——, *Husserls Staatsphilosophie*, Freiburg/München: Karl Alber, 1988.

——, „Husserls Exzerpt aus der Staatsexamensarbeit von Edith Stein“, in *Tijdschrift voor Filosofie*, 53ste Jaarg., Nr. 4, 1991, pp. 686–699.

——, „Husserl und Hildebrand“, in *Aletheia: An International Yearbook of Philosophy*, 5, 1992, S. 6–33.

——, „Johannes Daubert und die *Logischen Untersuchungen* “, in Denis Fisette (Hrsg.), *Husserl' s Logical Investigations Reconsidered*, Contributions to Phenomenology 48, Dordrecht: Kluwer Academic Publishers, 2003.

——, "Edith Stein und Adolf Reinach", in Karl Schuhmann, *Selected papers on phenomenology*, New York/Boston/Dordrecht/London/Moscow: Kluwer Academic Publishers, 2004.

Schütz, Alfred, *Der sinnhafte Aufbau der sozialen Welt: Eine Einleitung in die verstehende Soziologie*, Wien: Verlag Von Julius Springer, 1932.

——, „E. Husserl, *Méditations Cartésiennes*“, in *Deutsche Literaturzeitung*, 53/51, 1932, S. 2404–2416.

——, „Edmund Husserl, *Formale und transzendentale Logik*“, in *Deutsche Literaturzeitung*, 54, 1933, S. 773–784.

——, "Review of *Cartesianische Meditationen und Pariser Vorträge* by Edmund Husserl", in *Philosophy and Phenomenological Research*, vol. 11, no. 3, 1951, pp. 421–423.

——, "Edmund Husserl's *ideas*, volume II", in *Philosophy and Phenomenological Research*, vol. 13 no. 3, 1953, pp. 394–413.

——, "Edmund Husserl's *ideas*, volume III", in *Philosophy and Phenomenological Research*, vol. 13, no. 4, 1953, pp. 506–514.

——, "Husserl and his influence on me", in *The Annals of Phenomenological Sociology*, 2, 1977, pp. 41–45.

——/Aron Gurwitsch, *Briefwechsel 1939–1959*, München: Wilhelm Fink Verlag, 1985.

——, *Werkausgabe*, Bd. V. 1, *Theorie der Lebenswelt. Die pragmatische Schichtung der Lebenswelt*, Konstanz: UVK Verlagsgesellschaft, 2003.

——, *Werkausgabe*, Bd. V.2, *Theorie der Lebenswelt. Die kommunikative Ordnung der Lebenswelt*, Konstanz: UVK Verlagsgesellschaft, 2007.

Schweitzer, Albert, *Kulturphilosophie I: Verfall und Wiederaufbau der Kultur*, Bern: Paul Haupt, 1923.

Sepp, Hans Rainer (Hrsg.), *Husserl und die Phänomenologische Bewegung – Zeugnisse in Text und Bild*, Freiburg i. Br.: Verlag Karl Albert, 1988.

——, *Bild. Phänomenologie der Epoché*, Würzburg: Königshausen u. Neumann, 2012.

——, *Über die Grenze. Prolegomena zu einer Philosophie des Transkulturellen*, Nordhausen: Verlag Traugott Bautz, 2014.

Smid, Reinhold N., „Grundgedanken der Sozialontologie Edmund Husserls", in *Zeitschrift für Philosophische Forschung*, Bd. 29, 1, 1975, S. 3–33.

——, „Zwei Briefe von Johannes Daubert an Edmund Husserl aus dem Jahr 1907", in *Husserl Studies*, 1, 1984, S. 143–156.

——, "An early interpretation of Husserl's phenomenology: Johannes Daubert and the *Logical Investigations*", in *Husserl Studies*, 2, 1985, pp. 267–290.

——, *Bild. Phänomenologie der Epoché*, Würzburg: Königshausen u. Neumann, 2012.

Smith, Barry, "Ingarden vs. Meinong on the Logic of Fiction", in *Philosophy and Phenomenological Research*, vol. 41, no. 1/2, 1980, pp. 93–105.

Sombart, Nicolaus, *Rendezvous mit dem Weltgeist. Heidelberger Reminiszenzen 1945–1951*, Frankfurt a. M.: S. Fischer, 2000.

Sowa, Rochus, „Husserls Idee einer nicht-empirischen Wissenschaft von der Lebenswelt", in *Husserl Studies*, 26, 2010, pp. 49–66.

Spahn, Christina, *Phänomenologische Handlungstheorie: Edmund Husserls Untersuchungen zur Ethik*, Würzburger: Königshausen u. Neumann, 1996.

Špet, Gustav, *Javlenie i smysl. Fenomenologia kak osnovaja nauka i eja problemi,* Moskwa 1914.

——, *Appearance and Sense – Phenomenology as the Fundamental Science and Its Problems*, Translated by Thomas Nemeth, Phaenomenologica 120, Dordrecht/

Boston/London: Springer, 1991.

Spengler, Oswald, *Der Untergang des Abendlandes. Umrisse einer Morphologie der Weltgeschichte*, München: C.H. Beck, 1918/1920.

Spiegelberg, Herbert, *The Phenomenological Movement. A Historical Introduction*, Phaenomenologica 5/6, Den Haag: Martinus Nijhoff Verlag, 1960.

——, "Husserl in England: Facts and Lessons", in *Journal of the British Society for Phenomenology,* vol. 1, no. 1, 1970, pp. 3–15.

——, *Phenomenology in Psychology and Psychiatry – A Historical Introduction*, Evanston: Northwestern University Press, 1972.

——, *The Context of the Phenomenological Movement*, Phaenomenologica 80, Den Haag: Martinus Nijhoff Verlag, 1981.

——, „Als Student bei Husserl: Ein Brief vom Winter 1924/25", in *Husserl Studies*, 2, 1985, S. 239–243.

Stegmüller, Wolfgang, *Hauptströmungen der Gegenwartsphilosophie. Eine historisch-kritische Einführung*, Bd. 1, Stuttgart: Alfred Kröner Verlag, 1978.

Stein, Edith, *Edith Stein Gesamtausgabe* (ESGA):

ESGA 1: *Aus dem Leben einer jüdischen Familie und weitere autobiographische Beiträge*, Freiburg i.Br.: Verlag Herder, 2002.

ESGA 2: *Selbstbildnis in Briefen I (1916–1933)*, Freiburg i.Br.: Herder Verlag, 2000.

ESGA 3: *Selbstbildnis in Briefen II (1923–1942)*, Freiburg i.Br.: Herder Verlag, 2000.

ESGA 4: *Selbstbildnis in Briefen III - Briefe an Roman Ingarden*, Freiburg i.Br.: Herder Verlag, 2005.

——, *Das Einfühlungsproblem in seiner historischen Entwicklung und in phänomenologischer Betrachtung*, Dissertation Freiburg, 1916.

——, *Zum Problem der Einfühlung* (Teil II/IV der unter dem Titel „Das Einfühlungsproblem in seiner historischen Entwicklung und in phänomenologischer Betrachtung" eingereichten Abhandlung), Halle a. S.: Buchdruckerei des Waisenhauses, 1917.

——, *Beiträge zur philosophischen Begründung der Psychologie und der Geisteswissenschaften*, in *Jahrbuch für Philosophie und phänomenologische Forschung*, V. Band, Halle. a. S.: Max Niemyer Verlag, 1922, S. 1–284.

——, *Eine Untersuchung über den Staat*, in *Jahrbuch für Philosophie und phänomenologische Forschung*, VII. Band, Halle. a. S.: Max Niemyer Verlag, 1925. S. 1–123.

Stomps, M. A. H., *Die Anthropologie Martin Luthers. Eine philosophische Untersuchung*, Frankfurt a. M.: Vittorio Klostermann, 1935.

Strasser, Stefan, „Das Gottesproblem in der Spätphilosophie Edmund Husserls", in *Philosophisches Jahrbuch der Goerres Gesellschaft*, 67, 1959, S. 130–142.

Strassfeld, Jonathan, "Husserl at Harvard: The Origins of American Phenomenology", in Michela Beatrice Ferri (Ed.), *The Reception of Husserlian Phenomenology in North America, in Collaboration with Carlo Lerna*, Contributions to Phenomenology 100, Cham: Springer Nature Switzerland AG, 2019, pp. 3–23.

Strauss, Leo, "Kurt Riezler, 1882–1955", in *Social Research*, vol. 23, no. 1, 1956, pp. 3–34.

Ströker, Elisabeth, „Phänomenologie und Psychologie. Die Frage ihrer Beziehung bei Husserl", in *Zeitschrift für philosophische Forschung*, Bd. 37, H. 1, 1983, S. 3–19.

Steiner, Rudolf, *Mein Lebensgang. Mit einem Nachwort von Marie Steiner*, GA 28, Dornach/Schweiz: Philosophisch-Anthroposophischer Verlag, 1925.

Stumpf, Karl, „Selbstdarstellung", in Raymund Schmidt (Hrsg.), *Die Philosophie der Gegenwart in Selbstdarstellungen*, Band V, *Schriften zur Psychologie*, Leipzig: Felix Meiner, 1924, S. 205–265.

Tanabe, Hajime, "Ninshikironto genshögaku" [Erkenntnistheorie und Phänomenologie], in *Koza*, 24, 1925, S. 1–20; 25, 1925, S. 23–44.

Theunissen, Michael, *Der Andere. Studien zur Sozialontologie der Gegenwart*, Berlin: De Gruyter, 1965.

Tihanov, Galin, "Innovation and regression – Gustav Shpet's theoretical concerns in the 1920s", in Alastair Renfrew/Galin Tihanov (Eds.), *Critical Theory in Russia and the West*, London/New York: Routledge, 2009, pp. 78–103.

Tilitzki, Christian, *Die deutsche Universitätsphilosophie in der Weimarer Republik und im Dritten Reich*, Berlin: Oldenbourg Akademieverlag, 2002.

Titchener, E. B., *Lectures on the Experimental Psychology of Thought Processes*, New York: The Macmillan Co., 1909.

Twardowski, Kazimierz, *Idee und Perception. Eine erkenntnis-theoretische Untersuchung aus Descartes*, Wien: Konegen, 1892.

——, *Zur Lehre vom Ihnalt und Gegenstand der Vorstellungen. Eine psychologisce Untersuchung*, Wien: A. Hölder, 1894.

——, *Zur Lehre vom Inhalt und Gegenstand der Vorstellungen. Eine Psychologische Untersuchung*, Wien: Hölder, 1894.

Friedrich Ueberweg/Max I. E. Heinze, *Grundriss der Geschichte der Philosophie*, Berlin: Mittler, seit 1826.

Vaihinger, Hans (Hrsg.), *Commentar zu Kants Kritik der reinen Vernunft.* Zum hundertjährigen Jubiläum, 1. Band, Stuttgart: Verlag von W. Spemann, 1881; 2. Band, Stuttgart/Berlin/Leipzig: Union Deutsche Verlagsgesellschaft, 1892.

——, *Die Philosophie des Als Ob. System der theoretischen, praktischen und religiösen Fiktionen der Menschheit auf Grund eines idealistischen Positivismus. Mit einem Anhang über Kant und Nietzsche*, Berlin: Verlag von Reuther u. Reichard, 1911.

——, *The Philosophy of »As If«. A System of the Theoretical, Practical and Religious Fictions of Mankind*, translated by C. K. Ogden, New York: Harcourt, Brace & Company, Inc., 1924.

Van Atten, Mark, *Brouwer Meets Husserl. On the Phenomenology of Choice Sequences*, Dordrecht: Springer, 2007.

Van Breda, H. L./J. Taminiaux (Hrsg.), *Edmund Husser (1859–1959)*, Phaenomenologica 4, La Haye: Martinus Nijhoff, 1959.

——, „Geleitwort", in Theodor Conrad, *Zur Wesenlehre des psychischen Lebens und Erlebens*, Phaenomenologica 27, Den Haag: Martinus Nijhoff, 1968.

Van der Hoop, J. H., *Character and the Unconscious: A Critical Exposition of the Psychology of Freud and Jung* (International Library of Psychology), London: Kegan, Trench, Trubner, 1923.

——, *Psychologie der Schizophrenie*, in: *Overgedruck uit de Psychiatrische en Neurologische Bladen*, No. 5, en 6, 1928, pp. 1–27.

——, „Sexualität, Moral und Lebensanschauung", in: *Zentralblatt für Psychothrapie und ihre Grenzgebiete*, Bd. VII, H. 6, 1935, S. 329–340.

——, *Bewusstseinstypen und ihre Beziehung zur Psychopathologie*, Bern: Hans Huber, [1937].

Van Kerckhoven, Guy, „Eugen Finks Phänomenologie der VI. Cartesianischen Meditation", in *Phänomenologische Forschungen*, 30, 1966, S. 88–110.

——, *Mundanisierung und Individuation bei Edmund Husserl und Eugen Fink—Die VI. Cartesianische Meditation und ihr "Einsatz"*, Würzburg: Königshausen u. Neumann, 2003.

Vernekohl, Wilhelm, *Peter Wust, Leben und Werk: Biographische Notizen: Die Philosophie-Bibliographie*, Münster: Verlag Regensberg, 1967.

Vetter, Helmuth (Hrsg.), *Lebenswelten – Ludwig Landgrebe - Eugen Fink - Jan Patočka*, Frankfurt a. M.: Peter Lang 2003.

Waage, Petr Normann, *Eine herausfordernde Begegnung. Samuel Hugo Bergman und Rudolf Steiner*, Stuttgart: Finken & Bumiller, 2006.

Waldenfels, Bernhard, *In den Netzen der Lebenswelt*, Frankfurt a.M.: Suhrkamp, 1986.

Walther, Gerda, *Zum anderen Ufer. Vom Marxismus und Atheismus zum Christentum,* Remagen: Der Leuchter-Otto Reichl Verlag, 1960.

Wang, Hao, *Reflections on Kurt Gödel*, Cambridge/London: The MIT Press, 1987.

——, *A Logical Journey. From Gödel to Philosophy*, Cambridge/London: The MIT Press, 1996.

Welton, Donn, *The Other Husserl. The Horizons of Transcendental Phenomenology*, Bloomington: Indiana University Press, 2000.

Wetz, F. J., *Edmund Husserl*, Frankfurt/New York: Campus Verlag, 1995.

Wiese, Leopold von, *System der allgemeinen Soziologie als Lehre von den sozialen Prozessen und den sozialen Gebilden der Menschen (Beziehungslehre)*, München/Leipzig: Duncker & Humblot, 1933.

Willems, Klaas, „Edmund Husserl und Hendrik J. Pos: Phänomenologie, Sprache und Linguistik“, in *Phänomenologische Forschungen*, Neue Folge, vol. 3, no. 2, 1998, S. 211–244.

Windelband, Wilhelm, *Geschichtsphilosophie – Eine Kriegsvorlesung*, Paderborn: Sarastro Verlag, 1916.

——, *Lehrbuch der Geschichte der Philosophie*, Tübingen: Mohr, 1956.

Wirbelauer, Eckhard (Hrsg.), *Die Freiburger Philosophische Fakultät 1920–1960. Mitglieder – Strukturen – Vernetzungen*, Freiburg/München: Verlag Karl Alber, 2006.

Wolin, Richard, *Heidegger's Children: Hannah Arendt, Karl Löwith, Hans Jonas, and Herbert Marcuse*, New Jersey: Princeton University Press, 2015.

Wollenberg, Jörg, „Der Fall Theodor Lessing – Von der deutschen Dreyfus-Affaire (1925) zum politischen Mord in Marienbad (1933)“, in *Antifa*, 11. September 2013, https://antifa.vvn-bda.de/2013/09/11/der-fall-theodor-lessing/.

Wuchterl, Kurt, *Bausteine einer Geschichte der Philosophie der 20. Jahrhunderts. Von Husserl zu Heidegger: Eine Auswahl*, Bern/Stuttgart/Wien: UTB, 1995.

Zahavi, Dan, *Husserl's Phenomenology*, Stanford: Stanford University Press, 2003.

Zuh, Deodáth, „Wogegen wandte sich Husserl 1891? Ein Beitrag zur neueren Rezeption des Verhältnisses von Husserl und Frege“, in *Husserl Studies*, vol. 28, no. 2, 2012, pp. 95–120.

2.2 其它中文文献

埃科:《布拉格公墓》,文铮、娄翼俊译,上海:上海译文出版社,2020年。

芭贝里:《刺猬的优雅》,史妍、刘阳译,南京:南京大学出版社,2010年。

贝尔奈特、肯恩、马尔巴赫:《胡塞尔思想概论》,李幼蒸译,北京:中国人民大学出版社,2011年。

贝耐特:《胡塞尔贝尔瑙手稿中的时间意识新现象学》, 载于《中国现象学与哲学评论》第六辑《艺术现象学·时间意识现象学》, 上海: 上海译文出版社, 2004 年。

查尔默斯:《有意识的心灵——一种基础理论研究》, 北京: 中国人民出版社, 2012 年。

丁文江、赵丰田(编):《梁启超年谱长编》, 上海: 上海人民出版社, 2009 年。

弗格森:《现象学的社会学》, 刘聪慧等译, 北京: 北京大学出版社, 2010 年。

达米特:《分析哲学的起源》, 王路译, 上海: 上海译文出版社, 2016 年。

盖格尔:《艺术的意味》, 艾彦译, 北京: 华夏出版社, 1999 年。

耿宁:《心的现象——耿宁心性现象学研究文集》, 北京: 商务印书馆, 2012 年。

海德格尔:《走向语言之途》, 孙周兴译, 台北: 台湾时报文化企业股份有限公司, 1993 年。

——:“我进入现象学之路”, 载于《面向思的事情》, 陈小文、孙周兴译, 北京: 商务印书馆, 1996 年。

黑尔德:“《现象学的方法》导言”、“《生活世界现象学》导言”, 载于倪梁康(编译):《西学中取: 现象学与哲学译文集(下编)》, 广州: 中山大学出版社, 2020 年, 第 289-352 页。

伽达默尔:《哲学生涯》, 陈春文译, 北京: 商务印书馆, 2003 年。

康德:《未来形而上学导论》, 庞景仁译, 北京: 商务印书馆, 1982 年。

——:《纯粹理性批判》, 邓晓芒译, 北京: 人民出版社, 2004 年; 李秋零译, 北京: 中国人民大学出版社, 2004 年。

昆德拉:《小说的艺术》, 孟湄译, 北京: 三联书店, 1992 年。

拉甫:《德意志史——从古老帝国到第二共和国》(中文版), 波恩: Inter Nationes, 1987 年。

李贵忠:《张君劢年谱长编》, 北京: 中国社会科学出版社, 2016 年。

梁波:“爱因斯坦的日本之行——读金子务的《爱因斯坦冲击》”, 载于《自然科学史研究》, 2005 年第 24 卷第 3 期。

罗素:《罗素回忆录: 来自记忆里的肖像》, 吴凯琳译, 太原: 希望出版社, 2006 年。

洛玛:“前摄‘前摄’了什么?”, 载于《中国现象学与哲学评论》第六辑《艺术现象学·时间意识现象学》, 上海: 上海译文出版社, 2004 年。

洛维特：《一九三三：一个犹太哲学家的德国回忆》，欧立远译，台北：行人出版社。

麦克米伦：《缔造和平：1919巴黎和会及其开启的战后世界》，邓峰译，北京：中信出版社，2018年。

迈内克：《德国的浩劫》，何兆武译，北京：商务印书馆，2011年。

门施："胡塞尔的'未来'概念"，载于《中国现象学与哲学评论》第六辑《艺术现象学·时间意识现象学》，上海：上海译文出版社，2004年。

倪梁康："超越笛卡尔——试论胡塞尔对意识之'共现'结构的揭示及其潜在作用"，载于《江苏社会科学》，1998年，第2期。

——：《会意集》，北京：东方出版社，2001年。

——：《自识与反思——近现代西方哲学的基本问题》，北京：商务印书馆，2002年，2020年。

——："Transzendental：含义与中译"，载于《南京大学学报》，2004年，第3期。

——："现象学与逻辑学"，载于《现代哲学》，2004年，第4期。

——：《现象学及其效应——胡塞尔与当代德国哲学》，北京：三联书店，2005年；北京：商务印书馆，2014年，2018年。

——："历史现象学的基本问题——胡塞尔《几何学的起源》中的历史哲学思想"，载于《社会科学战线》，2008年，第9期。

——：《意识的向度——以胡塞尔为轴心的现象学问题研究》，北京：北京大学出版社，2007年；北京：商务印书馆，2019年。

——：《现象学的始基——胡塞尔〈逻辑研究〉释要》，北京：中国人民大学出版社，2009年。

——："纵意向性：时间、发生、历史——胡塞尔对它们之间内在关联的理解"，载于《哲学分析》，2010年，第2期。

——："胡塞尔与佛教"，载于《唯识研究》，第一辑，上海：上海古籍出版社，2012年。

——："纵横意向——关于胡塞尔一生从自然、逻辑之维到精神、历史之维的思想道路的再反思"，载于《现代哲学》，2013年，第4期。

——："海德格尔思想中的黑格尔-狄尔泰动机"，载于《学术月刊》，2014年，第1期。

——："胡塞尔的未竟中国行——以及他与奥伊肯父子及杜里舒的关系"，载于《现代哲学》,2015 年,第 1 期。
——:“胡塞尔与海德格尔的历史问题——历史哲学的现象学-存在论向度”,载于《西南政法大学学报》,2016 年,第 1 期。
——:“现象学意识分析中的‘共现’——与胡塞尔同行的尝试”,载于《鹅湖学志》,2016 年,第 6 辑。
——:《胡塞尔现象学概念通释》,北京:商务印书馆,2017 年。
——:“胡塞尔与舍勒:精神人格的结构分析与发生分析及其奠基关系问题”,载于《现代哲学》,2017 年,第 1 期。
——(编):《回忆埃德蒙德·胡塞尔》,北京:商务印书馆,2018 年。[①]
——:《胡塞尔与舍勒:人格现象学的两种可能性》,北京:商务印书馆,2018 年。
——:《缘起与实相——唯识现象学十二讲》,北京:商务印书馆,2019 年。
——:“历史哲学的现象学-解释学向度——源自狄尔泰的两条方法论思想线索”,载于《中国现象学与哲学评论》第二十四辑《现象学与历史理论》,上海:上海译文出版社,2019 年。

① 正文中引用的如下文章均出自本书:

马尔维纳·胡塞尔:“埃德蒙德·胡塞尔生平素描”,倪梁康译;弗里茨·考夫曼:“回忆胡塞尔”,谢裕伟译 / 方向红校;赫尔穆特·普莱斯纳:“于哥廷根时期在胡塞尔身边”,倪梁康译;威廉·沙普:“回忆胡塞尔”,高松译;埃迪·施泰因:“在胡塞尔身边的哥廷根和弗莱堡岁月”,倪梁康译;罗曼·英加尔登:“回忆埃德蒙德·胡塞尔”,倪梁康译;罗曼·英加尔登:“五次弗莱堡胡塞尔访问记”,倪梁康译;格尔达·瓦尔特:“于弗莱堡时期在胡塞尔身边”,王俊译;让·海林:“埃德蒙德·胡塞尔:回忆与反思”,董俊译 / 方向红校;卡尔·洛维特:“关于埃德蒙德·胡塞尔的一个回忆”,倪梁康译;赫伯特·施皮格伯格:“作为大学生在胡塞尔身边”,倪梁康译;赫伯特·施皮格伯格:“视角变化:一个胡塞尔印象的构造”,肖德生译;路德维希·兰德格雷贝:“回忆我走向埃德蒙德·胡塞尔的道路和与他的合作”,李云飞译;扬·帕托契卡:“回忆埃德蒙德·胡塞尔”,倪梁康译;马克斯·米勒:“回忆胡塞尔”,冯芳译;芳贺檀:“短暂的相逢”,冯芳译;鲍伊斯·吉布森:“从胡塞尔到海德格尔—— 1928 年弗莱堡日记节选”,张琳译;伊曼努尔·勒维纳斯:“表象的塌陷”,朱刚译;列夫·舍斯托夫:“纪念伟大的哲学家:埃德蒙德·胡塞尔”,卓立、杨晶译;埃迪·奥伊肯-埃尔德希克:“迷恋真理——回忆埃德蒙德·胡塞尔”,倪梁康译;阿黛尔贡迪斯·耶格施密特:“与胡塞尔的谈话(1931-1936 年)”,张任之译;阿黛尔贡迪斯·耶格施密特:“胡塞尔的最后岁月(1936-1938 年)”,张任之译;奥斯卡·贝克尔:“埃德蒙德·胡塞尔的哲学(为其七十诞辰尔撰)”,倪梁康译;范·布雷达:“胡塞尔遗稿的拯救与胡塞尔文库的创立”,倪梁康译。

——：“意识问题的现象学和心理学视角”，载于《河北师范大学学报》，2020 年，第 2 期。

——：《心性现象学》，北京：商务印书馆，2021 年。

——：“意识现象学论域中的人格问题”，载于《河北学刊》，2021 年，第 1 期。

——：“意识现象学与无意识研究的可能性”，载于《中国社会科学》，2021 年，第 3 期。

——：“关于几个西方心理哲学核心概念的含义及其中译问题的思考(一)”，载于《西北师范大学学报》，2021 年，第 3 期。

——：“意识分析的两种基本形态：意识体验分析与意识权能分析——兼论通向超越论-发生现象学的莱布尼茨道路”，载于《学术月刊》，2021 年，第 8 期。

——：“Transzendental：含义与中译问题再议”，载于《学术月刊》，2022 年，第 4 期。

——：《意识现象学教程——关于意识结构和意识发生的精神科学研究》，北京：商务印书馆，待出。

普莱斯纳：“哲学自述”，载于 L. J. 朋格拉斯(编)：《著名德国哲学家自述》上册，张慎等译，北京：东方出版社，2002 年。

萨弗兰斯基：《来自德国的大师——海德格尔和他的时代》，靳希平译，北京：商务印书馆，2007 年。

萨尼尔：《雅斯贝尔斯》，张继武、倪梁康译，北京：三联书店，1988 年。

桑巴特：《海德堡岁月》，南京：江苏人民出版社，2007 年。

沈有鼎：《沈有鼎文集》，北京：人民出版社，1992 年。

施皮格伯格：《现象学运动》，王炳文、张金言译，北京：商务印书馆，2011 年。

施泰因：《论移情问题》，张浩军译，上海：华东师范大学出版社，2014 年。

舒茨：《社会世界的意义构成》，游淙祺译，北京：商务印书馆，2018 年。

舒曼：“胡塞尔与国家哲学”，倪梁康译，载于《中国现象学与哲学评论》，第十辑《现象学与政治哲学》，上海：上海译文出版社，2008 年。

唐启华：《巴黎和会与中国外交》，北京：社会科学文献出版社，2014 年。

王浩：《哥德尔》，康宏逵译，上海：上海译文出版社，2002 年。

——：《逻辑之旅：从哥德尔到哲学》，邢滔滔等译，杭州：浙江大学出版社，2009 年。

王元化：“近思录”，载于《学人》第十辑，南京：江苏文艺出版社，1996 年。

威尔顿：《另类胡塞尔：先验现象学的视野》，靳希平译、梁宝珊校，上海：复旦大学出版社，2012 年。

沃尔斯特："科学哲学家胡戈·丁格雷尔评介"，张武军译，载于《哲学译丛》，1990 年，第 6 期。

西田几多郎：《善的研究》，何倩译，北京：商务印书馆，1997 年。

英加尔登："五次弗莱堡胡塞尔访问记"，倪梁康译，载于《广西大学学报》，2016 年，第 4 期。

扎哈维：《胡塞尔现象学》，李忠伟译，上海：上海译文出版社，2007 年。

人名索引

H

J

K

M

R

S

T

Z

附记　关于中山大学“传世之作”计划的思考与诠释①

“传世之作”的说法虽然言简意赅，却不无夸张，实际上它并不适合用作公众宣传的标题。参与者日后恐怕难免受学界同行的揶揄非笑。即便是知己朋友随意的一问“你的‘传世之作’写得如何?”也会让你弄不清这究竟是真切的关心，还是不以为然的调侃。因而这里有言在先，以此免去这类可能的尴尬。

西方有古谚云:“书都有其自己的命运。”一部作品最终能否传世，绝非作者自己所能够筹划和决定的，而且作者本人通常也无法预知和看见。画家、文学家、音乐家等的情况与此相似。人文领域的思想效应总是比自然科学领域的实证结果要来得迟缓。一个作品的传世，往往不是同时代人所能经历到的事情。

中大在人文研究领域启动的这个计划，正式的名称应当是“中山大学人文学科中长期重大研究与出版计划”。用哲学的话语方式来说，这个项目只能为所谓“传世之作”的产生提供“可能性的条件”。无论如何，“传世之作”所表达的更多是一个寄寓于未来的希望，而

① 2014年，时任中山大学校长的许宁生教授约谈时任中山大学人文学院院长的我，商议学校为人文学科的重要学者提供长期支持并设立人文科学研究专门项目的可能性。最终讨论的结果就是后来“中山大学人文学科中长期重大研究与出版计划”的制定和实施。这应当是我在担任人文学院院长这个虚职期间参与的唯一一件实事。这里的文字是后来为媒体报导所写的通报稿。由于本书正是我承担的这项“中长期重大研究计划”的主要成果，因而在此将它作为附录附上。

不是一个当下的制作计划。

具体说来，在这个注重科学研究GDP的时代，它倡导一种并不具有时效、并不显示业绩、并不有利竞争的另类想法。而我认为，这是一种符合人文研究的规律、且有益于真正人文学研究的想法。

所谓“知识的金果只有在不被寻求的地方才能成熟”，表达的就是这个意思。事实上它适用于所有基础科学。但当今笼罩在大学之上和大学之中的“时代精神”却在于，将我们通常对应用学科提出的要求普遍地应用于包括基础学科在内的所有科学，甚至用市场的机制来刻意地促成和助长各个大学之间、各个学院之间以及各个界别的同行之间的竞争，亦即过分地鼓励在精神成果的产生速度和数量方面的竞赛。它所导致的结果就是将大学办成某种意义上的工学乃至工场；而在需要厚积薄发的人文学科领域，它实际上已经将不少学生和青年学者培养成了少年得志的油滑写手。这种“时代精神”原本来自学院外的急功近利的风气，而眼下它又在走出象牙塔的过程中反过来推动和助长了这方面的普遍的浮躁和虚华。这对于作为“静观”之理论的研究与思考，尤其是对人文学的理论研究与思考，害莫大焉！

“钱学森之问”的实质与此密切相关。而对它的回答，中大前辈陈寅恪先生早已间接地给出。这里不妨再次重温一下他与吴宓的交谈：“中国古人唯重实用，不究虚理，其长处短处均在此。长处乃擅长政治及实践伦理学，短处则是对实事之利害得失观察过明，而乏精深远大之思。”

我相信，许宁生校长对此计划的力推，乃是基于他对人文科学之性质与特点的理解，也是出于他对中大人文传统之承接的重视。中大的这个做法也许无法根本改变当今人文科学研究的主流趋向，却有可能“但开风气不为师”，即有可能诱发一种思想转向的形成和传布，并促成一些虽“不合时宜”、却会传至后世的东西的产生。——这是一种较强的“传世”期待与诠释。

而较弱的“传世”期待和诠释则在于,这个计划会在这个盛行“畅销书”的时代催生出一批“常销书”。对此弱意义上的“传世”,我自己的理解是:在作者去世后少则三十年,多则一百年,其作品还会有人或多或少地记得,还会有人或详或略地阅读,还会有人或明或隐地引用。因而这些作品或有可能代表着一些后人绕不过去的思考结论和精神财富,因而具有一版再版的阅读和研究的价值。它们应当有别于其他一些仅仅是纸上有字的印刷物,后者只能在“后天”来临时充当取暖的材料。

我受学校这个项目资助正在进行的计划是“心性现象学研究”。它是一种对意识本质的现象学研究的尝试。我希望通过现象学的本质直观方法,借助于东西方哲学中的传统思想资源与现代哲学的研究成果,系统探讨并全面把握人类意识的普遍的结构形态(横意向性)和普遍的发生法则(纵意向性)。

新近由商务印书馆出版的两卷本巨著《人生第一等事——王阳明及其后学论“致良知”》,是这个心性现象学研究和出版计划的阶段性成果。它并非由我撰写,而只是由我翻译。它的作者是我的老师、瑞士现象学家和汉学家耿宁(Iso Kern)先生。由此也可以看出,在我的中大人文长期重大项目中也例外地包含了译著出版部分的构想。实际上抱有与我相同想法的人不在少数,即:日后真正传世的也许是我们的译著而非专著。尤其是我,一直以来还在相信一个道理:“与其创造渺小的,不如理解伟大的。”——这应当代表了一种最弱的“传世”期待与诠释,或者说,一种最“虚”的传世要求。这里的“虚”,同时也可以是“谦虚”之“虚”,或“虚怀若谷”之“虚”。

我自己计划撰写的一部较为系统的文稿《反思的使命》还在进行之中,何时能够完成尚不得而知。“传世之作”的计划可以使我在退休之前尽可能地集中精力，“心少旁骛地”投入到自己最想做的事情之中。事实上自我从2001年来到中大之后，这就已经或多或少地成为我学术生活的常态。因此我在《人生第一等事》的“译后记”中曾真心诚意地致谢说：“此项研究，得到了‘中山大学人文学科中长期重大研究与出版计划’的经费支持，这里也借此一隅，对中山大学给予译者的长期支持表达我的衷心谢意！”这部译著的出版，可以算作我在学校支持下的“传世之作”图谋的开始。

后　记

这部胡塞尔思想传记的撰写起念已久，应该是从二十世纪八十年代开始。而正式动笔则可按电脑文档的时间信息来确定：至少文档初建于2012年7月1日。但由于已经多次更新了文字处理运用程序的版本，从电子文档上查到的建档时间并不一定是最初的创建日期。

最初的标题是："反思的使命——胡塞尔的生活与思想之路"。后来改成现在的两卷本标题：第一卷《反思的使命：胡塞尔的生平与著述》，第二卷《反思的使命：胡塞尔与他人的交互思想史》。

主标题无须改。无论写什么样的思想传记，胡塞尔一生思考的根本特征都是反思，他对哲学的定义也是反思，即"Reflexion"或"Nachdenken"，即：不是沉思，也不是冥想，更不是思辨，连海德格尔意义上的"思"（Denken）都不是。这个意义上的"反思"，与胡塞尔在后期常常使用的狄尔泰和海德格尔的"思义"（Besinnung）概念是同义的，不过胡塞尔在"思义"前面大都加上"自身"二字，即"自身思义"（Selbstbesinnung）；狄尔泰时而加，时而不加；海德格尔则从来不加。由此也可见这三人各自的哲学方法论取向之一斑。

陆陆续续写下来，这本书的风格很快便已显露出来。它不太可能像萨弗兰斯基的《来自德国的大师——海德格尔和他的时代》，倒是越来越接近施皮格伯格的《现象学运动》，像是对其中胡塞尔部分的展开论述。[①] 在笔者看来，本书之所以有这个风格，并不取决于作者

① 这两本书都已在商务印书馆的《中国现象学文库》中出版。面前的这部书也计划在这个系列中发表。

的意愿和能力，而是一开始便由论述对象的性质所决定的。因而文章的写作常常会沿自己的轨迹进行，并不全然服从事先预定的规程。有些部分是在写作过程中由激发出的问题所导出的，因此越写越像是学术论文，例如一部以“从自然、逻辑之维到精神、历史之维——关于胡塞尔思想道路的再反思”为题的长篇大论。

但笔者清楚地了解这一点，因而有些刻意地避免将本书写成纯粹的研究性著作，例如在讨论胡塞尔与康德的关系时从一开始就没有按照耿宁《胡塞尔与康德》的写法来构想，而是主要偏重于这个关系的历史发展。

写作过程中自己常常会感觉，无需再费心去理解他的思想，他的所见，就这么慢慢地沿着他的生命道路走下去，也是挺好的。在笔者这里，做一个思想史家的感觉往往会好于做思想家的感觉。若上苍再给我一生的时间，我会学着再去走狄尔泰的路。事实上本书也是在他的两大卷《施莱尔马赫的生平》[①] 的光照下写就的。

不过说到底，这仍然还是而且首先是一部哲学思想史的著作。按照在本书开篇引用的胡塞尔的说法：“我们当然也需要历史。但显然不是以历史学家的方式，迷失在伟大的哲学形成于其中的发展联系之中，而是为了让它们本身按其本己的精神内涵来对我们产生推动作用。事实上，如果我们能够观入到这些历史上的哲学之中，能够深入到它们语词和理论的灵魂之中，那么就会有哲学的生命连同整个

---

① Wilhelm Dilthey, *Leben Schleiermachers*. Erster Band. 1. Halbband: 1768–1802, 2. Halbband: 1803–1807, Aufl. von 1870 und d. Zusätze aus d. Nachl. hrsg. und bearbeitet von Martin Redeker, Göttingen: Vandenhoeck & Ruprecht, 1970; *Leben Schleiermachers*. Zweiter Band: *Schleiermachers System als Philosophie und Theologie*. 1. Halbband: *Schleiermachers System als Philosophie*. 2. Halbband: *Schleiermachers System als Theologie*, aus d. Nachl. hrsg. und Einführung Martin Redeker, Göttingen: Vandenhoeck & Ruprecht, 1966.

活的动机的财富和力量从它们那里涌向我们。”[①]——这是胡塞尔理解的历史之益(Nutzen)。它与尼采理解的“历史之益弊”(Nutzen und Nachteil)显然有天壤之别。

这与本书的基本性质有关。笔者本来也曾想过写一本借论述别人来表达自己的书，但越写越发现，这里的主要努力都还是在理解他人。不过无论如何，这里提供的是对胡塞尔思想理解的一个当代视角。这个视角必定不同于前人的理解，而且相信也会有别于后人的理解。正是通过这些视角，胡塞尔的形象会鲜活地延续下去。这里首先可以参考施皮格伯格的说法：“如果他[胡塞尔]的印象固化了，如果这个印象不再在总是新的构造中展开新的视角和新的意义，那么这正是胡塞尔效应的终结。”[②] 而后还可以借用费伽尔引用的梅洛-庞蒂在涉及胡塞尔及其现象学构想时所说的话：“只有重新思考它，才能重新发现它。”[③]

毋庸置疑，胡塞尔作为传主具有一个不同于史上任何思想家的思想特征：他是一个擅长自我反思并且始终记录自己所思的思想家。他在这方面的思考和留下的记录也是其他思想家无法比拟的，因此这些思考记录可以成为我们在此问题讨论中的主要参照。笔者尽可能把握并追踪胡塞尔生命中的几条思想线索：认知主义的、观念主义的，心理主义的、逻辑主义的、历史主义的、情感主义的、人格主义的、本质主义的；或几条方法线索：描述的、分析的、还原的、说明的、本质直观或本质变更的、精神科学的和自然科学的，如此等等。总而言之，

---

① 胡塞尔：《哲学作为严格的科学》，倪梁康译，北京：商务印书馆，2010年，第97节。

② 参见赫伯特·施皮格伯格：“视角变化：一个胡塞尔印象的构造”，肖德生译，载于倪梁康(编)：《回忆埃德蒙德·胡塞尔》，北京：商务印书馆，2018年，第268页。

③ 参见 Maurice Merleau-Ponty, “Le philosophe et son ombre”, in Maurice Merleau-Ponty, *Signes*, Paris: Gallimard, 1960, p. 261. 转引自 Günter Figal, „Hermeneutik und Phänomenologie“, in *Tijdschrift voor Filosofie*, 2006, 68(4), S. 763.

胡塞尔的思想与精神的发展史既是一部胡塞尔本人之所是的历史，也更多是胡塞尔之所思的历史。而它们两者，应当可以用黑格尔的思维与存在之统一的命题来概括。

最后还有几个在撰写本书过程中的随感笔记摘录如下：

首先，笔者要求自己始终考虑几个原则：

1. 尽可能将历史性与思想性结合为一。历史性表现在对胡塞尔生命历程的阐释中，思想性表现在对胡塞尔与其他思想家的关系以及对胡塞尔自己研究著作的论述中。尽可能通过对胡塞尔生平与思想的介绍来展现某种超越出胡塞尔的人类共有的精神文化。

2. 在无损思想性的前提下寻求最大的可读性。虽然不以学术著作为定位，但同样也不以文学作品为定位。努力的方向：一部好读的思想家传记，同时带有对人类的一个重要思想传统的领会与阐释。

3. 在篇幅上基本不做限制；在一定程度上可以参照狄尔泰《施莱尔马赫的生平》的写法。

4. 不只是提供在历史文献基础上的客观展示，而且也给自己的主观印象与感受以充分表露的权利。

其次还有两点感想与收获：

1. 早期现象学家的思想今天仍然会起着或大或小的作用，作为开端，作为启示，作为基础，作为如此等等。例如，瓦尔特的神秘现象学，莱纳赫和格哈特·胡塞尔的法权现象学，盖格尔的审美经验现象学、英加尔登的艺术作品现象学、施泰因的同感现象学、希尔德勃兰特的价值现象学、考夫曼的历史现象学，如此等等，遑论经典现象学家如胡塞尔、舍勒、海德格尔在诸多方面的开拓性思考。

2. 写完海德格尔，在写贝克尔的时候，感觉自己突然有了领悟。在 2015 岁末的几个难眠之夜里，胡塞尔一生思考的整个大视野缓慢而坚定地现出自己的轮廓。不仅如此，与他携手并行的同时代和后时代思想家的视域也随着他的视野的开显而隐约地展示出来。明末王肯堂在谈到开悟时描述说："于是昼而考夜而思，研究不辍，寝食俱忘，如坐暗室，久而渐明，今则了了尽见室中诸物，乃至针缕亦无所眩矣"（《因明入正理论集解自序》）。我虽然离此"了了尽见"的境界甚远，却也终于知道"悟"之所指究竟为何，暂且不论顿悟渐悟。

末了还有两点说明：

1. 关于本书的引述，笔者尽可能按现今的标准做了规范。但因为时间跨度较大，有些论文和著作引用了中外文的几个版本，原因主要在于，有些文本在开始写作时阅读和引述的是外文本（而且当时有些著述仅有外文本）以及自己的中译文，而在写作和修改的过程中又有了中译本，有的甚至是再版或新译本，再加上 2019 年 1 月至 2021 年 7 月期间，原先的书籍资料都堆放在广州家中未及运到杭州新居，其间为写作需要又再寻新的书本和电子本，故而许多文本前后引用的是不同的版本，或德文英文原本或中文译本，或年代不同，或出版社不同，如此等等。这里主要想说明的是，如果读者发现这里引述了不同的文本并感到有所妨碍，还要请读者理解和谅解！此外，在对各个中译本的引用中，笔者时而会根据情况做出一些修改，或是为了统一译名或风格，或是为了纠正误解或错漏，诸如此类，而其间并未一一标明改动之处，这里需要做一个统一的说明以及对各个译者的统一的致谢！

2. 从特定角度来看，《反思的使命》就是《现象学及其效应》的扩展版。但愿读者不会认为笔者在这相隔二十多年的现象学研究和思考中没有做出或没有表现出根本的进步。附属于本书两卷本的还有笔者的几册已经完成的编、撰、译的作品：首先是应当纳入第二卷的《胡塞尔与海德格尔：弗莱堡的相遇与背离》（北京：商务印书馆，

2016 年)和《胡塞尔与舍勒：人格现象学的两种可能性》(北京：商务印书馆，2018 年)；其次是应当算作本书第三卷的《回忆埃德蒙德·胡塞尔》(北京：商务印书馆，2018 年)。前两部是为纪念海德格尔逝世 40 周年和舍勒逝世 90 周年而从未完成的第二卷中取出发表的单行本；后一部是为了纪念胡塞尔诞辰 160 周年和逝世 80 周年而编辑并组织翻译和出版的胡塞尔同时代人回忆录。

行笔至此，应当可以说：书，写完了。

特别致谢

更早还在 2009 年便应出版社要求撰写的一个“学术自述”中，我在回顾了自己的学术经历和设想了未来的工作计划之后写道：“在所有这些之外，还有一个心愿是把一本计划已久的胡塞尔评传写出来。已经汇集和把握的资料是如此之多，现在还难以想象这本书写出来会有多厚重。”

此后过去了三年，其他工作进展得都比较顺利，因而 2012 年一踏入下半年，我实际上已经开始这部起名为“反思的使命”之书的写作了。但这时我的主要工作还是对耿宁的生命之作《人生第一等事——王阳明及其后学论“致良知”》(上、下卷)的翻译。该书已于 2014 年由商务印书馆刊印出版。这部关于东方心性现象学家的思想传记为我接下来试图撰写的西方心性现象学家的传记树立起一个可以仰望的标杆，一个虽不能至，然心向往之的典范。

到了 2014 年开始投入写作时，恰逢中山大学许宁生校长考虑为校内人文学科的重要学者以专项研究项目的方式提供长期经费支持，面前的这个写作计划也顺势而应运地作为“中山大学人文学科中长期重大研究与出版计划项目”而得到学校的资助。前面的“附录：关于中山大学'传世之作'计划的思考与诠释"就是笔者当时为媒体报道所写的通报稿。它说明了这个计划的形成原委。

在本书即将完成之际，要特别感谢中山大学提供的支持！这个支持使得笔者至少在写作过程中无须再为购置大量昂贵的国外图书资料而费心劳神地作稻粱谋。

此外还应当说，中山大学为本书写作所需图书资料的购置提供了可能，而图书资料购置的则是由我的中山大学的几位学生帮助完成的。

开始写作时，自以为这几十年汇集和把握的胡塞尔资料已经绰绰有余，足够应对本书的写作需要，但写起来之后才发现离"足够"还差得很远。随着写作与思考的深入进行，各个方面的线索涌现出来，等待被梳理或被追踪。记得耿宁曾说过，他在撰写《胡塞尔与康德》一书时住在伯尔尼，无法随时查阅各个胡塞尔文库的资料，只能看菜吃饭、量体裁衣，基本上根据手中掌握的资料来写作，心无旁骛。估计他在写《人生第一等事》时的情况更是如此。早个十年，我恐怕也不得不采取这种方法来限制自己的思路。但写到这里即将结束时可以说，没有现代资讯及其传播方式，这本书在国内是几乎写不起来的，至少无法以目前的这种规模来写。如今毕竟是另一个时代，有了现代的电子通讯系统，查找和收集资料的事情简便了许多。只是难为了我在科隆大学读书的学生王鸿赫以及在弗莱堡大学读书的宋文良，他们在那里帮我查阅、扫描、购买以及发回、寄回了不计其数的文献资料。对此我要在这里特别表达我的衷心谢意！

这里并不想抒发一些类似"书到用时方恨少"的老套感慨。实际上写作时书是永远不够用的，哪怕像马克思那样天天坐在大英图书馆里。这是因为现在的资料太多，而且大都是数码化的，虽不能说汗牛充栋，但更加无法取尽用竭，对它们必须有所取舍。此外我在写作过程中也常常有这样的经验：对有些论题的阐释往往会因为等不及国外资料的到来而顺着思路一气呵成，随后到的资料最终只是被用作了补充和修正。它们往往不能像在当时写作过程中所预期的那样：等资料到了之后再做更为全面和更为深入的研究，因为在充分的资料到来之前，相关的文字撰写已经完成到了不能再扩展的地步。

我觉得在这一点上有些自信：这部书已经提供了胡塞尔现象学研究的繁多资料，并且通过对它们的分析和研究而指明了现象学研究的众多可能性。在我看来，这是目前世界上任何一部同类著作都还没有做到的。但即使如此也必须说，现象学思想领域的博大精深在这里仍然远远没有得到穷尽。

可以让我感到欣慰的一点在于，这次写作的结果除了提供这本书之外，还为中山大学和浙江大学的现象学研究机构提供了两个现象学文库：在这里不仅收藏了胡塞尔、舍勒、海德格尔、英加尔登、帕托契卡、施皮格伯格、雅斯贝尔斯、伽达默尔等人的书信原稿，他们的著作的许多第一版，以及《哲学与现象学研究年刊》全部十一辑在内的众多现象学一、二手资料，还有包括现象学运动各个重要成员的全集在内的现象学运动的丰富周边资料。它们可以为这本书所指明的众多现象学研究可能性之实现提供进一步的文献资料的基础。

张伟、王鸿赫、陈伟、宋文良在德国期间先后为笔者购买邮寄、复印扫描诸多的文献资料，实可谓劳苦而功高。在此特别致谢！这个购书的团队有了十多年的购书寄书的历史，因此也要感叹该书撰写史的漫长。

还要感谢王知飞同学在笔者完成《反思的使命》后对这两卷本所做的通读和校对，以及提出的修改建议！他为此必定付诸了诸多时间和心力！

全书两卷都带有一个英文目录，由我的学生张琳翻译。这里也要对她多年来帮我翻译的各类文章的英文摘要所付出的努力和辛苦深表谢意！

最后还要感谢耿宁对我在哲学道路上一路走来的鼓励与督促。在 1982 年赠送给我的《胡塞尔与康德》书扉页上写有题记："送给倪梁康，希望他能写出更好的关于胡塞尔与康德的书！"我当时没有指望、如今的确也没有能力写出关于胡塞尔与康德的更好的书。——如今我当然也希望日后也有人能够写出比眼前这部更好的关于胡塞尔的书，当然不相信也不指望此事很快就会发生，但希望也相信总有一天它会被超越。

谨此为念为记。

倪梁康

2022 年 5 月 18 日

余杭塘上